歷代名臣奏議

（二）

治道

宋孝宗時葉適應詔論官法三事士學二事兵權一事夷狄四事其官法上曰夫課群臣當以實實不能課當課以名名以致實實以致名有一不失是謂尊主之經失實名則其主輕以此為治雖勤弗成堯舜之時天下之患莫甚於水民之事莫重於稷國家之政莫大於禮樂與刑而諸侯之治州各有牧堯舜既選天下之賢聖各以其所長專治一職而不制可否於其間然而必為之法曰三載其考爾之績三考而陟黜之以此課其官而官之長亦各自課於其屬法簡而令必行故其可見之効不惟施之一時而遺利餘澤又能及於後世是之謂實吾祖宗之治天下也事無大小一聽於法雖傑異之能不得自有所為徒借其人

之重以行吾法耳然而必養之儒館必任之金谷必居之諫諍審讞刑獄習知邊事一人之身內外之官無不遍歷較之以資取之以望然後其大者為政事之臣而其小者亦為侍從之官其人既已周旋眾職詳練世事雖不必真能盡知而皆習聞其大槩名為蘊藉溫雅沈厚老成以局度器識自許而上亦護養愛惜不使有以少損其名其人尚德而寡過則所莅之官亦不至於廢曠而不理是故可以遣居通選而無疑而天下之事亦因以治是之謂名夫堯舜之實不求其名吾祖宗之名不責其實然而名以致實實以致名二者不同而均足以治人主尊安而天下無事矣噫使天下之賢聖不廢吾法而雖天下之中材亦得自附於善人君子之名此豈非其課色實之本意歟後世號漢宣帝為能行責實之政然以臣論之徒役役焉旦夕程其

文書殿最之課耳高才賢士欲自有以建立終不可得至於法令細密器械精巧此特百工俗吏之所能為者耳責群臣以百工俗吏之所能而又親持權柄以行其雜霸之道臣主俱勞而善政益衰烏覩所謂實耶是之謂失實東漢之末名在下下以名高取必於上上不能堪因而害之兩晉之世名在上上取清談不事之名位為三公而無職可舉江左相承專尚名品而天下皆有傲誕矜侈之意無益於治是之謂失名且彼任其所尚各自以為能器使群臣而行其誅賞而豈悟其失哉臣不佞切言今世之故以為課之以實耶則天下之人其在大官重職者未有長久任事使見功實効可以利天下也而上輙以為不稱職而罷去之矣人臣之得為此也非將曰吾求以實能是事也則亦偷墮苟容虛文亡實而已矣是未得其所以為實也以為

課之以名耶則今官司之要自宰相之外有樞近之臣有侍從講讀之員有諫官御史之選爾然未見有卓然名於其間曰某為某某為某借其人足以重某事如祖宗之世者也則必某不知名者而已矣則必其名為具位而無取者而已矣則必其敗名毀節而後得在此位而已矣是未得其所以為名也天下望治如醒者之願醒痛者之願痊也十四五年矣而群臣百官未知名實之所在獨若之何哉雖然臣以為今天下之治則亦有意於為實矣而未知其所以為實何者今之所謂實者不過若漢宣帝耳夫擇天下之賢才與之共政而乃欲課之以百工俗吏之所能彼安肯俛然為之耶俛然為之者百工而已耳俗吏而已耳上之所披用所貴幸所驟取而厚託昔已退而今且進者皆可得而考也況其有未及宣帝者乎彼其誠所謂實者固

且不出於今之實也而上不察焉怒其不爲實而不喜其爲名
又從而廢之是以廉退者不在焉骨鯁者不在焉蘊藉溫雅沉
厚老成以局度器識自許者舉不在焉故諫官御史或無人焉
翰墨制誥或無人焉大者至於丞相之位或無人焉是其無人
也則曰群臣百官之不足用也不足用則上不免於自用然則
今之世舉群臣百官以爲不足用而上自用也非所以聳天下
也非所以威夷狄也非所以消姦雄而防未然也夫所貴乎人主
者以天下皆爲己用而已不必自用自用則人主尊而其國威
失實與名則幾乎輕嗚呼若是者其無以一人而使不失乎
官法中曰冗官之說曰古者民淳事簡天下不勞而治後世益薄
事日以繁而天下難理故設官有多寡之異唐虞百官夏商倍
之周倍夏商後世之官無數此其驗也雖然古事何必簡今事
何必繁天下之時一也夫黃帝以前鴻荒簡略者非謂其果無
事也乃其已遠無所考見故不可得而知自黃帝至於堯舜當
其時聖人在上天下衆務繁多而聖賢以身任之汲汲皇皇以
及於老死而不敢倦所條理天下之事匹夫小民之私無不究
者安在其必簡且淳耶後世因上古之治而未嘗自爲聽其廢
壞缺絕而不知爲修補之政禮樂教化維持之具疏漏脫略不
足以望上世之萬一獨其文字期會爲差多耳夫因書籍記載
之久近多寡而遂以煩簡議古今可乎且其以有人民國家教
法敎伐是不可一日無事而謂古事之獨簡也何哉豈非榮古
而陋今乃論者之通患歟夫唐虞官百蓋特設其大者耳內有
百揆外有州牧侯伯所以比聯綱紀其上下者已悉備矣雖後
世不能益也唯其屬官貳事天子之所不自置者後世乃稍稍

增之夏商雖不可見而周之六官所以四倍於唐虞者皆其屬
也夫禹周行天下以治九州之水而稷契皐陶九官十二牧之
任豈其一人而僕僕焉自爲之乎其勢非數百千人之屬共之
不能給也夫以郡縣等諸侯以辟置視除授三者既相直矣而
獨舉其大官則唐虞之數固不能特盛於今世此易見也彼其
天下萬國君臣官吏之衆乃當數倍於今世而論者不知其本
徒欲執百官之數以尊唐虞病夏商陋秦漢豈不過歟夫冗官
之患何始也推其所從始而得其受弊之原從其原而治之則
其患息矣以兩漢之官考之丞相御史其後爲三公及九卿尚
書二千石之任其閒自辟置者不暇計也而議郎郎中博士諫
大夫太中光祿謁者合數千百員皆與聞國家之謀議約以今
世之中都官不能什一也郡守雖少於今世然令長倍多而三
者嗇夫游徼鄉亭有吏皆食於上此則今之所無也舉選之路
凡數十條其取人最博而上書待詔時召見問此亦今之所不
能也而未嘗以冗官爲患蓋其漸始於魏晉而蔓延於唐最甚
於今日唐自兵興中外濫授隨時增損固宜其有冗也故方其
缺而不補也則一人之除吏至於八百方其多而不容也則一
日之汰去至於千四百人此亦今之所無有也然則冗官之患
安在夫計其大無以異於唐虞之簡舉其少不能如兩漢之多
然而兩漢無冗官何也今世之官誠冗矣不可諱已夫文武不
分則官不冗官吏不分則官不冗而自魏晉以來始分矣昔之
官今之吏也昔之能爲武者今不能爲文者也郎中執戟侍中
奉乘輿虎賁郎將郎中令校尉昔以待天下之賢才者今武士
宦官專之矣九卿三公所辟舉拔授曹掾皆忠廉脩潔之士仔

義高於郡國有不歲時而起為公輔者今吏胥專之矣流品既分趨舍異塗是以其所選舉甚狹而天下之官猥多爭先於此而不能去乃其勢也而何怪乎且天子與大臣將有所大正於此則捨其源而遏其流是無益也夫其事宏闊博大非倉卒所能定苟無決然改為之意而徒欲以空言斷之是無益也臣嘗見今世號左右司郎為宰掾者漢六百石掾今吏秩之輕者爾左右司郎至尊貴長史司直不能逮也乃以掾擬之緣名失實何其甚歟凡人習見前世稱謂故亦有以今之尚書郎為昔之郎者夫外吏刺史郡守乃得入為郎其選至高而乃欲以漢世郎吏為比乎然則明帝之所謂上應列宿不肯以畀館陶公主子者近今主事令史之屬耳周官宰士通於四海王人雖微在諸侯上而今也吏之可乎夫輕周漢之所重隔絕太半自為武臣

而執鋭執鉞以前後人主者不使天下士大夫皆得出此而顧曰官冗當汰然則官誠冗矣

官法下曰天下之患莫甚於縱赦患之術不過於抑抑久必縱縱久復抑二者相與盛衰而天下不得治矣蓋世之所謂剛毅無私能為人主守法而天下通以為賢人君子者不過曰能抑天下而已而其立法之際多為艱難曲折一事之微得指以為疵亦皆示其抑天下之意而無廣大樂易之心夫以能抑天下之臣而行抑天下之法使其得之者不以為愚而失之者必以為怨天下之亂常生於此而或者則以為天下患無其人以身任怨而倖賜過寵紛紜四出坐視而不能禦嗚呼豈其未之思乎豈以其術為出於此者乎夫天下所以聽命於上而上所以能制其命者以利之所在非我則無以得焉耳是故其途可通而不可塞塞則沮天下之望可廣而不可狹狹則來天下之爭望失爭生而上之權益微蓋富人之所以善役使貧弱者操其衣食之柄也使其盡衣食之歟則力弗稱而無名使其拒而弗之衣食歟則柄失而勢衰是故使之以事而效其食或汲或負或築或鋤則其力之弗任者雖飢且死不敢食矣噫使彼而皆任歟吾雖盡食之何傷不然則彼不以無功為羞而吾以吝食為愧矣昔之聖人未嘗吝天下之利天下之人其初無有賢智愚不肖之分而皆求得於我高爵厚祿雖駭然庸人當之彼何所不願而聖人亦不較也為之立其等秩程其功能從而告曰至於是者取而去之使其盡至是則雖盡與之可也彼自知其不能至則逡巡而退卻耳吾未嘗與一而棄一也柰何操利天下之柄而示其抑天下之意且譽之所加人誰不趨怨之所集人

誰不避而雖使人人避譽而任怨其於天下之治亂何益不然抑於此者必縱於彼矣縱於彼將復抑於此然則是將與天下相攻之不暇而安能使之靡然心服以為治哉夫以能抑天下為善治者非一世也非一人也其所以抑之者非一事也天下之不治皆此故也臣不敢盡言請以任子一事明之夫天下患公卿大夫之子弟不學無能而多取天子之爵祿然而不可盡去者義不可去也義不可盡去而任子之官多而不能容故常設法以抑之曰寬其補授而嚴其出仕任其子若孫而雖貴大臣不得任其兄弟之子孫於是又有欲任其學而得之而不任其所任者有欲任之而不使仕者有增其年者有削其數者有使行自大臣始而下不敢議者蓋昔之言任子者何其紛紛也其思之得一說其華之得一令其說愈多其令愈煩然皆不過

於抑之而已天下固不可抑也任子之法百年以来凡幾變矣
以一人之力而抑天下之心抑者不旋踵而縱者繼之矣夫不
可以不與而猶示其抑之之意因以喪其喜樂閒暇之心雖國
家之所與本非以求恩德於天下然其舉動之際亦何獨若是
之迫切哉今夫山林草莽之士操筆書紙爲腐熟無用之言以
應有司之格若此者非以爲賢也非以爲材也而天下皆以爲
當得雖上亦以爲當得也公卿大夫之子弟因父兄之任已不
求於有司而自得之若此者亦非以爲賢也非以爲材也而天
下皆以爲不當得雖其上亦以爲不當得也上之求人豈有間
哉誠以堪其事耳賢者堪之能者堪之山林草莽之人公卿大
夫之子孫何擇焉使其堪之也雖不嚴其出仕可也雖任其兄
弟之子孫可也雖任其所任者可也不增年可也不削數可也

不然限之以塗抑之以法而賢且能以堪吾事者不盡出於此
是名有抑天下之患而實無得賢能之利也上何賴焉故臣以
爲必有不抑天下之道而使之知其上有皆欲與之之心任之
者皆賢且能而不肖者自知其不當得而無所歸怨所與之人
必少於舊而上無立法更制之勞下無守法任怨之患若此則
何待而不爲凡今之政若薦舉若取士若用人動爲疑礙以抑
天下使之拂欝而不自遂幸其得而去之而尚何望其有功名
長久之慮哉嗚呼臣又非特爲薦舉之類也凡天下之治出於
抑者皆過矣

士學上曰儒者以迂闊見非於世所從來遠矣三代以前無迂闊
之論蓋唐虞夏商之事雖不可復見而臣以詩書考之知其崇
義以養利隆禮以致力其君臣上下皆有闊大迂遠之意而非
一人之所自能者是故天下亦莫得而名也及至周衰諸侯務
求近效以爲先王之道回復而難至乃始旁徑捷出以便其日
前而利欲富貴在於骨肉親戚之間者不憚爲險詐之行以攘
奪之先者既以此得後来日以益甚其四鄰國家卿士臣僕傷
潰蹙狹至於其身而不能止於是四夷交侵内外並爭故時斥
大之宇内皆叛削小而卉衣被髮之人入居中國之地當是之
時孔子以匹夫之賤起而憂之其規營謀慮無一身之智而有
天下之義無一時之利而爲萬世之計衞靈公問陳對曰俎豆
齊景公問政對曰君臣父子或者疑兵食不可去則曰自古皆
有死其問答議論凡皆若此無一可施用於當世者堯舜文武
之遺文既不復試矣乃更區區修補其廢墜而又奔走天下之
諸侯以庶幾行其必不見信之言當時之人莫能測其意相與

共笑侮之甚者出力而困扼之欲致之死地雖其門人弟子亦
有以爲迂者其後孟軻當六國患秦之日又自相殘暴其君臣
尤爲卑陋計功於俘馘之內而問計於閒諜之中然孟軻告之
一則仁義二則仁義夫所謂仁義者齊梁之人莫能識而况於
行之乎務以翼贊孔氏之意而操必不可從之說夫孔子孟軻
所謂迂闊之最大而後世所以有迂闊之論者自孔孟始也嗚
呼天下自周之衰而極於亡秦之亂天地幾不立矣所以然者
君臣上下爲目前便利之計月不圖歲朝不計夕自以爲是而
後来者無所則仰也彼其君臣父子之道復立禮義忠信之教
復興乃得永存以至於今世而猶有望於無窮者此非孔孟迂
闊之力歟噫後世之儒者徒得其書而讀之孰其所爲言以自
信而已尚安能真知迂闊之意若董仲舒劉向揚雄韓愈之徒

此其於孔氏之門人弟子未能什一也。而世遂以其迂闊而駁之。誠使孔孟復出。親見其人與之考論其政事而接聞其言語。其不將有大駭者邪。柰何徒尊其道而棄其人乎。夫所謂迂闊者。言利則必曰與民。言刑則必曰措刑。言兵則必曰寢兵。言當世則必曰唐虞三代。而薄書獄訟不如禮樂。臺省府寺不如學校。其措於事。誠若漫然而不足効者。雖然。疑其迂者自為行必疾。議其闊者自為塗必隘。左侵右逼。將無地以自容而不知也。是不能為迂闊而已。國家以文治二百年矣。孔子孟軻之學無所不講。儒雅閎論之士無所不用。六經之道。庶幾其可行之也。其過於漢唐遠矣。而迂闊之譏。猶不絕於世。君以此誚其臣。臣以此病其君。上下相疑。而治功不立。何哉。豈非狃於卑近而不能盡去歟。抑其臣學為迂闊而實狹且陋歟。將迂闊之臣不足

以勝衆狹陋之臣而然歟。故臣之所甚患者。上以迂闊誚其下。而下亦苟諱其迂闊之名。自貶而求容於世。其小者學通世務。則錢穀刑獄不足以深知。而徒以紛亂其大者。取三代之不可復行者。勉強牽合以為可以酌古而御今。二者皆足以敗事。而臣以為必得真迂闊者而用之。天下其庶幾乎。

士學下曰。天下之物。養之者必取之。養其山者必材。養其澤者必漁。其養之者備。則其所取者多。其養之者久。則其得之也精。夫其所以養之者。固其所以為取也。古者將欲取士而用之。則必先養之。故族黨州鄉皆為之學。在諸侯者達于國學。在天子者達于大學。其在諸侯之學者。必達於天子之學。性有仁義聖智之本。行有中和孝友之實。教有歌舞進退之容。誦有詩書禮樂之文。其為術也備而久。故其取之也必得其儁異之甚者。夫非必待之以卿相。而養之既若此矣。其後世衰。不復取士。而養之之術壞。至於兩漢有急士之心。不暇於養而遽取之。多為之科目以待其求者。其所選校有不暫而為卿相。於是天下之士始去本忘實。爭為其名以應之。雖其所以得之者猶有所取之。而視三代則已陋矣。後世冒見其事。始以不養而取者為士之常。故人材衰薄。乃不足以庶幾於兩漢。嗟夫。豈三代之士獨賢哉。然猶未至如今之世。既養而不取。雖取而不養。而其養之也。常於其所不取。其取之也。常於其所不養。事具而其法不舉。兩異而莫適為用。此亦執事大臣因循之過也。今三歲詔舉進士。州以名聞者數千萬人。禮部奏之。而天子親為之發策於庭。然為州縣吏者數百人。而與大政當國論者取焉。侍從人主之左右者取焉。諫諍彈擊者取焉。有不暫而遂至者焉。然其在高等者

天下多以其詞藝為不當得。而況於其人。悉騃浮躁。鄉里之無行者。巍然躐處於其上。朝廷既已取之。雖知其不可而亦不敢較。則取而不養。此天下之所共知而莫能革者也。今州縣自嶺海莫不有學。宮室廩庾書籍器用。無所不具。來學者誦讀之聲歲時不息。州必有師而教之。其禮甚優。其職甚專。而又月第其進否。時定其去留。不知三代之學。亦何以異此。然不無取士之法。無考察之意。學官與諸生汎汎焉不相知名。無教無勸。幸其歲滿。則掉臂而去。既去者素所不至者。蓋一官司耳。嗚呼。四五十年矣。則養而不取。此亦方今之所未知也。能勿為之計乎。夫科舉之患極矣。何者。昔日專用詞賦。摘裂破碎。口耳之學而無得於心。此不足以知經耳。使其知之。則超然有異於衆而可用。故昔日之患小。今天下之士雖五尺童子無不自謂知經。傳寫

誦習坐論聖賢其高者談天人語性命以為堯舜周孔之道技盡於此彫琢刻畫侮玩先王之法言反甚於詞賦南方之薄者工巧而先造少北之樸士屈意而顓學衆說潰亂茫然而莫得其要人文乖繆大義不明無甚於此而知者曾不察歟噫其過在於不養耳昔之養士誠難為也州縣無學無師無餼廩器用其創之也勢今皆具矣加之以法度則一日而定矣法度不立而學為無用凡今之士惟其稚而未成貧而無食者乃肯入學惟其昏眊不才貪鄙而無節行者乃皆聚於學惟其有罪而不受罰者乃求籍於學故凡茂異秀傑之士以不至於學為高其有在者則必共指以為無恥而皆以為讟故其養之常於其所不取而取之常於其所不得養然則今之學校乃為棄材之地乎噫三代之王獨何以取天下之士而使之皆由於學哉夫折今之取士而入學可也因今之學而後取士亦可也且三歲所官數百人而天下之士常有不遇之歎何者其一日而至者不足以厭服天下也忠信孝悌必脩於家必聞於鄉村智識賢能必見於事必推於友舉其茂異秀傑者畢至而務養其心以稍息其多言然後少變今之意而足以取之則先王之道庶乎可復矣夫禮義廉恥惟上所屬故士得以自重今天下囂囂然養之而不以道而上不免有嫚士厭儒之心譬猶父毋不素教子一旦以其不肖而欲盡棄其所愛不可之大者也

兵權上曰非詐不為兵蓋自孫武始甚矣人心之不仁也非武之書不好焉用兵以詐古之聖智或不能免自管仲咎犯先軫其人已不純於義務為爭利必勝之術春秋之世日有侵伐之事國各講求其意以備之而秦楚橫行於天下大抵無義兵矣然則非武之獨為詐也而謂之自武始何也曰管仲咎犯先軫致其君於霸殭本出於兵然獨變先王之兵法而自為法耳蓋其意常先治國家惇禮信尊集人心而親附諸侯至於決戰濟師而後益之以詐术專以詐自多也故古之於兵也止言其法部曲行伍坐作進退繁簡曲直紀律號令皆法也能盡此以為不可敗則敵至而智見矣故法可傳而智不可傳至於孫武始棄法而言智其著兵之情奇正分合豫應天下之變百出而不窮以詐自名於世而曰兵使詐而已矣蓋管仲咎犯之所略用而求詳陰取而諱稱者武盡載之而後世之好為詐者思欲出武之外亦終不可得然則武真譎詐之雄者也國之有兵也能擇將而授之而它不與也夫武之兵書人主不得而用之其將自用之可也闔閭之時連歲謀楚嘗一入其國都卒無一人之獲暴師不返而夫槩王先歸自立闔閭與越為仇故武著書亦言越人之不足畏然吳既去楚句踐來伐敗于檇李闔閭以戰死武皆在其中夫差二十年之間卒亡其國不知武猶為用耶將廢而死耶將王孫雒之流皆受教於武耶計武著書及用事之時亂楚興越亡吳而侵壞中國然則武術之無救於國家亦可見矣然則雖為將亦不可用也而後世之兵悉祖其故智於其言有所不能通者皆深思遠慮務出無端涯之見以求合之且前乎武者非無人言兵其法猶可考不必黃帝舜禹周官之司馬法也曰是純仁義者而非兵若管仲咎犯儻庶幾乎曰是猶有仁義也亦不足以為兵而為兵者必詐而後勝故無出於武之書噫其人心之不仁耶不然何其遺棄衆說而好之篤而敬之深耶韓信號善用兵自言其法出於武曹公無敵於天下猶

師武術自為之傳。唐太宗李靖近世君臣之言兵者無出其上。其所問對。亦止於武之意。而天下好奇之士奮筆墨以傳益武之說。而為書者數十百家。而號孫子為談兵之祖。其氣焰興起於百世之下。若將與聖賢並稱者。噫人心之不仁至此極耶。豈數千年之獨不幸耶。今之所患者。以天下之大甲兵之強謀臣智士之衆。而所嗜好訓學者不出於武。自為一時之術耳。然且講之而不得其要。求之而不中其情。而今世之良策真智固以廢放而不舉。夫選天下之士。教之於學試之於庭。使之讀誦以為文義者。乃無先於孫子。彼固無所見於此也。使有所見猶無益也。而徒以不仁之心上下相授。授天下以不仁之心。患之大者也。臣嘗論之。今天下或不免於用大兵。用大兵者以今之勢虜有百戰百敗之道。吾有百戰百勝之術。夫百戰而百勝者不戰而可以勝也。百戰而百敗者。未戰而先自屈者也。教人以求勝古人之所不免也。不待教人而後勝。今日可見之效也。然其法皆不載於武之書。今將因武之書以通之。而後用今之兵乎。則是捨百戰百勝之術。遺虜以其具。而自為是勝負相搏不可必知之形。計之失者也。臣非無見於此而強效世之迂闊者以黜武也。蓋其精者不得而言。言其粗乎。則與迂闊者何異。雖然臣請終言孫武之不可用。夫戰國相吞。無義無名。而志在必勝。故武之術出於名義之所棄。為此下策。而其所謀者。行陣之淺畫地形曲折。軍勢翕張特俄頃之智耳。使將帥自為之。猶或不廢。而國論則何為焉。今之談兵者紛然。皆至於上。臣不知其說也。夫今之所為戰者戰虜乎。戰吾國乎。自淮以北。豈非吾土地乎。其來鬬者將非吾民乎。抑盡虜乎。然則流涕以對之猶不足。而孫武之智尚忍言之。嗚呼。豈未有思及此者也。

兵權下曰。言之實者無奇而厭聽。故天下多奇言。而言兵為尤奇。人主慨然欲聞天下之言。則其言得以入。而言兵者入之為最深。奇言漫衍於天下。而天下反皆以奇為常。是以下未知兵而習為多教人之術。上未用兵而先有輕敵人之心。嗚呼。孰能知其為天下之大禍耶。平居無事。常言兵。計其衆可襲。某城可攻。某地最利。宜先取以制敵。敵有上中下。計當出於某。吾以何道應之。其將某為良。可反間以疑之。可死士以刺之。某兵可亂。半渡以薄之。倍道以掩之。某處葭葦蔽翳。林麓深阻。可用伏兵。某為奇道。可用以出敵不意。或欲為辯士說下。其腹心大臣或使內潰。或使來降。或自請為將用其術以制勝。或乞乘傳招集豪傑。不費糧糗甲兵。自以義民殺虜。古陣法兵法凡幾家。今不可循用。宜悉損益何事。刀槊弓弩今未精者有幾。更為擊伐之技。或乞試上前。或請頒其法於諸將。或言時不可失。坐論無益。今當并進。益取敵地以自為守。因事觀變。或言臣歲月浸曉。恨不及功名。乞一死敵。或言古者取天下凡幾。某故術猶在。今當何所用。雖始若少緩。終當有成。某言邊亭敵地。風沙莽蒼。雨雪凍餧。戰士哭聲。器械解弛。使人憂悲恐懼。至論讎恥憤激瞋目按劍。或廣大其意。下城得地。所過牛酒迎勞王師。復故境土。天下一家。使人慰喜洋洋然。欲不計勝負存亡而為之。其或已在親要。朝夕開說。素所狎昵。縱言不顧。或疎遠求進。嘗試上心。或山林草澤之士請來獻見。或在外之臣。託以固結恩寵。走馬面論密疏入中。或因緣稱薦。無以為名。必挾兵說以自重。且其開口論議。容止不動。聲音偉然。問答縱橫不可窮詰。至於超乘負矢。

意氣敢決而其上固已壯之矣凡此者皆奇言也人主慨然而
樂聽之雖未必用而其輕殺人之念已動於中矣凡此者其意
非真以為見於事也以為言之不得不奇也非謀國也非憂患
也中一時之欲而已者也然而未必用者有時而用矣漢武帝
聽王恢計欲擒單于單于不可得擒而漢首事結禍無已天下幾
亡宋文帝用江湛徐湛之言意封狼居胥一旦魏氏臨江秣陵之
人荷擔而立者累月元嘉之政衰焉夫不傾計天下之利害舉而
聽一夫之奇言者彼其初固不知其患之將至此也今天下之
士好為奇言而言兵為尤奇者十年於此矣好惡之相形權利
之相誘奇言盛而實言息矣凡向之能為實者今未有不轉而
為奇者也雖然臣有憂於此而亦切以為賀焉何者天下之能
為奇言者衆也昔日之奇今日之腐壞而無用者也朝對暮論

耳目煩矣聽聞熟矣庶幾其厭之乎庶幾其可以實言乎雖然
實言不足聽也五穀之味澹然不與衆味俱嗜味者不能食也
其所以食之而不敢廢者畏其不食則飢而死而衆味不能救
焉耳故夫有聞實言於今世如畏不食五穀之死者而後其言
可得而聽也何謂實言今世咸有以為兵端可畏易開難合厚
賂請和可以持久此偷安姑息之論也兵何嘗一日而不可用
乎顧其用如何耳故不多殺人則兵可用邦本不搖則兵可用
不橫斂不急征則兵可用將非小人則兵可用天下雖不畏戰
而亦不好戰則兵可用視北方如南方則兵可用功成而患不
至外鬬而內不知雖不免於用詐而羞稱其術雖大皆舊國而
能不矜其事若是者其兵無不可用也夫水居者好游崖居者
好緣此其勢也游而不溺雖游可也緣而不墜雖緣可也故凡

今世為用兵之奇言者未有不犯是數患者也犯是數患如游
者之必溺緣者之必墜而曰吾不顧而自為也而可乎孫武吳
起穰苴孫臏巧於用兵今雖無之不足憂伊尹太公管仲諸葛
亮智於謀國今雖未有不足憂其實言之不可亂者止於如此
夷狄外論一曰臣為外論四篇其三篇言今事者其首篇曰為國
以義以名以權中國不得治夷狄義也中國為中國夷狄為夷
狄名也二者為我用故其來寇也斯與之戰其來服也斯與之
接揣其所以來而治之者權也中國雖貴夷狄雖賤然而不得
其義則不可以治不得其名則不可以守不得其權則不可以
應三者并亡譬猶舍舟楫而濟深淵以勇怯為沉浮幸而得濟
不可為容不幸溺溺死且及之矣後世之事是也自嚴尤論戎
狄以為前世未嘗有上策至唐太宗能擒頡利郡縣諸戎始以

嚴尤為非若太宗者所謂上策歟噫亦陋矣以先王之待夷狄
何策之可論又況從而區別之與秦漢並稱乎若太宗者又真
以為有策則是不能知先王所以待夷狄之意而何自謂得上
策乎堯舜之時南自淮徐東被青州之境上凡海濱廣斥山谷
深袤之地教治所不及者大抵皆夷狄也盡與中國錯居又非
若後世止有玁狁獯鬻乃在長城之外相去且數千里而以為
難治也堯舜之土地至狹又無利兵危矢詐謀奇計而夷狄不
能侵暴者名義與權皆得也嗟夫中國之所以為中國以其有
是三者而已苟捨其所以必勝之具而獨以詐力為用是既已
化為夷狄矣其至於紛紛何足怪乎蓋自戰國並起三百年之
間秦人最為雄小國次第亡滅廣大其地而為六國秦又滅六
國合天下而盡有之又欲無取匈奴秦人之為甚於夷狄矣漢

起匹夫。親搏天下。不數年而據秦之故地。此其為仁義道德足以懷柔其民者何在。柰何冒頓乃能控弦數十萬以憑陵邊塞。入至太原晉陽乎。蓋三者自是并亡。不復有中國夷狄之分矣。特以地勢相別異耳。力強則暴師轉餉深入屠戮。如擊取禽獸。力弱則俯首屈意出金銀繒帛配愛女以壻之。亦獨何所愛張良陳平蓋策士。而絳灌之為丞相主國論者。奮挺大呼望屋以食之人也。是亦安能知先王之意哉。獨一賈誼知之。以為戎狄召令主上之操。天子共貢。臣下之體。雖然。誼於制患之術淺矣。請自為典屬國用三表五餌耳。若是者先王待夷狄之意乎。真使匈奴不當漢一大郡。此何足治。而況本不計強弱者乎。夷狄嘗苦中國無信義。甘言厚利以相啗悅。首開兵端。志在誅剪。然則中國之不振。其失道久矣。豈一日之故也。世無堯舜湯武待

夷狄之意。終不可見。無稷契伊尹終不能秉法陳義以佐其君。其所誦習以為笑於天下者。蓋書籍之章句耳。嗟乎。有名義而不能執。有權而不能用。或伐或和。視其勢之強弱而不能定。此漢唐之事不足論也。是既然矣。孰之於無所執。用之於無所用。以和為常。與之為一。而天下之人。熟於聞見。不知其為中國夷狄之異者。此祖宗之事。臣不敢深論也。臣之所論者一事。自景德元年與契丹盟。更六聖百二十年。聘使往來。天子親與之揖遜於庭。未嘗一日敗盟約也。女真本小種落。契丹奴役耳。不幸天祚失道。使得猖狂。破取其國。天祚以為與大國義兼兄弟。當來援我。或遂不復其國。則望白溝以南自歸。當是時。中國以大義之故。遣十萬衆制女真。使不得逞。彼知大國為之助。其勢何遽至此也。豈與約並滅其國。分取幽州故地以為功者比乎。失此不念。遂有今日。然則夷狄雖不義。常以信義望中國。中國以夷狄為不義。是以不用信義荅之。不知此其所以為中國者。本不以夷狄之無廢也。夫無考前世成敗之故。深思今日致患之本。復修先王三者之道。則中國之待夷狄固無難矣。何必勞神於智計。鬬勝於士卒。益遡於末而不能反哉。故夫若不足聽而決不可易者。臣之論是也。

夷狄外論二曰。秦漢以來待夷狄者。不和親則征伐。何也。其術盡於此矣。和親則主辱名卑。而民得安。征伐有功則主榮名尊。而民傷無功則主與民俱傷。而有功常少。無功常多。是以後世之論。是和親者十九。夫必有征伐之害。而後知有和親之利。先王未嘗征伐夷狄。雖不與之為和。而亦不與之為怨。是故無以卑吾名。而亦無以喪吾實。雖然。先王之道不行久矣。而今日之請

和。尤為無名。夫北虜乃吾仇也。非復可以夷狄畜而執事者過計。借夷狄之名以撫之。夫子弟不能報父兄之恥。反懼仇人懷不釋憾之疑。遂欲與之結歡以自安。可乎。往者紹興行之。天下不厭。至於廢逐大臣。誅款名將。盡黜異議者。空士大夫之列。洶洶數歲而後定。一旦虜自敗約。始舉不得已之兵以應之。天下因又自言復讎為事。暴師淮水之上。久未有功。宰相仍用前策。建請罷督師。徹攻具。出東西北道四要郡以乞之。而復為和。俄而虜又大出。天下之心。凜然以為盟誓必不可保。然自是疆圉無事。又十餘年。虎卧在庭。其起無時。室中之人。不得安也。使無弓矢陷穽。或不免徒手而搏之。以必死為決。猶愈於坐而待其噬也。若有弓矢陷穽可也。乃畏虎而不敢用。何哉。嗚呼。失吾所操之具。而聽虜之自為。是獨何時而可也。今天下非不知請和

之非義矣。然而不敢自言於上者畏用兵之害也。其意以為一
絕使羅賂。則必至於戰而吾未有以待之故也。乃其以為不可
而敢自言於上者。此非真知其義之不可也。直諉之以自進也。
非可用以當虜也。故真知其義之不可者皆內愧竊嘆而不敢
言者也。真知者不敢言。敢言者不足信。然則今之所以待虜蓋
疎略矣。今日之議。臣不敢獨以告於上。庶幾執事者皆知之。昔
祖宗之世也。內治已足。則所謂求和親之利者為保全邊民計
耳。是不憚自屈而力行之可也。今日存亡之憂。不得尚用往事
為比。使虜復如辛巳甲申忽擁大衆以求戰。和固不可。且其崛
起暴強而據吾太半之土壤已五六十年矣。如使復為天作盛
極將亡。它人出而有之。和而不可也。蓋非惟其義之不可而勢
則然矣。昔祖宗之世也。唯其有以馴養契丹使不敢桀驁。則兵

奏議卷之五十五　十九

可以至於不用。今日之兵其決不可不用矣。其用有早暮遲速
耳。而早暮遲速又非大相遼也。遠者五六年。近者三四年。其尤
近者或在朝夕耳。然而執事者畏一戰之故。不敢以告其上。因
不復為之慮。幸其事之不在已。引而去之。夫憂在子孫者。偷吾
身之不及見焉可也。憂在吾身而有出於十數歲之外者。偷日
前之未及見焉可也。今也無十年之遠。有朝夕之近。是固不可
免之急患也。相顧而終未敢言者。何也。賈誼以為抱火厝之積
薪之下而寢其上。火未及燃。因謂之安。以誚絳灌之徒。今積薪
盡為火矣。寢然火之中。不知奮迅於烈焰以自免。而坐待其灼
爛者。是故不必誼之智而後誚之也。以臣計之。一戰之可畏猶
未足畏也。然雖絕使羅賂。而臣以為猶未至於遽戰者。蓋求戰
在敵。使之不得戰在我。若此之術。執事者所當思也。夫勝敵固

有道。用兵故有法。所當施行者固有次第矣。執事者猶未敢開
其始。而臣安敢詳其終。且今之能言者衆矣。不處本末。不量深
淺。而歷數天下之至計以自衒鬻。此其可用者安在。夫惟以復
仇為正義。而明和親之決不可為。自此以往。庶有可得而論者。
夷狄外論三曰。羣臣雖不敢勸言兵事。知陛下意欲有所發久矣。
復仇之義。四十年不舉。過已在前矣。一日之舉。難以嘗敵。非百
全必勝不可為也。今一日而驟舉之。與嘗敵而無異。此羣臣所
以不敢言也。雖然不敢言何益。豈若相與善謀乎。七年之前。始
命使祈請於虜。當時舉朝以為非計。其後三年。又議進書事。虜
嘗馳一介來請。前年我復遣使。虜亦未測吾意所在。此三者皆
足以開隙於虜。然而虜終不敢自隙以此。策之虜未動也。或者
內有難。不暇與吾角。或者上下畏兵。苟欲無事。或者不肯先發

奏議卷之五十五　二十

坐觀吾變。是皆不足為憂。然陛下昨必為是。何也。豈非以為兵
惡無名。思所以致之乎。吾用兵之名。若雷霆久蟄。藏而不震。一
日可用即用耳。何憂無名而必為是乎。臣以為過矣。夫苟惡其
無名。則是未能知用兵之名。直論彼我強弱之勢耳。此其勝負
未可知也。吾有必勝之名。又有必勝之實。而患不為其所必勝
者。譬若尋常姑以力相搏而已。此則可畏也。臣聞古之善舉事
者。必有先勝之形。使吾之國人曉然自知其所必勝。而敵不知
若此者勝。不然。敵見吾之所長。亦曉然自知其不可當。不必外
示損弱若此者亦勝。內則吾國未知其必勝。外則敵人不知我
為必勝。若此者謂之危兵。危兵難用。噫。今日之事豈止拔一城
取一郡。或敗其一將數萬人。乃為勝敵乎。以此為勝敵。兵鬬禍
結未有已也。桓溫謝安嘗再得中原而無救於晉之衰。今日之

兵不五合六并使北方之勢皆在己雖盡取河南鼓行入京師薦告宗廟修奉陵寢若東無齊西無秦北無趙魏三面猶為虜守臣尚不知所終而況止於拔一城取一郡或敗其一將為功乎往日之事是已聚數十萬兵於境上纔一破靈壁虹縣遽謂一月三捷既而偏師不利又自謂敗撓因以罷兵為和輕計寡謀不趐如兒戲而謂今日之兵當復然乎豈以多殺人為用兵乎諸葛亮正用梁益故決取秦隴然猶使吳并攻今天下中裂四方皆可用事臣不知其為計者果何如也雖然此猶非臣之所必知臣之所必知者陛下用事之勢夫用事之勢必使輕利而易為不使重困而難舉何者夫鷹隼乘風高入於雲漢視龜鳥所在而搏取之駿馬日馳千里過都越國恍然若無所見此其以輕利捷疾故能勝物若夫爰居腹翮非不大也避風於魯

東門而不能去駕牛載重行才十數里復遇天雨喘息躑躅而不能逸此皆困重之勢也唐太宗取天下滅夷狄得輕利易為之勢故兵不難動動必有功兵休事已無復後患而天下卒以平治今日之事實有困重難舉之勢前日賣茗飲者數百人為曹偶以抗官軍此不過弓手十將之事三兵官足以制其命矣而猖獗歲餘聲入閩嶺嘗罷斥兩帥選擇使者僅而獲之若此者其可以遇大敵乎使如太宗彼此前後所向必應而無後憂其將能乎祖宗以天下之衆困於區區夏人之數州者蓋以上下牽制首尾顧望內外異同困重而難舉也今其勢復然陛下亦自知之矣雖然變困重難舉之意使有輕易為之風者此其事不在兵不在將在朝廷大政紀綱憲度之際而已噫是又未可以一二言也臣所謂先勝之形蓋在此矣

夷狄外論四曰外可以攻內可以守全國也外可以攻內不可以守亡國也外不可以攻內可以守僅存之國也可以攻而不為必攻之形不足以守而為固守之勢折強大以就弱小臣不知其說也何謂可以攻而不為必攻之形今之淮南北是也使吾欲得志於虜非益進深入盡吾境而與之守立萬死百敗之地以示其不可過之鋒何足以庶幾於有成而況委棄垣墻視為荒閑無用之處而無經營分畫之要乃坐困內地助虜自攻中外抵掌但以復得故地為言是欲不出戶庭而遂策門外之事者歟何謂不足以守而為固守之勢今之防江是也上流有武昌之兵下流有京口秣陵之兵皆重兵也淮無宿師故恃三鎮為巨防夫以孤江與敵為對則三鎮不得不守今淮南北尚不憂其有失也何必預憂其有失而守江乎善守者守四夷今不

及矣守其境可也不守其境而守其室兵甲不在邊而在堂不知今日之所謂守者何名也匹夫小人求衣食於千里之外當樽俎匕筯之間而能有遠思今閫門內之事非必智者而後能也如農夫之自耕其田耳所以耘耨耒耜之日熟矣然且輕重失宜緩急失中首尾顛錯而無據其於天下之大計臣固知其不及也悲夫昔孫氏以謀臣之多將士之勁且精平生百戰之勤欲望淮南尺寸之地而不可得今包兩道而有之方千里十九郡使之塵沙莽然民物凋殘城戍衰弱雖建立官寺而人有搖心不能自保曾無長久自立之意徒欲內守江左以為百世不傾之基豈非與古人異謀哉雖然上則亦知淮之可重矣其所以欲為而輕止者有二患一則為嘗與虜約無置大兵今且赫然增脩益守虜必來爭或脩守不足則未能為益而先有所

喪。一則以為既分要害畫守禦。必當付之其人。權有所在。則式以成它日藩鎮跋扈之事。而臣以為二患者。皆非今日之所當慮。且雖使淮上地如今日未置大兵。若有善吏守之。虜卒以數萬衆來攻之不能克。捨之不敢過也。豈有增脩益守而先憂其敗者乎。夫守吾之要地。所以致虜之必爭。大事之機。蓋見於必爭之日。且虜能以虛言空約禁吾不敢守要地。又得吾重賂。不戰而勝。孰甚於此。善為國者。擇人而已。方欲有事。安能盡使權不分。如文欽諸葛誕固不可與。若羊祜杜預亦可乎。藥非烏喙無以療吾疾。而烏喙之毒亦能殺人。則善醫者制之而已。以其毒而并廢其藥。而吾之疾不可救矣。夫今之所謂繁盛雄富者。二浙七閩耳。皆區區吳越僻陋不足較之地。強弱成敗之所不在也。略淮而守江。守江以安閩浙。此其去中原也遠矣。臣常患今

世之言國事者。不見天下之勢。而好為無益之謀。蓋其形便曲折本非人主之所當盡知。而徒以紛亂。外則失委任將帥之意。而內不能為廟堂一定之策。嗚呼。自隆興以來。天下益多言矣。

適又上法度總論

其一曰。欲自為其國。必先觀古人之所以為國。論者曰。古今異時。言古者常不通於今。此其為說亦確而切矣。雖然。天下之大。民此民也。事此事也。疆域內外。建國立家。下之情偽好惡。上之生殺予奪。古與今皆不異也。而獨曰古今異時。言古則不通於今。是擯古於今。絕今於古。且使為國者無所斟酌。無所變通。一切出於苟簡而不可裁制矣。故古今異時之論。雖不可廢。然臣有獻於此。願陛下深思之。蓋陛下之欲自為其國者。必將因其已行。襲其舊例。聽其已然。而不加振救之術。以日入於積壞。則不可謂之自為其國。苟為不因已行。不襲舊例。不聽已然。而加之以振救之術。則如之何而可。必將以意行之。以心運之。忽出於一人之智慮。而不合於天下之心。則其謀愈謬而政愈踈矣。故臣所謂有獻於此。請陛下先觀古人之所以為國。夫觀古人之所以為國。非必遽效之也。故觀衆器者為良匠。觀衆方者為良醫。盡觀而後自為之。故無泥古之失而有合道之功。且古人之為國。具在方冊而已。其觀之非難也。陛下幸進臣而教之。指數籌畫。不終朝食。而古人為國之大槩。森然見於日中矣。陛下深覽太息。作而深惟以斷自聖志。則不待食頃而所以自為其國者。可決意行之而無難矣。夫以封建為天下者。唐虞三代也。以郡縣為天下者。秦漢魏晉隋唐也。法度立於其間。所以維持上下之勢也。唐虞三代必能不害其為封建而後王道行。秦漢魏

晉隋唐必能不害其為郡縣而後霸政舉。故制禮作樂。文書正朔。律度量衡。正名分。別嫌疑。尊賢舉能。厚民美俗。唐虞三代之所謂法度也。至於國各自行其政。家各自專其業。累世不易。終身而不變。考察緩而必。黜陟簡而信。此所以不害其封建而行王道也。秉威明權。簿正期會。課計功效。核虛實。驗勤惰。令行禁止。役省刑清。秦漢魏晉隋唐之所謂法度也。至於以一郡行其一郡。以一縣行其一縣。賞罰自用。予奪自專。刺史之間有脩司縣之察不煩。此所以不害其郡縣而行霸政也。論者所謂古今異時。言古不通於今者。謂王霸之未易分。唐虞三代之未易復而已。若將行其法度以制四海之命。不去其所以害是者而切切然惴惴然。害之愈深。守之愈固。膠而不解。滯而不通。此豈有古今之異時哉。蓋古人之所以為國者。雖各係其德之厚薄。代

之淺深世祚之短長然陛下即而觀之豈有欲其行之而乃從而害之者乎然則今世之法度其害之者衆大而難去深遠而難言矣觀古之無害而求去今之害則陛下之國其大方數千里舉而自爲以復祖宗之舊雪百年之耻無不可者矣

其二曰昔人之所以得天下也必有以得之其失天下也亦必有以失之得失不相待而行是故不矯失以爲得何也蓋必有真得天下之理不俟乎矯其失而後得之也矯失以爲得則必喪其得唐虞三代皆有相因之法而不以桀紂之壞亂廢禹湯之治功漢雖滅秦亦多因秦舊然大抵天下之政日趨於細而法日加密矣惟其猶有自爲國家之意而不專以懲創前人之失計矯而反之遂以爲功且東漢之末四方分割壞亂甚矣魏武雖嚴科條審律令以重足屏息操制群下而截然使人各得自

盡以行其職守者猶在也至晉之敗尤甚於漢南北角立迭興互滅及其崛然自見者猶皆自有爲國之意使其下無飾非養過之心人存政舉隨其所立亦或瞭然可見及隋之末年喪亂蠭起癰疽潰裂而太宗一旦立法定制疏明簡直上下易遵然則魏不以諱漢之失爲興唐不以懲隋之亡爲強夫興亡治亂各有常勢欲興者由興之塗將敗者趨敗之門此其所以不相待而非出於相矯也唐末之亂重以五代雖生人之無寧歲久矣然考其所以禍敗亦何以獨過於秦漢晉隋之亡蓋國之將亡則其形證固已若此矣而本朝所以立國定制度維持人心期於永存而不可動者皆以懲創五季而矯唐末之失業爲言細者愈細密者愈密搖手舉足輒有法禁而又文之以儒術輔之以正論人心日柔人氣日惰人材日弱舉爲懦弛之行以相

與奉繁密之法遂揭其號於世曰此王政也此仁澤也此長久不變之術也以仁宗極盛之世去五季遠矣而其人之懲創五季不忘也至於宣和又加遠矣其法度紊矣而亦曰所以懲創五季而已況靖康以後本朝大變乃與唐末五季同爲禍難之餘紹興更新以及於今日然觀朝廷之法制士大夫之議論隄防扃鐍孰曰非矯唐末而懲五季也哉夫以二百餘年所立之國專務以矯失爲得而真所以得之之道獨棄置而未講故舉一事本以求利於事也而卒以害是事立一法本以求利於法也而卒以害是法上則明知其不可行而姑委之於下下則明知其不可行而姑復之於上虛文相挻浮論相倚故君子不可用而用小人官不可任而任吏人情事理不可信而信法惟其惻怛寬平粗存古人之意而文具實亡亦獨何以異於周秦之

敝哉於是中原分割而不悟其由請和仇讎而不激其憤皆言今世之病而自以爲無瘳病之方甘心自處於不可振救以坐視其敗據往鑒今而陛下深思其故者豈非真所以得之之道未講歟誠講之而行之當舉者舉當廢者廢昔之密者今爲疏昔之細者今爲大今日出令而明日丕變矣何俟於卒歲之久哉

其三曰所謂舉一事求利於事而卒以害是事立一法求利於法而卒以害是法者何也今朝廷之法度其經久常行不可變改者十數條而已而皆爲法度之害故用人以資格爲利而資格爲用人之害銓選以考任爲利而考任爲銓選之害薦舉以關陞改官爲利而關陞改官爲薦舉之害至於任子則有數害自台郎致仕即得蔭補爲一害太中大夫待制以上蔭補得京官

為一害一人入仕世爵無窮為一害今者汰其謬濫限以員數又為一害科舉亦有數害取人以藝既薄於古今併與藝而失之為一害古者化天下之人為士使之知義今者化天下之人為士盡以入官為一害解額一定多者冒濫少者陸沉奔走射利喪其初心於今之法又自壞之為一害一預鄉貢老不成名以官錫之既不擇賢又不信藝徒曰恩澤官曹充濫人才敗壞又為一害京師之學有考察之法而以利誘天下州縣之學無考察之法則聚食而已而學校之法為害制舉所以求卓越多聞之士而責之於記誦取之於課試所言不行所習不用而制科之法為害博學宏詞昔以羅詞賦而進之於應用之文耳美官要職遂為捷徑一居是選莫可退卻而宏詞之法為害募役之法本以免天下之為役者耳今也保正長之敝通天下皆患之而役法為害昔之律敕綜理萬事朝廷隨時制宜定為新書以一條貫有出意見莫知推行但曰檢坐申嚴而已而新書為害國家本患州縣之過失不得上聞故置監司以禁切之而今也禁切監司之法反甚於州縣之吏豈以監司為非其人乎抑惟其人而必用是法乎而監司之法為害府史胥徒所以行文書給趨走雖堯舜不能廢也而今也植根固本不可搖動大官拱手惟吏之從而胥吏為害又因是以推昔之所行行經界則經界為害行保甲則保甲為害行方田則方田為害行青苗市易則青苗市易為害舉事立法無非所以求利而事立法行則無非為害上下內外亦舉皆知其為害矣然而其賢者則以為是必不可去之害庸愚者則恃其有是害也足以自容而其小人則試求甚於所害天下皆行於法度之害而不蒙法度之利

二百年於此日極一日歲極一歲天下之人皆以為不知其所終而不知陛下將何以救之哉故臣願陛下揭其條目而治之去害而就利使天下曠然一日得行於昭昭之塗雖三代以上遠而未易言兩漢及唐之盛世可立致也

用人資格　何謂資格為用人之害以賢舉人以德命官賢有小大德有小大而官爵從之一定而不易此堯舜以來之常道也無有所謂自賤而歷貴循小官之次而後至於卿相如後世之所謂資格者然堯舜以來遠矣未可遽復則資格用人未可遽廢至於不能得資格之利而受資格之害資格之害深則人皆棄賢而為愚治道日壞而不自知此不得不因今之法而少變之也夫計日月累資考雖堯舜三代則亦有然者而不以是待天下之賢才有德之人何者賢才有德之人以此官稱此人可也豈可疑其資格未至而姑遲之哉至漢人則已患苦其弊守相列侯為九卿九卿為三公天下之賢才伏而俗吏用矣伊呂周召之儔非其不為秦漢以後出而法度使之然也唐太宗雖以戰伐取天下而用人能盡其才不拘攣於常格以起一時之治尚有可喜蓋資格者生於世之不治賢否混并而無所別故以此限之耳而本朝遂以治世而行衰世之法藝祖太宗所用猶未有定式惟上所拔間得魁磊之士至咸平景德初資格始稍嚴一寇準欲出意進天下士而上下群攻之矣故李沆王旦在真宗時謹守資格王曾呂夷簡富弼韓琦在仁宗英宗時謹守資格司馬光呂公著在哲宗時謹守資格此其人皆以謹守資格為賢名重當世惟王安石破資格以用人一時所謂名士力爭而不勝其後章惇蔡京王黼秦檜相踵效之然而進小人

而亂天下者此五人也由五人之所用則當以不守資格為諱雖然資格非善法明矣而李沆十數人者以守資格得名而其時亦以稱治何也蓋能先別其流品以分君子小人之塗以定清濁上下之序彼其號為德度智略足以居大位者亦已素許之矣特欲其履歷以實之而已故其人有自小官而其望已足以為卿相至其久也亦卒為之若此者可謂得資格之利也今也不然無有流品無有賢否由出身而関陞由関陞而改官知縣由改官知縣而為四轄六院由四轄六院為察官由察官而為卿監由卿監而為侍從由侍從而為執政大臣或由知州監司而為郎由郎而為卿監侍從執政資深者序進格到者次遷而已若是而欲以舉賢才起治功其可得乎侍從不薦士宰執不舉賢執格而進曰此足以任此矣陛下雖欲責之以事詢之以謀彼安所從知乎此臣所謂受資格之害也且本朝廢資格而用人無若李沆王旦王曾呂夷簡富弼韓琦司馬光呂公著之為人無若王安石章惇蔡京王黼秦檜之為相守資格以用相然攷其功效驗其人才本朝以資格為用人之利也決矣故臣欲陛下審乎資格之實深念今日人才衰乏已甚稍加變通號召收拾以終成資格之利而不受資格之害且天之生才也甚難人主之得才也亦甚難毋夭閼摧折之使至於盡蓋今世猶有可用之人誠使朝廷之資格一出於人才之所當用則有資格之利而無資格之害矣

用人銓選　何謂銓選之害甄別有序黜陟不失者朝廷之要務也故自一命以上皆欲用天下之所謂賢者而不以便其不肖之人切惟人主之立法常為不肖者之地而消靡其賢才以俱入於不肖而已而其官最要其害最甚者銓選也吏部者朝廷喉舌之處也尚書侍郎者天下貴近之臣也處之以其地任之以其官與之以天下士大夫甄別黜陟之柄而乃立法以付之曰吾一毫不汝信也汝一毫不自信也其人之賢否其事之罪功其地之遠近其資之先後其祿之厚薄其缺之多少則曰是一切有法矣天下法度之至詳曲折詰難之至多士大夫不能一舉手措足不待刑罰而自畏者顧今無甚於銓選之法也嗚呼與人以官賦人以祿生民之命由此而出矣使加之意天下不於此乎望治風俗不於此乎求厚人才不於此乎責實而將安所取之柰何舉天下之大柄而自束縛蔽蒙之壅窒蠹折乃為天下大弊之源乎雖然是幾百年於是矣其相承者非一人之故矣學士大夫勤身苦力誦說孔孟傳道先王未嘗不知所謂治道者非若今日之法度也及其一旦之為是官噤舌拱手四顧吏胥以問其所未嘗知之法令吏胥上下其手以視之其人亦抗然自辨曰吾有司也固當守此法而已嗟夫豈其人之本若是陋哉陛下有是名器為鼓舞群動之具與奪進退以叙天下何忍襲數百年之弊跡汩沒於區區壞爛之法以消靡天下之人才而甘心以便其不肖如此則治道安從出而治功何自成哉況自唐中世以前吏部用人之意猶有可考今之所循者乃其衰亂之餘敝耳百王之常道未容至於陛下而不復也夫曰私曰備曰怨曰謗曰動眾曰招權此末世之庸人所以恐喝其上而疑壞治道於將興之時者也陛下深考昔人之已行毅然不惑於眾因今之銓選一二人而付之蓋今之大臣與人以堂除者乃昔日銓選常行之事大臣不知其職任有大於此而

止以堂除為宰相之大權。堂除為宰相之大權。則無恠銓選為奉行文書之地也。使今日銓選得稍稍自用。若堂除之選盡歸銓部。然後大臣知職任。而銓選亦能少助朝廷用人。尚書侍郎者。不虛設矣。

用人薦舉　何謂薦舉之害。使天下之大吏。得薦舉天下之卑官宜若為善法矣。而今乃為大害。且関陞令録職官。改官。京官若陞朝官。又轉而至員郎。此朝廷自設限隔以分貴賤。而使人非舉不得入。曰三考。曰四考。有舉者三人。若六考。若七考。有舉者五人。則関陞。則改官。朝廷之立是法也。豈不曰。吾不徒與。以賢能而與。賢能不自知。以薦而知乎。然則今朝廷歲與人以関陞改官者。豈曰此誠賢與能者乎。大吏歲舉以改官者。亦豈曰此誠賢與能者乎。其人之得関陞改官者。又豈曰。吾誠賢與能者乎。上不信其舉人者。舉人者不信其求舉者。求舉者不以自信。必曰。是皆不可知。而朝廷之法既已如此。則不得不出於此。朝廷亦曰。吾之立法既已如此。則不得不聽其如此。然則是上下相與為市。均付於不可知而已。故奔競成風。干謁盈門。較權勢之輕重。不勝其求。若此者。不待下之人知之。上之人蓋知之矣。方其人之未得出乎此也。卑身屈體以求之。僕隸賤人之所恥者而不恥也。此豈復有其中之所存哉。及其人之既得脫乎此也。抗顏莊色以居之。彼其下者又為卑身屈體之狀以進焉。彼亦安受之而已。相承若此。則以此見舉。以此舉人。陛下之人才壞而生民受其病。無足疑者。嗟夫。其始則或不至是矣。而流弊之極。皆固守而不思變。且京朝官者。已為天下之所貴。而朝廷亦自貴之矣。不自貴而使天下。亦不知貴之宜在朝廷無不可為而計今或未之能也。今合多而考累而任使。其積日計月而無在官之過者。可以循至於次等之京官。毋必舉焉。其誠可舉者。因今之法而舉之。與之以今之所與之官。若是。則庶幾乎士之稍自重者。知有常進之可由。而不汲汲焉為是卑身屈體以求之。而僕隸賤人之所恥者。亦或知恥矣。其舉人者。不困於求者之多。庶幾乎知所自立。而或能真舉其賢能以報上矣。解舉官之急。姑用是要以風俗稍善。治道稍明。循次而進。必無倖乎舉者。而大吏或一舉其材。則朝廷信而用之。拔於常調。此薦舉之正也。然此有司之事。執政大臣之所當請而後行。朝改夕定非若兵財之有所難也。睥睨隱忍而不知為之。遂為天下之大患。亦可悲也。

用人任子　何謂員郎致仕即得蔭補為一害。人臣以子任官。亦國之重事也。其與之宜當於義。而稱於恩。使朝廷録功紀舊之意有所表見。今日舉主而改官。率十餘年而至員郎。由常調入仕不過佐郡而止。其功業未有以異。然且從而官其子。豈以為是庸庸無所短長之士。而必使繼世為之耶。且又其仕而顯者職任勞效。或見稱於天下。而不幸其官止於員郎。則所以得任其子弟者亦無異於常調而至此者。此所謂其義不當而恩不稱也。何謂自太中大夫待制以上蔭補得京官為一害。京官者朝廷之所貴重。使天下士大夫更六七考用舉主五六人而後得之。今關遠而待之者多。入仕久者至三十年始得改官。疾病憂患。公私愆犯。有終身不得者。或一特與人改官。上下相目以為異事。今至使其為太中大夫待制者。即以京官任子弟。何重於彼而不惜於此耶。豈為侍從大臣之子。則無倖乎舉主考第

而已能度越天下之賢士大夫者歟重之則其法立而不能變
輕之則其恩濫而不能變所謂輕重彼此不相應也何謂一人之
入仕世爵無窮為一害古者裂地分茅以報人臣之有功使其
子孫嗣之所以疇祖宗垂後裔也至於官使必有所宜不可以
一夫官簿之所至苟應法令而直與之以為恩則濫以為法則
潵以為義則悖且朝廷不尚賢而尚貴朱紫混然夷跖雜覆崇
觀以來七八十年人臣不以道而得貴仕者在其元身自宜削
奪而今也子孫仕宦不知藝極驕侈無忌自稱世家將使世之
所謂賢者何以勸焉何謂今日汰其謬濫限以員數為一害且
朝廷向之所以盡與之者不知其謬濫而姑為是無窮之恩也
今也知而汰之而徒限以員數則亦不可夫為上者使其下以
知義而已義所可與雖盡與之吾何所得吝不然與其一而棄

其一曰此在吾限員之外乎此不得獨賢彼不得獨愚義理愈
蔽而人紀隳矣故員郎非朝廷所甚重之官其常調而至此者
可勿復與其果有勤勞或賢有德聞於上者與之可也京官為
朝廷之所貴柰何以與從官執政之子弟以今之所與員郎卿
監者與之可也計其入官之世次考其所任之多寡以稽其人
之有功無功賢與不賢為之止法可也如是則可與者與之何
必以員數限之乎雖然因今之法而有所變改不得不出於是
若舉公卿大夫之子弟而養之於學校擇天下之明師良友以
成就之使其材器卓然可以為國家用則於此乎官使之而苛
法煩例前衝後改皆可一决而去而先王之意見矣
科舉　何謂今併與藝而失之為一害蓋昔之所謂俊人者其程
試之文往往稱於世俗而其人亦或有立於世今之所以取者

非所以取之其在高選輒為天下之所鄙笑而鄉曲之賤人父
兄之庸子弟俯首誦習謂之黃策子者家以此教國以此選命
服之所貴者乃人之所輕且夫世之所重者豈必知重其人哉
亦或其藝文之可稱者耳此固不足以一其內今其可稱者又
莫之獲而人之所輕者乃返得之然則上之求士而用之公卿
大臣由此塗出豈有始於為人之所輕而終也乃足以為國家
之所重者乎何謂化天下之人為士盡以入官為一害使天下
有義於為士而無義於入官此至治之世而兎罝之詩所以作
也蓋義於為士則知義知義則不待爵而貴不待祿而富窮人
情之所歆慕者而不足以動其自守之勇今也舉天下之人總
角而學之力足以勉強於三日課試之文則囂囂乎青紫之望
盈其前父兄以此督責朋友以此勸勵然則盡有此心而其廉

隅之所底厲義命之所服安者果何在乎朝廷得斯人者而用
之將何所賴以興起天下之人才哉何謂解額一定為一害百
人解一承平之世酌中之法也其時閩浙之士少以應書而為
解之額狹矣今江淮之間或至以僅能識字成文者充數而閩
浙之士其茂異穎發者乃困於額少而不以與選奔走四方或
求門客或冒親戚或越糴納夫士之為學其精至於性命之際
而其用在於進退出處之閑然後朝廷資其材力以任天下之
重今也以利誘之於前而以法限之於後假冒干請無所不為
然則以其有是士之可取也而取之此其義理之當然者耳則
解額之狹於彼者何不通之使與寬者均乎何謂一預鄉貢以官
錫之為一害古人之取者也取之四五而後定其終身而本朝之
法不然其鄉貢也一取之而已一取而不復棄其人三十年之後

憐其無成而亦命之官蓋昔藝祖之初閔天下士有更五代困於場屋而猶不得自還者因以爲之賜今也士人充塞偶然一得何足爲言則安用此而遂爲常法乎夫士者人材之本源立國之命係焉四患不除而朝廷於人材之本源戕賊斲喪不復長育則宜其不足於用也去四患得四利所謂養之於始自拱把而至於桐梓古人之言不可忽也

學校　何謂京師之學有考察之法而以利誘天下三代漢儒其言學法盛矣皆人耳目之所熟知不復論若東漢太學則誠善矣唐初猶得爲美觀本朝其始議建學久而不克就王安石乃卒就之然未幾而大獄起矣崇觀間以俊秀聞於學者旋爲大官宣和靖康所用誤朝之臣大抵學校之名士也及諸生伏闕搥鼓以請起李綱天下或以爲忠義之氣而朝廷以爲倡亂動衆者無如太學之士及秦檜爲相務使諸生爲無廉恥以媚己而以小利啗之陰以拒塞言者士人靡然成風獻頌拜表希望恩澤一有不及謗讟喧然故至於今日太學猶敝遂爲姑息之地夫秉義明道以此律己以此化人宜莫如天子之學而今也何使之至此蓋其本爲之法使月書季攷校定分數之毫釐以爲終身之利害而其外又以勢利招來之是宜其至此而無怪也何謂州縣之學無攷察之法則聚食而已往者崇觀政和間蓋嘗攷察州縣之學如天子之學使士之進皆由此而罷科舉矣此其法度未必不善然所以行是法者皆天下之小人也故不久而遂廢今州縣有學宮室廩餼無所不備置官立師其過於漢唐甚遠惟其無所攷察而徒以聚食而士之俊秀者不願於學矣州縣有學先王之遺意幸而復見將以造士使之俊秀

而其俊秀者乃反不願於學豈非法度有所偏而講之不至乎今宜稍重太學變其故習無以利誘擇當世之大儒久於其職而相與爲師友講習之道使源流有所自出其卓然成德者朝廷官使之爲無難矣而州縣之學宜使考察上於監司聞於禮部達於天子其卓然成德者或進於太學或遂官之人知由學而科舉之陋稍可洗去學有本統而古之文憲庶不墜矣若此類者更法定制皆於朝廷非有所難顧自以爲不可耳雖然治道不明其紀綱度數不一一揭而正則宜有不可爲者陛下一揭而正之則如此類者雖欲不爲亦不可得也

制科　用科舉之常法不足以得天下之才其偶然得之者幸也自明道景祐以來能言之士有是論矣雖然原其本以至其末亦未見有偶然得之者要以爲壞天下之才而使之至於舉無可用此科舉之敝法也至於制科者朝廷待之尤重選之尤難使科舉不足以得材則制科亦庶幾乎得之矣雖然科舉所以不得才者謂其以有常之法而律不常之人則制舉之庶乎得之者必其無法焉而制舉之法反密於科舉今夫求天下之豪傑特起之士所以恢聖業而共治功彼區區題目記誦明數暗數者胡爲而責之而又於一篇之策天文地理人事之紀問之略備以爲其說足以酬吾之問則亦可謂之奇材矣當制舉之盛時置學立師以法相授浮言虛論披扶不窮號爲制科習氣故科舉既不足以得之而制舉又已失之然則朝廷之求爲一事也必先立爲一法若今科舉之法是本無意於得材而徒立法以困天下之汎然能記誦者耳此固所謂豪傑特起者輕視而不屑就也又有甚此者蓋昔以三題試進士而爲制舉者以

答策爲至難。彼其能之。則猶有以取之。自熙寧以策試進士。其說蔓延。而五尺童子無不習言利害以應故事。則制舉之策不足以爲能。故哲宗以爲今進士之策有過此者。而制科由此再廢矣。是以八九十年。其薦而不得試者。其試而不見取者。其幸而取者其人才凡下不逺於科舉之俊士。然且三年一下詔而追復。不俟科舉之歲皆舉之。將何所爲乎。設之以至密之法與之以甚美之名。使其得與此者爲急官爵計耳。且天下識治知言之人。不應如是之多。則三歲以策試進士。使肆言而無所用是誠失之矣。今又使制舉者自以其所謂五十篇之文。泛指古今。數陳利害。其言煩雜。見者厭視聞者厭聽。且士人猥多無甚於今世。挾無以大相過之實。而冒不世之名。則朝廷所以汲汲然而求之者。乃爲譏笑之具。今且暫息天下之多言。進士無親

策制舉。無記誦無論著。稍稍忘其故步。一日慨然天子自舉之。三代之英才雖未可驟得。亦不至如近世之冗長無取。非惟無益而反有害也。

宏詞　法或生於相激。宏詞之久廢矣。紹聖之初。既盡罷詞賦而患天下應用之文。由此遂絕。始立博學宏詞科。其後又爲詞學兼茂。其爲法尤不切事實。何者。朝廷詔告典冊之文。當使簡直宏大。敷暢義理。以風曉天下。典謨訓誥諸書是也。孔氏錄爲經常之辭。以教後世。而百王不能易。可謂重矣。至兩漢制誥詞意短陋。不復髣髴其萬一。蓋當時之人。所貴者武功。所重者經術。而文詞者。雖其士人譁然自相矜尚。而朝廷忽畧之。大要去刀筆吏之所能無幾也。然其深厚溫雅。猶稱雄於後世。而自漢以來。莫有能及者。若乃四六對偶銘檄贊頌。循沿漢末以及宋齊此真兩漢刀筆吏能之而不作者。而今世謂之奇文絕技。以此取天下士而用之於朝廷。何哉。自詞科之興。其最貴者四六之文。然其文最爲陋而無用。士大夫以對偶親切用事精的相誇。至有以一聯之工。而遂擅終身之官爵者。此風熾而不可遏七八十年矣。前後居卿相顯人。祖父子孫相望於要地者率詞科之人也。其人未嘗知義也。其學未嘗知方也。其材未嘗中器也。操紙援筆以爲比偶之詞。又未嘗取成於心。而本其源流於古人也。是何所取而以將相顯人待之。相承而不能革哉。且又有甚悖戾者。自熙寧以經術造士也。固患天下之習爲詞賦之浮華而不適於實用。凡王安石之與神宗往反極論。至於盡擯斥一時之文人。其意曉然矣。紹聖崇寧號爲追述熙寧。既禁其仕者不爲詞賦。而反以美官誘其已仕者。使其爲宏詞。是始以經

義開迪之。而終以文詞蔽陷之也。士何所折衷。故既已爲宏詞。則其人已自絕於道德性命之本統。而以爲天下之所能者盡於區區之曲藝。則其患又不特舉朝廷之高爵厚祿以與之而已也。反使人材陷入於不肖而不可救。且昔以罷詞賦而置詞科。今詞賦經義並行久矣。而詞科迄未嘗有所更易。是何創法於始。而不能攷其終。不自爲背馳也。蓋進士制科其法猶有可議而損益之者。至宏詞則直罷之而已矣。

役法　自熙寧爲募役法。盡官府之役。官自募之。官受其病。而民獲其利。官當其勞。而民居其逸。雖然。官豈能自爲其病與勞哉。故差役之患難去。而募役之法方興。故役錢者。募役之患。而今之保副正長。又募役所不能行之患也。役錢則不可復論。保副正長者。乃役法之一事耳。而今爲大患。窮天下之能言者日夜

紹興謀之。而不能自出一說也。蓋昔者保伍其民。而有保正副將以兵法。部勒其下。而其法曰。募有材勇。及一都之內物力最高者。戶長則以催科。耆長則以追胥。而皆有雇直。熙豐之法。其分畫詳明如此。然猶紛紛而不能定。其後艱難。用度日缺。講利源者。無所取財。以為耆戶長雇錢者。官未嘗盡支。而為耆戶長者。亦不願請。故取其窠名以起發上供。而耆戶長之役。盡以歸於保正副。然則今之保正副。募法未嘗不存。而未嘗不強差之也。其計較物力。推排先後。流水鼠尾。白脚替歇之差。鄉胥高下其手。而民不憚出死力以爭之。今天下之所訴訟。其大而難決者。無甚於差役。蓋朝廷之上。其於庶事條目纖悉委曲。動有法禁。而所謂保正副之役者。乃獨無法。何為其無法也。名募而實差。是以若此其不齊也。而近世淺夫庸人之論。不過仇疾其官

戶。誅扶於詭產。其說有自牢執。而與編戶齊役者矣。而詭產遍天下。其弊安可絕。且不咎州縣之以差保正副長困民。而區區然姑欲治官戶詭產何哉。今復以耆戶長雇錢還州縣。使二稅呼集之役。有所分而隸於保正副。則差役之害太半已去矣。使一都之內。誠有材力可以服衆。智勇可以率人者。遵用舊法。使為保正若副。而除其一戶二稅之半。要使保正副者人欲爭為之。而不可。而不使強委。已而不願也。夫如是。則天下豈復以差役為患哉。又如是。則雖官戶無問新故。亦皆可為之。而何至以督責官戶哉。且今世為民之意何其薄。而辦官之事何其至也。且京師有諸道。諸道有諸州。諸州有諸縣。自縣而後親及於民也。其勢宜使什伍比閭里黨。而後達於縣令。則擇其人而為保正副者。正所以親切於民。服習其小爭。而無使至於大鬭。教民

使不犯。省刑罰之先務也。若此者。其官事何所不可辦。而今顧未嘗為之施甚陋之意。以與民較至下之冀。民愈爭而不知悔則鞭笞隨其後。是獨何益哉。是其行之非有所難而不思者何也。

法令　何謂新書之害。本朝以律為重。而勅令格式。隨時修立。自嘉祐熙寧元豐元祐紹聖大觀政和紹興。皆自為書。近者乾道淳熙。已再成書矣。以後衝前。以新改舊。凡朝廷上下之所恃以相維持相御使者。奉行此書而已。且天下以法為治久矣。臣豈敢遽議新書之害。如晉叔向之所以告鄭子產者乎。然而有三害最近。不可不知。凡天下之事無不備於此書。而人之智慮不能出於此書之外者。一害也。書既備矣。而事復弊。法既具矣。而令不行。則宜有說焉。今止謂之各已有見行條法。止於檢坐申

嚴而已。明知法不足恃。而欲強委之。二害也。人材因此浸以頹墮。掎摭利害。汎然推廣。及其終也。不過亦曰。臣愚欲望申嚴已行之法而已。以法為弊猶可言也。以人為弊不可言也。三害也。至於朝省之前後批六部之勘當。諸司州郡之照條施行。又其相習公為欺誕。以度歲月。害之小者耳。夫以法為治。今世之大議論。豈可不熟講而詳知也。蓋人不平而法至平。人有私而法無私。人有存亡而法常在。故今世以人亂法不亂為常語。此所以難於任人而易於任法也。雖然。人則未易任也。以唐虞三代之盛。王至誠一意以相與。而後其人可任。今則安能至於不任人而任法。則必任其足以行吾法之人。而不任其智足以知法與力不足以行法者。而後法可任。此易見之論也。而今則亦未之能何也。夫使是書而果備天下之事。則將何取於人。蓋是書

之所備者備其文。不備其實。備其似。不備其真也。夫使見行條
法誠已皆具。而天下何為尚有犯法而生弊者。然非無其法之
罪。而無其人之罪也審矣。今不改其人。而曰檢法申嚴以諄複
其法。然則法終不行矣。故任人而廢法。雖誠未易論。而任人以
行法。所以助法之不能自行者。必非若今之所謂檢坐申嚴批
狀勘當照條之類。以煩天下之耳目。使其人聰明憒眊。智慮不
知所出。求以應故事而塞章奏。則亦謹然願助陛下之申嚴。此
法令之所以日壞。而人材之所以日消。日用飲食而不能自知。
法爛道窮。暫相縻繫。而無經久固結之道。國威之所以不振。強
虜之所以憑陵也。臣故欲陛下縱未能任人而廢法。以行唐虞
三代遠大之政。姑欲任人以行法。使法不為虛文。而人亦因以
見其實用。功罪當於賞罰。號令一於觀聽。簡易而信果。敢而仁
若漢以來者可笑。

吏胥　何謂吏胥之害。從古患之。非直一日也。而今為甚者。蓋自
崇寧極於宣和。士大夫之職業。雖皮膚蹇淺者亦不復修治。而
專從事於奔走進取。其簿書期會。一切惟吏胥之聽。而吏根固
窟穴。權勢熏炙。濫恩橫賜。自占優比。渡江之後。文字散逸。舊法
往例。盡用省記。輕重予奪。惟意所出。其最驕橫者。三省樞密院
吏部七司戶刑。若他曹外路。從而傚視。又其常情耳。故今號為
公人世界。又以官無封建。而吏有封建者。皆指實而言也。且公
卿大臣之位。其人不足以居之。俛首刮席。條令憲法多所不諳
而寄命於吏。此固然也。雖然。使得其人而居之。如昔之所謂伊
尹傅說之儔。而以夫區區條令憲法。仍為不曉而與是吏人共
事。終亦不可。然則今世吏胥之害。無問乎官之得其人與不得

其人。而要以為當革而已矣。府史胥徒。自有國以來所同有也。
然必有上不侵官。下不病民。以自治其事而聽命焉。而秦漢之
敝法。匡天下之豪傑。由刀筆選而至三公。今幸已甄別品流。而
其餘敝未盡去。且又皆以天下經常之事。並為成書以付之。彼
吏得知之。而官不得知焉。此其為害又過於秦漢。何者。今百司
之吏。其爵其祿。往往有士大夫之所不敢望。漢之公府掾。諸卿
主事。辟召皆天下名士。其權柄足以搖守相者。今之所謂都錄
行首主事之類是也。此直以鞭撻刑戮待之。而高爵厚祿若是
何哉。今官冗而無所置之士大夫不習國家臺省故事。一旦冒
居其位。見侮於吏。今胡不使新進士及任子之應仕者。更迭為
之。三考而滿。常調則出官州縣。才能超異者或遂錄之。若此。則
有三利。士人顧惜終身。畏法尚義。受財鬻獄必大減少。吏曹清
則庶務舉。且因以習士大夫使之有材。而無至於今世之媮惰
一利也。更迭為之。無根固窟穴之患。無保引私名之敝。而封建
之勢因以去矣。二利也。增貢百餘。稍去冗官之患。待缺擇地爭
奪伺候之風亦漸衰息。三利也。得三利去三害。此亦非有勞民
動衆之難者。京師紀綱之首。吏曹清則諸司州縣之吏蠹亦必
少異於今日。蓋結託干請有所不行。乎決衆事。整齊簿書。不為
疑玩。則下亦知畏故也。

監司　何謂監司之害。朝廷之設官也。必先知其所以設是官之
意。其用人也。必先知其所以用是人之說。州郡衆而監司寡。謂
州郡之事難盡察也。故置監司以察之。謂州郡之官難盡擇也。
故止於擇監司。亦足以寄之。自漢以後所謂監司亦若是而已。
未暇及於方岳相維之義也。且其若是。則奉行法度者州郡也

治其不奉行法度者監司也故監司者操制州郡者也使之操制州郡則必無又從而操制之此則今世所以置監司之體統當如是矣今也上之操制監司反甚於監司之操制州郡緊緊恐其擅權而自用或非時不得迹歷不得過三日所從之吏卒所批之券食所受之禮饋皆有明禁然則朝廷防監司之不暇而監司何足以防州郡哉且不責其大而姑禁其細何哉是謂不知設官之意用人之說而緣微文以立法一失也故監司之弛惰人反以爲寬大上亦以爲知體監司之舉職人反以爲侵權上亦以爲生事此其大繆戾者也夫監司者以法治以義舉者也今轉運司則以劉刷州縣財賦候司其餘羨裒雜其逋欠爲一司歲計之常提舉司則督迫茶鹽用法苛慘至常平義倉水利農田則置而不顧提刑司則以催趣經總制錢印給僧道

免丁由子爲職而刑獄寃濫詞訴繁滯則或莫之省焉是監司之不法不義反甚於州縣故今之爲州縣者相與聚而嗤笑監司之所爲豈監司之本然哉是謂之不以法治不以義舉之權付之而使監司之所操者在州縣之下矣二失也且不以法不以義則所爲付之事切者固宜得其實焉今也轉運司徒報上供之數於戶部而轉輸運致之實則無之則一路之財計者將何所用也茶鹽則已受其剩利於榷務都場而提舉司受其措留掌其住賣督其煎煑爲之索逋理債而已經總制錢州郡各已趂辦上供而提刑司者徒文移知通收索季帳稽考綱解以報戶部而已是三司者以此爲職徒養資考多人徒憑意氣作聲勢以便其私可也國紀民命何賴於此是謂既無法無義而事切又不得實三失也至於還轉運司之權以清戶部之務罷

提舉司之事以一轉運之權又皆今日之甚急者昔人謂止擇十道使猶患不得其人則監司者蓋甚重矣豈以爲例差循致之用哉

歷代名臣奏議卷之五十五

治道

宋光宗即位葉適應詔條陳六事上奏曰臣恭惟陛下始初臨御思深慮遠甞未旬浹遽詔中外之臣各以其言疏列來上誠欲治之主正本始之先務也臣不敢汎濫條奏苟應故常惟陛下少留聽焉臣聞古之號為賢君者必能先明所以治其國之意能先明所以治其國之意知病所在鏤劃根柢不憚改為則雖已衰復興垂敗復成終必得其所願而後已不能先明所以治其國之意因循姑息隨日前之苟且望他日之遠大錯施雜用精神不應文理差舛久而無驗心志怠忽則雖已興已治之餘衰亂出焉況欲求其興且治乎所謂當先明治國之意何也蓋當微弱之時則必思強大當分裂之時則必思混并當讎恥之時則必思報復當弊壞之時則必思振起當中國

全盛之時則必思維持保守當夷狄賓服之時則必思兼愛休息先視其時之所當尚而擇其術之所當出不可錯施而雜用也堯舜三代莫不皆然秦漢以還可稱之君暨我本朝藝祖太宗聖人迭起積其勤勞奮其勇智功隆業鉅垂裕來葉何嘗有迷其時而誤其術者哉陛下以臣之言視今之時則其時果當何尚而其術果當何擇歟豈以為微弱而當思強大分裂而當思混并讎恥而當思報復弊壞而當思振起歟抑以為中國全盛而當思維持保守夷狄賓服而當思兼愛休息也無乃當微弱分裂讎恥弊壞之時而但處之以中國全盛夷狄賓服之勢用維持保守兼愛休息之術而欲庶幾夫強大混并報復振起之功歟治道之象微而難知臣雖至愚竊論今日之事恐其由前之時而處以後之勢用後之術而欲求前之功補瀉雜醫不能起疾禾莠參種迄靡豐年此所謂治國之意當先明者也誠

先明其意則國之所是可斟酌而定議論趨向可審詳而決課功責效可歲月而待臣昧死願論今日之未善者六事皆治國之意未明之故何謂未善者六事今日之國勢未善也今日之士未善也今日之民未善也今日之兵未善也今日之財未善也今日之紀綱法度未善也何謂今日之國勢未善請即漢唐之興廢以考見宣和靖康之始末漢中衰也為王莽所篡尺地一民非諸劉之有矣然其人心猶未潰也故光武以宗室疎屬至與乞食之飢民聚謀協力卒以誅莽而盡復漢業者二百年唐自天寶之後大亂相乘盜竊名字跨據藩鎮者接踵加以世有內患日就衰削亦以其人心猶未潰也故猶得專主行其命令盡羈縻其土宇者百五十年不至於播遷不復而使中原遂為左衽也國家宣和靖康之變雖曰小人造釁力取幽燕貪功不靖激成禍亂然三鎮雖割而其民未嘗願降也京師雖陷而天

下未嘗有變也虜雖以威立張邦昌劉豫而姦雄未有崛起而與我抗者也建炎巡幸遠至溫台從衛隆祐分適洪贛川陝處置自為扞禦三方阻隔不相聞知然臣民奔走愛戴無異平日及劉豫再犯江淮兀术復取河南震動陵逼自以為豕突之勢莫之敢枝然將士用命首尾鏖擊豫以退卻而兀术大敗卒甘心而求盟焉自是宣和之末至紹興十年之後凡二十年之間中國實無潰叛之形也然終不免於罷兵增幣分裂南北以和寇讎大則無東漢戡復之勳小則無晚唐羈縻之政何也此臣所以深疑當時治國之意未明於微弱分裂讎恥弊壞之時猥用維持保守兼愛休息之術枘鑿不合矛盾相戾畏而安之佐成其鋒以致此也自是以來幾二十年顏亮兇狂離其巢窟跳踉一戰鼓聲所震常潤之屋瓦幾無寧者當是之時我方過於防慮豈敢謂其真送死乎然而胡人纂之華人叛之卒殞其首

於是中原響合殆將百萬而我以素無紀律之兵聲勢不接猶能所向有功是中國雖名屬彼而實未嘗潰叛於我者如故也自是以來休而息之愛膚而不敢愛中原者又幾三十年矣歲月雖已遠長老雖已亡號令雖已絕然而臣揆之天理驗之人心察之事勢雖其名屬彼而實未嘗潰叛於我者猶在也陛下盍先明所以治其國之意而斟酌國是於此乎且夫微弱者必思強大湯以七十里文王以百里是也分裂者必思混并秦晉隋之力爭藝祖太宗之無敵是也雠恥者必思報復夏少康越勾踐漢武帝唐太宗是也弊壞者必思振起秦孝公周世宗是也豈昔之能斟酌國是於此而今有不能乎若曰業已然矣吾獨柰何又曰天不悔禍吾其敢逆事之未亨則曰乘其機也不知動者之有機而不動者之無機矣縱其有機也與無奚異功之未成則曰待其時也不知為者之有時而不為者之無時矣

縱其有時也與無奚別然則用後之術而欲求前之功治國之意終於未明而今日之國勢亦終於未善而無所復論矣何謂今日之士未善自古國家曷嘗不以任賢使能為急歟然而以意行事以人勝法者乃今日之所諱也故事之曲折無不該法習而行之吏胥所工士大夫媿焉幸時無事將迎唯諾自可稱職而賢能遂至於無用矣其無用也故今之修飾廉隅者反以行見異研玩經術者反以學見非志尚卓犖者反以材見嫉倫類通博者反以名見忌是豈世之惡賢能歟賢能之無用勢有以激之也錮於朋黨沉於卑賤老於巖穴何不可者然而臣竊恠其說無用於世矣而風流日以墮失士俗日以頹敗官無素望人無定品諸路無平時之帥群僚無充事之員舉躊躇歎息而且以乏材為患者何歟豈其既以為無用而可以抑遏又以為有用而不可磨滅歟然則以為有用而不求其實而收之以

為無用而不思其弊而救之者何歟此臣所以深疑治國之意未明而使今日之士未善也陛下盍先明之乎若治國之意終未明則今日之士亦終於未善而無所復論矣何謂今日之民未善三代之養民臣猶未敢言也若夫漢當文景之際則公私有餘武帝則蕭然耗矣江左元嘉之政其盛衰亦然蓋民之貧富專繫其用兵之多少矣自紹興之中年及乾道淳熙將五十年中間用兵一二年爾亦可謂少矣民之富州縣之寬宜與文景比而今日獨柰何民力最窮州縣最困歟試即士大夫而問今天下之縣曰某可為歟某不可為歟其不可為者十居八九矣又試即士大夫而問今天下之州曰某可為歟某不可為歟其不可者十居六七矣又問其不可為者何事歟曰月椿板帳錢爾經總制上供爾歸正人官兵俸料爾又問民力之所以窮者何說歟曰役法爾和買爾折帛爾和買而又折帛爾然則國

家有休兵之實過於文景而天下被用兵之害甚於武帝何歟此臣所以深疑治國之意未明而使今日之民未善也陛下盍先明之乎若治國之意終於未明則今日之民亦終於未善而無所復論矣何謂今日之兵未善古人之兵以宿師為拙以聚屯為病不敢別異於民而特養之雖特養之不多數也一朝有事菽撻其食料簡其民雖少而未嘗不勝者屬而使之也今之特養者將兵禁兵廂兵世世坐食總其成數斯不少矣古人之兵患未得此數爾固足橫行於天下又有特養之大者御前之軍屯駐四處鑄兵買馬截撥綱運貲力竭矣然而上下徊徨皆曰兵不可不養也屈意仇雠堅守盟誓行人歲遣賂貸空矣然而內外怵惕又皆曰兵不可用也不知兵既不可不養而何以反不可用歟統馭非人朘削廩賜卒伍窮餓怨嗟流聞議者又以為就使用之終不可以致其死命也不知既不可用而徒養

之又何以徒養之者為累歟然則昔人之能厲其兵雖少而必勝今日之以兵自累雖多而愈弱者何歟臣所以深疑治國之意未明而使今日之兵未善也陛下盍先明之乎若為國之意終於未明則今日之兵亦終於未善而無所復論矣何謂今日之財未善財之善者不曰米粟布帛取於民力之所有歟及王制浸廢運漁鹽榷酒若以佐用度然終不盡利而亦不盡以金錢責其下之所無雖少而不得不足者蓋亦未至於一切肆行而不顧也今之茶鹽淨利酒稅征榷何其浩大歟雖漢唐極盛之時盡一天下之輸曾未能當今三務場之數其又有浩大者經總制錢強立窠名徒而分隸和買白著折帛折變再倍而取累其所入開闢以來未之有也入既若是出亦如之蓋常倉卒不繼相視無策遂印兩界會子而權之者有年數矣不知取錢之多既若是而何以卒歲擾擾反憂不足歟今天下幸欲暫安

於無事而徒以是錢為患也設更有事其一切不顧而取之者又將覆出歟夫昔者不敢盡取雖少而猶足今日不顧而取之雖多而猶匱者何歟臣所以深疑治國之意未明而使今日之財未善也陛下盍先明之乎若治國之意終於未明則今日之財亦終於未善而無所復論矣何謂今日之紀綱法度未善昔之立國者知威柄之不能獨專也故必有所分控持之不可盡用也故必有所縱三代以上星分棊布悉為諸侯其自居者千里而已此非後世之所能然猶堅植其四隅倚之捍禦封棠其險阸示以形勢至於對立鼎峙雌雄所争則必隆其委任多其分畫豈無外重生姦跋扈致寇之患哉歷代相承莫之或變蓋非不欲其密而亦不能不使之踈也然則盡收威柄一總事權視天下之大如一家之細孰有如本朝之密者歟嗚呼靖康之禍何為遠夷作難而中國拱手歟小民伏死而州郡迎降歟邊關莫禦而汴都摧破歟今猶弗之悟也豈私其臣之無一事不稟承我者為國利而忘其離之無一事不禁切我者為國害歟豈其能專而不能分能密而不能踈知控持而不知縱捨歟此臣所以深疑治國之意未明而使今日之紀綱法度未善也陛下盍先明之乎若為國之意終於未明則今日之紀綱法度亦終於未善而無所復論矣恭承明詔念軍國之利害不能究知生民之休戚無以自達法或不宜於俗事或不便於時臣固以為無大於此六者矣然而當先明治國之意而已不先明治國之意使此六者本傷而末壞心蠹而枝披支離渙散而臣之議論無所復用矣誠先明治國之意則臣今所論特其目爾源流汗漫變故萬端非兼考古今不能盡其理非亟知難易不能通其變非獨悟良策不能操其決非豫觀成效不能待其久也陛下不以臣之愚試留聽焉誠欲先明所以治國之意則固當視

今之時陛下以為今果何時歟果微弱歟則意固在於強大矣果分裂歟則意固在於混并矣果離心歟則意固在於報復矣果弊壞歟則意固在於振起矣在陛下審觀熟察而已然則謂今之時為中國全盛夷狄賓服者臣恐其名託之而實非也謂治國之意當維持保守無變休息者臣恐其形似之而實繆也在陛下果斷改為而已臣伏覩壽皇聖帝在位二十八年英武剛健勤勞恭儉整厲臣工變移風俗大志未酬親授陛下舜禹之美二典所載若帝之初何以過焉陛下嚴祗寅畏足以膺受付託仁恕温厚足以慰荅傒望虛心無我足以容受正直廣覽兼聽足以照臨欺蔽至公寡欲足以杜塞僥倖長駕遠馭足以招徠英傑於此而先明所以治國之意又何難哉譬之行天下者在所問津而已干犯旒扆無任恐懼

唐仲友代人上書曰臣伏觀某日詔書陛下以臨政之始思聞讜言

凡軍國之務靡不詢究使中外之臣咸得條奏仰見聖意隆寬盡下以圖新政臣受國恩至深至厚感激之意萬倍常庶其日忽蒙頒到詔書一道拜受伏讀迺陛下以既行博詢未遺舊臣復加特詔俾之盡言仰惟天意廣大聖德日新海隅蒼生有口有心咸願罄竭矧在愚臣敢有纖毫顧望不盡之意臣本諸生受知高宗擢臣諫諍臣之報國朴忠而已壽皇察臣本末擢之政地十有四年臣之所以事壽皇者即前日之所以事高宗也今陛下親受聖父之傳臣之事陛下者敢有二志而況被遇潛邸依光議堂始終蒙恩非可量數不詢當言而況詢及臣竊惟天下之事莫難厥初自古人君必觀初政謹初而往易於迴遊既過而補難於覆簣是故九廟之付託在初四海之觀聽在初萬機之得失在初欲上承萬世之休下垂萬世之統未有不謹其初者也高宗得傅說命之納誨自古謹初之君未有如高宗者也周公歸政成王先之以無逸申之以洛誥終之以立政自古謹初之佐未有如周公者也六書具存條目甚悉委曲如慈父之言簡易有嚴師之訓可謂萬世之龜鑑百王之模楷是故陛下今日盡孝在初懋德在初奉天在初敬民在初用人在初立政在初壽皇陛下父子之聖孝慈固已盡於平日然既承大寶天子之孝事異儲宮愛敬已盡於宮闈所難盡者惡慢不施於一民繼承已謹於思慮所難謹者動靜不失於一機故曰盡孝在初陛下岐嶷之資稟於生知聰明之學成於就傅所謂懋德豈勞勉強然而震驚百里天下未能周知飛龍在天萬物方且咸覩毫釐得失天下共聞日新其德自今以始故曰懋德在初天眷陛下固非一朝陛下承天方自今日犧牲玉帛特為事上之常視聽言貌動為奸和之具以實不文所當審辨故曰奉天在初國家中更厄難民散無統高宗收此民三十六年而付

之壽皇壽皇撫此民二十七年而付之陛下二聖於民同乎一敬中外寧泰業如金甌寶而持之至難至重故曰敬民在初陛下繼照之德羣下共知議堂之上端靖深觀淵默雷聲意向可見忠邪之辨不待臣言然而表民在德濟世須材風雲會同之初德業天淵所由判也故曰用人在初高宗舉大綱壽皇篤前烈法令既備紀綱既張陛下迺繼紹之時鼎新之日是故初不欲銳銳則易退初不欲盡盡則難繼若虞機張必中而發故曰立政在初凡是六者陛下之所素知聖學之所素及臣言已贅臣意可矜赦其迂愚願畢餘說揖遜之事唐虞之後萬古不行逮我高宗斷自聖意別宮就養慈孝兩全高宗真可以為堯矣壽皇親承付託兢業萬機內奉慈親外平庶政安靜之福同於高宗壽皇真可以為舜矣壽皇真可以為舜舉神器而付之陛下是以禹處陛下也壽皇以禹處陛下陛下當以禹繼之臣觀自古勤儉謙抑之君未有如禹者禹之聖德齊於堯舜禹之大功施于萬世然以上繼大聖之君每懷不及之念分陰必惜慮失時也下車泣辜深責己也聞善言至為之拜飲旨酒至為之惡宮室必卑飲食必菲所以至謙至抑至勤至儉舜一己百舜十己千是乃所以為禹是乃所以繼舜臣觀帝舜授禹之言禹奉而行何啻弟子之於嚴師精一執中既自運乎心術之間無稽勿詢尤審聽於求箴之際至於懍乎朽索之戒所以力行可畏非民之言兢兢於身垂訓萬世陛下緝熙之學素深於書始因繼舜及之非謂聖心高明有所未見曾子曰尊其所聞則高明矣行其所知則光大矣高明光大不在乎他在加之意而已老臣惓惓最在此語或謂受恩三朝當有奇謀異策以裨初政臣實不肖不惟素學所無實亦本心不欲故未嘗挾以事高宗亦未嘗進以干壽皇也況道不以空言為高事必以常行為久

成規在前功在馴致曲學小數非臣敢知謹昧死陳國家大體具如左惟陛下幸赦其愚

周南對策曰臣聞天下之利害易知一介之議論難信凡為臣子皆有愚衷若使效竭其短陋或能感動於萬分豈非夙昔之至願哉然天聽崇深草茅疏賤自非有樂聽之意則恐犯徒言之羞惟陛下少垂聖恩臣謹昧死上對臣聞立必為之志正已以先物者興王之事業也存擇善之誠資人以成治者平世之規摹也歷觀自昔間出之主降及後代庶幾之君若非有必為之素志則必有擇善之深誠故能君臣協謀至於治道克立陛下履位踰年治體嘗一變矣曩者是非紛淆人心壅塞今者用捨獨正觀聽略新此誠欲治之機而將成之候也然弊事循積而未見其方興之勢公論略伸而不能無復變之疑朝廷方議一善政其於興華猶未敢及也而陛下必曰為之必以漸不知規摹且未立尚何漸之可論乎臺諫方逐一小人其於旌別猶未及盡也而陛下必曰論事不可激不知忠邪方雜慶尚何激之可慮乎意者此豈陛下立志未篤而擇善固執之者尚未明歟故雖履位踰年而歲月不過相持好惡未能歸一賢者無所倚仗中人未識底止陰拱不言猶首鼠撼搖之意而守內所當振起之事隨其斲把而皆莫以為意矣此豈非今日為治之大患所當先變者歟如其條目纖悉當以次而論者臣不敢比而同之也敢沿聖問而獻其略臣伏讀聖策曰古者帝王之世教化興行風俗醇美邦本固而上下足公道孚而賞罰明熙熙乎泰和之治朕甚慕之此有以見陛下慨慕三五之盛欲返古之道變今之俗也臣聞自昔帝王或值鴻荒朴略之世或當民物紛雜之時其民豈盡易化而其國亦豈易足哉皆由積其勞勤盡其心志而後得之爾然而閭閻未孺不敢言教朝

廷未治不敢議俗制用無度則不能無足任使略偏則必知害公故聖人不敢輕以是尤諸人而常以是任諸己教化未達必曰豈吾漸摩之具闕歟風俗不美必曰豈吾表倡之道非歟邦本不固則思所以窒浮蠹之源公道未孚則求所以破私邪之論於是居仁由義而教化興矣本身率民而風俗醇矣王后世子儉德相先而上下足矣宮房左右偏情不用而賞罰明矣今陛下慨慕於四者之盛則善矣不知亦思所以致此乎夫樂聞其治而不能加之剛大之意有慕古之心而未知致力之所此儒生學士讀誦之累也而於治道何用哉且陛下寬大愛人喜怒有則朞年之間亟斷機事未嘗有暴察刻急之失可謂有人君之德矣臺諫言事寬洪樂聽未嘗有猜防疑忌之意可謂有人君之度矣自昔人主不可有為皆由宇量褊狹今陛下德度如天此如人有平夷廣闊之基址所闕者獨未能掄材作室於其上爾若自此而用力則誰能禦之抑臣之所憂者獨恐作室之志未能先定於心而取成於道謀掄材之識未能精別於已而雜用於濫進則臣恐室之難成而治道決不能立矣故古之教化易以浹洽而今則坐視禮義之陵夷而不能返古之風俗易以變華而今則目覩民風之靡薄而不為怪國本非不可固而不能損已以益民私情非不可絕而憚於遏惡而揚善此臣所以嘆息陛下有慕治之名而未能加之意也陛下若未能先正此意則凡所以策臣者臣雖條列而件具之何益於聖治哉臣伏讀聖策曰蓋由堯舜三代一道相承同條共貫見於典謨之盛或者乃曰五帝不相沿樂三王不相襲禮何耶此有以見陛下欲考帝王相傳之統緒以訂正其沿襲之是非也臣聞帝王必有所同亦必有所異何謂帝王之所同志必在生民心必公天下不以位為樂不以安為娛信仁賢而不貳黜姦慝而不

感卓然有別而不可以毫釐易位者是也何謂帝王之所異質文有損益制度有繁簡或法善於古而今當變或事失於今而古當從變而通之以求無失於中庸時措之宜者是也古之聖人既用其同者以興治復取其異者以隨時此禮樂之文雖小有增益而不害為同條共貫者此也及至後世拘牽條貫之名變易沿襲之說其所當同者既一切錯亂而非其舊其所當異者反因陋守舊而不敢為此甚可嘆矣臣嘗見漢唐叔末之人主顛倒賢愚貿易好惡怨天命尤人心慢棄賢士親狎小人其條貫之不同於古帝王者可謂極矣至於敝陋之法玩習之令積久寬縱之事曉然為民之害所當修補而振起之者則曰是必不可改改則有戾於條貫之同是以兼失同異之義廢墜統紀之本而卒莫能知沿襲條貫之果何義也深惟今世出令用人所未合於帝王之條貫者果何事守常不變所未合於帝王之沿襲者果何說陛下聖問及此是天下之福也然五帝三王不敢廢變通之說而陛下則見弊事而不敢為五帝三王未嘗有無容善惡之論而陛下則見小人而不敢去此臣之所未諭也陛下誠致思焉則條貫沿襲之說曉然有辨而不至於無別矣臣伏讀聖策曰帝王無為而天下功成固未始敝精神於事為之煩然舜孳孳汲汲禹胼胝文王日昃不遑暇食何勤勞若是乎此有以見陛下即帝王之勞勤以驗無為而治之異說也臣聞無為而治之說孔子雖指舜而言其實論舜治既成之後九官在位十六相佐職股肱耳目無不得人而舜則授任而責成功故謂之無為無為者非無所作為之謂也若莊周有無為天下功之說此蓋出於老氏清靜自正之論其實非孔子之意而不可施之於天下國家也夫天下國家大物也非上得天意下得民心不能以有之非衆建賢才興起法度不能以守之其

來久矣舜之孳孳汲汲禹之胼手胝足文王之日昃不暇食彼豈過於勤勞哉誠知天意之難測民心之可畏一日不存祗畏憂勤之心則將有不可以智力留者此其所以毫釐食息無不在民也且陛下亦知今日之治體果可以無為而治歟否耶臣聞壽皇聖帝臨莅天下幾三十年此三十年間浹洽於人心者非不深暴白於天下者非不著然歷時寖久睠焉獨嘆乃有功業未成之憂者何耶迨釋去重負之日天下之童兒婦女不謀同辭皆以為壽皇之志大有屈而未伸者又何耶陛下視膳問安日聆慈訓繼壽皇不言而陛下豈不知之乎若以年穀屢登不如今日而憂之耶則隆興以來無甚凶歲若以為邊鄙安帖不如今日而憂之耶則辛巳以後未嘗用兵不知上林苑囿遊幸絕稀而草生甚茂者壽皇何為而略無閑泰之時乎夙興視朝日昃訪問夕引儒生討論世事而丙夜又復觀書者壽皇何為而過自焦勞乎據東南一隅之地取三十倍勞筋苦力之賦養百餘萬列營坐食之兵官多而無闕以處民貧而無業可裕天下事勢堅凝膠固欲一舒伸而不可得此壽皇所以夙夜不寐而發功業未成之嘆也舜之繼堯也曰重華協帝禹之繼舜也曰祗承于帝夫協者果何事承者果何說耶即帝堯心之所存志之所嚮凡欲為而未就欲就而未終者舜皆有以協合之而使其規模無毫釐不滿之處也若禹自知其德不及舜亦盡其力而祗承之此舜之孳孳汲汲禹之胼手胝足所以為不可及也陛下若實得壽皇之用心實知天下之事勢則舜之兢業禹之憂勤與夫文王咸和萬民之事無舉而力行之可也今惑乎無為之說而有精神勞敝之疑臣以為陛下若能舉今急政要務盡力而為之則事為之來固不足以勞聖慮若因循苟且不立一政不興一事舉今所謂急政要務盡廢之則雖知事為

之末不足爲亦無益矣臣伏讀聖策曰舜樂取於人以爲善禹聞善言則拜同是道也或者乃曰五帝神聖其臣莫能及三王臣主俱賢用人之際抑有異歟此有以見陛下有謙沖不自用之意而未滿乎晁錯之說也臣聞古者君師之任必有以超出一世之人而後能爲之其說以爲五帝神聖其臣莫能及者未爲不知五帝也然而實不可用者以不可施之於人主也上世人主惟堯爲不可及然已不敢廢舍已從人之說若周成王一日不可無周公則後世中才之君豈得不咨謀於人哉然舜取人以爲善禹聞善言則拜古人納善如此其易而後世從諫多見其難者此今日之所當憂也臣聞陛下養德潛宮之日樂詢天下名流聞有學問絜修禮節恬退之士則爲之褒嘆以爲仕士是時宮寮之中有出以私告於人者天下有識相顧稱賀然則陛下樂賢好善之心根於天性蓋非一日矣伏自臨御四方喁喁日俟登用今日納忠補過者日以疎斥結舌不言者相繼登用臣誠恐陛下聰明未免爲小人而蔽蒙之也且天下之忠言何嘗不可誣毀哉而今之蔽蒙之甚者則立爲議論以籠罩主意使陛下不能擺脫以用人者其說有三而已一曰道學二曰朋黨三曰皇極臣請得而極論之臣聞禮樂仁義謂之道問辯講習謂之學人不知學何以爲人學不聞道所學何事道學者天下之所同知而夫人之所共有也然元祐諸賢未嘗立此號名近世儒先豈嘗以此標榜中間忽有排擯異己之人謀爲一網盡去之計遂以此名題品善士士大夫學不同師生不同里據所見以仕人主若以爲講習正心誠意之學致知格物之事其於國家果何負哉彼譖人者謾不知道學爲何事意以爲凡不與人同流合汙者皆是也於是取凡不與己合者皆被之以此名故朴直而自信者謂之道學潔廉而好修者亦謂之道學博通故實者謂之道學而研究經籍者亦謂之道學而道學之名立矣彼爲道學之論者曰心術暗也才具偏也惡靜而喜生事也於是陛下入其說凡天下抱才負術之士欲爲陛下圖事揆策立謀建功者陛下類以此疑之以爲紛紛徒亂人意而以道學廢之矣自道學之名既立無志者自貶以遷就畏禍者迎合以自汙而中立不倚之人則未嘗顧也彼其出處偶同則何害於私相往來好惡不偏必不肯隨人毀譽彼譖人者則又曰吾方絕道學而彼則與之交通吾方以道學爲邪佞而彼則頌言其無過是黨道學之人也於是朋黨之論又立矣彼爲朋黨之論者曰小人有黨固非公君子有黨亦爲私議論協同即是朋比交相借譽豈非締交於是陛下入其說凡昔所謂中立不倚之士欲爲無心之論以解釋道學之疑者陛下又以挾私好名待之而其人又以朋黨而不用矣舉國中之士不陷於

道學則困於朋黨者十九矣惟天下之庸人以無所可否爲智以無所執守爲賢者既不入於道學復不儷於朋黨於是借皇極公平正直之說以爲妄庸自售之計而皇極之論遂出於兩者之後矣然臣竊觀箕子之論本非爲妄庸自售之計也其曰有爲有猷有守者是有才智有道義有操執之人也汝則念之者欲其斯須之不可忘也若不協于極而亦受之者謂其才雖有偏而終有可用則亦當收拾而成就之者也若以實而論則今之所謂朋黨道學之士是乃皇極之所取用之人也今柰何廢棄天下有才有智之士取世之所謂庸人外視之若無過而其中實奸回者而用之而謂之皇極哉自今以往闒茸尊顯平凡得志異日天下之大禍臣恐始於道學而終於皇極矣陛下若有意乎舜禹取善之事則於今莫急於破庸論以收善人若使皇極之說不明而朋黨道學之人皆拒之而不敢用則人材

至於沈廢而天下之善無因至於陛下之前矣陛下歷舉前代帝王
之治以策臣者至矣至於當世之事有關於理亂安危者於是復歷
舉以策臣曰朕自踐祚以來厲精圖治監觀前代庶幾有獲然稽古
之志雖堅而設施之效未著求言之心雖切而讜直之風未聞政事
必親而或僨夫細務之繁財用既均而猶病夫浮費之衆吏員冗而
莫革民力窮而難裕私情勝而議論弗平虛文多而姦弊益甚此皆
日夜以思求合於古而未能者將何以致隆平之業恢長久之策乎
臣伏讀至此仰見宸心願治思欲上行下應事舉效隨以躋世於治
平之域也臣雖至愚顧以為有君如此天下何憂不治然其事雜舉
而難見其說甚大而難言若隨事而論則恐本末之無辨臣請先論
其致弊之源而後及其救弊之說可乎臣聞自昔哲王御極之初非
必徧舉善政盡易百度事事為之而後能聳動天下之心也略出一
事而海內至於更相告語改視易聽靡然而從之者無它蓋一則或
能以意而動物一則或能擇善而固執之而已上世人主若成湯之
於商武王之於周文景之安集民心唐太宗之欲興太平漢光武之
克復舊物當其一出天下無愚不肖皆以為必成者知其所存之志
不可遏也舜殛鯀而舉皐陶禹惡旨酒而好善言齊威王烹阿大夫
而封即墨唐太宗斥封倫而用魏證當其一去一取之間天下無愚
不肖亦曉然咸知趨事赴功之實者以其所擇之善不可欺也今陛
下於二者之間臣切有疑焉且天下之議論交至於陛下之前者為
不少矣今有言民力之彫弊者陛下未嘗不曰民當念也臣以為陛
下若果以民為當念則當對八珍而投筯御妃嬪而凝思如親在閭
閻阡陌之中而親見其艱難窘蹙之狀可也有言治體之廢弛而當
憂者陛下亦未嘗不曰治當憂也臣以為陛下若果知治為當憂則

當未明而求衣當饋而思賢懍然如禍亂之在朝夕而不容瞬息緩
可也今道路傳聞皆以為外廷凡有進言玉音無不嚮答但退朝之
頃一切忘之而朝夕所從事者唯有燕樂爾唯有逸豫爾唯聞其處
教習樂舞以備宣召某日押入琴工以娛聲音爾陛下立志如此不
知其果何在耶最者陛下履位之初有身為諫官而職當補過者陛
下納之未、　不優容之也班對羣臣小臣之中有自愧空餐而思以
直言而圖、　陛下亦未嘗斥怒之也所以然者豈非以納諫為人
主之盛德而臣子　相獻忠亦以為美事耶然納其言而未免移其
官雖不怒其人而亦不能容之於朝者又何耶豈非陛下雖知其言
而未達其獻言之意徒知其直而初不知其直之甚有補耶陛下擇
善如此不知其果何見耶是以朞年之中所下詔令非不勤懇而八
者之弊猶未革者此無恠也而廼者一事猶駭物聽臣聞帝王職典
神天百靈受職昨者陛下逐一讒邪招權納賄之小人而天文卷舌
之星為之不明者累月若積其實德每事如斯天文雖遠猶可感動
而近者忽聞傳命王人多持緡錢聘問一妖民於數百里之外夫使其
人果甚靈異齊家治國安所用之今者中外相傳皆以為市廛乞匄
之夫宦官羽流扶以誑惑而陛下遽從而信之幾何而不為天下之
所駭愕哉萬一四方傳之四夷聞之則敵人必有輕視中國之心矣
凡此皆陛下立志擇善有所未至是以舉動若此陛下若未能先正
其本則八者之弊臣恐其難救矣且稽古而設施未著此蓋陛下徒
慕其名而未察其實也自昔三五之所已行六經之所論載有得其
一言而可以治國者有據其一說而可以化民者如使心好之身行
之有過必改有失必正以古人為楷模以舊事為師式動必咨之而
行言必本之而發如此稽古而設施未著者未之有也求言而讜直

未聞此蓋陛下徒有此意而未為其事也今公卿大夫之間有言脩身者不知脩身之德其果進已乎有言正家者不知正家之道其果成已乎有言為子孫之典則者不知子孫之典則其果立已乎直者未嘗以好名而疑之乎剛者未嘗以賣直而防之乎有一于此則以至誠懇惻之意而戒之以至誠懇惻之意而求之如此求言而讜直不聞者未之有也政事必親或慮乎細務之繁豈陛下操執綱領者有未明乎古者致治專論一相坐而論道謂之三公是以為上有體而為下有分今陛下夙興視朝執政出常程之事以俟聖裁者太半皆瑣瑣除目耳若欲用一人物則遲疑顧望而未敢發言是以天下大計不得詢考其本奏而二三大臣欲為陛下圖回經畫者亦無由而至前臣今舉一事臣聞乃隆興之二年十月有八日壽皇之詔有曰朕每視朝頃刻之際慮有未盡自今執政大臣咸有奏陳宜於申

未聞入對庶幾得以坐論慮靡不周同躋于治大哉聖謨願陛下亟下有司討論而遵行之則大臣得與陛下講論大計而不至於自累於細務之繁矣財用既均而猶病浮費之衆豈陛下内外經費未知節歟臣惟國朝財用病於上供太重内庭太無制度昔我藝祖平一六合是時琛貢在塗内庫始立當時遠摹實欲俘取契丹削平幽壤為此以備一旦之需爾自中世以後内庭之支數日多故韓琦孫沔皆欲約女御之費以省國計嚴宣取之弊以防吏奸及自崇觀以後御前之錢便於支取則適足以開侈心而致多事然則人主自有私藏豈天下之福哉恭惟壽皇收湊餘剩以為内庫非奉親軍須一毫不用陛下所當愛惜也今聞陛下恩意周浹左右小有勞效給賜動及萬緡臣竊觀壽皇知民財之艱匱外庭臣寮有被眷寵而去國者匹兩之給為數至寡而已為異恩乃若一帶之賜有累月而尚方不

聞者此皆陛下所當謹守而不變者也陛下亦知乃者大農無粟外府無泉空限既迫而主計之臣至於稱貸於富室以緩旬日之迫乎臣以為欲約浮費則當先自濫賞始然後修立所謂會計錄者以壽皇在位之日五歲内庭支用之數酌取其一歲之中者而謹守焉則財用可得而漸正矣吏員冗而莫革臣以為黜陟之法未行也自昔唐虞建官至百成周計吏雖寬嚴煩簡之不同而不可無者黜幽而陟明也故司士之所掌有歲登降其數者釋經者以為此以功過定之也然則周人一歲之所黜與一歲之所陟蓋略相當也今天下之吏誠冗矣然司勳無功過之考吏部無進退之權臺諫抨彈而去者月不能百一監司剌舉而黜者歲不能十一今惟士以墨敗而名掛丹書者始有停廢之科爾官安得而不冗臣以為若行黜陟之制則疲癃者不當仕庸鄙者不得仕無才者不願仕天下之官不待節抑

而可損其十之四矣今上下皆憚於矯拂人情而一官之闕至於十數人競之則反不以為媿臣恐十年之後廉恥盡喪而名爵不復為天下重矣民力窮而難裕臣以為征賦之法未善也國初盡變五代煩細之賦至天禧而方寬至熙寧而復增及渡江以後則四蜀之賦增三數十倍而二浙之鹽酒亦十倍而取其直臣嘗記天禧以前二浙之大郡合一郡征商之入有不及五六萬者今一小郡屬邑之外有收及六七萬者皆是也昔國家以商人之涉遠而欲優之也故惟取其止程之地而稅之今相去百里之間一征再征而民至於冒江潮涉風濤而死者皆是也昔者國家以關譏之細碎而欲寛之也故男女聘問之資粧皆蠲之今民持尺寸之帛以適市吏且從而呵問之征一及百而破家連逮者皆是也然其所以至此者上供爾經制總制錢爾月樁與糴本爾東南一隅之地無全盛時三分居一之地

而一歲財計之數歪數千萬宜其勞弊困苦而至此極也今將憂念其極弊而欲寬恤之小小德惠豈能徧及當約一歲之計蠲減六七百萬緡而後恐有可為之理然其源流甚多陛下近者郊禋之初亦嘗議及此矣然經總制之額減及州縣者僅能及其登帶不實之數若乃浙右之和買舉朝議之而至今未有聞焉則又何也臣以為此事若非君相同心上下一意相與共講之民病未易蘇也不然則於今不得已之中能謹守恭儉則亦可以少慰斯民之心矣若乃私情勝而議論弗平虛文多而奸弊益甚此於八者又其大者也臣之所見則以為虛文之弊此亦一事爾何者今世上下以虛文從事初無一政一令可以經久而勿壞者此誠非小弊也然若使陛下一日赫然出令任人而不任法任法而不任吏信士大夫而不信期會案牘則事可立辦令可必行而工技器械之末猶可使咸精其能是則虛

奏議卷之五十六　十九

文之弊蓋因循積久而未能革爾非無釐改變革之道也若乃私情勝而議論弗平若不深加辯論則臣恐天下治亂分矣今請得而終論之臣聞私情人之所同有而所賴以辯析區分者此乃人主之事不可得而憚煩也自昔天下忠邪無兩立之理是非無並用之道用君子則必黜小人信庸人則必疎正士是以剛明之君必助正直而抑姦慝君子雖小過必愛護之小人雖未進必痛止之何也誠恐一旦得志得以動搖國論也今天下之小人犯天下之名義陰剪善士而傷害正人者其人顯然可見矣且自昔天下唯患人之無才今有才名者則必掌擯抑自昔天下唯患人之不學今有學問者則必遭汙辱門一以為若此者果何意也誠欲逐去天下之賢者以偷取陛下之名位而已且近固有懷此心而進掌風憲之任者矣當時陛下亦以為忠且直也未幾交通賄吏而卒以事敗陛下亦知其未敗之

時聲勢薰蒸敢為不義而不容一正人之在朝乎幸陛下一旦覺悟斥而遣之遂得登用端良而稍伸天下之憤此殆宗廟之神靈實使之也今若因此一事痛懲而力抑之猶恐是非未大明近者以來何為含容之意多而區別之意少反病其私情相勝耶且自近日來君子失勢非止一事臣嘗詢其故則亦坐於道學耳朋黨耳且道學誠有偽何不辯其名實朋黨誠有罪何不析以是非今奈何進一忠言裁一命令而盡納於道學之中而廢之乎排一小人用一人物盡推之於朋黨之中而疑之乎是則私情所以勝者是陛下不敢助君子而忍於容小人而致之也臣聞小人固不可太嫉然要不可使在朝廷之內泰之為卦三陽既進君子得志之時也故內健而外順內君子而外小人而後有六二包荒不遺之論蓋事大體既定則小人雖使之在外勿庸治之是以謂之包荒也今若懼為已甚使君子在內

奏議卷之五十六　二十

而小人在外亦未必至於激也奈何進而置之要官重任得以撓亂陛下之聰明而轉移其是非乎臣聞小人者不憚為亂以求伸其私意君子者不憚捐身以盡忠於人主顧人主所以主之者如何爾若主君子則君子為國家用主小人則小人為已私用今陛下主君子之意固多然發口敢言此事者能幾人至於日夜媒孽於左右之前者臣恐其十倍於君子矣此如兩家聚訟使並設兩辭而聽之勝負尚未可知也今甲不得日至於聽訟者之前而乙之偏辭則日夜嘵嘵而不已臣恐甲之理雖直而終為乙之所勝矣陛下膺受付託方內之治亂在於正邪之用捨君子小人之進退忍使小人誣毀忠良而自貽它日之憂乎此臣所以不揆其愚欲為陛下流涕而言之也臣不佞凡陛下所以策臣者臣既疏列於前矣至於區區之意所以展轉而不能已者一則以為必先立志一則以為必先擇善茲二者

非常談細故不切之浮論也然天下之逸樂富貴所以蠱惑人之心志汨亂人之聰明者亦不少矣陛下一日之中罕接儒生學士多見宦官女子將何以發躍而成就之乎今之悅詩書者智識必明崇聲色者氣志必昏如使棲息無道保養無術豈復有有為之志擇善之心哉臣願陛下幸致思焉則凡事業之未舉者必有振起之道是非之未明者必有歸一之時而舉天下之事皆無足為者矣陛下涉世寖久凡所謂逸樂富貴之事豈待臣言而後知其無益哉臣之所論蓋亦以匹夫庸愚之見而私自忖度爾若陛下一日反此心而用之於治今日立一善政明日去一弊事天下歌之百姓誦之壽皇喜見天顏以為託付得人其樂豈有涯哉臣將見富貴逸樂之事不待人言而自不復為矣豈不美哉臣學問荒蕪語言失緒其於疏列以應聖問者可謂陋矣而聖策之末復丁寧於臣曰子大夫抱藝待問咸

造在廷其致帝王之事酌古今之宜凡可行可驗者悉著于篇朕親覽焉此又足以見陛下好問不倦之至心也然臣則竊憂焉臣聞明於觀古者不必博舉以為證敏於知今者不待盡言以為直自古及今凡人主無意於理亂是非而國亦隨之者載在史冊不為不多矣若陛下不自警悟則臣雖歷舉其危亡禍亂之事以極論之徒以傷陛下謙虛之意而已臣亦安用以此為忠哉臣之所望於陛下者願見微而知著勿以小過而致大失而已且人有羞惡之心則必有是非之心善告君者因其羞惡之心而開其是非之心則語不必深而意已在其中矣以陛下之聖寧不灼見此意若使見微而不戒忽小過而妨大德則臣恐古今可驗可行之事皆等為無用之言矣以陛下之聖日謹一日何治之不成而何功之不逮曾子曰尊其所聞則高明行其所知則光大高明光大不在乎它而在乎加之意而已惟陛下赦其狂愚臣不勝惓惓

劉光祖上奏曰恭惟我國家三聖相授法堯舜禹天下幸甚咸謂千載一時甚盛事也陛下離照方升維新百度群工萬姓皆傾耳屬目觀聽陛下之所為陛下又屈己虛心方欲旁求庶言以考論治道臣以孤遠乃獲瞻望清光敢罄愚識少裨聽察臣觀昔者禹受舜禪之初伯益以文德贊禹曰惟德動天無遠弗屆禹拜昌言曰俞皋陶以明謨弼禹曰邇可遠在茲禹拜昌言曰俞夫益之昌言則欲使禹脩文德以格遠人皋陶之昌言則欲禹以修身睦族用賢為邇可遠之道然則人君嗣位之始當令近治而遠服此其大要也方是時禹以憂勤嗣舜其言曰后克艱厥后而史臣贊之曰祗承于帝後世誦之曰禹入聖域而不優夫不優云者不自以為優也禹惟能如此然後天下萬世曰堯舜禹相授守一道也豈不盛哉豈不艱哉今朝廷四

方則皆以禹望陛下四夷遐裔又皆以禹望陛下陛下宜於嗣服之初思益皋陶之言當使近治而遠服不可忽也自高宗皇帝再造區宇壽皇繼之純仁德政與天同意天猒腥羶乃眷南顧天命可知方二帝北狩四海震動而高宗慕極壽皇誕慶一也及逆亮鞍盟身死鋒鏑葛酋據位而我高宗優游揖遜壽皇踐阼二也今壽皇決策內禪神器有託而虜主告終幼孫嗣統乖爭之漸必始於今三也陛下察是三者昭若合符則天命在於仁德可知也已陛下當念祖宗二百年積累之厚高宗與壽皇七十載培植之勤求所以稱天命而雪大恥臣故曰當如益皋陶之言先使近治而遠服也欲近治而遠服宜得其要以舉之昔舜禹之朝皋陶以謨紀德其言蓋萬世之格言也曰在知人在安民厥後孟子得之則曰堯舜之仁不偏愛人急親賢也堯舜之智而不偏物急先務也夫知人安民豈非仁智之先務

歟何以能知人哉孔子曰不知言無以知人也是知言乃知人之本知人即安民之本也陛下纂服甫耳宜審於聽言以取人審於用人以為治昔者堯之所棄置而弗用者嚚訟之人也靜言庸違象恭之人也方命圮族專愎之人也是三人者為咨訪所舉則亦非天下之凡人也而堯獨不然之舜之為君也詢于四岳闢四門明四目達四聰咨十有二牧至命龍作納言則曰朕堲讒說殄行震驚朕師其後禪禹而告之曰無稽之言勿聽弗詢之謀勿庸由是觀之言不本於忠信而好爭訟以求勝用則異其所言而飾僞貌以盜名違上命以自專而很以敗其善類皆堯之所忌者也語挾傾害不務乎實行好乖異不本人情而能動衆以驚世皆舜之所疾者也無所稽證而自肆臆說無所諮詢而自謂奇謀又禹之所不敢用者也凡若此類皆不能為人主安民而利及子孫故也故禹曰惟帝其難之而臯陶則告禹以九德為觀人之法夫九德並用倘事而不濟彰厥有常何往而不吉今陛下受堯舜之統當以堯舜之道為師任大禹之責當以益臯陶之言為法然則能脩身然後能知言能知言然後能知人能知人然後能用賢能用賢然後能治國能治國然後能安民能安民而德不足以服遠者臣未之聞也臣昧敢愚忠恥吾君不及堯舜進對之始敢不據經以為言惟陛下財察

歷代名臣奏議卷之五十六

治道

宋光宗時彭龜年上論正始之道疏曰臣仰惟陛下嗣無疆大歷服踰年改元於是奏告天地宗廟社稷非細事也臣嘗推原古人紀年之意不謂之一而謂之元者元善也所以明人君體元之道在善其始也今日陛下繼天地之德衍宗社之慶慰壽皇之心荅臣民之望視始正本實在於此草茅小臣獲對淸光適際斯時區區愚忠偶有所見輙敢條列以上仰報聖明唯陛下財幸臣聞心者身之始身者家之始朝廷者天下之始元子者萬世之始於其始而知所以正之體元之道無餘事矣何謂心者身之始身聽於心者也心一動而身隨之不可不正也然聖人所謂正其心者亦去其所以害心者而已是以大學曰身有所忿懥則不得其正有所恐懼則不得其正有所

好樂則不得其正蓋感於物者稍偏則動於中者皆邪在常人尚且不可而况人君乎陛下聖學高明其於正心必有道矣臣猶願陛下日日察之念念察之使忿懥恐懼好樂之類皆不足以動其中則陛下之心即堯舜禹湯文武之心也使數者苟有一焉則其發用之間或有以害夫淸明之體而於酬酢萬變宰制萬事統御萬國恐亦難矣昔范純仁有言君心欲如槃水常使平正而無所趨向則免偏側傾覆之患斯言可謂得人君正心之道惟陛下念之何謂身者家之始大雅之歌文王曰惠于宗公神罔時怨神罔時恫刑于寡妻至于兄弟以御于家邦家之難齊也如此以文王之聖尚且待神無怨恫而後能使其家刑焉是必無一毫之愧於身乃可舉一家之政于內故賜予私則僥倖之路啓寵幸私則嫉妬之害生用度不節則儉約衰法制不嚴則名分僭今日宮庭未必有是設或燕閒之際少懈隄防深慮間隙之開便難窒塞在陛下謹之而已耳何謂朝廷者天下之始大抵天下之事當出於一出於一則有所總統而天子之勢尊不出於一則無所總統而天子之勢褻世言漢武帝以九卿之權間宰相宣帝以天下之務在中書為得駕御臣下之術不知政出二門實妨理道臣恭聞本朝仁宗皇帝英識偉度三代而下一君而已事出獨斷何所不可而權要請託每以大臣為辭實以此門一開姦徒百出深謀遠計近世所無此陛下家法也崇寧奉行御筆乃小人盜權之術此陛下近監也臣竊聞陛下即位之初所施行事間出中旨雖睿智所及多中事情然憂國之臣未免過慮近日此塗漸塞朝綱寖清臣願陛下長守此意使朝廷政事常出於一得則功歸於上而陛下受從善之名失則責在於下而陛下免徇私之謗體正事順莫便於斯如此而後朝廷可正而天下之治可得而舉矣何謂元子者

萬世之始臣聞詩曰君子萬年永錫祚嗣祚嗣古人所甚重也是以自初生至于成人教之皆有方法古者父子雖曰異宮然文王之為世子也日問安於寢門之外則其相去當不甚遠嘉王陛下之元子宗廟社稷所繫非輕而今遽建邸於外自此居處之易察恩意之易浹教誨之易行當不如前日在陛下之側矣陛下雖簡擇僚友謹選左右然傅相之士少侍御之人多傅相正而難親侍御近而寡正從違之頃賢否便分皇子雖天資穎特敏於為善萬一薰染積習之餘或移岐嶷沖和之性臣恐不能不重陛下宗廟社稷之念也臣竊見司馬光請以皇子伴讀官提舉左右前後侍御僕從之人如有巧佞讒諂者許令糾察其言極切事情臣願陛下舉而行之大要使府僚之勢重於侍御道義之訓密於宴遊則萬世之本可得而正矣臣州縣小吏不識忌諱輙肆狂妄輕議家國罪當萬死惟陛下赦其愚贛

龜年又上論車駕過宮愆期視朝爽節章奏壅滯疏曰臣備數校文
自入鎖闈未通外內財三十五日耳既出試院凡達於耳目之事乃
有甚可駭者皆一人之身至於天下之事或廢而不舉皆內庭至于
外朝若漫無紀綱之足恃自大臣至于百執事皆有栗栗不自安之
意軍達于行伍民達於閭閻其言至有不忍聞者雖不足盡信亦有
不容不疑者也詰其所以然則不過陛下近不過宮及御朝爽節章
奏不下此其可指者耳夫過宮事親之小節也今兩宮之情如春風
和氣安有纖隙晨昏定省少或不講在父子真情之間何嘗較計此
瑣瑣哉但有不可得而已者陛下事親自視孰與周文王文王朝王
季日三焉而陛下歷月不過宮可乎是不可委之以為偶然而已
視此以為偶然則其它以偶然而廢者亦必猶是也陛下試觀大建
朝會群臣小不謹於禮此豈真有不畏其上之心而朝廷之儀不得

輕僨者誠以上下之分恐因是遂陵遲故爾吾以是責人則人豈不
以是望我而可謂吾天性之愛不藹藹於是可乎夫一不過宮直以
為有損於孝固不可然今世之所謂孝者曾不過如此等事於此一
有不謹無怪乎議己者之云云也何也吾之所謂實然者誠未有以
大信于人則捨禮文之間抑何所見其果孝與否孝經曰敬一人而
千萬人悅夫敬之而能使人悅如此則反是豈不足以招其怨尤
乎竊聞近日臣僚抗章論奏如出一口彼誠不忍陛下父子初無纖
芥而遽遭此籍籍口語故不憚斧鑕傾心告上非是群臣看得此事
太重自是陛下待得此事太輕此在陛下非有所難抑何憚而不為
而忍以一己動天下之疑犯天下之議乎至于御朝之節自有法度
內之起居則節於內侍外之起居則節於閤門陛下近日斥責內侍
微過必懲所以此輩寧無異心陛下啓處之間儻或爽節亦特避禍

者畏陛下而不敢言懷姦者未必不幸陛下而不言也嘗讀庭燎之
詩至夜如何其夜未央庭燎之光君子至止鸞聲鏘鏘然後知古之
人君固望其臣之來朝而數期以待之也至於罷朝則使人問大夫
大夫退然後適小寢則古者人君動止皆以臣下為節今千官百辟
垂紳搢笏儼然在廷側耳警蹕移晷不聞所謂敬大臣體群臣之經
果如是乎縱曰彼皆士大夫必不敢怨其上若持戟而衛殿陛操挺
而竟屬車者皆赳赳無識之徒爾吾之所以服役之者不特以利蓋
有義存焉彼但見陛下事親在於過宮治政在於視朝陛下一不過
宮便以為陛下不能事其親一不視朝便以為陛下不能治其政紛紛
之議此不足恤彼心一動邂逅之間直有可慮者陛下不可以此輩
戀斗升之祿而以無能為輕之也若夫章奏所以達下情苟非大臣
誰能日日進對其他臣僚所賴以獻替者唯章奏耳漢制凡臣下奏

事雖不行亦必報聞羅謂之報聞罷者蓋欲其人知其言之已達也
主父偃上書武帝朝奏莫召入其速如此近日臣下奏議多留中不
出若使事事得徹睿覽其間有所去取固未為害萬一奏入去處或
有留滯陛下既不得知臣下又直以為其言不行無從詰問因循積
習漸致蒙蔽緩急之際豈不殆哉此事陛下尤不可不關聖慮也臣
愚欲望陛下不問寒暑無爽過宮之期益嚴起居無失御朝之節凡
有章奏悉下大臣平章事屬機密者自當關防或有施行者令知復
奏如此而人心不安人言不息臣當受妄言之誅臣聞近日臣僚見
陛下如此等事頗動人心往往多有諫疏此皆是愛君憂國之深唯
恐陛下徹有玷缺故捐身闌冀不自顧惜自非忠實豈能如此陛下
雖容受聽納未嘗少忤然切身之事人所難言在朋友尚欲善道而
況於君父臣慮他日小人或有指摘此等臣僚以為暴揚陛下之過

則凡今日論諫皆足為罪萬一出此則人心愈動將不止如今日而已此事尤繫國家利害安危臣故於是復瀝血以告唯陛下財擇焉

踰年又上論人主用心立德用人聽言四事疏曰臣仰惟陛下始初清明宵旰圖治用心懇惻視古願治之主不足多也萬口一辭皆謂太平可以立致而臣區區之愚獨有憂焉臣聞伊尹告太甲曰今王嗣厥德罔不在初召公告成王曰王乃初服若生子罔不在厥初生自貽哲命今天其命哲命吉凶命歷年臣謂今日政陛下之初也如子之生或善或惡皆在今日是可不兢兢業業自貽哲命乎夫用心有義利立德有誠偽用人有邪正聽言有是非此乃命吉凶命歷年之所自出者陛下於此政當審所取捨一有不謹吉凶便分臣敢為陛下條列陳之惟陛下垂聽臣所謂用心有義利者大學推明明德於天下要其極不過於正心而心之正不正則繫乎所存義利之間耳何謂義曰出於吾心之誠然而不能自已者是也何謂利曰不出於吾心之誠然而有為為之者是已且如孝於父母是吾心之所不能已者也義也若以不孝於父母為父母之所譴責為天下之所譏議而後為之則是有為而然而非義矣以至親親尊賢子庶民臨天下亦莫不爾故臣願陛下凡所舉措凝神熟思果非有為為之也則此心之動無非義矣涵養推廣無使間斷果有為為之耶則此心之動無非利矣抑遏止絕無使發露如此等事時時有之但當使一日之間一念之發有所為而為之事漸少無所為而為之事漸多積久習熟自然去王道不遠矣何謂立德有誠偽誠者實理也凡事從實而為之則為誠不從實而為之則為偽書曰作德心逸日休作偽心勞日拙夫作德之所以日休者以其實也作偽之所以日拙者以其不實也唯其實故患難中為好事逸樂中亦為好事為之初不待勉

彊不為亦不必遮護此所以日休唯其不實故時暫為好事久則忘之矣見人則為好事無人則忘之矣雖勉彊而終廢雖遮護而終敗此所以日拙不特如此而已也實則常自處以不足故聽言納諫唯恐不及不實則好示人以有餘故文過飾非無所不至臣仰惟陛下純實之性出於天稟與臣等語前後可覆此固有帝王之資矣然今日既登大寶則非前日比也聲易恣於耳色易恣於目安逸易恣於肢體芻豢易恣於口腹耳目口體之欲一縱則唯恐迹著而人知人知而議已則前日之實反為不實不可知也此臣所甚慮也故臣謂陛下欲保前日之實必杜今日之欲欲不縱則君道實矣君道實則天下安矣何謂用人有邪正臣聞冨弼曰人主無職事唯以辨君子小人為職於君子小人不能辨則人主之職廢矣然自古人君孰不欲親君子遠小人哉卒之各賢其臣不自知覺以君子為小人以小人為君子如漢元帝者總總也仰惟陛下潛德王邸固以知人為難臣嘗記陛下問臣畢竟君子小人如何辨臣告陛下曰中庸所謂取人以身修身以道修道以仁者此知人之要法也故人君必先治己之情性而後能知人之情性故情性與君子近則所用者必君子情性與小人近則所用者必小人人君欲辨君子小人莫急於治情性所謂治情性則臣前所陳是也何謂聽言有是非甚矣言之難聽也以為利而或害焉以為善而或惡焉人君如何其辨之也夫民衆聽之則聖獨聽之則愚聽言者能以是察之思過半矣故公共之言易識私獨之言難信傳曰公生明偏生暗又曰偏聽生姦獨任成亂政謂是也今人君出而與宰執議政既出則有給舍省審臺諫論列何從而不公入而與近習論政既出則直以一人之意行之宰執不能回給舍不能繳臺諫不能論何從而不私陛下天縱睿智超冠百王初臨大

祚想無此患但以舜之聰明而猶堲讒說則在陛下其可不謹耶臣前日親聞玉音宣諭講筵事謂內侍輩有諒闇罷講之說陛下卻而不聽此蕭公所謂不以小謀亂大作真社稷之福也臣願陛下聽言一一如此則何憂天下之不治雖然臣之所陳雖曰四事其實一原陛下儻能立此心以義則養德必誠用人必正所聽之言必無不是故臣謂陛下今日所最緊者在於以義立心而已然義最難精心最難正陛下方增置講讀緝熙聖學願與諸儒熟究之日就月將以為惠福天下之本不勝幸甚

光宗以紹熙二年春有雷雪詔陳時政得失同知貢舉兼侍講陳騤上奏曰宮闈之分不嚴則權柄移內謁之漸不杜則明斷息謀臺諫於當路則私黨植咨將帥於近習則賄賂行不求讜論則過失彰不謹舊章則取舍錯宴飲不時則精神昏賜予無節則財用竭皆切於

時病

吏部尚書趙汝愚上奏曰臣嘗讀書觀舜命禹之辭曰克勤于邦克儉于家不自滿假惟汝賢臣竊惟禹之神聖其功德豈易量哉然舜授受之際獨以勤儉為稱者何哉蓋儉以約己勤以為人為聖為賢實本諸此故舜之命禹必以勤儉為首也天祐我宋三世揖遜如堯授舜如舜授禹克勤克儉陛下之已親傳而審受之矣臣請論其目則朝廷之政事不可以不厲精幾微不可以不深慮人才不可以不博訪邊備不可以不預修夜之所思旦之所行不忘乎是則勤之至矣陛下之飲食嗜好不可以不節歲時用度不可以不省民力不可以不惜賜予不可以不吝夜之所思旦之所行不異乎是則儉之至矣上以副重華付託之重下以為子孫萬世之法豈不休哉惟陛下留神幸甚

陳亮對策曰臣聞人主以厚處其身而未嘗以薄待天下之人故人皆可以為堯舜而昔人謂其以己而觀之者天地之性本同也夫天佑下民而作之君作之師禮樂刑政所以董正天下而為之君也仁義孝悌所以率先天下而為之師也二者交修而並用則人心有正而無邪民命有直而無枉治亂安危之所由以分也堯舜三代之治所以獨出於前古者君道師道無一之或闕也後世之所謂明君賢主於君道容有未盡而師道則遂廢矣夫天下之事孰有大於人心之與民命者乎而其要則在夫一人之心也人心無所一民命無所措而欲論古今沿革之宜究兵財出入之數以求盡治亂安危之變是無其地而求種藝之必生也天下安有是理哉臣恭惟皇帝陛下謙恭求治常若不及深念夫人心之不易正而民命之未易生全也進臣等布衣於廷而賜以聖問曰朕以涼菲承壽皇付託之重夙夜祇

翼思所以遵慈謨蹈明憲者甚切至也臣竊歎陛下之於壽皇蒞政二十有八年之間寧有一政一事之不在聖懷而問安視寢之餘所以察辭而觀色因此而得彼者其端甚衆亦既得其機要而見諸施行矣豈徒一月四朝而以為京邑之美觀也哉而聖問又曰臨政五年于茲而治不加進澤不加廣豈教化之實未著而號令之意未孚耶臣於是知陛下求治若不及之心如天之運而不已也臣聞禹立三年百姓以仁遂焉推其本原則曰克儉克勤不自滿假而已今時和歲豐邊鄙不聳亦幾古之所謂小康者陛下猶察其治之不加進澤之不加廣而欲求其所謂教化之實號令之意者蓋深知人心之未易正民命之未易生全也臣請為陛下誦君道師道以副陛下求治不已之心焉夫所謂教化之實則不可以頰舌示動之矣仁義孝悌以盡人君之所謂師道可也所謂號令之意則不可以權力而驅

之矣。禮樂刑政以盡人君之所謂君道可也。夫天下之學不能以相一。而一道德以同風俗者乃五皇極之事也。極曰皇而皇居五者。非九五之位。則不能以建極也。以大公至正之道而察天下之不協于極。不罹于咎者悉比而同之。此豈一人之私意小智乎。無偏無黨無反無側。以會天下於有極而已。吾夫子列四科而厠德行於言語政事文學者天下之長。俱得而自進於極也。然而德行先之者天下之學固由是以出也。周官之儒以道得民。師以賢得民。亦以當得民之一條耳。而二十年來道德性命之學一興。而文章政事幾於盡廢其說既偏而有志之士蓋嘗患苦之矣。十年之閒群起而沮抑之。未能止其偏去其偏。而天下之賢者先廢而不用。旁觀者亦為之發憤以昌言。則人心何由而正乎。臣願陛下明師道以臨天下。仁義孝悌交發而示之。盡收天下之人才長短小大各見諸用。德行言語政事文學無一之或廢。而德行常居其先。蕩蕩乎與天下共由於斯道。則聖門所謂士大夫風俗之倡也。朕所以勸勵其志者不為不勤。而偷惰猶未盡革。殆將不足憂矣。若使以皇極為名而取其偷惰者而用之以陰消天下之賢者。則風俗日以媮。而天下之事去矣。夫天下之情不能以自盡而執八柄以馭臣民者乃六三德之帝也。強弱異勢而隨時弛張者人主所以獨運陶鈞而退藏於密者也。用玉食不可同之勢。而察威福之有害于家凶于國者悉取而執之。此豈臣下之所得而褻用乎。況潛剛克高明柔克。以期刑法之適平而已。吾夫子為魯司寇。民有犯孝道者不忍置諸刑。其說以為教之不至。則未庸以殺。而少正卯則七日而誅之。蓋動搖吾民。不可一朝居也。周官之刑平國用中典。蓋不欲自為輕重耳。而二三十年來。罪至死者不問其情而皆附法以讞。往往多至於幸生。其事既偏而平心之人皆不以

為然矣。數年以來。典刑之官遂以殺為能。雖可生者亦傅以死。而廟堂或以為公而盡從之。使奏讞之典反以濟一時之私意。而民命何從而全乎。臣願陛下盡君道以章天下。禮樂刑政並出而用之。凡天下奏讞之事長案碎款。盡使上諸刑寺。其情之疑經者。駁就寬典。至其無可出而後就極刑。皆據案以折之。不得自為輕重。則聖問所謂獄民之大命也。朕所以選任其官者不為不謹。而寬濫之數或未盡除。殆將不足憂矣。若使以福威在己而欲一日盡去其寬濫人之私意。固不可信。而吾然自保其無私乎。不如付之有司之猶有準繩也。聖問又曰意者狃於常情則難變。玩於虛文則弗畏乎。臣以為人主厚處其身而未嘗以薄待天下之人。安有吾身之既至而天下之終不可化者乎。臣願陛下明師道。君道以先之而已。此所謂教化之實號令之忘者也。臣伏讀聖策曰。且帝者之世。賢和於朝。物和於野。俗固美矣。然讒說殄行迺以為慮。臣有以見陛下深知人心之未易正也。昔者堯舜以師道臨天下。苟可以教之者無所不用其至矣。而說之橫入於人心者。謂之讒說。行之高出於人心者。謂之殄行。人心之危。說有以橫入之則受矣。行有以高出之則伏矣。此所謂震驚而堯舜之所憂也。故必有納言之官使王命民言交出迭入。而得以同歸于道。而天下之學一矣。及周之衰。天下之學爭起肆出。不能相下。而向之所謂讒說殄行者。一變而為鄉原。務以浸潤於人心。自納於流俗。天下之學既不能以相一。而其勢不屈而自歸。孔孟蓋深畏之。以其非復堯舜之時所嘗有也。願陛下畏鄉原甚於堯舜之畏讒說殄行。則人心之正有日矣。臣伏讀聖策曰。畫衣冠異章服。而民不犯。刑既措矣。然怙終賊刑必使加審何也。臣有以見陛下深知民命之未易生全也。方堯舜以君道章天下。禹平水土。稷降播種。民固已樂其

有生矣而皋陶明刑以示之塞其不可由之塗使得優游於契之教伯夷之禮天下之人皆知禹夷稷契之功而皋陶之所以入於人心者隱然而不可誣也後世之為天下者刑一事而已矣寬簡之勝於微密也溫厚之勝於嚴厲也其功皆可言而皋陶不言之功則既廢矣夫鞭作官刑朴作教刑金作贖刑眚災肆赦怙終賊刑官刑既於彼教刑又於此情之輕者釋以財情之誤者釋以令凡可出者悉皆出之矣其所謂怙終賊刑者蓋其不可出者也天下之當刑者能幾人後世之輕刑未有如堯舜之世者也願陛下考堯舜之所以輕刑之由則民命之全可必矣而聖策又曰得非薰陶訓厲自有旨歟臣之所以反復為陛下言之者苟盡師道則薰陶在其中苟盡君道則訓厲不足言矣堯舜之所以治天下者豈能出乎道之外哉仁義孝悌禮樂刑政皆其物也臣伏讀聖策曰今欲為士者精白承德而遷

向一于正為民者遷善遠罪而訟訢歸于平臣有以見陛下之未嘗以薄待天下之人也彼亦何忍以異類自為哉而聖策又曰名實於實而是非不能文其偽私滅於公而愛惡莫可容其情則聖意不免於小疑矣然而天下之學貴乎正天下之情貴乎平其終固未嘗不歸於厚也夫今日之患正在夫名實是非之未辨公私愛惡之未明其極至於君子小人之分猶未定也伊尹論有言逆于汝心必求諸道有言遜于汝志必求諸非道其說近矣而漢之谷永其言未嘗不逆唐之李泌其言未嘗不順則人心庸有定乎孟子論國人皆曰賢必察見其賢而後用之國人皆曰可殺必察見其可殺而後殺之其說密於伊尹矣然為人上者何從而得國人之論也凡今之進言於陛下之前者孰不自以為是而自以為公哉陛下亦嘗察輿論之曰賢者而用之矣然而人之分量有限其心未能盡平也未能樂無私

也小人乘間而肆言以為公力詆以為直陛下亦不能不惑之矣遂欲兩存之以為平薰蕕決無同器之理也名實是非當日以淆而公私愛惡未知所定何望夫風俗之正而刑罰之清哉陛下見其賢而用之舉動之小偏則勿行而已耳君臣故當相與如一體也何至存肆譏之人以恐懼其心哉而徊徨其進退哉陛下苟能明辨名實是非之所在公私愛惡之所歸則治亂安危於是乎分而天下之大計略定矣風俗固不期而正刑罰固不期而清也清白承德遷善遠罪直其細耳而聖策又曰節儉正直之誼興行於庶位哀矜審克之惠周浹於四方果何道以臻此其要在於辨名實是非之所在公私愛惡之所歸其道則以厚處其身而未嘗以薄待天下之人而已陛下三載一策多士宜若以踵故事也宜若以為文具也草茅亦以故事視之以文具應之過此一節則異時高爵重祿陛下不得而靳之矣

陛下圖其名而草茅取其實此豈國家之所便哉正人心以立國本活民命以壽國脉二帝三王之所急先務也陛下用以策士則既不鄙夷之矣於其末又復策臣等曰子大夫待問久矣咸造在廷其為朕稽古今之宜推治化之本凡可以同風俗清刑罰成泰和之效者悉意而條陳之朕將親覽臣有以見陛下必欲正人心全民命以盡君師之道而自達於二帝三王之治而後已顧臣何人豈足以奉大對臣竊觀陛下以厚處其身而未嘗以薄待天下之人既得正人心全民命之本矣而猶欲臣稽古今之宜推治化之本夫以厚處身之道豈有窮哉使天下無一人之有疑焉可也陛下之聖孝雖曾閔不過而定省之小奪於事則人得以疑之矣陛下之即日如故而疑者不娓其望陛下之以厚自處為無已也陛下之英斷自天不借左右以辭色而廢置予奪之不常則人得以疑之矣陛下之終無所假而疑

者亦不媿其望陛下之以厚自處為無已也。雲上於天需君子以飲食宴樂。而九五之需于飲食者待時以有為。當於此乎需也。豈以陛下之聖明而有樂乎此哉。然而人心不能無疑也。明兩作離。大人以繼明照四方。而六五之出涕沱若戚嗟若。兩明相照。撫心自失。而不敢以敵體也。豈以陛下之英武而肯鬱鬱於此哉。然而人心不能無疑也。臣願聖孝日加於一日。英斷事踰於一事。奮精明於宴安之間。起心志於譙抑之際。使天下無一人之有疑。而陛下終為壽皇繼志而述事。則古今之宜莫便於此。治化之本莫越於此。周風俗以正人心。清刑罰而全民命。而明效大驗。可以為萬世無窮之法。其本則止於厚處其身而已。詩不云乎。維天之命。於穆不已。文王之德之純。而子思亦曰純亦不已。夫以厚處其身。豈有窮哉。臣昧死上愚對。

祭戡上奏曰。臣聞治道貴清靜。此先哲之格言也。天下無事。猶當以清靜理之。而況多事乎。多事之時而處以無事。則事自定。苟惟不然。徒為膠膠擾擾。事日益繁。去治愈遠。厥今天下可謂多事矣。吉凶之禮迭舉。宮室之役並興。夫使命往來之交馳。諸軍犒賞之頻併。是皆不得已者。適丁歉歲。生民艱食。陛下發倉廩府庫以賑救之。此又大不得已者。今太倉之粟。左帑之金。所餘無幾。京府積欠。漕司羨緡。耗用略盡。州縣之間。上下煎熬。殆無生意。人勞財匱。莫甚於此時。自今以往。日幸無事。猶懼不給。萬一饑饉洊臻。盜賊竊發。或有意外之費。將何以支。為今日之計。要當於不得已之中。求其可已者已之。可緩者緩之。朝廷之上。鎮之以靜重。百執事之間。守之以靖共。州縣先於撫摩。邊鄙貴於寧輯。休息生聚。年歲之間。國用稍裕。民力稍蘇。然後興滯補弊。建利除害。亦未為晚。此國家根本之計。惟陛下留神幸甚。

戡又奏曰。臣竊見漢宣帝為西漢中興之主。侔德商周。求其所以致治之迹。不過信賞必罰。綜覈名實。樞機周密。品式備具。上下相安。無有苟且之意而已。考其成效。至於威信夷狄。功光祖宗。業垂後裔。何其盛哉。恭惟陛下。其仁如堯。其孝如舜。如禹之勤儉。如湯之勇智。又有文王之容德。武王之義德。無二帝三王之美。可謂盛德之君。孝宣雜霸。不足陳於前。然今日之治。未底孝宣之盛者。臣竊惑之。豈賞罰未盡信必。名實未盡綜覈耶。樞機未盡周密。品式未盡備具耶。何其上下未免有苟且之意也。凡今之仕者。無非苟且。內而百執事。志在爵位。多方以圖進。計日以待遷。不復以職業介意。循常守故。因陋就簡。避嫌畏譏之不暇。何暇為國家遠大之圖。外而監司令守。志在利祿。唯恐所入之不豐。所求之不廣。至於職業。能者不過應辦目前。規求近效。以追責免咎而已。何暇為國家經久之計。又況任之不久。責之不專。人知其任之不久也。唯脫去是期。幸其責之不專也。唯退避是務。間有有志事功者。經營規畫。未及就緒。不以遷去。即以罪罷矣。烏能取効於旬月之間。此所以苟且之俗尚熾。而中興之功未立也。今縱未能一一久任而責成。至如主計之臣。掌兵之官。與夫監司帥守。似不可以屢遷數易。使之尸素而逃責亡。要當以三年為任。凡朝廷所欲為者。如屯田牧馬。修城壁。備器械。課農桑。興水利之類。除授之初。臨遣而面命之。責成效於三年。三年之中有過。則削爵奪俸。有功則增秩賜金。無易其任。三年之後。然後覈實之。不愆于素。則進用之。因任之。不如所言。罪之可也。竄之可也。如此任之既久。責之既專。既不容苟且偷安以幸免。亦不敢苟且欲速以應命。三年之間。何事不舉。何功不成。孝宣之治。亦不足進。惟陛下留神省察。

戡又奏曰。臣聞人主以天下為憂樂。天下以人主為休戚。天下無事。

則人主享其樂人主萬壽則天下同其休上下相關理之必然今日邊鄙無虞盜賊不作亦可謂寧謐矣無彊臣擅權無姦邪亂政朝廷亦可謂清明矣然而廟堂之上惴惴然常若有不測之憂百執事之間皇皇然不安厥職下而士民亦無和平之象陛下貴為天子富有天下當享天下之至樂臣竊料陛下亦未知所以為萬乘之樂此中外休戚之所關也宰執之數陳侍從之獻納給舍之封駮臺諫之論列不無煩瀆聖聽皆其職分之所當然不能自已以臣觀之今日之事不過數端而已非有甚難特陛下一順旨之勞耳陛下何惜不於談笑之間畢此數事使中外之人皆知陛下之心頌陛下之德以釋天下之疑以召天下之和上恬下熙共臻康泰陛下端拱巖廊之上優游無為享天下之樂天下賴陛下一人之慶豈不韙歟臣不勝大願

戢又奏曰臣聞天人之勢雖若遼邈而休咎之證如符節之合君民之分雖若隔絕而交感之理如影響之隨天至高而卑民至愚而神人君一嚬一笑一言一話皆足以動天聽感人心故一念之善則為祥風慶雲一念之差則為迅雷激電一政令之美則民在春風和氣之中一政令之失則民立烈焰層冰之上上下相應脉胳相貫有不期然而然者為天之子為民之父母其可忽諸每自今夏以來災異屢見星變地震山摧川竭黑子貫日赤氛亘天上天之所示戒者不一而足近則都邑遠則畿甸閭閻無知之人興訛造訕公肆謗讟幸災樂禍唱言變亂無所忌憚人情詾詾朝不謀夕其勢甚危乃上一月十有五日車駕過宮親講問安視膳之禮都人忻快天意頓回和氣致祥瑞雪時降徧及淮浙罔不霑濡是月二十日皇太后冊寶禮成流傳四方舉同慶抃化悍戾為柔順變愁嘆為懽謠氣象霍然盡還舊觀天下耄艾萬口一詞歌詠聖德易危而安反災為祥在陛下

一順旨一舉足之易孰謂天道之難知人心之難感乎臣濫將王命迓客淮壖得之見聞歸美報上臣之職也臣所歷淮浙八郡蘇秀中熟常潤所收僅六七分自江而北絕長補短大率不減六分斗米不過二百五六十金錢會流通民旅安便盜賊不興邊鄙帖然此正陛下垂衣拱手優游無為兩宮交懽朝野多娛之日臣復何言臣區區愚衷竊謂陛下既鑒往事之明驗必思將來之永圖無以天變為可常無以愚民為可忽曲盡事親之道亦儀刑於有眾深究保邦之術消變亂於未萌戒諭執政大臣條舉天下滯務重地之闕帥者以時除授遠方之待報者以次施行聽任臺諫以振紀綱保全臣下以勵名節朝廷既正天下自化夷狄自賓中外廓廓無事兩宮萬壽備天下之養享天下之樂足以夸當年而高後世書之史冊傳之無窮豈不韙歟臣不勝大願

戢又奏曰臣聞自古人君臨御之初必謹其始為人臣者亦必以謹始之說告於其君蓋國家安危之幾天下治亂之原生民休戚之本君子小人消長之際實係於此可不謹諸春秋書元年春王正月公羊曰元年者何君之始也穀梁曰雖無事必書正月謹始也故伊尹告其君曰今王嗣厥德罔不在初召公告其君曰王乃初服若生子罔不在厥初生古之君臣相與警戒莫不以謹始為先蓋人君體元居正南面以聽天下龍飛之初萬物之所爭睹四海之所具瞻一命令之發一政事之施必有以竦動天下悅服人心則天下之人翕然向風從化不令而行無為而治始之不謹其後雖有仁心善政良法美意人不信也仰惟陛下嗣膺大寶躬臨初政海隅蒼生傾耳囑目以觀德化而僥太平是以陛下宵衣旰食不遑康寧於謹始之道尤加聖慮伏覩求言之詔既詢訪於舊弼又咨諏於近臣既俾中外之

臣咸得條奏。又俾在廷之臣每日輪對。此正初政之所當急。天下之士莫不披肝膽。布腹心。輸忠竭誠。以副陛下懇惻之意。況臣世受國恩。身為宰士。若隱情惜己。不為陛下極言。臣則有罪。臣謹採掇自古人君謹始之道。人臣謹始之說。聯舉八事為陛下獻。一曰正心術。二曰辨邪正。三曰廣聖學。四曰來直言。五曰戒游逸。六曰崇節儉。七曰恤刑罰。八曰重名器。皆隨解釋。援古為證。不敢飾為浮詞。以瀆聖聽。伏望陛下清閒之燕。垂精留神。特賜省覽。或於初政可裨萬一。謹列如左。

一正心術　臣聞堯之傳舜。舜之傳禹。見於書曰。天之曆數在爾躬。爾終陟元后。人心惟危。道心惟微。惟精惟一。允執厥中。見於論語曰。堯曰咨爾舜。天之曆數在爾躬。允執其中。舜亦以命禹。夫三聖相傳心術之妙。不過曰中而已。漢武帝即位之初。親策多士。董仲舒告以正心以正朝廷。正朝廷以正百官。正百官以正萬民。蓋上天之咎祥。下民之休戚。人才之邪正。天下之治亂。係於人君之心。一念慮之發。雖若甚微。幽顯之間。其應如響。惟人君者當宅心於正道之中。非正勿視。非正勿聽。非正勿言。非正勿動。一心既正。則邪佞讒諂不得而入。聲色貨利不得而遙。以視則明。以聽則聰。言可為則。動可為法。舉而措之。則朝廷萬事無不歸於正。四方遠邇無不一於正。天下不足為矣。

二辨邪正　臣聞舜初即政。首舉十六相。去四凶。而天下咸服。傳以為有大功二十。禹皐都俞之際。亦以知人為先。皐陶又陳九德。謂人君能知九德之人。考察其真偽而信之。上可以撫五辰。下可以凝庶績。蓋知人。人君之盛德。人君無職事。惟辨君子小人而進退之耳。君子小人之難辨也久矣。讒諂面諛似忠。乘機投合似智。脅肩諂笑似恭。小廉曲謹似賢。排斥小人者似乎讒。汲引善類者似乎黨。面折庭爭者似乎訐。難進易退者似乎矯。人君智不足以燭之。則君子小人並用而雜處。交爭而互勝。終必至於小人進而君子退。此治亂之所由分也。惟人君者要當精鑒詳察。審其賢者。聽任之而勿貳。知其不肖者。廢斥之而勿疑。內君子而外小人。使之各安其分。則人君之能事畢矣。天下其有不治乎。

三廣聖學　臣聞商高宗嗣位之初。傅說告之曰。王人求多聞。時惟建事。學于古訓。乃有獲。又曰。惟學遜志。務時敏。厥修乃來。又曰。惟斅學半。念終始典于學。厥德修罔覺。詩人進戒嗣王曰。日就月將。學有緝熙于光明。佛時仔肩。示我顯德行。詩書所載。臣之告其君。必以學為先。蓋人君不可無學。學者學治天下。王者之事。故堯舜禹湯汲汲。仲尼皇皇。此所以聖益聖。明益明也。昔唐太宗貞觀之初。引十八學士於禁中。論古今成敗。諷誦詩書。講求典禮。咨詢忘倦。以至夜分。嘗謂虞世南曰。使我稽古臨事不惑者。公等力也。臣願陛下於廷臣中遴選忠信端良博雅多聞之士。使備勸講。無限員數。無拘資格。更番遞直。退朝之暇。引之便坐。講求經術。咨詢治道。因訪民間疾苦。吏治得失。假以溫顏。接以誠意。俾盡其情。如是則聖學日益。聖政日新。雖深居九重。而周知四海。豈小補哉。

四來直言　臣聞舜受禪之初。咨于四岳。闢四門。明四目。達四聰。傅說復于王曰。惟木從繩則正。后從諫則聖。故元稹上書於憲宗初元。謂自古人君即位之初。必有敢諫之士。君受而賞之。則競為忠讜。苟拒而罪之。則卷懷括囊。又引太宗賞孫伏伽事以告之。蓋古者史為書。瞽誦詩。百工獻藝。庶人謗於道。商旅議於市。人人得以盡其言。況以諫為官有言責者乎。陛下自即位以來。求言之詔屢下。納諫之誠未孚。未聞賞一敢言之士。而已黜去言事之臣。此天下識者所以竊窺初政而重為之惜也。臣願陛下廣開言路。增置諫官。言之是則賞之。言之非則置之。狂妄者優容之。抵訐者寬宥之。懷姦罔上朋邪害正者黜之。如是則天下之士莫不樂告陛下。庶幾直言日聞。下情畢通。而無壅蔽之患矣。

五戒遊逸　臣聞成王即政。周公恐其逸豫。作書戒之。先曰。君子所其無逸。先知稼穡之艱難乃逸。又言商中宗高宗之不敢荒寧。祖甲之不敢侮鰥寡。文王之自朝至于日中昃不遑暇食。茲四君所以享國久長。又戒以繼自今嗣王。則其無淫于觀于逸于遊于田以萬民惟正之供。無逸一篇。反復數百言。始終以逸豫為戒。故古人以宴安為酖毒。以無逸為元龜。仁宗皇帝建邇英閣。書無逸於屏間。朝夕觀覽。以示警戒。夫昧爽丕顯。後世猶怠。始而不勤。後將若何。古之人君朝以聽政。晝以訪問。夕以修令。未明求衣。夜分乃寐者。非欲焦心勞形以自苦也。蓋恐怠心一生。則便佞之說。乘間而入。酖樂之事。有時而為。流而不返。不惟荒政損德。亦非所以養壽命。惟人君者。要當清心寡慾。克己復禮。終始惟一。無荒無淫。如此則壽齊堯舜。享國百年。豈不韙歟。

六崇節儉　臣聞舜命禹總朕師。懋乃德。嘉乃丕績。不過克勤于邦。克儉于家。不自滿假。惟汝賢。孔子亦曰。禹吾無間然矣。菲飲食而致孝乎鬼神。惡衣服而致美乎黼冕。舜之所以傳禹。禹之

所以繼舜者。莫不以儉德為先。故唐玄宗開元之初。焚珠玉錦繡于庭。以示儉德。及其末年。猶以窮奢極侈亂天下。其始可不謹乎。唐太宗問褚遂良曰。舜造漆器。諫者十餘人。何也。遂良對曰。漆器不已。必以金為之。金器不已。必以玉為之。古人之必諫其漸。若事已橫流。則無及矣。蓋天子者。合天下之力而奉之。凡宮室車馬服食器用。無非生民之膏血。其作之甚勞。其成之甚難。安而享之。必思其所自來。思其所自來。則不忍輕費民財。重惜民力。如此則子孫萬世。長享天下之奉矣。

七恤刑罰　臣聞舜初嗣位。首陳典刑之義。以勅天下曰。欽哉欽哉。惟刑之恤哉。又命皐陶作士。戒以惟明克允。故能好生之德。洽于民心。茲用不犯于有司。恤刑之效。於此可見。漢景帝之元年。減笞法。定箠令。唐太宗貞觀之初。觀明堂圖。而除鞭背。自古聖賢之君。莫不以人命為重。不敢輕於用刑。故能享國長久。慶流後裔。恭惟祖宗二百四十餘年之間。深仁厚澤。漸被四表。誅戮之刑。內不施於骨肉。外不施於士大夫。屬於法者。一付有司。雖天子不得輕重於其間。故卜年卜世。與周匹休。又非漢唐之所能及。臣願陛下遵守祖宗成憲。謹於用刑。寧失之寬。不可失之急。寧失之略。不可失之詳。寧有佚罰。不可及無辜。庶幾初政有以深結人心。而為萬世無窮之福。天下幸甚。

八重名器　臣聞商高宗即位。傅說進于王曰。惟治亂在庶官。官不及私昵。惟其人。爵罔及惡德。惟其賢。夫爵賞。天下之公器。當與天下共之。非人君所得而私。昔韓昭侯愛一弊袴。未以賜左右。必欲待有功者。且曰。明主愛一嚬一笑。袴豈特嚬笑哉。唐宣宗重惜章服。有司嘗具緋紫衣數襲以備賞賜。或半歲不用其

一夫弊袴微物也章服虛文也二君恡惜如此蓋物以寓意文以副實上之人愛之重之不以輕畀則得之者榮苟惟人人而與之則不足以為重矣而況一命以上人君所以勵世磨鈍無功者賞則有功者怠不肖者進則賢者退予奪廢置可不謹諸惟人君者要當以天下為公凡高爵厚祿擇天下之賢者有功者共之惟其人勿以疎遠而廢非其人勿以親昵而用威權不可移於下名器不可假於人如此則上無濫賞下無幸人貴賤履位賢不肖襲情而天下治矣

右臣所言八事凡陛下之所優為者臣申言之所以堅陛下有為之心陛下之所不為者臣預言之所以防陛下欲為之漸此皆初政之急務若夫示好惡公毀譽以作人才尚名節黜貪鄙以厚風俗薄賦斂戒掊剋以寬民力擇將帥明賞罰以肅軍政所當講求次第而施行者臣不敢瀆等以進位卑言高罪當萬死惟陛下裁赦

歷代名臣奏議卷之五十七

治道

宋寧宗時袁說友上言臣仰惟皇帝陛下聰明仁孝得於天資曆數攸歸神器有託承太皇之命旨遵聖父之詒音嗣守丕圖撫臨萬寓天地開懌神人協和臣遭際明時至榮極幸臣嵬瑣不才叨綴從列向者充貟京邑屢拜清光夙荷聖神特達之知媿無職守纖毫之報玆幸身逢華旦顧瀝愚衷亟欲仰贊宏模少裨聖德竊惟自古大有為之君其於踐祚之初必思有以收結人心慰滿衆望人心既得衆望巳孚則天順人助四夷來王極功所不難致陛下嗣位維新中外愛戴正是收結人心慰滿衆望之日臣不暇縷舉繁目顧以當今可行足以收人心而慰衆望者有六事焉

其一曰大行至尊壽皇聖帝奄棄萬方倏巳浹月陛下追慕皇祖日赴臨殿號慟備至臣民歎嗟唯是三年之服天下通喪自漢以來喪禮從薄遂有以日易月之制蓋數千百年為天子者未有斷然而能復古也惟我壽皇聖帝頃罹高宗之喪斷自宸衷躬行三年之服孝誠之至萬古無踰今陛下繼統嗣位適當以日易月禫祭之初此正陛下盡孝竭誠之日夫壽皇之於高宗蓋子為父服是以為三年之喪今陛下之於壽皇則孫為祖服亦當行周期之制臣願陛下體壽皇執喪三年之禮倣古人喪禮近厚之說亟下詔旨躬行周期之服令有司討論喪制凡御朝退朝御輦過宮之服並令斟酌裁定陛下一一躬行之此令一下中外臣子既以仰嘆陛下念祖孝誠之切復以深感陛下居喪盡禮之孝抑以敬服陛下聰明仁孝之實以收人心以慰衆望莫切於此且今之虜酋固非可以禮義責也猶能慕我壽

皇之孝。而能於繼祖踐位之日。躬行三年之喪。屬晋国不足言
之於陛下也。然彼且能爾。今周朞之服。陛下必能以身行之。儻
聖意以為無難。即乞速降指揮。不勝臣子厚幸。
其二曰。昨日恭聞已降指揮。宣押宰臣留正。仰見陛下握符御極。
知所先後。倚任大臣。共圖盛治。規模宏遠。將致太平。天下幸甚。
臣竊意留正。必須抗章牢辭。未即赴闕。願陛下體古人進退大
臣以禮之意。深以朝廷輔佐之任為重。與降詔趣還。俾之必來。
則陛下禮貌大臣無愧於古先哲王矣。至如起居郎陳傅良憂
國愛君。不得已遂納祿而去。樞密院編脩官楊方以前日時事
未順。亦援劾而歸。二人者。皆一時人望所屬。臣願陛下出自聖
意。亟下詔旨。並令日下依舊前來各供舊職。豈特以收結士心。
亦於贊襄治道。大非小補。

其三曰。臺諫者天子之耳目。所以資贊治道。裨益聖聰。頃歲高宗
皇帝更化之日。首下詔書。大開風憲之地。今陛下作新。舉行新
政。要當廣開言路。崇用臺諫。臣願陛下斷自宸衷。亟發詔旨。申
飭臺諫。令各盡乃職。知無不言。凡有章奏。陛下即日施行。則言
路既廣。聖德彰聞。治效日隆。下無壅蔽。初政之要。無以越此。
其四曰。向者壽皇聖帝初罹高宗之喪。教坊樂人及應干俳優伶
官等。並行罷逐。今陛下嗣服之日。適居喪制。臣願陛下即降指
揮。應干樂人及俳優伶官等。日下並權令逐便。候終喪日續聽
指揮。亦以見陛下盛德之至也。
其五曰。自古人主規圖極治。增益聖德。未嘗不求言納諫。以廣聽
聞。漢董仲舒謂廣覽兼聽。極群下之知。盡天下之美。此蓋帝王
之要務也。今陛下嗣服之始。尤當廣求直言。崇任忠鯁。政事之

當否。民情之休戚。儻非聽言受諫。陛下無由自知。國朝祖宗即
位之日。即相繼下詔以求直言。列聖遵承。以為家法。然而求言
貴於能聽。聽言貴於能行。今朝政闕失。民間疾苦。未易縷陳。臣
願陛下亟發詔旨。先令在朝監察御史以上。及館職學官。限五
日內各上封章。極言時政闕失。使之盡言無隱。陛下儻未能盡
經乙覽。即乞以臣下章奏付後省都司官。撮其必可施行者類申
朝廷。將上取旨。一一施行。其間有關繫陛下躬行者。亦令大臣
別項數奏。陛下恪意力行。如此。則五帝三王將並駕而齊驅矣。
其六曰。今歲適當大禮之年。今大行在殯。遂降九月明堂指揮。陛
下既履寶位。即與太上皇帝事體不同。參之禮經。嚴父莫大於
配天。蓋謂尊父以配天也。陛下若行明堂。則於尊父之禮。實有
所礙。兼陛下臨御之初。正欲修明號令。聳動觀聽。臣願陛下以

明堂尊父之禮。既有所礙。亟與大臣商議。仍舊講行郊祀之禮。
如冬至之前。未得發引。即照乾道元年正月郊祀之例。別降德
音。式肆赦支犒恩數等。亦照隆興二年十一月冬至日指揮施
行。庶幾陛下御極之始。即見上帝。於昭格天地。歛福庶民。實為
初政之助。臣備數從班。職在獻納。既未得即侍天威。面控愚慮。
而於六事。實不可緩。用敢亟具奏劄上瀆聖聰。惟陛下諒其忠
悃而早行之。至於躬節儉之德以先天下。惜內帑之財以養國
力。兩宮定省之日。風雨不渝。泰安之禮。極其優厚。倚信大臣。視
為心腹。收召人物。必先忠良。早朝晏罷。日以勤政為務。臣下章
奏可否。隨即施行。內侍之任。以忠直老成為先。見在宮嬪。稍加
斟酌裁減。隨龍恩數。必合舊制而後行。左右請求。必惟成法而
後與。戒飭諸屯主帥務令修舉軍政。申嚴沿邊守臣專以固圉

為職凡此數端望陛下曲留聖衷節次施行則堯舜三代之治
日月可冀矣臣不勝激切控瀝之至
衢涇上奏曰臣聞人君之治天下無不原於此心治安常得於憂勤
禍敗每基於逸樂蓋方其多事則懼心必生故憂勤而圖治居安既
久則驕心易起故逸樂而不自知苟非聰明過人鮮能自克臣恭惟
陛下天資濬哲睿略高遠萬無是事臣區區愚慮不能自已於言且
聲色易於移人陛下非不知聲色之不可邇也而耳目為難防宴安
同於酖毒陛下非不知宴安之不可懷也而志意為易惰財用生民之
膏血陛下非不知財用之當節也而牽於姑息則有所未暇節名器
人主之操柄陛下非不知名器之當惜也而溺於貴幸則有所未暇
惜自陛下即位人臣之進說者非一疏陛下之聽言者非一日雖改
過不吝見善必從而弊隙尚多冗濫未革陛下意謂時之無事不必

過憂事之至微未足害治然恐陛下此念生於自喜則驕心得以乘
之驕心一萌則所以體天意者亦幾於息矣況朝廷庶事未可謂盡
當四方幽隱未可謂盡達年穀雖豐民困重斂夷狄雖順意實不測大
計未立大讎未復天之望陛下者若是正宜惕息脩省其可有一毫
之驕心耶臣願陛下圖患於不見保治於未形一起居言動一云為
注措兢兢業業常若上帝臨之在上質之在傍聲色之陳於前必思
玉體之當愛宴安之動於念必思德業之當勉爵賞之施必思名器
不可以假人賜予之頒必思民力不可以困竭此心無日不與天相
似則陛下所以體天意者既至天心所以愛陛下無窮凡陛下所當
為之事皆次第而舉矣昔仁祖謂休祥之來懼省不類災異之見儆
畏厥躬乃攷箕疇之傳稽漢儒之說裒類五行六沴禍福之應為書
十二卷名曰洪範政鑒以示天人感召之理壽皇嘗諭近臣無逸一

書享國久長皆本寅畏爰緝尚書所載天事列為二圖名曰敬天朝
夕觀覽仁祖壽皇所以飭躬修德克謹天戒見於二書者不外此數
事成效昭然于今可覩不然治教刑政大抵粗略而天之報貺適同
於已安已治之時臣誠恐天幸不可以為常禍機多藏於隱微而發
於人之所忽也惟陛下留神省察豈特臣之幸實宗社生靈之幸
涇又上奏曰臣恭惟陛下聰明天縱嗣承大統舜禹授受千古有光
遵壽皇之成規對廷臣於黼座將以講求治道矣豈徒應故事而已
臣側聞群臣進言者多勸陛下即位之初當大有所施設以竦動四
方之觀聽陛下聖意以循循為治臣有以見宸慮高明度越千古固
非常情之所能量度也臣竊觀自昔欲有為之君非不好大喜功志
高慕遠方其銳意圖治凡創端造業皆足以震耀群動興起人心論
治者亦皆喜談而樂道及閱歲踰時意銷氣沮曾無尺寸之效而論

胥以敗往往銳始者必怠終競虛美而本無誠心故其害至此孰若
因人情之所欲審事勢之所宜圖實效而不隆虛名務遠謀而不趨
近利其初雖若循循未快人意然盡力於躬行用功於悠久積日累
月寖明寖昌計算見效反出於欲有為者之上得失可槩見矣昔堯
以兢兢日行其道舜以業業日致其孝禹之克勤湯之檢身若不及
文王之翼翼小心武王之繼志述事凡詩書所稱此六七聖人不過
長天命保人心側身脩行恭己任賢慢遊逸樂之是儆是戒憂勤恭
儉之是訓是圖初未嘗為驚世駭俗輕發易變之舉也然後世稱聖
之盛治之極必曰唐虞三代豈非循循之效哉陛下以不世出之資
享壽皇已成之業踐祚以來薄海內外小大臣民傾耳拭目以徯維
新之政陛下聖意先定周密詳重謹於所發不為目前可喜之事誠
有得於聖賢循循之義矣臣愚猶有私憂過計試為陛下言之陛下

慈仁本於天稟未嘗不恭儉也而恭儉之德未信服於人心陛下日
具視朝咨詢忘倦未嘗不憂勤也而憂勤之志未昭白於天下爵賞
所以勵臣工也而人以為多濫紀綱所以尊朝廷也而人以為未振
有納諫之盛德而未聞行諫之英斷有恤民之仁心而未聞寬民之
實惠詔百官以脩職業而苟且之習未革敕將帥以厲軍政而貪刻
之徒寔繁半歲之間課效未見救過不給衆人竊議有識憂疑毋乃
陛下雖知循循之可尚而未能踐其實乎夫聖賢之循循與世俗之
因循相近而實相遠也聖賢之循循亦順至理之當然力行而不息
耳苟無誠心實德悠悠玩日時乎無事則苟安而不慮事變之至則
倉卒而無謀徇一時之娛忘千載之患此乃世俗因循之害非唐虞
三代所以為治之意也況今日風俗頹靡百度弛縱人材削弱國勢
未張汲汲有為尚恐不濟若猶因循其弊將至於不可為矣臣慮臣

下或聞陛下有循循之志遂希旨迎合飾因循之說以誤聖聽非忠
於為陛下計也臣願陛下剛健篤實勵精圖政躬朴素以杜奢侈之
漸防逸豫以戒宴安之毒則恭儉之德彰矣輟燕閒之暇以攬機務
絕左右之私以親正人則憂勤之心著矣公予奪以示懲勸惜名器
以待功勞寢內降之命遵累朝之法則爵賞知所謹矣毋以朋黨輕
疑外廷毋以道學併棄賢士擇任耳目之寄大開公正之塗則紀綱
庶乎振矣有獎飾而未聞拔擢有開納而無所施行非所以崇諫也
務斥諂諛之說謨養忠直之氣斯得聽言之要矣貴近之濫恩未革
無益之費用未省非所以寬民也條無名之橫斂議蠲減而必行斯
有惠下之實矣擢廉勤之吏以勵偷惰嚴按察之司以治贓污則職
業脩矣昔之以賄賂進者果於棄而不用今之以貪贖敗者寘於法
而不赦則軍政肅矣凡此八者陛下果事事而加謹物物而加察勿

以小善無益而不為勿以小惡無傷而不去仁心善政與日俱新
火之然如泉之達使聖德日以光大功業日以休顯斯足以盡循循
之實矣苟懷安怠忽無所施為臣恐未免終墮於因循之說也惟陛
下留神幸甚

涇又上奏曰臣聞天下雖大治之在心自昔君臣相與講明治道未
嘗不以此心為先務禹之告舜曰安汝止伊尹之告太甲曰欽厥止
傅說之告高宗曰惟厥攸居政事惟醇周公之告成王曰文王惟克
宅厥心迺克立茲常事蓋心者萬事之綱致治之本未有不先定其
心而能成治道者也臣恭惟陛下以聰明英睿之資承慈皇付託之
重憂勤在御三載于茲虛懷任人屈己從諫帝王盛德蔑以加此是
宜盈成之業有光太平之期可卜顧求治雖勤課效未見上下悠悠
偷安歲月毋乃聖心所嚮容有未定而莫知所用力之地歟夫惟聖

心未定故小大之臣議論不明趨嚮不一家持一說人立一見或習
頹墮或貢諛佞或務迎合或事譏邪皆不過竊取陛下爵祿其為身
計足矣陛下臨政願治何所望於此乎易曰通其變使民不倦又曰
易窮則變變則通通則久言天下之事苟至於窮極必貴於變通乃
為可久之道也臣觀當今事勢往往多弊而其弊將窮矣民極於貧
而莫究賑恤之宜平時猶且思亂兵極於養而莫止飢寒之怨臨事
孰肯用命官極於冗而澄汰之無策徒困於缺少財極於斂而寬省
之無計每患其不支士大夫知有祿位而不知有名節緩急何所倚
仗風俗知有奢靡而不知有條制踰僭何所限節舉天下大事無出
此五六者而其弊至此極矣尚賴朝廷清明聖德容覆祖宗仁澤在
人中興以來培植益厚維持固結幸以無事然平居暇日已懷懍懍
之懼脫有讒諂在側群邪並進得以撓亂陛下之紀綱法度公道不

伸國體浸弱姦雄睥睨或生輕侮之心一旦事變起於細微禍機萌
於所忽向之維持固結者有時而不可恃亦可為寒心哉陛下試當
清閒之燕事物不衡於慮嬪御不接於前平心定氣而靜思之微臣
之言必有默契於淵衷者然則變通之道其在今日誠聖心所宜先
定也臣伏願陛下體乾健之德廣離明之照審觀事勢之所繫念其
弊之為已窮察其弊之所由起覽大易之言求變通之道聖心先定
然後明詔大臣逮中外百執事朝夕講磨同心協力及今而亟圖之
勿坐待於極而至於不可救凡行一事必曰其有益於變通之實歟
不可以嘗試而幸成也每出一令必曰其有合於變通之理歟不可
以輕發而驟改也進一人才必曰果可以任吾變通之責歟不可以
順適目前而用之也聽一言議必曰果有以助吾變通之政歟不可
以投合所見而受之也夫既知所用力之地循循而行之孜孜而為

之雖無立見之効而有馴致之功前五六者之弊庶乎有瘳而天下
之治可次第舉矣不然當庶事極弊之時譬之一身四體炭如藥傷
補敗猶恐不給而希合苟容之徒養交持祿方且謂雨暘時若詠誦
太平以規榮利及其意得志滿奉身而退它時獨以憂勞遺陛下豈
不誤哉可勝悔哉此理非難曉其事非難行特在陛下加意與否而
已臣拙戇不量踈外僭論大體竊惟國朝儲養館職之意甚厚仁皇
盛時詔特許以言事臣待罪冊府首尾五年三獲瞻望清光每竭愚
衷輒蒙寬赦茲不敢以去國而忘葵藿之誠昔魏徵陳十漸以戒太
宗其末有曰千載休期時難再得明主可以為而不為此臣所以鬱
結而長歎也臣敢以徵之言為陛下獻惟陛下財幸
煥章閣待制侍講朱熹上奏曰臣迂愚衰賤無以踰人仰荷聖明召
從遐外寘之近侍之列屬以勸誦之官此豈私於小臣者哉意者必

以其粗嘗講學稍有思慮不肯隨衆默默或有以仰裨聖治萬分之
一也而臣伏自到闕三獲進對狂妄之言時蒙采納如增添講日看
詳封事不受賀表之屬皆得施行臣竊不自知以為庶幾可以披瀝
肝膽畢義願忠而無負於陛下所以收録使令之意又竊惟念服在
內朝實以從容諷議為職故雖被求言之詔亦不敢輒同外臣撰述
文字以致宣洩但嘗面奏一二意望陛下自以聖意施行而累日以
來竊觀天意雷霆之後繼以陰雨沉鬱不解夜明晝昏此必政事設
施大有未厭人望以致陰邪敢干陽德者而臣前日所嘗言之大者
尚亦未蒙省察若但碌碌隨群解釋文義時時陳說一二細微以應
故事則不唯非陛下所以召用愚臣之意亦豈愚臣所以服事陛下
之志哉今有微誠須至傾竭臣之所言其最大者則勸陛下凡百自
奉深務抑損自宮闈之私居處服用且如潛邸之舊以至外庭禮數

僕御恩澤亦未可遽然全身萬乘之尊庶幾有以感格親心早遂晨
昏定省之願以為陛下必垂聽納而數日來乃聞有旨脩葺舊日東
宮為屋三數百間外議皆謂陛下意欲速成早遂移蹕以為便安之
計不惟未能抑損乃是過有增加臣不知此果出於陛下之心大臣
之議軍民之願耶抑亦左右近習倡為此說以誤陛下而欲因以遂
其姦心也臣恐不惟上帝震怒災異數出正當恐懼修省之時不當
興此大役以咈譴告警動之意亦恐畿甸百姓飢餓流離陷於死亡
之際忽見朝廷正用此時大興土木修造宮室但以適己自奉為事
而無矜惻憫憐之心或能怨望忿切以生他變不唯無以感格太上
皇帝之心以致未有進見之期亦恐壽皇在殯因山未卜几筵之奉
不容少弛太皇太后皇太后皆以尊老之年煢然在憂苦之中晨昏
之養尤不可闕而四方之人但見陛下亟欲大治宮室速得成就一

旦翩然委而去之以就安便六軍萬民之心必又將有扼腕而不平者矣前鑑未遠甚可懼也至於一離尊親之側輕去倚廬之次深宮永巷園囿池臺耳目之娛雜然而進臣又竊恐陛下之心未易當此紛華盛麗之熒惑感移雖欲日親儒士講求經訓以正厥事而進德修業亦將有所不暇矣此又臣之所大懼也至於壽康定省之禮則臣嘗言之矣而其意有未盡也今聞逾日一再過宮亦未得見而不亟為之慮如臣所謂下詔自責頻日繼往者顧乃遲迴舒緩無異尋常之時泛然而往泛然而歸太上皇帝聞之必以為此徒備禮而來實無必求見我之意其深閉固拒而不肯見固亦宜矣又聞太上皇后懼忤太上皇帝之意不欲其聞太上之稱又不欲其聞內禪之說此又慮之過者殊不知若但一向如此而不為宛轉方便使太上皇帝灼知陛下所以不得已而即位者但欲上安宗社下慰軍民姑以

代己之勞而非敢遽享至尊之奉則父子之間上怨怒而下憂懼將何時而已乎父子天倫三綱所繫不惟陛下之心深所未安而四方觀聽殊為不美久而不圖亦將有借其名以造謗生事者此又臣之所大懼也至於朝廷紀綱尤所當嚴上自人主以下至於百執事各有職業不可相侵蓋君雖以制命為職然必謀之大臣參之給舍使之熟議以求公議之所在然後揚于王庭明出命令而公行之是以朝廷尊嚴命令詳審雖有不當天下亦皆曉然知其謬之出於某人而人主不至獨任其責臣下欲議之者亦得以極意盡言而無所憚此古今之常理亦祖宗之家法也今者陛下即位未能旬月而進退宰執移易臺諫甚者方驟進而忽退之皆出於陛下之獨斷而大臣不與謀給舍不及議正使實出於陛下之獨斷而其事悉當於理亦非為治之體以啓將來之弊況中外傳聞無不疑惑皆謂左右或竊其

柄而其所行又未能盡允於公議乎此弊不革臣恐名為獨斷而主威不免於下移欲以求治而反不免於致亂蓋自隆興以來已有此失臣嘗再三深為壽皇論之非獨今日之憂也尚賴壽皇聖性聰明更練世事故於此輩雖以驅使之故稍有假借實亦陰有以制之未至全墮其計然積習成風貽患於後其害已有不可勝言者如陳源素佐之流皆陛下所親見也奈何又欲襲其跡而蹈之乎且陛下自視聰明剛斷孰與壽皇更練通達孰與壽皇壽皇尚不能制之於前而陛下乃欲制之於後臣恐其為患之益深非但前日而已此又臣之所大懼也至於殯宮之卜備聽臺史膠固謬妄之言墮其交結眩惑之計而不復廣詢術人以求吉地但欲於祐思諸陵之傍攢那遷就苟且了當既不為壽皇體魄安寧之慮又不為宗社血食久遠之圖則自宰執侍從以至軍民皆知其非而不敢力爭夫以壽皇之豐

功盛烈百世不忘而所以葬之如此其草草也此豈不又大咈天人之心以致變異之頻仍而貽患於無窮乎此又臣之所大懼也凡此四懼皆非小故臣願陛下深察愚言而反之於心明詔大臣首罷修葺東宮之役而以其工料回就慈福重華之間草創寢殿一二十間使粗可居又於宮門之外草創供奉宿衛之廬數十間勿使其有偪仄暴露之苦如是則上有以感格太上皇帝之心而速南內進見之期又有以致壽皇几筵之奉而盡兩宮晨昏之禮下有以塞群下窺觀眩惑之姦而慰斯民飢餓流離之歎此一事也若夫過宮之計則臣又願陛下下詔自責減省輿衛入宮之後暫變服色如唐肅宗之改服紫袍執控前馬者預詔近屬尊行之賢使之先入首白太上皇后以臣前所陳宛轉方便之說然後隨之而入望見太上皇帝即當流涕伏地抱膝吮乳以伸負罪引慝之誠而太上皇后宗戚貴臣左

右環擁。更進譬諭解釋之詞。則太上皇帝雖有忿懟之情。亦且霍然雲消霧散。而懽意浹洽矣。此二事也。若夫朝廷之紀綱。則臣又願陛下深詔左右勿預朝政。但使朝廷尊嚴。紀綱振肅。而國家有泰山之安。則此等自然不失富貴長久之計。其實有勳庸而所得褒賞未愜衆論者。亦詔大臣公議其事。稽考令典。厚報其勞。而凡號令之弛張人才之進退。則一委之二三大臣使之反復較量。勿徇己見。酌取公論奏而行之。批旨宣行。不須奏覆。但未令尚書省施行。先送後省審覆。有不當者。限以當日便行繳駁。如更有疑。則詔大臣與繳駁之官當晚入朝。面議於前。互相論難。擇其善者稱制臨決。則不惟近習不得干預朝權。大臣不得專任己私。而陛下亦得以益明習天下之事而無所疑於得失之算矣。此三事也。若夫山陵之卜。則臣前日嘗以議狀進呈。近日又與同列連名具奏。今更不敢煩瀆聖聽。亦望特宣

大臣。使詳臣等前後所論而決其可否於立談之間。先寬七月之期次黜臺史之說。別求草澤以營新宮。使壽皇之遺體得安於內。則宗社生靈皆蒙福於外矣。此四事也。凡此四事。皆今日最急之務。切乞留神反覆思慮。斷而行之。以荅天變。以慰人心。上以彰聖主用人求諫之實。下以伸小臣愛君憂國之忠。則臣不勝千萬大幸。又竊念臣老病之餘。寒齋獨宿。終夜不寐。憂慮萬端。而進對之時。率多遺忘。言語精神。又不能以自達。是以前日一再面奏所陳數事。有未蒙深察者。今因入侍。敢復冒昧輒形紙墨。伏惟聖明獨賜詳覽而擇其中。至於孤危之蹤。不敢自保。竊恐自今以往。不獲久侍清閒之燕矣。臣無任瞻戀懇切皇恐俟罪之至。

禮部員外郎李鳴復上奏曰。臣聞有帝王之規模。當有帝王之事業規模宏闊。而事業又與之相符。天下不足治。昔唐魏徵之言曰。五帝二王不易民以教。行帝道而帝。行王道而王。顧所行何如耳。世蓋未有行其道而不著其效者。堯舜其君而俗不唐虞。禹湯文武其君而治不三代。此必有其故也。恭惟陛下以天縱之資篤日新之學。嗣位之始首增講員。聽政之餘。垂精經典。書中庸至聖之章而日加省察。閱大學章句之疑而特垂顧問。大庭發策昭明此書。瓊林賜詩彰示此意。為天下國家之經有九。既取之以為出治之規。明明德於天下之序有八。亦視之以為力行之要。此其規模豈漢唐諸君所敢望。雖六五帝四三王可也。然自登大寶于今七年。天下翹首以望太平。傾心以觀至化。雍熙泰和之風不見。而歎息愁恨之聲轉聞。規模則古事業不古。獨何歟。臣嘗讀孟子見其言有曰。以不忍人之心。行不忍人之政。治天下可運之掌上。又曰。堯舜之道。不以仁政。不能平治天下。蓋有是心也。而能行是政。則付之掌運而有餘。有是道也。而不以

其政。則求以平治而不足。今陛下之心。堯舜之心也。未知陛下之施於政者果足以發是心乎否也。陛下之道。堯舜之道也。未知陛下之見於政者果足以行是道乎否也。民政壞於守令之貪殘。軍政壞於將帥之掊尅。朝廷之政又壞於士大夫之苟安。三者之弊未去。而欲與古帝王齊驅而並駕。臣知其難矣。三代之得天下也。得其民也。得其民者。得其心也。民惟邦本。本固邦寧。而今之為州縣者以撫字為迂談。以催科為急務。此猶曰用之公家也。囊橐之私勝。而民不聊生矣。苞苴之計行。而民無所赴愬矣。使天下不敢言而敢怒。昔人以是為詹民之戒。今則不惟敢怒。又至於敢叛矣。夫置吏所以養民。而民之數端自吏始。國家何賴焉。前車既覆。後車當戒。近甸之地。咫尺君門。援符之寄。輟從朝列。召杜之詠罕見。而苛如虎者踵相接也。襦袴之歌鮮聞。而剝及膚者袂相聯也。民無常產。因無常心。即不幸帶牛

佩櫝相扇而起又何以爲策民政如此陛下亦常思之否乎古者寓兵於農初無養兵之費後世以民養兵遂有蠹民之患然使其如霆如雷足以折外侮有嚴有翼足以彊國勢是猶曰予以固吾圉也兵以精爲貴今則老弱相半矣兵以氣爲勇今則凍餒交作矣與士卒同甘苦昔人以是爲將兵之法今則勢分隔絕又剝之以自利矣竭天下之力以養兵而反竭兵之力以奉主帥國家何益焉不遇盤根曷知利器潢池赤子盜弄戈矛鼠竊狗偷顧何足道然江上分僃禦之屯而賊之究焰未戢也京都轂禁衛之旅而賊之猖獗自如也小醜尚爾大敵何若即不幸姦雄醜虜覦釁而動復何以爲計軍政如此陛下亦嘗思之否乎夫治亂之迹雖見於天下轉移之機實係於朝廷四郊多壘此何等時而列武周行因循度日謂惟靜可以制動是則然矣靜而流於偷墮恐其動未易息也謂惟常可以御變是則

然矣常而失之弛玩恐其變未易弭也謂雍容和緩可以鎮安人心是則然矣然內無可恃之實外有可憂之形此猶駕弊舟於驚濤之中寢積薪於然火之上恐人心亦未易安也陛下非不憂勤也大臣非不焦勞也百司庶尹亦未嘗無惴惴不寧之懷也而積習既久諛風浸成務爲虛文掩覆實狀所陳者類非軍國之急務所事者不過簿書之常程日甚一日而怯證生歲復一歲而元氣削朝政如此陛下又嘗思之否乎陛下居今行古其規模爲甚高而以古準今其事業猶弗逮則亦有是心而無是政故爾夫政者所以推吾之心而達之天下者也苟無其政何自而達苟非其人政何自而舉立政一書周公所以訓戒成王者諄切備至上自禹湯下自文武陳其已往之實用爲方來之規推而至於詰爾戎兵陟禹之迹所以著其功業之盛以覲文王之景光以揚武王之大烈所以彰其繼述之美然要其

所以致此亦惟曰勿以憸人克用常人而已是知人才之賢否國政成敗之所關不可不謹也昔仁宗皇帝享國最久遇變最多然衆賢聚於內而朝廷尊按察使分布於外而郡國治帥得一仲淹而西賊喪膽使得一富弼而北虜降心將得一狄青而南寇授首四十二年之治號爲太平皆自得人始臣願陛下稽仁祖致治之法味姬旦告君之辭不徒究之於心而必發之於政不徒求之空言而必見之行事必吏稱職民安業而政之在民者無不理必車馬修器械備而政之在軍者無不肅必九德咸事百工惟時而政之在朝者無不舉爲政在人無使一小人或得容其姦政在養民無使一細民或不被其澤政事修於內變故息於外理有必至勢無甚難特在陛下加之意爾不然學與政一道也勤於學而不及於政知與行一理也致於知而不力於行譬如五穀不腹而欲以療飢良藥不口而欲以已病臣

未知其可也臣生長萬里外荐叨誤渥擢玷郎曹舊典有常職當登對有懷不吐不惟負陛下亦負所學惓惓之忠惟陛下察焉

鳴復爲侍御史又奏曰臣聞九官相遜所以爲虞廷之盛多士濟濟所以致周室之隆蓋衆賢和於朝則萬物和於野未有乖爭淩犯之習交肆於內而安靜和平之治能成於外者也中庸言位天地育萬物必以致中和爲本洪範論斂五福錫庶民必以建皇極爲要中庸之與洪範異書而同旨中和之與皇極異名而同意古聖王治天下所以措一世於泰和躋斯民於仁壽其道未有不本諸此陛下以天縱之資膺天位之重知出治之道在問學故兼精經典知進學之益在講讀故留意經筵正心誠意之實持之惟懼其不嚴治國平天下之理究之惟恐其不熟有君如此其忍負之而十年之間柄臣專國鉗天下之口而奪之氣正者引遁直者銷沮迎合苟容之輩擢置朝

行寡廉鮮耻之徒散在郡國故中外附和如出一口而天下之俗弊於詖堅水頓消太陽正照天下拭目以觀維新之化戚者思奮屈者求伸不得其平者久喑而欲鳴不獲乎上者久憤而欲吐故談辯風生矯枉過正而天下之俗又傷於激訐固非盛世事也激而不已亦豈國家之福哉光禹之持祿保位無以起西漢之衰南北部之互相譏揣適以招東漢之禍可為萬世鑒也國朝之治莫盛於慶曆又莫盛於元祐祠醉之舉網傲歌之摘瑕頼老於謀國者力行救正而紹述之論一起群兇得志善類吞聲其初起於邪正之交攻而其末遂至於夷夏之不靖豈不甚可畏哉厥今權歸人主政在中書若有將治之幾而外冦尚殄內勢尚弱未有平治之實生我王國置身周行謂宜不競不絿同心同德各揚乃職無曠厥官而邇者都司之争幾於奮臂臺臣之辯至於交章含沙或寓於奏對之間下石或託於游談之口此何等氣象而見於今日不知是數者之紛紛施之國家所益者何事所補者何策也陛下聖性高明隨宜區處或用或舍或去或留雖浩乎天地之無容而亦截乎毫釐之有辨百官知所戒懼矣然臣竊以為天下之患每成於既著聖人之慮常謹於至微與其別是非於交鬬之餘不若絶偏黨於無形之始蓋人性本於善外物感之而後性始遷人心一於正利欲汨之而後心始雜克念罔念聖狂之所以分為善為利舜蹠之所由判猶之水焉澄其昏穢則清者自存猶之鑑焉滌其氛埃則明者自若臣願陛下密運中和之化大開皇極之門無有作好無有作惡在上者既一惟斯道之遵則無有淫朋無有比德在下者亦皆惟有極之會喜怒哀樂發必中節偏陂反側咸歸于中上下共由於大公至正之逵相與於和協輯睦之境將見有所不為為無不成有所不動動無不濟其或不然上作而下不

應君倡而臣不和此方待以休休有容之量而彼乃甘為截截小人之歸則國有常刑理有公是臣亦不敢畏避怨仇以孤陛下責任之意臣蒙恩簡拔揣己兢皇惟有愚忠仰圖報稱故於請對之始審量事勢揆度時宜首以致中和建皇極之說為陛下獻惟陛下垂聽而力行之天下幸甚

嗚復又奏曰臣聞善圖治者當勉其所未至善慮患者當察其所未形未至而能勉則實政日舉而天下之治因以成未形而能察則公理常存而天下之患因以息有天下國家者不可不致其謹也陛下自更化以來杜群枉之門開衆正之路易之所謂內君子外小人書之所謂任賢勿貳去邪勿疑陛下固已得之此正天下將治之秋四海生靈延頸企踵以望太平之日也然臣竊有言焉天下之事惟其實而已名者實之賓也苟徒務其名則不足以致治天下之理惟其公而已私者公之對也苟或溺於私則適足以害治臣觀今日朝廷之上佩玉黼黻者皆名勝拔茅征吉者皆善類其闕然猶可議者實效之未著耳且恢復大事也斷而行之名非不美也空國以出首費且興喪師而返一籌不畫恢復之實安在會計急務也舉而行之名非不正也費用日廣今且無節征歛日繁今猶無度會計之實安在稱提楮幣名曰便民而便民之實未見蠲除苛取名曰惠民而惠民之實未聞宰椽樞屬更易不常問其政今猶昔也百司庶府除授不一課其效今猶昔也天下事豈真盤錯而不可為哉特務其名不覈其實爾果能責之以實則九德咸事足以凝庶績六卿分職足以阜成兆民雖隆古盛治有不難及不然覯美有餘實用不足臣恐畫龍不足以致雨流為西晉之浮虛未可知也臣故謂當勉其所未至者此也臣觀今日士大夫近清光者皆懇惻以愛君列庶位者每忠誠

而體國其隱然猶可慮者。已私之未克耳。且王言所以寓訓戒也。力求刪去者有之。公乎私乎。臺疏所以示勸懲也。委曲覆護者有之。公乎私乎。甲以為是。乙或以為非。此以為然。彼或以為否。往者都司有爭。貽訕朝路。此風何可長也。往者臺臣有辯。至勞聖斷。此舉不宜再也。天下事豈真淆亂而不可決哉。特牽於私。不顧其公爾。果能處之以公。則無偏無黨。王道蕩蕩。無黨無偏。王道平平。雖盛時氣象有不難復。不然。好惡既異。朋比漸生。臣恐蟻穴或足以潰隄。激而為東漢之黨錮。未可知也。臣故謂當察其所未形者此也。夫使有小人焉。而或曠其職。擊而去之。未足憂也。皆君子也。而實政不舉。則深可憂。有小人焉。而或背乎理。排而斥之。未足慮也。皆君子也。而私情不戢。則深可慮。然則如之何其可。曰是不難。定其意嚮者在陛下。握其樞機者在宰相耳。任之以是事。必責之以是實。夫誰敢慢。公言則播而行之。私請則拒而絕之。夫誰敢肆。今朝多吉士。野無遺賢。譬之在前有唐虞三代之可企。瞠乎其後。有漢室晉氏之可鑒。治亂安危之分。實係於此。願陛下與二三大臣擇斯二者而亟圖之。天下幸甚。

宗學博士許應龍上奏曰。臣聞人主有善始之意。固天下之所深喜。亦天下之所深望也。夫飛龍在天。萬物咸覩。意諭色授。而六服震動。言傳號渙。而萬里奔走。苟意向之或偏。舉動之不審。則治忽之機。實肇於此。今也講學以進德。求賢以輔治。開言路以通下情。此帝王盛德之事。而皆舉行於臨政願治之初。是其初意之善。固足以聳動觀聽。天下安得不以為喜。然是意也易長亦易消。易勤亦易怠。必守之以堅。行之以力。則日就月將。以極其緝熙之功。言聽諫從。以盡其施行之實。求之必用。用之必信。而使賢者能者無不盡其才之歎。此豈非天下之所深望哉。苟能為其所喜。而復滿其所望。則唐虞三代之盛。有不難致者矣。共惟陛下以神聖之資。紹延洪之業。體元居正。屬精思治。謂多聞乃可以建事也。則銳情經術。增置講官。謂帝王之德莫大於納諫也。則下明詔以求直言。命群臣以上封事。謂邦基之立惟在於得賢也。則播告中外各舉才識。凡此設施。無非治道之大端。則善始之意。固已不容言矣。然臣惓惓之忠。尤望堅守而不變焉。蓋自昔人主固有留意於經理者矣。而為黃老養性之說。或欲以沮其勤。不欲人主觀書者。又欲以售其術。稍不加察。則近便嬖之時多。親儒生之時少。而好學之勤。不能如其初矣。亦有銳意於求言者矣。然逆耳之諫難受。順旨之言易從。一或偏聽。則剴切者謂之沽名。訐直者疑其訕上。而悅諫之心。必不能如其初矣。亦有汲汲於求賢者矣。然君子鯁直而易疏。小人柔順而易親。親則莫見其非。疏則莫見其是。故積年信而任。或一朝疑而棄。則好賢之心。復有始而無終矣。凡若此者。皆後世人主之通患。苟非天德清明。純亦不已。未有不蹈其轍者。陛下退朝之暇。猶勤觀覽。切直之諫。優加褒擢。收召耆德之臣。旌表清廉之守。此皆真心實德之所形見。固非勉強而行者。而臣猶以堅守為言。是豈為是過計哉。蓋自強不息。斯可合乾德之大。終始惟一。乃可底日新之盛。否則動搖於浮言。而遷易於邪佞。此心轉移一息間耳。而治勢安危所關者大。臣不復援引古昔。請近述國朝之事以明之。昔元祐初。選擇名儒。勸講經幄。廣開言路。增置諫員。擢舊德於散地。設十科以薦賢。一時之治。燦然更新。疑若可以無遺慮矣。而當時之臣。猶有隱憂焉。劉摯則曰。已行之令。持循勿變。則治道成。王巖叟則曰。惟當日篤此心。不可少移初意。以至日謹一日。天下之事不足慮。程頤言之終。則念始。不可不勉。傅堯俞又言之。無非欲其堅守不變。以成其初政之美。哲宗信用其言。故元祐之盛。度越今昔。

異時此論一搖或以紹述之說進或以調亭之說進則爭體非復前日矣然則進言於今日者可不以是為戒哉雖然人主一心攻者甚衆少懈而受其一則陷溺其中而不自覺太宗皇帝嘗曰人主當澹然無欲使嗜好不形於外則邪佞無自而入此先正其心之意也此心一正則私意不足以亂其真而外物不足以變其所守以之講學則專而精以之聽言則公而明以之任賢使能則無所處而不當書曰監于先王成憲其永無愆惟陛下留神

應龍又奏曰當國家多事之日而欲興起治功者其大要有二議論不可以不一命令不可以不謹蓋一則公是公非無甲可而乙否謹則令出惟行無驟更而數易古先聖人凡有大疑必謀及卿士謀及庶人翕然大同然後從之以為不如是則異論者得以惑吾聽巧言者得以肆其欺而國是無由定凡有政令必質之人情參之輿議圖有不搣然後行之以為不如是則上作而下不應朝行而暮復改而國事何由舉柰何時君世主無獨斷之明謀臧不從不臧覆用故佞者迎合以取容而偽者誕謾而求售辯者紛更以生事而戇者矯亢以賣直各執其說互相矛盾豈知議論不一人將何所適從歟無一定之規則慕美名而忘實患急近效而昧遠圖事不問是非而徑欲施行法不權輕重而遽欲更革豈知命令不謹焉能經久而不變歟如此則雖有聽言之名而反為多言所累雖有善治之意而終無致治之期明主獨觀萬化之原其必有以處此矣竊觀更化以來言路廣開下情無壅論事切直者固不嘉納上書狂悖者亦示優容建政立事興利除害戒飭官吏御札屢頒勤恤民隱詔書洊下百姓咸曰大哉王言一哉王心固宜庶政和而萬邦寧然悠悠歲月成效蔑然豈道遠難驟致事大難速成耶推原其故無不議論命令之間猶有

所當審者乎且今之議論如何哉意境土之可復則獻恢拓之謀[illegible]或少沮則謂和議之當講慮老弱之無用則申揀汰之請及至激變則復咎區處之失宜御教之議或謂可從或慮重費履畝之議或謂可行或謂亟免若是之類皆議論之不一也度牒不應數何既數而隨免官券不必截胡既截而復造帑藏赤立邊建督府恐費用之難支譎籍未消復頒除命恐師言之未穆若此之類皆命令之不謹也誠使決以獨見不惑群議是者從之非者違之何至前後之牴牾作事謀始隨時施宜可則因之否則革之何患施行之不當蓋今日之弊謀雖廣而未能從衆聞雖多而未能擇善故議論不一而終難成事務名而不務實知利而未知害故命令不謹而易至反汗然議論與命令實相關係議不主乎公則命之出也必不合乎公論不當於理則令之行也必有背於理是則議論者其命令之樞乎然持是樞者實在大臣留屯之議公卿議臣以為不可而趙充國以為可魏相能主充國而先零之強不戰而服珠崖之叛陳萬年以為當擊賈捐之以為不當擊于定國主捐之而終漢之世絕無邊患此又大臣所宜加察雖然天下之事有經有權而又有機機者所以制治於未亂銷患於未形者也一或不審則害成矣其所係尤重也矧敵情叵測而備禦當嚴邊傳未甑而事變方激謀畫精審則轉危而安處置失宜則召釁稔禍凡一奇之出一計之畫固不容不周審也今所圖者萬分未獲其一而迹之布於天下已若泥中之鬪獸而況兵之多寡財之有無戰艦之未具城壁之或缺將帥之不和遠近傳播纖悉靡遺潛窺而陰伺者儻乘巇而投隙其能無岌岌乎且用兵之法有之不可使人知無之不可使人疑今朝廷之上雖務安靜而道聽塗說者多張皇以惑衆儻以無為有以虛為實豈不啓疑貳而滋反側乎

蘇軾有言智者圖事貴於無迹故功已成而人不知此切時之論也
惟陛下與大臣亟圖之
應龍為太學博士又奏曰臣聞天下有向安之勢人主無幸安之心則治功有隆而無替矣夫事至而為之備患生而為之防此特苟簡目前者之見至於無事而為有事之備無患而為防患之謀非憂深思遠者豈能計慮及此人主苟以是為念則久安長治之效又烏有難致者哉易之泰曰無平不陂無往不復艱正無咎夫居泰之世聖人不以為可樂而以為可懼者何哉天下之理無常平而不陂者無常往而不復者惟能艱危其思慮正固其施為則可以無咎夫泰者通也天下極安之時也聖人猶以為戒況未至於極安之時乎且今日之事非臣所當僭言也亦嘗竊觀天下之大勢矣河北山東雖入職貢而版圖猶未盡復殘虜垂亡游魂假息而遺類猶未盡滅豪傑

歸附人心響應而大勳猶未遽集是雖有向安之勢又不可不為久安之圖必思患而預防隨機而應變然後可以久安必振發以立志果銳以圖功然後可以久安臣不敢遠引古昔請近述高宗之事以明之虜人退避若可以少安矣而猶欲大立其恢復之模虜酋遽斃若可以自賀矣而猶欲自治以待其釁以至論中興之有時則謂必有所施為而後可以得志論自古人君則以為未有安坐而不勤於四方者由是而觀則高宗固不以既安之日而懷幸安之心故上焉有以建中天之業下焉有以垂億萬載之基其成效大驗蓋可覩矣率由舊章豈非今日之所當勉乎今朝廷之上亦未嘗不加意於此也宣威置於全蜀制閫列於邊陲新復郡縣經理而綏懷之流移邊氓勞來而安集之城壕則為之修築關隘則為之葺理若此之類固非因循苟安者之為也然而自治之策未易畢舉將帥雖擇果皆賢於長城如李勣之守并州者乎士卒雖練果皆藝能精銳如德裕之雄邊子弟者乎邊食雖蓄果能有十年之積如羊祜之在襄陽者乎若猶未也則激厲以作其氣委任以責其成使守禦之備無一而不舉則主威益振國勢益尊中興之業可指日以冀矣詩曰是究是圖亶其然乎臣不勝拳拳
應龍又奏曰臣聞韓琦之論曰天下之事惟審其是定而不易乃可成務蘇軾亦曰先定其規模而後從事治亦多術耳而獨以定為先者蓋能定而後能應天下之大事機之繁以有限之力而應無窮之變苟所守不堅則議論之角喜賢否之雜進政事可因可革其將何以處之惟吾心有一定之見以之聽言則無稽勿聽弗詢勿庸以之用人則任賢勿貳去邪勿疑以之出令則堅如金石信如四時三者既定顧何事之不可為哉共惟陛下厲精更始總攬權綱急於聽言

則論事之切直者悉蒙崇獎上書狂悖者亦示優容公於用人則收召耆哲招來俊彥無一藝之不庸雖寸長而不棄謹於出令則親灑宸翰荐頒德音或戒飭以警庶官或獎諭以厲將士聖化日新四方風動太平之盛可蹻足以待也然臣區區之愚猶欲堅守而不變者豈顧為是過計哉蓋嘗敬觀元祐之事而參之今日之治則知定之一說信乎其所當務也今觀其時進擬可行之言看詳奏對之疏擢舊德於散地起忠讜於謫籍傳水利而厚農桑之業罷青苗而復常平之舊免保甲而去民兵之擾一時之治絕後光前宜若可以無遺慮矣而當時之臣猶有隱憂焉劉摯則曰已行之令持循勿變則治道成王巖叟則曰惟當日篤此心不可少移初意無非欲其一定不易以為長治久安之計夫何異議之今日搖撼未幾國論一變或以調停之說進或以紹述之說進新學廢矣而復興之新法罷矣而

復行之遺隙息矣而復啓之召釁稔禍遂詒伊戚然則言治於今日者可不以是為鑒乎且今朝廷之上凡所施行固不容議惟願不以異議而搖不以小不如意而沮且機會可乘之言固快人意也而量時度力則未可以輕舉上策自治之說若委靡不振也而實可以圖全揣摩迎合雖若可聽然信而用之必至於誤事忠鯁戇直雖若逆耳然推而行之實切於時政此心一定是非莫惑尚何策舍道傍之慮哉臣故曰聽言不可以不定例不當得而得則扳援而妄求者頭鑽而肘刺才不足用而用則經營以求進者肩摩而袂接碩德偉績超躐遷擢人誰敢議名實未加於上下而遽躋不次之選則人懷倖得之心必以沈淪為恨把麾持節善最上聞增秩進職彼自知勸若迭更數易人無固志不惟迎送之重費尤恐績用之弗成凡此四弊一意杜絕則各安其分無復僥覬尚何賢否之混殽哉臣故曰用人

不可以不定禁專殺謹徒刑所以示欽恤之仁戒掊克懲貪墨所以洗舊汙之染若是者斷在必行犯者勿貸孰不凜然而知警迺若蠲免賦租固欲寬民力也而州郡迺以用度不贍而冀朝廷之裨補輸納用券固欲抹折閱也而常賦所入虧損過半既乏見鏹以應軍衣之支復窘財用以供經常之費若是者尤當通融其有無斟酌而蠲減否則迫於文移急於逃責必至創立名色肆行科罰倚法以削民何以堪若是則雖有恤下之美名未必有及民之實惠必詳考熟究使公私俱便庶可立為定制不然則朝行暮改徒為墻壁之虛文耳臣故曰出令不可以不定雖然此非至難之事也特在乎一轉移之頃耳然尤有大於此者敢以關於理亂之原者陳之昔呂陶言於哲宗之朝有曰君子小人分辨則治道成邪正雜揉於朝則治體不能以純一今之君子固彙進於朝矣豈無投閑置散而未盡用者乎今之小人固斥逐無餘矣豈無潛窺陰伺以冀其復進者乎天下之患莫大乎君子有扶持天下之志而小人得參其間使不得以展布焉夫君子不得以展布君子何病也君子一去而小人得以鼓舞而竊其權肆意妄行不至於極敝而大壞則不止然則人主果何利於此哉今大明當天魑魅畫伏固無所容其跡然藥石於強壯之時乃臣子拳拳憂國之忠易曰履霜堅冰陰始凝也是必防其微杜其漸則天下可以常為泰而不為否矣臣位卑言高罪在不赦惟陛下恕其愚

歷代名臣奏議卷之五十八

治道

宋寧宗時知澧州曹彥約上奏曰臣伏讀正月二十三日詔書求言於搢紳之彥芻蕘之微以為厥今百度未釐三邊未靖人才乏而未究搜揚之術民力困而未明惠養之方救此弊端寧無良策乃若箴規主失指摘官邪人所難言朕皆樂聽臣讀至此未嘗不聳動太息識陛下望治之切也竊惟陛下嗣登大寶十有五年內無宮室苑囿之美外無弋獵狗馬之好以此為治宜將上咸五帝下登三王然而姦臣所以怙勢公論所以靡容屏蔽聰明排斥忠直致使更化再踰於月律求言罕見於奏封有如詔書所云者則為治之道豈固有所扞格而不可至哉祖宗設求言之法其於人主之一身審矣臺諫之職所以議論是非給舍之官所以糾駁章奏侍從之有已見則論思

者可以無廢職史官之有直前奏事則記注者可以無隱情至於講讀之侍燕間兩制之備顧問朝殿之有輪對暇日之進故事莫不啓沃帝心助成聖學下至於主兵官之有倚仗子樞屬之有承旨公事外任官之有朝見朝辭草茅常布之有封章亦皆互相發明無有壅蔽朝思夕惟可因否革與二三大臣謀謨而力行之造命於上者謂之萬機著見於下者謂之百度順此而行何治之不致陛下在潛邸時尊儒重道講論經理無有厭斁龍飛之初每欲延見舊學咨詢治道收召名儒虛懷聽納當此之時天下仰望謂高宗孝宗之治指日可見自慶元改元之後當宁恭默大臣奏事不聞有所折衷小臣奏事不聞有所訓飭上大夫絕念謂陛下無意於政矣今者大明公道詔求直言治病於已病之後改過於悔過之時是宜明哲天臨姦盡睍消然而外郡章奏累月不下軍機急速踰月不行省部之事未免

稽留廟堂之務失於叢脞內而京局外而州縣奉行不虔絕意治功置郵傳命稽違程式無前日專權之患而有上下不任責之憂此則勉強之道未行而瞑眩之藥未進也木本無蠹根不茂則蠹有時而生人本無疾氣不盛則疾有時而作人主於剛健之時明君人之道審為政之理則姦邪無自而執柄近習無自而用事惟夫翫時愒日不以稼穡艱難為憂居安忘危不以祖宗積累為念則賢人君子必皆遂其難進之心憸人倖夫復有以堅其患失之意利害莫從而上達福威因得以下移百度未釐常必有此今不開公正之門鑒偏信之弊而獨拘拘譾譾守常執固以薄書為實政以歲月為無用此何時也而固為是不切之政耶陛下閱百度之未釐則必以持守為難以逸豫為戒大臣造膝必與之反覆詳盡群下進見必為之謙虛接納至於軍國庶政亦以委任責成籌計見效正不在於懲沸而吹齏

也臣聞兵所以撥亂亦所以起亂因亂而撥之者其兵直無亂而起之者其兵曲古人之用兵一皆為民而已彼其困於鋒鏑之慘弊於轉餉之勞父子不得以相見兄弟妻子不得以相保聞撥亂之聲則必欣欣喜色而相告此簞食壺漿之禮所以至而奚為後我之言所以發也若其耕田鑿井以為樂仰事俯育以為安身不履行陣老不見兵革聞起亂之聲則必疾首蹙頞而相告此豈言語之所能詔告而刑罰之所能驅迫哉是故聖王重兵生民厭兵老師宿儒不敢談兵武夫悍將不敢佳兵順乎天而應乎人如此而已彼首兵議者何所見而為之耶謂國論已定歟則朝行而夕改矣謂國勢已振歟則兵冗而將驕矣謂國用已備歟則帑無十年之財廩無一年之蓄謂敵人已弱歟則起兵百萬而空虛之證不見開邊三年而中原之豪傑未歸兵已連而不解和已議而難成遂致貽憂君父流毒百姓三

邊之未靖將何術之可救也瘵痛未深可以導引轉禍患未成可以言語感今起兵釁而失地利求和議而竭國力誅首謀不足以厭其心頻遣使不足以得其意事勢急矣非可以常說解也主國是者貴持重決大議者尚操略夫使恃強則欲戰畏弱則請盟寒氣至而屬甲兵煖氣动而弛邊備則庸人妄夫皆足以有為何貴乎豪傑之士應酬萬變而不窮也虜雖禽獸而兵機變詐乃其素講非如中國之人習熟禮義遇有緩急取兵事而徐議之耳彼其大舉於丙寅以威聲脅我疲弊於丁卯以和議欺我察其情實豈不以歲幣為利惟其所問輒應所求輒得以我為易與而直以無道行之若又處之不得其宜行之不得其道必將遺其本心縱蛇豕之欲而未已也夫語殺人者未必殺人以其謀之淺也然而人或不畏則怒而殺人畏之已甚則逞而殺人殺不殺在彼備不備在我實利實害不繫乎畏不畏

也勿謂求之太過可以得其心拒之太峻無以制其命彼誠欲來非可以盟誓淟彼誠不來非可以言語化其和也則不來為正兵來為奇兵其不和也反是此靖康之和立變於頃刻之間紹興之和反覆於數年之後事有商鑒不可泯沒則兵之用否不在於急和明矣陛下念三邊之未靖莫若遲留小使督責邊備內為不必和之實外不沒可和之名使之不測事端君臣相怨假以數月使見真僞設復大舉則其民固已怨矣欲進而此已戒嚴欲退而彼有叛兵辛巳之勝可復見於今日也人才之未盡非搜揚之所能得也昔者堯舜繼軌元愷至湯武革命伊呂繼有如是之時則必有如是之用不借於異代久矣以賢馭能則人才衆以能馭賢則人才寡非衆寡有時而不同亦進退有時而消長也是故中才滿天下真才不百一苟其有所抱負思欲自効於一世則其居易以俟時藏器而後動上之人不思

有以縱吏之喜材術而鄙禮義重奔競而輕恬退則識時之士必有相攜持而去者矣禮不重無以致純儒爵不吝無以慰志士忠佞並進則忠者退賢不肖混淆則賢者羞此當饋所以無益於興嗟而臨朝者有時而嘆息也十五年來士大夫之心術壞矣上焉者不愛其身以言語得罪或削籍而遠屏或卧家而待盡次焉者偷生仰祿以職業自見或諄諄於田里或切切於簿書是皆中人以上有所持守為時奮發可以倚仗其他則出入權門假借聲勢苟不至扇揚凶燄撰造釁端卑君而尊臣殘下而慢上不過貪位慕祿趨事赴功當大明旁燭之時各安分守亦足以湔拔使令未至甚害惟是廉耻道喪風俗不美謁見者以伺候為常致書者以晝一為重陽越初任便求堂除鄙薄外庸躐進朝路致使蒞職者無著効居官者無固志以州縣為假塗以表著為捷徑苟不反其道而用之正恐廉靖之士耿介

之人入山惟恐不深避世惟恐不速矣近歲朝士補外終更者必貴要起廢驟進者多選人入朝不數年可以除節京官外任率十年不可以得郡竊今邊陲多事士大夫宣力暴露之賞不可以望解襟解閫之厚扞禦之秩不可以比榷務茶場之多正當比量重輕斟酌緩急久任者卻與內徙再任者更與優遷使被堅執銳者無怨辭貪進嗜利者無倖位則人才不乏矣抑又有可言者古人於一世人物要必盡其才而用之反覆謀議惟恐其不熟默觀審察惟恐其不稱聽其言而信其行觀所由而察所安故能任之以事而無不成責之以職而無敢怨近日之事則有甚不然者宣威之臣賦上明命用舍利害所繫非細今或給以諭民卻使撫兵始不知謀終使任事欲加之罪其能無辭將帥之臣人命所恃兵將相知猶恐不濟今乃擢為郡守本無尺籍分撥它屯驟使臨陣欲責之効其何能必甚至身為執

政亦與廟謨並列樞府不知兵事朝廷用人一至於此雖有俊傑未
免茍且歲月以公府為傳舍以伴食為保身不然則有高蹈隱遁者
耳陛下念人才乏而未究搜揚之術莫若均內外之任制遲速之法
驟用恬退屏斥僥倖至於廊廟之任閫外之寄事大體重不輕所予
則人才皆至矣人君以天為心以民為體斬殺不時不可以為孝言
動非禮不可以為仁中興恵恭九十年兼愛南北豈不知大讎未報
正統未明為民受屈循至今日自兵興以來百姓之失業者可勝計
也曩時衆夫今應募而荷戈矣曩時壯丁今死戰而暴骨矣大江以
北莽為戰場淮襄閩外半為丘區人煙稀少十無一二而米斗踴貴
其直數千秋熟尚遠人情可慮兵之害民如此其酷也邊民喜亂失
其良心或假託忠義肆為盜賊或結集鄉閭侵擾對境居南界者以
北界為犬豕居北界者視南界為仇讎劉及牛馬掠及婦女邊臣坐

視不敢孰何要功生事者又欲作戰勝申奏僥倖推賞引惹邊釁屠
戮平民無大軍可以迎敵無城廓可以禦侮展轉退保莫有限齊江
北之民何所告訴束擔維舟日謀竄逸廢生生之具失耕農之業加
之調發不常和糴方急已去者流為盜賊未去者苦於飛輓如此不
已亦恐召釁稔禍不特夷虜之可畏也既不能兼愛南北又無以感
動中原復古本意相去愈遠古人征討叛虐兵不血刃爭奪城邑市
不改塵所謂師出以律否　亦凶而況和戰者朝廷之微權整暇者
邊臣之守職無事則櫜弓臥矢敵人開戶有事則整兵而相向先鼓
而後行事至而戰不從中御至於和戰大議事關國體若使勢不容
已決意用兵必須大啓元戎弔民伐罪行一不義皆所不為若欲復
尋舊盟尤當邊鄙不備何至魚肉生民背天理而違古道使斯民至
於此極也昔者河南之民被祖宗德澤不忍使其子弟終於左衽父

詔兄語朝思夕念望恢復之期念須臾無死則以中國之仁厚有以
勝其慘刻中國之禮義有以別其禽獸也是以臨邊而語則自謂漢
民交鋒而戰則常至倒戈每賊有長驅之心則未嘗無後顧之患若
使結怨境上不能息肩中原遺黎自為勍敵對境之間岌岌乎不可
以朝夕矣是故不安江北不足以服河南不服河南不足以制強虜
陛下念民力困而未明恵養之方則必明詔大臣講求邊政博詢群
臣選求邊吏以版築儲峙為急務以誅亂禁暴為初政屯大軍以防
姦民明黜陟以戢姦吏則民力少蘇矣百度之未釐三邊之未靖人
才之所以乏民力之所以困臣固略言之矣至於所謂箴規主失指
摘官邪臣雖不才親逢求言之主豈敢無說以處此也求言者治之
形也用言者治之脉也漢光武建武詔書第五倫知其聖主唐德宗
奉天詔書淄青軍士為之泣一下言語感人其效如此本朝徽宗欽宗

用之宜足以收召和氣而譸複昭回當不及事然後知宿痾積弊根
盤節錯利刃斂手猶恐不及是必審造命者如救頭去害政者如決
癰坐便殿如受國書對群臣如遇大敵此心所存對越上帝及其見
於行事將其緒餘播於詔告將其發見有雍容和緩之意無匆遽倉
迫之謀如日用飲食不改常度如深居簡出不啓外侮此古之聖賢
所以於穆而不已獨立而不懼也臣在遠方不識事宜但聞攬權之
初威聲震赫朝廷不及知禁近不得與竄殛大臣歸過兵叢驟賞偏
將峻及輦車事出一時邈無前比然而人心未駭士論未譁皆謂改
弦易轍必將取前日弊政而一洗之既而屢遣小使不少假逸屢詔
集議不立成算邊陲之間易肆欺侮朝廷之上茫無執持事叢於更
化之前而效未著於更化之後發威王之憤不足以擊魏衛赫文王
之怒不足以遏徂莒則是規撫未定議論不一後之視今猶今之視

昔也人徒見春事已深狗書稍緩苟寬目前便謂奠枕不知水潦一
去秋風便高和議苟成虜情難測設使誅求未已干戈復尋敗軍之
將不保其復勇棄甲之軍不保其不潰糧運不保其能繼器械不保
其適用廟堂之上將何說以濟也始謂權臣專制使執政之臣不得
與議今議已與矣比前日何如也始謂權臣撓政使宣威之臣不得
行法今法得行矣比前日何如也僨帥之當易者幾處虛籍之當汰
者幾許官吏之任責者幾人新政之望効者幾事長策急務未見毫
末而簿書期會益以弛緩陛下有罪己之心至使天下箴規主失行
綜核之政又欲使天下指摘官邪不知人主用人一失其柄則箴規
主失尚可逃譴指摘官邪其罪反大甚而臺諫給舍繫天下之公議
顧乃朋邪結託為執政之私人漸不可長至有竊天下威福而不敢
問者拔本塞源非一朝之故也古人以議執政為美談故政成而人

頌其德後世以議執政為獲戾故政弊而人指其過祖宗盛時成憲
具在文彥博之權方重唐介數其罪而不疑韓琦之勢方炎王陶攻
其短而不避法家拂士君子之良師也危言激論朝家之藥石也苟
使大臣當國皆得以言其非則過小而易悔事近而易復有策免而
無誅夷有待罪而無貶斥手足腹心之喻復見而徵招角招之樂作
矣浸失本意此事未久大臣當軸惴惴然恐天下議己鉗制言路頤
指給舍甚至假制誥以導私意因批荅以報私恩推頌功勲極于元
聖討論典故不由舊章一旦聖鑒所臨與衆共棄然後枚數其罪泒
別其姦人人得以肆言事事得以詳論主失官邪莫甚於此陛下誠
厭習俗胡不取祖宗之法而施行之選用臺諫必使百官雜舉不使
大臣干於其間斷自聖裁惟意所欲至於講讀之官可以非時見內
宿之官可以夜分召或賜坐於燕閒或命席於宣室下民之問詢及

萌兆邇言之察不間疏遠則主失官邪冰散霜釋矣臣誠知陛下所
謂官邪不止乎此竊以為事勢方急非卑官小吏之所暇問也又況
立法者在朝廷行法者不在天下一時之所立萬世之所行皆朝廷
也烏有朝廷壞法歸罪於天下而更立法以勝之此不公之甚也是
故薦舉之有請求非薦舉之法也請求徧天下而謂薦舉之法當變
誰之罪也官吏之有權攝非官吏之法也權攝遍天下而謂官吏之
法當變誰之罪也押綱隸州郡而州郡不得專廂軍屬州郡而州郡
不得使以至銓試之有代筆太學生之有詭名舍法之有異恩銓法
之有堂帖是豈遠方寒士之所得為哉今不必純法上古求過於祖
宗之時但只如紹興乾道淳熙間上下相維亦足以致治此在陛下
宵衣旰食勤勤懇懇不以去權臣為成功不以和戎為得計坐薪嘗
膽日與群臣商確求其所未至勉其所當行庶乎其可矣不然則日

復一日月復一月內無善政外有強鄰坐享太平又不得如今日也
昔趙普戒太宗曰邪諂之輩蒙蔽聖聰非次興兵出于偏聽太宗無
是事也蘇轍戒仁宗曰歌舞飲酒歡樂失節坐朝不聞咨謀便殿無
所顧問仁宗無是事也忠直之士自古所同誠實愛君不知其罪仰
惟陛下求言之切臣不敢不盡其愚惟陛下赦其潛

監察御史謝方叔上疏曰秉剛德以回上帝之心奮威斷以回天下
之勢或者猶恐近習便嬖之人有以私陛下之聽而悅陛下之心則
前日之畏者怠憂者喜慮者玩矣左右前後之人進憂危恐懼之言
者是納忠於上也進宴安逸樂之言者是不忠於上也凡有水旱盜
賊之奏者必忠臣也有諂諛蒙蔽之言者必佞臣也陛下享玉食珍
美之奉當思兩淮流莩轉壑之可矜聞筦弦鐘鼓之聲當思四蜀白
骨如山之可念又言崇儉德以契天理惜人才以佐天職恢遠略以

需天討行仁政以荅天意帝悅
中書舍人陳傅良上奏曰臣聞人主有大舉動必有以新天下之耳目而大慰民望共惟陛下始自宅恤移御廣內此大舉動也正天下顒顒望治之時伏想聖心先定將有仁聲德意之事感悅士夫兼被黎庶者矣臣不肖輒有管見一二仰裨聖明惟陛下財幸一乞三宮各置使領以盡孝養之道一乞降詔問民疾苦仍申儆見行賑濟州縣官吏諭以賞罰一乞自宰臣以至侍從管軍次第宣引從容賜坐訪以軍國機務以示責成之意一乞撫問沿邊諸將并帥臣仍量加錫賚一乞增置諫官一乞收拾恬退滯淹之士一乞稍出內帑錢以助版曹經費少寬催理已上特臣區區愚慮所及未足以廣宣主德如蒙采納見之施行則嗣此有樂告陛下以治安之策者矣臣不勝拳拳

知邵武軍徐範召赴行在言功利不若道德刑罰不若恩厚雜伯不若純王異端不若儒術諛佞不若直諫便嬖不若正人奢侈不若詩書盤遊不若節儉玩好不若宵衣旰食窮黷不若偃兵息民是非兩立明白易見幾微之際大體所關積習不移治道舛矣
著作郎吳泳上言誦往哲之遺言進謀國之上策實不過曰內修政事而已然所謂內修者非但車馬器械之謂也褒職之闕所當修也官師之曠所當修也出令之所弗清所當修也本兵之地弗嚴所當修也直言敢諫之未得其職所當修也折衝禦侮之弗堪其任所當修也陛下退修於其上百官有司交修於其下朝廷既正人心既附然後申警國人精討軍實合內修外攘為一事神州赤縣皆在吾指顧中矣
太常博士徐清叟入對疏言陛下親政以來精神少振而氣脉未復條目畢舉而紀綱未張公道若伸而私意之未盡克者則亦風化之先務勸戒之大權與夫選用之要術猶有闕略而未之講明者爾何謂風化之先務曰原人倫以釋群惑者是已何謂勸戒之大權曰惜名器以示正義者是已何謂選用之要術曰因物望而進人才者是已
時新進者多逞小才害大體太學正張虙轉對言立國有大經人主當以靜制天下之動今日之治或有鄰於鍥薄而咈人心傷國體者宜有以革之使祖宗之意常如一日可也遷國子博士時金垂亡因論自治之道謂天下之治必有根本城郭所以禦敵也使溝壑有轉徙之民則何敵之能禦儲峙所以備患也使枵腹睊睊不得食則何患之能備今日之吏能知守邊之務者多而能明立國之意者少繕城郭聚米粟恃此而不恤乎民則其策下矣

陳耆卿代上殿劄子曰臣聞天下非大弊極壞之足憂而小康之可懼孟軻曰國家閒暇及是時明其政刑雖大國必畏之矣又曰今國家閒暇及是時般樂怠傲是自求禍也夫同一閒暇爾聖主乘之則自修庸主乘之則自肆果自肆也雖大治且不保況小康哉臣仰惟皇帝陛下兢業勤儉配古帝王踐祚二十有三年而更化且七年矣曩時權姦內蝕據我乾斷今無之曩時僭叛外訌撓我坤維今無之曩時寇盜起於南芟鋤不息今無之曩時戎虜亂於北孳結不解今無之人孰不曰此閒暇時也陛下亦嘗思之乎昔之於虜也惟憂其不亡而今也反憂其亡憂其不亡者恐其盛而與吾角也憂其亡者恐其餘息忽盡而有崛起者之為吾鄰也然則外若閒暇而中有隱憂之勢焉及是時而自肆可乎臣之所以告陛下者非止曰蒐兵選將高城深池以為備禦策也自治一語今為書生常談而自古聖賢

未有能捨是以躋于理者要其大較曰用人聽言而已用人如資耳目股肱聽言如通脉絡脉絡壅底則股肱耳目有作而不隨之勢自更化以來求言凡幾進言凡幾去歲小大廷紳慷慨激烈爭言時政或以為指斥太過臣曰未害也惟聖主為能受盡言言之是可為國家福言之非可為國家賀賀者非賀其言之已甚賀其言之雖甚而上之人能來之且容之也雖然其甚者宜容也其切且當者不當止於能容或謂陛下不酌可否槩而容之聖度雖寬物望未愜夫亦於群臣奏對之間擇其稍可行者次第施設以收士大夫之心可也至若用人一事陛下與二三大臣權衡於上誕開公道痛絶私謁有德者用之有才者亦用之正與翕受敷施同一軌轍而上之意向難測下之體認易偏用一精明之吏則有以肖察迎之者矣用一剛強之吏則有以峻刻迎之者矣用一能理財之吏則有以聚歛迎之者矣

見影疑形見葉疑根上未必有是而下不以為無是此又公朝所宜察也臣愚欲望陛下更與二三大臣籌度仍降睿旨布告中外俾知所以招徠讜直奬用忠厚之意庶幾上而朝廷下而郡國莫不曉然向方以惟上之聽脉絡既通耳目股肱既運元氣既固夷狄盖客邪爾惟陛下亟圖之

吏部尚書游似入侍經幄帝問唐太宗貞觀治效何速如是似對曰人主一念之烈足以旋乾轉坤或謂霸圖速而王道遲不知一日歸仁朞月而可王道曷嘗不速一念有時間斷則無以挽回天下之大勢至於憂勤既切宸念而佐理非人亦何以布宣九重之實乃撫太宗事以陳且謂太宗矜心易啓漸弗克終僅止貞觀之治陛下嗣服十有五年艱危之勢滋甚回視太宗治效敏速相越乃爾意者親儒而從諫敬畏以撿身未若貞觀之超卓乎節用以致愛還廉以共理未若貞觀之切至乎願陛下益加聖心

起居舍人真德秀上奏曰臣不佞昔在辛未之冬嘗因進對妄論北虜有必亡之勢者三可為中國憂者二今其強敵外攻大臣內畔或酋癈殞骨肉分爭敗亡之形盖甚前日臣愚竊謂此正天命離合之機國家多事之始可以為憂而未敢以為幸也夫女真腥穢河洛餘八十年中原遺民墮在塗炭臣知天意憫然者久矣詩曰皇矣上帝臨下有赫監觀四方求民之莫言天厭商亂而求民之定也又曰維此二國其政不獲維彼四國爰究爰度言夏商之後無足當天意者於是博求之四方也既又曰乃眷西顧此維與宅言諸侯之德無以易文王者故天命之為中夏主也今天厭夷德甚於獨夫受之時而堂堂中原實宋舊物陛下誠能進修聖德一如文王發政施仁一如文王上帝監觀當必有睠焉南顧之日則雖因時蹶興光復土宇臣

猶以為易若夫天時雖應而人事未修補苴目前慮弗及遠不幸一虜滅一虜生甚者姦雄乘隙而奮風塵蒙犇共合震動雖欲燕安江沱姑全金甌之業臣猶以為難蓋嘗深惟今日之勢必也君臣上下皆以祈天永命為心然後可以安元元固社稷銷未形之變迓將至之休臣不揆狂愚敢條為六事以獻惟陛下財擇臣聞劉向有言曰祥多者其國安異衆者其國危天地之常經古今之通誼也臣竊究其指以為不然蓋祥多而恃未必不危異衆而戒未必不安願人主應之者如何耳伏觀今歲以來咎證荐至二月宜燠而飛雪沍寒其令如冬六月宜暑而積陰驟涼其令如秋地宜安靜而有震搖之變水宜潤下而有漂涌之災則陰陽猶失節也迺九月丁巳星隕于晝其占主兵十月戊戌流星出昴其占主兵則象緯猶告懲也有一于斯皆宜儆懼而況重之以震霆之異乎昔景祐五年雷發孟春仁宗

皇帝即下求言之詔凡聖躬闕遺臣下阿枉與夫政教刑獄之失薦紳百僚咸得悉言所以通下情召和氣也今陛下自視何如仁宗冬雷之警甚於春孟而求言之詔未頒政令否臧何由悉見四方利病何由盡聞群臣邪正何由徧察雖震懼之言不絶于口憂勞之念日切于心臣猶以為未也夫天之愛陛下如慈父誨陛下如嚴師褻而弗嚴則愛有時而弛戲而弗戒則誨有時而倦惟陛下考祖宗之已行思所以通人情察民隱進忠直屏佞諛使善政日新至和自應此祈天永命之一事也昔商周君臣更相啓告不曰率乃祖攸行則曰監于先王成憲由古曁今未有作聰明改法度而天下久安者臣觀三代而下治體純粹莫如我朝德澤深厚亦莫如我朝蓋其立國不以力勝仁理財不以利傷義御民不以權易信用人不以才勝德聖子神孫世守一道故雖彊不如秦富不如隋機變之巧不如齊晉材

能之盛不如武宣然其恩結乎人心富藏乎天下君民相孚而猜忌不作材智不足而忠信有餘社稷長遠賴此而已陛下聖德謙沖未嘗輕改成憲臣猶竊慮或者患國勢未張而欲振以威刑患財用未豐而欲益以聚斂謂誠信不如權譎謂忠厚不如刻深有一于茲皆伐國之斧斤蠹民之螟螣也惟陛下察截截之諞言守悶悶之家法舍一時之近效恢長世之遠圖此祈天永命之二事也昔管仲有云下令於流水之源者順人心也鼂錯亦曰三王法令合於人情而後行之夫二子以功利之徒刑名之學且猶知此而況不為二子者乎漢世用法之嚴莫如武帝然欲重皮幣而皮幣不可行欲禁私鑄而私鑄不為止豈非人心不服則法有所不足恃耶夫法令之必本人情猶政事之必因風俗也為政而不因風俗不足言善政為法而不本人情不可謂良法陛下亦知近日人情之休戚乎昔有唐定制非

叛逆不籍其家德宗欲籍竇參而陸贄爭之憲宗欲籍楊憑而李絳爭之今閭巷細民小有詿誤輒籍其貲而沒之官有人心者寧忍為此往者明詔丁寧毋得擅籍朝廷德意未嘗不歸於厚而貪官污吏倚法以削者猶自若也衘寃已甚之人間能奔愬省部經營展轉僅獲給還而違詔擅籍者終未聞薄懲一二貪猾之吏何憚弗為群情囂囂不自聊賴弱者至父子相隨赴井以自斃彊者至欲剚刃守臣以自快民愁如此而承流宣化者動以人情安便為言是不特欺其民且欺其君矣孰謂清明之朝而可罔以非道哉書曰民情大可見小人難保臣願陛下軫不見是圖之戒思不虐無告之言令之未便者勿憚於改為吏之不良者勿使之佚罰收人心解天意孰大於斯此祈天永命之三事也昔趙簡子以尹鐸為晉陽鐸請曰將為繭絲乎抑為保鄣乎簡子曰保鄣哉鐸往損其戶數異時智氏之難卒賴

之為安今之有司知為保鄣慮者固不乏而繭絲自營者皆是也日者近甸海塘一役敷樁篠至十六萬調丁夫至八千人窮瘠之民豈易堪此四方郡國科民出鏹少者日亦千緡注右守臣至有陰增常賦以自潤者久而弗已豈邦本之利哉夫安富卹貧王者之政也而今郡縣之官往往有嫉視富民之意多方破壞不盡不止獨不思富之與貧相須而濟今有餘之家僭於科斂摧於告訐皆蕩然有不自存之態於是賒貸之路窮而貧民益困矣古者君與民為生故有省耕省斂之政今毋望其能如古也惟民自為生官勿撓之足矣而遠方縣邑至有令民日用錢穀米鹽之數悉書而上之官者其請曆于官也有給曆錢其驗視于官也有繳曆錢瘠民以肥吏夫率皆此類也年方屢登饑且未作脫有饑儉為慮可勝計耶臣願陛下凜然下詔申敕有司削非法之征條禁不時之科率以紓民力以阜民生此

祈天永命之四事也臣聞式敬由獄者蘇公所以長王國庸用五刑者苗民所以殄厥世昔我藝祖皇帝承五季極亂之餘赤子遺民存者什一於是立奏案之法以革藩侯專戮之弊頒折杖之格以除獄官過用之刑至仁如天覃及百世列聖因之為法益備急故入之辠寬過失之誅故范祖禹謂國家以仁繼仁哀矜于民帥用中典為百三十年太平之本陛下天姿寬恕同符祖宗好生之德對越無媿而臣區區思所以將順者有三一曰今之理寺實名天獄民有不幸入其地者如赴坑穽其視官吏如畏鬼神非他狴犴比也聞者蕃舶之誅株連頗衆幽欝所感淫雨為菑秋官有陳繼命趣決有以見陛下欽恤之心臣願自今非事體至重毋輕下大理設不獲已猶當限奏當之期嚴枝蔓之禁書曰何敬非刑何度非及惟聖明垂意二曰廷尉天下之平命官設屬宜常參用儒者俾三尺之外得傳以經誼本

之人情庶幾漢廷斷獄之意三曰酌情處斷所以重帥權非列城所得用便宜斬戮軍興一切之政非平世所可行臣觀比來浸相承傚儻或不幸有嗜殺之人操擅誅之柄惟意所欲民奚辜焉願亟制其萌以杜藩鎮之禍三者誠行則上足以承天心下足以拯救民命延洪國脉其在茲乎此祈天永命之五事也國家待遇臣子忠恕為心故有罰辠之科有宥過之典夫追命居住秪古流放之刑其在聖朝未嘗輕用比緣官吏黜令間或舉行誼在懲姦本非獲已罰當其辠人自無詞側聞剌舉之官或乖審讜奏劾未上未盡至公迺者朝廷蓋嘗原貰一二矣臣願因詔有司博參物論若其倚法牟利贓狀灼然在臣何敢遽議或緣材術短拙措置乖方本無嫚令之心例遭曠職之罰者揆諸人情宜在可貸之域又郊霈之行今將朞歲湛恩汪濊草木為春而士大夫名麗丹書間有未被湔滌者其間辠稔惡盈名隳節喪清議所棄自無足云若夫情有可矜法所當宥而有司因循未及舉行者願詔憲曹條上之而廟論審裁之非獨恢洪至恩亦以明布大信此祈天永命之六事也昔周至成王天下既極治矣而召公作誥一則曰祈天永命二則曰祈天永命若不能以朝夕安者蓋天命靡常聖賢所畏而況今乎然嘗反覆召誥一篇其綱目不過二事曰敬德曰小民而已蓋國之將興不在彊兵豐財而在君德國之將亡不在敵國外患而在民心此召公所以勤勤於戒王而臣復推演之為陛下告也或者以為胡運衰微天所以福我也夫呼韓日逐之爭信為天之右漢矣高澄侯景之隙獨非天之禍梁乎今虜之存亡大勢可睹雖吾量時度力勤以覆車自懲然失大亡援勢有相及應讎一誤何事不生安危之機殆難預卜為今之計獨有力行好事以荅天心天苟相焉何鄉不濟伏惟陛下念王業之難安惜天時

之易失日與輔相惟懷永圖屈己而受盡言親賢而遠不肖凡所以維持天命者汲汲而圖之使人心日附根本日彊則進可以成功退足以自守抑猶未也雖受渭上之朝納河湟之土憂方大耳況事變之來有非意料所及者乎詩曰宜鑒于殷駿命不易願陛下留神毋忽

著作郎任伯起上奏曰臣聞革天下之弊者不可無任怨之人亦不可不保全任怨之人夫天下之弊皆起於人情之私今也因其弊而革之必有拂夫人情者矣拂乎人情怨之所聚也怨之所聚禍之所基也人之常情鮮不懼禍往往熟視天下之弊逡巡退避而莫之革是豈果無任怨之人哉蓋在上之人不能保全之勢使然耳臣故曰革天下之弊者不可無任怨之人亦不可不保全任怨之人者此之謂也昔者西漢彊大至景帝時有臣鼂錯始議削地諸侯讙譁錯曰

不如是則天子不尊。宗廟不安。及七國稱兵。以錯籍口。袁盎之言一合。東市之誅即行。此議者所以哀錯爲漢任怨。且恨景帝不能保全之也。然則有國家者。誠得錯等而用之。天下之弊何患其不能革乎。臣請言今日之弊。一曰冗官。二曰冗兵。三曰冗吏。四曰恩賞太濫。五曰費用太廣。古者官有常員。員有常數。昔唐太宗省內外官。定制爲七百三十員。曰吾以此待天下賢才足矣。今官誥院所出誥命。歲以萬計。銓曹一官之闕。率五六人共守之。況入仕之塗日雜。僥倖之門日啓。人人能言其弊。然而莫之能省者。無任怨之人故也。古者兵貴其精。不貴其多。周世宗嘗曰。農夫百未能養甲士一。且健懦不分。衆何以勸。乃大簡諸軍精銳者升之上軍。羸弱者斥之。故士卒精彊。征伐四方。所向皆捷。今內而三衙。外而諸路。老弱疲惰。虛費衣糧者甚多。武勇壯健可備緩急者甚少。人人能言其弊。然而莫之能汰者。無任怨之人故也。朝廷嘗議減吏額矣。何爲至今而莫之果行也。蓋其連蔓根株。交通關節。張皇事勢。胥動以浮言。因循姑息。以至于此。不惟以有限之財。養無用之人。又且姦蠹日滋。賄賂成市。漢司馬遷有言。刻木爲吏。議不對。蓋疾之也。而況冗繁有徒乎。人人能言其弊。然而莫之能減者。無任怨之人故也。昔唐蔣伸言於宣宗曰。近日官頗易得。人思徼倖。宣宗驚曰。如此則亂矣。對曰。亂則未亂。但徼倖者多亂亦不難。近年以來。人思苟得。每國家講一典禮。行一慶霈。莫不過生僥覬。皆有取必于上之心。曰。是則有例。得之不以爲恩。不得則以爲怨。是豈無可以痛抑之者乎。人人能言其弊。然而莫之能抑者。無任怨之人故也。昔唐鄭覃有言。凡金銀幣帛出自蒼生膏血。不可使無功之人過沾賜與。縱內藏有餘。亦當節儉。勿容易而散之。則四方有事。得以支備。免令重斂百姓。朝廷近年支用日廣。一日之閒濫費

不可勝計。是豈無可以痛節之者乎。人人能言其弊。然而莫之能節者。無任怨之人故也。此五者之弊。坐視而不革。臣不知更數年之後陛下其何以立國。然則講究條具。不恤群議而痛革之。二三大臣不得不任其怨。然則委信不疑。力排群議而保全之。則在陛下而已。昔在仁宗朝。嘗議裁減任子。及展年磨勘。發議之始。士大夫相顧以爲必致怨讟。莫敢以身任之者。惟韓琦富弼得君之專。毅然不顧。成法一定。至今賴之。臣願陛下以仁宗爲法。二三大臣以韓琦富弼爲法。則何弊之不革。天下幸甚。

歷代名臣奏議卷之五十九

治道

宋寧宗時知安溪縣陳宓上封事言宮中宴飲或至無節非時賜予為數浩穰一人蔬食而嬪御不廢於擊鮮邊事方殷而樁積反資於安用此宮闈儀刑有未正也大臣所用非親即故執政擇易制之人臺諫用慎默之士都司樞掾無非親暱貪吏靡不得志廉士動拾怨尤此朝廷權柄有所分也鈔鹽變易楮幣秤提安邊所創立固執已見動失人心敗軍之將躐躋殿巖庸鄙之夫久尹京兆守將有守城之功以小過而貶三牙無汗馬之勞託公勤而擢此政令刑賞多所舛逆也若能交飭內外一正紀綱天且不雨臣請伏面謾之罪

宓為軍器監簿轉對言人主之德貴乎明大臣之心貴乎公臺諫之言貴乎直陛下臨政雖勤而治功未舉奉身雖儉而財用未豐愛民雖仁而實惠未徧良由上下相蒙務為欺蔽歷奏囊封有懷畢吐陛下付近臣差擇是有意於行其言也而有司惟取專攻上躬與移咎牧守之章騰播中外以荅觀聽今赤地千里蝗飛蔽天如此其可畏猶或諱晦以旱不為災蝗不害稼其他誣罔抑又可知臣故曰人主之德貴乎明大臣施設浸異厥初凡建議求言之人則以他事逐諫官言事稍直則以他職徙忠憤者指為不靖切直者目曰沽名衆怨所萃則相繼超升物論所歸則以次疏外某人之遷是嘗重人罪以快同列之私忿者某人之擢是嘗援古事以文過日之天變者直節重望以私嫌而久棄老姦宿贓以巧請而牽復使大臣果能杜倖門塞邪徑則舉錯當而人心服臣故曰大臣之心貴乎公臺諫平居未嘗立異遇事不敢盡言有如金人弃通最關國體近而侍從下至生徒莫不力爭冀裨廟筭獨於言責不出一辭輦轂之下乾沒巨萬莫之誰何州縣之間罪僅毫髮撫以塞責大臣所欲為之事則遂之所不右之人則排之仁宗時有宰相奉行臺諫風旨之譏今乃有臺諫不敢違中書之誚豈祖宗設官之初意哉臣故曰臺諫之言貴乎直三者機栝所繫願陛下幡然悔悟昭明德以照臨百官大臣臺諫亦宜公心直節以副望治之意

司農卿薛極上疏曰願陛下深思顧諟之難益懷兢業之念勿謂帝德罔愆而怠於進修勿以天灾代有而應不以實政綱雖舉必求益其所未至德澤雖布必思及其所未周誓以今日遇灾警懼之心永為異時暇逸之戒將見天心昭格沛然之澤響應於不崇朝之間遷權刑部尚書

禮部侍郎袁燮上奏曰臣近者伏觀陛下肆頒明詔撫諭軍民其言我直虜曲兵應者勝予以開曉人心振作士氣可謂義舉矣然臣竊謂事有樞要物有根本未有國家不治而可以排難折衝者故孟軻曰明其政刑雖大國必畏之矣又曰能治其國家誰敢侮之今吾國家之政刑其皆明乎抑猶有未明者乎臣愚不肖蒙陛下拔擢置諸論思獻納之列而隱情緘默非忠臣也用敢以今之政刑猶有未明者為陛下言之臣聞國不自重以人而重忠良布列重於九鼎姦諛並進輕於鴻毛今自更化以來非才不用凡通敏可喜者靡不甄拔高爵重祿與之不靳宜其如穀粟之必可以療饑如衣裘之必可以禦寒也而考其績效邈焉未見國勢浸弱戎心遂啓陛下知其所以然乎則以今日所用之才非不衆多而真才則寡爾似奮發而實怯弱也似多能而實寡陋也不皇皇於仁義而汲汲於榮祿已不自重又豈能為國重乎國人不服又豈能服夷狄乎今之儒帥固有德望巋然舉世推重者矣分閫瀘南未為不用而地非切要未足以觀其

施設。今之忠賢亦有慷慨論事名聞夷狄者矣。宜選天朝增重國勢。而遠守支郡。未究所長。會莫邪而用鉛刀。棄周鼎而寶康瓠。是非顛倒。何以立國。此其政刑未明者一也。臣聞。邦以民寧。民以財聚。培埴加厚。則咸安其業。朘削無已。則不樂其生。今日吾民之困甚矣。征歛太繁。而已輸者責其再納。逋負日積。而已蠲者不免復催。有追胥之擾。有鞭箠之嚴。惟命是從。民財安得而不匱。重以貪吏肆虐。政以賄成。監司牧守。更相餽遺。戎帥所駐。交賄尤腴。而諸司最多之處。抑又甚焉。見得忘義。習以成風。於是乎昔日優裕之郡。今皆凋弊矣。昔日驩樂之民。今皆愁嘆矣。九重之遂。其亦盡知之乎。閭閻疾苦。未徹於冕旒之前。官吏貪殘自肆於法律之外。虐我黎庶。邦本傾搖。而罕聞有所譴責。此其政刑未明者二也。臣聞。王畿者。天下之本。京邑者。王畿之本。若昔令王。雖一視同仁。而周官所紀。於王國尤厚。所以固其本也。行都之建。垂九十年。生齒雖繁。衣食未裕。其故何哉。蓋自楮幣更新。而蓄財之多者頓耗。自盜癸屢變。而藏鈔之久者遽貧。比年水旱。民無遺貲。物貨積滯。商旅不行。故大家困竭。而小民焦瞀。市井蕭條。而官府匱乏。勢之所必至也。抑又有因循而未革者。淳熙中。京邑守臣別進禁中緡錢。歲以十萬計。後復增之。一季十萬。每歲凡四十萬。先朝全盛之時。炎興隆乾之際。未嘗有此。何所從出。多方督促。先期進獻。假酒本以充數。米麥之直。償不以時。商人咸怨。來者益寡。酒政既隳。權酤不售。何以助經費哉。京輦之下。人心不寧。殆孔子所謂吾恐季孫之憂。不在顓臾。而在蕭墻之內。此其政刑之未明者三也。臣聞。朝廷之上。一舉一錯。人所觀瞻。不可不謹。罪所當重而輒輕之。禁所當嚴而輒弛之。皆非至公無私之道。迎合權姦之意。乞斬一世儒宗。此等惡名。百世不磨。衆所共棄也。而一旦洗滌之。安在其為公

道乎。場屋代筆之罰。先朝之所甚嚴。罪至鞭背。終身不齒。自禁防陵夷。肆行無忌。今春始嚴於法。而仍薄其罪。追止一秩。貪鄙恃利之徒。何憚而不犯法乎。任子銓試。至為易得。而不能措一辭者。往往倩人為之。所費不過千緡。而終身可以祿仕。法非不具。廢而不行。齋此橫目之民。豈不重為民害乎。此其政刑未明者四也。臣聞。赦小過。舉賢才。聖人待物之心甚恕。怙終賊刑。刑故無小。聖人懲惡之意甚嚴。夫亦察其情而已矣。開禧用兵。一時將帥。扞患難。守城壁者。亦不為無勞。事平之後。廼以廉謹責之。豈漢家宥李廣利赦陳湯之意乎。今已漸錄矣。而未有所任使。頃歲亦有自朝士出守盱眙者。經畫有方。功效漸著。俄以罪見斥。邊人深惜其去。臣竊以為臺諫風聞其罪而罷之。亦公也。明主念其勤勞赦而用之。亦公也。各有攸當。兩不相妨。復何疑於此乎。至於選鋒統制。誰北人之來歸。彼受其降。掠其寶貨。而禁以遣虜授諸死地。絕中原嚮化之心。原情定罪。先王之所不赦。而晏然自若。罰不傷其毫毛。毋廼太寬乎。此其政刑未明者五也。若此之類。尚多有之。夫政刑苟明。彊大之鄰不足畏。政刑不明。微弱之虜不可忽。今我雖率道而邊臣不體聖意。驅其窮之就食者。而飢民無不我怨。戮其慕義來歸者。而豪民無不我怨。虜雖微弱。能招群盜而封爵之。赦叛臣而復用之。亦不為無謀矣。鼓率群怨。有所侵越。何以待之。嗚呼。處今之世。何可一時一刻不以邊事為念乎。當宵衣旰食坐薪嘗膽之時。而優游泮奐。若四方無虞之日。從容拯溺。揖遜救焚。禍至無日矣。可不畏哉。書曰。無怠無荒。四夷來王。陛下清心寡慾。早朝晚罷。不以聲色貨利汨亂其聰明。亦可謂無怠無荒矣。然古人之所謂無怠無荒者。殆不止此。事所當為。未亟為之。即怠荒也。兢兢業業一日二日萬幾。所以為帝之盛。自朝至于日中昃。不遑暇食。所以為

王之顯伏惟陛下若稽古訓明詔大臣無一日不熟議邊事無一日不延見廷臣合衆多之智謀求經濟之籌策掃除姦宄修明政刑自然國勢安彊威聲震疊而殘虜無能為矣諸葛亮制八陣法敵莫能敗可謂一代之傑然賈詡不稱其用兵之能而美其治國之善蓋軍國無二道長於治國乃所以妙於用兵也孟軻所謂明其政刑雖大國必畏者蓋如此惟陛下亟圖之

燮又奏曰臣生稟愚憃不識忌諱每思古人有言事君有犯而無隱此臣子之職也况叨論思獻納之列尤當以是為職者乎臣聞天下猶舟也漏焉而窒之斯不溺矣天下猶大廈也欹焉而扶之斯不傾矣陛下視今日之勢安邪危邪強邪弱邪如其安且強也雖方盛之夷狄猶嚮風而慕義今者蕞爾殘虜滅亡無日而猶敢肆其憑陵則中國之不安不強亦已甚矣舟漏而不窒室欹而不扶則將若之何此臣之所為夙夜懍懍食不甘味寢不安席也陛下可不深念之哉臣聞小大之臣咸懷忠良則朝廷之勢尊邪正雜揉忠讒並進則人主之勢孤夫以土宇之廣民物之衆共戴之以為君可謂不孤矣然忠臣良士助焉者寡又豈能獨運天下乎昔嘉祐中張昇為中丞彈劾不避權要仁宗勞之曰卿孤特乃能如是昇對曰臣樸學愚忠託身睿主不可謂孤今陛下之臣持祿養交者多赤心謀國者少陛下似孤立也仁宗為之感動嗚呼一言悟主於斯見之可謂至忠至切矣陛下觀今日在廷之臣其皆赤心而謀國者乎抑亦有持祿養交者乎君譬則腹心也臣譬則手足也一體相須休戚利害靡不同之國步方艱當求所以康濟之策國威未振當思所以恢張之道痛心疾首莫敢皇息人臣之義也今也不然惟靡曼是娛惟珍奇是好淫侈相高燕樂無節同堂合席不聞箴規相與恬嬉而已赤心謀國者固如是乎賢才之於國猶禦寒之衣裘養生之穀粟也汲引善類無間親疏奇偉卓犖難合自重之士尤當極力推挽俾為時用人臣所以報國也今推賢揚善固不為乏而挾私害正者亦或有之合於己則掩覆其大過異於己則指摘其小疵讒譽發於私情而真才不得展布赤心謀國者豈其然乎星象屢變其占為兵甚可畏也而不以為憂京輦之下剽掠公行非小故也而不以為怪旱潦之後征科如故殘民之大者也而不以為非導諛貢佞偷合苟容以梯媒寵祿而已又豈赤心謀國者乎此其二三節目爾其餘宿弊人主之所當急聞而人臣之所以不敢盡言者殆未易悉數矣夫所為不敢言者蓋言之則大拂人情非所以養交其交不固又非所以自安也植私者衆赤心者寡人主少所憑伏其何以重朝廷乎今夫一介之士利害止於一身猶以寡助為戒必求切磋之交况於人主宗社安危所繫非輕苟非多助何以為國今日之深患也雖然挽而回之豈不在我伏惟陛下發自宸衷大開言路藥期於治病而不嫌於苦口言取其有益而無惡於犯顏惟真才是用惟公道是行如天地之無私於覆載如日月之無私於照臨聖明當陽賢俊布列翼之衛之共圖斯世國勢既已安強皇威自然震疊區區殘虜不稱藩面內則殄滅無餘又豈能為中國之患哉古語有云正其本萬事理臣不勝惓惓惟陛下留神省察

燮又奏曰臣聞保邦之策其威聲在備禦其根本在人心人心有膠漆之固則國勢有嵩岱之安何憂乎夷狄之不服何慮乎姦雄之竊窺此保邦之上策也夫所謂結人心者當如何哉孟子有言得其民有道得其心斯得民矣得其心有道所欲與之聚之所惡勿施爾也政令行乎上而欲惡因乎民無所攖拂豈有不感悅者哉感悅益深

則根本益固矣陛下視今之生靈果皆樂其業乎今之政令果皆便於民乎朝廷之意未嘗不以忠厚為主而奉行之吏往往多以苛刻為能圍田再給畝輸千錢未為過也然歉歲糶價翔踴則輸錢為便豐年粒米狼戾則輸粗為優今縣取之已不樂矣況既輸錢中都而州縣督粗如故是再輸也其肯服乎楮法之更敢減落者沒入貲產至明白也然疑似之間物非減價而遽繩以法已摽撥者亦併籍之朝廷雖已給還而未給者觖望能無怨乎罪麗于法正其刑可也或嚴行糾罰而因以為利適負官物責之償可也或赦令已蠲而督趣不休秋苗之斛面日增關市之征稅日重此豈吾民之所欲哉民所不欲而日夜施之財匱于下無以相養能不渙散乎陛下毋謂京邑之內民物熙熙可以為慶當知自此而往駸駸不如誠為可憂我太宗皇帝嘗因觀燈御樓羨京華人物之盛宰臣呂蒙正對曰乘輿所

在士庶走集故繁盛如此都城不數里饑寒而死者甚衆不必盡然願視近以及遠先正大臣規正人主剴切如此臣愚亦望陛下樂聞忠言以廣視聽如是而為民之所欲如是而為民之所惡靡不知之然後肆頒明詔誕告萬方政令之不便於民者更之官吏之敢為民害者去之逋負之不可催理者蠲之枯旱之久霈以甘雨豈不是以悅人心召和氣而洽隆平之化哉前日之歎息愁恨今日之謳歌鼓舞在陛下一轉移之間爾人心既固國勢日張孟子所謂施仁政於民可使制梃以撻秦楚之堅甲利兵者將驗於今日矣昔皇祐中范鎮建言備契丹莫若寬河北河東之民備靈夏莫若寬關陝之民備雲南莫若寬兩川湖嶺之民備天下莫若寬天下之民此至論也惟陛下亟圖之

燮又奏曰臣聞國以民為本民以食貨為本國非民無與共守民非食貨無以相生是故食貴乎足而貨貴乎通兼斯二者而為國之本立矣恭惟仁聖在上天覆海涵惟恐一物不得其所而食常患乎不足貨常患於不通是豈終不可為邪以理揆之自古及今事雖甚難未有終不可為者存乎其人而已荀卿有言人主天下之利勢也信哉以尊臨卑以上制下心所欲為何事不集雖高屋之建瓴水不足以喻其捷也是之謂利勢陛下既操是勢矣何難乎足食通貨乎且軍兵虛籍最為冗費自招募增額廩費尤廣誠未易供億也然以陛下臨之責成將帥攷覈其實減屯戍之卒而復承平舊數分所增之兵以補諸軍闕額則亦何所不可昔孝宗時大將邵宏淵剔抉軍中姦蠹具以實言優詔尊顯以厲諸將今之將帥有若宏淵者陛下尊寵之而不然者陛下擯黜之豈復有冗食者乎軍費省則民食寬矣今粒米狼戾無如二廣運之歉處厥利甚博而海道險遠人皆憚之

朝廷固嘗容其附載許以爵秩矣而漠然無應或者疑心未釋歟私載雖多安知官吏之不致詰賞典雖厚安知異日之不衡改所以疑也此在牧守多方勸誘爾通販者厚加之賞遏糴者重寘其罰而兩淮荊襄之間以耕墾之多寡為守臣之殿最其有不盡力者乎此則足食之大畧也夫楮幣之作本借虛以權實爾虛與實相當可以徹亦可以斂是之謂權鼓鑄之弊日滋本錢移於他用監兵闕而不補工程不集斂雜取羸而又銋銷漏泄交相為蠹錢安得而不荒然銋銷不難革也往者慶元中懲一倅黜一尉而人心竦然無敢犯者今亦如是行之則此弊頓革矣漏泄不難禁也近者江陰事覺遠繫天獄明正典刑不許商舶復通遂除莫大之害今於海邦皆然則為姦者戢矣鼓鑄日增地無遺寶復嚴銋銷漏泄之禁自然錢日益多楮之不售者以錢收之又令州縣之間輸錢於官與楮相半敢違明詔

必罰無赦二者並行而豈復有他弊乎此又通貨之大畧也其他積弊尚多臣愚未敢悉數惟陛下法天行健恢張紀綱整齊憲度大有為於天下足食通貨在旨麾之間爾復何慮焉易曰大哉乾乎剛健中正純粹精也又曰剛健篤實輝光日新其德以是知聖人之德以剛健為首陛下躬純粹篤實之資而加之以剛健日進無疆誰能禦之民生憔悴財計蹙迫決非優游和緩之所能料理也惟聖心深念之

燮又上便民劄子曰臣聞大禹之訓曰予視天下愚夫愚婦一能勝予又曰予臨兆民懍乎若朽索之馭六馬此言民為可畏君為至危也於其可畏者忽之於其至危者安之民離散於下君孤立於上而何以為國乎我朝光有天下列聖相授一本於仁雖兵力不至甚彊財計不至甚裕若未能大快人意然人心固結國祚緜遠亦根於此而已靖康之禍中原蕩覆可謂憯矣未幾而高宗中興紹復先烈與周宣並隆紹興之末逆亮憑陵逞其兵威俄而自斃屬者權臣妄開邊隙彼直我曲殆難抗禦然元惡既戮而和好復通逆曦以蜀附虜不旋踵而誅滅峒寇相挻而起亦復次第盪平雖朝廷有道威聲震疊之所致亦由深仁厚澤民心愛戴而不可解所以臻此厥今時和歲稔人情熙熙長民之官所宜乘此安業之時拊循有加培養益厚始為稱職而間有不然者以刻核之心行苛暴之政刑罰不中民無所措邦本所在日朘月削深為國家憂之昔唐憲宗嘗謂宰相曰于頔本是奸臣勸朕峻刑卿知其意乎是欲朕失人心也從古及今寬則得衆峻刑則失人心仁聖在上深達是理亟頒明詔俾監司郡守務行寬大溫乎如陽春之發育沛乎如時雨之膏潤納斯民於仁壽之域豈不休哉臣不勝惓惓

燮又代武岡林守進治要劄子其一曰遵法臣聞治天下之道不可以溺於卑亦不可以過於高自三代而後類皆趨近效而無遠圖以為吾紀綱粗振法度粗脩民生粗安斯亦足矣豈必建宏遠之規摹而成帝王之極功乎是之謂溺於卑間有英銳之主謂治效不當如是之瑣瑣也乃慕高遠乃求諸上古必欲蕩蕩巍巍之治復見於今志則大矣而其效邈然是之謂過於高矣夫溺於卑者固不足論而過於高者徒勞無益斟酌二者而求乎至當其惟一代之家法乎自古帝王之興必有家法規摹於開創之初持守於太平之日後世子孫遵而行之自足以治豈必慕高遠而求諸上古哉酌祖道者可以養天下由舊章者可以固王業紛更高皇之約束雖嘉唐虞樂商周而無益也得失是非黑白較然則當今之務宜將安取臣竊以為治要所在惟我成憲是訓是式則可以不勞而成功矣若昔五代之際四海殺亂民用不寧上帝閔之生我藝祖以神聖英武之資首擴[illegible]土光啓洪業王道廢而復興人紀亂而復正規摹廣大傳之無窮列聖承之靡所更改此我宋帝王之業所以與天無極者也繼自今文子文孫舍祖宗何法哉今夫有一家者乃祖乃父規摹於前為子孫者猶必世守之況以天下之大神聖之所建立哉蓋我祖宗之御天下道德仁義以為之本法制紀綱以為之具其更事多故其燭理明其為慮遠故其立法密損益前代斟酌時宜根本乎聖心發揮乎事業坦然大中至正之道關諸百聖而不惑建諸天地而不悖如大禹之有典有則以貽子孫如文武之有謨有烈以啓後人也聖上緝熙之學日就月將固嘗御經幄命儒臣進讀寶訓繼以正說所以繩祖武由舊章者至矣盡矣臣復何言而臣聞之李絳曰知之不行無益也行之不至無益也方憲宗慨想貞觀開元之盛欲庶幾二祖之風

烈。而李絳告以斯言。所以勉其君者切矣。故臣願吾君雖聖性得之。猶復願聖心加焉。且臣聞之。有遵法之君。要必有奉法之臣。唱焉而不和。則治道闕矣。夫崇寬大而本忠厚。此祖宗之心。聖上之心也。而奉承於下者。未必不失之嚴刻。裕州縣以寬民力。此祖宗之心。聖上之心也。而奉承於下者。未必不厚於取民。其餘庶事。懼或皆然。則大有戾於祖宗之訓。是豈吾君之心哉。要必致察於此。使中外臣子。罔不為成憲是守。斯可矣。臣所言者凡十。皆治要也。而以遵法冠于篇首。則尤其要者。行之以一。則是九者無所不合。豈不復見祖宗之盛事。漢魏相以為古今異制。方今務在奉行故事而已。數具漢興以來國家便宜奏請施行之。相豈不能遠取前代。顧以為由漢之治。自足以致治云爾。由是言之。論治道於今日者。亦奚必為過高之說哉。其二曰求言。臣聞下情之通塞。安危理亂之所由分也。天下如人之一身。血氣周流。則可以久安而無疾。上下交通。則可以常治而不亂。昔者先王欲通其情。而憂其不能自達也。是以求之甚急。上自公卿大夫。服休服采。無不可諫。雖百工之微。猶各執藝以諫。初未嘗設為定員也。庶人謗於道。則庶人有諫。商旅議於市。則商旅有諫。猶懼此心之未孚也。於是有諫鼓。有謗木。有進善之旌。又懼夫勇者雖諫。而怯者或未能也。則為之法曰。臣下不正其刑墨。遒人以木鐸徇于路。儆以不諫之刑。古之人豈求夫從諫之美名哉。亦惟曰鯁切之不聞。則幽隱之不達。人主深居九重。而海內是非利害之實。莫能周知。此非小故也。破崖岸。去邊幅。虛心以求之。和顏以受之。猶懼忠告之不至。而況拂逆之。沮遏之。而使不得盡其情歟。臣嘗讀唐史。見李絳對憲宗之語。以為始欲陳十事。俄而去五六。及將以聞。又憚而削其半。故上達纔十二。未嘗不深悲之。夫以忠言進於君。此亦臣子所當然。而

乃蓄縮畏忌。至于是哉。此無他。順從則利隨。違忤則害至。利害之心勝。故其勢不得不畏。非彼自畏也。雷霆之所擊。萬鈞之所壓。不能使之不畏也。夫使臣下有所畏而不敢言。則諂諛相師。浸以成俗。而人主不得聞其闕失矣。宮禁之崇深。等級之遼絕。耳目之所不及者。雖至大之事。迫切之情。且不得而知。而民之疾苦。何自而伸乎。昔我祖宗之際。詢訪群臣。如恐不逮。晝日不足。繼之以夜。朝臣轉對。許以指陳闕失。言事之官。其多至二十員。諫列因循。或下詔而警之。臣有忠言。或漆匣而藏之。非止在廷之臣得以盡規也。雖丘一尉。妄言嬪嬙。布衣皂囊。書辭狂悖。而皆不加罪。所以容納讜言。護養風俗。類皆以犯顏敢諫為忠。至於濮議新法之起。爭之者雖以罪去。而繼之者其言益危。彼獨何恃而不恐哉。意者舍己從人。從諫弗咈。其風聲氣習固應有是耶。比年以來。飢旱相仍。星緯失度。天災時變。如此可言者亦衆矣。而中外臣庶。能奮不顧身。以忠言劘上者。罕聞焉。此豈有所畏而不敢哉。抑有由焉。蓋自中興之初。用事之臣。力主和議。嚴用刑罰。以鉗不附己者之口。偷合苟容。習以成俗。故雖聖君相繼。急聞切直。而士氣猶未伸也。動其敢言之機。而作其敢言之氣。使其心奮發不能自已者。其必有在矣。夫瑰奇珍怪。產於遐方異域。人皆得而用之。事固未有不求而得。求而不得者。雖然。求言易。從諫難。古所謂從諫者。非徒求之謂也。忠雖不忤。善亦不從。以規為瑱。是謂塞聰。斯其為聽言也末矣。惟知人臣進諫之難。而樂聞過失。虛懷以改。庶乎忠言盤竭。而下情畢通。是則求言之實也。其三曰舉賢。臣聞人才盛衰。常隨其時。自古治平之世。陶冶薰蒸。與材輩出。燁然為邦家之光。有不可勝用者。其勢則然也。今天下治平之日亦久矣。公道著明。正多士雲會鱗集之時。好之非不篤。求之非不廣也。而人才終於未盛。

朝廷欲有所為。左右四顧無足使者。豈其進退之法猶有未備歟。以臣觀之。國家非無法也。正惧夫用法之太過爾。夫以資格用人是法也。歲月有等。功勞有差。不躐一名。不差一級。所以示公也。進退予奪之法未嘗不公。而經國濟時之才常若不足。豈非用法之太過歟。蓋天下之才長短高下不能一律。固有碌碌無奇不能大有所建立者。亦有超卓不群足以辦大事立大功者。彼常人也。吾以常法待之。夫豈不可至於非常之材。而吾惟常法之拘。彼豈能俯首帖耳循序而進耶。以積勤為高叙。以久考為優選。資格既及。雖庸流不得不與。資格未至。雖異才無自得之。此唐人所謂膠以格條。據資配職。時人有平配之誚。官曹無得人之實者也。豈足以網羅天下之俊傑乎。古之人未嘗無法也。而亦未嘗拘於法。雖有成法以進退天下士。而時於繩墨之外。不計其履歷。不問於踈賤。以收拾一時之英材。闔闢變化。無所不可測。而亦有所不可窺。奇傑之士。足以自效。而中人可以上下者。亦莫不奮發。嗚呼。是非資格之所能為也。我祖宗之際。張齊賢入仕不十年而位輔相。錢若水由同州推官閱朞而登樞筦。其餘名臣若向敏中、石熙載、劉呂年、宋琪。皆自下位而擢之高位。張去華、王化基、范杲、楊大雅。皆由薦而寘之要職。至於种放、孫復、胡瑗之徒。又起草萊而並躋顯仕。此豈專用資格也哉。今日在廷之臣。固亦有不次之任用者。而奇材異能限於資格而不得展其器業者尚多有之。科舉取士既束以繩墨。而吏部銓選復限以資格。使天下之才長短小大無不囿吾法制之中。法則公矣。而臣以為未可專恃也。夫人才之盛衰何常之有。尊之則源泉。壅之則汚泥。斷之則良材。棄之則朽木。既盛而衰。衰而復盛。在所以造化者如何。而非有定形也。當今之務。謂宜稍寬銓法。使為長吏者得於法律之外有所予奪。如盧承

慶典選。攸漕舟溺者以中下。既而升之。既又以寵辱不驚而致之中上。此其進退予奪固未嘗專於定法也。不一於法而參之以人。則資格雖用。而不膠於資格矣。三公之府得自辟召。臺省長官各舉其屬。真才實能有聞於世者。不由科舉拔而用之。此皆繩墨之外所以收拾人才者。由是而行之。則多士雲從。四方風動矣。釋此不務。而惟曰成法具存。足以專恃。則臣恐資格愈密而簡拔愈難矣。其四曰安民。臣聞皐陶戒禹曰。在知人。在安民。夫天下之事。其大者亦多矣。而自知人之外。惟曰安民者何也。國勢之强弱。曆數之短長。莫不在是。人君之所賴者也。是以古人重之。且夫君尊而民卑。君貴而民賤。其等級相去固不侔矣。而古人相須之論。未嘗以是為間。若曰。衆非元后何戴。后非衆罔與守邦。后非民罔使。民非后罔事。民而同之。混然等夷之無別。豈不曰邦本所在。甚重而不可忽歟。天下以人心為本。本顛則枝葉從之。不可莫之祭也。古之人君不敢為横賦厚斂。惧夫賦斂重而蹙吾本也。不敢為嚴刑峻法。惧夫刑法酷而傷吾本也。良法美意。培養壅殖。其本益固而枝葉益茂。雖更乎衰亂。而人心終不散。根本非一日也。三代之君享國長久。非有術以留之。朝夕之所從事者。惟此本而已。臨之如馳六馬。愛之如養赤子。人心歸之。不可一朝解。安吾民者。所以安吾國也。嗚呼。位乎民上而不能安之。豈所謂代天司牧者乎。聖上宵旰求治。勤恤民隱。求所以安之者至矣。而民果安乎。未也。民心無常。易於攜貳。難於固結也。而今日猶未安也。幸而年穀和熟。猶能室家相安。自樂其生。一有水旱之災。而流離渙散。無以自存。夫水旱之災。古人亦有之矣。古人不能使天下無水旱。而能使斯民遇水旱而不至於流離。此豈無其道哉。賦斂輕。徭役省。民得盡力於南畝。其儲蓄既多矣。而蓄積以待凶荒者。無處無之。衆民之

政。凡十有二。條目纖悉。故雖遇水旱而救之有方。未嘗飢乏。吾民樂其政。懷其仁。淪浹於肌骨而不能忘者。此固有以結之也。後世則不然。賦役繁重。日朘月削。平居無餘蓄。而災害不能救。雖曰發廩勸分。舉行舊典。而有司弗度。惠不及民。朝夕迫切。竄而為寇賊。轉而成大旅。紛然四起。莫之或禁。而國勢亦岌岌矣。此非其民之罪也。無以結其心。而其勢固然也。我國家聖聖相承。一本於仁養民之政。尤為備具。故京師有福田院。而諸路又有廣惠倉。內藏所儲。以備緩急。或以飢告。出之不吝。蠲租者許不俟報。閉糶者以違制論。蓬滓麻實。達于九重。官吏蔽匿。必劾其罪。所以子惠困窮。必先無告者。如此。宜其邦本深固。國祚延洪。億萬斯年。無有紀極也。聖上卹民之心。同符祖宗。每州縣荒歉。則憂勤惻怛。捐府庫。截上供。以賑給之。仁愛既廣博矣。而奉承于下者。未必皆究其心。此微臣所以復進說也。朝廷雖有減放之令。而戶部每懼供輸之闕。符移之下。掎催督促。不異平時。州郡無以應之。其得不取之民乎。此臣愚所以謂未能奉承者。臣之愚慮竊以為當今之務。必使為戶部者常有餘財。則可矣。寬戶部者。所以寬州縣也。寬州縣者。所以寬吾民也。安民之計。無越乎此。而事掊剋者。必以為書生之常談。其果常談也哉。其五曰正俗。臣聞風俗之弊。有可以復返之理。患為政者不能以是為急爾。簿書期會。斷獄聽訟。世每以是為急。而至於俗流失。世敗壞。則因恬而不之怪。是何急於彼而緩於此也。簿書期會。斷獄聽訟。一日不治。其害立見。而風俗所在。雖有不善。未為深害也。見其可緩之形。而不見其不可緩之實。培養之不加。而縱尋斧焉。廉恥日喪。忠信浸薄。頹然靡廢。以至于不可收拾。嗚呼。風俗。國之元氣也。元氣枵然。則身隨之。風俗既壞。則國從之。雖秦之彊。隋之富。而元氣不存。則危亡可立而待。是果緩耶急耶。

昔者先王知其甚急也。是以省觀風俗。苟有不善。則切切焉以為憂。陶冶作成。必使粹然醇厚。人有士君子之行。以為吾代天牧民。勿使失性。其職當如是也。古人以是為急務。而後世則忽之。教化不明。而貧樸日消。此亦無足怪者。我國家列聖相承。善化流行。習俗丕變。既與古匹休矣。而審觀詳察。則尚有所當正者。承平既久。而侈靡成風也。末習之好。而去本浸遠也。富者競為驕奢。貧者傾貲效之。歆豔以成俗。侈靡以相高。旦旦伐之。而本真微矣。臣觀漢文帝以敦朴先天下。而海內望風成俗。略然化之。唐太宗戒靡麗珍奇之好。而當時風俗素朴。衣無錦繡。夫此二君者。其道德未純於古也。躬行於上。而俗移於下。源清流潔。表端影直。其效固如此也。聖上清心正本。無他嗜好。乘輿服御。一切減損。所以躬率者至矣。而求諸習俗。未覩其效。意者躬行雖力。而法制猶未備歟。今夫侯王宮戚之家。宮室藻繪之飾。器用雕鏤之巧。被服文繡之麗。極侈窮奢。蕩心駭目。公卿大夫之家。婦人首飾動至數萬。燕豆之設。備極珍羞。其侈汰如此。及從而問其然。則曰。吾有所效也。京邑四方之標。古人所以原本樞機者在是。而靡麗為甚。來者無所取則。亦惟末習是效。故近歲以來。都邑之侈。徧于列郡。而達於窮鄉。此豈小故而可不正哉。唐柳澤有言。驕奢起於親貴。綱紀亂於寵倖。制之於親貴。則天下從。禁之於寵倖。則天下畏。我真宗時。銷金服飾。其禁嚴甚。然累下制令。而犯者不絕。故內則自中宮以下。外則自大臣之家。悉不得以金飾衣服。復申嚴禁。布於天下。自此無復犯者。以其自近始而法禁明也。聖上恭儉之化。形於宮掖。聞于天下久矣。而臣猶慮夫貴戚大臣之家。有漸于薄俗而侈靡相尚者。法禁之行。當自是始。行於一二以厲其餘。而風俗可移矣。古人舉事。必有以大服天下之心。故法禁可行。實於貴戚大臣。而急於士民之家。則人不服。何者。彼固以為吐剛而茹柔也。躬行以為之本。法禁以為之具。而行之自貴戚大臣始。貴戚大臣既正。則遠近莫不一於正。此則正俗之要也。

差知潼川府魏了翁奏議曰。臣疏逖之蹤。自請郡西還。十有七載。兩蒙聘召。三授郡寄。以至按刑將漕。分閫守藩。忝竊殆遍。以書生分量寡欲易足。日有滿盈之懼。乃今日正元日。陛下親御正牙。誕受寶鎮。會朝之盛。觀聽攸屬。而臣顧以是日首被特詔之命。傳曰。敬其事。則命以始。今陛下既施其敬於一介外小臣。而臣不以仁義言。不以堯舜陳。是謂不敬。有臣而不敬。陛下安用省記於積年之餘。收召於萬里之遠也。臣聞。人與天地一本也。天統元氣以覆萬物。地統元形以載萬物。天地之廣大。蓋無以加也。而人以一心兼天地之能。備萬物之體。以成位兩間。以主天地。以命萬物。闢闔陰陽。範圍造化。進退今古。

莫不由之。其至重至貴。蓋若是。易於坎離。玄明心體者也。而先天居東西。則陰陽之正中也。後天居南北。則天地之正中也。於日為戊己。則土之正中也。於辰為子午。則時之正中也。乾坤中交。而生坎離。則氣之中也。為卦承上經而接下經。則卦之中也。離體則虛中而文明。故應物而不窮。伏坎則剛中而孚實。故處險而常亨。其至平至正又若是。人能以其至貴至重也。而不以小用之。以其至平至正也。而不以偏用之。則其主天地而命萬物也。豈不綽綽乎有餘裕哉。堯舜以心相傳。堯典一篇。惟克明俊德。乃命羲和。疇咨四岳等事。堯無所為也。舜之繼堯。亦不過取諸人以為善。以天下之民謂之八元八凱也。舉之。以天下之民謂之四凶也。去之。是天下之民舉之去之。人心之所同則天也。舜無所秘於此也。九官之命。彼皆何等才分。而自宅揆以下。敷教者不以制刑。典禮者不以掌樂。選衆而舉。僅得其人分職而

理。僅無曠事。爰暨三代。曰顓頊尊上帝。曰陟丕釐帝命。曰以敬事上帝。凡皆推是心以答天意耳。乃自秦漢而後。千數百年。此意或寡。當事任者。豈樂於獨勞而常患乎。莫與分其責。居其位者。豈樂於暗默而常患乎。莫與行其言。夫人之有技。人之彥聖。秦臣知好之以保子孫黎民。則秦臣之利也。人之智慮。人之聞識。樂克知好之以優於天下。則樂克之善也。豈必皆自己出。而況屈信消長之運。乃天道之所當有。非人力之能制。不是之思。而憧憧往來者。皆徒思也。此不能與天地相似者一也。孔子論天地之神。昭昭示人於覆載間者。無非至教。而繼之曰。清明在躬。氣志如神。又舉詩以證之曰。維嶽降神。生甫及申。終之曰。此文武之德也。是篇凡四書而意實相貫。蓋人與天地一本而分。使本心湛然。清明純粹。與天地通。則志之所至。氣亦至焉。動乎體而為夢。見乎龜而為占。雖遠在巖洞。夫孰非此心之感。況山澤

之氣。亦我同體者也。毓靈產異。以詒數世之仁。亦理之當然耳。而後世之君臣所居者既狹。故所感者亦然。豈惟所感然哉。下之從上。後之視前。更相承式。而才氣愈隘。沈默拘攣以為謹也。纖微煩蹙以為能也。以濟時須。且弗暇給。況遺後乎。夫天地山川之神氣。亘千古猶一日。而人才絕無僅有乃至是。則以所感所徼然耳。此其不能與天地相似二也。夫人憂樂慘舒之度。本諸一心之微。而流行於陰陽。見於祲煇。未嘗有毫髮之欺。是以昔之聖人。有舒泰而無拘迫。有寬易而無狹隘。以天命自度。而不敢以私意小知行乎其間。勞逸以時。喜怒以類。凡以節宣血氣。專固精神。順天地而理情性也。爰自後世或人主獨運萬幾。而乏群臣之助。或大臣兼總細務。而行有司之職。其規模運量。既日不暇給。則於長算遠馭。寧無所遺。光武。賢君也。視朝至昃。夜分乃寐。太子憂其失養性之福。諸葛亮。賢相也。所噉食不至數

引而前二十以上皆親覽焉。食少事煩。人以為憂。夫自一命以上。大小相承。積而至於君相。然後勢重而形佚。使人主每旦視朝而不得大臣之助。大臣執掌獨賢。而不資百工之助。分曹列局。陰拱默視。事無鉅細。必經省覽。下至衆而上至寡也。未如是則下逸而上勞。豈所以理情性之正。養壽命之源哉。此不能與天地相似者三也。書曰。兢兢業業。一日二日萬幾。無曠庶官。天工人其代之。又曰。敕天之命。惟時惟幾。夫內而宮庭屋漏。外而天下國家。莫非天命之流行。伏幾微之不數。是謂曠天工而遺時幾。爰自後世。或自謂智足徧察。或例曰人多可疑。或言儒生皆是古非今。或咎直臣多取名歸過。是心既勝賢路益狹。班固贊續之得人。惟稱武宣。而武帝中年已謂名臣文武欲盡。詔求跅弛之士。宣帝之後。僅一再傳。往往見大夫無可使者。至外名盜壓令拜諫議大夫。以遺東京以後朝會無宿儒大人可備顧問。人才固不易得。而亦非果無。好臣所教。苟用可制。故無以盡得天下之才耳。唐中世以降。或至東省閑閣。南臺缺員。正牙罷奏。庶官不對。此豈真無才邪。其曠天工而遺時幾也多矣。此不能與天地相似四也。士修於家。非積歲累月不成。而壞之於天子之庭。則一語一事之間耳。昔之人主念其成材之不易也。故必扶植而容養之。相融於善意以圖惟國事之濟。而不敢逆疑於參錯之間。所以蒐收並蓄。擬緩急而遺子孫也。漢之高文。去古未遠。猶有濟時詒後之慮。而中世以後則有不盡然者矣。遼西告警。而李廣起罪廾略塞。而趙充國用。五溪喪師。而馬援奮舟攀。迫羨李靖出。范陽燒兇。真卿識。河東冠結。于儀封。廷湊肆毒。裴度見伐。蔡屢蚵。李愬顯。使非倉卒需才。則廣厄霸陵。充國援以老棄。李顏郭裴諸人。將沒身不見矣。此其不能與天地相似五也。臣既歷觀前世。每見秦漢以後君臣。大抵相尋於一轍。為之發

書而嘆曰。大哉心乎。所以主天地而命萬物也。必休休焉與天地相似。乃可以無曠於天位。千數百年。莫有以是告其君者。毋惑乎治之時常多於亂之日。而危之意常浮於安之形也。今人才雖未易有。而亦非果無也。風俗雖不如古。而猶可以有為也。拓而大之。則在人焉耳。於是的然自信以告于陛下。且念更迭既久。分絕棨進。今畫觀上國之光。誠出望表。用敢及時展盡。以冀君相之一動心焉。儻蒙陛下留神省攬。而或有取於其言。君臣之間共推此心。以一掃千數百年之弊。則規模既拓。人才將為時輩出矣。宗社幸甚。善類幸甚。

工部員外郎楊簡上奏曰。臣不勝惓惓。有當今第一急務告于陛下。今朝廷於帥守監司。寖寖乎選擇矣。於賢能。寖寖乎各除矣。比歲告稔。五穀廉平矣。大勝於前矣。大臣亦已虛己求言。曰聞過願改。不憚矣。觀此勢狀。漸可以舉明主於三代之隆矣。而有切緊利害。世俗常情喜順惡逆。故其相與率多奉承。不敢違。其於同官亦每每奉順。不敢違。雖明知其過而不敢言。恐拂其意。終將害我。習以成風。牢不可破。故輿論雖明知吏部注授不問賢不肖。不肖者擾害吾民不可勝言。而不敢革吏部之弊法。恐拂不肖者之情也。雖明知擇賢久任之為上策。而不敢行。以員多闕少。恐不賢者不任而拂其情也。以至中外獄吏以箠楚取賂。以直為曲。曲為直。冤苦無告。當職官多憚煩。受成吏手。同官扶默書名。不復審聽。因辭州縣承貼。吏卒困苦小民萬狀。同官雖知不敢告。雖長官聞之。亦或視以為常。或恐拂其屬。姑容之。設有言者。亦不敢深言。上官或有剛德。始察奏之。其漏網者多矣。民怨吏卒。怨官。遂怨及朝廷。朝廷何由而知。臣大懼中外積怨之久。一夫大呼。從之者如歸市。今聖朝雖有善政。猶以一杯水救一車薪之火。節節盜起。皆乘民怨。願陛下明諭大臣。有長官能受逆耳之言。有

小臣章於閒過或自知已過而能改特表章之布告天下切勿以為
此小善而忽之也能改過者千無一萬無一堯舜大聖猶舍己從人
成湯改過不吝曾子曰我過矣君子之過也如日月之食焉過也人
皆見之更也人皆仰之改過天下之善唯孔門深知之後世罕知近
世尤不知非朝廷特表章之布告天下使天下改觀則人終以改過為
恥此誠治亂安危所繫人性本善又得朝廷重賞導之於前御史監
司繩之於後庶幾願聞過求忠告者多盡掃喜順惡逆之私情官師
相規工執藝事以諫中外官咸知改過之為大德善政盡舉弊政盡
除民怨自銷禍亂不作國祚益靈長不獨周過其曆天命可畏民情
大可畏臣不勝惓惓懇切切之至

簡為秘書省著作郎又奏曰臣又痛切告陛下今之郡守縣令所至
多害虐小民遠郡遠縣益甚民被害虐積怨積怨久將亂生一日有

變盪然潰散不可救也今守令多昏而聽吏多懷私而徇利詞訟一
是一非反是為非反非為是使飲恨含怨無所告訴今日某人受抑
屈飲恨含怨明日某人受抑屈飲恨含怨積而滿積而溢怨極忿極
一夫大呼從亂如歸矣二稅已納者復追執赤鈔以呈示無欠不受
其說勒使復納不伏則囚則鞭訊民戶以誣追所欠之數不多念將
訴于上司而益費含怨白納納已吏卒需賂不賂不釋民貧無告或
舉債或鬻產甚者鬻妻賣子陛下試思民情至此其怨當如何重以
今歲旱蝗所收無幾而郡守多不肯蠲稅民餓而不救郡縣害民弊
政不可勝紀此不擇賢之故也又在外官司以汙為常有每晨縣吏
書卯曆共納數百供知縣市買之費習成典故則其餘贓汙可知已
公取竊取不可勝計溢于聽聞對送互送一會有送千緡緡錢不至
惟送空書彼此本庫自支生辰有送私忌有送生子若孫有送子弟

又有送不可勝紀今國家患無財束手無策得賢則官庫無公取竊
取之蠹財不可勝用矣此又不擇賢之故也蓋自元兇妄肆小人道
長風俗大壞今雖誅殛而餘風未殄纔邑猶有登科者身居親喪而
青巾紫袍輒位于父之上今日不有其親他日何有乎君陛下以科
目取士而得此等惡逆惡逆盛則敢於為亂社稷危矣陛下若不痛
革虛文取士不考得實之弊又不革士大夫釋服而紫使遂忘其親
不孝則不忠吳曦之亂韓侂胄之亂皆不忠不孝之為也吳韓之變
朝野震懼今幸社稷再安陛下宜汲汲為計勿從士大夫庸庸之論
勿從苟安目前之說而不思後禍臣自知學以來熟思治務到于今
凡數十年不知其幾思惟有一策每路擇一賢監司使監司各辟本
路諸郡守守辟諸縣令守令又各辟其屬先於本貫擇人本貫則可
以久任本貫無人乃及外邑賢者必不私於本貫親故或士人為邑

里推重亦在所擇既得其賢必久其任擇賢以任則百事成不擇賢
久任則百事廢擇賢久任則社稷安不擇賢久任則社稷危士大夫
無不服此論惟不肖者心知其不利於己故不主此說又士大夫憫
親故之失所雖不肖者亦思所以周之至聞其貪墨害民發歎而已
不思結怨小民積怨生亂將危社稷宰執臺諫知社稷安危在此共
堅守此苟內外有徇私不公必罷必罪不可以親故私情敗國家公
義所辟或非其人并罪舉主陛下與宰執臺諫開心吐誠共誓共守
以安社稷此令一下人知仕進之路悉本於行實不用虛文則人心
丕變舍惡從善舍偽從實吏姦頓掃民悅財豐矣自此因保甲而漸
脩比閭族黨之制書其孝弟睦婣有學者書其敬敏任恤者書其德
行道藝與其賢者能者肆成人有德小子有造舉明主於三代之隆
矣郡縣各自為永守計有金城萬里之固矣天子有道守在四夷矣

如大臣未能觸行則姑自行都始即有明效。

簡又奏曰恭惟陛下聖政日新海內改觀近又霈無窮之惠於兩浙永免丁輸自今以往不知減朝廷緡錢幾億萬萬籌筭所不能盡臣不勝大喜不勝大慰竊觀此規摹宏闊甚有浸浸可以躋治乎三代之勢臣請為陛下敷陳三代之道道甚易知甚易行天下惟有此道而已矣天以此覆地以此載日月以此明四時以此行人以此群居乎天地之間而不亂是故得此道則治失此道則亂得此道則安失此道則危得此道則利失此道則害由此道而行有治無亂有安無危有利無害此萬古斷斷乎不可易之理而自漢以來大率本以霸王道雜之夫所謂王道者道也純乎義者也所謂霸者非道也雜乎利者也利害動乎前霸者不知道故不知道中之大利不知道中之味惟苟目前遺患在後故自漢而下治日少亂日多所以亂者本以霸

故也所以略治者王道雜之故也小失乎道則小亂大失乎道則大亂今夫里巷群居其情狀大可見其相與忠信正直則彼必服相與不忠不信不正不直則彼必不服苟不合乎道雖惠利之而雖感恩退有後言其心終不能服十事九合乎道人服其九亦不服其一雖微不合乎道人亦微不服甚矣夫此道之靈也甚矣夫此心之靈也此心即道故舜曰道心明心即道孔子曰心之精神是謂聖孟子曰仁人心也此心無體狀虛明無際畔惟起乎意則失之故孔子曰毋意禹曰安女止明此心本靜止惟安之勿起而已至哉聖言此心虛明如水如鑑如日如月無思無為而無所不照賢賢否否是是非非自無差亂苟起意測之反皆反差夫意不可以微起而況於大起乎起利心焉則差起私心焉則差起權術心焉則差有所作好焉則差有所作惡焉則差凡起思為之心焉皆差所差少者其害少所差多者其害多又有我雖微不安于心似未害而天下乃以為大不可者然則其大小多少亦難於定惟不起乎意如水如鑑如日月則能照知蓋三才共由此道有不由焉則天心之所不與鬼神之所不與天下之所不與而欲免禍患良難不見于今必見于後用此以觀自古以來治亂安危利害之應如影之隨形響之隨聲孔子曰為政以德譬如北辰居其所而衆星共之夫德非有奇謀秘計而自西自東自南自北無思不服如衆星之共北辰此道之靈應如此士大夫觀此往往大疑而臣深信其如此願陛下即此虛明不起乎意之心以行勿損勿益自無所不照賢否自辨庶政自理民自安自化四夷自服此即三王之道即堯舜之道即天地之道願陛下毋安于漢唐規摹臣盡心於此數十年矣見此甚明信此甚篤願陛下毋讓遜臣不勝切實惓惓之請。

袁甫為校書郎轉對言邊事之病不在外而在內偷安之根不去規摹終不立壅蔽之根不去血脉終不通忌嫉之根不去將帥終不可擇欺誕之根不去兵財終不可治祖宗之御天下政事雖委中書終必擇風采著聞者為臺諫敢為論駁者為給舍所以戢官邪肅朝綱也今日誠體是意以行之豈復有偷安壅蔽者哉

甫知衢州事又奏便民五事狀曰臣準令監司守臣到任及半年以上具民間的實利病及邊防事件以聞臣一介疎庸蒙恩假守寸長蔑有下考將書仰遵成憲合陳五事臣不敢泛舉不切之務亦不敢冐貢出位之言謹以本州實事條畫具奏伏望聖慈特賜睿覽如或可採即乞頒降指揮施行須至奏聞者

一臣近者恭覩陛下親灑奎畫以興教化新士風為急以涵養未充薰陶或闕為憂申飭中外俾加訓迪猗歟休哉可謂深明治

道之先務矣臣所領此州本號多士年來校官失職學無宗師廉恥道喪士習日卑夫上有緝熙問學之君而下無明師碩儒以推廣德意將恐訓辭雖切教化弗興天理民彝益就湮晦臣甚懼焉深惟挽回風俗之趨莫若尊禮譽望之士乃招致鄉曲名流頼其表倡遴選前廊職事助其訓誘朔講之外立為旬講擇通經者敷繹義訓臣躬率郡寮入學以聽又以廩給素薄衿佩蕭踈遂那撥郡帑及義歲捐緡錢一千補助贍養以至先聖廟貌諸生齋室稍復加葺煥然一新由是學舍之教養稍備會新教授葉汝明之來臣力告以教導之方且勉其辰入酉歸不離直舍躬率以正則觀感易孚講論無倦則義理日新以至研究訓詁之纖悉考驗誦習之勤惰孳孳勉勉不敢曠廢又念固窮之難所當深體其有作館于外者既俾入學則每月致餽以代束脩之資其有課業精進者欲示激厲則不時旌賞以為衆士之勸凡此所費皆自郡出不為學舍之累其區處可謂備矣而臣區區之志則不以是為足蓋興教化者不當僅止於革面善士習者必當開明其本心降衷之良秉彝之懿凡民莫不皆然況名之為士乃不知孝弟本良能忠信非外鑠甘於習俗之卑陋蔽其道心之光明縱由科舉以進身莫識事君之大義國家果何賴於若人哉臣雖迂愚頗自信其本心每造學宮與諸生講明此道庶幾士心興起道化流行不負聖朝作成之意如陛下以臣言為可採欲乞朝廷行下諸路提舉司俾風示諸郡凡職於訓導者勿以聖訓為空言必求興學之實政將見四方士風翕然丕變所有本州每歲助養士千緡乞朝省劄下以憑遵守不但一時之利可為永久之規臣不勝幸甚

臣竊謂保甲之法所以聯屬鄉井親比人民深得古者比閭族黨相友相助之遺意近年以來有保甲之名而無綱維之實居雖毗鄰心實胡越是無怪民心之渙散習俗之澆漓也臣考之此郡保甲素具案牘並存姑以州城之內言之分為十寨統以寨官立法非不詳盡然而上下之間視為虛名不究事實歲月既久多復弛廢臣近因講行火政嘗會僚屬集寓公相與商訂咸謂若欲聯比有法豈可統率無人遂稽鄉評擇衆所推服者請充鄉官俾之領袖每寨或四三人或五六人視鄉界之廣狹以為人數之多寡區畫既定衆論皆以為允但糾率鄉井本是難事有整齊法制之術當有激厲人心之具譬猶善養身者欲肢體之強於外則必有精神以運於內整齊法制之術猶人之有肢體也激厲人心之具猶身之有精神也考諸周官所載月吉則屬民讀法或書其德行道藝或書其孝弟睦婣任恤今略倣是意置簿一面名曰鄉記閭里之內凡為善之實卓然有可稱者鄉保推舉鄉官保明直書其事聞之於州本州驗實書之於記凡不美之事如賭博鬬毆殺傷盜賊之類官司隨時參照見得界內戒謹寧謐並無違犯亦書之記每遇月終通考所書以觀鄉官勸率之實有善而無惡者為上雖無善而亦無不美者次之凡此二等真可褒嘉本州別行措置官錢另項樁管名曰厚俗庫於內支錢並以公醞旌賞為善之家仍致鄉官之餽庶使人心觀感轉相勸勉風俗可以漸化臣冒昧試郡愧無善狀以淑是邦每於聽訟之際見有好貨忘義恃勇輕生違法悖理之事未嘗不為之惕然恐懼蚤夜以思何以風動斯人惟有旌善可使不善者知恥人心本無惡天理不終泯感發轉移之

機至不可忽也臣愚不敢妄為臆說蓋受教於先臣參論於師友皆謂撫字當以風化為先而風化當以書善為急故篤信其舊聞而欲見於行事始蒙聖慈以臣言為可採不徒可行於一邦亦可施諸他郡邑從朝廷行下監司推廣奉行其於聖化不為無補

一臣聞州縣本一體利害不兩立必存損上益下之公心乃有興利除害之實政臣契勘本州管下諸縣內西安龍游常山近年二稅多行預借積累浸深遂成痼疾臣始聞之為之大懼亟加詢究乃知前此縣道催科無方迫於期會不剋追掛欠之戶惟告急富強之家此曹非有所利何肯與官交涉全楮收受而坐折見鏹錢入吏手而復多侵漁虧損非一不可枚舉展轉失陷職此之由臣檢覈簿籍考究源委見得此三邑近年拖下本州

諸色官錢為數甚多而又積壓預借如此雖有妙手實無所施臣謂不大有所更張未可為也於是立為二說斷在必行一曰蠲欠二曰代解何謂蠲欠證得諸色自嘉定十七年寶慶二年凡此三年之內皆有拖違但歲有淺深故數有多寡遂亟行刷具盡見數目十七年之欠人知其斷不可催蠲之易爾元年之欠猶覬其或可催理蠲之已為難矣乃至二年見欠二稅今舉天下皆以為當催孰肯輕議蠲減哉臣謂救宿弊者不顧目前之計懷永圖者當為度外之舉蠲所易蠲未足以蘇民瘼蠲所難蠲乃可以紓民氣於是將二年逋欠亦行斟酌倚閣然在諸縣既被惠利之實則在本州當節非泛之支節之於此而寬之於彼川實谷虛理勢然也臣素無能解惟有朴忠既不飾廚傳以悅過客之心又粗謹廉隅以守自律之戒故所入比之常歲雖大為虧少然亦勉自支吾不見其甚匱臣所謂蠲欠者此也何謂代解證得本州雖與諸邑減免舊欠然而蠲除之後諸邑合解上供諸色官錢尚數萬緡無從措辦今本州既欲其勿借之民則亦豈可復催之縣然而上項官錢皆係起解朝廷諸色窠名分毫不可違欠本州上不敢控告朝廷乞行蠲減下又不敢督促諸縣復行預借反覆紬繹束手無策意者必得別項官錢在經常之外與之代解然後可革預借之弊本州適有歲買江山酒息錢前政舊管一萬緡益以臣到任之後今歲新收可得二萬五千緡臣不免盡捐之三邑以充代解之數鏤之板榜揭之通衢闔郡之民歡聲四起臣所謂代解者此也既與蠲閣舊欠又與代解官錢即此兩項合八萬二千餘緡凡前日積累預借皆可正行銷豁宿弊一洗而盡自今悉是正催但所慮者

病端易開實政難保繼此為邑令者必深知預借之為害常如疾痛之在身已蠲欠者勿再催已代解者勿更取杜絕盡根乃可為悠久之利臣愚欲望朝廷劄下本州證應庶幾明白洞達行下三邑常切遵守勿復開預借之門以貽後日之患

一臣前既陳江山買酒息錢盡捐以充代解之數矣然猶有未盡愚悃不可不為陛下索言之契勘本州創取此酒歲有增數其初止因入夏之後官醞將竭無以接續則取此酒以佐之在官有倍稱之息在民無關沽之患不可謂非權宜之策也一二年來所取至三萬鐶數益多弊益甚其收買也吏緣為姦錢不時支於是有酒戶患苦之弊其般運也舟陸有費破損責償於是有人夫怨嗟之弊其發賣也官督吏脅強以高價於是有出賣不行之弊其收息也輕空滲漏一切代還於是有管鑒監繫之

弊。嗚呼。始欲謀利而終至繁刑。仁人君子亦何忍為此。易窮則變。變則通。弊既極矣。可不思所以變通之乎。臣酌取中制。於舊例三萬緡之內。三分殺一。止取二萬。以新收息錢併舊管盡以代三縣起解上供諸色官錢。此今歲之數然也。來歲以後。此酒可以勿取。縱如今歲費用之多。亦可如臣所減之數。行之以漸。此酒斷可住罷。臣愚欲望朝廷劄下本州。證今來所申。限以二年。務要免行取賣江山煮酒。是亦寬民力之一端也。

一。臣伏覩乾道中。廷紳奏請處州行義役一事。謂隨役戶之多寡。量事力之厚薄。輸金買田。永為衆產。遇當役者以田助之。從公評議。推排役次。以名聞官。有協比輯睦之風。無乖爭鬬訟之俗。當時皆稱為利民。朝廷即從而俞允。自時厥後。州縣推廣而奉行之者。蓋相望也。然而義役之在州縣。間能保守於悠久者不一二。而廢壞於不旋踵者常十百。其故安在。蓋差役之利在吏而不在民。義役之利。在民而不在吏。差役如舊。則請囑之門開。義役一成。則漁取之路絕。非得仁守廉令出力以維持之。其不乘間伺隙沮其謀而敗其成者鮮矣。臣自領郡符。首訪此邦義役之利病。知諸邑間有已結集去處。歷歲浸深。或多廢弛。有上戶併吞義役之田而至於壞者。有都內貧富改易不常而至於壞者。有逃絕稅賦。官司強抑保長而至於壞者。有重難科配官司困苦保正而至於壞者。有役首不公。額外斂率。衆戶交怨。收取元產而至於壞者。縣道方將以差役為利源。豈復問義役之成否。法日以弊。民不聊生。環千里而為守者忍坐視之乎。臣知其然。深欲講明而經理之。以諸邑版籍不明。病於預借。苟持心欲速。輕易舉行。則考覈之無據。推排之不精。利未必形而害已

先見矣。故臣志雖立而事未舉。勢雖可而謀未堅。職思其憂。反覆紬繹。靖言尸素。亦既周星。方將控悃請以丐閑。奚敢任斯責而集事。然而揆之於理。或可講行。縱不能玩愒歲月。效尺寸之微勞。豈不能開創其端。決此邦之大計。況預借之弊。已遂蕩滌。失陷之稅。可以推尋。經界打量之事。固未易言。結集義役之圖。不妨漸舉。惟是人心難一。公論易摧。自非稟巖廟之明謨。何以杜豪家之異議。臣敢冒昧有請。欲望聖慈俯賜睿斷。如許本州講行義役一事。即乞劄下特從所申。却容遂一條畫規模。續次申聞朝省。遴選強明之官。分任勸率之責。不苟目前。期為經久。實千里生民大幸。

歷代名臣奏議卷之六十

治道

宋理宗時詔求言處州教授陳塤上封事曰上有憂危之心下有安泰之象世道之所由隆上有安泰之心下有憂危之象世道之所由汙故為天下而憂則樂隨之以天下為樂則憂隨之有天下者在乎善審憂樂之幾而已今日之敝莫大於人心之不合紀綱之不振風俗之不淳國敝人偷而不可救願陛下養之以正勵之以實涖之以明斷之以武而塤直聲始著于天下

戶部郎官張忠恕上封事陳八事一曰天人之應捷於影響臣冬徂春雷雪非時西霅東淮狂悖游興客星為妖太白見晝正統所繫不宜諉之分野二曰人道莫先乎孝送死尤為大事孝宗朝衣朝冠皆以大布迨寧考之適孫承重光宗雖有疾未嘗不服喪宮中也洎光

宗上賓權禮方張莫有言者去秋禮寺受成胥吏未嘗以義折衷慶元間再期而祥百僚始純服吉今若甫經練祭雖朝臣一帶之微不復有凶吉之別則是三年之喪降而為期害理滋甚況人主執喪于內而群工之服無異常日是有父子而無君臣也三曰太母方卻垂簾之請而慶壽前期陛下吉服稱觴播為詩什此世俗之見非所以表儀於天下也四曰陛下斬然在疚大婚之期固未暇問然非豫講夙定恐俚說乘間而入臣所望於今日者亦曰嚴取舍而正法度廣詢謀而協公議爾五曰陛下於濟王之恩自謂彌縫曲盡矣然不留京師徙之外郡不擇牧守混之民居一夫奮呼闔城風靡尋雖殄患莫副初心謂當此時亟下哀詔痛自引咎優崇恤典選立嗣子則陛下所以身處者庶幾無憾而造訛騰謗者靡所致力自始至今舉誤於含糊而猶不此之思臣所不解也六曰近世憸佞之徒凡直言正論率指為好名歸過夫好名歸過其自為者非也若首萌逆億壓惡之心則自今言者望風見疑此危國之鴆毒也七曰當今名流雖已褒顯而搜羅未廣遺才尚多經明行修如柴中行陳孔碩楊簡識高氣直如陳宓徐僑傅伯成僉論所推史筆如李心傳何惜一官不俾與聞況近來取人以名節為矯激以忠讜為迂踈以介潔為不通以寬厚為無用以趣辦為強敏以拱默為靖共以迎合為適時以操切為任事是以正士不遇小人見親八曰士習日異民生益艱第宅之麗聲伎之美服用之侈餽遺之珍向來宗戚閹官猶或聞見今搢紳士大夫殆過之公家之財視為己物薦舉獄訟軍伎吏役僧道富民凡可以得賄者無不為也至其避譏嫌進往往分獻厥餘欲基本之不搖殆卻行而求前也疏入朝紳傳誦

禮部侍郎真德秀上奏曰臣竊惟今日求治之要莫難於得天心亦

莫難於收人心然天人非二致也得人斯得天矣在易大有上九自天祐之吉無不利孔子曰天之所助者順也人之所助者信也當元祐初二聖臨朝聽政四夷稽首請命西羌夏人降附相尋而黃河北流有復禹舊迹之勢天下曉然知上意與天合蘇軾推明其故以為此二聖躬信順以先天下之功也夫無一事不當於天心乃可言順無一事不孚於人心乃可言信今陛下躬親庶政內稟慈謨以時攷之甚似元祐而求之於天則震電雨雪繼見於冬春星文變異游形於遹日求之於人則忠義之旅反側未安朝野之民咨歎未息意者朝廷之舉措所以信服乎人心者有未至歟人心之未信此天心之所以未順也夫是是非非之理本諸天道而著在人心不以古今而存亡不以智愚而增損上之所為一與理合則不待教令而自孚上之所為一與理悖則雖加刑僇而不服然則今日人心之未信者果

安在耶。成王之命君陳曰。有廢有興。出入自爾師虞。庶言同則繹。孔子荅哀公之問曰。舉直錯諸枉。則民服。舉枉錯諸直。則民不服。蓋立政用人。未有不參稽公議而能厭服天下者。祖宗盛時。凡有大政。必采群言。太平興國中。秦邸之事。作太子太師王溥等議于朝堂者七十有四人。然後有詔裁決。以大事之不可輕也。廼者霅川之變。睎昔略同。而未聞有參聽于槐棘之下者。此人情之所共惑也。康定慶曆閒求西帥。必取當世第一流。宰臣呂夷簡至忘讎薦進。以重任之不可輕也。往者淮蜀二閫之除。皆出僉論。所期之外。今其效亦可覩矣。而除目游竣。僉論之不同猶昔也。天下之事非一家之私。其在公朝。何惜不與衆共以求至當之歸乎。且廟堂之上。所以廢僉諧而任獨見者。不過惡聞異論而已。抑不思事未行而有異論。吾猶得以參酌可否而惟是之從。事既行而有異論。則國體已傷。而救無所及。朝

廷施為。動關理亂。嘗試之謀。豈容數耶。臣願自今國有大議。陛下虛心於上。使群臣各得盡言於下。大臣至公無我。而群擇其中。至於簡拔材能以當重任。亦必以公論為主。此今日收人心之一事也。賈誼有言。慶賞以勸善。刑罰以懲惡。先王執此之政。堅如金石。行此之令信於四時。據此之公。無私如天地。今之賞罰。其未能允愜衆志者。毋乃有未適其平者乎。夫難平者事也。惟任理無情。而付輕重於物。然後施置得所。而人莫得而議焉。今有功同而賞異者。問之則其厚者必某人之所主也。其薄者必孤寒而無援者也。又有罪同而罰異者問之則其輕者必某人所主也。其重者必疎逖而寡與者也。朝廷之於天下。當如天之於萬物。栽培傾覆。付之無心。而可使一毫私意介其間乎。諸葛亮偏方之佐爾。而其言曰。吾心如秤。不能為人作輕重故當時之臣。有為其廢絀者。不惟無怨。而且思報焉。況堂堂天朝。誠

能以至公之心。行至平之政。則予奪所加。誰敢不服。惟陛下常存此心而總綱於上。大臣常守此道而持衡於下。賞一人必使凡為善者勸。罰一人則使凡為惡者懲。此今日收人心之二事也。夫官之失德。以寵賂之章。其在昔人以為至戒。當乾道淳熙間。有位于朝者以饋遺及門為恥。受任于外者以苞苴入都為羞。今熏染成風。恬不之怪。陸贄有言。鞭靴不已。必及衣裘。衣裘不已。必及幣帛。幣帛不已。必及金璧。由今觀之。豈止是哉。新巧相夸而無窮。誅求橫出而罔極。於是軍民之膏血竭盡而亡餘矣。怨讟繁興。日以滋甚。然貴臣邇列。非必有利之之心。往往藉其名以事侵尅者。大抵皆是。利歸私室。怨萃公朝。抑何便而莫之止也。今誠欲息天下之議。惟在朝廷曉然示人以屛絕之意。甚者反其物而暴其人。則心迹暴白。而假託以自私者不得肆矣。正己示儀之方。孰先於此。仍願斷自聖心。誕降明詔。以儆中

外。俾皆滌除貪暴。砥厲廉隅。惠綏兵民。銷弭怨疾。此今日收人心之三事也。朝廷之規摹。欲其廣大。不欲其褊狹。治世之氣象。欲其寬裕而不欲其迫蹙。商民之胥動浮言。若可忿疾。而盤庚方且登進在庭。丁寧開曉。藹然如家人父子之親。周公作無逸以戒成王。亦曰。小人怨汝詈汝。則皇自敬德。又曰。亂罰無罪。殺無辜。怨有同。是叢于厥身。夫以怨詈殺人。周公之所畏也。獨柰何其輕犯哉。曩者以訛言之籍籍。於是有譏呵之令。譏呵則已過矣。甚至於流竄焉。殺僇焉。而人愈駭矣。傳曰。我聞忠善以損怨。不聞作威以防怨。自譏呵之令行。都城之民搤手相戒。有道路以目之風。此何等氣象。而見於聖明嗣服之初乎。夫峻刑而重罰。本欲以一衆心。不知人情之疑懼。則其心之不一。正自此始。不惟是也。朝廷布群材於列位。夫固賴其言以相正也。而選懦成風。精鋭銷耎。朝有闕政。則拱嘿弗言而私嘆于家。朝有

過舉則進焉導諛而退竊非議尊君親上人情所同本心昏迷何至於是亦由誘導未至而猜阻先形人思苟容誰敢自竭且自孝宗以來臨御未幾即下求言之詔訪問所逮下至芻蕘今詔旨之頒既徐徐數月之後而僅止官吏罔及士民方明目達聰之初遽示人以弗廣何以昌士氣何以達下情是宜播告雖修而人以虛文視之也今誠欲慰天下之望惟當開廣規摹昭示德意解煩苛之網闢寬裕之塗而又式循舊典載播綸音常布之徼咸許論事庶幾憂虞者得以自安忠直者得以自奮此今日收人心之四事也古今天下最易失者莫如人心而最易感者亦莫如人心轉移之機殆類反掌今中外恫疑遠近咨怨非大有以慰安之臣恐攜離日甚一或騷動將有不可收拾之憂此群臣之所共知顧恐處所惡聞未有以實告于上者爾然臣區區豈欲朝廷專尚姑息苟為噓濡以悅之哉惟公惟平惟正惟大一循天下之理而不雜以一己之私易之所謂信順者如是而已惟陛下與二三大臣深體而力行之則天人之助將有不求而自應者元祐之治豈難致哉意切言狂伏俟威譴

兵部侍郎曹彥約上奏曰臣伏讀聖訓至再至三仰見陛下寅畏以奉天艱難以濟業不矜伐聰明不鄙薄愚賤博采旁求思有益於治道而後已臣待罪言語侍從之列職思其憂聖意之所未及猶當有以補報萬一矧惻怛求之可無一言以自効耶臣竊觀陛下嗣服之初未嘗有失德於天下而天下之共治者常有凜然不安之憂天下之論治者常有歉然不足之歎不可謂之小故也豈新政所當行者有未盡耶亦事變之方來者有難測耶將異議者好為紛紛而不足卹耶亦將疑其說之不合而思求以勝之耶明良精一之地兢業萬幾主德必欲其宣恩澤必欲其流乃方與賢士大夫爭辨於是非之

際疑似於從違之末則致治之効無時而可望矣都俞之堂何嫌於吁咈好謀之主何難乎銷印施行容有未盡事變容有難測異議者正所當卹而其說之不合者不足勝也臣不暇廣譬曲引以明前事之失亦不敢偷容取說以媚世俗之好竊以為重裘可以禦寒自脩可以止謗若國是之所以未定與人情之所以未孚陛下諸臣皆足以應詔言之矣不復條列以紊天聽請即其易行者而徑言之庶幾其有補也陛下謹定省以事長樂開王社以篤天倫孝友之行宜足以取信於天下矣然而兄弟至親猶誤於狂妄小人之手道路異說猶襲於尺布不縫之謠事關國體人皆以為難處矣臣猶以為易也守法者人臣之職也施恩者人主之柄也漢淮南厲王欲危社稷大臣張蒼馮敬等請論如法文帝既赦其罪廢而勿王不幸而死即封其三子於故地以示私恩此往事之明驗本朝太宗皇帝之所已行也今若徇文帝緣情之義法太宗繼絕之意明示好惡無隙可指雖不止謗而謗乃息矣陛下招山東以復境土撫忠義以安遺民混一之機宜闖端於此矣然而跋扈之將肆兇殘於制閫擾餓之人恃依違於兩端去留不常包藏未發事關國勢人以為難處矣臣猶以為易也戍虎牢之城鄭不得與晉爭杜太行之險楚不足以支漢用兵之道可以形格而勢禁不可以直致也江內者兩淮之腹心正軍者忠義之主宰有三萬之正軍然後可以制一萬之降卒有十萬之正軍然後可以制三萬之忠義今盱眙孤單江面闊遠三衙渙散見謂脆懦若能徙江外之閫額立江內之重屯人衆而聚則有才可選軍歸其營則無勞可擘可以省廩稍可以減般運使超石拔距之勇亦其中而牛酒日至之聲聞于外然後經理淮壖振立威柄則犯上者化為孝悌而狂狡者莫不率服矣陛下位置虎臣布列閫外峻陟驟

用不拘常制宜有以得其人矣然而每一選用物論洶洶幸而無事則舉朝相賀不幸而敗事則舉朝歸怨事關國論人以為難處矣臣猶以為易也寇準之在北門則白溝不警矣張浚之在江左則淮淝不震矣今大而帥守小而一州選用已定臣未敢輕議金陵虛席公論之所屬目合公論則朝廷奠枕拂公論則海內寒心筋力不逮者既不可以勝任位望未至者又不可以嘗試或已試而軍民不服或未試而公論不與豈惟臣獨憂之凡心乎國事者皆不免於過計矣臣以為人才不可以全求公論不可以力勝與其用輕虛淺迫之人不若用遲鈍木訥之士與其用掊克聚斂之才不若用寬裕溫柔之德其仁聲足以安百姓其器宇足以壓人望氣類相感則寮屬可以任事清介相勉則道義可以相規用人如此則戇直者可以寢淮南之謀而儉約者可以罷子儀之樂矣陛下正旦視朝以求賢為急訪

落親擢以靜退為首拔茅連茹以其彙征宜必以序而進矣然而詔旨所徵或指為文具選召所及或慮其不廣事關國體人以為難處矣臣猶以為易也求賢者人主之心也用賢者人主之實也仁宗之用執政或給札於天章而使之盡言真宗之待而制或賜對於夜分而與之議事故中外無不盡之情而田里無不安之俗今已至者列於朝而未能行其言未至者遲於外而未能必其進有言而未用則或者疑其沮於訐當言而未發則或者疑其局於懦日月逾邁功効蔑然循習如此其視前日未求賢之時何異今若考其言而信其所學用其長而棄其所短則能言者無面從有懷者無腹非矣陛下求言之心已形於御筆而播告之旨復發於手詔勤勤懇懇惟恐不逮宜有以獲其利矣然而外議致疑莫能解釋以為明言文武似或止於衣冠而泛言小大恐不及於韋布事關國脉人以為難處矣臣猶

以為易也赦令之已行者猶必曰該說恐有未盡詔旨之已誤者猶必曰前降更不施行況已謂小大之臣則凡率土之濱者皆得以盡言矣引而伸之特在於一命令之間耳孝宗皇帝即位於六月之丙子而求言降詔已見於是月之甲申至八月壬午而進士上書者已補官矣九月癸丑而布衣獻言者已召赴都堂矣今若明降旨揮發揚詔旨之意精選近臣考定可采之策舉而行之不間於樸直旌而賞之首及於疏賤則在上者罔有逸言而在下者民用丕變矣凡此數者舉天下皆疑其難而臣獨以易言之臣非輕此數者而忽之也懼陛下疑言者之過而以為不可行也懼言者測陛下之意而以為必不行也果其不戾於聖賢不拂於典故可以寬聖慮可以繫人心若何其不於簡易求之而使上下之情扞格而至於此也然臣猶有獻焉立天下之事者貴乎斷處天下之事者貴乎謙慮天下之事者

貴乎詳行天下之事者貴乎速肇十有二州舜之功也汝平水土乃歸之於禹薄伐玁狁吉甫之功也侯誰在矣乃歸之張仲謂天下可以一人治也不可以一人智力專也丘山積卑而為高江河合水而為大君不自有而歸之於其臣臣不自有而歸之於同列所謂謀及乃心者必謀及於卿士謀及卿士者必謀及於庶人然後人心悅服怨讟不生今天下之事雖出於獨斷而衆多之論豈無偶合程度者若因某人之說而建某利用某人之策而除某害造命於上者不失於斷而推功於下者益示其謙此則舜禹之用心也故曰立天下之事者貴乎斷而處天下之事者貴乎謙武王克商未及下車而封黃帝之後於薊孔子為政甫及七日而肆少正卯於市謂盛德不可不速祀而姦宄不可不速去也臨淵而羨魚者不若結網之為便冠冑而挽彎者不若彎弓之為捷賞罰之所當行命令之所當出開一善

則若決江河出一惡則迅如震雷使責望於上者無所憤怨而玩狎於下者不至苟免此則武王孔子之用心也故曰處天下之事者貴乎詳而行天下之事者貴乎速今天下之大害者莫急於贓吏群臣既已言之而陛下既已聞之矣竊意陛下將以行其言也而出令未暇也天下之大害者又莫急於苞苴群臣亦已言之而陛下亦已聞之矣竊意陛下亦將以行其言也而出令未暇也議者不深察朝廷之意即謂厭薄其說而不用臣知其不然也陛下無意於求賢則不發求賢之詔矣無意於求言則不發求言之詔矣贓吏之不可使治民苞苴之不可以立國夫人而能言之其在聖明豈不知此何忍迂緩隱忍以至今日哉行臺諫之所已言用轉對之所通論求贓吏之昭灼者而深治之雖有功勿貸察苞苴之肆行者而遠斥之雖親賢勿釋立此之斷處此之謙慮此之詳行此之決則臣猶以為易也觸

類而長舉天下無不可為之事矣然則天下之事終於易而已耶禹曰后克艱厥后臣克艱厥臣孔子曰為君難為臣不易聖人之言有異於臣之說者何也蓋難於保治者君臣之心也而易於行事者君臣之政也有心於慮治則於理為難有政以為治則於事為易上天有靡常之命祖宗立不拔之基以朽索而馭馬以弱水而載舟若何而謂之易從諫則能如流改過則能不吝賞善罰惡惟恐其不及舉直錯枉惟恐其不速若何而謂之難臣之所謂易者特在於舍己以從人耳慮治之所以難群臣既已言之為治之所以易臣遂得以進其說雖二事也其實一理也古者天子即位三卿進策始之以除患則為福次之以先患慮患謂之豫終之以禍與福鄰莫知其門豫哉萬民望之以為禍者福之所倚福者禍之所伏言福而不言禍非所以愛其君而憂其國也陛下勿謂天災之未見而以為安也勿謂外難之未作而以為治也天災未見楚莊王以為憂外難未作晉范燮以為慮董仲舒所謂出災異以譴告出怪異以警懼者推廣此意也賈誼所謂即不幸有方二三千里之旱卒然邊境有急者端本此說也臣壯時粗有志時事今年六十有九多病少安去死無幾心志既已不強議論又復淺陋自量筋力無益斯世感陛下求言之意而群臣又已建責難之義敢復求其所以易者以獻望陛下行之而已非敢反常說而背古道也惟陛下與大臣圖之臣不勝惓惓

彥約又奏曰臣聞天生民而立之君使司牧之非以厲民將以全其生也絲麻穀粟皆所以養其生刑威慶賞皆所以保其生甲胄干櫓皆所以護其生賦斂力役皆所以久其生其有功於天下也如此然後居無倫之貴享無敵之富玉食以為奉而黃屋以為居誰敢議者天有愛民之心而不與民接民有願安之心而不能自安以天下而

付之於君以一人而奄有天下所以利於民者必平治而害於民者必削弱意可見也本朝光有天下夐出唐虞三代之表攷諸名賢之論知其國祚長久出於市不易肆其端甚微而其效甚顯萬世帝王之業固已權輿於此矣累聖相承以民為本賦斂欲其必薄刑罰欲其必輕力足以制敵而每欲議和兵足以討賊而每欲招安愛民之心與天通矣比年邊戍未撤糧運不寧事有牽制非朝廷之所欲也一家之大者多至百夫一夫之費者何止十緡其困如此而州縣猶以為貸有濡沫不至而重疊差之者有富豪得免而移於下戶者水旱間作歲事不登事出不測亦朝廷之所憂也窘於浸潤者或不能入土殞於焦枯者或廢於銍艾其災如此而州縣猶肆其虐有循行其地而慘若無見者有量減一二以應故事者以至多量斛面名曰出剩碎納尺寸不許合鈔產去稅存勒令代納已經預借更作黙名

甚者嗾使頑民誣訴上戶執以隱微便加籍沒其干連便作正犯千金之家萬畝之產視若己物曾無忌憚法令明備既不奉行朝論禁戒若無聞知蠹國害民一至於此習俗不美良可嘆也亦又有可言者混區宇者莫大於兼愛傷和氣者莫甚於嗜殺假息微虜屢擾邊垂中原遺黎襁負歸化祖宗德澤深入人心者牢不可遏一統之效可以循致矣虜以侵掠子女為軍前之賞我則返其老倪以示吾仁虜以焚蕩室廬為軍前之威我則安堵黎元以示其整取級於當陣而不取於逐北因糧於儲積而不因於民財使彼民之怨虜者怨之而益急而其所以慕義者慕之而不置殺聲教之不暨湖南未可得也如聞邊境之上浸失本意效尤於虜而結怨於民逞怨於赤子而帖耳於犬彘甚者忠義之徒以打刼名軍主將通知未能遽誓以此而欲弔民可謂心迹判然矣百姓不奠枕則頌聲不作邊民不衽席則簞壺不至臣願陛下嚴監司之選如仁宗之用張昷之以按察為職則境內之民皆得其所重將帥之任如大祖之用曹彬以不殺為賢則境外之民皆嚮其化如此而邦基不鞏固社稷不靈長臣未之聞也敢以是為初政之獻惟陛下留神

知瀘州魏了翁奏疏曰臣伏覩詔書凡內外文武小大之臣有所見聞以封章來上者臣嘗讀易至天地定位則乾與坤對山澤通氣則艮與兌對雷風相薄則震與巽對水火不相射則離與坎對此為先天八卦之序也然而語其用則地天而為泰澤山而為咸風雷而為益水火而為既濟蓋天道不下濟則地氣不上躋山體不內虛則澤氣不上通雷不倡則風不和也火不降則水不升也於是而為否為損為常為未濟又即其大體而言則水雷山皆乾也火風澤皆坤也其要則乾坤坎離故先天之卦乾南坤北而其用則乾上而坤下也

後天之卦離南坎北而其用則離降而坎升也大率居上者必以下濟為用在下者必以上躋為功天地萬物之理凡莫不然况乾天也離日也皆為君之象坤地也坎月也皆為臣之象其理顧不曉然未有乾坤不交而能位天地坎離不交而能育萬物君臣不交而能躋斯世於泰和也臣嘗以是考諸今日之事而未能無惑焉行一事也上之人以為是而下或疑其私上之人其辭常泰而下之語常危上之人其念常紓而下之憂常迫然則是居上者不能以孚于下而在下者不能以達于上此顯然為上下不交之證殆非細故也而莫有為陛下言之且上之人曰方今事勢庶幾其暫安矣內而畿輔之間善政嘉令以次舉行謗讟訛言今且消弭雖曰旱勢可畏而浙東一道兩暘時若雖曰物價未平而臨安一城錢會稍通外而疆場之事則齊疆魏服以次來歸韃虜金戎日就衰弱雖制閫遇害而兇徒自勦已從鐫削雖狼心難保而委用得人必能調護此上之說然也而下之人則曰內患外禍未有綢如今者也正月而潘丙之叛使我不得以全兄弟之愛二月而劉慶福之變使我不得以全君臣之義三月而紀邦瑞之亡使我不得以保歸附之民四月而苟夢玉之死使我不得以詫勤事之吏五月而客星入于尾六月而太白見乎晝皆為盜賊兵戈之象目前事變雖若粗定而禍根亂孽元未翦除號令賞刑元未暢達內則以貪吏治彫郡以暴政泣怨民而根本既撥外則以竆籍待悍將以弱勢操強形而威柄倒持尚曰可以暫安誰實信之上之人曰百官有司庶幾其無曠矣內而有位之士兼收並蓄以盡其才年除歲遷以旌其勞雖多用親故然非親與故則無由知其人也雖不拘資望然純取資望則不必為吾用也外而任事之臣苟見其可任則試之以方面雖違衆背公不遑恤也察其可御則待

之以不次。雖淫刑黷貨不暇問也。凡此規摹。自更化以來。二十年間未之有改。雖聞亦非才。旋即消弭。此上之說然也。而下之人則曰。曠官敗事。未有甚於今也。廟堂之上。大官倡聲。一口附和。侍從之臣。事不及知。知不敢言。臺諫之任。擬非所論。論非所擬。給舍之官。號書辭頭。實註紙尾。經筵之選。職在切磋。動懷顧畏。百官有司。問例決事。計考望遷。以至將帥所以折衝禦侮也。而國人非笑。盜賊戮辱。監司所以揚清激濁也。而賄賂相先。貪暴相習。郡守所以□易近民也。而與胥為市。睢民如讎。夫所謂大臣者。所以表儀百工也。今顧狃於得失利害之私。而使百工各不能以盡其職。尚得為無曠乎。不特此也。尊禮耆老。所以勸賢也。下之人則曰。不過隆以爵秩。錫以鞶帶。未嘗有所訪問。此郭公父老所謂善善而不能用。子思所謂以高爵厚祿鉤餌君子。而無信用之實者也。搢延俊髦。所以重朝廷也。下之人則曰。不過趨以溫諂。位之閑曹。未嘗有所信任。此詩人所謂召彼故老。訊之占夢。孟軻所謂終於此而已。弗與共天位也。弗與治天職也。朝廷未嘗以言語罪人。雖事關廊廟。亦示優容。未可謂不受言也。下之人則曰。雖外亦示優容。而疑其沽名。惡其不靜。終於逐之。而實則喜佞諛而樂辯給也。朝廷未嘗輕聽士大夫之去。雖請至再三。必示縶留。不可謂不愛賢也。下之人則曰。雖外示縶留。而疑其求還。惡其立異。終於壞之。而實則私同己而用小才也。朝廷之上。士大夫日以綱常名分不立為憂。下之人則曰。君命犯而主威奪。上無以表率。而何以責在下。朝廷之上。士大夫日以禮義廉恥不張為慮。下之人則曰。苞苴行而女謁盛。上無以風厲。而何以遏其流。雖然。不特下之論為然也。臣日在陛下之左右。而猶未能釋然于心者。陛下未明而尚衣進服。始旦而司輦出房。九門洞開。乜萃森列。親臣近戚。魚貫而入。起居既

畢。二府分班奏事。宰臣留身密啓。然後贊者以新制引一班上殿。閤門報無公事。則大駕已興。陛楯皆出。此人主御朝之事也。為上之人未始不曰。人主夙興訴事。無關於禮。亦云足矣。而臣疑其不然。古人自朝至日中昃。不遑暇食。猶若不給。乃今陛下臨御幾一年。中外非無事也。臣每旦侍立。但見陛下淵嘿臨朝。頃刻而罷。未嘗躬親聽斷。屈己訪問。豈為君真若是易易邪。臣又退而觀於有位。蟲飛而興。會盈而退。乘軒列哄。以造廠司。涉筆占位。以書乃事。文案山疊。披閱未終。而鳴鍾戒時。聚食而返。或造請權勢。或奔走書謁。此百官一日之事也。為上之人未始不曰。人臣分曹列局。上下相承。亦云可矣。而臣謂不然。古人謂無曠庶官。天工人其代之。其任至不輕也。況今內訌外御。事幾錯至。豈是苟安之時。臣每旦就列。位見群臣位卑勢踈者猶能治常程文書。制錢穀出入。位高勢偪則謾不敢可否事。優游拱嘿。交委其責。豈為臣者亦若是易易邪。臣至愚極陋者也。固已惕然憂之。竊惟民至神也。下至衆也。既神且衆。而道謗市議。每與上之論若不相似。然則是豈可藐如不聞乎。陛下潛邸。舊學講究。新功閱天下義理不為不多。願試以臣言體八卦往來之用。玩上下交濟之理。而思古昔以來。有偏聽獨任。忠言蔑聞。百官有司不修其職。發號出令不本於誠。而挈持虛器長久而不墜者乎。夫危機屢發而旋止。此非美政也。失今不治。痞鬲日甚。將為不可治之證。治之何如。一言蔽之曰。以下情達之上耳。然而陛下便朝講幄。所對者不過三四宰執。十餘講讀官。縱下情未達。無由上聞。臣竊見祖宗時侍從近臣。率是親擢。且非時宣召。與之從容講論。雖文武勳士至使臣選人。亦時得進見。而禁林館職。尤號親密。司馬光推本此意。嘗請日輪侍從一員。晝直夜宿。以備不時宣召。今陛下便殿講幄之暇。深居禁中。澹然無營。

獨不可親擢天下之耆哲伍之禁近日輪一員時賜名對從容講論以盡下情乎祖宗時除臺諫亦由親選每當言事雖於長官亦無關白自慶元權臣用事臺諫遂與給舍同為廟堂私人臣以為自今陛下於輪對群臣之日察其議論之忠鯁器識之醇明東自宸衷或遇臺諫有闕獨不可親加選任以盡下情乎祖宗時事關大體必付之外廷集議自比日以來率畏先期取納議狀此制遂成文具臣以為自今國有大事獨不可盡除近弊一付外廷公議庭辯疑決以盡下情乎祖宗時輪對群臣及見辭官率是兩三班或食已再引自比日以來創引一班罕所諮訪夫人臣將有所言積誠以冀感格舊聞以待疑問乃使之不得盡展所懷臣謂自今獨不可數對群臣反覆問辯以盡下情乎祖宗時置登聞檢院以達四方之書謝收得失公私利害軍期幾密皆得上達今此制雖存僅成虛設自今獨不可申嚴

戢司勿加沮遏以盡下情乎大抵此數者臣自省事以來猶及聞前輩大老歷歷能言高宗孝廟時數對群臣及親擢臺諫等事又有語及兩朝集議輪對上書往往成誦每使人有恨不同時之嘆自孽韓柄國此制始壞今而復之是乃所以述高孝常行之規繼先朝未終之志收人心於渙散固邦本於蕩搖此陛下初政至近至切事也不然悠悠歲月上有失而下不諫下有怨而上不知如乾坤之否而天下無邦如水火之未濟而六爻失位臣莫知所以為陛下計矣臣西蜀寒遠誤蒙陛下不以人廢言亟下求言之詔臣感泣思奮恨無以報稱今臣適以舊疾所撓凡再上祠官之請雖未蒙俞允恐疾狀轉劇無復瞻望清光之日故尚支持餘息為陛下懇懇言之

李鳴復上奏曰臣聞善用天下之勢者不可使失之輕善持天下之勢者不可使流於弱始焉輕而事變交激終焉弱而紀綱廢弛天下之治始有不滿人意者矣天祐社稷禍臣云亡陛下以大有為之資當大有為之會向也權去公室而今則挈之以歸於人主向也政出私家而今則斂之以會於中書衆正之路闢而野無遺賢群枉之門窒而朝多吉士一時氣象翕然丕變由中及外孰不謂一洗積年之濤習追還祖宗之盛治將無不可者臣獨惜夫立志太銳而謹重之道不足求治太速而培植之功不加謂富強可以談笑辦謂勳業可以徼幸致政府方新而兩界之楮俱易此首事也自易楮之令行而帑藏悉空矣庭議未集而六月之師已興此繼事也自興師之命下而公私皆困矣財貨源流國之命脈繫焉兵家勝負民之休戚關焉顧皆率意為之得不謂之輕乎日遷月徙視官府如傳舍則用人失之輕求得欲從養邊帥若驕子則御將失之輕號令數易而輕在朝廷和戰迭用而輕在中國天下大器也而輕用之若此此臣所以先

為陛下惜也夫舉事而捷如吾意則為之也易臨事而或有齟齬則應之也難以其難於應也而一切解縱纆墨聽其勢之自之則天下事無復可為矣易楮初意本以佐用度也府庫竭名器濫而楮賤物貴之弊自若興師初意本以大恢拓也士馬物故器械散亡而內阻外訌之憂益甚一鼓作氣至再而遂衰焉得不謂之弱乎士卒干紀但有羈縻則弱勢見於京都主將債軍曲加覆護則弱政行乎邊鄙跋扈之習交肩姑息之風遂成國勢九靡也而削弱至此此臣所以重為陛下慮也由前而論固若可挽回唐虞三代之絕懿由後而觀幾不免流為唐季五代之陵遲考古以驗今即理以揆事其何以為策乎昔者世至春秋周之勢弱矣孔子曰如有用我者吾其為東周乎蓋謂東周不足為而欲反之於西周之盛也觀其得用於魯行偽而堅言偽而辯者皆加誅戮正之以公法不聞待之以姑息也曰家

不藏甲邑無百雉之城於是叔孫墮郈季孫墮費諭之以正理不闡誘之以厚賞也郤萊兵戮齊優而侵疆以復臨之以大義不閔示之以屈辱也蓋夫子之所講明者由開闢以來不可易之常理爾是理也與生俱生無智愚賢不肖人皆有之一日捨是雖天地不能以有立而況人乎哉天下之勢由強而入於弱此理之晦也天下之勢反弱而歸於強此理之明也夫子之緒餘少見於用魯而夫子之蘊積盡寓於春秋陛下誠能取其用魯者以用天下推其寓之春秋者以律斯世將見紀綱森嚴法度峻整君安其為尊臣安其為卑下不敢凌上夷不敢亂華而國勢泰山其安矣當今要務莫急於此臣無任俯伏祈望之至

鳴復又奏曰臣聞為天下者有道揆有法守道揆明於上法守行於下天下不足治矣夫天下大器也事物之衆機務之煩非一人之智

所能周知亦非一人之力所能獨任先王知其然故舉其事之要者以屬其股肱大臣凡天下大政令大更革必使之相可否而後行大謀議大賞罰必與之訂是非而後定應天下之大變排天下之大難進天下之大賢黜天下之大姦其他瑣瑣細務皆不以累其心是之謂道揆舉其事之詳者以付之群有司百執事曉錢穀者使治財賦識經略者使嚴武備明禮者掌禮明法者主法吏治之能否民生之休戚雖天下萬變日陳乎前皆有人焉執條據例以酬酢之是之謂法守委其要於大臣付其詳於群有司百執事要則使之清心省事以思其職詳則使之畢智竭能以效其忠由堯舜三代以來未之或改也陛下厲精更始亦既踰年天下翹首以望太平而若內若外不滿人意者十猶八九即其實而求之或者中書之務不清六曹之職不舉不容無議也且中書者政本之所自出也惟靜而後可別動惟

簡而後可御繁若乃弊精神於叢脞之餘疲智慮於瑣細之末至於軍國要務凡有繫於廟社之安危生靈之利害者事急則草草應酬事已則悠悠玩愒臣恐古之所謂論道經邦貳公弘化似不若此六曹者所以行君之令而執範四方者也設一職當著其一職之效任一事當責其一事之實若乃觀美有餘實用不足振起事功之意少粉飾治具之意多案牘滿前乃受成於吏手職業俱廢殆無補於公家臣恐古之所謂分職率屬倡九牧成兆民似不若此今天下事勢可言矣往歲興師本以繫中原之望今一跌不振矣往歲易楮本以平物貨之價今百貨愈貴矣東有徐邳之寇則新疆適所以名禍南有廣惠之盜則舊部亦敢於生變欲和而兵未可撤欲靜而勢不容止邊庭驕蹇有尾大不掉之勢蕃漢雜處有狙詐作敵之憂國論易搖人心多惑如是焉而猶欲以蹈常襲故之規模當紛至遝來之事

變能保其必濟乎臣願陛下宣諭大臣清中書之務以遠者大者為憂重六曹之責以急焉忽焉為戒使上下相維紀綱不紊任道揆者各盡其道任法守者各執其法天下庶乎其可為矣或曰六曹不任職久矣應有勘當每含糊其辭應有指定多兩可其說故必都司書擬而後其理明必廟堂予奪而後其事決臣曰不然今之侍從尚往日之都司也安有任都司則辨事任侍從則廢事哉今之都司即今之六曹郎官也安有在省則賢明在部則愚暗哉同是人也易地則皆然顧上之人所以責任者何如耳今大臣虛心無我適者除目播賅孰非廟堂之所進擬陛下之所旌擢委任責成當如身之使臂臂之使指正不必有親疏輕重之別也任以是職而不責之以其事奚益哉臣嘗讀柳宗元梓人傳謂梓人之道類於相其為說以梓人量棟宇之任視木之能舉揮其杖曰斧彼執斧者趨而右顧而指曰鋸

彼執鋸者趨而左，俄而斤者斵，刀者削，其不勝任者怒而退之，亦莫敢慍。畫宮於堵，盈尺而曲盡其制，計其毫釐而建大厦，無進退焉。既成，書于上棟曰：某年某月某日某建，則其姓字也。是足為佐天子相天下法矣。臣每嘉歎，以為雖古之伊傅周召，其規模亦不外此。今政府日困於多事，而六曹幾至於具員，用敢借陳其說，以瀆宸聽，惟陛下與二三大臣實圖利之。

鳴復又奏曰：臣嘗讀書，見周召相成王，為左右，召公不說，周公至作書以告之。稱小子旦者二，稱君奭者四，無非寓其懃拳之意，達其懇切之情，謂有殷多歷年所，則由伊尹至甘盤，原其所以為殷之輔者凡七；謂文王能集大命，則由虢叔至南宮括，推其所以為周之佐者凡五。曰若游大川，暨汝奭其濟，所以望召公者惟懼其不至。曰襄我二人，汝有合哉，所以勉召公者惟恐其不盡。不說者在奭，開釋其疑

而使之說者在旦。烏乎，此周之所由盛歟。且夫大廈之建，非一木之能支；大器之安，豈一力之能置。使當軸處中者先有迭相疑忌之私，則見之施設注措，必有齟齬而不遂者。周家忠厚之治著於分陝，歌於二南，傳而至於歷世三十，歷年八百，寔自二相成之，此可為萬世法也。陛下總攬權綱，舉數十年久廢之典，並建二相，竊窺廟謨雄斷，意者見夫更化已久而治效未著，欲使謀王體、斷國論者各得展盡底裏，相與協濟耳。為二臣者其何以仰酬聖意。臣嘗妄謂鄭清之有宰相之度而才不足，喬行簡有宰相之才而力不逮，合二長以共成事功，其庶幾乎。然臣竊有憂焉。蓋自後世克己之學不明，而執要權者皆不免私情之徇。權合而為一，則過於自用而同列不得以行其志；權分而為二，則終於相忌而小人因得以乘其危。浚鼎並命，間隙忽開，蚌鷸相持，卒墮檜手，此分任之弊也。權檜獨柄，虐焰薰灼，忠臣

義士飲氣吞聲，此專任之弊也。今天下可謂多事矣，合衆人之智以為智，兼衆人之勇以為勇，猶懼不給，顧可二三其德哉。臣願陛下下臣此疏，宣諭二大臣，以周召為法，以浚鼎為戒，毋使復有如檜者恃刺虎之術以售其姦，不勝宗社之幸，生靈之幸。

鳴復又奏曰：臣比聞都城復有鬱攸之變，七年之間，災禍迭作，陛下焦心勞思，不遑寧處，宰執胥咎引慝，不敢安居，群有司百執事惴惴奔走之餘，精思熟慮，求所以進言於陛下者，不為不多矣。臣濫分閫寄，嘗通輔藩，當無事之時既不能貢曲突徙薪之謀，於有事之日又不容施焦頭爛額之術。事變叢脞，人心憂危，臣實懼焉。臣不避狂愚，謹以三言為獻。一曰：願陛下修實德以格天。不睹不聞之際，天心之鑒照也甚嚴；無聲無臭之間，人事之感通也甚易。必夙夜畏威，而後可以回天意；必屋漏不愧，而後可以永天命。毋徒曰避殿減膳已足

以示躬行之實，此殆具文也。二曰：願陛下行實政以安民。兩淮京襄胡為而墮於塗炭，四蜀關隴胡為而斃於干戈。兵端之妄開，既有以致紛擾之禍，必兵端之暫息，然後可以收安靜之福。毋徒曰發府庫百餘萬錢，給倉廩十數萬斛，已足以賑一時之急，此殆小惠也。三曰：願陛下求實才以輔政。宰執侍從得人，則朝廷治；監司守令得人，則郡國治；將帥守禦得人，則邊境治。除授在朝廷，各有以當其選，則服役在天下，斯有以稱其職。毋徒曰奉璋峩峩，佩玉濟濟，已足以盡一世之人物，此殆觀美也。所修者實德，所行者實政，所用者實才。當今急務莫切於此。信能行斯三者，則轉禍為福，易危為安，有不難矣。患難之來，乃人主建功立業之地，惟陛下加之意。

鳴復又奏曰：臣猥以愚庸，濫叨器使，向者便殿引對，兩陳奏疏之外，以遠遠闕庭，懷不自已，嘗冒進狂言，願陛下定大本，執大權，求實才

行實政到郡未幾且復奏聞然舉其綱猶未條其目摭其要猶未布其詳也今陛下不以臣為不肖名自藩閫俾預政機竊度時宜審觀事勢方今急務無切乎此用敢申其說以獻何謂大本主器出震明兩作離是也古者帝王即位必首建世子以為宗廟社稷無窮之計世子者王之貳天下之本也世子定而天下國家之本定矣然與子易與賢難與賢非難擇其賢者之為難也嘗即其難者而思之必先封養而後可以擇必謹於擇而後可以與英宗年未齠齔即鞠養于禁中仁宗皇帝視如己子育而教之以全其氣質不待擇也高宗皇帝詔知南外宗正事令廣選宗子以進既而貓過而蹴者不足以任重拱立如故者遂足以付託此謹於擇也邇者御筆肆頒令宗司參酌彝典建置內學選育宗賢天下翕然傳誦謂陛下知以宗廟大計為慮矣今聞諸道路宗賢雖選而未決內學雖置而未備夫與其育

於外曷若教之於內與其咨於人曷若斷之於己優柔饜飫之際性習之所由成動容周旋之間德量之所由見陛下春秋鼎盛當有皇嗣誕生然與賢與子皆天也非人之所能為也陛下儻能承天意以從事力行其所已行必建內學必育宗賢視其所以觀其所由察其所安而徐為之決擇則人心有所屬天命有所歸而陛下之聖心亦泰然其有餘裕矣此壹事也陛下已開其端臣敢以是為陛下賀何謂大權惟辟作福惟辟作威是也昔之英君誼辟未有不自執其權而可以有為於世者然天下之大事物之衆豈一人之智力所能酬應哉言之在人行之在我其利害之所關繫特在乎斷與不斷耳執狐疑之心者來讒慝之口持不斷之意者開群枉之門孝元優游不斷故政出多門而漢之業以衰光武赳赳雄斷故權綱總攬而漢之祚以復有天下者可以鑒矣陛下日親經幄閱天下之義理已多日

御路朝更天下之事變已熟亦嘗究觀前古理亂之原乎自古兆亂之端有四而弭亂之本有一強臣擅兵朋黨交肩外戚預政中常侍用事所以兆亂也操縱予奪一出於我慶賞刑威不移於人所以弭亂也重其任使戴吾之德收其權使畏吾之威則強臣無擅兵之患矣休休有容者任之而勿貳截截善論者去之而勿疑則朋黨無交鬬之患矣公議不以私情奪公器不以私恩授則外戚無預政之患矣腹心以之託君子法制以之繩小人則中常侍無用事之患矣陛下信能行此使天下大權一歸於人主天下大政盡出於中書則紀綱修明法度峻整天下事尚安有不可為之理哉此要務也陛下當謹其微臣敢以是為陛下勸若夫人才之賢否政事之得失條焉有是實才斯有是實政脈絡相通不容以二觀也陛下即位十有四年矣天下有望治之心而無平治之實則所以為陛下用者不能不負

陛下也寶紹之始柄臣專國鉗天下之口而奪之氣故相與附和而一時之才病於諛端平以來朝廷更化鼓天下之氣而使之伸故談辯風生而一時之才又傷於激諛固非盛世事也激而不已豈國家之福哉臣曩在臺端嘗慮及此故於請對之初首以致中和建皇極之說進今雖數載而此風猶未靜也非特不靜而草茅之士又風其焰而烈之此何異南北部互相譏揣三君八俊八及之共相標榜其不成黨錮之禍者幾希阿諛之久既變而為矯激矯激之窮又浸入於浮虛曰吾言不售吾志不行但有去而已矣嗟夫同舟遇風胡越相救生此王國去將安之曾謂少無宦情不預世事果可免排墻之禍乎欲潔其身而亂大倫學自孔氏君臣之義知之何其廢乎舜命九官同寅協恭不聞其以矯激為事周分六職敬爾有官不見其以引遁為高泰和在唐虞成周哥為萬世法也陛下誠能詢四岳闢四

門如發言焉必責之以底可續行焉必要之以成厥功考其幽明加以黜陟則實才不患其不著以八柄馭群臣如周邦國都鄙各謹攸司月要日成各共乃職歲終而小廢置三歲而大誅賞則實政不憂其不舉不然虛名者用而不察其所辨者何事空言者進而不計其所成者何績以此致治未見其能治也臣在會稽有議及時事者忽謂臣曰端平之不為元祐無恠也元祐之君子欽熙豐之紛更而務為安靜端平之君子厭嘉絡之委靡而務為紛更三京之役取湟鄯之故智也元祐為之乎稅畝之事撤青苗之餘習也元祐為之乎舉事有如熙豐而致乎欲為元祐無恠乎端平之不元祐也此往事也陛下既知其所以失則當求其得可也臣敢併以是為陛下告夫本定於內則宗社之勢以固大權執於上則禍亂之原以消以天下之實才行天下之實政則吏稱其職民安其業而若內若外之治皆可

次第而舉矣傳說之告高宗曰非知之艱行之惟艱惟陛下不以其艱而力行之宗社幸甚天下幸甚

軍器監丞杜範入對言陛下親覽大政兩年于茲今不惟未覩更新之效而或者乃有浸不如舊之憂夫致弊必有原救弊必有本積三四十年之蠹習浸漬薰染日深日腐有不可勝救者其原不過私之一字耳陛下固宜懲其弊原使私意淨盡顧以天位之重而或藏其私憾天命有德而或濫於私喜天討有罪而或制於私情左右近習之言或溺於私聽土木無益之工或侈於私費隆禮貌以尊賢而用之未盡溫辭色以納諫而行之惟艱此陛下之私有未去也和衷之美不著同列之意不孚紙尾押敕事不預知同堂決事莫相可否集議盈庭而施行決於私見諸賢在列而密計定於私門此大臣之私有未去也君相之私容有未去則教條之頒徒為虛文近者名用名

儒發明格物致知誠意正心之學有好議論者乃從而詆訾訕笑之陛下一惑其言即有厭棄儒學之意此正賢不肖進退之機天下安危所繫願以其講明見之施行

範為右丞相入覲帝親書開誠心布公道集衆思廣忠益賜之範又上五事曰正治本謂政事當常出於中書毋使旁蹊得竊威福曰肅宮闈謂當嚴內外之限使宮府一體曰擇人才謂當隨其所長用之而久於職毋徒守遷轉之常格曰惜名器謂如文臣貼職武臣閤衛不當為徇私市恩之地曰節財用謂當自人主一身始自宮掖始自貴近始考封椿國用出入之數而補窒其罅漏求盐筴楮幣變更之目而斟酌其利害仍乞早定國本以繫人心

上命宰執各條當今利病與政事可行者範又上十二事曰公用捨願進退人才悉參以國人之論則乘罅抵巇者無所投其間曰儲材

能內而朝列則儲宰執於侍從臺諫儲侍從臺諫於卿監郎官外而守帥則以江面之通判為幕府郡守之儲以江面之郡守為帥閫之儲他職皆然如是則臨時無乏才之憂曰嚴薦舉宜詔中外之臣凡薦舉必明著職業功狀事實不許止為褒辭朝廷籍記不如所舉並罰舉主仍詔侍從臺諫不許與人覓舉曰懲贓貪自今有以贓罪辭上即行下勘證果有贓敗必繩以祖宗之法無實跡而監司妄以贓罪誣人者亦量行責罰臺諫風聞言及贓罪亦行下勘證曰專職任吏部不可兼給舍京尹不可兼戶吏經筵亦必專官曰久任使內而財賦獄訟銓選與其他煩劇之職必三年而後遷外而監司郡守亦必使之再任其不能者則亟行罷斥曰抑僥倖布告中外各務職業朝廷不以弊例而過恩宮庭不以私謁而廢法勳舊之家邸第之戚不以名器而輕假曰重閫寄曰選軍實曰招土豪曰宜倣祖宗方田

之制疏為溝洫縱橫經緯各相灌注以鑿溝之土積而為徑使不得並轡而馳結陣而前如曹瑋守陝西之制則戎馬之來所至皆有阻限而溝之內又可以耕也勝於陸地多矣曰治邊理財實為當今急務有明於治邊善於理財者搜訪以聞

秘書少監袁甫上疏曰臣竊伏思念先臣某事寧考朝嘗進精神之說大要以為人主運動天下其妙在精神寧宗欣然嘉納臣今復掇拾遺論為陛下詳言之陛下新更大化日與大臣論道經邦精神之運宜可以充宅風動矣而中外多事蠹弊滋長因循歲月未臻厥成其故何哉君臣之間聚精會神之意常少而事物之來敝精勞神之患常多此正今日之大病也陛下每旦辨色視朝大臣奏事之後或間以臺諫之論奏或繼以百官之輪對而經筵早講已迫矣進膳之餘陛下復於宮中省閱章奏而晚講又且迫矣則是一日之中焦焦

焉疲其精神不亦甚乎精太用則竭神太勞則敝此必然之理也況天下之事有緩急有輕重於其緩且輕者姑徐徐焉應之則可以併其精神於急且重者而無失事之患今陛下既以聽政勤講君於日力之不給而中書之務不問巨細內而庶政外而邊防叢委轇轕盡歸廟堂無一事之區處不關於念慮無一紙之申明不經於裁決雖曰機務總括之地勢則宜然亦恐執要御詳之道未必如是陛下與二三大臣有限之精神既已奪於泛泛之常程則夫急政大務所當靜觀默察者安得復有精神以為之運用耶夫所謂急政大務者何也上而畏天下而愛民舉至大至重之責萃於陛下之一身陛下亦嘗思之乎迺月正元日風從乾來占為兵起越三日月犯太白占為強侯作難天下民靡敝立春之朝條風起西北占為暴霜殺物粟踴貴驚蟄後一夕雪降非時占為迫近之象又七日太白與填星合占為疾為內兵既而隕霜之異果在寒食之後則春日所占不虛矣陛下觀茲變異惕然自反凡可以召和者無所不用其至此則陛下所宜專用精神者也近者邳徐失守海亦旋棄新復州郡勢皆瓦解外虞既急內備又單維揚半是北人洞知我之表裏事勢如此真可寒心軍實隳於輕進戍兵勦於屢衄枵然空虛何以應猝況所在軍情易於激變殺官吏焚州縣如惠陽近事漸豈可長齊安隱憂未容安枕而豫章近地幾致生變推其所以致此之因皆由帥閫久虛素無鎮壓之勢兵備單弱易啓陵侮之端此亦陛下所當倍加精神者也而臣竊窺今日之勢君臣上下非不夙夜究心然大抵緩急重輕混而為一始欲俱急而終至於當急者亦緩始欲俱重而終至於當重者亦輕在彼既有所分則在此者必無所專是亦可以悟敝精勞神之失矣柰何因循苟且不能奮然改其舊而新是圖士大夫有憂國

之心者徒能仰屋竊嘆而無敢精為陛下言之者雖言之而陛下亦未必能行之也孟軻曰堯舜之知而不徧物急先務也堯舜之仁不徧愛人急親賢也夫以堯舜大聖未以周徧為能而惟以急先為貴若之何悠悠泛泛而欲治道之興起乎是故善運其精神則雖憂勤而決無勞敝之患不善運其精神則雖勞敝而反無憂勤之實光陰迅速歲不我與陛下勿恃春秋之鼎盛而輕用其精神也臣忠愛之心出於懇惻惟願陛下與二三大臣日夜聚精會神毋以薄物細故耗有限之力必使志慮專於大政規模急於遠圖天下之事綱舉目張而太平不難致矣惟陛下財幸

益王府教授吳昌裔上奏曰臣嘗讀儀禮始見于君執摯傳曰摯者質己之誠致己之悃愊也故盟心以待對積誠以告君在昔儒臣率謹茲禮臣雖晚陋愚鄙無所肖似然於見君父之始何敢不潛思積

慮輸瀝悃愊。求所以忠陛下之職分乎。臣聞天下之理。有感必有應。陰陽之屈信。而冬必有春。日月之晦明。而晝必有夜。寒暑之往來。而雨必有暘。盈天地間。無一非感應之理也。人君中天地而立。執感應之機。一悟而反風。一懼而銷旱。一言善而星曜順軌。一氣清明而山川出雲。其機易如是速耶。不寂未有能感。不虛未有能應。不誠未有能動者也。動以天則物與無妄而皆誠。動以人則朋從爾思而為咎。天人證應之舒疾。顧人君所以感之者如何耳。共惟皇帝陛下。天造神斷。日躋聖功。貿衛神器。襲四宗之緝熙。至孝也。親攬政機。御八枋之予奪。至剛也。銳情經術。究百聖之精微。至明也。以英睿不世之主。乘改紀更化之時。是宜已日乃孚。朞年而變風動。丕應惟上之從。然人情翫愒。敝化未新。乾象推移。妖祲錯起。月犯金宿。火入帝垣。太白經天。流星墮地。風雷雨雹之變。奉諱惡於太史者。無月不書。而四方

逆賊之事。麗司馬之法者。又無日而不有也。不視其形而察其景。滸聲噂沓。私切感之。陛下試於蠖濩之居清閒之燕。政事不干於思慮。嬖御不接於清明。此時此際。靜觀密察。究所以然之故。無乃濬源正本之地。天理有未純歟。立政造事之間。天德有未健歟。誠身謹獨之際。天命有未敕歟。圖事揆物之所。天工有未亮歟。班爵表著。所以治天職者。未公歟。軍伍府衛。所以奉天討者。未正歟。天非昭昭之多也。非蒼蒼之謂也。此在陛下之心。百官之志。朝廷之政事。三軍庶民之視聽而已。臣請區別其目。為陛下熟數之。天地生物。各無不足之理。天理在人。常有不盡之分。蓋反身而誠。則天理存。感物而動。則天理滅。是以舜敕天敘之典。禹敘天錫之彝。湯綏帝降之衷。無日而不與天對也。天尊地卑而君臣定。聖作明述而父子親。兄弟既翕而父母之心寧。夫婦有別而內外之位正。所以維持宇宙。經紀國家。不大泯

亂于民彝者。用此道也。陛下聖心虛靜。天理融明。大本大經。孰不精講。然本末舛逆。經制搶攘。君命犯。主威奪。逆節萌見而起。倡聲臆決。皆有輕朝廷之心。此豈可求之陛下之身外哉。表然無驕主之諫。張敞無就第之書。徐傅無暴罪之詔。蓋經一世而君臣之綱不明。子仲無命蔡之封。子安無列侯之爵。巢隱無改卜之典。蓋歷一紀而兄弟之倫不復。承正統者。不顧私親。禮也。京師立廟。未央設幄。而本統之義不尊。基王化者。必本后妃。詩也。後庭數游。教坊盛選。而嬪嬙之御無節。陛下毋謂執命之臣。無關於王度。因心之友。不與於邦常。並統二上。無嫌於宗社之靈。深宮閒居。不顯於邦家之化。心術一形於此。而證兆著見於彼。捷於影響。甚可畏也。陛下儻一旦赫然震怒穆然深思。追一竦之謚。以誅姦諛。錄涪陵之孤。以厚倫理。以奉秀園之典。而抑顧復之恩。以戒張媛之言。而防私謁之謁。則大綱正而等

威尊。小宗法而本統重。鴻原有歸而嗣息以蕃。魚貫順序而壽命以固。無非祈天永命垂裕後昆之本也。子盜父兵之語。人所難言。蒙犯霧露之諫。非所宜道。然人臣一言而主聽隨悟。蓋觸其天理油然之機耳。今言及權臣者。不過欲明綱常。而陛下謂之捃摭。言及濟嗣者。不過欲篤恩紀。而陛下謂之輕議。言及王邸戚藩者。不過欲辨等物。而陛下必為之愀然不樂見于色辭。遂令天地之經隱於人心者。舉朝相告以為世之大戒。豈所以立人紀而範來世乎。此臣輒議陛下天理之未純也。一日而一周天者。天行之運。一息而無非天者。人君之德。天德不運。則化育之功閒。君德不強。則物欲之私行。是以帝德之廣運。湯德之日日新。文德之純亦不已。皆與天為一也。威福玉食則曰辟。慶賞刑威則曰君。禮樂征伐之所自出曰天子。典禮命討之所以行曰天王。凡經理萬幾。宰制群動。納民庶于軌物者。此天德也。

陛下夙興視朝大旰聽政位于天德罔不清明然勵精之志雖勤斆理之效逾邈更化志操衰於始初言來而多疑事至而少決旴豫有悔巴開群邪窺伺之端此豈可不求其故也蓋繫累於物欲之多則天德不健牽制於文義之細則天德不健黷閙於私昵之請求則天德不健回互於舊恩之除授則天德不健壅閼聽候於暬御之人則天德不健猜貳仁賢於讒慝之口則天德不健陛下盍不思左右便辟非伐德之斧乎嬖娙脁仕非累德之疾乎保阿女巫非溺德之斝乎壬人讒諂非損德之穽乎陛下儻體乾之健德而闢陰邪用洪範之剛德而克偏詖行中庸之勇德而經綸天下之大經使政事必歸於中書官府必統於冢宰紀綱必一於臺省選舉必本於天官則以之式我王度豈不清正我朝綱豈不肅用之於私蹊邪徑豈不杜用之於師律軍政豈不嚴此則天德王者之政非特如後世之勵精綜

核而已司馬光歷事四朝而所言不出仁明武之三德范祖禹進帝學一書而其要不過謂法仁祖則可至天德祖宗之所以為學先正之所以告君天德之外無他法也或者謂陛下有帝堯之神而僅循孝元優游不斷之迹有湯文之勇而微近文宗不能堅決之風有可以法仁祖至天德之資而天運不息未能盡與四十二年之治其何以彊庶政而作新民乎此臣輒議陛下天德之未健也勑天之命惟時惟幾時者事之冝幾者動之微也蓋天命不已流行於起居日用之間時時整勑則為吉為永年為無疆惟休一有不勑則為凶為不其延為早墜厥命於一日二日之幾常有明證定保之戒此帝王君臣所共兢業也我國家積德深厚受命靈長陛下昭事小心罔不祗肅然天命不易天位惟艱災祥之降靡常休愓之幾可畏必罔游于逸罔淫于樂而後可以勑天命必無敢戲豫無敢馳驅而後可以勑

天命必其疾敬德其德之用而後可以勑天命必知小人之依知稼穡之艱難而後可以勑天命湎于酒則天命不又班伯號呼之戒不可以不思惱于色則天命多辟南威靡曼之好不可以不遠土木之崇非所以謹天戒大寶瓊臺之箴不可不日陳于前忿兵之出非所以應天道冊書造矛之銘不可不日省諸已夷夏大勢隉杌而未定也邊方遠民離散而未集也塞外吏士反復而難養也寇賊姦宄鴟義而難安也天下愚夫愚婦之情怨詈而難保也臣願陛下亟於此時上下相勑用司馬光罷燕飲之戒以保大和從王素出女口之諫以壽國脉行王曾玉清昭應之疏以息民力聽富弼二十年不道用兵之語以阜安宇內深惟幾康克自抑畏日謹一日以迓續乃命于天此今日最急務也若臨朝接下所奏皆常程文書宮中宴勞所問多閭閻細事而安危界分利害機括所以關繫天運者則不致深長

之思豈所以勑天命乎無曠庶官天工人其代之治人者官而代天者相也道揆職任當體造物為心撫五辰順四時而後可以代天一物失所則非天也鎮四夷附百姓而後可以代天一夫不獲則非天也統百官均四海而後可以代天一賢不得其職則非天也位育和同之妙不過彌綸輔贊之間代天工者盍亦盡天分而已陛下上稽天運下揆人情祗遹先猷並命二相聖斷先定人望允孚謂宜朝紳動色相慶海寓延頸升平而廷揚以來將閱三月未見勤彊夙夜以行所欲為況今天下弊積事極外有窺邊之虎兕內有起陸之龍蛇四方有敗日至廟堂蕭墻之憂近在旦夕氣象凛凛如此此豈允章引去所能解紓耶此豈杜門謁告所能鎮定耶此豈避權遠謗所能始納耶唐朝宰相於政事堂更旬秉筆為員數很多也國朝宰輔遇機速事輪日當筆為單務攤併也吏禮委延賞刑罰委渾軍旅粮儲

委泌德宗之責成至矣。而言復中悔。張浚可專治軍旅。胡松年專治戰艦。財用可專委一大臣。我高宗之責任專矣。而事不果行。蓋宰相非他官比也。非可以一職名也。非可下行有司之事也。天下機務當共平章。天下人才。當共進退。朝廷事宜。當共處分。邊郡吏瓚當共科條。同寅協恭和衷哉。是出於衷而後為和也。據亦同耳。焉得和。是心乎和者。不必同也。昔臣琦等論事如爭。及至下殿。不失和氣。今於殿上。唯唯可可。而退朝以後。人各有心。其不與先正之和異乎。臣公著等日聚都堂。與同列各盡所見。今雖都堂會聚如昔。而人懷異見。不能自盡。其不與先正之和異乎。該政事則問集賢。該典故文學則問東西廳。必事事公共商亭。而後謂之和也。欲知選事則問吏部。欲知財用則問戶部。必人人博加諏訪。而後謂之和也。設或面從而心違。陽予而陰異。豈所謂忠臣不和之節乎。臣願陛下申勅二相。永肩一心。開誠布公。竭節勵善。曰方今何事可憂。何人可任。何利可興。何弊可革。何者為急務。何者為危機。愛惜分陰。力行好事。以杜韓之公道自任。以馬呂之正學自期。以梁賈之務崇私交不篤義訓為戒。如此。何患乎經綸事業之專美于昔也。摯與大防本同心耳。而吏額增損。乃啟黨論之爭。浚鼎情分。如兄弟也。而賓客往來。遂造讒說之間。一隙不謹。而小人乘之。邇臣不和。庶政皆惰。豈所以贊元工乎。一世人才。所與治天職也。陛下更化以來。收召衆正。白首耆艾之士。骨鯁碩大之儒。厄於柄臣。久鬱民望者。悉皆錄用。有位于朝。可謂治世之良瑞。邦家之景光也。然賢者充庭。而治不加昔。與亂同道。往往過之。是豈君子果無才耶。善人果不能辦事耶。儒術果迂且腐無益人之國耶。不蔽帝臣者。乃所以事帝。弗共天位者。非所以尊賢。蓋知賢而不用。用之而不盡。則為弗敬厥職。弗克若天矣。尊事黃耇。圖任舊人。

尚猶詢茲黃髮。此詩書之美事。遠耆德。播棄黎老。吁其耇長。舊有位人。此商周之衰形。陛下名彼故老。凡耆壽俊。罔不在厥服矣。然典刑四朝。經理全蜀者。猶有未就予忌之歎。十年躬耕。一介不取者。猶有亦不我力之疑。彼其陳謨抗論。不遜於諸儒也。服采錯事。不衰於晚學也。顧乃謂哲為愚。謂耋為謔。而佚之閒廩何耶。其惟吉士。其惟克用常人。惟成德之彥。乂我受民。此立政之根本。勿以憸人。無以利口。無以巧言令色便辟側媚。此周官之法度。陛下登崇俊良。凡庶常吉士。咸布在臺省矣。然先事衛慮。力諫用兵者。常有蜀予還歸之興。竭節盡言。白發姦墨者。日有亦惟斯戾之憂。彼其橫身以抗群小。非為私也。出力以為國家。非要譽也。顧乃謂才勝德。謂利捨義。而潔其去志何耶。公卿大夫當用有經術明大誼者。而唯諾供給奉行文書之士。猶參錯於其間。則得無跅粺雜糅之嫌。法從近臣。豈無陳善道廣開聰者。而精銳銷耎莫敢盡言之人。亦載尸於其列。則寧免珉瑜混淆之病。不惰于位。民之攸塈。職當思其居也。自處官不親所職。而怠事之弊生。靖共爾位。正直是與。官必守其道也。自行事至觀顏面。而徇情之弊生。魚潛在淵。或在于渚。謂下位不援于上也。自浮競驅馳計資商利。而嗜進之弊生。鳳凰鳴矣。于彼高岡。謂直聲有聞于時也。自上下選愞容頭過身。而循默之弊生。陛下之所以治天職者。三事大夫也。四輔疑丞也。臺省長官與百執事也。今上無樂與之誠。下無首公之節。良實者怨乎不任。盡忠者憂乎見疑。以身任事者懼於眷衰。以言犯顏者嫌於厭薄。周行之彥。未能一一極其妙選。而欲以補綻缺壞。支撐傾邪。求變化於朞月之間。不亦難乎。臣願陛下謹好惡之偏。戒邪正之雜。保守初意。純任諸賢。勿使在外失職之徒。日夜窺伺。覬求復用。以動搖朝廷。則天職公而人心顴矣。賞罰二柄。所以正天討也陛下奮發明斷總攬權綱一紙而斥二凶一疏而逐三師凡懷諼黷貨之徒次第屏斥于外可謂得一怒之正明五刑之公也然威令雖振而赦罰無章嫗柔豪強漸用頹弛邊臣不稟於朝筭軍吏不尊於主官衛校偏裨不憚於主帥此豈一日之故耶將明威以臨有罪謂之天罰奉王命以伐不仁謂之天吏蓋命討皆以天論一置私意於其間則是我之賞罰非天之賞罰矣籍賢家財收其財貨斥賣元載家產藩貨之家必錄此天也今奪民之產者輒貸措軍之賦者輒略盜庫之金而有案括京之鏹而厚藏者皆置不問乃摘其近者一人姑懲之適所以警餘黨而為之計此天討之不正一也戮馬謖廢商浩繫劉兗之僨軍之將必罰此天也今棄師於汴洛者不斥殲民於邳徐者不誅救宿而委齎糧攻唐而棄鎧仗者悉皆廢法不惟不明春秋責帥之誼而其徒之輕僄屢敗者亦貸之此天討之不

正二也神策恃恩驕橫君子謂德宗之失刑禁軍遮馬告寒英主歎莊宗之無法軍法之行當自近始天也今輦轂之下咫尺天威折箠彌呼比屋洶懼嗔目汰軍則為之住揀藉口罷教則為之賜緡部轄嚴緊者以召怨而罷歸將領縱容者反以有勞等第行賞此天討之不正三也絳卒以無糧叛于儀遂正行營之誅淮兵以防秋潰李泌迨行軍門之戮蠹賊內訌法所不赦天也今郡國之兵動踰階級廣寇以遁而佚罰建卒以潰而稽誅丹徒水軍遣帳兵而始平高沙戍卒降黃榜而後下不惟瘡殘灰燼未息民嚚而戎首厲階尚屈邦憲此天討之不正四也夫外寇未平四支之病內政不理心腹之憂宿衛喧謗不治姦雄見而生心朝廷事柄不一藩方歸而益橫天下之變紛擾不齊亦在為國者謹其政刑而已今政令垢龎文法羈縻罪以隱匿而不彰功以嫌疑而不賞天下大姦猶有漏網匹夫小忿猶

敢爭衡為政如此亂何由而已乎臣謂贓吏之不戢非公也得一李絳則人爭輸家財以代賦矣邊臣之不戒非斷也得一宋璟則人不敢求邊功以希賞矣王駕鶴典禁衛人懼為亂而轉移於坐語之間則一祐甫為之盧從史擅鎮兵或疑其變而縛致於從容之頃則一裴垍為之朝廷有道宰相明哲天下事何有不可為耶臣願陛下謹審政理宣明典章本常理之大公絕姑息之私意毋使朝廷政令一有蹉跌而宿姦新蠹不得以遺育易種於明時則天討公而人心服矣臣之所言六事非敢支離其辭也上天之載流行者曰命秩序者曰理得於身者曰德授於人者曰工措諸事業者曰職用諸刑罰者曰討目雖有六而本則一也一則公二則私一則天理二則人欲一則陽明勝而君子用二則陰濁行而小人長易曰天下之動正夫一書曰善無常主協于克一中庸曰天下之大本達道所以行之者一

一者何天是也天者何誠是也陛下日御經帷緝熙聖學清明在上湛濁在下不知嘗存養此一乎明師在前勸講在後不知亦講貫此一乎臣每惜陛下有天地貞一之心而攻取於血氣物欲之私有聖人精一之學而蒙雜於諸儒曼衍之說不惟後宮之左右嬖御有以亂其聰明而細氈之間毀譽是非亦得以撓其純一是以天理作明而還晦聖斷方銳而復衰行一善也而猶有小不忍牽於其中用一賢也而或以小有才乘於其後端良之士雖好而未能壞散險詖之聚安靜之說雖入而未能絕去喜功之根一日之中二者交戰此豈陛下之本心乎輔拂之任未有專官誦說之時不過數刻其於學之精蘊未皇專一講明而心之危微未免攻之者衆衆說淆亂而初意轉移此正程頤所謂講讀五人率兼他職乃無一員專職輔導拳拳於元祐者蓋有味乎其言也陛下儻能采用臣頤之說禮命脩悖之

儒使之日親便坐專以正君為職或賜之內直相與講論經理薰陶之習久而德性融持養之志一而治功起則學焉而為孔孟德焉而為堯舜多歷年焉而為商為周無非同此一理如臣所言六事亦在其中矣始習罔孚浚常求深臣則有罪惟陛下財幸

昌裔為監察御史又奏曰臣聞壽天下之脉者在國論關入心之邪者在朝綱國論之不立脉病隨之矣朝綱之不正邪氣乘之矣天道陰陽之界限人才消長之樞機世運治忽之萌象昔之君子每於此乎覘焉臣仰惟皇帝陛下臨御海寓幾一周星改紀政弦亦再閱歲以侈遠壞爛之天下而希端平恢拓之治功勵精雖勤責效逾邈作興不逮於初意運掉若乖於素期胡氛鴟張軍壓蝟起環視世務事事不牢猶幸核擢風憲之官開廣忠直之路御筆徑下而外庭不知國家負元存此一髮或者以是知隆平之運尚可冀也臣一介疏遠廉請自將忽蒙誤恩獲玷分察若昔先正居是職者曰此為何官曰此官不比閑慢差遣故有入臺之次日而論社稷之大計供職之三日而言治亂之本原臣雖妄庸其於受命之始敢不空臆盡言以荅陛下之親擢我臣竊惟國朝家法治體寬厚而憲度浚明外戚避親近之嫌未敢與政閹寺供洒掃之職不敢竊權近習畏清議之口不敢輒奸國事軍國大務則委二三大臣公議之時政缺失則置五六臺諫密察之是以事歸中書責重言路政令詳審朝廷尊嚴定公是而銷姦萌者此也景德之議論在戰慶曆之議論在和治平之議論在於鎮定群疑元祐之議論在於扶植衆正議革弊者不牽於姑息議變法者不狃於勸令用君子則不參之以小人主正論則不雜之以邪說上自人主下至大臣凡事而謀據義而守此議論之所以純一不二也今之國論果何所擇乎和戰二議之衡決邪正兩途之并

容議一褚幣也而乍收乍放之不齊議一督府也而或罷或行之不一令出而還反論定而數移有繫隨之牽累而無介豫之堅決無怪乎議論愈多而事愈不辦我歐陽脩以專脅而論晏簡蔡襄以懷安而論晏殊唐介以燈籠錦而論彥博王陶以不押班而論韓琦韓絳以事寢不下而論冩衍劉安世以除授多其親舊而論公著大防純仁事茍有關雖公衮之賢有所不避或以濮園之議而劾執政或以袖中之文而彈新參或率同列以言升之之交結或連九章以議方平之除拜或以廢格詔旨罪吳奎或以不協物望排宗愈人茍有過雖丞弼之賢有所不屈臺諫明眸以言之人主虛心以聽之大臣為法而受之此國之紀綱所以憑藉而不替也今之朝綱果無所撓乎言及親故則為之留中言及私昵則謂之訖了事有窒礙則節帖而付出情有嫌疑則調停而寢行今日而遷一人曰存近臣之體明日而又遷一人曰為遠臣之地屈風憲之精采而徇人情之去留將恐士氣銷耎下情壅滯非所以糾正官邪而扶助國脉也雖然國論者非一人之私也天下之公是也朝綱者非臺臣之利也天下之公法也世之有容德者常銳於慷慨願治之初必厭於玩習已安之後初則開導而易入久則勉強而難平耳目之官遂至孤立甚可畏也臣願陛下以公論責大臣而無爽其更化之初志以公法責臺諫而無替其導諫之初心使君子有所恃而安小人有所畏而懾主本彊而客邪不入脉理密而外氛潛消則三院紀綱之地自今皆微臣砥礪節行之日也之綱之紀惟陛下謹守而力行之謹錄奏聞伏候勅旨

歷代名臣奏議卷之六十一

治道

宋理宗時牟子才為史館檢閱官。上奏曰。臣蜀之鄙人也。起身韲鹽。世忝科第。頃歲纂脩會要。當局成都。猥以非才。充員末屬。今四朝大典。鋟槧方新。復以繙閱之微。綴班冊府。叨玷輪對。獲望清光。而又適當陛下慨嘆時事。欲新庶政之始。臣何幸獲際休明。其敢掇拾陳言以塞一時之責。謹條今日所當加意者六事為陛下言之。惟陛下幸聽。臣聞大臣之輔佐人主也。惟當公其心以裁天下之事。尤當和其心以濟天下之事。二者相須闕一不可。宰天下者率用此道也。恭惟陛下爰立二相。置諸左右。適丁是時。而天命人心之去留。內憂外患之紛錯。顧不當開誠布公。以裁事機。同寅協恭。以起治功歟。然徵諸行事。往往私心勝而正理或虧。偏見生而公道不建。以無偏陂之心而置之於人欲橫流之衝。以至廣大之理而運之於智巧雜出之地。大臣而如此。天下之事奚其正。驗之幾微。往往黨守分而氣類不齊。外貌同而肺腸各異。以大有為之歲月。而付之於陰相睢盱之中。以尚可為之事機。而委之於形跡彌縫之際。大臣而如此。天下之事奚其濟。且大臣之所當事者何也。曰格君心之非也。伸敢言之氣也。開眾正之路也。守祖宗之法也。弭人心之怨也。懲邊議之誤也。陛下守宮庭之行。知所治心矣。然箴戒之作。不能止酣歌之誚。溺愛之偏。莫或掩道塗之議。女冠者流。未必事事請托。然或為苟進之媒。貂璫等輩。非必口含天憲。然或侵大臣之柄。寵與寅緣於貴戚。權綱竊畀於私親。內降不由於中書。機祥多惑於左道。深宮燕游之媟。不如大昕視朝之莊。近習狎昵之私。不如親近儒臣之簡。振厲之初。求所以格去諸妄。非大臣責耶。是必同心協謀。積誠感動。使人主立於無過之

地。而後大臣格非之功為無負。不然。憚於剴切之言。濟以彌縫之術。非所以正君心也。諫憲以補闕為心。觸邪為事。然古今之通患。每易於諫人主。而難於言大臣。敢於攻人主之短。而不敢忤大臣之意。比者言事之臣。數論權要。發於公道。久鬱之餘。可謂不畏強禦矣。然嫌隙一開。相挺而去。曾未半歲。議論數更。或是或非。居然可見。今也不計其言之當否。不察其心之是非。或例畀美除。或姑予假告。去者渺不可即。朝廷判然相忘。是掩覆雖至。而諱忌實彰。形跡雖無。而疎遠滋甚。振厲之初。求所以主張公道。非大臣責耶。是必同心協謀。扶植假借。使言者無不伸之氣。而後大臣右賢之志為無慊。不然。是非淆混。邪正同塗。非所以伸直氣也。更化以來。知闢正塗矣。然自陛下疑君子之無效。而後左右親昵之人。皆得以操薦士之權。自大臣喜小人之有才。而後平生親故之人。皆得充薦士之目。故布滿周行。參錯州郡。非天子之故人。則大臣之鄉曲也。非天子之戚屬。則大臣之姻婭也。非天子之近親。則大臣之故舊也。當宁聰明之端。二府觀瞻之地。苟以一毫私意臨之。則無以示天下之公也。振厲之初。求所以肅清朝著。非大臣責耶。是必同心協謀。博采望實。使四海無不來之旌聘。而後大臣求賢之心為無愧。不然。以爵祿為吾家之物。以表著為營求之地。非所以用正人也。次道揆者曰法守。邇年以來。朝廷不知絕私情而崇公道。惟知壞法守而亂紀綱。濫恩幸賞。塗而歸之給舍為陛下守此法也。大臣不能如杜衍之裁抑。已為有愧。今乃委曲宣諭。志在必行。是封駁之職。不廢於給舍而廢於大臣也。藏贓狼籍繩而治之。臺諫為陛下守此法者也。大臣不能審擇之於初。已為可議。今乃收拭錄用。不踰旬時。是彈劾之法。不廢於臺諫而廢於大臣也。堂除部闕。區而別之。吏部為陛下守此法者也。大臣不能公取士之

鑑固已歆然今乃片紙批諭下侵有司之權是選擧之法不廢於吏部而發於大臣也振厲之初求所以恪遵成憲非大臣責耶是必同心協謀咨揚乃職使祖宗無不守之法度而後大臣尊祖之心爲無慊不然毋偏愛之私徇人情之曲非所以重法守也我朝以仁立國陛下以仁得民是以寧固邦本矣然自辛卯以來敵國深入歲事饑屠民靡有黎具禍以燼而襄蜀荆湖之民怨自清野令下淮流過江飢火驅之相與爲亂而兩淮之民怨自銅楮泛濫和糴艱難重之以科須加之以焚僇而列郡之民怨自四月至九月不雨穡事大乖運舟盡絕而浙西之民怨自公私困匱米斗千錢細民委命洪波甚者至於相食而京畿之民怨振厲之初求所以消弭群怨非大臣責耶是必同心協謀勞來還定使天下無不獲之夫而後大臣安民之功爲可紀不然忘其自爲怨咨聽其自爲生死非所以挽四人心也邊議得失國家安危之機也自破蔡之役誤於援敵而敵已有窺伺之心入洛之師誤於恢復而敵已有報復之心反覆叛亂之臣誤於招納而敵已有忿我之心南北介使之往來誤於和好而敵已有輕視之心此内之四誤也自京湖之師誤於信畔而襄峴至浮光棄兩淮之師誤於清野而蘄至寶應棄四蜀之師誤於劫寨而三泉至成都破蘷門之師誤於守江而南浦至秭歸破此外之四誤也内外交誤而大勢乖本欲拓境今乃不能守境本欲闢國今乃至蹙其國振厲之初求所以懲曩誤非大臣責耶是必同心協謀謹固封守使金甌無毫髮之缺而後大臣保境之心爲無愧不然寄事權於誕謾置境土於渺茫非所以謹邊議也夫天下大物也宰相重任也君心薄蝕欲其格非直氣不伸欲其扶植正人沉抑欲其振拔成憲敗壞欲其保守生民愁怨欲其安集國論乖誤欲其懲創非公無以裁天下之

事非和無以濟天下之事也臣願陛下申命二相繼自今其明白洞達毋尚存私意其開心見誠毋尚存形迹毋陽爲盡心而陰有所主毋面相阿徇而退各有心處一事但論其是非毋曰此某人之所言也而互相猜忌用一人但論其賢否毋曰此某人之所厚也而陰肆擠傾進一謨但論其當否毋曰此某人之所建也而陰相撓撼格一非但計其聽否毋曰此某人之意也而陰加譏毀去一凶但計其是否毋曰此某人之所惡也而陰致其彌縫施一惠但計其廣狹毋曰此某人之所行也而強分於彼此如此則二人同心可以濟艱危可以成治功可以消朋黨不惟無負陛下所以更新聖化之初心而二相亦有無窮之聞則亦有無疆之休矣雖然内而宮壼外而朝廷近而生民遠而邊鄙二相固當加之意而一心之微在陛下亦當致其嚴陛下憫事變之橫流嗟異證之狎至而欲改紀其政此固今日作新治功之機也然心爲萬物之原而不求有以去其舊習其何以爽邦而新國耶是故利慾之心昔所以蠹吾治也今則去其蠹逸豫之心昔所以害吾政也今則去其害必多親賢士大夫之論以涵養聖性必深繹五三六經之言以緝熙聖學使吾之一心湛然其天不爲外習之所誘以之出治則天下無不調之絃琴以之集事則天下無不振之規摹其或治源未澄政本未立則天下之言治者亦故而已是豈今日所以望於吾君吾相哉是豈今日刷勵圖治之初心哉臣位卑言高觸犯天聽死有餘罪惟陛下矜而赦之

子才爲太常博士又奏曰臣幺瑣孤蹤分甘遠外嘉熙庚子待罪史筵嘗因三節之對班獲寧延和之細伏首論宰相不公不和之害次陳國勢或盛或衰之機一遠闕庭七更寒暑茲緣愚贛復齒朝行銜恩過深其忍自嘿適侍延和之再御敢忘賤悃之畢陳惟陛下幸聽

臣泛觀今日之天下。主勢其孤乎。國勢其卑乎。理勢其逆乎。事勢其危乎。地勢其蹙乎。禍勢其迫乎。臣非好為是危言也。當危急存亡之秋。見其勢之所趨如是。若又有所懷隱而不言。是欺陛下也。為人臣而以欺事陛下。是不忠也。不忠而欺。臣實有罪。敢昧死言之。人君之身。夫人之所交歸也。扶持之有道。則合兩間而歸一人。奄四海而居大寶。否則寡助之至。廉陛雖嚴。而勢易孤矣。莫大乎天命也。而雪閉雷蟄。梅陽旱乾。土墳逆行。太陰過蝕。幾若有絕陛下之心。莫切乎人心也。而峒寇鴟張。淮流蜂起。蜀卒負固。衢民嘯凶。幾若有離陛下之心。忠智之士。知其身之不容也。則卷懷吾道。絕望王朝。鯁直之臣。知盡言之無益也。則噤舌緘辭。歛氣下土。去者往而不返。留者兆是以行。幾若有去陛下之心。不特此也。淳祐之黨人。叨陛下之爵祿非不厚也。而私語諸人則曰。恩我者權相也。淳祐之將帥。膺陛下之寵渥非不隆也。而每對人言則曰。私我者權相也。下至倖人檢夫。知有私室權勢之可趨。而不知有王室君父之可尊。宦官女子。知有私門貨賂之可貪。而不知有公家富貴之可寶。往往利在近習。則趨近習而不顧陛下。利在女謁。則趨女謁而不顧陛下。遂使一人之尊。憚然獨立。豈不大可懼哉。臣所謂主勢孤者此也。國家以仁義為利也。清明在躬。則崇德義而風俗行。賤貨財而廉隅立。否則上好下甚。惟趨是利。而勢易卑也。且財者天下所共寶也。自賤貨尊德之教不興。而天下始寶私財。遠利尚德之風不作。而天下始務殖貨。罅隙一開。趨者瀾倒。今日某丞相進金珠若千萬。而經營復入。明日某執政進寶貨若千萬。而僥覬柄用矣。今日某尚書進金銀若千萬。而保全寵眷。又明日某殿帥進金錢若千萬。而圖久任矣。今日某贓吏進緡錢若千萬而得美除矣。下極其力之所至。而有所貢。上視其數之幾何而有所報。君臣之間。相覦以貨。相賂以利。如市道焉。固已非矣。而宮闈之秘奧。左右之便嬖。邸第之親貴。苞苴亦皆得而行焉。吁此何等氣象而見於今日耶。雖得之道塗未必盡實。然功効神速。聲勢張皇。愚者言之。貪者歆之。遂謂天下之富貴。果可財利而得。於是求之宮嬪。求之宦寺。求之諸邸。鞭靴狼籍。金寶縱橫。所談者錢神。所逐者臭腐。舉天下冒沒利欲貨賄之中。不復知有德義之可尊。所為卑汙以至此極。其何以登國勢於九天之上哉。臣所謂國勢卑者此也。理勢以順為貴也。有以整齊之。則綱常舉而人心明。上下辨而民志一。否則本根乖刺。而勢易逆矣。且君尊臣卑順也。今見利則逝。見便則奪。幾有無君之心。則臣不臣矣。父慈子孝順也。今衣錦食稻。侈犢自如。幾有無父之志。則子不子矣。兄友弟恭順也。自棠　之詩廢。而孔懷之愛衰。斗粟之謠興。而友于之念薄。無怨而為有怨。無心而為有心。則

失其所以為友悌矣。上衣下裳順也。自綠衣之詩作。而黃裳之美遂亡。四星之宴興。而太陽之尊幾瀆。賤或至於妨貴。淫或至於破義。則失其所以為卑順也。內中國而外四鄙。春秋之義也。今邊疆日侵。兵戎久困。則中國憂外患矣。內君子而外小人。交泰之道也。今閹茸尊顯。方正倒植。則君子反在外矣。右賢左戚。而鮑宣鯁直之言。不敵擅權之王氏。先義後利。而陸贄蓄義之說。不勝奸蠹之延齡。藩臣而抗朝廷。外權而重人主。則重不足以馭輕。外臺而訾朝議。表臣而詆王官。則內不足以制外。或將軍跋扈。不知有天子之尊。或士卒凌遲。未免潰主將之分。德色誶語之俗日滋。桃冠直履之風日盛。本末倒置。體統乖張。臣所謂理勢逆者此也。天下以國本為安危也。有以綱維之。則泰山四維。大器一置。而其勢易安。否則累卵其危。邦之桯机矣。自昔人君之欲尊宗廟而安社稷。其要不在乎他。而在乎國本。蓋國

本早定則天下之望有所歸而姦雄不敢有睥睨之心漢唐諸君受制於宮闈取决於宦寺奸謀邪說熒惑聰明禍難相仍如出一轍此可為天下萬世之鑑也陛下春秋四十有四御極二十有三年矣前星未曜匕鬯尚虛天下憂之縉紳議之乃者天誘聖衷親灑宸翰妙揀岐嶷昭示意向千萬載無疆之休億萬姓無疆之福實兆於斯舉矣然而選擇之意雖定而父子之名未正資善之命雖頒而內外之勢尚分豈妃嬪近習之言有以惑陛下之心乎抑感生祈福之說有以誤陛下之聽乎抑二三大臣不以韓琦趙鼎之所以事君者事陛下乎不然何其遲留而不決牽制而未定以至於此也矧今天下外患方熾而內寇益深國事日非而私情日盛失今不圖後悔奚及陛下當與二三大臣深思之審圖之先正名號以消懷奸之慮次擇宮嬪以防意外之慮又謹擇教諭以出縱欲之慮使奸謀不得與於其

間則一祖十二宗之業可以傳萬世而無窮不然付大事於繆悠臣恐奸邪側目牽掣之計得行則神器轉移臣所謂事勢危者此也地勢國家之所必守者也有以保全之則首尾聯絡唇齒犄角而其勢全否則日蹙國百里矣太祖金戈鐵馬之天下不幸而分裂於南渡然郊圻申畫封守謹固半天下之勢固自若也自精神折衝之謀不謹於廟堂而四分五裂之勢始形於天下始也宿師於淮北今淮北入於敵而退守淮南之地矣始也城守於襄漢今襄漢入於敵而退守荊湖之地矣始也聚兵於山東今山東歸於敵而分戍漣水海道之地矣始也重兵屯三關今三關入於敵而退守瀘渝之地矣始也羈縻宜邕今宜邕警於敵而嚴守桂林之地矣始也重兵屯淮輕兵守江今淮江震於敵而防扼江陰毗陵之地矣夫吳蜀連衡襟帶萬里中興半天下之業非有傷闕也寧考既全而畀之陛下當全而保

之以傳萬世今不幸而失其半所存者江浙湖湘閩廣數千里之地耳已失之地無復可言僅存之州不過如黑子之着面今遴選樞臣進屯要地東盡淮海西極荊湖若有意乎日闢之功矣然廟堂之意向督府之規撫搢紳之議論幾若重於守江而輕於守淮矣守淮乃所以守江也今一則曰守江二則曰守江則是規畫在江面矣規畫在江面則雖不止於守江而守江之勢已重雖不顯於棄淮而守淮之勢已輕輕重之說亂其中而蹙之又蹙是棄淮矣會稽之棲易危江東之事或去不岌岌乎其殆哉臣所謂地勢蹙者此也內患人心之所共憂也有人焉以消靡之則疽根拔而痛斯定火勢遠而心漸紓否則蕭墻有憂禍至無日矣且邊警外也流民盜賊內也淮戍新興雲南新附使藩籬立則門戶自牢郊圻畫則封守自固未易入我堂奧也惟兩淮流離分布數郡且在吾邦域中矣雨暘時而年穀登

則生理安而心志定今種不入土穡事荒唐飢寒之憂迫逐其後流離轉徙就食他鄉亦其勢之必至也旬日以來漸聞有自京口而還毗陵者流轉不已則自毗陵而蘇湖自蘇湖而杭秀駸駸迫我畿甸使為郡守能任撫綏之責則凡鹽酒之利苟可以資其生理者聽其自為經營則目前可以苟活不然則聚而為寇讎激而為剽掠如巳亥之冬者有之矣況淮民素習戎事步騎器械皆所自有其視殿巖廂禁僅同兒戲之兵每每狎易脫或叢然而起其將何以禦之乃若桂東之寇迫我江西建昌之寇迫我江東常山之寇迫我輔郡長興之寇迫我近畿雖已擣巢穴殲渠魁無復餘慮矣而臣之私憂尚有二說其一郡縣間尚多貪吏萬一不知懲創爭利錐刀則民不聊生復出為亂腹心之地又為所擾矣其二樞臣分閫好事張皇萬一恇政駭令驚動四方則民懷等死激而為變腹心之地又為所擾矣嗚

呼天下之大猶人之一身今邊警擾其肢體流民扼其咽喉盜賊又潰其腹心而欲望其為全人難矣哉臣所謂禍勢迫者此也雖然六者之失勢之偏也矯其偏而使之無六者之失則在陛下也然則矯之將柰何固不以已德不敬為感格亦不以己私自用為規摹固不以淺謀誕易為事功亦不以邪說覬覦為付託脩實德以一天人之歸崇德義以洗卑汚之習立大本以齊上下之綱堅一聖斷以廣燕翼之基審廟謨以全中天之業輸遠慮以弭腹心之患純一之德必謹則天人應而賢哲歸殖貨之念必除則功利絀而道德尊尊卑之勢必嚴則本末順而大體崇聖明之斷必果則國本強而天下定廟筭之勝必多則境土闢而舊觀還撫綏之德必行則內患弭而人心安不然則泰孤立之弊郟卑小之風漢奸逆之病隋危亡之證衆破碎之憂晉迫切之患萃于一朝臣亦末如之何矣惟陛下亟圖之

子才為著作郎又奏曰臣竊惟當今弊事不可不革而革弊不可不審考之易鼎之初六曰鼎顛趾利出否夫革物莫善於鼎鼎實之汚以不善敗之也因其顛仆而出之然後足以盡致潔取新之利是弊不可以不革也然蠱之繇辭則曰先甲三日後甲三日傳者謂先甲先於此究其所以然也後甲後於此慮其將然也然則先三日而圖之所以治蠱一日二日至於三日慮之深推之遠故能革前弊弭後患久而可行陛下以剛明轉萬化以名實責二相以精白厲百官勇元日所下御書聞者莫不踴躍忻奮舉手加額以為太平可坐致也然臣愚竊有憂焉昔慶曆中仁宗既有范仲淹等責治甚急一日開天章閣給筆劄使條上所宜於是抑僥倖嚴冗官減任子端緒未竟而小人不便譁然攻之而朋黨之禍作矣司馬光相元祐首罷青苗市易雇役差役之法而一時勇於奉行者蔡京也京豈真助我元祐者其實包藏不測以為異日報復之地若是者臣之所以深憂而今所當熟慮也臣敢條其詳為陛下言之夫朝廷者政化之原也比年以來廉不足以律貪議不足以表正彌縫官府之脉絡而二三執政反有疎遠之形浹洽家人之恩意而端人莊士反有棄置之跡薦咨姻聯之情好而學士儒生反有厭薄之心中書之務率多糾紛大臣之體幾至瑣屑是朝廷之否也今聖化更新宸翰戒飭固將以革弊之事望朝廷也然更絃易轍貴審不貴驟立政造事宜平不宜激謹思於鮮發更張之時調平於乘舟輕重之際使發號施令之地日融永泮形迹兩忘不然以否濟否其否愈滋安望其朝廷之清明耶紀綱者名分之司也比年以來本末或至於逆施上下或至於陵替户部大農之權歸於他司而均節出入之柄大臣不得而專中書政本之地時撓於閽夫而內庭啓擬之權冢宰不得而制法令或煩特旨

之放行獄訟時勞內批之宣諭縣令繁難之官多撓部闕場務猥瑣之職亦就堂除名曰不用例而援例者如故名曰必守法而壞法者自如是紀綱之否也今聖化更新宸翰戒飭固將以肅清之弊望朝廷也然整齊名分貴審不貴遽森嚴堂陛宜容不宜疎致思於直情酬應之時加謹於快意挽回之際使國家憑藉扶持之地風清弊絕分限截然不然一否未去一否復生欲保其紀綱不紊耶名器者砥礪之具也比年以來私是以滅公貨足以掩德駕班鸞序有貢金餽玉之譏虎節蒐符有日進月獻之目帥臣竭帑藏以冀遷擢戎將罄囊橐而望超升貨賂公行苞苴充斥是官無大小無內外皆以財賄為事也斲損國體汚辱政塗一至此極是名器之否也今聖化更新宸翰戒飭固將洗清之事望朝廷也然肅清官常當示意向謹重除授先定規模周密於啓擬之閒精詳於選擇之地使人愛惜名器之心

川流日揭。內外翕合。不然。懲創不行。滋長不已。安望其名器之能重耶。上習者風俗之樞機也。比年以來。惟其私而不惟其公。志於利而不忘於義。進焉而柔良以自標。退焉而剛方以自詭。固有游於權貴之門。專以吻舌為事。出彼入此。間諜是非。鼓唱異說。肩為非語。或刺取外事以効小忠。或指摘陰私以快其意。但營一己之私。不顧十目之視。亦有總攬省闥之事。身效胥吏所為。包藏其心。高下其手。以人情為厚薄。以賄賂為緩急。驅去復來。了無愧怍。既捨復用。何有廉隅。但知排闥之榮。不思撻市之辱。又其甚者。鼓弄鈞衡。以為招權納賄之媒。囊橐戶部。以是干取干求之欲。是士習之否也。今聖化更新。宸翰戒飭。固將以洗滌之事望朝廷也。然轉移人心。在上不在下。刷磨習俗。以化不以政。挽回於風俗傷敗之餘。振起於廉恥道喪之後。使國家忠厚之意。胥訓胥効。靡然成風。則士風激昂。忠義奮發。不然。前

習未改。舊習復滋。安望其風俗丕變哉。人心者。邦家之根本也。比年以來。內而妄興營造。既有伐木冢墓科夫田間之苦。外而輕開兵端。復有夫役叢興餽運煩擾之害。騷驛於淮襄之境。降斗小哄也。鋤擾棘矜之擾。已徧於畿甸馮翊之郡。蓋夫小釁也。焚蕩殺僇之毒。已流於江閩湖湘之地。或起於貪吏之侵漁。或困於急符之誅索。帥守。牧養小民者也。既以學餽得之。則安保其無掊剋責償之患。監司。按察所部也。既以勢力取之。則安保其無黨姦護惡之弊。是人心之否也。今聖化更新。宸翰戒飭。固將以休息之事望朝廷也。然保民之道。當用平和。凝民之政。貴行寬大。迪畏於小民難保之時。撫摩於田里愁嘆之後。使行篤忠厚之澤。漸被浸漬。無遠不暨。則人心愛戴。四海一心。不然。其為害豈止擾擾而已哉。邊防者。備禦之大經也。比年以來。不以內脩政事為急。而安意於攻攘。不以保固邊圉為務。而銳情於

恢復。輕啓邊釁。不待機至。幾類經制西戎經理燕雲之事。彼其說不過以為固寵保位之計。而不知邊釁一開。兵連禍結。猝未可解。彼其意又不過以此為要功補過之計。而不知生靈因之肝腦塗地。此為何辜。嗚呼。生民殘斃之餘。國力枯竭之後。無故生此釁端。冬哨未幾。春哨當慮。駭機竊出。禍隙難堤。是邊防之否也。今聖化更新。宸翰戒飭。固將以填撫之事望朝廷也。然經理疆事。不可輕踈。保全舊疆。所宜審重。申遼夏戒飭之說。以固封疆。絕姦京望表之圖。以懲曩詐使國家謹重之意。行於國中。孚於境外。則金湯屹然。敵氣自屈。不然。度外功名。僥倖一擲。天下事去矣。臣久遠天朝。攢眉時事。欲為陛下一吐之久矣。茲因入覲。清光不敢自嘿。條分縷六。一言以蔽之。則在陛下明理欲之界。嚴義利之辨。以為端本澄源之地耳。尚慮知聞不廣。包括靡竟。無以仰裨聖斷。臣復以元祐用人翼其說。而陛下試終聽

焉。臣嘗聞之熙寧元祐之間。未嘗無君子也。自安石惠卿逐異己者以快其私。遏能言者以行其私。國家元氣。消鑠殆盡。一旦天道好還。更新庶政。元祐之盛卓然。一時人才之多。不可殫紀。然所謂元祐諸賢之盛。非借才於異代也。作新觀感之實。見於行事之間。丁寧懇惻之真。形於言辭之表。所以陰驅而潛率之者。無一毫之偽。一息之間。故能數月之間。精采氣異。國家三百年之天下。未有如元祐人才之盛者也。昔嘉祐間。魏了翁嘗以是說為獻。臣受學於了翁者也。敢援此為陛下言之。欲望陛下下采此言。參稽史冊。明諭大臣。自今除受之間。公聽並觀。一以元祐用人為法。使才器分量。大小各得其當。則純悃實意。孚布中外。善人君子。皆將引類而至。而天下事可以次第舉行矣。詩曰。國雖靡止。或聖或否。民雖靡膴。或哲或謀。或肅或艾。舉毋以乏才為嘆。天下幸甚。

子才又奏曰。臣往歲嘗以狂瞽之言告于陛下。同時諸臣。亦皆自
自獻。罔有回隱。凡皆發不恤綿拳拳愛君。初無他腸也。而當時言
周坦陳垓諸人。從而媒孽排擯之。所不在綱中者。惟臣與徐霖劉
炎三人而已。今天啓宸衷。黜姦屏邪。於是流落擯遠者。一旦悉加收
召。然後知陛下好賢一念。本自清明。未嘗以前日浮雲之翳為太空
之累也。然臣在草野。得之傳聞。往往謂權倖之臣專以好名一說陷
害君子。殊不知人臣直道事君。以言為獻。亦欲在上者采納而見之
施行。使膏澤下於民。而名豈其所好哉。夫使好名而無禍。猶可也。而
言及乘輿。尚多優假。事關廊廟。忿怒斯形。大則竄斥。小則抑壓。初亦
何利而敢於觸拂之。以求所謂名者耶。藉使果有好名之心。彼既惟
名之好。則凡世之所謂不可好者。未必甘心好之。是好名之說。適足
以彰君子之實。枋國者亦何苦以此名雠之耶。自昔權臣當國。殘害

善良。率有指名。秦檜之在紹興。則立為道學之名。韓侂冑之在慶元
則立為偽學之名。見士大夫稍脩潔稍有操守。輒以此名穽之。以好
脩為害。以好學為過。相與譏誚以疑其進。窺議以擠其居。於是賢士
惴慄。中材解體。相與潛深伏奧。以避此名。而異時亂朝廷壞國家。乃
頑鈍無恥之輩。其得失槩可知已。歐陽脩曰。欲空人之國者必進朋
黨之說。夫為好名之論者。何以異此。臣願陛下鑑燭此心。推原其弊。
使好名之說。不得復陳於陛下之前。則善類獲安。宗社幸甚。
子才又奏曰。宰相之體。可重也。亦可輕也。重則國與重。輕則國與輕。
是輕重之勢不在國。而在宰相之身也。然則宰相者。其可不求其所
謂重去其所謂輕者乎。我朝宰相之賢。項背相望。列聖委任。號稱得
人。臣嘗考其行事之實。大抵三變。國初風氣胚渾。圭角不露。時則有
若趙普范質李昉呂蒙正張齊賢呂端李沆王旦向敏中諸臣。鎮壓

事機。涵養元氣。其渾厚質實之風。譬諸蛟龍之宅深淵。虎豹之在林
藪。隱然有不可測識之威。此一變也。中葉以後。人文賁飾。聖化脩明。
時則有若畢士安寇準王曾呂夷簡韓琦富弼文彥博司馬光呂公
著劉摯范純仁呂大防諸臣。别白邪正。作新精神。其聲猷望實之宏。
譬諸秋霜烈日之凛凛。泰山喬嶽之巖巖。屹然有不可媟近之勢。此
一變也。中興以來。兇燄氣分。事變疊作。時則有若李綱呂頤浩張浚
趙鼎虞允文陳康伯趙汝愚諸臣。康濟時屯。扶持國步。其彌綸經濟
之才。如駕蒙衝於駭風怒濤之中。行堅車於太行羊腸之道。卓然有
不可窮詰之用。此又一變也。雖因材致用。隨世就功。而宰相之體。皆
不變其所謂重焉。故歷大變故。大患難。而國家之體。不與之俱靡者
實宰相之體。有以鎮壓之也。陛下拔去兇邪。登庸輔弼。天下莫不謂
有德進則朝廷尊矣。本強則精神折衝矣。延頸企踵。凡九閱月。始而

悚動。久而玩矣。始而誦詠。久而議矣。但見其氣象泮渙。晶光黯黮。鼓
而不張。挈而不動。日趨乎輕矣。然所以輕者豈無故哉。無乃格君之
正學未展。而本原昧歟。無乃更化之定力未充。而意向雜歟。無乃處
事之大綱未舉。而規置乖歟。無乃用人之實意未明。而流品混歟。臣
敢援春秋責備之義。以為明時規。宰相以正君心為事業也。曩之大
臣恩舊纏繞。無格王正事之美。而有遇主于巷之譏。無輔台納誨之
學。而有逢君於惡之誚。今當深鑑其非。而乃近習其迹。聖性高明。易
以理悟。使開陳明白。亦豈不可轉移。而宰相則候望顏色。有畏威寡
罪苟逃其責之心。聖性寬仁。易以心感。使積誠動悟。亦豈不能挽回。
而宰相將順意旨。有陰拱熟視浮沉取容之譏。惟天惟祖宗所以養
陛下敬畏之心也。舉動一不與天地相似。行事一不與祖宗相合。則
巧譬善諭。以去其不善。使天與祖宗之意顧誤不忘可也。何所憚而

不為乎惟天倫惟國本所以養陛下孝敬之心也意向一與天倫相捩戾諆謨一與翼子相背違則納約自牖引之以當道使父子兄弟之際裁處得宜可也何所憚而不為乎其事不可行固無望其繳納內降積至數十矣一語執奏豈至大違顏情乎某人所當用固無望其補拾奏紙不憚再三矣一語敷陳何至遽忤旨意乎豈未能無過而不敢盡救正之規未能無私而不敢效責難之義乎上所玩視表唱何觀此格君之正學未展毋怪乎相體之輕也宰相以新化絃為事業也聿號更化今幾何時豈不昭宣令猷而庸意鄙論所以梗之者何未絕豈不惟懷永圖而庶政粃令所以累之者何未革表著當清明而寅緣請託流弊未除紀綱當嚴肅而希承風旨故態猶在唯阿養諛猶前日之風俗苟且偷安猶前日之官曹名為舉廉而實詑貪名為去邪而實賴姦雖招來賢士藉為羽儀然親敬之心居多樂

與之意常少雖劃除宿纛具有條畫然釐革之意徒銳忠厚之心終隱盡言不受而去留形淵膝之間未免有前時譏謗之心諛語喜聞而趨舍在燥濕之表似不改前日變甘之意積弊轉深群疑滋惑此則更化之定力未充毋怪乎相體之輕也宰相以裁處大事為事業也今命令輕雜理體不謹斜封墨敕匪彝莫懲而欲息僥倖之風劉纂賽器具紀如是而欲絕覬覦之望不能整齊宮府之統體而屑屑於六曹之常程不能謹擇監司之薦察而區區於聽訟之末務外患甚悍孰為憂邊思職水旱頻仍何取亮工熙載楮幣頻輕已覺低昂之無術窾籍日甚未見拍刺之有方除授不謹區處失宜殿上戲舞豈無如鄧通愛幸者而撒召之舉罔聞姦邪反覆豈無如任守忠間諜者而勾追之威未振大事模稜細娛玩愒精神不殫於謀國而殫於鬪智意向不專於進賢而專於立黨各為持保之計豈有宏遠之

謀此則廢事之大綱未舉毋怪乎相體之輕也宰相以進退人才為事業也今鯁挺與容悅並用意向何在迂疎與敏銳並好謀效孰優磊落魁偉不用而所用者跰跑泛駕也重厚篤實不用而所用者精神不純也顯効賢相者不用而所用者苞苴彰露之人也力排權姦者不用而所用者刀筆貪刻之輩也一鯁士來一醇儒去而君子之黨類漸孤一姦朋退一戚屬進而小人之氣脈不斷故欲進恬淡則樂道不仕之程頤不可不召也欲退躁競則兩及吾門之張師德尙不抑乎欲進有德則深自晦默之呂公著不可不召也欲退險薄則他日後悔之丁謂何不黜乎欲獎平實則盡心民事之向敏中不可不召也欲懲浮薄則新進喜事之梅詢何不却乎欲起事功則善幹國事之張詠不可不召也欲退阿諛則巧言令色之賈談何不折乎人才當涵養韓公愛人以德之說亦可行於今乎人才當察識劉呂

彼此求助之意亦可察於今乎此用人之意實未明毋怪乎相體之輕也積是四失遂成四輕譬如百金之家奴隸所司盜賊所窺鬪閱一開欺侮立至尋丈之圃荊棘所叢豺豚所伏威怪不形苟玩外見[illegible]天時人事方棘之秋國勢民情交病之際設有大利害將不顧[illegible]乎況有大艱難將不畢力共濟乎柰何不知所以[illegible]輕也知[illegible]輕在失其失而已惟大臣以天下自任以王佐自許以[illegible]公先正[illegible]意以前言往行為法必正本源自格君始必明意向[illegible]規模自立政始必清流品自用人始必以行之和以[illegible]業[illegible]光而相體重矣不然日來月往聲實頓虧上無以副聖主[illegible]成之意下無以慰蒼生願治之心內無以逃君子責備之義外無人聞[illegible]竊笑之口則雖退[illegible]以養安重難危之勢植朋黨[illegible]之形臣不知其可也[illegible]時所倚矚在臣何敢擬[illegible]

特以古人上下相規儆致其愛助之拳拳耳蘇軾在熙豐在元祐不阿於元祐士君子以為立身之的臣竊慕之故不敢阿其所好以欺陛下若夫踦閭而音出入視勢龍斷而望左右罔利則有其人而非陛下之所利賴也亦非臣之所願效也惟陛下察之

子才為軍器少監又奏曰臣執經崇義日覲清光非無可言之時而充員柱下則有直前故典在臣雖至愚極陋其敢廢此典而無一言乎竊惟方今中外多故所謂聖哲馳騖不足之時也謂宜衆建輔弼以圖康濟而日者御筆專任一相陛下所以責成之意可謂至矣或曰前是並相心不同肘相掣今政柄獨專宜可幾也臣竊以為不然夫並相猶可分憂獨相則憂責愈深矣並相猶可諉責獨相則無所逃其責矣況大火之餘氣象非前日比諸賢之去而事體與昔日殊曾謂獨相而可幾乎臣多見其可憂也憂之如何亦思所以圖之可也

宰天下之道亦多矣而其要有三言焉曰起人主之畏心定天下之大趨辨人才之忠佞採之國史則李沆韓琦富弼其人也大臣既已專一身之任則亦將萃天下之責奈何以淺近自期而不知所取法哉李沆曰沆在政府無以補報國家但諸有人上害利一切不行每朝必以四方水旱盜賊不孝惡逆之事奏聞上為之變色慘然不悅既退同列以為非沆曰人主一日豈可不知憂懼也若不知憂懼則無所不至矣其所以為人主心術慮者如此今之大臣有之乎如其有之則必不喜將順而畏觸突必不變甘諛而憚矯激遇有可喜之事則必不極意逢迎惟恐拂人主之愛而人主必無輕視宰相之心天下必無宰相發蒙之誚矣而臣則未之見也仁宗春秋高繼嗣未立天下以為憂韓琦數乘間伏奏乞選立皇子一日挾孔光傳進對曰漢成二十五年無繼嗣已議立定陶王為皇太子仁宗感悟始以英宗判宗正寺琦復啓曰事猶豫不決格讒一慮生變故名體一定父子之分明則浮議不復搖矣仁宗欣納其所以為國本慮者如此今日之大臣有之乎如其有之則必不玩細娛而昧大猷必不喜近功而忘遠慮有可言之機則必不觀望事情而不敢贊人主之決有猜嫌之說則必不顧惜左右而不敢破人主之疑盜賊小人必無以肆窺覘之謀宦官宮妾必無以行孽惑之計矣而臣亦未之見也富弼言天子無職事惟辨君子小人而進退之此則天子之職也君子與小人並處其勢必不勝君子不勝則奉身而退樂道無悶小人不勝則必交結搖扇千岐萬轍必勝而後已小人復勝遂肆毒於善良無所不為求天下不亂不可得也其所以為世道慮者如此今日之大臣有之乎如其有之則必不樂便嬖而惡激烈必不喜平和而疾忠鯁遇天變當言之時則必不顰眉蹙額而目為幸災樂禍之徒遇極

言世事之際則必不咨嗟嘆息而訾為喜功不靜之輩而時人必無紛紜譁競之說御筆必無矯激朋比之譏矣而臣亦未之見也方今之大要孰有出於此者而皆莫之見者何歟豈遺滕之言隱無得而聞歟豈有所待而後言歟抑亦言之而不能採歟臣每旦侍立螭陛但見一二大臣分班合班立談數刻而已退而閱之報目亦不過條呈一二常程細故而已今何如時獨如此而可治也何大臣不以臣沆臣琦臣弼之心而為心也夫順人主之意而不能救正者患得患失為之也忽天下之大本而不之圖者死生禍福怵之也憎忠邪之辨而弗之別者愛憎好惡亂之也是以一己之私而忘天下大慮非今之所望於大臣者也大臣盍亦念憂責之匪輕思安危之攸繫慨然舉三臣之所為而身任之三者之本既立則所謂革弊政正朝綱抑僥倖寬民力裕邦儲飭邊備等事特舉而措之耳大臣而以此為

任則宗社有賴雖獨相而有光大臣而不以此自任則宗社無依縱獨相而何益惟陛下與大臣實利圖之臣立朝具有本末未嘗迹涉朋比歲在丁未又以觸忤要權屏退者五載遇陛下更化之初召之使來正當相壘角立之時群趨瀾倒之日每以蘇軾不阿熈豐不阿元祐為法實不敢輕於俯仰苟於附麗凡所論奏居多責備宰相不獨今日為然也區區之心惟知倚公議以自立為君父而輸忠豈計見嫉於黨人哉茲又仰恃眷知強聒不已儻蒙採其愚慮少見施行臣即斥歸從諸臣於澗谷有餘幸矣

子才為秘書少監兼直舍人院又轉對曰臣待罪蓬山輪當轉對謹抒短見少効樸忠臣聞治天下之繁者必以至簡制天下之動者必以至靜四海之廣萬民之衆屬而治之者君與相而已必欲事事親之力亦不足矣故選擇忠賢以為輔相而不分其權者人主之職也

薦進人才布滿中外而不侵其官者宰相之職也堯以不得舜為己憂舜以不得禹皐陶為己憂既得舜禹皐陶矣所謂庶政百度則命九官咨二十有二人分任之未嘗裁之以獨見也故賡歌之末專以元首叢脞為戒蓋君道無為才侵臣職便為叢脞此起喜之後繼之以叢脞之言可謂得人君之體矣後世不知人君之體固自如此有所謂獨運萬機之說以為不如是則權勢下移太阿倒植權非人主所得操矣不思得宰相以進退百官即吾之進退百官也得宰相以折衝禦侮即吾之折衝禦侮也得宰相以綜理政事即吾之綜理政事也使宰相得人足以任事則萬機理而君不勞君不勞則從容暇逸思其關宗社之大者而所見高矣不知出此牽聯愛欲之根紛糾事為之末謂智力足以控制海宇無所事乎道德也而智力有時而不能運謂權利足以奔走群衆無所事乎誠信也而權利有時而不可驅謂材能足以興起事功無所事乎經術也而材能有時而不足恃是獨運萬機之說非人君之所當事也昔冉有退朝孔子問其何晏對曰有政孔子曰其事也如有政雖不吾以吾其與聞之說者謂冉有以事為政又以明大夫之職當與政不與事也夫為大臣而以庶事必躬親而行之則於大政必有偏而不起之處矣故太宗謂房杜以廣求賢人隨才授任為宰相之職而詞訟細務則以為當屬之左右丞陳平對文帝以佐天子理陰陽為宰相之事而獄訟錢穀則以為當問廷尉內史是宰相之體不可輕也後世不知宰相之職固自如此有所謂下行有司之說以為不如是則事功不舉精采不揚政非宰相所宜為矣不思中書之屬曰舍人門下之屬曰給事尚書之屬曰尚書侍郎二十四司莫非事也使三省之屬各得其人則庶事理而相不勞相不勞則雍門間暇思其關國體之大者而所見遠

矣不知出此而蹇淺之是圖瑣碎之是務謂精神可以牢籠庶務無所事乎簡要也而精神有時而不能運謂智力可以灼知衆事無所事乎仁義也而智力有時而不能周謂權數足以駕馭群情無所事乎正大也而權數有時而不能久是下行有司之說非宰相者之所屑為也恭惟陛下天資高明識見超卓閱歷久而見理益明更張屢而數事浸熟翛然有高天下之心遂謂天下之事有不足為於是運其獨斷凡瑣微繁細悉經省覽酬酢區畫日不暇給以遂成其獨運之偏陛下之意不過曰曩恩舊之私迭操政柄吾不得行其志今恩舊歇矣牽掣亡矣吾亦欲有所為以紓積年之憤自是心一起而陛下獨運萬機之政蓋已十之五六矣宗親之除授姻婭之藩屏外親之特命雖邸第祈求有非聖心之得已者而屢分實出於陛下如廢法何天庭之進狀臺府之兩造市井之瑣事雖左右經營有非聖心

之所業者而裁制實出於陛下如撓政何其他如御筆類煩宣政末年之弊事也而貂使往來施行急遽陛下不以為憚章疏節貼紹興權臣之妄作也而詞旨峻嚴覆護彌切陛下不以為非甚至論文體士氣之卑而陰沮敢言之氣因御藥僕奴之關而顯逐臺察之臣放還朋嵩罔上之黨而輕啓奸邪復出之機闒略賂垓媒進之夫而增長附麗匪人之惡國家機括所在無出於此數事而陛下不以掣肘外庭為疑臣恐行之不已漢世意輕丞相之譏唐家兼行將相之失復見於今日豈不關私謁之門啓捷出之徑乎此獨運萬機之說在今日不可不察也一相愛立事權浸專閱世多而識慮益深藏用久而制事悉曉於是總而歸之於一已凡兩省屬官之所掌悉屬剸裁六曹諸案之所行總歸劃決以遂成其下行有司之失大臣之意不過曰賂相濁亂貪焰爍天蘤尹貪婪聚斂成市諸事未免轇轕今碁

局轉矣化絃更矣亦欲覈究其顛末以解積年之疑自是心一起而大臣下行有司之事已十之八九矣繩愆糾繆以輔君德此格非之大者而扞格不行決植紀綱以守法度此體國之大者而齟齬莫遂簿書之出入錢穀之盈虧期會之應報此何等瑣屑而以汙丞相之聽耶旌忠邪以昭公道此知人之大者而意向未白振拔抑屈以回君心此達賢之大者而嗜好未真部閥之注擬儲道之通塞士民之鬬毆此何等煩碎而以汙丞相之聽耶其他如李沆報罷中外所陳利害以明意向如王旦稱東南民力竭矣朝廷擁利至矣以規使者如韓琦以頭子勾任守忠立庭下數其過以懲反覆皆未能有所施行而常程奏稟熟事勘當的例指定則上下往覆酬應不怠近者累月遠者一二年未免迂回而宰相不以虧損大體為疑甚至分限考核逆疑六曹之為欺剖破拘攣下行京兆之瑣事國家猥瑣之務無

出於此數者而宰相悉行之臣恐行之不已曹參避堂舍蓋之規丙吉當春牛喘之問未暇衡慮也豈不奪大小之倫汩中書之務乎此下行有司之說在今日不可不戒也或曰漢宣帝總核名實而政事文學法理之士咸精其能未嘗不獨運也為人君不核名實不攬威權則失所以為君之道臣應之曰天下至大也萬幾至繁也以簡御繁猶懼不暨區區焉屈至尊之勢以代臣下之勞則力耗心疲不免有衡石量書之誚屑屑焉留意於無益之虛文不急之細務則先後舛逆而聽其所為也有給舍以繩其失於未出命之先有臺諫以救其失於已施行之後彼此夾持庶幾不至於失敗也昔仁宗嘗曰天下事正不欲自朕出不若付之大臣公議行之行之不當則臺諫得而糾之近習或有干事則聽大臣執奏此可為君天下者之良規也以簡御繁其有大於此者乎或曰諸葛亮為相自二十罰以上未嘗

不躬攬其事為大臣而不親政事則失所以為臣之道矣臣應之曰宰相自有體群臣各有職以逸待勞尚猶弗濟若勞思乎知於簿書期會之間以為稱職疲精竭神於錢穀獄訟之事以為得體則六曹曠職而中書煩勞兩省偷安而大臣多事臣非謂直付之兩省六曹而聽其所為也上有法守之可遵下有臺諫之伺察內外相正庶幾其無闕失也紹興初胡安國進言請自今以往令庶事並決於六曹仍命六曹官長皆得專達並如元祐大臣所請自非事關大體更不咨白則宰相之事簡此可為相天下者之良法也以逸待勞其有大於此乎嗚呼領挈而裘自整綱舉而目自張臣願陛下專責宰相以進退賢否為官擇人分布庶位使各得其當為己任至於薄物細故則勿復問如是則元首股肱上下喜起人君之體尊朝廷之事舉而關宗社之大者可以次第舉行矣審於音者聾於官明於小者瞶

於大臣。碩宰相謹柬六曹長貳精擇三省屬寮。裁決庶務使大小各就條理為己任。至於常行細事。勿復留神。夫如是。則道揆法守不相奪倫。中書之務清。百司之事治。而關國體之大者。可以漸次施行矣。雖然。抑又有說。敬者。立心之本。公者。立事之基。人主以一心立於事物交來之地。若非一主於敬。則理欲之界限不明。而天與人之辨或鶻突於方寸之中。義利之疆畔不嚴。而公與私之別。幾於汩沒於事為之際。故臣於囊封之末。復諄諄於此者。正欲以舉盈之說。望陛下也。誠使察其端於暗室屋漏之際。而持之以不欺。定其見於深淵薄冰之時。而守之以無妄。克一私焉。必翦絕其根源。制一欲焉。必瑩徹其表裏。舉天下皆付於公聽並觀之餘。豈不能新美其德乎。表記曰。君子莊敬日彊。安肆日偷。敢誦此為陛下獻。大臣以一身立於衆弊叢底之秋。若非一本於公。則私意繚繞。安能濟大事於世變紛擾之

秋。陰濁橫流。安能集大功於人情睥睨之際。故臣於奏對之終。復拳拳於此者。正欲以持衡之說。望一相也。誠使公其見於立政造事之衡。而守之以無私。平其心於處己接物之際。而行之以無事。發一言焉。必以謹守法度為說。制一行焉。必以裁抑僥倖為要。舉天下皆付之於清明公正之中。豈不能光明相業乎。周官曰。以公滅私。民其允懷。敢誦此以為相臣勸。惟君相實圖利之。又曰。陛下自改紀以來。御筆數下。幾有宣政末年氣象。乃三月壬寅。御筆申警臺臣彈劾並須審實。毋擿摭細故。摘發陰私。此陛下禮遇士大夫保全人才之盛心也。或者乃謂沮抑言路。莫此為甚。且或者之言。倘為而然也。臣嘗思之。無所為而發。則斯言誠中今日之病。萬一有焉。或者之議。似未為過。臣方幸或者所言之不信。甫未五日。陛下果以御筆逐二臺臣矣。由是人心愈疑。前日之言果有所為而發也。雖陛下經帷宣諭有云

此言非專為臺諫而設。而一時人情終莫之信。是御筆之出。果不可以不謹也。夫臺官論事失當。猶當遷以美官。今未有顯過。而併與未供職者逐而去之。臣雖至愚。亦且皇惑。矧衆口諠傳。又謂臺官中書之僕。互有爭鬨。激而至此耶。吁。審如是。無怪乎外議之紛紛也。且威福陛下之威福也。北司反得竊之。以逐天子耳目之官。威福之柄下移至此。此而可忍。脫或與宰執忤。必竊而逐宰執矣。與侍從給舍忤。必竊而逐侍從給舍矣。與百執事忤。亦必竊而逐百執事矣。讒譖陰行。善類蒙害。陛下方當人物眇然之時。亦何以利於此乎。臣得之傳聞。北司之權。從來恣橫。其舉動足以回山海。其呼吸足以變霜露。在於平時。已不可遏。自逐臺官以後。氣勢尤張。凡市井之細事。臺府之很訟。一皆總攬包括。假宣諭以行之。彼自謂手挫王爵。口含天憲。人不敢抗。而不知回撓紀綱。賊害賢智。剥割黎庶。所以胎變召禍者至

矣。陛下深居九重。亦嘗知之乎。聞之而不戒之。知之而不制之。又從而縱弛之。是增長其氣勢而自壞其紀綱。其不為中常侍之恣橫。大謁者之驕縱者鮮矣。臣愚竊謂臺諫當謹擇。不當輕逐。輕逐。則朝廷之紀綱壞。而臺諫之氣屈。北司當嚴戒。不當稍縱。稍縱。則天子之威福去。而北司之氣揚。二者不可以並立。惟陛下權其輕重而扶持之。臣一介么微。何敢與北司抗。然不敢愛死。縷縷以告者。亦欲聖心翻然悔悟。則紀綱之地。猶將有賴焉。愚戇之臣。何所逃罪。

歷代名臣奏議卷之六十二

治道

宋理宗時右諫議大夫徐榮叟入對言自楮幣不通物價倍長而民始怨自米運多阻粒食孔艱而民益怨此見之京師者然也外而郡邑苛征横斂無所不有嚴刑峻罰靡所不施和糴則科抑以取贏軍需則盜緣而規利逃亡強令代納蠲放忍至重催犯私販者不問多寡槃遺縣徒逋官課者不恤有無連鞭監繫囹圄充斥率是干連詞訟追呼莫非枝蔓如此則民安得而不怨甚者富家巨室武斷鄉閭貴族豪宗侵牟民庶茹冤者不敢告負抑者不得伸怨氣薰蒸天示之應此亢陽之所以為沴也遷權禮部尚書

著作佐郎高斯得輪對曰臣猥以非才濫汙東觀每懼尸素無補秋毫茲幸登文石之陛以望清光敢輸罷罷之愚少殫忠報之分惟陛

下幸垂聽焉臣嘗靜思當世之故竊以為關乎宗社之存亡者不一而足陛下神明之慮既有所遺而二三大臣復皆視為故常莫有赤心血誠身任其責者是以大化雖更群賢雖聚而天下之勢反日趨於危亡而不可救止也且今日關乎宗社之存亡者陛下亦知之乎姦邪有覆出之憂夷狄有必至之禍國計有將敗之虞三者其幾已兆其形已成大臣分任其責汲汲以圖之猶懼弗濟而可漠然不以恫瘝其身乎權姦去位以來所締結者莫不壞散所排斥者莫不收用攻詆之疏多見施行朋比之儔悉就流竄戚里之與為姻婭者又奉詔而停資上心若堅定國是若昭然士大夫皆舉手相賀曰自今其無反覆之憂矣臣竊以為未也何則內庭之耳目故在而外邪愈急於窺覘都城之巢穴未破而姦朋猶有於依據帷幄之臣邪正混淆固有覘顏候色援助小人如鄭居中之主蔡京諫憲之佑忠僕錯

糅固有柔邪深險默伺時變如楊畏之主章厚在庭百執事出死力以排姦者昔無二三希後福而中立者十蓋八九甚至陰持異見以力沮草茅之公議陽附善類而甘為權孽之私人指目昭然有不可掩嗚呼國之多累如此非宰相之責乎夫成周冢宰以正百官為職者也而王之六宮亦統焉今群臣厖雜甚矣宰相所當別其淑慝為上一分明之至於宮禁奇袤黷貨外交人言籍籍豈可坐視而不之問顧乃并包兼容之意多別邪辨正之慮淺憂讒避謗之心重直前邁往之志微遂使衆臣爭衡大權旁落養成積輕之勢以啓窺覦之漸是得為知其職分矣乎罅隙之不塗幾徵之不察一切以庸心無我之道待詭譎變詐之人蹊術既熟羽翼既成不幸變故乘之上心一移凶渠立至使宗社有淪亡之憂衣冠遺魚肉之禍生靈罹塗炭之厄當是時也雖潔身以去其能逃萬世之清議乎故姦邪有覆出

之憂宰相之責也數年以來敵攻雲南傳聞日駭荊蜀廣右所奏畧同天生斯人最能為兵挑汴擣蜀咸襲其背則兵出奇道蓋其常能無足怪者廟堂之上雖尚致疑而宥府之臣蓋嘗論建今既任主兵之責矣則向之所陳固當力守而速圖之且其所謂命蜀帥撫結諸蠻邀截障蔽命廣帥選邑宜守控扼險阻者陛下亦既亟從其議矣今閱數月蜀之所撫結者何族廣之所控扼者亦何地招募戍卒孰任其事聯結峒丁孰尸其責遣使以訪境外之事終何所聞易師以任經理之寄果何所就夫古之大臣圖事揆策不為空言發慮出謀動有成效不以敵國緩急為作輟不以人言有無為勤怠今既以知軍戎萬里之情見推於天下矣又至謀人之國任人之事當存亡關繫之秋無始終負荷之志悠悠泛泛自同衆人陛下剸屬之意固如是哉且臣近者聞諸半流闇懦以謂大理久已臣虜而朝論方在疑

信之間可為痛哭悮歎之言必有自來不識是誰也帥閫嘗以白于廟堂否乎萬一有之而帥閫不以告二府不及知則亦誤陛下之任使矣夫以知兵之臣居本兵之地而又專任主兵之責疆事安危最所交屬乃今剏敵謀我而不思所以待之危機將發而不圖所以救之一旦鐵騎長驅電發焱至江沱之間土傾瓦解任事之臣寧得不執其咎乎故虜有必至之禍主兵大臣之責也國家版圖日蹙財力日耗用度不給尤莫甚於近年聞之主計之臣歲入之數不過一萬二千餘萬而其所出乃至二萬五千餘萬蓋鑿空取辦者過半而後僅給一歲之用問其取辦之術則亦不過增楮而已矣嗚呼造幣以立國不計其末流剝爛糜滅之害而茍焉以救目前之急是飲鴆以止渴也豈有為天下阽危者若是而上不驚者陛下慇國計之屈分命大臣顓領其事蓋將使之究本末源流而圖惟變通之術也固當

會出入之大凡察盈虛之至理破茍且之弊習為經久之遠圖今也不惟理之無術而反耗之日甚大農經用廩廩不繼額外剏給日以益多大兵之務不詢之有司一日之間而頓增三十餘萬淮蜀制臣以科降為請則一揞亦各千數百萬其他凡所饋給視舊悉增夫軍旅之費誠不宜惜然不度其力不慮其終豈不甚乎且理財無他道亦曰去其蠹財者而已矣蠹財之大者莫若軍旅而宮掖次之今江淮荊蜀符籍半虛主帥務私資為囊槖根株盤結未有能窮其姦利而一清之者今主財之臣亦嘗以覈軍旅之實為請乎六宮橫費浮濫百出群奄羽化要索無藝嬖寵祈恩賜予日繁外庭不敢問有司不得計也今主財之臣亦嘗以省宮掖之用為請乎濫費之不節宿蠹之不除乃徒張官置吏日事紛更緣飾美觀隳紊體統使才名之士不容而嗜進之人得售國家用度日以不給蓋有如賈誼所謂大

命將淺莫之振救者臣不知何以善其後乎故國計有將敗之虞主財大臣之責也夫姦邪能覆人之國夷虜能亡人之國而財用空竭猶之氣血凋耗亦足以斃人之國有一于此已可甚懼況三患交至而無人焉以任之可不為之寒心哉且是三者本皆宰相之所當總執政之所當與而非可以分任者亦既諉之不職而分任爾矣則職分所在可得而辭其責乎雖然臣又竊有疑焉何則二三大臣責任雖不同而心不可以不同側聞廟堂之上同異浸彰道路傳言抑難深信然國論未固窺伺孔多纖芥一開何事不有目前百怪且將舞鰌鱔而號狐狸禍亂相尋往往出於衆人之所易宗社之憂又豈特去一位之姦而已哉故以人才言之執政當進其可進而不必望其為助宰相當用其可用而不必疑其植黨以政事言之宰相所當謀諸同列毋獨運以貽自用之譏執政所懷當告諸其長毋專達以取

侵權之誚如同舟而期於濟如共車而主於行夫如是慶曆元祐之治雖未能以遽致紹聖元符之禍尚庶幾其可紓乎然而臣尚有說於此請得以終陳之夫職分之不盡心志之不同二三大臣信有罪矣待遇之未誠信任之未篤愚臣妄謂陛下亦有過焉何則嘉祐之定國本任其責者韓琦也今陛下以為家事而獨謀於左右之嬖御元祐之擇臺諫預其議者司馬光也今陛下懲創太過而專決於寵幸之從臣仰國法以繩橫恣廟堂責也卒壓於威命而中徼內降以抑僥倖宰相之事也竟屈於宣諭而奉行彼居其位而不得行其道方赧然以冐其所愧又安能展布四體以志伊尹周公之事業哉臣願陛下推誠以待之盡心以任之毋以小謀大毋以內圖外而使大臣得以粗伸其志焉如此而獨職分之不盡心志之不同以負任使則天下之責固將歸之而不貸矣臣出位有言無所逃罪惟陛下幸

敵

斯得又奏曰臣頃者蒙恩共貳禮闈每惟此官盖古宗伯之屬以佐掌邦禮為務職分所繫至為不輕故常日夜深思欲於簠簋俎豆升降周旋之外求為有補於國家之大政者而得其說敢為陛下陳之夫禮者何也天之經地之義君人之大柄天下之大閑而禹湯文武成王周公之所謹以守其國者也故三代盛時紀綱森嚴法制明備尊卑有分貴賤有別車服物采各有等衰天下之人日由乎規矩繩墨之中而不敢踰越以故民志一定禍亂不生憑藉維持至於數百年之久用此道也周室既衰禮制大壞秦漢繼之掃滅無餘末流之弊習俗薄惡民人抵冒諸侯驕橫而漢法不得行外戚顓恣而大臣不得制宦寺放紛而朝廷不得治漢之宗社遂以陵夷此賈誼仲舒王吉劉向之徒所以發憤慨歎而孜孜於述舊禮明王制以救之也

我國家承五季衰亂之餘知天下之禍敗原於禮制不立故創業之初立經陳紀為萬世法先儒程頤論歷代之禮獨以為本朝大綱甚正而司馬光亦以為大宋受命太祖太宗能立禮之大節是以百年之間教化興行臣民軌道凡漢氏藩臣閹戚壞國喪家之事一皆無之制度紀綱如此聖子神孫世世持循而弗失可也然臣觀自頃以來祖宗典則之舊浸以隳廢壞法亂紀之風漸不可御竊為陛下憂之宮邸無故而妄求進秩不問也嬖寵恃恩而豪奪人田不問也戚畹葬埋過於惨怵以溷有司不問也宦寺怙勢頤指氣使駕使者而傾之不問也而宗藩之橫則又甚焉有縱恣與其臺橐臣盜而邀求內批以免死者矣有嗾使僧卒伐人宰木而躪藉官吏以求勝者矣凡此數端奸禮犯義在崇觀政宣之間固不以為怪而隆興乾淳之世則未必有也陛下其可恬然視之而畧不加警乎且上之人既已決隄壞防而聽其所趨矣而臺諫侍從給舍之臣復無一人敢逆遏其橫流至於都司少有抵捂則加以無君之罪不旋踵而逐去其於聖德非不虧損乎侍恩犯法之徒能不踴躍而攘臂乎政和間諫官黄葆光上疏請裁抑省吏朝廷方為施行忽降御筆手詔云於豐亨豫大之時為五季衰亂裁損之計詔下葆光移符寶郎堂後官醵錢入寶籙宮作千道齋以報上恩自後省吏之橫不可復制臣謂今日事雖不同而紀綱陵遅豪猾得氣無以大異政刑俱失遠迩放尤無怵乎民挺於敓攘吏肆於豪奪而略無忌憚也臣願陛下思聖人為國以禮之訓而致行之法三代之所以得監秦漢之所以失力守祖宗之法度痛抑覬覦之私情毋使憑藉扶持之地日縱尋斧以至於衰亂而不可反宗社之憂其猶可及救乎臣以禮為職言之及此不識忌諱惟陛下恕其狂僭

黄應龍對策曰臣聞天下固有將治之時人主當堅必治之志時也者天運之已至時勢之可為而不容必者也志也者心君之所主治道之從出而當先定者也志至而時未應尤當立此志以伏未機之乘時至而志莫符將恐忨愒一生天下無可為之事矣是以聖人出而新一世之宇宙斡萬化之綱維圖治必有定謀致治必有定力酌酢事物果中肯綮則不變其初心恢張政理既得要領則堅持其初意不以議論紛紜而牽制不以效驗悠邈而動搖雖處世道艱棘之衝而此志常明雖當國勢搶攘之會而此志常銳矧乘時勢之將治當應事機而亟圖正宜立靠實之規模為就實之事業振士氣而蓋其行飭吏治而責其成外治必嚴邦計必裕經理地利之策蘇救民瘼之方莫不因時可為隨時有立堅吾志而力行之天下事可以徐就吾之條理矣儻圖撥之不審或始銳而終隳把握之不牢每暫作

而還遐。則景象方回。事功愈邈。況欲自登而平。以階萬方於太平也哉。恭惟皇帝陛下英姿天縱。聖敬日躋。臨位以來。十有八載。閱歷多而世故熟。涵養至而天君清。以時考之。適符古人再登之候。以理揆之。正開世道久辯之機。政化更新。有其時矣。方且崇化尊道。程能授官。嘆邊圉之尚虞。念國力之猶耗。條戰守之備。明斂散之權。不可謂無其志也。猶登進臣等於庭而策之以當今之務。顧臣至愚。曷稱明旨。切謂時難得而易失。志當立而不移。昔武帝策士大庭。欲聞至論之極。上嘉古治。欲致諸福之祥。有臣仲舒以高明在加意告之。然臣考其武功爵之置。乃帝即位之十八年也。若操持尚謬。然帝之志不以是而衰。而終遂雄材之略者。唐太宗夜讀周禮。欲追古制之隆。夙興聽理。將輩虞朝之盛。有臣彥博以頑如貞觀初儆之。然攷其遼東之行。太宗在位之十八年也。若喜功未忘。而太宗之志不以是而衂。

卒成致太平之功。方今事體固不可以漢唐比。時雖相似。志甚不侔。危證稍解。而病之脉猶存。否道已傾。而泰之基猶淺。所宜奮發濼厲振汎激昂。非勢粗回者使日進而日新。大體僅定者。俾愈久而愈固。則乘此將治之時。可以為必治之世矣。書曰。時哉不可失。正謂是也。謹昧死上愚對。臣伏讀聖策曰。惟天惟祖宗。全付有家。朕思日孜孜。無墜天之降寶命。以無羞祖宗之洪烈休德。臣有以見陛下不以時之已至而忌上天眷佑之意。列聖付托之隆也。臣聞消厄運於艱棘者若非人力之強為。振事勢於因循者。由君心之先定。上天生時者也。祖宗啟陛下以此時者也。時之未至。此志果立。尚可轉弱而為強。時之已至。此志不立。未免隨強而為弱。臣不敢遠考。請以藝祖皇帝之事明之。五季不綱。亂離斯瘼。方將跨九垠以為爐矣。藝祖出而汎掃之。澳也夷蒙。收拾破碎之天下。曾不數載。六合為一。何成功之速

哉。觀其訪大臣於風雪之夜。立志如此。其勤也。收兵權於盃酒之間。用志如此。其果也。士卒苟犯吾法。惟有劍耳。藩侯不為撫養。斷不容之。行其志如此。其決也。用能為我宋開億萬年之丕址。豈偶然哉。為天地立心。為生民立命。為當世開太平。惟我藝祖皇帝為無愧於斯言。皆此志之堅為之地也。陛下果能以藝祖為法。則念皇穹所降之寶命。則當惕然自勉曰。時方助順。予弗能愛惜力以迓續天休。寧不上負皇天之眷佑乎。念寧王所遺之寶龜。則必凜然自愧曰。時尚可為。予而不能事事。何以見宗廟。寧不負祖宗之付托乎。朝省夕惟。念念不替。卓然而警悟生。躍然而精神奮。則陛下之所以策臣者。斷可以致有用之實效。而臣之所獻言者。亦不墮於空談矣。臣伏讀聖策曰。因惟隆古盛時。三載有考績之程。三考有黜陟之法。蓋九歲而進業曰登。又九歲而再登曰平。由是三登而太平。則王德流洽。禮樂用

成。朕自臨御以來。今十有八年。蓋再登曰平之候。而觀時撫運。圖事揆策。未有致平之階。今策茂異。冀聞康濟大略。輔予于治。肆垂聽而問焉。臣有以見陛下當可為之時。而慨然有志於古者登平之治也。臣聞古之為治者。不患治之難成。而患時之不順。不患時之未至。而患志之弗立。虞庭惟無怠無荒。而有惟熙之志。故三考黜陟。遂以致雍熙之和。成周惟無逸無淫。而有功崇之志。故王德流洽。迄以躋盈成之盛。後世之君。卧薪之志先定。故二十年生聚教訓。可以沼仇人之國。若復讎之志不立。雖四十九年之久。而西周之美竟莫克舉。陛下心事固落落於十八年之前。而往者不可追。來者當亟圖。今雖未有再登之實。而致平不可謂之無其階矣。在天者雖非有五風十雨之和。而祝融收威。象緯循軌。不至於前日之入異還來也。在地者雖未有六府三事允治。而海若奉職。鯨波復常。不至如前日之潰決凶

出也在人者雖非有煙火萬里之樂而邊塵少息道殣稍希不至如前日之枕籍可憐也此正上天開陛下以自治之歲月而祖宗遺陛下以大有為之機會也曩者一國三公事權渙散今宰衡獨運揆舉寡章意外僥倖時有裁抑是已有志於守法度矣既曰守矣則當執此之政堅如金石曩者威福潛移賞罰無章今則拔去回邪登崇耆俊或用或舍稍加甄別是有志於公賞罰矣既曰公矣則當據此之公無私如天地曩政令多私朝行夕改今則上下相與檢察稽違詔令所頒期於遵守是有志於信號令矣既曰信矣則當行此之令信如四時由是而粹美士風由是而淬磨吏習警邊虞而裕國計講屯田而備荒政件件葺理事事作新不嘗試於苟且之謀雖覆却萬變交乎其前而堅苦刻厲必益自信勇往直前無所疑礙如射者之期於必中如奕者之期於必勝意所欲為何不可者昔者藝祖皇帝嘗大開宮門聖訓有曰此如我心小有邪曲人皆見之陛下果能充藝祖此意而明白洞達公平廣大力而行之則康濟大略自有陛下之家法在而禮樂用成之治可以駸駸等而上之矣臣伏讀聖策曰漢武尊經而黜百家顯宗臨雍而拜三老是正學所當崇朕躬教立道庶幾士知嚮方然儁慧者勦說以飾智辨捷者淳道以譁衆將何以使之羞其行臣有以見陛下因士知所向之時而有志於新士習矣然臣切以為士習之不美非一朝之所能移而特患夫在上者表厲之未至有如三俊克即則見德之夫不期而自式三后迭用則利口之習雖靡而可移建武之罷黜百家雖有統一聖真之功而平時以跡弛取人則何怪乎自蠶之千數永平之正座自講雖有觀聽圜橋之盛而異日之名節相尚則實激於桐江之一絲世之從行不從言尚矣厥今士習何如哉師道不立而鄉無善俗蒙養弗端而世乏良

才沒身於場屋之技者剽切詞章而不究本原疾驅於功名之途者專騰口說而弗顧理義平居而論視富貴於浮雲退省其私有攫金於白晝道義安在廉恥缺然昔我藝祖當皇業初基日不暇給而即位之月欵謁先聖繪先賢先儒之像儒道復振實自此始陛下隆師重道適遵先猷迺日於祇謁原廟之次舉行鉅典頒九聖四賢之贊以明道統旌先儒從祀之禮而黜異端群士嚮風四方易聽臣願陛下於用人之際尤加崇正大之實學而又清心寡欲以表倡於其上則又何飾智譁衆者之足慮哉臣伏讀聖策曰漢宣綜核吏能咸精有唐中興實才是用是吏治所當責朕程能授官綜事知斂事然刻峭者深文巧詆叨憒者致期視成將何以使之平其政臣有以見陛下當吏道多端之時而有志於飾吏治矣臣竊以為吏治之末飾非督責之所能化而惟患夫在上者賞罰之未公有如三載考績之法明則後之言循吏之效者稱堯舜第一治行之表見則世之稱循吏之實者歸孝文惟其名實之必核此神爵所以有民安其業之風惟其實才之是用此開元所以有治致中興之美上有實政則下有實吏久矣厥今吏治何如哉布宣德澤者不一二而貪黷者常接踵遝奉詔條者不多見而欺謾具文者罔悛心勇於辦事者既並緣以遂其自便之私期於寡過者又懦弱而恣其奸胥之欲蒼鷹之姦肆碩鼠之歛繁囊橐雖豐根本殊竭昔我藝祖當洪基肇造庶事草創而憂民一念首關聖慮縣令坐贓除名為民此懲贓吏初指揮也自是廉潔風行於天下陛下施政行令動守成憲往者亦嘗重贓吏之罰矣然或謂監司之按發臺臣之劾奏固間見施行而夤緣牽復者未聞其必罰掊克聚斂者不聞其盡斥臣願陛下大明黜陟於程能之際不徒求其斂於集事而必欲其毋蠹吾民治行顯著者則增秩賜

金以久其任罪狀明白者則褫爵削籍以警其餘尚何峭刻叨憒者之乏憂哉臣伏讀聖策曰符秦侮晉投鞭斷流司馬吞吳造舟流柹是邊防所當飾朕堅邊設候將以備不虞然溝封未繕虜有覦心伍乘未修士寡鬬志其何以固吾圉陛下之言及此豈非當邊塵之少息而有申儆國人之志乎臣聞今日邊備有不可以前日論也向者戎性憚暑惟防秋冬迩年虜駐河南關隴之間往來倏忽是無一日而不當備也向者哨騎窺覦惟在淮甸迩年蜀壞虜來多出關達施黔溪逕錯雜是無一處不當備也幸去冬以來羽書希警或謂虜厄於旱蝗或謂彼訌於內變理誠有此事豈信然上天有福華之心與吾自治之暇有一月之暇當為一月之工夫有一歲之暇當辦一歲之備具然臣不知邊烽徼候幾時矣邊頭擺布阻險塞衝能常如對壘時否督府罷司再歲矣朝中措置蒐卒謀粟能常如開府時否也

藩籬門戶豈不知有捷徑之衝未聞控扼有何策水舟陸步豈不知缺守把之處未聞措辦何方朝廷責之列閫帥閫責之偏裨此曰作急施行彼曰晝時遵稟豈廟筭之難測抑兵計之尚神第恐風塵一驚未免倉皇四顧惟是腹心之隱疾莫如將惰而兵驕恭聞建隆初將士有不用命者悉置極典此始嚴驕兵之法也臣願陛下率藝祖之志而行之念金甌之屢缺不容再錯慮玉帳之乏才所當預謀謹周人綢戶之防存光武包桑之戒紀律必嚴不可因咽而廢食斥堠必謹不容視蔭以媮安華敵去而舞之心為氷合復來之備側聞近者廷紳抗疏謂詐虜姦謀叵測聚衆河洛終為搶麥之謀備粟近邊為誘流民之計若如所論良可深憂然則欲固邊備非堅自治之志則不可臣伏讀聖策曰漢增錢幣以給軍費唐榷茶鹽以濟中興是邦計所當裕朕理財正辭將以佐經用然榷禁日密國課無裨楮法歲

更民聽滋惑其何以阜吾財陛下之言及此豈非當事勢差定而有阜通九府之志乎臣聞今日財用又非可以平時言也巷人謂江淮財用可濟中興而比年以來沃饒之地半成淪棄所取辦者僅東南之一隅自昔立國東南者克給於摘山煮海之利比年以來經濟之才法多變易蠹弊不勝其百出亦未有歲養五六十萬兵而事力不屈未有歲糴米五百萬斛而民力可供未有歲出十四五千萬楮而國力可繼者論財計於今日是誠築底之時然理財正辭生必有道若徒以威刼力制而求之是謂挺刃之政豈謂本源之知曾不念夫廩廥乃怨之聚帑藏乃攢之府蜀居兵荒之後而有刼糴掇糴截糴之苦吳居旱澇之餘而有敷粜勸粜奏粜之憂茶鹽之新鈔老鈔貼換無常楮幣之新界舊界變更無定臣不知陛下所謂正辭而禁民為非曰義者果何如也痛籌經畫之無方尚有節用之一說共惟建

隆初用度最為簡約宮中雖一物猶不妄用聖訓且謂一縑欲易一胡人首又養兵不過三十萬而南征北伐無不如意所當者破所擊者敗臣願陛下克藝祖之志而推之節之又節雖苦節而何傷為所當為勿泛為而無益循孔氏為疾用紓之訓懷衛文布衣帛冠之圖側聞近者廷紳進言猶謂根本撥而為太平之粉飾財用乏而襲豐亨之調度事力微而興不急之土木蠹弊甚而濫當厄之私恩若如所陳未知遠筭然則欲贍邦計非嚴自節之志尤不可臣伏讀聖策曰晉開汝潁齊墾芍陂耕屯之效可覆也朕晝地授田將為戰守之備然遠耕則資盜糧近墾則奪民產其何以為經理之方臣有以見陛下念邊戍之未易撤而圖為經久之規也夫田不井授國有兵費粮以漕運士不宿飽今淮堧沃壤蒿白而茅黃荊襄腴田狐嗥而獸蹄亟講屯田之制是誠足用之方然築室道謀欲書掣肘立論不堅

或以浮議而易沮設心不齊或憚少費而遽休不曰官兵不可服田則曰民戶不敢復業臣謂欲興屯田之利先備屯田之害近逼兵爭之境須為收刈之防首以遠屯藝之早稻黍踰夏而已熟粟雖秋而無恐其多斥堠謹以遊兵既有主謀尤須久任如我藝祖之任郭進在山西更十餘年陛下肆頒明命使沿江諸閫幣銜措置必有端緒可績勿為歲月淺圖分孔明以渭上之師圭充國以金城之畧決期後効勿發前功則晉之汝潁齊之芍陂又安足專美於前代臣伏讀聖策曰漢立常平隋置義倉荒政之制可舉也朕分道置使為斂散之用然僞指囷倉以肆欺不求錫牧而立視其何以為詔救臣有以見陛下念民生之不易保而欲為凶荒之防也夫舜牧分咨烝民是粒湯民無瘠備具為先今之所謂常平義倉特有其名抬糴勸分賞司其命郡多過糴之禁吏無安富之心使以安撫為號者擁節而宵征官以常平為名者移文而曉揭飽鮮自若形鵠何知或行椿留之令而以販鬻為貨或嚴過界之法而坐視鄰國為壑秦飢孔亟晉閉方安此曲防之禁未可以不除也以至未寬糴戶之憂先重富家之擾俏以上命不無勸認之行移咸以重權復迫難供之數目不計稅之在亡而計田之多寡不問室之虛實而惟戶之高下有稱貸而益者或鬻產以從之杞國未肥魯人先瘠此斂實之政不可以不審也若此侵欺當先禁戢如我藝祖初立法令應商稅毋得創收苛留此薄稅斂初指揮也自是寬卹之政達於天下陛下鄭卹民隱玉食弗飴措置流移屢頒詔旨而赦荒舊制尤切舉行乃有僞指囷倉以肆欺不求錫牧而立視此之不戢方羨慕於漢之常平隋之義倉安能以頗革吏奸哉臣伏讀聖策曰凡是六者在今實為要務朕不敏明未能究悉今天下事勢極矣規模施設必如藝祖之肇基高宗之中

興乃克有濟然建隆創業不數載而底定炎興再造必持久而後成伊欲遠法藝祖則深弊積媮若非可以頓革近法高宗則扶顛持危又非可以緩圖施之于今將何道而可臣又有以見陛下既加意於時務之要而又欲因再登回平之候而追配夫創業中興之盛也藝祖之事臣已略陳其梗槩於前矣乃若炎興恢復之志臣安敢略蓋藝祖皇帝以金戈鐵馬取天下若高宗皇帝以麥飯豆粥收天下其規模雖若大殊而志嚮未始不一於今度之當時以纖旒一縷之人心而較之坐奄東南半壁之基者孰難而孰易狡虜以回山倒海之奸謀而比之近日遠夷專事殺戮之慘者孰智而孰拙陛下處此將不櫛風沐雨而收天下乎我高宗能奮身締理極力支撐立國氷泮之上總覽群策延納英豪屢挫勍敵之鋒再造中天之業蓋有由也聖訓嘗曰當乘此時大作規模又因虜退戒飭諸將不可弛備當為再至之防恢復一念既見於翰墨游神之間警省守誠勿替於宮闈靜坐之頃此其自立之志為何如哉既而兼取創業興復之規而身任其責者又有孝宗焉聖訓有言規恢遠畧罔不在初煩文末節蓋未暇問又謂朕此心於天下一日定行一兩遭今考其淳熙六年即位之十八年也嘗曰賞罰自是欲當朕守此甚久故以言其士習則謂浮靡非儒學之器詭激無平正之用去取既當則何士習之不新以言其吏治則命官犯贓者決配舉主不自劾者貶秩與憲既嚴則吏治何不飭因淮西奏諸將分定關隘則以為兵不可太分須屯大兵於要害之地則邊備何不修封椿庫錢毫髮不妄用宮中浮費必加痛節則財力何不裕詔建康都統謂屯田內有亡費之利外有守禦之備鄉宜計度詳悉以聞則屯田無不可行今浙江熟處糴米均撥不熟軍州以備賑濟則荒政安有不舉陛下而欲六者之務無不

振弊必行。又當以孝宗皇帝為法。臣區區之愚。蓋在是矣。惟願陛下斷之以堅。行之以果。則何患乎積媮深弊之難革。扶顛持危之未易以綏圖矣。而陛下又終榮之曰。予大夫其博經誼通正言毋枉執事。朕將親覽焉。臣又有以見陛下好問之誠。有加無已。臣嘗聞之張載曰。明善為本。固執之乃立。廣充之則大。又嘗聞之程顥曰。今將救千古深痼之弊。為生民長久之計。非極聰覽之明。盡邪正之辨。致一而不二。其能勝之乎。蓋亦謂人君立心要當如是。而臣畎畝孤忠。幸逢閶闔。懷不能已。敢展盡底蘊。以為陛下獻。一曰正朝綱以破天下之疑。夫自古國家之興。非一端。而其興也。必由政權之有所主。自古國家之亂。非一證。而其亂也。莫大於政權之有所分。人主當以天下為一家。而以家治天下。先賢皆謂三代而下。惟本朝家法最正。昔之以貴近撓亂權綱。莫甚於漢。以宦者濁亂天下。莫甚於唐。國朝列聖相

承。深監前弊。君臣問對。內宮不許輿聞外間文字。侍省不得進受。戚里預政事有禁。外家通賓客有禁。陛下聰明天縱。獨運乾綱。恪守家法。斷無漢唐之失。然臣來自山林。聞諸道路。聞謂許史私恩。頗譁物論。南陽近屬。頗玷清華。倖門浸開。竄冗難塞。天下疑其有外戚之形。羽衣之黠。闌通宮闥。闌入之禁。為之少弛。貂璫之恣。邮予過厚。給舍雖嘗駁繳。其徒實繁。天下疑有宦寺女謁之形。以陛下之英果。此輩何足容其奸。人言如此。亦可畏哉。臣願陛下勇於自治。剛以制欲。率履公平正大之道。盡滌曖昧疑似之私。使體統一。而朝廷尊。紀綱正而天下定。臣所謂破天下之疑者此也。二曰答天心以慰天下之望。我朝受祖宗三百年無疆惟休之天命。基岱嶽而源洪河。卜世卜年未艾也。而全付予有家于陛下。天之屬望厚矣。試以累年之天變參之。明堂雷而誕夕雷震。躬之懼當省也。欝攸煽而王畿災。焦土之炬可憐也。夏陽沴而秋雨淫。粢盛之害可弔也。鄭火復作。魯雹繼間。齊彗方纔。淫虹復見。災異接迹。遠近寒心。太白失次。至形李尋之憂。沖載不寧。又勤谷永之奏。此天欲扶持全安者為何如。而陛下之所以祇承奉若者又何如。乃自新元以來。麥秋小稔。雨暘若時。天下莫不欣欣然曰。此陛下化絃更張之後。君德有加之所致也。顒然翹首願見太平。臣願陛下正當力行好事之時。日勉一日。雖休勿休。敬天有圖。不但觀覽於內殿。而必常省於心中之圖。克己書銘。不但警省於翰墨。而必常刻於心中之銘。以不愧屋漏為無忝。以存心養性為涯懈。則不惟有以欽若上天之意。而亦有以恭順列聖在天之靈。不惟有以慰民望之深。而亦有以衍社稷億載無窮之慶。此臣所謂慰天下之望者此也。臣奮身草茅。不識忌諱。惟知有事君無隱之大義。而不計其言之狂瞽。惟陛下裁赦而施行之。天下幸甚。

侍左郎官徐元杰上奏曰。臣空疎末學。忝淬班行。濫兼經筵講說之員。無補聖學緝熙之益。戴恩天之涵覆。濫卿月之遷。陛下惟有動息凌兢。堅苦刻厲。凡可以勉竭愚衷。仰裨聖德者。臣之職分然也。臣竊惟天下有至難之事。知之而能有為。則難者易。天下有至易之事。忽之而不勉為。則易者難。陛下心契兩儀。道包萬有。其圖事審而識認親。其應事周而發用審。舉天下莫不服陛下之知。其進退大臣也亦甚其待遇群臣也有恩。舉天下莫不服陛下之仁。其除奸也接機而決去。其進賢也。接茹而彙征。舉天下莫不服陛下之勇。陰凝方翳而天日開明。陽和一舒而萬物吐氣。弊之積者作而新。玩之久者振而起。將回宸翰。布告昕庭。中外警雷霆之聲。運量合乾坤之造。是陛下居得致之位。而又有能致之資。古今之所謂難能者。皆陛下之所易。才惟人心順說之。天意亦和應響答矣。不惟畿甸歌舞之。四方萬里亦

相賀矣。不惟三衙禁旅歡樂之。而邊方將師士卒亦莫不舉手加額矣。臣日夜感嘆。以為此真千載一時之會。有君如此。其忍負之。然臣之所喜今日也。臣之所慮亦今日也。夫人心虛靈。孰不具衆理而應萬事。而所具者易以湮汨。所應者易以差舛。何也。蓋事理莫不有當然之極致。當然而然。無往而不契天下之心。不當然而然。毫釐之差。千里以謬。所關於家國天下之事。其弊可勝捄哉。是以大學之道。其本在明明德。其用在新民。其極在各止於至善。不可以不察也。夫以前乎十年。陛下非不銳然英明厲精聽斷也。非不奮然作新與民更始也。然明德新民之事。俱未能各知其所止。是以定靜安慮之工夫未幾而間斷。所謂慮而能得之效。竟流於儒者之空言。是豈大學之教無益於人之家國天下哉。抑亦始初清明之見。本末先後始終之不審。而知及仁守勇以行之者有未切實爾。昔傅說之告高宗曰。知

之非艱。行之惟艱。必終之曰。王忱不艱。夫人主患不忱爾。不忱。則就其便安舒肆者轉移之。善念必至於間斷。外邪客氣皆得以乘之。而失位觀望之徒。方將竊間抵巇。幸其寡謀而鮮成。覬其敵不來而欲弭也。此忱一懈久定靜安慮。只在陛下方寸間。蓋至要至切至近至易之地。是為長者折枝之類。非若回世道於紀綱紊弛之後之為難也。夫惟忽之以為易。不勉其所難。自沮於其難。不反求其所易。此中材庸主之通患。而英君誼辟所以憤然常自警省也。陛下撫政琴當調之候。而不露解張之迹。此大學定靜安慮而後能得之旨也。然而天下之事當其疑似之未決。舉世同以為憂。及其果斷之已定。識者獨以為聖慮之方勞也。今議者類曰。國家以火德王天下。丙午陽九之會適在目前。韃虜慓悍自速滅亡。安保其無他寇之崛興。鹽楮壅過。尤難疎通。或者方料儒生之多疏。此不特舉世憂之。而愚臣亦憂

之。然事關國脉。當究病源。其用藥也有方。其察證也有訣。是以明主銷未形之患。為不見之圖。悲感於歡愉之時。憂勤於燕息之頃。謂荒怠易肆。則儆戒無虞而不敢忽。謂耽樂易從。則寅畏自度而不敢寧。惠吉逆凶。凜凜乎世數或然之變。識微見遠。汲汲乎人事可恃之求。自古君臣以脩德為福至之基。而明良賡歌。必曰。敕天之命。惟時惟幾也。矧今登庸耆碩。左右弼丞。期之以周召之夾輔。勉之以丙魏之同心。合之以房杜善謀而能斷。朝夕納誨。以輔台德。繩愆糾繆而格其非心。自是而金玉聖躬。清明純一。常如對越在天之時。自是而夙夜畏威。陟降左右。常持祈天永命之敬。故朝廷必正。實係於心術之微。風化由基。實在乎宮庭之邃。使不有關雎麟趾之意。則雖有周官之法度。此故事皆具文也。表裏切實之工夫。鮮有不墮於自欺之萌而終淪於私小之間斷也。何以言之。蓋天下之事變無窮。人主之志

慮易惑。圖治不可以銳。責效不可太早。視聽不可以不一。取舍不可以不明。情分之牽制者。不可以不勇決。嫌疑之間隔者。不可以不盡祛。國是之出於公共者。不可以不力維。體統之在所當正者。不可以不申辨。以任賢使能為中興之基。則不可不合才德而廣搜揚。以賞功罰罪為徽權之寓。則不可不守信必而示勸懲。知君子小人消長之不常也。處泰道包荒朋亡之日。又不可不為城復于隍之慮。夫如是。則所謂理內御外之國。裕民之政。必將日新又新。與明德而俱融。陛下與大臣謀之。固已靜定安慮。默得夫鼓舞變通之道。必不至輕於變更而蹈往轍之失。易曰。神而化之。使民宜之。此之謂也。昔先朝范鎮有言曰。欲備契丹。莫若寬天下之民。至論浮費之節。則曰請自宮掖始。今日君臣上下能即是而推行之。將見元氣內實。精神外充。本朝尊強。遐衝坐折。況乎財賦淵藪。重在魚鹽。今之江淮即古之江

滙也隨材器使經理以人作而興之惟意氣爾大學曰生財有大道仁者以財發身不仁者以身發財又按楚書之辭曰楚國無以為寶惟善以為寶為人上者誠能好仁而惡不仁舉善以為不能者之勸則天下國家之事自然條就吾之條理矣臣蚤夜念此輙於講讀之次諄怛條陳終始以定靜安慮為奏蓋深信聖賢之書如桑麻穀粟之不可廢惟陛下與大臣深思而亟圖之則宗社幸甚天下幸甚

兼中書門下省檢正諸房公事王倫疏奏頒詔大臣相與憂亂而思治懼危而圖安哀恫警省修德行政摧抑群陰之氣谿保護微陽之根本批札畢杜於私蹊官賞宏闢於正路使內治明如天日外治動如風霆則精神運動陽彙昭蘇世道昌明物情熙洽上以迓續天命於譴告之餘下以固結人心於解紐之際其孰能禦之

徐僑還太常少卿趣入覲手疏數千言皆感憤剴切上劇主闕下逮

群臣分別黑白無所回隱帝數慰諭之顧見其衣履垢敝愀然謂曰卿可謂清貧僑對曰臣不貧陛下乃貧耳帝曰朕何為貧僑曰陛下國本未建疆宇日蹙權幸用事將帥非才旱蝗相仍盜賊並起經用無藝帑藏空虛民困於橫斂軍怨於掊克群臣養交而天子孤立國勢阽危而陛下不悟臣不貧陛下乃貧耳

劉克莊上奏曰臣聞易曰窮則變變者猶醫家汗下之劑不得已而用不可以屢試也寶紹壞證極矣陛下慨然改號端平一變之功侔於元祐不幸金滅難興適丁是時外患之來勢如風雨謂宜堅初志修內治以待之執事者方咎用賢之無益疑更化之致寇再變而為嘉熙三變而為淳祐皆求以愈於端平也然而卒不能有所愈也於是四變而為乙巳五變而為丁未其間豈無賢揆率不能久咼面隨之而變此如沉痼之人屢汗屢下之餘難乎其處方矣夫亟易相而圖任靡終數更化而規模不立此所以每變而愈下歟惟丁未轉局則異於是以端平之舊相修復端平之政事收拾端平之人才致太平而起頌聲宜無難者而時異事殊不可槩論諸老殄瘁宿望一空名臣欲盡來者誰繼經費繁浩大司農不能給未免講求生財之說人才衰少見大夫無可使未免參用喜事之人諸公貴人志得意滿既取其美官又全美名而去一二自好之士方且栖遲偃仰弓旌雖遣翔而未集使當饋有乏才之歎翹館無可延之賢或者見其如此遂曰陛下與大臣改端平之政矣甚者以為改端平之心矣自古政事不能無弊端平之失在於施行鋭周防疎除擢驟而已然則以今之審矯昔之鋭以今之密矯昔之疎以今之久矯昔之驟因時酌宜扶偏捄失不得不然端平之政或可改也若夫召故老起諸賢抑世卿杜近習去副封開言路紬贓吏減斛面數大節目皆陛下與大臣

端平之初心天命之眷顧國祚之靈長人心之親附繫焉自始至今孰敢議其非者斷斷乎不可改已臣在田里見元會所下除書作而曰謂陛下與大臣改端平之心者誣也臣聞仁宗以恭儉安靜為治體終其身而不變孝宗以剛明果斷為治體亦終其身而不變中間雖有小因革要皆不失其初心故嘉祐淳熙之盛為本朝冠臣敢誦二祖之治為陛下獻昔富弼再相上謂歐陽脩曰弼須為人所讒今必顧慮不若堅守初志臣敢誦富弼之事為大臣勉詩云愛莫助之臣不勝卷卷

知安慶府黃榦擬應詔封事曰臣竊以為天下之患非有形之易見者為可憂而無形之難知者尤可慮自姦臣擅權竊弄兵柄搔動南北之生靈使之肝膽塗地不知其幾千萬遂使怨毒之氣上下相干陰陽旱蝗相因流殍滿野此誠非常之變有形之可見者也雖三尺

童子皆知以為深憂自天誅顯行姦臣就戮諸賢彙進公道復升薄海内外延頸以觀太平而歷觀州縣之事蓋有凜然若不能一朝居者豈好為異論以驚世駭俗哉蓋嘗竊謂今天下無一事之不弊無一民之得所一郡之大以言乎兵則不強以言乎財則不裕以言乎城堡則不修以言乎器械則不備以言乎風俗則喜事而嚚訟以言乎官吏則誕謾而具文此臣所謂無一事之不弊者是也雖今之諉負陰抱陽君以為天國以為本聽其自善自惡自貧自富自安自危而漠然不以為意今貪吏害之酷吏害之黠胥又害之弓手土兵之追逮者又害之兼并豪户之徒又害之凜然何以自立而中產之家十室九破小民則今日壞而明日死之矣此臣所謂無一民之得其所者是也蓋嘗深求其故竊以今之天下當極弊之勢苟不速反而正之則壞爛頹靡而不可收拾前輩以謂視其容貌無以異於常人而倉公扁鵲所望而走者也然則今之天下當何如管子曰禮義廉恥是謂四維四維不張國乃滅亡夫禮義廉恥行於士大夫之間而足以維國祚於長久者何也使士大夫知禮義知廉恥則必知君之當尊民之當愛祿之不可苟食而職之不可苟廢也今也不然士大夫之處心者不復知有君不復知有民知有細書疊幅華言麗語以取知而已知有拳跽曲拳卑詞下氣取容而已知有苞苴賄賂請託奔競以求進而已

歷代名臣奏議卷之六十三

歷代名臣奏議卷之六十四

治道

宋理宗時丁大全擅國柄以言為諱尚左郎官兼右司諫陳宗禮陛對言願為宗社大計毋但為倉廩府庫之小計願得天下四海之心毋但得左右便嬖戚畹之心願寄腹心於忠良毋但寄耳目於卑近願四通八達以來正人毋但旁蹊曲徑類引貪濁

右司郎中趙必愿上疏言陛下英明睿運斷出於獨固欲一切轉移之然而大權若在我或者猶有下移之疑衆正若已聞或者猶有旁徑之疑策免二相銷天變也去者固難以復留留者恐終於引去虛鼎席以待故老疑者或意其未必來而況在數千里之外次補以任大政疑者或意其不敢專而況於不安其位中書政之本也今果何時尚可含糊意向以起天下之疑乎親擢臺諫開言路也用之未久者何為輕於易去去之未幾何為使之復來召於外服者不知果能用之而必堅除自周行者不知果能聽之而無諱乎朝廷除授軍國賞罰本至公也今有姓名未達於廟堂而遷擢忽由於中出斥逐三衙竟不指名罪狀而人始得以疑陛下矣一除目之盼一號令之出雖未必由於閹宦而人或疑於閹宦雖未必由於私謁而人或疑於私謁雖未必由於戚畹宗邸而人或疑於戚畹宗邸夫天下者祖宗之天下也非陛下所私有也陛下雖有去敝之心而動涉可疑之迹陛下亦何樂於此

監察御史洪咨夔上疏曰臣歷考往古治亂之原權歸人主政出中書天下未有不治權不歸人主則廉級一夷綱常且不立奚政之問政不出中書則腹心無寄必轉而他屬奚權之攬此八政馭群臣所以獨歸之王而詔之者必天官冢宰也陛下親政以來威福操柄收

還掌握揚廷出令震撼海宇天下始知有吾君元首既明股肱不容於自惰撤副封罷先行坐政事堂以治事天下始知有朝廷此其大權大政亦略舉矣然中書之弊端其大者有四一曰自用二曰自專三曰自私四曰自固願陛下於從容論道之頃宣示臣言俾大臣充初志而加定力懲往轍而圖方來以仰稱厲精更始之意帝嘉納之

右丞相兼樞密使董槐言於帝曰臣為政而有害政者三帝曰胡謂害政者三對曰戚里不奉法一矣執法大吏久於其官而擅威福二矣皇城司不檢士三矣將率不檢下故士卒橫士卒橫則變生於無時執法威福擅故賢不肖混淆賢不肖混淆則姦衺肆賢人伏而不出親戚不奉法故法令輕法令輕故朝廷卑三者弗去政且廢願自上除之

太學博士湯漢轉對言太祖之天下壞其半者蔡京王黼也高宗之天下壞其半者鄭清之也又曰苟有志焉則其紀綱必先正其根本

必先彊其藩籬必先固夫然後心廣體胖泮渙而優游其樂無極矣舍此不務而徒以九重之深一笑之適以為樂樂極而思之吾有朝廷而不能治也吾有黎民而無與保之也起視四境而外侮又至矣雖有鄭衛之音燕趙之色建章之麗瓊林之積亦獨何樂哉

文天祥對策曰臣恭惟皇帝陛下履常之久當泰之交以二帝三王之道會諸心將三紀于此矣臣等鼓舞於鳶飛魚躍之天皆道體流行中之一物不自意得旅進於陛下之庭而陛下且嘉與之論道道之不行也久矣陛下之言及此天地神人之福也然臣所未解者今日已當道久化成之時道洽政治之候而方歉焉有志勤道遠之疑豈望道而未之見耶臣請泝太極動靜之根推聖神功化之驗就以聖問中不息一語為陛下勉幸陛下試垂聽焉臣聞天地與道同一不息聖人之心與天地同一不息上下四方之宇往古來今之宙其間百千萬變之消息盈虛百千萬事之轉移闔闢何莫非道所謂道者一不息而已矣道之隱於渾淪藏於未琱未琢之天當是時無極太極之體也自太極分而陰陽則陰陽不息道亦不息陰陽散而五行則五行不息道亦不息自五行又散而為人心之仁義禮智剛柔善惡則乾道成男坤道成女穹壤間生生化化之不息而道亦與之相為不息然則道一不息天地亦一不息天地之不息固道之不息者為之聖人出而為天地立心為生民立命為往聖繼絕學為萬世開太平亦不過以一不息之心充之充之而脩身治人此一不息也充之而致知以至齊家治國平天下此一不息也充之而自精神心術以至於禮樂刑政亦此一不息也自有三墳五典以來以至於太平六典之世帝之所以帝王之所以王皆自其一念之不息者始秦漢以降而道始離非道之離也知道者之鮮也雖然其間英君誼辟

固有號為稍稍知道者矣而又沮於行道之不力知務德化矣而不能不尼之以黃老知施仁義矣而不能不遏之以多欲知四年行仁矣而不能不畫之以近效上下二三千年間牽補過時架漏度日毋怪夫駁乎無以議為也獨惟我朝式克至于今日休陛下傳列聖之心以會藝祖之心會藝祖之心以參帝王之心參天地之心三十三年間臣知陛下不貳以二不參以三茫乎天運窅爾神化此心之天混兮闢兮其無窮也然臨御浸久持循浸熟而筭計見效猶未有以大快聖心者上而天變不能以盡無下而民生不能以盡遂人才士習之未甚純國計兵力之未甚充以至盜賊之警所以貽宵旰之憂者尤所不免然則行道者信無驗也耶臣則以為道非無驗之物也道之功化甚深也而不可以為迂道之證效甚遲也而不可以為遠維天之命於穆不已天地之所以為天地也於德之純純亦不已聖

人之所以為聖人也為治顧力行何如耳焉有行道於歲月之暫而遽責其驗之為迂且遠耶臣之所望於陛下者法天地之不息而已姑以近事言則責躬之言方發而陰雨旋霽是天變未嘗不以道而弭也賑饑之典方舉而都民驩呼是民生未嘗不以道而安也論辯建明之詔一頒而人才士習稍稍渾厚招塡條具之旨一下而國計兵力稍稍充實安吉慶元之小獲維揚瀘水之儁功無非陛下憂勤於道之明驗也然以道之極功論之則此淺效耳速效耳指淺效速效而遽以為道之極功則漢唐諸君之用心是也陛下行帝而帝行王而王而肯襲漢唐事耶此臣所以贊陛下之不息也陛下儻自其不息者而充之則與陰陽同其化與五行同其運與乾坤生生化化之理同其無窮雖充而為三紀之風移俗易可也雖充而為四十年圄空刑措可也雖充而為百年德洽於天下可也雖充而為卜世過

曆億萬年敬天之休可也豈止如聖問八者之事可徐就條理而已哉臣謹昧死上愚對臣伏讀聖策曰蓋聞道之大原出於天超乎無極太極之妙而實不離乎日用事物之常根乎陰陽五行之賾而實不外乎仁義禮智剛柔善惡之際天以澄著地以靖謐人極以昭明何莫由斯道也聖聖相傳同此一道由脩身而治人由致知而齊家治國平天下本之於精神心術達之於禮樂刑政其體甚微其用則廣歷千萬世而不可易然功化有淺深證效有遲速何歟朕以寡昧臨政頗治于茲歷年志愈勤道愈遠窅乎其未朕也朕心疑焉子大夫明先聖之術咸造在庭必有切至之論朕將虛己以聽臣有以見陛下遡道之本原求道之功效且疑而質之臣等也臣聞聖人之心天地之心也天地之道聖人之道也分而言之則道自道天地自天地聖人自聖人合而言之則道一不息也天地一不息也聖人亦一不

息也臣請遡其本原言之茫茫堪輿坱圠無垠渾渾元氣變合無端人心仁義禮智之性未賦也人心剛柔善惡之氣未稟也當是時未有人心先有五行未有五行先有陰陽未有陰陽先有無極太極未有無極太極則太虛無形沖漠無朕而先有此道未有物之先而道具焉道之體也既有物之後而道行焉道之用也其體則微其用甚廣即人心而道在人心即五行而道在五行即陰陽而道在陰陽即無極太極而道在無極太極貫顯微兼費隱包小大通物我道何以若此哉道之在天下猶水之在地中地中無往而非水天下無往而非道水一不息之流也道一不息之用也天以澄著則日月星辰循其經地以靖謐則山川草木順其常人極以昭明則君臣父子安其倫流行古今綱紀造化何莫由斯道也一日而道息焉雖三才不能以自立道之不息功用固如此夫聖人體天地之不息者也天地以此道而不息聖人亦以此道而不息聖

人立不息之體則斂於脩身推不息之用則散於治人立不息之體則寓於致知以下之工夫推不息之用則顯於齊家治國平天下之效驗立不息之體則本之精神心術之微推不息之用則達之禮樂刑政之著聖人之所以為聖人者猶天地之所以為天地也道之在天地間者常久而不息聖人之於道其可以頃刻息耶言不息之理者莫如大易莫如中庸大易之道至於乾道變化各正性命保合大和而聖人之論法天乃歸之自強不息中庸之道至於溥博淵泉上天之載無聲無臭而聖人之論配天地乃歸之不息則久豈非乾之所以剛健中正純粹精者一不息之道耳是以法天者亦以一不息中庸之所以高明博厚悠久無疆者一不息之道耳是以配天地者亦以一不息以不息之心行不息之道聖人即不息之天地也陛下臨政頗治于茲歷年前此不息之歲月猶日之自朝而午今此不息之歲月猶日之至午而中此正勉強行

道大有功之日也陛下勿謂數十年間我之所以撑當宇宙把握天
地未嘗不以此道至于今日而道之驗如此其迂且遠矣以臣觀之
道猶百里之途也今日則適六七十之候也進於道者不可以中道
而廢游於途者不可以中途而畫孜孜矻矻而不自已焉則適六七
十里者固所以為至百里之階也不然自止於六七十里之間則百
里雖近焉能以一武到哉道無淺功化行道者何可以深為迂道無
速證效行道者何可以遲為遠惟不息則能極道之功化惟不息則
能極道之證效氣機動盪於三極之間神采灌注於萬有之表要自
陛下此一心始臣不暇遠舉請以仁宗皇帝事為陛下陳之仁祖一
不息之天地也康定之詔曰祗勤抑畏慶曆之詔曰不敢荒寧皇祐
之詔曰緬念為君之難深惟履位之重慶曆不息之心即康定不息
之心也皇祐不息之心即慶曆不息之心也當時仁祖以道德感天

心以福祿勝人力國家綏靖邉鄙寧謐若可以已矣而猶未也至和
元年仁祖之三十三年也方且露立仰天以畏天變碎通天犀以救
民生蠲賈黯吏銓之職擢公弼殿柱之名以厚人才以昌士習納景
初減用之言聽范鎮新兵之諫以裕國計以強兵力以至講周禮薄
征緩刑而拳拳以盜賊為憂選將帥明紀律而汲汲以西北為慮仁
祖之心至此而不息則與天地同其悠久矣陛下之心仁祖之心也
范祖禹有言欲法堯舜惟法仁祖臣亦曰欲法帝王惟法仁祖法仁
祖則可至天德願加聖心焉臣伏讀聖策曰三墳以上云云豈道之
外又有法歟臣有以見陛下慕帝王之功化證效而亦意其各有淺
深遲速也臣聞帝王行道之心一不息而已矣堯之兢兢舜之業業
禹之孜孜湯之慄慄文王之不已武王之無貳成王之無逸皆是物
也三墳遠矣五典猶有可論者臣嘗以五典所載之事推之當是時

日月星辰之順以道而順也鳥獸草木之若以道而若也九功惟敘
以道而敘也四夷來王以道而來王也百工以道而熙庶事以道而
康光天之下至于海隅蒼生蓋無一而不拜帝道之賜矣垂衣拱手
以自逸于土階巖廊之上夫誰曰不可而堯舜不然也方且考績之
法重於三歲無歲而敢息也授曆之命嚴於四時無月而敢息也凛
凛乎一日二日之戒無日而敢息也惓惓乎惟時惟幾之歌無時而
敢息也此猶可也授受之際而堯之命舜乃曰允執厥中夫謂之執
者戰兢保持而不敢少放之謂也味斯語也則堯之不息可見矣河
圖出矣洛書見矣執中之說未聞也而堯獨言之堯之言贅矣而舜
之命禹乃復益之以人心惟危道心惟微惟精惟一之三言夫致察
於危微精一之間則其戰兢保持之念又有甚於堯者舜之心其不
息又何如哉是以堯之道化不惟驗於七十年在位之日舜之道化

不惟驗於五十年視阜之時讀萬世永賴之語則唐虞而下數千百年
間天得以為天地得以為地人得以為人者皆堯舜之賜也然則功
化抑何其深證效抑何其遲歟降是而王非固勞於帝者也太樸日
散風氣日開人心之機械日益巧世變之乘除不息而聖人之所以
綱維世變者亦與之相為不息焉俗非結繩之淳也治非畫象之古
也師不得不誓侯不得不會民不得不凝之以政士不得不凝之以
禮內外異治不得不以釆薇天保之治治之以至六典建官其所以
曰治曰政曰禮曰教曰刑曰事者亦無非扶世道而不使之窮耳以
勢而論之則夏之治不如唐虞商之治又不如夏周之治又不如商
帝之所以帝者何其逸王之所以王者何其勞慄慄危懼不如非心
黃屋者之為適也始於憂勤不如恭己南面之為安也然以心而觀
則舜之業業即堯之兢兢禹之孜孜即舜之業業湯之慄慄即禹之

孜孜。文王之不已。武王之無貳。成王之無逸。何莫非兢兢業業孜孜
慄慄之推也。道之散於宇宙間者無一日息。帝王之所以行道者亦
無一日息。帝王之心天地之心也。尚可以帝者之為逸而王者之為
勞耶。臣願陛下求帝王之道必求帝王之心。則今日之功化證效或
可與帝王一視矣。臣伏讀聖策曰。自時厥後云云亦足以維持憑藉
者何歟。臣有以見陛下陋漢唐之功化證效。而且為漢唐世道發一
慨也。臣聞。不息則天。息則人。不息則理。息則欲。不息則陽明。息則陰
濁。漢唐諸君天資敏。地位高。使稍有進道之心。則六五帝四三王亦
未有難能者。柰何天不足以制人。而天反為人所制。理不足以御欲
而理反為欲所御。陽明不足以勝陰濁。而陽明反為陰濁所勝。是以
勇於進道者少。沮於求道者多。漢唐之所以不唐虞三代也歟。雖然。
是為不知道者言也。其間亦有號為知道者矣。漢之文帝武帝。唐之

太宗。亦不可謂非知道者。然而亦有議焉。先儒嘗論漢唐諸君以公
私義利分數多少為治亂。三君之心。往往不純乎天。不純乎人。而出
入於天人之間。不純乎理。不純乎欲。而出入乎理欲之間。不純乎陽
明。不純乎陰濁。而出入乎陽明陰濁之間。是以專務德化。雖足以陶
後元泰和之風。然而居之以黃老。則鴈門上郡之警不能無。外施仁
義。雖足以致建元富庶之盛。然而遏之以多欲。則輪臺末年之悔不
能免。四年行仁。雖足以開貞觀升平之治。然而畫之以近效。則紀綱
制度曾不足為再世之憑藉。蓋有一分之道心者。固足以就一分之事
功。有一分之人心者。亦足以召一分之事變。世道汙隆之分數。亦係於理
欲消長之分數而已。然臣嘗思之。漢唐以來為道之累者。其大有二。
一曰雜伯。一曰異端。時君世主有志於求道者。不陷於此。則陷於彼。
姑就三君而言。則文帝之心。異端累之也。武帝太宗之心。雜伯累之

也。武帝無得於道。憲章六經。統一聖真。不足以勝其神僊土木之私。
干戈刑罰之慘其心也荒。太宗全不知道。閨門之恥。將相之誇。末年
遼東一行。終不能以克其血氣之暴。其心也驕。雜伯一念。憧憧往來。
是固不足以語常久不息之事者。若文帝稍有帝王之天資。稍有帝
王之地步。一以君子長者之道待天下。而晁錯輩刑名之說。未嘗一
動其心。是不累於雜伯矣。使其以二三十年恭儉之心。而移之以求
道。則後元氣象。且將駸駸乎商周。進進乎唐虞。柰何帝之純心又間
於黃老之清淨。是以文帝僅得為漢代之令主。而不得一儕於帝王。
嗚呼。武帝太宗累於雜伯。君子固不敢以帝王事望之。文帝不為雜
伯所累。而不能不累於異端。是則重可惜已。臣願陛下監漢唐之跡
必監漢唐之心。則今日之功化證效。將超漢唐數等矣。臣伏讀聖策
曰。朕上嘉下樂云云抑化裁推行有未至歟。臣有以見陛下念今日

八者之務而甚有望乎為道之驗也。臣聞。天變之來。民怨招之也。人
才之乏。士習蠱之也。兵力之弱。國計屈之也。夷狄之警。盜賊因之也
夫陛下以上嘉下樂之勤。夙興夜寐之勞。悵歲月之逾邁。亦欲以少
見吾道之驗耳。俯視一世。未能差強人意。八者之弊。臣知陛下為此
不滿也。陛下分而以八事問臣。合而以四事對。請得以熟數之於前。
何謂天變之來民怨招之也。天視自我民視。天聽自我民聽。天明畏
自我民明威。人心之休戚。天心所因以為喜怒者也。熙寧間大旱。是
時河陝流民入京師。監門鄭俠畫流民圖以獻。且曰。陛下南征北伐
皆以勝捷之圖來上。料無一人以父母妻子遷移困頓皇皇不給之
狀為圖以進者。覽臣之圖。行臣之言。十日不雨。乞正欺君之罪。上為
之罷新法十八事。京師大雨八日。天人之交。間不容穟。載在經史。此
類甚多。陛下以為今之民生何如耶。今之民生困矣。自瓊林大盈私

於積貯而民困自建章通天頻於營繕而民困自獻助疊見於豪家巨室而民困自和糴不問於閭閻下户而民困自所至貪官暴吏視吾民如家雞圈豕惟所咀唊而民困嗚呼東南民力竭矣書曰怨豈在明不見是圖今尚可謂之不見乎書曰怨不在大亦不在小今尚可謂之小乎生斯世為斯民仰事俯育亦欲各遂其父母妻子之樂而操斧斤淬鋒鍔日夜思所以斬伐其命脈者滔滔皆是然則臘雪斬瑞蟄雷愆期月犯于木星隕為石以至土雨地震之變無怪夫屢書不一書也臣願陛下持不息之心急求所以為安民之道則民生既和天變或於是而弭矣何謂人才之乏士習蠱之也臣聞窮之所養達之所施幼之所學壯之所行今日之脩於家他日之行於天子之庭者也國初諸老嘗以厚士習為先務寧收落韻之李迪不取鑿說之賈邊寧收直言之蘇轍不取險怪之劉幾建學校則必欲崇經

術復鄉舉則必欲參行藝其後國子監取湖學法建經學治道邊防水利等齋使學者因其名以求其實當時如程顥徐積呂希哲皆出其中嗚呼此元祐人物之所從出也士習厚薄最關人才從古以來其語如此陛下以為今之士習何如耶今之士大夫之家有子而教之方其幼也則授其句讀擇其不戾於時好不震于有司者俾熟復焉及其長也細書為工累牘為富持試於鄉校者以是校藝於科舉以是取青紫而得車馬也以是父兄之所教詔師友之所講明利而已矣其能卓然自拔於流俗者幾何人哉心術既壞於未仕之前則氣節可想於既仕之後以之領郡邑如之何責其為卓茂黃霸以之鎮一路如之何責其為蘇章何武以之典朝紳如之何責其為汲黯望之奔競於勢要之路者無怪也趨附於權貴之門者無怪也牛維馬縶狗苟蠅營患得患失無所不至者無怪也悠悠風塵靡靡偷俗

清芬消歇濁滓横流惟皇降衷秉彝之懿萌蘖於牛羊斤斧相尋之衝者其有幾哉厚今之人才臣以為變今之士習而后可也臣願陛下持不息之心急求所以為淑士之道則士風一淳人才或於是而可得矣何謂兵力之弱國計屈之也謹按國史治平間遣使募京畿淮南兵司馬光言邊臣之請兵無窮朝廷之募兵無已倉庫之粟帛有限百姓之膏血有涯願罷招禁軍訓練舊有之兵自可備禦臣聞古今天下能免於弱者必不能免於貧能免於貧者必不能免於弱一利之興一害之伏未有交受其害者今之兵財則交受其害矣自東海城築而調淮兵以防海則兩淮之兵不足自襄樊復歸而併荊兵以城襄則荊湖之兵不足自腥羶染於漢水冤血濺於寶峯而正軍忠義空於死徙者過半則川蜀之兵又不足江淮之兵又抽而入蜀又抽而實荊則下流之兵愈不足矣荊湖之兵又分而策應分而

鎮撫則上流之兵愈不足矣夫國之所恃以自衛者兵也而今之兵不足如此國安得而不弱哉扶其弱而歸之強則招兵之策今日直有所不得已者然召募方新調度轉急問之大農大農無財問之版曹版曹無財問之餉司餉司無財自歲幣銀絹外未聞有畫一策為軍食計者是則弱矣而又未免於貧也陛下自見肝膈近又創一安邊太平庫專以供軍此藝祖積縑帛以易虜首之心也仁宗皇帝出錢帛以助兵革之心也轉易之間風采立異前日之弱者可強矣然飛芻輓粟給餉餽糧費於兵者幾何而琳宮梵宇照耀湖山土木之費則漏卮也列竈雲屯樵蘇後爨費於兵者幾何而霓裳羽衣靡金飾翠宮庭之費則尾閭也生熟口券月給衣糧費於兵者幾何而量珠輦玉倖寵布恩戚畹之費則濫觴也蓋天下之財專以供軍則財未有不足者第重之以浮費重之以冗費則財始瓶罄而罍耻矣如

此則雖欲足兵其何以給兵耶臣願陛下持不息之心急求所以為節財之道則財計一充兵力戎於是而可強矣何謂夷狄之警盜賊因之也謹按國史紹興間楊幺寇洞庭連跨數郡大將王𤫊不能制時偽齊挾虜使李成寇襄漢公與交通朝廷患之始命岳飛措置上流已而逐李成擒楊幺而荊湖平臣聞外之夷狄不能為中國患而其來也必待內之變內之盜賊亦不能為中國患而其起也必將納外之侮盜賊而至於通夷狄則腹心之大患也已今之所謂夷狄者固可畏也然而逼我蜀則蜀帥策瀘水之勳窺我淮則淮帥奏維揚之凱狼子野心固不可以一捷止之然使之無得氣志則中國之技未為盡出其下彼亦猶畏中國之有人也獨惟舊海在天一隅逆雛究之者數年于茲颶風瞬息一葦可航彼未必不朝夕為趨浙計然而未能焉短於舟踈於水懼吾唐島之有李寶在耳然洞庭之湖煙

水沉寂而浙右之湖濤瀾沸騰區區妖孽直謂有楊幺之漸矣得之京師之耆老皆以為此寇出沒倏閃往來翕霍駕舟如飛運柂如神而我之舟師不及焉夫東南之長技莫如舟師我之勝兀朮於金山者以此我之斃逆亮於采石者以此而今此曹反挾之以制我不武甚矣萬一或出於楊幺之計則前日李成之不得志於荊者未必今日之不得志於浙也曩聞山東荐饑有司貪市榷之利空蘇湖根本以資之廷紳猶謂互易安知無為其鄉道者一夫登岸萬事丸裂又聞魏村江灣福山三寨水軍興販鹽課以資逆雛廷紳猶謂是以扞衞之師為商賈之事以防拓之卒開鄉道之門憂時識治之見往往如此肘腋之蜂蠆懷袖之蛇蝎是其可以忽乎哉陛下近者命發運兼憲合兵財而一其權是將為滅此朝食之圖矣然屯海道者非無軍控海道者非無將徒有王𤫊數年之勞未聞岳飛八日之捷乎大

叔平荷澤之盜恐不如此長此不已臣懼為李成開道地也臣願陛下持不息之心急求所以弭寇之道則寇雖一清邊備戎於是而可寬矣臣伏讀聖策曰夫不息則久久則證今胡為而未證歟變則通通則久今其可以屢更歟臣有以見陛下久於其道而甚有感乎中庸大易之格言也臣聞天久而不墜也以運地久而不隤也以轉水久而不腐也以流日月星辰而常新也以行天下之凡不息者皆以久也中庸之不息即所以為大易之變通大易之變通即所以驗中庸之不息變通者之久固肇於不息者之久也蓋不息者其心變通者其迹其心不息故其迹亦不息游乎六合之內而縱論乎六合之外生乎百世之下而追想乎百世之上神化天造天運無端發微不可見充周不可窮天地之所以變通固自其不息者為之聖人之久於其道亦法天地而已矣天地以不息而久聖人亦以不息而久外不

息而言久焉皆非所以久也臣嘗讀無逸一書見其享國之久者有四君焉而其間三君為最久臣求其所以久者中宗之心嚴恭寅畏也高宗之心不敢荒寧也文王之心無淫于逸無遊于畋也是三君者皆無逸而已矣彼之無逸臣之所謂不息也一無逸而其效已如此然則不息者非所以久歟陛下之行道蓋非一朝夕之暫矣寶紹以來則涵養此道端平以來則發揮此道嘉熙以來則把握此道嘉熙而淳祐淳祐而寶祐十餘年間無非持循此道之歲月陛下屢此也庭燎未輝臣知其宵衣以待日中至昃臣知其玉食弗遑夜漏已下臣知其丙枕無寐聖心之運亦可謂不息矣然既往之不息者易方來之不息者難久而不息者易愈久而愈不息者難昕臨大庭百辟星布陛下之心此時固不息矣暗室屋漏之隱試一警省則亦能不息否乎日御經筵學士雲集陛下之心此時固不息矣宦官女子之近

試一循察則亦能不息否乎不息於外者固不能保其不息於內不息於此者固不能保其不息於彼乍動乍息乍作乍輟則不息之純心間矣如此則陛下雖欲久則徵臣知中庸九經之治未可以朝夕見也雖欲通則久臣知繫辭十三卦之功未可以歲月計也淵蜎蠖濩之中虛明應物之地此全在陛下自斟酌自執持頃刻之力不繼則悠久之功俱廢矣可不戒哉可不懼哉陛下之所以策臣者悉矣臣之所以忠於陛下者亦既畧陳於前矣而陛下策之篇終復曰子大夫熱之復之勿激勿泛以副朕詳延之意臣伏讀聖策至此陛下所謂詳延之意蓋可識已夫陛下自即位以來未嘗以直言罪士不惟不罪之以直言而且導之以直言臣等嘗恨無由一至天子之庭以吐其素所蓄積畢見錄於有司得以借玉階方寸地此正臣等披露肺肝之日也方將明目張膽謇謇諤諤言天下事陛下乃戒之以

勿激勿泛夫泛固不切矣若夫激者忠之所發也陛下胡併與激者之言而厭之耶厭激者之言則是將督臣等而為容容唯唯之歸耶然則臣將為激者歟將為泛者歟抑將遷就陛下之說而姑為不激不泛者歟雖然奉對大庭而不激不泛者固有之矣臣於漢得一人焉曰董仲舒方武帝之策仲舒也慨然以欲聞大道之要為問帝之求道其心蓋甚銳矣然道以大言帝將求之虛無渺冥之鄉也使仲舒於此過言之則激淺言之則泛仲舒不激不泛得一說曰正心武帝方將求之虛無渺冥之鄉仲舒乃告之以真實淺近之理茲陛下所謂切至之論也柰何武帝自恃其區區英明之資超偉之識謂其足以淩跨六合籠駕八表而顧於此語忽焉仲舒以江都去而帝所與論道者他有人矣臣同嘗為武帝惜也堂堂天朝固非漢比而臣之賢亦萬不及仲舒然亦不敢激不敢泛切於聖問之所謂道者而

得二說焉以為陛下獻陛下試采覽焉一曰重宰相以開公道之門臣聞公道在天地間不可一日壅閼所以昭蘇而滌決之者宰相責也然扶公道者宰相之責而主公道者天子之事天子而侵宰相之權則公道已矣三省樞密謂之朝廷天子所與謀大政出大令之地也政令不出於中書昔人謂之斜封墨敕非盛世事國初三省紀綱甚正中書造命門下審覆尚書奉行宮府之事無一不統於宰相是以李沆猶得以焚立妃之詔王旦猶得以沮節度之除韓琦猶得出空頭敕以逐內侍杜衍猶得封還內降以裁僥倖蓋宰相之權尊則公道始有所依而立也今陛下之所以為公道計者非不悉矣以寅緣戒外戚是以公道責外戚也以裁制戒內司是以公道責內司也以舍法用例戒羣臣是以公道責外廷也雷霆發蔀皇日燭幽天下於此咸服陛下之明然或謂比年以來大庭除授於義有所未安於

法有所未便者悉以聖旨行之不惟諸司陛補上瀆宸奎而統帥躐級閤職超遷亦以寅緣而得恩澤矣不惟姦贓湔洗上勞渙汗而還人通籍姦胥追刑亦以鑽刺而拜寵命矣甚至閭閻瑣屑之鬪訟皂隸猥賤之干求悉達內庭盡由中降此何等蟣虱事而陛下以身親之大臣幾於為奉承風旨之官三省幾於為奉行文書之府臣恐天下公道自此壅矣景祐間罷內降凡詔令皆由中書樞密院仁祖之所以主張公道者如此今進言者猶以事當間出睿斷為說嗚呼此亦韓絳告仁祖之辭也朕固不憚自有處分不如先盡大臣之慮而行之仁祖之所以諭絳者何說也柰何復以絳之說啓人主以奪中書之權是何心哉宣靖間創御筆之令蔡京坐東廊專以奉行御筆為職其後童貫梁師成用事而天地為之分裂者數世是可鑒已臣願陛下重宰相之權正中書之體凡內批必經由中書樞密院如先

朝故事則天下幸甚宗社幸甚二曰收君子以壽直道之脉臣聞直道在天地間不可一日頹靡所以光明而張王之者君子責也然扶直道者君子之責而主直道者人君之事人君而至於沮君子之氣則直道已矣夫不直則道不見君子者直道之倡也直道一倡於君子昔人謂之鳳鳴朝陽以為清朝賀國朝君子氣節大振有魚頭參政有鶻擊臺諫有鐵面御史軍國之事無一不得言於君子是以司馬光猶得以殛守忠之姦劉摯猶得以折李憲之横范祖禹猶得以罪宋用臣張震猶得以擊龍大淵曾覿蓋君子之氣伸則直道始有所附而行也今陛下之所以為直道計者非不至矣月有供課是以直道望諫官也日有輪劄是以直道望廷臣也有轉對有請對有非時召對是以直道望公卿百執事也江海納汙山藪藏疾天下於此咸服陛下之量然或謂比年以來外廷議論於已有所未愜於情有所未忍者悉以聖意斷之不惟言及乘輿上動節貼而小小予奪小小廢置亦且寢罷不報矣不惟事關廊廟上煩調亭而小小抨彈小小糾劾亦且宣諭不已矣甚者意涉區區之貂璫論侵瑣瑣之姻婭不恤公議反出諫臣此何等狐鼠輩而陛下以身庇之御史至於乘和事之譏臺吏至於重訖了之報臣恐天下之直道自此沮矣康定間歐陽脩以言事出未幾即召以諫院至和間唐介以言事貶未幾即除以諫官仁祖之所以主直道者如此今進言者猶以臺諫之勢日横為疑嗚呼玆非富弼忠於仁祖意也弼傾身下士尊以宰相受臺諫風旨弼之自處何如也奈何不知弼之意反啓人君以厭君子之言是何心哉元符間置看詳理訴所而士大夫得罪者八百餘家其後鄒浩陳瓘去國無一人敢為天下伸一喙者是可鑒已臣願陛下壯正人之氣養公論之鋒凡以直言去者悉召之于霜臺烏府中如先朝故事則天下幸甚宗社幸甚蓋大道之行天下為公周道如砥其直如矢自古帝王行道者無先於此也臣來自山林有懷欲吐陛下悵然疑吾道之迂遠且慨論乎古今功化之淺深證效之遲速而若有大不滿於今日者臣則以為非行道之罪也公道不在中書直道不在臺諫是以陛下行道用力處雖勞而未遽食道之報耳果使中書得以公道總政要臺諫得以直道糾官邪則陛下雖端冕凝旒於穆清之上所謂功化證效可以立見何至積三十餘年之工力而志動道遠邈焉未有際耶臣始以不息二字為陛下勉終以公道直道二說為陛下獻陛下萬幾之暇儻於是而加三思則躋帝王軼漢唐由此其階也已臣賦性疎愚不識忌諱握筆至此不自知其言之過於激亦不自知其言之過於泛冒犯天威罪在不赦惟陛下留神臣謹對

牟濚上奏曰臣生長西州叨竊陛下科第垂四十年中更狄難與民俱流竄延餘生至于今日雖嘗兩塵班綴一玷州麾竟坐迂疎動與物忤十年不調自分不復有再覩清光之時公朝不忍終棄縣淮東制幕擢丞奉常今又兼領銓部聖恩如天莫知補報適當陛對遂得一吐微忠於玉階方寸地此臣千載之一遇也抑臣聞之迹疎而言親者危地遠而意忠者忤臣之蹤跡可謂疎遠臣之寸心實抱樸忠惟陛下垂聽焉臣嘗讀孟子至天下之生久矣一治一亂乃知自古天下未嘗無亂更一亂則必有人焉出而治之此蓋天地生生不息之機脉絡未嘗間斷洪水之後有夷狄天不生周公則無以為生民除害春秋之後有戰國天不生孟子則無以為生民立心禹之後有周公孔子之後有孟子亂不終於亂而歸於治人也亦天也然人皆知夷狄之為中國害而不知人心之害甚於夷狄蓋夷狄雖能為害

於一時而人心天理終不可泯沒良心壞則失其所以為人而末流之弊有不可勝言者臣請先言夷狄而後及人心中國之所以異於夷狄者以有三綱五常為之主張禮義廉恥為之維持也而近歲以來貪競成習欺誕成風慨習俗之日媮凜綱常之將墜而夷狄遂得以憑陵中國生靈肝腦塗地而狡焉之謀遂至窺江不有人焉以挫其投鞭之怒則大事去矣天佑聖主為生賢佐以謝玄八千之卒破苻秦百萬之師使宗社幾危而復安正統幾絕而復續功不在禹周公下矣臣竊意士大夫更大變故歷大憂患必能懲創悔艾洗心滌慮以歸於正矣而陷溺既深舊染猶在問吏治吏治未醇問士習士習苟且至勤聖主丁寧告戒作之而不應振之而不起消磨軟熟賢者亦不免焉此臣之所甚懼也臣不敢復追咎既往姑以近事明之陛下戢貪有詔蓋歎民生之寡遂而惡貪吏之病民也謂宜懲一勸百而貪鄙之風革矣今幾何時凡所彈劾不過州縣之小吏而當事任取顯官尚多有可議者得無纖悉於其小而闊略於其大耶此非陛下意也陛下訓廉有詔蓋知人性之本善而欲引中人於君子之歸也謂宜舉一勸百而廉恥之維張矣今幾何時但聞戢貪未聞有以廉擢用者羞惡之心誰獨無之何至泯沒如是得非孤寒寡與雖廉不能以自見而大吏之好惡與人背馳耶此非陛下意也陛下為千里擇牧守蓋本以為民也而牧民者但知為富貴之圖不復為根本之慮託獻羨之名以盖其貪酷之迹而失朝廷為民之初意矣陛下買公田以免和糴蓋將以便民也而奉行者不能用一分之寬而行一切之政但欲覬了辦之賞不暇為長遠之謀而失朝廷便民之初意矣貴戚不當任以事此良法也陛下四十年間人不知有貴戚也至於近日而好官要職如取如攜未必皆貴戚也而夤緣攀附亦得

以躐取麾節其間豈不有材不學焉知為政失陛下赤子之心蹙孤寒進身之路而或者始得以私貴戚譏陛下此陛下所親愛負陛下也閹寺聞名非國之福此確論也陛下四十年間人不知有閹寺也乃至於近日而此曹名字稍稍有聞蓋寡廉鮮恥者往往倚之而進招權納賄者揚揚自以為功雖傳聞未必盡然而其實有以自取或者始得以用閹寺議陛下此陛下親信負陛下也陛下高爵厚祿以待士大夫望其盡心體國也而中外大小之臣未能體陛下之心而各自以其心為心人心陷溺一至于此陳蕃所謂在朝羣臣如河中木泛泛東西耽祿畏禍嘗謂清明之世儀鳳滿朝可容有此耶昔神宗皇帝諭富弼曰君臣須是上下相照盡忠盡節不得有隱弼拜於御座之前曰盡忠無隱只臣一員亦無益於事須是兩府大臣以至在廷臣僚人人盡忠無隱出於衆力方能成天下之務弼之言非今日士大夫之藥石耶今民心方危而易搖士氣難伸而易沮雖有衆多之君子不無窺伺之小人境外之事非臣所得而知境內之事尚多未滿人意天下事變未易儀度萬一有出於聖君賢相智慮所不及者然後追咎賢者之不言而使小人得以藉口曰君子無益於人之國則國事愈不堪言矣此臣所以惓惓為世道慮而以正人心為扶世道之本惟陛下不以疏遠而忽之豈惟微臣之幸實天下之幸

理宗在位斥逐權姦收召名德舉朝相慶太常寺丞姚希得以為外觀形勢似若清明之朝內察脈息有類危亡之證乃上疏言堯舜三代之時無危亡之事而常喜危亡之言秦漢以來多危亡之事而常諱危亡之言夫危亡之事不可有而危亡之言不可忘後世人主乃履危如履坦諱言如諱病又言君子非不收召而意向猶未調一小人非不斥逐而根株猶未痛斷大權若操握而不能無旁蹊曲逕之

疑。大勢若更張。而未見有長治久安之道。廷臣之所諷諫。封囊之所奏陳。非不激切。而陛下固不之罪。亦不之行。自古甘蹈危亡之機。非獨闇主。而明君亦有焉。此臣之所甚懼。朝廷者萬化所自出也。實根於人君之一心。夫何大明當天。猶有可議者。內小學之建。人皆知陛下有意建儲也。然歲月逾邁。未覩施行。人心危疑。無所係屬。秦漢而下。嗣不蚤定。事出倉卒。或宮闈出令。或宦寺主謀。或姦臣首議。此皆足以危人之國也。陛下何憚而不早定大計。邸第之戚。人皆知篤於親愛也。然依憑者衆。輕視王法。請託之行。捷於影響。揚干晉侯弟也。亂行於曲梁。而魏絳戮其僕。晉侯始怒而終悔。晉卒以霸。平原君趙王弟也。不出租稅。而趙奢刑其用事者。趙王賢而用之。趙卒以彊。皆足以興人之國也。陛下何為而不少伸國法。今女冠者流。衆所指目。近璫小臣。時竊威福。此皆陛下之心。乍明乍晦之所致。豈不謂之危乎。國有善類。猶人有元氣。善類一敗。一消元氣。一病一衰。善類能幾。豈堪數消。消極則國隨之矣。陛下明於知人。公於用人。固無權姦再用之意。然道路之人。往往竊議。此元祐紹聖將分之機也。禍根猶伏而未去。不幾於安其危乎。帝改容曰。朕決不用史嵩之。

度宗時。黃應龍上奏曰。臣以民事至重。略陳于前。而切於當世急務非邊境乎。廟謨神運。草茅小臣。何所容喙。惟盛明之世。採及負薪。詩書所載。可得而陳。柔遠能邇。其所謂能。必非一事。而厚德難任人。實蠻夷率服之根本。天保以上治內。其所謂治。固非一端。而嘉賓使臣兄弟朋友。皆采薇出車之階序。蓋邇不能則遠未易柔。內已治則外不難御。臣切惟今日之弊。莫甚於風俗奢偽。有以銷磨士大夫之壯氣。理義晦蝕。無以洗濯天下之貪習。秦昭王臨朝而歎。聞楚之鐵劍利而倡優拙。鐵劍利則士勇。倡優拙則謀遠。吾恐楚之圖秦也。是以

憂之。堂堂天朝。何事不立。區區戰國。豈足為道。況今除戎器以戒不虞。命將帥而授方畧。樞機周密。孰得而窺。然四方仰瞻自京師始。所可覩者。鐵劍果利乎。市井等於兒嬉。倡優果拙乎。妓媚方且角出。古者奇技淫巧有禁。今非奇纖巧麗則不售也。梵音法鼓。僧俗雜居。環臂釵頭。男女無別。雕墻峻宇。豪僭踰度。高冠侈袂。貴賤莫分。管子曰。臺榭相望者。上下相怨。民無餘積者。其禁必不止。道有損瘠者。其守必不固。管子而愚人也則可。管子而少知治體。可不寒心。叔向言晉道殣相望。而女富溢尤。歎其以樂慆憂。匈奴未滅。何以家為。霍去病能之。而麗人恣金帳之飲醻。壯士悲玉關之易老。兒郎寒冷。誰敢邀求。蚤蝨壘衣。曰禦強敵。修劍拄頤。有生之樂尚未能。覩鼓疲卒。安得殺愛妾以啗將士。提孤壘抗百萬之師者乎。唐魏徵言若君臣之間動存形迹。天下安危尚未可知。蓋面從後言。帝朝深戒。色仁行違。望門不取。豈有隨聲是非。徇情可否。磨礲圭角。刓落風稜。習故為常。若無足恠。然恐軟熟之風積成委靡。順適不已。流入姦回。西都銷愞。實符命之濫觴。前晉風流。職亂華之梯禍。可不懼乎。臣所謂有以銷磨士大夫之壯氣者。皆風俗奢偽使然也。孟子言不信仁賢。則國空虛。今尊賢使能。俊傑在位。而國匱民貧自若。又曰。上有仁心仁聞而民不被其澤者。不行先王之道也。今發政施仁。愛若赤子。而民不被其澤者滋甚。其故何也。千里之生宅於太守。百里之命寄於縣令。陛下字民有訓。戒貪有箴。昭於日星。嚴於雷霆。近畿列郡。選擇精明。遐陬偏壘。率多饕戾。除命伊如。神明在前。條畫既頒。墻壁虛語。倚急符之煎迫。痛帑庾之枵虛。剜肉醫瘡。尚云常賦。椎肌剝髓。動及亡辜。貪未嘗不戒。而貪夫多得志。廉未嘗不奬。而廉士或埋光。得非羽玉飛金脫粟之名可釣。飲冰食蘗。即墨之毀難封。蓋多貲者多助。孤植者孤

危。大臣法。小臣廉。國之肥也。今朝廷卻貢羨。府第絕苞苴。而篚篚塞途。賂遺絡繹。關門既入。如水沃焦。郡將諸邑之表倡。不足示儀。則賄令愈肆。誅求。監司列城之耳目。不能端矩。則繆守何所忌憚。上下交征。靡恥道喪。民窮至骨。誰實矜憐。古學無傳。文奸欺世。為妻妾宮室貧乏所識。失其本心。處汙穢而不羞。激怨讟以生變。先臣李覯有言。為貪為暴為寒為飢。此而不為盜賊。臣不知其所歸。臣所謂無以洗濯天下之貪習者。皆理義晦蝕之故也。然臣聞聖人不能為時。能不失時。陛下春秋鼎盛。德澤有加。帥臣精神折衝。智慮深遠。群公守理奉法。品式具備。天下延頸而望太平。當乘此時奮發剛斷。剗除蠹弊。曠然明白洞達之意。軒豁陰幽揜覆之私。罷不急之務。省無名之費。按行祖宗之令典。民間疾苦。田婦許以席殿而無避。猳豘之失。細民得以撾鼓而上聞。行衞文大帛之規。儲纖將以易胡人之首。厲越踐

卧薪之志。榻外豈容他人鼾睡。以藝祖之勤。徒步而幸作坊。幸染院。幸造船場。掖庭宮女願歸者。加厚賜遣。以高皇之儉。棄內侍珠囊於汴水。碎螺鈿椅卓於通衢。館陶民訴括田不實。決縣令流之海島。吏部郎監納河陽夏稅。收一斛五升之羨。黜奪其官。鬻鈔者棄市。犯法則有劍。一遵建隆之制。使中外灼知上意。四聰四目。罔不明達。宮中府中。俱為一體。若是。則法禁嚴而風俗厚。黜陟明而吏治興。可以富民而錯刑。可以強兵而服戎虜矣。惟陛下與大臣亟圖之。宗社幸甚。天下幸甚。

牟濚上奏曰。臣待罪郎潛。莫知補報。誤蒙親擢。俾侍經帷。自惟學問空疎。無以仰裨聖德之萬一。茲當陛對。敢罄愚忠。惟陛下垂聽。臣聞傅說告高宗曰。非知之艱。行之惟艱。夫致知力行。互相發明。而知常在先。明知固未易也。而傅說獨以行為難。何哉。蓋高宗舊學甘盤。知道之君也。傅說惟勉之以行其所知而已。臣恭惟皇帝陛下。睿哲由於天稟。聖學得之心傳。當臨政願治之初。日以繼志述事為念。所謂志者。先皇帝有此心而未及行。陛下因而行之。此繼志也。所謂事者。先皇帝已見之施行而未及竟。陛下終能行之。此述事也。復故王之官爵。先帝素有此心也。陛下體先志而行之。而先帝不得已之本心昭白於天下矣。去內司之積弊。先帝之已施行也。陛下述往事而行之。而先帝去邪之盛德。有光於青史矣。信用君子。先帝之心也。其或厄於小人而去。非先帝之志也。容受直言。先帝之心也。其或觸忤姦邪而去。非先帝之志也。陛下首取公論之所與者。特加召擢。登之要路。而天下知陛下有意於開言路矣。白身出官。特旨賜第。先帝之異恩也。謂宜何以上報。知遇而乃贓汙狼籍。不知自反。常懷李振清流濁流之憤。不由儒科。徑踐二府。先帝之殊遇也。謂宜何以上答聖知。而

乃窟穴織甸。老不知退。躬蹈聖人患得患失之戒。陛下因公論所不與而屏去之。而天下知陛下有意於重名器矣。絕貢獻以塞僥倖之門。尚先帝卻長沙羨金之遺意也。灑宸翰以明正邪之辨。尚先帝親君子遠小人之遺訓也。先帝所欲行。陛下善繼而行之。先帝所已行。陛下善述而行之。先帝之心。惟陛下知之。而陛下之心。天下亦既知之矣。臣猶謂知之而不行。猶不知也。行之而不力。猶不行也。自昔君子小人勢不兩立。舜用十六相。先去四凶。明四凶不去。則十六相不能悉心以輔治。臣願陛下充所知而行之。知其為君子。則愛之惜之。有言焉則用之。毋使小人得以乘其間。知其為小人。則去之遠之。自其根萌而絕之。毋使君子或至受其禍。坤之初六曰。履霜堅冰至。霜陰之微也。冰陰之著也。履霜而知其必至於堅冰。猶小人不可使長而至於盛。當自其微而謹之也。古今治亂。率由乎此。今陽明用[illegible]而

陰濁無所施其巧。衆正彙升而羣小無所容其奸。以清明之朝廷行快活之條貫。固世道之幸。而蒼生之福。然而君子得志。小人不願也。紹述之説行。則元祐變而紹聖矣。愛莫助之之圖進。則建中靖國轉而崇寧矣。是非國家之福也。今雖萬萬無是。必也聖心清明。終始如一。嘿察陰陽消長之機。而辨之於早焉。庶幾無堅冰之慮矣。抑臣又有聞。憂治世危明主。君子所以異於小人也。古人曰以水旱盜賊奏尚唐虞相與儆戒之意。若後世所謂天下已太平。則狃於宴安。不爲遠慮。誤人國家。必此言也。此君子小人之分也。昔唐憲宗留心庶政。謂李絳等曰。凡好事口説則易。躬行則難。卿等既爲朕言之。亦須行之。勿空陳而已。絳奏曰。陛下今日處分。可謂至言。然臣絳亦以爲天下之人從陛下所行。不從陛下所言。願陛下每言之則必行之。絳之言尚傳説知行之意也。惟陛下留神。

灤又進故事曰。易曰。君子以思患而豫防之。書曰。遠乃猷。詩云。猷之未遠。是用大諫。昔聖人之教民也。使之方暑則備寒。方寒則備暑。七月之詩是也。今夫市井稗販之人。猶知旱則資舟。水則資車。夏則儲裘褐。冬則儲絺綌。彼偷安苟生之徒。朝醉飽暮饑寒者。雖與之俱爲編戶。貧富必不侔矣。況爲天下國家者。豈可不制治於未亂。保邦於未危乎。詩云。迨天之未陰雨。徹彼桑土。綢繆牖戶。今此下民。或敢侮予。孔子曰。爲此詩者。其知道乎。能治其國家。誰敢侮之。迨天之未陰雨者。國家閒暇無灾害之時也。徹彼桑土者。求賢於隱微也。綢繆牖戶者。脩敕其政治也。夫桑土者。鴟鴞所以固其室也。賢雋者。明主所以固其國也。國既固矣。雖有侮之者。庸何傷哉。

臣聞及閒暇。明政刑。有國之遠慮。憂治世危明主。臣子之至情。方天下以爲無事之時。而不復思久安長治之策。此賈誼所以長太息於漢文之世也。昔司馬光上仁宗皇帝五規。其三曰遠謀。以謂當時有位者狃於升平。不爲遠慮。至論公卿大夫。或養交飾譽以待遷。或容身免過以待去。自非憂公忘私之人。大抵多懷苟且之計。莫肯爲十年之規。況萬世之慮乎。夫仁宗之時。太平極治之時也。主聖臣賢。相與講明治道。未必有闕政。而光言如此。以今視昔爲何如時。可不深長思耶。先皇帝臨御日久。留意人物。然而以名取人。而名未必副其實。以才用人。而才未必真有用也。天下大富貴。誰實享之而去。而國家大患難。則相視束手。至歸過於君父而諉其責於他人。先皇帝晚年閱天下義理至熟。更天下事變既多。深入聖慮。取得罪公論者斥遠之。小有才而未聞大道者屏退之。數求碩賢以遺陛下。於衆人思慮所不及者。獨加意焉。舉天下大器付陛下。貽謀可謂遠矣。

陛下聖明天縱。學問日新。堯言初布。天下鼓舞。真不負先皇付託。而大臣可謂不負先皇簡拔矣。今天下雖暫安。而以爲治安則未也。濟濟多士。文王以寧。而士猶未至於多也。事會之來無窮。而人才亦與之無窮。臣願陛下與大臣精思而熟慮之。取才不嫌乎廣。在精擇而用之耳。求言不妨乎博。在審聽而行之耳。將帥當選。牧守當擇。士卒當練。民生當厚。庶幾制治于未亂。保邦於未危。爲國家立無窮之業。而君臣之間亦有無窮之聞。此先皇帝所望於陛下與今日之大臣也。光前朝元老。國之蓍龜。所言真有益於治道。臣敢以其所以告仁宗皇帝者推廣之以告陛下。非但曰應故事而已。惟陛下垂聽。

幼主時。祕書郎徐宗仁奏乞察欣瘁休戚之故。酌利害損益之宜。孰爲當因。孰爲當革。孰爲可罷。孰爲可行。則析東泉貨兼遠近。便開通

關梁而商賈行。下脩身奉法之詔。而吏得自新。出輸倉助貸之令。而
民免貴糴。窒墨敕之門。而無官府黜陟之異。止輪臺之議。而無疆界
彼此之分。則氣脈蘇醒。意向翕合矣。

治道

遼興宗重熙四年。詔天下言治道之要。天成軍節度使蕭韓家奴對
曰。臣伏見比年以來。高麗未賓。阻卜猶強。戰守之備。誠不容已。乃者
選富民防邊。自備糧糗。道路脩阻。動淹歲月。比至屯所。費已過半。隻
牛單轂。鮮有還者。其無丁之家。倍直傭僦。人憚其勞。半途亡竄。故戍
卒之食。多不能給。求假于人。則十倍其息。至有鬻子割田不能償者。
或逋役不歸。在軍物故。則復補以少壯。其鴨渌江之東。戍役大率如
此。況渤海女直高麗合從連衡。不時征討。富者從軍。貧者偵候。加之
水旱。菽粟不登。民以日困。蓋勢使之然也。方今最重之役。無過西戍。
如無西戍。雖遇凶年。困弊不至於此。若能徙西戍稍近。則往來不勞。
民無深患。議者謂徙之非便。一則損威名。二則召侵侮。三則棄耕牧
之地。臣謂不然。阻卜諸部。自來有之。曩時北至臚朐。南至邊境。人多
散居。無所統一。惟往來抄掠。及太祖西征。至於流沙。阻卜望風悉降。
西域諸國。皆願入貢。因遷種落。內置二部。以益吾國。不營城邑。不置
戍兵。阻卜累世不敢為寇。統和間。皇太妃出師西域。拓土既遠。降附
亦衆。自後一部或叛。鄰部討之。使同力相制。正得馭遠人之道。及城
可敦。開境數千里。西北之民。徭役日增。生業日殫。警急既不能救。叛
服亦復不恒。空有廣地之名。而無得地之實。若貪土不已。漸至虛耗。
其患有不勝言者。況邊情不可深信。亦不可頓絕。得不為益。捨不為
損。國家大敵。惟在南方。今雖連和。難保他日。若南方有變。屯戍遼邈。
卒難赴援。我進則敵退。我還則敵來。不可不慮也。方今太平已久。正
可恩結諸部。釋罪而歸地。內徙戍兵。以增堡障。外明約束。以正疆界。
每部各置酋長。歲修職貢。叛則討之。服則撫之。諸部既安。必不生釁。

如是則臣雖不能保其久而無變知其必不深入侵掠也或云棄地
則損威殊不知殫費竭財以貪無用之地使彼小部抗衡大國萬一
有敗損威豈淺或又云沃壤不可遽棄臣以為土雖沃民不能久居
一旦敵來則不免內徙豈可指為吾土而惜之夫郛廩雖隨部而有
此特周急部民一偏之惠不能均濟天下如欲均濟天下則當知民
困之由而窒隙節盤遊簡驛傳薄賦斂戒奢侈期以數年則困者可
蘇貧者可富矣蓋民者國之本兵者國之衛兵不調則曠軍役調之
則損國本且諸部皆補役之法昔補役始行居者行者類皆富實故
累世從戍易為更代近歲邊虞數起民多匱乏既不任役事隨補隨
缺苟無上戶則中戶當之曠日彌年其窮益甚所以取代為難也非
惟補役如此在邊戍兵亦然譬如一杯之土豈能填尋丈之壑欲為
長久之便莫若使遠戍疲兵還於故鄉薄其徭役使人人給足則補
役之道可以復故也臣又聞自昔有國家者不能無盜比年以來群
黎凋弊利於剽竊良民往往化為凶暴甚者殺人無忌至有亡命山
澤基亂首禍所謂民以困窮皆為盜賊者誠如聖慮今欲芟夷本根
願陛下輕徭省役使民務農衣食既足安習教化而重犯法則民趨
禮義刑罰罕用矣臣聞唐太宗問群臣治盜之方皆曰嚴刑峻法太
宗笑曰寇盜所以滋者由賦斂無度民不聊生今朕內省嗜欲外罷
游幸使海內安靜則寇盜自止由此觀之寇盜多寡皆由衣食豐儉
徭役重輕耳今宜徙可敦城於近地與西南副都部署烏古敵烈隗
烏古等部聲援相接罷黑嶺二軍并開保州皆隸東京益東北戍軍
及南京總管兵增修壁壘候尉相望繕完樓櫓浚治城隍以為邊防
此方今之急務也願陛下裁之
道宗咸雍間耶律氏上時政其畧曰君以民為體民以君為心人主

當任忠賢人臣當去比周則政化平陰陽順欲懷遠則崇恩尚德欲
強國則輕徭薄賦四端五典為治教之本六府三事實生民之命淫
侈可以為戒勤儉可以為師錯枉則人不敢詐顯忠則人不敢欺勿
泥空門崇飾土木勿事邊鄙妄廢金帛滿當思溢安必慮危刑罰當
罪則民勸善不寶遠物則賢者至建萬世磐石之業制諸部強橫之
心欲率下則先正身欲治遠則始朝廷上稱善
金熙宗時翰林待制兼右諫議大夫程寀上奏曰臣聞善醫者不視
他人之肥瘠察其脉之病原而已善計天下者不視天下之安危察
其紀綱理否而已天下者人也安危者肥瘠也紀綱者脉也脉不病
雖瘠不害脉病而肥者危矣是故四肢雖無故不足恃也脉而已矣
天下雖無事不足矜也綱紀而已矣尚書省天子喉舌之官綱紀在
焉臣願詔尚書省戒勵百官各揚其職以立綱紀如吏部天官以進
賢退不肖為任誠使升黜有科任得其人則綱紀理而民受其賜前
代興替未始不由此者
世宗大定中上命六品以上官十日以次轉對戶部郎中李仲略乃
進言曰凡救其末不若正其本所謂本者厚風俗去冗食養財用而
已厚風俗在乎立制度禁奢僭去冗食在乎寵力農抑游墮養財用
在乎廣儲蓄時斂散商賈不通難得之貨工匠不作無用之器則下
知重本下知重本則末息矣
同知西京留守事曹望之上書論便宜事其一論山東河北猛安謀
克與百姓雜處民多失業陳蔡汝潁之間土廣人稀宜徙百姓以實
其處復數年之賦以安輯之百姓亡命及避役軍中者閱實其人使
還本貫或編近縣以為客戶或留為佃戶者亦籍其姓名州縣與猛
安事干涉者無相黨匿庶幾軍民協和盜賊彌息其二論薦舉之法

虛文無實。宰相拔擢及其所識。不及其所不識。內外官所舉亦輒不用。或指以為朋黨。遂不敢復舉。宜令宰執歲舉三品二人。御史大夫以下內外官終秩舉二人。自此以下以品殺為差等。終秩不舉者遇轉官勒不遷。三品者削後任俸三月。其舉者已改除。吏部以類品第季而上之。三品闕。則於類第四品中補授。四品五品以下。視此為差。其待以不次者。宰執具才行功實以聞。舉當否。罪當如律。廉介之士。老於令幕無舉主者。七考無贓私罪者。准朝官三考勞敘。吏部每季圖上外路職官姓名。路為一圖。大書贓汙者於其名下。使知畏慎。外任五品以上官改除。令代之者。具功過以聞。年六十以上者。終更赴調。有司察其視聽精力。老疾不堪釐務。給以半祿罷遣。其三論守邊將帥及沿邊州縣官。漁剝軍民。擅興力役。宜歲遣監察御史周行察之。邊部有訟。招討司無得輒遣白身人徵斷。宜於省部有出身女真契丹人及縣令丞簿中。擇廉能者。因其風俗。略定科條。務為簡易。徵斷羊馬入官籍數。如邊部遇饑饉。即以此賑給之。招討及都監視事。宜限邊部饋送馳馬。招討司女直人戶。或擷野菜以濟艱食。而軍中舊籍馬死。則一村均錢補買。往往鬻妻子賣耕牛以備之。臣恐數年之後。邊防困弊。臨時賑濟。費財十倍而無益。早為之所則財用省而邊備實矣。官給軍箭用盡。則市以補之。皆朽鈍不堪用。可每歲給官箭一分以補其闕。邊民闕食給米。地遠負重。往往就倉賤賣而去。可計口支錢。則公私兩便。陝西正副宜如猛安謀克用土人一貟隊將亦宜參用土人久居其任。增弓箭田。復其賦役。以廉吏為提舉。舉察總管府以下官。農隙校閱。以嚴武備。則太平之時。有經略之制矣。

章宗明昌初。銳意于治平。參知政事徒單鎰上書。其畧曰。臣竊觀唐虞之書。其臣之進言於君曰。戒哉懋哉。曰吁曰都。既陳其戒。復導其

美。君之為治也。必曰稽於衆。舍己從人。既能聽之。又能行之。又從而興起之。君臣上下之間。相與如此。陛下繼興隆之運。撫太平之基。誠宜稽古崇德。留意於此。無因物以好惡喜怒。無以好惡喜怒輕忽小善。不邮人言。夫上下之情有通塞。天地之運有否泰。唐陸贄嘗陳隔塞之九弊。上有其六。下有其三。陛下能慎其六。為臣子者敢不慎其三哉。上下之情既通。則大綱舉而群目張矣。

泰和三年。太常卿侯摯上章言九事。其一曰。省部所以總天下之紀綱。今隨路宣差便宜從冝。往往不遵條格。輒劄付六部及三品以下官。其於紀綱。豈不紊亂。宜革其弊。其二曰。近置四帥府所統兵校。不為不衆。然而弗克取勝者。蓋一處受敵。餘徒傍觀。未嘗發一卒以為援。稍見小却。則棄戈遁去。此師老將怯故也。將將之道。惟陛下察之。其三曰。率兵禦寇。督民運粮。各有所職。本不可以兼行。而帥府每令雜進。累遇寇至。軍未戰而丁夫已遁。行伍錯亂。敗之由也。夫前陣雖勝。而後必更者。恐為敵所料耳。況不勝哉。用兵尚變。本無定形。今乃因循不改。覆轍。臣雖素不知兵。妄謂率由此失。其四曰。雄保安肅諸郡。據白溝易水西山之固。今多闕貟。又所任者皆柔懦不武。宜亟選勇猛才幹者分典之。其五曰。漳水自衛至海。宜沿流設備以固山東。使力穡之民。安服田畝。其六曰。近都州縣官吏。往往逋逃。蓋以往來敵中失身者多。兼轉輸頻併。民力困弊。應給不前。復遭責罰。秩滿乃與他處一體計資考。實負其人。乞詔有司優定等級。以別異之。其七曰。兵威不振。罪在將帥輕敵妄舉。如近日李英為帥。臨陣之際。酒猶未醒。是以取敗。臣謂英既無功。其濫注官爵。並宜削奪。其八曰。大河之北。民失稼穡。官無俸給。上下不安。皆欲逃竄。加以潰散軍卒。還相剽掠。以致平民愈不聊生。宜優加矜恤。亟招撫之。其九曰。從來掌兵

者多用世襲之官。此屬自幼驕惰。不任勞苦。且心膽懦怯。何足倚辦。宜選驍勇過人衆所推服者。不考其素用之。上略施行焉。

宣宗貞祐二年。權監察御史完顏素蘭上書言事。略曰。昔東海在位。信用讒諂。疏斥忠直。以致小人日進。君子日退。紀綱紊亂。法度益隳。風折城門之關。火焚市里之舍。蓋上天垂象以儆懼之也。言者勸其親君子。遠小人。恐懼修省。以荅天變。東海不從。遂至亡滅。夫善救亂者。必迹其亂之所由生。善革弊者。必究其弊之所自起。誠能大明黜陟。以革東海之政。則治安之効。可指日而待也。陛下龍興。不思出此。輒議南遷。詔下之日。士民相率上章請留。啓行之日。風雨不時。橋梁數壞。人心天意。亦可見矣。此事既往。豈容復追。但自今尤宜戒慎。覆車之轍。不可引轅而復蹈也。又曰。國家不可一日無兵。兵不可一日無食。陛下為社稷之計。宮中用度。皆從貶損。而有司復多置軍官。不恤妄費。甚無謂也。或謂軍官之衆。所以張大威聲。臣竊以為不然。不加精選。而徒務其多。緩急臨敵。其可用乎。且中都惟其粮乏。故使車駕至此。稍獲安地。遂忘其危而不之備。萬一再如前日。未知有司復請陛下何之也。

三年。劉炳中進士第。即日上書條便宜十事。其一曰。任諸王以鎮社稷。臣觀往歲王師屢戰屢却。率皆自敗。承平日久。人不知兵。將帥非才。既無靖難之謀。又無効死之節。外託持重之名。而内為自安之計。擇驍果以自隨。委疲懦以臨陣。陣勢稍動。望塵先奔。士卒從而大潰。朝廷不加詰問。輒為益兵。是以法度日紊。倉庾日虛。閭井日凋。土地日蹙。自大駕南巡。遠近相望。益無固志。吏任河北者。以為不幸。逡巡退避。莫之敢前。昔唐天寶之末。洛陽潼關。相次失守。皇輿夜出。向非太子迴趨靈武。率先諸將。則西行之士。當終老於劍南矣。臣願陛下

擇諸王之英明者。總監天下之兵。北駐重鎮。移檄遠近。戒以軍政。則四方聞風者。皆將自奮。前死不避。折衝禦難。無大於此。夫人情可以氣激。不可以力使。一卒先登。則萬夫齊奮。此古人所以先身教而後威令也。二曰。結人心以固基本。天子惠人。不在施予。在于除其同患。因所利而利之。今艱危之後。易於為患。因其欲安而慰撫之。則忠誠親上之心。當益加於前日。臣願寬其賦役。信其號令。凡事不便者。一切停罷。時遣重臣。按行郡縣。延見耆老。問其疾苦。選廉正。黜貪殘。拯貧窮。卹孤獨。勞來還定。則効忠徇義。無有二志矣。故曰。安民可與行義。危民易與為亂。惟陛下留神。三曰。廣收人材以備國用。備歲寒者。必求貂狐。適長塗者。必當騏驥。河南陝西。車駕臨幸。當有以大慰士民之心。其有操行為民望者。稍擢用之。平居可以勵風俗。緩急可以備驅策。昭示新恩。易民觀聽。陰係天下之心也。四曰。選守令以安百姓。郡守縣令。天子所恃以為治。百姓所依以為命者也。今衆庶已弊。官吏庸暗。無安利之才。貪暴昏亂。與姦為市。公有斗粟之賦。私有萬錢之求。遠近囂囂。無所控告。自今非才器過人。政迹卓異者。不可使在此職。親勳故舊。雖望隆資高。不可使為長吏。則賢者喜於殊用。益盡其能。不肖者愧慕而思自勵矣。五曰。褒忠義以勵臣節。忠義之士。奮身効命。力盡城破而不少屈。事定之後。有司略不加省。棄職者顧以恩貸。死事者反不見錄。天下何所慕憚而不為自安之計邪。使為臣者皆知殺身之無益。臨難可以苟免。甚非國家之利也。六曰。務農力本以廣蓄積。此最強兵富民之要術。當今之急務也。七曰。崇節儉以省財用。今海内虛耗。田疇荒蕪。廢簪從儉。以紓生民之急。無先於此者。八曰。去冗食以助軍費。兵革之後。人物凋喪者十四五。郡縣官吏署置如故。甚非審權救弊之道。九曰。修軍政以習守戰。自古名將

料敵制勝訓練士卒故使赴湯蹈火百戰不殆孔子曰以不教民戰
是謂棄之兵法曰器械不利以其卒與敵也卒不服習以其將與敵
也將不知兵以其主與敵也主不擇將以其國與敵也可不慎哉十
曰修城池以備守禦保障國家惟都城與附近數郡耳北地不守是
無河朔矣黃河豈足恃哉書奏宣宗異焉
四年陳規上章言陛下以上聖寬仁之資當天地否極之運廣開言
路以求至論雖狂妄失實者亦不坐罪臣忝耳目之官居可言之地
苟為緘默何以仰酬洪造謹條陳八事願不以人微而廢之則無可
採乞放歸山林以懲尸祿之罪一曰責大臣以身任安危今北兵起
自邊陲深入吾境大小之戰無不勝捷以致神都覆沒翠華南狩中
原之民肝腦塗地大河以北莽為盜區臣每念及此驚怛不已況宰
相大臣皆社稷生靈所繫以安危者豈得不為陛下憂慮哉每朝奏

議不過目前數條特以碎末互生異同俱非救時之急者況近詔軍
旅之務專委樞府尚書省坐視利害泛然不問以為責不在己其於
避嫌周身之計則得矣社稷生靈將何所賴古語云疑則勿任任則
勿疑又曰謀之欲衆斷之欲獨陛下既以宰相任之豈可使親其細
而不責其大者乎伏願特出睿斷若軍伍器械常程文牘即聽樞府
專行至于戰守大計征討密謀皆須省院同議可否則為大臣者知
有所責而天下可為矣二曰任臺諫以廣耳目人主有政事之臣有
議論之臣政事之臣者宰相執政和陰陽遂萬物鎮撫四夷親附百姓
與天子經綸於廟堂之上者也議論之臣者諫官御史與天子辨曲
直正是非者也二者豈可偏廢哉昔唐文皇制中書門下入閤議事
皆令諫官隨之有失輒諫國朝雖設諫官徒備員耳每遇奏事皆令
迴避或兼他職或為省部所差有終任不覩天顏不出一言而去者

雖有御史不過責以糾察官吏照刷案牘巡視倉庫而已其事關利
害或政令更革則皆以為機密而不聞萬一政事之臣專任胸臆威
福自由或掌兵者以私見敗事機陛下安得而知之伏願遴選學術
該博通曉世務骨鯁敢言者以為臺諫凡事關利害皆令預議其或
不當悉聽論列不許兼職及充省部委差苟畏徇不言則從而黜之
三曰崇節儉以答天意昔衛文公乘狄人滅國之餘徙居楚丘纔革
車三十兩乃躬行儉約冠大帛之冠衣大布之衣季年致騋牝三千
遂為富庶漢文帝承秦項戰爭之後四海困窮天子不能具鈞駟乃
示以敦朴身衣弋綈足履革舃未幾天下富安四夷咸服國家自兵
興以來州縣殘毀存者復為土寇所擾獨河南稍完然大駕所在其
費不貲舉天下所奉責之一路顧不難哉賴陛下慈仁上天眷佑蝗
災之餘而去歲秋禾今年夏麥稍得支持夫應天者要在以實行儉

者天必降福切見宮中及東宮奉養與平時無異隨朝官吏諸局承
應人亦未嘗有所裁省至於貴臣豪族掌兵官莫不以奢侈相尚服
食車馬惟事紛華今京師鬻明金衣服及珠玉犀象者日增於舊俱
非克己消厄之道願陛下以衛文公漢文帝為法凡所奉之物痛自
撙節罷冗員減浮費戒豪侈禁戢明金服飾庶皇天悔禍太平可致
四曰選守令以結民心方今舉天下官吏軍兵之費轉輸營造之勞
皆仰給河南陝西加之連年蝗旱百姓薦饑行賑濟則倉廩懸乏
免征調則用度不足欲其實惠及民惟得賢守令而已當賦役繁殷
期會促迫之際若措畫有方則百姓力省而易辦一或乖謬有不勝
其害者況縣令之弊無甚于今由軍衛監當進納勞効而得者十居
八九其桀黠者乘時貪縱庸懦者權歸猾吏近雖遣官廉察治其姦
濫易其疲軟然代者亦非選擇所謂除狼得虎也伏乞明勅尚書省

公選廉潔無私才堪牧民者以補州府官仍請縣令之選及責隨朝七品外任六品以上官各保堪任縣令者一員如他日犯贓並從坐其資歷已係正七品及見任縣令者皆聽寄理俟秩滿升遷復令監察以時巡按有不法及不任職者究治之則實惠及民而民心固矣五曰博謀群臣以定大計比者徙河北軍戶百萬餘口于河南雖革去冗濫而所存猶四十二萬有奇歲支粟三百八十餘萬斛致竭一路終歲之斂不能贍此不耕不戰之人雖無邊事亦將坐困況兵事方興未見息期耶近欲分布沿河使自種殖然游惰之人不知耕稼群飲賭博習以成風是徒煩有司徵索課租而已舉數百萬衆坐糜廩給緩之則用闕急之則民疲朝廷惟此一事已不知所處又何以待敵哉是蓋不察於初不計其後致此誤也使初遷時去留從其所願則欲來者是以自贍之家何假官廩其留者必有避難之所不必強遣當不至今日措畫之難古昔人君將舉大事則謀及乃心謀及卿士庶人卜筮已自今凡有大事必令省院臺諫及隨朝五品以上官同議為便六曰重官賞以勸有功陛下即位以來屢沛覃恩以均大慶不吝官爵以激人心至有未滿一任而併進十級承應未出職而已帶驃騎榮祿者冗濫之極至于如此復開鬻爵進獻之門然則被堅執銳効死行陣者何所勸哉官本虛名特出於人主之口而天下之人極意趨慕者以朝廷愛重耳若不計勳勞朝授一官暮升一職人亦將輕之而不慕矣已然之事既不可咎伏願陛下重惜將來無使公器為尋常之具功賞為僥倖所乘又今之散官動至三品有司艱於遷授宜於減罷八資內量增階數易以美名庶幾歷官者不至于太驟而國家恩權不失之太輕矣七曰選將帥以明軍法夫將者國之司命天下所恃以安危者也舉萬衆之命付之一人呼吸

之間以決生死其任顧不重歟自北兵入境野戰則全軍俱殘城守則闔郡被屠豈皆士卒單弱守備不嚴哉特以庸將不知用兵之道而已古語云三辰不軌取士為相四夷交侵拔卒為將今之將帥夫抵先論出身官品或門閥膏粱之子或親故假托之流平居則意氣自高遇敵則首尾退縮將帥既自畏怯士卒夫誰肯前又居常裒刻納其饋獻士卒困之以擾良民而莫可制及率之應敵在途則前後亂行頓次則排門擇屋恐逼小民恣其求索以此責其畏法死事豈不難哉況今軍官數多自千戶而上有萬戶有副統有都統有副提控十羊九牧號令不一動相牽制切聞國初取天下元帥而下惟有萬戶所統軍士不下數萬人專制一路豈在多哉多則難擇少則易精今之軍法每二十五人為一謀克四謀克為一千戶謀克之下有蒲輦一人旗鼓司火頭五人其任戰者纔十有八人而已又為頭目選其壯健以給使令則是一千戶所統不及百人不足成其隊伍矣古之良將常與士卒同甘苦今軍官既有俸廩又有券糧一日之給兼數十人之用將帥則豐飽有餘士卒則飢寒不足曷若裁省冗食而加之軍士哉伏乞明勑大臣精選通曉軍政者分詣諸路編列隊伍要必五十人為一謀克四謀克為一千戶五千戶為一萬戶謂之散將萬人設一都統謂之大將總之帥府數不足者皆併之其副統副提控及無軍虛設都統萬戶者悉罷省仍勑省院大臣及內外五品以上各舉方畧優長武勇出衆材堪將帥者一二人不限官品以充萬戶以上都統元帥之職千戶以下選軍中有謀畧武藝為衆所服者充申明軍法居常教閱必使將帥明於奇正虛實之數士卒熟于坐作進退之節至于弓矢鎧仗須令自負習於勞苦若有所犯必刑無赦則將帥得人士氣自振可以待敵矣八曰練士卒以振兵威

昔周世宗常曰。兵貴精而不貴多。百農夫不能養一戰士。奈何朘民脂膏養此無用之卒。苟健懦不分。衆何以勸。因大蒐軍卒。遂下淮南取三關。兵不血刃。選練之力也。唐魏徵曰。兵在以道御之而已。御壯健是以無敵于天下。何取細弱以增虛數。比者凡戰多敗。非由兵少。正以其多而不分健懦。故為敵所乘。懦者先奔。健者不能獨戰而遂潰。此所以取敗也。今莫若選差習兵公正之官。將已籍軍人隨其所長而類試之。其武藝出衆者。別作一軍。量增口糧。時加訓練。視等第而賞之。如此。則人激厲爭効所長。而衰懦者亦有可用之漸矣。昔唐文皇出征。常分其軍為上中下。凡臨敵則覩其強弱。使下當其上。而上當其中。中當其下。敵乘下軍不過奔逐數步。而上軍中軍已勝其二軍。用是常勝。蓋古之將帥亦有以懦兵委敵者。要在預為分別不使混淆耳。

興定二年。平章事胥鼎以宣宗多親細務。非帝王體。乃上奏曰。天下之大。萬幾之衆。錢穀之冗。非九重所能兼。則必付之有司。天子操大綱責成功而已。況今多故。豈可躬親細務哉。惟陛下委任大臣。坐收成算。則恢復之期不遠矣。上覽其奏不悅。謂宰臣曰。朕惟恐有怠。而鼎言如此何耶。高琪奏曰。聖主以宗廟社稷為心。法上天行健之義。憂勤庶政。夙夜不遑。乃太平之階也。

興定間。中都副留守郭文振上疏曰。楊子雲有言御得其道則天下狙詐咸作使。御失其道則天下狙詐咸作敵。有天下者。審所御而已。河朔自用兵之後。郡邑蕭然。並無官長。武夫悍卒。因緣而起。以為得志。僭越名位。各分角鬬。以相侵擾。雖有內除之官。亦不得領其職。所為不法。可勝言哉。乞行帥府擅請便宜妄自誇張以尊大其權。包藏之心。蓋可知也。朝廷因而撫之。假權傳授。至與各路帥府。力侔勢均。不相統屬。陝西行省總為節制。相去遼遠。道路梗塞。卒難聞知。故飛揚跋扈。無所畏憚。鄰道相望。莫敢誰何。自平陽城破已來。河北不置行省。朝廷信臣不復往來。布揚聲教。但命或刺行報而已。所司勞以酒食。悅以貨財。借其聲譽。共欺朝廷。姦偽既行。遂至驕恣。變故之生。何所不有。此臣所以夙夜痛心。而爲之憂懼也。乞分遣公廉之官編詣訪察。庶知所在利害之實。伏見澤潞等處。芻糧猶廣。人民猶衆。地多險阻。乞選重臣。復置行省。皆聽節制。上下相維。可臂指使之。則國勢日重。姦惡不萌矣。

元世祖在潛邸。聞李治賢。遣使召之。既至。問天下當何以治之。對曰。夫治天下。難則難於登天。易則易於反掌。蓋有法度則治。控名責實則治。進君子退小人則治。如是而治天下。豈不易於反掌乎。無法度則亂。有名無實則亂。進小人退君子則亂。如是而治天下。豈不難於登天乎。且為治之道。不過立法度正紀綱而已。紀綱者。上下相維持。法度者。賞罰示懲勸。今則大官小吏。下至編氓。皆自縱恣。以私害公。是無法度也。有功者未必得賞。有罪者未必被罰。甚則有功者或反受辱。有罪者或反獲寵。是無法度也。法度廢。紀綱壞。天下不變亂。已為幸矣。

世祖遣趙璧召姚樞至。大喜。待以客禮。詢及治道。乃為書數千言。首陳二帝三王之道。以治國平天下之大經。彙為八目。曰。脩身。力學。尊賢。親親。畏天。愛民。好善。遠佞。次及救時之弊。為條三十。曰。立省部。則庶政出一。綱舉紀張。令不行於朝而變於夕。辟才行。舉逸遺。慎銓選。汰職員。則不專世爵而人才出。班俸祿。則贓穢塞而公道開。定法律。審刑獄。則收生殺之權于朝。諸侯不得而專。丘山之罪。不致苟免。毫髮之過。免罹極法。而冤抑有伸。設監司。明黜陟。則善良奸窊可得而宰剌。閣徵斂則部族不擾於誅求。簡驛傳則州郡不困於需索。脩學校。崇經術。旌節孝。以為育人才厚風俗美教化之基。使士不媮於文華。重農桑。寬賦稅。省徭役。禁游惰。則民力紓。不趍於浮偽。且免習工技者歲加富溢。勸耕織者日就飢寒。肅軍政。使田里不知行營之擾攘。周匱乏。恤鰥寡。使顛連無告者有養。布屯田以實邊戍。通漕運以廩京都。倚債負。則賈胡不得以子為母。破稱貸之家。廣儲蓄。復常平以待凶荒。立平準以權物估。卻利便以塞倖塗。杜告訐以絕訟原。各疏弛張之方。其下。本末兼該。細大不遺。世祖奇其才。動必召問。

至元四年。樞為中書左丞。或言中書政事大壞。帝怒大臣。罪且不測者。樞上言。太祖開創。跨越前古。施治未遑。自後數朝官盛刑濫。民困財殫。陛下天資仁聖。自昔在潛。聽聖典。訪老成。日講治道。如邢州河南陝西皆不治之甚者。為置安撫經畧宣撫三使司。其法選人以居

職。頒俸以養廉。去汚濫以清政。勸農桑以富民。不及三年。號稱大治。諸路之民。望陛下之拯已。如赤子之求母。先帝陟遐。國難並興。天開聖人。纘承大統。即用歷代遺制。內立省部。外設監司。自中統至今五六年間。外侮內叛。繼繼不絕。然能使官離債負。民安賦役。府庫粗實。倉廩粗完。鈔法粗行。國用粗足。官吏遷轉。政事更新。皆陛下克保祖宗之基。信用先王之法所致。今創始治道。正宜上答天心。下結民心。睦親族以固本。建儲副以重祚。定大臣以當國。開經筵以格心。脩邊備以防虞。蓄糧餉以待歉。立學校以育才。勸農桑以厚生。是可以光先烈。成帝德。遺子孫。流遠譽。以陛下才畧。行此有餘。遹者伏聞聰聽日煩。朝廷政令。日改月異。如木始栽而復移。屋既架而復毀。遠近臣民。不勝戰懼。惟恐大本一廢。遠業難成。為陛下之後憂國家之重害。帝怒為釋。

元世祖即位。首召經畧使史天澤問以治國安民之道。天澤即具疏以對。大畧謂朝廷當先立省部以正紀綱。設監司以督諸路。霈恩澤以安反側。退貪殘以任賢能。頒俸秩以養廉。禁賄賂以防奸。庶能上下丕應。內外休息。帝嘉納之。

中統元年。郝經上立政議曰。臣經言前歲從扞牧圉至于武昌。聞先皇帝上僊。以為天命曆數在於陛下。至治可期。於是欲有所言而遽旋旆。臣經亦以負薪之憂。道路俯匐。今年三月。始達順天。而陛下應天龍飛。詔令使宋。倉卒入對。陛辭而出。和者斯傳聖旨。令條奏當今宜行事理。倚馬起草為便宜新政。畀仲謙和者斯等使譯奏。所欲言者。猶有未盡。今既渡淮入宋。引領北望。顧瞻魏闕。每為自誦。有君如此。可遂無言乎。於是作立政議。雖尸祝代庖。極為僭越。有所不計。臣聞所貴乎有天下者。謂其能作新樹立。列為明聖。德澤加於人。令聞

施於後也。非謂其志得意滿苟且而已也。志得意滿苟且一時與草木並朽而無聞。是為身者也。於天下何有。有志於天下者不貴也。為人之所不能為。立人之所不能立。變人之所不能變。卓然與天地並。沛然與造化同。雷厲風飛。日星明而江河流。天下莫不貴之。而已不以為貴。以為已所當為之職分也。古之有天下者莫不然。後之有天下者亦莫不當然。天下一大器也。用之久則必弊窳殘缺。甚則至於破碎分裂。置而不修則委而去之耳。生民萬物者器之所中者也。器弊而委則其中者亦必壞爛而不收。有志於天下者則為之倡率其群而修之。追琢而俾之完。扶持而置之安。藻飾而新之。滌蕩而潔之。使其中者可以食。可以藏。可以積豐。可以饜而飫。為器之主而天下王之。安富尊榮而享天下。彼志得意滿苟且一時者。見器之所有而不見器之殘缺。染指垂涎。放飯流歠。始則枵然。終則哆然。既飫而足。

并其器與其餘舉而棄之。不知餒之復至也。至於神器乏主。中藏盡亡。而天下餒者衆。於是群起而爭其餘。天下亂矣。夫紀綱禮義者。天下之元氣也。文物典章者。天下之命脉也。非是。則天下之器不能安。小廢則小壞。大廢則大壞。小爲之修完則小康。大爲之修完則太平。故有志於天下者。必爲之修而不棄也。以致治自期。以天下自任。孳孳汲汲。持扶安全。必至於成功而後已。使天下後世稱之曰。天下之禍至某君而除。天下之亂至某君而治。天下之亡者至某君而存。天下之未作者至某君而作。配天立極。繼統作帝。焜鴻號於無窮。若是則可謂有志於天下矣。由漢以來。尚志之君六七作。於漢則曰高帝。曰文帝。曰武帝。曰昭帝。曰宣帝。曰世祖。曰明帝。曰章帝。凡八帝。於三國則曰昭烈一帝。於晉則曰孝武一帝。於元魏則曰孝文一帝。於宇文周則曰武帝一帝。於唐則曰高祖。曰文皇。曰玄宗。曰憲宗。曰武宗。

曰宣宗。凡六帝。於後周。則曰世宗一帝。於宋則曰太祖。曰太宗。曰仁宗。曰高宗。曰孝宗。凡五帝。於金源則曰世宗。曰章宗。凡二帝。是皆光大炳烺。不辱於君人之名。有功於天下甚大。有德於生民甚厚。人之類不至於盡亡。天下不至於皆爲草木鳥獸。天下之人猶知有君臣父子夫婦昆弟人倫不至於大亂。綱紀禮義典章文物。不至於大壞。數君之力也。嗚呼。上下數千載。有志之君僅是數者。何苟且一時者多。而致治之君鮮也。雖然。是數君者獨能樹立。功成治定。揄揚於千載之下。豈不爲英主也哉。其視壞法亂紀。斁彝倫。毒海內。覆宗社。碌碌以偷生。子子以自蔽。甘爲懦懦者。可爲憫笑也。國家光有天下。綿歷四紀。恢拓疆宇。古莫與京。惜乎攻取之計甚切。而修完之功弗逮。天下之器日益弊。而生民日益憊也。蓋其幾一失。而其弊遂成。初下燕雲。奄有河朔。便當創法立制。而不爲。既并西域。滅金源。蹂荊襄。國勢大張。兵力崛起。民物稠夥。大有爲之時也。苟於是時。正紀綱。立法度。改元建號。比隆前代。使天下一新。漢唐之舉也。而不爲。於是法度廢則紀綱亡。官制廢則政事亡。都邑廢則宮室亡。學校廢則人材亡。廉恥廢則風俗亡。紀律廢則軍政亡。守令廢則民政亡。財賦廢則國用亡。天下之器雖存。而其實則無有。賴社稷之靈。祖宗之福。兵鋒所向。無不摧破。穿徹海嶽之銳。跨凌宇宙之氣。騰擲天地之力。隆隆殷殷。天下莫不懾伏。當太宗皇帝臨御之時。移剌楚材爲相。定稅賦。立造作。榷宣課。分郡縣。籍户口。理獄訟。別軍民。設科舉。推恩肆赦。方有志於天下。而一二不逞之人。投隙抵罅。相與排擯。百計攻訐。乘宮闈違豫之際。恣爲矯誣。卒使楚材憤悒以死。既而牽連黨與。倚疊締構。援進宵人。畀之以政。相與割剝天下。而天下被其禍。荼毒宛轉。十有餘年。生民顒顒。莫不引領望明君之出。先皇帝初踐寶位。皆以爲致

治之主不世出也。既而下令。鳩括符璽。督察郵傳。遣使四出。究核僣賊。以求民瘼。汚吏濫官。黜責遠遍。其願治之心亦切也。惜其授任皆前日害民之尤者。舊弊未去。新弊復生。其爲煩擾。又益劇甚。而致治幾又失也。今皇帝陛下統承先王。聖謨英略。恢廓正大。有一天下之勢。自金源以來。綱紀禮義文物典章皆已墜沒。其緒餘土苴。萬億之能一存。若不大爲振澡。與天下更始。以國朝之成法。援唐宋之故典。參遼金之遺制。設官分職。立政安民。成一王法。是亦因仍苟且。終於不可爲。使天下後世以爲無志於天下。歷代綱紀典制至今而盡。前無以貽謀。後無以取法。壞天地之元氣。愚生民之耳目。後世之人。因以竊笑而非之。痛惜而嘆惋也。昔元魏始有代地。便參用漢法。至孝文遷都洛陽。一以漢法爲政。典章文物。燦然與前代比隆。天下至今稱爲賢君。王通修元經。即與爲正統。是可以爲監也。金源氏起東北

小夷部曲數百人湨鴨綠取黄龍便建位號一用遼宋制度收二國名士置之近要使藻飾王化號十學士至世宗與宋定盟內外無事天下晏然法制修明風俗完厚真德秀謂金源氏典章法度在元魏右天下亦至今稱為賢君燕都故老語及先皇者必為流涕其德澤在人之深如此是又可以為監也今有漢唐之地而加大有漢唐之民而加多雖不能便如漢唐為元魏金源之治亦可也恭惟皇帝陛下資稟仁慈天錫智勇喜衣冠崇禮讓愛養中國有志於為治而為豪傑所歸生民所望久矣但斷然有為存典章立綱紀以安天下之器不為苟且一時之計奮揚乾剛應天革命進退黜陟使各厭伏天下不勞而治也今自踐祚以來下明詔蠲苛煩立新政去舊汙進茂異舉用老成緣飾以文附會漢法歛江上之兵先輸平之使一視以仁兼愛兩國天下顒顒莫不思見德化之盛至治之美也但恐害民

餘孽扳附姦邪更相援引比佽以進若不辨之於早猶夫前日也以有為之姿據有為之位秉有為之勢而不為有為之事與前代英主比隆陛下亦必愧怍而不為書曰罔不在厥初易曰履霜堅冰至詩曰如彼雨雪先集惟霰春秋書元年春王正月皆謹之於初辨之於早也有有為之志而不辨姦邪於早而卻之則鑠剛以柔蔽明以晦終不能以有為蓋彼姦人易合難去誘之以甘言承之以怡色賂之以重寶使雜迎合無所不至不辨之於早而拒之將墮其計援之以柄而隨之耳昔王安石拜參呂獻可即以十罪章之温公謂之太早獻可曰去天下之害不可不速異日諸君必受其禍安石得政宋果以亡温公曰呂獻可之先見范景仁之勇決吾不及也夫月暈而風礎潤而雨理有所必然雖天地亦可先見況於人乎方今之勢在於卓然有為斷之而已去舊汙平治天下舍我其誰若齊能用予則豈

徒齊民安天下之民舉安以齊王猶反手也又謂萬鍾於我何加焉富貴不能淫貧賤不能移威武不能屈乃為大丈夫則亦伊尹之儔也故伊尹而下以天下自任者孟子一人漢室傾頹群雄競起天下之士莫不徼倖功利反復於智數詐力汲汲以爭天下獨孔明高卧南陽抱膝長吟視天下不足為躬耕隴畝若將終身焉則亦伊尹耕莘之志也及昭烈三往知其仁誠敬讓可以有為遂起而委質焉則亦伊尹幡然而改也既從昭烈慨然以興復漢室為已任及求安顧命則曰臣竭股肱之力加之以忠貞繼之以死則亦伊尹佐太甲之事也至於內治既脩將以外攘以圖報效臨發上疏精忠懇盡藹然三代君臣復見伊訓太甲之書其將兵薄伐出入巖阻一以節制不為浪戰申明賞罰開布公道不規近利恢張遠圖秦漢而下復見王者之師其駐兵五丈原懿終不敢出則必定勝至其臨沒懿按視營

壘亦嘆服以為天下奇才則孟子以來以天下自任者又祇一人耳論者乃以為自比管樂管蕭亞匹將畧非所長又謂不當復漢不可以詐力雜仁義去中原入巴蜀非其地當如陳平用金間魏君臣或者又以魏為正統而書伐罪之師為入寇嗟乎孔明其可若是班乎乃以是期孔明而又以是立新政創法制辨人材綰結皇綱藻飾王化偃戈卻馬文致太平陛下今日之事也毋以為難而不為毋以為易而不足為投幾挈會比隆前王政在此時毋累於宵人不惑於群言兼聽俯納貴若一代號為英主臣之願也臣草茅愚昧既被知遇而又遠離軒陛日以隔越追於事幾故不辟斧鉞冒觸神威庶姦黨少卻綱紀粗立雖萬死無恨

經又奏曰竊聞天所畀與而能奉承是謂應天畀與而弗之膺是謂棄天天可棄乎故凡有天下國家者雖一民尺土莫敢忽而不治非

惟應天亦所以奉天也國家光有天下五十餘年包括緜長亘數萬里尺箠所及莫不臣服惜乎綱紀未盡立法度未盡舉治道未盡行天之所與者未盡應人之所望者未盡允也比年以來關右河南北之河朔少見治具而河朔之不治者河東河陽為尤甚近歲河陽三城亦在湔濯分裂頓滯者獨河東而已夫河東表裏山河形勝之區控引夷夏瞰臨中原古稱冀州天府南面以莅天下而上黨號稱天下之脊故堯舜禹三聖更帝迭王互為都邑以固鼎命以臨諸侯為至治之極降及叔世五伯迭興晉獨為諸侯盟主百有餘年漢晉以來自劉元海而下李唐後唐石晉劉漢皆由此以立國金源氏亦以平陽一道甲天下故河東者九州之冠也可使分裂頓滯極于困弊反居九州之下乎竊惟國家封建置度不獨私強本幹與親賢共享示以大公既分本國使諸王世享如殷周諸侯漢地諸道各使侯伯専制本道如唐藩鎮又使諸侯分食漢地諸道侯伯各有所屬則又如漢之郡國焉尊卑相維強弱相制與衆共有進退比次不敢相踰條貫井井如農夫之畔分撥公賦使為私食則亦一代之新制未為失也平陽一道隸拔都大王又兼真定河間道內鼓城等五處以屬籍最尊故分土獨大戶數特多使如諸道祗納十戶四斤絲一戶包銀二兩亦自不困近歲公賦仍舊而王賦皆使貢金不用銀絹雜色是以獨困於諸道河東土產菽多於桑而地宜麻專紡績織布故有大布卷布板布等自衣被外折損價直貿易白銀以供官賦民淳吏質而一道課銀獨高天下造為器皿萬里輸獻則亦不負王府也又必使貢黃金始白銀十折再則十五折復再至二十三十折至白銀二兩得黃金一錢自賣布至於得白銀又至於得黃金則十倍其費空筐篚之紡績盡妻女之釵釧猶未充數榜掠械繫不勝苦楚不敢

逃命則已極矣今王府又將一道細分使諸妃王子各征其民一道州郡至分為五七十頭項有得一城或數村者各差官臨督雖又如漢之分王王子諸侯各衣食官吏而不足況自貢金之外又誅求無藝乎於是轉徙逃散帝王之都邑豪傑之淵藪禮樂之風土富豪之人民荒空蕪沒盡為窮山餓水而人自相食始則視諸道為尊乃今困弊之最也國家血戰數十年以有此土何獨加意於陝右河南及河陽置河東而不問坐視其顛連宛轉而不恤獨非國家之赤子乎是天界此中土之冠而裂去不受也可乎哉願下一明詔約束王府罷其貢金止其細分使如諸道選明幹通直者為之總統俾持其綱維一其號令輕斂薄賦以養民力簡靜不繁以安民心省官吏以去冗食清刑罰以布愛利明賞罰以興黜陟設學校以勵風俗敦節義以立廉恥則分裂者一頓滯者舉九州之冠可正致治之樞可以風四方而動天下克受天之所畀天復萬萬無窮而畀之也經本澤人旅食他方二十餘年不得一抔松楸守先世之弊廬故願治之心比之他人為尤急天庭邃邈漫為瞻聽太行山色黯然凋瘁引領翹首望之而已居位操勢有以仁天下者可無意乎此非布衣所當言故援引杜牧之例名曰罪言干冒鐵鉞謹附使者以聞布衣陵川郝經言

歷代名臣奏議卷之六十五

歷代名臣奏議卷之六十六

治道

元世祖至元三年許衡召至京師命議事中書省衡乃上䟽其一曰
為天下國家有大規模規模既定循其序而行之使無過焉無不及
焉則治功可期否則心疑目眩變易紛更日計有餘而歲計不足未
見其可也昔子產處衰周之列國孔明用西蜀之一隅且有定論而
終身由之況堂堂天下可無一定之論而妄為之哉古今立國規摹
雖各不同然其大要在得天下心得天下心無它愛與公而已矣愛
則民心順公則民心服既順且服於為治也何有然開創之始重臣
挾功而難制有以害吾公小民雜屬而未一有以梗吾愛於此為計
其亦難矣自非英睿之君賢良之佐未易處也勢雖難制必求其所
以制衆雖未一必求其所以一前慮却顧因時順理予之奪之進之

退之內主甚堅外行甚易日戛月摩周旋曲折必使吾之愛吾之公
達於天下而後已至是則紀綱法度施行有地天下雖大可不勞而
理也然其先後之序緩急之宜密有定則可以意會而不可以言傳
也是之謂規摹國朝土宇曠遠諸民相雜俗既不同論難遽定考之
前代北方奄有中夏必行漢法可以長久故後魏遼金歷年最多其
它不能實用漢法皆亂亡相繼史冊具載昭昭可見也國家乃處遠
漠無事論此必知今日形勢非用漢法不宜也陸行資車水行資舟
反之則必不能行幽燕以北服食宜涼蜀漢以南服食宜熱反之則必
有變異以是論之國家當行漢法無疑也然萬世國俗累朝勳貴一
旦驅之下從臣僕之謀改亡國之俗其勢有甚難者苟非聰悟特達
曉知中原實歷代帝王為治之地則必咨嗟怨憤諠譁其不可也竊
嘗思之寒之與暑固為不同然寒之變暑也始於微溫溫而熱熱而

暑積百有八十二日而寒氣始盡暑之變寒其勢亦然山木之根力
可破石是亦積之之驗也苟能漸之摩之待以歲月心堅而確事易
而常未有不可變者然事有大小時有久近期小事於遠則遷延虛
曠而無功期大事於近則急迫倉惶而不達此創業垂統也以北方
之俗改用中國之法也非三十年不可成功在昔金國初亡便當議
此此而不務孰為可務顧乃宴安逸豫垂三十年養成尾大之勢祖
宗失其機於前陛下繼其難於後外事征伐內撫瘡痍雖曰守成實
如創業規摹之定又難於曏時矣然尾大之勢計聖謀神筭已有處
之之道非臣區區所能及也此外唯當齊一吾民使之富實興學練
兵隨時損益稍為定制如臣輩者皆能論此在陛下篤信而堅守之
不雜小人不營小利不責近效不恤浮言則天下之心庶幾可得而
致治之功庶幾可成也其二曰中書管天下之務固不勝其煩也然

其大要在用人立法二者而已近而譬之髮之在頭不以手理而以
櫛理又譬之食之在器不以手取而以匕取手雖不能自為而能用
夫櫛與匕焉是即手之為也上之用人何以異此不有司直欲躬役
庶務將見日勤日苦而日愈不暇矣古人謂得士者昌自用則小意
正如此夫賢者識治之體知事之要與庸人相懸蓋十百而千萬也
布之周行百職具舉宰職總其要而臨之不煩不勞此所謂省也然
人之賢否未能灼知其詳固不敢用或已知其孰為君子孰為小人
復畏首畏尾患得患失坐視其弊而不敢進退之徒曰知人而實不
能用人亦何益哉人莫不飲食也獨膳夫為能致氣味之美莫不覩
日月也獨術者為能步虧食之數得法與不得法固難一律論有馬
不能習必借人乘之有玉不能治必求玉人雕琢之小物尚爾況堂
堂天下神器可使不得法者為耶古人謂為山必因丘陵為下必因

川澤。意正如此。夫治人者法也。守法者人也。人法相維。上安下順。而宰職優游廊廟之上。不煩不勞。此所謂省也。里巷之談。動以古為詬病。不知今日口之所食。身之所衣。皆古人遺法而不可違者。豈天下之大。國家之重。而古成法。反可違邪。其亦弗思甚矣。用人立法。今雖未能遽如古昔。然已仕者。便當頒降俸給。使可養廉。未仕者。且當寬立條格。俾就叙用。則失職之怨少可舒矣。外設監司糾察污濫。內專吏部考定資歷。則非分之求。漸可息矣。并任三任。擢高舉下。則人才爵位。略可平矣。舍此則堆積壅塞。差謬愆戾。苟延歲月。莫知所期。俸給之數。叙用之格。監司之條例。先當擬定。至於貴家世襲。品官任子。驅良抄數之便宜。續當議之。亦不可緩也。此其大凡。要須深探古人所以用人立法之意。推而行之。則何難見之有。若夫得行與不得行在上之委任者何如。而能行與不能行。又在執政者得人不得爾。此

非臣之所能及也。其三曰。民生有欲。無主乃亂。上天眷命。作之君師。必與之聰明剛斷之資。重厚包容之量。使首出庶物。而表正萬邦。此蓋天以至難任之。非予之可安之地而娛之也。堯舜以來。聖帝明王。莫不兢兢業業。小心畏慎。日中不暇。未明求衣。誠知天之所畀至難之任。初不可以易心處。知其為難而以難處。則難或可易。不知為難而以易處。則它日之難有不可為者矣。孔子謂人之言曰。為君難。為臣不易。則其說所由來遠矣。為臣不易。臣已告之安童。至為君之難。尤陛下所當專意者。臣請舉其切而要者。敷陳于後。人君不患出言之難。而患踐言之難。知踐言之難。則其出言不容不慎矣。昔劉安世見司馬溫公。問盡心行己之要。可以終身行之者。公曰。其誠乎。劉公問行之何先。公曰。自不妄語始。劉公初甚易之。及退而自隱括日之所行。與凡所言。自相掣肘矛盾者多矣。力行七年而後成。自此言行

一致。表裏相應。遇事坦然。常有餘裕。臣按劉安世一士人也。所交者一家之親也。一鄉之衆也。同列之臣不過數十百人而止耳。然以言行相較。猶有自相掣肘矛盾者。況天下之大。兆民之衆。事有萬變。日有萬機。而人君以一身一心。酬酢之。欲言無失。豈易能哉。故有昔之所言而今日不記者。今之所命而後日自違者。可否異同。紛更變易。紀綱不得布。而法度不得立。臣下雖欲黽勉而竟無所持循。徒汩沒於瑣碎之中。卒於無補。況因之為弊者。又日新月盛而不可遏。在下之人。疑惑驚眩。且議其無法無信。一至於此也。此無他。至難之地。不以難處而以易處之故也。苟從古者大學之道。以脩身為本。凡一事之來。一言之發。必求其所以然。與其所當然。不牽於愛。不蔽於憎。不因於喜。不激於怒。虛心端意。熟思而審處之。雖有不中者蓋鮮矣。柰何為人上者多樂舒肆。為人臣者多事容悅。容悅本為私也。私心感

則不畏人矣。舒肆本為欲也。欲心熾則不畏天矣。以不畏天之心。與不畏人之心感合無間。則其所務者皆快心事耳。快心則口欲言而言。身欲動而動。又豈肯兢兢業業以脩身為本。一言一事。熟思而審處之乎。此人君踐言之難。所以又難於天下之人也。人之情偽有易有險。險者難知。易者易知。易知者雖談笑之頃。几席之間。可得其底蘊。難知者雖同居共事。閱月窮年。猶莫測其意之所向。雖然。此特繫夫人之險易者然也。又有衆寡之辨焉。寡則易知。衆則難知。難知非不智也。用智分也。易知非多智也。合小智而成大智也。故在上之人難於知下。而在下之人易於知上。其勢然也。處難知之地。御難知之人。欲其不見欺也蓋難矣。昔包孝肅剛嚴峭直。號為明察。有編民犯法當杖脊。吏受賕與之約曰。今見尹必付我責狀。汝第呼號自辯。我與汝分此罪。汝決杖我亦決杖。既而包引囚問畢。果付吏責狀。囚如

吏言分辯不已。吏人厲聲訶之曰。但受脊杖出去。何用多言。包謂其恃權。捽吏於庭。杖之十七。特寬囚罪。止從杖坐。以沮吏勢。不知乃為所賣。卒如素約。臣謂此一京尹耳。其見於人。不過誤一事。害一人而已。人君處億兆之上。所操者予奪進退賞罰生殺之權。不幸見欺。以非為是。以是為非。其害可勝既耶。人君唯無喜怒也。有喜怒則賛其喜以市恩。鼓其怒以張勢。人君惟無愛憎也。有愛憎則假其愛以濟私。藉其憎以復怨。甚至本無喜也。訹之使喜。本無怒也。激之使怒。本不足愛也。強譽之使愛。本無可憎也。強短之使憎。若是則進者未必為君子。退者未必為小人。予者或無功。而奪者或有功也。以至賞之罰之。生之殺之。鮮有得其正者。人君不悟日在欺中。方伏若曹擿發細隱。以防天下之欺。欺而至此。欺尚可防耶。大抵人君以知人為貴。以用人為急。用得其人。則無事於防矣。既不出此。則所近者爭進之人耳。好利之人耳。無耻之人耳。彼挾詐用術。千蹊萬逕。以蠱君心。於此欲防其欺。雖堯舜不能也。賢者以公為心。以愛為心。不為利回。不為勢屈。寘之周行。則庶事得其正。天下被其澤。賢者之於人國。其重固如此也。然或遭時不偶。務自韜晦。有舉一世而人不知者。雖或知之。而當路之人未有同類。不見汲引。獨人君有不知者。人君雖或知之。召之命之。泛如厮養。而賢者有不屑就者。雖或接之以貌。待之以禮。而其所言不見信用。有超然引去者。雖或信用。復使小人參於其間。責小利。期近効。有用賢之名。無用賢之實。賢者亦豈肯尸位素飡徒費廩祿取譏誚於天下也。雖然。此特論難進者然也。又有難合者焉。人君位處崇高。日受容悅。大抵樂聞人之過。而不樂聞己之過。務快己之心。而不務快民之心。賢者必欲匡而正之。扶而安之。使知堯舜之正。堯舜之安而後已。故其勢難合。況奸邪佞婞。醜正惡直。肆為

詆毀。多方以陷之。將見罪戾之不免。又可望庶事得其正。天下被其澤耶。自古及今。端人雅士所以重於進而輕於退者。蓋以此爾。大禹聖人。聞善即拜。益戒之曰。任賢勿貳。去邪勿疑。貳之一言。在大禹猶當警省。後世人主宜如何哉。此任賢之難也。奸邪之人。其為心險。其用術巧。惟險也。故千態萬狀。而人莫能知。（如以甘言卑辭誘人於過失。然後發之之類。）惟巧也。故千蹊萬徑。而人莫能禦。（如勢在近習則誘近習。在宮闈則誘宮闈之類。）勢人君不察。以諂為恭。以訐為公。以欺為可信。以佞為可近。喜怒愛惡。人主故不能無。然有可者。有不可者。而奸邪之人一於迎合。竊其勢以立己之威。濟其欲以結主之愛。愛隆於上。威擅於下。大臣不敢議。近親不敢言。毒被天下。而上莫之知。此前人所謂城狐也。所謂社鼠也。至是而求去之。不已難乎。雖然。此由人主不悟。誤至於此。猶有說焉。如宇文士及之佞。太宗灼見其情。而竟不能斥。李林甫妬賢嫉能。明皇洞見其奸。而卒不能退。邪之惑人。一至如此者。可不畏哉。上以誠愛下。下以忠報上。有感必應。理固宜然。然考之往昔。有不可以常情論者。禹抑洪水以救天下。其功大矣。啓賢能敬承繼禹之道。其澤深矣。然一傳而太康才畋于洛。萬姓逐仇而去之。吁可怪也。漢高帝起布衣。天下之士雲合景從。其困滎陽也。紀信至捐生以赴急。人心之歸可見矣。及天下已定。而相聚沙中。有謀反者。此又何耶。竊嘗思之。民之戴君本於天命。初無不順之心。乃特由使之失望。使之不平。然後怨望生焉。禹啓愛下。既如赤子矣。民之奉上亦如父母矣。今太康尸位以逸豫滅厥德。非所以為父母也。是以失望。秦楚殘暴。故天下叛之。漢政寬仁。故天下歸之。今高帝用愛憎行誅賞。非所以為寬仁也。是以不平。推是二者。參較古今。凡有恩澤於民。而民怨且怒者。莫不類乎此也。大抵人君即位之始。多發美言。詔告天下。天下悅之。冀其有實。既

而實不能副遠怨心生焉一類同等無大相遠人君特以己之私好獨厚一人則其不厚者已有疾之之意況厚其有罪而薄其有功豈得不怨於心耶此之怨不平之怒鬱而不解雖曰愛之惡在其為愛之也必如古者大學之道以脩身為本凡一言也一動也舉可以為天下法一賞也一罰也舉可以合天下公則億兆之心將不求而自得又豈有失望不平之累哉奈何此道不明為人君者不喜聞過為人臣者不敢盡言合二者之心以求天下之心則其難得也固宜三代而下稱盛治者無若漢之文景然考之當時天象數變如日食地震山崩水潰長星彗星孛星之類未易遽數前此後此凡若是者小則有水旱之應大則有亂亡之應未有徒然而已者獨文景克承天心消弭變異使四十年間海內殷富黎庶樂業移告訐之風為醇厚之俗且建立漢家四百年不拔之業猗歟偉哉未見其比也奈之

若天下久矣加以楚漢之戰生民糜滅戶不過萬文帝承諸呂變故之餘入繼正統專以養民為務其憂也不以己之憂為憂而以天下之憂為憂其樂也不以己之樂為樂而以天下之樂為樂今年下詔勸農桑也恐生民之不遂明年下詔減租稅也慮民用之或乏懇愛如此宜其民心得而和氣應也臣竊見前年秋孛出西方彗出東方去年冬彗見東方復見西方議者咸謂當除舊布新以應天變臣謂與其妄意揣度曷若直法文景之恭儉愛民為理明義正而可信也天之樹君本為下民故孟子謂民為重君為輕書亦曰天視自我民視天聽自我民聽以是論之則天之道恒在於下恒在於不足也君人者不求之下而求之高不求之不足而求之有餘斯其所以召天變也變已生矣象已著矣乖戾之幾已萌而不可遏矣猶且因仍故習抑其下而損其不足謂之順天不亦難乎此六者難之目也舉其

要則脩德用賢愛民三者而已此謂治本治本立則紀綱可布法度可行治功可必否則愛惡相攻善惡交病生民不免於水火以是為治萬不能也其四曰語古之聖君必曰堯舜語古之賢相必曰稷契蓋堯舜能知天道而順承之稷契又知堯舜之心而輔賛之此所以為法於天下而可傳於後世也天之道好生而不私堯與舜亦好生而不私若克明俊德至黎民於變敬授人時至庶績咸熙此順承天道之實也稷播百穀以厚民生契敷五教以善民心此輔賛堯舜之實也是義也出書之首篇曰堯典曰舜典臣自十七八時已能誦說爾後溫之復之推之衍之思之又思之苦心極力至年五十始大曉悟以是參諸往古而往古聖賢之言無不同驗之歷代而歷代治亂之迹無不合自此胸中廓然無有凝滯斷知此說實自古聖君賢相平天下之要道既幸得之常以語人而人之聞者忽焉泛焉莫以為

意察其所至正如臣在十七八時蓋無臣許多思慮許多工夫其不能領解理固宜然然間與一二知者相與講論心融意會雖終日竟夕不知其有倦且怠也蓋此道之行民可使富兵可使強人才由之以多國勢由之以重臣夙夜念之至熟也今國家徒知斂財之巧不知生財之由（不惟不知生財而斂財酷又害於生財也）徒欲防人之欺不欲養人之善（所以防者為欺也不欺則無事於防矣欲其不欺非衣食以厚其生禮義以養其心則不能也）徒患法令之難行不患法令無可行之地（上多賢才皆知為公下多富皆知自愛則令自行禁自止）誠能自今以始優重農民勿使擾害盡毆游惰之人歸之南畝歲課種樹懇諭而督行之十年以後當倉盈庫積非今日比矣自上都中都下及司縣皆設學校使皇子以下至於庶人之子弟皆從事於學日明父子君臣之大倫自洒掃應對至於平天下之要道十年已後上知所以御下下知所以事上上下和睦又非今日比矣能是二者則萬目皆舉不能是二

者它皆不可期也是道也堯舜之道也堯舜之道好生而不私唯能行此乃可好生而不私也孟子曰我非堯舜之道不敢陳於王前臣愚區區竊亦願學其五曰夫天下所以定者民志定也民志定則士安於士農安於農工商安於工商則在上一人有可安之理民不安於白屋必求祿仕仕不安於卑位必求尊榮四方萬里輻輳並進各懷無厭無耻之心在上之人可不為寒心哉臣聞取天下者尚勇敢守天下者崇退讓不尚勇敢則無以取天下不崇退讓則無以守天下取也守也各有其宜君人者不可以不審也審而後發發無不中否則觸事遽喜喜之色見於貌喜之言出於口人皆知之徐考其故知無可喜者則必悔其喜之失無可怒者則必悔其怒之失其至先喜後怒先怒後喜先喜是則後之怒非也先怒是則後之喜非也號令數變無他也喜怒不節之故是以先王潛心恭默不易喜怒其未

發也雖至近莫能知其發也雖至親莫能移故號令簡而無悔無悔則自不中變也人之揣君必於喜怒知君之喜怒者莫如近愛是以在下希進之人求託近愛近愛不察乃與之為地甚至無喜生喜無怒生怒在上獨以喜之怒之為當理而不知天下四方譏笑怨謗正以為不當理也最宜深念失於不守大體易於喜怒也數變已不可數失信尤不可周幽王無道不畏天不愛民酒荒色荒故不恤方今無此何苦使人之不信書奏帝嘉納焉

衡又上疏曰國家自壬辰之後便當詢求賢哲商論歷代創業垂統之宜參酌古今稍為定制使後世子孫垂拱守成此有國之先務也因習宴安已為不可而其委任又多殘民蠹國之流壬寅以還民益困弊至于己酉庚戌民之困弊極矣困弊既極殆將起亂當是時陛下有愛民之譽好人之名聞於天下天下望之如旱之望雨故先皇帝繼統民皆欣悅將謂信從陛下選任善人以改更弊政以興天下不意仍踵前失再用此徒委以天下之民使之刻剝付天下之物使之侵削大為失望所賴者分河南關中得陛下委之諸賢不一二歲疲民大安恩雖未普而天下之心已歸矣此曹畏避威名不敢恣橫但於君臣骨肉之間陰行譖愬將欲不利於陛下天命人心皆在於此故不得遂其所願然委付事實為不可而其間節目又少有可不可焉其可者已在不可之中不得為可其不可者是又不可之不可者也淺見若此未知是否臣恭俟覩先皇帝聖旨叮嚀懇至其大要欲事辨民安二者而已然所委之人惟能刻剝安民阿附近要肆為欺蔽竊擅寵權又烏知事之所以辨民之所以安乎自壬寅之後民已困苦至于己酉庚戌民困苦極矣虐政所加無從控告先皇帝在潛邸固知此弊及其繼統不唯不見黜逐且還復大權而委用之於

此見欺而所命之旨皆屬不可不必更於其中有可不可之辨也借寇兵而資盜糧不必指其兵曰孰利孰鈍指其糧曰孰新孰陳伏念臣草茅寒士闒見陋狹本非長材學且迂遠陛下好賢樂善旁求隱匿而某也偶以虛名塵瀆聖德蒙陛下招聘徵延訪問為治之方擢居祭酒之職方且慙覥無由以副陛下眷顧之勤豈意非常之寵忽由天降拔臣陪列之中遽升台鼎之重承命震駭不知所措敬詣宸闕懇辭再三而陛下執之愈堅用是惶惑畏懼雖以孱病之軀忘其固陋思進一言以圖報効輒罄竭愚誠指陳時政而庸懦鄙直不能回互矯切事情幸陛下聖恩弘大不惟不遽加誅責且仍使尸居相位任大功小虛負寵光愈增憂懼以以向來之病有加無退竊自惟度於國則殊無寸補於身則日就危亡可不懼哉毫釐有差則寰海致弊豈可苟切榮寵以妨天下之賢乞復居舊職以虛陛下待賢

之地傳選周行以揚陛下敬天之休則臣某不勝幸甚
五年衛輝路總管臣陳祐謹齋沐百拜獻書于皇帝陛下臣今越職
言事事曰三本皆國家大計非不知獲罪于時也顧臣起身微賤臣
之先王（謂穆哥大王也）拔臣於畎畝之中進臣於陛下陛下任臣以方面之
重錫臣以虎符之榮臣叨居陛下之官食陛下之禄將踰十年矣是
以朝夕感愧每思敷陳國計効死以報陛下亦所以報先王也儻蒙
陛下察臣愚忠以臣言萬一有補於時貰以不死俾開言路臣之幸
也若以臣言狂瞽冒犯時忌其罪當死死於國計臣之義也伏望陛
下賜以燕閒之暇熟覽臣言則臣纖芥之忠山嶽之罪舉無逃於聖
鑑矣惟陛下仁聖裁之臣聞殷周漢唐之有天下也天生創業之君
必生守文之主蓋創業之君天所以定禍亂也守文之主天所以致
隆平也昔我聖朝之興也太祖皇帝龍飛朔方雷震雲合天下響應

統一四海君臨萬邦雖湯武之盛未之有也天眷聖朝寔生陛下陛
下神武聖文經天緯地能盡守文之義兼隆創業之基兆民懽康品
物咸遂典章文物燦然可觀暨遐域遠方之民上古所不能臣者陛
下悉能臣之雖高宗之興殷成康宣王之興周文景光武之興漢太
宗憲宗之興唐無以過也是以海內豪傑之言翕然向風咸謂天命
陛下啓太平之運者有四民望陛下樹太平之本者有三臣請條列
而言之陛下昔在藩邸之初奉辭伐罪西舉大理勢若摧枯南渡長
江神於反掌此天命陛下揚萬里之威定四方之亂將降大任於陛
下即位之後內難方殷藩王之階亂者在北逆賊之連禍者在東然
天戈一指俱從平蕩此天命陛下削藩鎮有饕勢之權新唐虞無為之
化將以躋斯民於仁壽之域也臣故曰天命陛下啓太平之本者有
三其一曰太子國本建立之計宜早臣聞三代盛王有天下者皆以

傳子非不欲法堯舜禪讓之美也顧其勢有不能爾何則時俗有厚
薄之殊民情有變遷之異苟或傳非其人禍源一啓則後世爭之之
亂未易息也以是見聖人公天下之憂深矣故孟軻曰天與賢則與
賢天與子則與子夫所謂天與子者非謂天有諄諄之言告諭人主
以傳子之計也政謂時運推移無非天理聖人能與時消息動合天
意故自天祐之吉無不利是以三代享祚長久至有踰六七百年者
以其傳子之心公於為天下不私於己故也伏見聖代隆興不崇儲
貳故授受之際天下憂危曩者建藩屏之國授諸侯之兵所以尊王
室衛社稷寔祖宗創業之弘規也迫乎中統之初頗異於是恃其國
之大也謀傾王室者有之恃其兵之強也圖危社稷者有之當是之
時賴陛下斷自聖衷算無遺策故總攬權綱則藩鎮之禍銷矣深固
根本則朝廷之計定矣此陛下守文之善經也何以言之天下者太

祖之天下也法令者太祖之法令也陛下豈欲變易舊章作為新制
以快天下耳目之觀聽哉誠以時移事變理勢當然不得不爾期於
宗社之安而已矣由此觀之國本之議昭然甚明不可緩也語曰雖
有智慧不如乘勢雖有鎡基不如待時今年穀屢登四海晏然此其
時矣億兆戴德侯王向化此其勢矣誠萬世一時也夫天與不受則
違天意民望不副則失民心失民心則可憂違天意則可懼此安危
之機不可不察也伏惟陛下上承天意下順民心體三代宏遠之規
法春秋嫡長之義內親九族外協萬邦建皇儲於春宮隆帝基於聖
代俾入監國事出撫戎政絕覬覦之心壹中外之望則民心不搖邦
本自固矣陛下鑑諒光之德縱不欲以天下傳子孫獨不念宗廟之
靈社稷之重生民之塗炭乎願陛下熟計而為之則天下臣民之幸
甚矣其二曰中書政本責成之任宜專臣伏見陛下勵精為治頃年

以來。建官分職。綱理衆務。可謂備矣。曰中書。曰御史。曰樞密。曰制國用。曰左右部。夫承命宣制。奉行文書。銓叙品流。編齊戶口。均賦役。平獄訟。此左右部之責也。通漕運。謹出納。充府庫。實倉廩。百姓冨饒。國用豐備。此制國用之職也。修軍政。嚴武備。闢疆埸。肅號令。謹先事之防。銷未形之患。士馬精強。敵人畏服。此樞密之任也。若夫彈貴近。退姦邪。絕臣下之威福。強公室。杜私門。糾劾非違。肅清朝野。非御史不能也。如斗之承天。斟酌元氣。運行四時。條舉綱維。著明紀律。揔百揆。平萬機。求賢審官。獻可替否。內親同姓。外撫四夷。綏之以利。鎮之以靜。涵養人材。變化風俗。立經國之遠圖。建長世之大議。孜孜奉國。知無不為。作新太平之化。非中書不可也。且皇天以億兆之命懸之於陛下之手。陛下父事上天。子愛下民。其道無他。要在慎擇宰相。委任責成而已。欽惟陛下元首之尊也。中書股肱之任也。御史耳目之司

也。方今之宜。非中書則無以尊上。非御史則無以肅下。下不肅則內慢。上不尊則外侮。內慢外侮。亂之始也。上尊下肅。治之基也。故虞書載明良之歌。賈生設堂陛之諭。其旨豈不深且遠哉。凡今之所以未臻於至治者。良由法無定體。人無定分。政出多門。不相統一故也。臣謂諸外路軍民錢穀之官。宜悉委中書通行遷轉。其賞罰黜陟。一聽於中書。其善惡能否。一審於御史。如此則官有定名之實。法有畫一之規矣。又大臣貴和不貴同。和於義則公道昭明。有揖讓之治。同於利則私怨萌生。起忿爭之亂。此必然之效也。誠能中外戮力。將相同心。和若鹽梅。固如金石。各慕相如寇恂相下之義。共輔王室。叶贊聖猷。陛下臨之以日月之明。懷之以天地之量。操威福之權。執文武之柄。俾法有定體。人有定分。上之使下。如身之運臂。臂之使指。下之事上。如使足之承身。身之尊首。各勤厥職。各盡乃心。夫如是。天下何憂不

理。國勢何憂不振乎。雖西北諸子來覲天顏。東南一隅未霑聖化。其來庭之議。稱藩之奏。可尅日而待。未足為陛下憂也。所可憂者。大臣未和。大政未通。群小流言熒惑聖聽。干撓庶政。虧損國威。摧壯士之心。鉗直臣之口。至使人情以緘默為賢。以盡節為愚。以告訐為忠。以直言為謗。是皆姦人敗國之幸。非陛下之福也。臣恐此弊不已。習以成風。將見私門萬啓於下。公道孤立於上。雖有皋夔為臣。伊周作輔。亦不能善治矣。陛下有垂成太平之功。而復有小人基亂之釁。此臣所以為陛下惜也。今大臣設有姦邪不忠竊弄威柄者。御史自當言之。乃其職也。百官自當論之。乃其分也。烏在無賴小人不為鄉黨所齒者。騁其攻訐之風於朝廷之上乎。臣知國家承平吉祥之言。必不出於若輩之口也。惟陛下遠之。則天下幸甚。其三曰。人材治本。選舉之方宜審。臣聞君天下者。勞於求賢。逸於得人。其來尚矣。蓋天地間

有中和至順之氣。生而為聰明特達之人。以待時君之用。是以聖王遭時定制。不借材於異代。皆取士於當時。臣愚以為今之天下。猶古之天下也。今之君臣。猶古之君臣也。今之人材。猶古之人材也。賢俊經綸之士。豈皆生於曩代。而獨不生於當今哉。顧惟陛下求之與否爾。伏見取人之法。今之議者。互有異同。或以選舉為盡美。而賤科第。或以科第為至公。而輕選舉。是皆一己之偏見。非古今之通論也。夫二帝三王之下。隋唐以上。數千百年之間。明君睿主。所得社稷之臣。王霸之輔。蓋亦多矣。其豐功盛烈。章章然著於天下後世之耳目者。迹其從來。亦可考也。或起於耕耘。或求之於版築。或獵之於屠釣。或遇之獻言而入侍。或由薦進而登朝。至於賢良方正。直言孝廉。貢舉之著。遭際萬殊。不可勝紀。豈一出於科第乎。自隋唐以降。迄於宋金。數百年間。代不乏人。名臣偉器。例皆以科第進。豈皆一出於選舉乎。

及季遇合於君。聚精會神於朝廷之上。皆能尊主庇民。論道佐時。寧復有彼優此劣之間哉。夫士之處世。亦猶魚之處水。今魴之在河。鯉之在洛。人皆知之。其取之之術。固有筌罾網釣之不同。期於得魴得鯉則一也。臣愚謂方今取士。宜設三科以盡天下之材。以公天下之用。亡金之士。以第進士并歷顯宦耆年宿德老成之人。分布臺省。諮詢典故。一也。內則將相公卿大夫各舉所知。外則府尹州牧歲貢有差。進賢良則受賞。進不肖則受罰。二也。頒降詔書布告天下。限以某年開設科舉。三也。三科之外。繼以門廕勞効參之。可謂才德兼收。勳賢並進。如此則人人自勵。安敢苟且。庶幾野無遺材。多士盈朝。將相得人於上。守令稱職於下。時雍丕變。政化日新。陛下端拱無為而天下治矣。夫天下猶重器也。器之安危。置之在人。陛下誠欲措天下於泰山之安。基宗社於磐石之固。可不以求材為急務乎。詩曰。濟濟多

士。文王以寧。其斯之謂歟。抑臣又聞凡人臣進涉討之言於上。自古為難。昔漢賈誼當文帝治平之世。建言諸侯強大。將不利於社稷。譬猶抱火厝之積薪之下。而寢其上。火未及然。因謂之安。甚非安上全下之計。莫若衆建諸侯而少其力。可謂切中時病矣。然當時舉皆以誼言為過。故帝雖嘉之而不能用。逮景帝之世。七國連兵。幾危漢室。誼之言始驗於此矣。董仲舒當武帝窮兵黷武之初。重斂苛刑之際。一踵亡秦之餘弊。唯崇尚虛文而欲求至治。仲舒以為更化而不更化。雖有大賢不能善治。譬之琴瑟不調甚者當更張而不更張。雖有良工。不能善鼓耳。又言臨淵羨魚。不如退而結網。臨政願治。不如退而更化。可謂深識治體矣。然當時舉朝皆以其言為迂。故帝雖納之而不果行。逮季年之後。海內虛耗。戶口減半。帝於是發仁聖之言。下哀痛之詔。仲舒之言寔驗於此矣。向若文帝用賈誼之言。武帝行仲舒之策。其禍亂之極。必不至此。漢之為漢。又豈止如是而已哉。暨乎有唐馭宇。太宗皇帝清明在躬。以納諫為心。而魏徵之倫。恥其君不及堯舜。是以知無不言。言無不聽。聽無不行。故能身致太平。比功較德。優邁前主矣。臣誠才識駑鈍。不足以比擬前賢。如霄壤涇渭固自有間。然於遭逢聖明。誠誠懇懇。志在納忠。其義一也。臣請以人身之計言之。且冬之祁寒。夏之甚暑。此天之變於上者也。在脩人事以應之。故祁寒則衣之以裘。甚暑則服之以葛。非人情惡常而好變也。蓋亦理勢當然。不得不爾。期於康寧其身而已矣。或者安於循習昧於變通。冬之裘且加於流火鑠金之夏。夏之葛猶施之堅冰折地之冬。將見嚴酷瘧人。危在朝夕矣。又烏能荅天地之正算。養喬松之上壽哉。國計安危。理亦如此。臣愚切謂三本之策。若施之於太祖用武之世。有所未遑。行之於陛下文明之時。誠得其宜矣。此寔天下之公論

非臣一人之私意也。願陛下不以人廢言。力而行之。則可以塞禍亂之源。可以興太平之化。可以保子孫於萬世。可以福蒼生於無窮矣。臣猥寄外藩。不明大體。加以性識愚戇。干冒宸嚴。不勝戰慄隕越之至。

二十年。刑部尚書崔彧上疏言時政十八事。一曰。開廣言路。多選正人。番直上前。以司喉舌。庶免黨附壅塞之患。二曰。當阿合馬擅權臺臣莫敢糾其非。迨其事敗。然後接踵隨聲。徒取譏笑。宜別加選用其舊人。除蒙古人取聖斷外。餘皆當問罪。三曰。樞密院定奪軍官賞罰不當。多聽阿合馬風旨。宜擇有聲望者為長貳。庶幾號令明而賞罰當。四曰。翰苑亦頌阿合馬功德。宜訪南北耆儒碩望。以重此選。五曰。郝禎耿仁等雖在典刑。若是者尚多。罪同罰異。公論未伸。合次第屏除。六曰。貴遊子弟。用即顯官。幼不講學。何以從政。得如左丞許衡

教國子學則人才輩出矣七曰今起居注所書不過奏事檢目而已宜擇蒙古人之有聲望漢人之重厚者居其任分番上直帝王言動必書以垂法於無窮八曰憲曹無法可守是以奸人無所覬忌宜定律令以為一代之法九曰官冗若徒省一官負併一衙門亦非經久之策宜參衆議而立定成規十曰官僚無以養廉責其貪則苛乞將諸路大小官有俸者量增無俸者特給然不取之於官惟賦之於民蓋官吏既有所養不致竊民少增歲賦亦將樂從十一曰内地百姓流移江南避賦役者已十五萬戶去家就旅豈人之情賦重政繁驅之致此乞特降詔旨招集復業免其後來五年科役其餘積欠並蠲事產即日給還民官滿替以戶口增耗為黜陟其徒江南不歸者與土著一例當役十二曰丞相安童遷轉良臣悉為阿合馬所擯黜或居散地或在遠方並令拔擢十三曰籍錄姦黨財物本國家之物不

可視為横得遂致濫用宜以之寶幣織供歲計十四曰大都非如上都止備巡幸不應立留守司此皆阿合馬以此位置私黨今宜易置總管府十五曰中書省右丞二而左丞缺宜改所增右丞置諸左十六曰在外行省不必置丞相平章止設左右丞以下庶幾内重不致勢均彼謂非隆其名不足鎮壓者姦臣欺罔之論也十七曰阿剌海牙掌兵民之權子姪姻黨分列權要官吏出其門者十之七八其威權不在阿合馬下宜罷職理算其黨雖無汚染者亦當遷轉他所勿使久據湖廣十八曰銓選類奏賢否莫知自今三品已上必引見而後授官既奏即日命中書行其數事餘命與御史大夫玉昔帖木兒議行之

至元中集賢學士程鉅夫上奏曰臣聞天子之職莫大於擇相宰相之職莫大於進賢苟不知以進賢為急而惟以殖貨為心非為上為德為下為民之意也昔漢文帝以決獄錢穀問之丞相周勃不能對陳平對曰陛下問決獄責廷尉問錢穀責治粟内史宰相上佐天子理陰陽下遂萬物之宜外鎮撫四夷内親附百姓觀其所言可謂知宰相之職矣今權姦用事立尚書省以鈎考錢穀剥割生民為務所委任者率皆貪饕邀利之徒四方盜賊竊發良以此也臣竊以為清尚書之政損行省之權罷言利之官行恤民之典於國為便謹冒昧以聞伏取聖旨

世祖時劉秉忠上書數千百言其畧曰典章禮樂法度三綱五常之教備於堯舜三王因之五霸敗之漢興以來至于五代一千三百餘年由此道者漢文景光武唐太宗玄宗五君而玄宗不無疵也然治亂之道係乎天而由乎人天生成吉思皇帝起一旅降諸國不數年而取天下勤勞憂苦遺大寶於子孫庶傳萬祀永保無疆之福愚聞

之曰以馬上取天下不可以馬上治昔武王兄也周公弟也周公思天下善事夜以繼日每得一事坐以待旦以臣周室以保周天下八百餘年周公之力也君上兄也大王弟也思周公之故事而行之在乎今日千載一時不可失也君之所任在内莫大乎相相以領百官化萬民在外莫大乎將將以統三軍安四域内外相濟國之急務必先之也然天下之大非一人之可及萬事之細非一心之可察當擇開國功臣之子孫分為京府州郡監守督責舊官以遵王法仍差按察官守治者升否者黜天下不力而定也天下戶過百萬自忽都那演斷事之後差徭甚大加以軍馬調發使臣煩擾官吏乞取民不能當是以逃竄宜比舊減半或三分去一就見在之民以定差稅招逃者復業再行定奪官無定次清潔者無以遷汙濫者無以降可比附古例定百官爵祿儀仗使家足身貴有犯於民設條定罪威福者君

之權乃命者臣之職。今百官自行威福進退生殺。惟意之從。宜從禁治。天下之民未聞教化。見在囚人。宜從赦免。明施教令使之知畏。則犯者自少也。教令既設。則不宜繁。因大朝舊例增益民間所宜設者十數條足矣。教令既施。罪不至死者皆提察。然後決。犯死刑者覆奏以象聽斷。不致刑及無辜。天子以天下為家。兆民為子。國不足取於民。民不足取於國。相須如魚水。有國家者置府庫設倉廩。亦為助民。民有身者營產業。闢田野。亦為資國用也。今宜打算官民所欠債負。若實為應當差發所借。宜依合罕皇帝聖旨一本一利官司歸還。凡賠償無名虛契所負及還過元本者並行赦免。納糧就遠倉有一廢十者。宜從近倉以輸為便。當驛路州城。飲食祗待偏重。宜計所費以準差發。關市津梁正稅十五分取一。宜從舊制禁橫取減稅法以利百姓。倉庫加耗甚重。宜令權量度均為一法。使錙銖圭撮尺寸皆平。

以存信去詐。珍貝金銀之所出。淘沙鍊石。實不易為。一旦以纏絲縷飾皮革塗木石。粧器仗。取一時之華麗。廢為塵而無濟。甚可惜也。宜從禁治。除帝胄功臣大官以下章服有制外。無職之人不得僭越。今地廣民微。賦斂繁重。民不聊生。何力耕耨以厚產業。宜差勸農官一員。率天下百姓務農桑營產業。實國之大益。古者庠序學校未嘗廢。今郡縣雖有學。並非官置。宜從舊制修建三學。設教授開選擇才。以經義為上。詞賦論策次之。兼科舉之設。已奉合罕皇帝聖旨。因而言之易行也。開設學校。宜擇開國功臣子孫受教。選達才任用之。天下莫大於朝省。親民莫近於縣宰。雖朝省有法。縣宰宜擇。縣宰正。民自安矣。關西河南地廣土沃。以軍馬之所出入。治而未豐。宜設官招撫。不數年。民歸土闢。以資軍馬之用。實國之大事。移剌中丞拘榷鹽鐵諸產商賈酒醋貨殖諸事以定宣課。雖使從實恢辦不足。亦取於民。

施兌不辦。已不為輕。與魯合蠻奏請於舊額加倍榷之。往往科取民間。科榷並行。民無所措手足。宜從舊例辦榷。更或減輕。罷繁碎。止科徵。無從獻利之徒削民害國。鰥寡孤獨廢疾者。宜設孤老院給衣糧以為養。使臣到州郡。宜設館。不得於官衙民家安下。孔子為百王師立萬世法。今廟堂雖廢存者尚多。宜令州郡祭祀釋奠如舊儀。近代禮樂器具靡散。宜令刷會。徵太常舊人教引後學。使器備人存。漸以修之。實太平之基。王道之本。今天下廣遠。雖成吉思皇帝威福之致。亦天地神明陰所祐也。宜訪名儒循舊禮尊祭上下神祇。和天地之氣。順時序之行。使神享民依。德極於幽明。天下賴一人之慶。見行遼曆。日月交食頗差。聞司天臺改成新曆。未見施行。宜因新君即位。頒曆改元。令京府州郡置更漏。使民知時。國滅史存。古之常道。宜選脩金史。令一代君臣事業不墜於後世。甚有勵也。國家廣大如天。萬中

取一。以養天下名士宿儒之無營運產業者。使不致困窮。或有營運產業者。會前聖旨種養。應輸差稅。其餘大小雜泛並行蠲免。使自給養。實國家養才勵人之大也。明君用人。如大匠用材。隨其巨細長短以施規矩繩墨。孔子曰。君子不可小知。而可大受。小人不可大受。而可小知。蓋君子所存者大。不能盡小人之事。或有一短。小人所拘者狹。不能同君子之量。或有一長。盡其才而用之。成功之道也。君子不以言廢人。不以人廢言。大開言路。所以成天下安兆民也。天地之大日月之明。而或有所蔽。且蔽天之明者。雲霧也。蔽人之明者。私欲佞說也。常人有之。蔽一心也。人君有之。蔽天下也。常選左右諫臣。使諷諭於未形。忖畫於至密也。君子之心一　理義。懷於忠良。小人之心一於利欲。懷於讒佞。君子得位有容於小人。小人得勢。必排於君子。明君在上。不可不辨也。孔子曰。遠佞人。又曰。惡利口之覆邦家者。此

之謂也。今言利者衆。非圖以利國害民。實欲殘民而自利也。宜將國中人民必用場冶。付各路課稅。所以定榷辦。其餘言利者並行罷去。古者明王不寶遠物。所寶惟賢。如使賢者在位。能者在職。此皆一人之睿知。賢王之輔成也。古者治世均民產業。自廢井田為阡陌。後世因之不能復。今窮乏者益損。富盛者增加。宜禁行利之人。勿恃官勢居官在位者勿侵民利。商賈與民和好交易。不生擅奪欺罔之害。真國家之利也。皆釐之制。宜會古酌今。均為一法。使無敢過越。禁私置牢獄。淫民無辜鞭背之刑。宜禁治以彰愛生之德。立朝省以統百官。分有司以御衆事。以至京府州郡親民之職。無不備。紀綱正於上。法度行於下。是故天下不勞而治也。今新君即位之後。可立朝省以為政本。其餘百司不在員多。惟在得人焉耳。世祖嘉納焉。

王惲上政事書曰。臣近蒙禮部符承中書省劄。該憲臺欽奉聖旨召臣惲馳傳赴闕庭者。臣惲伏自欽承明命。夙夜祗懼。不知所為。意者憲臺過舉。俾備顧問。庶有所發明。因自忖量國家之事。日有萬幾。非愚所能識。然臣自中元迄於今日。久叨仕進。區區管窺。不無一見。輒敢以時務所宜先者數事。昧死上聞。臣聞自古創業垂統之君。必定制畫法。傳之子孫。俾遵而守之。以為長世不拔之本。欽惟皇帝陛下聖文神武。以有為之資。躋大一統之運。長策撫馭。區宇民數。遠邁漢唐。其所渴者特治道而已。然三十年間。勵精為治。因時制宜。良法美意。固已周悉。今也有更張振勵。講明畫一。若懸象而昭布之。使臣民曉然知其法之所以。豈不便哉。故臣以立法定制為論治之始。一曰。議憲章以一政體。傳曰。法者輔治之具。一日闕。則不可。君操於上。求作成憲。吏承於下。遵為定式。民曉其法。易避而難犯。若周之三典。漢之九章是也。今國家有天下六十餘年。小大之法。尚遠定議。內而憲

臺天子之執法。外而廉司州郡之法吏。是具司理之官。而無所守之法。猶有盤而無彝也。至平刑議斷。旋旋為理。未免有酌量准擬之差。彼此輕重之異。臣愚謂宜將已定律令頒為新法。或有不通行未盡該者。如累朝聖訓與中統迄今條格。通行議擬。參而用之。與百姓更始。如是則法無二門。輕重適當。吏安所守。民知所避而難犯。天下幸甚。二曰。定制度以抑奢僭。夫制度者。明尊卑別貴賤。法天道而立人極也。故古者衣服飲食輿馬屋廬皆有恒制。至於庶人僕妾。其禁尤嚴。惟在君人者制節謹度。率先化下為務。何則。上之動靜。為人勞逸之本。上之奢儉。為人富貧之源。可不鑒哉。欽惟皇帝陛下臨御以來躬先儉素。思復淳風。如輕紵衣而貴紬繒。去金飾而朴鞍韉。至衣服等物銷織鍍研之類。一切禁止。以奉行漸遠。未無弛緩。今也臣民衣飲。踰於公侯。婦女衣着。等於貴戚。以致聘財過於卿相。男女不能婚姻。正以用之無制。僭越暴殄。有不能供億者。故物價不得不踊而貴。錢幣不得不虛而輕。上下困弊。日甚一日。假若巨室之家。親屬奴隸衣飲。一切自有等差。若例而一之。寧不困乏。臣愚以謂宜一切定奪大行禁止。使民志定而不少僭越。用既有度。物自豐饒。恐亦實楮幣穀物價之一端也。三曰。節浮費以豐財用。夫一世之財。足周一世之用。不必專豐其財。去其害財者可也。今國家財賦。方之中統初年歲入。何啻倍蓰。而每歲經費。終不阜贍者。豈以事勝於財。過有所費故也。為今之計。正當量入為出。以過有舉作為戒。除饗宗廟。供乘輿。給邊備。賞戰功。救荒歲外。如冗兵妄求。浮食冗費。及不在常例者。宜撿括一切省減。以豐其財。財豐事勝。食足氣充。以攻則取。以戰則勝。以柔則服。將何為而不成。何求而不獲。古之善為國者。君不必富。富藏於民。故用雖多而取不竭。孔子曰。百姓足。君孰與不足。此之謂也。且

財非天來皆自民出竭澤焚林其孰禦之但力屈財殫非所以養民而強國也昔亡金世宗諸王有以不給而請告者世宗曰汝輩何騃殊不知府庫之財乃百姓之財耳我但總而主之安敢妄費迄今稱誦以為君人至言可不鑒哉四曰重名爵以攬威權古人稱官爵謂之天秩王者代天爵人鼓舞一世使天下之人奔走為吾用者此也惟爵與祿不輕以付人曰賢曰材迺能得之所以為礪世磨鈍之具若得之輕則視之輕視之輕則人不重人不重將見君子遠小人至此必然理也惟其磨礪轡馭之權世主操於上不輕授人與當其材何患氣之不振力之不竭事之不成者哉今四海一家權宜假借之舉日漸希闊正國家收攬威權之時如近年委任稍重者罔考其素即授崇品激之建功立事固是駕馭英雄大權苟非其人不無叨竊不安之懼今中外無事朝廷宜重而惜之昔有唐使職或帶相銜然止行見職曾無分省實權五曰議廉司以勵庶官臣聞古之善為國者不使人有怠惰不振之氣若作於心而害於政苟非以德振起必須度時宜本人情齊之以　故得小大畢力上不勞而衆事舉今州郡之官品流殽雜既無選舉甄別止循常資紛紛籍籍聚散於吏部例得一官鮮不因循苟且以歲月養資考而已欲望承流宣化趨事赴功卓有惟新之政亦已難矣嘗觀漢唐之馭吏也能者增秩賜金公卿缺則補之以表其賢否者放田里而不事事唐則召七品以上官集於闕庭親與訪問究得失而進退之然二者不過爵祿為勸爵祿極則意滿足意滿足則怠心生亦有無如何者故持斧直指採訪黜陟等使歲相望於道而本朝之舉高出前代比者廉司之設初氣甚張中外之官悚然有改過自新之念大姦巨猾致畏懾而不自安庸人懦夫將卓爾而有所[illegible]行無幾何法禁稍寬使監視者勁挺之

氣不息而自歛聽從者奸弊之萌潛滋而復持恐徒易其名而不能革州縣之故習夫刑罰崇寬固是國家美政然分別善惡以示勸懲豈得專務寬恤昔亡金大定間尚書省奏順州軍判崔伯時受贓不枉法准制當削官停職世宗曰受財不至枉法以習知法律故也所為奸狡習與性成後復任用豈能自悛雖所犯止於追官非奉特旨無復祿用以致犯禁者鮮此先事之明驗也今風俗澆薄過有所犯苟免無恥臣愚為法宜稍重以權一時其要在人法並任精擇官僚優加吏祿憲綱既立公道大行官有作新之氣吏無餬口之虞我之氣既伸彼安得不振我之政既肅彼安敢或私所謂上行下效源清流長將見風彩百倍有登攬澄清之望矣六曰議保舉以覈名實方今親民與參佐官莫縣令[illegible]歷為重縣令乃百姓師帥師帥賢則德澤宣參署為一路紀綱紀綱振則政務舉今例出常流安取殊績臣愚以為若行品官保舉法庶得其人其法品量舉主與所保者資歷相應果皆兩可復精加磨勘無謬妄私意然後許令入狀相小大之才授繁簡之任限以歲月（如唐制釐務出二百日者是也）課其殿最升黜舉主得人者受知賢之賞不職者坐不當之罰舉官自然盡心受保者常恐相累如此庶立功而寡過矣其南選尤宜施用此法何則江南比至平定諒為不易凡所隸附秋毫無犯可為仁義之師只以前省調官[illegible]而海放行省注擬尤為濫雜侵漁掊克慘於兵凶至盜賊竊發指此為名仰賴天恩幸其無事今宜委官分揀以行此法其停革人身不至罷黜者降之邊遠邊遠見職委有聲迹者使之內遷亦激勸一法茲蓋自漢唐五代迄於亡金皆遵而行之當時號稱得人然必須內設審官考功等職專掌其事七曰設科舉以收人材方今洪儒碩德既老且盡後生晚進既無進望例多不學州府鄉縣

雖立教官。講書會課。秪皆虛名。畧無實効。以致非常之材。未聞一士。州郡政治。若無可稱。思得大儒碩德難矣。臣愚以謂不若開設選舉取驗之速也。夫進士選。歷代號取士正科。將相之材。皆從此出。前代講之熟矣。理有不可廢者。若限以歲月而考試之。將見士爭力學。人材輩出。可計日而待也。論者必曰。今以貢多關必見行壅滯。若復此舉。是愈壅而滯之也。臣謂不然。蓋科舉之設。本以較資學而收多士。清仕途而息雜流。庶得將相全材。為國論治道備大用也。豈不愈於學校徒設。汗漫而無所成乎。八曰。試吏員以清政務。前代取吏之法條目甚嚴。如宰相子辟舉。令取充省椽。終場舉人。試補臺掾。品官子孫吏員班。秪閣門等人出身者。試補六部令史。夫令者明法令曰令。史者通經史曰史。今府州司縣應用一切胥吏。多自帖書中來。官無取材。勢須及此。所習既凡。聞見或寡。欲望明刑政識大體。務清弊革難矣。臣愚以謂為今之計。莫若將合歲貢吏人。令以吏員法試之。中選者。仍許上頁補充隨朝身役。外州府郡見役者。從廉司以校法試驗。庶幾激之。積漸肯學。其月請俸給。亦合定奪。能使得餬其口。然後可責以廉。何則。今廉司專抑吏權。察非違。少有貪鄙。不計養廉。即按而治之。是縱之竊而責以何盜之為。豈理也哉。九曰。恤軍民以固邦本。近命新省整治以來。一切事務。盡從簡靜。可謂不嚴而治。不肅而成者也。中外熙熙。翕然有拭目太平之望。茲蓋皇帝陛下。弃去奸憸。保合大和。嘉靖邦本。專任責成之効也。然猶有當軫慮者。夫為治之道。政貴均一。不少偏重。否則必更而張之。使至公均被。國家且自攻圍襄陽以來。簽取軍役。蓋四舉矣。將着中物力等戶。盡充軍站。中間拋下上戶。其能有幾。皆貧難下戶。而軍興百色。所須皆仰供辦。江南甫下。邊值前省和顧和易。急徵暴斂。侵漁不已。又將軍站閑下差稅。不

問多寡。止除四兩。餘者分洒見戶。其逃亡差發稅。又行每歲陪納數年之間。編氓已是靠損。其小戶困苦。不較可知。臣以時屬方殷。其代輸差稅。宜令蠲免。滋養存恤小康。若一旦別有征求。易為責辦。其軍站戶富者。至有田畝連阡陌。家資累巨萬。丁數列什伍。貧者日求生活。有儲無斂。石田無置錐者。今也不分難易。一體應役。又至元十一年。簽充到軍役者。多是近下戶。計當時起遣。已是生受。臣愚謂俱合分揀定奪。庶不致困乏逃竄。有悞臨時調遣。不均之弊。莫此為重。十曰。復常平以廣蓄積。常平倉設。自至元八年。隨路收貯解粟約八十餘萬。今倉廩具存。起運久空。甚非朝廷救荒恤民本意。夫常平之法。歲豐增價以糴之。則農重穀而敦本。歲荒則減價以糶之。故民倚安而無菜色。如往年定時估以平物價。竟不克行。殊不若常平之有粟也。蓋低昂權在有司。兼併利無專擅故也。若復常平。倘遇凶歉出糶三二千石。穀價自平。楮幣亦復加重。且免賑濟。破用軍國正儲。實為古今良法。十一曰。廣屯田以息遠餉。臣聞邊儲遠餉。自古未有良法。如飛輓負載。賣爵贖罪。引種和糴。未免弊田。多不能行。俱未若留兵屯田。為古今之長策也。臣試以唐振武事言之。憲宗元和七年。李絳言天德振武（今豐州等處）左右良田約四千八百頃。收粟四十萬斛。歲省度支錢二十餘萬緡。茲非明驗歟。今振武豐州界河兩傍。除營帳百姓耕占外。其餘荒閑尚多。若大治屯田。自非水旱。田功稍集。國儲必有所濟。唐陸贄所謂緣邊土沃而久荒。所收必厚。又近歲山後流移戶多。將見拋地土。時暫借令營屯。亦是一法。（萬姓曾言此事）及撿括冒占。仍招募頑戶者。聽外邊屯。已置營屯去處。亦宜差強果為國盡心有為能臣。重與撿勘。其間一切可行未舉。已行不盡者。極人為而盡地力。仍將迤南一切置屯見閑戶數。併徙邊防。以捄一時。此

急於治外之意也十二曰息遠畧以撫已有臣常聞老子以恬淡為宗孔宣父戒及其在得二聖人垂教以天理當然為言非徒設也欽惟皇帝陛下聖神文武臨御天下二十餘年昭丕天之功接千歲之統三五已來未有若斯之盛其於太祖聖武皇帝垂創之業可謂大集厥成然有其有者安務廣德者強審今之勢譬猶畜牧大家川量谷計數已殷富正在牧圉擇人勞養得所而已如此則牛羊茁壯日蕃而無耗不然因恤見有又務多得將見復求者未獲則已有者瘠而耗之可不惜哉伏願陛下息遠畧撫已有以恬淡為心以在得為戒順養聖壽配天無極此宗廟神靈四海臣民之願也臣又嘗觀天地之氣四時行萬物生皆自然而然又其升降止三萬里之中其範圍不出三十萬里之內餘則混淪磅礴雖聖人有置而不論者伏惟陛下憲天體道財成輔相功已不能殫紀尚何言而何慮哉十三曰

感和氣以消水旱夫兵者凶器戰者危事不得已而用之且以強勝為戒我國家以神武戡定海宇日月所出沒霜露所墜莫不臣而主之然地廣物衆不無孽芽其間故三十年之久十有餘舉如征大理雲南渡鄂渚平內難討賊璮取江南破襄漢駕洋海下占城定高麗開罪交州掃清遼甸皆除暴固存彼動此應不得已而用之之舉也然士卒愁苦死傷暴露邊鄙困乏中外憂勞之氣不得不傷陰陽之和而致水旱之報是以聖人重之畏之故老子曰大軍之後必有凶年師之所處荆棘生焉故比年以來水旱無時霜災屢作山崩地震變出非常奸臣柄用盜賊竊發百姓嗸嗸日趍於困臣嘗讀中元巳來國書詔條未嘗不以生靈為念兼指細故諄信修睦以用兵為重此堯舜好生之德湯克寬不自滿假之仁也願陛下躬體玄默順養聖壽與天無極以初元之心為心以恬澹之慮為慮為民祈天

請命災害不生禍亂不作使黎庶知其無好兵之心天地鬼神諒其不得已之意庶幾天回哀眷易乖戾而為和平變荒歉而為豐稔歟時五福敷錫庶民咸躋仁壽之域矣天下幸甚十四曰崇教化以厚風俗自昔風俗美好由禮義所生今也禮義既衰故日趍於薄一法出則百奸作一令下則百詐起何則民所欲而生者歲不加益我過為之求者日有所增所謂救生而不贍奚暇治禮義哉有司釋此不念每以厚風俗為務如孝行復役節婦有旌議婚姻立學師表淑慝忠臣義士歲有常秩之類非不家至戶曉然終無分寸之効者徒文具虛名而已夫天下之事有本有末知所先後則教立而化行臣愚以為風化之行莫國家若先以四教為本曰仁以養之義以取之禮以安之信以行之何為仁父愛子育懷生樂業溫飽以養其心何為義輕徭薄賦取斂合宜寬裕以暢其氣何為禮上下有分毋妄侵辱誅

責以當其功罪何為信發號施令一出不易忱誠以明其約束是也而前政者謂桑葛也曾不務此專以威虐肆心督責為令取辦一時流毒四海不知陵遲偏駁有不可救藥至于今為厲者如逋負差徭有已蠲未蠲者貧難軍人有已聞未聞者民出祇應不蒙撥降反覆償其不應民辦和買雖蒙官還曾何數其元價杖刑重責不上大夫崇卑之品曾不少間悉被其戮辱夫如是將何以責民心之近厚風俗之淳粹者哉惟其四者本立而天下怵然有忠厚廉恥之心而後敦之以禮讓謹之以庠序觀之以鄉飲教之以冠婚喪祭民將目擊而心諭安行而有得二三大臣宜輔翼於上時從而振德之孰有子遺其親臣後其君者哉所謂父子有親君臣有義不曰風恬俗美將安歸乎十五曰減行院以一調遣伏見近者立行院四處蓋欲養兵力分省權而免橫役然不可多設多設則一旦遇有調遣號令不

相統一至合而征苟進涉險難不肯併力一向以趨成功況江嶺阻隔動輙數百里賊去此而盜彼即欲加兵則曰我已降於彼比緣知會已殺掠而去如向者鍾賊是也其在江西我逐而出境即睨而不視其在福建復逐而出境亦坐而不問已至朝廷專差重臣會三道之兵總統於上才方勦絕臣故曰不可多立者緣此也若止設一院於江州地既盼中號令四出復命皇子震統於上使跨有江淮遙制兵勢將何衡而不折何令之不一哉誠為簡便十六曰絕交貢以示曠度夫邊方小國外示臣屬內實覬望我以誠往彼輙譎來何則恃其險僻昧夫天理而懷苟且假息之念故也非修文以來易以計破難以兵碎也今交趾漢數郡之地耳數年之間雖奉貢俾來終未稽顙闕下欵輸誠赤今年犹一犀象明年獻翠貝若干是皆我物藉為己有調書詞延歲月而已此最不可信者昔漢文帝却千里馬詔郡

國母令來獻而越王尉他曾未幾何愆艾自新去號北面終其身內屬正以德禮懷柔然爾臣愚以謂彼之交貢自今宜辭而無受則我之所得者有三不寶遠物示以曠度一也鱗介之屬臣測淺深不知我之虛實彼用自絕使私計內窮二也又使駭夫天子明見照萬里之外畏天事大之心庶有以自省其曲直所在三也刺竹藥弩緩則肆行奸詐急則曲盡服從伏乞下公卿集議以付有司臣之所言雖至淺近然當陛下無忌諱之時遠被寵召無一言補報緘默旅退豈惟自棄大負朝廷虛求之心顧臣庸愚倚是重輕萬一片言儻有可取使四方大賢大德之士聞之曰如臣者且蒙採擇將訑訑而來皆為陛下用矣臣不勝俯伏待罪憂恐之至臣惶昧死再拜謹言

趙天麟上策曰臣聞天由文而能生地因文而能成人以文而愈靈王者守文而為天下正日月有度星辰有躔鼓之以雷霆潤之以風

雨千變萬化不失其常者天之文也積而山岳深而河海五土之高下百穀之蕃滋允執厥中黃裳元吉者地之文也君臣父子禮樂詩書大理達乎聖賢英粹宜於翰墨粲然相接曲盡諸宜者人之文也經天緯地統制下民撫善政以勤行廓皇猷而博施無私無怨克長克君鼓之舞之以盡其神煥乎郁乎以昭其德者王者之文也欽惟陛下方承景運燕處超然臣謂文者質之華也質者文之骨也存其質則既以成夫元化之鴻基修其文則可以耀我一家之偉績是以質文之理並道器而同歸文質之情兼顯微而無間昔者窮新攙逆武中興正火龍驤首之秋方炎祚回鋒之際猶且投戈講藝息馬論道況為四海治平之政者可不以文為務哉故夏之惡衣服而致美乎黻冕卑宮室而盡力乎溝洫下車泣罪設虞待賢者寔惟文命周之德顯于西土道被於南國興二老盍歸之念以庶邦惟正之供

者寔惟文王漢之天覆萬民子愛兆姓前半夜之席而訪寒士恤少女之意而除肉刑者寔惟文帝唐之憂勤鑑古仁義致平廣學舍之千區委名臣之十在者寔惟太宗惟此四君咸有一德民庶荷當時之福史編傳後世之美究而言之槩可法矣今國家省臺院部揔于內路府州縣分于外職無不具事有所司心安而肢體咸宜領挈而襟裾就整臨之以天威撫之以天慶宜乎道極三才功齊四代矣然而僅能致洽未洽泰和炎荒之小國相持中土之獄囚常滿陳言納跣者無救弊之方在位食祿者但用法而已豈官非其人而未能盡副聖意邪將賢材處職而有術未得盡行邪抑且民或下愚不移而不循堯舜之化須除惡務本然後息邪嘗切思之良有以也九重深邃四海懸遠下情不得上通上意不得下達樞機既閑責成群下養民之道或未周用人之方或未至當事者以簿書期會為急務進言

者以法令未節為大本。此其所以僅能致治未洽泰和也。伏望陛下輸聖心而慮之。究至理以圖之。細推今日之施為。詳擇群下之得失。觀天文以法陰陽。察地文以御柔剛。求人文以化四海。守聖文以照無疆。同夏之文命。比周之文王。超漢之文帝。越唐之文皇。治效班班。可得而議。愚臣觀此。蔑有難焉。蓋古天下。今天下。易地則皆然。前聖人。後聖人。有為者亦若是故也。

天麟又上策曰。臣聞人以倏然百歲之壽。位天地。育萬物。而獨崇。人以眇然七尺之軀。周事變。具衆理。而咸倫盡斯道者。豈惟心乎。及乎青黃白黑之文間錯。而眸子不能瞭矣。淫哇正雅之聲交雜。而耳官不能靈矣。視聽不瞭不靈。而心神蔽徹不瑩矣。自中人以下。豈有心神曠朗而無凝滯者哉。是知無凝滯者。惟聖人而已。何以言之。蓋聖人之知既已特明。而天下之事莫不有理。以吾特明之知。決彼有理之

事。雖萬務叢于前。百為繼於後。豈復有留心者哉。今國家樹后王君公。承以大夫師長。尚恐內外官吏有審諦之所不及。而累改迹者。安可不立法以定之哉。夫財有可以取。可以無取。而介乎兩間者。為民父母之心。但欲益下而已。奈何關要之地。人共窺覘。天下之達者常少。不達者常多。一日暴之。十日寒之。或姑取之而俟後議。或姦取之而傷廉化。可勝言哉。夫事有可以行。可以無行。而介乎兩間者。方其議之也。以為不急。而稽延歲月莫之能定焉。及其行之也。有司應奉而怠慢苟簡。莫之能謹焉。況事有至微。而關利害之至大。言有至細。而存風化之至深者。豈宜輕哉。夫刑有可以輕。可以重。而介乎兩間者。此又方今弊之尤大者也。伏見郡縣之間。一夫繫獄。九族銜悲。產業以之而傾。田宅以之而鬻者衆矣。國家未有律令。有司恣行決罰。竊恐貧者犯刑。未嘗不重。富者犯刑。未嘗不輕。且鞭笞之下。何求不獲。故有家資者。行賂於當塗之人。而委曲以成其輕犯之文矣。彼寒素之族。室如懸磬。故所求不應。激怒懟於無告之人。而挾氣以溢其所抵之罪矣。貧民習知如是。雖無罪而與官吏有相干者。或貨什器以儌錢。或立文約以假貸。輸於官吏。冀變移憐如此。則不疑之獄欲輕則輕。欲重則重。皆成疑獄矣。乃欲化洽政治。豈可得哉。若其果疑之者。遷延無斷。有就縲絏之中而死者。有及十餘年而不決者。犯罪之家。苞苴私謁。所費不貲。犯罪之人。久拘囹圄。所苦無極。漢諺有之曰。畫地為獄。議不入。非虛語也。今雖未至于此。亦宜立法防之。伏望陛下溥班明詔。爰示百司。凡資財可以取。可以無取者。明開其義。減半而取之。凡資財可以與。可以無與者。明開其義。減半而與之。凡事可以行。可以無行者。明開其義。以便民從事。凡疑獄可以輕。可以重者。明開其義。從輕而決之。凡常獄易決而儻有贓汙弄法者。幸從臣

先所謂慎名器。杜利門之法而行之。則自當絕矣。若夫愚昧不悛。則有憲職在焉。如是而清俗澤下之道自成。因感示恩之理無歉矣。

歷代名臣奏議卷之六十六

治道

元成宗大德七年鄭介夫上奏曰欽惟聖朝布威敷德臨簡御寬極地際天罔不臣服混一之盛曠古所無三代以降自周至今二千年間得大一統者惟秦漢晉隋唐而已秦隋晉以貽謀不遠旋踵敗亡漢唐雖傳數十世其間又亂日常多治日常少古今一統其難如此而能保於長且久者又難如此毋謂四海已合民生已泰可以安意肆志而不思否泰相因離合相仍尤有可憂可慮者存也昔賈誼當漢文宴安之時猶為之痛哭為之流涕為之長太息方今之勢恐更甚焉安得如誼者復生為朝廷畫久安長治之策今觀朝廷之上大臣則悠悠然持祿而顧望小臣則惴惴然畏懼而偷生含胡苟且以求自全之計玩歲愒月以希遷轉之階誰肯奮不顧身出為百姓分

憂者然或有之又招疑速謗不能自容於時矣都堂總朝廷之樞柄謂宜立經陳紀為萬世法程進賢退不肖殖邦家根本制禮作樂以黼黻皇猷崇文興義以變移風俗當今之急務也卯聚酉散因循度日案牘紛填剖決不暇間或舉行一二下侵有司又皆不急之細事殊欠經遠之宏規臺察乃朝廷之耳目振刷風采修立紀綱錯舉枉直扶弱抑強職分之宜然也民冤載路十詞九退賄賂充斥掩耳不聞縱豺狼之肆暴取狐鼠以塞責謾膺搏擊之名殊乏風憲之體六部乃朝廷之手足宜思官盡其職職盡其事可也言乎吏則銓衡之無法言乎禮則文遜之不興言乎刑則奸慝之滋甚言乎戶則賦役之未均言乎兵則運掉之無方言乎工則規畫之不一使賈生身今之時目今之事不知何如其痛哭流涕又何如其長太息也高見遠識之士雖以斧鉞在前刀鋸在後其能自已於言乎數年以來固有

指陳事實傾吐忠蘊者矣雖措辭不無純疵言事各有銳鈍中間豈無一事可行一語可採者往往堆案盈几略不省察類皆送部置架閣庫而已聞者扼腕誰肯為言於是忠直退詘佞興或陳說田土以要利或進獻珍奇以希賞或賦述大都頌稱一統而得官陞職是皆無益於理亂所當類入架閣者也而迺獲嘉賓優容之厚缺張齊賢以洛陽布衣太祖引見賜食謂不如是則上無以推納諫之誠下無以作敢言之氣也今朝廷合奏之事委積滿前動是浹旬半載不得聞奏而得奏事者又僅止二三大臣及近幸數人而已言官諍士莫得一覩清光所陳無問可否若抑而不奏則終為廢紙或事有緊切合從便宜者必待送擬完議宛轉遷誤久而不決則遂至乾休上意不得下達下情不得上通萬幾之來何由盡知此古今之通患有國之大戒也介夫幼勤于學長習于吏備員儒泮偃蹇無成侍直禁垣

有年于此田野之艱難朝廷之利害嘗歷既久靡不悉知胷中抱負頗異凡庸雖迹近權門不善造請故碌碌無聞少有知者欲緘默無言則上負明時下負所學縱瞋目張膽羅縷自陳則不免東之高閣否為刀筆吏覆醬瓿而已古語有曰樵夫之言聖人擇焉又曰愚者千慮必有一得或冀一言見聽可為涓涘之助云尔如言而足取則施之時政必有所稗言無可采亦宜恕其狂僭以來諫諍之路輒以所見列為一綱二十目條陳于後謹投中書省御史臺以聞仰干宸聽臣無任瞻天望聖激切屏營之至

一儲嗣　儲嗣一事寔為當今急務自三代殷周以來人君即位之初必先定儲嗣所以示根本之固杜覬覦之心也昔漢高帝欲易太子叔孫通諫曰太子天下本本一搖天下震動漢文帝即位三月他事未暇議有司請早建太子所以重宗

廟社稷不忘天下也唐太宗嘗謂侍臣曰方今國家何事最急褚遂良進曰今四海無虞太子諸王宜有定分最急可謂明治亂之原知國家之體矣欽惟皇帝陛下春秋鼎盛德業方隆億萬斯年正當發軔之初而拳拳愚忠首陳儲建則似乎不急不切然揆古度今未有如茲事之急且切也朝廷之上不知為古今常行之故實往往視為希世之曠典雖心知其事之必不可緩相與鉗口結舌莫敢發言此愛君憂國者重為之寒心也今皇太子天性聰明嫡而居長神人協贊朝野歸心宜早建儲宮正名定號所以尊宗社所以培埴國本所以鎮安天下聖朝萬世不拔之基實係於此昔齊桓五子爭立而霸業遂墜晉獻讒廢申生至國亂數十年始皇以扶蘇不定致使滅宗惠帝以繼子不明幾至易姓自後由此而敗亡者不可勝計草茅之士猶不能忘情而秉鈞當軸之臣略不及此何邪賈誼曰天下之命縣於太子太子之善在於早諭教與選左右夫心未濫而先諭教則化易成也皇太子嗜欲未開心術未定宜選擇端人正士以傅翼之與之居處出入教以漢兒文書使通古今治亂之成迹明君子小人之情偽所謂教得而太子正太子正而天下定矣今民家有十產之資便欲延師訓子為持盈守成之計孰謂善謀國家者不如一家之謀邪古者建東宮立太子將以表異示尊定民志非徒然之美稱也今諸王公子例呼太子嫡庶親疏略無差別昔晉申胤曰太子統天下之重而與諸王齊冠遠遊非所以辨貴賤也同衣冠猶以為不宜況可同名號哉杜漸防微尤宜禁絕上下二三千年國家之興廢安危未有不因儲嗣一事鑒前代已然之失為今日庶政之先速定大謀使天下曉然知之所謂先立乎其大者大綱既求其餘事務次第舉行則宗社幸甚。

一任官古者任官之法由儒而吏自外而內循次而進無有僭踰今中外百官悉出於吏觀其進身之初不辨賢愚不問齒德寅緣勢援互相梯引有力者趨前無力者居後口方脫乳已入公門目不識丁即親案牘區區簿書期會之末尚不通習其視內聖外王之學為何物治國平天下之道為何事苟圖俸考爭先品級以之臨政懵無所知傳曰仕而優則學學而優則仕不知為學豈知為仕心術既差氣節何在今隨朝吏員通儒明吏者十無一二天下好官盡使此輩為之甚可為朝廷名器惜也夫吏之與儒可相有而不可相無儒不通吏則為腐儒吏不通儒則為俗吏必儒吏兼通而後可以蒞政臨民漢書稱儒術飾吏治正謂此也今吟一篇詩習半行字即名為儒何嘗遊學業之深奧檢舉式例會計出入即名為吏何嘗知經國之大體吏則指儒為不識時務之書生儒則指吏為不通古今之俗子儒自儒吏自吏本出一途析為二事遂致人物之冗莫甚於此時也今隨朝自部典吏轉為省典吏又轉而部令史部陞之院院陞之省通理俸月不十年已受六品之官而各處州縣以吏進者年二十即從仕十年得補路吏又十年得吏目又十年可得從九中間往復給由待闕四十餘年才登仕版計其年已逾六十矣或有病患事故曠廢月日七十之翁未可得一官也以儒進者自縣教諭陞為路學錄又陞為學正為山長非二十年不得到部既入部選陷在選坑之中又非二十餘年不得銓注往往待選至於老死不獲一命者有之幸而不死得除一教授耄且

及之矣。望為少年相黑頭公。必不可得也。今內任以三十箇月為一考。滿。即陞一等。又多是就任遷轉。外任以三周為一考。三考得一等。又有給由入選待注守闕之歲月。六年才歷一任。十八年得陞一等。淹滯莫此為甚也。且即所見言之。如前德興縣邢主簿竭職奉公。政聲頗著。去官之日。不辦舡資。亦可謂能吏矣。無力求陞。止淹常調。且累任困於錢穀官。今天下之公勤廉幹過於邢者甚不為少。當路爲僞童未嘗及之。如前禮部高顯卿乃佚司卿根前提胡床小廝。既無學識。又乏德行。不知稼穡。不習刑名。僅十五六年。已致身於四品。今鵷行間出於役夫賤隸若高之輩者。不堪縷數。雖知之。莫有指斥之者。懷能抱德。沉沒下僚。駑才妄子。遽登樞要。似此不公。可為一慨。昔宣帝以太守為吏民之本。嘗曰。庶民所以安其田里而亡歎息愁恨之聲者

政平訟理也。與我共此者。惟良二千石乎。太宗謂養民惟在都督刺史縣令。尤為親民。不可不擇。如路府州縣之官。實百姓安危之所係。若以內為重。以外為輕。是不知為政之根本也。久任於內者。但求速化。不歷田野之艱難。久任於外者。惟務苟祿。不諳中朝之體面。今朝廷既未定取人之科。當思所以救弊之策。在朝宜少加裁抑。在外宜量與優遷可也。今後州縣吏員當盡取之儒學子弟。每歲令風憲官選其行止無過。廉能可稱者。貢補省部典吏。縣則補於部。州則補於省。滿考。則部典吏發充外路司吏。省典史發充宣慰司令史。又每歲擇其上名。貢補六部寺監令史。滿考。則發充各省令史。並令依例入流。其臺院令史從外任八品官選取。其省掾從外任七品官選取。通理內外俸月。以定陞黜。縣教諭與路司吏同資。路學正與宣慰司令史同資。各從所長而委用之。百官自三品以下。九品以上。並內外互相注授。歷外一任。則陞之朝。陞朝一任。則補之外。凡任於外者必由內敘。任於內者必從外取。庶使儒通於吏。吏出於儒。儒吏不致扞格。內外無分於重輕。雖不能盡選舉之規。亦是以救一時之弊也。

一選法。選曹乃治化之原。人材所自出之地。至甚不輕。選者選擇之義也。古之選法。選其能者取之。不能者去之。今之選法。但考俸月之多寡。定品給之高下。如是而已。有虞三載考績。三考黜陟幽明。成周三歲則大計羣吏之治而誅賞之。不聞三年必轉一官。三考必陞一級也。選法弊壞。莫甚於此時矣。夫貪汙無行者。皆行險僥倖之小人也。同流合汙。而譽每歸之。廉介自守者多與俗寡諧之烈士也。疾惡過甚。而怨每歸之。惟在上之人有

以辨明別白之耳。今必待被告經斷。方指為貪汙。則人之實貪汙而能委曲周旋以幸免於告訐者。比比皆是。如路總管李朶兒赤劉斡勒之徒。歷任之初。家無儋石之儲。身有斡脫之債。今皆田連阡陌。解庫鋪席。隨處有之。非取於民。何從而得。凡此者皆實貪汙而未嘗經告者也。及其滿替。貪廉無別。一體給由求仕。彼貪汙者家計既富。行囊亦充。赴都縱賄。無所不至。每每先得美除。彼廉介者。衣食所窘。日不暇給。至二三年閑廢於家。雖已給由。無力投放。及文書到部。復吹毛求疵。百端刁蹬。幸而入選。在都待除。淹困逾年。飢寒不免。則急進者可以速化。恬退者反有體覆保勘之撓。是朝廷誘人以奔競也。今大小官正七以上者省除。從七以下者部注。然解由到省。例發部擬。吏部由此得開賄門。如散官職事。互有高低。有力有援。則擬從其高。力孤援寡。則擬從

其低雖以土木偶人及考亦得陞階更不問為人之賢愚居官
之能否何如也既以入選公然賣闕以闕之美惡為賄之高下
各官該吏相為通融私門然下分擬名闕無力之士甘心於選
遠錢谷之除遂致勾闌倡優以有才為有財以前資為錢貫之
戲每於注選時莫不爭求其地之近闕之美而邊遠接連鈔庫
去處有十餘年不得代之官民間有云使錢不慳便得好官無
錢可幹空做好漢回此各思苟利肥家以為榮進之計誰肯恐
苦吞飢自貽蹴遠之斥未免相胥為不廉矣是朝廷導人以貪
汙也選法不公難以條舉且即所見言之如丘恢丘總管之子
父存日已授崇安縣尹因奸囚婦斷罷不敘居閑八年父歿之
後改名丘魁自稱白身承蔭再授寧都州同知聞者莫不駭笑
如孔文昇係浙西廉訪司書吏延按常州改作文聲虛稱歷任

學正濫考自行體覆捏合入府州選又以宣聖子孫即陞太平
路教授除命已下猶在憲司勾當如此詐偽而省部更不究問
實為孔門之玷風憲之羞又如牟應復輕薄無行傲很不才初
歷下州學正厚賂闒承旨保稱亡宋故官之子便得攙陞路選
自是援例者但夤緣翰林集賢院求一保關不問人物根脚即
加虛獎過褒關節既到隨准所擬小有不完必遭踈駁非才者
陞遷負能者淹屈欲望選法之清人材之盛不可得也古者自
州縣官以上皆天子自選故銓曹每擬一官必先稟命於天子天
子欲用一人亦詢其可否於執政今乃以省部除授之官指為常
選以天子委用之人指為別里哥選夫天下之官孰非天子之
臣安得以一朝省而自分為兩途邪緣常選所除非出天子之
意而別里哥所用又非中外推許之人所以不能歸一若盡以

別里哥不得預常選之列則是天子之言得制於省部之手太
阿之柄幾於倒持矣漢宣帝拜刺史守相輒親見問觀其所由
退而考察所行以質其言唐太宗嘗列刺史之名於屏風坐臥
觀之得其在官善惡之迹注於名下以備黜陟古者選官如此
其精且嚴猶不能盡得其人今之所謂守選法者常選必一月
一日必不許陞歷任雖多而根脚淺者通理必降別里哥盡指
為無體例難以定奪殊不知常選中太半非才俱可沙汰而別
里哥選中豈無一二可用之人才邪不嚴其選而嚴其格不清其
源而澄其流是不識古人選法之意也今宜先擇風憲官委令
常加體察除贓濫正犯之外有罷軟不勝任者行止不廉者帷
薄不修者依阿取容而無所成立者並許彈罷有德行可以廉頑
立懦才幹足以剸繁治劇但一事可稱一行可取者並許擿實

薦舉依古法分為上中下三考書上考者陞中考者平遷下考
者降不入考者黜從憲司上下半年或每季終造冊開呈都省
如各官根脚年甲籍貫三代已載元除在任實跡已見考書解
由之內不必贅寫止稱歷過俸月足矣並令還家聽除不許親
賫赴都各省逐月類咨差官馳驛入選令選曹自計考書之上
中下以定黜陟誅賞然後照闕銓注將合授宣敕數付各省於
元籍標揚賢能者不待致力而自陞誰不知勸愚不肖無所容
私而被降誰不知懼賞罰既公衆心自服矣如民生休戚官吏
賢否既已責任憲司又有監察御史不時差出問事何須重復
遣使廵行郡邑但每歲委清幹官廵按各道專一體問風憲僚
屬有政事無取擧劾不公者比之有司罪加二等如此行之一
年選曹不得而賣闕仕人不得而計置臺察不得而徇私滅公

此絶弊倖之要道也

一鈔法自漢以来止用銅錢亦用鐵錢至前宋祥符年始置交子續蔡京又請劄會子今之鈔法乃襲前宋交子會子之舊耳非古法也不必究其法始何代但可以利國濟民者通古今可行也[illegible]宋銅錢與交會並行以母權子而母益貴是時民間貧無置錐者亦有銅錢官會之儲無他子母相權而行也今國家造鈔雖廣而散在民間者甚少小民得之者亦甚難無他輕重失相權之宜也夫法立一時而弊出他日非法之不善也乃久而自不能無弊耳事極則變變極則反能因弊更新然後可傳之不朽鈔法之弊已云甚矣天下之物重者為母輕者為子前出者為母後出者為子若前後倒置輕重失常則法不可行矣漢以銅錢而權皮幣之重皮幣為母銅錢為子宋以銅錢而權交

會之重交會為母銅錢為子國初以中統鈔五十兩為一錠者蓋則乎銀錠也以銀為母中統為子既而銀已不行所用者惟鈔而已遂至大鈔為母小鈔為子今以至元一貫准中統五貫是以子勝母以輕加重以後踰前非止於大壞極弊亦非吉兆美識也今物價日貴鈔價日賤往年物直中統一錢者今直中統一貫始至元鈔五厘與一分買不成物街市之間無所用焉久而不革則至元一貫僅直中統一錢物直錢而鈔不直錢將見日賤一日而鈔法愈見澁滯此弊之一所宜急救也每歲發出鈔本倒換昏鈔止收三分工墨可謂巧於利國廉於取民矣殊不知一貫出一貫入鈔行民間僅有三分而民間之鈔反損三分也且鈔在天下昏爛則已何必倒換於古亦無倒換之法兹倒鈔之便止是城市間一簇人烟得濟若各縣百姓散居村落僻遠之地去城數百里得倒換者絶少未嘗便於小民也且所倒昏鈔既皆付之丙丁則鈔本盡成虚捨矣况外路倒換到合燒之鈔貫伯分明沿角無缺京都之下稱為料鈔一婦煨爐誠為可惜今但知可得工墨三分之利不悟虚捨本鈔九錢七分之害於國於民兩有所損將見日少一日而民間愈無鈔可用此弊之二所宜急救也古者藏富於民民富則國自富唐太宗曰民依於國國依於民剋民以奉君猶割肉以充腹腹飽而身斃君富而國亡此之謂也當今救弊之策宜增造大德新鈔與至元鈔兼行大德五貫或二貫准作至元一貫明以大德易中統不過扶至元之輕以整一時之弊鈔母既起則物價自平矣每歲發出各省勿令倒換就支作官吏俸錢和買絲料等用却以民間所出夏税折粮課程贓罰諸名項錢起解大都以供

支持賞賜及隨朝俸給庶國家鈔本俱為實用而鈔散天下民亦無損行之數年民間之鈔不可勝用矣鈔法既正更議鑄銅錢法使輔鈔而行則國家日富百姓日殷隆古至治將復見之若造新鈔而不行銅錢則鈔易壞爛損之多而益之少决難經久造銅錢而不行新鈔則至元太過恐一旦行之輕重相懸不以為便二者不可偏廢也夫鑄銅為錢乃古今不易之法盜賊難以貴將水火不能銷滅世世因之以為通寶使法不可行則上下二三千年間減棄不用久矣何待今日始知之言者謂鑄一錢費一錢無利於國殊不知費一錢可得一錢利在天下即國家無窮之利也先賢嘗曰鑄錢無利所以能久正謂費本之多故民間盜鑄者少然國課自有見銅以銅價計之亦不至於大費工本惟鈔用本之輕故偽造者紛然立法雖嚴終莫能戢

今天下真偽之鈔幾若相半如不之信但以中統鈔通而計之自初造至住造該若干倒換已燒該若干便可知矣若以鑄錢不償所費則造鈔所得工墨三分必不了鈔局俸給一切物料之費也言者又謂錢重不可致遠尤為愚昧夫國家輸運則鈔為輕費百姓貿易則錢為利便二者相因而未嘗相背即子母相權之說此理甚明無足疑者今究其異議之原皆由內外官吏以利國為重利民為輕以至於誤天下國家也今有陳言謂何地產玉出金何處人家有奇珎異寶則朝廷忻然從之立見施行謂其有以利吾國也有陳言謂損朝廷一分之鈔可為民間十分之利或無損於國而有益於民之事則一切視同故紙抑而不行謂其無以利吾國也上下相蒙已成膏肓民生日蹙災害日臻國家雖富將焉用之愚今請造銅錢以翼鈔法雖於國未見近利

將以大利於民耳如一歲造鈔一百萬錠五歲該五百萬錠紙之為物安能長久五年之間昏爛無餘逐年倒換盡皆燒燬則五百萬錠舉為烏有所存者僅工墨鈔十五萬錠而已如一歲造銅錢一百萬散在天下並無消折歲累一歲布流益廣雖億千萬年猶同一日所謂鈔為一時之權宜錢為萬世之長計也今鈔中明具錢貫即是銅錢之形古者懷十文銅而出可以醉飽而歸民安得而不富今之懷十文鈔而出雖買氷救渴亦不能敷民安得而不貧即此已為明驗不必旁引曲喻以論其利害也但比來言事者非指陳厚利不足以聳動朝廷之聽昔右丞葉李請造至元鈔謂中統一張僅可一張之用若以至元一張抵中統五張一歲造鈔之費無所增益自可獲五倍之利以此啗國遂行其說豈知遺弊至于今日鈔價既賤而偽造更廣

數年之後至元一張止可當中統一張國家未見其利民間不勝其害實為誤國之謀而當時遽以為信迄今不覺其非亦可怪也已聞言者請以大德鈔一貫准至元鈔十貫即葉李之策也若如所言則他日至元之弊尤甚於中統矣亡宋自十六界加至十八界又加為官會以至于國亡不救此覆轍可鑒也彼知造至元之利可以五倍不知鑄銅錢之利又可以百倍夫鈔云一伯文乃百銅錢今民間稱為一錢一貫文乃千銅錢今民間稱為一兩是一錢准為百錢十錢准為千錢也若以銅錢一錢自作一錢之用則物直鈔一伯文者可以一銅錢買之各處月申時估云物一斤該鈔二錢者今律以本色銅錢二錢則二伯文鈔可得物一百斤以元價計之省鈔一十九貫八伯文是錢有百倍之利矣既利於國又便於民猶復議擬久而不決甚可

為國之謀臣之歎也如准所陳造新鈔以扶至元之輕罷倒換以全國家之利鑄銅錢以通鈔法之滯富國惠民之道無以加此玠夫前任湖湘司徑猥役下僚區區忠愛無由自達欽覩累朝詔書節該諸人陳言在內者呈省聞奏在外者經由有司投進遂於前陳已准太平策內言有不能盡者摘出鈔法抑強户計僧道四事罄竭底蘊赴湖南廉訪司及宣慰司投進雖蒙稱善靳於轉達言劇明切竟淪故紙今附錄于各項之後縱不獲遇於一時必將見知於異日有居樞要遠官大臣能以致君澤民為心者當有取於所言切謂國之與民實同一體民富則國自富國富則天下自平用銅錢雖未覩近利且以富民為先欽覩先皇帝立尚書省詔文內一欵節該世祖皇帝建元之初頒行交鈔以權民用已有錢幣兼行之意蓋錢以權物鈔以權錢子

毋相資信而有證欽此鈔錢初行民間得便歡謠之聲溢于閭
里僅得逾年遽行改法又欽覩詔旨嚴用銅錢節該雖畸零使
用便於細民然壅害鈔法深妨國計欽此切詳詔意未嘗不以
用錢為便何為於國有妨只此一語可見奸臣之誤國矣百姓
足君孰與不足若便於民即利於國國與民相依而存安有便
民而反妨國邪為今之計未必取民之資以富其國但因國之
資以富其民足矣所謂富民之術無他道也當思古者民何為
而富今者民何為而貧蓋富貧懸係乎銅錢之興廢耳農家終
歲勤動僅食其力所出者穀粟絲綿布帛油漆麻苧雞豚畜產
等物所直幾何若得銅錢通行則所出物產可以畸零交易不
致物價消折得錢在手隨意所用入多而出少民安得而不富
今窮山僻壤鈔既艱得或得十貫一張扯拽不開若貨物還鈔

則零不肯貼欲盡鈔買物則多無所用展轉較量坐受百端或喪
婚之家急切使用只得以家藏貨物賤價求售貨不直錢而利
盡歸於商賈之輩民安得而不貧詳今用錢之便有三一則歷
代舊錢散在民間如江浙一省官庫山積取資國用可抵天下周
年之稅非為小補二則市廛交易未煩貼換雖三尺孩童亦可
入市免有挑描爛疑認之憂三則國之所出者鈔也民之所
出者貨也鈔以鉅萬計闊不可以得民貨貨以畸零計民不可
以得國鈔若使畸零之貨可易銅錢則鉅萬之鈔自然流通此
國與民之兩便也禁錢之不便亦有三一則見有廢錢日漸消
毀隨處變賣鎔化為器減棄有用之寶淪為無用之銅深為可
惜二則市井懋遷難以碎貼店鋪多用鹽包紙摽酒庫則用油
漆木牌所在風俗皆然阻滯鈔法莫此為甚三則商賈往來遠

旅宿食無得小鈔或留貨當或以准折村落細民出市買物或
背負穀粟或袖攜土貨十錢之貨不得五錢之物或應買一錢
之物只得盡貨對換此則農商工賈之通不便者也以三者之
便與三者之不便固知銅錢誠不可廢也即今民間所在私用
舊錢准作廢銅行使幾於半江南矣福建八路純使廢錢交易
如江東之饒信浙東之衢處江西之撫建湖南之潭衡街市通
行頗是利便愚嘗參酌古今若以銅錢一伯文准中統鈔一貫
一分一錢極為酌中亦與鈔文內貫形相符今銅價一斤該中
統鈔一貫五伯每一斤銅可鑄錢一百六十箇則錢與銅價亦
相等自無偽鑄之弊矣無各處爐冶器具已有規可復鼓鑄除
見管外仍設官旋造嚴禁民間擅鑄銅器見存之銅足可儘用
銅坑所出更無盡藏將見國家日富百姓日殷太平盛觀何以

加此此特言用錢之利而已鈔法之弊其害有不可勝言者鈔
國課也朝廷之柄用也而與民間共之可為長太息可為痛哭
今民間之鈔十分中九皆偽鈔耳偽鈔遍滿天下而朝廷略不
動念不知謀國之臣何如其用心也且如一年造鈔二百萬錠
散出各省倒換舉化為灰止存工墨鈔三十萬錠而已今民間
富家巨室庸僧緣道豪商鉅賈一家所藏有不啻三十萬錠者
合而言之箱篋畜藏何止百千萬億計非偽鈔而何蓋為偽者
與真無異雖識者莫能辨或有敗露到官乃造之未善不堪使
用者耳愚嘗留杭見買賣者就庫倒出料鈔於店戶使用及覆
覩之曰此偽鈔也試代以偽反忻然而受之杭人習於市易尚
不能辨況乎鄉落小民哉昔在仕途嘗推問偽鈔公事犯者謂
一定工本可以造鈔數百定獲利如此人安得不樂為之雖赴

蹈湯火亦所不顧。如不以為然。但更改鈔法。悉令舊鈔赴官倒換新鈔。必數百萬倍透出於元發鈔本矣。又嘗考之。自周漢以來。皆用錢幣以珠玉為上幣。黃金為中幣。刀布為下幣。武帝用白鹿皮方尺緣以藻繢為皮幣。後漢光武貨幣。雜用布帛金粟。章帝時。令天下悉以布帛為租。市買皆用之。至唐則全用銅錢。或間以縑素。不聞用鈔也。至宋朝冦瑊刺蜀。創置交子以權一時之宜。因而行於中國。識者謂紙錢乃鬼神所用。非人世所宜。以人用鬼道。知宋祚之不長矣。不謂聖朝立法不求乎古而循襲亡宋之舊。誠為可惜。愚於讀書之暇。反覆紬繹。頗得其說。既之權位。雖有其策。志不得伸。言不得達。惟有懷能抱恨而已。以紙為鈔。決難久長。如欲用鈔。必須改法。宜做古用幣之意。以綃為之。國家立局置匠起機。依鈔樣織成方幅。每貫自為一張。約以

尺二長七寸闊。四圍邊幅俱全。其貫文就機織成。却以五方印色關防之。取青於極東。取紅於極南。取白於極西。取黑於極北。取黃於中土。五色備具。非民間可得之物。雖欲偽為將焉用之。然織者可作大張。難製小幅。零用自有銅錢。不必小鈔。若朝廷出納則代以輕齎。此即子母相權之說。一則可以數十年不壞。二則偽造者不得為之。三則免倒換燒燬之煩。行之數年。成多損少。其鈔自不可勝用矣。立法之善。無出於此。故曰錢決不可用。鈔決不可改。此事有關國計。非泛泛雜律常例之比。可以富民。可以強國可以解歲饑。可以弭外患。可以萬世開太平。真久安長治之策也。雖是羣言嘵沓。誰適為謀。築舍道傍。歲不我與。因循苟且。唯唯悠悠。取為政之大患也。深慮廢錢日銷。偽鈔日廣。國計日削。大柄日移。其流禍豈淺淺哉。伏願賢相名卿。其疾圖之。天下幸甚。

一鹽法。富國惠民。無出於鑄山煑海二事而已。鑄銅為錢。固乃國家之大欠。煑鹹為鹽。雖知為重。而未得規畫之方。今隨處立運司。各場置令丞。實以課程浩大。必須另設衙門以專管領。不知為蠹民間甚不小也。致弊百端。何可勝言。其於國家實無所益。且如福建一道。僅抵淮浙一場。周歲辦鹽七萬引。亦設運司正官首領官吏人等。所轄一十場。批引入所鹽倉二處。官攢人吏游食之徒。不計其數。惟蚕食鹽戶而已。今各處運司官吏每歲輪番分司給散工本。雖曰唱名。其實陽散陰收。纔併開煎。即以守催監裝開竈起火。住火。比附考較封堠。巧立名色。百計科擾。場官因而倍取。鹽戶必須應付。又有總司差人催辦。取數什伍為羣。不時下場追擾。若不取之鹽戶。從何而出。上下交征。通同隱

蔽。戶之富者尚堪少延。貧者無措。必致私煎私賣之弊。官司追捜。如捕重冦。只得舉家逃竄。即目逃戶已多。不敢申明。止令同竈鹽丁代辦。數年以後。必盡逃矣。此鹽司之設。不便於鹽戶也。商旅販賣。所以流通鹽法。助辦官課。令運司賣引。鹽倉支鹽。則有照引散帖。百種需求。方得支發。纂節去處。又設批引官索瘢求瑕。恣行刁蹬。至地頭行賣。又差拘收引官檢校多餘。無非漁獵客人而已。若鹽價高。運司官吏詭名先行攙買。或鹽價低。則勾鹽商聘賣。及有上司官與權要之家挾勢奪買。必須先儘數足。而鹽商有守等半年一年不能得者。又計其引數。需要答頭錢。以客旅與官府交易。本自疑忌。豈可更加挾持。此鹽司之設。不便於商旅也。運司關防私鹽。併遠場毀遠竈。立團煎煑。外立團軍巡綽。為法可謂嚴矣。但團軍歲一更易。何所稽籍。附團數

十里雖犬不得寧甚至掠人殺牛擄脇居民無所不為其能保私鹽之不漏乎又有鹽司差人及管軍頭目巡鹽絡繹鄉村閭遇另有鹽不審虛實便指為私從其詐騙則免公庭少不依隨遂成實禍及有正犯到官者設無賄賂監禁經年轉指平民連逮無已溪壑既厭盡皆撒放或至連斷者無非窮民斷沒家財

一半多不過五七貫而已有擾者識得清脫無力者必至於罪此鹽司之設不便於百姓也運司立法凡有私鹽生發罪及州縣正官鹽出於倉場而罪歸於州縣似此無辜何異池魚之殃煎鹽户不屬有司無相統攝致有一等慣賣私鹽無賴之徒結構鹽司上下容情縱令不軌無所畏懼及與附場民户交參往坐便作竈户柴户等名色冢同影占又有民稅詭寄規避差役凡遇有司追會詞訟庇稱鹽户沮撓官府不得施行有必合約問之事

即以辦課推辭動經歲月不得杜絕此鹽司之設不便於官府也煮鹽榷課所以資助國用今言者但知為國興利不知為國省力總其所入為數雖多和其所出已費不少何異以羊易牛猶謂之得策耶且以一引鹽論之歲給工本及柴草等物又有鹽司官吏月支俸給般運水脚之費通以價錢准除折筭而官司月過本錢將及一半矣此則大不便於國家者也夫畜猫防鼠不知饞猫竊食之害愈甚養犬禦盜不知惡犬傷人之害尤急今鹽司官吏猶饞猫惡犬之為害也宜先去之則鼠自穴藏盜亦屏迹矣唐劉晏專用榷鹽以充軍國之用觀其行事一時莫及後世亦無有以繼其軌者其言曰户口滋多則賦稅自廣理財常以養民為先又謂官多則民擾但於出鹽之鄉置鹽官收鹽户所煮之鹽轉鬻於商人任其所之自餘州縣不復置官或商絕鹽貴則減價鬻之謂之常平鹽其始江淮鹽利四十萬緡季年乃六百餘萬緡由是國用充足民不困弊此已驗良法古今不能易也為今之計未必立奇求異但祖述劉晏之遺規則盡善矣宜將鹽運司衙門及各場所設官吏圍軍巡卒盡行革罷併入有司管領選省部内才幹官一員充榷鹽使於各州縣摘差貳官一員提調鹽事於出鹽去處設鄉官一員專掌支發但簽取本處有抵業富家應當亭户分認周歲鹽額令亭户自行收拾竈户任便煎者隨處立倉交納亭户不致於逃亡竈户可息於追剝民户亦免圍巡誣逮之擾既無所擾自皆樂於應辦矣若非亭户竈户而自煎者方為私鹽許令鹽户告發依條治罪事既歸一誰敢輕犯如工本實為鹽司所有而鹽户虛受其名得免額外苛虐已云幸矣雖不支工本亦無怨也終歲額辦鹽引預於春季作一次發

下諸路給散各鄉官收管令客人徑於收鹽去處支買依時價兩平交易聽從他處發賣隨所至繳鹽引自可革去買引攪引支鹽分例批引過關一應之弊商人獲利既厚則販者必多而民間亦可得賤鹽食用也古今鹽法不過為辦課耳使課而無虧何必廣布衙門自取多事今鹽有定額户有定數私煎有定罪若一委之有司取辦於亭户既省俸給工本自可全收課程官享其利而民安其業矣至於户日蕃而賦益廣鹽日多而利益博他日之增羨未可以限量計也富國惠民之道已盡於此

一厚俗切自三代漢唐以來曆數延長雖中經變亂至於臨危而獲安垂絶而復續者皆由風俗淳厚人心固結有以維持扶植之也賈誼曰化行俗定則皆顧行而忘利守節而伏義至哉言乎禮義不容廉恥不興風俗日薄人心日漓如人之一身已無

元氣安能長久風俗乃國之元氣國祚脩短係乎風俗之厚薄也
所關甚不輕也知為政之要者當以移風易俗為第一義夫移
風易俗莫大於禮樂教化昔魯兩生曰禮樂所由起積德百年
而後可興自開國以來今且百年矣周書曰既歷三紀世變風
移自混一以來今將三紀矣以時考之則可興禮樂崇教化變
風俗不可謂之太早計而朝廷上下畧不及此苟且一時之謀
不思萬世之策甚可謂長太息也夫治國猶治身既未能補養
元氣使之壯實宜先去其蟊賊求致於損傷則可矣且即數端
大壞風俗者言之女正位乎內男正位乎外男女正天地之大
義所以風天下而正夫婦王化之基也今街市之間設肆賣酒
縱妻求淫暗為娼妓明收鈔物名曰嫁漢又有良家私置其夫
與之對飲食同寢處畧無主客內外之別名曰把手合活又有

典買良婦養為義女三四群聚扇誘客官日飲夜宿自異娼戶
名曰坐子人家都城之下十室而九各路郡邑爭相倣効此風
甚為不美且抑良為賤者待告而禁終不能絕若令有司覺察
或許諸人陳首但有此等盡遣從良有夫縱其妻者蓋因奸從
夫捕之條所以為之無忌若許四隣舉覺俾同奸斷或因事發
露則罪均四鄰自然知畏不敢輕犯此可以厚俗之一也古者
嫂叔不通問所以別嫌疑辨同異今有兄死未寒弟即收嫂或
弟死而小弟復收甚而四十之婦而婦未冠之兒一家骨肉有
同聚麀兄方娶妻而弟已有垂涎其嫂之想嫂亦有顧盼乃叔
之意妻則以死期其夫弟則以死期其兄閨門之醜所不忍言
舊例止許軍站續又令漢兒不得收今天下盡化為俗矣若弟
可收嫂則姪可收嬸甥可收妗子可收姆伯可收弟婦但有男

女之具者皆可為種嗣之地縱意所為何所不至此風甚為不
美除蒙古人外所宜截日禁斷有兄亡而嫂願改志及守志者
並聽如收以為妻則比同奸罪更加一等此可以厚風俗之二
也夫紀綱名分禮之大經賤以承貴下以事上明君子小人尊
卑之分限也今有人家年深奴婢或需求不獲或索去不能欺
蔑傲慢不聽驅使才加捶撻便成讎恨未免巧撰非違以誣其
主官府未明其虛實主奴必須同跪于庭或攀指閨門婦女貴
賤不分污言無忌縱得解釋何面同處況南北之風俗不同北
方以買來者謂之驅口南方以受役者即為奴婢各因其俗之
舊則化易行也故唐法奴告主者皆勿受若縱奴告主名分不
立此風甚為不美除謀反大逆謀故殺人許令陳首其餘一切
事務並不得告有司亦不得受此可以厚俗之三也夫孝始於

事親中於事君終於立身故自天子達於庶人莫之能易今有
父母俱存而諸子便已分居析爨又有職官歷任棄父母而攜
妻子昔人三釜之祿為養親也不顧其親之養大行己爵安能
治民又有父母祖父母訃音入耳畧無哀容或馳价奔喪而居
官自若又有親方垂絕不事津送且娶婦聘女恣為酣歌又有
鶴髮之親在堂而牽於求名營利至十數年于外而喜懼罔知
畧不動劬勞之念此皆絕滅大倫去禽獸者幾希夫三年之喪
天下通喪也古人云求忠臣於孝子之門未有不孝其親而能
忠於君者又云於所厚者薄無所不薄未有薄待其親而能厚
於他人者此風甚為不美古者明王以孝理天下由身先之也
又聞古者宗廟四時之祭祀烝嘗皆天子親享不敢使有司攝
也伏望檢討舊典親行享廟之儀此謂追遠而民德歸厚矣仍

令天下無論官庶之家有親在而諸子忍於分析及居官客外而違於生事死葬者並坐以不孝之罪凡遇父母祖父母之喪並令守制終服如有告闕養親或棄官廬墓者各從所性俟其孝行顯然則優加褒獎此可以厚俗之四也父子夫婦乃三綱五常之大者百世不能以損益也今鬻子休妻視同犬豕賤賣貴買略無惻忍雖有抑良買休之條例而轉賣者則易其名曰過房賣為軀口受財者則易其名曰聘禮賣為價錢今大都上都有馬市羊市牛市亦有人市使人畜平等極為可憐是朝廷盧視其禁而明開其門也夫民之安於田里而不好作亂者以妻子可戀生理足惜耳若父不以子為子夫不以妻為妻朝為骨肉暮即岐路六親不保恩情已絕推是心以往則子棄其父妻棄其夫弟棄其兄為下者疾視其長上綱常之道蕩然不存此風甚為不美所宜嚴行禁絕無分買者賣者引至者並令一體斷治幷坐本貫官吏以罰失戶口之罪使各相保守無棄天倫此可以厚俗之五也古者定服色所以明貴賤陳卑高今衣冠一體貴賤不分服色混殽尊卑無別如織金龍鳳常服也而百官庶人皆得服之明珠碧鈿首飾也而閭閻下賤皆能效之若騶從廝役囊有一金者便可以乘肥衣輕雖德行道藝罄無儲粟者亦甘於徒步敝縕如主奴同出先與後之分耳或聯行並轡不辨誰主誰奴官吏雜處坐與立之殊耳或閑居促席不知孰官孰吏上下無差冠履倒置此風甚為不美宜以九品之官定為九等士農工商僧道定為六等下而臧獲定為一等使服飾各安於分限貧富不得而僭踰此可以厚俗之六也凡此數者皆時政之急先務邦國基本實繫於斯願在朝廷力行何如

耳德風所加靡如草偃今行禁止誰敢不從所謂道以政齊以刑民知遠罪而未至革心化行俗變之餘所謂道以德齊以禮民日遷善而不自知風俗既淳人心自固各遵德義視法如讎欲挽回唐虞三代之風不難矣

一備荒凶年飢歲古不能免每每亂亡由此名之是以牧民之官常切究心備荒之策至甚詳密古者無三年之蓄曰國非其國也三年耕餘一年食九年耕餘三年食故堯有九年水湯有七年旱天下不至於亂民生不至於乏者以備之有素也國家混一以來年谷屢登民無菜色間有不稔未見深害所以上下偷安不為經久之思萬一遇大水旱大凶歉饑饉相因骨肉不保戶口星散盜賊雲起將何策以救之今民間一年耕僅了一年食雖有餘粮亦不愛惜如近年河南小荒江淮一水便已蕩析流離無所依歸今年山東八路被災闕食朝廷撥降鈔三萬錠委官計戶見數大口二斗小口一斗賑濟兩月續據報到闕食戶四十六萬四百餘戶大小口一百九十萬四千有零該米六十七萬三千九百八十石折支鈔三十三萬四千八百餘錠亦可謂善政矣然民生不可一日無食七日不食則死安能忍飢以需賑濟若待所在官司申明開奏徐議拯救之術展轉遲誤往往流亡過半此不可一也災荒之地自冬而春春而夏直至秋成方可再生縱得兩月之粮豈能延逾年之命此不可二也天雖雨玉不可為粟家累千金非食不飽若給以見粮猶能濟急今散以鈔物非可充飢縱有鈔滿懷而無米可糴亦惟拱手就死而已官雖多費而惠不及民此不可三也無預備之先謀至臨危以立策雖有上智無如之何今京都之下達官大家亦無儲

畜百工庶民皆是旋糴給爨朝不謀夕只令米多價平尚且不
給設使價起更值凶荒盖為填溝壑之餓莩矣此皆可為甚慮
者而執政恬然不以加意識者為之寒心伏覩至元新格諸義
倉本使百姓豐年儲畜儉年食用此已驗良法其社長照依元
行當復修舉文非不明也意非不嘉也越十三載未見舉行朝
廷泛然言之百官亦泛然聽之不過虛文而已漢立常平倉穀
賤增價而糴以利農穀貴時減價而糶民以為便二千年間皆
則而效之朱文公嘗行於浙東最為得法每歲秋成官司給錢
依時價收糴入倉次年飢時依元價出糶錢復歸官官無所損
而民有所濟備荒之策無出此者然此法不可行於今矣何也
貪官污吏並緣為奸若官入官出民間未沾賑濟之利且先被
打筭計點之擾及出入之時又有尅減百端之弊適以重困百

姓也宜於各處驗戶多寡或一鄉一都於官地內設立義倉一
所令百姓各輸已粟自掌出入之數不費官錢可免考較民入
一石之粟自得一石之價不費於公亦無損於私雖不若官支
價錢之為便然為做古酌今之良法也猶慮風俗不古急義者
少豪家巨室為富不仁惟想望飢年可以閉糴要價誰肯以陰
德濟人為心若令自願必無應者亦須官為立式有地百畝之
家限以一歲出粟一石如有好義願自多出者聽悉令出等甲
戶執其綱領擇鄉里能幹者效其驅馳歲添新粟則旋廣倉廩
每遇闕乏如取諸寄而已夫收支出入既無預於有司若其規
畫未至必須助以官府之力或掌事任勞之人自有侵欺宜令
司縣官依竊盜例科斷追理或司縣官因而挾勢借貸宜令延
按官依枉法贓例定罪徵還本色若所在官司有能勸率成效令

合屬上司開具保舉優加陞賞誠為安民定業之長策經邦貽
謀之要道雖言近迂緩而事實急切如今年之荒特其靡耳所
可憂者正在他日毋謂不及於目前而藐然置之度外也然此
事非二三年未能有成而目前之急必思先有以救之廟堂之
上皆知為今日急務不過坐待其斃未聞處置之方畧雖有司
賤價賑糶以有限之米應未已之荒長計將安出若勸令從處
富家平糶則流害滋甚大戶縱賄而求免小戶力貧以奉行徒
資官吏之買賣初無濟閭里之危急言者請給鹽引和中糴米
往年發珠子引鹽商失陷至今怨讟豈堪再虐以米引邪縱令
優利數倍亦所不欲也今被災之處雖多而江淮湖廣亦皆稔
熟及此收成之餘急為立法收米四百餘萬石半運赴都半留
隨省以備明年之荒可也宜倣漢時輸粟為郎之例發下從七

品正從八品虛名敕牒四千道實授散官遙授職事分給行省
填名類報從七一千道每名米六百石正八一千道每名米四
百石從八二千道每名米三百石可得米一百六十萬石天下
之富而好名者皆爭趨之既非常調亦無礙於選法也又倣宋
時官賣度牒之例除西番僧外發下度牒三十萬張散之各路
凡為僧道悉令倒給自至元十四年始截日終出家者每名入
米十石可得米三百萬石歸附以來僧道無無憑據糧不輸官
儲積最厚使少出所餘以濟飢歉亦無損於教門也二者但費
朝廷之一紙不動聲色而數百萬糧可立而致矣舍此不行他
未見其策也夫鬻爵濟時雖非令典稽之古史亦匪創行然可
暫不可常也度牒之法今後出家者每人納米四十石永著為
令寬以二三年義倉既成儲畜自富可高枕而無憂矣

一定律律者所以齊天下之動至公大定之制也皐陶作士明于五刑穆王訓書罰屬三千綱舉目張井然不紊故百官奉法各知所守而不敢踰百姓視法各知所避而不敢犯自三代而下國家立政必以刑書為先歷觀古今未有無法而能一朝居也今天下所奉以行者有例可援無法可守官吏因得以並緣為欺如甲乙互訟甲有力則援此之例乙有力則援彼之例甲乙之力俱到則無所可否遷調歲月名曰撒放使天下黔首蚩蚩然狼顧鹿駭無所持循始之所犯不知終之所斷是陷之以刑也欲強其無犯得乎內而省部外而郡府抄寫格例至數十冊遇事有難決則檢尋舊例或中無所載則旋行議擬是百官莫知所守也民間自以耳目所得之敕旨條令雜採類編刊行成帙曰斷例條章曰仕民要覽各家收置一本以為準繩試閱二十年間之例校之三十年前半不可用矣更以十年間之例校之二十年前又半不可用矣是百姓莫知所避也孔子曰刑罰不中則民無所措手足今者號令不常有同兒戲或一年二年前後不同或綸音初降隨即泯沒遂致民間有一緊二慢三休之謠上無道揆下無法守不聞如是可以立國者京都為四方取則之地法且不行況四方之外乎如往年禁酒而私醞者比屋有之酒益薄價益高而民益困又如禁牛而私宰者愈多輦轂之下十家而八又如奸盜殺人必不可赦而每歲放免會府以此人心輕於犯法又如婚姻聘財明有官庶高下折鈔之例而今之嫁女者重要財錢品官富人或索七十錠一百錠市庶之家不下二三十錠更要表裏頭面羊酒等物與估賣軀口無異又如買賣田宅舊有先親後鄰之例而今民業多歸勢要[illegible]親

與鄰不得占執告到官府無力與競業在豪家終為所有推此數端天下槩可知矣今有司每視刑名為重而婚田錢債畧不加意殊不知民間爭競之端無不始於婚田錢債而因之以至於奸盜殺人者也憲司延按每以贓罰為重而一切民訟畧不省察殊不知百姓負冤上無所訴是開官吏受贓之路也審囚決獄官每臨郡邑惟具成案行故事出斷一二便為盡職不知大辟以下刑名公事甚不少也路縣官吏未飽其欲每聞上司官至則將囚徒保候審錄既畢仍復收禁此皆無法之弊也又兼衙門紛雜事不歸一十羊九牧莫知適從普天率土皆為王民豈可家自為政人自為國今正宮位下自立中政院匠人自隸金玉府校尉自歸拱衛司軍人自屬樞密院諸王位下自有宗正府內史府僧則宣政院道則道教所又有宣徽院徽政院都護府白雲宗所管戶計諸司頭目布滿天下各自管領不相統攝凡有公訟並須約會或事涉三四衙門動是半年虛調文移不得一會或指日對問則各私所管互相隱庇至一年二年事無杜絕遂至於強凌弱眾暴寡貴抑賤無法之弊莫此為甚也昔先帝時嘗命修律未及成書近議大德律所任非人訖舛甚多今宜於臺閣省部內選擇通經術明治體練達時宜者酌以古今之律文參以先帝建元以[illegible]制敕命令揉以南北風土之宜修為一代令典使有司有所遵守生民知所畏避國有常科吏無敢侮永為定制子孫萬世之利也諸色衙門投下頭目除管領錢粮造作外無問大小詞訟俱涉約會者並令有司歸問似望政歸一體獄無久淹可謂成物之簡能太平之要道矣

一刑賞夫慶賞刑威國之大柄刑威不加則人無所畏慶賞不明

則人無所慕。二者不可偏廢也。古者立刑。必先施於贓吏。蓋贓吏為患。甚於酷吏。之肆虐。酷吏雖為少德。人猶得而避之。贓吏徇私賊公。人之受害尤甚。國法之不得行。民冤之不得伸。上情之不得下達。善政之不得及民。皆由贓吏有以蠹之。先去贓吏。猶除草必先去其根也。贓既不行。則刑自平矣。昔國家定為枉法不枉法之例。今則枉法者除名不叙。不枉法者並殿三年。制法雖明而犯者未已。終莫能禁其萬一也。賈誼曰。禮者禁於將然之前。法者禁於已然之後。既不能革其心使自無所犯。又未能使之畏法而不敢犯。是為兩失之矣。且如司縣官困於正從七品八品間。終老無受宣之望。吏員困於路縣。終老無受敕之期。凡人之自愛其身而重於犯法者。以清議之可畏。前程之尚遠也。既無所畏。又無所慕。則仕而為貪耳。復何所惜。欲責以無貪。不可

得也。若其家業已成。貲畜已富。雖除名。雖殿三年。未足介意。近見江西有路司吏因贓情事受鈔五百錠。金銀一箱。一夕挈家而去。不知所之。意謂累路吏月日老死不得一官。不若多得鈔物可謂富家翁也。又見各處有州縣官不顧名節。縱意侵漁。大小民訟商賈納賄。不幸而因小贓告發。雖行定罪停罷。今在閑居。已成巨室。縱不再仕。亦可了終生之計也。似此之類。何可勝數。在昔有刺配籍沒之法。文其面。則終身不齒於鄉里。籍其資則全家不免於飢寒。治贓吏無出此法之善也。然朝廷未嘗無刺籍之法。如累朝宰執近臣。多已被罪籍沒。豈此法獨行之隨朝而不可行之外任。又雖有強盜刺額竊盜刺臂之法矣。其贓吏之害及百姓。尤甚於強竊盜之害止於一家一人而已。豈此法獨施之強竊盜而不可施之贓吏。彼之受贓不顧者。將以肥

其身。利其家。養其妻子耳。若使身陷刑戮。田宅為官。妻子不保。雖不除名。不殿三年。亦不敢輕於干禁也。今後無分內外大小官吏。但是贓狀明白者。吏則刺面配役。官則免刺流徙。所有家財田宅奴婢。並令盡數沒官。庶贓吏知憚而犯者鮮矣。夫法為小人而設。非為君子也。君子之人。必不自同於贓吏。而贓吏之法。必不及於君子。立法非過於嚴也。治小人之法。當如是耳。然今日之政不患罰之不至。而弊於賞罰之不公。不患貪者之難制。而病於貪廉之無別。贓吏固嚴其罪矣。而廉吏則未見其賞也。今省部置立過名簿。不聞有功績簿。憲司歲報贓罰冊。不聞有廉能冊。夫人性不大相遠。利欲人之所易動。苦節人之所難能。豈以功績廉能為不美哉。謂暴無傷。謂善不足為也。若為善而無以勸。則皆相習為不善矣。舜去四凶。舉十六相。而天下大

治。非罰之少而賞之多。使善者並進而惡者自化也。明王施路猶天地之於萬物。雨露以滋養之。而後雪霜以肅殺之。有雪霜而無雨露。非所以化育。有刑罰而無恩賞。亦非所以為政也。朝廷昔有封贈之條。該具雖明。而舉行未見。今後無分內外大小官員有一廉如水。無穢於民者。令風憲官從公保舉。申臺呈省。俾同實跡優陞一等。歷一考則封贈其父母。再歷一考則封贈其妻妾。但才德公勤有一可稱者亦如之。不過費朝廷一紙之虛名。而可以收激勸人材之實効。使居官執役者。明見贓吏之被禍及其身。及其父母妻孥。盡不免於戮辱。又見廉吏之蒙福及其身。及其父母妻子。俱得享於榮華。誰不願趨榮而避辱。捨貪而從廉。不待畏法而不敢犯。舉皆革心而自無所犯矣。

一俸祿。孟子曰。祿足以代其耕也。在官者不耕而食。故制祿以代

之祿有不及何以養廉漢宣帝詔曰吏不廉平則治道衰今小臣皆勤事而俸祿薄欲無侵漁百姓難矣近來貪官汚吏習以成風祿之有餘者則視為儻來略無撙節之心祿之不足者則借曰無可養廉恣為侵漁之地上下交征相承為例廉恥道喪不覺其然宜思所以整救之可也時務所急雖未專在此而祿之不均自是朝廷一大缺政今親民之官該俸十兩者給職田二頃獨江南半之南地非肥北土非瘠也況江北少囂訟之風江南多豪猾之俗而給田乃有重輕此祿之不均一也顧茲中外管軍管民務站各色官均為任君事也均為食天祿也而職田獨與路府州縣及廉訪司官而餘弗之及於此何薄於彼何厚此祿之不均二也今各處職田元有官田則有之元無官田則無之又雖有官田而不給為職田者有職田處除絲麻豆麥

外所收子粒路之正官不下八百石微如巡檢亦收一百餘石無職田處浪得職官之名不沾顆粒之惠而況外任俸鈔從五品止三十兩從六品不滿二十兩如九品止十二兩以俸鈔買物能得幾何十口之家除歲衣外日費飲膳非鈔二兩不可九品一月之俸僅了六日之食而合得俸鈔又多為公用捎除若更無職田者將何以仰給又如小吏俱已添俸添米舊請俸鈔六兩者增作八兩每鈔一兩月加米一斗以此比之則六品以下之無職田者反不如一小吏也飢寒相迫欲律以廉得乎此祿之不均三也今內任俸鈔倍於外任而京城之間尋常米價亦是半定一石飲食衣帛件件穹貴以鈔數計之雖多一倍以日用計之實無外任一半所得況無職田可以供贍如外任三品官月得俸鈔八十兩職田米八百石一月該米六十餘石至

如九品亦收職田米一百以上石一月得米已近九石之數隨朝三品官月請俸鈔三錠一十五兩既元無職田又不添俸米而四品官除俸鈔外月增米一石九斗五升由此言之則隨朝三品四品之官反不如外任九品簿尉之俸此祿之不均四也制祿不均則人心不一放辟邪侈無不為已其流弊可勝言哉且俸祿一事自歸附以來言者不知其幾矣而所言俱不得其要朝廷舉行亦不知其幾矣而所行皆未底于平一番更變又是一番衰行終無益於缺政之萬一也中朝冗職固難枚舉如各處巡檢各路提控案牘歲收職米尤為虛費隨縣置尉司簽弓手以專巡警又有分鎮軍官以助之何須贅設巡檢司甚而一縣之內有設三四處者徒蠹民間無濟官府隨路既有經歷知事足任案牘又令行省贅差一員徒蠹官府無益民間茲類

頗多皆合汰去既可省俸又可以清選法也如處州徽州等路總管無職田可收縱令每月增米一石五斗五升而省劄人員一月反得米八石有零似此不平朝廷何嘗知之當今之弊不在俸祿之薄而在俸祿之未均不患俸祿之不敷而患設官之太濫均有餘以周不足取濫設之米以給合設之官則國無所損而官有所利矣議事之臣日夜講求俸米之說譊尔紛紛莫窮要領其有俸鈔有職田則過於厚無俸鈔又無職田則過於薄尸位素飡者空負糜廩粟之譏服勤輸力者乃有飯不足之歎若能裒多益寡截長補短職田所收自可敷用今有額外多費二十八萬餘石糧徒於國儲大有所損實於官吏未見其益且丞相職居人臣之右每月得俸八錠有零一日之俸不滿十四兩若效晉之何曾日食萬錢無下筯處雖罄竭私帑亦不能

自給矣。天子立相。必須厚祿以優崇。大臣律身自宜戒奢而從
儉。豈可先處以約而薄其所養哉。今俸自三錠以上者不得添
米。官益高而俸益薄。甚非尊尊貴貴之道也。又如隨朝大小官
及各處行省宣慰司皆是樞要重臣。既無所取於民。又無職田
可收。縱添些少俸米。何足為養廉計。君子猶良驥也。欲責之日
行千里。又不飽以芻菽。世無是理也。宜盡取元撥職田合收子
粒錢糧。官為收貯。將中外合設人員分別差等而普及之。隨朝
官吏俸給雖厚。米價則窮。凡俸五兩月給米一石。外任官吏俸
給既薄。米不直錢。凡俸五兩月給米二石。五兩以上。隨俸加之。
不願支米者。則隨時價准之以鈔。內外臺察院廉訪司。事煩而
形神勞。官清而交往絕。比之有司。量加優添。所以重風憲也。和
林上都山後河西諸州城不係出米去處。照依本處時估折價

不當拘以二十五兩。所以重邊鄙也。無分軍民各色官吏。但請
俸錢者。隨所給鈔數按月支米。元無俸錢者。隨所授品從。依例
增支。將官收職田錢糧先儘外任數足。其餘剩者盡令起運赴
都。以給隨朝官吏。計其所得倍多於前。又可無過費太倉之粟。
此所謂利國利官之要道也。其祿既均。其政自平。免致飢寒之
憂。自存廉恥之節。然後律之以贓貪之法。彼亦不得而有辭矣。
一求賢。治天下無他道。得人而已矣。詩曰。得賢則能為邦家立太
平之基。書曰。野無遺賢。萬邦咸寧。自古及今國家之興廢世祚
之長短。係乎君子小人之分。用君子必治。用小人必亂。不待縷
數詳陳。雖五尺之童。亦知此語也。欽覩明詔有德行才能不求
聞達者。具以名聞。上意非不勤也。未有一山澤之賢布韋之士
得進於朝廷者。豈四海之廣。盡無其人耶。天之生才。代不乏絕。

何嘗借才於異代。不患無才。所患求之之道未至耳。待其自求
而後用之。求進者必非佳士。其有異才者必不肯自鬻其身也。
混一以來中外薦舉。絡繹奏進。而取好人之使。接踵交驛。類皆
猥瑣齷齪之輩。次則庸醫繆卜。又行符水售妖術之流耳。未見
得一真好人也。古語云。達視其所舉。又云。惟賢知賢。薦引者已
非好人。安能識一真好人耶。況賢才之生。散在四方。古今大賢
多產於遐陬僻壤之地。出於閭閻寒素之家。雖明君哲輔。不能
周知。豈巖廊之內。跬步之間。所能盡天下之賢。今朝廷選人。省
部臺院互相推舉。見任者既罷。前廢者復起。往來除授。不出眼
前數輩而已。使皆賢也。尚不足以舉政。況未必皆賢耶。既不取
人於寒微。又不歷試其能否。數年之後。舊人已死。來者又皆不
經事之少年。無仁賢則國空虛。識者之所甚憂也。唐太宗征高

麗得薛仁貴。謂曰。諸將皆老。思得新進用之。不喜得遼東。喜得卿
也。蓋天下之才猶水焉。浚導其源而疏通其滯。則取之不竭。未
見其窮也。三代漢唐以來。有鄉舉里選。有孝廉科。賢良方正科。進
士科。武士科。又有任子軍功之例。進取之途。非一端也。廣以取之。而
後精以擇之。則賢否判然矣。故賢者於此時不求而自至。非樂
於求進也。乃恥於明時不見用也。當今既無廣取之科。又無精
選之法。取人於吏。他無進身之階。海宇之中。山林之下。懷瑾握
瑜。韞匵自珍者甚不少也。如郡縣之吏。或以市井小輩。或以僕
御賤夫。皆頹頓士恥之徒耳。技止於刀筆。力困於期程。彼磊落
之才。必不肯屑就即矣。如朝中小吏。若非達官之瓜葛。即是見
役之梯引。爭附炎門。自同輿皂。皆游惰無知之子耳。或有生腳
而至者。以文學結客。決難投合。非纏物贄見。何足動人。又豈貧

者之所能辯彼有志之士必不肯苟合亦明矣昔田千秋一言寤主即登侯相鄭然明一言見知便獲賞識古今際遇往往皆然若必待肥羊美酒以為先容幣帛筐篚以將其厚意則千秋老死於郎官然明終役於堂下而已耳仲弓問政孔子荅以舉賢才又問焉知賢才而舉之曰舉爾所知爾所不知人其舍諸蓋四方之賢有得於所見有得於所聞有得於人之所見所聞其所知者有限所不知者無窮取在取人之知以為己知非為平生歡若面雅而後謂之所知也今朝廷上下不問何人為賢不知賢為何物但以巧令迎合即為精細以勤奔走善枝梧即為了得以久出門下包苴追往即為知識好人所知者止此所舉者亦止此而使此流皆得以居官治民祗見人才日少政事日乖紀綱日壞不可得而復整矣使一路一縣一衙門之內止

得一真賢委而用之何政不舉何事不辦不浚其源而澄其流不端其表而正其影雖日夜紛更徒勞無益也宜令各道廉訪司隨路文資官採訪遺逸無問已仕未仕見任在閑但德行可取才能足稱卓然為鄉里所敬及郡邑有聲者不限員數具以名聞待以不次之擢任以繁要之職兼內外臺設監察御史五十餘員各令歲舉一人重責執結如大失舉甘當罷職不敘必然不肯徇情容私以自貽身禍也賢者遭時喜於自効朝廷得人足以分憂古者明良相逢之盛復見於今日矣

一養士自唐虞三代春秋戰國以來王宮國都下及閭巷莫不有學由閭塾而升之黨庠遂序鄉校國學自月書季考以至三年大比興賢能而爵之祿之漢唐以後宗尚益加建太學贍生徒至億萬計如六朝之紛擾南北之戰爭亦未嘗一日廢學而公

卿大夫有不出於學校中者雖處尊榮終身為恥是以古今用人必從學校捨此他無取焉欽覩明詔學校之設所以作成人才仰各處正官教官主領敦勸嚴加訓誨務要成材以備擢用仰中書省議行貢舉之法今內而京都外而郡邑非無學也不過具虛名耳京都立國子監設生員無非貴遊子弟群居終日句讀未通已登仕版欲冀成材實不可得若真欲取材於監中豈二三十輩乳臭無知之子所能盡之耶在學諸生既無出身之定例宜乎來者之不多所設伴讀又不擇人重賂監官騰出陪堂便得入名更不知所伴所讀者何事惟想望部領史儒學教授而已朝廷養士為國家深長計乃令每月梯已出陪堂鈔一十五兩勢家官族視此為輕貧儒寒生何所從出令朝廷每歲竭內府太倉以贍怯薛以錫僧道豈少十五兩鈔而靳於樂

育人材耶朔望奠謁已為簡慢春秋二丁但揭碑刻宣聖一本破官錢辦祭物略無禮儀之可觀以杯酒腐肉為德色鹵莽滅裂莫此為甚隨路立學例設教授凡隸文廟錢粮獨不考較計點之目朝廷待士亦云厚矣何乃不體上意務為苟且以偷盜侵欺為能事以積日滿考為盡職書筆作支破食甚衆坐齋習讀不見一人每歲租入僅以供給教授正錄直學吏胥數家而已生員子弟並不沾升合之惠學校以為虛設又立一儒學提舉司上不能承流宣化下不足儀表後進尤為冗濫者也且今之為教授者失於遴選薰蕕並進有犯贓十惡之徒有市井無賴之輩亦有江湖間說相談命技術之流及有新進少年假儒之名全不通文理者主領不得其人安能責成其效夫學官與有司官不同儒者以行為先若於士行稍虧聲迹不美便難居

以師儒之職侍待被告取怡然後明其非儒也臺憲上司特以
儒官之故每加優容誠為過矣如邵文龍乃黃班塘之賊嘗嘯起
徵賤兩遭杖決不軌之行鄉里不容因奸易妻畜女為妾閨
闈之醜路人皆知初任建康再任平江皆多士之區為諸郡之
甲而使此輩居之豈不為明教之玷士流之辱又如方平因為
人奴久留都下夤緣詐冒兩除教授並不到任在都以結攬公
事為活每日宿飲於生子人家羣優嘲戲呼之曰方大頭棄父
母妻子於不顧俱以凍餒而死訃音到都正飲娼門略不舉哀
亦不奔赴至今父母妻三喪不舉閭黨有詩譏盈滿墻壁傳播
都下言之可醜他郡學官似此蓋不少也又有待選未除五百
餘名誰為才學明敏誰為教養精勤出於選用必合相應人數
其有虛偽捏合濫名選中者又且十居四五望其作成人材豈

可得哉作成者固不用心而人材亦不肯勉學今之繫名儒籍
者不知性行本於幼學而謂借徑可以得官皆曰何必讀書然
後富貴既仕路非出於儒不須虛費日力但厚賂翰林集賢院
求一保文或稱茂異或稱故官或稱先賢子孫白身人即保教
授才入州選便求陞路才歷一任便幹提舉但求陞遷之速何
問教養之事因此學校遂成廢弛言者皆歸咎於差役所致不
思唐宋盛時儒人未嘗免差而士風甚盛人材甚廣無他聲名
誘之於前利祿引之於後也使前數年不當差役亦未見有一
人成材者若業儒而獲用則人自慕尚雖當役不足以抑之使
業儒而無所用則人皆厭棄雖免役亦不足以厲之夫士列四
民之一為國效役乃分之宜而治國平天下必須取才於士非
工農商之比在朝廷自當有以優異之故除徭以逸其身存恤

以養其心好爵以縻其材信任以行其志必如是可以盡樂育
之道也儘優異之虛文無激勸之良法終何補於世用近朝廷
舉擢二三孔氏謂尊宗聖道未出於此比年派譜不明但姓孔
者俱稱聖裔蠢然無學即充路教甫歷初階即陞八品有實能
繼聖學明聖道者反不得援例夫子之道垂憲萬世凡天下之
蹈仁履義者皆夫子之徒也豈萃在一家一姓之中耶若朝廷
廣延儒士孔道大行則生民蒙其福矣非謂私其子孫以示尊
崇之至也今後宜以教養實效責之教授常令風憲官及隨路
文資官嚴行體訪但素行有虧無足師範者即便彈罷精選德
行文學衆所推敬者補授見闕勤加勉勵每歲於朝廷優給衣
糧以贍養之限二百員或三百員校其能否次第錄用庶使學
校不為虛設人人各知自奮數年之間誦濟濟多士之詩矣

一奔競奔競之風尤不可長古之人惟患德之不修學之不講不
患人之不已知故用行舍藏一安於命仕止久速各隨其時何
嘗識有奔競之事國朝混一之初力革虛偽選任實才此時求
進者少人心猶有古意近年以來倖門大開庸妄紛進士行澆
薄廉恥道喪雖執鞭拂鬚舐痔嘗糞之事靡所不為其有攀附
營求即獲陞遷者則衆口稱之羨之以為能若安分自守羞於
干謁者則衆口譏之笑之以為不了事習以成風終不可解矣
昔桓玄以前世皆有隱士恥於己時獨無求得皇甫希之使隱
山林號曰高士時人謂之充隱豈有當今盛際更無一人高尚
耶朝廷既不為恥則天下亦不以妄進為恥矣且即近事明之
如前年趙著作依附梁平章門下希望恩賞乃求抄寫大一統
志選用能書者二十名語人云舊例已歷任陞職一資白身人

即入流品日支食錢公給筆札閙者鼓舞莫不爭趨於是趙著作之户外𩟗餽交馳顧求一保如登天府飛況出其頤指予奪定其一言至今談者莫不為笑又如去歲上命寫金字經從禮部與翰林院官選擇字様一時奔競喧閧京師各投門下百計經營侍郎高顯卿學士張師道至下如應奉鄧善之奏差張士開數家之門賄賂公行各出抹子分占名數不以字様定去取有計置即中程式論價買名如同商賈有不由禮部發者則就經局投門下動至數千百人禮部經局互相詆毀即此二事而觀可為風俗一慨奔競日滋氣習日下自茲以往尤恐日甚一日且編一統志前後兩見其初也監中求人而人不屑就今則人爭求之而惟恐不得寫金字經前後三見其初也各省取人莫不力辭求免官府以勢迫其來次則人雖樂從猶恥於求也

今則趨者如市競進爭先惟恐居後是人心士習一日不如一日亦可見矣此事所關甚非細故執風化之樞者畧不慮及何耶管子曰禮義廉恥是謂四維四維不張國乃滅亡凡此者皆不知禮義廉恥之所致也惟在上之人有以絶僥倖之門則此風自息耳夫尺寸之名求則得不求則不得人安得而不爭錐刀之利趨前則有居後則無人安得而不逐俗流相因恬不知怪而能不求不趨卓然自立於名利之外者千萬中無一人也風憲之官尤為禮義廉恥之所自出往往亦可求而得之又何怪世俗之皆然耶昔人云天下有道公論在朝天下無道公論在野甚矣天下不可一日無公論也公論所在如鑒空衡平纖毫不能以容其偽雖無事於奔競可也自公論不明之後美惡妍醜畧無定價愛憎取舍一出私情人非樂於奔競也其勢不得不然耳如抄錄志書描寫金字非有追章琢句之巧考古證今之難雖以愚夫下流但能繕書者皆可與選給食賞鈔豈酬其勞又與之陞職減資是朝廷開天下以奔競之路也當今中外窮達之士有皓首窮經赤心報國而未獲一階半級之陞者何可勝計僅能點綴人書便可以拾取朝廷之官爵豈不貽笑於天下後世耶市井之間莫不忻慕得寫者之遷擢有期又怨咎不得寫者之求幹不早而得寫者皆志高意滿不得寫者亦深自悔恨民習淳漓之判正在此日失今不救則流禍未知所終也若遽欲反其澆風易其心術夫豈一朝一夕之故且先自志書金經二事始宜將前次之已陞已注者追理前資盡行改正今次之求陞未陞者截日停華杜其安想使天下之人明知上意之所向自然各識進退去就之宜出處行藏之正雖未能盡

化天下之俗而奔競之風亦能十去其七八矣其於世教實非小補

一核實虚文無實壞政尤甚漢宣帝信賞必罰綜核名實政事文學法理之士咸精其能其時獨有王成虚增户口黄霸妄指神雀議者以有名無實譏之況下此者不言可知今朝廷布政頒令出於一時漫浪之言百司不知所守百姓不以為信習為文具徒美外觀雖庶人不能以理其家況可以治天下乎且即所見而言之明詔德行文學高出時輩者有司保舉肅政廉訪司體覆相同以備擢用年來中外所舉不為少矣未見擢一才拔一士豈非虚文求人乎若薦狀明白必須録用如人不當任則必與保官同黜斯為用人之實也明詔政事之未便人情之未達朝廷得失軍民利害有上書陳言者皆得實封呈獻年來官庶

所陳不為少矣未聞納一諫從一事豈非虛文求言乎宜選省
臺中曾歷外任文資官專一披詳擇其可取者不必議擬即見
施行斯為用言之實也格例該諸縣尹以五事備者為上選三
事成者為中選五事俱不舉者必黜今各官解由之內無有不
備五事者皆是滿替之後巧裝飾詞私家填寫上司更不推問
但辨憑無偽俸月無差便給半印依本抄連到選之日真偽無
別實備五事而無力者止於常調虛稱五事而有力者則列例
陞等豈非虛文考績之弊乎宜從各官所屬上司考察其在任
有無五事實跡另行開申付部以定陞黜斯為責效之實也國
家立御史臺立肅政廉訪司不揀甚麼勾當並令糾彈凡有取
問公事諸人無得沮壞今所糾劾者僅可施之小官下吏若據
要津憑城社者莫敢誰何縱令言之亦不聽之所薦舉者呈省

到部俾同故紙雖有異才終不見用言既不行因以為欺而外
任巡按書吏人等反有借風憲之威徇私納賄無所畏忌其為
民患過於有司今臺選中所用人物冗雜逾甚豈非虛文重臺
察之弊乎責任既專則言無可否必合信從若所言不公則嚴
加誅罰斯為任風憲之實也至元新格該常事五日程中事七
日程大事十日程並要限內發遣違者量事大小計日遠近隨
時決罰今小事動是半年大事動是數歲婚田錢債有十年十
五年不決之事訟婚則先娶者且為夫婦至兒女滿前而終無
結絕訟田宅則先成交者且主業至財力俱弊而兩詞自息訟
錢債則負錢者求而遷延而索欠者困於聽候況刑名之事疑
獄固難立決其對詞明白者可折以片言也有司使以人命為
重牽連歲月干犯人等太半禁死但知一已死者當重不知因

禁以至死者十倍其數尤為不輕也更無一事依程發遣而違
者亦無一人依格決罰豈非虛文議獄乎若事有踰限不歸結
者坐以不稱職之罪比同贓濫以定責罰斯為聽訟之實也詔
書累降停罷勞民不急之役存恤鰥寡孤獨之人愛民之念可
謂至矣孟子曰有仁心仁聞而民不被其澤者不行先王之政
也古者發政施仁必先於四者非謂官司專養之也但化行政
成四者不至於失所足矣今與之衣給之食賜之鈔而曰愛民
之道止此是猶輿梁徒杠以濟人也且鰥寡孤獨多在村落萬
山之間無持瓢乞食之所深為可憐今之錄名官籍者皆坊正
巷長略舉市閭所知以應故事而已實為窮民無告者未嘗登
籍沾惠也聞吉州有王清甫一户家富百金勢淩官府而每歲
亦請衣糧獲賞賜似此甚不少也縻費廩粟於民間實無纖毫

之補豈非虛文愛民乎使上下相安家給人足則鰥寡孤獨自
有所依斯為仁愛之實也國家立司農司以敦農政路縣正官銜
內加以兼勸農事每歲仲春令親行勸農重農之意可謂盡矣
夫農桑之事民所恃以為命者一日不作則終歲飢寒誰肯惰
農自安以貽伊戚惟在上之人養之愛之使之無失其時自然
各安生理不廢農業若使親民官吏縱其侵漁日夜叫囂雞犬
不得寧焉雖家置一勸農之官何益於事如每歲出郊勸農各
官借此為遊宴之地帶行不下數十百人里正社長科斂供給
有典衣舉債以應命者一番擾民識為不小所謂以無益害有
益豈非虛文務農乎若嚴禁遊手之徒罷絕妨農之事則力耕
者衆田野自闢斯為重農之實也國家倣古立翰林院集賢院
秘書監太常寺可謂彬彬文物之盛矣今翰林多不識字之部

夫集賢為羣不肖之淵藪編修檢閱皆歸於門館冨兒秘監丞
著太半是庸醫繆卜職奉常者誰明乎五禮六律居成均者誰
通乎詩書六藝且為公家分任一日事則酬以一日俸今十日
之間僅聚三日二月二十一日閑居私家虛給俸祿受若直而
怠若事可乎況九日完坐又不過行故事同杯酌而已若云無
事可舉不必濫此職名以示美觀也如醫學儒學蒙古學各置
提舉司尤為無益於國政若此者衆不可校舉豈非虛文設官
乎無問內外衙門凡新所添設盡行沙汰舊有冗負嚴加減併
則官無曠職人無廢事斯為命官之實也國家設立太史司天
以明占測崇奉國師宗師以嚴祈禱可謂盡事天之誠矣今日
月薄蝕則期集鼓奏以彰信推曆未嘗尅定其應驗星象失躔
但托辭禳度以分受官物未嘗指稱其變故罄竭公帑以供西

番好事徒資妄僧之酒色盛陳金帛以副黃冠醮筵但充貪道
者口體比衆仰觀俯察災異迭興其示儆戒亦云至矣而恬無
畏懼之心藐爾修禳之實豈非虛文對越乎蒼蒼在上臨鑒不
遠豈異文繆敬所能感通及躬修德則妖沴自消悔過作善而
休祥自降斯為昭事上帝之實也凡此數端特其甚者其餘事
務往往皆然近朝廷庶政更新懲除前弊如裁減官吏分揀怯
薛互禁絕別里哥一時號令雷厲風飛衆聽羣心為之驚聳謂
德化之成指日可待側耳數月皆已寂然無聞是朝廷虛言以
戲人耳欲民之無駭不可得也凡布一政須一令務在必行設
一官分一職責以必效上無苟且之謀下無慢易之心上下一
意以實相與所謂執此之政堅如金石行此之令信如四時據
此之公無私如天地將何事之不可成哉

一戶計國家設立諸色戶計最為得法古今不能易也然法久弊
生若能因弊修理使久而不壞即是良法如軍站乃法之尤善
者而弊在乎消乏且軍戶雖困於供給軍期站戶雖疲於造船
買馬亦多是人家子弟不肯自行破蕩未可全歸咎於軍站之
難當也然當站必須見鈔可無丁不可無產當軍必須親身可
無產不可無丁實則丁產相資皆不可無也如站九戶當一馬四
戶當一船消乏者雖多而興進者亦不少但驗戶稅新收實數
使各相糾覈有一戶消乏則以他戶餘剩者補之如軍有貼戶同
當亦有獨戶當者多因單丁無人當官以致逃亡其戶雖絕而
遺產尚存也丁有消乏則別簽貼戶助之產有消乏則以逃亡遺
產補之自然俱不至於消乏矣然軍站二戶出力最多每歲支持
至甚生受若又令與民一體和雇和買則消乏愈甚矣今議者

紛紜一則以為當差便一則以為不便殊不知南北不同似難
一律北方站戶多貧終歲營生僅了應辦南方站戶皆巨富有
輸粮百石之家止以四石當水站其餘則安享其利靠損貧難
北方軍戶皆元簽有丁產大戶一家親軀至四五十口限地之
外餘剩亦多南方止是新附軍人間有一二出等大戶乃軍官
之家餘皆亡宋時無賴之徒投雇當軍歸附後籍為軍戶僅有
妻子而無抵業以此北站南軍再當差發直是貧不聊生北軍
南站雖重復當之未為大損也如照依元簽頃畝粮石以定則
額仍舊除免外有餘剩者卻令與民一體當差庶南北無偏負
之失繇役免重併之憂矣如金戶一項脐簽戶計散在諸路而
淘金之地裹在數場雖令各戶自行淘採其實用鈔買金以辦
官課耳既與之免稅免役以稅役之費為買金之資亦無損於

民也在先立淘金漕運司金戶不能自存華罷之後皆得稍安
然猶不免金場各官頭目之擾今金有定額戶有定數不必設
官計戶點名亦不必拘以正月下場十月閉場之程限但責任
有司官用心提調依各處里正例立排子頭催辦依每歲徵粮
例照元額徵納則自安生計不致失所矣如匠戶一項隨朝所
取匠人與外路當工者不同在京都者月給家口衣粮鹽菜等
錢又就開鋪席買賣應役之暇自可還家工作皆是本色匠人
供應本役雖無事產可也外路所簽匠戶盡是貧民俱無抵業
元居城市者與局院附近依靠家生尚堪存活然不多戶也其
散在各縣村落間者十中八九與局院相隔數十百里前迫工
程後顧妻子往來奔馳實為狼狽所得衣粮又多為官司掯除
隨處濫設局官三員與史司吏庫子祇候人等各官吏又有老

小及帶行人一局之內不下一二百人並無俸給止是捕風捉
影蠶食匠戶以供衣饍人匠既無寸田尺土全藉工作營生親
身當役之後老幼何所仰給如抄紙梳頭作木雜色匠人何嘗
知會絡絲打線等事非係本色只得顧工每月顧錢之外又有
支持追往之費合得口粮已准公用工作所獲不了當官計無
所出必至逃亡今已十亡二三延之數年逃亡殆盡矣今後除
隨朝匠戶外各路局院宜悉令有司管領量設局官一員支給
俸祿其餘職名盡行革去照依水馬站例於有稅戶內簽取人
匠除其稅糧令顧匠當工如本戶自能當匠或顧匠顧入局受
顧者聽庶貧難下戶可免顧工又得顧錢以贍其家自然人匠
不至逃亡工程易以辦集凡此所言皆在民間得之目覩田野
利害無因上達而朝廷清問不及下民似此弊端何由知之所

宜早加整救使民得安心而奉公官不勞力而辦事於國於民
兩得其便云爾續在湖南再以戶計未盡底蘊赴有司投進附
錄于此聖朝定奪諸色戶計實為得法或有未盡善處非朝廷
之失也不得周知民間之疾苦故耳若使知之安得不從而改
之聖朝以仁慈為政何嘗一毫損民之事如水馬站戶與之除
粮免差粮資足以補辦祇應可抵里役如金戶辦金則就推本戶
合納之稅如匠戶當工則官支口粮以贍養之如竈戶燒鹽則給
以工本銀場煉鍛既給工本又與口粮計所入之課程正與買
價無異朝廷不以屑較者將以優恤百姓耳寧過費於公儲不
以重困於民力愛民之厚於此可見今各處巡尉司設弓手少
不下三十名多者至百名各路縣獄司設禁子牧民官各衙設
祇候曳剌率土皆為王民差使特分內事既免粮以優之而有

司不與開除乃令稅戶分任包納於合輸粮額之外別立名項
曰包米考古證今所未嘗見若以別色戶計推之朝廷豈獨靳
此數百石之米但承流宣化者不得其人尸餐苟祿不以轉達
耳若朝省知有此弊決不肯作此害民之舉也移該免之粮而
加於庶姓之家何分厚薄於磚瓦而受此池魚之殃邪且弓手
祇候曳剌禁子與水馬站匠金竈等戶又有勞逸之相懸站有
消乏金須本色竈欲辦課匠不離局設有不及詞責踵至所准
稅粮豈了供給而弓手祇候曳剌禁子等戶役甚優閑無費於
己又可肥家不知何名而與之免粮哉當今四方無虞盜賊潛
銷巡尉之名有若虛設遇有煙火逃亡詐偽等項公事巡尉司
一番買賣弓手遍擾鄉落排門受攤指也害煩寃叫囂雞犬不
得寧焉閭閻吞聲無所告訴如祇候曳剌分入各官門下視同

私人。任以腹心。公行關節。倚借氣勢。驅脇吏民。凡有公訟。必先達於祗候。而後得通於官長。每日根隨到公廨侍立問事。有衙番錢。鋪喚錢。行杖錢。多立名色。所受不少。禁子在獄囚中。則有直監錢。燒紙錢。好看錢。過飯錢。百端需求。囚人俯首聽命。莫敢誰何。此數者少出倍入。利多害寡。更得免粮。誠為過矣。既與免粮。乃令稅戶與之包納。以詩禮閥閱之家。而與小夫賤隸代輸戶粮。出於無辜。甚抱不平。如蒙垂聽。將包納之米。仍令各戶自認輸官。正供使令之末。初無重難。雖不免粮。亦可也。如或不然。照各色戶計依例開除。庶不致偏負累及於稅家。更或不然。徑令包粮稅家自行應當前後。雖不除粮。亦所甘心。此事甚易改正。惜乎未有言之者。惟明良採納焉。

一怯薛古稱侍衛禁直左右前後之人。今謂之怯薛歹以冷倣古。而古者為數甚多。立名甚繁。今之名數視古頗簡。周禮天官冢宰曰膳夫。曰庖人。曰內饔。曰外饔。曰漿人。曰烹人。曰籩人。今之博兒赤也。曰幕人。曰司服。曰司裘。曰內宰。今之速古兒赤也。曰掌舍。曰掌次。今之阿察赤也。曰閽人。今之哈勒哈赤也。曰縫人。曰屨人。曰典婦功。今之玉烈赤也。曰宮人。今之燭剌赤也。古者分以職役。定以等差。用當其人。人當其任。是以人無覬覦各守分義。今則不然。不限以員。不責以職。但挾重貲有梯援投門下。便可報名字請粮草。獲賞賜。皆名曰怯薛歹。以此紛至沓來爭先競進。不問賢愚。不分階級。不擇人品。如屠沽下隸市井小人及商賈之流。軍卒之末。甚而倡優奴賤之輩。皆得以涉跡宮禁。又有一等流官胥吏。經斷不敘。無所容身。則夤緣投入。以圖陞轉。趨者既多。歲增一歲。久而不戢。何有窮已。夫怯薛之名將以

侍君側。直禁庭也。今乃出入私門。效奔走於車塵馬足之下。實當怯薛者十無二三。其各官門下之怯薛。非天子根前之怯薛也。冒奉上之名。以供私家之役。此為欺罔之甚者。安而行之。不以為意。今各色怯薛。除近行人外。其餘投入者。但知怯薛官排子頭為使長。歲時餽遺。朝夕根隨。給假還家。去來原賂。所請粮草。分要過半。四怯薛輪當三日。例閑九日。而三日之內。未嘗執役。但早晚詣各門下。見面呈身而已。富者財力一到。便可幹別里哥。早得名分。貧者苟焉棲身。以叨竊恩賞。誑上慢下。莫甚於此。今一人歲支糧十石。表裏段疋。馬草料。或三年四年。散鈔一百三十錠。以有用之財。養此無用之人。費於朝廷。有損無益。諸王公主例皆如此。進身既易。為弊滋多。愚臣不肖。忝名正宮位下輿刺赤身役。三年于茲。稔知其弊。常切自笑。每歲朝廷支糧給衣。以養我輩。何補於國哉。今江北江南。富家巨室。夤緣而至者。不計其數。縱賭揮金。略不愛惜。鞍馬騎從。有似貴遊。或以坐子為家。或取樂人為妻。似此之流。大傷風化。究其所因。自韓光甫以說謊出入於脫火伯之門。不及半年。便除杭州府判。人爭羨慕。謂投當怯薛者。即可得六品管民官。煽惑富豪之民。妄生奔競之心。皆其有以啓之也。近觀朝省有嚴行分揀之令。私竊自喜。遭遇聖朝。行此善政。雖被斥逐。實所甘心。豈謂各官頭目。願為私謀。不恤大體。其勢必不可行矣。若去一人。雖國家得省一名之虛費。而各官未免失一戶之供給。取辦於公。而歸利於私。宜其百端阻當也。今遽改前令。停罷分揀。固見聖德之寬容。然以為不當分揀。則宜拒絕於聞奏之初。如以為必合分揀。豈宜變易於已准之後。王言如絲。涣號猶汗。使既出而可以復

反。百姓觀聽不可掩也。萬世青史謂之何哉。如速古兒赤博兒
赤㬈都赤燭剌赤昔寶赤玉烈赤阿察赤火兒赤禿赤等職貟。
皆君側必用之人所不可少者。今後宜限以名數擇其人品。又
以所職貴賤高下定其出身之例。遇有名闕方許選補。則人心
自無過望。而國家不至濫恩矣。如必闍赤一項。今省部臺院諸
司庶府所用掾史吏貼。無非天子之必闍赤。各執所役。已有定
貟。不必又贅此虛名也。如怯憐口除蒙古人外。若漢兒皆是有
戶百姓。今既民間當差足矣。普天率土。盡是皇帝之怯憐口。何
為吏分彼我。今正宮位下怯憐口有總管府所管戶計。又有四
怯薛官所管身役。殊不知在怯薛中者乃百姓避役投充。以希
望糧草賞賜耳。若將見在數目收作投下戶計。各令還家辦課。
通籍位下總管府管領。既免朝廷供給之虛費。又可為正宮增

辦之實利也。如輿剌赤一項。各庫錢帛已設庫官六貟。又有庫
子司吏人等。即是輿剌赤之名。豈可任出入收支之責。何須重
復濫設。更有皇太后位下各色怯薛。今已終喪。猶擁虛語循例
供給。費破不貲。稽之古典。實出無名。所宜盡行放散。使之各務
本業。如准所陳行之。自可免分揀之多事也。每歲國家省粮數
十萬石。段子數千萬疋。歲收草料三中之一。足了支持。而百姓
亦免鹽折草之料。官省其勞。民受其利。誠為兩得矣。既有職役
定貟。則挾貲投入者無所容力。既有出身定例。則別里哥選不禁
自無。此國家無疆之休。子孫萬世之利也。

一僧道。切自唐虞三代以來。國祚延長。羣生康泰。不聞有釋老也。
三國六朝以後。僧尼道士。始布滿天下。求福田利益者。不之老。
則之釋人。君好尚往往過之。夫福非如粟帛金寶可求而取之
物也。上好儉。則民財豐。節力役。則民不困。養生送死無憾。則四
海皆躋於仁壽之域。民生安樂。便是好事。獄訟無冤。便是布施。
何必張浮費事繁文。泥金撿玉。而謂之於虛無也。一僧一道之
祝延。不若百姓羣黎之同願。一寺一觀之祈禱。不若千門萬戶
之齊聲。古諺云。福從贊歎生。正此謂也。西方乃佛生之地。佛聖
人也。安肯作威福以要人之敬。奉佛教人。以不貪不妬不傷生
不害物為好事。故云即心是佛也。何嘗以陳玉帛。嚴香燈。晨夜
誦經禮拜。至於教人致祭。緣因不思而名曰做好事哉。今國家
財賦半入西番。紅帽禪衣者便公然出入宮禁。舉朝相尚莫不
傾貲以奉之。此皆庸僧作此妖妄。非佛之真心本性也。道家以
老子為宗。惟在清淨無為。祖師係赤松子的孫。惟求辟穀棄人
間事。今張天師縱情姬愛。廣置田莊。招攬權勢。凌轢官府。乃江

南一大豪霸也。其祖風法門。正不如此。諸佛三清在天之靈不
可誣也。往往嗣法者失其初意耳。愚民俗子。不知所以為佛所
以為天師者云何。但見赭其頭。即指為佛。黃其冠。即指為天師。
雖百喙不能解其惑。其可為世道一慨。朝廷特加寵異。另立宣
政院道教所。以其棄俗出家。非有司所可統攝也。而乃恃寵作
威。賄賂公行。以曲為直。以是為非。僧道詞訟數倍民間。如奸盜
殺人。諸般不法之事。彼皆有之矣。學釋老者。離嗜慾。去貪嗔。與
乎塵俗可也。而艷妻穠妾。汙穢不羞。奪利爭名。奔競無已。雖俗
人所不屑為。甚非僧道之宜然也。僧道之盛。莫甚今日。而僧道
之弊。亦莫甚今日。朝廷若不稍加裁抑。適所以重其他日之烈
禍也。然律以禮法。制以分義。使不至於驕奢無度。敗壞宗風。乃
為敬奉之至矣。今各寺既有講主長老。各觀既有知觀提舉。足

任管領之責隨路又濫設僧錄司道錄司各縣皆置僧綱威儀及為僧道之蠹所宜革去也且僧道另設衙門三代以下前所未聞亡金棄人尚鬼故立二司與民官鼎立而三豈謂巍巍聖朝不師古聖王之常法而踵殘金之弊政耶況為僧錄道錄者皆無賴之徒交談遭遇遽授此職便與三品正官平牒往來以白身之人一旦居此榮貴得之既易視之亦輕宜乎逞私妄作而無復顧藉也近命憲司糾刷文卷僧官跼蹐知懼而僧人皆喜得安此明驗也所欠道家猶未一體刷卷耳若僧道中有棲心寂滅息念塵寰者必不自絓憲綱雖無假官府可也若行止不檢身陷刑戮亦佛法道教之所不容宜令有司管領嚴行究治罪狀明白比之常人更加一等斷遣還俗彼亦甘心今僧道不蠶而衣不耕而食皆得全免繇役而愚民多以財產托名詭寄或全捨入常住以求隱蔽差役驅國家之實利歸無用之空門視民間輸稅之外又當里正主首又當和顧和買非惟棄本逐末實是勞逸不均今後寺觀常住稅糧宜准古法盡令輸官俟其有佛法高妙道行絕倫者從衆推舉然後蠲其繇役除其稅糧庶可養成清淨之風亦足激勵澆漓之俗也外有白雲宗一派尤為妖妄其初未嘗有法門止是在家念佛不茹葷不飲酒不廢耕桑不缺賦稅前宋時謂其夜聚曉散恐生不虞猶加禁絕然亦不過數家而已今皆不守戒律狼籍葷酒但假名以規避差役動至萬計均為誦經禮拜也既自別於俗人又自異於僧道朝廷不察其偽特為另立衙門令宗攝錢如鏡恣行不法甚於僧司道所亦宜革去以除國蠹以寬民力可也

歷代名臣奏議卷之六十七

歷代名臣奏議卷之六十八

治道

元成宗時鄭介夫上奏曰切謂釋道之教與夫子之道並立為三不知釋道之所謂教者何事背棄君親毀滅綱常捨本逐末以此教人可乎明知其非而趨從愈廣蓋闢之者不針其病彼得以有辭謂世間無佛無仙不可也誠有之一言以蔽之曰無用耳於國無益於人無濟雖宗而事之將焉用之夫聖人之道不可一日無三綱五常之理不可一日缺百姓恃此以自存無此則不能以一朝居雖無佛可也無仙亦可也況彼二者之說不過竊聖道之緒餘耳夫子之所不屑為彼方挾此以自高夫子豈不知佛之為佛仙之為仙以其不切於日用常行故未始言之昧者反謂佛能超世夫子不能免於世佛為上一截事夫子為下一截事故夫子之不及佛也噫為是說者愚亦甚矣殊不知夫子正是上截事佛乃下截事耳季路問事鬼神子曰未能事人焉能事鬼敢問死曰未知生焉知死此一章乃三教是非之所由分也謂佛超世者以其入聖而不論於鬼趣長生而不與俗同腐也謂聖人不免於世者以其猶未能脫然於鬼與死也其言固高矣不思天下百萬億蒼生豈能盡為佛盡為仙乎能超世者寧幾何人溯古及今或得一於千百中或閱數世而不得一焉正自不能免於世也三綱淪而九法斁禮樂崩而陰陽隔人之類滅久矣安得有所謂佛與仙邪夫子所以不言者蓋為世道深長思也君臣父子夫婦人之大倫人稟天地之靈以生幼學壯行期為世用於人之道未能了何暇問鬼於生之理未能知何暇問死能無忝於為人能無負於此生然後反而求之可以免輪迴致不死耳非佛與仙為下一截事乎況今之奉佛求仙者逐風吹影懵不知佛與仙謂何祖風

法門云何如達磨面壁九年維摩不二法門止為身計何嘗施福福
於人亦未嘗要人之敬奉後人為之莊嚴儀誦肩惑愚民非佛之真
性也張道陵遠處深山薩真人一瓢自隨厭與俗接何曾妄有希求
於人人亦不敢輕有所與後來設立符籙醮禳誑取錢物非祖師之
初意也今見披禪衣者便拜為佛見戴黃冠者即稽為仙彼於自身
尚不克保何能及人乃欲賴之以祝聖躬之壽考祈國祚之延長黎
庶之安樂非大愚而何往年留都下見帝師之死馳驛取小帝師來
代不過一尋常庸厮耳舉朝上下傾城老弱郊迎望風頂禮羅拜道
旁不知所敬者何所慕者何其愚一至於此我力排其非反招嫉怒
指為毀佛謗道幾若浼沐不可解者今以出於祖師之口者觧之則
可釋然矣昔達磨自南天竺來梁武帝詔至金陵問曰朕造寺捨經
度生不可勝紀有何功德師曰並無功德此但天人小果有漏之因

如影隨形雖有非實此語足以觧求福田利益者之惑陳摶隱華山
宋太宗召至闕下延入宮中與語使宰相宋琪等問曰先生得玄默
修養之道可以授人乎對曰練養有術縱使白日升天何益於治今
聖上洞達古今深究治亂正是君臣合德致治之時勤行修練無以
加此琪等表上其語上喜甚斯言可為求神仙者之鑒愚冥之徒不
知取法於此輒取其無稽之論公卿士庶合情勤奉稍有怠慢懼禍
目前隨所愛欲無不聽從胡不思此輩妖妄上不足以裨國政下不
足以熙群生中不足以潤身屋竭有用之財事此無用之物吾不知
其何心尚論其祖風法門數椽以庇風雨榻外視猶傳舍何假乎廣
廈千間琉璃萬瓦一鉢以供晨夕身外皆為長物何資乎千倉萬箱
前騶後從今天下大寺觀租入鉅萬徒衆千百饗用過於宮禁積蓄
侔於邦賦為長老觀主者營求而得之榱題華麗珍具畢陳擁妓宴

飲連宵浹旦佃客火工男女雜襲蠹政侵民無所不至經理營運結
納官府不異於庶姓人家教門至此掃地盡矣若不少抑為禍滋深
殆有不可勝言者唐會昌間為僧尼耗蠹天下命併省佛寺上都東
都各留二寺上州留一寺中下州並廢分為三等上等留僧二十人
中等十人下等五人餘僧及尼皆勒歸俗通毀招提蘭若四萬餘區
收良田數千萬頃奴婢十五萬人歸俗僧尼二十六萬五百人真是
快活條貫宜體此意先將西番大師留京都者以禮敦遣悉令還國
外而天下寺觀錢糧拘使輸官其游手惰農之夫蠶食常住無異俗
人各令歸農務本如果有德行真修茹枯絕慾之士雖無補於世用
然息念離塵亦有可取但官給日米二升料錢二貫歳絹五疋許置
從二名以供使令每名日米二升歳布二疋如此待之亦云足矣設
或果有真佛出現當如韓文公所云容而接之禮賓一設賜衣一襲

衞而出之於境不令惑衆也若夫神仙潛形遁跡不輕於降臨塵間
人亦不得而見之使可見可接則非仙矣然舉此甚難悟此甚寡知
之者衆牢不可破非有高明特達之見洞察其理深明其妄不足以
語此惟聖朝其揀擇焉

介夫又論邊遠狀曰邊遠之任至甚不輕古王者之遣將也跪而推
轂曰閫以內寡人制之閫以外將軍制之故邊將咸得以便宜從事
朝廷不得而專之無他謂其諳於風土習於形勢又知其人之可用
與否以之臨事如身之使臂臂之使指莫不順意若待朝廷選官分
任無非紈袴膏粱之子刀筆筐篋之吏不習兵事不歷艱難到彼無
所用焉故昔者邊鄙用人每歲給降空頭宣敕令帥臣就便補擬類
名申奏而已以其所用之人出乎常調之外非持文墨議論者所可
制其短長之命也且就安避危人之常情萬里之遠煙瘴之區在常

選中者必不肯往。黃石公軍勢曰。使智使勇使貪使愚。使智者樂立其功。勇者好行其志。貪者急趨其利。愚者不計其死。若非至貪與至愚。誰肯離妻子去墳墓。置身於必死之地。其有輕生好名之人。激節赴義之士。不顧父母之遺軀。求陞數級之資品。朝廷亦何吝一紙虛名以勉勵之。然今日未嘗無邊遠選。固有准保定奪者矣。但保舉之初。欠於立法防奸。區用之後。失於計功覈實耳。如雲南甘肅八番兩江等處統帥藩臣。一赴闕下。便行保人。就於京都旋揑前資。以所保之品級定價例之重輕。多者百錠。少者亦三之二。或盡數納足。或先與一半。或立利錢文書。呈解到省。官可立得。以此淹困仕人。街市富子每聞一帥臣至。則爭先求之。並未嘗涉歷塞庭。練習邊事也。處於豢養者不吝資財。苟圖根脚。又為改仕之謀。出於微賤者。僥倖榮名欣然勇往。何濟緩急之用。近而江元帥黃昔剌不花累保得除者幾

及百數。續明里馬合麻元帥蹈其故轍。公然賣保。聲跡頗張。甚為不雅。今有劉八都兒平章在都。而投門下求保舉者。又將紛然而至矣。遂致邊鄙失得才之實。朝廷負濫爵之名。皆諸帥不忠誤國之過也。更有甚於此者。今八方按堵。烽燧不驚。正無事於窮征遠討。但務安集故地足可矣。往者劉鄭二帥妄闢邊釁。以致雲南小有不安。尺地皆祖宗之遺業。一民皆祖宗之赤子。不宜置之度外。如八百媳婦之國。素不沾化。縱令盡有其土地人民。初無益於聖朝之萬一。生事之臣。但知可以要功希賞。不知有損於國家甚大也。且外夷小醜何足芥蔕。服不能為國之榮。叛不能為國之辱。得之不足以加國之富。失之不足以致國之貧。故古聖人以不治治之。不計其去就也。昔傅介子以偏使斬樓蘭王。鄭吉以騎都尉發諸國兵破車師。降日逐。威振西域。馮奉世因使大宛。矯制擊莎車。平諸國。凡此者皆未嘗出於朝廷之命也。不假予遣將調兵。無煩於運輸供給。用得其人。則自能集事。若待稟命而行。整堂堂之陣。出師數萬里之遠。驅不安水土之弱兵。羸卒而披之不毛之地。虎狼之口。宜其將亡兵喪。外損國體。內傷國用。蓋必致之理也。今後遠方之事。一切委任邊將。借以予奪黜陟之權。責以內守外攻之效。聽其擇人而使。伺隙而動。可以進則取。不可以進則守。其有赴闕朝見者。乃臣子之彝禮。慰諭勤渠。賜宴增級足矣。不許在都以白呈濫保。凡有合用之人。並從本處公舉。完簽轉申移咨都省。隨其所擬職名。即與准給宣敕。若不由各省咨來者。別無定奪。則帥臣不得以容其奸矣。既除之後。考覈真偽。有已受不任而借從他求。或已在不職。而貽誤官事。並須罪及本人。罰及保官。則求仕者捨己無能。自不妄求。保舉者量才無取。必不輕保。而邊境獲真才之用矣。果能如傅介子輩卓有所立。不資朝廷毫髮之費。而遠

拓疆土之廣。則優加旋賞。以示激勸。此用人之微機。安邊之要道。善謀國者之長策也。

介夫又論抑強狀曰。漢書所稱游俠。即今之豪霸也。其時貴臣如竇嬰田蚡之屬。競逐於京師。布衣如劇孟郭解之徒。馳騖於閭閻。立氣勢。作威福。結私交。連黨類。權行州域。力折公卿。凡此者皆亂之所由生也。豪俠之輩。代不能絕。世降俗末。流弊滋甚。古之豪霸猶能賑窮周急。謙退不伐。色取仁以合時好。立虛譽以要權利。今之豪霸。所謂禦人於國門之外者。真生民之蠹。國家之賊也。然有席祖父之勢者。有挾富強之資者。其下則有經斷官吏。閑廢於家。務為潑皮無賴者。人雖不等。均之為蠹為賊耳。憑震主之威。執予奪之柄。死可使活。生可使殺。富可使貧。賤可使貴。此在朝之豪霸也。氣燄同官。吞聲莫校。威凌胥吏。奉令惟謹。借公道以縱賄賂。營私財以奪民利。此在官之

豪霸也布置爪牙把握官府小民畏奉餽遺填門其孳產視為己物其妻子俾同奴婢此在鄉之豪霸也地雖不同亦均之為蠹為賊耳然在鄉者雖為豪霸之公廢而禍及於百姓則甚大也且即在下而小者言之凡有詞訟必須經手若不稟白而徑陳之有司者則設穽尋隙陷之於刑既已歸命於已而官吏有不順從者則別生事端累贓誣告其釁粉可立而待也威勢既成動皆如意村落居民事之如父母敬之如神明郡縣守宰頤指氣使俯首聽命而已間有一二剛方自立奮然出為寃民施一援手僅能抑之一時被罪還家之後故態依然真是法制所不能及禮義所不能移朝廷便民之事亦甚不少微有一利舉入豪家而細民何嘗得沾霈沫之惠使美政不能下逮者盡此輩有以阻之也由此推其大者為患何可勝言如朱張二家一盻死之盜賊耳以言豪霸則渠魁也皆向來朝廷寵遇之太過

所以養成今日之餘殃原其始然抑之不早遂至身遭顯戮禍及宰臣此眼前之轍跡也昔漢主父偃說武帝曰天下豪傑兼并之家亂衆之民皆可徙茂陵內實京師外銷姦猾所謂不誅而害除武帝從之從郡國豪傑及訾三百萬以上于茂陵誠抑強扶弱之良法也今後若有醜惡聞於鄉邑聲跡播於中外不必加以刑辟但限以訾財若干即遷之他郡或徙之荒壤視所犯之重輕以定地之近遠有訾不及者則移於附近以五百里為限根帶既拔枝黨自散使良善咸獲安存官府亦易振立彼得以全軀保家朝廷亦不至於多戮少恩去豪霸之策無以加此矣又曰隆古無豪霸之名自秦廢井田而兼并起於是強者日富弱者日貧豪霸日興殆不可遏蓋強必凌弱富必欺貧貧弱不能與競遂歸心服命於富強之家理勢然耳聖朝開國以來軫卹民瘼棸治豪霸制令甚嚴終莫能少戢其風今上而府

縣下而鄉都隨處有之小大不侔而蠹民則一蜂起水湧誅之不可勝誅雖有智者莫如之何愚嘗日夜思之不究其源徒窒其流未易以制也制之之道惟有井田一法今不可得而行矣蓋自古天下之田無不屬官民不得而私有之但強者力多能兼衆人之利以為富而無力者不能自耕其所有之田至於轉徙流蕩先王授田使貧富強弱無以相過各有其田得以自耕故天下無甚富甚貧之民至成周時其法大備畫地為井八鳩五規二牧九夫以等其高下溝洫畎澮川涂畛徑以立其堤防疆井既定無得侵奪雖欲貪并不可得也商鞅用秦規則寖弛已不復有井田之舊於是開阡陌阡陌既開乃有豪強兼并之患富者田連阡陌而貧者無置錐之地然猶不明說田在民也官不得治而民得自占為業耳迄于漢亡三國並立兵火之餘人稀土曠當時天下之田既不在官亦終不在民以為在官則

官無人收管以為在民則又無簿籍契券但隨其力之所能至而耕之元魏行均田稍亦近古唐因元魏而損益之為法雖善然令民得賣其口分永業始有契約文券日漸一日公田盡變為私田先王之法由是大壞天下紛紛互相吞并而井田永不可復矣民得自有其田而公賣之官安得而禁制之田既屬民乃欲奪富者之田以與無田之民禍亂群興必然之理也董仲舒在武帝朝此時去古未遠井田之法尚可追也乃曰井田雖難卒行宜少近古限民名田以贍不足言甚善而未克行至哀帝時孔光何武曰吏民名田無過三十頃期盡三年而犯者沒入官時丁傅用事董賢隆貴未便於已遂寢其行夫三十頃之田周民三十夫之田也以一人而兼三十夫之田亦已過矣而期之三年以太迫蹙為今之計莫如強奪難禁止惟有限田之法可以制之酌古準今宜為定制每一家無論門閥貴賤人口多

寡並以田十頃為則有十頃以上至于千頃者聽令分析或與兄弟子姪姻黨或立契典賣外人但存十頃而止或敗亡而所存不及十頃者亦聽十頃以下至于一畝者許令增買亦至十頃而止寬以五年為限如過限不依制而田冨如故者除十頃外並沒入官然官不歸於公仍將沒官田名賣與貧民所得田價一半輸官一半給主彼富者亦甘心而無辭不出十數年而豪強不治而自無矣此法不驚民不動衆不用井田之制而獲井田之利使周公復生亦何以易此哉然竊觀布滿天下田業過於巨室卒未能如會昌之併省廢毀而僧道恃無差發因而廣置田宅侵奪民役為禍不小亦宜立限分為三等大寺觀不得過十頃中止五頃下存二頃有過制者依上沒官亦足以少抑僧道之僭踰也良法美意無如於此以數千年未全之規一旦復見於今日豈非超古之事業太平之盛觀歟惟慮左右之

臣如丁傅等恐妨於己百端沮當有不得行焉必須斷以決之不間於讒執而守之克底于終而後有所成也惟聖朝其嘉納焉

介夫又論閱武狀曰取兵於民最為近古計戶簽軍乃國家之良法亡宋弛於軍政用錢雇軍以有限之國儲供無窮之戰役遂至兵盡國亡而不可救此可鑒之覆轍也國家自車書大同之後誠偃武修文之時既未尚文又不事武文武兩失非計之得也未治不可恃安不可偷天命靡常難保其長如一日廟堂之上習於安娛轅門之中恬於豢養兵不知律將不知兵國不知將一旦走檄傳警以弱將冗兵投之敵前小出則小挫大舉則大北何異驅市人而置之死地耶昔之為元帥為萬戶為千戶鎮撫者皆是披荊棘冒矢石身經百戰萬死一生然後報之以此職名也今子弟承廕不為降資是不忘其父而惠及其子固見朝廷之厚德然承廕者例皆弱冠乳臭之子着衣喫飯之外他無能焉忝賴世資驟膺異擢若再有軍功則以何爵賞之夫兵凶器也戰危地也豈可使不歷事之小兒以當一面之重任哉兼向出於海放者今皆無軍可管虛擔宣敕牌面子弟亦復承襲尤為冗濫可盡減併也軍人自混一以來久不知兵昔之善戰者壯而老老而死所餘今無幾矣都城之下禁衛軍卒每歲雇替應役倏來倏往互換代名甫諳兵事又復還家盡皆游惰之夫豈識戰為何事外路鎮守者不閑兵革不習騎射升斗之糧不了供給汲汲馬買賣謀生為餬口贍家之計況各處軍官頭目不思分鎮軍戶乃國家之士卒而以該管軍人為梯己之丁夫或令報役私門或遣營運遠方上失備禦之謀下奪農商之利雖名為軍實與百姓等耳似此之徒使之臨敵制勝惟有束手就擒雖千百不足以當一二也昔唐太宗引諸衛將卒習射於庭諭之曰邊境少安則逸遊忘戰是以寇

來莫之能禦今不使汝等穿池築苑專習弓矢居閑則為汝師寇來則為汝將於是人思自勵數年之間悉為精銳夫穿築之事自有民役唐立祖庸調法每丁歲役二旬者謂此耳今後軍官子孫宜擇有器識才力者比民官承廕之例稍優一等待其久習戰事顯立軍功然後復之以祖父之職軍戶宜點其丁壯強悍者永當官身勿令交換朝夕訓習騎射優其衣粮更立賞格以激勵之夫將不在多兵不在衆若訓練之精蒐閱之勤將為勇將兵皆勝兵孰有當其鋒者此事似緩而實急長計遠慮者所宜究心也

介夫又論馬政狀曰古今立國未嘗怠於馬政蓋以邊庭守戰之備馬不可缺而車輦出入百官擁從文檄書交馳郵傳迭發尤不可一日無也國朝開基以來以牧放為俗羊馬之群遍滿谷野生長草地不假喂飼之勞隨意所用如取廐中是以出兵行師所向無前皆資

馬之力也。近年偃武之餘。用馬日少。故於馬政。不復介心。古者給價換馬。已非長策。今乃刷馬民間。尤為弊政。且南北之風土不同。生長於南者。則不禁其冷。生長於北者。則不禁其熱。隨其土產之宜而用之可也。若刷東南之馬以供西北之用。則立見其死亡耳。又兼收於野者。安於水草。習於馳驟。以之臨敵。易於鞭策。畜於私家者。飽以芻豆。勤於剪拂。一旦置之荒郊。便已瘦弱無力。況當矢石之衝。何濟於用。朝廷失於計畫。苟且目前。不循廣馬之成規。而行刷馬之下策。雖曰和買。何異白奪。且刷馬之政。出於亡金。其附隣敵交攻。疆土滋削。未免刷之民間以應一時之急耳。堂堂天朝。不宜蹈襲亡國之遺轍也。兼刷至之馬。實無所用。而民間之怨。皆歸於國。甚非經久之計。今民間皆畏憚不敢養馬。延以歲月。民馬已絕。萬一國家急欲用馬。何從而得。宜及閑暇早為之謀可也。唐初得牝馬三千匹。徙之隴右。命

張萬歲掌之。蕃息至七十萬匹。分為八坊四十八監。各置使以領之。是時天下以一縑易一馬。及玄宗以王毛仲為內外閑廐使。東封之日。有馬四十三萬匹。牛羊稱是。此已然之明效也。今國家之地。數倍於唐。水草美處。盡在版圖之中。擇宜牧之地。各設牧馬監官。給牝馬。選用能吏。使專牧馬之權。重之以職任。優之以俸祿。責之以成效。不十數年。馬不可勝用矣。向來家自為牧。衣食之資。皆仰於此。取其餘而用之。猶且不竭。況今以全盛之國。又助之以官府之力。因其舊俗而行之。亦甚易事。何必以刷馬為政。徒結怨於民間也。

介夫又上疏曰。近觀朝廷庶政更新。廣開言路。愚嘗條摭二十餘事陳之省臺。自謂言當乎理。事當乎情。可以少裨聖政之萬一。而乃視為迂踈不切之論。為泛常虛調之行。外示容納。內懷猜疑。曆轉數月。竟成文具。古人謂忠言逆耳。從允按劾。良有以也。苟祿素餐。固可蒙

敵。皇天后土。豈堪厚誣。未幾八月初六之夕。京師地震者三。市庶恟恟。莫知所為。越信宿而衛輝太原平陽等處。馳驛報聞者接踵。雖震有輕重。而同出一時。人民房舍。十損八九。震而且陷。前所罕聞。迄今動搖。勢猶未止。亦可謂大異矣。春秋二百四十二年之間。災變迭出。而地震者纔五。國家自十數年矣。凡三見之。以今考古。未有若此之數數也。漢哀帝初。水出地震。李尋對曰。四方中央連國歷州俱動者。其異最大。關東數震。未為大逆。近者之震。連亘西北數千百里。而東南亦皆搖撼。以古證今。未見若此之廣且甚也。安得不謂之大異乎。廟堂之上。謂宜朝不暇食。夕不安寢。思所以更絃易轍。為脩禳息變之策。方且恬然自安。不以經意。何異乎依危幕而不知懼。履春氷而不自覺。世無是理也。必明其致震之因。而求其安震之道。則庶乎其可矣。夫地道柔而靜。無故而動。以為地之變。殊不知地無附麗。實依

於天之中。地亦氣中之一物耳。先賢謂天形如雞子。天其殼也。地其黃也。日月星辰黃外之白也。易曰。天行健。君子以自強不息。此天圓而獨運於兩間。一氣周流。循環無已。則地得以遂其資生之性。若天運有一息之間斷。而地不能自存矣。故其變也。為震為裂。為崩陷。為水潦。為草木枯傷。皆由此也。如人之一身。一日一萬三千五百息。周而復始。若一息不順。則肉瞤膚蠕。壅而為癰疽。逆而為癥瘕。故曰陽用其精。陰用其形。精損則形傷。蓋必然之理。天為乾為陽。君道也。地為坤為陰。臣道也。天運愆忒。故地道失常。驗之於人。則知臣職之不舉。亦由乎君德運量之未至也。傳曰。天氣下降。地氣上騰。二氣交而成泰。一有不交。則變而為否。竊聞古者人君每日視朝。不遑寧處。故欲上意下達。下情上通。故能致天下於泰和之域。又聞古者凡遇災異。必詔求直言極諫。冀有以補時政之不逮。達民隱之未知。故能感

格天地轉禍為祥。今得奏之臣有限。而奏事之日甚稀。憂愛之忠雖至。而九重之邃不聞。君臣隔塞。情愫莫抒。是猶天地之氣不交。安得不反泰而否乎。然則胡為天不示變而獨見之地震者。良由群臣不能順承天地。下遂萬物之情。故變見乎地以深儆之。固已明矣。何以言之。嘗觀漢史翼奉之言曰。地變為陰氣太盛。宜疏后黨親同姓。出後宮。損陰氣。李尋之言曰。地震有上中下。上位應妃后。中位應大臣。下位應庶民。宜弱外戚。強本朝。崇陽抑陰。以救其咎。或以言游畋土木。或以言宦臣嬖倖。或以言小人黨盛。各因其時弊而指斥之耳。以今日之人事觀之。閫儀嚴肅。女謁不行。如呂常之專。趙楊之寵。無有也。後宮列陳。名不盈數。如三千一萬之充溢。無有也。秉國鈞者皆色目漢兒。未嘗一官任舅后之族。如呂霍上官之僭奢。無有也。數奏出納。非省臺不得與聞。未嘗一事出閹宦之口。如恭顯魚程之專擅。無

有也。春秋出畋。循行故典。宮墻殿宇。一安舊規。如阿房複閣之興。樓船錦纜之侈。無有也。然則致是變也。既皆非此之故。則當歸之執政大臣矣。今大小政事。總於都省。有奏皆准。無言不行。意欲若此。君亦從其若此。意欲如彼。君亦從其如彼。不聞天子以己意強用一官。奪行一事。則官之不職。事之不舉。是誰之過歟。不聞天子以私欲行一不義。殺一不辜。則仁心之未被。德政之未敷。是誰之過歟。為執政大臣者。烏得以辭其咎哉。既得君。又得時。又得可為之權。亦可以有為矣。使不可為。則諉曰。非我之過。使得為之。而安於不肯為。愚不知其何心。且近來朝廷所行。其忤天意。咈人心者。殆非一端。民之所欲。天必從之。使能取弊政一整而新之。民心既順。安知天意之不回乎。如直言所當求也。近雖容受陳言。可即行之。否即舍之。而乃反復議擬。動經旬月。議以為非。已同故紙。議以為是。亦成虛文。非時政之弊乎。

賢才所當進也。未聞朝廷因一言而知一人。由一能而擢一職。若非書尺轉送。必須勢援梯引。次則執贄禮先容。賄賂取悅。舍此之外。決不能無因而至前也。近聞廉察交章以薦者不少。使果賢也。既不任之風憲。亦宜陞之民職。省咨臺呈。而至者亦多。使果有治效也。既不加以資品。亦宜賜之褒獎。今保在臺者。已成子虛。呈到省者。亦化烏有。非時政之弊乎。選法所當清也。近吏曹銓擬。縱私逾甚。集賢翰林。亂保濫多。待除求進之人。接袂摩肩。未平之鳴。溢于閭巷。選法紊壞。日甚一日。非時政之弊乎。官冗吏繁。所當減併也。近聞置局商度。當否猶豫半歲。竟已寂然。夫添一官。則為民增一害。省一職。則為民去一蠹。此理甚明。其事甚易。合存則存。合革則革。立談可決。正不用如此狐疑也。非近事之失乎。刑賞所當明也。近聞採訪使巡行各道。所斷官吏。皆絕知識失計置之徒。若稍有智力者。已望風先為逸罪之謀

矣。潛形掩迹。必無逃理。達鼓求亡。誰不趨避。中以私情縱放。僥倖脫免者。何可勝數。大奸巨蠹。未嘗少懲。纔巡歷之廣。閱人之多。豈非出類拔萃者。亦不聞薦一賢為國家深長計。以言乎刑。則未公。以言乎賞。則未見。非近事之失乎。俸祿所當均也。近增官吏俸米。通支糧一十八萬餘石。外任分給公田。多歸於具員冗職。實勤王事。則不免乎號寒啼飢。內任雖曳紫懸金。立司企斯。而買桂炊玉。居甚不易。縱益之以升斗之糧。莫能禁其尋尺之枉。徒多費太倉之粟。實未得均祿之道。非近事之失乎。怯薛所當裁減也。近奏准分揀。中外忻快。而各官掩護。力寢其行。良家有才無力之士。反不見取。軍站雜色無賴之流。則當直自若。非近事之失乎。奔競所當息也。今求仕必須親身陞等。必待營幹。若朝市之近。山林之遠。有閉戶讀書絕跡權門者。決無得官之理。又非時政之弊乎。法律所當定也。竊聞都城內外。近聞亦

有強盜夜劫之風。且閩臨清以東。河西以北。私醞私牛猥籍官道覷視官府若無所禁。雖都下正自不少。外路槩亦可知。是人心全無忌憚也。又非時政之弊乎。風俗所當正也。京闕之地。教化所先。淫風大行。滅棄廉恥。南北之民。相習為藩。鬻婦販子。絕恩離情。今天下皆急私而慢公。先利而後義。所關甚不小也。又非時政之弊乎。物價所當平也。近來鈔價賤。物價踊。昔直一錢者。今直一貫。物直錢而鈔不直錢。若不改易鈔法。增造銅錢。則民生之危蹙。殆未已也。又非時政之弊乎。學校所當崇也。而視為不急之務。往往求進者。因朝廷不以為重。多不揆己而妄求。而朝廷亦以為輕。故不擇人而准保。非惟主領失人。學校虛設。而選法之壞。士風之薄。亦職此之故。又非時政之弊乎。備荒所當急也。近觀省部議行賑濟。標撥戶帖。每石六貫伍伯。放糴官米。每石一十六貫。百姓均為皇帝之赤子。而限以有無戶帖之

分。米糧均為皇家之公儲。而自為高下。價鈔之異。如今年關食。止數處耳。未足以言荒也。或有甚於此。更直連歲之歉。出有限之見管。應未已之長飢。將何以救之。每年海道運糧。幸賴洪休。安然得濟。或過不測之風濤。一歲所仰。沒為泥沙。將何以繼之。修舉儲畜之條。置立義倉之策。執政者何不究心乎。僧道所當抑也。而紅帽黃冠。駢闐巷陌。二司頭目。分布郡縣。朝廷上下。仰之如日月。畏之如雷霆。而官府士民。嫉之如仇讎。惡之如蟊賊。彼能祈請而獲福。禳度而免禍。必無地震之變矣。其為虛妄顯然可知。今一番災異。則一番好事。災異愈甚。而好事愈廣。豈天地示儆之至。專為僧道布施之階。執政者何不深省乎。貢舉所當行也。雖嘗形於詔書。終然付之埋沒。今合朝官職。盡屬吏員。其進身也。既不出於文學。亦不由於選舉。問其吏。則不知民間疾苦。問其儒。則不通文理句讀。十數年後。儒之類滅。欲求識一

丁字者亦無之矣。雖未至焚書坑儒。而不焚之焚。不坑之坑。其禍尤烈於昔。此事大有關於理亂之故。執政者何不垂鑒乎。武備所當修也。今將帥重臣。皆承蔭子弟。不經兵事之少年。軍卒戰士。乃互換替名。不習騎射之惰夫。一旦警生意外。驅弱將冗兵。投之敵前。其為國家大計。甚可憂也。執政者何無遠慮乎。賦役所當平也。如軍站既已出力當官。每歲租入。僅了支持。而匠戶之貧窶尤甚。豈堪重併當差。飲恨吞聲。有言莫訴。如儒戶雖無劾勞。實關國體。傳曰。土之美者善養禾。君之明者善養士。今儒人之二稅既輸。初無損於公上。但與除免雜泛差役。少安其心。庶見朝廷樂育人材之意可也。如僧道戶計隱占過半。仍復全免。深為不均。此事尤切於民。執政者何不動念乎。民瘼所當瘳也。近年以來。存恤之詔屢頒。而舉目之雍熙之和。苛虐之政罕有。而比屋交愁怨之聲。亦當思其所以然之故矣。今閭閻之

下田里之中。冤民抑事。叢如蝟毛。雖罄南山之竹。莫能枚舉而條陳。然蹤遠瑣碎之務。安得一一上煩朝廷。而朝廷亦無以盡知之。故漢相平勃。於決獄錢穀幾何之問。而謝曰不知。蜀相亮罰二十以上皆身親之。失於太察。蓋謂其各有司存也。使路府州縣牧民之官。任得其人。各盡所職。則凡可便益於民間者。自能盡舉。若任非其人。縱其殘暴。雖日嚴禁治之章。家至而戶曉。亦無救於百姓也。故曰。安民無他道。在乎知人而已。任賢去邪一事。尤為廟堂之急先務。執政者豈可尚付之悠悠乎。凡此者皆致變之因也。究其所因而求其安變之道。亦無出於此。朝廷一舉一動之間。神明在上。昭不可欺。能盡目前當行之事。則無遠不通。無幽不格矣。昔陶侃謂禹惜寸陰。常人當惜分陰。今觀大臣群僚。皆以持祿顧望。相與依違。堂食既升。一日又了。務為淺者近者。不求其遠者大者。煖衣飽食。以忘憂。不思在下之窮

人。飢寒所迫。度日如年。甚非易過也。近朝廷究議一事。全數月不得施行。終歲之間。寧堪幾議。雖以司縣不能為理。而謂負天下之寄可如是乎。萬僟之輻湊。如水之趨海焉。臣川三百。支流三千。奔忙雜沓莫之能禦。日夜紲之。以尾閭猶懼不蔵。乃欲持瓢抱甕。區區以升斗計之。其不氾溢於中土者幾希。休運難逢。良辰豈再。異至不應。災將隨之。失今不圖。則後禍未可知也。常人之言曰。地變因於天運。夫子宜減膳徹樂。今吾君之服御供饌。務從儉朴。雖大禹之惡衣菲食不是過。樂人如林。非大朝覲。而音律不入於耳。愚以為膳不必減也。樂不必徹也。但使通下情。責實效。內脩己德。上應天心。則天地之氣交。而萬物咸通矣。常人之言曰。地變應乎中位。大臣宜避位辭祿。今都堂一新。隆齊委任。正是協贊扶危。鞠躬致命之時。當思體坤以承乾。滅凶而致吉。愚以為位不必避也。祿不必辭也。但使庶事畢張。群賢咸

集。百司盡職。萬姓全生。凡可以竭臣道之當為者。無所不至。則妖沴自消。休祥自降。德合無疆。乃終有慶矣。常人之言又曰。凡變異之來。宜布新頒赦。減稅放租。以安人心。以荅天譴。斯言無稽。必不可信。傳曰。無赦之國。其刑必平。故諸葛孔明之治蜀。絕口不言赦。而國以大治。若肆赦之類。徒以長奸貪盜賊。初無利於君子也。奸貪盜賊。乃覆載之所不容。因變而復赦之。寧不重神人之怒乎。書曰。懷保小民。又曰。以小民受天永命。蓋天意所屬。惟在小民。若減放之多。徒以繼富。初無利於小民也。彼終歲勤動。僅食其力。戶無稅而官無租。縱除免天下十年之糧。而小民亦不沾分毫之賜。富豪亂衆。乃幽明之所同怒。因變而附益之。又非以重神人之怒乎。為此謀者。實無補於時政之闕失。是猶田舍翁適遭患難。橫逆不知自反。遷修因果。以為禳災徼福之計。亦愚甚矣。伏惟聖君賢相。其拒之絕之。介夫久隨禁直。

愧乏才資。厠名學官。粗償書債。而拳拳愚忠。不忍目中之無人。遂吐平生之耿耿者。既揆情無所覬望。故出辭不避抵觸。比見陳言未為少矣。立奇者則不切時務。希賞者則專尚貢諛。取合者則興利以啗國。欲求其議論正大。識見高明。達變通時之士。蓋十無一二也。昔人有言。忠臣不順時而取寵。烈士不惜死而偷生。愚雖未能自附於忠臣烈士之目。而夙昔所期。不肯多讓。自度所言。誠有是來。不懼斧鉞。再干天聽。如以為可。則見之施行。國家幸甚。生民幸甚。

歷代名臣奏議卷之六十八

法祖

東漢章帝時校書郎楊終上書曰秦築長城功役繁興胡亥不革卒亡四海故孝元棄珠崖之郡光武絕西域之國不以介鱗易我衣裳魯文公毀泉臺春秋譏之曰先祖為之而已毀之不如勿居而已以其妨害於民也襄公作三軍昭公舍之君子大其復古以為不舍則有害於民也今伊吾之役樓蘭之屯久而未還非天意也帝從之聽還徙者悉罷邊屯

吳烏程侯寶鼎元年左丞相陸凱上疏曰臣竊見陛下執政以來陰陽不調五星失晷職司不忠姦黨相扶是陛下不遵先帝之所致夫王者之興受之於天脩之由德豈在宮乎而陛下不諮之公輔便盛意驅馳六軍流離悲懼逆犯天地天地以災童歌其謠縱令陛下一

身得安百姓愁勞何以用治此不遵先帝一也臣聞有國以賢為本夏殺龍逢殷獲伊摯斯前世之明效今日之師表也中常侍王蕃黃中通理處朝忠謇斯社稷之重鎮大吳之龍逢也而陛下忿其苦辭惡其直對梟之殿堂屍骸暴棄邦內傷心有識悲悼咸以吳國夫差復存先帝親賢陛下反之是陛下不遵先帝二也臣聞宰相國之柱也不可不強是故漢有蕭曹之佐先帝有顧步之相而萬彧瑣才凡庸之質昔從家隸超步紫闥於彧已豐於器已溢而陛下愛其細介不訪大趣榮以尊輔越尚舊臣賢良憤惋智士赫咤是不遵先帝三也先帝憂民過於嬰孩民無妻者以妾妻之見單衣者以帛給之枯骨不收而取埋之而陛下反之是不遵先帝四也昔桀紂滅由妖婦幽厲亂在嬖妾先帝鑒之以為身戒故左右不置淫邪之色後房無曠積之女今中宮萬數不備嬪嬙外多鰥夫女吟於中風雨逆度正由此起是不遵先帝五也先帝憂勞萬機猶懼有失陛下臨阼以來遊戲後宮眩惑婦女乃令庶事多曠下吏容姦是不遵先帝六也先帝篤尚朴素服不純麗宮無高臺物不彫飾故國富民充姦盜不作而陛下徵調州郡竭民財力土被玄黃宮有朱紫是不遵先帝七也先帝外仗顧陸朱張內近胡綜薛綜是以庶績雍熙邦內清肅今者外非其任內非其人陳聲曹輔斗筲小吏先帝之所弃而陛下幸之是不遵先帝八也先帝每宴見群臣抑損醇醲臣下終日無失慢之尤百寮庶尹並展所陳而陛下拘以視瞻之敬懼以不盡之酒夫酒以成禮過則敗德此無異商辛長夜之飲也是不遵先帝九也昔漢之桓靈親近宦豎大失民心今高通詹廉羊度黃門小人而陛下賞以重爵權以戰兵若江渚有難烽燧互起則度等之武不能禦侮明也是不遵先帝十也今宮女曠積而黃門復走州郡條牒民女有錢

則舍無錢則取怨呼道路母子死訣是不遵先帝十一也先帝在時亦養諸王太子若取乳母其夫復役賜與錢財給其資糧時遣歸來視其弱息今則不然夫婦生離夫故作役兒從後死家為空戶是不遵先帝十二也先帝歎曰國以民為本民以食為天衣其次也三者孤存之於心今則不然農桑並廢是不遵先帝十三也先帝簡士不拘卑賤任之鄉閭效之於事舉者不虛受者不妄今則不然浮華者登朋黨者進是不遵先帝十四也先帝戰士不給他役使春惟知農秋惟收稻江渚有事責其死效今之戰士供給眾役廩賜不贍是不遵先帝十五也夫賞以勸功罰以禁邪賞罰不中則士民散失今江邊將士死不見哀勞不見賞是不遵先帝十六也今在所監司已為煩猥兼有內使擾亂其中一民十吏何以堪命昔景帝時交阯反亂寔由茲起是為遵景帝之闕不遵先帝十七也夫校事吏民之仇也

先帝末年。雖有呂壹錢欽。尋皆誅夷。以謝百姓。今復張立校曹。縱吏言事。是不遵先帝十八也。先帝時。居官者咸久於其位。然後考績黜陟。今州郡職司。或莅政無幾。便徵召遷轉。迎新送舊。紛紜道路。傷財害民。於是為甚。是不遵先帝十九也。先帝每察竟解之奏。常留心推按。是以獄無冤囚。死者吞聲。今則違之。是不遵先帝二十也。若臣言可錄。藏之盟府。如其虛妄。治臣之罪。願陛下留意。

後魏孝明帝時。河陰令高謙之上疏曰。臣以無庸。謬宰神邑。實思奉法不撓。稱是官方。酬朝廷無貲之恩。盡人臣守器之節。但豪家支屬。戚里親媾。縲紲所及。舉目多是。皆有盜憎之色。咸起怨上之心。縣令輕弱。何能克濟。先帝昔發明詔。得使面陳所懷。臣亡父先臣崇之為洛陽令。常得入奏是非。所以朝貴斂手。無敢干政。近日以來。此制遂寢。致使神宰威輕。下情不達。今二聖遠遵堯舜。憲章高祖。愚臣望策其駑蹇。少立功名。乞新舊典。更明往制。庶姦豪知禁。頗自屏心。詔曰。此啓深會朕意。

宋仁宗明道二年。殿中侍御史龐籍上奏曰。臣近因上殿。面奉聖旨。令有事具實封進來者。臣退量孱昧。罔通政體。誤膺詢訪。苟有愚見。敢不罄陳。恭惟三聖垂統。紀律大具。陛下文明恭儉。紹隆寶圖。祇守先訓。克臻至治。臣竊見朝廷政令有漸異祖宗之制。而宜改復舊貫者多矣。略舉數事條之如左。

一。進退輔臣。最為大事。非止一時褒貶。蓋欲垂戒後來。祖宗舊制。輔佐近臣罷免之例甚衆。有因求退得請者。有均以勞逸為名者。有暴其顯過者。有隱其罪名者。然所授官秩輕重。皆有區別。伏見去年執政之臣。最喧物議。內有廢弃典法。公營私寵者。此最昭昭於天下也。臣於去冬及今年正月七日。所上書疏及劄子。言之已詳。昨者外間鎖院。衆謂必獲罪而退。洎制命宣行。大者得使相。次者尋亦遷秩。况使相請俸。月踰千緡。中常州郡。一年之賦。未足充其歲給。自非有功有德。何以克勝。且登用未及一考而退之者。是以譴罷也。乃以使相及遷秩寵之。以此為戒。臣恐來者不懼矣。必曰當權之日。雖壞國法營私恩。亦不失作使相及遷秩矣。臣欲望聖明令史臣檢尋祖宗以來進退輔臣體例。著為篇部。以備聖覽。此後用為定準。如此。則忠正者持衡之時。務盡公理。亡身之日。得以禮退。私曲者使之當權。必懷畏懼。苟至獲罪。永為懲戒。此事體大。乞留聖懷。

一。前代職官之制。皆有定員。使上下不得超越而進也。國朝建官雖異於古。然於員數未聞過多。近年以來漸異於此。蓋是好進者務干求寵名。執政者不堅守舊制故也。今資政殿翰林侍讀

學士員數過多。恐增之不已。更無限局。欲望準約舊典。以立定員。員既有限。求者自息矣。

一。金紫者文臣之貴服也。祖宗以來。謹重賜與。自前或因差遣上殿。特恩賜之。然多是已在升陟任使者。近年伏見有差遣未出常調。或秖是知縣之類。因公事上殿。亦得改賜。遂使三品之服。漸成輕易。臣欲乞愛重服章。無及僥濫。

一。竊知向來每因南郊大禮。添出諸般差遣名目。多於舊日。添一差遣。則增一錫賜。所以費用太廣。實傷財力。臣欲望將來郊禮。令有司檢尋祖宗以來則例為定。免至橫添名件。廣耗官物。

臣智識愚下。無裨聖德。實欲朝廷凡百政令。率由舊章。沮勸允明。僥倖咸塞。伏望聖造留心垂采。

英宗治平元年。召唐介為御史中丞。英宗謂曰。卿在先朝有直聲。故

用御非繇左右言也介曰臣無狀陛下過聽顧獻愚忠自古欲治之主亦非求絶世俗之術要在順人情而已祖宗遺德餘烈在人未遠顧覽已成之業以爲監則天下蒙福矣

神宗熙寧三年張方平上言曰臣蒙恩朝對今已奉辭竊惟孤陋之質尚偶聖神之會上膺眷遇有異等倫令承特召而來安敢緘默而去輒獻愚忠上裨天聽臣聞人心惟危患生所忽動危甚易安之實難禁衛六軍邊防三路撫御之法善制具存民心戎事國之大本動靜之機安危所繫若民心危摇戎事興動策應一失縱輯非易祖宗謨烈國家大計甚所慎重惟此二者不同小事隨宜改易縱有利害容得更張民猶水也可以載舟亦以覆舟兵猶火也可以焚物亦以自焚焚溺之害當在吾之先見造形而悟已是後時害成乃悔何嗟及矣夫人臣之分出處是常家國大業天下重器譬之輜重豈可輕離顧陛下思所以置器於安審所以藏身之固廣聰聽於符同之外採公議於得失之前深察軍民之情厚爲社稷之慮使人安其業上下無怨溥天之下欣戴感德高拱巖廊之上保此泰山之安朝廷尊而國體平順氣應而嘉生遂不亦休哉臣疎外狂瞽不識忌諱以此愚言上答恩眷退就誅殛實所甘心

神宗時司馬光爲翰林侍讀學士會安石草詔引常衮事責兩府兩府不敢獲辭安石得政行新法光逆疏其利害邇英進讀至曹參代蕭何事帝曰漢常守蕭何之法不變可乎對曰寧獨漢也使三代之君常守禹湯文武之法雖至今存可也漢武取高帝約束紛更盜賊半天下元帝改孝宣之政漢業遂衰由此言之祖宗之法不可變也呂惠卿言先王之法有一年一變者正月始和布法象魏是也有五年一變者巡守考制度是也有三十年一變者刑罰世輕世重是也光言非是其意以風朝廷耳帝問光光曰布法象魏布舊法也諸侯變禮易樂者王巡守則誅之不自變也刑新國用輕典亂國用重典是爲世輕世重非變也且治天下譬如居室敝則修之非大壞不更造也公卿侍從皆在此願陛下問之

哲宗即位初守門下侍郎司馬光請更張新法上奏曰臣聞詩云毋念爾祖聿修厥德故夏遵禹訓商奉湯典周守文武之法漢循高祖之律唐行太宗之制子孫享有天祿咸數百年國家受天明命太祖太宗撥亂反正混一區夏規摹宏遠子孫承之百有餘年四海治安風塵無警自生民以來罕有其比其法可謂善矣先帝以睿智之性切於求治而王安石不達政體專用私見變亂舊章誤先帝任使遂致民多失業閭里怨嗟陛下深知其弊即政之初變其一二歡呼之聲已洋溢於四表則人情所苦所願灼然可知陛下何憚而不并其餘悉更張哉譬如有人誤飲毒藥致成大疾苟知其毒斯勿飲而已矣豈可云姑少少減之俟積以歲月然後盡捨之哉臣歸鄉曾上言教閱保甲公私勞費而無所用之斂免役錢寬富而困貧以養浮浪之人使農民失業窮愁無告將官專制軍政州縣無權無以備倉猝萬一饑饉盜賊羣起國家可憂此皆所害者大而及者衆先宜變更借令皇帝陛下獨攬權綱猶當早發號令以解生民之急救國家之危收萬國之歡心復祖宗之令典況太皇太后陛下同斷國事捨非而取是去害而就利於體甚順何爲而不可哉

元祐元年哲宗御邇英閣召宰執講讀官讀寶訓至漢武帝籍南山提封爲上林苑仁宗曰山澤之利當與衆共之何用此也丁度曰臣事陛下二十年每奉德音未始不及於憂勤此蓋祖宗家法爾尚書左僕射兼門下侍郎呂大防因推廣祖宗家法以進曰自三代以後

唯本朝百二十年。中外無事。盖由祖宗所立家法最善。臣請舉其略。自古人主事母后。朝見有時。如漢武帝五日一朝長樂宮。祖宗以來事母后。皆朝夕見。此事親之法也。前代大長公主用臣妾之禮。本朝必先致恭。仁宗以姪事姑之禮見獻穆大長公主。此事長之法也。前代宮闈多不肅。宮人或與廷臣相見。唐入閤圖有昭容位。本朝宮禁嚴密。內外整肅。此治內之法也。前代外戚。多預政事。常致敗亂。本朝母后之族皆不預。此待外戚之法也。前代宮室多尚華侈。本朝宮殿止用赤白。此尚儉之法也。前代人君雖在宮禁出輿入輦。祖宗皆步自內庭出御後殿。豈乏人力哉。亦欲涉歷廣庭稍冒寒暑。此勤身之法也。前代人主在禁中。冠服苟簡。祖宗以來燕居必以禮。竊聞陛下昨郊禮畢。具禮謝太皇太后。此尚禮之法也。前代多深於用刑。大者誅戮。小者遠竄。惟本朝用法最輕。臣下有罪。止於罷黜。此寬仁之法也。至於虛己納諫。不好田獵。不尚玩好。不用玉器。不貴異味。此皆祖宗家法所以致太平者。陛下不須遠法前代。但盡行家法。足以為天下。哲宗甚然之。

二年正月。翰林學士朝奉郎知制誥蘇軾奏曰。臣近以試館職策問為臺諫所言。臣初不敢深辨。盖以自辯而求去。是不欲去也。今者竊聞明詔已察其實。而臣四上章四不允。臣子之義。身非己有。詞窮理盡。不敢求去。是以區區復一自言。臣所撰策問。首引周公太公之治齊魯。後世皆不免衰亂者。以明子孫不能奉行。則雖大聖大賢之法不免於有弊也。後引文帝宣帝仁厚而事不廢。核實而政不苛者。以明臣子若奉行得其理。無觀望希合之心。則雖文帝宣帝足以無弊也。中間又言六聖相受。為治不同。同歸於仁。其所謂媮與刻者。專謂今之百官有司及監司守令不識朝廷所以師法先帝之本意。或至於此也。文理甚明。粲若黑白。何嘗有毫髮疑似議及先朝。非獨朝廷知臣無罪可放。臣亦自知無罪可謝也。然臣聞之。古人曰。人之至信者心目也。相親者母子也。不惑者聖賢也。然至於竊斧而知心目之可亂。於投杼而知母子之可疑。於拾煤而知聖賢之可惑。今言臣者不止三人。交章累上。不啻數十。而聖斷確然。深明其無罪。則是過於心目之相信。母子之相親。聖賢之相知遠矣。德音一出。天下頌之。史冊書之。自耳目所聞見。明智特達。洞照情偽。未有如陛下者。非獨微臣區區欲以一死上報。凡天下之為臣子者聞之。莫不欲碎首糜軀効忠義於陛下也。不然者。亦非獨臣受曖昧之謗。凡天下之為臣子者聞之。莫不以臣為戒。崇尚忌諱。畏避形跡。觀望雷同。以求苟免。豈朝廷之福哉。臣自聞命以來。一食三歎。一夕九興。身口相謀。未知死所。然臣所撰策問。以實亦有罪。若不盡言。是欺陛下也。臣聞聖人之治天下也。寬猛相資。君臣之間。可否相濟。若上之所可。不問其是非。下亦可之。上之所否。不問其曲直。下亦否之。則是晏子所謂以水濟水。誰能食之。孔子所謂惟予言而莫予違。足以喪邦者也。臣昔於仁宗朝舉制科。所進策論及所答聖問。大抵皆勸仁宗勵精庶政。督察百官果斷而力行也。及事神宗。蒙召對訪問。退而上書數萬言。大抵皆勸神宗忠恕仁厚。含垢納汙。屈己以裕人也。臣之區區。不自量度。常欲希慕古賢。可否相濟。蓋如此也。伏觀二聖臨御已來。聖政日新。一出忠厚。大率多行仁宗故事。天下翕然。衘戴恩德。固無可議者。然臣私憂過計。常恐百官有司矯枉過直。或至於媮。而神宗勵精核實之政。漸致隳壞。深慮數年之後。馭吏之法漸寬。理財之政漸疎。備邊之計漸弛。則意外之憂有不可勝言者。雖陛下廣開言路。無所諱忌。而臺諫所擊不過先朝之人。所非不過先朝之法。正是以水濟水。臣竊憂之故輒用此意撰上件策問實以譏諷今之朝廷及宰相臺諫之流欲陛下覽之有以感動聖意庶幾兼行二帝忠厚勵精之政也臺諫若以此言臣朝廷若以此罪臣則斧鉞之誅其甘如薺今乃以為譏諷先朝則亦疎而不近矣且非獨此策問而已今者不避煩瀆盡陳本末臣前歲自登州召還始見故相司馬光光即與臣論當今要務條其所欲行者即荅言公所欲行者諸事皆上順天心下合人望無可疑者惟役法一事未可輕議何則差役免役各有利害免役之害掊斂民財十室九空錢聚於上而下有錢荒之患差役之害民常在官不得專力於農而貪吏猾胥得緣為姦此二害輕重蓋略相等今以彼易此民未必樂光聞之愕然曰若如君言計將安出臣即荅言法相因則事易成事有漸則民不驚昔三代之法兵農為一至秦始分為二及唐中葉盡變府兵為長征之卒自爾以來民不知兵

兵不知農農出穀帛以養兵兵出性命以衛農天下便之雖聖人復起不能易也今免役之法實大類此公欲驟罷免役而行差役正如罷長征而復民兵蓋未易也先帝本意使民户率出錢專力於農雖有貪吏猾胥無所施其虐坊場河渡官自出賣而以其錢雇募衙前民不知有倉庫綱運破家之禍此萬世之利也決不可變獨有二弊多以供他用實封取寬剩役錢爭買坊場河渡以長不實之價此乃王安石呂惠卿之陰謀非先帝本意也公若盡去二弊而不變其法則民悅而事易成今寬剩役錢名為十分取二通計天下乃及十五而其實一錢無用公若盡去此五分又使民得從其便以布帛穀米折納役錢而官亦以為雇直則錢荒之弊亦可盡去如此而天下便之則公又何求若其未也徐更議之亦未晚耳光聞臣言大以為不然臣又與光言熙寧中常行給田募役法其法以係官田及以寬剩

役錢買民田以募役人大略如邊郡弓箭手臣時知密州推行其法先募弓手民甚便之此本先帝聖意所建推行未幾為左右異議而罷今略計天下寬剩錢斛約三千萬貫石兵興支用僅耗其半此本民力當復為民用今內帑山積公若力言於上索還此錢復完三千萬貫石而推行先帝買田募役法於河北河東陝西三路數年之後三路役人可減太半優裕民力以待邊鄙緩急之用此萬世之利社稷之福也光尤以為不可及去年二月六日敕下始行光言復差役法時臣弟轍為諫官上疏具論乞將見在寬剩役錢雇募役人以一年為期令中外詳議然後立法又將衙前一役可即用舊人仍一依舊數支月給重難錢以坊場河渡錢總計諸路通融支給皆不蒙施行及蒙差臣詳定役法臣因得伸弟轍前議先與本局官吏孫永傅堯俞之流論難反覆次於西府及政事堂中與執政商議皆不見從

遂上疏極言衙前可雇不可差先帝此法可守不可變之意因乞罷詳定役法當此之時臺諫相視皆無一言決其是非今者差役利害未易一二遽言而弓手不許雇天下之所同患也朝廷知之已變法許雇天下皆以為便而臺諫猶累疏力爭由此觀之是其意專欲變熙寧之法不復校量利害參用所長也臣為中書舍人刑部大理寺列上熙寧已來不該赦降去官法凡數十條盡欲刪去臣與執政屢爭之以謂先帝於此蓋有深意不可盡改因此得存留者甚多臣每行監司守令告詞皆以奉守先帝約束毋敢弛廢為戒文案具在皆可復按由此觀之臣豈謗議先朝者哉所以一一縷陳者非獨以自明誠見士大夫好同惡異泯然成俗深恐陛下深居法宮之中不得盡聞天下利害之實也願因臣此言警策在位救其所偏損所有餘補所不足天下幸甚若以其狂妄不識忌諱雖賜誅戮死且不朽臣

兼任感恩思報激切戰恐之至。
右正言丁騭上奏曰。臣伏見本朝祖宗之德。具在方冊。威明仁厚。未
惟有益於當時。皆可為法於後世。竊惟陛下即位以來。首延儒臣侍
講禁中。如論語孝經。皆聖賢之言行。固足以啓沃上心。導明睿性。臣
愚欲乞既講罷經義。更以祖宗故事一二端。為陛下開陳。仍乞曉諭
侍講臣僚。豫先編敘六聖典故。可以取法於後來者。以備講筵聽納。
庶幾前聖後聖。所為所行。如合符節。威明仁厚之德。源源相繼。天下
幸甚。
七年。翰林侍講學士范祖禹欲帝法仁宗五事。上奏曰。臣掌國史。伏
覩仁宗皇帝在位四十二年。豐功盛德。固不可得名言。所可見者其
事有五。畏天愛民奉宗廟好學聽諫。仁宗能行此五者於天下。所以
為仁也。陛下嗣位于今八年。昧爽而聽朝。晝而講學。風雨不易。寒

暑不倦。可謂勤於進德矣。然而天衷淵默。聖度高遠。中外之人未知
陛下睿意所好。如仁宗之五者見於天下。群臣雖欲少裨萬一。亦無
所自而入。方今四海顒顒想望太平。臣願陛下深留聖思法象祖宗。
日新輝光。昭示所好以慰答群生之望。則天下幸甚。
祖禹又上奏曰。臣伏覩陛下近者郊見天地。雪止風和。景氣清霽。神
祇饗答。福應允盛。侍祀之臣。以為前後未有。都城之人。瞻望玉色。懽
呼洋溢。皆云陛下克類仁宗。臣觀天意人心如此。實宗社無疆之福
也。然臣愚竊以聖人福至而益戒。則能長享其福。譽美而副之以實。
則能永保其譽。唯兢兢業業。不自暇逸。乃可以答天休。衆之所欲。因
而從之。乃可以副民望。若一有滿假之意。則今日之福。乃他日危亂
之基也。不能副之以實。則今日之譽。乃他日怨誹之端也。故臣願陛
下既受大福。又獲民譽。益思戒慎。唯勤修德。修德之實。唯法祖宗。恭

惟一祖五宗。畏天愛民。後嗣子孫。皆當取法。惟是仁宗在位最久。德
澤深厚。結於天下。是以百姓思慕。終古不忘。陛下誠能上順天意。下
順民心。專法仁宗。則垂拱無為。海內晏安。成康之隆。不難致也。臣承
乏史官。嘗采集仁宗聖政。得數百事。欲乞撰錄成書上進。少資睿覽。
監觀成憲。皆舉而行。以副羣生之所願。則天下幸甚。
祖禹又上奏曰。臣竊惟太祖受天眷命。剗革五代之亂。櫛風沐雨。為
子孫立萬世之基。太宗平一海內。守之以文。由真宗至于神宗。皆致
太平。海內晏安。百三十有四年。雖三代之盛。未有如此其久者也。自
古創業之君。起於細微。身歷艱難。親履勤勞。先有功及民。然後享天
下之奉。故失之者常少。守成之主。生於深宮。不歷艱難。不履勤勞。無
功及民。而享天下之奉。故失之者常多。是以古人有言。創業非難。守
成為難。蓋危亡必起於治安。禍亂必生於逸豫也。今陛下承六聖之

遺烈。守百三十四年之大業。當思天下者。祖宗之天下。不可一日而
忘。人民者。祖宗之人民。不可須臾而忘。百官者。祖宗之百官。不可私
非其人。府庫者。祖宗之府庫。不可用非其道。常自抑畏。儆飭聖心。一
言一動。如祖宗臨之在上。質之在旁。則可以長享天下之奉而不失
矣。自元豐之末。時運艱厄。先帝登棄天下。陛下嗣位。幸賴先太皇太
后以大公至正為心。罷王安石呂惠卿等所造新法而行祖宗舊政。
故社稷危而復安。人心離而復合。乃至契丹主亦與其宰相議曰。南
朝專行仁宗皇帝政事。可敕燕京留守使戒邊吏守約束。無生事。陛
下觀戎狄之情如此。則中國人心可知也。先太皇太后日夜苦心勞
力。以為陛下立太平之基。九年之間。安靜無事。已有成效。陛下但由
此以持循之。則成康之隆。不難致也。臣願陛下守之以靜。毫髮無所
改為。恭己以臨之。虛心以處之。詔左右大臣。動必循守祖宗法度。陛

下躬攬於上諮諏善道察納讜言則群臣邪正萬事是非必皆了然於聖心矣夫水所以能照毛髮而物無所隱其形者至平也鏡所以能鑒妍醜而人無所遁其迹者至明也水所以能平鏡所以能明者至靜也使水鏡自動則雖山岳不能見也人心亦然唯至公可以見天下之私唯至正可以見天下之邪唯至靜可以見天下之動荀卿曰虛一而靜謂之清明聖人清明獨理出於心之虛一也陛下何不觀先太皇太后自英宗神宗時不出房闥未嘗知天下之事一旦臨朝所行之政上當天意下合人心其故何哉唯至公至正至靜而已夫小人之情專為私故不便於公專為邪故不便於正專好進故不便於靜唯欲人君多所作為朝廷多所變動則已有所希冀於其間矣若朝政守靜上下各安其分則小人何所望哉今陛下既親萬機小人必欲有所動搖而懷利者亦皆觀望臣願陛下上念祖宗之艱

難先太皇太后之勤勞痛心疾首以聽用小人為刻骨之戒守元祐之政當堅如金石重如山岳山岳可移聖政不可改也金石可毀聖心不可變也使讒邪者不能進說觀望者亦皆革心則自今以往朝廷清明必日勝一日歲勝一歲矣陛下如以臣言為然乞因大臣奏事之時明示以聖意所向使中外一心歸於至正則天下幸甚臣久侍帷幄不敢自同於衆人恐有姦言邪說惑誤天聽故近與蘇軾先事上奏必蒙省覽陛下聖學稽古不必遠師前世之事唯是儀刑仁祖法則太皇使天下熙熙然至於昆蟲草木各安其生則臣之志願也不勝區區之愚

哲宗時殿中侍御史豐稷上疏曰陛下明足以察萬事之統而不可用其明智足以應變曲當而不可用其智順考古道二帝所以聖儀刑文王成王所以賢願以洪範為元龜祖訓為寶鑑一動一言思所以為則於四海為法於千載則教化行習俗美而中國安矣

祕書省校書郎陳瓘上奏曰堯舜禹皆以若稽古為訓若者順而行之稽者考其當否必使合於民情所以成帝王之治天子之孝與士大夫之孝不同帝反復究問意感悅

徽宗時任事者多乖異不同御史中丞王覿言堯舜禹相授一道堯不去四凶而舜去之堯不舉元凱而舜舉之事未必盡同文王作邑于豐而武王治鎬文王關市不征澤梁無禁周公征而禁之不害其為善繼善述神宗作法于前子孫當守于後至於時異事殊須損益者損益之於理固未為有失也

著作郎楊時面對奏曰堯舜曰允執厥中孟子曰湯執中洪範曰皇建其有極歷世聖人由斯道也熙寧之初大臣文六藝之言以行其私祖宗之法紛更殆盡元祐繼之盡復祖宗之舊熙寧之法一切廢

革至紹聖崇寧抑又甚焉凡元祐之政事著在令甲皆焚之以滅其跡自是分為二黨縉紳之禍至今未殄臣願明詔有司條具祖宗之法著為綱目有宜於今者舉而行之當損益者損益之元祐熙豐姑置勿問一趣於中而已

欽宗靖康元年河東北宣撫使李綱乞深考祖宗之法劄子曰臣總師道出鞏洛望拜陵寢潸然涕流恭惟祖宗創業守成垂二百年聖聖傳受以至陛下適丁艱難之秋戎狄內侵中國勢弱此誠陛下嘗膽思報勵精求治之日伏望聖慈深考祖宗之法一一推行之進君子退小人無以利口善論言為足信無以小有才未聞君子之大道為足使益固邦本以圖中興上以慰安九廟之靈下以為億兆蒼生之所依賴天下不勝幸甚臣忘生觸死冒進狂言不勝戰越待罪之至

欽宗時。李光乞討論祖宗故事劄子曰。臣恭聞仁宗皇帝有言曰。準之先民。孰若率祖禰之為重。大哉王言。臣嘗謂自生民以來。言守成之君者。莫盛於高宗。書稱其德曰。監于先王成憲。其永無愆。然則治天下者。曷可不以祖禰為法哉。恭惟聖宋之興。太祖太宗以英文烈武。戡定禍亂。創業垂統。規摹宏遠矣。五宗守成。以至道君上皇。繼述之美。天下治安幾二百年。明禮樂。修政刑。內則躬節儉以涵育生靈。外則謹邊防以制御夷狄。州郡之政。總之監司。監司之權。歸之廊廟。上下相維。內外相統。若身之使臂。臂之使指。無不順者。陛下天縱神聖。潛養既久。更事亦多。伏自踐祚以來。夙興夜寐。兢兢業業。思祖宗致王業之艱難。知太平之世難得而易失。延見群臣。勵精求治。首以紹復祖宗故事為言。此誠社稷之福。生民之幸。然祖宗成法。具載典冊。條目非一。未易槩舉。伏望聖慈明詔三省樞密院大臣。遴選宿儒精

加討論。可因否革。勿拘以年紀。損益更張。務合乎中制。庶幾年歲之間。漸復祖宗之盛。天下幸甚。

高宗建炎三年。趙元鎮上奏曰。臣竊惟國家之有天下也。始以太祖之武。建創業垂統之功。繼以仁宗之仁。得持盈守成之道。致治之術。先後相成。垂裕後昆。為法萬世。哲宗時。講官顧臨進言曰。今不必遠引堯舜三代之法。如祖宗之法。則陛下之家法也。宰相呂大防因舉祖宗之法切於時政者十數事。當時以為美談。恭惟皇帝陛下承列聖之後。履茲厄運。孜孜圖治。亦知有所稽法哉。近降赦文。遵用嘉祐勑令。是將法乎仁宗之仁矣。至於臨部伍。申號令。親戎旅之事。推腹心同甘苦。協將士之情。赫斯一怒。旋乾轉坤。又以法乎太祖之武。則中興之治。誠不難致。是皆陛下之家法也。舉而措之事業之間。復何加焉。尚顧持之以不倦之誠。而期於必成之效。則天下幸甚。

高宗時。吏部侍郎綦崇禮上奏曰。臣伏見自渡江以來。官司案籍例皆不存。而吏部所掌官簿尤難稽考。故遂急申明以為約束。其目非一。士大夫到部。凡磨勘注擬賞功任子之類。皆粗有條理。其後亦稍稍尋訪舊法在部。見令遵用。然風俗之薄久矣。吏部隨事申明者。所從寬以便人情。士既習見其事。則雖有舊法而於己不便者。則必群譟眾起。千訴百端。必欲有司申明以破舊法。如是者多矣。臣竊思之。士農工商之四者。皆陛下之民也。亂離以來。士之失職者。固可憫矣。聖訓孜孜。未嘗不以是為言。而今之在官者。亦所同恤。而無異詞也。獨不念今三農之務。與百工之肆。商旅往來之塗。亦能無失其業。而官之為法。曾少優於承平時否。然則吏部所以待天下之士。恐不可以廢舊法而專徇一時之人情也。臣愚欲望聖慈特降睿旨。應吏部自渡江以來。凡所申明與舊法相戾者。並從舊法。其因去失案籍措

置指揮。令逐一類聚看詳。若舊法已有該載。不妨遵用者。取旨別行刊定。仍降指揮。應吏部條目已有舊法者。令後不許申明權宜改易。庶幾士安分守。而有司不至廢法。亦中興之政所先務也。

崇禮又上奏曰。臣竊見近者楊惟忠邢煥皆以節度使致仕。即不曾鏁院降麻。伏緣節度使除拜移改。若恩加之類。並須宣制。豈有見帶節鉞致仕而獨不然。此一時之闕典也。臣嘗記祖宗時。凡節將臣寮得謝。不以文武並納節。別除一官致仕。如仁宗朝張耆自使相授太子太師。楊崇勳授太子太保。神宗朝李端愿自節度使授太子少保致仕。皆武臣也。惟熙寧間富弼以元勳舊相。始令特帶節鉞致仕。弼猶力辭不敢當者久之。其後相繼者。則曾公亮文彥博也。他人豈可援以為例耶。近歲以來。致仕者不問何人。不復納節換官。亦恐有違舊制。臣愚欲望聖慈特降睿旨。并令三省樞密院討論舊典施行。

起居郎周麟之上奏曰臣聞書曰監于先王成憲其永無愆詩亦言酌先祖之道以養天下然則前聖典謨布在方册後代纂之寶為大訓顧可後哉昔唐史臣吳兢嘗采太宗與群臣對問之語為貞觀政要三百年治亂之龜鑑舉不出乎此洪惟國朝以聖繼聖傳襲一道故亦有寶訓之書追倣前制發揚先烈陛下紹隆丕緒祗遹燕謀立政立事未嘗不以祖宗為法臣職在東觀修纂日曆之暇竊觀祖宗寶訓自太祖皇帝至英宗皇帝五朝並已成書惟神宗皇帝以後修纂未備喪亂以來舊本不存將何以昭示萬世自陛下中興屢降睿旨委官纂次因循迄今未應明詔憲章祖述庸有闕焉臣愚欲望聖慈申命史館速加研考以次條類續為成書庶以章累朝重規疊矩之懿明陛下繼志述事之美

左正言鄧肅上奏曰臣於今月初八日以本職上殿因奏論次邊言

夷狄之巧在文書簡簡故速中國之患在文書煩煩故遲今日事勢豈可遲也面奉聖訓曰正此討論欲併二省盡依祖宗法臣切欣幸以為太平興國之治可以指日而望矣恭惟太祖太宗之時法嚴而令速事簡而官清未嘗旁搜曲引以稽賞罰故能以十萬精兵分布四海取嶺蜀平江南來吳越下河東紛紛萬國莫不稱臣混一六合如指諸掌此一時富庶所以遠追成康而豐功偉績又有以過之也自時厥後日趨太平群臣無可論者令日獻一策明日獻一言簡髮數米惟恐不備此文書所以日益煩而政事所以日益緩也厥今天下如何哉兵戈未息邊鄙未寧朝廷措置當如救焚如拯溺豈可揖遜進退尚循無事之時乎臣以謂英烈果斷非太祖太宗之道不可學也比嘗有討論祖宗官制之命矣今越兩月不聞所正者何事豈以為用兵之際未暇及之乎殊不知用兵之道正以此為急務耳蓋法祖宗以考官制略虛文以稽實效者用兵之本也不務其本而欲齊其末臣所未聞臣愚欲乞專委宰執辟禮官數人限以旬日期於必正庶幾法嚴事簡如出一人賞罰之權不至濡滯將使天下嘆曰太祖皇帝今復起矣蠢爾小虜倚足道哉昔高宗為有商中興之主為之舟楫鹽梅者傅說一人而已其言則不過曰事不師古匪說攸聞蓋中興之道未有不以古先為念者惟陛下斷之

孝宗受禪著作郎王十朋上疏曰臣聞舜受堯之天下序書者美之曰重華協于帝武王繼文王而有天下記禮者美之曰善繼人之志善述人之事說者謂堯之所為如是而舜亦如是故謂之協帝文王之所為如是而武王亦如是故謂之繼述臣嘗考其行事乃不然舜之時有八元八凱者天下謂之才子堯不能用至舜乃舉而用之號十六相有共工驩兜伯鯀三苗者天下謂之四凶並在堯朝堯不能

去至舜乃流放竄殛之而天下咸服文王在商之末三分天下有其二而終身執臣礼以事紂至武王嗣位之初乃會八百諸侯興仁義之師以伐之天下遂一統于周舜之所以協堯武王之所以繼文者如斯而已矣曷嘗泥其行事之迹哉此堯所以得知人之明而武王為達孝也與恭惟太上皇帝至仁至聖內不謀之宮闈外不謀之卿士斷自宸衷以天下大器付之陛下世皆以堯舜擬之臣獨謂堯舜之遜固美矣然出於耄期倦勤豈若太上皇春秋猶盛而遽為是曠世絕無之舉哉真可謂賢於堯舜遠矣陛下思所以仰副太上皇之付託者當如何今社稷之大安危生民之大休戚人才之大進退朝廷之大刑賞非有所矯拂更張則無以慰天下之望必矯拂而更張之則必有以不改父之臣與父之政之說而惑聖聽者陛下於此有若難處者焉臣謂太上皇之與陛下可謂父堯而子舜矣以聖繼聖

推誠無間豈區區形迹之所可拘臣下常情之所能測哉太上皇既以不疑而待陛下陛下亦宜以不疑而報太上皇三紀聖政可遵而行之者非一也至若因時救弊有所矯拂有所更張宜若舜之所以協堯武王之所以繼文者斷然行之以彰太上皇知子之明以盡陛下繼述之道毋若魯陪臣孟莊子之孝而已則社稷幸甚天下幸甚

淳熙七年四月禮部尚書兼翰林學士周必大上奏曰臣伏見玉牒所脩仁宗皇帝寶元慶曆十年事迹成書前期告于祖宗至日陛下御前殿而受之事體加重如此臣知陛下非專以纂述寶藏為恭也正欲考前規而允蹈之也當是時仁宗在位已二十年西夏再盟中國無事方且幸龍圖天章閣手詔輔臣歷言時政其大略謂公私匱乏仕進多門牧宰罕聞奏最將帥艱於稱職制度未立簡擢靡臻雱態難常獻言少實各俾條畫用備不虞又詔翰林學士三司使御史中丞知開封府陳上躬之闕失左右之朋邪中外險詐郡縣暴虐以至法令之未便朝廷之缺事皆附于篇以備采擇又御邇陽門召知制誥待制至臺諫官等詢朝政得失兵農要務邊防備豫將帥能否財賦利害錢法是非與夫讒人害政姦盜亂俗及防微杜漸之策悉對于篇夫以光明盛大之朝而懔懔然常若危亂在朝夕者何也蓋以自古人主在位既久則怠惰或生天下已安則侈驕易至故以唐太宗身履百戰肇基王業馬周猶告之曰陛下必欲為久長之謀不必遠求上古但如貞觀初則天下幸甚而太宗亦自問魏徵曰朕政事何如往年徵旋有十漸之疏夫太宗既聖蒙猶待臣下隨事正救乃克無悔豈若吾仁宗德盛而愈謙世治而愈畏枚舉政要徧詢近臣此慶曆之盛所以遠邁貞觀而垂裕萬年所以遠過有唐也歟臣仰惟陛下聰明文武本乎天縱克勤于邦則分陰在所惜克儉于家則一毫無妄費獎拔賢能不間幽遠聽用規諫每容訐直上畏天命下恤民隱凡帝王有一于此足以致治況陛下兼而有之乎雖然行健不已者天之道也不息則久者人之誠也陛下日謹一日特二十年仁宗慶曆維其時矣臣願因玉牒之書以遠繩祖武考初元之政而益新盛德使馬周魏徵無以伸其喙而貞觀事業不足進於今則四海何患不一統太平何患不立致陛下留神而已臣不勝拳拳

孝宗時權吏部尚書韓元吉進故事曰漢書魏相傳相明易經有師法好觀漢故事及便宜章奏以為古今異制方今務在奉行故事而已數條漢興以來國家便宜行事及賢臣賈誼鼂錯董仲舒等所言奏請施行之奏故事詔書凡二十三事上施行其策

臣觀相所言可謂深達時變而知濟時之畧也蓋一代之治必有一代之宜所以斟酌損益以為子孫萬世之規持守而勿失也昔者三代之盛莫如周而周之為治亦曰文武之政布在方冊而已豈必遠慕前古跂望為不可及哉宣帝之入繼大統也號稱中興蘇得相為之輔初無甚高難行之說非常可喜之論但欲奉行故事去爾夫故事者非他高文景武已行之善名卿賢大夫未用之謀吾悉舉而措之天下國家則是高文景武之治復見於今名卿賢大夫復生於時矣故其策不過於憂水旱之災本於農而務積聚與夫察風俗舉賢良平冤獄圖師旅而備西羌者僅十數條譬如良醫之論藥未嘗廣求奇方異品取之目前斷斷然皆可已疾而去病用能數十年間常平既置而水旱無虞循吏既多而郡縣咸理任于定國之徒治獄而民自以為不冤任趙充國之徒治邊而四夷罔不慕義功烈巍巍光于祖宗其効為何如哉逮夫元成以後徒知用儒之名不知用儒之實而當時所謂儒者亦往往不習舊章不達治體妄引詩書以制作禮樂變易郊廟為

務而經國大計漫不加省孝宣之業衰焉故臣以謂若稍者眞識
時知變者也
直煥章閣王師愈上奏曰臣聞自古言無為而治者必稱有虞及以書攷咨岳牧舉元凱明四目以廣覽達四聰以兼聽一日萬機兢兢焉業業焉有虞之君未嘗敢自暇自逸也百僚師師庶官無曠大焉宅揆而亮采次焉有德而載采其或靜言庸違者則投之遠裔而不貸懲哉之辭訓戒切至有虞之臣亦未嘗以不事事為賢也繇是以觀有虞之際后克艱厥后盡道於其上臣克艱厥臣効職於其下故能自有為底無為後世之君臣乃慕無為之名昧有為之實端居穆清怠荒愒日陳力就列高談廢務欲求治効比有虞之隆豈不惑之滋甚恭惟眞宗皇帝以濬哲之資撫盈成之運克自寅畏欲保治安法宮之暇肆筆成書著勤政論俗吏辨以示近臣煥然之文昭回雲

漢大哉之言表裏六經勤政論所以自警也俗吏辨所以勵群工也終能揩當時於泰和雍熙之域其與有虞之盛異世而同符所以垂規於後昆者顧不休哉陛下紹復大業遹遵聖謨日新之德如天行健厲精研幾以圖天下之務宵旰焦勞如恐弗及於是秉正萬邦脩明百度仰視眞宗皇帝勤政論可謂允蹈之矣廓獨斷之明操馭臣之柄循名責實信賞必罰中外小大之臣觀感而化罔不協心竭力趍事赴功成靖共匪懈之風革苟且怠惰之習仰視眞宗皇帝俗吏辨亦可以無愧矣書曰監于先王成憲其永無愆臣切惟陛下為然臣抑嘗聞之人君固欲勤於政矣或失之叢脞或流而為察慧又不可以不戒人臣固欲敏於事功矣或邀功而生事或作聰明而亂舊章又不可以不察更惟陛下留神
師愈又上奏曰臣聞善圖治之君凡有猷為必遵祖宗之法度非其材畧不可以大有為也蓋念祖宗更事也詳防患也深其為子孫之計也遠必熟慮周密俾子孫可以世守經久而無弊然後立為法度皆有深意存焉苟未至於極弊大壞為之子孫者未易以變更也詩人稱武王則曰繩其祖武稱成王則曰不愆不忘率由舊章以武王成王之德詩人猶以此稱之凡欲圖治之君宜如何哉惟我國家藝祖皇帝開創大業太宗皇帝混一區夏眞宗皇帝撫盈成之運聖聖相承重規疊矩昭若日月之麗天可謂盡善盡美矣逮夫仁宗皇帝嗣服膺圖嚴恭寅畏慶曆間嘗出御書十三軸凡三十五事以示講讀官丁度等首曰遵祖宗訓二曰奉眞考業三曰祖宗艱難不敢有墜四曰眞考愛民五曰守信義六曰不巧詐七曰好碩學八曰精六藝九曰謹言語十曰待耆老繼之以進靜退求忠正懼貪枉保勇將尙儒籍議釋老重良臣廣視聽功無迹戒喜怒又繼之以明巧媚分

希旨從民欲謹滿盈傷暴露兵哀鰥寡民訪屠釣臣講遠圖術辨朋比亦諂佞與夫察小忠鑒迎合罪己為民損躬撫軍一善可求小瑕不廢抑又其次也臣竊惟仁宗皇帝之時太平極治之功比隆三代下視漢之文景亦由於此二十五事非徒言之寔允蹈之也陛下光啓中興奉先思孝酌古揆今立政立事其於祖宗之法度兢兢焉惟謹誠得仁宗皇帝之用心矣更願陛下恪守之篤行之將見慶曆之盛復見於今日狂瞽之言輒瀆天聽措躬無所
趙汝愚上奏曰臣一介疏愚昨者誤蒙聖恩令權給事中職事臣伏覩祖宗之制凡天下事無巨細未有不經由門下省者其間事体重大而或者施行未當有司自宜隨事論奏然亦有事体不至重大朝廷視之雖若甚小而於一州一縣乃至一家利害休戚為甚重者有司往往視為細微不敢頻瀆天聽故雖心知其不可然亦黽勉書讀

行下日積月累所損多矣臣嘗讀國朝會要伏見元豐五年更定官制之初詔門下省凡中書省樞密院文字應駁奏者若事体稍大入狀論列事小即於繳狀内改正行下若事不至大雖不足論列其間曲折難於繳狀内改正者即具進呈以應改正事送中書樞密院取旨今三省既合而為一門下省不除侍中侍郎惟給事中掌行封駁其權視前日為輕凡中書省樞密院文字既不得具奏進呈又不得從而改正頗失神祖建官之意臣愚伏望聖慈依倣元豐詔書特降睿旨今後中書省樞密院文字應駁奏者若事体稍大依舊入狀論列外事小許具事因申中書省樞密院取旨改正庶幾大綱小紀無不具舉亦不至頻瀆天聽又臣伏見至道元年詔書樞密院自今除談機密外凡行宣命並付封駁司看詳發遣其後累聖二百餘年遵守斯制未嘗改易始因乾道九年張說在樞庭日凡所施行政令及

擬進差遣多用私意不能遵守條制深懼有司舉正其失故敢肆陳臆說以便其私初畫降旨揮除宣命不送門下省點勘外餘依大觀樞密院條令施行其機要文字更不關錄繼又畫降指揮今後除轉官差遣合給降告勑及事干財賦並依舊關錄外其餘係邊機及軍政可依舊制更不關錄緣此樞密院文字關送門下省者百無一二蓋甚失祖宗所以建官立法本意臣兩嘗具奏乞遵依累朝之法特降指揮今後樞密院文字除事干機密不關送中書門下省外其餘並遵依大觀樞密條令施行經今累月未蒙頒降臣竊惟國家法制上下相維非惟取便於一時止欲貽謀於萬世今陛下聖明在上洞見微隱固若無甚害者然當念祖宗憂勤立法之意與夫後世子孫循守之計安得不為之深思長慮也臣蒙被大恩義當圖報既知此事最關利害不敢輒避繁瀆復有奏陳伏望聖慈檢會臣前奏蚤賜

旨揮施行天下幸甚

翰林學士承旨洪遵上奏曰臣恭聞邇者特降睿旨令三省議設官裒集建炎紹興以來所下詔旨條列以聞恪意奉承以對揚慈訓臣伏讀感歎繼以歡抃不惟仰見陛下恢洪孝治兢兢嗣服之心又喜太上皇帝無前之蹟益以光明欲致之功將承厥志甚盛舉也臣竊惟太上皇帝身濟大業紹開中興三紀之間厲精為理其發號出令所以計安元元者丁寧款密至詳至厚富哉之言史不絕書與天地之大德祖宗之傳政相為表裏是以仁術之効光被民物躋于登平然而太上皇帝未明求衣當饋遐想猶若求治而弗及者豈非德意志慮已極其誠而發諸朝廷徧於郡國則有司奉行之不虔大吏原省之未至因循苟且莫之訓齊故尚煩焦勞之勤至于今日此風固存不可以不察臣願陛下申飭中外凡大小之臣使皆明知陛下聖

孝純至寤寐家法一出言一舉足不敢忘太上皇帝之訓庶幾盡革媮習黃恭舊章精白承休共循堯道以輔成陛下重華協帝之治天下幸甚

光宗紹熙元年吏部員外郎陳傅良上奏曰臣頃蒙恩賜對嘗奏三劄上陳藝祖以得民心受天命竊以為推行藝祖在人未泯之澤實在今日誠不自意一介僭論偶契聖聰獎予備至以臣區區之愚猶以前說未畢復為陛下誦之蓋藝祖之後天命復集於壽皇聖帝爰暨陛下恭惟陛下以藝祖之子孫而修藝祖之故事此天意也不識陛下自信足以濟此欤抑自視過謙而尚疑其難欤以臣考見肇造之業其道甚易知甚易行何者藝祖治大而不治細任逸而不任勞大抵懲五代叢脞之失再立朝廷以還君道君道得則朝廷正朝廷正則天下理願陛下勿疑其難也臣請條一二切於當今之務者以

備采擇以上書人文字令知制誥看詳升降以聞此建隆二年十月
詔書也以次對章奏下尚書省參詳可施行者以聞此建隆三年九
月詔書也且夫中外論建非近臣面對則遠臣封事皆所以通下情
裨治道也而其患不在於壅蔽而在於讒嫉今也以遠臣封事之言
付知制誥則有舍人院任其責矣以近臣面對之言付尚書省則有
尚書省任其責矣以為可聽者斯聽之不可聽者勿聽則聽者無特
異於衆之嫌不見聽者無見遺於上之恨是謂不以主斷廢群議而
無壅蔽讒嫉之患人主所自擇毋過臺省長官耳此道豈不甚易知
甚易行哉伏覩陛下踐祚以來不信近習而信外廷不聽游言而聽
公論亦既深得藝祖之意矣然聞者上自侍從臺諫下至百執事或
臨遣郡國之臣對揚敷奏多見嘉納人人自以為得上意且行其言
而章往往不下他所指揮動亦留滯廷臣惑焉且陛下不信近習不

聽游言必無壅蔽必無讒嫉或以為方崇清淨之化厭於多事而不
加省或以為陛下自去冬違豫以來聖意常有不釋然者於是務自
寬大而不暇省二者皆妄窺測也臣獨自思念未有以藝祖故事上
徹冕旒之聽者陛下其始自今凡中外論建一一以建隆詔書從事不
惟君道得而朝廷正亦足以解廷臣之惑不亦美乎由此言之若法
藝祖但見其易未見其難則臣所陳推行藝祖在人未泯之澤皆非
偶然嘗試之說可以次第舉矣臣不勝至願

傳良又上奏曰臣聞今之獻計者類曰陛下宜以孝宗為法太上皇
為鑒臣切以為是說也唯孝養三宮當如此耳而非通論也何者孝
宗盛德大業不可勝紀固皆足法若太上皇徒以積憂成疾浸不視
事不可以為宗廟社稷主而非其治皆無足法者也陛下嗣守丕圖
凡所施設誠參酌兩朝之盛典擇其為天下後世便者無行之則可

謂集大成矣臣淺陋不能盡識兩朝之意輒以管見條上一二恭惟
孝宗銳意恢復恥於苟安雖以德壽在宥不敢壯伐而追懷陵廟閔
念中原之志枕戈嘗膽日不遑暇訓練儲峙常若臨敵此一可法也
早朝晏罷寒暑不渝引見臣工省閱章奏日了一日勿問休暇至於
暮夜必宣召入直官賜坐從容議論時事此二可法也留意人才求
之如弗及一語契合立致通顯所言不酬始督過之取舍以公明白
洞達而無猜忌關防之意此三可法也儉於用度一金不以濫予內
帑之積累數鉅萬唯是振荒右武無所愛惜蓋以天下之財為天下
用而不用諸己此四可法也監司帥守見辭之際各訪其處民間利
病有以便民為請隨即施行蠲除貸宥曾無留難未嘗輒怒官吏獨
以貪虐獲罪於民者必罰無赦此五可法也臣以為孝宗之治可為
法者非一而陛下宜法此五者帝王之盛美也恭惟太上皇每事付

之外庭采於公論左右便嬖絕不預政不唯不聽其言又禁切之而
金繒酒食之賜則不吝嗇此一可法也八廂羅事之人置而不用未
嘗以浮言危動群臣此二可法也行都守臣兩浙漕臣三總領所悉
以士人為之不以交結不以誕謾此三可法也管軍臣僚及沿邊帥
守不以為御前差遣皆從三省降詔除授此四可法也給舍封駮臺
諫論列雖累上進終不以言為罪此五可法也臣嘗謂太上皇之治
可為法者非一而陛下宜法此五者亦帝王之盛美也陛下誠上稽
孝宗明斷總攬之政兼體上皇隆寬不自用之意則天下可得而理
矣臣所謂集大成者以此蓋舉偏而補其弊則能全兩朝之美矯枉
而過其直則反有一偏之患臣恐議者不察妄分取捨以亂聖聰敢
昧死一言唯赦其狂愚而采擇之則天下幸甚

歷代名臣奏議卷之六十九

法祖

宋光宗時軍器少監兼權侍左郎官劉光祖上聖範劄子曰。臣猥以虛庸。待罪冊府。伏見陛下引見群臣。若內若外。各極所對。不倦聽納。臣於此時。獲望清光。雖欲竭其愚衷。補報萬一。而智慮踈短。自度無以動悟淵聽。使之收拾細故。瑣瑣條列。又非臣事君之本心。臣切惟朝廷法度。無出祖宗。太祖創業垂統。太宗混一守成。規模深遠。成憲具在。臣嘗一二掇其故事。伏而思之。皆國家之宏圖。天下之大慮。臣謹隨事類次。分為十節。名曰兩朝聖範。首之以治兵之法。謂兵者國之大事。死生存亡之地。不可以不思也。國家二百餘年。而將才絕少。故次之以任將之道。宰相者。無所不統。任社稷之憂者也。於是以祖宗選任大臣次之。選任大臣。莫先於精擇侍從。於是以祖宗除用侍

從次之。自古賢者在位。能者在職。各有其宜。祖宗之時。兩盡其用。故又次之以才能之任。人才之在天下。初不乏也。顧所以振作之。選用之為如何耳。故又次之以取人之方。若夫愛惜名器。甄別流品。祖宗所以垂法度者如此。賞不輕用。罰不苟貸。祖宗所以示勸懲者如此。過則使諫。事必先議。祖宗所以達下情者如此。是三者各為一條。至於防微杜漸。鑒前代之失。塞禍亂之原。凡祖宗之為萬世慮者。臣則以是而終其說。臣仰惟陛下臨御已二十年。惟盛德故能孝。惟不息故能勤。惟寡欲故能儉。惟無私故能斷。是以天人和同。朝野少事。陛下修身於九重之中。湯之日新。文王之純。亦不已也。然傅說之告高宗必曰。念終始典于學。厥德修罔覺。監于先王成憲。其永無愆。臣每念之。今陛下之學。至於進修之久。其心日純。而其迹不見。可謂至矣。顧為治當有所法。祖宗垂範。近而易攷。創守之際。思之甚精。傅說監于先王之言。誠當今之要務也。臣愚不佞。初無千慮之一得。可以仰裨聰明。所有兩朝聖範。謹繕寫上進。致臣惓惓。

聖範一

臣觀國家得天下不以兵。而守天下以兵。蓋其親見五代之禍。皆生於兵。建都大梁。非有四塞之固。則其勢不得不恃兵以為守。太祖皇帝聰明聖武。未嘗以私怒殺戮一人。至於御兵。紀律最嚴。曾不少貸。建隆元年。荊罕儒與北漢戰于京土原。罕儒戰沒。太祖戮當時之不用命者。黜二將。斬其部下大校二十九人。二年。令殿前侍衛司及諸州長史閱所部兵驍勇者升其籍。老弱怯懦者汰之。於是初置剩員。以處退卒。又詔釋周朝鎮州諸縣弓箭手千四百輩。以為徒費調給。實不足賴。此非身親戎行。深曉軍事。不能如此決擇之明也。三年。令搜索諸軍亡賴不逞者。悉配海島。姦猾斂迹。是歲大閱西郊。因謂近臣曰。晉

漢以來。衛士不下數十萬。然可用者極寡。朕去其冗弱。又親校其擊刺騎射之藝。今悉為精銳之兵。則太祖之於兵。其簡練至矣。嘗選御馬直三十人隸郭進麾下。與北漢接戰。進以其退怯斬十餘人以聞。太祖潛遣中使諭進曰。恃其宿衛親近。驕倨不稟令。戮之是也。乾德三年。雄武卒於都下掠人子女。即命捕斬百餘人。京城以安。四年。親閱殿前諸軍。武藝不中選者三百餘人。悉補外職。五年。索殿前承旨不逞者百二十六人。分配河東諸州。開寶四年。川班殿直撾鼓訴郊賞不得比御馬直。太祖怒。使人謂之曰。朕之所與。即為恩澤。又安有例哉。斬四十餘人。餘悉配他軍。遂廢其班。時內臣李承進逮事後唐。太祖因問以莊宗英武。何享國不久也。承進對以御軍無法。威令不行。賞賚無節所致。太祖為之撫髀而嘆曰。以茲臨御。誠為兒戲也。夫太祖

豈獨於此少恩哉竭民以養兵恃兵以為國而軍政不立秖以召亂臣嘗觀開寶末年親征太原諸班衛士扣頭爭奮願出死力太祖曰汝曹皆我所訓練無不一當百所以備肘腋同休戚也我寧不得太原詎忍驅汝曹蹈必死之地乎皆感泣再拜然則太祖豈無故而戮人者哉後之言兵必以太祖為法則其明識深計不可以不察也

聖範二 臣觀本朝名臣不少而將才最乏德業之佐過於漢唐爪牙之士不及前代雖以太祖創業之功其將帥之可稱者蓋無幾也然而任將之道則無加於太祖何以言之方太祖之得天下也內之禁旅則以太宗為殿前都虞候以掌之建隆二年太宗行開封尹太祖謂殿前衛士如虎狼者不下萬人非張瓊不能統制於是始自都頭擢瓊為殿前都虞候乾德元年瓊死

以楊義為之一日義暴疾失音太祖幸其第賜錢二百萬命義掌軍如故義雖不能言指顧之間衆皆稟令軍政肅然然則太祖之知人也亦異矣然自韓重贇罷而殿前都指揮使闕者凡六年乃以命義義時為殿前都虞候十一年矣權侍衛步軍司事王繼勳恃恩驕恣奪其軍職命杜審瓊代之審瓊卒党進代之其不輕於委任蓋如此也外之守邊則李漢超在關南馬仁瑀在瀛州韓令坤在常山賀惟忠在易州何繼筠在　州以拒北虜郭進守西山武守琪守晉州李謙溥守隰州李繼筠守昭義以禦北漢趙贊屯延州姚內斌屯慶州董遵誨屯環州王彥升屯原州馮繼業屯靈武以備西戎或五六年或七八年或十餘年以至二十年不易也其專兵伐國則獨得曹彬一人以匣劍授彬而潘美等不敢仰視然彬之伐江南也許以使相為賞

及還則曰汝為使相品位已極肯復力戰耶且徐之更為朕取太原因密賜錢五十萬王全斌伐蜀之後先黜其功既克金陵而後語之曰朕頃以江左未平慮征南諸將不持紀律故抑卿數年為朕立法令以克金陵還卿節鉞其為駕馭之畧非英主不能也至於得將帥之死力則如解所服真珠盤龍衣以賜董遵誨曰吾委遵誨方面不以此為嫌也為郭進治第視親王公主曰郭進控扼西山逾十年使我無北顧憂我視進豈減兒女耶二人聞之感極涕下夫太祖之任用將帥大畧如此此其所以削平僭叛折衝禦侮而無安得頗牧之嘆也

聖範三 臣觀自古興王之君必有輔弼之臣起而為之謀太祖
皇帝神武英畧運天下有餘智既受周禪即其舊相范質等而用之不少疑焉蓋前古未之有也質等練習朝廷故事況厚精

審太祖初得大器則與之共持而守之人心不驚天下自定質相踰年奏疏曰宰相者以舉賢為本職以掩善為不忠呂餘慶趙普富有時才精通治道每因款接備見公忠是宜受以台司俾申才用太祖嘉納其言後二年質等罷政遂相趙普於是大謀大慮普得參之普初以吏道聞寡學術太祖每勸以讀書普由是手不釋卷君臣之間講學求治汲汲如此普獨相凡十年沉毅果斷以天下為己任故太祖嘗叱雷德驤曰鼎尚有耳趙普吾之社稷臣也其後凡再相太宗一日奏疏薦張齊賢曰防微慮遠必資通變之才定難扶危宜退諂諛之輩即令同僚共事無非謹畏清廉唯於獻替之時並執謙恭之禮稍存緘默寧濟急須張齊賢頃年特受 聖知升於密地公私識者咸謂當才歲月未多出為外任向來微有傳聞或云奏對過當凡言大高

須有悔尤其如義士忠臣不顧身之利害齊賢如當重委必立
殊功於是太宗復召齊賢為樞密副使普之識慮深切蓋如此
也當普之再相也與呂蒙正並命而蒙正質厚寬簡不為黨比
遇事敢言普甚推許之蒙正亦凡再相太宗太宗嘗欲選人使
朔方蒙正退以名上太宗不許他日又問復以前所選對復不
許他日又問益急蒙正終不肯易其人太宗怒投其奏於地曰
何太執耶必為我易之蒙正徐對曰臣非執蓋陛下未諒耳臣
不欲用媚道妄隨人主意以害國事乃搢笏俛而拾其書徐懷
之而下太宗退謂左右曰是翁氣量我不如已而卒用其人號
為稱職方是時也太宗可謂得任相之道矣蒙正後罷遂相呂
端端持重識大體方奏事時同列多異議太宗一日內出手札
曰自今中書事必經呂端參酌乃得奏聞其後真宗之立不為
王繼恩等所變則端之力也夫祖宗時宰相之任遇如此然趙
普自樞密升宰輔出入三十餘年未嘗為其親屬求恩澤蒙正
與端清淨寡欲號稱賢相當時無譏後世不議君臣之義兩盡
其極此足以為法也

聖範四　臣嘗論國家欲宰輔得其人必自擇侍從始左右皆正
人也就而選焉其得之必多左右皆非正人也就而選焉其所
獲可知也已臣觀太祖一日謂宰輔曰北門深嚴當擇審重者
處之范質以為清介謹厚無若竇儀者太祖曰禁中非此人不
可卿當喻朕意勉再赴職劉溫叟為中丞者十二年太祖難其
代溫叟卒於官太祖曰必得純厚如溫叟者乃可命也先是有
張去華者自訴久次欲與知制誥張澹較其詞文之優劣澹雖
黜而去華自是凡十六年不遷梁周翰頗有文辭太祖欲用為

知制誥周翰微聞之遽上表謝太祖復薄其人不與也至於太
宗擢用侍從得人最多賈偁為開封府判官面折賈琰之詖太
宗為之不樂而罷酒及即位思偁召為樞密直學士已而大用
之曰以卿嘗面折賈琰賞卿之直也一日用李穆呂蒙正李至
並參知政事張齊賢簽書樞密院事穆等入對太宗謂之曰朕
為官擇人惟恐不當今兩制之臣十餘皆文學適用操履方潔
穆居京府尤號嚴肅故茲獎擢蓋推公也當是時也左拾遺王
化基抗疏自薦太宗覽之謂宰相曰化基自結人主誠可賞也
因曰李沆宋湜皆佳士即命中書併化基召試並以為知制誥
焉嘗謂左右曰詞臣之選古今所重每命一詞臣則必咨訪宰
相求才實兼美者先召與語觀其器識然後授之嘗詔諸王府
僚各獻所為文閱視累日問近臣曰其才則見矣其行孰優或
以畢士安對曰正合朕心遂命掌制也范杲數致書宰相求入
翰林為學士太宗惡其躁競終不使居內職出知濠州而以畢
士安為之執政言張洎文學久次不在士安下太宗曰第德行
不及耳執政乃退後又嘗欲召和㠓為之已而曰㠓胖子眊眊
胄中必不正不可以居近侍也其後乃使錢若水為之寇準嘗
以直史館承詔極言北邊利害太宗器之謂宰相曰朕欲擢用
準當授何官宰相請用為開封府推官太宗曰此官豈所以待
準耶復請用為樞密直學士良久曰且使為此官可也準尋大
用呂端自以前事秦王又事許王皆有罪當黜太宗曰朕自知
卿已而亦用為樞密直學士端尋復大用又召向敏中於廣南
一日御飛白書敏中及張詠姓名付宰相曰此二人名臣也朕
將用之乃並以為樞密直學士然則祖宗選用從臣可為後法

而太宗之際盛矣蓋至於真宗仁宗時宰輔多有拔擢之餘也
聖範五 臣又嘗論人才不可以一偏取優於德行則為賢優於
才智則為能國家無收而並蓄之無遺才無廢事然後為御之
得其術也臣觀太祖器使才能之士皆足以鼓舞而興起之侯
陟為寃句令以清幹聞即擢左拾遺知縣事其後又命陟監本
縣屯兵未決日又命為淮南轉運使周渭者為白馬縣主簿縣
大吏犯法渭即斬之太祖奇其才擢右贊善大夫知永濟縣而
符彥卿憚之初下興州渭適判州事斬一軍校戍卒不敢肆太
祖壯之詔嘉獎焉方是時也蜀平未幾太祖命安守忠者撫和
漢中復自漢中命為廣漢刺史太祖每遣使必戒之曰安守忠
在蜀能自律己汝見當效其為人又命辛仲甫權知彭州謂之
曰蜀土始平爾有文武才幹是用命爾也後將用兵於嶺南以

王明為荊湖轉運使王師南伐明知廣南轉運事嶺道險絕兵
食給足每下郡邑收其版籍固守帑廩參預軍畫歸以有功太
祖嘉之自右補闕擢為祕書少監領韶州刺史其後問宰相趙
普曰儒臣中有武幹者何人普以辛仲甫對乃徙仲甫為西川
兵馬都監召見謂曰汝見王明乎朕已用為刺史汝頗忠淳若
公勤不懈不日亦當為牧也因謂普曰朕今選儒臣幹事者百
餘分治大藩縱皆貪濁亦未及武臣一人也先是考功郎中段
思恭嘗有功眉州太祖召思恭赴闕乃詔之曰馮繼業言靈州
非藩帥主之戎人不服意謂非我它人不能治也汝能治之乎
思恭曰謹奉詔太祖壯之復謂曰唐李靖郭子儀皆出儒生立
大功豈於我朝獨無人耶思恭既視事悉心撫綏夷落安靜固
訪利病多有條奏甚得吏民之情以是觀之太祖可謂明於知

人善於任使矣有李符者知歸州見轉運司置制有不合理者
符即上言太祖嘉之秩滿歸闕即命符知京西轉運事且書李
符到處如朕親行八字以賜之令揭於大旗以自隨符前後條
奏便宜凡百餘事其四十八事皆施行之復著于令又有梁夢
昇者知德州繩刺史以法刺史以事告太祖親信史珪者圖去
之珪悉記于紙伺便而言太祖一日從容言邇來中外所任皆
得其人珪遽曰今之文臣亦不必皆善因探囊中所記以進曰
祗如梁夢昇權知德州欺茂刺史郭貴幾至於死太祖曰此必
刺史所為不法夢昇真清強吏也取所記紙召一黃門令齎付
中書曰即以夢昇為贊善大夫既行又召還曰與左贊善大夫
仍知德州而珪乃不敢言范質之子旻先知邕州甚有治効其
後太祖命管當淮南諸州并淮北徐海泗等州水陸計度轉運

公事謂旻曰朕委卿以方面凡除去民隱漕輦軍儲悉許便宜
從事不用一一中覆也許仲宣亦太祖時所用者也至太宗時
王師征交州周渭仲宣並為轉運使有敗卒奔還掠民財物渭
捕而戮之後至者悉令解甲以入而仲宣便宜班師不俟報詔
嘉獎之凡太宗之委用能臣悉本太祖用范旻知兩浙諸州以
李符知開封府以辛仲甫知益州當是時也陳恕奏三司蠹弊
即擢恕與侯陟王明同判三司則太宗之所用多太祖之人也
又有如李維清者王濟者任中正者皆公平辦職而柳開等以
文臣知兵換秩赴功夫祖宗之用人如此率皆精強幹治忠實
不欺蓋非憸巧之徒行險而僥倖是以事立而民安也
聖範六 臣嘗伏思天下之事變無窮而人才為有限每不足以
給天下無窮之事變此古今之所通患也然而嚴為之法不若

廓為之途。譬之水焉。壅則腐敗。決則疏達。臣觀太祖皇帝建隆三年。詔翰林學士文班常參官曾任幕職州縣者。各舉堪為賔佐令錄一人。聽其內舉。而坐以失舉之罪。乾德二年。又詔制舉三科。不限內外職官前資見任布衣黃衣。並許直詣閤門聽其自薦。是歲又詔吏部南曹自今常調赴集選人。取其歷任有課績無闕失。而其人才可副升擢者。具名送中書門下引驗以聞。量才甄奬。蓋太祖慮失銓衡之職。止憑資歷。而英俊或沉於下僚故也。五年又詔諸道節度使留後觀察使各舉部內才職優長德行尤異者二人。防禦團練刺史各舉一人。當是時也。太祖親試取士。抑權貴之僥倖。開孤平之進取。是以太宗即位之始。思欲廣振淹滯。則謂侍臣曰。朕欲博求俊乂於科場中。非敢望拔十得五。止得一二。亦可為致治之具矣。於是進士得呂蒙正

以下一百九人。而甲乙之科。悉為監郡。宰相言取人太多。用人太驟。而太宗不之進也。蒙正等辭。又特召令升殿諭之曰。到治所事有不便於民者。疾置以聞。由此觀之。祖宗創守之初。思得多士。布列中外。其選拔蓋如此也。其後太宗或詔從臣。或詔監司。或詔州牧。或詔四品。或詔五品。各令舉人。嘗謂宰相曰。國家選才最為切務。人君深居九重。何由徧識。必須採訪。苟稱善者多。即是操履無玷。若擇得一好人。為益無限。嘗詔李昉楊徽之等十一人舉三司判官及轉運使各一人。又詔蘇易簡陳恕魏庠寇準趙昌言等各舉堪任京官二人。又詔左司諫呂文仲等九十七人。各舉五千戶以上縣令二人。當是時民務豐庶。天下少事。太宗聽政之暇。悉索兩省兩制清望官名籍。閱朝士有德望者。悉令舉官。他日又謂呂蒙正等曰。求賢之要。莫若責之舉主。因詔蒙正以下至知制誥。各舉有器業可任以事者一人。他日有司奏諸州闕官五十餘員。又詔尚書左丞李至等八十四人舉廉恪有吏幹者各一人補之。因謂宰相曰。卿等職在掄才。今令朝臣舉官。已為遂事。苟更不擇舉主。何以得人。至哉斯言。可謂得取人之要矣。王禹偁羅處約皆以東南一縣令耳。聞其名並召而試之。擢為直史館。錢若水同州推官耳。聞其事亦召而試之。又擢為直史館。夫太宗之選用庶僚也。皆引對而觀之。時加超擢焉。然又慮其矯飾冒進也。則復送中書門下考其履歷而進退之。故嘗與呂蒙正言曰。治世無事。人才難知。蒙正對曰。迭試事任。則能否洞分。人之善惡。終不能掩。久則彌著。苟暫聞善惡。或涉愛憎。恐誤任使。故必久而察之。則賞罰無濫。太宗善之。以是而觀。則當時羅網天下之士。取之若易。而試之則精。夫

太宗之作人。非特為一時之用也。自是皆砥礪洗濯。彬彬輩出矣。

聖範七。臣聞名器不可以妄假。而流品不可以私徇。毋為之漸。其勢將長。毋為之基。其事將成。是以祖宗於紀綱法度維持之際。不敢少壞其隄防者。所以為後世慮也。臣觀太祖皇帝開寶中。詔流外選人經十考當入令錄者。必引對乃得注擬。至於驅使散官伎術之流。資考雖多。不在注擬之限。其後教坊使衛德仁以老請外官。援同光故事求領郡。太祖曰。用伶人為刺史。此莊宗失政。可効之耶。宰相擬上州司馬。太祖曰。上佐乃士人所處。資望甚優。亦不可輕授此輩。但當於樂部遷轉耳。太祖一言。而世守以為法。太宗皇帝時有陳舜封者。父為伶官。以罪黜流。後舜封舉進士及第。為縣主簿。轉運使言其通習法律。宰相以

達評授之因奏事言辭捷給舉止類俳優太宗問誰之子也舜封自言其父太宗曰此真雜類豈得任清望官蓋宰相不爲國家澄汰流品於是遂以爲殿直也先是中書吏有以舉學究及第者已而太宗知之令追奪所授勑牒勒歸本局謂侍臣曰科級之設待士流也豈容走吏冒進因下詔禁絕之至道二年中外官以郊祀當進秩有白州刺史錢昱者始自吳越歸朝自陳嘗習文藝求改秩除祕書監後遷工部侍郎已而連試郡無善政至是太宗謂宰相曰錢昱貴家子無檢操不宜任丞郎乃以爲鄧州團練使於是宰臣等言覃慶推恩南北省及憲官不可以它官循資遷授惟登進士第有文學者可膺是選也又詔伎術官見任京官者自今遇慶澤但加勳階不得擬常參官而諸科登第者所選官亦不得與進士比其嚴如此初五品以上官任子皆攝太祝太宗謂宰相曰膏粱之族子孫任者多至四五人而覃慶之際中書又皆授以攝官未幾即補正員不下數年遂通朝籍此其弊政亟宜革之詔自今止賜同學究出身準法選集當是時也國家甚強中外和樂優恩濫秩未甚有害而太宗聰明守太祖之遺意君臣之間講求裁節不以天下之私情輕壞國家之公器然則朝廷之上所宜推此類以行之塞僥倖之門開公正之路而誰敢不聽也

聖範八　臣嘗論人臣食君之祿任君之事因事而有勞則人臣所當然之分也食君之祿任君之事因事而有罪則所不當然之分也分之所當然何賞之可幸分之所不當然何罰之可貸臣觀祖宗之用賞罰也非可勸之功則不賞非可議之罪則不貸臣嘗攷之建隆二年導閔水與蔡水合貫京師南歷陳潁達

壽春以通淮右命右領軍衛上將軍陳承昭督丁夫數萬以治之浚五丈渠自都城北歷曹濟及鄆以通東方之漕命給事中劉載督丁夫三萬以治之又命陳承昭於京城之西夾汴河造斗門自滎陽鑿渠百餘里引京索二水架流于汴東匯于五丈河以便東北漕運此三役者史不書其賞也後數月又命承昭塞　滑決河役成賜錢三十萬不聞賞其官也乾德元年又命承昭鑿池於朱明門外引蔡水注之造樓船百艘以習水戰二年又命承昭鑿渠自長社引潩水至京合閔河閔河之漕益通四年河決滑州詔殿前都指揮使韓重斌馬步軍都頭王廷乂等督士卒丁夫數萬人治之開寶元年增修京城又詔王廷乂護其役凡此數役者史不書其賞也是歲大內營繕俱畢亦不書其賞也五年河大決澶州發諸州兵及丁夫凡五萬人塞之

命　州團練使曹翰往督其事未幾河所決皆塞亦不書其賞也太祖時征伐諸國兵器精甚後世莫及也當是時獨委一魏丕掌之自初即位授丕作坊副使丕在職甚盡力居八年始遷正使至開寶末仍典作坊而始以丕領代州刺史也然則太祖時人臣盡瘁事功如此而賞不可妄得非太祖寡恩也人臣分之所當然而一一賞之則人心惟有幸賞耳將皆以奔競得之而賞不足以勸矣至其用罰也臣又嘗考之建隆二年內酒坊火工徒突入三司太祖怒以酒坊使左承規副使田處岩縱其下爲盜並棄市館陶民詐括田不實本縣令程迪決杖流海島而給事中常準括田使也奪兩官免之謫本縣令李瑤以括田受賍而右贊善大夫申文緯受詔按田不之察瑤杖死文緯除籍爲民也三年右衛率府率薛勳掌常盈倉受民租槩量重詔

免勳官流徙之當是時也。在官犯贓者雖去官已久。而事覺猶坐。非太祖深於用法也。人臣分之所不當然。而一一貸之。則人心惟有幸免耳。將皆貪暴殘民。而罰不足以懲矣。在太宗時。其用賞罰也亦然。淳化元年。採訪使言知白州蔣元振清苦勵節。民便其政。秩滿。遞轉運使乞留凡七八年不得代。太宗嘉嘆久之。詔賜元振絹三十匹。米五十石而已。又言知須城縣姚益恭不苛敦朴。境內大治。民數千人。三遞轉運使乞留。惟恐其去。亦賜絹三十匹。粟二十石耳。當是時。以勞增秩者鮮矣。至殿直李謌坐監牧許州盜官芻一百五十石。馬死者千五百足。則械送闕下。并內侍梁守忠及主吏三人。悉斬于市。太宗之懲贓吏也未嘗少貸。少府監請配役人郭晃等九輩。普任京朝官。會赦當敘。太宗曰。晃等贓吏。不可復齒仕籍。止令釋遣之。吏部選人以郊赦免選。悉集京師。太宗曰。並放選。則負罪者幸矣。無罪者何以旌勸。乃令經停殿之官守常選也。夫太祖太宗以賞功罰罪為政令之紀綱。是以賞行而人知勸。罰行而人知懼。雖其後累聖相承。率本忠厚。然而賞必加有功。罰不失有罪。雖重輕不同而其歸一也。

聖範九。　臣聞。天子者當以天下之目視。以天下之耳聽。以天下之口使言。以天下之心使思。然後利害畢達。休戚畢陳。善善惡惡。是是非非。然後可以不亂。太祖皇帝。神聖豁達。不自掩蓋。初詔五日內殿起居百官以次轉對。並須指陳時政得失。朝廷急務。或刑獄冤濫。百姓疾苦。咸許采訪以聞。仍須直言其事。不在廣有牽引。或事關急切。則許非時詣閤上章。此建隆三年詔也。乾德四年。又詔曰。國家選用時才。參掌邦計。貨泉所聚。職任尤

繁。所冀得人。俾各陳力。雖思不出位。勿侵官局之權。而知無不為。共濟公家之務。或綱條有所未正。利害有所未明。正期開善以相規。安可不言而自守。自今三司使所行事。或未當。本判官並應執諍。所執理明。而三司使不從。則許面奏。或事有已經敷奏獲旨施行而未通便。亦許指陳。若本判官避事不言。許它部判官及逐路轉運使直具利害聞奏。其或因而更改。頗協便益。並充課績。若明知利害。循嘿不言。則殿罰隨之。由是觀之。太祖皇帝時直言得失。不為訕上。明辯是非。不為侵官。所以盡事理而究下情也。至太宗皇帝在位。田錫以進諫為己任。太宗以納諫為盛德。方錫為盧多遜所不悅。出為河北南路轉運副使也。因入辭。進封事。論軍國要機者一。朝廷大体者四。太宗賜詔答之。且云。自今有所見聞。無辭獻替。其後復自相州上疏。言方令筦榷貨財。網利太密。躬親機務。綸旨稍頻。復有未喻聖意之事三。奏請可行之事二。其後又自睦州上疏曰。近陛下有朝令夕改之事。由制敕初行時有未當。而無人封駁者。給事中之過也。陛下有拾近謀遠之事。由言動所為未合至理。而無人敢諫諍者。是左右拾遺補闕之過也。又曰。加以時久升平。天下混一。致陛下謂升平自得。資陛下以功業自多。日遷月移。浸成聖性。左取右奉。無非睿謀。又曰。臣下言之。則謂之封章。陛下行之。則出為法令。法令可簡而不可使繁。制度可久而不可屢變。變易不定。是彰思慮之不精。繁多難係。是令手足之無措。其後入為知制誥。復奏疏論邊事曰。今之禦戎。無先於選將帥。既得將帥。請委任責成。不必降以陣圖。不須授之方略。又曰。前年出師命曹彬以下欲取幽州。是矣。利用賀令圖之輩。惑誤聖聽。陳畫謀策。

而宰臣昉等不知去年招致義軍留配軍分宰相普等亦不知
之豈有議邊陲發師旅而宰相不預聞令宰臣普三入中書冊
出藩鎮人所具瞻事無不歷乞陛下以軍旅之事機密之謀悉
與籌量盡其機畫此乃國家大体君父至公又曰以臣所見小
小公事不勞陛下一一用心若以社稷之大計為子孫之遠圖
則在乎舉大略求將相務帝王之大體也錫前後所陳深切載
在史冊足以彰太宗受言之美方是時也太宗以補闕拾遺時
多循嘿失建官本意於是改為左右司諫左右正言俾職業之
是修期名實之相副其後右正言謝泌數奏章論時政得失太
宗嘉其忠蓋擢左司諫賜金紫并錢三十萬泌一日得對便殿
復面加賞激泌謝曰陛下從諫如源故臣得竭誠昔唐末有孟
昭圖者朝上諫疏暮不知所在前代如此安得不亂太宗動容

久之夫祖宗聖德豈羣臣之敢窺而其樂受忠諫無一善之不
録然則舍己從人固堯舜之所以為大也

聖範十 臣嘗謂自古禍亂之萌有三而宗社之本有一強臣擅
兵外戚預政中常侍用事三者皆前古禍亂之萌也付託神器
厚重而深固一者宗社之本也祖宗時窒其萌而培其本臣請
得歷言之太祖皇帝既誅李筠等一日召趙普問曰天下自唐
季以來數十年間帝王凡易八姓戰鬪不息生民塗地其故何
也吾欲息天下之兵為國家長久計其道何如普曰陛下之言
及此天地人神之福也此非它故方鎮太重君弱臣強而已令
所以治之無他奇巧惟稍奪其權制其錢穀收其精兵則天下
自安矣時石守信王審琦等皆太祖故人各典禁衛普乘閒數
言之請授以它職太祖曰彼等必不吾叛卿何憂普曰臣亦不

憂其叛也然熟觀數人者皆非統御才恐不能制服其下苟不
能制服其下則軍伍閒萬一有作亂者彼臨時亦不得自由耳
太祖悟於是召守信等飲酒酣喻以安危禍福之理明日皆稱
疾請罷於是乃漸消藩方之權收其精兵聚之京師國家二百
餘年無強臣擅兵之禍者由制之得其道故也杜太后聰明有
智度每與太祖參决大政杜審瓊太后之兄也與其弟審肇審
進家于常山太后無恙時審瓊嘗入見置酒萬歲殿上太祖與
太宗以元舅故皆捧觴列拜稱壽其尊禮不過如此而已昭憲
升祔且一年始悉召赴闕皆命為大將軍然並致仕賜第京師
其後特命審瓊代王繼勳軍職耳未嘗及以政也國家二百餘
年無外戚預政之禍者亦由制之得其道故也太祖時左右內
臣不過五十餘員止令掌宮掖中事或不得已啣命而出止令

幹一事不得妄採聽他事奏陳又詔年三十以上聽養一子所
以裁之者至矣至太宗時王繼恩以平賊之功中書議欲以為
宣徽使太宗曰朕讀前代史書多矣不欲令宦官干預政事宣
徽使執政之漸也止可授以它官宰相懇言繼恩功大非此不
足以賞太宗怒深責宰相因別建宣政使名以授之先是通進
銀臺司隸樞密院凡內外覆奏文字必關二司然後奏御外則
內官及樞密吏掌之內則尚書內省籍其數以下有司或行或
否莫得而糾察也太宗始詔宣徽北院廳事為通進銀臺司命
向敏中張詠同知二司公事然則祖宗之良法美意所以杜中
常侍用事之漸又如此也三者皆自古禍亂之萌而太祖太宗
深思遠慮遂塞其原至於付託神器厚重而深固又是為萬世
之法且太祖藏誓書於金匱之事非漢唐之君所能及也至於

太宗初置皇子侍讀。其後又為諸王及皇子府初置諮議翊善侍講等官。以王適姚坦邢昺等十人為之。嘗謂宰相曰。近有人上章言及儲貳者。國家宗祀。豈不在心。朕於諸子常加訓勵。令寮屬悉擇良善之士。至於輿臺皂隸之輩。並朕親選。不欲令姦憸佞人在左右。更待三五年後。各漸成長。朕於庶駁。必使得宜也。其後。以壽王為皇太子。喬維嶽楊礪為諭德。楊徽之畢士安為庶子。李至李沆為賓客。賓客見太子如師傅之儀。太子見必先拜。動皆諮詢焉。京師之人見太子者皆喜躍曰。真社稷之主也。夫祖宗知天下之本在此。察天下之禍在彼。是以防微杜漸。深計而極慮之也。

蔡戡上奏曰。臣聞堯傳之舜。舜傳之禹。皆曰。允執厥中。書贊舜曰。重華協于帝。贊禹亦曰。祗承于帝。堯舜之所傳。舜禹之所承。莫非一道。

故堯舜為五帝之盛帝。大禹為三王之顯王。後聖有作。不可企及。恭惟高宗皇帝。茂建中興。勤勞三紀。親以天下授之壽皇聖帝。壽皇嗣守丕基。勵精二十有七年。親以天下傳之陛下。陛下父子相繼。揖遜相承。又非堯舜禹所能比擬。亘古未有。可謂盛矣。三聖授受之際。心傳之妙。愚臣不可得而聞。竊讀隆興詔書有曰。凡今日發政施仁之目。皆得之問安視膳之餘。乃知壽皇動以高宗為法。然則壽皇之治。又陛下之所當取法也。壽皇誠心愛民。出於懇惻。凡有水旱。尤軫聖懷。如救焚拯溺。唯恐或後。不吝倉廩府庫。以賑濟之。勤卹民隱。視之如傷。此壽皇之仁也。壽皇奉事北宮。孝敬曲盡。朝以五日。歲時躬率百寮。親奉玉巵。上千萬壽。以侈大慶。自奉甚薄。極天下以為養。猶懼不至。此壽皇之孝也。壽皇勵精為治。每日視朝。未嘗暫廢。親覽章牘。朝奏夕報。不時宣召儒臣。講論經理。詢訪治道。此壽皇之勤也。壽皇以儉約先天下。在位日久。宮室苑囿無所增益。飲膳服御。悉從裁損。知天下之賦租。乃生民之膏血。未嘗妄費濫予。此壽皇之儉也。壽皇遴選將帥。分任邊閫。講明軍政。簡練師徒。蜀道地最重。去朝廷最遠。尤切西顧。曩嘗闕帥。亟命大臣鎮撫之。責以近期。星馳而往。所以修武備。重邊寄者如此。壽皇待遇臣鄰。黜陟有序。進退有禮。縱有顯惡。必待人言洊至。然後譴斥。與衆共之。示天下以至公。所以勸臣下勵風節者如此。壽皇奬借言者。導之使諫。其人未必皆賢。所言未必皆是。壽皇不憚舍己而從之。所以廣言路。振紀綱者如此。壽皇愛惜名器。不以假人。凡有除授。未合公論。給舍繳駮。無不聽從。所以吝爵賞。抑僥倖者如此。壽皇聖政。載之簡牘。播之天下。不可具舉。此數者其大要也。臣願陛下深念壽皇付託之重。凡事親修身。立政用人。一以壽皇為法。則三聖之治。如出一轍。傳之無窮。施之罔極。於舜禹有光

矣。實惟宗社無疆之休。天下幸甚。

戡又上奏曰。臣聞事有見於載籍者。不若傳聞之詳。得於傳聞者。不若親見之審。祖宗之政。布在圖史。班班可考。然未若孝宗之治。陛下之所親見。孝宗聖政。天下能誦之。難以悉舉。凡事親修身。立政用人。皆可為萬世子孫家法。陛下嗣守丕基。遵奉成憲。罔敢墜失。孝宗所以貽厥孫謀。陛下所以繩其祖武者。可謂兩得之矣。太上皇帝在位未久。率循舊章。然高世之行有二。自古甚盛德之主。鮮能及之。太上馭下以嚴。未嘗假以詞色。凡有小過。必加譴逐。人人重足而立。不敢撓法干政。紀綱整肅。中外清明。此太上之義德也。太上聖度包荒。容受直諫。雖犯顏逆指。自敵己以下不能堪者。太上怡然受之。不以為忤。未嘗罪一言者。此太上之容德也。二者可為法於萬世。抑又陛下之所親見。臣願陛下動法孝宗。至如太上皇帝馭下納諫之美。尤當

守而勿失則三聖之治如出一轍傳之無窮施之罔極於祖宗有光矣實惟宗社無疆之休

元世祖時趙天麟上策曰臣聞繩祖武以受天祜者武王之繼於文也蕪三王以施四事者公旦之忠於周也高宗之命傅說曰迪我高后以康兆民仲尼告之曾子曰無念爾祖聿修厥德何祖宗之皆可法而子孫之不敢忘哉蓋祖宗所以立業子孫所以守成立業者須備於三理四維守成者亦須於三理四維故也夫道不足以御天下之衆豈能得天下哉德不足以一天下之心豈能服天下哉仁不足以博天下之施豈能安天下哉志於道據於德依於仁此之謂三理然後行之以乾健柔之以坤順皷之以震勇和之以咸感此之謂四維理以理之維以維之乃能立萬世子孫帝王之業也或者以平亂右武持盈右文攻守非一途動盪有萬變執陳迹以調政者猶膠柱而調絃拘舊章而求治者如刻舟而求劒將致絃不可調劒不可求而勞心無益也臣竊以為不然臣之所言者理也彼之所知者事也自萬事之殊而歸乎一理之同豈有不合者哉我聖朝太祖之立業也英雄入彀俊乂圖功駕福氣以長驅爍天光而下照强梁之子噤氣吞聲悖逆之徒糜軀碎首禮以定慶賞義以御刑罰慶賞以厲功能刑罰以加非辟上順天時下恊人欲凡此皆志於道也金行既墜水運方來冠一家天子之先王應四海人民之嘉會風塵未息雨露常濡已服者逐舊業而安居未服者不得已而致討凡此皆據於德也袖携三尺力拯群生奮遐方沙漠之龍庭居歷世帝王之封域雖未暇並暢其禮樂然莫非暗運於權衡貽厥孫謀畝稽天若凡此皆依於仁也而又不遑啓居居嘗戒飭握乾符而大有總師衆以同人巽翼夔夔兢兢戰戰豈非健乎達宜處事捨已從人不先事以啓後

悔之門不後時以虧先見之哲豈非順乎果於濟世信於立言符契有結繩之淳風戈甲有無敵之利用豈非勇乎恩波旁溢化日高明方其道行也聖心開江北之區及祚盛也神孫定江南之地七八九六無思不服億兆三千惟時各遂豈非感乎伏望陛下永言孝思孝思維則保太平之廣業覽聖祖之宏規布于方維宣昭令典頒諸史館庸播皇風移向時平亂之端為今日守成之具以極天下之望以盡陛下之孝不亦可乎道以修身德以御世仁以撫民健以遷善順以理性勇以改過感以結人三理理乎內四維維乎外宗廟常享其祭陛下常奉其祀卿士常守其職小民常託其庇非但適追來孝亦所以垂裕後昆也

仁宗皇慶元年翰林學士承旨劉敏中上奏曰臣某等言蓋聞人臣以報國為忠効忠以進言為先況臣等以衰暮之年遭逢聖運首膺寵召過猗異恩不有一言將何以報竊惟天育萬物不能自理付之天子天子理萬物不能獨為付之中書中書所以行天子之令而裁理萬物者也其事權不可不專猶慮有缺焉於是置御史臺執憲以繩之繩之者所以成之也其紀綱不可不振苟中書之事權不分憲臺之紀綱不沮天下無難事矣故聖王無為無為者得其要也其要柰何省臺是已臣等前陳八事既嘗言之矣欽惟皇帝陛下聰明知睿出于生知寬仁慈愛發乎至性爰自潛邸至踐東闈再剪巨姦一匡宗社其規摹注措固已有在矣即位之日遵述世祖皇帝成憲頒降明詔播告天下丁寧切至聞者感動其於利民去弊之道至矣盡矣至謂除樞密院御史臺徽政院宣政院各依舊制其餘諸衙門及近侍人等敢有擅自奏啓中書政務者以違制論又至元三十年已後諸衙門改陞衙設并多餘員數非世祖皇帝之制者從省臺分揀

減併降罷詳此二條聖意之所以假權中書畀重憲臺者昭然可見何者急於圖治耳是以中外拭目欣覩太平然臣等愚謬過計猶有不得不冒罪為陛下言者夫欲得而患失與喜而奪悲人情之所同也今當分揀減降之始其患失而悲奪者為不少矣慮或萋斐之言伺便而入浸潤膚受譖歸省臺倘省臺一搖政本隨易必至上煩聖慮下紊諸司在於遠圖所繫甚大伏願陛下弘乾坤之量廓日月之明謹更始之方守已頒之制提綱挈要確然不移使微漸之萌容遏潛弭如此事權自一紀綱自振庶政萬幾不勞而理陛下雍容高拱坐撫至治享萬斯年無為之樂臣等之願也干冒天威不勝恐懼

歷代名臣奏議卷之七十

歷代名臣奏議卷之七十一

儲嗣

晉侯使太子申生伐東山皋落氏里克諫曰太子奉冢祀社稷之粢盛以朝夕視君膳者也故曰冢子君行則守有守則從從曰撫軍守曰監國古之制也夫帥師專行謀誓軍旅君與國政之所圖也非太子之事也師在制命而已稟命則不威專命則不孝故君之嗣適不可以帥師君失其官帥師不威將焉用之且臣聞皋落氏將戰君其舍之公曰寡人有子未知其誰立焉不對而退

趙王立周紹為傅曰寡人始行縣過番吾當子為子之時踐石以上者皆道子之孝故寡人問子以璧遺子以酒食而求見子子謁病而辭人有言子者曰父之孝子君之忠臣也故寡人以子之智慮為辯足以道人危足以持難忠可以寫意信可以遠期詩云服難以勇治亂以智事之計也立傅以行教以學義之經也循計之事失而不累訪議之行窮而不憂故寡人欲子之胡服以傅王子周紹曰王失論矣非賤臣所敢任也王曰選子莫若父論臣莫若君君寡人也周紹曰立傅之道六王曰六者何也周紹曰智慮不躁達於變身行寬惠達於禮威嚴不足以易於位重利不足以變其心恭於教而不快和於下而不危六者傅之才臣無一焉隱中不竭臣之罪也傅命僕官以煩有司吏之恥也王請更論王曰知此六者所以使子周紹曰乃國未通於王之胡服雖然臣王之臣也而王重命之臣敢不聽命乎再拜賜胡服王曰寡人以王子為子任欲子之厚愛之無所見醜御道之以行義勿令溺苦於學事君者順其意不逆其志事先者明其高不倍其孫故有臣可命其國之祿也子能行是以事寡人者畢矣書云去邪勿疑任賢勿貳寡人與子不用人矣遂賜周紹胡服衣

冠具帶黃金師比以傅王子。

楚恭王。多寵子。而世子之位不定。屈建曰。楚必多亂。夫一兔走於街。萬人追之。一人得之。萬人不復走。分未定。則一兔走使萬人擾。分已定。則雖貪夫知止。今楚多寵子。而嫡位無主。亂自是生矣。夫世太子者。國之基也。而百姓之望也。國既無基。又使百姓失望。絕其本矣。本絕。則擾亂猶兔走也。恭王聞之。立康王為太子。

漢高祖十二年。欲以趙王如意易太子。太傅叔孫通諫上曰。昔者晉獻公以驪姬之故。廢太子立奚齊。晉國亂者數十年。為天下笑。秦以不早定扶蘇。令趙高得以詐立胡亥。自使滅祀。此陛下所親見。今太子仁孝。天下皆聞之。呂后與陛下攻苦食淡。其可背哉。陛下必欲廢嫡而立少。臣願先伏誅。以頸血汙地。高帝曰。公罷矣。吾且戲耳。叔孫通曰。太子天下本。本一搖。天下振蕩。奈何以天下為戲。高帝曰。吾聽公言。及上置酒。見留侯所招客從太子入見。上乃遂無易太子志矣。

文帝二年正月。有司言曰。蚤建太子。所以尊宗廟。請立太子。上曰。朕既不德。上帝神明未歆享。天下人民未有嗛志。今縱不能博求天下賢聖有德之人而禪天下焉。而曰豫建太子。是重吾不德也。謂天下何。其安之。有司曰。豫建太子。所以重宗廟社稷。不忘天下也。上曰。楚王季父也。春秋高。閱天下之義理多矣。明於國家之大體。吳王於朕兄也。惠仁以好德。淮南王弟也。秉德以陪朕。豈為不豫哉。諸侯王宗室昆弟有功臣多賢及有德義者。若舉有德以陪朕之不能。終是社稷之靈。天下之福也。今不選舉焉。而曰必子。人其以朕為忘賢有德者。而專於子。非所以憂天下也。朕甚不取也。有司皆固請曰。古者殷周有國。治安皆千餘歲。古之有天下者莫不長焉。用此道也。立嗣必子。所從來遠矣。高帝親率士大夫始平天下。建諸侯。為帝者太祖。諸侯王及列侯始受國者。皆亦為其國祖。子孫繼嗣。世世弗絕。天下之大義也。故高帝設之以撫海內。今釋宜建而更選於諸侯及宗室。非高帝之志也。更議不宜。子某最長。純厚慈仁。請建以為太子。上乃許之。因賜天下民當代父後者爵各一級。

時鼂錯上書。言人主所以尊顯功名。揚於萬世之後者。以知術數也。故人主知所以臨制臣下而治其眾。則群臣畏服矣。知所以聽言受事。則不欺蔽矣。知所以安利萬民。則海內必從矣。知所以忠孝事上。則臣子之行備矣。此四者。臣竊為皇太子急之。人臣之議。或曰。皇太子亡以知事為也。臣之愚誠以為不然。竊觀上世之君。不能奉其宗廟而劫殺於其臣者。皆不知術數者也。皇太子所讀書多矣。而未深知術數者。不問書說也。夫多誦而不知其說。所謂勞苦而不為功。臣竊觀皇太子材智高奇。馭射伎藝過人絕遠。然於術數未有所守者。以陛下為心也。竊願陛下幸擇聖人之術可用今世者。以賜皇太子。因時使太子陳明於前。唯陛下裁察。上善之。於是拜錯為太子家令。

武帝時。壺關三老茂上書曰。臣聞父者猶天。母者猶地。子猶萬物也。故天平地安。陰陽和調。物乃茂成。父慈母愛。室家之中。子乃孝順。陰陽不和。則萬物夭傷。父子不和。則室家喪亡。故父不父。則子不子。君不君。則臣不臣。雖有粟。吾豈得而食諸。昔者虞舜孝之至也。而不中於瞽叟。孝己被謗。伯奇放流。骨肉至親。父子相疑。何者。積毀之所生也。由是觀之。子無不孝。而父有不察。今皇太子為漢嫡嗣。承萬世之業。體祖宗之重。親則皇帝之宗子也。江充布衣之人。閭閻之隸臣耳。陛下顯而用之。銜至尊之命。以迫蹴皇太子。造飾姦詐。群邪錯繆。是以親戚之路隔絕而不通。太子進不得上見。退則困於亂臣。獨冤結而亡告。不忍忿忿之心。起而殺充。恐懼逋逃。子盜父兵。以救難自免耳。臣竊以為無邪心。詩云。營營青蠅。止于藩。愷悌君子。無信讒言。讒言罔極交亂四國。往者江充讒殺趙太子。天下莫不聞。其罪固宜。陛下不省察。深過太子。發盛怒。舉大兵而求之。三公自將。智者不敢言。辯士不敢說。臣竊痛之。臣聞子胥盡忠而忘其號。比干盡仁而遺其身。忠臣竭誠。不顧鈇鉞之誅。以陳其愚。志在匡君安社稷也。詩云。取彼譖人。投畀豺虎。唯陛下寬心慰意。少察所親。毋患太子之非。亟罷甲兵。無令太子久亡。臣不勝惓惓。出一旦之命。待罪建章闕下。書奏。天子感寤。

宣帝時。太子外祖父特進平恩侯許伯。以為太子少。白使其弟中郎將舜監護太子家。上以問疏廣。廣對曰。太子國儲副君。師友必於天下英俊。不宜獨親外家許氏。且太子自有太傅少傅。官屬已備。今復使舜護太子家。視陋。非所以廣太子德於天下也。上善其言。

元帝竟寧元年。上寢疾。傅昭儀及定陶王常在左右。而皇后太子希

得進見。上疾稍侵。意忽忽不平。數問尚書以景帝時立膠東王故事。是時太子長舅陽平侯王鳳為衛尉侍中。與皇后太子皆憂。不知所出。駙馬都尉侍中史丹。以親密臣得侍疾。候上間獨寢時。丹直入卧內。頓首伏青蒲上。涕泣言曰。皇太子立積十餘年。名號繫於百姓。天下莫不歸心。臣子見定陶王雅素愛幸。今者道路流言。為國生意。以為太子有動搖之議。審若此。公卿以下必以死爭不奉詔。臣願先賜死以示群臣。天子素仁。不忍見丹涕泣。言又切至。上意大感。喟然太息曰。吾日困劣。太子兩王幼少。意中戀戀。何不念乎。然無有此議。且皇后謹慎。先帝又愛太子。吾豈可違指。駙馬都尉安所受此語。丹即却頓首曰。愚臣妄聞。罪當死。上因納。謂丹曰。吾病寖加。恐不能自還。善輔導太子。毋違我意。丹噓唏而起。太子由是遂為嗣矣。

哀帝時。司隸解光奏言。趙昭儀傾亂聖朝。親滅繼嗣。請事窮竟。議郎耿育上疏言。臣聞繼嗣失統。廢適立庶。聖人法禁。古今至戒。然太伯見歷知適。逡循固讓。委身吳越。權變所設。不計常法。致位王季。以崇聖嗣。卒有天下。子孫承業七八百載。功冠三王。道德最備。是以尊號追及大王。故世必有非常之變。然後迺有非常之謀。孝成皇帝自知繼嗣不以時立。念雖未有皇子。萬歲之後。未能持國權柄之重。制於女主。女主驕盛則耆欲無極。少主幼弱則大臣不使。世無周公抱負之輔。恐危社稷。傾亂天下。知陛下有賢聖通明之德。仁孝子愛之恩。懷獨見之明。內斷於身。故廢後宮就館之漸。絕微嗣禍亂之根。乃欲致位陛下以安宗廟。愚臣既不能深援安危。定金匱之計。又不知推演聖德。述先帝之志。迺反覆校省內暴露私燕。誣汙先帝傾惑之過。成結寵妾妒媚之誅。甚失賢聖遠見之明。逆負先帝憂國之意。夫論大德不拘俗。立大功不合眾。此迺孝成皇帝至思所以萬萬於衆臣。

陛下聖德盛茂。所以符合於皇天也。豈當世庸庸斗筲之臣所能及哉。且褒廣將順君父之美。匡救銷滅既往之過。古今通議也。事不當時固爭。防禍於未然。各隨指阿從以求容媚。晏駕之後。尊號已定。萬事已訖。迺探追不及之事。訐揚幽昧之過。此臣所深痛也。願下有司議。即如臣言。宜宣布天下。使咸曉知先帝聖意所起。不然。空使謗議上及山陵。下流後世。遠聞百蠻。近布海內。甚非先帝託後之意也。蓋孝子善述父之志。善成人之事。唯陛下省察。哀帝為太子。亦頗得趙太后力。遂不竟其事。

東漢光武建武中。東宮初建。諸王國並開。而官屬未備。師保多闕。司徒掾班彪上言曰。孔子稱性相近。習相遠也。賈誼以為習與善人居。不能無為善。猶生長於齊不能無齊言也。習與惡人居。不能無惡。猶生長於楚不能無楚言也。是以聖人審所與居。而戒慎所習。昔成王

之為孺子出則周公召公太史佚入則太顛閎夭南宮括散宜生左
右前後禮無違者故成王一日即位天下曠然太平是以春秋愛子
教以義方不納於邪驕奢淫佚所自邪也詩曰詒厥孫謀以宴翼子
言武王之謀遺 孫也漢興太宗使鼂錯導太子以法術賈誼教梁
王以詩書及至中宗亦令劉向王褒蕭望之周堪之徒以文章儒學
保訓東宮以下莫不崇簡其人就成德器今皇太子諸王雖結髮學
問脩習禮樂而傅相未值賢才官屬多闕舊典宜博選名儒有威重
明通政事者以為太子太傅東宮及諸王國備置官屬又舊制太子
食湯沐十縣設周衛交戟五日一朝因坐東箱省視膳食其非朝日
使僕中允旦旦請問而已明不媟黷廣其敬也書奏帝納之
二十八年大會百官詔問誰可傅太子者羣臣承望上意皆言太子
舅執金吾原鹿侯陰識可傅士張佚正色曰今陛下立太子為陰氏

乎為天下乎即為陰氏則陰侯可為天下則固宜用天下之賢才帝
稱善曰欲置者以輔太子也今傅士不難正朕況太子乎即拜佚為
太子太傅而以榮為少傅賜以輜車乘馬
魏明帝時司徒王朗上疏曰昔周文十五而有武王遂享十子之祚
以廣諸姬之胤武王既老而生成王成王是以鮮於兄弟此二王者
各樹聖德無以相過比其子孫之祚則不相如蓋生育有早晚所産
有衆寡也陛下既德祚兼彼二聖春秋高於姬文育武之時矣而子
發未舉於椒蘭之奥房藩王未繁於掖庭之衆室以成王為喻雖未
為晚取譬伯邑則不為夙周禮六宮內官百二十人而諸經常說咸
以十二為限至於秦漢之末或以千百為數矣然雖彌猥而就時於
吉館者或甚鮮明百斯男之本誠在於一意不但在於務廣也老臣
慺慺願國家同祚於軒轅之五五而未及周文之二五用為伊邑且

少小常苦被褥泰溫泰溫則不能便柔膚弱體是以難可防護而易用感
慨若常令少小之縕袍不至於甚厚則必咸保金石之性而比壽於
南山矣帝報曰夫忠至者辭篤愛重者言深君既勞思慮又手筆將
順三復德音欣然無量朕繼嗣未立以為君憂欽納至言思聞良規
吳大帝赤烏五年嘗寢疾和祠祭於廟和妃叔父張休居廟邊和過
所居全公主使人覘視因言太子不在廟中專就妃家計議而和寵
稍損後遂幽閉尚書僕射屈晃入口諫曰太子仁明顯聞四海今三
方鼎跱實不宜搖動太子以生衆心願陛下少垂聖慮老臣雖死猶
生之年叩頭流血辭氣不撓
明帝子和為太子霸為魯王寵愛崇特與和無殊頃之和霸不睦之聲聞
於權耳權禁斷往來假以精學督軍使者羊衎上疏曰臣聞古之有
天下者皆先顯別適庶封建子弟所以尊重祖宗為國藩表也二宮

拜授海內稱宜斯乃大吳興隆之基頃聞二宮並絶賓客遠近悚然
大小失望竊從下風聽採衆論咸謂二宮智達英茂自正名建號於
今三年德行內著美稱外昭西北二隅久所服聞謂陛下當副順遐邇
所以歸德勤命二宮賓延四遠使異國聞聲思為臣妾今既未垂意
於此而發明詔省奪備衛抑絶賓客使四方禮敬不復得通雖實陛
下敦尚古義欲令二宮專志於學不復顧慮觀聽小宜期於溫故博
物而已然非臣下傾企喁喁之至願也或謂二宮不遵典式此臣所
以寢息不寧就如所嫌猶宜補察密加斟酌不使遠近得容異言臣
懼積疑成謗久將宣流而西北二隅去國不遠異同之語易以聞達
聞達之日聲論當與將謂二宮有不順之愆不審陛下何以解之若
無以解異國則亦無以釋境內境內守疑異國興謗非所以育巍巍
鎮社稷也願陛下早發優詔使二宮周旋禮命如初則天清地晏萬

國幸甚矣。
七年。太子有不安之議。上大將軍右都護陸遜上疏陳太子正統宜有盤石之固。魯王藩臣當使寵秩有差。彼此得所。上下獲安。謹叩頭流血以聞。書三四上。及求詣都。欲口論適庶之分。以正得失。
九年。朱據遷驃騎將軍。遭二宮搆爭。據擁護太子。爭曰。臣聞太子國之根本。雅性仁孝。天下歸心。今卒責之。將有一朝之慮。昔晉獻用驪姬而申生不存。漢武信江充而戾太子冤死。臣竊懼太子不堪其憂。雖立思子之宮無所復及矣。
晉惠帝時。江統轉太子洗馬。在東宮累年。甚被親禮。太子頗闕朝覲。又奢費過度。多諸禁忌。統上書諫曰。臣聞古之為臣者。進思盡忠。退思補過。獻可替否。拾遺補闕。是以人主得以舉無失行。言無口過。德音發聞。揚名後世。臣等不逮。無能云補。思竭愚誠。謹陳五事如左。惟蒙

一省再省。少垂察納。其一曰。六行之義。以孝為首。虞舜之德。以孝為稱。故太子以朝夕視君膳為職。左右就養無方。文王之為世子。可謂篤於事親者也。故能擅三代之美。為百王之宗。自頃聖體屢有疾患。數闕朝侍。遠近觀聽者不能深知其故。以致疑惑。伏願殿下雖有微苦。可堪扶輿。則宜自力。易曰。君子終日乾乾。蓋自勉強不息之謂也。其二曰。古之人君。雖有聰明之姿。叡喆之質。必須輔弼之助。相導之功。故虞舜以五臣興。周文以四友隆。及成王之為太子也。則周召為保傅。史佚昭文章。故能聞道早備。登崇大業。刑措不用。流聲洋溢。伏惟殿下天授逸才。聰鑒特達。臣謂猶宜時發聖令。宣揚德音。諮詢保傅。訪逮侍臣。覲見賓客。得令接盡。壅否之情。沛然交泰。殿下之美。煥然光明。如此。則高朗之風扇於前人。弘範令軌永為後式。其三曰。古之聖王莫不以儉為德。故堯稱采椽茅茨。禹稱卑宮惡服。漢文身衣弋綈。足履革舄。以身先物。政致太平。存為明主。沒見宗祀。及諸侯脩之者。晉悼以恭儉節用。聲列雅頌。蚡冒以篳路藍縷。用張楚國。大夫脩之者。文子相魯。妾不衣帛。晏嬰相齊。鹿裘不補。亦能匡君濟俗。興國隆家。庶人脩之者。顏回以簞食瓢飲。揚其仁聲。原憲以蓬戶繩樞。邁其清德。此皆聖主明君賢臣智士之所履行也。故能懸名日月。永世不朽。蓋儉之福也。及到末世。以奢失之者。帝王則有瑤臺瓊室。玉杯象箸。肴膳之珍。則熊蹯豹胎。酒池肉林。諸侯為之者。至於丹楹刻桷。饑徵百牢。大夫有瓊弁玉纓。庶人有擊鍾鼎食。亦罔不亡國喪宗。破家失身。醜名彰聞。以為後戒。竊聞後園鏤飾金銀。刻磨犀象。畫室之功。課試日精。臣等以為今四海之廣。萬物之富。以今方古。不足為侈也。然上之所好。下必從之。是故居上者必慎其所好也。昔漢光武皇帝時。有獻千里馬及寶劍者。馬以駕鼓車。劍以賜騎士。世祖武皇

帝有上雉頭裘者。即詔有司焚之都街。高世之主。不尚尤物。故能正天下之俗。刑四方之風。臣等以為畫室之功。可且減省。後園雜作。一皆罷遣。肅然清靜。優游道德。則日新之美。光于四海矣。其四曰。以天下而供一人。以百里而供諸侯。故王侯食藉而衣稅。公卿大夫受爵而資祿。莫有不贍者也。是以士農工商四業不雜。交易而退。以通有無者。庶人之業也。周禮三市。旦則百族。晝則商賈。夕則販夫販婦。買賤賣貴。販鬻菜果。收十百之盈。以救旦夕之命。故為庶人之貧賤者也。樊遲匹夫。請學為圃。仲尼不答。魯大夫臧文仲使妾織蒲。又譏其不仁。公儀子相魯。則拔其園葵。言食祿者不與貧賤之人爭利也。秦漢以來。風俗轉薄。公侯之尊。莫不殖園圃之田。而收市井之利。漸染相放。莫以為恥。乘以古道。誠可愧也。今西園賣葵菜藍子雞麪之屬。虧敗國體。貶損令問。其五曰。竊見禁寺令不得繕脩牆壁。動正屋瓦。

臣以爲此既違典彝舊義且以拘攣小忌而廢弘廓大道宜可蠲除
於事爲宜朝廷善之

愍懷太子廢乎樂鄉侯閻纘輿棺詣闕上書理太子之冤曰伏見赦
文及榜下前太子遹手疏以爲驚愕自古以來臣子悖逆未有如此
之甚者也幸賴天慈全其首領臣伏念遹生於聖父而至此者由於
長養深宮沉淪富貴受饒先帝父母驕之每見選師傅下至群吏率
取膏粱擊鍾鼎食之家希有寒門儒素如衛綰周文石奮疏廣洗馬
舍人亦無汲黯鄭莊之比遂使不見事父事君之道臣案古典太子
居以士禮與國人齒以此明先王欲令知先賤然後乃貴自頃東宮
亦微太盛所以致敗也非但東宮歷觀諸王師友文學皆豪族力能
得者率非龔遂王陽能以道訓友無亮直三益之節官以文學爲名
實不讀書但共鮮衣好馬縱酒高會嬉遊博弈豈有切磋能相長益
臣常恐公族遲陵以此歎息今遹可以爲戒恐其被斥棄逐遠郊始
當悔過無所復及昔戾太子無狀稱兵拒命而壺關三老上書有田
千秋之言猶曰子弄父兵罪應笞耳漢武感悟之築思子之臺今遹
無狀言語悖逆受罪之日不敢失道猶爲輕於戾太子尚可禁持重
選保傅如司空張華道德深遠乃心忠誠以爲之師光祿大夫劉寔
寒苦自立終始不衰年同呂望經籍不廢以爲之保尚書僕射裴頠
明允恭肅體道居正以爲之友置游談文學皆選寒門孤官以學行
自立者及取服勤更事涉履艱難事君事親名行素聞者使與共處
使嚴御史監護其家絕貴戚子弟輕薄賓客如此左右前後莫非正
人師傅文學可令十日一講使共論議於前勑使但道古今孝子事
親忠臣事君及思愆改過之義皆聞善道庶幾可全昔太甲有罪放
之三年思庸克復爲殷明王又魏文帝惟於見廢夙夜自祗竟能自

全及至明帝因母得罪廢爲平原侯爲置家臣庶子師友文學皆取
正人共相匡矯兢兢慎罰事父以孝父沒事母以謹聞于天下于今
稱之漢高皇帝數置酒於庭欲廢太子後四皓爲師子房爲傅竟復
成就前事不忘後事之戒孟軻有云孤臣孽子其操心也危慮患也
深故多善功李斯云慈母多敗子嚴家無格虜由陛下驕遹使至於
此庶其受罪以來足自思改方今天下多虞四夷未寧將伺國隙儲
副大事不宜空虛宜爲大計小復停留先加嚴誨依平原侯故事若
不悛改棄之未晚也臣素寒門無力仕宦不經東宮情不私遹念昔
楚國處女諫其王曰有龍無尾言年四十未有太子臣嘗備近職雖
未得自結天日情同閽寺悾悾之誠皆爲國計臣老母見臣爲表乃
爲臣卜卦云書御即死妻子守臣涕泣見止臣獨以爲頻見拔擢嘗
爲近職此恩難忘何以報德唯當陳誠以死獻忠輒具棺絮伏須刑
誅書御不省皇太孫立纘復上疏曰臣前上書訟太子之枉不見省
覽昔壺關三老陳衛太子之冤而漢武築思子之臺高廟令田千秋
上書不敢正言託以鬼神之教而孝武大感月中三遷位至丞相乘
車入殿號曰車氏恨臣精誠微薄不能有感竟使太子流離沒命許
宮向令陛下即納臣言不致此禍天贊聖意三公獻謀庶人賜死罪
人斯得太子以明臣恨其晚無所復及詔書慈悼迎喪反葬復其禮
秩誠副衆望不意呂霍之變復生於今日伏見詔書建立太孫斯誠
陛下上順先典以安社稷中慰慈悼冤魂之痛下令萬國心有所繫
追惟庶人所爲無狀幾傾宗廟賴相國太宰至忠憤發潛謀俱斷奉
贊聖意以成神武雖周誅二叔漢掃諸呂未足以喻臣願陛下因此
大更釐改以爲永制禮置太子居以士禮與國人齒爲置官屬皆如
朋友不爲純臣既使上厭至尊以崇孝道又令不相嚴憚易相規正

昔漢武既信姦讒危害太子復用望氣之言欲盡誅詔獄中囚邴吉
以皇孫在焉閉門拒命後遂擁護皇孫督罰乳母卒至成人立為孝
宣皇帝苟志於忠無往不可歷觀古人雖不避死亦由世教寬以成
節吉雖拒詔書事在於忠故宥而不責自晉興已來用法大嚴遲速
之間輙加誅斬一身伏法猶可彊為今世之誅動輙滅門昔呂后臨
朝肆意無道周昌相趙三召其王而昌不遣先徵昌入乃後召王此
由漢制本寬得使為快假令如今呂后必謂昌已反夷其三族則誰
敢復為殺身成義者哉此法宜改可使經遠又漢初廢趙王張敖其
臣貫高謀弒高祖高祖不誅以明臣道田叔孟舒十人為奴髡鉗隨
王隱親侍養故令平安向使晉法得容為義東宮之臣得如周昌固
護太子得如邴吉距詔不坐伏死諫爭則聖意必變太子以安如田
叔孟舒侍從不罪者則隱親左右姦凶毒藥無緣得設太子不夭也

臣每責東宮臣故無侍從者後聞頗有於道路望車拜辭而有司收
付洛陽獄奏科其罪然臣故莫從良有以也又本置三率盛其兵馬
所以宿衛防虞而使者卒至莫有警嚴覆請審者此由恐畏滅族今
皇孫沖幼去事多故若有不虞彊臣專制姦邪矯詐雖有相國保訓
東宮擁佑之恩同於邴吉適可使玉體安全宜開來防可著于令自
今已後諸有廢興倉卒群臣皆得輙嚴須錄詣殿前面受口詔然後
為信得同周昌不遣王節下聽臣子隱親得如田叔孟舒不加罪責
則永固儲副以安後嗣之遠慮也來事難知往事可改臣前每見啓
事裴權用心懇惻舍人秦戡數上書啓諫而爰倩贈以九列權有忠
意獨不蒙賞謂宜依倩為比以寵其䰟推尋表疏如秦戡輩及司隸
所奏諸敢拜辭於道路者明詔稱揚使徽異於衆以勸為善以奬將
來也纘又陳今相國雖已保傅東宮保其安危至於旦夕訓誨輔導

出入動靜劬勞宜選寒苦之士忠貞清正老而不衰如城門校尉梁
柳白衣南安朱沖比者以為師傅其侍臣以下文武將吏且勿復取
盛戚豪門子弟若吳大妃家室及賈郭之黨如此之輩生而富溢無
念脩己率多輕薄浮華相驅放縱皆非所補益於吾少主者也皆可
擇寒門篤行學問素士更履險易節義足稱者以備群臣可輕其禮
儀使與古同於相切磋為益昔魏文帝之在東宮徐幹劉楨為友文
學相接之道並如氣類吳太子登顧譚為友諸葛恪為賓臥同床帳
行則參乘交如布衣相呼以字此則近代之朋比也天子之子不患
不富貴不患人不敬畏患於驕盈不聞其過不知稼穡之艱難耳至
於甚者乃不知名六畜可不勉哉昔周公親撻伯禽曹參笞窋二百
聖考慈父皆不傷恩今不忍小相維持令至闕失頓相罪責不亦悞
哉在禮太子朝夕視膳昏定晨省跪問安否於情得盡五日一朝於

敬既簡於恩亦疎易致搆間故曰一朝不朝其間容刀五日之制起
漢高祖身為天子父猶庶人萬機事多故闕私敬耳今主上臨朝太
子無事專主孝養宜改此俗文王世子篇曰王季一飯亦一飯再飯
亦再飯安有逸豫五日一覲哉纘又陳今迎太子神柩孫竟獨行太
孫幼沖未可涉道謂可遣妃奉迎遠路令其父衍隨行衛護皇太子
初見誣陷臣家門無祜三世假親具嘗辛苦以家觀國固知太子有
變臣故求副監國欲依邴吉故事距違來使供養擁護身親飲食醫
藥冀足救危主者以臣名資輕淺不肯見與世人見笑謂為此職進
退難居有必死憂臣獨以為苟全儲君賈氏所誅甘心所願令監國
御史直副皆當三族侍衛無狀實自宜然臣謂其小人不足具責故
孔子曰可以託六尺之孤臨大節而不可奪是以聖王慎選故河南
尹向雄昔觸犯難塟故將鍾會文帝嘉之始㧞顯用至於先帝以為

右率如閻之事若得向雄之比則豈可觸哉此二使者但為愚怯亦
非興謀但可誅身自全三族如郭傲郭斌則於刑為當又東宮亦宜
妙選忠直亮正如向雄比陛下千秋萬歲之後太孫幼沖選置兵衛
宜得柱石之士如周昌者世俗淺薄士無廉節賈謐小兒恃寵恣睢
而淺中弱植之徒更相翕習故世號魯公二十四友又謐前見臣表
理太子曰閻兒作此為犍然觀其意欲與諸司馬家同皆為臣寒心
伏見詔書稱明滿奮樂廣侍郎賈胤與謐親理而亦疏遠往免父喪
之後停家五年雖為小屈有識貴之潘岳繆徵等皆謐父黨共相沉
浮人士羞之聞其晏然莫不為怪今詔書暴揚其罪並皆遺出百姓
咸云清當臣獨謂非但岳徵二十四人宜皆齊黜以肅風教朝廷善
其忠烈擢為漢中太守
冲太孫覽齊王冏表曰東宮曠然家嗣莫繼天下大業帝王神器必

建儲副以固洪基今者後宮未有孕育不可庶幸將來而虛天緒非
祖宗之遺志社稷之長計也禮兄弟之子猶子故漢成無嗣繼由定
陶孝和之絕安以紹興此先王之令典往代之成式也清河王覃神
姿岐嶷慧志早成康王正妃周氏所生先帝衆孫之中於今為嫡昔
薄姬賢明文則承位覃外祖恢世載名德覃宜奉宗廟之重統無窮
之祚以寧四海顒顒之望覃兄弟雖並出紹可簡令淑還為國胤不
替其嗣輒諮大將軍穎及群公卿士咸同大願請具禮儀擇日迎拜
遂立覃為太子
成帝時庾氷兄弟以舅氏輔王室權侔人主慮易世之後戚屬轉疏
將為外物所攻謀立康帝即帝母弟也每說帝以國有彊敵宜須長
君帝從之中書令散騎常侍何充建議曰父子相傳先王舊典忽妄
改易懼非長計故武不授聖弟即其義也昔漢景亦欲傳祚梁王朝

臣咸以為虧亂典制據而弗聽令琅邪踐祚如孺子何社稷宗
廟將其危乎氷等不從既而康帝立帝臨軒氷充侍坐帝曰朕
嗣洪業二君之力也充對曰陛下龍飛臣氷之力也若如臣議
不覩升平之世帝有慙色
宋文帝元嘉末帝頗以後事為念以侍中王僧綽年少方欲大
相付託朝政小大皆與參焉從兄徽清介士也懼其太盛勸令
損抑僧綽乃求吳郡及廣州上並不許會二凶巫蠱事泄上獨
召僧綽具言之及將廢立使尋求前朝舊典劭於東宮夜饗將
士僧綽密以啓聞上又令撰漢魏以來廢諸王故事撰畢送與
江湛徐湛之湛之欲立隨王誕江湛欲立南平王鑠太祖欲立
建平王宏議久不決誕妃即湛之女鑠妃即湛妹太祖謂僧綽
曰諸人各為身計便無與國家同憂者僧綽曰建立之事仰由

聖懷臣所謂惟宜速斷不可稽緩當斷不斷反受其亂願以義
割恩略小不忍不爾便應坦懷如初無煩疑論淮南云以石投
水吳越之人善沒取之事機雖密易致宣廣不可使難生慮表
取笑千載上曰卿可謂能斷大事此事重不可不殷勤三思且
庶人始亡人將謂我無復慈愛之道僧綽曰臣恐千載之後言
陛下唯能裁弟不能裁兒上默然江湛同侍坐出閤謂僧綽曰
卿向言將不太傷切直僧綽曰弟亦恨君不直及劭弒逆江湛
在尚書省聞變歎曰不用僧綽言以至於此
後魏明元帝恒有微疾怪異屢見乃使中貴人密問於白馬公
崔浩曰春秋星孛北斗七國之君皆將有咎今茲日蝕於胃昴
盡光趙代之分野朕疾彌年療治無損恐一旦奄忽諸子並少
將如之何其為我設圖後之計浩曰陛下春秋富盛聖業方融

德以除災幸就平愈且天道懸遠或消或應昔宋景見災脩德熒惑退舍願陛下遣諸憂虞恬神保和納御嘉福無以闇昧之說致損聖思必不得已請陳瞽言自聖化龍興不崇儲貳是以永興之始社稷幾危今宜早建東宮選公卿忠賢陛下素所委仗者使為師傅左右信臣簡在聖心者以充賓友入總萬機出統戎政監國撫事六柄在手若此則陛下可以優游無為頤神養壽進御醫藥萬歲之後國有成主民有所歸則姦究息望旁無覬覦此乃萬世之令典塞禍之大備也今長皇子諱年漸周明叡溫和衆情所繫時登儲副則天下幸甚立子以長禮之大經若須並待成人而擇倒錯天倫則生履霜堅冰之禍自古以來載籍所記興衰存亡鮮不由此太宗納之於是使浩奉冊告宗廟命世祖為國副主居正殿臨朝司徒長孫嵩山陽公奚斤

北新公安同為左輔坐東廂西面浩與太尉穆觀散騎常侍丘推為右弼坐西廂東面百寮總己以聽焉太宗避居西宮時隱而窺之聽其決斷大悅謂左右侍臣曰長孫嵩宿德舊臣歷事四世功存社稷奚斤辯捷智謀名聞遐邇安同曉解俗情明練於事穆觀達於政要識吾旨趣崔浩博聞彊識精於天人之會丘推雖無大用然在公專謹以此六人輔相吾與汝曹遊行四境伐叛柔服可得志於天下矣群臣時奏所疑太宗曰此非我所知當決之汝曹國主矣

孝文帝延興中顯祖集群寮欲禪位於京兆王子推王公卿士莫敢先言任城王雲進曰陛下方隆太平臨覆四海豈得上違宗廟下棄兆民父子相傳其來久矣皇魏之興未之有革皇儲正統聖德夙章陛下必欲割捐塵務頤神清曠者冢副之寄宜紹寶歷若欲捨儲輕移宸極恐非先聖之意駭動人情又天下是祖宗之天下而陛下輒改神器上乖七廟之靈下長姦亂之道此是禍福所由願深思慎之太尉源賀又進曰陛下今欲外選諸王而禪位于皇叔者臣恐春秋蒸嘗昭穆有亂脫萬世之後必有逆饗之譏深願思任城之言東陽公丕等進曰皇太子雖聖德夙彰然實沖幼陛下富於春秋始覽機政普天景仰率土傒心欲隆獨善不以萬物為意其若宗廟何其若億兆何

宣武帝延昌三年于時肅宗在懷抱之中至於出入左右乳母而已不令宮寮聞知太學博士員外散騎侍郎帶詹事丞楊昱諫曰陛下不以臣等凡淺備位宮臣太子動止宜令翼從竊自此以來輕爾出入進無二傅輔導之美退闕群寮住侍之式非所以示民軌儀著君臣之義陛下若召太子必降手勅令臣下

咸知為後世法

後周武帝建德之後皇太子稍長既無令德惟昵近小人左宮正宇文孝伯白高祖曰皇太子四海所屬而德聲未聞臣忝宮官實當其責且春秋尚少志業未成請妙選正人為其師友調護聖質猶望日就月將如或不然悔無及矣帝斂容曰卿世載鯁直竭誠所事觀卿此言有家風矣孝伯拜謝曰非言之難受之難也深願陛下思之帝曰正人豈復過君於是以尉遲運為右宮正孝伯仍為左宮正尋拜宗師中大夫

唐高祖武德初法曹孫伏伽上言三事其一曰臣聞性相近習相遠今皇太子諸王左右執事不可不擇大抵不義無賴及馳騁射獵歌舞聲色慢遊之人止可悅耳目備驅馳至於拾遺補闕決不能也況觀前世子姓不克孝兄弟不克友莫不由左右亂之願選賢才澄僚

友之選耳。帝大悅。
太宗貞觀五年。李百藥爲太子右庶子。時太子承乾頗留意典墳。然閑燕之後。嬉遊無度。百藥作贊道賦以諷焉。其詞曰。下臣則聞先聖之格言。嘗覽載籍之遺則。伊天地之玄造。洎皇王之建國。曰人紀與人綱。資立言與立德。履之則率性成道。違之則罔念作狂。望興廢如從鉤。視吉凶於糾纆。至乃受圖膺籙。握鏡君臨。因萬物之思化。以百姓而爲心。傷大儀之潛運。閱往古以來今。盡爲善於乙夜。惜勤勞於寸陰。故能釋層冰於渙汗。變寒谷於蹛林。總人靈以胥悅。極穹壤而懷音。赫矣盛唐。大哉靈命。時惟太始。運鍾上聖。天縱皇儲。固本居正。機晤宏遠。神姿凝暎。顧三善而必弘。祗四德而爲行。每趨庭而聞禮。常問寢而資敬。奉聖訓以周旋。誕天文之明令。邁觀喬而望梓。即元龜與明鏡。自大道云革。禮教斯起。以正君臣。以篤父子。君臣之禮。父子之親。盡情義以兼極。諒弘道而在人。豈夏啓而周誦。亦丹朱以商均。既彫且琢。溫故知新。惟忠與敬。曰孝與仁。則可以下光四海。上燭三辰。昔二王之教子。兼四時以齒學。將交發於中外。乃先之以禮樂。樂以移風易俗。禮以安上化人。非有悅於鍾鼓。將宣志以和神。寧有懷於玉帛。將克己而庇身。生於深宮之中。處於羣后之上。未深思於王業。不自珍於匕鬯。謂富貴之自然。恃崇高以矜尚。必恣驕狠。動愆禮讓。輕師傅而慢禮儀。狎姦諂而縱淫放。前星之耀遽隱。少陽之道斯諒。雖天下之爲家。蹈夷險之非一。或以才而見升。或見讒而受黜。是可以自省厥休咎。觀其得失。請粗略而陳之。覬披文以相質。在宗周之積德。乃執契而膺期。賴昌發而作貳。啓七百之鴻基。逮扶蘇之副秦。非有虧於聞望。以長嫡之隆重。監偏師於亭障。始禍則金以寒離。厥妖則火不炎上。既樹置之違道。見宗祀之遄喪。伊漢氏之長世。

固明兩之逝作。高惑戚而寵趙。以天下而爲輕。惠結皓而因良。致羽翼於寥廓。景有慚於鄧子。成從理之淫虐。終生患於強吳。由發怒於爭博。徹居儲兩時。猶幼沖。防衰年之絕議。識亞夫之矜功。故能恢弘祖業。紹三代之遺風。據開博望。其名未融。哀時命之奇舛。遇讒賊於江充。雖備兵以誅亂。竟背義而凶終。宣嗣好儒。大猷行闡。嗟被尤於德教。美發言於忠謇。始聞道於匡衡。終獲戾於恭顯。太孫雜藝。雖異定陶。馳道不絕。抑惟小善。猶見重於通人。當傳芳於前典。中興上嗣。明章濟濟。俱達時政。咸通經禮。極至情於愛敬。惇友于於兄弟。是以固東海之遺堂。因西周之繼體。五官在魏。無聞德音。或受譏於妲己。且自悅於從禽。雖才高而學富。竟取累於荒淫。暨貽厥於明皇。構崇基於三世。得秦帝之奢侈。亞漢武之才藝。遂驅役於羣臣。亦無救於凋弊。中撫寬愛。相表多奇。重桃符而致惑。納鉅鹿之明規。竟能掃江表之氛穢。舉要荒而見羈。思惠處東朝。察其遺跡。在聖德其如初。實心床之可惜。悼愍懷之云廢。遇烈風之吹沙。盡性靈之狎藝。亦自敗於凶邪。安能奉其粢盛。承此邦家。惟聖上之慈愛。訓義方於至道。同論政於漢幄。修政戒於京鄗。鄙韓子之所賜。重經術以爲寶。咨政理之美惡。亦文身之斧藻。庶有擇於愚夫。懇乞言於遺老。致庶績之咸寧。先得人而爲盛。帝堯以則哲垂謨。文王以多士興詠。取之於正人。鑒之於靈鏡。量其器能。審其檢行。必宜度機而分職。不可違方以從政。若其惑於聽受。暗於知人。則有道者咸屈。無用者必伸。諂諛競進以求媚。玩好不召而自臻。直言正諫。以忠信而獲罪。賣官鬻獄。以貨賄而見親。於是虧我王度。斁我彝倫。九鼎遇奸回而遠逝。萬姓望撫我而歸仁。蓋造化之至育。惟人靈之爲貴。獄訟不理。有死生之異塗。冤結不申。感陰陽之和氣。士之通塞。屬之以深文。命之脩短。懸之於酷吏。是故帝堯畫像陳卹隱之言。夏禹泣辜盡哀矜之志。因取象於大壯。乃峻宇而雕牆。將瑤臺以瓊室。豈畫棟以虹梁。或凌雲以遐觀。或通天而納涼。極醉飽而刑人力。命痿蹶而受身殃。是故言惜十家之產。漢帝以昭儉而垂裕。雖成百里之囿。周文以子來而克商。彼嘉會而禮通。重旨酒之為德。至忘歸而受祉。在齊聖而溫克。若其酗醟以致昏。沈湎以成忒。痛殷受與灌夫。亦亡家而喪國。是以伊尹以酣室而作戒。周公以亂邦而貽則。咨幽閑之令淑。寔好逑於君子。辭王輦而割愛。固班姬之所恥。脫簪珥而思愆。亦宣姜之為美。乃有禍晉之驪姬。喪周之褒姒。盡妍於圖畫。極凶悖於人理。傾城傾國。思昭示於後王。麗質冶容。宜永鑑於前史。復有蒐狩之禮。馳射之場。不節之以禮義。必自致於禽荒。匪外形之疲極。亦中心而發狂。夫高深不懼。胥靡之徒。韝紲為娛。小豎之事。以宗社之崇重。持先王之名器。與鷹犬之並驅。凌鄭險而逸轡。馬有銜橛之理。獸駭不存之地。猶有靦於獲多。獨無情而內愧。以小人之愚鄙。忝不貲之恩榮。擢無庸於草澤。齒陋質於簪纓。遇大道行而兩儀泰。喜元良盛而萬國貞。以監府之多暇。每講論而肅成。仰惟神之敏速。歎將聖之聰明。自禮賢於秋實。是歸道於春卿。芳年淑景。時和氣清。華殿邃兮簾幃靜。灌木森兮風雲輕。花飄香兮動笑日。鸝鸎囀兮相哀鳴。以物華之繁靡。尚絕思於將迎。猶蹈道而不倦。極耽翫以研精。命庸才以載筆。謝摛藻於天庭。興洞簫之娛侍。殊飛蓋之緣情。顧雅言以贊德。興報恩以輕生。敢下拜而稽首。願永樹於風聲。奏皇靈之遐壽。冠振古於鴻名。太宗見而遣使謂百藥曰。朕於皇太子處見卿所作賦。述古來儲貳事戒太子。甚是典要。朕選卿以輔弼太子。正為此事。大稱所委。但須善始令終耳。因賜廄馬一疋。綵物三百段。

七年。太子監國。詔杜正倫行左庶子。兼崇賢館學士。帝謂正倫。吾兒幼。未有就德。我常物物戒之。今當監國。不得朝夕見。故輟卿於朝以佐太子。慎之勗之。它日又言朕年十八。猶在人間。情偽無不嘗。及即位。處置有失。必待諫乃釋然悟。況太子生深宮不及知邪。且人主不可自驕。今若詔天下敢諫者死。將無復發言矣。故朕孜孜延進直言。卿其以是曉太子。冀裨益之。擢中書侍郎。封南陽縣侯。仍兼太子左庶子。出入兩宮與機密。以辦治稱。後太子稍失道。帝語正倫太子數私小人。卿可審諭之。教而不從。其語我來。故正倫顯諫無所避。太子不從。輒道帝語替切。太子即表聞。帝責曰。何漏洩我語。對曰。開示不入。故以陛下語怖之。冀當反善。

十年。太宗謂侍臣曰。太子保傅古難其選。成王幼小。以周召為保傅。左右皆賢。足以長仁致理太平。稱為聖主。及秦之胡亥。始皇所愛。趙高作傅。教以刑法。及其篡也。誅功臣。殺親戚。酷烈不已。旋踵亦亡。以此而言。人之善惡。誠由近習。朕弱冠交遊惟柴紹竇誕等。為人既非三益。及朕居茲寶位。經理天下。雖不及堯舜之明。庶免乎孫皓高緯之暴。以此而言。復不由染何也。魏徵曰。中人可與為善。可與為惡。然上智之人。自無所染。陛下受命自天。平定寇亂。救萬民之命。理致升平。豈紹誕之徒能累聖德。但經云。放鄭聲。遠佞人。近習之間。尤宜深慎。太宗曰善。

十三年。太子右庶子張玄素以承乾頗以遊畋廢學。上書諫曰。臣聞皇天無親。惟德是輔。苟違天道。人神共棄。然三驅之禮。非欲教殺。將為百姓除害。故湯羅一面。天下歸仁。今苑內娛獵。雖名異遊畋。若行之無恒。終虧雅度。且傅說曰。學不師古。匪說攸聞。然則弘道在於學

古學古必資師訓既奉恩詔令孔穎達侍講望數存顧問以補萬一
仍博選有名行學士兼朝夕讀覽聖人之遺教察既行之往事日知
其所不足月無忘其所不能此則盡善盡美夏啓周誦焉足言哉夫
為人上者未有不求其善但以性不勝情耽惑成亂耽惑既甚忠言
盡塞所以臣下苟順君道漸虧古人有言勿以小惡而不去小善而
不為故知禍福之來皆起於漸殿下地居儲貳當須廣樹嘉猷既有
好畋之淫何以主斯匕鬯慎終如始猶恐漸衰始尚不慎終將安保
承乾不納玄素又上書諫曰臣聞稱皇子入學而齒胄者欲令太子
知君臣父子尊卑之序長幼之節用之方寸之內弘之四海之外者
皆因行以遠聞假言以光被伏惟殿下睿質已隆尚須學文以飾其
表竊見孔穎達趙弘智等非惟宿德鴻儒亦兼達政要望令數得侍
講問釋物理覽古論今增輝睿德至如騎射畋遊酣歌妓玩苟悅耳
目終穢心神漸染既久必移情性古人有言心為萬事主動而無節
即亂恐殿下敗德之源在於此矣承乾覽書愈怒謂玄素曰庶子患
風狂耶十四年太宗知玄素在東宮頻有進諫擢授銀青光祿大夫
行太子左庶子時承乾嘗於宮中擊鼓聲聞于外玄素叩閤請見極
言切諫乃出宮內鼓對玄素毀之遣戶奴伺玄素早朝陰以馬檛擊
之殆至於死是時承乾好營造亭觀窮奢極侈費用日廣玄素上書
諫曰臣以愚蔽竊位兩宮在臣有江海之潤於國無秋毫之益是用
必竭愚誠思盡臣節者伏惟儲君之寄荷戴殊重如其積德不弘何
以嗣守成業聖上以殿下親則父子事兼家國所應用物不為節限
恩旨未踰六旬用物已過七萬驕奢之極孰云過此龍樓之下惟聚
工匠望苑之內不覩賢良今言孝敬則闕侍膳問豎之禮語恭順則
違君父慈訓之方求風聲則無學古好道之實觀舉措則有因緣誅

戮之罪宮臣正士未嘗在側群邪淫巧日近深宮愛好者皆遊伎雜
色施與者並圖畫雕鏤在外瞻仰已有此失居中隱密寧可勝計識
宣猷禁門不異闤闠朝入暮出惡聲漸遠右庶子趙弘智經明行脩
當今善士臣每請望數召進與之談論庶廣徽猷令旨反有嫌猜謂
臣妄相推引從善如流尚恐不逮飾非拒諫必是招損古人云苦藥
利病苦言利行伏望安居思危日慎一日書入承乾大怒遣刺客將
加屠害俄屬宮廢
十四年太子詹事于志寧以太子承乾廣造宮室奢侈過度耽好聲
樂上書諫曰臣聞克儉節財實弘道之源崇侈恣情乃敗德之本是
以陵雲槩日戎人於是致譏峻宇雕墻夏書以之作誡昔趙盾匡晉
呂望師周或勸之以節用或諫之以厚斂莫不盡忠以佐國竭誠以
奉君欲使茂實播於無窮英聲被乎物聽咸著簡冊用為美談且今
所居東宮隋日營建觀之者尚譏甚侈見之者猶歎甚華何庸於此
中更有脩造財帛日費土木不停役斤斧之工極磨礱之妙且丁匠
官奴入內比者無復監此等或兄犯國章或弟罹王法往來御苑出
入禁闈鉗鑿緣其身槌杵在其手千牛既自不見直長無由得知所
司何以自安臣下豈容無懼又鄭衛之樂古謂淫聲昔朝歌之鄉回
車者墨翟夾谷之會揮劍者孔丘先聖既以為非通賢將以為失頃
聞宮內往往取太樂伎兒入便不出聞之者股慄言之者心戰往年
口勑伏請重尋聖旨殷勤明誡懇切在於殿下不可不思至於微臣
不得無懼臣自驅馳宮闕已積歲時犬馬識恩木石知感臣所有管
見敢不盡言但悅意取容臧孫方以疾疢犯顏逆耳春秋比之藥石
伏願停工巧之作罷久役之人絕鄭衛之音棄群小之輩則三善允
備萬國作貞矣承乾覽書不悅十五年承乾以務農之時召駕士等

役。不許分番。懷怨咨。又私引突厥群豎入宮。志寧上書諫曰。上天蓋高。日月光其德。明君至聖。輔佐贊其功。是以周誦升儲。見匡毛畢。漢盈居震。取資黃綺。姬旦抗法於伯禽。賈生諫爭於文帝。咸殷勤於端士。皆懇切於正人。歷代賢君。莫不丁寧於太子者。良以地膺上嗣位處儲君。善則率土沾其恩。惡則海內罹其禍。近聞僕寺司馭駕士獸醫。始自春初。迄茲夏晚。恒居內役。不放分番。或家有尊親。闕於溫清。或室有幼弱。絕於撫養。春既廢其耕墾。夏又妨其播殖。事乖存育。恐致怨嗟。儻聞天聽。後悔何及。又突厥哥友等。咸是人面獸心。近之有損於英聲。昵之無益於盛德。引之入閤。人皆驚駭。豈臣愚識獨用不安。殿下必須上副至尊聖情。下允黎元本望。不可輕微惡而不避。無容略小善而不為。理敦杜漸之方。須有防萌之術。屏退不肖。狎近賢良。如此。則善道日隆。德音自遠。承乾大怒。遣刺客張師政紇干承基就舍殺之。志寧是時丁母憂起復為詹事。二人潛入其第。見正寢處苫廬。竟不忍而止。及承乾敗。太宗知其事。深勉勞之。

貞觀中。太子承乾數虧禮度。侈縱日甚。太子左庶子于志寧撰諫苑二十卷諷之。是時太子右庶子孔穎達每犯顏進諫。承乾乳母遂安夫人謂穎達曰。太子長成。何宜屢得面折。對曰。蒙國厚恩。死無所恨。諫爭愈切。承乾令撰孝經義疏。穎達又因文見意。愈廣規諫之道。太宗並嘉納之。二人各賜帛五百匹。黃金一斤。以厲承乾之意。

歷代名臣奏議卷之七十一

歷代名臣奏議卷之七十二

儲嗣

唐太宗嘗謂左庶子于志寧曰。古者太子既生。士負之。即置輔弼。昔成王以周召為師傅。日聞道習以成性。今太子幼。卿當輔以正道。無使邪僻啓其心。勉之。官賞可不次得也。太子承乾屢有過惡。志寧欲救止之。上諫苑以諷。帝見大悅。賜黃金十斤。絹三百匹。俄兼詹事。以母喪免。有詔起復本官。固請終喪。帝遣中書侍郎岑文本敦譬曰。忠孝不兩立。今太子須人教約。卿彊起為我卒輔導之。志寧乃就職。時太子以農時造曲室。累月不止。又好音樂過度。志寧諫以為今東宮乃隋所營。當時號為侈靡。豈容復事磨礱彩飾於其間。丁匠官奴皆犯法亡命。鉗鑿槌杵。往來出入。監門宿衛直長千牛。不得苛問。爪牙在外。廝役在內。其可無憂乎。

貞觀十七年。太宗謂長孫無忌司空房玄齡曰。三師以德道人者也。若師體卑。太子無所取則。於是詔令撰太子接三師儀注。太子出殿門迎。先拜三師。答拜。每門讓。三師坐。太子乃坐。與三師書。前名惶恐。後名惶恐再拜。

十八年。晉王初立為皇太子。尚未尊賢重道。太宗又嘗令太子居寢殿之側。絕不往東宮。散騎常侍劉洎上書曰。臣聞郊迎四方。蓋侯所以成德。齒學三讓。元良由是作貞。斯皆屈主禮之尊。申下交之義。故得芻言咸薦。睿問旁通。不出軒庭。坐知天壤。率由茲道。永固鴻基者焉。至若生乎深宮之中。長乎婦人之手。未嘗識憂懼。無由曉風雅。雖復神機不測。天縱生知。而開物成務。終由外獎。匪夫崇彼千篇。聽茲謠頌。何以辨章庶類。甄覈彝倫。歷考聖賢。咸資琢玉。是故周儲上哲。師望奭而加裕。漢蕃兩人。引園綺而昭德。原夫太子。宗祧是繫。善惡之際興亡斯在不勤於始將悔於終是以鼂錯上書令通政術賈誼獻策務知禮教竊惟皇太子玉裕挺生金聲夙振明允篤誠之美孝友仁義之方皆挺自天資非勞審諭固以華夷仰德翔泳希風矣然則寢門侍膳已表於三朝藝宮論道宜弘於四術雖春秋鼎盛餝躬有漸寔恐歲月易往墮業興譏取適宴安言從此始以臣愚短辜忝侍從思廣儲明輕顏聞徹不敢曲陳故事請以聖德言之伏惟陛下誕睿曆圖登庸歷試多才多藝道著於蚩時允武允文功成於纂祀萬方即叙九圍清晏尚曰雖休勿休日慎一日求異聞於振古勞睿思於當年乙夜觀書事高漢帝馬上披卷勤過魏王陛下自勵如此而令太子優游棄日不習圖書臣所未諭一也加以暫屏機務即寓雕蟲紆寶思於天文則長河韜映摛玉華於仙札則流霞成彩固以錙銖萬代冠冕百王屈宋不足以升堂鍾張何偕於入室陛下自好

如此而太子悠然靜處不尋篇翰臣所未諭二也陛下備該衆妙獨秀寰中猶晦天聰俯詢凡識聽朝之隙引見群官降以溫顏詢以今古故得朝廷是非閭里好惡凡有巨細必關聞聽陛下自行如此令太子久入趍侍不接正人臣所未諭三也陛下若謂無益則何事勞神若謂有成則宜申貽厥蔑而不急未見其可伏願俯推睿範訓及儲君推以良書娛之嘉客朝披經史觀成敗於前蹤晚接賔遊訪得失於當代間以書札繼以篇章則日聞所未聞日見所未見副德逾光羣生之福也竊以良娣之選遍於中國仰惟聖旨本求典內冀防微慎遠慮群下所知暨乎徵簡人物則與躬納相違監撫二周未近一士愚謂內既如彼外亦宜然者恐招物議謂陛下重內而輕外也古之太子問安而退所以廣敬於君父異宮而處所以分別於嫌疑今太子一侍天闈動移旬朔師傅以下無由接見假令供奉有隙暫還東朝拜謁既疏且事俯仰規諫之道固所未暇陛下不可以親教宮寀無由以進言雖有具寮竟將何補伏願俯循前躅稍抑下流弘遠大之規展師友之義則離徽克茂帝圖斯廣凡在黎元孰不慶賴太子溫良恭儉聰明睿哲含靈所悉臣豈不知而淺識勤勤思效愚忠者願蒼滇益潤日月增華也太宗乃令洎與岑文本馬周遞日往來東宮與皇太子談論

太宗謂侍臣曰古有胎教世子朕則不暇但近自建立太子遇物必誨諭見其臨食將飯謂曰汝知飯乎對曰不知凡稼穡艱難皆出人力不奪其時常有此飯見其乘馬又謂曰汝知馬乎對曰不知能代人勞苦者也以時消息不盡其力則可以常有馬也見其乘舟又謂曰汝知舟乎對曰不知曰舟所以比人君水所以比黎庶水能載舟亦能覆舟爾方為人主可不畏懼見其依於曲木之下又謂曰汝知

此樹乎對曰不知曰此木雖曲得繩則正為人君雖無道受諫則聖此傅說所言可以自鑑

太宗於寢宮側別置院居太子褚遂良諫以為朋友深交者易怨父子滯愛者多愆宜許太子間還東宮近師傅專學藝以廣懿德帝從其言

太宗寵愛魏王泰月稟過皇太子遠甚諫議大夫褚遂良諫曰聖人尊嫡卑庶謂之儲君故用物不會與王共之庶子不得為比所以塞嫌萌杜禍源先王法制本諸人情知有國家者必有嫡庶庶子雖愛不得過嫡子如當親者疏當尊者卑則私恩害公惑志亂國今魏王稟料過東宮議者以為非是昔漢竇太后愛梁王封四十餘城王菀苑三百里治宮室為複道費財鉅萬出蹕入警一不得意遂發病死宣帝亦驕淮陽王幾致於敗輔以退讓之臣乃得免今魏王新出閤

且當示以節儉。自可在後月加歲增。又宜擇師傅。敎以謙儉。勉以文學。就成德器。此所謂聖人之敎不肅而成也。帝又敕泰入居武德殿。侍中魏徵亦言王爲陛下愛子。欲安全之。則不當使居嫌疑之地。今武德殿在東宮之西。昔海陵居之。矣論者爲不可。雖時與事異。人之多言。尙或可畏。又王之心亦弗遑舍。願罷之。成王以寵爲懼之美。帝悟乃止。

時魏王泰禮秩如嫡。羣臣未敢諫。帝從容訪左右曰。方今何事尤急。岑文本汎言禮義爲急。帝以不切未領。可遂良曰。今四方仰德。誰弗率者。唯太子諸王宜有定分。帝曰。有是哉。朕年五十。日以衰怠。雖長子守器。而弟支子尙五十人。心常念焉。自古宗姓無良。則傾敗相仍。公等爲我柬賢者保傅之。夫事人久。情媚熟。則非意自生。其令王府官不得過四考。著爲令。

太子承乾廢。魏王泰間侍。帝許立爲嗣。因謂大臣曰。泰昨自投我懷中云。臣今日始得爲陛下子。更生之日也。臣惟有一子。百年後當殺之。傳國晉王。朕甚憐之。起居郎褚遂良曰。陛下失言。安有爲天下主而殺其愛子。授國晉王乎。陛下昔以承乾爲嗣。復寵愛泰。嫡庶不明。紛紛至今。若必立泰。非別置晉王不可。帝泣曰。我不能。卽詔長孫無忌房玄齡李勣與遂良等定策。立晉王爲皇太子。

太子承乾廢。帝欲立晉王。未决。坐兩儀殿。羣臣已罷。獨留無忌玄齡勣。言東宮事。因曰。我三子一弟。未知所立。吾心亡聊。卽投牀取佩刀自向。無忌等驚。爭抱持。奪刀授晉王。而請帝所欲立。帝曰。我欲立晉王。無忌曰。謹奉詔。異議者斬。帝顧王曰。舅許汝矣。宜卽謝。王乃拜。帝復曰。公等與我意合。天下其謂何。答曰。王以仁孝聞天下久矣。固無異辭。有如不同。臣負陛下百死。於是遂定。

高宗時。王皇后無子。以燕王忠爲太子。及后廢。武后子弘甫三歲。許敬宗希后旨。請立正嫡。謂太子忠宜同漢劉彊故事。帝問立嫡若何。對曰。正本則萬事治。太子國本也。且東宮所出微。今知有正嫡。不自安。竊位而不自安。非社稷計。帝曰。忠故自讓。敬宗曰。能爲太伯。不亦善乎。於是降封忠梁王。

武后時。姚班爲太子詹事。兼左庶子。時節愍太子稍失道。班凡四上書諫。其一曰。臣聞賈誼稱選天下端士。使與太子居處出入。故太子見正事。聞正言。行正道。左右前後皆正人也。夫習與正人居。不能無正。習與不正人居。不能無不正。敎得而左右正。則太子正。太子正。天下定矣。伏見內置作坊。諸工伎得入宮闈之內。禁衛之所。或言語內出。或事狀外通。小人無知。因爲詐偽。有玷盛德。臣望悉出宮內造作付所司。其二曰。漢文帝身弋綈。足草舃。齊高帝欄檻用銅者皆易以

鐵。經侯帶玉貝劒環佩。以過魏太子。太子不視。經侯曰。魏國亦有寶乎。太子曰。主信臣忠。魏之寶也。經侯委劒佩去。杜門不出。夫聖賢以簡素爲貴。皇王以菲薄爲德。惟殿下留心恭儉。損省玩好。以訓天下。其三曰。前世東宮門閤往來皆有薄籍。殿下時有所須。唯門司宣令。姦僞乘之。因緣增損。近呂昇之乃代署宣敎。賴殿下糾發其姦。以後墨令及覆事。並請內印畫署。冀免詐繆。其四曰。聖人不專其德。賢智必有所師。今司經無學士。洗馬無侍讀。宜視膳時奏請其人。俾奉講勸。夫經所以立行脩身。史所以諳識成敗。斯急務也。太子雖稱善。不能用其言。及敗。索宮中得班諫書。中宗嘉歎。

時洛陽人王慶之率險佞數百人。請以武承嗣爲皇太子。后不許。固請。后遣鳳閣侍郎同鳳閣鸞臺平章事李昭德詰其故。昭德笞殺慶之。餘黨敗散。因奏曰。自古有姪爲天子而爲姑立廟乎。以親親言之。

天皇陛下夫也皇嗣陛下子也當傳之子孫為萬世計陛下承天皇顧託而有天下又立承嗣臣見天皇不來食矣后乃止

張易之嘗從容問自安計於鸞臺侍郎同鳳閣鸞臺平章事狄仁傑仁傑曰惟勸迎廬陵王可以免禍會后欲以武三思為太子以問宰相衆莫敢對仁傑曰臣視天人未厭唐德比匈奴犯邊陛下使梁王三思募勇士於市踰月不及千人廬陵王代之不浹旬輒五萬今欲繼統非廬陵王莫可后怒罷議久之召謂曰朕數夢雙陸不勝何也於是仁傑與王方慶俱在二人同辭對曰雙陸不勝無子也天其意者以警陛下乎且太子天下本本一搖天下危矣文皇帝身蹈鋒鏑勤勞而有天下傳之子孫先帝寢疾詔陛下監國陛下掩神器而取之十有餘年又欲以三思為後且姑姪與子母孰親陛下立廬陵王則千秋萬歲後常享宗廟三思立廟不祔姑后感悟即日遣徐彥伯迎廬陵王於房州王至后匿王帳中召見仁傑語廬陵事仁傑敷請切至涕下不能止后乃使王出曰還爾太子仁傑降拜頓首曰太子歸未有知者人言紛紛何所信后然之更令太子舍龍門具禮迎還中外大悅

武后末年太子雖還東宮政事一不與大臣畏禍無敢言冀州武邑人蘇安恒投匭上書曰陛下膺先聖顧託受嗣子揖讓應天順人二十餘年豈不聞虞舜褰裳周公復辟事乎今太子孝謹春秋盛壯使統臨宸極何異陛下身撫天下哉胡不傳位東宮休安聖躬自昔天下無二姓並興且梁河内建昌諸王以親得封恐萬歲後不能良計宜退就公侯任以閑簡又陛下二十餘孫無尺土封非長久計也請以都督府要州分而王之縱今尚幼且擇立師傅養成德器藩屏皇家書奏后雖猜刻不能無感乃召見賜食厚慰遣之明年復諫曰臣聞

天下者高祖太宗之天下有隋失馭群雄鹿駭唐家親事戎旅以平寓縣指河為誓非李氏不王非功臣不封陛下雖居正統實唐舊基前日太子在諒闇相王非長嗣唐祚中弱故陛下因以即位今太子年德已盛尚貪有大寶忘母子之恩蔽其元良以據神器何施顏面見唐家宗廟大帝陵寢哉臣謂天意人事遠歸李氏物極則復器滿則覆當極不斷將受其亂誠能高揖萬機自怡聖心史臣書之樂府歌之斯盛事也臣聞見過不諫非忠畏事不言非勇陛下以臣為忠則擇是而用以為不忠則斬臣頭以令天下書聞不報

中宗初為太子時生懿德太子重潤高宗喜甚是歲為皇太孫開府置官屬帝問吏部侍郎裴敬彝郎中王方慶對曰禮有嫡子無嫡孫漢魏太子在子但封王晉立愍懷子為皇太孫齊立文惠子為皇太孫皆居東宮今有太子又立太孫於古無有帝曰自我作古若何對曰禮君子抱孫不抱子可以為王父尸者昭穆同也陛下肇建皇孫本支千億之慶帝悅

睿宗初以子憲為太子後復位楚王有功將建東宮未定憲辭曰儲嗣天下公器時平則先嫡國難則先功重社稷也使付授非宜海內失望臣以死請因涕泣固讓帝嘉憲讓遂許之

玄宗時張九齡奏曰臣伏以皇太子是天下之本為國之貳今則睿質漸長猶在深宮所與近習者未必皆正人端士安於逸樂久則性成是以古者明王恐其若此雖在赤子先之以教必使耆儒碩德為之師保故大戴禮云周成王在襁褓之中太公為之太師教之順也周公為之太傅傅其德義召公為之太保保其身體是故成王能聖周道用康秦始皇使趙高傅其太子胡亥因教之以獄所習者非斬劓人則夷人之三族也胡亥即位秦氏以亡則明人之性情莫不由

習。若近正人。聞正事。雖欲為惡。固已不忍。若親近細人。不聞教諭。縱欲行善。猶未知所適。此必然也。胡越之人。生則聲同。長則語異。蓋聲者天然。語者所習。習於胡則胡。習於越則越。故知成於所習。不可不慎。臣伏願詳擇典故。徵用名賢。執經勸學。朝夕從事。俾皇太子得於所習。天下幸甚。

玄宗寵倖惠妃。妃訴太子瑛于帝。帝大怒。欲廢之。中書令張九齡諫曰。太子諸王。日受聖訓。天下共慶。陛下享國久。子孫蕃衍。柰何一日棄三子。昔晉獻公惑嬖姬之讒。申生憂死。國乃大亂。漢武帝信江充巫蠱。禍及太子。京師蹀血。晉惠帝有賢子。賈后譖之。乃至喪亡。隋文帝聽后言。廢太子勇。遂失天下。今太子無過。二王賢。父子之道。天性也。雖有失。尚當掩之。惟陛下裁赦。帝默然。太子得不廢。

肅宗時。太子妃蕭。母郜國公主也。坐蠱媚幽禁中。帝怒責太子。太子不知所對。中書侍郎李泌入。帝數稱舒王賢。泌揣帝有廢立意。因曰。陛下有一子而疑之。乃欲立弟之子。臣不敢以古事爭。且十宅諸叔。陛下奉之若何。帝赫然曰。卿何知舒王非朕子。對曰。陛下昔為臣言之。陛下有嫡子以為疑。弟之子敢自信於陛下乎。帝曰。卿違朕意。不顧家族邪。對曰。臣衰老位宰相。以諫而誅。分也。使太子廢。佗日陛下悔曰。我惟一子殺之。泌不吾諫。吾亦殺爾子。則臣絕祀矣。雖有兄弟子。非所歆也。即噫嗚流涕。因稱昔太宗詔太子不道。藩王窺伺者。兩廢之。陛下疑東宮而稱舒王賢。得無窺伺乎。若太子得罪。請亦廢之。而立皇孫。千秋萬歲後。天下猶陛下子孫有也。且郜國為其女妬忌。而蠱惑東宮。豈可以妻母累太子乎。爭數十。意益堅。帝悟。太子乃得安。

時軍中謀帥。皆屬建寧王。廣平王行軍司馬李泌密白帝曰。建寧王誠賢。然廣平冢嗣。有君人量。豈使為吳太伯乎。帝曰。廣平為太子。何假元帥。泌曰。使元帥有功。陛下不以為儲副。得乎。太子從曰撫軍。守曰監國。今元帥乃撫軍也。帝從之。

憲宗元和元年。左拾遺元稹奏曰。臣伏見陛下降明詔。修廢學。增胄子。選司成。大哉堯之為君。伯夷典禮。夔教胄子之深旨也。然而事有萬萬急於此者。敢冒昧誅死而言之。臣聞諸賈生曰。三代之君仁且久者。教之然也。誠哉是言。且夫周成王。人之中才也。近管蔡則讒入。有周召則義聞。豈可謂天聰明哉。然而克終於道者。得不謂教之然耶。始其為太子也。未生。胎教。既生。保教。太公為之師。周公為之傅。召公為之保。伯禽唐叔與之游。禮樂詩書為之習。目不得閱淫艷妖誘之色。耳不得聞優笑凌亂之聲。口不得習操斷擊搏之書。居不得近容順陰邪之黨。游不得恣追禽逐獸之樂。玩不得有遐異僻絕之珍。凡此數者。非謂備之於前而不為也。亦將不得見而為之矣。及其長而為君也。血氣既定。游習既成。雖有放心快己之事。日陳於前。固不能奪已成之習。已定之心矣。則彼忠直道德之言。固吾之所習聞也。陳之者有以諭焉。回佞庸違之說。固吾之所積懼也。諂之者有以辨焉。人之情莫不欲耀其所能。而黨其所近。苟將得志。則必快其所蘊矣。物之性亦然。是以魚得水而游。馬逸駕而走。鳥乘風而翔。火得薪而熾。此皆物之快其所蘊也。今夫成王所蘊道德也。所近聖賢也。是以舉其近。則周公左而召公右。伯禽魯而太公齊。快其蘊。則興禮樂而朝諸侯。措刑罰而美教化。教之至也。可不謂信然哉。及夫秦則不然。滅先王之學。曰將以愚天下。黜師保之位。曰將以明君臣。胡亥之生也。詩書不得聞。聖賢不得近。彼趙高者。詐宦之戮人也。而傅之以殘忍戕賊之術。且日恣睢盱。天下以為貴。莫見其面。以為尊。是以天下之人未諳愚而胡亥固已不能分獸畜矣。趙高之威懾天下。而胡亥已自幽於深宮矣。李斯者。秦之寵丞相也。困讒冤死無以自明。而況於踈遠之臣庶乎。若此則秦之亡。有以致之也。漢高承之以兵革。漢文守之以廉謹。卒不能蘇復大訓。是以景武昭宣天資甚美。纔可以免禍亂哀平之間。則不能虞篡弑矣。然而惠帝廢易之際。猶賴羽翼以勝其邪心。是後有國之君議教化者莫不以興廉舉孝設學崇儒為意。曾不知教化之不行自貴者始。略其貴者教其賤者。無乃隣於倒置乎。洎我太宗文皇帝之在藩邸。以至於為太子也。選知道德者十八人與之游習。即位之後。雖宴遊飲食之間。若十八人者實在其中。上失無不言。下情無不達。不四三年而名高盛古。豈一日二日而致是乎。游習之漸也。貞觀已還。師傅之官皆宰相兼領。其餘官寮選亦甚重。馬周以官高恨不得為司議郎。此其驗也。文皇之後。漸踈賤之。

至於武后臨朝。剪棄王族。當中睿二聖危難之際。雖有骨鯁敢言之士。既不得在調護保安之職。終不能措扶衛之一詞。而令近胡安金藏剖腹以明之。豈不大哀哉。兵興以來。茲弊尤甚。師資保傅之官。非疾廢眊聵不任事者為之。即休戎罷帥不知書者處之。至於友諭贊議之徒。踈冗散賤之甚者。縉紳恥由之。夫以匹夫之愛其子者。猶求明哲慈惠之師以教之。直諒多聞之友以成之。豈天下之元子。而可以疾廢眊聵不知書者為之師。踈冗散賤不適用者為之友乎。此何是反居上之甚也。近制宮寮之外。往往以沉滯僻老之儒。充侍書侍讀之選。而又踈棄斥遠之。越月踰時不得召見。彼又安能傳成道德而保養其躬哉。臣以為積此弊者。豈不以皇天眷祐祚我唐德。以舜繼舜。以堯繼堯。傳陛下十一聖矣。莫不生而神明。長而仁聖。以是為屑屑習儀者。故不之省耳。臣獨以為於列聖之謀則可也。計無窮傳後嗣則不可。既或萬代之後。有若周成王中才者。而又生於深宮優笑之間。無周召保助之教。則將不知喜怒哀樂之所自矣。況稼穡之艱難乎。今陛下以上聖之資。肇臨海內。是天下之人傾耳注目之日也。特願陛下思成王訓導之功。念文皇游習之漸。選重師保。慎簡宮寮。皆用惇厚弘深之儒。而又練達機務者為之。更進迭見。日就月將。因令皇太子洎諸王定齒胄講業之儀。行嚴師問道之禮。至德要道以成之。撤膳記過以譬之。血氣未定。則輟禽色之娛以就學。聖質既備。則資游習之善以弘德。此所謂一有元良萬國以貞之化也。豈直修廢學選司成而足倫匹其盛哉。而又俾則百王。莫不幼同師長同術。識君道之素定。知天倫之自然。然後選用賢良樹為藩屏。出則有晉鄭魯衛之盛。入則有東牟朱虛之強。蓋所謂宗子維城。犬牙盤石之勢。又豈與夫魏晉以降。囟賊其兄弟而自剪其本枝者同年而語

乎。微臣竊不自揆。愚為陛下建永永無窮之長策。輒敢冒昧殊死而言之。

三年。學士李絳上言曰。古先哲王以天下為大器。知一人不可以獨理。四海不可以無本。故立皇太子以副己。設百官以分職。然後人心大定。宗社永寧。有國家者不易之道也。陛下嗣膺大寶四年于茲矣。而儲闈未立。典策不行。是開窺覦之端。乖重慎之義。非所謂承宗廟重社稷也。且漢魏故事。國朝舊制。懸諸日月。著為憲章。伏望陛下抑撝謙之小節。行至公之大典。用興儲副。永固邦家。則主鬯承祧。必光於萬代。問安侍膳。道播於百王。上曰。朕以菲薄獲守社稷。而虔懇未通於天地。孝誠未達於宗祧。而遽示天下私。光及子孫。朕甚惡焉。然以卿忠誠累有陳請。援引祖宗制度。援引經典。憲章事重。禮崇矍然增惕。宜依所請。遂下制司擇日備禮冊命。即惠昭太子也。

宣宗時。御史中丞魏謩進同中書門下平章事。謩建言。今天下粗治。惟東宮
未立。不早以正人傳導之。非所以存副貳之重。且泣下。帝為感動。自敬宗
後諱言儲嫡事。故公卿無敢開陳者。時帝春秋高。嫡嗣未辨。謩輔政。白發
其端。朝議歸重。
後唐明宗天成三年。張昭遠。都官員外郎。時皇子競尚奢侈。昭遠諫曰。帝
王之子長於深宮。安於逸樂。紛華之玩。絲竹之音。日接於耳目。不與驕期
而驕自至。倘非天資英敏。識本清明。以此蕩心。焉能無惑。苟不豫為教道。
何以置之盤牙。臣見先帝時。皇子皇弟盛喜無稽玩物之言。厭聞致治經
邦之論。入則務飾姬姜。出則廣增僕馬。親賓滿座。食客盈門。箴規者少。諂
諛者多。以此而欲託以主鬯。不亦難乎。臣請諸皇子各置師傅。陛下令皇
子屈身師事之。講論道德。使一日之中止記一事。一歲之內所記漸多。每
月終。令師傅具錄聞奏。或皇子上謁之時。陛下更令侍臣面問。十中得五。

為益良多。博識安危之理。深知成敗之由。臣又聞。古之人君即位而封太
子。拜諸王。究其所由。蓋有深旨。使庶不亂嫡。疏不間親。禮秩有常。邪慝不
作。近代人君失於此道。以至邦家構患。釁隙萌生。昔隋祖聰明。煬帝亦傾
楊勇。太宗齊聖。魏王終覆承乾。臣每讀古書。深悲其事。願於聖代杜此厲
階。其於上貳封宗。在臣未敢輕議。臣請諸皇子於恩澤賜與之間。婚姻省
視之際。依嫡庶而為禮秩。據親疏而定節文。示以等威。絕其僥幸。保宗之
道。莫大於斯。明宗覽疏而不能用。
宋太宗時。寇準出知青州。召還入見。帝足創甚。自褰衣以示準。且曰。卿來
何緩耶。準對曰。臣非召不得至京師。帝曰。朕諸子孰可以付神器者。準曰。
陛下為天下擇君。謀及婦人中官。不可也。謀及近臣。不可也。唯陛下擇所
以副天下望者。帝俛首久之。屏左右曰。襄王可乎。準曰。知子莫若父。聖慮
既以為可。願即決定。帝遂以襄王為開封尹。改封壽王。於是立為皇太子。

宋真宗咸平元年。侍御史知雜事田錫上言曰。臣竊觀唐憲宗即位改元。
元和四年冬十月。御宣政殿冊皇太子。又按李絳論事集。元和三年。翰林
學士李絳等上言曰。古先哲王以天下為大器。知一人不可以獨理。四海
不可以無本。故立太子以副己。設百司以分職。然後人心大定。宗社永寧。
有國家者不易之道也。陛下嗣膺大寶。四年于茲矣。而儲闈未建。典冊不
行。是開窺覦之端。乖重謹之義。非所以承宗廟重社稷也。憲宗依所請。下
制所司擇日備禮冊命。今陛下自纂承大位。改元以來。五年于茲矣。儲闈
未建。典冊不行。豈不慮窺覦之端。豈不思重謹之義。宜速以宗社永寧為圖也。
天禧元年。兵部員外郎直史館陳靖上奏曰。臣伏見皇太子克踐承華。照
臨方內。洊雷成象。正位於青宮。五輅和鈴。燗儀於清廟。惟賓寮之具。尒獨
師保之闕如。且夫師者師法其規模。保者保安於德義。苟曠厥任。未協前
經。臣是以展轉三思。揣摩群籍。冀有確論。上贊昌朝。粤自五帝選賢。三王

授子。雖揖遜之或異。在訓導以攸同。虞舜之書則曰教胄子。姬周之典則
曰延沖人。著于格言。莫重尊教。雖然服冕裘陳鹵簿。此可以莊禮容於外
也。至若就道德。敦孝恭。此可以發智理於內也。伏願陛下隆邦家之本。考
沿襲之文。延揖公台。充備師傅。體二聖之基緒。副三靈之宅心。人謀大同。
知有尊於調護。神器光屬。亦共貫於守成。又惟陛下頒列藩房。夙昭聖範。
歷試京邑之繁重。備嘗稼穡之艱難。雖勿用以居潛。已重暉而合照。故太
宗皇帝。英心奮斷。大略御權。謂六傅而可虛。俾庶務而從簡。今皇太子適
膺儲位。方在妙齡。是宜設彼師臣。豐其禮數。恢七教以興之。德業廣五行
俱下之聰明。春誦夏弦。徧遵行於故事。左輔右弼。率永賴於正人。臣謹案
漢書。始元五年六月詔曰。朕以眇身獲保宗廟。戰戰慄慄。夙興夜寐。脩古
帝王之事。通保傅者。是知保傅之重。不可不備也。又伏覩唐正觀十七年
散騎常侍劉洎以謂皇太子初立。宜尊賢重道。以昭聖德。遂上書論列。亦

有冠章。然而師傅之名未聞。治華之制。臣學識寡陋。罔測津涯。伏乞陛下選載筆之洪儒。俾其檢討。召秉鈞之元輔。計之久長。庶使左右周儲。賴旦奭之耆德。羽翼漢室。踵園綺之高蹤。上符宗社之靈。下副華夷之願。臣達當暮齒。尚玷周行。請老歸田。業禮經而愧晩。封章言事。表臣節之有終。倘蒙宸鑒俯回。離明增耀。不獨臣死生幸甚。抑亦使兆庶同歡。

仁宗皇祐五年。太常博士張述上奏曰。臣聞漆室之女有憂國之心。倚楹而嘆。臣位於朝一十五年。而區區之慮不登為陛下建長世之策。是漆室之不若也。臣實憂之。有生之命。繫於宗廟社稷之重。而以繼嗣為之本。匹夫匹婦有百金之產。猶能定謀託後事出于素。況有天下者哉。建隆乾德之臣子。孰不頌太祖皇帝享年億萬者。而端拱天禧之臣子。其心亦莫不若此。然天地有運行。日月有盈昃。陰陽之數有煥有章。氣至而回。極而變。理之必然者也。藝祖以神器付太宗。太宗以傳真宗。真宗以傳陛下。陛下承三聖之業。傳之于千萬年。斯為孝矣。而春秋四十四。宗廟社稷之繼未有託焉。此臣所以夙夜彷徨而憂也。陛下知此矣。而以嫌疑不決。非孝也。群臣知此矣。而以避諱不言。非忠也。陛下享天下之貴而不自怠。有天下之富而不自侈。過成康文景遠矣。謂宜默祈天地岳瀆。分寵六宮。用均愛施。或未之獲。則遴擇宗親才而賢者。異以禮秩。試以職務。俾內外知聖心有所屬。則天下大幸。

嘉祐五年。述又上奏曰。臣聞明兩作離。大人以繼明照四方。離為日。君象也。二明相繼。故能久照。東升西沒。一晝一夜。數之常也。陛下御天下將三紀。是日之正中也。而未聞以繼照為慮。臣誠疑之。夫嗣不早定。則有一旦之憂。而貽萬世之患。歷觀前世事出倉猝。則或宮闈出令。或宦官主謀。或姦臣首議。貪孩孺以久其政。冀闇昧以竊其權。安危之機。發於頃刻。而朝議恬不為計。豈不危哉。

六年。述為職方員外郎提點淮浙銅場。又上奏曰。臣讀書為儒。歷覽經史。而効官州縣。唯有忠義。常蓋瘁於職業。自登朝列。伏見皇嗣未立。中外憂之。十餘年間。已五次上書。所言皆指陳宗廟社稷可安可危之事。自知卑微。天聽高邈。伏慮衡石程書之時。不足感悟宸聽。又恐言詞激切。觸犯忌諱。為左右隱蔽。臣伏念三聖寶位傳付陛下。陛下在位既四十年。未有繼嗣。陛下曾不細思之耶。若子細思之。則憂宗廟社稷。俾繼嗣不絕矣。若未子細思之耶。不當因循委順天命。一祖二宗傳付陛下寶位。欲其宗廟社稷世世嗣續不絕。則陛下方為孝矣。臣愚敢引杜太后之言。庶激切感悟陛下之心。杜太后臨終。以藝祖得天下。謂無長君。所以藝祖得之。藝祖奉杜太后之言。所以不忍傳之子。而傳之太宗。是也。向使世宗在位。更十數年。少帝嗣位。藝祖豈得應天順人之事乎。陛下當思之。陛下昔誕育豫王。若天意與陛下。則今已成立矣。近聞一年中誕四公主。若天意與陛下。則其中有皇子矣。上天之意如是。陛下合當悟之。陛下在位四十年。當其安寧萬歲時。宜審擇藝祖太宗賢子孫。且立為皇子。但且異其爵位。試之官政。繫天下之望。陛下詳察有賢德可以傳付。則立之。所以謹重大事。俾宗廟社稷得其主矣。而況天地之大。五行休王皆有數在天地之中。固不可逃其數也。一旦帝有萬一不可諱。倉皇之際。危急之間。寶位神器而欲使宮闈左右中官兩府遞相觀望。而一言謀之。豈陛下之心。輕祖宗之基業如是之易也。當陛下安康之時不能擇而為之。欲至倉皇之際。顧令左右取次謀之。此陛下不謹重三聖之基業同尋常之事爾。夫繼嗣有賢有不賢。則朝政有治有亂。宗廟社稷有安有危。陛下之心固亦知之矣。今陛下在位歲久。萬機之政總聞熟見。但欲凝神淵默。垂拱仰成。威福賞罰雖曰出自朝廷。即陛下不專於已賞罰不專於已而威福漸移於下臣愚實憂之書曰惟辟作福漸之時義大矣哉履霜堅氷至蓋言漸之不已則東漢陵夷之禍復見于今矣臣愚生不能一益聖世所以吐肝瀝膽觸犯忌諱犴言僣說庶有感悟陛下之心若有所感悟而能擇繼嗣紹隆宗廟社稷俾世世祭享不絕臣雖赴鼎鑊萬死之日猶生之年而名不朽掛於忠義之列所求遂矣

至和二年侍御史趙抃上言曰臣聞聖人之制變不可無權宜天下之能事不可失機會至於去禍以歸福却亂以趨治救亡以圖存轉危以置安者用權宜適機會也向者伏覩陛下聖體偶一違豫中外人心莫不動搖賴宗廟社稷之降靈天地神明之垂祐四海蒙福宸躬寖康然猶上有讁見之文追繇虛月下有妖言之俗至于再三天其或者豈非以陛下皇嗣未立人心未有所係垂厭祥異明白丁寧

警誡陛下意欲陛下深思遠圖亟有所為而然也權宜也機會也今其時矣書曰一人元良萬邦以正易曰大人以繼明照四方叔孫通以謂天下之本秦何以天下為戲韓愈亦云前定可以守法不前定則爭且亂臣不勝大願願陛下思所以荅讁見妖言之警誡思所以固三聖百載之基業思所以安中外臣庶之憂惑思所以破姦雄陰賊之窺覦斷宸衷發天意擇用宗室賢善子弟或教育宮闈或封建任使左右以良士輔導以正人盤石維城根本深固有是二者惟陛下示天下以至公而財擇焉伏況陛下春秋富盛福壽延洪一旦皇子慶誕少陽位正儲貳事體何損權宜方今施為且適機會轉禍亂危亡將然之勢為福治安存無疆之基豈不盛哉豈不休哉臣職有言責計無家為戴陛下之恩極泰山之重顧愚臣之命半鴻毛之輕儻一毫采 則萬死甘從於鼎鑊干冒旒冕臣無任納忠待罪激切屏營之至

三年通判并州司馬光請建儲副狀曰竊以人臣之進言者捨其急而議其緩則言益繁而用益寡矣人君之聽納者忽其大而謹其細則心益勞而功益淺矣故明主不惡逆耳之言以察治亂之原忠臣不避滅身之禍以論危安之本是以上下交泰而事業光美也臣竊見陛下自首春以來聖體小有不康天下之人側足而立累氣而息恂恂憂懼若蹈氷炭間者雖已痊平而民間猶有妄為訛言以相驚動者雖有司以嚴刑束之彼口不得言中心惶惶何所不慮邪陛下胡不試思其所以然者何哉豈非儲貳者天下之根本根本未定則眾心不安也賈誼有言抱火措之積薪之下而寢其上火未及然因謂之安當誼之時漢孝文帝春秋鼎盛有孝景以為之太子中外乂安公私富溢誼猶有是言使誼復於今日當云何哉陛下好學多聞

博覽經史試以前古之事質之治亂安危之幾何嘗不由繼嗣哉得其人則治不得其人則亂分先定則安不先定則危此明白之理皎如日月得失之機間不容髮於朝廷至大至急之務孰先於此而陛下晏然不以為憂群臣愛身莫以為言此臣所以日夜痛心疾首忘其身之疎賤而不顧鼎鑊之罪者也伏惟陛下哀而察之今夫細民之家有百金之寶猶擇親戚可信任者使謹守之況天下之大乎三代之王以至二漢所以能享天之祿若是其久者豈非皆親任九族以為藩輔乎使親者猶不可信則疎者庸足恃乎臣竊惟陛下天性純孝振古無倫事無大小關於祖宗者未嘗不謹身苦體小心翼翼以奉承之況所受祖宗光明盛大之基業豈可不為之深思遠慮措之於安平堅固之地以保萬世無疆之休哉臣聞天子之孝非若眾庶止於養親而已蓋將慎守前人之業而傳於無窮然後為孝也故

經稱天子之孝曰德教加於百姓刑于四海諸侯之孝曰保其社稷而和其民人卿大夫之孝曰守其宗廟士之孝曰保其祿位而守其祭祀庶人之孝曰謹身節用以養父母此皆聖人之言非臣之狂瞽也今陛下所以奉事祖宗其道至矣若獨於此未留睿意早定大議則鄉時純孝巍巍之德皆無益矣此天下所共為陛下重惜非特愚臣而已臣聞禮大宗無子則同宗為之後為之後者為之子也故為人後者事其所後禮皆如父所行尊尊而親親也伏惟祖宗受天明命功德在人本支百世子孫千億而陛下未有皇嗣人心憂危伏望陛下深念祖宗之艱難基業之閎美神器之大寶蒼生之重望勿聽苟且之言勿從因循之計斷自聖志昭然勿疑謹擇宗室之中聰明剛正孝友仁慈者使攝居儲貳之位以俟皇嗣之生退居藩服儻聖意未欲然者或且使之輔政或典宿衛或尹京邑亦足以鎮安天下之心如此則天神地祇宗廟社稷寔共賴陛下聖明之德況群臣兆民其誰不歡呼鼓舞乎昔魯漆室之女憂魯君老太子幼彼匹婦也猶知憂國家之難蓋以魯國有難則身必與焉故也況臣食陛下之祿立陛下之朝又得承乏典冊之府比於漆室之女斯亦重矣誠不忍坐視國家至大至急之憂而隱嘿不言臣誠知言責不在臣言之適足自禍然而必言者萬一冀陛下采而聽之則臣於國家譬如螻蟻而為陛下建萬世無窮之基救四海生民之命臣榮多矣願陛下勿以臣人微位賤謂之狂猾而忽之試以臣言自為聖意延問大臣忠於社稷者倘以為非臣請伏妄言之誅倘以為是願陛下決志而速行之焚臣此奏勿以示外足以明臣非敢徼冀毫釐之幸也虞書曰敕天之命惟時惟幾陛下當此之時變危為安變亂為治易於反掌若失時不斷使天下之人有以議陛下之純孝者則臣雖欲畢命捐軀以報陛下亦無及已臣不勝區區憤懣之誠干冒冕旒伏地待罪

嘉祐元年光又上言曰臣先於六月十九日輒以瞽言干犯聖聽伏地傾耳以俟明詔于今月餘一無所聞陛下寬仁不加誅於狂愚之臣然亦未賜采納臣竊自痛人品偎細言語吃訥不能發明國家安危大體致陛下輕而棄之此皆臣之罪也雖然臣性誠愚位誠賤而意誠忠語誠切願陛下不以人之愚賤而廢忠切之言少留聖心於宗廟社稷之至計則天下幸甚竊以為國家者政有小大事有緩急知所先後則功無不成議者或曰當今之務大而急者在於水災汎溢是大不然彼水災所傷不過汙下及濱河之民若積雨既止有司少疏而塞之則民皆復業豈能為國家之患哉又曰然則在於穀帛窘乏是又不然夫以四海之富治平之久若養之有道用之有節使良有司治之穀帛不可勝用也豈能為國家之患哉又曰然則在於戎狄侵盜是又不然夫戎狄侵盜不過能驚擾邊鄙之民若禦之有道備之有謀可使朝貢相繼豈能為國家之患哉以臣之愚當今最大最急之患在於本根未建眾心危疑釋此不憂而顧憂彼三者是捨其肺腑而救其四肢也不亦左乎借有高才之臣能復九河之道儲九年之食闢千里之邊而本根未建猶無益也況復細於彼三事者烏足道哉今陛下聖體雖安四方之人未能遍知尚有疑懼者陛下不以此時早擇宗室之賢者使攝居儲副之位內以輔衛聖躬外以鎮安百姓萬一有狂妄之人出於意外諠譁驚眾雖知萬全無慮然亦豈可不過為之防哉臣竊意陛下聖智聰明洞照安危策慮已定而尚容之未欲宣示於外審或如此亦恐不可何則今天下之人企踵而立拱耳而聽以須明詔之下然後人人自安又何待而容哉

若以儲副體大非造次可定者或且使之輔政或典宿衛或尹京邑亦足以遏禍難之原靖中外之意今危亡安之幾間不容髮日失一日貴在及時而朝廷置之意外不為汲汲朝夕所議大抵皆目前常事非甚大而急者臣恐高拱雍容養成國家之患從而理之用力難矣此臣所以區區寢不能安食不能飽不避死亡之誅進言不已者也伏望陛下察其愚衷特賜詳擇臣前日所奏及今狀內事理稍有可施行者乞決計而速行之以安天下元元之心然後理臣僭妄建言之罪不敢辭也

光又上言曰臣兩曾上言乞擇宗室賢者進而用之蓋以上則輔衛聖躬下則鎮安百姓迄今未聞聖朝少垂采聽臣誠愚昧不達國家高遠之意若臣所言非邪當明治其罪以示天下若其是邪亦謂聖心不宜棄忽豈可直以臣之愚賤不察其言若投羽毛於滄海之中

杳然莫知其所之豈疏遠所望哉臣不勝憤懣敢復剖析肝膽陳布以聞雖抵罪萬死亦無悔臣聞書曰遠乃猷詩云猶之未遠是用大諫凡國家之弊在於樂因循而多忌諱不於治安之時豫為長遠之謀此患難所從而生也竊觀漢室以至有唐簡策所載帝王即位則立太子此乃古今不易之道也其或謙讓未暇則有司請之所以尊宗廟重社稷皆國家莫大之慶矣未聞人主以為諱惡也及唐中葉以來人主始有惡聞立嗣者群臣莫敢發言言則刑戮隨之是以禍亂相尋不可復振殊不知本強則茂基壯則安此乃國家所當深鑒而不足以為法也今天下之人上自公卿下至庶人苟有知識忠於國家者其心皆知當今之務無此為大無此為急然而各畏忤旨之誅莫敢進言臣獨不愛犬馬之軀為陛下言之陛下豈可不少留聖思而聽察之邪臣嘗歷觀春秋以來迄至國初積一千六百餘年其間天下混一內外無患兵寢不用者不過四百餘年而已至如聖朝芟夷僭亂一統四海內平外順上安下和使在朝在野之人自祖及孫耳目相傳不識戰鬬蓋自上世以來治平之久未有若今之盛者也臣竊見國家於州縣倉庫斗粮尺帛未嘗不嚴固扃鐍擇人而守之況如是融明闓茂之業豈可不謹擇親戚可信任者使助陛下守之乎此則賢愚之人所共為陛下重惜者也陛下當此之時顛揹如意不早決至策以固萬世不拔之基獨不念太祖太宗跋履山川經營天下真宗宵衣旰食以致太平之艱難乎此臣所以夙夜遑遑起則思之卧則夢之感嘆涕泗不能自已不避煩瀆之誅再三進言者也或者謂臣身賤居外而言朝廷之事侵官也臣愚以為治古諫諍無官自公卿大夫士至於庶人百工商旅矇瞍芻蕘無有不得言者所以達下情而察國政也若置官而守之非其官者皆不得言則

下情壅而不通如是則國家雖有迫切之憂行道之人皆知之而在上者莫得聞也此其為害豈不深乎況臣食陛下之祿於今三世矣先臣某以廉直恬退特為陛下所知擢自孤微升之侍從此恩之重子子孫孫何時敢忘而又陛下鄉以水災親下明詔延訪中外勤求得失臣獨何人身逢盛際捨此大節隱而不言其餘瑣碎豈足道哉抑又聞之元后作民父母陛下臣父也安有為人之子見危而不告其父乎伏望陛下察臣區區之心不為私其一身不惜少頃之間取臣前後所奏略賜省覽其中萬一苟有可施行者乞以陛下之意斷而行之宣告中外使遠近渙然無復憂疑則自然神靈悅於上而災異伏眾庶喜於下而姦宄消至於草木昆蟲靡不蒙其福其為功業豈不盛哉夫時者難得而易失惟陛下早留神詳察

六年光為起居舍人同知諫院乞建儲上劄子曰臣先於至和三年

通判并州事曰。三嘗上言。乞陛下早定繼嗣。以遏亂源。當是之時。臣跡遠在外。猶不敢隱忠愛死。數陳社稷至計。況今日侍陛下左右。官以諫諍為名。竊惟國家至大至急之務。無先於此。若捨而不言。專以冗細之事煩瀆聖聽。厭塞職業。是臣懷姦以事陛下。罪不容於菹醢。伏望陛下取臣曏時所進三狀。少加省察。或有可取。乞斷自聖志。早賜施行。如此。則天地神祇宗廟社稷群臣百姓。並受其福。惟在陛下一言而已。

光又乞建儲上劄子曰。臣近於前月二十六日上殿。敷奏。乞檢會臣在并州所奏三狀。早定繼嗣事。陛下聖意昭然。即垂聽納。凡所宣諭。皆非愚臣所能及此。乃天地神祇保佑皇家。實萬世無疆之休也。臣謂陛下朝夕當發德音。宣告大臣。施行其事。今將近一月。未有所聞。豈陛下以茲事體大。慎選宗室。未得其人。將左右之人有所間沮。

惑聖聽。臣皆不得而知也。臣聞為人後者為之子也。著於禮律。皆有明文。漢孝成帝即位二十五年。年四十五。以未有繼嗣。立弟子定陶王欣為太子。今陛下即位之年。及春秋皆已過之。豈可不為宗廟社稷深思遠慮哉。況今亦未使之正東宮之名。但願陛下自擇宗室仁孝聰明者。養以為子。官爵居處。稍異於衆。使天下之人皆知陛下意有所屬。以係遠近之心。俟他日皇子生。復使之退歸藩邸。有何所傷。此誠天下安危之本。願陛下決意而速行之。

七年。光又請早令皇子入內劄子曰。臣等伏聞擇今月二十五日差內臣宣皇子曙入內。而曙猶復稱病。未入。臣等竊以臣子有君命召不俟駕之禮。使者有受命不受辭之義。今曙但以恐懼不敢便當陛下非常恩寵。而所差內臣亦合以臣子事君父之禮曉諭切責。使即奉命。豈得備禮致命。默然徒復。殊不副陛下聖意。其今月二十五日宣曙內臣。伏乞特行責降。以懲不職之罪。況皇子之名。本非官職。無容避讓。今詔命已下二十餘日。而曙既為陛下之子。禮當朝夕定省。備人子之職。不宜久處外宅。伏望聖慈速賜選差都知御藥。諭以君父之命不可違。臣子之職不可闕。敦迫切責。使即時入內。并下大宗正司及本宮。亦仰以禮敦遣。不得更容遷延。

仁宗始不豫。國嗣未立。天下寒心。而莫敢言。諫官范鎮首發其議。光為開封府推官。在并州聞而繼之。且貽書勸鎮以死爭。至是復面言。臣昔通判并州所上三章。願陛下果斷力行。帝沉思久之。曰。得非欲選宗室為繼嗣者乎。此忠臣之言。但人不敢及耳。光曰。臣言此自謂必死。不意陛下開納。帝曰。此何害。古今皆有之。光退未聞命。復上疏曰。臣向者進說。意謂即行。今寂無所聞。此必有小人言陛下春秋鼎盛。何遽為不祥之事。小人無遠慮。特欲倉卒之際。援立其所厚善者

耳。定策國老。門生天子之禍。可勝言哉。帝大感動。曰。送中書。光見韓琦等曰。諸公不及今定議。異日禁中夜半出寸紙。以某人為嗣。則天下莫敢違。琦等拱手曰。敢不盡力。未幾。詔英宗判宗正。辭不就。遂立為皇太子。又稱疾不入。光言皇子辭不貲之富至于旬月。其賢於人遠矣。然父召無諾。君命召不俟駕。願以臣子大義責皇子。宜必入。英宗遂受命。

儲嗣

宋仁宗嘉祐元年知制誥吳奎上奏曰臣聞王者以社稷為本宗廟為重社稷必有奉宗廟必有主今陛下在位三十四年而嗣續未立天地祖宗開發聖意不然何故陛下無大過朝廷無甚失輒降如此之災異乎在禮大宗無嗣則擇支子之賢者漢成之於哀帝孝和之於安帝皆兄弟之子也若以昭穆言之則太祖太宗曾孫以近親言之則太宗之曾孫陛下所宜建立用繫四海之心者也陛下春秋猶盛嗣有皇子則退所為後者頗優其禮於宗室臣子之心誰曰不然陛下勿聽陰邪巧計以誤大事假如倉卒之際柄有所歸致社稷宗廟不血食書之史冊為萬世憤臣不願陛下以聖明之資當危亡之比也此事不宜優游願速裁定定之不速必有姦人陰賊其間然亦

不獨陛下之過輔弼之臣未聞力爭致宗祀無本鬱結羣望感召沴氣毒流天下所宜深罪推之咎罰無大于此

祕閣校理李大臨上奏曰臣竊以比來大雨入都門壞廬舍溺人民祖宗以來未之有也謹按漢書五行志曰簡宗祀不禱祠則水不潤下今朝廷祭祀非不恭時享非不至而反謂簡慢者何皇嗣未定主鬯有闕故也夫水萬物之本太子天下之本今天下之根本未立上天深示災變伏望陛下鑒天之戒早擇儲嗣以前定天下之心古者天子即位必有儲副以受宗廟易曰主器者長子又曰明兩作離大人以繼明照四方是天子必有儲副而天下獲安今儲副未定祭祀幾廢故天之變示深切著明也伏乞陛下無逆天時為社稷蒼生留意焉臣之朴忠憂國大計昧死以聞

觀文殿學士昭德軍節度使知并州龐籍上奏曰臣伏以中外之任各有分局職外陳事皆為出位在臣則不[illegible]自[illegible]備位升朝序爵陛下千世之遇寘于侍從付之權任遂登樞府追冠台司臣之椎愚進無他路凡在恩擢莫非帝力今身已頹憊猶居一方上將之位則國家大事敢以守屏自外忍默不言上負大恩慚責重矣恭惟陛下至聖臨御三紀日謹一日德全業大憂勤機務焦勞夙夜今春之初偶嬰微疹萬方臣庶心如焚灼祈禱穹昊冀集福聖躬天地降休廟社垂慶藥劑有喜亟臻平復壽康之永人神有賴然臣今昧萬死而思有所陳者蓋以陛下儲嗣未立宮坊虛位誠願陛下深思祖宗統緒之重下察臣民系望之懇發日之明親加精慮歷選宗室宜為嗣者速決聖斷制命一出四海懽抃天序既定羣心大安如此則陛下增基業之固奉宗廟之安無大於此也至如天禧之時先帝違豫溥率之誠雖懷憂戚而中外帖然安心者以陛下在東宮故也此理昭

昭於耳目矣伏見唐世之方鎮之臣上儲宮者數人當時不以為非而並蒙采用遂得福歸王室況臣忝主之深愛君之切苟以益國而死愈於負恩而生所以冒犯禍而不疑不悔也且臣年垂七十過於休退固無他希冀惟陛下係萬世之業蒙無窮之幸乃臣之大願矣瀝血上控祈賜裁擇不勝[illegible]誠待罪之至

起居舍人知諫院范鎮上奏曰伏惟陛下置諫官者為宗廟社稷計也諫官而不以宗廟社稷計事陛下者是不知諫官之任也陛下不以臣愚任之諫官臣敢不以宗廟社稷計獻于陛下乎二月中臣使契丹還過河北河北之人藉藉紛紛皆謂陛下方不豫時有言曰我為宗廟社稷計以廣孝道而憂勞而成此疾陛下所謂宗廟社稷計而憂且勞者得非皇嗣未立乎是時中外皇皇莫知所為而陛下方以宗廟社稷為念是陛下之計慮至深且明也今陛下既已平復御殿聽

政頌推向者之言而終行之。行之之術非明則不審。非果則不決。惟審與決。而宗廟社稷之計定矣。方今祖宗後裔蕃衍盛大。信厚篤實伏惟陛下擇其允賢者。優其禮數。試之以政。與圖天下之事。以系天下之心。異時誕育皇嗣。復遣還邸。則真宗皇帝時故事是也。初周王既薨。真宗皇帝取宗室子養之宮中。以天下之大慮也。太祖皇帝捨其子而立太宗。皇帝者天下之大公也。宗廟社稷之至計也。伏惟陛下觀太祖皇帝之公心。考真宗皇帝時故事。斷于聖心以幸天下。臣不勝至願。稽之於昔。參之於今。謀之於心。書之於疏。疏成而累月不上者。大懼無益於事。死今之世以累陛下之明。伏惟赦臣萬死之罪。審之決之。以定宗廟社稷之至計。非獨臣蒙更生之賜。乃天下之人之心也。不勝區區之愚。

鎮又奏曰。臣聞傳曰。決者智之君。需者事之賊。蓋言有所需待而不決則害智而賊於事也。季文子三思而後行。孔子曰。再斯可矣。何則。再思則是非定。至于三則惑。況過于三者乎。然則是非已定而復思之者惑也。孔子之所不與也。臣近奏參考祖宗故事。選宗室子優其禮數以係天下人心。俟有聖嗣復遣還邸。此是非之至辨而無可惑者。及今月餘不決。故天雨而不止。雲陰而不解。此其應也。陛下方不豫時。尚不忘宗廟社稷之計而形於言。今已平復。其肯忘宗廟社稷之計而不行之邪。必不然也。臣恐大臣不為陛下將明之爾。陛下恭事宗廟。仁覆海內。上天之報。必生聖嗣。臣今所請。乃祖宗時故事。以權係天下人心者。何惑而不為之乎。伏惟上觀天意。久雨之變。速加審定。以示中外。臣不勝大願。

鎮又奏曰。臣伏見天下以水災奏者日有十數。都城大水。天雨不止。所謂水不潤下也。傳曰。簡宗廟。不禱祠。廢祭祀。逆天時。則水不潤下。

陛下恭事天地神祇。肅祇祖宗。山川之祀。罔不秩舉。至於號令必順天時。非逆天時也。非廢祭祀也。非不禱祠也。然而上天出此變者。曉諭陛下以簡宗廟乎。陛下即位以來。虛副貳之位三十五年矣。臣近奏擇宗子賢者。優其禮數。試之以政。以繫天下人心。俟有聖嗣。復遣還邸。及今兩月餘日不行。正謂簡宗廟也。此天變所以發也。伏惟陛下深念宗廟之重。必有副貳。以臣前所上章。降付執政大臣。速為裁定。以塞天變。

鎮又奏曰。臣前後六奏。宗廟社稷大計。四奏進入。兩奏奉聖旨送中書。陛下不以臣章留中。而令送中書者。是欲使中書大臣奉行也。臣兩至中書。而中書大臣迭相設辭以拒臣。以此觀之。是陛下欲為宗廟社稷計。而大臣不欲為也。為大臣而不欲為宗廟社稷計。非所謂為大臣也。臣竊原大臣之意。恐行之而事有中變。故畏避而為容身之計也。今星變主急兵。萬一兵起。大臣家族首領顧不保。其為身計亦已疎矣。就使事有中變。而死陛下之職。與其死於亂兵。不猶愈乎。乞陛下以臣此章示大臣。使其自擇死所。

鎮又奏曰。臣伏見天禧三年六月彗星見。未幾而冊陛下為皇太子。方是時真宗皇帝只有陛下一人。天下人心已有所係。然真宗皇帝遽立陛下為皇太子者。欲預正名分以塞覬覦之路也。非私於陛下也。為宗廟社稷之計。與應天譴之變。皆當然也。今陛下未有皇嗣。天下人心無有所係。故天初見流星。繼以大水告陛下。以簡宗廟之罰。陛下君臣不知覺悟。故天又出彗以告陛下。而陛下君臣晏然復如前時。此臣當言之責。所以恐懼而待罪也。初流星示變時。大臣豈意必有大水乎。及大水入都城。大臣親領徒役以捍水患。今大水已定。而不知致大水之本。本由簡宗廟而不為宗廟計。故天又出彗也。彗之變主急兵。大臣又不知先定大計以備兵變。及兵如水之至而後親捍之。雖勤勞如捍水之時亦無益矣。陛下為民父母。已視民有壓溺之患。又忍使遭殘辱之禍而不為宗廟社稷計以荅天譴乎。

鎮又奏曰。近除臣侍御史知雜事。本臺見闕官。奉聖旨令受敕告速赴臺供職者。臣近以都城大水。及彗星適見。為變非常。故乞速定大計以荅天譴。闔門待罪。祈以死請。臣人微言輕。固不足以動聖聽。然所陳者乃天之戒。陛下縱不用臣之言。可不畏天之戒乎。彗星尚在朝廷不知警懼。彗星既滅。則天不復有所告戒。後雖欲言。亦無以為辭。此臣所以懼恐而必以死請也。今除臣侍御史知雜事。則臣之言責益重於前。所有告勑。未敢祇受。

鎮又奏曰。臣伏見古之人有以死諫忘其身之計。唯宗廟之是憂者。蓋有官守與忠義之所發也。臣今日之為。亦猶古之人也。有官守也。

忠義之所發也。肯愛其身而忘宗廟之憂。以自愧古人乎。所以前後奏議者凡十一上矣。是皆陳天地之大變。與述天下之人之心也。伏乞陛下以臣前所奏議盡付執政大臣。速加處決。以應天變。以慰人心。以為宗廟社稷之計。臣之區區不勝大願。

鎮又奏曰。臣前後三准中書劄子。聖旨指揮。令臣疾速赴臺供職。臣未敢從命者。非慢陛下之命也。欲陛下行臣之言而為宗廟社稷計也。夫君命有固不可違者。亦有固可違者。君命是而臣執之非者。固不可違者也。違之誅之可也。君命非而臣執之是者。固可違者也。違之寬之可也。伏乞陛下問大臣。臣言是邪非邪。如以臣言為是。伏乞寬臣之罪。因此大禮擇定副貳。誕告中外。以為宗廟社稷計。以臣言為非。伏乞誅臣以為妄言之戒。所有知雜御史之職。臣未敢輒受。

鎮又奏曰。臣前後三准中書劄子聖旨指揮。令臣疾速赴臺供職。有以見陛下愛臣之深也。初臣待罪。陛下不加以罪。而又遷擢之。臣未即赴職。而陛下又三降聖旨敦趣之。是陛下之恩意於臣篤且至也。而臣終不敢輒輕就者。自陛下擢臣為諫官。臣已將身許陛下也。今日之事。乃是臣致命之秋。陛下不用臣之言。賜臣之死。則臣一身之輕何足卹也。陛下感悟臣言而為宗廟社稷計。則臣之言甚可重也。不以一身之輕而廢甚可重之言者。臣之職也。臣之身。一人之私也。臣之言。衆人之公也。宗廟社稷之計也。陛下與其卹一人之私。孰若行衆人之公。以為宗廟社稷計。誠能因大禮定大議。決然大告於庭。則陛下收納諫之名。以慰天下之心。豈不美哉。如是而臣就死無所憾也。生而進之可也。退之亦可也。於陛下職事無所負也。於臣之初心亦無所負也。

鎮又上奏曰。臣待罪中。蒙除知雜御史。七降聖旨。臣雖甚愚。知陛下

必以臣言為是。然久而不知決者。竊恐左右近習以為陛下已安。不用為此以惑陛下。是皆佞邪無識之人。不可不察。古人所謂小人愛人以姑息者。正謂此輩。臣愚謂陛下既安。尤當為之以荅天意。天意報。既必蒙子孫無疆之慶。此天人相與之際必然之理。願陛下黜小人姑息之淺見。察臣之至言。則大臣不敢畏避。必能盡力輔佐陛下以為宗廟之計。臣前後上章凡十九次。竊恐留中。大臣不盡得見。今具錄進呈。乞付中書樞密大臣同共參議。有異議者。乞與臣廷辨。謂臣不然。即乞明加臣罪。辭臣言責。臣之至情。盡在於此。

二年。翰林學士歐陽脩上奏曰。臣聞言天下之難言者。不敢冀必然之聽。未必聽而不可不言者。所以盡為忠之心。況臣遭遇聖明。容納諫諍。言之未必不聽。其可默而不言。臣伏見自去歲以來。羣臣多言皇嗣之事。臣亦嘗因災異竊有奏陳。雖聖度包容。不加誅戮。而愚誠

懇至天聽未回臣實不勝愛君之心日夜區區未嘗忘此思欲再陳狂瞽而未知所以為言今者伏見兗國公主近已出降臣因竊思人之常道莫親於父子之親人之常情亦莫樂於父子之樂雖在聖哲異於凡倫其為天性於理則一陛下縱雖未有皇嗣而有公主之愛上懌聖顏今既出降漸疎左右則陛下萬機之暇處深宮之中誰可承顏色臣思以謂宜因此時出自聖意於宗室之中選材賢可喜者錄以為皇子使其出入左右問安侍膳亦足以懌悅聖情臣考於書史竊見自古帝王雖曰至尊未嘗獨處也其出而居外也不止百司公卿奏事而已必有儒臣學士講論於閑宴又有左右侍從顧問語言其入而居內也不止宦官宮妾在於左右而已其平居燕寢也則有太子問安侍膳於朝夕其優游宴樂也多與宗室子弟懽然相接如家人計其一日之中未嘗一時獨處也今陛下日御前後殿百司奏事者往往仰瞻天顏而退其甚幸者得承一二言之德音君臣之情不通上下之意不接其餘在庭之臣儒學侍從之列未聞一人從容親近於左右入而居內則至於問安侍膳亦闕於朝夕則陛下富有四海之廣躬享萬乘之尊居外則無一人可親居內則無一人得親此臣所以區區而欲言也伏惟陛下荷祖宗之業承宗廟社稷之重皇子未降儲位久虛群臣屢言大議未決臣前所奏陳以謂未必立為儲貳而且養為子既可以徐察其賢否亦可以待皇子之降生於今為之亦其時也臣言狂計愚伏俟斧鉞

仁宗春秋高未有嗣集賢校理韓宗彥上書曰漢章帝詔諸懷姙者賜胎養穀人三斛復其夫勿算一歲著為令臣考尋世次帝八子長則和帝而質安以下諸帝皆其係冑請修胎養之令且曰人君務繁衍其民則天亦昌衍其孫子矣

三年吳及改右正言上疏曰帝王之治必敦骨肉之愛而以至親夾輔王室詩曰懷德惟寧宗子惟城故同姓者國家之屏翰儲副者天下之根本陛下以海宇之廣宗廟之重而根本未立四方無所係心上下之憂無大於此謂宜發自聖斷擇宗室子以備儲副以服屬議之則莫如親以人望言之則莫如賢既兼親賢然後優封爵以寵異之選重厚樸茂之臣以教導之聽入侍禁中亦欲為後使中外之人悚然瞻望曰宮中有子矣陛下他日有嫡嗣則異其恩禮復令歸邸於理無嫌於義為順弭覬覦之心屬天下之望宗廟長久之策也既而又言開寶詔書內侍臣年三十無養父者聽養一子為嗣并以名上宣徽院違者抵死迺年此禁益弛天地之理陰累聖嗣願詔大臣明示舊制上順天意以綏福祐

四年右諫議大夫權御史中丞包拯上疏曰臣伏讀前史見聖王之御天下也初纂大業即建儲貳蓋所以安億兆危疑之心絕中外覬覦之望乃有國之常典而歷代所遵守者也伏自陛下紹隆丕構已逾三紀仁孝恭儉之德格于上下孜孜求治未嘗一日少怠茲固群臣仰望清光之不暇但以東宮虛位日久天下之心憂危至切雖前後臣僚論列者多矣卒不聞有所處置未審聖意持久不決者何也夫萬物皆有根本而太子天下之根本也根本不立禍孰大焉今既皇嗣未降亦當求詩人盤維之義固天下根本之地不可忽也臣願陛下特出宸斷密與執政大臣協議精擇宗室中親而有德望眾所推重者優以封爵置在左右日加訓勗仍與增補僚屬選用厚重方正之士令就禁邸諭以善道益其聞見如此則不惟表異親賢抑亦鞏固王室可以挫姦雄覬望之意也俟皇嗣誕育則以優禮而進退之此亦古今之通義陛下何憚而不為哉伏況藝祖以艱難得天下

以聖繼聖傳於陛下垂乃百年陛下豈可不念祖宗之業當傳之無窮若乃徇目前之適忽經久之策必稔禍於將來恐非社稷之福也陛下得不留神而熟慮乎臣以疏外之迹累當言責之任今陛下以臣愚直擢在憲府若畏罪不言是上孤陛下委用之意臣不忍為惟陛下審其當否斷而行之則天下幸甚

拯嘗奏曰東宮虛位日久天下以為憂陛下持久不決何也仁宗曰卿欲誰立拯曰臣不才備位乞豫建太子者為宗廟萬世計也陛下問臣欲誰立是疑臣也臣年七十且無子非邀福者帝喜曰徐當議之

時群牧使宋祁卒上遺奏曰陛下享國四十年東宮虛位天下係望人心未安為社稷深計莫若擇宗室賢才進爵親王為匕鬯之主若六宮有就館之慶聖嗣蕃衍則宗子降封郡王以避正嫡此定人心防禍患之大計也

六年翰林學士胡宿上奏曰臣被旨令為青詞禱諸陵山川以求儲嗣臣聞漢文帝二年有司請豫建太子是時文帝已有元子猶對有司稱楚王吳王淮南王皆秉德以陪朕何為不豫哉太祖皇帝感昭憲太后遺言捨魏王而立太宗自開闢以來神武英斷未有如太祖皇帝陛下必待聖嫡然後擬議非居安思危之道願察宗室敦厚慈仁可以為副君者立之則儲貳之分定天下之心安矣欲望聖慈特賜睿斷臣不勝區區之情

首相韓琦上奏曰臣竊見近歲以來內外忠孝之臣以陛下臨御四海已四十年而皇嗣未育天下無所係心不避重誅繼有論奏乞於宗室中擇幼而可教者權為嗣陛下慈仁崇儉冠絕今古天監至明非晚必生聖子以為廟社無疆之慶至時宗室中權為嗣者優加職秩使之退就宮邸誠善議也臣愚[illegible]惟陛下何疑而不行之然[illegible]至大當獨斷於聖心雖至親至近之人不可預議如陛下素有所屬已得其人則望宣示中書樞密院使奉而行之以慰中外之意若謂賢愚難審選擇當謹則臣曾乞於內中建學取宗室中幼而謹厚勤於為學者置于內學陛下每於聽斷之暇或休假之日親幸學舍觀其道業進退應對長短不年歲間陛下必盡知其能否然後聖慮取其可屬者權而命之則無不當矣臣蒙陛下非次拔擢使待罪宰相思有以報上而事無重於此者故昧死盡言惟聖度寬納則天下幸甚

琦遷昭文館大學士監修國史時帝既連失三王自至和中得疾不能御殿中外惴恐臣下爭以立嗣固根本為言包拯范鎮尤激切積五六歲依違未之行言者亦稍怠至是琦乘間進曰皇嗣者天下安危之所係自昔禍亂之起皆由策不早定陛下春秋高未有建立何不擇宗室之賢者以為宗廟社稷計帝曰後宮將有就館者姑待之已又生女一日琦懷漢孔光傳以進曰成帝無嗣立弟之子彼中材之主猶能如是況陛下乎願以太祖之心為心則無不可者又與曾公亮張昇歐陽脩極言之會司馬光呂誨皆有請琦進讀二疏未及有所啓帝遽曰朕有意久矣誰可者琦皇恐對曰此非臣輩所可議當出自聖擇帝曰宮中嘗養二子小者甚純近不慧大者可也琦請其名帝以宗實告宗實英宗舊名也琦等遂力贊之議乃定英宗居濮王喪議起知宗正琦曰事若行不可中止陛下斷自不疑乞內中批出帝意不欲宮人知曰只中書行足矣命下英宗固辭帝復問琦琦對曰陛下既知其賢而選之今不敢遽當蓋器識遠大所以為賢也願固起之英宗既終喪猶堅卧不起琦言宗正之命初出外人皆

知必為皇子不若遂正其名乃下詔立為皇子

呂誨上奏曰臣竊聞中外臣僚屢有密疏以聖嗣未立精擇旁繼指斥祖宗分別裔緒臣子之心詎當如是蓋憂懼隕穫發於忠誠而深虞機會之失也雖然宗室有親疏天資有賢愚委付親賢當出聖慮人臣安得陳露事機以萌非冀惟陛下思忠言奮剛斷遏未然之亂無使後時此防微之深慮也又聞日近奏彗星躔心宿請備西北謹按天文志三星天王之正位中曰明堂前為太子後為庶子星直則失勢明則見祥貧之知星者以謂既直且闇而妖星所犯變見之驗恐不在西北臣又聞自夏秋京師淫雨諸路水潦數州地震江河泛溢民戶墊溺斯陰盛之沴固有冥符唐神龍初洛水暴盛宋務光曰自登皇極未建元良非所以守器承祧養德贊美姻戚之間謗議所集積疑成災厥罰斯至乃已然之明驗有以知皇天愛陛下之深數

以災異感動若尚不加警悟殆非畏天保國之深慮也臣又聞近宗室中訛言事露流傳四方人心驚疑是亦陰沴之應窺覦之心不可不知其漸伏望陛下念根本之重為宗廟之計檢會前後臣僚奏議延對大臣周爰忠讜審擇宮邸以親賢稽合天意況宗枝蕃茂豈無賢德上副聖念脫或宸謀已定當使天下共知以安久系萬一姦臣陰有附會陽為忠實以緩上心此最為患之大者不可不察也漢成帝感王根邪說捨中山而立定陶及孝安之際梁冀姦謀貪樂安沖幼而畏清河嚴明卒至於亂苟有正人讜論則東西二京基祚可量哉惟陛下念祖宗造宋之艱難鑒成安隨漢之基祚窒奸臣附會之漸絶後世窺覦之患早為定斷慰安人心天下大幸

同知諫院呂誨又上奏曰臣伏覩淮陽郡王宮置翊善侍講等官又聞翊善王陶等請郡王當拜禮者臣竊思之蓋名有不正禮固失宜敢不論列上裨宸聽今王出閤儀非開府當且設師友未宜建置僚屬國朝至道元年中書奏案唐文宗朝李石言太子有侍讀諸王亦有侍讀無隆殺之禮請改為奉諸王講讀皇姪皇孫是環衛之職請以教授為名從之先帝為壽春郡王命張士遜崔遵度為友至天禧中士遜為諫議大夫兼太子庶子諮資善堂參見猶令升階列拜自是始有跪受之禮事體甚明臣欲乞朝廷先正陶等職任名位既正禮分自安又況郡王年已長立當早出閤以奉朝請如此開府建官翊善侍講自為寮屬於禮宜矣

殿中侍御史裏行陳洙上奏曰臣聞孟子之言曰生亦我所欲也義亦我所欲也二者不可得兼舍生而取義可也臣官為御史身有言責當世之事繫安危興亡之本原者計身而不言則失事君之大義切言而不避則蹈死亡之顯誅臣敢捨生取義攄瀝肝膽仰聞於陛

下誅之容之惟君父命伏以陛下仁侔帝堯孝同周武體元居正已四十年惠滂澤流浹民肌骨陛下視億兆之人如赤子億兆之人視陛下如慈父未有為人之子而不憂其父之憂者也天下之本未立吾君之子未育此天下所以皇皇而同慮也臣輒探天下之心揆天下之論而開陳之方今皇嗣未降人心未安公府大臣無敢言者朝廷安危莫大於是歷代治亂之迹甚明臣不復條舉姑借東漢之事言之順沖質之際漢祚幾絶清河王蒜最親賢而不得立奸臣梁冀立蠡吾侯志是為威帝忠臣杜喬李固雖力爭就死曾何益於漢哉威帝既立政移五侯刑濫三獄而宗社自此危矣迹其所以然蓋辦之不早計之後時也嚮使李杜之策行於前梁冀之謀不得用則炎曆長久其可量乎思東漢之事則知奸邪之臣幸時失制發明立昏棄長扶幼以危亡其邦家皆可見也然則可不預為久安之策哉臣

愚伏願陛下決自清衷。發於聖斷。擇宗室之賢者立為皇子。寘之左右。使日聞陛下之訓言。日觀陛下之德政。則天下之憂去。而奸臣之謀戢矣。皇天輔德。其應如響。陛下至仁至義。至慈至孝。行將天錫聖嗣。繼照四海。復俾宗室退還舊藩。九州四海之人。孰曰不然。夫先機而謀則事克濟。失時而慮。則禍已萌。臣失今不言。而異時倉猝言之。不過能效李杜之死耳。曾何益於朝廷哉。陛下如不亮臣愚忠。以臣為懷異日之圖。莫若先殺臣之身。而用臣之言。臣雖死之日。猶生之年也。伏望聖慈。宣示臣章。付執政大臣而行之。天下大幸。

七年。右正言王陶上奏曰。臣伏覩自至和中。聖躬不豫之後。天下之人顒顒惴惴。無所寄命。日望上穹眷命。降生聖嗣。內承九廟祀享之重。外安四海億兆之心。天既莫期。未如民志。朝廷百

執事州郡之吏。下至韋布草萊之士。抗疏交章。引古今。陳災異。請擇宗室親賢。早建儲嗣。危言切語。感動天聽者以數百。夫為是議者。豈皆懷不忠不孝為姦利託附之人哉。蓋發於至誠。為宗廟社稷無窮大計。他日四海生靈死亡之命。豫求安全。深思遠慮而已。陛下納諫從善。博通古今治亂之要。知聖人先天而天不違。後天而奉天時之道。在乎順民欲而安眾心也。故歲親發德音。稽唐故事。擇宗子使知宗正寺。上以先後天心。導迎景貺。而俟與子之祥。次以尊崇宗廟。欽重祭享。而備主鬯之職。下以順悅人情。表的聖意。而示強宗之勢。中外聞之。咸謂此舉設施安穩。不驚人耳目。而天下搖搖之心一旦而定。他日聖嗣降育。則稍還其秩。使歸本邸。進退之命。無傷國體。莫不稱慶陛下有堯之至仁。舜之大孝。漢文之恭遜。而睿謀英斷。非近代中庸

之主所可及。及厥後寢閣稽緩。四方觀聽。豈免憂疑。或罪宗寶以為自唐以來。判宗正寺者皆用宗子。求之典故。乃一尋常差遣。何必過為辭避。或者流言云。事自宮中。嬪御宦臣姑息之言。聖恩因而微惑。且婦人近幸。未識國家大計。苟務一時媮悅陛下。而不知返沮壞美政。睽隔英斷。為害甚大也。風聞宗寶自有此命而來。夙夜恐懼。閉門不敢見人。昨自二月服除。今半年有餘矣。臣恐天下之人。謂陛下始者順天心人欲而命之。今者聽左右姑息之言而疑之。不獨百世之後。使人歎息聖政始卒之不一。亦恐自今遠近中外奸雄之人。得以窺伺間隙矣。自古天下禍亂之始。未有不由繼嗣不立。付屬之心不豫定。而遂致後世爭奪危亡。使天下赤子糜爛塗地而受弊者也。況數歲以來。災異頻數。不可勝紀。今春徐陳許蔡迫京畿之民。訛言相傳。掘

土而食。近又龍鬬於南京之舊驛。盛夏火王。金當消。又太白芒角盛。大陵犯熒惑。又太白經天。與歲星晝見。天地人事皆見變異。其占為兵。為凶。為人心不安。為甚可懼。太史必有以其術為陛下言之者。陛下於此時豈可尚復優游不斷。恐懼脩省急荅天戒哉。夫天下者。聖祖神宗之天下。傳至陛下。使陛下永置生民於安全之地。陛下當思先帝付託之重。使宗廟社稷生民有所依賴。天下忠臣節士有所取正。無令漢成帝獨有義名也。前日未命宗寶。人人言早建儲嗣。今日乃無一人敢言者。非今日之人不忠。蓋前日未有主名。泛為公言。而陛下不疑也。今日補一宗正官。雖非繼嗣。似有主名。又陛下猶豫遲疑。自冬徂秋十月矣。中外之人無貴賤賢愚。人人自顧私計。懼陛下見疑獲罪。不敢出一言。但日聽朝廷所為以卜治亂而已。臣職為諫官。倘

又不言則誰為陛下言者故臣區區憂國之心顛沛彷徨而不能自已也

仁宗春秋高皇嗣未立監察御史傅堯俞請建宗室之賢以繫天下望及英宗為皇子有司闕供餽仁宗未知堯俞言陛下既以宗社之重建皇嗣宜以家人禮使皇子朝夕侍膳左右以通慈孝之誠今禮遇有闕非所以隆親親重國本也於是詔有司供具甚厚

英宗初即位同知諫院呂誨上奏曰臣竊以事之遽者步寧思於中矩心之切者言何假於文為況任居言責世有憂危焉敢恝然自持為全身之計哉臣以謂王者所以尊高於人上慘舒於天下以賞罰之柄專其有也故威福不可移於下謹重操守而已恭惟陛下踐祚以來聖體違豫雖天光臨下而德音鮮聞

萬機之事未嘗可否悉付中書密院然皇太后關決於中自匪輔臣雖承旨兩制近侍亦不得造簾箔之下況疎遠之臣耶如是爵賞刑威一歸於政府盡公則已脫或差謬何繇取正下情不無於蔽壅所以中外懍然未安者此也尚賴忠良一意上下無閒萬一姦邪得進盜弄威福勢不可不防其漸也為陛下謀者莫若早建元良自輔號令威福自中而出人知所歸則下無異心此當今之速效也漢文帝即位之初有司請豫建太子文帝英睿之君景帝賢明之嗣尚以不豫為憂誠有謂也況濮陽王天資敏悟位當冢嫡速宜建立以固本根旁絕覬覦繫安人心斯萬世之慮也伏望陛下大開聰聽俯納愚忠審操柄不可移於下思機會不可失於時法漢文豫建之策為廟社長久之計上有聖后之翊輔下有元良之倚[illegible]陛下高拱巖廊仰成庶政臣私謂雖泰山之

安莫安於此也清靜不言而化人神胥悅天意昭輔勿藥之喜計日可期天下幸甚

誨又上慈聖皇后乞調治聖躬建立儲副奏曰臣竊以兩漢而後諸侯王入繼聖統者甚衆或以功或以賢或以親或以黨四者之繼隆替之所係以功與親賢者何嘗不興隆於寶緒繇黨附而至者未有不基乎禍亂哀平威靈之類是也千百載之下為之監戒今上生而敏睿天資英哲先帝知其曆數在躬又當近屬實以親而賢擢之寶器及詔告于外讙聲翕然殿下以積勲之後配德仁宗主宣陰教天下蒙福上自潛德之初殿下鞠育保護者三十年矣先皇示代宣導遺旨掌握機柄佐佑聖嗣克安天下求我帝業丕功茂負固不待愚臣一二而談矣上遠豫而來重煩聽斷庶務允輯中外賴焉比聞流議宣傳上疾未間言或荒忽承顏之禮時有所闕殿下幾至不能容

覆外臣罔測謂之然矣臣竊慮小人乘間幸兩宮如是陰為交鬬以生他事殿下察其素履知其有疾故當責忠臣之輔助擇太醫之調理又聞上意自倦服藥以致醫工久無效驗然病者皆其瞑眩斯亦常情誠恐奉御之人但能備禮不敢強以服餌積日之深其誤不細惟殿下廣乎容納之度忘其惰慢之禮親閱湯劑力為調治強之以嚴威撫之以恩愛如此人神和悅得不降祐上之起居必遂安適不然恩禮中關慈孝兩失人言不已其如天下何其如宗廟何其如先帝何三十年保育之功一朝而棄臣竊為殿下惜之臣重思療治之法即如是言萬世之計敢不為殿下陳論漢馬皇后畢明帝世克全美德以至鞠養章帝勞悴過於所生母子慈愛始終無纖介之隙章帝終為賢聖之主其保助亦已明矣史冊書美世遠益光臣伏願殿下循修以為法度念先帝之顧體聖躬之憂危宮中間言不可不察

方四海顒顒日朔振治萬機取決不可持疑雖神宇幹勞而宋祚安
矣伏上躬平和還居清淨愉怡壽考豈不休哉況淮陽王及諸孫天
資淳篤宜均撫育以盡愛慈繼繼承承本根為重儲副之位安可暫
虛殿下宜上承天意下順人心謀乃輔臣助成君德早議建立夢絕
闚覦則廟社之福天下之幸
知諫院司馬光上劄子曰臣伏見陛下差直史館王陶充皇子伴讀
祕閣校理孫思恭充本位說書此誠國家之首務聖哲之遠圖然臣
聞三代令王置師傅保以教其子又置三少與之燕居至於左右前
後侍御僕從之人皆選孝悌端良之士逐去邪人毋得在側使之日
見正事聞正言然後道明而德盛心愉而體安福被兆民功流萬世
此教之所以為益也今陶等雖為皇子官屬若不日日得見或見而
遽退語言不洽志意不通未嘗與之論經術之精微辨人情之邪正

究義理之是非考行己之得失教者止於供職學者止於備禮而左
右前後侍御僕從或有佞邪讒巧之人雜處其間出入起居朝夕相
近誘之以非禮導之以不義納之以諂諛濟之以詐偽雖皇子資性
聰明端懿難移然親近易習積久易遷諂諛易入詐偽易惑如此則
雖有碩儒端士為之師傅終無益也臣聞孟子曰雖有天下易生之
物一日暴之十日寒之未有能生者也吾見亦罕矣吾退而寒之者
至矣又曰一齊人傅之眾楚人咻之雖日撻而求其齊言不可得也
臣愚伏望陛下多置皇子宮屬博選天下有學行之士以充之使每
日在皇子側與皇子居處燕遊講論道義贊善抑惡輔成懿德其左
右前後侍御僕從亦皆選小心端恪之人使所屬官司結罪保明然
後得入仍專委伴讀官提舉覺察若有佞邪讒巧之人誘導皇子為
非禮之事者委伴讀官糾舉施行即時斥逐不令在側若皇子自有

過失再三規誨不從者亦聽以聞如此則必進德修業日就月將譬
人益親邪人益疏誠天下之幸也大理評事趙彥若孝友溫良謹潔
正固博聞強記難進易退國子監直講李寔好學有文修身慎行祕
閣校理孟恂清純愷悌始終如一此臣之所知也伏望陛下擇此三
人及廣求其比以備皇子官屬臣推心盡忠不敢形迹僭越妄言伏
俟譴謫
殿中侍御史傅堯俞上奏曰臣竊嘗讀傳記採國家之要務見聖人
之教其子也未有不思所以護其闕而養其全是以事作軌儀物為
防檢蓋大恩惟父子義則君臣必恩義之兩行貫古今之通道天下
之本庸可易乎故滯愛生從具存規誡異宮而處用別嫌疑臣雖至
愚輒有深慮竊見淮陽郡王爵分茅社位列鼎司體何但於勝衣年
已踰於志學雖即外傅尚居中禁臣謂非所以養其德望而廣其嚴

恭者也伏願陛下稍抑私情務存大體俾之出外居別館稍親諸務
問安內寢著為定規然后飲食起居必有常度左右前後皆用正人
上以隆父子之恩下以著君臣之義養全教本此其始乎
治平二年監察御史裏行呂大防上奏曰臣伏覩皇子潁王以元子
之重幼年盛德出閤開府二年于茲雖陛下聖心謙遜未皇正位東
宮而社稷之本天下之望實有繫焉至于師友寮寀宜用道德英俊
一時之賢或以方嚴見憚或以行義可法庶可以行輔導之職發揮
皇子聰明仁義之姿屢觀前古未嘗不謹於此故在虞則有夔周有
周召史佚太顛散宜生閎夭漢則有留侯四皓二疏石奮丙吉韋元
成鄭為桓榮晉則有山濤張華王導賀循皆以元臣巨儒輔正儲貳
故宣廣言於宣帝曰太子國儲副君師友必天下英俊張佚言於光
武曰為天下立太子則宜用天下賢才此可見其遴選之意所以重

國本而尊宗廟也。竊見近除潁王府記室陳薦侍講孫固。道義無聞。學問至淺。初薦之被選。已為時論所非。而固之獲進。重取識者之笑。皆以為諂事公卿。致身於此。又安能儀刑藩邸。輔翼元良也哉。臣愚以為宜飭輔臣。更選經行脩明。可為師範者。以備王府官屬。薦固之才。量其所堪。改授別職。及乞依舊令置王傅友官。擇兩制之臣有道德學問者充其任。則朝廷尊榮。天下幸甚。

三年。翰林學士張方平上奏曰。臣竊惟潁王地居嫡長。春秋鼎盛。方當稽古向學。修誠進德。若其左右前後有位之士。所以朝夕納誨。咨告法度。出入起居。固有不欽。一人元良。萬國以正。社稷之本也。今遴選官寮。進用時俊。歲年之間。即復遷易。於此假塗以陞要近。乃令縉紳之列。指為仕宦捷徑。非所以資王之重也。願留聖慮。申諭執政。王府記室。顧當兼用詞翰之選。至于翊善保傅之業。亦宜於兩省以上推擇老誠舊望。行安而節和者。得以久處其職。俾典領宮中之政。至于侍御僕從使俾側媚以非正之事云為者。察而聞於王。小者懲戒。大者上聞而斥之。私有憸人得在王門。以著王之令聞。茲國家無疆之休。惟陛下留神幸察。

英宗不豫。儲副未正。劉庠拜疏。請太子天下本。漢文帝於初元即為無窮計。潁王長且賢。宜亟立。使日侍禁中。閱四方章奏。帝皆行之。

神宗熙寧九年。宣徽使張方平上言曰。臣聞王者大居正。謂王者君國。當先正其統本也。三代遠矣。漢唐之盛。君即位。太后太子多同時建立。立太子不以長幼。其緩者不過二三年。不然則必有故。史策具存矣。本朝太祖開國。知天命屬有太宗。故不與子。然以儲位寓於京尹。太宗自京尹踐祚。真宗自京尹登儲位。仁宗未嘗出閤。即登儲位。先帝入纂大統。尋登尊位。尹京故事。蓋未有。陛下即位。及今九年。受

天之祐。阜有前星之慶。正統大本。謂宜時定。上以尊宗廟。下以係天下之心。國之大事。僭議罪也。然陛下特以恩意留臣在朝。愚慮所及。敢有不盡。故不避嚴憲。輒陳忠悃。

神宗數失皇子。太史言民墓多迫京城。故不利國嗣。詔悉改卜。無慮數十萬計。衆洶懼。知開封府王安禮諫曰。文王卜世三十。其政先於掩骼埋胔。未聞遷人之冢以利其嗣者。帝惻然而罷。

元豐六年。禮部尚書黃履上奏曰。臣聞古之至治之時。太子雖在孩提有識之間。必選天下孝悌博聞之士以衛翊之。蓋欲其見正事。聞正言。行正道也。恭聞皇太子妙齡浸加。保傅未立。雖其神靈徇齊得於天縱。而樂以修內。禮以修外。至於其成也。懌而恭敬。溫文深知父子君臣之道。則亦有所教也。伏惟皇帝陛下動容周旋。莫不中禮。使之觀之。固有默然而喻者。聖學高遠。肆口所言。皆可為法。使之聞之。固有曉然而循者。然而主之以恩。不責以善。必立傅以養之。審道以示之。觀德以喻之。蓋二帝三王之盛。亦莫不然也。臣愚不肖。不足以明當世要務。與夫先王立治之本。徒守愚學。麤傳經以言。臣不勝惓惓犬馬之情。

徽宗時。劉元承論謹擇皇子官屬疏曰。臣聞天下之本有三。法度人材皇子是也。而法度人材。又以皇子為之本。皇帝陛下辟延俊良。列于庶位。恢張綱目。細大畢舉。實社稷無疆之業。邇者皇子就傅。選置官屬為之輔導。獨出宸鑒之所識擢。可謂急所本矣。臣聞賈誼言曰。天下之本繫之太子。太子之善在於早諭教與選左右。夫翊善侍講記室之職。實掌教諭。前日慎重。既已精矣。而左右者亦不可不慎。蓋教諭之官趨見有時。左右之臣。朝夕于側。所以服習積貫者為賴已多。必得其人。乃克有補。方今近侍之臣。其賢與否。固已不逃陛下

之熟察矣臣願慎擇莊恪純厚而博學者以充左右之選左右罔非正人則所聞皆正言所見皆正行元良正而天下定矣苟群枉雜進則治忽以分可不畏哉可不慎哉

欽宗時御史胡舜陟奏向者晁說之乞皇太子講孝經讀論語間日讀爾雅而廢孟子夫孔子之後深知聖人之道者孟子而已願詔東宮官遵舊制先讀論語次讀孟子又奏涪陵譙定受易於郭雍究極象數逆知人事洞曉諸葛亮八陣法宜厚禮招之

高宗時知漳州廖剛奏曰准尚書禮部符備奉手詔節文太陽有異氛氣四合中外侍從之臣其遵前後詔書各舉能直言極諫之士一人將詳延于廷諏以過失次第施行用承天意者右臣奉詔旨歷思平生所知識之士覩有以仰承休德雖學問文采不無其人求所謂賢良方正真能直言極諫而文詞敏贍足以應科目者迄未有得父

稽裁奏臣誠惶誠懼不知所處除不住更搜訪外竊復思念侍從之臣以論思獻納為職艱厄未濟變異仍彰陛下側身咨訪亟圖銷弭之方此臣等所當披露心腹竭所見聞庶幾仰補聖政之萬一亦何暇轉索之於疎遠草萊之士而望其能言者哉臣誠不自揆姑欲以區區愚見仰塞明詔伏望陛下廓天地之度霽雷霆之威少垂聰聽使狂言獲經聖慮雖就鼎鑊臣所無憾恭惟陛下謙恭責己勤儉宜民聲色不邇問學是好嘗膽父兄之恥亟席仁賢之求臣實未見聖德之或缺然則變見之異曷為其然臣聞應天以實不以文自靖康已來天之譴怒甚矣不必日蝕地震之為異也陛下嘗試隱之於心應天之誠其亦有未至耶臣願有說於此陛下昨者慨然念往轍之或非懼天譴之有在於是有建國公之封蓋將以承天意而示公於天下後世者也然而不遂正名為子者豈尚有所待耶有所待則是

應天之誠未至也人君之舉事惟上有以當天心下有以合天下之公議而幽無負於神明則在誠以行之而已倘非發於誠心而曰姑若是云耳則有始而無卒者有矣曾不足以服匹夫匹婦之心而況可以動天乎臣願陛下昭告藝祖在天之靈正建國儲君之位布告中外不匿厥指使四方萬里乃至九夷八蠻皆知陛下此舉出於誠心而志先定矣異時雖有百斯男不復變易此於聖德豈不光哉豈不大哉是誠足以答天意而轉禍為福感人心而變逆為順彼夷虜聞之亦將慕義而率服者矣此所謂行小變而初不失其大常陛下亦何吝而不為乎臣竊以為陛下之得失獨在於此置此之大而欲飾小善行小惠以銷天變非臣所敢知也且作善降祥天鑒靡忒自古命以義者後世子孫往往復受天命如仲雍避季而壽夢有吳宣公立和而與夷有宋之類是也臣非敢以此為說辭欲陛下知天理

之昭昭如此孟軻曰責難於君謂之恭謂吾君不能謂之賊陛下方求直言極諫臣故敢以堯舜之所為望陛下伏幸聖慈未賜狂瞽之誅而加采納焉實宗社生靈無窮之福臣不勝惶恐戰越待罪之至

建炎四年至越上虞丞婁寅亮上疏曰先正有言太祖舍其子而立弟此天下之大公周王薨章聖取宗室育之宮中此天下之大慮也仁宗感悟其說詔英祖入繼大統文子文孫宜君宜王遭罹變故不斷如帶今有天下者獨陛下一人而已屬者椒寢未繁前星不耀孤立無助有識寒心天其或者深戒陛下追念祖宗公心長慮之所及乎崇寧以來諛臣進說獨推濮王子孫以為近屬餘皆謂之同姓遂使昌陵之後寂寥無聞奔迸藍縷僅同民庶恐祀豐于昵仰違天監太祖在天莫肯顧歆是以二聖未有回鑾之期金人未有悔禍之意中原未有息肩之日臣愚不識忌諱欲乞陛下于子行中遴選太祖

諸孫有賢德者視秩親王俾牧九州以待皇嗣之生退處藩服并選宣祖太宗之裔材武可稱之人升為南班以備環衛庶幾上慰在天之靈下係人心之望紹興元年召赴行在復上疏曰陛下輟迹所環六年于外險阻艱難備嘗之矣然而二聖未還金人未滅四方未靖者何哉天意若曰天祚宋德太祖不私其子而保之不幸姦邪悞國而壞之將使嗣聖念祖思危而後獲之乃所以申其永命也臣誠狂妄去歲上章請陛下取太祖諸孫之賢者視秩親王使牧九州誤蒙采聽赦而不誅茲蓋在天之靈發悟聖心為社稷計非愚臣之所及也伏望宣告大臣行之他日皇子之生使之退處清暇不過增一節度使爾陛下以太祖之心行章聖之慮自然孝弟感通兩宮回蹕澤流萬世

紹興元年張浚上言曰臣荷陛下恩德之厚有踰等倫顧事有干於宗社大計臣知而不言誰為陛下言者惟陛下察其用心貸其萬死臣恭惟陛下自即位以來念兩宮倚託之重夙夜憂勤不近聲色不事玩好雖古賢王之用心持身無以加此是宜天地感格祖宗垂祐受福無窮侯致中興臣之區區亦冀侯日月之末光獲保終年少效補報臣竊見西漢之制人君即位首建儲嗣所以固基本屬人心臣願陛下特詔大臣講明故事仍乞多擇宗室之賢者優禮厚養以為藩屏臣無任懇禱激切之至

孝宗時張浚上言曰臣竊惟人君即位必蚤建太子所以承祖宗廣孝愛固根本懷萬方也漢高帝初定關中付蕭何以居守之任首建太子文帝自代邸繼大統即位未數月有司請蚤建太子以尊宗廟其為天下國家之計甚厚也仰惟太上皇帝以帝堯之心付受陛下光照萬古邈不可及為陛下計所當立萬世之基拯生民之難揚祖宗之烈用以仰副太上皇帝之心西漢故事其在今日不可不舉伏望陛下蚤賜睿斷不勝幸甚

信州守王師愈奏曰臣恭惟陛下長慮遠識早建儲宮立天下大本以為社稷宗廟永永無疆之休甚盛舉也至乃恭用至道故事命皇太子領臨安府尹外間未能深諭竊惟皇太子副貳宸極繫四海之望以紹承統業當居春宮日親師傅講論治道尋繹經義臨安府尹一州長吏耳非所以浼皇太子之尊而示天下廣大也雖有至道故事臣猶以為不然何者藝祖太宗同起軍旅素習勞辱煩劇事故藝祖既登極命太宗尹京以彈壓鎮撫當時太宗亦藩臣耳於領天府事體為順三代時諸侯入為王官者固多若已正儲貳則與列國諸侯州郡長吏不同矣況自藝祖以來入府多用藩王兼領遂為故事建隆初太宗皇帝以使相尹京進封晉王太宗即位則秦王尹京秦

王得罪則許王尹京許王既卒真宗皇帝乃以襄王尹京進封壽王尹京八年始升儲升儲之後自合解府事入處東宮以全儲貳之尊當時因循不暇釐正止稍加崇重已是大臣失於討論雖有故事豈可復舉真宗既即位即藩王不復尹京矣蓋親王尹京所以繫人望將以正儲未聞已升儲乃始尹京者惟欽宗皇帝以皇太子出牧開封二日而即位事出倉卒非可為法真宗皇帝以至道元年九月升儲至三年三月即位自升儲至即位止一年半府僚郡政相仍未久故未見有不便今陛下春秋鼎盛方宵衣旰食以濟大業未至倦勤若以皇太子監國撫軍無所不可若泛以一州吏事誠非所宜也真宗皇帝在東宮講讀勸諭之官汩沒州郡吏事勢必不能專心致志以輔導啓迪從容議論惟日困於簿書期會無乃失職乎恭惟皇太子英稟異常天性夙成他日不患不能臨決民事在涵養[illegible]

又新以躋堯舜之盛而已恐領臨安府尹非所以澂儲貳也且太上南渡以來臨安止暫為駐蹕之地所以不為建都立邑之制者誠以繫中原之望兼今日臨安府事與舊日京尹大段不同今陛下方以恢復神京自任建儲之際乃首舉尹京故事於臨安四方安知聖意所在皆曰臨安已作京師無恢復意矣豈不絕中原之望疑四海之心臣跡遠愚昧不知朝廷故事僭越狂妄罪死不赦伏惟陛下少加思慮覽假誅殛則天下幸甚天下幸甚

太子詹事王十朋上疏曰臣恭聞陛下斷自宸衷首建國本天下相賀以為社稷無疆之福臣初至闕下聞太子有尹京之議臣竊以為未然臣聞三王之教世子也不過教之以禮樂樂以治內禮以治外俾知父子君臣之義而已成王之為太子也召公為保周公為傅太公為師保保其身體傅傅之德義師導之教訓未聞其尹京也國朝

雖有真宗故事至仁宗為太子則不然當時左右前後罔匪正人養成仁厚之性四十二年之治雖堯舜亡以加初不由尹京然也況今天府事繁其所委任之臣未必有如畢士安者使太子裁決事事皆善亦不足以為太子之聰明增太子之盛德萬一少有過差十手所指小人易得浮議傳聞四方所損非細非所以愛太子也大抵太子之職在於問安視膳而已至於撫軍監國皆非得已事也陛下但與之遴擇師友僚屬俾日與端人正士游養成德性相與講論古今治亂之理他日民情吏事不患不知臣願陛下與一二大臣議之寢尹京之議以安國本社稷之福天下之幸也

孝宗嘗有旨令皇子慶王非時招延講讀官相與議論時政期盡規益也田員外郎兼直講林栗以為不可乃疏言漢武帝為戾太子開博望苑卒敗太子唐太宗為魏王泰立文學館卒敗魏王古者教世子與吾祖宗之所以輔導太子諸王惟以講經讀史為事他無預焉若使議論時政則是對子議父古人謂之無禮不可不留聖意

光宗時嘉王感疾左丞相留正言陛下只有一子隔在宮墻外非便乞令登正元良之位入居東宮則朝夕相見甚順又奏太子天下本傳曰豫建太子所以重宗廟社稷漢文帝即位即建太子本朝皇子居冢嫡有未出閤而正儲位者皇子嘉王既居冢嫡出閤已久宜早正儲位以定天下本再月不報檢漢文帝紀及本朝真宗立仁宗典故并呂誨張方平兩奏節其要語繳奏

寧宗時衛涇奏曰臣等蚤上奏事間恭奉玉音皇太子參決事朕有此意甚久昨日趙彥逾經筵求去奏及此此事斷自朕意不欲因人言批出卿等可商量穀穩當欲待批出臣等仰見陛下聖明獨斷為宗社大計不繇臣下奏請不勝慶抃臣象祖奏陛下欲得皇太子習

知朝廷政事此宗社大計非臣下所敢奏陳出自英斷允見陛下聖明臣彌遠奏此事當出自陛下宸斷臣涇奏陛下適所宣諭誠出獨斷然今日與真宗天禧間故事不同亦與壽皇淳熙末年故事不同天禧間真宗聖體不豫所以有此淳熙間壽皇已有倦勤之意今陛下春秋鼎盛正當躬親聽斷之時聖意不過以皇太子年齒長楙欲得習知政事今與宰執聚議庶幾習熟天下事體他時付托得人日遂於侍膳問安初無相妨臣所慮者恐外人不知妄有傳播撰造語言陛下聖明必能洞照臣象祖等惟朝殿奏事得侍清光退後凡有事件多是繳入非時無緣可得通達內外之意所以向來韓侂冑因此得以竊弄威福稔成姦惡幾危國家今得皇太子會議臣等奏事既退或陛下有所宣諭或臣等有數陳未盡之意皇太子於侍膳問安之際皆可以從容奏稟內外不至扞格不通且更不容外間別有

人出入禁闥干預朝政豈非宗社大幸奏事畢臣等又奏適來所聞
玉音聖意已定容臣等退而商議以聖意擬定御筆進入今謹用別
幅擬進更乞睿覽如合聖意即乞御筆批降施行
理宗時參知政事李鳴復奏曰臣嘗讀國史見真宗皇帝以綠車旄
節迎養濮王于禁中至仁宗生用簫韶部樂送還邸其後授防禦使
累拜節度使封汝南郡王兩典大宗正寺人人莫不畏愛而心服當
時美之後世頌之皆禁中教養之力也皇嗣未定而養之於內皇嗣
既生而送之於邸先朝典禮具在可行伏乞睿照
金世宗太定二十五年皇太子薨司徒兼樞密使徒單克寧表請立
金源郡王為皇太孫以係天下之望其略曰今宣孝皇太子陵寢已
畢東宮虛位此社稷安危之事陛下明聖超越前古寧不察此事貴
果斷不可緩也緩之則起覬覦之心來讒佞之言讒佞之言起雖欲
無疑得乎茲事深可畏夫可慎而不畏不慎豈惟儲位久虛而骨肉
之禍自此始矣臣愚不避危身之罪伏願亟立嫡孫金源郡王為皇
太孫以釋天下之惑塞覬覦之端絕搆禍之萌則宗廟獲安臣民蒙
福臣備位宰相不敢不盡言惟陛下裁察
宣宗即位改元貞祐左諫議大夫張行信以皇嗣未立無以係天下
之望上疏曰自古人君即位必立太子以為儲副必下詔以告中外
竊見皇長子每遇趨朝用東宮儀衛及至丹墀還列諸王班況已除
侍臣而今未定其禮可謂名不正言不順矣昔漢文帝元年首立子
啟為太子者所以尊祖廟重社稷也願與大臣詳議酌前代故事蚤
下明詔以定其位慎選宮僚輔成德器則天下幸甚上嘉納之
四年哀宗為皇太子春宮所設師保贊諭之官多非其人於是監察
御史完顏素蘭上章言臣聞太子者天下之本也欲治天下先正其

本正本之要無他在選人輔翼之耳夫生于齊者能齊言而不能楚
語未習之故也人之性亦在夫習之而已昔成王在襁褓中即命周
召以為師保戒其逸豫之心告以持守之道終之功光文武垂休無
窮欽惟陛下順天人之心預建春宮皇太子仁孝聰明出于天資總
制樞務固已綽然有餘倘更選賢如周召之傳者使之夾輔則成周
之治不足侔矣
知大原府事烏古論德升上言皇太子聰明仁孝保訓之官已備更
宜選德望素著之士朝夕左右之日聞正言見正行此社稷之洪休
生民之大慶也
元世祖至元十五年會立詹事院中書省掾劉容上言曰太子天下
本苟不得端人正士左右輔翼之使傾邪側媚之徒進必有損令德
聞者是之俄命為太子司議
時東平趙天麟上策曰臣聞未宜輕舉者四海之宗不可常空者三
台之位是以貞臣守道虞人遺析羽之招明主防微漢帝拒郎官之
請斯皆小節尚貫大經矧此國基係乎太子方其幼也但可滋學而
振風及其長也但可安心而行孝奚暇乎他事哉今國家鋪張治具
整頓條綱內焉三公九卿外焉而庶藩諸尹例皆舉賢推德使宅高
下之員揆務分司嚴糾傾邪之類蓋欲有生皆樂無物不安旁推惻
隱之心迓續文明之治至於中書一令樞密一使嘗使東宮領之連
旬累月望儲闈銅輦之來臨虛榭空帷設銀祭金墀之太坐事專歸
于副相政並決於同僚臣以為中書者機務之關津天門之鎖鑰挈
四海蒼生之命掌萬春皇闕之家任之而當則奠枕磐石任之未當
則瘝官病政此寔國家股肱心膂之臣也樞密者疆場之守衛熊虎
之維綱武臣效力而有所歸依強寇寒心而潛消變故良才司令則

坐撫塵清昧者持衛則多生僻事此寔國家爪牙統領之臣也由此觀之軍民二柄治亂所關具其貟而非其才尚恐難行設其位而曠其貟云何可治且太子正名之後雖諸王莫得而同有三師三少之徒立詹事屬官之院凡在臣民而咸仰但惟父母之常尊君行則守有守則從從曰撫軍守曰監國為天子之元子其貴無以尚矣任天下之副君其盛蔑以加矣又何須銀章玉帶耀一品之華階宥府都堂占大臣之上位名為重之適所以輕之也東宮之領此職非臣之所獲知若謂藉其重以鎮之邪則朝臣政事無不奏聞是天威已鎮之矣何煩太子鎮之哉若為他人不可為此職邪則太師太保國王暨劉公為之矣太傅司徒亦有為之者矣觀彼四職不下於此皆令異姓為之何獨人不敢為此職哉況耶律公已嘗作中書令乎太子之道春誦夏絃秋習禮冬讀書研磨往古之攸行爰證當今之可務

龍樓問寢慇懃於內豎之前甲觀尊師懇惻於春官之側以儆柔為本以仁孝為先及其既冠則有記過之史徹膳之宰進善之旌敢諫之鼓習與智長故切而不媿化與心成故中道若性三代之脩祚長久者輔翼太子有此具也太子之善在於早諭教教得而左右正左右正則太子正矣太子正而天下定矣此所以周公示法於成王賈子忠告於漢文也以陛下之聖猶立保傅在太子以奚疑伏望陛下慎選碩人輔導太子無令降居臣職以輕其身當使益增其明以成其孝如此則乾符永握黔黎知大本之安震德惟新天地有長男之美更望陛下近擇宗室旁及岩穴舉大賢充令使之官即聖主錫軍民之福也愚臣妄議實係亂言但以詔文許陳朝廷得失故冒死以言之爾

世祖問處士羅英誰可大用者對曰張雄飛真公輔器帝然之命驛召雄飛至問以方今所急對曰太子天下本願早定以繫人心閒閻小人有升斗之儲尚知付託天下至大社稷至重不早建儲貳非至計也向使先帝知此陛下能有今日乎帝方臥矍然起稱善者久之

歷代名臣奏議卷之七十三

歷代名臣奏議卷之七十四

內治

周襄王十七年。王降翟師以伐鄭。王德翟人。將以其女為后。富辰諫曰。不可。夫婚姻。禍福之階也。利內則福由之。利外則取禍。今王外利矣。（樹利於翟）其無乃階禍乎。昔摯疇之國也。由大任。（摯疇。二國。任姓。奚仲仲虺之後。大任之家也。大任。王季之妃。文王之母。）杞繒由大姒。（杞繒。二國。姒姓。夏禹之後。大姒之家也。大姒。文王之妃。武王之母。）齊許申呂由大姜。（四國皆姜姓。四岳之後。大姜之家。大姜。大王之妃。王季之母。）陳由大姬。（陳。媯姓。舜後。大姬。周武王之女。成王之姊。）是皆能內利親親者也。昔鄢之亡也。由仲任。（鄢。妘姓之國。仲任氏之女。為鄢夫人。）密須由伯姞。（伯姞。密須之女也。傳曰。密須之鼓。闕鞏之甲。此則文王所滅。而獲鼓甲也。）鄶由叔妘。（鄶。妘姓之國。叔妘。同姓之女。為鄶夫人。）聃由鄭姬。（聃。姬姓。文王之子。聃季之國。鄭姬。鄭女。為聃夫人。同姓相取。猶魯昭公取於吳矣。亦其同姓以亡。）息由陳媯。（息。姬姓之國。陳媯。陳女。為息侯夫人。）鄧由楚曼。（鄧。曼姓。楚曼。鄧女。為楚武王夫人。生文王。過鄧而利其國。遂滅鄧而無之。）羅由季姬。（羅。熊姓之國。季姬。氏之女。為羅夫人。）盧由荊媯。（盧。媯姓之國。荊媯。盧女。為荊夫人。）是皆外利親親者也。王曰。利何如而外。對曰。尊貴明賢庸勳長老。（明。顯也。庸。用也。勳。功也。長。老尚齒也。）愛親禮新親舊。（親。六親也。新。新來過賓也。舊。舊君之故舊也。）然則民莫不審固其心力以役上令。（役。為也。）官不易方。而財不匱竭。求無不至。動無不濟。百姓兆民。夫人奉利而歸諸上。是利之內也。若七德離判。民乃攜貳。各以利退。上求不暨。是其外利也。夫翟無列於王室。鄭伯南也。王而卑之。是不尊貴也。（南者。在南服之侯伯。或云。南面君也。）翟豺狼之德也。鄭未失周典。王而蔑之。是不明賢也。平桓莊惠皆受鄭勞。王而棄之。是不庸勳也。鄭伯捷之齒長矣。王而弱之。是不長老也。（捷。鄭文公之名。）翟隗姓也。（隗姓。赤翟。）鄭出自宣王。王而虐之。是不愛親也。夫禮新不間舊。王以翟女間姜任。非禮且棄舊也。王一舉而棄七德。臣故曰。利外矣。書有之曰。必有忍也。若能有濟也。王不忍小忿而棄鄭。又登叔隗以階翟。翟封豕豺狼也。不可厭也。王弗聽。

漢孝文帝幸上林。皇后慎夫人從。其在禁中。常同席坐。及坐郎署長布席。中郎將袁盎引卻慎夫人坐。慎夫人怒。不肯坐。上亦怒起入禁中。盎因前說曰。臣聞尊卑有序。則上下和。今陛下既已立后。慎夫人乃妾。妾主豈可與同坐哉。且陛下幸之。即厚賜之。陛下所以為慎夫人。適所以禍之。陛下獨不見人彘乎。於是上乃說。召語慎夫人。慎夫人賜盎金五十斤。

宣帝神爵元年。王太后數出遊獵。京兆尹張敞諫曰。禮君母出門。則乘輜軿。下堂則從傅母。今以田獵縱欲為名。於以上聞。亦未宜也。太后乃不復出。

成帝遊於後庭。嘗欲與班倢伃同輦載。倢伃辭曰。觀古圖畫。賢聖之君皆有名臣在側。三代末主迺有嬖女。今欲同輦。得無近似之乎。上善其言而止。太后聞之。喜曰。古有樊姬。今有班倢伃。

鴻嘉三年。趙飛燕譖告許皇后班倢伃挾媚道。祝詛後宮。詈及主上。許皇后坐廢。考問班倢伃。倢伃對曰。妾聞死生有命。富貴在天。脩正尚未蒙福。為邪欲以何望。使鬼神有知。不受不臣之愬。如其無知。愬之何益。故不為也。上善其對。憐閔之。賜黃金百斤。

成帝欲立趙倢伃為皇后。先下詔封倢伃父臨為列侯。諫大夫劉輔上書言。臣聞天之所與。必先賜以符瑞。天之所違。必先降以災變。此神明之徵應。自然之占驗也。昔武王周公承順天地。以饗魚烏之瑞。然猶君臣祗懼。動色相戒。況於季世。不蒙繼嗣之福。屢受威怒之異者虖。雖夙夜自責。改過易行。畏天命。念祖業。妙選有德之世。考卜窈窕之女。以承宗廟。順神祇心。塞天下望。子孫之祥。猶恐晚暮。今迺觸情縱欲。傾於卑賤之女。欲以母天下。不畏于天。不媿于人。惑莫大焉。里語曰。腐木不可以為柱。卑人不可以為主。天人之所不予。必有禍而無福。市道皆共知之。朝廷莫肯壹言。臣竊傷心。自念得以同姓拔擢。尸祿不忠。汚辱諫爭之官。不敢不盡死。唯陛下深察。

東漢光武時。郭皇后廢。郅惲乃言於帝曰。臣聞夫婦之好。父不能得之於子。況臣能得之於君乎。是臣所不敢言。雖然。陛下念其可否之計。無令天下有議社稷而已。帝曰。惲善恕己量主。知我必不有所左右而輕天下也。

順帝欲立皇后。而貴人有寵者四人。莫知所建。議欲探籌。以神定選。尚書僕射胡廣與尚書郭虔史敞上疏諫曰。竊見詔書以立后事大。謙不自專。欲假之籌策。決疑靈神。篇籍所記。祖宗典故。未嘗有也。恃神任筮。既不必當賢。就値其人。猶非德選。夫岐嶷形於自然。俔天必有異表。宜參良家。簡求有德。德同以年。年鈞以貌。稽之典經。斷之聖

慮。政令猶汙往而不及。詔文一下。形之四方。臣職在拾遺。憂深責重。是以焦心冒昧陳聞。帝從之。以梁貴人良家子。定立為皇后。

桓帝延熹中。應奉為司隸校尉。糾舉姦違。不避豪戚。以嚴厲為名。及鄧皇后敗。而田貴人見寵。桓帝有建立之議。奉以田氏微賤。不宜超登后位。上書諫曰。臣聞周納狄女。襄王出居于鄭。漢立飛燕。成帝胤嗣泯絶。母后之重。興廢所因。宜思關雎之所求。遠五禁之所忌。帝納其言。竟立竇皇后。

魏文帝黄初三年。欲立郭貴嬪為后。中郎棧潛上疏曰。在昔帝王之治天下。不惟外輔。亦有内助。治亂所由。盛衰從之。故西陵配黄。英娥降嬀。並以賢明。流芳上世。桀奔南巢。禍階末喜。紂以炮烙。怡悅妲己。是以聖哲愼立元妃。必取先代世族之家。擇其令淑。以統六宮。虔奉宗廟。陰教聿脩。易曰。家道正而天下定。由内及外。先王之令典也。春秋書宗人釁夏云。無以妾為夫人之禮。齊桓誓命于葵丘亦曰。無以妾為妻。今後宮嬖寵。常亞乘輿。若因愛登后。使賤人暴貴。臣恐後世下陵上替。開張非度。亂自上起也。

晉武帝寧康三年。將納后。訪于公卿。時王蘊女容德淑令。舉以應選。中軍將軍桓沖等奏曰。臣聞天地之道。蓋相須而化成。帝后之德。必相協而政隆。然後品物流行。彝倫攸敘。靈根長固。本枝百世。天人同致。莫不由此。是以塗山作儷。而夏族以熙。妊姒配周。而姬祚以昌。今長秋將建。宜時簡擇。伏聞試守晉陵太守王蘊女。天性柔順。四業允備。且盛德之胄。美善先積。臣等參議。可以配德乾元。恭承宗廟。徽音六宮。母儀天下。於是帝始納焉。

唐太宗貞觀中。城陽公主下嫁薛瓘。初主之婚。帝使卜之。繇曰。二火皆食。始同榮。末同戚。請晝婚則吉。監察御史馬周諫曰。朝謁以

朝。思相戒也。講習以晝。思相成也。燕飮以昃。思相歡也。婚合以夜。思相親也。故上下有成。内外有親。動息有時。吉凶有儀。今先亂其始。不可為也。夫卜所以決疑。若黷禮慢經。先聖人所不用。帝乃止。

太宗謂房玄齡等曰。長樂公主。皇后所生。朕及皇后並所鍾愛。今將出降。禮數欲有所加。玄齡等咸曰。陛下所愛。欲少加之。何為不得。請倍永嘉長公主。魏徵曰。不可。昔漢明帝欲封其子。云我子豈得與先帝子等。可半楚淮陽。前史以為美談。天子姊妹為長公主。天子之女為公主。既加長字。即是禮有尊崇。或可情有淺深。無容禮相踰越。太宗然其言。入謂文德皇后。后曰。我欲加長樂公主禮數。魏徵不肯。文德皇后聞之大喜。遣中使齎錢二十萬。絹四百匹。詣徵宅宣令。謂徵曰。比者常聞公中正。而不能得見。今論長公主禮事。不許增加。始驗從來所聞信非虛妄。願公常保此心。莫移。

今日喜聞公言故令將物相賞公有事即道勿為形迹也上嘗罷朝怒曰會須殺此田舍翁后問為誰上曰魏徵每廷辱我后退具朝服曰妾聞主明臣直今魏徵直由陛下之明故也妾敢不賀上乃悅

太宗時隋通事舍人鄭仁基女年十六七容色絕姝當時莫及文德皇后訪求得之請備嬪御太宗乃聘為充華詔書已出策使未發魏徵聞其已許嫁陸氏方遽進而言曰陛下為人父母撫愛百姓當憂其所憂樂其所樂自古有道之主以百姓心為心故君處臺榭則欲民有棟宇之安食膏粱則欲民無飢寒之患顧嬪御則欲民有室家之歡此人主之常道也今鄭氏之女久已許人陛下取之不疑無所顧問播之四海豈為民父母之義乎臣傳聞雖或未的然恐虧損聖德情不敢隱君舉必書所願特留神慮太宗聞

之大驚手詔答之深自剋責遂停策使乃令女還舊夫左僕射房玄齡中書令溫彥博禮部尚書王珪御史大夫韋挺等云女適陸氏無顯然之狀大禮既行不可中止又陸氏抗表云其父康在日與鄭家還往時相贈遺資財初無婚姻交涉親戚並云外人不知妄有此說大臣又勸進太宗於是頗以為疑問徵曰羣臣或順旨陸氏何為過爾分疎徵曰以臣度之其意可識將以陛下同於太上皇太宗曰何也徵曰太上皇初平京城得辛處儉婦稍蒙遇寵處儉時為太子舍人太上皇聞之不說遂令東宮出為萬全縣每懷戰懼常恐不全首領陸爽以為陛下今雖容之恐後陰加譴讁所以反覆自陳意在於此不足為怪太宗笑曰外人意見或當如此然朕之所言未能使人必信乃出勅曰今聞鄭氏之女先已受人禮聘前出文書之日事不詳審此乃朕之不是亦為有司之過授充華者宜停時莫不稱歎上嘗謂侍臣曰婦人幽閉深宮情實可愍隋氏末年求採無已至於離宮別館非幸御之所多聚宮人此皆竭人財力朕所不取且灑掃之餘更何所用今將出之任求伉儷非獨以省費息人亦各得遂其情性於是後宮及掖庭前後所出三千餘人

禮部尚書王珪子敬直尚太宗女南平公主珪曰禮有婦見舅姑之義自近代風俗弊薄公主出降此禮皆廢主上欽明動循法制吾受公主謁見豈為身榮所以成國家之美耳遂與其妻就位而坐令公主親執巾行盥饋之道禮成而退太宗聞而稱善是後公主下降有舅姑者皆遣備行此禮

高宗將立武昭儀召長孫無忌李勣于志寧及遂良入或謂無忌當先諫遂良曰太尉國元舅有不如意使上有棄親之譏又謂勣上所重當進曰不可空國元勳有不如意使上有斥功臣之嫌曰吾奉遺詔若不盡愚無以下見先帝既入帝曰罪莫大於絕嗣皇后無子今欲立昭儀

謂何遂良曰皇后本名家奉事先帝先帝疾執陛下手語臣曰我兒與婦今付卿且德音在陛下耳可遽忘之皇后無他過不可廢帝不悅翌日復言對曰陛下必欲改立后者請更擇貴姓昭儀昔事先帝身接帷第今立之柰天下耳目何帝羞默遂良因致笏殿階叩頭流血曰還陛下笏丐歸田里

高宗時王后之廢侍中韓瑗雪泣言曰皇后乃陛下在藩時先帝所娶今無罪輒廢非社稷計不納明日復諫曰王者立后配天地象日月匹夫匹婦尚知相擇況天子乎詩云赫赫宗周褒姒滅之臣讀至此常輟卷太息不圖本朝親見此禍宗廟其不血食乎

高宗將以武氏為后中書令來濟諫曰王者立后以承宗廟母天下宜擇禮義名家幽閑令淑者副四海之望稱神祇之意故文王興姒關雎之化家被百姓其福如彼成帝縱欲以婢為后皇統中微其禍如此惟陛下詳察

上元中帝多疾欲遜位武后中書令郝處俊諫曰天子治陽道后治陰德然則帝與后猶日之與月陽之與陰各有所主不相奪也若失其序上謫見於天下降災諸人昔魏文帝著令帝崩不許皇后臨朝今陛下柰何欲身傳位天后乎天下者高祖太宗之天下非陛下之天下正應謹守宗廟傳之子孫不宜成國與人以喪厥家中書侍郎李義琰曰處俊言可從惟陛下不疑事遂沮

中宗復位以桓彥範為侍中上書戒帝曰不以關雎為始言后妃者人倫之本治亂之端也故舜之興以皇英而周之興以任姒桀奔南巢禍階末喜魯桓滅國惑始齊姜伏見陛下臨朝視政皇后必施帷殿上預聞政事臣愚謂古王者謀及婦人皆破國亡身傾輈繼路且以陰乘陽違天也以婦凌夫違人也違天不祥違人不義故書曰牝雞之晨惟家之索易曰無攸遂在中饋言婦人不得預外政也伏願上以社稷為重令皇后無居正殿于外朝深居宮掖修陰教以輔佐天子

景龍中武平一遷考功員外郎時太平安樂公主各立黨相詆毀親貴離間帝患之欲令敦和以訪平一因上書曰病之在四體者跡分而易遂居心腹者候邃而難治刑政乖舛四支疾也親權猜間心腹患也書曰克明俊德以親九族九族既睦平章百姓詩曰協比其鄰婚姻孔云是知親族以輯睦為義也自頃權貴猜防外和內離怨結姻婭疑生骨肉邀榮之徒詭獻忠款膏唇之伍咠輸讒計齊眉邸第之中噤順媼宦之側故過從絕猜嫌構親愛乖黨與生積霜成冰禍不可既願悉召近親貴人會宴內殿告以輯睦申以恩勤斥姦人塞讒路若猶未已則捨近圖遠抑慈示嚴惟陛下之命帝美其忠切

玄宗欲立武惠妃為后御史潘好禮上疏曰禮父母讎不共天春秋子不復讎不子也陛下欲以武氏為后何以見天下士妃再從叔三思也從父延秀也皆干紀亂常天下共疾夫惡木垂蔭志士不息盜泉飛溢廉夫不飲匹夫匹婦尚相擇況天子乎願慎選華族稱神祇之心春秋宋人夏父之會無以妾為夫人齊桓公誓葵丘曰無以妾為妻此聖人明嫡庶之分分定則窺競之心息矣今人間咸言右丞相張說欲取立后功圖復相今太子非惠妃所生而妃有子若一儷宸極則儲位將不安古人所以諫其漸者有以也遂不果立妃

憲宗時學士李絳奏伏以聖哲之君撫馭之要必順人情以作事感天意以致和從古以來其道由此陛下勵精求理損己推誠風動四方事貞百度作範來代掩美前王後宮之中人數不少離別之苦頗感人心怨曠之思有干和氣伏冀酌量所要揀放其餘使其親戚如初復得宮掖省費上以表大德如天之施下以成群生遂性之樂道映青史化洽皇風敢竭消塵庶裨萬一如蒙聖恩允許便請入德音

後亦更論減放

翰林學士白居易上奏曰右伏見大曆已來四十餘載宮中人數稍久漸多伏慮驅使之餘其數猶廣上則屢給衣食有供億糜費之煩下則離隔親族有幽閉怨曠之苦事宜省費物有遂情頃者已蒙聖恩量有揀放聞諸道路所出不多臣伏見自太宗玄宗以來每遇災旱多有揀放書在國史天下稱之伏望聖慈再加處分則盛明之德可動天心感悅之情必致和氣光垂史冊美繼祖宗貞觀開元之風復見於今日矣

武宗會昌中李德裕上言臣等伏見公主上表稱妾李者伏以臣妾之義取其賤稱家人之稱亦要別嫌因循舊章恐未為得臣等商量今日以後公主上表從大長公主以下並望令稱某邑公主第幾女上表仍不令稱族所冀臣子之道因此正名郡主縣主亦望准此

宋仁宗天聖中。太后崩。言事者多暴太后時事。右司諫范仲淹奏曰。太后受遺先帝。調護陛下者十餘年。宜掩其小故。以全后德。帝爲詔中外。毋輒論太后時事。初太后遺誥以太妃楊氏爲皇太后。叅決軍國事。仲淹曰。太后母號也。自古無因保育而代立者。今一太后崩。又立一太后。天下且疑陛下不可一日無母后之助矣。

慶曆中。仲淹爲參知政事。上奏曰。臣聞唐武德九年八月十八日詔曰。觀省宮掖其數寔多。憫兹深閉。久離親族。一時減省。各從娶娉。自是宮中前後所出三千餘人。又貞觀二年七月二日。太宗謂侍臣曰。婦人幽閉深宮。情實可憫。隋氏末年。求採無已。此皆竭人財力。朕所不取。掃洒之餘。更何所用。於是命尚書右丞戴胄給事中杜正倫於掖庭西門揀出之。臣不知今來宮中人數幾多。或供使有餘。宜降詔旨特令減放。以遂物性。又省冗費。亦人君盛德之事。可以感動天意。

明道二年。將作監丞富弼上奏曰。臣聞右司諫秘閣校理范仲淹以上章諫廢后事。貶睦州通判。仍差人押出門。臣不勝驚駭。伏恐陛下行於倉卒。未熟思慮。輒敢冒天威。犯斧鉞。一陳愚懇。惟陛下裁察之。皇后自居中宮。未聞有過。陛下忽然廢斥。物議騰踴。自太祖太宗真宗撫國凡七十年。未嘗有此。陛下爲人子孫。不能遵祖考之訓。而遂有廢后之事。治家而尚不以道。柰天下何。仲淹爲諫官。所以極諫者乃其職也。陛下何故罪之。假使所諫不當。猶須含忍以招諫諍。況仲淹所諫。大愜億萬人之心。陛下又縱私忿。不顧公議。取笑四方。臣甚爲陛下不取也。昔莊憲臨朝。陛下受制。事體大弱。而莊憲不敢行武后故事者。蓋賴一二忠臣救護。使莊憲不得縱其欲。陛下可以保其倍寶。忠臣之力也。今陛下始獲暫安。遂忘舊日忠臣。羅織其罪而譴逐之。陛下以萬乘之尊。設廢一婦人。甚爲小事。然所損之體則極大也。夫廢后謂之家事。而不聽外臣者。此唐姦臣許敬宗李世勣諂佞之辭。陛下何是取法。陛下必欲廢后。但可不納所諫。何必加責以重已過。今匹庶之家或出妻。亦須告父母。父母許然後敢出之。今陛下貴爲天子。莊憲山陵始畢。墳土未乾。便以色欲之心廢黜后氏。而不告宗廟。是不敬父母也。今陛下舉一事而獲二過於天下。廢無罪之后。一也。逐忠臣。二也。此二者皆非太平之世所行。臣實痛惜之。莊憲太后臨朝。以劉從德死。恩典太重。臺諫曹脩古等四人連名上章極諫。莊憲大怒。陛下不得已。遂貶此四人。然心甚惜其去。莊憲纔往。陛下立行召命。優與恩獎。復處憲省。脩古雖死。厚加贈典。如此者。蓋陛下憐其忠鯁不避夫禍難爾。今仲淹所諫。又甚於脩古等所陳。脩古等追用。而仲淹黜棄。陛下何所見前後之異也。況仲淹以忠直不撓。莊憲時論冬仗事。夫正君臣之分。陛下以此自擢用之。既居諫列。或

聞累曾宣諭。使小大之事必諫。無得有隱。是陛下欲聞過失。雖古先聖哲之主。亦無以過此。今仲淹聞過遂諫。上副宣諭之意。而反及於禍。是陛下誘而陷之。不知自今後何以使臣。雖日加宣諭。諫臣以仲淹爲戒。必不信矣。諫臣不諫。大非朝廷之福。今百執事所爲。皆一司一局。雖常才者皆能幹之。是易爲也。如仲淹者。乃爲臣之難能者也。今幹一司一局者。皆坐取遷陟。立居顯要。而仲淹不惜性命。爲陛下論事。而遠徙外郡。臣恐百辟以此皆務爲易者。而不爲難者也。陛下一旦有難爲之事。不知何人爲陛下爲之。居諫官者務要訐直。乃號稱職。依違者曠職。今循默者已居顯要。而訐直者尚居散地。苟如是。不若廢諫官。如不欲廢。即循默者可黜。訐直者可用。請陛下急圖之。今天下凶歉。盜賊如麻。國用空虛。人心惶擾。姦雄觀此。已有窺覦之心。陛下當兢兢惕惕。宵衣旰食。日與臣寮講論安天下之計。猶恐不

忍而乃自作弗靖廢嫡后逐諫臣使此醜聲聞於四方知陛下不納諫臣朝政不舉則姦雄益喜以謂中外皆亂事勢相符必有變事臣一念至此心寒骨顫此自然之兆固非臣之臆說也望陛下審思之明察之廢后已行雖能悔過臣願陛下急且追還仲淹復其諫職減二過一一庶乎諫路不絕朝綱復振使姦雄不能窺陛下淺深此社稷之慶也

殿中侍御史段少連等奏曰臣因義激心以職獲譴天地容載蒙幸何深然理有所未伸情有所未達憤悒之志敢不盡陳之初聞非時召兩府大臣議皇后入道一日之內都下喧然以為皇后母儀天下固無入道之理翊日又聞兩府列狀乞降后為淨妃臣與孔道輔范仲淹等恐詔命一行難於追復是以群詣殿閤上疏而執政進說使臣等不獲面對止令就中書商量宰相雖知其誤然猶責臣翻覆率

易故道輔仲淹斥守外郡臣等例皆蒙罰伏以陛下親政以來進用直臣開闢言路天下無不懽忻一旦以諫官御史伏閤遽行黜責中外皆以為非陛下意蓋執政大臣假天威以黜道輔仲淹而斷來者之說也望熟思其事使讒慝不行忠邪有別則天下幸甚又伏覩戒諭自今有封章宜如故事密上毋得群詣殿門對且伏閤上疏豈非故事今遽絕之則國家復有大事誰敢旅進而言者況道輔仲淹端正敢言素為姦邪所忌以言事而黜之恐姦邪得志而翱翔方正望風而竄伏矣昔唐陽城王仲舒伏閤以雪陸贄之罪崔元亮叩殿陛理宗申錫之冤當時稱之今陛下未忍廢出皇后而兩府列狀議降為妃諫官御史敢廢伏閤之事而默默乎陛下深惟道輔等所言為阿黨乎忠亮乎幸裁赦之

少連又奏曰臣聞高明粹精凝德無累者天之道也然氛祲蔽翳晦明偶差乃陰陽之沴爾象天德者君之體也治陰陽者臣之職也陛下秉一德臨萬方有生之類莫不浸涵德澤而氛祲蔽翳偶差晦明以累聖德者由大臣懷祿而不諫小臣畏罪而不言臣獨何人敢貢狂瞽式誠以秉愛君之心竊痛陛下履仁聖之具美乏骨鯁之良輔因成不忍之忿又稽不遠之復臣是以瀝肝膽披情素為陛下澄請氛祲蔽翳之累易曰夫夫婦婦而家道正正家而天下定矣詩云刑于寡妻以御于家邦若然則君天下脩化本者必自內而刑外也昨者二府大臣忽然晚出民間喧傳皇后被譴而入道矣又傳降為妃而離宮逐矣臣與道輔等皆在言職以謂皇后母儀萬方非有大過而動搖則風教陵遲況聞入道降妃之議出自臣下且妃后有罪出則告宗廟廢則為庶人安有不示之於天下不告之於祖宗而陰行臣下之議者乎且皇后以小過降為妃則臣下之婦有小過亦當降

為妾矣比抗章請對不蒙賜召豈非姦邪之人離間陛下邪臣等赴中書時執政之臣備言皇后有妬忌之行始議入道終降為妃兼云有上封者慮皇后不利於聖躬故築修高垣置在別館臣等備言中外之議以為未可願速降明詔復中宮位號以安民心翌日詔出乃云中宮有過掖廷具知特示含容未行廢黜置之別館俾自省循供給之間一切如故臣未審黜置別館為后乎為妃乎詔書不言安所取信伏以陛下立后一紀有餘而輔臣倉卒以降黜之議惑於宸聽搢紳循默無敢為陛下言者臣所謂氛祲蔽翳以累聖德者蓋臣職曠矣夫皇后動搖有大不可者二執政之臣獨不念之且內外臣寮以至戚里皆萌覬覦之心或進女口以希選納或巧事寵愛以結內援則使陛下惑女色而亂紀綱紀綱之亂變故以生社稷可得安乎易曰三人行則損一人一人行則得其友斯大不可者一也陛下舉

事為萬世法。茍因掖廷爭寵。遂行廢后。則何以書史策而示子孫。況祖宗已來。未嘗有廢后之事。詩云。無念爾祖。聿修厥德。斯大不可者二也。臣竊恐姦佞之人。引漢武幽陳皇后故事。以陷惑陛下。且漢武驕奢淫佚之主。固不足踵其行事。而為人臣者。當致君堯舜。豈當致君如漢武哉。今皇后置在別館。必恐懼修省。且陛下仁恕之德。施於天下。而獨不加於中宮乎。古人言曰。一人向隅。滿堂為之不樂。今四方凶年。民有愁嘆。又聞中宮幽廢。何啻滿堂不樂乎。願詔皇后歸宮復其位號。杜絕非間。待之如初。天地以正。陰陽以和。人神共歡。豈不美哉。陛下茍為邪臣所沮。不行小臣之議。臣恐高宗王后之枉。必見於他日。宮闈不正之亂。未測於將來。惟聖神慮焉。

景祐元年。開封判官龐籍上奏曰。臣前月十一日曾上封奏。為內侍韓從禮等傳美人尚氏教旨。令開封府放兒工匠單慶等六人本行差遣。特蒙悉聽科斷韓從禮等。及敕下諸司。今後宮闈教旨並不得施行。中外聞之。孰不懽快。有以見陛下英斷。實九廟無疆之休。四海永安之福也。臣愚更願陛下使宮掖之間。上下有序。不以恩寵陰啓禍階。蠹耗金珠。漸困國力。通私謁以亂政。縱外親而干法。上損聖德次紊朝綱。實天下幸甚。

秘書丞余靖上奏曰。臣伏覩景祐元年八月十五日詔敕。頃以中闈有虧善道。降處次妃之位。仍從別館之居。郭氏宜令於外宅居止。更不入內。美人尚氏令於洞真宮披戴。永不入內。美人楊氏於別宅安置者。此蓋皇帝陛下廣示憂勤。擯去聲色。割情斷愛。以從典禮。雖堯舜無以加之。天下幸甚。詔旨又云。長秋之重。陰教是宜。顧厥位以難虛。必惟賢而是擇。將行聘納。式助烝嘗。臣謹按春秋君舉必書。以示後嗣。固當謹重。用存規法。切以莊獻明肅皇太后預聞朝政。託在母

儀。保佑聖躬。安固宗社。欽奉慈旨。備盡孝誠。先太后登遐。方踰祥練。陛下雖行易月之制。而心喪未除。古者三年之喪。自天子達于庶人其禮一也。所有納后之禮。乞候先太后服紀闋日。然後審選世閥登進賢淑。興理內教。統領六宮。必允衆望。始議冊立。不宜頻有改易。以駭四方。乃陛下孝治天下之本也。昔者魯文公居喪。納幣以娶夫人春秋非之。公羊傳曰。娶在三年之外。此何譏爾。曰三年之內。不圖婚也。是皆孔子書之以為世法。伏望陛下謹茲舉措。以示後代。稍緩其期。則臣繾綣之願也。

慶曆元年。孫沔上奏曰。臣聞虞舜治家而納釐姬。文制寡而御邦。周南歌關雎之德。仲尼刪詩著為三百篇之首。魯史先經以紀元妃之正。明直書為十二公之始。易以風火出為家人之象。言號令之行乎外。由中正而明于內。非嚴風火之威。則難以正于家矣。禮云。身脩而家齊。家齊而國治。國治而天下平。王政之本。基乎此矣。是知先聖懼昵情之為患。而立法於將來者也。恭以皇帝陛下。仁深溥博明達。照臨好善無厭。從諫弗咈。紹三朝之謨訓。躬萬幾之憂勤。旰食在念。將二十年。雖古之聖帝明王。致志行事。無以過也。今朝無專權之臣。上無失道之事。然而陰陽未和。災變未息。法令不行。恩威未著者。豈治內之道有所未至歟。臣不欲迂闊引踰前古。願以聞見五事而陳之。若以言獲罪。臣之職也。伏以中宮正位。德配至尊。治陰教。為天下母。三妃九嬪。世婦御妾。上下分統。無使僭差。百世不易之論也。伏自景祐以來。三黜寵闈。而犯宸扆。蓋所起幽微。不踰恩遇。身貴則性悍。福極則患生。退屏繼跡。踰僭如舊。茍不建立嚴制。竊恐漸生厲階。昨見上元嘉節。內庭出遊。美人才人。多不隨從。飛蓋蔽景。流車激塵。各崇華衛。分道爭行。衆目所觀。此非所以示外而垂範者也。臣乞今後貴品

嬪御等並令脩備禮節戒約奢侈常隨皇后出入不得各排儀衛輙自矜越仍乞選擇端嚴近上夫人一兩員立為宮師以佐内則所異上下有別而中外不惑矣竊以宮政之設内職是先尚書侍御司記典言一百二十人則為大備故先朝之數侍史不過五百人俸給止于千二十貫皆有紀律不甚奢盈今聞十倍增人已踰二三千十倍添俸或至二十萬私身養女數復過之百司供億簿書可知一歲之中所用何極非所以示節儉也臣乞取索宮中諸院宮人及私身養女都大數目呈取進止若非遊幸之所宜令檢勘各用人量留外並放歸本家任從其便請給之數見在者宜節減其半此所以消幽曠之氣而省財廩之費也竊以内侍之職最為親近宣傳國命出納王言常行抑制尚或驕陵今還秩不踰年賞賜無虛日甲第連坊名園接畛玉帛盈於後房絲竹聞於別院官尊祿厚職重員多若不立之

儀式必恐亢於寵榮臣欲乞御藥依舊只用二員御帶押班都知並乞選擇謹重公嚴勤畏舊有心力者充三年一選官不許非次改轉未有嗣者令養蔭一子則上無久貴之人下有進身之路亦一代之永制也竊以勾陳九重華蓋萬乘垣直太紫庭儼雲龍非深嚴不為尊非禁戒不為備闌入則抵罪誤至則伏誅使内言不出於閫外言不入於閫所以防未然而限中外也今上之起居言語衆無不知帷箔宴遊外無不傳内降斜封坦夷若道兇刑要賞響應如神皆由左右之人出入為地邇臣頗邪猷伺動靜迎合巧中率用斯道若不早辨以防微竊恐長姦而忽變臣欲乞應合入内及聽喚中人並用五十以上十五以下者諸宮院子須限七十以上分定番次上下不得參雜出入仍令内東門司專以點檢其暗祗候非優人及公主院擔子官各放歸本營所有内道場乞今後斷絕此則整肅於宸庭是以

輝光於史牒竊以王者所須歲終不會此天下之財天子用之有司不得而吝也其或出納不謹支費不節豈可容姦不詰其弊今御寶憑由司内東門劄子取諸庫犀玉金銀錢帛一歲僅三百餘萬貫但有入内之名不知所用之處此數既多不可悉記昨聞胥吏偽取庫金三十兩抵法況御寶是中禁所掌外人何計而詐得之竊恐前後妄用非此一吏也乞差不干礙公幹有心力臣寮置司將寶元後來無御寶憑由及内東門劄子取左藏庫等金銀犀玉錢帛大數對簿帳及謝恩表狀造作文曆并内藏庫亦自寶元後來内中支使金寶錢帛都數逐件磨勘即見無涯費用積久欺弊仍乞今後諸宮閣凡有取索出到憑由劄子先下内侍省都知入内覆奏然後置簿抄上番換通簽正牒下諸庫藏方得支官物不得直行取索或更別設關防節減用度亦經久之利也此五事者實政教之本源昇平之基業

也中宮正則内宰之制行于六宮而寵嬖不犯於上矣宮禁嚴則中闈之事絶于衆口而朋黨不結于外矣宮人不減則用度不給怨曠以感陰陽之沴矣内侍不禁則威柄不一引薦以來邪佞之類矣御寶不嚴財貨不計則盜詐公取而無厭矣噫息能勝威昵可消正甘言令色遜于志先意希旨會其事仁愛浸深恩情難決非至聖至明不可免也伏望皇帝陛下以公道制私情大日月之輝發雷霆之斷柔媚不干于聰明愛偉盡決于道義則何患天下之不治哉書曰威克厥愛允濟易曰揚于王庭剛決柔也傳曰棖也慾焉得剛非用天之剛健中正則於斷也難矣今昊賊侵軼西鄙攻守臣未敢進一策蓋儒者不知兵不可預言也若大臣盡心諸將用命恐亦未為大患也夫手足之疾侵於皮膚積為瘡痍發于指掌未有所損也心腹之疾迫於膏肓壅為癰疽潰于頭目不可卒救也此五事措置得宜則

有無窮之禍此五事因循弗舉恐為不測之慮履霜至于堅冰然火在於積薪非一朝一夕之故也惟斷之在不疑行之恐不及動無失機間不容髮則百世之利萬方之幸此皆陛下家事非人臣所得及也至於政教之綱紀未舉輔相之心德未同朋黨之邪正未分著位之材愚未辨進賢難於起死去佞過於拔山法令撓於親恩賞及於濫豈不謂根蘖於內而斤斧不施者乎若聖人一慮及此則庶事自正其條例悉數之名俟聰明聽然其說愚日為陛下言之也臣素非博識惟盡愚誠不歷詆於羣公不專攻於上德但慮切直速然貴權不能保身貽憂老母至於事君之心則無所愧矣伏望乙夜之餘再賜詳覽幸甚

沔又奏曰臣伏見芳林園南宅見安故豫王靈輿至三月初三日方行攢殯諸宮眞酹慰禮已畢今見大內車蓋出入朝暮往還非全痛戚之情頗涉朋遊之便逍遙窺覘僕御喧譁禁士縱欲嚴呵宮人難於檢察誠為隱暗亦合防微伏恐姦細乘時駭機竊發人之所忽事不可知伏諒陛下以苦切在中周思未及臣叨司視聽須至達聞欲乞指揮故豫王本宮人在彼祗候朝夕祭奠餘並止罷勿令輒出深為利便

二年知諫院歐陽脩上疏曰臣近風聞禁中因皇女降生於左藏庫取綾羅八千匹染院工匠當此大雪苦寒之際敲冰取水染練供應頗甚艱辛臣伏思陛下恭儉勤勞憂民憂國似此勞人枉費之事必不肯為然外議相傳皆云見今染練未絕臣又見近日內降美人張氏親戚恩澤太頻臣忝為諫官每聞小有汙損聖德之事須合力言雖避天譴臣竊見自古帝王所寵嬪御若能謹儉柔婉不求恩澤則可長保君恩或恣意驕奢多求恩澤則皆速致禍敗臣不敢遠引古

事只以今宮禁近事言之陛下近年所寵尚氏楊氏余氏苗氏之類當其被寵之時驕奢自恣不早裁損及至滿盈今皆何在況聞張氏本良家子昨自脩媛退為美人中外皆聞以謂與楊尚等不同故能保寵最久今日一旦宮中取索頻多恩澤日廣漸為奢侈之事以招外人之言臣不知陛下欲愛惜保全張氏或欲縱恣而敗之若欲保全則須常令謙儉不至驕盈臣料八千匹綾羅必非張氏一人獨用不過支散與衆人而已乃是枉費財物盡與衆人至於中外譏議則陛下自受以此而言廣散何益昨正月一日曹氏封縣君至初五日又封郡君四五日間兩度封拜又聞別有內降應是踈遠親戚盡求恩澤父母因子而貴可矣然名分亦不可太過其他踈遠皆可減罷臣謂張氏未入宮之前踈遠親戚名皆何在今日富貴何必廣為開人自招謗議以累聖德若陛下只為張氏計亦宜如此況此事不獨為張氏大凡後宮恩澤太多宮中用度奢侈皆是汙損聖德之事繫於國體臣合力言伏望聖慈防微杜漸早為裁損

皇祐三年知諫院包拯上奏曰臣竊聞舊開礬鋪進納授官人李綬男與故申王宮承俊為親將就婚登中外傳聞莫不駭愕檢會御史臺編敕節文應皇屬議親並令具門閥次第委宗正寺官審覆須的是衣冠之後非闒冗庸賤之伍富商大賈之門若涉不實會赦不原其罪仍仰揀擇之官常加采聽許為親其李綬男正礙條制竊以伉合之序貴於匹敵氏族之選屬在名勝蓋禮教之重所宜謹嚴人地之華必資參擇按李綬闒冗之餘軒裳所絕飜緣進納已濫寵恩豈可更冒瀆國婚壓郵公族使天支之貴下偶非類汨亂彝制虧損朝美臣請罷其婚姻別求德閥仍乞申命有司今後國親並須依敕選定

四年知諫院范師道上奏曰臣聞禮以制情義以奪愛常人之所難

非聰明睿哲之主然後能之近以宮人數多出之此盛德事也然而事有繫風化治亂之大而未經留意者臣敢爲陛下言之竊聞諸閤女御以周董育公主御寶白劄並爲才人不自中書出誥而掖廷覬覦遷拜者甚多周董之遷可矣女御何名而遷乎才人品秩既高古有定員唐制止七人而已祖宗朝宮闈給侍不過二三百人居五品之列者無幾若使諸閤皆遷則不復更有員數矣外人不能詳知止謂陛下於寵幸太過恩澤不節爾夫婦人女子與小人之性同寵幸過則瀆慢之心生恩澤不節則無厭之怨起御之不可不以其道也且用度太煩須索太廣一才人之俸月直中戶百家之賦歲時賜予不在焉況誥命之出未自有司豈盛時之事耶恐斜封墨敕復見於今日矣

張方平上論曰臣聞禮始乎大婚詩首於關雎易曰正家而天下定故帝嚳之立四妃虞舜之嬪二女塗山配禹簡娀嫓商周自古公王季姜任太姒世德相載故文王刑于寡妻以御于家邦夫三代之制后妃嬪御皆所以助釐陰教贊成內治閫外之事非所預聞自秦芊后始攝朝事以弟魏冉當國任政故范雎以爲秦獨有穰侯天下不知有王也及漢呂氏因惠帝之早世乘間撻起干據帝座陰陽錯倍根幹倒植末塗淪瀆幾遷運曆孝成即祚委政王氏皇緒中微正統三絕外家昌大執權四世而東朝壽考爲之宗主至于新莽遂盜神器逮乎東京孝安之後外立者四帝臨朝者六后地深帷幄禮間外朝莫不銜柄歸於父兄詔令專於閹寺於是有利幼之心忌賢之難邪謀陰策以固自固匪人乘間又牽牛而蹊田正士悼心思投鼠而忌器害家凶國濫觴有漸近如唐時太帝孝和武韋之亂廟社危絕僅續如綫春秋之義君子大居正雖嗣王繼曆幼沖纘服而猶朝政

總聽乎冢宰師傅保乂乎上躬則阿衡專美於有商周公勤勞乎王家其人也故三代之道無后妃預政之理漢自諸呂之亂大臣議所立而先擇外家之賢者以定大計故孝文之入繼亦由薄氏仁良之故及武帝機識超遠深謀獨斷顧命金霍克隆基圖誠雄傑英主哉魏文帝鑒東京之覆轍立後世之長緒亦嘗作爲戒於書其事可法夫六宮之位稽諸昏義則有三夫人九嬪二十七世婦八十一女御之數其在周禮則世婦女御職存而數闕蓋明君子不苟於色有婦德則擇以充位無則闕之矣自姬室衰陵諸侯僭縱秦并六國遷其後宮恣用汰心益崇爵號漢自文景務循儉德奕世累盛而至武元選納益廣嬖幸用煩至乃掖庭三千增級十四是以人君耽娛佚之樂起驕怠之惑倦勤廢政亂是用長唐景龍之孽天寶之敗是皆始於女德也夫其初皆恃當世之平寧因天下之全盛罔思生民作業之勞不念四方惟正之供況溺留連漸至蠱弊女謁干乎主度姦徼竊乎事權幣藏以遙費而耗盡賞刑以私昵而謬濫呂禍當日垂鑒後人良可哀也是故考歷代治亂之跡覽彤史得失之論擇善遺失可舉而言若夫戒慎失政之方保全外戚之道則莫若賦之祿而使就第教之學而使循禮傅之以儒雅篤行之士而絕其便僻險偽之交示之以恭讓儉德之賞而懲其慢游僭汰之好以義節之是謂寵之以恩驕之是謂禍之梁竇無譏類於漢武韋不遺育於唐是可戒矣若夫體乾坤之法正閨闈之治則莫若登選良姓之種採納衣冠之緒屏卑賤之妖色斥猥微之謠行敘進婉順之德崇近清閒之性雨露均施照臨無頗以資昊天悠久之無疆以取文王百斯之善慶若夫保邦求理之法節用安人之善則莫若省其品號罷虛授之稟祿放其游冗節徒費之羞服裁用度以寬民力息曠怨以除沴氣是故

治世賢王之脩身正家愛民經國之道莫先於此也已謹論

六年翰林學士胡宿上奏曰臣今月二十一日草福康公主特進兖國公主制竊聞議行冊禮然於事體頗有未便祖宗以來公主長主未有行此禮者昔漢明帝封皇子悉半諸國明德馬皇后曰諸子食數縣不已儉乎帝曰我子豈敢與先帝子等也唐貞觀中太宗長樂公主將出降帝令有司資送倍於永樂公主魏徵曰不可引漢明帝之言為對且曰天子姊妹稱長公主加長字是有所尊崇或可情有淺深無容禮相踰越太宗然其言入告長孫皇后后遣使賜徵金帛陛下即位以來累曾進封楚國魏國二大長公主亦不曾行冊禮今施於兖國公主是與大長公主相踰越兼以貴主之故賢妃亦蒙殊典有旨令進綸告不行冊禮是母子之間一行一不行禮意尤不相稱書於史冊後世將有譏議必謂陛下偏於近情虧聖德之美臣願陛下采漢明之言聞文皇之聽遵祖宗舊典如國朝公主曾行此禮行之粗且無嫌如其不曾則宜且罷臣以陛下好忠諫納至言臣職在論思不敢緘默

知諫院司馬光上奏曰右臣近聞有聖旨令召前管句兖國公主宅內臣二人復還本宅臣與楊畋龔鼎臣同有論列以為非宜未蒙允納臣聞父之愛子教以義方弗納於邪公主生於深宮年齒幼穉不更傅姆之嚴未知失得之理臣謂陛下宜導之以德納之以禮擇淑慎長年之人使侍左右朝夕教諭納諸善道其有恃恩任意非法邀求當少加裁抑不可盡從然後慈愛之道於斯盡矣此二人嚮在主第罪惡山積當伏重誅陛下寬赦斥之外方中外之人議論方息今僅數月復命召還道路籍籍口語可畏殆非所以成公主肅雍之美彰陛下義方之訓也臣實憤悒為陛下惜之伏望聖慈察臣愚忠追止前命無使四方指目以為過舉虧損盛德非細故也

七年光又奏曰臣先曾上言為前管句兖國公主宅內臣等過惡至大乞不召還近聞傳宣入內內侍省令押上件內臣梁懷吉赴公主宅依舊句當外議諠譁無不駭異臣聞太宗皇帝時姚坦為兖王宮翊善王有過失坦輒盡言諫正王及左右皆患之左右教王詐疾踰月不朝太宗甚憂之召王乳母入宮問王起居狀乳母曰王本無疾但以翊善姚坦檢束太嚴王舉動不得自由鬱鬱成疾耳太宗怒曰朕選端士為王僚屬固欲導王為善今既不能納用規諫而又詐疾欲使朕逐去正人以求自便其可得乎且王年少不知出此皆汝輩教之耳命捽至後園杖之數十召坦慰勉之太宗非不愛其子也誠以愛之則莫若納之於善若縱其所欲不忍譴訶適所以害之也齊國獻穆大長公主太宗皇帝之子真宗皇帝之妹陛下之姑於天下可謂貴矣然獻穆公主仁孝謙恭有如寒族奉李氏宗親備盡婦道愛重其夫無妬忌之行至今天下稱婦德者以獻穆公主為首獻穆公主豈不自知其身之貴哉誠以貴而不驕然後能保其福祿全其令名故也臣謂陛下教子以義宜以太宗皇帝為法公主事夫以禮宜以獻穆公主為法則風化流於四方聲譽施於後世今陛下曲徇公主之意不復裁以禮法使之無所畏憚陷入於惡觸情任性以邀君父憎賤其夫不執婦道將何以形四方之風垂來世之則易曰家人嗃嗃悔厲吉婦子嘻嘻終凶此言家道尚嚴不可專用恩治也伏望陛下斥逐梁懷吉等復歸前來貶竄之處其公主左右之人欲使陛下召還梁懷吉等者皆教導公主為不善之人也悉宜治其罪而逐之別擇柔和謹愿者以補其缺仍戒敕公主以法者天下之公器若屢違詔命不遵規矩雖天子之子亦不可得而私庶幾有所戒懼

率循善道可以永保福禄不失善名不然衆人所云甚可畏也
英宗即位初侍御史司馬光乞放宫人劄子曰臣伏見前代帝王升遐之後後宫下陳者皆放之出宫還其親戚所以遂物情重人世省浮費遠嫌疑也竊惟先帝恭儉寡欲清約執禮後宫侍左右承寵遲者至少而饗國日久歲增月積掖庭之間冗食頗衆陛下以哀恤之初未忍散遣今山陵祔廟大禮俱畢臣愚謂宜舉前代故事應先帝後宫非御幸有子及位號稍貴并職掌文書之人其餘皆給與粧奩放遣出外各令歸其親戚或使任便適人書之史冊亦聖朝一美事也

光又奏曰臣聞王化之興始於閨門故易基乾坤詩首關雎前世皆擇良家子以充後宫位號等級各有員數祖宗之時猶有公卿大夫之女在宫掖者其始入宫皆須年十二三以下醫工診視防禁甚嚴

近歲以來頗隳舊制内中下陳之人競置私身等級寖多無復限極監勒牙人使之雇買前後相繼無時暫絶致有軍營井市下俚婦女雜處其間不可辨識此等置之宫掖豈得為便臣嘗念此不勝憤惋今陛下即位之初百度惟新嬪嬙之官皆闕而未備臣謂宜當此之時定立制度依約古禮使後宫之人共為幾等等有幾人若未足之時且虚其員數既足之後不可更增凡初入宫皆須幼年未適人者若求乳母亦須選擇良家性行和謹者方得入宫傳之子孫為萬世法此誠治亂之本禍福之原不可以為細事而忽之

光又上皇太后疏曰臣聞聖人之德使四海之外編户之民皆輻湊而歸之如孝子之奉父母其故何哉推仁愛惻怛之誠以加之也故詩云愷悌君子民之父母夫四海至遠也編户至微也誠之至也猶可以為之父母况閨門之内血氣之親乎昔漢明德馬皇后無子明帝使養賈貴人之子炟以為太子且謂之曰人不必自生子但患愛養不至耳后於是盡心撫育勞悴過於所生及明帝崩太子即位是為章帝章帝亦孝性淳篤恩性天至母子慈愛始終無纖芥之間前史載之以為美談恭惟仁宗皇帝憂繼嗣之不立念宗廟之至重以皇帝仁孝聰明選擢於宗室之中使承大統不幸踐祚數日遽嬰疾疹雖殿下撫視之慈無所不至然醫工不精藥石未效竊聞鄉日疾勢稍增舉措言語不能自擇左右之人一一上聞致殿下以此之故不能堪忍兩宫之間微相責望羣心憂駭不寒而慄方今仁宗皇帝新棄四海皇帝久疾未平天下之勢危於累卵惟恃兩宫和睦以自安如天覆而地載也豈可效常人之家爭語言細故使有絲毫之隙以為宗廟社稷之憂哉臣是用日夜焦心隕涕側足累息寧前死而盡言不敢幸生而塞嘿也伏以皇帝内則仁宗同堂兄之子外則殿

下之外甥壻自童幼之歲殿下鞠育於宫中天下至親何以過此又仁宗立以為皇子殿下豈可不以仁宗之故特加愛念包容其過失耶况皇帝在藩邸之時以至踐祚之初孝謹温仁動由禮法况殿下所親見而明知也茍非疾疹亂其本性安得有此過失哉夫心者神明之主也若其有疾則精爽迷亂宜然無知言語動作不自省記不識親疎不擇貴賤此乃有疾者之常不足怪也殿下聰明睿智天下之理無所不通豈可責有疾之人以無疾之禮邪今殿下雖日夕憂勞徒自困苦終何所益以臣愚見莫若精擇醫工一二人以治皇帝之疾旬月之間察其進退有效則加之以重賞無效則威之以嚴刑未愈之間但宜深戒左右謹於侍衞其舉措語言有不合常度者皆不得以聞庶幾不增殿下之憂憤殿下惟寛釋聖慮和神養氣以安靖國家綱紀海内俟天地垂祐聖躬痊復然後舉治平之業以授之

不亦美乎。古之慈母有不孝之子，猶能以至誠惻隱撫存愛養，使之內愧知非，革心為善。況皇帝至孝之性稟之於天，一旦疾愈清明復初，此其所以報答盛德，豈云細哉。臣之愚慮，苦言盡此而已。乞殿下更賜裁擇。臣光昧死再拜上疏。

治平元年，光又上皇太后疏曰：去歲仁宗皇帝捐棄萬方，皇帝嗣統之初，憂哀成疾，殿下念社稷之重，同聽庶政，以安群情。今聖體復初，四方無事，殿下推而不居，自取安逸，動靜之節，無不合宜，率土臣民，孰不稱頌。臣不自量度，欲成殿下之全美，猶以螢燭之微，明仰裨日月之盛光。伏惟殿下稍寬其罪，而終聽其辭。臣竊以治家之道，貴賤雖殊，人情一也。嘗觀天下士民之家，其長幼群居，長者或恩意不備，衣食不豐，幼者或容貌不恭，語言不遜，若幼者孝恭而不怨，長者慈惠而不責，則上下雍睦，家道以興。若幼者以為怨，長者以為責，則上

下乖離，家道以衰。其始相失也甚微，而終為禍也甚大。又加以讒人間之，於是乎有父子相疑，兄弟相疾，亂虐並興，無所不至者矣。凡閨門之內，子婦有以孝恭之心至者，則尊親當歡然以慈愛之心接之。若其有過，則當以忠厚之心教之。教之備矣而猶不聽，則雖責之可也，罪之可也。及其既改，則又當復以歡心接之，不可以一忤顏色而終身惡之，遂不可解謝也。故骨肉之間，有威怒而無憎疾，有詰責而無猜忌。此自古聖人所以御其親之道也。臣竊惟皇帝皇后於殿下無內外之親，幼嘗保育，今日為萬民父母，享天下富貴，孰云非殿下之力。臣謂殿下固宜撫存愛念，情同所生，周旋保護，以終大惠。不可偶以纖芥之失，遂蓄久長之怒，棄生成之厚恩，取疏絕之深怨。愚智所同知也。皇帝去歲得疾之時，禮貌言辭，誠有可疑，得罪於殿下者。臣固已嘗言於殿下，云不可責有疾之人以無疾之禮也。凡醉而有

過，醒猶可赦，況有疾之人不自省知，本非意之所欲為，豈可追數以為罪咎耶。皇后自童孺之歲，朝暮游戲於殿下之懷，分甘哺果，拊循煦嫗，有恩無威。今既正位中宮，得復奉膳羞盥帨以事殿下，其意恃昔日之愛，不自疏外，猶以童孺之心望於殿下，故或有所求，須不時滿意，則慍懟怨望，未能盡如家人婦姑之禮。殿下雖怒之責之，固其宜也，誰曰不可。但事過之後，殿下若遂棄之，不復收恤，憎疾如仇讎，則臣以為過矣。臣在閤門之外，無由知禁庭之事，竊聞道路之言，未詳虛實，皆言近日皇帝與皇后奉事殿下，恭勤之禮甚加於往時，而殿下遇之太嚴，接之太簡，或時進見，殿下雖賜之坐，如待疏客，語言相接，不過數句，須臾之間，已復遣去。如此，母子之恩如何得達，婦姑之禮如何得施，所以使之疑惑恐懼不敢自親者，蓋以此也。臣竊惟殿下母儀天下，踰三十年，柔明之譽洽于中外。皇帝龍潛藩邸，進德

脩業，仁聖之望光于遠邇。先帝以至公大義選賢建嗣，海內之人皆謂繼統之日，慈孝之風必自家刑國。誠不意閭巷之民，忽有今茲異論。推其本原，蓋由皇帝遇疾之際，宮省之內必有讒邪之人，造飾語言，互相間搆。一則欲詐效小忠，以結殿下之知，僥求祿利；二則自知過失素多，畏嗣君之嚴，有所不容；三則欲竊弄權柄，惡長君聰明，使己不得自恣。是以日夜闚覘，拾掇絲毫之失，無不納於殿下之耳。殿下雖至聰哲，不能無疑；雖至仁慈，不能無怒。皇帝以剛健之性，屈於衆口，無以自伸，能不憤悒。遂使兩宮之間，介然相失，久而不解，流聞于外，致朝野之士有敢竊議其是非者，深可惜也。今天誘其衷，殿下濬發慈旨，卓然遠覽，舉天下之政歸之皇帝，此乃宗廟之靈，生民之福。然竊料讒邪之人，心如沸湯，愈不自安，力謀離間，彼皆自營一身之私，非為國家與殿下之計也。臣願殿下深察其情，勿復聽納，斥遠

其人。勿置左右。呂誨皇帝。以嚮來紛紛。皆此屬所為。自今以後。母子之間。當坦然無疑。皇帝必涕泣拜伏。感激摧謝。然後兩宮之歡。一皆如舊。凡皇帝皇后進見之際。殿下宜賜以溫顏。留之從容。來往無時。勿加限絕。或置酒語笑。與之欣欣。相待一[illegible]家人之禮。如此。則殿下坐享孝養。何樂如之。心平氣和。眉壽無疆[illegible]宗。又安內外無患。名譽光美。垂於無窮。與其信任讒慝。猜防百端。終日戚戚。憂憤生疾。國家不寧。禍亂橫生。譏謗之言。流於後世。二者得[illegible]相去遠矣。且殿下既能以祖宗之業付皇帝。又能以大政授之。而獨於恩禮之際。終不能豁然回心息怒。其故何哉。方今宮闈之中。殿下骨肉至親。止於皇帝皇后長公主及皇子公主數人而已。其餘皆行路之人。於殿下何有。若親者尚不可結以恩信。猜而遠之。則疎者獨肯愛殿下顧遇。盡其死力。終始無貳乎。夫貴莫貴於為天子之母。富莫富於受四海之養。

今殿下有此富貴而不能自樂。親其所可疎。疎其所可親。使受恩之子婦彷徨而不自安。蹴踖而不敢進。雖內懷反哺之心。而無以施展。臣竊為殿下惜之。臣父子皆蒙先帝大恩。擢於常調之中。置之侍從之列。心非木石。豈能暫忘。今先帝晏駕之後。臣唯不避死亡。以進忠直之言。庶幾殿下母子和悅。國家安寧。是臣所以為報効也。不勝區區激切之誠。展布以聞。惟留神幸察。臣光昧死再拜上疏。

侍御史傅堯俞上奏曰。臣聞。志於大者。必遺其細。善乎始者。當圖其終。夫惟識小大之當。迺不惑於衆人之論。全始終之分。故能成高世之德。恭惟殿下。佐佑先帝。母儀萬方。世謂雖明德長孫。不可髣望盛烈。可謂善其始矣。當先帝晚歲。國本未定。殿下竭誠贊翊。援皇帝於藩邸。以繼大統。是挈四海而手維之。其功力可勝道哉。及再降詔書。權同機務。內則調護聖神。有勿藥之喜。外則撫鎮夷夏。有泰山之安。若少留意。以圖其全。則高世之德具矣。定策安宗廟。為國家建不拔之基。而收之以靜。退成就其盛德。以取高於萬世者。大業也。捨此皆瑣末細微。固可以脫然遺之矣。伏望以四月九日元降旨揮施行。遂還政事。燕處清禁。從容以就天下之養。身受無前之寵。名家享不貲之盛福。全具衆美。纔一言之易耳。況始諭外廷。候皇帝康復日。今天體清豫。漸親萬機。不能知殿下之深者。安得無惑。惟殿下積行累功於數十年間。其勤已甚。儻始終之際。微有不全。他日雖復痛惜。何所及哉。不審殿下何憚於此。而憚一言之易。以全大德。而釋羣疑也。如前世善惡是非。殿下宜講磨已熟。臣所以懇懇為言者。顧今朝廷之體。非便。而無益於殿下。且慮左右之人。不深惟大體。務為姑息之愛。因循浸久。將累盛德。臣輩不言。實負殿下。至於佞者騰造異端。解釋疑似。不可不察。伏惟亮臣悃愊斷之於心。則天下幸甚。

三年。殿中侍御史范純仁奏曰。臣伏聞皇太后手書。追尊濮王為皇夫人為后。陛下已降敕命施行。竊以追崇濮王之事。始因中書不正之謀。陛下謙慎未行之間。聞皇太后曾降手書切責政府。因此權罷。今皇太后復降命令追崇為皇。始末不同。天下將何取信。況皇太后自徹簾之後。深居九重。未嘗預聞外政。豈當復降詔令有所建置。蓋是政府臣僚苟欲遂非掩過。不思朝廷禍亂之源耳。且三代已來未嘗有母后詔令施於朝廷者。自秦漢已後。母后方預幼主之政。自此權臣欲為非常之事。則必假母后之詔以行其志。往往出於逼脅而天下之心卒知事由權臣。今陛下以長君臨御于茲四年。萬機之務當出宸斷。內奉慈闈。惟宜竭仁孝之誠。盡四海之養而已。豈須更頒房闥之命。遂紊國章。一開其端。流弊極大。異日或為權臣矯託之地。甚非人主自安之計也。伏望陛下深察臣言。追寢前詔。凡繫濮王典禮

陛下自可采擇公議而行何必用毋后之命施於長君之朝也臣方
待罪于家自俟誅竄而區區之誠不能自已者尚冀一悟明主之聽
以安宗社臣雖萬死亦復何恨
四年知諫院楊繪上奏曰臣竊聞内人景氏者曾在仁宗朝爲御侍
後出嫁許宗賢近已聽離却召入内者臣竊以丈武之政治於袵席
家人之道脩於近小而况已經從良豈可復塵於禁掖我伏乞放之
於外以清物議
治平間右庶子韓維上言曰臣累日以來傳聞禁中訊至諸臣之家
爲穎王擇妃審如此者臣竊以爲非便臣聞夫婦者居室之大倫將
以正家則承宗事以繼萬世之嗣故禮之用惟婚姻爲兢兢兢兢者
慎之至也坊記曰諸侯不下漁色故君子遠色以爲民紀此言諸侯
不得自於其國網取容若捕漁然所以推遠女德爲民之紀法也

伏以皇子穎王孝友聰明好學法度方嚮經學以觀成德今卜族授
室其繫尤重臣愚以爲宜歷選勳望之家慎擇淑哲之媛考古納采
問名之義以禮成之不宜苟取華色而已近世簡棄禮教不以爲務
婚娶之法自朝廷以及民庶蕩然無制故風俗陵靡犯禮者衆賢士
大夫未嘗不發憤嘆息竊圖國家有以振之今陛下始初清明爲天
子求婦而事出苟簡殆非所以矯世厲俗反之雅正且無以示穎王
使知室家之道在德而不在色也傳稱尤物足以移人詩詠淑女幾
以配上此誠智士仁人見微知終遠覽禍福之原爲後世戒也陛下
不可不加聖意焉臣獲侍宸陛且官王府苟益萬一不敢不言干冒
天威臣無任惶懼激切之至

歷代名臣奏議卷之七十四

歷代名臣奏議卷之七十五

内治

宋神宗熙寧元年殿中侍御史裏行錢顗上奏曰臣伏以歷代聖明
之君臨御四海之初必有甚美之事以順人情以竭至誠之心以感
天意陛下紹膺大寶憂勤庶政有弊必去聞善必行然猶陰陽未和
災異數見豈聖化有所不洽者耶臣竊伏思其一端臣恭聞仁宗及
英廟兩朝之間見在宮人尚多幽閉掖庭豈無怨曠之思以汩和氣
臣伏乞陛下特軫宸衷沛然下詔法祖宗開寶祥符之制量數放出
務令從便無曠怨之苦有遂性之樂上足以感天意下足以順人情
哲王懿範莫過於此也
侍御史知雜事劉述上奏曰臣竊以方今之患在乎官冗官冗由乎
入流之衆所以賢不肖混淆耗蠹帑廩而困弊生靈者也今不早爲

裁節日引月長將如之何伏見皇族郡縣主出嫁其夫並白身授殿
直内有閭閻之人但富於財者往往認他人三代有官職者冒爲婚
姻紊亂國經塵穢天屬莫斯爲甚近制亦許就文資恩澤參以士人
漸復唐制亦救弊之一端也以臣愚管見今後欲乞秖於身任文武
官僚中元非進納出身者選擇爲親内京朝官武臣與不隔磨勘特
轉一官幕職官三考以上於銓格不妨磨勘者與轉京官州縣官令
錄資序與兩使職官判官簿尉齋郎監簿之類與初等職官該說不
盡者乞從朝廷比類相度旨揮所冀稍塞濫源漸清仕綴
三年右諫議大夫御史中丞呂誨上奏曰臣竊聞去年下京東買黄
金數萬兩本路科率太暴民頗怨之又廣南新錢監許買真珠上京
傳說將備宮中十閤用度蓋愚者無知因其民言造爲端意謂陛下
春秋富盛祥禫既除將邇聲色漸求暇逸此其惑也臣有以知聰明

睿智以天下為心必不留神於此爾然重思之天下有道庶人不議明盛之朝不當使民如是而議似亦啓之有因不可不卹也臣職在言責敢不為陛下一一而陳之臣聞宮禁職位自有班序十閤創置非古儀也或云仁廟晚年欲廣繼嗣諫言闚間遂成其事英宗踐祚因循舊制真作無益害有益也何則既名閤分則異嬪御供具之外仍置官管幹增長事勢動有踰僭且禮之所設本防其漸作法於儉其敝猶奢今日之為實繫聖慮而況陛下尊奉兩宮與仁宗事體不同且虞倖進之臣漸陳無益之計臣愚欲乞陛下況機慮始臨事制宜俯畢二年之喪首罷十閤之制德音遂發人心自悅矧復舉動之間使人窺伺莫及豈止成一時之盛美將見垂萬世之休光區區之誠所願至矣

哲宗元祐間御史中丞傅堯俞上奏曰臣伏見近除韓忠彥為尚書左丞繼又以其弟嘉彥尚主物議籍籍以為未當臣不敏不敢臆度其是非臣切謂李德裕實唐之名相建言舊制駙馬都尉與要官禁不往來開元中訶督尤切今乃公至宰相及大臣私第是等無他直洩漏禁密交通中外耳請白事宰相者聽至中書無輙詣第當時防禁如此今乃萃於一門議者之言良可取也況君舉必書而書事必謹其始陛下自臨御以來勵精政事未有過舉而首開此塗異日援以為比其弊將深且書於史冊云始於陛下使後世指為譏議顧不惜哉願陛下深思之陛下用臣輩為聰明臣苟知而不言負陛下之罪不容誅矣

哲宗方選后太皇太后曰今得狄諮女年命似便然為是庶出過房事須評議樞密直學士王巖叟進曰按禮經問名篇女家答曰臣女夫婦所生及外氏官諱不識今者狄氏將何辭以進議遂寢哲宗選

后既定太皇太后曰帝得賢后有內助功不是小事巖叟對曰內助雖后事其正家須在皇帝聖人言正家而天下定當慎之於始太皇太后以是語哲宗者再

中書舍人彭汝礪奏曰臣竊以古者能治其國非獨脩諸己者備內亦有助焉后妃夫人能輔佐君子非獨天性然也教亦有素焉后妃人君之配也天下國家安危治亂宗廟社稷之禍福子孫之賢不肖是係豈特其身哉此可謂甚重以天下之責以聖人之事望于一未笄之女子此可謂甚難然則擇可不慎乎擇之必知所以教之自寒而暑非一日之積也則教之所以成物亦必有漸矣禮女子十年不出姆教婉娩聽從執麻枲治絲繭織紝組紃學女事以供衣服觀於祭祀納酒漿籩豆菹醢禮相助奠詩曰后妃在父母家則志在於女工之事恭儉節用服澣濯之衣尊敬師傅則可以歸安父母化天下以婦道也古之人其教之也素故其成也至詩曰誰其尸之有齊季女祭祀婦事齊母道自其幼時婦事母道非其教之素曷能與於此周南之治盛矣其志為卷耳其效為桃夭其化為兔罝為漢廣觀原反本固有所在臣以謂皇帝陛下春秋富宜蚤擇淑德之女以定后妃之位以正天下之本以對天之丕顯休命立師傅保姆擇姬媵嚴宮室車服制環珮之節陳圖史之戒非正之聲音顏色使不得亂其視聽非正之玩好使不得致其前及其歸也凡所欲皆其所嘗聞之者也凡所享皆其所嘗安之者也凡所惡皆其所戒焉者也此可謂善矣以陛下之神明博大得賢妃之助以治天下國家何有詩曰天監在下有命既集文王初載天作之合文王嘉止大邦有子天立厥配受命既固周既受命至配立而後言固則人主所以待內助如此也然則擇之豈可不慎教之豈可不早夫教之非豫也使得其人幸

而已矣幸非可以為法也苟非其人禍莫甚焉凡臣之言其稱辭小稽其事則甚大其事若纖察其微則甚切惟太皇太后陛下留意毋忽

五年給事中范祖禹論立后上太皇太后疏曰臣伏奉詔旨皇帝納后六禮令翰林學士御史中丞兩省給舍與禮部太常寺官同共詳議臣竊伏思此國家大事萬世之始福祚所繫風化所先自古聖王重之今陛下宜先知者有四不可不慎也臣謹稽之上古參之後世為陛下悉數而詳言之一曰族姓二曰女德三曰隆禮四曰博議所謂族姓者臣聞古之帝王所與為婚姻者必大國諸侯先聖王之後勲賢之裔不然則甥舅之國也不以微賤上敵至尊故其福祚盛大子孫蕃昌昔者黃帝娶於西陵之女是為嫘祖嫘祖為黃帝正妃其子孫皆有天下五帝三王皆黃帝之後也高辛娶陳鋒氏之女是生帝堯虞舜娶帝堯之二女釐降于嬀汭遂有天下大禹娶于塗山是生夏啓天下歸之子孫享國四百七十餘年成湯娶于有莘氏子孫有天下六百餘年周之先祖后稷生於姜原世有賢妃太王娶太姜是生王季王季娶太任是生文王文王娶太姒其禮尤盛大雅歌之曰文王初載天作之合言文王之初有識天已生賢女為之配也又曰大邦有子俔天之妹文定厥祥親迎于渭造舟為梁不顯其光自古昏禮未有如文王之盛也太姜炎帝之後也太任太昊之後也太姒大禹之後也太姒生十子武王周公皆聖人也其餘皆為顯諸侯周之子孫徧于天下太姒之德也詩人美文王之聖本由太任其詩曰思齊太任文王之母思媚周姜京室之婦太姒嗣徽音則百斯男又曰刑于寡妻至于兄弟以御于家邦言文王之化自家及國以正天下也周南關雎后妃之德人倫之始風化天下皆美太任太姒也武王亦娶于姜是生成王周有天下三十餘世八百餘年其基本蓋由

此也故族姓不可不貴所謂女德者臣聞禮本夫婦詩始后妃治亂因之興亡繫焉三代之興皆有賢妃其亡也皆有孽女夏之興也以塗山其亡也以末喜商之興也以有娀其亡也以妲己周之興也以姜原其亡也以褒姒此皆聖賢所紀詩書所載垂之後世以為永鑒者也秦漢以後昏姻多不正無足取法惟後漢顯宗明德馬后唐太宗文德長孫后憲宗懿安郭后皆有后德出於勲賢之家其餘敗亂足以為戒而已恭惟本朝太祖皇帝以來家道正而人倫明歷世皆有聖后內德之助自三代以後未有如本朝家法也皇帝聖德明茂睿質純粹天監在下必生聖女以佑皇家惟陛下遠觀上古近鑒後世上思天地宗廟之奉下為萬世子孫之計選卜窈窕以母儀萬國表正六宮非有德孰可以當之以閨門之德不可著見必視其世族觀其祖考察其家風以度事亦可知也昔漢之初大臣議欲立高帝子齊王皆曰王母家駟鈞惡戾虎而冠者也代王母家薄氏君子長者乃立代王是為文帝文帝為漢之賢主亦由其母家仁善也故女德不可不先所謂隆禮者臣聞天子之與后猶天之與地日之與月陰之與陽相須而後成者也禮曰天子聽男教后聽女順天子理陽道后治陰德教順成俗內外和順國家理治此之謂盛德又曰天子修男教父道也后修女順母道也孔子對魯哀公曰古之為政愛人為大所以治愛人禮為大所以治禮敬為大敬之至矣大昏為大大昏至矣大昏既至冕而親迎親之也親之也者親之也是故君子興敬為親捨敬是遺親也弗愛不親弗敬不正愛與敬其政之本歟哀公曰寡人願有言然冕而親迎不已重乎孔子愀然作色而對曰合二姓之好以繼先聖之後以為天地宗廟社稷之主君何謂已重乎又曰天地不合萬物不生大昏萬世之嗣也君何謂已重焉蓋深非之也孔子遂言

曰昔三代明王之政必敬其妻子也有道妻也者親之主也敢不敬歟禮又曰元冕齋戒鬼神陰陽也將以為社稷主為先祖後其可以不致敬乎又曰敬而親之先王之所以得天下也今臣與衆官討論講議皆約先王之禮參酌其宜不為過隆顧陛下勿以為疑進言者必曰天子至尊無敵於天下不當行夫婦之禮而荀卿有言天子無妻告人無匹也如此則是周公之典孔子之言皆不可信而荀卿之言可信也臣謹按禮冠昏唯有士禮而無天子諸侯之禮故三代以來唯以士禮推而上之為天子諸侯之禮蓋以成人之與夫婦自天子至於士則一也臣竊聞親王宗室之間娶妻殊無齊體之禮敬而親之之義天下豈有獨尊而無偶配者哉至於鄙褻之禮或雜戎狄之俗或習委巷之風下自士族上流宮禁有涉於此者顧陛下一切屏絶之以正基本以先天下故禮不可不隆所謂博議者臣聞古者

天子聘后上公逆之諸侯主之故春秋書祭公來遂逆王后于紀夫國有大事大臣不容不預聞也昔慈聖光獻之立也呂夷簡定其議故其詔曰覽上宰之數言其册曰宗公鼎臣誦言于朝光是荼商陳氏女亦預選擇王曾宋綬皆以為言大臣繼有言者遂罷陳氏仁宗所以為聖者能從衆也進言者必曰此陛下家事非外人所預自古誤人主者多由此言也天子以四海為家中外之事孰非陛下家事大臣無不可預之事亦無不當預之人且陛下用一執政進一近臣必欲恊天下人望況立皇后以母天下乎臣恐陛下一日降詔云立某氏為皇后則大臣雖有所見亦難乎論議矣今陛下之所選擇莫若出其姓氏宣問大臣若聖志既定而衆議僉同則卜筮恊從鬼神其依天人之意無不同矣故議不可不博臣幸備勸講其職在以帝王之事裨益聖德故敢獻其所聞臣之愚誠惟中宮正位之後四海之內室家相慶則宗社之福也狂瞽之言惟陛下留聽干冒宸嚴臣無任惶懼俟罪之至

七年祖禹又奏曰臣近以權住經筵久不進講陛下今月一日已御邇英又先降聖旨過端午未住講讀此見陛下好學之至也而臣自五日以後北郊奉祠未獲入侍伏覩中宮初建將行嘉禮實為正始之道王化之基恭惟本朝祖宗家法自三代以還盡未之有由漢以下皆不及也今陛下納后以承天地以奉祖宗內盡孝養外美風化將以為萬世法臣愚竊為陛下重之謹按周易家人之卦乃聖人所以定天下之端本臣輒不自揆敢撰集所聞先聖先賢之言為解義一篇謹錄上進以代奏事伏望聖慈少賜省覽臣無任惶懼激切之至臣祖禹曰家人之道以內為主女正則家正矣故其利在女之正彖曰家人女正位乎內謂六二也男正位乎外謂九五也六二以柔

得位而居中九五以剛得位而居尊男子居外女子居內男不言內女不言外男女之正莫大於此此天地之義陰陽之分也禮曰天子聽男教后聽女順天子理陽道后治陰德天子聽外治后聽內職教順成俗外內和順國家理治此之謂盛德故天子之與后猶日之與月陰之與陽相須而後成者也其可以不正乎天子者天下之君也諸侯者一國之君也父母者一家之君也君不可以不嚴天子則天下之所嚴也諸侯則一國之所嚴也父母則一家之所嚴也故家人有嚴君焉父母之謂也父得父之道則慈子得子之道則孝兄得兄之道則友弟得弟之道則恭夫得夫之道則義婦得婦之道則聽如此然後家道正推而行之以治天下故正家而天下定矣舜文王是也舜事父母瞽叟底豫而天下之為父子者定象憂亦憂象喜亦喜而天下之為兄弟者定釐降二女于嬀汭嬪于虞而天下之為夫婦

者定。文王孝於王季太任。刑於太姒。友于兄弟以御于家邦。大學曰。心正而後身修。身修而後家齊。家齊而後國治。國治而後天下平。象曰。風自火出。家人。何謂也。離火也。巽風也。火在內而風在外。家人之道。由內以相成。故文中子曰。明內而齊外也。君子之居家也。言必有物。行必有常。所以為家人法也。孔子曰。君子居其室。出其言善。則千里之外應之。況其邇者乎。居其室出其言不善。則千里之外違之。況其邇者乎。言出乎身。加乎民。行發乎邇。見乎遠。言行。君子之所以動天地也。可不慎乎。初九曰。閑有家。悔亡。何謂也。處家之初。治家之始。故必防閑之。然後悔可亡。王弼曰。凡教在初而法在始。當治之於未變。嚴之於未瀆也。既變而後治之。既瀆而後嚴之。則悔矣。孟子曰。身不行道。不行於妻子。君子言有物。行有常。無僻志。無淫好。所以閑家也。昔者桀惑於末喜。故夏亡。紂惑於妲己。故商亡。幽王惑於褒姒。故

周亡。晉獻公惑於驪姬。三世大亂。唐高宗制於武后。唐祚中絕。中宗制於韋后。身陷大禍。皆不能閑之於初也。閑之在於人心未變之時。故象曰。閑有家。志未變也。六二曰。無攸遂。在中饋。正吉。何謂也。坤之文言曰。地道也。妻道也。臣道也。地道無成而代有終也。陰不為倡。陽不為和。故坤道柔順。承天而時行。妻道無攸遂。在中饋。則正而吉矣。古者女子十年不出。姆教婉娩聽從。執麻枲。治絲繭。織紝組紃。學女事以供衣服。觀於祭祀。納酒漿籩豆葅醢。禮相助奠。后妃在父母家則志在於女功之事。恭儉節用。服澣濯之衣。尊敬師傅。故關雎美后妃之德。其職在於供荇菜。備庶物。以奉宗廟。又當輔佐君子。內有進賢之志。而無險詖私謁之心。關雎之化行。則諸侯之夫人秉蘩于沼沚。周之公侯之事。大夫之妻亦采蘋藻。盛之箱筥。湘之錡釜。以供祭祀之用。皆無攸遂。在中饋之事也。三代之亡。皆以孽女亂政。不修其

職。而預外事。故武王數紂曰。古人有言曰。牝雞無晨。牝雞之晨。惟家之索。今商王受惟婦言是用。詩人刺幽王曰。哲夫成城。哲婦傾城。婦有長舌。惟厲之階。亂匪降自天。生自婦人。又曰。赫赫宗周。褒姒滅之。皆反此者也。九三曰。家人嗃嗃。悔厲吉。婦子嘻嘻。終吝。何謂也。以陽處陽。居下卦之上。為家人之長。剛嚴者也。王弼曰。行與其慢。寧過乎恭。家與其瀆。寧過乎嚴。故家人嗃嗃。至於有悔。雖危猶不失吉。婦子嘻嘻。言笑無節。終必有吝。凡家之道。主於嚴敬。故象曰。家人嗃嗃。未失也。婦子嘻嘻。失家節也。六四曰。富家大吉。何謂也。以陰處陰。體柔居巽。少長有禮。各得其序。以聽於上。故象曰順在位也。富者非富於財而已。家之富。猶人之肥也。禮曰。父子篤。兄弟睦。夫婦和。家之肥也。其大吉不亦宜乎。九五曰。王假有家。勿恤吉。何謂也。陽居君位。以家道治天下者也。聖人以天下為一家。以中國為一人。故視天下如家。視百姓如身。愛人如愛身。治天下如治家。

孔子曰。身以及身。子以及子。妃以及妃。君行此三者。則愾乎天下矣。太王之道也。如此。國家順矣。孟子曰。天下之本在國。國之本在家。家之本在身。修身所以治人。正家所以治天下。舜舉八元。使布五教于四方。父義。母慈。兄友。弟恭。子孝。內平外成。此以家道治天下。而四海之內莫不交相愛也。詩曰。之子于歸。宜其家人。大學曰。宜其家人。而後可以教國人。先王欲正天下。必自家始。此家人之盛也。故勿恤而吉。王弼曰。王至斯道以有其家。古之人有行之者。舜文王是也。上九曰。有孚威如。終吉。何謂也。以陽居上。處家之終。誠發於中而著於外。人皆信之。故曰有孚。治家之道。初則閑之。終則嚴之。故曰威如。閑之者。制於未變也。嚴之者。所以常久也。孔子曰。君子不重則不威。傳曰。有威可畏謂之威。揚雄曰。貌重則有威。又曰。或問何如動而見畏。曰畏人。何如動而見侮。曰侮人。夫見畏與見侮。無不由己。又曰。人必其自敬也。然後人敬之。君子之道。不

諸身故治家者始於修身終則反諸其身其身正而天下歸之矣身處威敬人亦畏敬之夫如是豈有不終吉者乎故象曰威如之吉反身之謂也

元祐六年太常丞呂希純上奏曰臣竊以天子之與后猶日之與月陰之與陽相須而後成是以自古聖主有婚姻之始皆博訪令族參求有德然後昭告宗廟成以昏禮其敬謹重正如此詩人推原周家受命之本上陳姜嫄周姜太任太姒之賢皆聖賢之後大邦之子其盛德不回其徽音可繼故輔其君子世世修德昭受天命歷年長久未聞以聘納之際參以陰陽數術者也三代禮文雖不盡見然禮記及周禮儀禮述大昏之義列嬪妁之職載六禮之儀稍為詳備略無男女年命勘婚文以至漢唐而下史策所載亦無此制本朝制司天之官雖有婚書然自祖宗以來每建中壼皆采用德閥不專以勘選為事且宣祖皇帝方在側微天作之合固未嘗集太史而議年命也然而昭憲太后實生太祖太宗為萬世福是豈勘婚之力哉其婚書詞義鄙淺及日官元不自信臣所慮者自降選后指揮已是逾歲誕聖年月其誰不知除日前供到家狀猶或可信外若今日以後更令餘家供析安知不改易女命以求附會雖盡合書法豈復可憑則恐論議遲遲徒為過謹曠日持久無益而已皇帝於后妃之議方當謙抑不言太皇太后推慈愛之念固欲盡衆美以副宸心然則股肱大臣亦宜以身任其責況即今公卿士大夫之家例不勘婚人雖有貴賤之殊其於親愛蓋亦同爾乃敢斷然不用者豈非以勘合年命為難信畧去拘忌為安便邪為人臣者固當推己之所安以事君上不可如卜祝之論姑以逃責而已故臣敢因緣職事輒貢瞽言伏惟聖慈少賜裁擇

元符元年翰林學士鄒浩上奏曰臣聞禮曰天子之與后猶日之與月陰之與陽相須而成者也天子理陽道后治陰德天子聽外治后聽內職然則立后以配天子安得不謹今陛下為天下擇母而所立乃賢妃劉氏一時公議莫不疑惑誠以國家有仁祖故事不可不遵用之耳蓋皇后郭氏與美人尚氏爭寵致罪仁祖既廢后不旋踵并斥美人所以示公也及至立后則不選於妃嬪必選於貴族而立慈聖光獻所以遠嫌也所以為天下萬世法也陛下以罪廢孟氏與廢郭氏實無以異然孟氏之罪未嘗付外雜治果與賢妃爭寵而致罪乎世固不得而知也果不與賢妃爭寵而致罪乎世亦不得而知也若與賢妃爭寵而致罪則并斥美人以示公固有仁祖故事存焉若不與賢妃爭寵而致罪則不立妃嬪以遠嫌亦有仁宗故事存焉二者必居一於此矣不可得而逃也況孟氏罪廢之初天下孰不疑賢妃必為后及讀詔書有別選賢族之語又聞陛下臨朝慨歎以廢后為國家不幸又見宗景立妾之請陛下怒其輕亂名分而重賜譴責於景天下始釋然不疑陛下立后之意在賢妃也今果立之則天下之所以期陛下者皆莫之信矣載在史冊傳示萬世不免上累聖德可不惜哉且五霸者三王之罪人也其葵丘之會載書猶且曰無以妾為妻況陛下之聖高出三王之上其可忽此乎萬一自此以後士大夫有以妾為妻臣寮糾劾以聞陛下何以處之不治則傷化敗俗無以為國治之則上行下效難以責人孔子曰名不正則言不順言不順則事不成事不成則禮樂不興禮樂不興則刑罰不中刑罰不中則民無所錯手足名之不正遂至民無所錯手足其為害可勝道哉尤不可不察也臣伏覩陛下天性仁孝追奉休烈惟恐一毫不當先帝之意然先帝在位動以二帝三王為法斥兩漢而下不取今

陛下乃引自漢以來有為五伯之所不為者以自比是豈先帝之論
乎是豈繼志述事所當然者乎此尤公議之所未諭也臣觀白麻內
再三言之者不過稱賢妃有子又引永平祥符立后事以為所咨之
故實臣請論其所以然者若曰有子可以為后則永平中貴人馬氏
固未嘗有子也所以立為后者以德冠後宮故也祥符中德妃劉氏
亦未嘗有子也所以立為后者以鍾英甲族故也又況貴人之系實
馬援之女德妃之時且無廢后之嫌其與賢妃事體迥然異矣若曰
賢妃冠德後宮亦如貴人鍾英甲族亦如德妃則何不於孟氏罪廢
之初用立慈聖光獻故事便立之乎必遷延四年以待今日果何意
邪必欲以此示天下果信之邪無臣聞頃年冬享景靈宮賢妃實隨
駕以往是日雷作其變甚異今又宣麻之後大雨繼日已而飛雹又
自告天地宗廟社稷以來陰霪不止以動人心則上天之意益可見

矣陛下事天甚謹畏天甚至尤宜思所以動天而致然者考之人事
既如彼求之天意又如此安可不留聖慮乎夫成湯聖君也仲虺不
稱其無過而稱其改過不吝高宗賢君也傅說不告以拒諫而告以
從諫則聖臣雖至愚不足以方古諫者常念唐太宗猶有恥君不及
堯舜之臣況直可以為堯舜如陛下之聖而於身親見之乎是以不
敢愛身冒犯天威圖報陛下親自識拔天恩之萬一而區區血誠盡
於此矣惟陛下俯從而改之不以為吝則萬世之下所以誦陛下之
聖者亦將在成湯高宗之上矣豈不美哉伏望聖慈深賜照納不以
一改命為甚難而以萬世公議為足畏追停冊禮別選賢族如初詔
施行庶幾上荅天意下慰人心為宗廟社稷無疆之計不勝幸甚
哲宗時右諫議大夫范純仁論太皇太后冊禮疏曰臣近聞將來太
皇太后冊禮並依明肅太后故事於文德殿受冊緣自太皇太后同

政以來至仁盛德高掩前古所行典禮為萬世尊仰不必專稽明肅
伏望特自太皇太后聖意指揮更命禮官子細詳定務合中制以副
聖意臣以受恩殊常固當知無不言以伸補報罔避僭易之罪伏望
聖慈矜察易謙卦稱天道虧盈而益謙地道變盈而流謙鬼神害盈
而福謙人道惡盈而好謙一謙而四益從之又曰謙尊而光尚書曰
滿招損謙被益此皆經典之法言在聖明正所當務臣不勝區區犬
馬之誠乞賜采錄
陳次升奏曰臣伏覩詔書以皇后孟氏旁惑邪言陰挾媚道追從究
驗證左甚明而陛下斷以大義不牽私恩奉承兩宮慈訓廢皇后孟
氏為華陽教主降詔以告中外命下之日士庶惶惑謂后無可廢之
罪而陛下廢之咸相與為之咨嗟彈指良可歎也蓋以所治之獄不
經有司雖聞追驗證左而事迹祕密朝臣猶不預聞士庶惶惑固無

足怪臣竊謂后之廢立事體至重若臣下一言一眚廢之逐之不足
深恤自古推鞫獄訟皆付外庭未有宮禁自治高下付閹官之手陛
下但見案牘之具耳安知情罪之虛實萬一寃濫為天下後世譏笑
臣欲乞陛下親選在庭侍從或臺諫官公正無所阿附之人專置制
院別行推勘庶得實情如后之罪在所不容雖廢之人自無言今事
不經有司獄成閹宦此天下人心不能無疑也伏望聖慈特降睿旨
施行
徽宗時任伯雨上言曰臣近具封章論瑤華事前日得對清光面奉
聖訓知宸衷之所慮合天下之公心事可施行理當將順然而臣竊
以謂天下大事無過此者前日之廢既出於率易今日之復安可以
忽遽以母儀之動靜而定是非於獄辭此前日之所以為率易也古
人有言曰獄者天下之大命也人情安則樂生痛則思死箠楚之下

何求而不得故奏牘之成雖使臯陶聽之皆以為死有餘罪何則鍛錬者衆文致之罪明也故天下之患莫深於獄敗法亂正離親塞道莫甚於治獄之吏又況掖廷秘獄治世所無婦人柔弱豈勝箠楚遂以文致之罪因動母儀之尊此固非所以習天下而崇堂陛也然以訓出兩宮則先帝當時不得不從事于泰陵則陛下今日豈可輕改若言近經大赦恩霈普霑豈唯瑤華獨不昭雪臣尤以此論為不然也蓋朝廷赦宥為罪人而設耳昔以為有罪斷之於獄辭今以為無過均之以赦宥則是廢興動靜與衆同科慢而不嚴於體未順臣故以為不然也瑤華得罪於先帝見棄於兩宮此前日詔令之本旨也而外議籍籍皆以為先帝有常悔之言兩宮無堅確之命若審如此則皇太后下一詔書明白其事陛下奉付外廷使議典禮縱令遂非之人詭於繼述自護其短又安敢以先帝嘗悔之言為不然乎雖然詔

書之文當有體要必熟議而後可發廢者之復當考故事必如禮而後可勸如是則事正體嚴始終無礙臣故曰不可以怱遽也且五年安於窮離豈有數月而不能待乎事之大者尤當以欲速為戒伏望聖慈上稟慈闈詳擇施行

高宗紹興三十二年張浚奏曰臣恭覩進奏院報已降制書命有司涓日冊賢妃為皇后乾道當陽坤儀配極神人協慶海寓同歡竊讀易家人彖辭曰父父子子兄兄弟弟夫夫婦婦而家道正正家而天下定矣是知致治之道必自內始臣復考其象辭風自火出為家人風之譬則化也火之譬則禮也禮修於身化行於外是為風自火出惟皇帝陛下聖學高明而事親以孝撫下以仁御事以斷凡有所為無一不合於禮方將正身以形家形家以齊國克謹細微以先天下治化之隆指日可俟四海幸甚臣欽聞詔命無任欣躍鼓舞之至

光宗時李皇后寖預政倪思進講姜氏會齊侯于濼因奏人主治國必自齊家始家之不能齊者不能防其漸也始於褻狎終於恣橫卒至於陰陽易位內外無別甚則離間父子漢之呂氏唐之武韋幾至亂亡不但魯莊公也上悚然

起居舍人彭龜年上奏曰臣聞書曰監于先王成憲其永無愆古之哲王出而照臨萬國必有宏綱大紀以貽憲厥後然其道不過自內以刑外正本以及末而所謂刑名度數政事法制有不在察察然也自秦以來唯務以法制下凡治人之具求之已詳而分內之事所謂刑于寡妻至于兄弟以御于家邦者悖謬特甚蓋有不忍道者也三代以後唯漢唐號為小康其間賢君猶愧於此然則治道之不如古無責耳矣唯我祖宗受天明命撥亂傾否具有本末越中古不止一事而先民推其所以致豐大之業者必以家法言之范祖禹曰門三

代以後未有若本朝家法者也呂大防當元祐時嘗侍邇英講讀因進曰本朝百三十年中外無事蓋由所立家法最善前代宮闈多不肅宮人或與廷臣相見唐入閤圖有昭容位本朝宮禁嚴密內外整肅此治內之法也前代外戚多預政事常致敗亂本朝母后之族皆不預事此待外戚之法也前代宮室皆尚華侈本朝宮室止用赤白此尚儉之法也前代人君雖在宮闈出輿入輦祖宗皆步自內廷出御後殿豈乏人力哉亦欲步歷廣廷稍冒寒暑爾此勤身之法也前代人主在禁中冠服苟簡祖宗以來燕居必以禮此尚禮之法也至於虛己納諫不好畋獵不尚玩好不用玉器飲食不貴異味止用羊肉此皆祖宗家法足以致太平者臣嘗因二臣之言欲採摭祖宗家法類為一書而遐方賤吏不見國史傳聞小說不敢盡信抱此志願半世莫伸昨蒙陛下官之成均成均舊有國朝會要及李燾續資治

通鑑長編錄本。因得竊讀。於是祖宗修之身刑之家者。可以略見一二。遂妄編次以成一書。取監于先王成憲之義。名曰內治聖鑑。其目則畧循會要之舊。其事則多本長編之書。一時名臣奏請有足裨補聖治者。亦復採錄。間有愚見。輒復論著。遺逸差繆。不敢謂無。然而區區二臣憂國愛君之心。竊庶幾焉。謹繕寫成編投進。以備乙夜之覽。

金熙宗時翰林待制兼右諫議大夫程寀奏曰。虞舜不告而娶二妃。帝嚳娶四妃。法天之四星。周文王一后三夫人。嬪御有數。選求淑媛以充後宮。帝王之制也。然女無美惡。入宮見妬。陛下欲廣嗣續。不可不知而告戒之。又曰。臣伏見本朝富有四海。禮樂制度莫不一新。宮禁之制尚未嚴密。胥吏健卒之輩皆得出入。莫有呵止。至淆混而無別。雖有闌入之法。久尚未行。甚非嚴禁衛明法令之意。陛下不可不知而必行。疏奏。上嘉納之

歷代名臣奏議卷之七十五

歷代名臣奏議卷之七十六

宗室

周襄王將以狄伐鄭。富辰諫曰。不可。臣聞之。太上以德撫民。其次親親以相及也。昔周公弔二叔之不咸。故封建親戚以蕃屏周。管蔡郕霍魯衛毛聃郜雍曹滕畢原酆郇。文之昭也。邘晉應韓。武之穆也。凡蔣邢茅胙祭。周公之胤也。召穆公思周德之不類。故糾合宗族于成周而作詩曰。常棣之華。鄂不韡韡。凡今之人。莫如兄弟。其四章曰。兄弟鬩于墻。外禦其侮。如是則兄弟雖有小忿。不廢懿親。今天子不忍小忿以棄鄭親。其若之何。庸勳親親暱近尊賢。德之大者也。即聾從昧。與頑為嚚。奸之大者也。棄德崇奸。禍之大者也。鄭有平惠之勳。又有厲宣之親。棄嬖寵而用三良。於諸姬為近。四德具矣。耳不聽五聲之和為聾。目不別五色之章為昧。心不則德義之經為頑。口不道忠信之言為嚚。狄皆則之。四奸具矣。周之有懿德也。猶曰莫如兄弟。故封建之。其懷柔天下也。猶懼有外侮。扞禦侮者莫如親親。故以親屏周。召穆公亦云。今周德既衰。於是乎又渝周召以從諸姦。無乃不可乎。民未忘禍。王又興之。其若文武何。王弗聽。

鄭武公娶于申曰武姜。生莊公及共叔段。莊公寤生。驚姜氏。故名曰寤生。遂惡之。愛共叔段。欲立之。亟請於武公。公弗許。及莊公即位。為之請制。公曰。制。巖邑也。虢叔死焉。佗邑唯命。請京。使居之。謂之京城大叔。祭仲曰。都城過百雉。國之害也。先王之制。大都不過參國之一。中五之一。小九之一。今京不度。非制也。君將不堪。公曰。姜氏欲之。焉避害。對曰。姜氏何厭之有。不如早為之所。無使滋蔓。蔓難圖也。蔓草猶不可除。況君之寵弟乎。公曰。多行不義必自斃。子姑待之。既而大叔命西鄙北鄙貳於己。公子呂曰。國不堪貳。君將若之何。欲與大叔

臣請事之。若弗與。則請除之。無生民心。公曰。無庸。將自及。大叔又收貳以為己邑。至于廩延。子封曰。可矣。厚將得衆。公曰。不義不暱。厚將崩。

衛莊公娶于東宮得臣之妹。曰莊姜。美而無子。衛人所為賦碩人也。又娶于陳。曰厲媯。生孝伯。早死。其娣戴媯生桓公。莊姜以為己子。公子州吁嬖人之子也。有寵而好兵。公弗禁。莊姜惡之。石碏諫曰。臣聞愛子。教之以義方。弗納于邪。驕奢淫泆。所自邪也。四者之來。寵祿過也。將立州吁。乃定之矣。若猶未也。階之為禍。夫寵而不驕。驕而能降。降而不憾。憾而能眕者鮮矣。且夫賤妨貴。少陵長。遠間親。新間舊。小加大。淫破義。所謂六逆也。君義臣行。父慈子孝。兄愛弟敬。所謂六順也。去順效逆。所以速禍也。君人者將禍是務去。而速之。無乃不可乎。弗聽。其子厚與州吁遊。禁之不可。桓公立。乃老。

漢文帝時。御史大夫晁錯數言吳過可削。帝不忍。錯曰。高帝封三庶孽。分天下半。今吳王不朝。於古法當誅。帝猶不忍。德至厚。王當改過自新。反益

驕謗。天下亡人謀作亂。今削之亦反。不削亦反。削之反亟。禍小。不削反遲。禍大。上令列侯公卿宗室雜議。莫敢難。獨竇嬰爭之。

淮南厲王朝。殺辟陽侯。居處驕甚。袁盎諫曰。諸侯大驕必生患。可適削地。上弗用。淮南王益橫。及棘蒲侯柴武太子謀反事覺。治連淮南王。淮南王徵。上因遷之蜀。轞車傳送。袁盎時為中郎將。乃諫曰。陛下素驕淮南王。弗稍禁以至此。今又暴摧折之。淮南王為人剛。如有遇霧露行道死。陛下竟為以天下之大。弗能容。有殺弟之名。柰何。上弗聽。遂行之。淮南王至雍病死。聞。上輟食哭甚哀。盎入。頓首請罪。上曰。以不用公言至此。盎曰。上自寬。此往事。豈可悔哉。且陛下有高世之行者三。此不足以毀名。上曰。吾高世行三者何事。盎曰。陛下居代時。太后嘗病三年。陛下不交睫。不解衣。湯藥非陛下口所嘗弗進。夫曾參以布衣猶難之。今陛下親以王者修之。過曾參孝遠矣。夫諸呂用事。大臣專制。然陛下從代乘六乘傳。馳不測之淵。雖賁育之勇不及陛下。陛下至代邸。西向讓天子位者再。南面讓天子位者三。夫許由一讓。而陛下五以天下讓。過許由四矣。且陛下遷淮南王。欲以苦其志。使改過。有司衛不謹。故病死。於是上乃解。曰。將奈何。盎曰。淮南王有三子。唯在陛下耳。於是文帝立其三子皆為王。

景帝時。梁王使人殺故吳相袁盎。景帝召田叔案梁。具得其事。還報。景帝曰。梁有之乎。叔對曰。死罪。有之。上曰。其事安在。叔曰。上毋以梁事為也。上曰。何也。曰。今梁王不伏誅。是漢法不行也。如其伏法。而太后食不甘味。臥不安席。此憂在陛下也。景帝大賢之。以為魯相。

成帝時。梁王立淫亂。大中大夫谷永上疏曰。臣聞禮。天子外屏。不欲見外也。是故帝王之意。不窺人閨門之私。聽聞中冓之言。春秋為親者諱。詩云。戚戚兄弟。莫遠具爾。今梁王年少。頗有狂病。始以惡言按驗。既亡事實。而發閨門之私。非本章所指。王辭又不服。猥彊劾力傳致難明之事。獨以偏辭成

罪斷獄。亡益於治道。汙蔑宗室。以內亂之惡。披布宣揚於天下。非所以為公族隱諱。增朝廷之榮華。昭聖德之風化。臣愚以為王少而父同產長。年齒不倫。梁國之富。足以厚聘美女。招致妖麗。父同產亦有恥辱之心。案事者迺驗問惡言。何故猥自發舒。以三者揆之。殆非人情。疑有所迫切。過誤失言。文吏躡尋不得轉移。萌芽之時。加恩勿治。上也。既已案驗舉憲。宜及王辭不服。詔廷尉選上德通理之吏。更審考清問。著不然之效。定失誤之法。而反命於下吏。以廣公族附疏之德。為宗室刷汙亂之恥。甚得治親之誼。天子由是寢而不治。

劉向遷光祿大夫。每召見。數言公族者國之枝葉。枝葉落則本根無所庇廕。方今同姓疏遠。母黨專政。祿去公室。權在外家。非所以彊漢宗。卑私門。保守社稷。安固後嗣也。

東漢明帝時。廣陵王荊有罪。帝以至親悼傷之。詔樊儵與羽林監南陽任隗雜理其獄。事竟。奏請誅荊。引見宣明殿。帝怒曰。諸卿以我弟

故欲誅之即我子卿等敢爾邪儵仰而對曰天下高帝天下非陛下之天下也春秋之義君親無將將而誅焉是以周公誅弟季友鴆兄經傳大之臣等以荆屬託母弟陛下留聖心加惻隱故敢請耳如令陛下子臣等專誅而已帝歎息良久儵益以此知名

章帝建初六年冬東平憲王蒼上疏求朝明年正月帝許之蒼既至升殿乃拜天子親答之其後諸王入宮輒以輦迎至省閤乃下蒼以受恩過禮情不自寧上疏辭曰臣聞貴有常尊賤有等威卑高列序上下以理陛下至德廣施慈愛骨肉既賜奉朝請咫尺天儀而親屈至尊降禮下臣每賜讌見輒興席改容中宮親拜事過典故臣惶怖戰慄誠不自安每會見踧踖無所措置此非所以章示羣下安臣子也帝省奏歎息愈褒貴焉

章帝性寬仁而親親之恩篤故叔父濟南中山二王每數入朝特加恩寵及諸昆弟並留京師不遣就國尚書宋意以為人臣有節不宜踰禮過恩乃上疏諫曰陛下至孝烝烝恩愛隆深以濟南王康中山王焉先帝昆弟特蒙禮寵聖情戀戀不忍遠離比年朝見久留京師崇以叔父之尊同之家人之禮車入殿門即席不拜分甘損膳賞賜優渥昔周公懷聖人之德有致太平之功然後王曰叔父加以賜帶今康焉幸以支庶享食大國陛下即位躬除前過還所削黜衍食他縣男女少長並受爵邑恩寵踰制禮敬過度春秋之義諸父昆弟無所不臣所以尊尊卑卑強幹弱枝者也陛下德業隆盛當為萬世典法不宜以私恩損上下之序失君臣之正又西平王羨等六王皆妻子成家官屬備具當早就蕃國為子孫基阯而室第相望久磐京邑婚姻之盛過於本朝僕馬之衆充塞城郭驕奢僭擬寵祿隆過今諸國之封並皆膏腴風氣平調道路夷近朝聘有期行來不難宜割情不忍以義斷恩發遣康焉各歸蕃國令羨等速就便時以塞衆望帝納之

章帝時劉愷以當襲父般爵讓與弟憲遁逃避封久之章和中有司奏請絶愷國肅宗美其義特優假之愷猶不出積十餘歲至和帝永元十年有司復奏之侍中賈逵因上書曰孔子稱能以禮讓為國於從政乎何有竊見居巢侯劉般嗣子愷素行孝友謙遜絜清讓封弟憲潛身遠迹有司不原樂善之心而繩以循常之法懼非長克讓之風成含弘之化前世扶陽侯韋玄成近有陵陽侯丁鴻鄳侯鄧彪並以高行絜身辭爵未聞貶削而皆登三事今愷景仰前脩有伯夷之節宜蒙矜宥全其先功以增聖朝尚德之美和帝納之

桓帝弟渤海王悝素行險辟僭傲多不法北軍中候史弼懼其驕悖為亂乃上封事曰臣聞帝王之於親戚愛雖隆必示之以威體雖貴

必禁之以度如是和睦之道興骨肉之恩遂昔周襄王恣甘昭公孝景皇帝驕梁孝王而二弟階寵終用悖慢卒周有播蕩之禍漢有爰盎之變竊聞渤海王悝憑至親之屬恃偏私之愛失奉上之節有僭慢之心外聚剽輕不逞之徒內荒酒樂出入無常所與羣居皆有口無行或家之棄子或朝之斥臣必有羊勝伍被之變州司不敢彈糾傅相不能匡輔陛下隆於友于不忍遏絶恐遂滋蔓為害彌大乞露臣奏宣示百僚使臣得於清朝明言其失然後詔公卿平處其法法決罪定乃下不忍之詔臣下固執然後少有所許如是則聖朝無傷親之譏勃海有享國之慶不然懼大獄將興使者相望於路矣臣職典禁兵備禦非常而妄知藩國干犯至戚罪不容誅不勝憤懣謹冒死以聞帝以至親不忍下其事後悝竟坐逆謀貶為癭陶王

獻帝時劉備上表曰臣以具臣之才荷上將之任董督三軍奉辭于

外不能拂除冦難靖臣王室父使陛下聖教陵遲六合之内否而未
泰惟憂反側疢如疾首曩者董卓造爲亂階自是之後羣兇縱横殘
剥海内賴陛下聖德威靈人臣同應或忠義奮討或上天降罰暴逆
並殪以漸氷消惟獨曹操久未梟除侵擅國權恣心極亂臣昔與車
騎將軍董承圖謀討操機事不密承見陷害臣播越失據忠義不果
遂得使操窮凶極逆主后戮殺皇子鴆害雖糾合同盟念在奮力懦
弱不武歷年未效常恐殞没孤負國恩寤寐永歎夕惕若厲今臣羣
寮以為在昔虞書敦叙九族庶明勵翼五帝損益此道不廢周監二
代並建諸姬實賴晉鄭夾輔之福高祖龍興尊王子弟大啓九國卒
斬諸呂以安太宗今操惡直醜正寔繁有徒包藏禍心篡盜已顯既
宗室微弱帝族無位斟酌古式依假權宜上臣大司馬漢中王臣伏
自三省受國厚恩荷任一方陳力未效所獲已過不宜復忝高位以
重罪謗羣俛見逼迫臣以義臣退惟冦賊不梟國難未已宗廟傾危
社稷將墜誠臣憂責碎首之負若應權通變以寧靖聖朝雖赴水火
所不得辭敢慮常宜以防後悔輒順衆議拜受印璽以崇國威仰惟
爵號位高寵厚俯思報效憂深責重驚怖累息如臨于谷盡力輸誠
奬厲六師率齊群義應天順時撲討凶逆以寧社稷以報萬分謹拜
章因驛上還所假左將軍宜城亭侯印綬

魏文帝黄初四年陳思王曹植徙封雍丘王其年朝京都上疏曰臣
自抱釁歸藩刻肌刻骨追思罪戾晝分而食夜分而寢誠以天罔不
可重恃聖恩難可再恃竊感相鼠之篇無禮遄死之義形影相弔五
情愧赧以罪棄生則違古賢夕改之勸忍活苟全則犯詩人胡顔之
譏伏惟陛下德象天地恩隆父母施暢春風澤如時雨是以不别荊
棘者慶雲之惠也七子均養者尸鳩之仁也舍罪責功者明君之舉

也矜愚愛能者慈父之恩也是以愚臣徘徊於恩澤而不能自棄者
也前奉詔書臣等絶朝心離志絶自分黄耇無復執圭之望不圖聖
詔猥垂齒名至止之日馳心輦轂僻處西館未奉闕廷踊躍之懷瞻
望反仄謹拜表獻詩二篇其辭曰於穆顯考時惟武皇受命于天寧
濟四方朱旗所拂九土披攘玄化滂流荒服來王超商越周與唐比
蹤篤生我皇奕世再聰武則肅烈文則時雍受禪炎漢臨君萬邦萬
邦既化率由舊則廣命懿親以藩王國帝曰爾侯君兹青土奄有海
濱方周于魯車服有輝旗章有叙濟濟雋乂我弼我輔伊予小子恃
寵驕盈舉挂時網動亂國經作藩作屏先軌是墮傲我皇使犯我朝
儀國有典刑我削我黜將寘于理元兇是率明明天子時篤同類不
忍我刑暴之朝肆遣彼執憲哀予小子改封兖邑于河之濱股肱弗
置有君無臣荒淫之闕誰弼予身煢煢僕夫于彼冀方嗟予小子乃
羅斯殃赫赫天子恩不遺物冠我玄冕要我朱紱朱紱光大使我榮
華剖符授玉王爵是加仰齒金璽俯執聖策皇恩過隆祗承怵惕咨
我小子頑凶是嬰逝慙陵墓存愧闕廷匪敢傲德寔恩是恃威靈改
加足以沒齒昊天罔極性命不圖常懼顛沛抱罪黄壚願蒙矢石建
旗東嶽庶立豪氂微功自贖危軀授命知足免戾甘赴江湘奮戈吳
越天啓其衷得會京畿遲奉聖顔如渴如饑心之云慕愴矣其悲天
高聽卑皇肯照微又曰肅承明詔應會皇都星陳夙駕秣馬脂車命
彼掌徒肅我征旅朝發鸞臺夕宿蘭渚芒芒原隰祁祁士女經彼公
田樂我稷黍爰有樛木重陰匪息雖有糇糧饑不遑食望城不過面
邑匪游僕夫警策平路是由玄駟藹藹揚鑣漂沫流風翼衡輕雲承
蓋涉澗之濱緣山之限遵彼河滸黄阪是階西濟關谷或降或升騑
驂倦路再寢再興將朝聖皇匪敢晏寧弭節長騖指日遄征前驅舉

燧後乘杌旌輪不輟運鑾無廢聲爰暨帝室稅此西墉嘉詔未賜朝覲莫從仰瞻城闕俯惟闕廷長懷永慕憂心如酲帝嘉其辭義優詔荅勉之

文帝大發士息及取諸國士植以近前諸國士已見發其遺孤稚弱在者無幾而復被取又上書曰臣聞古者聖君與日月齊其明四時等其信是以戮凶無重賞善無輕怒若輕雷喜如時雨恩不中絕教無二可以此臨朝則臣下知所死矣受任在萬里之外審主之所以授官必以之所授命雖有構會之徒泊然不以為懼者蓋君臣相信之明效也昔章子為齊將人有告之反者威王曰不然左右曰何以明之王曰聞章子改葬死母彼尚不欺死父顧當叛生君乎此君之信臣也昔管仲親射桓公後幽囚從魯檻車載使少年挽而送齊管仲知桓公之必用已懼魯之悔謂少年曰吾為汝唱汝為和聲和聲

宜走於是管仲唱之少年走而和之日行數百里宿昔而至至則相齊此臣之信君也臣初受封策書曰植受茲青社封于東土以屏翰皇家為魏藩輔而所得兵百五十人皆年在耳順或不踰矩虎賁官騎及親事凡二百餘人正復不老皆使年壯備有不虞檢校乘城顧不足以自救況皆復耄耋罷曳乎而名為魏東藩使屏翰王室臣竊自羞矣就之諸國國有士子合不過五百人伏以為三軍益損不復賴此方外不定必當須辦者臣願將部曲倍道奔赴夫妻負襁子弟懷糧蹈鋒履刃以徇國難何但習業小兒哉愚誠以揮涕增河鼷鼠飲海於朝萬無損益於臣家計甚有廢損又臣士息前後三送兼人已竭惟尚有小兒七八歲已上十六七已還三十餘人今部曲皆年耆卧在牀非糜不食眼不能視氣息裁屬者凡三十七人疲瘵風靡疣盲聾瞶者二十三人惟正須此小兒大者可備宿衛雖不足以

禦寇粗可以警小盜小者未堪大使惟可使耘鉏穢草驅護鳥雀休候人則一事廢一日獵則眾業散不親自經營則功不攝常自躬親不委下吏而已陛下聖仁恩許三至士子給國長不復發明詔之下有若皦日保金石之恩必明神之信畫然自固如天如地定習業者並復見送晻若晝晦悵然失圖伏以為陛下既爵臣百寮之右居藩國之任為置卿士屋名為宮冢名為陵不使其危居獨立無異於凡庶若柏成欣於野耕子仲樂於灌園蓬戶茅牖原憲之宅也陋巷簞瓢顏子之居也臣生不見效用常慨然執斯志焉若陛下聽臣悉還部曲罷官屬省監官使解璽釋紱追柏成子仲之業營顏淵原憲之事居子臧之廬宅延陵之室如此雖進無成功退有可守身死之日猶松喬也然伏度國朝終未肯聽臣之若是固當羈絏於世繩維繫於祿位懷屑屑之小慮執無已之百念安得蕩然肆志逍遙於宇宙

之外哉此願未從陛下必欲崇親親篤骨肉潤白骨而榮枯木者惟遂仁德以副前恩詔皆遂還之

明帝大和五年植又求通親親上表曰臣聞天稱其高者以無不覆地稱其廣者以無不載日月稱其明者以無不照江海稱其大者以無不容故孔子曰大哉堯之為君惟天為大惟堯則之夫天德之於萬物可謂弘廣矣蓋堯之為教先親後疏自近及遠其傳曰克明俊德以親九族九族既睦平章百姓及周之文王亦崇厥化其詩曰刑于寡妻至于兄弟以御于家邦是以雍雍穆穆風人詠之昔周公弔管蔡之不咸廣封懿親以藩屏王室傳曰周之宗盟異姓為後誠骨肉之恩爽而不離親親之義寔在敦固未有義而後其君仁而遺其親者也伏惟陛下咨帝唐欽明之德體文王翼翼之仁惠洽椒房恩昭九親群臣百寮番休遞上執政不廢於公朝下情得展於私室親

理之路通慶弔之情展誠可謂恕己治人推惠施恩者矣至於臣者人道絕緒禁錮明時臣竊自傷也不敢乃望交氣類脩人事敘人倫近且婚媾不通兄弟永絕吉凶之問塞慶弔之禮廢恩紀之違甚於路人隔閡之異殊於胡越今臣以一切之制永無朝覲之望至於注心皇極結情紫闥神明知之矣然天實為之謂之何哉退省諸王常有戚戚具爾之心願陛下沛然垂詔使諸國慶問四節得展以敘骨肉之歡恩全怡怡之篤義妃妾之家膏沐之遺歲得再通齊義於貴宗等惠於百司如此則古人之所歎風雅之所詠復存於聖世矣臣伏自惟省無錐刀之用及觀陛下之所拔授若以臣為異姓竊自料度不後於朝士矣若得辭遠遊戴武弁解朱組佩青紱駙馬奉車趣得一號安宅京室執鞭珥筆出從華蓋入侍輦轂承荅聖問拾遺左右乃臣丹情之至願不離於夢想者也遠慕鹿鳴君臣之宴中詠常

匪他之誠下思伐木友生之義終懷蓼莪罔極之哀每四節之會塊然獨處左右唯僕隸所對唯妻子高談無所與陳發義無所與展未嘗不聞樂而拊心臨觴而歎息也臣伏以為犬馬之誠不能動人譬人之誠不能動天崩城隕霜臣初信之以臣心況徒虛語爾若葵藿之傾葉太陽雖不為之迴光終向之者誠也臣竊自比葵藿若降天地之施垂三光之明者寔在陛下臣聞文子曰不為福始不為禍先今之否隔友于同憂而臣獨唱言者何也竊不願於聖代使有不蒙施之物必有慘毒之懷故柏舟有天只之怨谷風有棄予之歎伊尹恥其君不為堯舜孟子曰不以舜之所以事堯事其君者不敬其君者也臣之愚蔽固非虞伊至於欲使陛下崇光被時雍之美宣緝熙章明之德者是臣慺慺之誠竊所獨守寔懷鶴立企佇之心敢復陳聞者冀陛下儻發天聰而垂神聽也

吳大帝赤烏中顧譚拜太常是時魯王霸有盛寵與太子和齊衡譚上疏曰臣聞有國有家者必明嫡庶之端異尊卑之禮使高下有差階級踰邈如此則骨肉之恩生覬覦之望絕昔賈誼陳治安之計論諸侯之勢以為勢重雖親必有逆節之累勢輕雖疎必有保全之祚故淮南親弟不終饗國失之於勢重也吳芮疎臣傳祚長沙得之於勢輕也昔漢文帝使慎夫人與皇后同席袁盎退夫人之座帝有怒色及盎辨上下之儀陳人彘之戒帝既悅懌夫人亦悟今臣所陳非有所偏誠欲以安太子而便魯王也

晉惠帝時齊王冏拜大司馬加九錫之命冏沉于酒色不入朝見坐拜百官符勅三臺於是朝廷側目海內失望矣翊軍校尉李含奔于長安詐云受密詔使河間王顒誅冏因導以利誘顒從之上表曰王室多故禍難罔已大司馬冏雖唱義有興復皇位之功而定都邑克寧社稷實成都王之勳力也而冏不能固守臣節實協異望在許昌營有東西掖門官置治書侍御史長史司馬直立左右如侍臣之儀京城大清篡逆誅夷而率百萬之衆來繞洛城阻兵經年不一朝覲百官拜伏晏然南面壞樂官市署用自增廣輒取武庫祕杖嚴列不解故東萊王蕤知其逆節表陳事狀而見誣陷加罪黜徙以拊私黨僭立官屬幸妻嬖妾名號比之中宮沉湎酒色不恤群黎董艾放縱無所畏忌中丞按奏而取退免張偉惚恫擁停詔可葛旗小豎維持國命操弄王爵貨賂公行群姦聚黨擅斷殺生密署腹心實為貨謀斥罷忠良伺窺神器臣受任藩衛方岳見冏所行實懷激憤即日翊軍校尉李含乘駟密至宣騰詔旨臣伏讀感切五情若灼春秋之義君親無將冏擁強兵樹私黨權官要職莫非腹心雖復重責之誅恐不義服今輒勒兵精卒十萬與州征並協忠義共會洛陽驃騎將軍

長沙王乂同奮忠誠廢冏還第有不順命軍法從事成都王穎明德茂親功高勳重往歲去就允合衆望宜爲宰輔代冏阿衡之任顒表既至冏大懼

武帝時齊王攸之就國也下禮官議崇錫之物博士庾旉與博士太叔廣劉暾繆蔚郭頤秦秀傅珍等上表諫曰書稱帝堯克明俊德以親九族武王光有天下兄弟之國十有六人同姓之國四十人元勳懿親顯以殊禮而魯衛齊晉大啓土宇並受分器所謂惟善所在親疏一也大晉龍興隆唐周之遠跡王室親屬佐命功臣咸受爵土而四海乂安今吳會已平詔大司馬齊王出統方岳當遂撫其國家將準古典以垂永制昔周之選建明德以左右王室也則周公爲太宰康叔爲司寇聃季爲司空及呂尚畢毛諸國皆入居公卿大夫之位明股肱之任重守地之位輕也未聞古典以三事之重出之國者漢

氏諸侯王位尊勢重在丞相三公上其入讚朝政若乃有無官其出之國亦不復假台司虛名爲隆寵也昔申無宇曰五大不在邊先儒以爲貴寵公子公孫累世正卿也又曰五細不在庭先儒以爲賤妨貴少陵長遠間親新間舊小加大也不在庭不在朝庭爲政也又曰親不在外羈不在內今棄疾在外鄭丹在內君其少戒之叔向有言公室將卑其枝葉先落公族公室之本而去之諺所謂芘焉而縱尋斧柯者也今使齊王賢邪則不宜以母弟之親尊居魯衛之常職不賢邪不宜大啓土宇表建東海也古禮三公無職坐而論道不聞以方任嬰之惟周室大壞宣王中興四夷交侵救急朝夕然後命召穆公征淮夷故其詩曰徐方不回王曰旋歸宰相不得久在外也今天下已定六合爲家將數延三事與論太平之基而更出之去王城二千里違舊章矣

散騎常侍國子祭酒曹志議曰伏聞大司馬齊王當出藩東夏備物盡禮同之二伯今陛下爲聖君稷契爲賢臣內有魯衛之親外有齊晉之輔坐而守安此萬世之基也古之夾輔王室同姓則周公其人也異姓則太公其人也皆身在內五世反葬後雖有五霸代興桓文譎主下有請隧之僭上有九錫之禮終於譎而不正驗於尾大不掉豈與召公之歌棠 周詩之詠鶺鴒同日論哉今聖朝創業之始始之不諒後事難工幹植不強枝葉不茂骨鯁不存皮膚不充自羲皇以來豈是一姓之獨有欲結其心者當有磐石之固夫欲享萬世之利者當與天下議之故天之聰明自我人之聰明秦魏欲獨擅其威而財得沒其身周漢能分其利而親疏爲之用此自聖主之深慮日月之所照事雖淺當深謀之言雖輕當重思之志備位儒官若言不及禮是志寇竊知忠不言議所不敢志以爲當如博士等議

東晉簡文帝時會稽文孝王道子委任王緒由是朋黨競扇友愛道盡太妃每和解之而道子不能改中書郎徐邈以國之至親惟道子而已宜在敦睦從容言於帝曰昔漢文明主猶悔淮南世祖聰達負愧齊王兄弟之際實宜深慎帝納之

宋少帝時都督徐羨之等以廬陵王義真輕訬不任主社稷因其與少帝不協乃密謀廢之奏曰臣聞二叔不咸難結隆周淮南悖縱禍興盛漢莫不義以斷恩情爲法屈二代之事殷鑒無遠仁厚之主行之不疑故共叔不斷幾傾鄭國劉英容養釁廣難深前事之不忘後王之成鑒也按車騎將軍義真凶忍之性愛自稚弱咸陽之酷醜聲遠播先朝猶以年在紈綺冀能改厲天屬之愛想聞革心自聖體不豫以及大漸臣庶憂惶內外屏氣而縱博酣酒日夜無輟肆口縱言多行無禮先帝貽厥之謀圖慮經固親勑陛下面詔臣等若遂不悛

必加放黜至言苦厲猶在紙翰而自茲迄今日月增甚至乃委棄藩
屏志還京邑潛懷異圖希冀非冀轉聚甲卒徵召車馬陵墳未乾情
事猶昨遂發棄遺旨顯違成規整棹浮舟以示歸志肆心恣己無復
諮承聖恩低徊深垂隱忍屢遣中使苦相敦釋而親對散騎侍郎邢
安泰廣武將軍茅仲思縱其悖罵訕主謗朝播于遠近暴於人聽臣
聞炎火不撲蔓草難除青青不伐終致尋斧况憂深患著社稷慮切
請一遵晉朝武陵舊典使顧懷之旨不墜於武廟全宥之德獲申於
兆親仰尋感慟臨啓悲咽乃廢義真為庶人徙新安郡前吉陽令堂
邑張約之上疏諫曰臣聞仁義之在天下若中原之有菽理感之被
萬物故不繫於貴賤是以考叔反悔誓於及泉壺關復冤魂於湖邑
當斯之時豈無尊卿賢輔或以事迫心違或以道壅謀屈何嘗不願
聞善於輿隸藥石阿氏哉臣雖草芥備充黔首少不量力頗高殉義
之風謂蹈善於朝聞愈徒生於白首用敢干禁忘戮披叙丹愚伏惟
高祖武皇帝誕茲神武撫運龍興仰清天步則齊德有虞俯廓九州
則侔功大夏故虞順天人享有萬國雖靈祚脩長聖躬弗永陛下繼
明紹統遐邇一心藩王哲茂四維寧謐傾耳康哉之咏企踵升平之
風竊念廬陵王少蒙先皇優慈之遇長受陛下睦愛之恩故在心必
言所懷必亮容犯臣子之道致招驕恣之愆至於天姿夙成實有卓
然之美宜在容養錄善奄瑕訓盡義方進退以漸今猥加剝辱幽徙
遠郡上傷陛下常 之篤下令遠近恇然失圖士庶杜口人為身計
臣伏思大宋之興雖協應符緯而開基造次根條未繁宜廣樹藩戚
敦睦以道使兄弟之美比輝魯衛龜策告同胙均七百豈不善哉陛
下富於春秋慮未重複忽安危之遠筭肆不忍於一朝特願留神九
思重加詢采上考前代興亡之由中存武皇締搆之業下顧蒼生顒

顒之望時開乞宥反王都邑選保傅於舊老求四友於髦俊引誘情
性導達聰明凡人在苦皆能自厲况王質朗心聰易加訓範且中賢
之人未能無過過貴自改祟願自新以武皇之愛子陛下之懿弟豈
可以其一眚長致淪棄哉謹昧死詣闕伏地以聞惟願丹誠一經天
聽退就斧鑕無愧地下矣
文帝元嘉六年衞將軍開府儀同三司王弘上表曰臣聞異姓為後
宗周之明義親不在外有國之所先故曾長滕君春秋所美楚出棄
疾前史垂誡矧乃茂親明德道光一時述職侯甸朝政弗及而以庶
族庸陋添華之臣超踰先典居中贊契豈所以憲章古式緝熙治道
驃騎將軍臣義康徽猷淵邈明德彌劭敷政江漢化被荊南搢紳屬
情想樂當務周旦之寄不謀同詞分陝雖重比此為輕臣實空闇階
恩踰越俯積素餐仰玷盛化公私二三無一而可昔孫叔未進優孟
見疾展季在下臧文貽譏况道隆迎昵義兼前禮臣於古人無能為
役負乘竊位萬物謂何雖曰厚顏胡寧以處斯亡之懼寔疚其心乞
鮮州錄以允民望伏願陛下遠存至公近鑑丹款俯順朝野改授親
賢豈唯下臣獲免大戾凡厥衆隸孰不慶幸若天眷罔已晚復遲回
請出臣表遠聞外內朝議興誦或有可擇
元嘉中彭城王義康未敗龍驤參軍巴東扶令育詣闕上表曰蓋聞
哲王不逆切旨之諫以博聞為道人臣不忌殲夷之罰以盡言為忠
是故周昌極諫漢唐面折孝惠所以克固儲嗣魏尚所以復任雲中
彼二臣豈好逆主干時犯顏違色者哉又爰盎之諫孝文曰淮南王
若道遇死則陛下有殺弟之名奈何文帝不用追悔無及臣草莽微
臣竊不自揆敢抱葵藿傾陽之心仰慕周易匪躬之志故不遠六千
里願言命侶謹貢丹愚希垂察納伏惟陛下躬執大象首出萬物王

化咸通三才必理闢大人之路開大道之門搜殊逸于巖穴招奇英
於側陋窮谷無白駒之倡喬岳無遺寶之嗟豈特羅飛翮于垂天網
沈鱗於溟海況於彭城王義康先朝之愛子陛下之次弟哉一旦黜
削遠送南垂恩絶于內形隔於遠躬離明主身放聖世草萊黔首皆
為陛下痛之臣追惟景平元嘉之釁幾於危殆三公託以興廢之冥
密懷不臣之計台輔伺隙於京甸強楚窺窬於上流或顯逆而陵主
有生之所惴恐神祇之所忿忌也賴宗社靈長廟算流遠灑滌塵埃
殲馘醜類氛霧時靖四門載清當爾之時義康豈不預參皇謀均此
休否哉且陛下舊楚形勝非親勿居遂以驃騎之號任以藩夏之重
撫政南郢綏民遏寇播皇宋之澤以洽幽荒陛下之潤被九有豈直
南荊之民沾渥而已焉遂召之以宰輔又寄之以和味既居三事又
牧徐揚所以幽顯齊歡人神同忭莫不言陛下授之為得義康受之

為是也今如何信疑貌之似闕兄弟之恩乎若有迷謬之愆可責之
罪正可數之以善惡導之以義方且廬陵王往事足以知今此乃陛
下前車之殷鑒後乘之靈龜也夫曾子之不殺忠臣之篤譬二告而
猶織仁王之令範故詩云無信人之言人實不信又云兄弟雖鬩不
廢親也尚書曰克明俊德以親九族九族既睦可以親百姓兄弟安
可棄乎臣伏願陛下上尋往代黜廢之禍下惟近者讒言之釁廬陵
王既申冤魂於后土彭城王亦弭疑愆於宋京豈徒皇代當今之計
蓋乃良史萬代之美也且諂諛難辨見非易驥福始禍先古人所畏
故愛身之士自為己計莫不結舌杜口孰肯冒忌于主哉臣以頑昧
獨獻微管所以勤勤懇懇必訴丹誠者實恐義康年窮命盡奄忽于
南遂令陛下有棄弟之責臣雖微賤竊為陛下羞之況書言記事史
豈能屈典謨而諱哉脫如臣慮陛下恨之何益揚子雲曰獲福之大

莫先於和穆遘禍之深莫過於內難每服斯言以為警戒矧今親王
室大事豈得韜筆默爾而已哉臣將恐天下風靡離間是懼遂令宇
內遷觀民庶革心欲致康哉實為難也陛下徒云惡枝之宜伐豈悟
伐柯之傷樹乃往古之所悲當今所宜改也陛下若蕩以平聽屏此
猜情垂訊芻蕘之謀曲察狂瞽之計一發非意之詔遠訪博古之士
速召義康返于京甸兄弟協和君臣緝穆息宇內之譏絶多言之路
如是則四海之望塞讒說之道消矣何必司徒公揚州牧然後可以
安彭城王哉若臣啓違意於國為非請即伏誅以謝陛下雖復分形
赴鑊煮體烹屍始願所甘豈不幸甚

太子詹事范曄等謀反事逮義康有司上曰義康昔擅國權恣心凌
上結朋樹黨苞納凶邪重疊彰著事合明罰特遣陛下仁愛深至敦
惜周親封社不削爵寵無貶四海之心朝野之議咸謂皇德雖厚實

撓典刑而義康曾不思此大造之德自出南服詭飾情貌外示知懼
內實不悛窮奸極欲干請無度聖慈含弘每不折舊矜釋屢加恩疇
已往而陰敢行李方啓交通之謀潛資左右以要死士之命崎嶇伺
隙不忘窺窬時猶隱忍罰止僕侍狂疾之性永不懲革兇心遂成悖
謀仍構遠接群醜千里相結再議宗社重闚鼎祚賴陛下至誠感神
宋曆方永故姦事昭露罪人斯得周公上聖不辭同氣之刑漢文仁
明無隱從兄之惡況義康釁深二叔謀過淮南背親反道自棄天地
臣等參議請下有司削義康王爵收付廷尉法獄治罪詔特宥大辟
豫章胡誕世前吳平令袁惲等謀反欲奉戴義康太尉錄尚書江夏
王義恭等奏曰投畀之言義著雅篇流殛之教事在書典庶人義康
負釁深重罪不容戮聖仁不忍屢加遲回宥其大辟賜遷近甸斯乃
至愛發天超邈終古曾不遇愆甘引而讒言同衆猥悖徽章每形辭

色內宣家人外動民聽不逞之族因以生心胡誕世假竊名號搆成凶逆杜漸除微古今所務況禍機驟發庸可忽乎臣等參議宜徙廣州遠郡放之邊表庶有防絕

孝武帝時南郡王義宣反帝以義宣亂逆由於彊盛至是欲削弱王侯江夏王義恭希旨乃上表省録尚書曰臣聞天地設位三極同序皇王化則九官咸事時亮之績昭於虞典論道之風宣於周載台輔之設坐調陰陽元凱之置起釐百揆所以爕鉞矢言侵官是誡陳平抗辭匪職丙吉漢承秦後庶僚稍改爵因時變任與世移總録之制本非舊體列代相沿茲仍未革今皇家中造事遵前文宜憲章先代證文古則停省條録以依昔典使物競思存人懷勤壹則名實靡愆庸節必紀臣謬典國重虛荷崇任與替宜知敢不輸盡上從其議

江夏王義恭常慮為武帝所疑及海陵王休茂於襄陽為亂乃上表

曰古先哲王莫不廣植周親以屏帝宇諸侯受爵亦願承固邦家至有管蔡梁燕致禍周漢上乖顯授之恩下亡血食之業夫善積慶深宜享長久而歷代侯王甚乎匹庶豈異姓皆賢宗室悉不賢由生於深宮不覩稼穡左右近習未值田蘇富貴驕奢自往而至聚毛折軸遂乃危禍漢之諸王並置傅相猶不得禁逆七國連謀寔由彊盛晉氏列封正足成永嘉之禍尾大不掉終古同疾不有更張則其源莫救日者庶人恃親殆傾王業去歲西寇藉寵幾敗皇基不圖襄楚復生今釁良以地勝兵勇獎成凶惡前事之不忘後事之明兆陛下大明紹祚垂法萬葉臣年衰意塞無所知解忝皇族耆長慙慨內深思表管見裨崇萬一竊謂諸王貴重不應居邊至於華州優地時可暫出既以有州不須置府若位登三事止乎長史掾屬若宜鎮御別差扞城大將若情樂沖虛不宜逼以戎事若捨文好武尤宜禁塞僚佐文學足充話言遊梁之徒一皆勿許文武從鎮以時休止妻子室累不煩自隨百僚脩詣宜遵晉令悉須宣令齊到備列賓主之則衛送之士亦無煩干候貴王器甲於私為用蓋寡自金銀裝刀劍戰具之服皆應輸送還本曲突徙薪防之有素庶善者無懼惡者止姦

後魏孝明帝時右光祿大夫元遙上表曰竊聞聖人所以南面而聽天下其不可得變革者則親也尊也四世而緦服窮五世而袒免六世而親屬竭矣去茲以往猶繫之以姓而弗別綴之以食而弗殊又律云議親者非唯當世之屬親歷謂先帝之五世謹尋斯旨將以廣帝宗重磐石先皇所以變茲事條為此別制者太和之季方有意於吳蜀經始之費慮深在初割減之起暫出當時也且臨淮王提分屬籍之始高祖賜帛三千匹所以重分離樂良王長

命亦賜縑二千匹所以存慈眷此皆先朝殷勤克念不得已而然者也古人有言百足之蟲至死不僵者以其輔己者衆臣誠不欲妄親太階苟求潤屋但傷大宗一分則天子屬籍不過十數人而已在漢諸王之子不限多少皆列土而封謂之曰侯至于魏晉莫不廣胙河山稱之曰公者蓋惡其大宗之不固骨肉之恩踈矣臣去皇上雖是五世之遠於先帝便是天子之孫高祖所以國秩祿賦復給衣食后族惟給其賦不與衣食者欲以別外內限同異也今諸廟之感在心未忘行道之悲儵然已及其諸封者身亡之日三年服終然後改奪今朝廷猶在遏密之中便議此事實用未安

後周武帝時冢宰宇文護既誅帝召柱國于翼往河東取護子中山公訓翼曰冢宰無君陵上自取誅夷元惡既除餘孽宜殄然皆

陛下骨肉。猶謂疎不間親。陛下不使諸王。而使臣異姓。非直物有
横議。愚臣亦所未安。帝然之。乃遣越王盛代翼。
宣帝即位。忌齊王憲。意欲除之。謂司衛上大夫宇文孝伯曰。公能
為朕圖齊王。當以其官位相授。孝伯叩頭曰。先帝遺詔不許濫誅
骨肉。齊王。陛下之叔父。戚近功高。社稷重臣。棟梁所寄。陛下若妄
加刑戮。微臣又順旨曲從。則臣為不忠之臣。陛下為不孝之子也。
齊王既誅。帝謂孝伯曰。公知齊王謀反。何以不言。孝伯對曰。臣知
齊王忠於社稷。為羣小媒孽。加之以罪。臣以言必不用。所以不言。
且先帝付囑微臣。唯令輔導陛下。今諫而不從。實負顧託。以此為
罪。是所甘心。帝大慙。俛首不語。乃命將出。賜死于家。
唐太宗即位。霍王元軌為壽州刺史。屬高祖崩。去職。毀瘠過禮。自後
常服布衣。示有終身之戚。太宗常問侍臣曰。朕子弟孰賢。魏徵對

曰。臣愚暗不能盡知其能。唯吳王數與臣言。臣未嘗不自失。上曰。
卿以為前代誰比。徵曰。經學文雅。亦漢之河間乎。至如孝行。乃古
之曾閔也。由是寵遇彌厚。因令徵女聘焉。
太子承乾多不脩法度。魏王泰尤以才能為太宗所重。特詔泰移
居武德殿。魏徵上疏諫曰。魏王既是陛下愛子。陛下須使知定分。
常保安全。每事抑其驕奢。不處嫌疑之地也。今移居此殿。使在東
宮之西。海陵昔居。時人以為不可。雖時移事異。猶恐人之多言。又
王之本心。亦不寧息。既能以寵為懼。伏願成人之美。太宗曰。幾不
思量。朕甚大錯。悞遂遣泰歸于本第。
太宗謂侍中魏徵曰。自古侯王能自保全者甚少。皆由生長富貴。
好尚驕逸。多不解親君子。遠小人。故爾。朕所有子弟。欲使見前言
往行。冀其以為規範。因命徵錄古來帝王子弟成敗事。名為自古

諸侯王善惡錄。以賜諸王。其序曰。觀其膺期受命。握圖御宇。咸建
懿親。藩屏王室。布在方策。可得而言。自軒分二十五子。舜舉十六
族。爰歷周漢。以逮陳隋。分裂山河。大啓磐石者衆矣。保乂王家。與
時升降。或失其土宇。不祀忽諸。然考其盛衰。察其興滅。功成名立。
咸資始封之君。國喪身亡。多因繼體之后。其故何哉。始封之君。時
逢草昧。見王業之艱阻。知父兄之憂勤。是以在上不驕。夙夜匪懈。
或設醴以求賢。或吐飡而接士。故甘忠言之逆耳。得百姓之歡心。
樹至德於生前。流遺愛於身後。暨乎子孫繼體。多屬隆平。生自深
宮之中。長居婦人之手。不以高危為憂懼。豈知稼穡之艱難。昵近
小人。疎遠君子。綢繆哲婦。傲狠明德。犯義悖禮。淫荒無度。不遵典
憲。僭差越等。恃一顧之權寵。便懷匹嫡之心。矜一事之微勞。遂有
無厭之望。棄忠貞之正路。蹈姦宄之迷塗。愎諫違卜。往而不返。雖

梁孝齊冏之勳庸。淮南河東之才俊。摧摩霄之逸翮。成窮轍之涸
鱗。棄桓文之大功。就梁董之顯戮。垂為明戒。可不惜乎。皇帝以聖
哲之姿。拯傾危之運。耀七德以清六合。總萬國而朝百靈。懷柔四
荒。親睦九族。念華蕚於常　寄維城於宗子。心乎愛矣。靡日不思。
爰命下臣。考覽載籍。博求鑒鏡。貽厥孫謀。臣輒竭愚淺。稽諸前訓。
凡為藩為翰。有國有家者。其興也必由於積善。其亡也皆在於積
惡。故知善不積。不足以成名。惡不積。不足以滅身。然則禍福無門。
吉凶由己。惟人所召。豈徒然哉。今錄自古諸王行事得失。分其善
惡。各為一篇。名曰諸王善惡錄。欲使見善思齊。足以揚名不朽。聞
惡能改。得免乎大過。從善則有譽。改過則無咎。興亡是係。可不勉
歟。太宗覽而稱善。謂諸王曰。此宜置于坐右。用為立身之本。
越王長孫后所生。太子介弟。聰敏絕倫。太宗特所寵異。或言三品

已上皆輕蔑王者意在譖侍中魏徵等以激上怒上御齊政殿引三品已上入坐定大怒作色而言曰我有一言向公等道往前天子即是天子今時天子非天子耶往年天子兒是天子兒今日天子兒非天子兒耶我見隋家諸王達官以下皆不免被其躓頓我之兒子自不許其縱橫公等所容易過豈得共相輕蔑我若縱之豈不能躓頓公等玄齡等戰慄皆拜謝徵正色諫曰當今羣臣必無輕越王者然在禮臣子一例傳稱王人雖微列於諸侯之上諸侯用之為公即是公用之為卿即是卿若下為公卿即不士於諸侯也今三品已上列為公卿並天子大臣陛下所加敬異縱其小有不是越王何得輒加折辱若國家紀綱廢壞臣所不知以當今聖明之時越王豈得如此且隋高祖不知禮義寵樹諸王使行無禮尋以罪黜不可為法亦何足道太宗聞其言喜形於色謂群臣曰凡人言語理到不可不伏朕之所言當身私愛魏徵所道國家大法朕向者忿怒自謂理在不疑及見魏徵所論始覺大非道理為人君言何容易召玄齡等而切責之賜徵絹一千匹以旌其直言

魏王師王珪奏准令三品以上遇親王於道不下馬今皆失於儀准太宗怒曰爾等並自尊貴卑下我子此為非法我不能行魏徵諫曰自古迄今親王在京師者班次三公吏部尚書侍中中書令並三品也若此等為王下馬王又不可安然訪諸故事則無可准行之於今自隳國法太宗曰國家所以立太子者擬朕百年之後以為君也然則人之存亡不在老幼設無太子則立嫡孫若無嫡孫即立諸子以此而言亦須崇敬比孫於我不亦近乎徵曰殷家有兄終弟及之義自周已降立嫡必長所以絕庶孽之覬覦塞禍亂之源本為國家者所宜深慎陛下向責王珪乃忿怒肆情不可以聞於臣庶太宗怒乃解

吳王恪奉見太宗謂房玄齡等曰朕於兒子常欲一處但家國事義實亦不同欲令其子孫代代相繼且又絕其覬覦朕今供養太上皇與私亦異以鎮撫四海不貽太上皇憂為孝則天子之孝也魏徵對曰臣聞孝行有三大孝尊親其次不辱其下能養今陛下立身揚名富有天下華夷安泰此實大孝豈同進膳謝侍左右之孝也且以四海之主豈比庶人若與子孫同在一處非所以保根固本之策

貞觀十一年侍御史馬周上疏曰漢晉以來諸王皆為樹置失宜不預立定分以至於滅亡人主孰知其然但溺於私愛故前車既覆而後車不改轍也今諸王承寵遇之恩有過厚者臣之愚慮不惟慮其恃恩驕矜也昔魏武帝寵樹陳思及文帝即位防守禁閉有同獄囚以先帝加恩太多故嗣王從而畏之也此則武帝之寵陳思適所以苦之也且帝子何患不富貴身食大國封戶不少好衣美食外更何所須而每年別加優賜曾無紀極俚語曰貧不學儉富不學奢言自然也今陛下以大聖創業豈惟處置見在子弟而已當須制長久之法使萬代遵行疏奏太宗甚嘉之賜物百段

奏議卷之七十六

十三年諫議大夫褚遂良以每日特給魏王泰府料物有逾於皇太子上疏諫曰昔聖人制禮尊嫡卑庶謂之儲君道亞霄極甚尚崇重用物不計泉貨財帛與王者共之庶子體卑不得為例所以塞嫌疑之漸除禍亂之源而先王必本人情然後制法知有國家必有嫡庶然庶子雖愛不得超越嫡子正體特須尊崇如不能明立定分遂使當親者疏當尊者卑則佞巧之徒承機而動私恩害公或至亂國伏惟陛下功超萬古道冠百王發號施令為世作法一日萬機或未盡美臣職諫諍無容靜默伏見儲君料物翻少魏王朝野見聞不以為是臣聞傳曰愛子教以義方忠孝恭儉義

方之謂昔漢竇太后及景帝並不識義方之理遂驕恣梁孝王封四十餘城苑
方三百里大營宮室複道彌望積財鉅萬計出蹕警小不得意發病而死
宣帝亦驕恣淮陽王幾至於敗賴其輔以退讓之臣僅乃獲免且魏王既新出
閤伏願恒存禮訓妙擇師傅示其成敗既敦之以節儉又勸之以文學惟忠惟
孝因而獎之道德齊禮乃為良器此所謂聖人之教不肅而成者也太宗深納其言
十六年太宗謂侍臣曰當今國家何事最急各為我言之尚書右僕射高士
廉曰養百姓最急黃門侍郎劉洎曰撫四夷急中書侍郎岑文本曰傳稱
道之以德齊之以禮義為急遂良又奏曰即日四方仰德不敢為非但太
子諸王須有定分陛下宜為萬代法以遺子孫此最當今日之急太宗曰
此言是也朕年將五十已覺衰怠既以長子守器東宮諸弟及庶子數將
四十心常憂慮在此耳但自古嫡庶無良何嘗不傾敗國家公等為朕搜
訪賢德以輔儲宮爰及諸王咸求正士且官人事王不宜歲久歲久則分

義情深非意窺窬多由此作其府官僚勿令過四考
貞觀中皇子年小者多授以都督刺史遂良又上疏諫曰昔兩漢以郡國
理人除以外分立諸子割土分疆雜用周制皇唐郡縣粗依秦法皇子幼
年或授刺史陛下豈不以王之骨肉鎮扞四方聖人造制道高前列臣愚
見有小未盡何者刺史師帥人仰以安得一善人部內蘇息遇一不善人
合州勞弊是以人君愛恤百姓常為擇賢或稱河潤九里京師蒙福或以
人興詠生為立祠漢宣帝云與我共理者惟良二千石乎如臣愚見陛下
子內年齒尚幼未堪臨人者請且留京師教以經學一則畏天之威不敢
犯禁二則觀見朝儀自然成立因此積習自知為人審堪臨州然後遣出
臣謹按漢明章和三帝能友愛子弟自茲以降以為準的封立諸王雖各
有土年尚幼小者召留京師訓以禮法垂以恩惠訖三帝世諸王數十百
人惟二王稍惡自餘皆沖和深粹惟陛下詳察太宗嘉納其言帝又嘗謂

荊王元景吳王恪魏王泰等曰自漢以來帝弟帝子受茅土居榮貴者甚
眾惟東平及河間王最有令名得保其祿位如楚王之徒覆亡非一並為
生長富貴好自驕逸所致汝鑒戒宜熟思之簡擇賢才為汝師友須受其
諫爭勿得自專我聞以德服物信非虛說比嘗夢中見一人云虞舜我不
覺竦然敬異豈不為仰其德也向若夢見桀紂必應斫之桀紂雖是天子
今若相喚作桀紂人必大怒顏回閔子騫郭林宗黃叔度雖是布衣今若
相稱讚道類此四賢必當大喜故知人之立身所貴者惟在德行何必要
論榮貴汝等位列藩王家食實封更能克脩德行豈不具美也且君子小
人本無常行善事則為君子行惡事則為小人當須自剋勵使善事日聞
勿縱欲肆情自陷刑戮又謂房玄齡曰朕歷觀前代撥亂創業之主生長
人間皆識達情偽罕至於敗亡逮乎繼世守成之君生而富貴不知疾苦
動至夷滅朕少小以來經營多難備知天下之事猶恐有所不逮至於荊

王諸弟生自深宮識不及遠能念此哉朕每一食便念稼穡之艱難每
一衣則思紡績之辛苦諸弟何能學朕乎選良佐以為藩弼庶其習近
善人得免於愆過爾又謂吳王恪曰父之愛子人之常情非待教訓而
知也子能忠孝則善矣若不遵誨誘忘棄禮法必自致刑戮父雖愛之
將如之何昔漢武既崩昭帝嗣位燕王旦素驕縱譸張不服霍光遣一
折簡誅之則身死國除夫為臣子不得不慎太宗又謂尚書左僕射房
玄齡曰古來帝子生於深宮及至成人無不驕逸是以傾覆相踵少能
自濟我今嚴教子弟欲皆得全王珪我久驅使甚知剛直志存忠孝選
為子師卿宜語泰每對王珪如見我面宜加尊敬不得懈怠珪亦以師
道自處時議善之也
太宗嘗以光祿大夫陳叔達為禮部尚書因謂曰武德中公曾進直言於
太上皇明朕有克定之功不可黜退云朕性本剛烈若有抑挫恐不勝憂

憤以致疾斃之危。今賞公忠謇有此遷授。瑀達對曰臣以隋氏父子自相誅戮以至滅亡。豈容目覩覆車不改前轍。臣所以竭誠進諫。太宗曰朕知公非獨為朕一人。實為社稷之計。蕭瑀為尚書左僕射嘗同宴集。太宗謂房玄齡曰。武德六年已後太上皇有廢立之心。我當此日不為兄弟所容。實有功高不賞之懼。蕭瑀不可以厚利誘之。不可以刑戮懼之。真社稷臣也。乃賜瑀詩曰。疾風知勁草。版蕩識誠臣。瑀拜謝曰臣特蒙誡訓。許臣以忠諒。雖死之日。猶生之年。

中宗神龍中。吳兢改右補闕。節愍太子難。姦臣誣構安國相王與謀。朝廷大恐。兢上言文明後。皇運不殊如帶。陛下龍興恩被骨肉。相王與陛下同氣。親莫加焉。今賊臣日夜陰謀。必欲寘之極法。相王仁孝遭荼毒哀毀以陛下為命而自託於手足。若信邪佞委之於法。傷陛下之恩。失天下望。芟刈股肱。獨任胷臆。可為寒心。自昔翦伐宗支委任異姓未有不亡者。秦任

趙高漢任王莽。晉家自相魚肉。隋室猜忌子弟。海內糜沸。驗之覆車。安可重跡。且根朽者葉枯。源涸者流竭。子弟國之根源。可使枯竭哉。皇家枝幹夷芟略盡。陛下即位四年。一子弄兵被誅。一子以罪謫去。惟相王朝夕左右。斗粟之刺。蒼蠅之詩。不可不察。伏願陛下全常　之恩。慰罔極之心。天下幸甚。

肅宗上元初。帝觀酺翔鸞閣時。赤縣與太常音技分東西朋。帝詔雍王賢主東。周王顯主西。因以角勝。中書侍郎郝處俊曰。禮所以示童子無誑者。恐其欺詐之心生也。二王春秋少。意操未定。乃分朋造黨使相誇。彼俳兒優子言辭無度。爭負勝相譏誚。非所以導仁義示雍和也。帝遽止。歎曰。處俊遠識非眾臣所逮。遷中書令兼太子賓客檢校兵部尚書。

宋仁宗天聖五年。右司諫劉隨上奏曰。臣聞宗子維城。用期磐石之固。異姓為後。適茂本支之榮。宗周則並建懿親。炎漢乃分王善地。有唐開國。猶重親賢。嗣王郡王。推恩甚衆。皆所以強大宗室。為策久長。豈比夫秦懷封建之疑。卒無子弟之援也。伏自皇家御極。但推至公。尊禮勳臣。謙抑宗族。親王之子。不封郡王。親王既沒。不立嗣王。闕典未行。屬在繼聖。今者臣僚遷擢。多至尊官。皇族絲聯。未登顯位。雖天地之道。義在無私。而東平之賢。宜推異數。臣伏覩每遇聖節宴於錫慶院。見皇親數人坐於駙馬都尉之下。進退俯仰。同於庶僚。北使在筵。顧揖不及。非所以壯觀洪業。威示遠人之道也。方今兩宮明聖。四海會同。北朝歡盟。人使交午。爵秩班序。恐須商量。庶使銀潢分派。將瀟泓以異流。天枝擢秀。與櫄櫟而殊等。臣職當言事。難避僭踰。親睦之恩。允資聖斷。

慶曆四年。樞密使富弼奏議曰。臣觀三代已後興王者。今日得天下。明日封建宗室。至于襁褓之子。亦皆為侯為王。分割土地。

自成邦國。所以分布枝葉。庇廕根本。張大王室。壯觀天下。使英豪無間隙無異意。謂四海之內。盡是一姓。雖有凶謀變計。不敢妄動。此前代帝王制御天下長久之策也。布在簡牘。驗之可信。今則埋沒抑壓。僅同豢養。縱其非僻。殊不教訓。雖有說書之官。又實虛設。是盡欲愚之。而不令知善道為善人。甚非帝王養宗室之義也。至於臣庶之家。有子孫弟姪者。無不孜孜誨誘。使之成器。蓋持門戶。主祭祀。若子孫不肖。則家道淪沒。又有擔負之夫。微乎微者。日求升合之粟以活妻兒。尚每日那一二錢。令厥子入市學。謂之學課。亦欲厥子讀書識字。有所進益。而興其家。國家富有天下。基業全盛。實祖宗艱難而致。所宜子子孫孫相承不絕。為萬世之計。豈可宗室滿宮。而陛下都不教導。任為過惡。俾外夷輕笑。是陛下自去枝葉。而取孤根。易搖之患。臣竊憂之。臣

又伏思陛下任李用和為殿前副指揮使。任曹琮為馬軍副都指揮使。是任親也。用和與琮誠親矣。然皆異姓。異姓者尚可信之。則宗室同姓與陛下是骨肉之親。反不可信之哉。陛下不過謂宗室無人。臣謂今則誠未見其人。教之試之。當自有人矣。今唯朝會時群行旅進。青蓋滿道。士大夫見者方知有宗室。但出得都城四門之外。已不知宗室之有無。况天下乎。况四夷乎。上古直至周世宗。其間所歷何啻萬代。而宗室不教。不試。不用。微弱之人。未有如本朝之甚之極者也。宜乎為識者之所憂。而北虜之所輕也。且如北虜有南大王蕭孝穆。北大王蕭孝惠。魯王惕隱。楚王夷離畢。是其近親者甚衆。臣前歲奉使。盡與之接。又詢其國人。未必實皆才武。而中原聞之。莫不疑其人人皆良將也。其故何哉。蓋引其名。而務其有實爵。令朝廷若能崇植宗室。使聲名漸著聞於北虜。亦謂南朝宗室有人。根本牢矣。藩屏固矣。欲謀則息。欲動則止。古者有以實效濟務者。亦有虛聲懾敵者。兵尤重先聲而後實。况臣之所說。必然聲實相副。願陛下行之無疑。

弼又上奏曰。臣近上河北事宜。以匈奴強盛。朝廷為藩屏之固。慮為夷狄所輕。乞陛下親擇宗室中堪任外處差遣者。充近京千里內知州鈐轄。及畿甸知州縣。以壯觀王宗。議下兩府。至今未上。必謂體大無例。難以施行。此議事干皇親。必涉議論。然苟利於國。安可避免。臣前奏或未決行。欲望且令幹當在京諸司。如皇城司。軍頭引見。在京百司省中衙司。群牧司。儀鑾司。翰林司。御廚。庫院。府界提點之類。使之稍接人事。亦教育之階也。俟其閑見得才效。有可外補者。然後用臣前議。漸次差出。

至和元年。知諫院范鎮上奏曰。臣伏見方今宗子衆多。睦親廣親二宅狹隘。居處不便。又皆賦以重祿。別無職業。使展其效。祖宗後裔豈無賢才。而一槩廢而不用。深可惜也。臣欲乞族屬稍疎者。以次補外使。無廢才。以副陛下睦親之意。如允臣所乞。其入官資序及諸約束。乞委大臣裁酌施行。

二年。侍御史趙抃論宗室濫賞疏曰。臣等伏覩近日皇親非次建節移鎮。遷官增祿。幾二十人。道途喧傳。不測恩命之所自出。臣愚欲望陛下稽考祖宗故事。杜絕僥倖之路。特賜聖旨裁損。無令外議有宗室濫賞之名。亦詩所謂至于兄弟以御于家邦之議也。

殿中侍御史馬遵上奏曰。臣伏覩近日宗室中屢有除授。已是頻煩。復聞更有扳援體例。希望恩澤者。上干宸聽。相繼未已。國家秩叙親族。至於爵秩祿廩。皆因祖宗舊制。循守施行。彝之經久。不宜過有優假。以隳後法。伏乞聖斷詳察。特賜旨揮。

嘉祐七年。知諫院司馬光乞召皇姪就職奏曰。臣伏見陛下　以皇姪宗實知宗正寺。宗實辭讓多日。不肯就職。陛下兩次遣使者召令受勑。中外之人。無不欣悅。以為非陛下睿智聰明。深謀遠慮。斷自聖志。確然不惑。何以及此。夫王者以大庇生民為仁。安固基業為孝。仁孝之道。莫大於此。今陛下一舉而兩有之。天下聞之。安得不喜。夫爵祿者人之所貪。往往校量絲毫。千求爭訟。不顧廉恥。今宗實特受陛下簡拔。恩寵殊異。而以榮為懼。辭讓懇切。首尾十月。尚未受詔。其智識操行。必賢於人。益足彰陛下知人之明。此天下所以尤喜也。然陛下之於宗實。屬則父也。尊則君也。在禮。父召無諾。唯而起。君命召。不俟駕。今陛下兩遣使者召之。宗實雖不受恩命。亦當入見。而自陳述。豈可在家堅卧不起。臣愚伏願陛下更遣近上內臣。往傳聖意。責以禮法。彼宜不敢不來。來則陛下面加敦諭。使知聖心懇惻。發於至誠。彼宜不敢不受。如此則陛下仁孝之德。純粹光大。本末如一。無以復加此皆陛下即今所行。而臣復區區進言者。誠欲陛下守之益堅。行之不倦故也。

歷代名臣奏議卷之七十六

歷代名臣奏議卷之七十七

宗室

宋仁宗時。張方平上論曰。臣聞昔在帝堯克明俊德。以親九族。九族既睦。而後平章百姓。協和萬邦。三代之王。莫不封建宗子。以為藩衛。周之宗盟。異姓為後。其敦叙世族之義。則有飲食之禮。親睦伯舅之國。則有脤膰之賜。及其衰也。幽王不能燕樂同姓。骨肉相怨。而頍弁角弓之刺興焉。平王棄其九族。而葛藟之譏起焉。然維城毗輔翼奬王室。故有周之享國逾八百年。及乎孤秦。郡縣天下。專自封大。不復建侯。子弟單微。勢同匹庶。及山東寇起。孑立無救。四方瓦解。遂至顛覆。二漢之制。屏翰支子。入參宿衛。宗室賢者預聞朝政。親踈雜用。輕重相權。故基祚搖而更安。國命絕而復續。魏氏簡薄兄弟。隔遠族人。制諸藩王不許朝覲。文如鄄城。武若任國。關防禁圄。才不試展。而乃忍死待賊。託孤寄命。本根淺弱。龜鼎速遷。司馬氏近鑒當塗。謀安後世。配兵諸子。分據要地。永嘉之後。禍變九作。自相屠刈。過於血仇。離石嘯亂。區域大擾。羌胡紛起。王制剗盡。猶賴藩戚撫臨方面。故大命重集于江左焉。中興之後。敦峻干誅。皆自上流盛逼京邑。故自晉世逮于宋齊。險害都會。必命王室子弟鎮督之。于後劉蕭二明。昏迷悖亂。忌同好異。縱其尋斧。枝幹都盡。枯株兀然。股肱悉除。但存脊領。險慝之人以為利。姦雄之臣以為福。故使齊梁坐移神器。嗚呼。滅天理。反人道。汙禮義。傷風教。凶德之大。其惟內自誅夷者乎。近者唐氏創業。亦多宗室立功。中世已還。多難之際。斧誠往討。嵓廊謨謀。書勳是旂。流於史牒者。同姓近屬。實於有徒。臣聞教莫大於親親。道莫大於立愛。故傳稱六逆。其一曰踈間親。夫子曰。君子篤於親。則民興於仁。伏惟我國家德厚流光。慶基憑固。天實佑定。長發其祥。韡韡棣華。既和樂而且孺振振公姓皆信厚而有秩宜乎德教自家而刑國孝悌達于四方者矣至于爵德官才教勸長善之道臣猶竊慊疑若有未盡至者採其大要敢僭論焉

方平又論曰臣聞周之五等分土繼世立適以長不以賢立子以貴不以長無嫡選庶兄亡弟及故子孫傳祚與王家始終其支子為群公子公子之子為公孫逮乎世代已遠服屬且疎則名以其祖之所居官或封邑或字或謚因以為教以綴親別本而各仕其國為卿大夫士焉漢之封爵皇子則王王子則侯王侯世及無嫡則絕後武帝復使諸王得推恩封子弟為列侯而王國之嗣無不侯矣其宗室同姓肺腑之親入居卿相出為牧守中外迹處惟才是用故諸劉繁衍彌漫乎天下曹氏裁制藩戚最為無道至于隔其兄弟吉凶之問禁其婚媾慶吊之禮上不得預朝覲下不得交人事離恩絕義斷棄天

常能者被拘才者不試故曹植自比圈牢之養物求一效死之地而不得氣類乖疎公族翦弱故司馬氏乘間而起如襲虛邑焉南北之際晉宋之事尹正王府督領藩鎮兵戎之地險要之郡必命宗枝分居岳牧爰及隋唐未之替也我國家祥符之前皇親尚出臨郡後絕外授初無他釁且天下一統承平治寧藩郡之勢制如臂指不比江左隋唐都督節察轄千里百城事權之大也又何忌焉蓋以其驕貴放恣鮮遵軌度閭自柳畏不知小人之依故朝廷推示大公為百姓計上全親親之義下為元元之福爾且國家基圖安固源流深長古者族食世降一等親必有盡屬必益遠及本支百世衍大蕃昌有藝文如向歆材畧如皐勉又可以勿用乎哉夫天子建國諸侯立家大夫有二宗士有隸子弟上下尊卑莫不用其宗戚以自佐佑春秋秦伯之弟鍼出奔晉譏其有千乘之國而不能容其母弟至使出仕于

晉故謂之出奔方今天下之大郡國之廣百官衆職文武參布宗室子弟豈無智可以效一官才可以帥一校者歟彼夫執事內外之臣統理軍民之長規約條教又豈生而知之蓋習之則至矣臣愚以謂諸皇宗天戚有能修整端良者宜稍試其材出領郡職入參環衛異同並進親疎雜用輕重相制等級相權唐之諸王率為州郡別駕漢之藩國衆務由於內史誠約漢唐之制漸用而叙進之選量上下律之以法宜其才用能否志行僻正可得而著見矣則又察其謹良莊慎者以備王室爪牙焉詩曰豈無他人不如我兄弟誠使盤維之固豈非廟社之休乎

方平又論曰臣聞昔在帝舜命后夔典樂教胄子夏有東西之序商建左右之學周則有大司樂掌成均之法樂師治國學之政自王及群后之子皆訓以四術三行之事又庶子之正於公族者亦教以孝

弟睦友子愛之道明父子之義長幼之序故庶子之官治而邦國有倫衆鄉方矣自秦燔滅先王之道而教其子以申商刑名之言不復有庠序之事漢雖開設學校選置師儒而國子遂廢齒學之禮今諸宮院講說教授之官實古師友之地且天枝帝胄習見貴驕生於深宮之中長乎婦人之手甫出就傅性習之始朝廷當為慎擇道德之老經術之儒莊介堅質之人純重規矩之士俾正言日入於其耳善道薰襲於其心使知恭儉之為令名嚴畏之為吉德獎勵之以樂善則有榮賞福祥之事誡懼之以趨惡則有刑罪禍敗之言善惡之端實由師友今乃使自薦請即為除授凡選人充職一歲乃得改官至有商販初仕輕薄少年率僥倖以自媒為進官之捷徑以備優弄之具留何誨導之為夫食荼蓼者不知薺甘居齊博者必為齊言紺緅隨染薰猶易器況人抱血氣剛柔之性函欲惡荒佚之情書曰位不

期驕祿不期侈此言富貴不與驕侈相期勢必自至者也而不節之以德義輔之以正人欲其不入於邪動克由禮其可得乎周公曰孺子其朋孺子其朋其往言方幼孺當慎所與朋處者也孔子曰損者三友友便僻友善柔友便佞損矣臣伏見近建睦親之宮制度周大前拱宸極後固國基夫漢立諸侯之邸纔備乎朝宿唐建諸王之院專寵乎近親未有能糾合宗族均恩等義如今之美者也其設司分局綱維備矣至于教育勸勵之道臣敢獻愚焉其諸院講說教授之官臣謂宜擇其學問精博志行端修之士定其員數中開廣堂為之學館凡宮族子弟尊卑咸會而以齒敘焉晨以談經晝以學文學官分掌之而命者德近臣一人總攝焉其勤於肄業恭懿莊儉學藝特優者使之上聞遷其秩祿加之賜賚以旌之則其不率教者不待罰而憤悱知勸矣鏘如冠珮雖居象魏之間洋然頌聲如在洙泗之上不亦美哉故為國以禮動人以行王化之大者貴游公卿之子弟州鄉庠塾之士人莫不上靡德音下修志業四方風動其教不肅而成矣振振公族咸如麟趾之時緜緜葛藟更茂本根之庇可為德化之徽邦家之光也

英宗治平二年侍御史趙瞻上奏曰臣伏聞別嫌明微者禮之大經並后匹嫡者事之深戒商周庶子外為藩屏漢魏諸王出就封國此所以尊儲貳之定分著宗室之大法不使寵愛之私窺圖之計得以萌心也竊見皇子三位與造大備歲荒夏疫作已為譏況宮制院名居非其所雖人子性行自隆友悌而國家禮法貴示降差並列東宮恐乖古典昔唐太宗移太子承乾之第魏王泰居于武德殿魏文正諫之以為太逼東宮太宗遽然省悟遣還外第然以一存此意終致後患故爭常起於所軋而禍常生於所忽歷觀前代聖君賢父率亦

不能盡斯亂原惟陛下精察熟慮使安其所下此議下儒臣俾援証于典禮庶乎朝廷陵僭之疑一定而於骨肉孝悌之恩愈深焉至如宮邸之制過麗則侈心生工徒之役遠時則乖氣應因茲垂邮一切漸罷實為天下之幸

英宗時殿中侍御史傅堯俞上奏曰臣伏聞以跡而謀親者忠敬於慈愛緣始而圖遠者言近乎迂闊惟推心於大公則愛不能惑鑒古而深念則迂有可察臣所以自忘其身跡而長慮於事始者也然詞畧則在理難悉語深則於事非便輒陳梗槩惟陛下思之臣獨念古先哲王總擥天下其臨斷萬務則罔或不周及於父子之間鮮克無悔豈非愛牽於內而義不勝情者哉伏見皇第二子開國東陽位與潁王相去纔一階耳起居出入事頗均齊雖出閤封王具存故事又其天資信厚久彖聖訓友于雍睦固異於人臣猶恐異時年各長成左右使令迭生毀譽歲月浸久或有可念夫有始卒蓋聖人難之陛下學通古今當為萬世垂法臣謂宜及顥等幼少使為節制待顥以下恩意禮秩常與潁王差遠使有限隔無可陵之勢則社稷無疆之福昔者誕告外廷臣不敢遽獻愚瞽今輒復陳露者望陛下默留聖意

堯俞又奏曰臣伏聞應天以實而懷人以德故天不必牲玉之日告人不必金幣之戶及是以昔者聖帝明王之有天下也必本誠意推仁術以感會天人之心然後身享無窮之休而地有不拔之固臣實愚賤輒昧死有言惟陛下寬其妄狂憐其悃愊則不勝幸甚恭惟大行皇帝舉天下而畀之陛下顧念恩德豈有既乎其所以累陛下者獨數女耳今大行梓宮在殯越國公主出居外邸撫存恩渥未有隆厚雜遝之事聞於人者陛下癸酉赦書大行慶賚主婿李瑋例移別

鎮實恐議者以為歎然伏料陛下以因山有期希未遑暇然尾鴻之澤漸霑皇族此臣所以妄狂以進其悃愊者也望陛下念先帝素意所向之深者務為周旋顧遇內盡陛下懇惻之懷飾以恩意寵光外副海內顒顒之望則天必降監顧諟盡慶雲景星不足以為陛下之福人必悲傷感歎極肌膚骨髓不足以感陛下之仁臣非附下罔上者不敢與李瑺為地直舉一端冀陛下易察耳乞毋出臣章惟陛下留神采擇

翰林學士王珪等奏今月某日中書批送到門下侍郎兼兵部尚書同門下平章事昭文館大學士監脩國史韓琦等狀奏伏以出於天性之謂親緣於人情之謂禮雖以義制事因時適宜而親必主於恩禮不忘其本此古今不易之常道也伏惟皇帝陛下奮乾之健秉離之明擁天地神靈之休荷宗廟社稷之重即位以來仁施澤浹九族

既睦萬國交歡而濮安懿王德盛位隆宜有尊禮陛下受命先帝躬承聖統顧以大義後其私恩慎之重之事不輕發臣等忝備宰弼實聞國論謂考古約禮因宜稱情使有隆恩而廣愛庶幾上以彰孝治下以厚民風臣等伏請下有司議濮安懿王及譙國太夫人王氏襄國太夫人韓氏仙游縣君任氏合行典禮詳處其當以時施行謹具狀奏聞伏候勅旨治平元年五月二十八日進呈奉聖旨候過仁宗皇帝大祥別取旨治平二年四月九日再進呈奉聖旨送太常禮院與兩制待制已上同共詳定聞奏臣等謹案儀禮喪服為人後者傳曰何以三年也受重者必以尊服服之為所後者祖父母妻妻之父母昆弟昆弟之子若子若子者言皆如親子也又為人後者為其父母傳曰何以期也不貳斬也何以不貳斬也持重於大宗者降其小宗也又為人後者為其昆弟傳曰何以大功也為人後者降其昆弟也以此觀之為人後者謂之子不敢復顧私親聖人制禮尊無二上若恭愛之心分施於彼則不能專壹於此故也是以秦漢以來帝王有自旁支入承大統者或推父母以為帝后皆見非當時取譏後世臣等不敢引以為聖朝法況前代入繼者多宫車晏駕之後援立之策或出母后或出臣下非如仁宗皇帝年齡未衰深惟宗廟之重祗承天地之意於宗室衆多之中簡拔聖明授以大業陛下親為先帝之子然後繼體承祧光有天下濮安懿王雖於陛下有天性之親顧復之恩然陛下所以負扆端冕富有四海子子孫孫萬世相承者皆先帝之德也臣等愚淺不達古今竊以為今日所以崇奉濮安懿王典禮一依先朝封贈期親尊屬故事高官大國極其尊榮譙國太夫人襄國太夫人仙游縣君亦改封大國太夫人考之古今實為宜稱臣等謹議

殿中侍御史范純仁論濮王稱親未當狀曰臣伏聞手詔節文稱親之禮謹遵慈訓追崇之典豈易克當固已見陛下守義徇公慎重之至也然稱親之禮殊未為安羣口紛紜不勝嗟憤臣等竊議皇太后手書稱親之意蓋用漢宣故事欲行於今乃與中書門下元建皇考之議大體相依此不免為兩統二父之失所以議者喧然皆謂母后手書非出慈壽之本意皆建議之臣眩惑交構成就其謀欲自掩其惡而杜塞言者之口也臣觀陛下繼明之始與漢宣故事不同宣帝之時尚為有司所奏為人後者為之子請謹視孝昭所為未有却命大宗正統之母追稱小宗所生為親也錯亂禮法失其本意若欲以濮王為親則襄國已降自當為母於皇太后豈得安哉恭惟陛下親受仁宗詔命而為之子故先帝遺詔誕告萬方謂陛下為皇子即皇帝位四夷諸夏莫不共聞今乃復稱濮王為親則先帝治命之詔不

行而陛下繼體之義不一況太后與政府大臣並受先帝顧託言猶在耳永昭陵土未乾止因一二近臣之謀遂忘而弗顧陷兩宮於有過之地使四方夷狄感先帝之遺詔疑陛下之過舉移謳歌欣戴之心為忠憤不正之氣可不痛哉萬一黠虜姦民有以先帝遺詔為間則執政之臣其將何辭以對然則稱親之禮豈宜輕用臣等待罪于家屢蒙詔旨促令供職而踧躇未敢承命者以此之故也若必使臣等就職則當合班廷爭以救朝廷之失雖陛下容納直言為天下所聞而臣等不能早悟明主之罪益深益重矣豈可復居言路預耳目之臣哉臣等之心有死無二伏惟陛下留神聽納天下幸甚

純仁又乞定濮安懿王稱號狀曰臣近到闕下伏聞兩制等已依典禮議定濮安懿王稱號封爵却因政府議論不同且令權罷中外人心疑惑未已伏緣陛下昨受仁宗詔命親許為仁宗之子至於遷官封爵悉用皇子故事問安侍膳孝德已彰以至纂承大統天下以陛下為仁宗之子故億兆欣戴一無間言子子孫孫長享天命此則與前代出繼之主事體不同故於本宗雖加殊禮況濮王自有封國嗣蕃昌今若改封大邦世世傳襲夾輔帝室永垂鴻名則於濮王之尊不為不盛於陛下之報不為不深伏望聖慈斷以大公特降詔旨恭依兩制所議如此則上合天心下服民望杜諂諛希合之言為萬世不易之法

純仁又上狀曰臣近嘗上殿進劄子言乞依兩制議定濮王封爵稱號事早降詔旨及西有奏陳皆蒙聖意開納至今已踰旬日未蒙別降指揮近風聞有臣寮建議欲尊濮王以殊號者朝論相傳未知實有臣夙夕思念萬一有執政大臣造作此議致陛下聖意難於可否故臣不避再三之瀆須至奏陳惟望陛下留神聽納則天下幸甚伏以仁宗皇帝當康盛之年立陛下為子皇太后不避六宮之怨力贊先帝保育陛下者是皆欲陛下繼體承祧一意大統報德述事傳於無窮陛下自為皇子則問安侍膳純孝已彰即位以來烝烝不怠謳歌欣戴夷夏帖然但臣下不明陛下之心故率然建為此議殊不思若加濮王以殊號則致天下疑陛下以懷報私親為重以傳授大統為輕事不兩興理之然矣上則違先帝之意中則傷皇太后之心下則失天下之望當聖政惟新之際豈宜失天下之心如此況今二三宰執皆是先帝舊臣計其贊先帝立陛下之時必不肯為今日之議但以有保身之計故不暇深慮事機阿旨遂非一至于此豈顧事行之後虧損聖猷貽譏今古雖悔何逮臣竊見魏明帝太和三年詔書其事甚明陛下神聖博學必亦覽之詳矣足以慶先帝皇太后期望陛下之心雖先帝聖德廣大非魏主之可同在其愛子之心必不相遠如陛下以宗廟重事議論未同聖衷難於獨斷則望降臣此奏付中書門下令兩府大臣及未曾預議兩制臣寮同定聞奏如此則自然公理可見是非可決使天下知陛下以至公大議昭示今古不以邪說諛論侵紊典禮

純仁又上狀曰臣近嘗累上封章乞早依兩制所議加濮王封爵典禮以安中外之心未蒙聖慈開允蓋以臣愚見兩制所議已合至公今若尚更遲留不惟濮王追崇之典有闕亦恐增長觀望希合之意導惑聖聽虧損大猷臣不敢遠引古義止以漢事言之如宣帝因霍氏所立又是昭帝旁孫昭穆之間自當有考尚以其有為人後之議終為魏詔所非況陛下親為仁宗之子事體與宣帝全然不同雖取而行理亦明矣以近臣各有董宏不正之言將致聖明之朝亦有哀帝之失故臣雖微賤寧不為陛下惜之陛下若以臣言為可采即望

更令兩府大臣及未曾經議兩制臣僚同定奏聞施行若以臣言為妄謬不足取聽則乞下臣前奏付有司議罪重行貶責亦使臣引罪知非雖死無恨臣無任愛君激切之至

神宗熙寧二年知制誥揚繪上奏曰臣竊以帝之盛者宜莫如堯今考諸堯典曰克明俊德以親九族九族既睦平章百姓夫九族之外同姓之親不為少矣而堯所親睦止於九族云者以服紀之異也服紀者其禮之用乎恩生於情者也恩之以無窮之情節之以有限之禮蓋明乎親之不可以無盡也族盡於九法陽之極數也服盡於五法五行之成數也然則服之紀雖盡則同其所自出者忽儕於路人乎如是復為大宗小宗之法以維之為大宗者百世不遷也為小宗者五世則遷也周雅云文王孫子本支百世是由帝堯以來訖于周親睦九族之制蓋殫此矣有天下者曷不欲遠尊其祖然而統之以

太祖之廟而不毀外至於六世之上則去廟而為祧去祧而為壇去壇而為墠去墠而為鬼蓋亦明乎親之不可以為無盡也臣謹案春秋魯威僖宮災孔子在陳聞之曰其威僖乎蓋以威僖之廟宜毀而不毀故天以火災戒之也伏覩睦親宅被火災者二廣親宅被火災者亦二旬月之中如此之併豈適丁其時乎臣竊以春秋之義推之蓋二宅之中有親已盡服紀無者而未經裁節於有限之禮故天以火災戒之乎歷考上世尊族或封以就國或官而任外而自唐明皇而後世崇於宮宅而不任以政故本朝依其制也然國初之制凡以蔭授官率皆以其父祖合任之數授之今則長男生踰年而受官其下之男皆生五年而受官矣舊制止授班行今則皆授南班官矣十年前止滿數百今則踰千人矣又其間子孫衆多者數房而共一室者矣安可不更張其事哉欲乞陛下酌古今之宜限服紀之禮廣采衆議裁其蔭子之數立其出官之制設大宗小宗之法以正其統其餘支庶之服紀盡者並許出居於外以合於帝堯親睦九族之道

六年知太常禮院黃履乞特燕宗室以篤奏議曰臣聞常棣之詩曰儐爾籩豆飲酒之飫兄弟既具和樂且孺蓋言安寧之時有禮有儀然後能不失親族之心也伐木之詩曰既有肥羜以速諸父又曰籩豆有踐兄弟無遠蓋言以禮者誠每有隆而無殺也司儀曰王燕則諸侯毛中庸曰燕毛所以序齒蓋言燕之以齒而孝悌之道達矣臣伏覩陛下之於宗室以爵貴之以祿富之以詩書禮樂教之以忠孝仁義成之可謂得親叙之道矣至於與群臣同戚休而有暇乎飲食燕樂則亦未嘗不使之與也然而特燕以篤猶未之講恭惟萬機之暇試一行之以為太平盛事蓋亦美矣

元豐元年知宗正丞趙彥若上奏曰臣伏見本朝宗室舊有召試出

身之令又熙寧初始命宗子出補外官分事任列於有職之臣此誠天下至公盛德之事祖宗所未嘗有至陛下已自得之加以聖澤涵育宗英衆多當此之際有司不能宣德明恩建白所職請廣選舉以協隨時之義少佐當宁勤求之意而牽常抱俗苟過目前則素飡竊位於何塞責昔漢之取人不限疏近而宗正有郡國歲計上籍之文劉向以宗室高才進對侍詔唐宗正寺歲送進士二十人與國子監京兆府相比李程李肱皆為舉首雖復繼周而下去古已久未可以諭當世然取其稍近古今者或可施行今宗正寺侍祠之外專掌玉牒屬籍而不豫薦士在於聖時竊恐臣之本職有所未稱謂宜具為條貫俾諸教官依國子監外官學例為課試法每遇秋賦許就宗正寺投狀鎖試別立人數頗示優異著為格令俾其競勸賢戚並用紀綱四方何獨棫樸之雅乎凡天下事皆如權衡重於此則輕於彼矣

宗室之罰。自有考校。賢者獲升。不肖者退抑。分當裁損。必無觖望。夫親賢兼進。布列中外。以鎮安四海。為磐石之固。與愚智混淆。聚於一處。徒殫祿廩而無所事者。不可同日語也。

哲宗元祐元年。左司諫王巖叟上奏曰。臣竊聞日近宗室火災熾大。延及至廣。顛沛倉皇。不知所舍。寓於佛寺。暴露庭廡。一無壅蔽。都人觀望。虧損事體。極不為便。料聖恩已加存撫。不待臣言。然臣聞聽所得。思慮所及。不敢遂默。此誠陛下所當留念。伏望睿慈嚴敕有司。速尋可居之地。早令安處。以昭陛下救災恤難篤於宗族之仁心。以示陛下禁非防邪護惜國家之大體。

巖叟又奏曰。臣前日伏聽德音。以旱暵為災。憂勞惻怛。發於至誠。引咎自責。惟恐有所不及。令臣等講求闕失。以應天變。臣敢不極盡思慮。冀補萬分。惟陛下察其愚而憐其志。幸甚。

一。王者之道。以篤親親。隆仁愛為先也。臣聞宗室不係賜名授官孤遺之家。二十餘倍。六十餘人。全無祿食。朝夕不能自存。將有流落之憂。京師士民無不傷之。皆言雖疏踈遠。終是祖宗苗裔。國家於事體合有處置。不當便若路人。視而不恤。聞昨因人言已送禮部立法。今將半年。不見了當。惸獨困窮。勢何可待。臣謂此事若執政大臣留意。須臾之間。可以裁定。伏望陛下批降指揮。更不下禮部。只令執政速議可行之法。早使宗支霑被聖澤以成王室之美。

一。昔者世居不道。自取誅絕。固無足哀。然世之仁人君子。亦欲陛下有以施厚恩。崇盛德。臣不忍不言。按漢景帝二年。吳楚七國宗室。遂除其籍。至武帝元光二年。復七國宗室絕屬者。歷代以為漢武之美。今天下皆曰世居之惡。非若七國。武帝之仁。非及陛下。猶能復七國之籍。使上屬於宗室。臣以謂緣世居絕屬者。願陛下亦許復之。庶幾一開幽鬱。有感至和。臣不勝愚忠。

三年。起居舍人彭汝礪奏曰。臣十二月論石有隣與宗室議婚事。後所聞益衆。乃知上下安於此久矣。而臣亦惑之。不敢復致論。體問宗正司條制。雖言袒免親不得與非士族之家為婚。然不知如何遂為士族。又不得與諸司出職。工商雜類。進納惡逆為婚之文。止絕於緦麻親以上。則皆容袒免親與工商進納雜類為婚矣。以進納者為無礙。則雖惡逆者亦可也。臣伏思積厚者流長。源遠者澤厚。蓋以其有所自也。天子之所親。推而上之。至於七世而不忘。則推而下至於所遠。亦不可以不稱也。今宗室雖係袒免。然皆出祖宗而同繫於國體而使污穢荒遠。皆得以貨取。似非所以為祖宗光榮也。今士大夫之族議親。非以德望。則猶以門閥。或匪其耦。則一族以為羞焉。況於人

君哉。夫豪商大賈以財雄於鄉。今輸金至三千及五千緡。又為助教監簿。而竊士族之名。又捐數千緡求為宮親。而遂得列於官户。竊寵蠹國。依威陵弱。豈止為國辱哉。臣今欲乞詳定袒免婚姻條貫。惟陛下念之。

七年。龍圖閣學士知潁州蘇軾上奏曰。臣聞之詩曰。懷德維寧。宗子維城。宗室之有人。邦家之光。社稷之衛也。周之盛時。其卿士皆周召毛原。非王之伯叔父。則其子弟也。逮至兩漢。河間東平之德。歆向之文。天下以為口實。而唐之宗室。武畧如道宗。孝恭。文章如白與賀者。不可以一二數。而以功名至宰相者有九人焉。自建隆以來。累聖執謙。不私其親。幹國治民。不及宗子。雖有文武異才。終身不試。神宗皇帝實始慨然。欲出其英髦與天下共之。故增立教養選舉之法。行之二十年。出入中外。漸就器使。未見有卓然顯聞稱先帝意者。夫豈無

人蓋朝廷未有以大罹動之耳臣伏見左承議郎令時事親篤孝內行純備博學經史手不釋卷更事通敏文采俊麗志節端亮議論英發體兼衆器無適不宜臣嘗見其所著述筆力雅健博貫子史蓋清廟之瑚璉明堂之杞梓也使其生於幽遠猶當擢用而況近託肺腑已嘗試用者乎伏望聖慈特賜考察召致館閣養其高才而遂以賢業以風動宗室觀示海內成先帝之意不以臣人微言輕而廢其請也

哲宗時同知太常禮院劉攽奏曰臣伏見手詔推求太祖皇帝諸孫屬近行尊者立以為王以光大成功偉業此誠陛下追孝祖廟聖恩無已舉百王之所未嘗用而行之則傳所謂禮雖先王未之有可以義起也然竊觀詔旨所覆猶有未諭恭以太祖皇帝傳國太宗雖為兄弟用後譬猶商及王大統所在繼體之君皆太祖子孫也盛德之祀澤厚流光舉在是矣何待復求諸孫而王之如是則祖廟有功不

毀之稱列聖繼統丕承之美反不及置一國乎古者惟列國之君無嗣則有求其子孫而紹封之者祖宗之重不可與比同議又諸侯不得祖天子今封王當自為其國之祖終不敢上承太祖明矣臣以謂陛下欲褒揚藝祖豈無其說按春秋傳曰管蔡郕霍魯衛毛聃郜雍曹滕畢原酆郇文之昭也文王造周為太祖子孫封國最多後世不敢與並漢明帝亦曰我子豈可與先帝子等故世祖諸子皆封大國而明帝子才半之也然則帝者世世也崇厚始祖之子常必異於繼體矣太祖皇帝之子惟德昭德芳二人陛下何不崇此二國之後世世不降其爵與周漢等盛宗廟祭祀使之在位則藝祖巍巍之慶陛下烝烝之孝無不休顯著明矣臣以愚戇待罪禮官知陛下推崇藝祖顧聖慮超越非群臣所及猶顧考合典禮使其大義可以講說為萬世法故敢冒進瞽言伏望少加采擇臣無任戰栗之至

殿中侍御史陳次升論宗景以妾為妻上奏曰臣風聞有旨判宗司濟陽郡王宗景妻亡立侍姬楊氏為正室者竊以宗景身居尊屬職在判宗一有動作皇族取則令若以楊氏為妻在卑者必以為尊在幼者必以為長豈惟名分紊亂不足以表儀宗室其在人情亦有未安兼宗室嫁娶於條必須一代有官其進納伎術工商雜類之家皆不許為親楊氏起於卑微若為正室未審果不戾於上條乎求之禮經考之條法皆未為允昔齊桓公霸者耳葵丘之會盟誓之戒猶曰毋以妾為妻況明天子在上禮法之所自出而宗藩大臣迺爾傳之天下書之典策其於聖朝寧不為累伏望睿旨降赴有司考求禮法如有違戾即乞改正施行不勝幸甚

徽宗建中靖國元年左司諫江公望上言曰臣聞天下之理有隙則物皆可入故聖人塗隙於未開之前有跡則瑕皆可指故聖人泯跡

於未形之際物皆可入則親者離矣瑕皆可指則疑者實矣在物之理雖甚疏遠者尚且如此矧閨門之內骨肉之間其可不察耶臣訪聞蔡王指使列況告鄧鐸者有不順之語浸淫恐行及蔡王開封府已行根治臣聞之駭汗流浹驚悸不自持豈有孝治之世太平之時迺容小人啣私怨逞不軌謀離間陛下骨肉之親者乎象之於舜焚廩浚井其逆心已明矣擁二女坐床鼓琴其逆謀已成矣舜未嘗藏怒宿怨卒封之有庳而富貴之唯恐不得象之心也至魏文帝褊忿疑忌一陳思王且不能容故有煮豆燃萁相煎何太急之語為天下後世笑豈不思兄弟天之大倫也有手足相捍之親有首尾相應之義有塤篪之和有友于之樂故孔子有以不間父母昆弟之言為孝蓋親隙不可開隙開則言可離貳疑迹不可顯迹顯則事難磨滅陛下得天下天人之歸也昔章惇嘗簾前持異議已有隙迹矣蔡王出於

無心年尚少未達禍亂之萌故恬不為恤陛下一切包容已開之隙復塗矣已顯之迹復泯矣思意渥縟觀陛下之情已不失兄弟之歡矣與夫區區未能忘天下操以自狹者不啻相十百矣伏望陛下勿以曖昧無根之言加諸至親骨肉之間俾陛下有魏文相煎太急之隙而忘大舜親愛之道豈治世之美事也伏望陛下密詔所司凡無根一言勿形案牘釐楚之下何求弗得一有浸淫旁及蔡王之語不以陛下將如何處之莫若畧治所告之人粗見嫌怨情狀並流之嶺表以示天下神器非人心天命弗得非口舌強力可爭也以示天倫之愛雖天下莫之奪也雖善為間言莫之離也儻形案牘有瑕可指一入胷次終身不忘雖父子之間尚未能磨滅況兄弟乎迹不可泯隙不可塗則骨肉離矣陛下將何面以治天下也蔡王萬一蒙犯霧露之毒神考在天之靈豈不知之陛下將何面目見神考於太廟乎書曰克明俊德以親九族九族既睦平章百姓詩曰刑于寡妻至于兄弟以御于家邦故至德要道足以風動天下未有不自親始者也伏望陛下敦而勉之

宣和二年知太宗正寺丞仲漁上奏曰臣伏覩方今宗室蕃衍陛下親敘族屬教養作成于茲有年才能並出咸拭目以幸千載之遇然混於常例格於銓選有志於事業者不為不多若不特加旌别無以昭示激勸欲望聖慈特降睿旨應宗子有文行才術名實顯著者許本司具以名聞斷自淵衷不次陞擢庶使人人奮勵以副陛下樂育之意

高宗時右正言陳淵論用宗子奏曰匹夫角力壯羸不等則壯者必勝使一羸而當一壯則勝負未可知也又況於羸者之多乎故閭閻細民以父子昆弟之多寡為強弱急難之際豈無他人不若親戚為可恃也豈獨閭閻之民為然雖大而天下亦莫不然武王克商同時而封者五十三人而異姓不在是焉當時不以為私後世不以為過豈其才智皆足以過人而德業皆可以服天下乎所以布枝葉而芘本根強手足而衛頭目不得不然也周之所以卜世三十卜年八百者其以此耳今夷狄之強既與吾為敵國而吾之親族衰替未有甚於此時不圖所以糾集而簡拔之使居腹心之地以為吾援壯羸異勢其何以濟此夷狄所以輕視中國易發而難制也頃者虜騎憑陵二帝北狩戚屬之在東都者席卷而從之獨陛下一人適居於外天實留之以興我宋其餘宗室散處遐方下國又皆疎屬卑秩不近畿甸幸而獲免亦已寡矣謂宜旁搜遠訪使各陳族系圖而上之引還近地親加試擇焉其有屬尊而官高聞望素著者俾領方面或處監郡之任其次委以州縣掌兵之職若已嘗出仕而貪墨殘忍不才無能者姑仍其舊後生可教者教之俟其成就然後用焉如此則數年之後聲績傳播將有如漢之河間東平者出夷狄聞之必謂中國親族多賢足以自輔自然畏威而不敢肆矣昔仁祖朝富弼在樞府仁祖詔弼專管北事弼因上安邊十三策其一則論宗室當教而用之所以強本支而服四夷者以謂虜人貴親多以近親為名王將相以治國事以掌兵柄所以自強而中國未聞有皇親可以為朝廷屏翰者虜必謂王室孤危無所扶助本根不固易以搖動此誠宜為夷狄之所窺測也此言仁祖時也其後熙寧元豐間始行教養考試之法英才輩出雖未嘗大用無赫赫功名震耀海內而亦不得為無人矣不幸遭値寇攘往往罹害流離殊邦凋喪殆盡今又有甚於仁祖以前矣然弼言於仁祖時是時海內又安兵革不用而又契丹講和之後而其反復切至如此使當今日其所獻計又宜如何也區區管見

惟陛下深念之

章誼上奏曰臣竊謂宗室子弟方此艱難之時其恤之不可以不厚然率之亦不可以無法今宗室有官無官之家自渡江以來散處州郡其寓居越州者為尤多目今已及一千二百餘人而來者猶未已也頗聞所隷無宗屬而仰給於州縣所居無室廬而雜處於民伍其放縱不自愛者往往無容庶姓而冒一時之餼廪踈戚不相知官府不敢詰殆非陛下惇叙之意也今朝廷宗正職事見領於太常寺若置一丞以領宗司之事擇一官府寺觀以為宗子居止之地於宗子之間推一嚴能脩潔之士以糾正偽冒之弊然後時其請給使無流落之歎籍其長幼使有本支之辨事從簡易無大費耗况南外西外兩處宗司皆以不廢獨此輦轂之下又安可無總率之人哉伏望聖慈特降指揮措置施行

知紹興府張守乞安養宗室奏曰臣伏見自陛下巡幸東南内外宗室流落州縣雖有存恤指揮所得請給或有或無頗多失所以至或寓旅邸或在市廛與民庶雜居飲博鬬訟不能自愛誠可嗟憫盖緣待之未盡善也契勘兩京舊有敦宗院有屋宇以居止有錢粮以贍養有官吏以檢察宗子各有統屬稍獲安處今來車駕駐蹕臨安臣愚欲乞倣兩京舊制於兩浙東西路各權置敦宗院各就大郡踏逐寺院或官舍擗截以充每院差近上有年德宗室一員知宗正司置主管財用一員兼知宗正丞監門官兩員取會諸州以見今贍養宗子錢米盡數發赴財用所按月支給如不願入院或往别州居住者並罷支錢米等如合聖意即乞下有司討論條制詳酌施行不惟使天支不至失所亦漸就檢束不至為非仰稱陛下敦叙之意臣忝侍惟幄假守近藩目覩利害不敢緘默惟陛下裁擇

孝宗淳熈七年禮部尚書周必大上奏曰臣竊謂事有所該者廣而涉於簿書期會則雖良法美意未免以吏姦而生弊如措置宗室同名是也盖吏志於利而已乘文書浩繁取會不一必為害於其間以去歲正月臺劾大宗正司人吏劉景及進奏官高忠信乞覓善滑錢物觀之槩可見矣大抵祖宗時宗室既少又皆聚居宮院自然立名各殊神宗熈寧以來日益蕃衍於是稍許其補外至哲宗始因宗正寺丞宋景年之請凡别祖無服親若非連名許用本字勢使之然非固略也至于今又八十餘年矣宗支愈盛往往散居四方必欲驟改宜戞戞乎其難也故淳熈元年初令川廣限一年餘路半之限滿無立名公據有官人不許參選無官人住支請給至二年八月則展一年矣三年六月又展半年矣四年四月又展半年且有更不再展之文矣其勢終不能行五年正月遂降更不立限指揮而所謂不許參部者轉而為先次參部不許赴任者轉而為未放請給今又歲

餘遷延如故秪如臨安近在輦轂為通判者善仁也為轉運司幹官者亦善仁也而未嘗改焉况遠外者乎臣謂宗室之有官者告勑印紙一一可驗名雖偶同三代未嘗同也今捨其平生付身而憑宗正吏一紙之公據輕重盖相遠矣臣又見外路保明乞改名之人例具三二十字大宗正司或以為可用而宗正寺則以為不可其說但云依舊重疊而不肯明言與某王宮何人位何人同名然則雖不重疊而謂之重疊豈易察耶臣愚欲望聖慈特降睿旨應宗室參部及赴任之人不候立名公據且依舊法却一面行移取會其諸路定到所改未當之字須令大宗正司宗正寺分明檢照聲說與三祖下某王宮某人位某人同名即不得泛言重疊庶幾稍抑吏姦仰副陛下睦族之本意

光宗時蔡戡上奏曰臣聞周有天下封國七十而同姓之國五十有三文昭武穆皆為顯諸侯周召毛原皆為名卿才大夫大者制禮作

樂豨時太平小者勳在王室藏之盟府周之卜年八百卜世三十良有以也在漢則有朱虛之忠河間之賢沛獻之謹節東平之好善在唐則有孝恭却敵之功道宗方面之畧勉石之事業白賀之文章顯顯為世豪英者不可悉數由周以來漢唐最為長久豈非得同家強本支之道而然歟暨我國家源深流長子孫蕃衍盛大乃建睦親廣親二宅聚之京師其惇叙之道教育之法莫不備至然而不過高爵重禄以養其身而已雖有懷才抱藝卓爾不群者不得施用終亦汩沒而無聞熙寧二年始詔易以外官許之應舉故人人自奮爭效所長百年之間外而為監司守臣内而為侍從卿監蓋不乏人然亦未聞傑然立事建功垂於不朽追配古人者其故何也夫宗室之進身有三曰進士曰任子曰特恩特恩補官授以右選之職處以員外之任故已置之不用之域矣任子之法既與庶姓同進士之科特與庶

姓異蓋繇進士而進者取之太優用之有限故也取之太優則無能者或濫進用之有限則有才者或見遺雖朝廷所以優異宗室亦所當然而於搜羅人才有所未盡也今之宗室與祖宗之時異當熙寧法行之初宗室子弟去宮掖而親州縣之勞捨膏粱而為文墨之習蓋有非所願者欲誘而進之則取之不得不優取之既優則用之不得不限其所到之地亦其宜也自衣冠南渡以來流落異方攻苦食淡與寒士角其間種學績文砥節礪行者不為無人然而人情易怠曰如是而可以應舉得官蓋亦足矣故所學者不過如是雖有文章足以代王言終不得一登詞掖雖有才學足以斷國論終不能一履政塗唯人懷自棄之心蓋有必棄之理存焉臣竊謂祖宗之成法宗室之異恩固不可革不若設為兩科而並行之願與庶姓混考者許其自陳試賦於漕司則遵任子之例春試禮闈則用庶姓之法在選中者以師儒之職優之取之既與庶姓同用之不可與進士異有華國之文則使居臺閣之職有經世之才則使膺廟堂之選不必限其所到之地庶幾真賢實能不致棄遺中人常材不失仕進豈特親親用賢之道一舉而兩得抑亦成周強本支崇屏翰之意也

理宗時兵部侍郎曹彥約上封事曰陛下謹定省以事長樂開王社以篤天倫孝友之行宜足以取信於天下然兄弟至親猶誤於狂妄小人之手道路異說猶襲於尺布不縫之謠臣以為守法者人臣之職也施恩者人主之柄也漢淮南王欲危社稷張蒼馮敬等請論如法文帝既赦其罪廢徙王不幸而死封其二子於故地此往事之明驗本朝太宗皇帝之所已行也今若徇文帝緣情之義法太宗繼絶之意明示好惡無隙可指雖不止謗而謗息矣

殿中侍御史呂陶上奏曰臣訪聞宗室所生之母於禮法不得祔葬

凡有亡沒權殯僧舍遠或十餘載近亦五七年其子雖享高位重禄止為無歸祔之法往往遂忘其親不舉以葬於母子之恩義則寖薄在朝廷之風化則虧損夫禮緣情而制法因禮而成鞠育劬勞理當報德尊卑輕重事亦從宜伏望聖慈特詔有司詳議許令祔葬其制度務從降殺以辨嫡庶之分如此則幽明之際皆得其安孝治之風所勸尤廣

元太宗將即位宗親咸會議猶未決時睿宗為太宗親弟故左右司員外郎耶律楚材言於睿宗曰此宗社大計宜早定睿宗曰事猶未集別擇日可乎楚材曰過是無吉日矣遂定策立儀制乃告親王察合台曰王雖兄位則臣也禮當拜王拜則莫敢不拜王深然之及即位王率皇族及臣僚拜帳下既退王撫楚材曰真社稷臣也國朝尊屬有拜禮自此始

世祖時趙天麟上策曰臣聞自非上聖須待學而知之已居至貴須以名而義之夫學者規矩之至也猶卜居於莊嶽之間易效於齊言猶招臂於丘陵之上疑晰而遠見故究公之殆於庶幾由語之而不惰秦伯之遠其良士徒後悔而噬臍也夫名者榮身之極也雖齊紈蜀錦未足以商其履雖芝蘭玉樹不足以齊其香故巢許者箕潁之賤夫揭六合而播譽操懿者漢魏之宰相繼小人而亦憎也是知流波不息可致於大洋之中積善素多夫勝於尊榮之職孔子曰學而時習之不亦悅乎又曰君子疾沒世而名不稱焉此之謂也方今宗室貴人幸生聖世有好學而不厭者亦有輕學而弗嗜者臣固知堯舜率天下以仁而遐陬尚且從之況於金枝玉葉親聆聲欬之音鳳閣龍樓密邇雍熙之化觀風從教如琢瓊瑤但以宗族止貴於崇親非若師友輔成乎德業也今國家既立宗正府又立國子學蓋欲申

邦憲以公滅私崇德化以文飾質然其宗室罕篤於學或月誦而年閑或春集而秋散以馳馬試劍為至樂以援弓射鵰為常事一日暴之十日寒之未能有生者矣雨露息之斧斤伐之未有能萌者矣臣但惜其已貴而不慕榮名則惑之甚焉且宗室之右族非寒門之同例欲希賢聖有易有難既居移氣養移體而論之似亦或難既貧無怨富無驕而論之富者寔易所以易者專於道義而無飢寒之憂行未半於寒士而獲無窮之譽故也古人有言曰千里之步始於足下九仞之山起於一簣言在乎為之熟之而已矣迹其生於深宮之中長於婦人之手太倉精粒為之食御局綾錦為之衣左庫之錢供其費用下民之力給其役使夏不知暑冬不知寒不知稼穡之艱難不聞小人之勞苦頤指氣使而左右趨風叱咤撝訶而鬼神驚懼視公侯之爵輕若纖塵俯堅重之賢皆出已下有酒如澠有肉如陵目厭

於姬姜之艷耳喧於絲竹之聲真兜率之天人蓬萊之仙子履貴而不自知其貴宣驕而不自覺其驕自中人以下鮮有弗移其性者也若以河潤九里澤及三族聖躬居萬乘之尊宗戚備極榮之位俾居藩鎮俾守邊疆設有微愆或干國典陛下將如之何哉寘于法則傷恩原其罪則廢法故不如自其年之幼也嚴師以訓之及其過之未也屈情而學之乃可復本來之性天稟榮名於後世矣不求名而名自隨之者上也知名之義而學以求之者次也勸之以次而達之於上者古今之通理也伏望陛下導宗室以學問激宗室以榮名嚴宗室之師重宗室之友庶使貴人之志各懷希聖之明心無令博士之流徒作在公之虛號若然則東平最樂克廣于今河間道術不能專美矣

天麟又上策曰臣聞聖神秉籙公天下以為心宗室乘時畏彝章而守正大安小帖遜順退帰非唯欲下之誠服蓋亦守邦之常理故爵祿之設所以加於賢能非但用及於其親以榮之也刑罰之立所以施於有罪非可或私於其親以釋之也昔舜誅四凶而封象於有庳之國天下不以為偏黨者蓋四凶之害已及於天下而象未嘗害天下故惡惡之心愛弟之道兩盡而無失也周公誅管蔡而歌常 於兄弟之宴天下不以為損德者蓋管蔡離親圖危於社稷而於族莫不詔道故憂公之理樂私之情並行而不悖也是以賞罰明而令行令行而事理事理而民安民安而國安國安而宗室亦獲安矣今國家內族星布外戚雲分皆獲食邑而不預大權皆仰皇猷而各安常分漢唐以來 亦有之也猶闕防之之道焉宗正府中已備其員之尊卑未申厥憲之輕重欲從輕議則似虧大正之猷亦從常倫則又失議親之道向不為之立法其何以行之哉夫人之生也戴天履地呼

陰呼陽自非智愚之不移中人之上下大抵相似處富貴之盛者即有昂昂之風在貧賤之困者咸秉謙謙之志果其性有異乎非也其居使之然也況乎以天潢之派挾象闕之尊接步武於烟霄聯芳馨於桂籍者哉其或卑賤下方之士窮閻阨巷之人睚眦之間承接之際偶相干犯難以為敵有苦而已矣有死而已矣下民哀怨上達乎天寧可不懼之哉此皆非國家之所恣但宗室挾貴而然也萬一天聽側聞則將怒其干紀亂常而加之以厚罰矣或流於遠方或貶於重役能不失親親之恩哉故與其有罪而加之刑不若先禁之之為愈也與其厚罰以禁之不若申明典憲以絕其苟免之心而令全德之為愈也方今貴族上畏天威各循繩墨無敢妄行臣但恐儻此事有贖皇明故云然也漢世祖時董宣為洛陽令湖陽公主蒼頭白日殺人因匿主家吏不能得及主出行以奴驂乘宣叱奴下車因格殺之主還宮訴帝帝賜宣錢三十萬且光武寧不知主之貴而令之賤哉所以然者為天下計也仰望陛下大昭雖曰丕出綸言凡宗室府内所設官員選宗族之有德望者而為之不得已則銓擇朝野之賢能以充之不宜但拘宗族之内以備員也凡貴戚之在京城者有罪則宗正府治之自有常典凡貴戚之在外方者有罪則郡縣達文于宗正府宗正府差官治之凡貴戚之罪據周禮八議比庶人宜降幾等立條例以明示天下凡貴戚之有罪者不宜令卒徒廝役得以詈辱之凡諸王公主投下人元皆庶人之類自有常制委所在臨民官治之可也若又從臣先所謂訓宗室之說則教行而知禮法明而畏罪永永維清矣

順帝時既毀文宗廟主削文宗后皇太后之號徙東安州而皇弟燕帖古思文宗子也又放之高麗監察御史崔敬上疏曰文皇獲不軌之愆已徹廟祀叔母有階禍之罪亦削洪名盡孝正名斯亦足矣惟念皇弟燕帖古思太子年方在幼雅此播遷天理人情有所不忍明皇當上賓之日太子在襁褓之間尚未有知義當矜憫蓋武宗視明文二帝皆親子也陛下與太子皆嫡孫也以武皇之心為心則皆子孫固無親疎以陛下之心為心未免有彼此之論臣請以世俗諭之常人有百金之產尚置義田宗族困阨者為之教養不使失所況皇上貴為天子富有四海子育黎元當使一夫一婦無不得其所今乃以同氣之人置之度外適足貽笑邊邦取辱外國況蠻夷之心不可測度倘生他變關係非輕興言至此良為寒心臣願殺身以贖太子之罪望陛下遣近臣迎歸太后太子以全母子之情盡骨肉之義天意回人心悅則宗社幸甚

歷代名臣奏議卷之七十七

經國

晉侯假道於虞以伐虢宮之奇諫曰虢虞之表也虢亡虞必從之晉不可啓寇不可翫一之謂甚其可再乎諺所謂輔車相依脣亡齒寒者其虞虢之謂也公曰晉吾宗也豈害我哉對曰太伯虞仲大王之昭也大伯不從是以不嗣虢仲虢叔王季之穆也為文王卿士勳在王室藏於盟府將虢是滅何愛於虞且虞能親於桓莊乎其愛之也桓莊之族何罪而以為戮不惟偪乎親以寵偪猶尚害之況以國乎公曰吾享祀豐潔神必據我對曰臣聞之鬼神非人實親惟德是依故周書曰皇天無親惟德是輔又曰黍稷非馨明德惟馨又曰民不易物惟德其物如是則非德民不和神不享矣神所馮依將在德矣若晉取虞而明德以薦馨香神其吐之乎

秦饑使乞糴于晉晉人弗與慶鄭曰背施無親幸災不仁貪愛不祥怒鄰不義四德皆失何以守國虢射曰皮之不存毛將安傅慶鄭曰棄信背鄰患孰恤之無信患作失援必斃是則然矣虢射曰無損於怨而厚於寇不如勿與慶鄭曰背施幸災民所棄也近猶讎之況怨敵乎弗聽退曰君其悔是哉

魏王以秦救之故欲親秦而伐韓以求故地公子無忌謂魏王曰秦與戎翟同俗有虎狼之心貪戾好利無信不識禮義德行苟有利焉不顧親戚兄弟若禽獸耳此天下之所識也非有所施厚積德也故太后母也而以憂死穰侯舅也功莫大焉而竟逐之兩弟無罪而再奪之國此於親戚若此而況於仇讎之國乎今王與秦共伐韓而益近秦患臣甚惑之而王不識則不明羣臣莫以聞則不忠今韓氏以一女子奉一弱主內有大亂外交強秦魏之兵王以為不亡乎韓亡秦有鄭地與大梁鄰王以為安乎王欲得故地今負強秦之親王以為利乎秦非無事之國也韓亡之後必將更事更事必就易與利就易與利必不伐楚與趙矣是何也夫越山踰河絕韓上黨而攻強趙是復得閼與之事秦必不為也若道河內倍鄴朝歌絕漳滏水與趙兵決於邯鄲之郊是知伯之禍也秦又不敢伐楚道涉山谷行三千里而攻冥阨之塞（冥阨楚之險塞也）所行甚遠所攻甚難秦又不為也若道河外倍大梁左蔡召陵與楚兵決於陳郊秦又不敢故曰秦必不伐楚與趙矣又不攻衛與齊矣夫韓亡之後兵出之日非魏無攻已秦固有懷茅邢丘城垝津以臨河內河內共汲必危有鄭地得垣雍決滎澤水灌大梁大梁必亡王之使者過而惡安陵氏於秦秦之欲誅之久矣秦葉陽昆陽與舞陽鄰聽使者之惡之隨安陵氏而亡之繞舞陽之北以東臨許南國必危國無害已夫憎韓不愛安陵氏可也夫

患秦不愛南國非也異日者秦在河西晉國去梁千里有河山以闌之有周韓以間之從林鄉軍以至于今秦七攻魏五入囿中邊城盡拔文臺墮垂都焚林木伐麋鹿盡而國繼以圍又長驅梁北東至陶衛之郊北至平監所亡於秦者山南山北河外河內大縣數十名都數百秦乃在河西晉去梁千里而禍若是矣又況於使秦無韓有鄭地無河山而闌之無周韓而間之去大梁百里禍必由此矣異日者從之不成也楚魏疑而韓不可得也今韓受兵三年秦撓之以講識亡不聽投質於趙請為天下鴈行頓刃楚趙必集兵皆識秦之欲無窮也非盡亡天下之國而臣海內必不休矣是故臣願以從事王王速受楚趙之約趙挾韓之質以存韓而求故地韓必效之此士民不勞而故地得其功多於與秦共伐韓而又與強秦鄰之禍也夫存韓安魏而利天下此亦王之天時已通韓上黨於共甯使道安成出入

賦之。是魏重質韓以其上黨也。今以其賦足以富國。韓必德魏受魏重
魏畏魏。韓必不敢反魏。是韓則魏之縣也。魏得韓以為縣。衛大梁河外
必安矣。今不存韓。二周安陵必危。楚趙大破。衛齊甚畏。天下西鄉而馳
秦。入朝而為臣不久矣。
蘇秦西至秦。秦孝公卒。說惠王曰。秦四塞之國。被山帶渭。東有關河。西
有漢中。南有巴蜀。北有代馬。此天府也。以秦士民之衆。兵法之教。可以
吞天下。稱帝而治。秦王曰。毛羽未成。不可以高蜚。文理未明。不可以并
兼。方誅商鞅。疾辯士。弗用。乃東之趙。趙肅侯令其弟成為相。號奉陽君。
奉陽君弗說。去游燕。歲餘而後得見。說燕文侯曰。燕東有朝鮮遼東。北
有林胡樓煩。西有雲中九原。南有滹沱易水。地方二千餘里。帶甲數十
萬。車六百乘。騎六千匹。粟支數年。南有碣石鴈門之饒。北有棗栗之利。
民雖不佃作。而足於棗栗矣。此所謂天府者也。夫安樂無事。不見覆軍

殺將。無過燕者。大王知其所以然乎。夫燕之所以不犯寇被甲兵者。以
趙之為蔽於南也。秦趙五戰。秦再勝而趙三勝。秦趙相斃。而王以全燕
制其後。此燕之所以不犯寇也。且夫秦之攻燕也。踰雲中九原。過代上
谷。彌地數千里。雖得燕城。秦計固不能守也。秦之不能害燕亦明矣。今
趙之攻燕也。發號出令。不至十日。而數十萬之衆軍於東垣矣。渡滹沱
涉易水。不至四五日。而距國都矣。故曰。秦之攻燕也。戰於千里之外。趙
之攻燕也。戰於百里之內。夫不憂百里之患。而重千里之外。計無過於
此者。是故願大王與趙從親。天下為一。則燕國必無患矣。文侯曰。子言
則可。然吾國小。西迫强趙。南近齊。齊趙强國也。子必欲合從以安燕。寡
人請以國從。於是資蘇秦車馬金帛以至趙。而奉陽君已死。即說趙肅侯
曰。天下卿相人臣及布衣之士。皆高賢君之行義。皆願奉教陳忠於前
之日久矣。雖然。奉陽君妬君而不任事。是以賓客游士莫敢自盡於前

者。今奉陽君捐館舍。君乃今復與士民相親也。臣故敢進其愚慮。竊為
君計者。莫若安民無事。且無庸有事於民也。安民之本。在於擇交。擇交
而得則民安。擇交而不得則民終身不安。請言外患。齊秦為兩敵。而民
不得安。倚秦攻齊。而民不得安。倚齊攻秦。而民不得安。故夫謀人之主
伐人之國。常苦出辭斷絕人之交也。願君慎勿出於口。請別白黑。所以
異陰陽而已矣。君誠能聽臣。燕必致旃裘狗馬之地。齊必致魚鹽之海
楚必致橘柚之園。韓魏中山皆可使致湯沐之奉。而貴戚父兄皆可以
受封侯。夫割地包利。五霸之所以覆軍禽將而求也。封侯貴戚。湯武之
所以放弒而爭也。今君高拱而兩有之。此臣之所以為君願也。今大王
與秦。則秦必弱韓魏。與齊。則齊必弱楚魏。魏弱則割河外。韓弱則效宜
陽。宜陽效則上黨絕。河內割則道不通。楚弱則無援。此二策者不可不
熟計也。夫秦下軹道則南陽危。劫韓包周則趙氏自銷鑠。據衛取淇卷

則齊必入朝秦。秦欲已得乎山東。則必舉兵而嚮趙矣。秦甲渡河踰漳
據番吾。則兵必戰於邯鄲之下矣。此臣之所以為君患也。當今之時。山
東之建國。莫强於趙。趙地方二千餘里。帶甲數十萬。車千兩。騎萬匹。粟
支十年。西有常山。南有河漳。東有清河。北有燕國。燕固弱國。不足畏也。
秦之所害於天下者莫如趙。然而秦不敢舉兵伐趙者何也。畏韓魏之
議其後也。然則韓魏趙之南蔽也。秦之攻韓魏也。無有名山大川之限
稍蠶食之。傅國都而止。韓魏不能支秦。必入臣於秦。秦無韓魏之隔。則
禍必中於趙矣。此臣之所以為君患也。臣聞堯無三夫之分。舜無咫尺
之地。以一天下。禹無百人之聚。以王諸侯。湯武之士不過三千。車不過
三百乘。卒不過三萬。立為天子。誠得其道也。是故明主外料其敵之强
弱。內度其士卒賢不肖。不待兩軍相當。而勝敗存亡之機固已形于胸
中矣。豈揜于衆人之言。以冥冥決事哉。臣竊以天下之地圖案之。諸侯

之地五倍於秦料度諸侯之卒十倍於秦六國為一并力西鄉而攻秦秦必破矣今西面而事之見臣於秦夫破人之與見破於人也臣人之與見臣於人也豈可同日而論哉夫衡人者皆欲割諸侯之地以予秦秦成則高臺榭美宮室聽竽瑟之音前有樓闕軒轅後有長姣美人國破秦患而不與其憂是故夫衡人日夜務以秦權恐喝諸侯以求割地故願大王熟計之也臣聞明主絕疑去讒屏流言之迹塞朋黨之門故尊主廣地強兵之計臣得陳忠於前矣故竊為大王計莫如一齊楚韓魏燕趙之從親以畔秦令天下之將相會於洹水之上通質刳白馬而盟要約曰秦攻楚齊魏各出銳師以佐之韓絕其粮道趙涉河漳燕守常山之北秦攻韓魏則楚絕其後齊出銳師而佐之趙涉河漳燕守雲中秦攻齊則楚絕其後韓守成皋魏塞其道趙涉河漳博關燕出銳師以佐之秦攻燕則趙守常山楚軍武關齊涉渤海韓魏皆出銳師以佐

之秦攻趙則韓軍宜陽楚軍武關魏軍河外齊涉清河燕出銳師以佐之諸侯有不如約者以五國之兵共伐之六國從親以擯秦則秦甲必不敢出於函谷以害山東如此則霸王之業成矣趙王曰寡人年少立國日淺未嘗得聞社稷之長計也今上客有意存天下安諸侯寡人敬以國從乃飾車百乘黃金千鎰白璧百雙錦繡千純以約諸侯是時周天子致文武之胙於秦惠王惠王使犀首攻魏禽將龍賈取魏雕陰且欲東兵蘇秦恐秦兵之至趙也乃激怒張儀入于秦於是說韓宣惠王曰韓北有鞏洛成皋之固西有宜陽商阪之塞東有宛穰洧水南有陘山地方九百餘里帶甲數十萬天下之強弓勁弩皆從韓出谿子少府時力距來者皆射六百步之外韓卒超足而射百發不暇止遠者括臂洞胸近者鏑揜心韓卒之劍戟皆出於冥山棠谿墨陽合賻鄧師宛馮龍淵太阿皆陸斷牛馬水截鵠鴈當敵則斬堅甲鐵幕革抉拔芮無不

畢具以韓卒之勇被堅甲蹠勁弩帶利劍一人當百不足言也夫以韓之勁與大王之賢乃西面事秦交臂而服羞社稷而為天下笑無大於此者矣是故願大王熟計之大王事秦秦必求宜陽成皋今茲效之明年又復求割地與則無地以給之不與則棄前功而受後禍且夫大王之地有盡而秦求無已以有盡之地而逆無已之求此所謂市怨結禍者也不戰而地已削矣臣聞鄙諺曰寧為雞口無為牛後今西面交臂而臣事秦何異於牛後乎夫以大王之賢挾強韓之兵而有牛後之名臣竊為大王羞之於是韓王勃然作色攘臂瞋目按劍仰天太息曰寡人雖不肖必不能事秦今主君詔以趙王之教敬奉社稷以從又說魏襄王曰大王之地南有鴻溝陳汝南許鄢昆陽召陵舞陽新都新郪東有淮潁煮棗無胥西有長城之界北有河外卷衍酸棗地方千里地名雖小然而田舍廬廡之數曾無所芻牧人民之衆車馬之多日夜行不絕輷輷殷殷

若有三軍之衆臣竊料大王之國不下楚然衡人怵王交強虎狼之秦以侵天下卒有秦患不顧其禍夫挾強秦之勢以內劫其主罪無過此者魏天下之強國也王天下之賢主也今乃有意西面而事秦稱東藩築帝宮受冠帶祠春秋臣竊為大王耻之臣聞越王勾踐以散卒三千人禽夫差于遂武王卒三千人革車三百乘制紂於牧野豈其士卒衆哉誠能奮其威也今竊聞大王之卒武士二十萬蒼頭二十萬奮擊三十萬廝徒十萬車六百乘騎五千匹此其過越王勾踐武王遠矣今乃聽於羣臣之說而欲以事秦夫事秦必割地以效實故兵未用而國已虧矣凡羣臣之言事秦者皆姦人非忠臣也夫為人臣割其主之地以求外交偷取一時之功而不顧其後破公家而成私門外挾強秦之勢以內劫其主以求割地願大王熟察之周書曰緜緜不絕蔓蔓柰何毫釐不伐將用斧柯前慮不定後有大患將柰之何大王誠能聽臣六國從

親尃心并力一意。則必無強秦之患。故敝邑趙王使臣效愚計。奉明約。在大王之詔。詔之。魏王曰。寡人不肖。未嘗得聞明教。今主君以趙王之詔詔之。敬以國從。因東說齊宣王。曰。齊南有泰山。東有琅琊。西有清河。北有渤海。此所謂四塞之國也。齊地方二千餘里。帶甲數十萬。粟如丘山。三軍之良。五家之兵。進如鋒矢。戰如雷霆。解如風雨。即有軍役。未嘗倍泰山。絕清河。涉渤海也。臨菑之中七萬戶。臣竊度之。不過戶三男子。三七二十一萬。不待發於遠縣。而臨菑之卒固已二十一萬矣。臨菑甚富而實。其民無不吹竽鼓瑟。彈琴擊筑。鬭雞走狗。六愽蹹鞠者。臨菑之塗。車轂擊。人肩摩。連衽成帷。舉袂成幕。揮汗成雨。家殷人足。志高氣揚。夫以大王之賢。與齊之強。天下莫能當。今乃西面而事秦。臣竊為大王羞之。且夫韓魏之所以重畏秦者。為與秦接境壤界也。兵出而相當。不出十日。而戰勝存亡之機決矣。韓魏戰而勝秦。則兵半折。四境不守。戰而不勝。則國已危亡隨其後。是故韓魏之所以重與秦戰。而輕為之臣也。今秦之攻齊則不然。倍韓魏之地。過衛晉陽之道。徑乎亢父之險。車不得方軌。騎不得比行。百人守險。千人不敢過也。秦雖欲深入。則狼顧。恐韓魏之議其後也。是故恫疑虛喝。驕矜而不敢進。則秦之不能害齊亦明矣。夫不深料秦之無柰齊何。而欲西面而事之。是羣臣之計過也。今無臣事秦之名。而有強國之實。臣是故願大王少留意計之。齊王曰。寡人不敏。僻遠守海。窮道東境之國也。未嘗得聞餘教。今足下以趙王詔詔之。敬以國從。乃西南說楚威王。曰。楚。天下之強國也。王。天下之賢主也。西有黔中巫郡。東有夏州海陽。南有洞庭蒼梧。北有陘塞郇陽。地方五千餘里。帶甲百萬。車千乘。騎萬匹。粟支十年。此霸王之資也。夫以楚之強。與王之賢。天下莫能當也。今乃欲西面而事秦。則諸侯莫不西面而朝章臺之下矣。秦之所害莫如楚。楚強則秦弱。秦強則楚弱。其勢不

兩立。故為大王計。莫如從親以孤秦。大王不從。秦必起兩軍。一軍出武關。一軍下黔中。則鄢郢動矣。臣聞治之其未亂也。為之其未有也。患至而後憂之。則無及已。故願大王早孰計之。大王誠能聽臣。臣請令山東之國。奉四時之獻。以承大王之明詔。委社稷。奉宗廟。練士厲兵。在大王之所用之。大王誠能用臣之愚計。則韓魏齊燕趙衛之妙音美人。必充後宮。燕代橐駝良馬。必實外廄。故從合則楚王。衡成則秦帝。今釋霸王之業。而有事人之名。臣竊為大王不取也。夫秦。虎狼之國也。有吞天下之心。秦。天下之仇讎也。衡人皆欲割諸侯之地以事秦。此所謂養仇而奉讎者也。夫為人臣。割其主之地。以外交彊虎狼之秦。以侵天下。卒有秦患。不顧其禍。夫外挾強秦之威。以內劫其主。以求割地。大逆不忠。無過此者。故從親則諸侯割地以事楚。衡合則楚割地以事秦。此兩策者。相去遠矣。二者大王何居焉。故敝邑趙王使臣效愚計。奉明約。在大王詔之。楚王曰。寡人之國。西與秦接境。秦有舉巴蜀并漢中之心。秦。虎狼之國。不可親也。而韓魏迫於秦患。不可與深謀。與深謀恐反人以入於秦。故謀未發而國已危矣。寡人自料以楚當秦。不見勝也。內與羣臣謀。不足恃也。寡人臥不安席。食不甘味。心搖搖如縣旌而無所終薄。今主君欲一天下。收諸侯。存危國。寡人謹奉社稷以從。於是六國從合而并力焉。蘇秦為從約長。

齊閔王時。蘇秦說王曰。臣聞用兵而喜先天下者憂。約法而喜主怨者孤。夫後起者藉也。而遠怨者時也。是以聖人從事。必藉於權而務興於時。夫權藉者。萬物之率也。而時勢者。百事之長也。故無權藉。倍時勢而能事成者寡矣。今雖干將莫邪。非得人力。則不能割劌矣。堅箭利金。不得弦機之利。則不能遠殺矣。矢非不銛。而劍非不利也。何則。權藉不在焉。何以知其然也。昔者趙氏襲衛。車舍人不休傅。衛國城。割平衛八門土而二門墮矣。此亡國之形也。衛君跣行。告遡於魏。

魏王身被甲抵劍挑趙索戰邯鄲之中沒為河山之間亂衛得是籍也亦收餘甲而北面殘剛平墮中牟之郭衛非強於趙也譬之衛矢而魏弦機也藉力魏而有河東之地趙氏懼楚人救趙而伐魏戰於州西出梁門軍舍林中馬飲於大河趙得是藉也亦襲魏之河北燒棘溝墜黃城故剛平之殘也中牟之墮也黃城之墜也棘溝之燒也此皆非趙魏之欲也然二國勸行之者何也衛明於時權之藉也今世之為國者不然矣兵弱而好敵強國罷而好眾怨事敗而好鞠之兵弱而憎下也地狹而好敵大事敗而好長詐行此六者而求伯則遠矣臣聞善為國者順民之意而料兵之能然後從於天下故約不為人主怨伐不為人挫強如此則兵不費權不輕地可廣欲可成也昔者齊之與韓魏伐秦楚也戰非甚疾也分地又非多韓魏也然而天下獨歸咎於齊者何也以其為韓魏主怨也且天下徧用兵矣齊燕

戰而趙氏兼中山秦楚戰韓魏不休而宋越專用其兵此十國者皆以相敵為意而獨舉心於齊者何也約而好主怨伐而好挫強也且夫強大之禍常以王人為意也夫弱小之殃常以謀人為利也是以大國危小國滅也大國之計莫若後起而重伐不義夫後起之藉與多而兵勁則事以眾強適罷寡也兵必立也事不塞天下之心則利必附矣大國行此則名號不攘而至伯王不為而立矣小國之情莫如僅靜而寡信諸侯僅靜則四鄰不反寡信諸侯則天下不賣外不賣內不反則擯禍朽腐而不用幣帛矯蠹而不服矣小國道此則不祠而福矣不貸而見足矣故曰祖仁者王立義者伯用兵窮者亡何以知其然也昔吳王夫差以強大為天下先強襲郢而棲越身從諸侯之君而卒身死國亡為天下戮者何也此夫差平居而謀王強大而喜先天下之禍也昔者萊莒好謀陳蔡好詐莒恃越而滅蔡恃晉

而亡此皆內長詐外信諸侯之殃也由此觀之則強弱大小之禍可見於前事矣語曰騏驥之衰也駑馬先之孟賁之倦也女子勝之夫駑馬女子筋骨力勁非賢於騏驥孟賁也何則後起之籍也今天下之相與也不並滅有案兵而後起寄怨而誅不直微用兵而寄於義則亡天下可蹻足而須也明於諸侯之故察於地形之理者不約親不相質而固不趨而疾眾事而不反交割而不相憎俱強而加以親何則形同憂而兵趨利也何以知其然也昔者齊燕戰於桓之曲燕不勝十萬之眾盡胡人襲燕樓煩數縣取其牛馬夫胡之與齊非素親也而用兵又非約質而謀燕也然而甚於相趨者也何則形同憂而兵趨利也由此觀之約於同形則利長後起則諸侯可趨役也故明主察相誠欲以伯王也為志則戰攻非所先戰者國之殘也而都縣之費也殘費已先而能從諸侯者寡矣彼戰者之為殘也士聞戰

則輸私財而富軍市輸飲食而待死士令折轅而炊之殺牛而觴士則是路君之道也中人禱祝君翳釀通都小縣置社有市之邑莫不止事而奉王則此虛中之計也夫戰之明日尸死扶傷雖若有功也軍出費中哭泣則傷主心矣死者破家而葬夷傷者空財而共藥完者內酺而華樂故其費與死傷者鈞故民之所費也十年之田而不償也軍之所出矛戟折鐶弦絕傷弩破車罷馬亡矢之大半甲兵之具官之所私出也士大夫之所匿廝養士之所竊十年之田而不償也天下有此再費者而能從諸侯寡矣攻城之費百姓理襜蔽舉衝櫓家雜總身窟穴中罷於刀金而士困於土功將不釋甲期數而能拔城者為亟耳上倦於教士斷於兵故三下城而能勝敵者寡矣故曰彼戰攻者非所先也何以知其然也昔智伯瑤攻范中行氏殺其君滅其國又西圍晉陽吞兼二國而憂一主此用兵之盛也然而智

伯卒身死國亡。為天下笑者。何謂也。兵先戰攻而滅二子患也。日者中山悉起而迎燕趙。南戰於長子。敗趙氏。北戰於中山。克燕軍。殺其將。夫中山千乘之國也。而敵萬乘之國二。再戰比勝。此用兵之上節也。然而國遂亡。君臣於齊者何也。不嗇於戰攻之患也。由此觀之。則戰攻之敗可見於前事。今世之所謂善用兵者。終戰比勝。而守不可拔。天下稱為善。一國得而保之。則非國之利也。臣聞戰大勝者其士多死。而兵益弱。守而不可拔者其百姓罷。而城郭露。夫士死於外。民殘於內。而城郭露於境。則非王之樂也。今夫鵠的非咎罪於人也。便弓引弩而射之。中者則善。不中則愧。少長貴賤則同心於貫之者。何也。惡其示人以難也。今窮戰比勝。而守必不拔。則是非徒示人以難也。又且害人者也。然則天下仇之必矣。夫罷士露國。而多與天下為仇。則明君不居也。素用強兵而弱之。則察相不事。彼明君察相者。則

五兵不動而諸侯從。辭讓而重賂至矣。故明君之攻戰也。甲兵不出於軍。而敵國勝。衝櫓不施而邊城降。士民不知。而王業至矣。彼明君之從事也。用財少。曠日遠。而為利長者。故曰兵後起。則諸侯可趨役也。臣之所聞攻戰之道非師者。雖有百萬之軍。比之堂上。雖有闔閭吳起之將。禽之戶內。千丈之城。拔之尊俎之間。百尺之衝。折之衽席之上。故鍾鼓竽瑟之音不絕。地可廣而欲可成。和樂倡優侏儒之笑不乏。諸侯可同日而致也。故名配天地不為尊。利制海內不為厚。故夫善為王業者。在勞天下而自佚。亂天下而自安。諸侯無成謀。則其國無宿憂也。何以知其然。佚治在我。勞亂在天下。則王之道也。銳兵來則拒之。患至則趨之。使諸侯無成謀。則其國無宿憂矣。何以知其然矣。昔者魏王擁土千里。帶甲三十六萬。其強而拔邯鄲。西圍定陽。又從十二諸侯朝天子。以西謀秦。秦王恐之。寢不安席。食不甘味。令

於境內。盡堞中為戰具。竟為守備。為死士置將以待魏氏。衛鞅謀於秦王曰。夫魏氏其功大而令行於天下。有十二諸侯而朝天子。其與必眾。故以一秦而敵大魏。恐不如。王何不使臣見魏王。則臣請必北魏矣。秦王許諾。衛鞅見魏王曰。大王之功大矣。令行於天下矣。今大王之所從十二諸侯。非宋衛也。則鄒魯陳蔡。此固大王之所以鞭箠使也。不足以王天下。大王不若北取燕。東伐齊。則趙必從矣。西取秦。南伐楚。則韓必從矣。大王有伐齊楚心。而從天下之志。則王業見矣。大王不如先行王服。然後圖齊楚。魏王說於衛鞅之言也。故身廣公宮。制丹衣柱。建九斿。從七星之旟。此天子之位也。而魏王處之。於是齊楚怒。諸侯奔齊。齊人伐魏。殺其太子。覆其十萬之軍。魏王大恐。跣行按兵於國。而東次於齊。然後天下乃舍之。當是時。秦王垂拱受西河之外。而不以德魏王。故曰衛鞅之始與秦王計也。謀約不下席。言

於尊俎之間。謀成於堂上。而魏將以禽於齊矣。衝櫓未施。而西河之外入於秦矣。此臣之所謂比之堂上。禽將戶內。拔城於尊俎之間。折衝席上者也。

楚懷王時。秦欲伐齊。患其與楚從親。乃使張儀說楚王曰。大王誠能閉關而絕約於齊。臣請獻商於之地六百里。使秦女得為大王箕箒之妾。楚王悅而許之。羣臣皆賀。陳軫獨弔。王怒曰。何弔也。對曰。夫秦之所以重楚。以其有齊也。今絕齊而楚孤。秦奚貪夫孤國。與之商於之地六百里。計儀至秦。必負王。是王北絕齊交。而西生患於秦也。兩國之兵必俱至矣。王曰。願子閉口毋復言。以待寡人得地。乃厚賜張儀而閉關絕約於齊。使一將軍隨張儀至秦。儀佯墮車不朝三月。楚王聞之曰。儀以寡人絕齊未甚邪。乃使勇士宋遺借宋之符北罵齊王。齊王大怒。折節而事秦。齊秦之交合。儀乃朝見楚使者曰。子何不受地。自其至其

廣袤六里。使者還報。楚王大怒。欲發兵攻秦。陳軫曰。軫可發口言乎。
攻之不如賂以一名都。與之并兵而攻齊。是我亡地於秦。而取償於
齊也。今已絕齊而又責欺於秦。是我合齊秦之交。而來天下之兵也。
國必大傷矣。王不聽。使屈匄帥師伐秦。秦亦發兵使庶長章擊之。後
秦惠王使告楚懷王。請以武關之外易黔中地。楚王曰。不願。願得張
儀而獻黔中。儀請行。秦王曰。楚將甘心於子。奈何。儀曰。秦彊而楚弱。
大王在楚不宜敢取臣。且臣善其嬖臣靳尚。尚得事幸姬鄭袖。袖言
王無不聽者。遂往楚。王囚將殺之。尚謂袖曰。秦王甚愛張儀。將以六
縣及美女贖之。王重地尊秦。秦女必貴。而夫人斥矣。於是袖日夜泣
於王曰。臣各為其主耳。今殺張儀。秦必大怒。妾請子母俱遷江南。毋
為秦所魚肉也。王乃赦儀而厚禮之。儀因說曰。夫為從者無異於驅
羣羊而攻猛虎。不格明矣。今王不事秦。秦劫韓驅梁而攻楚。則楚危

矣。又自巴蜀治船積粟。浮岷江而下。一日行三百餘里。不十日而距
扞關。扞關驚。則黔中巫郡非王之有。又舉甲而出武關。則北地絕矣。
秦之攻楚。危難在三月之內。而楚待諸侯之救。在半歲之外。此臣所
為大王患也。大王誠聽臣。請令秦楚長為兄弟之國。楚王已得儀而
重出地。乃許之。儀遂說韓王曰。韓地險惡山居。國無二歲之食。見卒
不過二十萬。而秦兵百餘萬。山東之士被甲蒙冑而會戰。秦人捐甲
徒裼以趨敵。此無異垂千鈞於鳥卵之上。必無幸矣。大王不事秦。秦
下甲據宜陽。塞成皋。則王之國分矣。為大王計。莫如事秦而攻楚。以
轉禍而悅秦。韓王許之。儀歸報。秦封以六邑。號武信君。復使東說齊
王曰。從人說大王者必曰。齊蔽於三晉。地廣民眾。兵強士勇。雖有百
秦。將無奈齊何。大王賢其說。而不計其實。今秦楚嫁女娶婦。韓獻宜陽。梁
效河外。趙割河間。大王不事秦。秦驅韓梁攻南地。悉趙兵指博關。臨

菑即墨非王有也。齊王許之。儀西說趙王曰。大王收率天下以擯
秦。秦兵不敢出函谷關者十五年。唯大王有意督過之也。今以大
王之力。舉巴蜀。并漢中。包兩周。守白馬之津。秦雖僻遠。然而心含
忿怒之日久矣。今有敝甲凋兵軍於澠池。願渡河踰漳。據番吾。會
邯鄲之下。願以甲子合戰。正殷紂之事。謹使使臣先聞左右。今楚
與秦為昆弟。韓梁稱藩臣。齊獻魚鹽之地。此斷趙之右肩也。夫斷
右肩而與人鬬。失其黨而孤居。求欲無危。得乎。今秦發三將軍。塞
午道。軍成皋澠池。約四國為一以攻趙。趙服必四分其地。臣竊為
大王計。莫若與秦約為兄弟之國也。趙王許之。儀北說燕王曰。趙
已事秦。大王不事秦。秦下甲雲中九原。驅趙攻燕。則易水長城非
王之有矣。燕王請獻常山之尾五城以和。儀歸報。未至而惠王薨。
子武王立。武王自為太子時不說儀。諸侯聞之。皆畔衡約而復合

從。
楚頃襄王十八年。楚人有好以弱弓微繳加歸鴈之上者。王聞召
而問之。對曰。小臣之好射鶀鴈羅鸗。小矢之發也。何足為大王
道也。且稱楚之大。因大王之賢。所弋非直此也。昔者三王以弋
道德。五霸以弋戰國。故秦魏燕趙者。鶀鴈也。齊魯韓衛者。青首
也。鄒費郯邳者。羅鸗也。外其餘則不足射者。見鳥六雙以王何
取。王何不以聖人為弓。以勇士為繳。時張而射之。此六雙者可
得而囊載也。其樂非特朝夕之樂也。其獲非特鳧鴈之實也。王
朝張弓而射魏之大梁之南。加其右臂而徑屬之於韓。則中國
之路絕。而上蔡之郡壞矣。還射圉之東。解魏左肘。而外擊定陶。
則魏之東外棄。而大宋方與二郡者舉矣。且魏斷二臂。顛越矣。
膺擊郯國。大梁可得而有也。王綪繳蘭臺。飲馬西河。定魏大梁。

此一發之樂也。若王之於弋。誠好而不厭。則出寶弓。碆新繳。射蜀鳥於東海。還蓋長城以為防。朝射東莒。夕發浿丘。夜加即墨。顧據午道。則長城之東收而太山之北舉矣。西結境於趙。而北達於燕。三國布䎱。則從不待約而可成也。北遊目於燕之遼東。而南登望於越之會稽。此再發之樂也。若夫泗上十二、諸侯。左縈而右拂之。可一旦而盡也。今秦破韓以為長憂。得列城而不敢守也。伐魏而無功。擊趙顧病。則秦魏之勇力屈矣。楚之故地漢中析酈。可得而復有也。王出寶弓。碆新繳。涉鄳塞而待秦之倦也。山東河內可得而一也。勞民休衆。南面稱王矣。故曰秦為大鳥。負海內而處。東面而立。左臂據趙之西南。右臂傅楚鄢郢。膺擊韓魏。垂頭中國。處既形便。勢有地利。奮翼鼓䎱。方三千里。則秦未可得獨招而夜射也。欲以激怒襄王。故對以此言。襄王

因召與語。遂言曰。夫先王為秦所欺。而客死於外。怨莫大焉。今以匹夫有怨。尚有報萬乘。白公子胥是也。今楚之地方五千里。帶甲百萬。猶是以踴躍中野也。而坐受困。臣竊為大王弗取也。於是頃襄王遣使於諸侯。復為從。欲以伐秦。

越王勾踐自會稽歸。七年拊循其士民。欲用以報吳。大夫逢同諫曰。國新流亡。今乃復殷給繕飾備利。吳必懼。懼則難必至。且鷙鳥之擊也。必匿其形。今夫吳兵加齊晉。怨深於楚越。名高天下。實害周室。德少而功多。必淫自矜。為越計。莫若結齊親楚附晉以厚吳。吳之志廣。必輕戰。是我連其權。三國伐之。越乘其弊。可克也。勾踐曰善。

秦昭王時。客卿范雎說王曰。秦韓之地形相錯如繡。秦之有韓也。譬如不之有蠹也。人之有心腹之病也。天下無變則已。天下有變。其為秦患者孰大於韓乎。王不如收韓。王曰。吾固欲收韓。韓不聽。為之奈何。對曰。韓安得不聽乎。王下兵而攻滎陽。則鞏成皋之道不通。北斷大行之道。則上黨之師不下。王一興兵而攻滎陽。則其國斷而為三。夫韓見必亡。安得不聽乎。若韓聽而霸事因可慮矣。王曰善。

三十六年。穰侯為秦將。欲越韓魏而伐齊綱壽。以廣其陶封。雎乃上書曰。臣聞明主立政。有功者不得不賞。有能者不得不官。勞大者其祿厚。功多者其爵尊。能治衆者其官大。故無能者不敢當職焉。有能者亦不得蔽隱。使以臣之言為可。願行而益利其道。以臣之言為不可。久留臣無為也。語曰。庸主賞所愛而罰所惡。明主則不然。賞必加於有功。而刑必斷於有罪。今臣之胸不足以當椹質。而要不足以待斧鉞。豈敢以疑事嘗試於王哉。雖以臣為賤人而輕辱。獨不重任臣者之無反復於王耶。且臣聞周有砥砨。宋有結綠。梁有縣藜（一作藜一曰美玉）

楚有和璞。此四寶者。工之所生。良工之所失也。而為天下名器。然則聖王之所棄者。獨不足以厚國家乎。臣聞善厚家者取之於國。善厚國者取之於諸侯。天下有明主。則諸侯不得擅厚者何也。為其割榮也。良醫知病人之死生。而聖主明於成敗之事。利則行之。害則舍之。疑則少嘗之。雖舜禹復生。不能改已。語之至者。臣不敢載之於書。其淺者又不足聽也。意者臣愚而不概（音慨）於王心耶。無乃言臣者賤而不可用乎。自非然者。臣願得少賜游觀之間。望見顏色。一語無效。請伏斧質。

昭王謂左右曰。今日韓魏孰與始強。對曰。弗如也。王曰。今之如耳魏齊孰與孟嘗芒卯之賢。對曰。弗如也。王曰。以孟嘗芒卯之賢。帥強韓魏之兵以伐秦。猶無奈寡人何也。今以無能之如耳魏齊帥弱韓魏以攻秦。其無奈寡人何亦明矣。鍾期推琴對曰。王之料天下過矣。昔

者六晉之時智氏最彊滅破范中行又帥韓魏以圍趙襄子於晉陽
決晉水以灌晉陽城不沉者三板耳智伯出行水韓康子御魏桓子
驂乘智伯曰始吾不知水之可亡人之國也乃今知之汾水利以灌
安邑絳水利以灌平陽魏桓子肘韓康子康子履魏桓子躡其踵肘
足接於車上而智氏分矣身死國亡為天下笑今秦之強不能過智
伯韓魏雖弱尚賢其在晉陽之下也此乃方其用肘足時也願王之
勿易也
漢元年高帝為沛公時至高陽傳舍酈生食其入謁因言六國從橫
時沛公喜賜酈生食問曰計將安出酈生曰足下起糾合之眾收散
亂之兵不滿萬人欲以徑入彊秦此所謂探虎口者也夫陳留天下
之衝四通五達之郊也今其城又多積粟臣善其令請得使之令下
足下即不聽足下舉兵攻之臣為內應於是遣酈生行沛公引兵隨

之
漢王數困滎陽成皋計欲捐成皋以東屯鞏洛以拒楚廣野君酈食
其曰臣聞知天之天者王事可成不知天之天者王事不可成王
者以民為天而民以食為天夫敖倉天下轉輸久矣臣聞其下廼有
藏粟甚多楚人拔滎陽不堅守敖倉廼引而東令適卒分守成皋此
乃天所以資漢也方今楚易取而漢反郤自奪其便臣竊以為過矣
且兩雄不俱立楚漢久相持不決百姓騷動海內搖蕩農夫釋耒工
女下機天下之心未有所定也願足下急復進兵收取滎陽據敖倉
之粟塞成皋之險杜太行之道距蜚狐之口守白馬之津以示諸侯
效實形制之勢則天下知所歸矣方今燕趙已定唯齊未下今田廣
據千里之齊田間將二十萬之眾軍於歷下諸田宗彊負海阻河濟
南近楚人多變詐足下雖遣數十萬師未可以歲月破也臣請得奉

明詔說齊王使為漢而稱東藩上曰善廼從其畫
項羽立沛公為漢王而三分關中地王秦降將以距漢王漢王怒欲
謀攻羽周勃灌嬰樊噲皆勸之蕭何諫曰雖王漢中之惡不猶愈於
死乎漢王曰何為乃死也何曰今眾弗如百戰百敗不死何為周書
曰天予不取反受其咎語曰天漢其稱甚美夫能詘於一人之下而
信於萬乘之上者湯武是也臣願大王王漢中養其民以致賢人收
用巴蜀還定三秦天下可圖也漢王曰善乃遂就國以何為丞相
漢王拜韓信為大將信已拜上坐王曰丞相數言將軍將軍何以教
寡人計策信謝因問王曰今東鄉爭權天下豈非項王邪上曰然信
曰大王自料勇悍仁彊孰與項王漢王默然良久曰弗如也信再拜
賀曰唯信亦以為大王弗如也然臣嘗事項王請言項王為人也項
王喑烏猝嗟千人皆廢然不能任屬賢將此特匹夫之勇也項王為

人恭謹言語姁姁人有病泣涕分食飲至使人有功當封爵刻印
刓忍不能予此所謂婦人之仁也項王雖霸天下而臣諸侯不居關
中而都彭城又背義帝約而以親愛王諸侯不平諸侯之見項王逐
義帝江南亦皆歸逐其主自王善地項王所過亡不殘滅多怨百姓
百姓不附特劫於威強服耳名雖為霸實失天下心故曰其強易弱
今大王誠能反其道任天下武勇何不誅以天下城邑封功臣何不
服以義兵從思東歸之士何不散且三秦王為秦將將秦子弟數歲
而所殺亡不可勝計又欺其眾降諸侯至新安項王詐阬秦降卒二
十餘萬人唯獨邯欣翳脫秦父兄怨此三人痛於骨髓今楚強以威
王此三人秦民莫愛也大王之入武關秋豪亡所害除秦苛法與民
約法三章耳秦民亡不欲得大王王秦者於諸侯之約大王當王關
中關中民戶知之王失職之蜀民亡不恨者今王舉而東三秦可傳

撥而定也。於是漢王大喜。自以為得信晚。遂聽信計。

三年。項羽急圍漢王於滎陽。漢王憂恐。與酈食其謀撓楚權（撓弱也）。酈生曰。昔湯伐桀。封其後杞。武王誅紂。封其後宋。今秦無道。伐滅六國。無立錐之地。陛下誠復立六國後。此皆爭戴陛下德義。願為臣妾。德義已行。南面稱伯。楚必斂衽而朝。漢王曰。善。趣刻印。先生因行佩之。酈生未行。張良從外來謁漢王。漢王方食。曰。客有為我計撓楚權者。具以酈生計告良。良曰。誰為陛下畫此計者。陛下事去矣。漢王曰。何哉。良曰。臣請借前箸以籌之。昔湯武伐桀紂。封其後者。度能制其死命也。今陛下能制項籍死命乎。其不可一矣。武王入殷。表商容閭。式其子門。封比干墓。今陛下能乎。其不可二矣。發鉅橋之粟。散鹿臺之財。以賜貧窮。今陛下能乎。其不可三矣。殷事以畢。偃革為軒。倒載干戈。示不復用。今陛下能乎。其不可四矣。休馬華山之陽。示無所為。今

陛下能乎。其不可五矣。息牛桃林之墅。示天下不復輸積。今陛下能乎。其不可六矣。且夫天下游士。左親戚。棄墳墓。（左者言其乖避而委離之以從漢也）去故舊。從陛下者。但日夜望咫尺之地。今乃立六國。唯無復立者。（既立國後。土地皆盡。無以封功勞之人。故云無復立者。唯皆散語之辭。）游士各歸事其主。從親戚。反故舊。陛下誰與取天下乎。其不可七矣。且楚唯無強。六國復撓而從之。（唯當使楚無強。強則六國弱而從之。）陛下焉得而臣之。其不可八矣。誠用此謀。陛下事去矣。漢王輟食吐哺。罵曰。豎儒幾敗廼公事。令趣銷印。

四年。項羽自知少助食盡。韓信又進兵擊之。羽乃與漢約中分天下。割洪溝以西為漢。以東為楚。九月。羽歸呂后太公。解而東歸。漢王欲西歸。張良陳平諫曰。今漢有天下太半。而諸侯皆附。楚兵罷食盡。此天亡之時。不因其幾而遂取之。所謂養虎自遺患也。漢王從之。

五年冬十月。漢王追項羽至陽夏南。止軍。與韓信彭越期會擊楚。至固陵。不會。楚擊漢軍。大破之。漢王復入壁。深塹而守。謂張良曰。諸侯不從。奈何。良曰。楚兵且破。二人未有分地。其不至固宜。君王能與共天下。可立致也。齊王信之立。非君王意。信亦不自堅。彭越本定梁地。始君王以魏豹故。拜越為相國。今豹死。越亦望王。而君王不早定。今能取睢陽以北至穀城。皆以王彭越。從陳以東傅海與齊王信。信家在楚。其意欲復得故邑。能出捐此地以許兩人。使各自為戰。則楚易敗也。於是漢王發使使韓信彭越。至皆引兵來。

六年冬十月。人告楚王韓信謀反。上用陳平計。偽遊雲夢。十二月。會諸侯于陳。楚王信迎謁。因執之。詔曰。天下既安。豪傑有功者封侯。新立未能盡圖其功。身居軍九年。或未習法令。或以其故犯法。大者死刑。吾甚憐之。其赦天下。田肯賀上曰。甚善。陛下得韓信。又治秦中。秦形勝之國也。帶河阻山。縣隔千里。持戟百萬。秦得百二焉。地勢便利。

其以下兵於諸侯。譬猶居高屋之上建瓴水也。夫齊東有琅邪即墨之饒。南有泰山之固。西有濁河之限。北有渤海之利。地方二千里。持戟百萬。縣隔千里之外。齊得十二焉。此東西秦也。非親子弟莫可使王齊者。上曰。善。賜金五百斤。

劉敬從匈奴來。因言匈奴河南白羊樓煩王去長安近者七百里。輕騎一日一夜可以至秦中。秦中新破。少民。地肥饒可益實。夫諸侯初起時。非齊諸田楚昭屈景莫能興。今陛下雖都關中。實少人。北近胡寇。東有六國之族。宗強。一日有變。陛下亦未得高枕而卧也。臣願陛下徙齊諸田楚昭屈景燕趙韓魏後及豪傑名家居關中。無事可以備胡。諸侯有變。亦足率以東伐。此強本弱末之術也。上曰。善。廼使劉敬徙所言關中十餘萬口。

高后崩。諸呂謀危劉氏。丞相陳平。太尉周勃。朱虛侯劉章等共誅之。

誅立代王。遂使人迎之。郎中令張武等議皆曰。漢大臣皆故高帝時將。習兵事。多謀詐。其屬意非止此也。特畏高帝呂太后威耳。今已誅諸呂。新蹀血京師。以迎大王為名。實不可信。願稱疾無往。以觀其變。中尉宋昌進曰。羣臣之議皆非也。夫秦失其政。豪傑並起。人人自以為得之者以萬數。然卒踐天子位者。劉氏也。天下絕望一矣。高帝王子弟地。犬牙相制。所謂盤石之宗也。天下服其強二矣。漢興除秦煩苛。約法令。施德惠。人人自安。難動搖三矣。夫以呂太后之嚴。立諸呂為三王。擅權專制。然而太尉以一節入北軍。一呼士皆袒左為劉氏。畔諸呂。卒以滅之。此乃天授。非人力也。今大臣雖欲為變。百姓弗為使。其黨寧能專一耶。內有朱虛東牟之親。外畏吳楚淮南琅邪齊代之彊。方今高帝子。獨淮南王與大王。大王又長。賢聖仁孝聞於天下。故大臣因天下之心。而欲迎立大王。大王勿疑也。

東漢光武初起兵。主簿馮異因間進說曰。天下同苦王氏。思漢久矣。今更始諸將從橫暴虐。所至虜掠。百姓失望。無所依戴。今公專命方面。施行恩德。夫有桀紂之亂。乃見湯武之功。人久飢渴。易為充飽。宜急分遣官屬。徇行郡縣。理冤結。布惠澤。光武納之。

鄧禹聞光武起兵安集河北。即杖策北渡。追及於鄴。光武見之甚歡。謂曰。我得專封拜。生遠來。寧欲仕乎。禹曰。不願也。光武曰。即如是何欲為。禹曰。但願明公威德加於四海。禹得効其尺寸。垂功名於竹帛耳。光武笑。因留宿閒語。閒私語也。禹進說曰。更始雖都關西。今山東未安。赤眉青犢之屬。動以萬數。三輔假號。往往羣聚。更始既未有所挫。而不自聽斷。諸將皆庸人屈起。屈音求勿反。志在財幣。爭用威力。朝夕自快而已。非有忠良明智深慮遠圖。欲尊主安民者也。四方分崩離析。形勢可見。明公雖建藩輔之功。猶恐無所成立。於今之計。莫如延攬英雄。務悅民心。立高祖之業。救萬民之命。以公而慮天下。不足定也。光武大悅。因令左右號禹曰鄧將軍。常宿止於中。與定計議。及王郎起兵。光武自薊至信都。使禹發奔命。得數千人。令自將之。別攻拔樂陽。從至廣阿。光武舍城樓上。披輿地圖。指示禹曰。天下郡國如是。今始乃得其一。子前言以吾慮天下不足定。何也。禹曰。方今海內殽亂。人思明君。猶赤子之慕慈母。古之興者。在德薄厚。不以大小。光武悅之。

光武北至薊。會王郎兵起。和成太守邳彤與帝會信都。帝以兵眾未合。議欲因信都兵西還長安。彤廷對曰。議者之言皆非也。吏民歌吟思漢久矣。故更始舉尊號而天下響應。三輔清宮除道以迎之。一夫荷戟大呼。則千里之將無不捐城遁逃。虜伏請降。自上古以來。亦未有感物動民其如此者也。又卜者王郎。假名因勢。驅集

烏合之衆。遂震燕趙之地。況明公奮二郡之兵。揚響應之威。以攻則何城不克。以戰則何軍不服。今釋此而歸。豈徒空失河北。必更驚動三輔。墮損威重。非計之得者也。若明公無復征伐之意。則雖信都之兵。猶難會也。何者。明公既西。則邯鄲城民不肯捐父母。背城主。而千里送公。其離散亡逃可必也。帝善其言而止。

光武為蕭王時。諸將上尊號。不許。至南平棘。固請。又不許。諸將且出。耿純進曰。天下士大夫捐親戚。棄土壤。從大王於矢石之間者。其計固望攀龍鱗。附鳳翼。以成其所志耳。今大王留時逆衆。不正位號。純恐士大夫望絕計窮。則有去歸之思。無為久自苦也。大衆一散。難可復合。純言甚誠切。王深感曰。吾將思之。行至鄗。召馮異問四方動靜。異曰。更始必敗。宗廟之憂。在於大王。宜從衆議。會儒生彊華自關中奉赤伏符來詣王曰。劉秀發兵捕不道。四夷雲集

龍鬭野。四七之際火為主。羣臣因復請乃即位于鄗南。

光武謂太中大夫來歙曰。今西州未附。子陽稱帝。道里阻遠。諸將方務關東。思西州方略。未知所在奈何。歙曰。臣嘗與隗囂相遇長安。其人始起以漢為名。臣願得奉威命。開以丹青之信。囂必束手自歸。則述自亡之勢不足圖也。帝然之。令歙使於囂。

蜀漢先主屯新野。徐庶薦諸葛亮。先主遂詣亮。凡三往乃見。因屏人曰。漢室傾頹。姦臣竊命。主上蒙塵。孤不度德量力。欲信大義於天下。而智術淺短。遂用猖獗。至于今日。然志猶未已。君謂計將安出。亮荅曰。自董卓已來。豪傑並起。跨州連郡者不可勝數。曹操比於袁紹。則名微而衆寡。然操遂能克紹。以弱為强者。非惟天時。抑亦人謀也。今操已擁百萬之衆。挾天子以令諸侯。此誠不可與爭鋒。孫權據有江東。已歷三世。國險而民附。賢能為之用。此可與為

援而不可圖也。荊州北據漢沔。利盡南海。東連吳會。西通巴蜀。此用武之國。而其主不能守。此殆天所以資將軍。將軍豈有意乎。益州險塞。沃野千里。天府之土。高祖因之以成帝業。劉璋闇弱。張魯在北。民殷國富而不知存恤。智能之士。思得明君。將軍既帝室之胄。信義著於四海。總攬英雄。思賢如渴。若跨有荊益。保其巖阻。西和諸戎。南撫夷越。外結好孫權。內脩政理。天下有變。則命一上將將荊州之軍以向宛洛。將軍身率益州之衆以出秦川。百姓孰敢不簞食壺漿以迎將軍者乎。誠如是。則霸業可成。漢室可興矣。先主曰善。於是與亮情好日密。

諸葛亮留鎮荊州。龐統隨先主入蜀。益州牧劉璋迎先主會涪。統進策曰。今因此會。便可執之。則將軍無用兵之勞。而坐定一州也。先主曰。初入他國。恩信未著。此不可也。璋既還成都。先主當為璋北征漢中。統復說曰。陰選精兵。晝夜兼道。徑襲成都。璋既不武。又素無預備。大軍卒至。一舉便定。此上計也。楊懷高沛璋之名將。各仗强兵據守關頭。聞數有牋諫璋。使發遣將軍還荊州。將軍未至。遣與相聞。說荊州有急。欲還救之。並使裝束。外作歸形。此二子既服將軍英名。又喜將軍之去。計必乘輕騎來見。將軍因此執之。進取其兵。乃向成都。此中計也。退還白帝。連引荊州。徐還圖之。此下計也。若沉吟不去。將致大困。不可久矣。先主然其中計。即斬懷沛。還向成都。所過輒克。

先主以龐統為軍師中郎將。統說先主曰。荊州荒殘。人物殫盡。東有吳孫。北有曹氏。鼎足之計。難以得志。今益州國富民强。戶口百萬。四部兵馬。所出必具。寶貨無求於外。今可權借以定大事。先主曰。今指與吾為水火者曹操也。操以急。吾以寬。操以暴。吾以仁。操以譎。吾以忠。每與操反。事乃可成耳。今以小故而失信義於天下者。吾所不取

也。統曰。權變之時。固非一道所能定也。兼弱攻昧。五伯之事。逆取順守。報之以義。事定之後。封以大國。何負於信。今日不取。終為人利耳。

法正說先主曰。曹操一舉而降張魯。定漢中。不因此勢以圖巴蜀。而留夏侯淵張郃屯守。身遽北還。此非其智不逮而力不足也。必將內有憂偪故耳。今策淵郃才略。不勝國之將帥。舉衆往討。則必可克之。克之日。廣農積穀。觀釁伺隙。上可以傾覆寇敵。尊獎王室。中可以蠶食雍涼。廣拓境土。下可以固守要害。為持久之計。此蓋天以與我。時不可失也。先主善其策。乃率諸將進兵漢中。亮亦從行。

後主建興五年。丞相諸葛亮伐魏。率諸軍北駐漢中。臨發上表曰。先帝創業未半。而中道崩殂。今天下三分。益州疲弊。此誠危急存亡之秋也。然侍衛之臣不懈於內。忠志之士忘身於外者。蓋追先帝之殊遇。欲報之於陛下也。誠宜開張聖聽。以光先帝遺德。恢弘志士之氣。

不宜妄自菲薄引喻失義以塞忠諫之路也宮中府中俱為一体陟
罰臧否不宜異同若有作奸犯科及為忠善者宜付有司論其刑賞
以昭陛下平明之理不宜偏私使内外異法也侍中侍郎郭攸之費
禕董允等此皆良實志慮忠純是以先帝簡拔以遺陛下愚以為宮
中之事事無大小悉以咨之然後施行必能裨補闕漏有所廣益將
軍向寵性行淑均曉暢軍事試用於昔日先帝稱之曰能是以衆議
舉寵為督愚以為營中之事悉以咨之必能使行陣和睦優劣得所
親賢臣遠小人此先漢所以興隆也親小人遠賢臣此後漢所以傾
頹也先帝在時每與臣論此事未嘗不歎息痛恨於桓靈也侍中尚
書長史參軍此悉貞良死節之臣願陛下親之信之則漢室之隆可
計日而待也臣本布衣躬耕於南陽苟全性命於亂世不求聞達於
諸侯先帝不以臣卑鄙猥自枉屈三顧臣於草廬之中諮臣以當世

之事由是感激遂許先帝以驅馳後值傾覆受任於敗軍之際奉命
於危難之間爾来二十有一年矣先帝知臣謹慎故臨崩寄臣以大
事也受命以来夙夜憂歎恐託付不效以傷先帝之明故五月渡瀘
深入不毛今南方已定兵甲已足當奬率三軍北定中原庶竭駑鈍
攘除奸凶興復漢室還于舊都此臣所以報先帝而忠陛下之職分
也至於斟酌損益進盡忠言則攸之禕允之任也願陛下託臣以討
賊興復之效不效則治臣之罪以告先帝之靈責攸之禕允等之慢
以彰其咎陛下亦宜自謀以諮諏善道察納雅言深追先帝遺詔臣
不勝受恩感激今當遠離臨表涕零不知所言
亮聞孫權破曹休魏兵東下關中虛弱又上表曰先帝慮漢賊不兩
立王業不偏安故託臣以討賊也以先帝之明量臣之才故知臣伐
賊才弱敵强也然不伐賊王業亦亡惟坐而待亡孰與伐之是故託

臣而弗疑也臣受命之日寢不安席食不甘味思惟北征宜先入南
故五月渡瀘深入不毛并日而食臣非不自惜也顧王業不可得偏
全於蜀都故冒危難以奉先帝之遺意也而議者謂為非計今賊適
疲於西又務於東兵法乘勞此進趨之時也謹陳其事如左高帝明
並日月謀臣淵深然涉險被創危然後安今陛下未及高帝謀臣不
如良平而欲以長計取勝坐定天下此臣之未解一也劉繇王朗各
據州郡論安言計動引聖人羣疑滿腹衆難塞胸今歲不戰明年不
征使孫策坐大遂并江東此臣之未解二也曹操智計殊絶於人其
用兵也髣髴孫吳然困於南陽險於烏巢危於祁連偪於黎陽幾敗
伯山殆死潼關然後偽定一時耳況臣才弱而欲以不危而定之此
臣之未解三也曹操五攻昌霸不下四越巢湖不成任用李服而李
服圖之委夏侯而夏侯敗亡先帝每稱操為能猶有此失況臣駑下

何能必勝此臣之未解四也自臣到漢中中間朞年耳然喪趙雲陽
羣馬玉閻芝丁立白壽劉郃鄧銅等及曲長屯將七十餘人突將無
前賨叟青羌散騎武騎一千餘人此皆數十年之内所糾合四方之
精鋭非一州之所有若復數年則損三分之二也當何以圖敵此臣
之未解五也今民窮兵疲而事不可息事不可息則住與行勞費正
等而不及虛圖之欲以一州之地與賊持久此臣之未解六也夫難
平者事也昔先帝敗軍於楚當此時曹操拊手謂天下以定然後先
帝東連吳越西取巴蜀舉兵北征夏侯授首此操之失計而漢事將
成也然後吳更違盟關羽毀敗秭歸蹉跌曹丕稱帝凡事如是難可
逆見臣鞠躬盡力死而後已至於成敗利鈍非臣之明所能逆覩也
七年吳孫權稱尊號其羣臣以並尊二帝來告議者咸以為交之無
益而名體弗順宜顯明正義絶其盟好諸葛亮上言曰權有僭逆之

心久矣國家所以略其釁情者求犄角之援也今若加顯絕讎我必深便當移兵東戍與之角力須并其土乃議中原彼賢才尚多將相輯穆未可一朝定也頓兵相持坐而須老使北賊得計非策之上者昔孝文卑辭匈奴先帝優與吳盟皆應權通變弘思遠益非匹夫之為忿者也今議者咸以權利在鼎足不能并力且志望以滿無上岸之情推此皆似是而非也何者其智力不侔故限江自保權之不能越江猶魏賊之不能渡漢非力有餘而利不取也若大軍致討彼高當分裂其地以為後規下當略民廣境示武於內非端坐者也若就其不動而睦於我我之北伐無東顧之憂河南之衆不得盡西此之為利亦已深矣權僭之罪未宜明也乃遣衛尉陳震慶權正號

魏明帝時太尉華歆上疏曰兵亂以來過踰二紀大魏承天受命陛下以聖德當成康之隆宜弘一代之治紹三王之迹雖有二賊負險

延命苟聖化日躋遠人懷德將襁負而至夫兵不得已而用之故戢而時動臣誠願陛下先留心於治道以征伐為後事且千里運糧非用兵之利越險深入無獨克之功如聞今年徵役頗失農桑之業為國者以民為基民以衣食為本使中國無饑寒之患百姓無離土之心則天下幸甚二賊之釁可坐而待也臣備位宰相老病日篤犬馬之命將盡恐不復奉望鑾蓋不敢不竭臣子之懷唯陛下裁察帝報曰君深慮國計朕甚嘉之賊憑恃山川二祖勞於前世猶不克平朕豈敢自多謂必滅之哉諸將以為不一探取無由自弊是以觀兵以闚其釁若天時未至周武還師乃前事之鑒朕敬不忘所戒

吳孫權時蜀先主往見之周瑜上疏曰劉備以梟雄之姿而有關羽張飛熊虎之將必非久屈為人用者愚謂大計宜徙備置吳盛為築宮室多其美女玩好以娛其耳目分此二人各置一方使如瑜者得挾與攻戰大事可定也今猥割土地以資業之聚此三人俱在疆場恐蛟龍得雲雨終非池中物也權以曹公在北方當廣擥英雄又恐備難卒制故不納

曹操新破袁紹兵威日盛下書責孫權質任子權召羣臣會議張昭秦松等猶豫不能決權意不欲遣質乃獨將周瑜詣母前定議瑜曰昔楚國初封於荊山之側不滿百里之地繼嗣賢能廣土開境立基於郢遂據荊陽至於南海傳業延祚九百餘年今將軍承父兄餘資兼六郡之衆兵精糧多將士用命鑄山為銅煮海為鹽境內富饒人不思亂汎舟舉帆朝發夕到士風勁勇所向無敵有何偪迫而欲送質質一入不得不與曹氏相首尾與相首尾則命召不得不往便見制於人也極不過一侯印僕從十餘人車數乘馬數匹豈與南面稱孤同哉不如勿遣徐觀其變若曹氏能率義以正天下將軍事之未

晚若圖為暴亂兵猶火也不戢將自焚將軍韜勇抗威以待天命何送質之有權母曰公瑾議是也公瑾與伯符同年小一月耳我視之如子也汝其兄事之遂不送質

吳之羣臣步騭朱然等上疏云自蜀還者咸言欲背盟與魏交通多作舟船繕治城郭又蔣琬守漢中聞司馬懿南向不出兵乘虛以犄角之反委漢中還近成都事已彰灼無所復疑宜為之備權揆其不然曰吾待蜀不薄聘享盟誓無所負之何以致此又司馬懿前來入舒旬日便退蜀在萬里何知緩急而便出兵乎昔魏欲入漢川此間始嚴亦未舉動會聞魏還而止蜀寧可復以此有疑邪又人家治國舟船城郭何得不護今此間治軍寧復欲以禦蜀邪人言若不可信朕為諸君破家保之蜀竟自無謀如權所籌

周瑜薦魯肅才宜佐時權即見肅與語甚悅之衆賓罷退獨引肅還

合榻對飲。曰。密議曰。今漢室傾危。四方雲擾。孤承父兄餘業。思有桓
文之功。君既惠顧。何以佐之。肅對曰。昔高帝區區尊事義帝而不獲
者。以項羽為害也。今之曹操猶昔項羽。將軍何由得為桓文乎。肅竊
料之。漢室不可復興。曹操不可卒除。為將軍計。惟有鼎足江東。以觀
天下之釁。規模如此。亦自無嫌。何者。北方誠多務也。因其多務。勦除
黃祖。進伐劉表。竟長江所極。據而有之。然後建號帝王。以圖天下。此
高帝之業也。權曰。今盡力一方。冀以輔漢耳。此言非所及也。張昭非
肅謙。不足。頗訾毀之。權不以介意。益貴重之。會劉表死。肅進說曰。
夫荊楚與國鄰接。水流順北。外帶江漢。內阻山陵。有金城之固。沃野
萬里。士民殷富。若據而有之。此帝王之資也。今表新亡。二子素不輯
睦。軍中諸將各有彼此。加劉備天下梟雄。與操有隙。寄寓於表。表惡
其能而不能用也。若備與彼協心。上下齊同。則宜撫安與結盟好。如

有離違。宜別圖之。以濟大事。肅請得奉命弔表二子。并慰勞其軍中
用事者。及說備使撫表眾。同心一意。共治曹操。備必喜而從命。如其
克諧。天下可定也。今不速往。恐為操所先。
陸遜拜定威校尉。軍屯利浦。權以兄策女配遜。數訪世務。遜建議曰。
方今英雄棊跱。豺狼闚望。克敵寧亂。非眾不濟。而山寇舊惡。依阻深
地。夫腹心未平。難以圖遠。可大部伍。取其精銳。權納其策。
嘉禾三年。太子登臨終上疏曰。臣以無狀。嬰抱篤疾。自省微劣。懼卒
隕斃。臣不自惜。念當委離供養。埋骸后土。長不復奉望宮省。朝覲日
月。生無益於國。死貽陛下重感。以為哽結耳。臣聞死生有命。長短自
天。周晉顏回有上智之才。而尚夭折。況臣愚陋。年過其壽。生為國嗣。
沒享榮祚。於臣已多。亦何悲恨哉。方今大事未定。逋寇未討。萬國喁
喁。係命陛下。危者望安。亂者仰治。願陛下棄忘臣身。割下流之恩。脩

黃老之術。篤養神光。加羞珍膳。廣開神明之慮。以定無窮之業。則率
土幸賴。臣死無恨也。皇子和仁孝聰哲。德行清茂。宜早建置。以繫民
望。諸葛恪才略博達。器任佐時。張休顧譚謝景皆通敏有識斷。入宜
委腹心。出可為爪牙。范慎華融矯矯壯節。有國士之風。羊衜辯捷。有
專對之材。刁玄優弘。志履道真。裴欽博記。翰采足用。蔣脩虞翻。志節
分明。凡此諸臣。或宜廊廟。或任將帥。皆練時事。明習法令。守信固義。
有不可奪之志。此皆陛下日月所照。選置臣宮。得與從事。備知情素。
敢以陳聞。臣重惟當今方外多虞。師旅未休。當厲六軍。以圖進取。軍
以人為眾。眾以財為寶。竊聞郡縣頗有荒殘。民物凋弊。姦亂萌生。是
以法令繁滋。刑辟重切。臣聞為政聽民。律令與時推移。誠宜與將相
大臣。詳擇時宜。博采眾議。寬刑輕賦。均息力役。以順民望。陸遜忠勤
於時。出身憂國。謇謇在公。有匪躬之節。諸葛瑾步騭朱然全琮朱據

呂岱吾粲闞澤嚴畯張承孫怡。忠於為國。通達治體。可令陳上便益。
蠲除苛煩。愛養士馬。撫循百姓。五年之外。十年之內。遠者歸復。近者
盡力。兵不血刃。而大事可定也。臣聞鳥之將死。其鳴也哀。人之將死。
其言也善。故子囊臨終。遺言戒時。君子以為忠。豈況臣登。其能已乎。
願陛下留意聽采。臣雖死之日。猶生之年也。
烏程侯寶鼎二年。徐陵亭侯華覈上疏諫曰。臣聞漢文之世。九州晏
然。秦民喜去慘毒之苛政。歸劉氏之寬仁。省役約法。與之更始。分王
子弟。以藩漢室。當此之時。皆以為泰山之安。無窮之基也。至於賈誼
獨以為可痛哭。及流涕者三。可為長嘆息者六。乃曰。當今之勢。何異
抱火積薪之下。而寢其上。火未及然。而謂之安。其後變亂。皆如其言。
臣雖下愚。不識大倫。竊以曩時之事。揆今之勢。誼云。復數年間。諸王
方剛。漢之傅相。稱疾罷歸。欲以此為治。雖堯舜不能安。今大敵據九

州之地有太半之衆習攻戰之餘術乘戎馬之舊勢欲與中國爭相
吞之計其猶楚漢勢不兩立非徒漢之諸王淮南濟北而已誼之所
欲痛哭比今為緩抱火卧薪之喻於今而急大皇帝覽前代之如彼
察今勢之如此故廣開農桑之業積不訾之儲恤民重役務養戰士
是以大小感恩各思竭命期運未至早棄萬國自是之後強臣專政
上詭天時下違衆議忘安存之本邀一時之利數興軍旅傾竭府藏
兵勞民困無時獲安今之存者乃創夷之遺衆哀苦之餘民耳遂使
軍資空匱倉廩不實布帛之賜寒暑不周重以失業家戶不贍而北
積穀養民專心東向無復他警蜀為西藩土地險固加承先主統御
之術謂其守御足以長久不圖一朝奄至傾覆脣亡齒寒古人所懼
交州諸郡國之南土交阯九真二郡已沒日南孤危存亡難保合浦
以北民皆搖動因連避役多有離叛而備戍減少威鎮轉輕常恐呼

吸復有變故昔海虜窺窬東縣多得離民地習海行狃於往年鈔盜
無日今胷背有嫌首尾多難乃國朝之厄會也誠宜住建立之役先
備豫之計勉墾殖之業為饑乏之救惟恐農時將過東作向晚有事
之日整嚴未辨若舍此急盡力功作卒有風塵不虞之變當委版築
之役應烽燧之急驅怨苦之衆赴白刃之難此乃大敵所因為資也
如但固守曠日持久則軍糧必乏不待接刃而戰士已困矣昔太戊
之時桑穀生庭懼而脩德怪消殷興熒惑守心宋以為災景公下從
瞽史之言而熒惑退舍景公延年夫德脩於身而感異類言發於口
而通神明臣以愚蔽誤忝近署不能翼宣仁澤以感靈祇仰慙俯愧
無所投處退伏思惟熒惑桑穀之異天示二主至如他餘錙介之妖
近是門庭小神所為驗之天地無有他變而徵祥符瑞前後屢臻明
珠既覿白雀繼見萬億之祚實靈所挺以九域為宅天下為家不與

編戶之民轉徙同也又今之宮室先帝所營卜土立基非為不祥又
揚市土地與宮連接若太功畢竟與駕遷住門行之神皆當轉移猶
恐長久未必勝舊屢遷不可留則有嫌此乃愚臣所以夙夜為憂灼
也臣省月令季夏之月不可以興土功不可以會諸侯不可以起兵
動衆舉大事必有大殃今雖諸侯不會諸侯之軍與會無異六月戊
己土行正王既不可犯加又農月時不可失昔魯隱公夏城中丘春
秋書之垂為後戒今築宮為長世之洪基而犯天地之大禁襲春秋
之所書廢敬授之上務臣以愚管竊所未安又恐所召離民或有不
至討之則廢役興事不討日月滋蔓若悉並到大衆聚會希無疾病
且人心安則念善苦則怨叛江南精兵北土所難欲以十卒當東一
人天下未定深可憂惜之如此宮成死叛五千則北軍之衆更增五
萬若到萬人則倍益十萬病者有死亡之損叛者傳不善之語此乃

大敵所以歡喜也今當角力中原以定彊弱正於際會彼益我損加
以勞困此乃雄夫智士所以深憂臣聞先王治國無三年之儲曰國
非其國安寧之世戒備如此況敵彊大而忽農忘畜今雖頗種殖間
者大水沉逸其餘存者當須耘獲而長吏怖期上方諸郡身涉山林
盡力伐材廢農棄務士民妻孥羸小墾殖又薄若有水旱則永無所
獲郡見米當待有事冗食之衆仰官供濟若上下空乏運漕不供而
北敵犯疆使周召更生良平復出不能為陛下計明矣臣聞君明者
臣忠主聖者臣直是以悽悽昧犯天威乞垂哀省書奏不納
建衡二年陸抗都督信陵西陵夷道樂鄉公安諸軍事治樂鄉抗聞
都下政令多闕憂深慮遠乃上疏曰臣聞德均則衆者勝寡力侔則
安者制危蓋六國所以兼并於強秦西楚所以北面於漢高也今敵
跨制九服非徒關右之地割據九州豈但鴻溝以西而已國家外無

連國之援內非西楚之彊蕪政陵遲蔡氏未乂而議者所恃徒以長川峻山限帶封域此乃書傳之末事非智者之所先也臣每遠惟戰國存亡之符近覽劉氏傾覆之釁考之典籍驗之行事中夜撫枕臨餐忘食昔匈奴未滅去病辭館漢道未純賈生哀泣況臣王室之出世荷光寵身名否泰與國同戚死生契闊義無苟且夙夜憂怛念至情慘夫事君之義犯而勿欺人臣之節匪躬是殉

歷代名臣奏議卷之七十八

歷代名臣奏議卷之七十九

經國

晉武帝時議郎段灼假還鄉里臨去遣息上表曰臣受恩三世剖符守境試用無績沉伏數年犬馬之力無所復堪陛下弘廣納之聽採狂夫之言原臣侵官之罪不問干忤之愆天地恩厚於臣足矣臣聞忠臣之於其君猶孝子之於其親進則有欣然之慶非貪官也退則有戚然之憂非懷祿也其意在於不忘先君榮親情所不能自已者也臣伏自悼私懷至恨生長荒裔而久在外任自還抱疾未嘗覲見陛下竟不知臣何人此臣之恨一也遭運會之世值有事之時而不能垂功名於竹帛此臣之恨二也逮事聖明之君而尫悴羸劣陳力又不能當歸死於地下此臣之恨三也哀二親早亡隕兄弟並凋零孝敬無復施於家門此臣之恨四也夏之日忽以過冬之夜尋復來人生百歲尚以為不足而臣中年嬰災此臣之恨五也懃日月之所養愧昊蒼而無報此臣之所以懷五恨而歎息臨歸路而自悼者也語有之曰華言虛也至言實也苦言藥也甘言疾也臣欲言天下太平而靈龜神狐未見仙芝蓂莢未生麒麟未游乎靈禽之囿鳳凰未儀於太極之庭此臣之所以不敢華言而為佞者也昔漢高祖初定天下于時戍卒婁敬上書諫曰陛下取天下不與成周同而欲比隆成周臣竊以為不侔於是漢祖感悟深納其言賜姓為劉氏又顧謂陸賈曰為我著秦所以亡而吾所以得之者賈乃作新語之書述敘前世成敗以為勸戒又田肯建一言之計非親子弟莫可使王齊者而受千金之賜故世稱漢祖之寬明博納所以能成帝業也今之言世者皆曰堯舜復興天下已太平矣臣獨以為未亦竊有勸焉且百王垂制聖賢吐言來事之明鑒也孟子曰堯不能以天下與舜則舜

之有天下也天與之也昔舜為相堯崩三年之喪畢舜避堯之子於南河天下諸侯朝覲獄訟者不之堯之子而之舜舜曰天也乃之中國踐天子位焉若居堯之宮逼堯之子非天所與者也曩昔西有不臣之蜀東有僭號之吳三主鼎足並稱天子魏文帝率萬乘之衆受禪於靡陂而自以德同唐虞以為漢獻即是古之堯自謂即是今之舜乃謂孟軻荀卿不通禪代之變遂作禪代之文刻石垂戒班示天下傳之後世亦安能使將來君子皆曉然心服其義乎然魏文徒希慕堯舜之名推新集之魏欲以同於唐虞之盛忽骨肉之恩忘藩屏之固竟不能使四海賓服混一王化而于時羣臣莫有諫者不其過矣哉荀卿曰堯舜禪讓是不然矣天下者至重也非至彊莫之能任至大也非至辯莫之能分至衆也非至明莫之能見此三至者非聖人莫之能盡由此言之荀卿孟軻亦各有所不取焉陛下受禪從東

府入西宮兵刃耀天旌旗翳日雖應天順人同符唐虞然法度損益則亦不異於昔魏文矣故宜資三至以强制之而今諸王有立國之名而無襟帶之實又蜀地有自然之險是歷世奸雄之所闚闟遁逃之所聚也而無親戚子弟之守此豈深思遠慮杜漸防萌者乎昔漢文帝據已成之業六合同風天下一家而賈誼上疏陳當時之勢猶以為譬如抱火厝於積薪之下而寢其上火未及然因謂之安此言誠存不忘亡安不忘亂者也然臣之憧憧亦竊願居安思危無曰高高在上常念臨深之義不忘履冰之戒盡除魏世之弊法緩以新政之大化使萬邦欣欣喜戴洪恩昆蟲草木咸蒙恩澤朝拜詠康哉之歌山藪無伐檀之人此固天下所視望者也陛下自初踐祚發無諱之詔置箴諫之官赫然寵異謇諤之臣以明好直言之信恐陳事者知直言之不用皆杜口結舌祥瑞亦曷由來哉臣無陸生之才不在

顧問之地蓋聞主聖臣直義在於有犯無隱臣不惟跡遠未信而言敢歷論前代隆名之君及亡敗之主廢興所由又博陳舉賢之路廣開養老之制崇必信之道又張設讜者之難凡五事以開臣之所言皆直陳古今已行故事非新聲異端也辭義寡淺不足採納然臣私心誠謂有可發起覺悟遺忘願陛下察臣愚忠愍臣狂直無使天下以言者為戒疾痛增篤退念桑梓之詩惟狐死之義輒取長休歸近墳墓顧瞻宮闕戀情皇極不勝丹欵其一曰臣聞善有章也著在經典惡有罰也戒在刑書上自遠古下洎秦漢其明主霸主及亡國闇君故可得而稱至於忠謇賢相及侫諂姦臣亦可得而言故朝有謇諤盡規之臣無不昌也任用阿諛唯唯之士無不亡也是有國者皆欲求忠以自輔舉賢以自佐而亡國破家者相繼皆由任失其人所謂賢者不賢忠者不忠也臣謹言前任賢所由興任不肖所以亡者

堯之末年四凶在朝而不去八元在家而不舉然致天平地寧四門穆穆其功固在重華之為相夏癸放於鳴條商辛梟於牧野此俱萬乘之主而國滅身擒由不能屬任賢相用婦人之言荒淫無道肆志沉宴作靡靡之樂長夜之飲於是登糟丘臨酒池觀牛飲望肉林龍逢忠而被害比干諫而剖心天下之所以歸惡者也太甲暴虐顛覆湯之典制於是伊尹放之桐宮而能改悔反善三年而後歸于亳既已放而復還殷道微而復興諸侯咸服號稱太宗實賴阿衡之盡忠也周室既衰諸侯並爭天王微弱政遂陵遲齊桓公淫亂之主耳然所以能九合一匡之功有尊周之名誠管夷吾之力及其死也蟲流出門豈非任豎刁之過乎且一桓公之身得管仲其功如彼用豎刁其亂如此夫榮辱存亡實在所任可不審哉秦本伯翳之後微微小邑至秦仲始大有車馬禮樂侍御之好焉自穆公至於始皇皆能留

心待賢遠求異士。招由余於西戎。致五羖於宛市。取丕豹於晉。鄉迎蹇叔於宋。由是四方雄俊繼踵而至。故能世為彊國。吞滅諸侯。奄有天下。然稱皇帝。由謀臣之助也。道化未淳。崩於沙丘。胡亥乘虐用詐。自恃不能弘濟統緒。克成堂構。而乃殘賊仁義。毒流黔首。故陳勝吳廣。奮臂大呼。而天下響應。於是趙高逆亂。閻樂承指。二世窮迫。自戮望夷。子嬰雖立。去帝為王。孤危無輔。四旬而亡。此由邪臣擅命。指鹿為馬。所以速秦之禍也。秦失其鹿。豪傑競逐。項羽既得而失之。其咎在烹韓生。而范增之謀不用。假令羽既距項伯之邪說。斬沛公於鴻門。都咸陽以號令諸侯。則天下無敵矣。而羽距韓生之忠諫。背范增之深計。自謂霸王之業已定。都彭城。還故鄉。為晝被文繡。此蓋世俗兒女之情耳。而羽榮之。是故五載為漢所擒。至死尚不知覺悟。乃曰。天亡我。非戰之罪。甚痛矣哉。且夫士之歸仁。猶水之歸下。獸之走

曠野。故曰為川驅魚者獺也。為叢驅雀者鸇也。為湯武驅人者桀紂也。漢高祖起於布衣。提三尺之刃而取天下。用六國之資。無唐虞之禪。當徒賴良平之奇謀。盡英雄之智力而已乎。亦由項氏為驅人也。子孫承基二百餘年。逮成帝委政舅家。使權勢外移。安昌侯張禹者。漢之三公。成帝保傅也。帝親幸其家。拜為牀下。深問天災人事。禹當惟大臣之節。為社稷深慮。忠言嘉謀。陳其災患。則王氏不得專權寵。王莽無緣乘勢。侫遂託雲龍而登天衢。令漢祚中絕也。禹佞諂不忠。挾懷私計。徒低仰於五侯之間。苟取容媚而已。是以朱雲抗節求尚方斬馬劍。欲以斬禹以戒其餘。可謂忠矣。而成帝尚復不悟。乃以為居下訕上。廷辱保傅。罪死無赦。詔御史將雲下。欲急烹之。雲攀殿折檻。幸賴左將軍辛慶忌叩頭流血。以死爭之。若不然則雲已摧碎矣。後雖釋檻不脩。欲以彰明直臣。誠是以為後世之戒。何益於漢室所

由亡也哉。然世之論者以為亂臣賊子無道之甚者。莫過於莽。此亦由紂之不善不如是之甚也。傳稱莽始起外戚。折節力行。以要名譽。宗族稱孝。朋友歸仁。及其輔政成哀之際。勤勞國家。動見稱述。然于時人士詣闕上書薦莽者。不可稱紀。內外羣臣莫不歸莽功德。遭遇漢室中微。國嗣三絕。而太后壽考。為之宗主。故莽得遂策命孺子。而奪其位也。昔湯武之興。亦逆取而順守之耳。向莽深惟殷周取守之術。崇道德。務仁義。履信實。去華偽。施惠天下。十有八年。恩足以感百姓。義足以結英雄。人懷其德。豪傑並用。如此宗廟社稷宜未滅也。光武雖復賢才大業。詎可冀哉。莽即位之後。自謂得天人之助。以為功廣三王。德茂唐虞。乃自驕矜。奮其威詐。班宣符讖。震暴殘酷。窮凶極惡。人怨神怒。冬雷電以驚人耳目。夏地動以惕其心腹。而莽猶不知覺悟。方復重行不順時之令。竟違五之刑。使媚者親幸。忠諫者誅夷。

由是天下忿憤。內外俱發。四海分崩。城池不守。身死於匹夫之手。為天下笑。豈不異哉。其所由然者。非取之過。而守之非道也。莽既屠肌六合雲擾。劉聖公已立而不辨。盆子承之而覆敗。公孫述又稱帝於蜀漢。如此數子。固非所謂應天順人者。徒為光武之驅除者耳。夫天下者蓋亦天下之天下。非一人之天下也。殷商之旅。其會如林。矢于牧野。維予侯興。又曰。侯服于周。天命靡常。由此言之。主非常人也。有德則天下歸之。無德則天下叛之。故古之明王。其勞心遠慮。常如臨川無津涯。於是法天地。象四時。隆恩德。敬大臣。近忠直。遠佞人。仁孝著乎宮墻。弘化洽乎兆庶。為平直如砥矢。信義感人神。雖有椒房外戚之寵。不受其委曲之言。雖有近習愛幸之豎。不聽其姑息之辭。四門穆穆。闢而不闔。待諫者而無忌。恒戰戰慄慄。未忘戒懼。所以欲永終天祿。恐為將來賢聖之驅除也。且臣聞之。懼危者常安者也。憂亡

者。恒存者也。使夫有國之君。能安不忘危。則本枝百世。長保榮祚。名位與天地無窮。亦何慮乎為來者之驅除哉。傳有之曰。狂夫之言。明主察焉。其二曰。士之立業。行非一槩。吳起貪官。母死不歸。殺妻求將。不孝之甚。然在魏。使秦人不敢東向。在楚則三晉不敢南謀。曾參閔騫。誠孝子也。不能夙夕離其親。豈肯出身致死涉危險之地哉。今大晉應期運之所授。齊聖美於有虞。而吳人不臣。稱帝私附。此亦國之羞也。陛下誠欲致能縣之士。不二心之臣。使奮威淮浦。震服蠻荊者。故宜疇咨博采。廣開貢士之路。薦巖穴。舉賢才。徵命考試。匪俊莫用。今臺閣選舉。塗塞耳目。九品訪人。唯問中正。故據上品者。非公侯之子孫。則當塗之昆弟也。二者苟然。則篳門蓬戶之俊。安得不有陸沉者哉。其三曰。昔田子方養老馬。而窮士知所歸。況居天下之廣居。立天下之正位。行天下之大化乎。昔明王聖主。無不養老。老人眾多。未必皆賢。不可悉養。故父事三老。所以明孝。宗事五更。所以明敬。孟子曰。吾老以及人之老。吾幼以及人之幼。今天下雖定。而華山之陽無放馬之羣。桃林之下未有休息之牛。故以吳人尚未臣服故也。夫飢者易為食。渴者易為飲。天下元元。瞻望新政。願陛下思子方之仁念。犬馬之勞。思帷蓋之報。發仁惠之詔。廣開養老之制。其四曰。法令賞罰。莫大乎信。古人有言。人而無信。不知其可。況有養人以惠使人以義。而可以不信行之哉。臣前為西郡太守。被州所下己未詔書。羌胡道遠。其但募取樂行。不樂勿彊。臣被詔書。輒宣恩廣募。示以賞信。所得人名。即條言征西。其晉人自可差簡丁彊。如法調取。至於羌胡。非恩意告諭。則無欲度金城河西者也。自往每興軍度河。未曾有變。故刺史郭綏勸帥有方。深加獎厲。要許重報。是以所募感恩利賞。遂立績效。功在第一。今州郡督將並已受封。羌胡健兒。或王或侯。不蒙論

叙也。晉文猶不貪原而失信。齊桓不惜地而背盟。況聖主乎。其五曰。昔周漢之興。樹親建德。周曰五等之爵。漢有河山之誓。及其衰也。神器奪於重臣。國祚移於他人。故滅周者秦。非姬姓也。代漢者魏。非劉氏也。於今國家大討。使異姓無裂土專封之邑。同姓並據有連城之地。縱復令諸王後世子孫還自相幷。蓋亦楚人失繁弱於雲夢。尚未為亡其弓也。其於神器不移他族。亦始祖不遷之廟。萬年億兆不改其名矣。大晉諸王二十餘人。而公侯伯子男五百餘國。欲言其國皆小乎。則漢祖之起。俱無尺土之地。況有國者哉。將謂大晉世世賢聖。而諸侯之胤。常不肖邪。則放勳欽明。而有丹朱。瞽叟頑凶。而有虞舜。天下有事。無不由兵。而無故多樹兵本。廣開亂原。臣故曰。五等不便也。臣以為可如前表。諸王宜大其國。增益其兵。悉遣守藩。使形勢足以相接。則陛下可高枕而卧耳。臣以為諸侯伯子男名號皆宜改易之。使封爵之制。祿奉禮秩。並同天下諸侯之例。臣聞與覆車同軌者未嘗安也。與死人同病者未嘗生也。與亡國同法者未嘗存也。況夫巍巍大晉。方將登太山。禪梁父。刻石書勳。垂示無窮。宜遠鑒往代興廢。深為嚴防。使著事奮筆。必有紀焉。昔伊尹恥其君不為堯舜。此臣所以私懷慷慨。自忘輕賤者也。書奏。帝覽而異焉。擢為明威將軍。魏興太守。卒于官。

武帝將滅吳。以羊祜為征南大將軍。開府儀同三司。初祜以伐吳必藉上流之勢。會益州刺史王濬徵為大司農。祜因表留濬監益州事。加龍驤將軍。密令備舟楫。為順流之計。祜繕甲訓卒。廣為戎備。至是上疏曰。先帝順天應時。西平巴蜀。南和吳會。海內得以休息。兆庶有樂安之心。而吳復背信。使邊事更興。夫期運雖天所授。而功業必由人而成。不一大舉埽滅。則眾役無時得安。亦所以隆先帝之勳。成無

為之化也。故堯有丹水之伐舜有三苗之征咸以寧靜宇宙戢兵和衆者也。蜀平之時天下皆謂吳當并之自此來十三年是謂一周平定之期復在今日矣。議者常言吳楚有道後服無禮先強此乃諸侯之時耳。當今一統不得與古同諭。夫適道之論皆未應權。是故謀之雖多而決之欲獨。凡以險阻得存者謂所敵者同力足自固。苟其輕重不齊強弱異勢則智士不能謀而險阻不可保也。蜀之為國非不險也。高山尋雲霓深谷肆無景束馬懸車然後得濟皆言一人荷戟千人莫當及進兵之日曾無藩籬之限斬將搴旗伏尸數萬乘勝席卷徑至成都漢中諸城皆鳥棲而不敢出非皆無戰心誠力不足相抗。至劉禪降服諸營堡者索然俱散。今江淮之難不過劍閣山川之險不過岷漢孫皓之暴侈於劉禪吳人之困甚於巴蜀而大晉兵衆多於前世資儲器械盛於往時。今不於此平吳而更阻兵相守征夫苦役日尋干戈經歷盛衰不可長久宜當時定以一四海。今若引梁益之兵水陸俱下荊楚之衆進臨江陵平南豫州直指夏口徐揚青兗並向秣陵鼓旆以疑之多方以誤之以一隅之吳當天下之衆勢分形散所備皆急。巴漢奇兵出其空虛一處傾壞則上下震蕩吳緣江為國無有內外東西數千里以藩籬自持所敵者大無有寧息孫皓恣情任意與下多忌。名臣重將不復自信是以孫秀之徒皆畏逼而至將疑於朝士困於野無有保世之計一定之心平常之日猶懷去就兵臨之際必有應者終不能齊力致死已可知也。其俗急速不能持久弓弩戟楯不如中國惟有水戰是其所便一入其境則長江非復所固還保城池則去長入短而官軍懸進人有致節之志吳人戰於其內有憑城之心。如此軍不踰時尅可必矣。帝深納之。

咸寧中淮南相劉頌在郡上疏曰。臣昔忝河內臨辭受詔卿所言悉

要事宜小大數以聞。恒苦多事或不能悉有報勿以為疑。臣受詔之日喜懼交集益思自竭用思其郵頗以螢燭增暉重光到郡草具所陳如左。未及書上會臣嬰丁天罰寢頓累年。今謹封上前事臣雖才不經國言淺多違猶願陛下垂省使臣微誠得經聖鑒不總棄於常案。如有足採冀補萬一。伏見詔書開啓土宇以支百世。封建咸屬歲出之藩夫豈不懷公理然也。樹國全制始成於今超秦漢魏氏之局節紹五帝三代之絕跡功被無外光流後裔巍巍盛美三五之君殆有慙德。何則彼因自然而就之與爭絕跡之後更創之。雖然封幼稚皇子於吳蜀臣之愚慮謂未盡善。夫吳越剽輕庸蜀險絕此故變釁之所出易生風塵之地。且自吳平以來東南六州將士更守江表此時之至患也。又內兵外守吳人有不自信之心宜得壯王以鎮撫之。使內外各安其舊又孫氏為國文武衆職數擬天朝一旦堙替同於編戶不識所蒙更生之恩而灾困逼身自謂失地用懷不靖今得長王以臨其國隨才授任文武並敘士卒百役不出其鄉求富貴者取之於國內內兵得散新邦乂安兩獲其所於事為宜。宜取同姓諸王二十以上人才高者分王吳蜀以其去近就遠割裂土宇令倍於舊以徙封故地用王幼稚須皇子長乃遣君之於事無晚也。急所須地交得長主此事宜也。臣所陳封建今大義已舉然餘衆事儻有足採以參成制故皆并列本事。臣聞不憚危悔之患而願獻所見者盡忠之臣也。垂聽逆耳甘納苦言者濟世之君也。臣以期運幸遇無諱之朝雖嘗抗疏陳辭汎論政體猶未悉所見指言得失徒荷恩寵不異凡流臣竊自愧不盡忠規無以上報謹列所見如左臣誠未自許所言必當然要以不隱所懷為上報之節若萬一足採則微臣更生之年如皆瞽妄則國之福也願陛下缺半日之間垂省臣言伏惟陛下

雖應天順人。龍飛踐阼。為創業之主。然所遇之時。實是艱世。何則。漢末陵遲。閹豎用事。小人尊朝。君子在野。政荒衆散。遂以亂亡。魏武帝以經略之才。撥煩理亂。兼肅文教。積數十年。至於延康之初。然後吏清下順。法始大行。逮至文明二帝。奢淫驕縱。傾殆之主也。然內盛臺榭聲色之娛。外當三方英豪嚴敵。事成克舉。少有愆違。其故何也。實賴前緒以濟勳業。然法物政刑。固已漸頹矣。自嘉平之初。晉祚始基。逮于咸熙之末。其間累年。雖鈇鉞屢斷。翦除凶醜。然其存者咸蒙遭時之恩。不軌於法。泰始之初。陛下踐阼。其所服乘。皆先代功臣之胤。非其子孫。則其曾玄。古人有言。膏梁之性難正。故曰時遇叔世。當此之秋。天地之位始定。四海洗心整網之會也。然陛下猶以用才因宜。法寬有由。積之在素。異於漢魏之先。三祖崛起。易朝之為。未可一旦直繩御下。誠時宜也。然至所以為政矯世。衆務自宜漸出公塗。法正

威斷。日遷就肅。譬猶行舟。雖不橫截迅流。然俄向所趣。漸靡而往。終得其濟。積微稍著。以至于今。可以言政。而自泰始以來。將三十年。政功美績。未稱聖旨。凡諸事業。未茂既往。以陛下明聖。猶未及并世之弊。以成始初之隆。傳之後世。不無慮乎。意者臣言。豈不少槩聖心。夫顧惟萬載之事。理在二端。天下大器。一安難傾。一傾難正。故慮經後世者。必精目下之政。政安遺業。使數世賴之。若乃兼建諸侯而樹藩屏。深根固帶。則延祚無窮。可以比跡三代。如或當身之政。遺風餘烈不及後嗣。雖樹親戚。而成國之制不建。使夫後世獨任智力。以安大業。若未盡其理。雖經異時。憂責猶追在陛下。將如之何。願陛下善當今之政。樹不拔之勢。則天下無遺憂矣。夫聖明不世出。後嗣不必賢。此天理之常也。故善為天下者。任勢而不任人。任勢者。諸侯是也。任人者。郡縣是也。郡縣之察。小政理而大勢危。諸侯為邦。近多違而遠

慮固。聖王惟終始之弊。權輕重之理。包彼小違。以據大安。然後足以藩固內外。維鎮九服。夫武王聖主也。成王賢嗣也。然武王不恃成王之賢。而廣封建者。慮經無窮也。且善言今者。必有驗之於古。唐虞以前。書文殘缺。其事難詳。至於三代。則並建明德。及興王之顯親。列爵五等。開國承家。以藩屏帝室。延祚久長。近者五六百歲。遠者僅將千載。逮至秦氏。罷侯置守。子弟不分尺土。孤立無輔。二世而亡。漢承周秦之後。雜而用之。前後二代。各二百餘年。檢其封建不用。雖強弱不適。制度舛錯。不盡事中。然跡其衰亡。恒在同姓失職。諸侯微時。不在強盛。昔呂氏作亂。幸賴齊代之援。以寧社稷。七國叛逆。梁王扞之。卒弭其難。自是之後。威權削奪。諸侯止食租奉。甚者至乘牛車。是以王莽得擅本朝。遂其姦謀。傾蕩天下。毒流生靈。光武紹起。雖封樹子弟。而不建成國之制。祚亦不延。魏氏承之。圈閉親戚。幽囚子弟。是以神

器速傾。天命移在陛下。長短之應。禍福之徵。可見於此。又魏氏雖正位居體。南面稱帝。然三方未賓。正朔有所不加。實有戰國相持之勢。大晉之興。宣帝定燕。太祖平蜀。陛下滅吳。可謂功格天地。土廣三王。舟車所至。人迹所及。皆為臣妾。四海大同。始於今日。宜承大勳之業。及陛下盛明之時。開啓土宇。使同姓必王。建久安於萬載。垂長世於無窮。臣又聞國有任臣則安。有重臣則亂。而王制人君立子以嫡不以長。立嫡以長不以賢。此事情之不可易者也。而賢明至少。不肖至衆。此固天理之常也。物類相求。感應而至。又自然也。是以闇君在位則重臣盈朝。明后臨政。則任臣列職。夫任臣之與重臣。俱執國統而立斷者也。然成敗相反。邪正相背。其故何也。重臣假所資以樹私。任臣因所藉以盡公。盡公者。政之本也。樹私者。亂之源也。推斯言之。則泰日少。亂日多。政教漸頹。欲國之無危。不可得也。又非徒唯然而已。

借令愚劣之嗣蒙先哲之遺緒得中賢之佐而樹國本根不深無幹輔之固則所謂任臣者化而為重臣矣何則國有可傾之勢則執權者見疑衆疑難以自信而甘受死亡者非人情故也若乃建基既厚藩屏彊禦雖置幼君赤子而天下不懼曩之所謂重臣者今悉反忠而為任臣矣何則理無危勢懷不自猜忠誠得著不惕於邪故也聖王知賢哲之不世及故立相持之勢以御其臣是以五等既列臣無忠慢同於竭節以徇其上羣后既建繼体賢鄙亦均一契等於無慮且樹國苟固則所任之臣得賢益理次委中智亦足以安何則勢固易持故也然則建邦苟盡其理則無向不可是以周室自成康以下逮至宣王宣王之後到于赧王其間歷載朝無名臣而宗廟不隕者諸侯維持之也故曰為社稷計莫若建國夫邪正逆順者人心之所繫服也今之建置宜審量事勢使諸侯率義而動同忿俱奮令其力

足以維帶京邑若包藏禍心惕於邪而起孤立無黨所蒙之籍不足獨以有為然齊此甚難陛下宜與達古今善識事勢之士深共籌之建侯之理使君樂其國臣榮其朝各流福祚傳之無窮上下一心愛國如家視百姓如子然後能保荷天祿兼翼王室今諸王裂土皆兼於古之諸侯而君賤其爵臣恥其位莫有安志其故何也法同郡縣無成國之制故也今之建置宜使率由舊章一如古典然人心繫常不累十年好惡未改情願未移臣之愚慮以為宜早創大制遲迴衆望猶在十年之外然後能令君臣各安其位榮其所蒙上下相持用成藩輔如今之為適足以虧天府之藏徒棄穀帛之資無補鎮國衛上之勢也古者封建既定各有其國後雖王之子孫無復尺土此今事之必不行者也若推親疎轉有所廢以有所樹則是郡縣之職非建國之制今宜豫開此地令十世之內使親者得轉處近十世之遠

近郊地盡然後親踈相維不得復如十世之內然猶樹親有所遲天下都滿已彌數百千年矣今方始封而親踈倒施甚非所宜宜更大量天下土田方里之數都更裂土分人以王同姓使親踈遠近不錯其宜然後可以永安古者封國大者不過土方百里然後人數殷衆境內必盈其力足以備充制度今雖一國周環近將千里然力實寡不足以奉國典所遇不同故當因時制宜以盡事適今宜令諸王國容少而軍容多然於古典所應有者悉立其制然非急所須漸而備之不得頓設也須車甲器械既具羣臣乃服紱章倉廩已實乃營宮室百姓已足乃備官司境內充實乃作禮樂唯宗廟社稷則先建之至於境內之政官人用才自非內史國相命於天子其餘衆職及死生之斷穀帛資實慶賞刑威非封爵者悉得專之今臣所舉二端蓋事之大較其所不載應在二端之屬者以此為率今諸國本一郡之

政耳若備舊典則官司以數事所不須而以虛制損實力至於慶賞刑斷所以御下之權不重則無以威衆人而衛上故臣之愚慮欲令諸侯權具國容少而軍容多然亦終於必備今事為宜周之建侯長享其國與王者並遠者僅將千載近者猶數百年漢之諸王傳祚暨至曾玄人性不甚相遠古今一揆而短長甚違其故何耶立意本殊而制不同故也周之封建使國重於君公侯之身輕於社稷故無道之君不免誅放敦興滅繼絕之義故國祚不泯不免誅放則羣臣思懼胤嗣必繼是無亡國也諸侯思懼然後軌道下無亡國天子乘之理勢自安此周室所以長在也漢之樹置君國輕重不殊故諸王失度陷於罪戮國隨以亡不崇興滅繼絶之序故下無固國下無固國天子居上勢孤無輔故姦臣擅朝易傾大業今宜反漢之弊脩周舊跡國君雖或失道陷於誅絕又無子應除苟有始封支胤不問遠近

必絕其祚。若無遺類。則虛建之。須皇子無以繼其統。然後建國無滅。
又班固稱諸侯失國。亦猶網密。今又宜都寬其檢且建侯之理。本經
盛衰。大制都定。班之羣后著誓丹青。書之玉版。藏之金匱。寘諸宗廟。
副在有司。寡弱小國。猶不可危。豈況萬乘之耆承難傾之邦。而加其
上。則自然永久。居重固之安。可謂根深華嶽而四維之也。臣之愚顓
陛下置天下於自安之地。寄大業於固成之勢。則可以無遺憂矣。今
閭閻少名士。官司無高能。其故何也。清議不肅。人不立德。行在取容。
故無名士。下不專局。又無考課。吏不竭節。故無高能。無高能則有疾
世事。少名士則後進無準。故臣思立吏課而肅清議。夫欲富貴而惡
貧賤。人理然也。聖王大諳物情。知不可去。故直同公私之利。而詭其
求道。使夫欲富者必先由貧。欲貴者必先安賤。安賤則不矜。不矜然
後廉恥厲。守貧者必節欲。節欲然後操全。以此處務。乃得盡公。盡公
者當貴之徒也。為無私者終得其私。故公私之利同也。今欲富者不
由貧自得富。欲貴者不安賤自得貴。公私之塗既乖。而人情不能無
私。私利不可以公得。則恒背公而橫務。是以風節日頹。公理漸替。人
士富貴。非軌道之所得。以此為政。不在難期。然教頹來既久。難反一
朝。又世放都靡。營欲比肩。羣士渾然。庸行相似。不可頓肅。甚殊黜陟
也。且教不求盡善。善在抑尤。同侈之中。猶有甚泰。使夫昧適情之樂
者。損其顯榮之貴。儉在不鮮之地。約已絜素者。蒙儉德之報。列于清
官之上。二業分流。令各有蒙。然俗放都奢。不可頓肅。故臣私慮頗先
從事於漸也。天下至大。萬事至衆。人君至少。同於天日。故非兼聽所
得周覽。是以聖王之化。執要而已。委務於下而不以事自嬰也。分職
既定。無所與焉。非憚日昃之勤。而牽於逸豫之虞。誠以政体宜然。事
勢致之也。何則。夫造創謀始。逆闇是非。以別能否。甚難察也。既以施

行。因其成敗。以分功罪。其易識也。易識在考終。難察在造始。故人君
恒居其易則安。人臣不處其難則亂。今陛下每精事始。而略於考終。
故羣吏慮事。懷成敗之懼。輕飾文采。以避目下之譴。重此政功。所以
未善也。今人主能恒居易執要以御其下。然後人臣功罪形於成敗
之徵。無逃其誅賞。故罪不可蔽。功不可誣。功不可誣。則能者勸。罪不
可蔽。則違慢日肅。此為國之大略也。臣竊惟陛下聖心。意在盡善。懼政
有違。故精事始以求無失。又以衆官勝任者少。故不委務。寧居日昃
也。臣之愚慮竊以為今欲盡善。故宜考終。何則精始難校故也。又羣
官多不勝任。亦宜委務。使能者得以成功。不能者得以著敗。敗著可
得而廢。功成可得遂任。然後賢能常居位以善事。闇劣不得以尸祿
害政。如此不已。則勝任者漸多。經年少久。即羣司徧得其人矣。此校
才考實政之至務也。今人主不委事仰成。而與諸下共造事。始則功
罪難分。下不專事。居官不久。故能否不別。何以驗之。今世士人決不
恚良能也。又決不恚疲軟也。然今欲舉一忠賢。不知所賞。求一負敗
不知所罰。及其免退。自以犯法耳。非不能也。登進者。自以累資及人
間之舉耳。非功實也。若謂不然。則當今之政。未稱聖旨。此其徵也。陛
下御今法為政。將三十年。而功未日新。其咎安在。古人有言。琴瑟不
調。甚者必改而更張。凡臣所言。誠政体之常。然古今異宜。所遇不同。
陛下縱未得盡仰成之理。都委務於下。至如今事應奏御者。蠲除不
急。使要事得精。可三分之二。古者六卿分職。冢宰為師。秦漢已來。九
列執事。丞相都揔。今尚書制斷。諸卿奉成。於古制為重。事所不須然
今未能省并。可出衆事付外寺。使得專之。尚書為其都統。若丞相之
為。惟立法創制。死生之斷。除名流徙。退免大事。及連度支之事。臺乃
奏處。其餘外官皆專斷之。歲終臺閣課功校簿而已。此為九卿造創

事始斷而行之尚書書主賞罰繩之其勢必愈考成司非而已於今親掌者動受成於上下之所失不得復以罪下歲終事功不建不知所責也夫監司以法舉罪獄官案劾盡實法吏據辭守文夫較雖同然至於施用監司與夫法獄体宜小異獄官唯實法吏唯文監司則欲舉大而略小何則夫細過微闕謬妄之失此人情之所必有而悉糾以法則朝野無立人此所謂欲理而反亂者也故善為政者綱舉而網疏綱舉則所羅者廣網疏則小必漏所羅者廣則為政不苛此為政之要也而自近世以來為監司者類大綱不振而微過必舉微過不足以害政舉之則微而益亂大綱不振則豪彊橫肆豪强橫肆則百姓失職矣此錯所急而倒所務之由也今宜令有司反所常之政使天下可善化及此非難也人主不善碎密之案必責犯彊舉充之奏當以盡公則害政之姦自然禽矣夫大姦犯政而亂兆庶之罪

者類出富彊而豪富者其力足憚其貨足欲是以官長顧勢而頓筆下吏縱姦懼所司之不舉則謹密網以羅微罪使奏劾相接狀似盡公而撓法不亮固已在其中矣非徒無益於政体清議乃由此而益傷古人有言曰君子之過如日月之蝕焉又曰過而能改又曰不貳過凡此數者皆是賢人君子不能無過之言也苟不至於害政則皆天網之所漏所犯在甚泰然後王誅所必加此舉罪淺深之大例者也故君子得全美以善事不善者必夷戮以警衆此為政誅赦之準式也何則所謂賢人君子苟不能無過小疵不可以廢其身而輒繩以法則愧於明時何則雖有所犯輕重甚殊於士君子之心受責不同而名不異者故不軌之徒得引名自方以惑衆聽因名可亂假力取直故清議益傷也凡舉過彈違將以肅風論而整世教今舉小過清議益頹是以聖王深識人情而達政体故其稱曰不以一眚掩大

德又曰赦小過舉賢才又曰無求備于一人故冕而前旒充纊塞耳意在善惡之報必取其尤然後簡而不漏大罪必誅法禁易全也何則害法在犯尤而謹搜微過何異放兕豹於公路而禁鼠盜於隅隙古人有言鈇鉞不用而刀鋸日弊不可以為政此言大事緩而小事急也時政所失少有此類陛下宜反而求之乃得所務也夫權制不可以經常政乖不可以守安此言攻守之術異也百姓雖愚望不虛生必因時而發有因而發則望不奪事變異前則時不可違明聖達政應赴之速不及下車故能動合事機大得人情昔魏武帝分離天下使人役居戶各在一方既事勢所須且意有曲為權假一時以赴所務非正典也然逡巡至今積年未改百姓雖身丁其困而私怨不生誠以三方未悉蕩并知時未可以求安息故也是以甘役如歸視險若夷至於吳平之日天下懷靜而東南二方六郡兵將士武吏戍

守江表或給京城運漕父南子北室家分離咸更不寧又不習水土運役勤瘁並有死亡之患勢不可久此宜大見處分以副人望魏氏錯役亦應改舊此二者各盡其理然黔首感恩懷德謳吟樂生必十倍於今也自董卓作亂以至今近出百年四海勤瘁丁難極矣六合渾并始於今日兆庶思寧非虛望也然古今異宜所遇不同誠亦未可以希遵在昔放息馬牛然使受百役者不出其國兵備待事其鄉實在可為縱復不得悉然為之苟盡其理可靜三分之二吏役可不出千里之內但如斯而已天下所蒙已不訾矣政務多端世事之未盡理者難徧以疏舉振領總綱要在三條凡政欲靜靜在息役息役在無為倉廩欲實實在利農利農在平糴為政欲著信著信在簡賢簡賢在官久官久非難也連其班級自非才宜不得傍轉以終其課則事善矣平糴已有成制其未備者可就周足則穀積矣無為匪他

却功作之勤抑似益而損之制如其斯而已則天下靜矣此三者既舉雖未足以厚化然可以為安有餘矣夫王者之利在生天地自然之財農是也所立為損於此事誠有功益苟或妨農皆務所息此悉似益而損之謂也然今天下自有事所必須不得止已或用功甚少而所濟至重目下為之雖少有廢而計終已大益農官有十百之利及其妨害在始似如未急終作大患宜逆加功以塞其漸如河汴將合況萊蜀養則役不可息諸如此類亦不得已已然事患緩急權計輕重自非近如此類準以為率乃可興為其餘皆務在靜息然能善算輕重權審其宜知可興可廢甚難了也自非上智遠才不幹此任夫創業之美勲在垂統使夫後世蒙賴以安其為安也雖昏猶明雖愚若智濟世功者寔在善化之為要在靜國至夫脩飾宮署凡諸作役務為恒傷過泰不患不舉此將來所不須於陛下而自能者也至

於仰蒙前緒所憑日月者實在遺風繫人心餘烈臣幼弱而今勤所不須以傷所憑鈞此二者何務孰急陛下少垂思迴慮詳擇所安則大理盡矣世之私議竊比陛下於孝文臣以為聖德隆殺將在乎後不在當今何則陛下龍飛鳳翔應期踐阼有創業之勳矣掃滅彊吳奄征南海又有之矣以天子之貴而躬行布衣之所難孝儉之德冠于百王又有之矣纖宜無細動咸軌度又有之矣若善當身之政建藩屏之固使晉代久長後世仰瞻遺跡校功考事實與湯武比隆何孝文足云臣之此言非臣下褒上虛美常辭其事實然若所以資為安之理或未盡善則恐良史書勳不得遠盡弘美甚可惜也然不可使夫知政之士得參聖慮縱年小久終必有成願陛下少察臣言

東晉元帝為琅琊王在江南并州刺史劉琨冀州刺史段匹磾上書曰臣聞天生蒸民樹之以君所以對越天地司牧黎元聖帝明王鑒其若此知天地不可以乏饗故屈其身以奉之知黎元不可以無主故不得已而臨之社稷時難則戚藩定其傾郊廟或替則宗哲纂其祀所以弘振遐風式固萬世三五以降靡不由之臣琨臣匹磾頓首頓首死罪死罪伏惟高祖宣皇帝肇基景命世祖武皇帝遂造區夏三葉重光四聖繼軌惠澤侔於有虞卜年過於周氏自元康以來艱禍繁興永嘉之際氛厲彌昏宸極失御登遐醜裔國家之危有若綴旒賴先后之德宗廟之靈皇帝嗣建舊物克甄誕授欽明服膺聰哲玉質幼彰金聲夙振冢宰攝其綱百辟輔其治四海想中興之美羣生懷來蘇之望不圖天不悔禍大災荐臻國未忘難寇害尋興逆胡劉曜縱逸西都敢肆犬羊陵虐天邑臣等奉表使還仍承西朝以去年十一月不守主上幽劫復沉虜廷神器流離再辱荒逆臣每覽史籍觀之前載厄運之極古今未有苟在食土之毛含氣之類莫不叩

心絕氣行號巷哭況臣等荷寵三世位廁鼎司承問震惶精爽飛越且悲且憤五情無主舉哀朔垂上下泣血臣琨臣匹磾頓首頓首死罪死罪臣聞昏明迭用否泰相濟天命未改歷數有歸或多難以固邦國或殷憂以啓聖明齊有無知之禍而小白為五伯之長晉有驪姬之難而重耳以主諸侯社稷靡安必將有以扶其危黔首幾絕必將有以繼其緒伏惟陛下玄德通於神明聖姿合於兩儀應命代之期紹千載之運夫符瑞之表天人有徵中興之兆圖讖垂典自京畿隕喪九服崩離天下嚻然無所歸懷雖有夏之遘夷羿宗姬之離犬戎蔑以過之陛下撫寧江左奄有舊吳柔服以德伐叛以刑抗明威以攝不類仗大順以肅宇內純化既敷則率土宅心義風既暢則遐方企踵百揆時序於上四門穆穆於下昔少康之隆夏訓以為美談宣王之興周詩以為休詠況茂勲格于皇天清輝光于四海蒼生顒

然。莫不欣戴。聲教所加。願為臣妾者哉。且宣皇之胤。唯有陛下。億兆攸歸。曾無與二。天祚大晉。必將有主。主晉祀者。非陛下而誰。是以邇無異言。遠無異望。謳歌者無不吟詠徽猷。獄訟者無不思惟聖德。天地之際既交。華裔之情允洽。一角之獸。連理之木。以為休徵者。蓋有百數。冠帶之倫。要荒之衆。不謀而同辭者。動以萬計。是以臣等敢考天地之心。因函夏之趣。昧死以上尊號。願陛下存舜禹至公之情。狹巢由抗矯之節。以社稷為務。不以小行為先。以黔首為憂。不以克讓為事。上以慰宗廟乃顧之懷。下以釋溥天傾首之望。則所謂生繁華於枯荑。育豐肌於朽骨。神人獲安。無不幸甚。臣琨。臣匹磾。頓首頓首。死罪死罪。臣又聞尊位不可久虛。萬機不可久曠。虛之一日。則尊位以殆。曠之浹辰。則萬機以亂。方今鍾百王之季。當陽九之會。狡寇窺窬。伺國瑕隙。齊人波蕩。無所繫心。安可以廢而不恤哉。陛下雖欲遂怒。其若宗廟何。其若百姓何。昔惠公虜秦。晉國震駭。呂郤之謀。欲立子圉。外以絕敵人之志。內以固闔境之情。故曰。喪君有君。羣臣輯穆。好我者勸。惡我者懼。前事之不忘。後代之元龜也。陛下明並日月。無幽不燭。深謀遠慮。出自胸懷。不勝犬馬憂國之情。遲覲人神開泰之路。是以陳其乃誠。布之執事。臣等各忝守方任。職在遐外。不得陪列闕庭。共觀盛禮。踊躍之懷。南望罔極。

元帝初作相。引熊遠為主簿。時傳北陵被發。帝將舉哀。遠上疏曰。園陵既不親行。承傳言之者。未可為定。且園陵非一。而直言侵犯。遠近弔問。答之宜當有主。謂應更遣使攝河南君。按行得審問。然後可發哀。即宜命將至洛。脩復園陵。討除逆類。昔宋殺無畏。莊王奮袂而起。衣冠相追於道。軍成宋城之下。況此酷辱之大恥。臣子奔馳之日。夫脩園陵。至孝也。討逆叛。至順也。救社稷。至義也。卹遺黎。至仁也。若脩

此四道。則天下響應。無思不服矣。昔項羽殺義帝以為罪。漢祖哭之以為義。劉項存亡。在此一舉。羣賊豺狼。弱於往日。惡逆之甚。重於丘山。大晉受命。未改於上。兆庶謳吟。思德於下。今順天下之心。命貔貅之士。鳴檄前驅。大軍後至。威風赫然。聲振朔野。則上副西土義士之情。下允海內延頸之望矣。

元帝使人齎印板。進張駿為大將軍。自是每歲使命不絕。後駿遣參軍麴護上疏曰。東西隔塞。踰歷年載。夙承聖德。心繫本朝。而江吳寂蔑。餘波莫及。雖肆力脩塗。同盟靡恤。奉詔之日。悲喜交并。天恩光被。褒崇輝渥。即以臣為大將軍。都督陝西雍秦涼州諸軍事。休振寵赫。萬里懷戴。嘉命顯至。銜感屏營。伏惟陛下天挺岐嶷。堂構晉室。遭家不造。播幸吳楚。宗廟有黍離之哀。園陵有殄廢之痛。普天咨嗟。含氣悲傷。臣專命一方。職在斧鉞。遐域僻陋。勢極秦隴。勍雄既死。人懷反正。謂李龍李期之命。曾不崇朝。而皆纂繼凶逆。鴟目有年。東西遼曠。聲援不接。遂使桃蟲鼓翼。四夷諠譁。向義之徒。更思背誕。鉛刀有干將之志。螢燭希日月之光。是以臣前章懇切。欲齊力時討。而陛下雍容江表。坐觀禍敗。懷目前之安。替四祖之業。馳檄布告。徒設空文。臣所以宵吟荒漠。痛心長路者也。且兆庶離主。漸冉經世。先老消落。後生靡識。忠良受梟懸之罰。羣凶貪縱橫之利。懷君戀故。日月告流。雖時有尚義之士。畏逼首領。哀歎窮廬。臣聞少康中興。由於一旅。光武嗣漢。衆不盈百。祀夏配天。不失舊物。況以荊揚慓悍。臣州突騎。吞噬遺羯。在於掌握哉。願陛下數弘臣慮。永念先績。勅司空鑒征西亮等。泛舟江沔。使首尾俱至也。

哀帝隆和初。寇逼河南。太守戴施出奔。冠軍將軍陳祐告急。桓溫使竟陵太守鄧遐率三千人助祐。并欲還都洛陽。上疏曰。巴蜀既平。逆

胡消滅。時來之會既至。休泰之慶顯著。而人事乖違。屢喪王略。復使
二賊雙起。海內崩裂。河洛蕭條。山陵危逼。所以遐迩悲惶。痛心於既
往者也。伏惟陛下稟乾坤自然之姿。挺羲皇玄朗之德。鳳棲外藩。龍
飛皇極。時務陵替。備徹天聽。人之情偽。盡知之矣。是以九域宅心。幽
遐企踵。思佇雲羅。混網四裔。誠宜遠圖廟筭。夫存經略。光復舊京。疆
理華夏。使惠風陽澤。洽被八表。霜威寒飈。陵振無外。豈不允應靈休
天人齊契。今江河悠闊。風馬殊邈。故向義之徒。覆亡相尋。而建節之
士。猶繼踵無悔。況辰極既迴。衆星斯仰。本源既運。枝派自遷。則晉之
餘黎。欣皇德之攸憑。羣凶妖逆。知滅亡之無日。騁思順之心。鼓雷霆
之勢。則二豎之命。不誅而自絕矣。故負通貴於無滯。明哲尚於應機。
砎如石焉。所以成務。若乃海運既徙。而鵬翼不舉。永結根於南垂。廢
神州於龍漢。令五尺之童。掩口而歎息。夫先王經始。玄聖宅心。畫為

九州。制為九服。貴中區而內諸夏。誠以晷度自中。霜露惟均。冠冕萬
國。朝宗四海故也。自彊胡陵暴。中華蕩覆。狼狽失據。權幸揚越。蠖屈
以待龍中之會。潛蟠以俟風雲之期。蓋屯圮所鍾。非理勝而然也。而
喪亂緬邈。五十餘載。先舊徂沒。後來童幼。班荆輟音。積習成俗。遂望
絕於本邦。宴安於所託。眷言悼之。不覺悲歎。臣雖庸劣。才不周務。然
攝官承乏。屬當重任。願竭筋骨。宣力先鋒。翦除荆棘。驅逐豺狼。自永
嘉之亂。播流江表者。請一切北徙。以實河南。資其舊業。反其土宇。勸
農桑之務。盡三時之利。導之以義。齊之以禮。使文武兼宣。信順交暢。
井邑既脩。綱維粗舉。然後陛下建三辰之章。振旂旗之旌。冕旒錫鑾。
朝服濟江。則宇宙之內。誰不幸甚。夫人情昧安難與圖始。非常之事。
衆人所疑。伏願陛下決玄照之明。斷常均之外。責臣以興復之效。委
臣以終濟之功。此事既就。此功既成。則陛下盛勳。比隆前代。周宣之

詠。復興當年。如其不效。臣之罪也。褰裳赴鑊。其甘如薺。
穆帝升平四年。慕容暐僭位。時外則王師及苻堅交侵。兵革不息。內
則暐母亂政。慕容評等貪昏。政以賄成。官非才舉。羣下切齒。尚書左
丞申紹上疏曰。臣聞漢宣有言。與朕共治天下者。其唯良二千石乎。
是以特重此選。必妙盡英才。莫不拔自貢士。歷資內外。用能仁感猛
獸。惠致羣祥。今者守宰。或擢自匹夫兵將之間。或因寵戚藉緣時會。
非但無聞於州閭。亦不經於朝廷。又無考績黜陟幽明。貪惰為惡。無
刑戮之懼。清勤奉法。無爵賞之勸。百姓窮弊。侵賕無已。兵士逋逃。乃
相招為賊盜。風頹化替。莫相糾攝。且吏多則政煩。由來常患。今之見
戶。不過漢之一大郡。而備置百官。加之新立軍號。兼重有過往時。虛
假名位。廢棄農業。公私驅擾。人無聊生。宜并官省職。務勸農桑。秦吳
二虜。僻僭一時。尚能任道捐情。肅諧偽部。況大燕累聖重光。君臨四

海。而可美政或虧。取陵奸寇哉。鄰之有善。衆之所望。我之不脩。彼之
願也。秦吳狡猾。地居形勝。非唯守境而已。乃有吞噬之心。中州豐實。
戶兼二寇。弓馬之勁。秦晉所憚。雲騎風馳。國之常也。而比赴敵後機。
兵不速濟者。何也。皆由賦法靡常。役之非道。郡縣守宰。每於差調之
際。無不舍越殷彊。首先貧弱。行留俱窘。資贍無所。人懷嗟怨。遂致奔
亡。進闕供國之饒。退離蠶農之要。兵豈在多。貴於用命。宜嚴制軍科。
務先饒復。習兵教戰。使偏伍有常。從戎之外。足營私業。父兄有陟岵
之觀。子弟懷孔邇之顧。雖赴水火。何所不從。節儉約費。先王格謨。去
華敦朴。哲后恒憲。故周公戒成王以畜財為本。漢文以皂幃變俗。孝
景宮人弗過千餘。魏武寵賜不盈十萬。薄葬不墳。儉以率下。所以割
肌膚之惠。全百姓之力。謹案後宮四千有餘。僮侍廝養。通兼十倍。日
費之重。價盈萬金。綺縠羅紈。歲增常調。戎器弗營。奢玩是務。今帑藏

虛竭軍士無襜褕之賚牽栩佚王迭以侈麗相尚風靡之化積習成俗臥薪之諭未是甚焉宜罷浮華非要之役峻明婚姻喪葬之條禁絕奢靡浮煩之事出傾宮之女均商農之賦公卿以下以四海為家信賞必罰綱維肅舉者溫猛之首可以懸之白旗秦吳二主可以禮之歸命豈唯不復侵寇而已哉陛下若不遠追漢宗弋綈之模近崇先帝補衣之義臣恐頹風弊俗亦華變靡途中興之歌無以軫之絃詠又抑宇兼并不在一城之地控制戎夷者懷之以德今魯陽上郡重山之外雲陰之北四百有餘而未可以羈服塞表為平寇之基徒孤危託落今善附內駭宜攝就并豫以臨二河通接漕轂擬之丘後重晉陽之戍增南藩之兵戰守之備衛以千金之餌蓄力待時可一舉而滅如其虔劉送死俟之境而斷之可令匹馬不反非唯絕二賊闚闞乃是戡殄之要惟陛下覽焉暐不納

宋少帝在位多愆失范泰上封事極諫曰伏聞陛下時在後園頗習武備鼓鞞在宮聲聞于外黷武掖庭之內諠譁省闥之間不聞將帥之臣統御之主非徒不足以威四夷秖生遠近之怪近者東寇紛擾皆欲伺國瑕隙今之吳會寧過二漢關河根本既搖于何不有如水旱成災役夫不息無寇而戒為費漸多河南非復國有羯虜難以理期此臣所以用忘寢食而干非其位者也陛下踐阼委政宰臣實同高宗諒闇之義而更親狎小人不免近習懼非社稷至計經世之道王言如絲其出如綸下觀而化疾於影響伏願陛下思弘古道式遵遺訓從理無滯任賢勿疑如此則天下歸德宗社惟永詩云一人有慶兆民賴之天高聽卑無幽不察興衰在人成敗易曉未有政治於上而人亂於下者也臣蒙先朝過遇陛下殊私實欲盡心竭誠少報萬分而惛耄已及百疾互生便為永違聖顏無復自盡之路貪及視息陳其狂瞽陛下若能哀其所請留心覽察則臣夕殞于地無恨九泉

歷代名臣奏議卷之七十九

經國

後魏道武帝時劉顯地廣兵强跨有朔裔會其兄弟乖離互官掾張袞上言曰顯志大意高希冀非望乃有參天貳地籠罩宇宙之規吳不并越將為後患今因其內釁宜速乘之若輕師獨進或恐越逸可遣使告慕容垂共相聲援東西俱舉勢必擒之然後總括英雄撫懷遐邇此千載一時不可失也

明元帝永興二年袞又上疏曰臣既庸人志無殊操值太祖誕膺期運天地始開參戎氛霧之初馳驅革命之會託翼鄧林寄鱗溟海遂荷恩寵榮兼出內陛下龍飛九五仍參顧問曾無微誠塵山露海今舊疾彌留氣力虛頓天罰有罪將塡溝壑然犬馬戀主敢不盡言方今中夏雖平九域未一西有不賓之羌南有逆命之虜岷蜀殊風遼海

異教雖天挺明聖撥亂乘時而因機撫會實須經略介焉易失功在人謀伏願恢崇睿道克廣德心使揖讓與干戈並陳文德與武功俱運則太平之化康哉之美復隆於今不獨前世昔子囊將終寄言城郢荀偃辭唅遺恨在齊臣雖闇劣敢忘前志魂而有靈結草泉壤

泰常元年晉劉裕伐姚泓舟師自淮入河欲泝河西上假道於魏魏羣臣咸以寇不可縱宜先發軍斷河上流勿令西過明元將從之博士祭酒崔浩曰此非上策司馬休之之徒擾其荊州劉裕切齒已久今興死子劣乘其危亡而伐之臣觀其意必欲入關勁躁之人不顧後患今若塞其西路裕必上岸北侵如此則姚無事而我受敵今蠕蠕內寇民食又乏不可發軍發軍赴南則北寇進擊若其救北則東州復危未若假之水道縱裕西入然後興兵塞其東歸之路所謂卞莊刺虎兩得之勢也使裕勝也必德我假道之惠令姚氏勝也亦不失救隣之名縱使裕得關中縣遠難守彼不能守終為我物今不勞兵馬坐觀成敗鬬兩虎而收長久之利上策也夫為國之計擇利而為之豈顧婚姻酬一女子之惠哉假令國家棄恒山以南裕必不能發吳越之兵與官軍爭守河北居然可知也

二年晉齊郡太守王懿降魏上書陳計稱劉裕在洛勸魏以軍絕其後路則裕軍可不戰而克書奏帝善之問博士祭酒崔浩曰劉裕西伐前軍已至潼關其事如何以卿觀之事得濟否浩對曰昔姚興好養虛名而無實用子泓又病衆叛親離裕乘其危兵精將勇以臣觀之克之必矣帝曰劉裕武能何如慕容垂浩曰裕勝帝曰試言其狀浩曰慕容垂乘父祖世君之資生便尊貴同類歸之若夜蛾之赴火少加倚仗便足立功劉裕挺出寒微不階尺土之資不因一卒之用奮臂大呼而滅桓玄北擒慕容超南摧盧循等僭晉陵遲遂執國命

裕若平姚而還必篡其主其勢然也秦地戎夷混并虎狼之國裕亦不能守之風俗不同人情難變欲行荊揚之化於三秦之地譬無翼而欲飛無足而欲走不可得也若留衆守之必資於寇孔子曰善人為邦百年可以勝殘去殺今以秦之難制一二年間豈裕所能哉且可治戎束甲息民備境以待其歸秦地亦當終為國有可坐而守也帝曰裕已入關不能進退我遣精騎南襲彭城壽春裕亦何能自立浩曰今西北一寇未殄陛下不可親御六師兵衆雖盛而將無韓白長孫嵩有治國之用無進取之能非劉裕敵也臣謂待之不晚帝笑曰卿量之審矣浩曰臣嘗私論近世人物不敢不上聞若王猛之治國苻堅之管仲也慕容玄恭之輔少主慕容暐之霍光也劉裕之平逆亂司馬德宗之曹操也

世祖神麚二年議擊蠕蠕朝臣內外盡不欲行保太后固止帝帝皆

不聽。唯大常卿崔浩讃成策略。尚書令劉潔、左僕射安原等。乃使黃門侍郎仇齊推赫連昌、太史張淵、徐辯說世祖曰。今年己巳。三陰之歲。歲星襲月。太白在西方。不可舉兵北伐。必敗。雖剋不利於上。又羣臣共讚和淵等。云淵少時嘗諫苻堅不可南征。堅不從而敗。今天時人事都不和協。何可舉動。帝意不決。乃召浩令與淵等辯之。浩難淵曰。陽者德也。陰者刑也。故日蝕脩德。月蝕脩刑。夫王者之用刑。大則陳諸原野。小則肆之市朝。戰伐者用刑之大者也。以此言之。三陰用兵。蓋得其類。脩刑之義也。歲星襲月。年飢民流。應在他國。遠期十二年。太白行蒼龍宿。於天文為東。不妨北伐。淵等俗生。志意淺近。牽於小數。不達大體。難與遠圖。臣觀天文。比年以來。月行奄昴。至今猶然。其占三年天子大破旄頭之國。蠕蠕高車。旄頭之衆也。夫聖明御時。能行非常之事。古人語曰。非常之原。黎民懼焉。及其成功。天下晏然。

願陛下勿疑也。淵等慙而言曰。蠕蠕荒外無用之物。得其地不可耕而食。得其民不可臣而使。輕疾無常。難得而制。有何汲汲而苦勞士馬也。浩曰。淵言天時。是其所職。若論形勢。非彼所知。斯乃漢世舊說常談。施之於今。不合事宜也。何以言之。夫蠕蠕者。舊是國家北邊叛隷。今誅其元惡。收其善民。令復舊役。非無用也。漢北高涼。不生蚊蚋。水草美善。夏則北遷。田牧其地。非不可耕而食也。蠕蠕子弟來降。貴者尚公主。賤者將軍大夫。居滿朝列。又高車號為名騎。非不可臣而畜也。夫以南人追之。則患其輕疾。於國兵則不然。何者。彼能遠逐。與之進退。非難制也。且蠕蠕往數入國。民吏震驚。今夏不乘虛掩進。破滅其國。至秋復來。不得安臥。自太宗之世。迄於今日。無歲不驚。豈不汲汲乎哉。世人皆謂淵辯通解數術。明決成敗。臣請試之。問其西國未滅之前。有何亡徵。知而不言。是其不忠。若實不知。是其無術。時赫

連昌在座。淵等自以無先言。慙赧而不能對。世祖大悅。謂公卿曰。吾意決矣。亡國之師。不可與謀。信矣哉。而保太后猶難之。復令羣臣於保太后前評議。世祖謂浩曰。此等意猶不服。卿曉之令悟。既罷朝。或有尤浩者曰。今吳賊南寇而舍之北伐。行師千里。其誰不知。若蠕蠕遠遁。前無所獲。後有南賊之患。危之道也。浩曰。不然。今年不摧蠕蠕。則無以禦南賊。自國家并西國以來。南人恐懼。揚聲動衆。以衛淮北。彼北我南。彼勞我息。其勢然矣。比破蠕蠕往還之間。故不見其至也。何以言之。劉裕得關中。留其愛子精兵數萬。良將勁卒。猶不能固守。舉軍盡決。號哭之聲。至今未已。如何正當國家休明之世。士馬彊盛之時。而欲以駒犢齒虎口也。設令國家與之河南。彼必不能守之。自量不能守。是以必不來。若或有衆。備邊之軍耳。夫見瓶水之凍。知天下之寒。嘗肉一臠。識鑊中之味。物有其類。可推而得也。且蠕蠕恃其

絕遠。謂國家力不能至。自寬來久。故夏則散衆放畜。秋肥乃聚。背寒向溫。南來寇抄。今出其慮表。攻其不備。大軍卒至。必驚駭星分。望塵奔走。牡馬護羣。牝馬戀駒。驅馳難制。不得水草。未過數日。則散而困敝。可一舉而滅。暫勞永逸。長久之利。時不可失也。唯患上無此意。今聖慮已決。發曠世之謀。如何止之。陋矣哉。公卿也。諸軍遂行。

時南藩諸將表宋大嚴。欲犯河南。請兵三萬。先其未發逆擊之。因誅河北流民在界上者。絕其鄉道。足以挫其銳氣。使不敢深入。詔公卿議之。咸言宜許。左光祿大夫崔浩曰。此不可從也。往年國家大破蠕蠕。馬力有餘。南賊震懼。常恐輕兵奄至。臥不安席。故先聲動衆。以備不虞。非敢先發。又南土下濕。夏月蒸暑。水潦方多。草木深邃。疾疫必起。非行師之時。且彼先嚴有備。必堅城固守。屯軍攻之。則糧食不給。分兵肆討。則無以應敵。未見其利。就使能來。待其勞倦。秋涼馬肥。因

敵取食徐往擊之萬全之計勝必可克在朝羣臣及西北守將從陛下征討西滅赫連北破蠕蠕多獲美女珍寶馬畜成羣南鎮諸將聞而生喜亦欲南抄以取資財是以披毛求瑕妄張賊勢冀得肆心既不獲聽故數稱賊動以恐朝廷背公存私為國生事非忠臣也世祖從浩議南鎮諸將復表賊至而自陳兵少簡幽州以南戍兵佐守就漳水造船嚴以為備公卿議者僉然欲遣騎五千并假署司馬楚之魯軌韓延之等令誘引邊民浩曰非上策也彼聞幽州已南精兵悉發大造舟船輕騎在後欲存立司馬誅除劉族必舉國駭擾懼於滅亡當悉發精銳來備北境後審知官軍有聲無實恃其先聚必喜而前行徑來至河肆其侵暴則我守將無以禦之若彼有見機之人善設權譎乘間深入虞我國虛生變不難非制敵之良計今公卿欲以威力攘賊乃所以招令速至也夫張虛聲而召實害此之謂矣不可

不思後悔無及我使在彼期四月前還可待使至審而後發猶未晚也且楚之之徒是彼所忌將奪其國彼安得端坐視之故楚之往則彼來止則彼息其勢然也且楚之等瑣才能招合輕薄無賴而不能成就大功為國生事使兵連禍結必此之羣矣臣嘗聞魯軌說姚興求入荊州至則散敗乃不免南賊掠賣為奴使禍及姚泓已然之效浩復陳天時不利於彼曰今茲害氣在揚州不宜先舉兵一也午年自刑先發者傷二也日蝕滅光晝昏星見飛鳥墮落宿值斗牛憂在危亡三也熒惑伏匿於翼軫戒亂及喪四也太白未出進兵者敗五也夫興國之君先脩人事次盡地利後觀天時故萬舉而萬全國安而身盛今義隆新國是人事未周也災變屢見是天時不協也舟行水涸是地利不盡也三事無一成自守猶或不安何得先發而攻人哉彼必聽我虛聲而嚴我亦承彼嚴而動兩推其咎皆自以為應敵

兵法當分災迎受害氣未可舉動也世祖不能違衆乃從公卿議浩復固爭不從遂遣陽平王杜超鎮鄴琅琊王司馬楚之等屯潁川於是賊來遂疾到彥之自清河入河泝流西行分兵列守南岸西至潼關世祖聞赫連定與宋懸分河北乃治兵欲先討赫連羣臣曰劉義隆猶在河中舍之西行前寇未可必剋而義隆乘虛則失東州矣世祖疑焉問計於浩浩曰義隆與赫連定同惡相招連結馮跋牽引蠕蠕規肆逆心虛相唱和義隆望定進定待義隆前皆莫敢先入以臣觀之有似連雞不得俱飛無能為害也臣始謂義隆軍來當屯住河中兩道北上東道向冀州西道衝鄴如此則陛下當自致計不得徐行今則不然東西列兵徑二千里一處不過數千形分勢弱以此觀之儜兒情見止望固河自守免死為幸無北度意也赫連定殘根易摧擬之必仆剋定之後東出潼關席卷而前則威震南極江淮以北

無立草矣聖策獨發非愚近所及願陛下西行勿疑平涼既平其日宴會太武執浩手以示蒙遜使曰所云崔公此是也才略之美當今無比朕行止必問成敗決焉若合符契初無失矣

孝明帝時靈太后臨朝司徒侍中尚書令任城王澄表曰伏惟世宗宣武皇帝命將授旗隨陸啓顙運籌制勝淮漢自賓節用勞心志清六合是故纘武脩文仍世彌盛陛下當周康靖治之時豈得晏安於玄默然取外之理要由內彊圖人之本先在自備蕭衍雖虐使其民而窺覦不已若遇我虛疲士民凋窘賊衍年老志張思播虺毒此之弗圖恐受其病伏惟陛下妙齡在位聖德方昇皇太后揔御天機乾乾夕惕若留意於負荷忿車書之未一進賢拔能重官人之舉擇賞忠清旌養人之器脩干戈之用畜熊虎之士愛時鄙財輕寶重穀七八年間陛下聖略方剛親王德幹壯茂將相膂力未衰愚臣猶堪戎

伍荷戈帶甲之衆蓄銳於今燕弘冀馬之盛尭如在昔又賊衍惡積禍盈勢不能久子弟鬩悖釁逆已彰亂亡之兆灼然可見兼弱有徽天與不遠大同之機宜須蓄備昔漢帝力疾討滅英布高皇卧病親除顯達夫以萬乘之主豈忘宴安實以侵名亂正計不得已今宜慕二帝之遠圖以靈寧為大任然頃年以来東西難寇艱虞之興首尾連接雖尋得翦除亦大損財力且飢饉之氓散亡莫保收入之賦不增出用之費彌衆不愛力以悅民無豐貲以待敵此臣所以夙夜懷憂悚息不寧者也易曰何以守位曰仁何以聚人曰財故曰財者非天不生非地不長非時不成非人不聚生聚之由如此其難集人守位若此之重興替之道焉可不慮又古者使民歲不過三日食壯者之粮任老者之事此雖太平之法難卒而困然妨民害財不亦宜戒今墉雉素脩廐庫崇列雖府寺膠墊少有未周大抵省府粗得庇態

理務諸寺靈塔俱足致虔講道唯明堂辟雍國禮之大秉冬司徒兵至請籌量減徹專力經營務令早就其廣濟數施之財酬商互市之獘凡所營造自非供御切須戎仗急要亦宜徽減以務卑積庶府無橫損民有全力夫食土簋而嫣德昭卑寢室而禹功盛章臺麗而楚力衰阿宮壯而秦財竭存亡之由灼然可覩願思前王一同之功畜力聚財以待時會

後周武帝時將圖東討詔邊城鎮並益儲偫加戍卒齊陳二國聞之亦增脩守禦柱國于翼諫曰宇文護專制之日興兵至洛不戰而敗所喪實多數十年委積一朝糜散雖為護無制勝之策亦由敵人之有備也且疆埸相侵互有勝敗徒損兵儲非策之上者不若解邊嚴減戍防繼好息民敬待來者彼必喜於通和懈而少備然後出其不意一舉而山東可圖若猶習前蹤恐非蕩定之計帝納之

唐高祖武德二年欲棄大河以東謹守關西秦王世民請曰太原王業所基國之根本河東殷實京邑所資若舉而棄之臣竊憤恨願假臣精兵三萬必平殄武周克復汾晉唐主於是發關中兵以益世民使擊武周

武后時麟臺正字陳子昂上軍國機要疏曰臣竊聞宗懷昌等軍失律者乃被逆賊詐造官軍文牒誑召懷昌昌等專愚無備陷没今諸軍敗失東蕃固知然恐安東阻隔未審此詐國家若無私契與安東往來臣恐凶賊多端詐偽復設萬一被其矯命更失其圖乃是資長賊權没陷府城此固宜天恩已應先有處分然臣愚見不敢不言又賊初勝不即西侵者深恐圍略安東以自全計若安東被圍累則遼東以来非國所制伏乞天恩早為圖之臣聞天子義兵不可以怒發怒則衆懼急則人搖則賊得其勢故昔者聖人守靜以制亂持重以服姦大義常存人無疑懼臣伏見恩制免天下罪人及募諸色奴充兵討擊者是捷急之計非天子之兵且比来

刑獄久清罪人全少奴多怯弱非慣征行縱其募集未足可用況當今天下忠臣勇士萬分未用其一契丹小孽假命待誅何勞免罪贖奴損國大義且陛下富有四海一戰未勝遽即免罪募奴若更有他虞復何徵發臣恐此不可威示天下臣聞聖人制事必理未萌所以姦不敢謀賊不得起臣聞吐蕃近日將兵圍瓜州數日即退或云此賊通使墨啜恐瓜沙止遏故以此兵送之臣雖未信然惟國家比来勍敵者在此兩蕃至於契丹小醜未之比類今國家為契丹大發河東道及六胡州緩延丹隰等州稽胡精兵悉赴營州而緣塞空虛靈夏獨苦今水生河合且旱秋馬肥秦中北據隴右亦關東隣黨凶羯姦謀覘知此隙驅其醜類大盜秦關隴右馬群是國所寶防備遠策良宜預圖不可竭塞上之兵使凶虜得計伏願詳審臣聞所養非所用所用非所養理家必斃在國必危故明君不畜無用之臣慈父不畜無益之子今朝廷五品三品受國寵榮天恩賞賜府庫虛耗食

人之祿死人之事息養聖朝甚矣厚矣亟邊有小賊則去無人驅使又勞
聖恩遠訪外人外人先無寵祿臨難又不肯殉節然則國之所養者捴無用之臣朝之所遺者乃有用之士今不收有用厚養無用欲令忠賢効力凶賊滅亡以臣愚見理不可得近者遼軍張玄遇等喪律實由內外不同心乖相或賣國樹恩近臣或附勢私謁祿重者以拱默為智任權者以傾巧為賢羣居雷同以殉私為能婿妻保子以奉國為愚陛下又寬刑漏網不循名實遂令綱紀日廢姦究滋多今國家第一要者在稍寬兵期山南淮南去幽州四千里所司使十月上旬到計日行百里四十日方到即今水雨如此又徵符到彼未久當日辦發猶不及期況未辦發月日行不可百里違限者死國有常刑到不及期懼罪逃散為賊此更生一患縱倍程趂期亦恐不及若違不誅則軍不可統若違必誅則全衆皆怨況兵疲不堪用吳廣陳勝為盜由此切急切急即目江南淮南諸州租船數千艘已

至鞏洛計有百餘萬斛所司便勒往幽州納充軍糧其船夫多是客戶遊手墮業無賴雜色今發家來時唯作入都資料今已到京又勒往幽州幽州去此二千餘里還又二千餘里方寒冰凍一無資糧國家更無優恤但切勒赴限比聞丁夫皆甚愁歎又諸州行綱承前多缺勾至都余納今儻有此類而向滄瀛余納則山東來來必二百已上百姓必擾動今國家不優恤又無識事明了人撿點勾當知租米見在虛實又未宣恩旨慰勞兵夫唯切勒赴限儻在道逃亡此糧有萬一非意損失則東軍二十萬衆坐自取敗為賊所圖切急切急揚玄感以此為亂實軍國大命山東百姓國家比以供軍矜不點募近聞衆軍失利山東人驕慢乃謂國家怕其豬豪未敢徵發今街談巷議多有苟且之心伺國瑕隙頗搖風俗國家大政須人無貳心若縱懷貳姦亂必漸臣伏思即日山東愚人有亡命不事產業者有遊俠姦盜者有姦豪强宗者有交通州縣造罪過者如此等色皆是姦雄國家又不以法制役之臣恐無賴子弟暴橫日廣上不為國法所制下不為州縣所羈又不從軍又不守業坐觀成敗養其姦心在於國家甚非長計以臣愚見望降勅使臣與州縣相知子細採訪有麤豪游俠亡命姦盜失業漂食富族强宗者並稍優與賜物悉募從軍仍宣恩旨慰勞以禮散遣若如此則山東浮人安於太山一者以慴姦豪異心二者得精兵討賊不煩寃怨稽胡等又身既在軍則父兄子弟自不敢為過昔漢祖征山東使蕭何鎮關中漢軍數敗蕭何每發關中子弟以助漢軍三秦無盜亂之患漢軍有强雄之勢蓋以此道也夫亂羣敗衆者唯在姦雄姦雄既羈亂弊自息伏乞聖恩早留之詩云無縱詭隨式遏寇虐紫袍緋袍綠袍金帶牙笏告身金銀器物等即日軍衆已集入賊有期臣欲募死士三萬人長驅賊庭一戰掃定軍中未有高爵重賞無以勵

勇使貪伏望天恩賜給前件袍帶告身器物二千事庶以勸勵士衆未敢虛用比來將軍不明賞罰所以兵不齊心今衆十五萬衆戈甲糧餉日費萬金不早剋定恐所費弥廣山東百姓貧弊不可再役特乞天恩允臣所請

肅宗為太子安祿山亂建寧王倓與親兵扈車駕度渭百姓遮道留太子太子使喻曰至尊播遷吾可以違左右乎倓進說曰逆胡亂常四海崩分不因人情圖興復雖欲從上入蜀而散關以東非國家有矣大孝莫若安社稷殿下當募豪傑趣河西收牧馬令防邊屯士不下十萬而光弼子儀全軍在河朔與謀興復策之上者廣平王亦贊之於是議定

德宗時翰林學士陸贄論關中事宜奏曰臣頃覽載籍每至理亂廢興之際必反覆參考究其端由與理同道罔不興與亂同趣罔不廢

此理之常也其或措置不異安危則殊此時之變也至於君人有大柄立國有大權得之必強失之必弱是則歷代不易百王所同夫君人之柄在明其德威立國之權在審其輕重德與威不可偏廢也輕與重不可倒持也蓄威以昭德偏廢則危居重以馭輕倒持則悖悖威則德喪於身取敗之道也失重則輕移諸已啟禍之門也陛下天錫勇智志期削平忿茲昏迷整旅奮伐海內震疊莫敢寧居此誠英主撥亂拯物不得已而用之然威武四加非謂蓄矣所可兢兢保惜慎守而不失者唯居重馭輕之權耳陛下又果於成務急於應機竭國以奉軍傾中以資外倒持之勢今又佀焉臣是以疚心如狂不覺妄發輒踰顧問之旨深測憂危之端此臣之愚於自量而忠於事主之分也古人所謂愚夫言之而明主擇之惟陛下幸留聽焉臣聞國家之立也本大而末小是以能固又聞理天下者若身之使臂臂之

使指則小大適稱而不悖焉身所以能使臂者身大於臂故也臂所以能使指者臂大於指故也王畿者四方之本也京邑者又王畿之本也其勢當令京邑如身王畿如臂四方如指故用即不悖處則不危斯乃居重馭輕天子之大權也非獨為御諸夏而已抑又有鎮撫戎狄之術焉是以前代之制轉天下租稅委之京師徙郡縣豪傑處之陵邑選四方壯勇實之邊城其賦役則輕近而重遠也其惠化則悅近以來遠也太宗文皇帝既定大業萬方底乂猶務戎備不忘慮危列置府兵分隸禁衛大凡諸府八百餘所而在關中者殆五百焉舉天下不敵關中則居重馭輕之意明矣承平漸久武備浸微雖府衛具存而卒乘罕習故祿山竊倒持之柄乘外重之資一舉滔天兩京不守尚賴經制頗存典刑彊本之意則忘緣邊之備猶在加以諸牧有馬每州有糧故肅宗得以為資中復興運乾元之後大憝初夷

繼有外虞悉師東討邊備既弛禁戎亦空吐蕃乘虛深入為寇故先皇帝莫與為禦避之東遊是皆失居重馭輕之權忘深根固柢之慮內寇則崤函失險外侵則汧渭為戎于斯之時朝市離析事變可慮須臾萬端雖有四方之師寧救一朝之患陛下追想及此豈不為之寒心哉尚賴宗社威靈先皇仁聖攘卻醜類再安宸居城邑具全宮廟無實此又非常之幸振古所未聞焉足以見天意之於皇家保佑深矣故示大儆將弘永圖陛下誠宜上副玄心下察時變遠考前代成敗近鑒國朝盛衰垂無疆之休建不拔之業今則勢可危慮又甚於前伏惟聖謀已有成算愚臣未達敢獻所憂先皇帝還自陝郛懲艾往事稍益禁衛漸脩邊防是時關中有朔方涇原隴右三帥以扞西戎河東有太原全軍以控北虜此四軍者皆聲勢雄盛士馬精彊又徵諸道戍兵每歲乘秋備塞尚不能保固封守遏其奔衝京師戒

嚴比比而有陛下嗣膺寶位威懾殊鄰蠢茲昆夷猶肆毒蠚舉國來寇志吞岷梁貪冒既深覆亡幾盡遂求通好少息交侵蓋緣馬喪兵亡務以計謀相緩固非畏威懷德必欲守信結和所以歷年優柔竟未堅定要約息兵稍久育馬漸蕃必假小事忿爭因復大肆侵掠張光晟又於振武誘殺羣胡自爾已來絕無虞使其為嫌怨是可明徵借如吐蕃實和回紇無憾戎狄貪詐乃其常情苟有便利可窺豈肯端然自守今朔方太原之眾遠在山東神策六軍之兵繼出關外儻有賊臣啗寇黠虜窺邊伺隙乘虛撤犯亭障此愚臣所竊為憂者也未審陛下其何禦之側聞伐叛之初議者多易其事僉謂有征無戰役不逾時計兵未甚多度費未甚廣於事為無擾於人為不勞曾不料兵連禍挐變故難測日引月長漸乖始圖故前志以兵為凶器戰為危事至戒至慎不敢輕用之者蓋為此也當勝而反敗當安而倒

危變。亡而為存。化小而成大。在覆掌之間耳。何可不畏而重之乎。近事甚明。是以為鑒。往歲為天下所患。咸謂除之則可致昇平者。李正己、李寶臣、梁崇義、田悅是也。往歲為國家所信。咸謂任之則可除禍亂者。朱滔、李希烈是也。既而正己死。李納繼之。寶臣死。惟岳繼之。崇義卒。希烈叛。惟岳戮。朱滔攜。然則往歲之所患者。四去其三矣。而患竟不衰。往歲之所信者。今則自叛矣。而又難保。是知立國之安危在勢。任事之濟否在人。勢苟安。則異類同心也。勢苟危。則舟中敵國也。陛下豈可不追鑒往事。惟新令圖。循偏廢之柄以靖人。復倒持之權以固國。而乃孜孜汲汲。極思勞神。徇無已之求。望難必之效。其於為人除害之意則已至矣。其為宗社自重之計恐未至焉。自頃將帥徂征。久未盡敵。苟以藉口。則請濟師。陛下乃為之輟邊軍。缺環衛。虛內廄之馬。竭武庫之兵。占將家之子以益師。賦私養之畜以增騎。猶且

未戰則曰乏財。陛下又為之算室廬。貸商賈。傾司府之幣。設請榷之科。關輔之間。徵發已甚。宮苑之內。備衛不全。萬一將帥之中。又如朱滔、希烈。或負固邊壘。誘致豺狼。或竊發郊畿。驚犯城闕。此亦愚臣所竊為憂者也。未審陛下復何以備之。以陛下聖德君臨。率土欣戴。非常之虞。豈所宜言。然居安備危。哲王是務。以言為諱。中主不行。若備之已嚴。則言亦何害。儻忽而未備。又安可勿言。臣是以罄陳狂愚。無所諱避。罔敢以中主不行之事。有虞於聖朝也。惟陛下熟察之。過防之。且今之關中。即古者邦畿千里之地也。王業根本。於是在焉。秦嘗用之以傾諸侯。漢嘗因之以定四海。蓋由憑山河之形勝。宅田里之上腴。弱則內保一方。當天下之半。可以養力俟時也。彊則外制東夏。據域中之大。可以蓄威昭德也。豪勇之在關中者。與籍於營衛不殊。車乘之在關中者。與列於廄牧不殊。財用之在關中者。與貯於帑藏

不殊。有急而須。一朝可聚。今執事者先拔其本。棄重取輕。所謂倒持太阿。授人以柄。議制置則彊幹弱枝之術反。語綏懷則悅近來遠之道乖。求諸通方。無適而可。顧臣庸懦。竊為陛下惜之。往者不可追。來者猶可補。臣不勝惓惓憂國之至。輒敢効其狂鄙。以備採擇之一端。陛下儻俯照微誠。過聽愚計。使李芃援東洛。懷光救襄城。希烈兇徒勢必退衂。則所遣神策六軍士馬及點召節將子弟東行應援者。悉可追還。河北既有馬燧、抱真。固亦無藉李晟。亦令旋旆。完復禁軍。明勅涇隴邠寧。但令嚴備封守。仍云更不徵發。使知各保安居。又降德音。勞徠畿甸。具言京輦之下。百役殷繁。且又萬方會同。諸道朝奏。卹勤懷遠。理合優容。其京城及畿縣所稅間架、搉酒、抽貫、貸商、點召等。諸如此類。一切停罷。則冀已輸者弭怨。見處者獲寧。人心不搖。邦本自固。禍亂無從而作。朝廷由是益尊。然後可以度時宜。施教令。弛張

自我。何有不從。端本整棼。無易於此。

贄又請撫循李楚琳疏曰。右件官比緣性行無良。多為時議所惡。頻被封章論奏。書其心挾兩端。若不隄防。恐妄生窺伺。謂宜斥絕。用杜姦邪。近者鳳翔使來。絕不蒙恩召見。滯留數輩。並未放還。伏恐陛下不忍忿心。頗從輿議。以臣愚戇。竊謂非宜。李楚琳乘時艱危。傲擾岐下。賊殺戎帥。款結兇渠。奉天之圍。頗亦有助。其於叛亂。海內彰聞。論者今始紛紛。何知見之晚耶。但以乘輿未復。大憝猶存。勤王之師悉在畿內。急宣速告。晷刻是爭。商嶺則道迂且遙。雒谷復為盜所扼。僅通王命。唯在褒斜。此路若又阻艱。南北遂將夐絕。以諸鎮危疑之勢。居二逆誘脅之中。洶洶羣情。各懷向背。彼勝則往。我勝則來。其間事機。不容蹉跌。儻或楚琳發憾。公肆猖狂。南塞要衝。東延巨猾。則我咽喉梗而心膂分矣。其勢豈不甚病哉。且楚琳本懷唯惡是務。今觖

两端顧望。乃是天誘其衷。故通歸塗。將濟大業。陛下誠宜深以為念厚加撫循。得其持疑。使足集事。儻能遷善。亦可濟師。今若徇褊狭之談。露猜阻之跡。懼者甚衆。豈唯一夫。自昔能建奇功。或拯危厄。未必皆是絜矩之士。温良之徒。驅駕擾馴。唯在所馭。朝稱凶悖。夕謂忠純。始為冠讎。終作卿相。知陳平無行而不棄。忿韓信自王而遂封。蒯通以析理獲全。雍齒以積恨先賞。此漢祖所以恢帝業也。置射鉤之賊而任其才。釋斬袪之怨以免於難。此桓文所以弘霸功也。然則當事之要。雖罪惡不得不容。適時之宜。雖仇讎不得不用。陛下必欲精求素行。追抉宿疵。則是改過不足以補愆。自新不足以贖罪。凡今將吏。豈得盡無疵瑕。人皆省思。孰免疑畏。又况阻命之輩。脅從之流。自知負恩。安敢歸化。斯釁非小。所宜速圖。孔子曰。人而不仁。疾之已甚。亂也。又曰。小不忍。則亂大謀。君陳曰。無忿疾于頑。又曰。必有忍。其乃有濟。伏願陛下必以英主大略。聖人格言為元龜。固不可納豎儒小忠。以虧撓興復之業也。臣不勝憂國至計。謹啓事以聞。

贄又論從賊中赴行在官狀曰。欽溆奉宣聖旨。近日往往有甲官從山北來。皆稱自京城偷路奔赴行在。大都此輩多非良善。有一邢建論說賊中体勢。語最張皇。察其事情。頗是窺覘。今且令留在一處安置。如此之類。更有數人。若不根尋。恐有姦計。卿宜商量如何穩便者。臣伏以任總百揆者。與一職之守不同。富有萬國者。與百揆之体復異。蓋尊領其要。卑主其詳。尊尚恢弘。卑務近細。是以練覈小事。糺察微姦。此有司之守也。維御萬樞。選建庶長。總綱而衆目咸舉。明通而羣方自通。此大臣之任也。愚智兼納。洪纖靡遺。蓋之如天。容之如地。垂旒黈纊。而黜其聰察。匿瑕藏疾。而務於包含。不示威。而人畏之如雷霆。不用明。而人仰之如日月。此天子之德也。以卑而僭用尊道。則

職廢于下。以尊而降代卑職。則德喪于上。職廢則事不舉。德喪則人不歸。事不舉者。弊雖切而患輕。人不歸者。釁侶微而禍重。茲道得失。所關興亡。聖王知宇宙之大。不可以耳目周。故清其無為之心。而觀物之自為也。知億兆之多。不可以智力勝。故壹其至誠之意。而感人之不誠也。異於是者。乃以一人之聽覽。而欲窮宇宙之變態。以一人之防慮。而欲勝億兆之姦欺。役智彌精。失道彌遠。故宣尼述陶唐之盛曰。惟天為大。惟堯則之。周詩美文王之德曰。不識不知。順帝之則。是皆覆育萬物。渾然大同。無好無惡。不忌不克之謂也。項籍納秦降卒二十萬。慮其懷詐復叛。一舉而盡坑之。其於防虞亦已甚矣。漢高豁達大度。天下之士至者。納用不疑。其於備慮可謂疏矣。然而項氏以滅。劉氏以昌。蓄疑之與推誠。其效固不同也。秦皇嚴衛雄猜。而荊軻奮其陰計。光武寬容博厚。而馬援輸其款誠。豈不以虛懷待人。人亦思附。任數御物。物終不親。情思附。則感而悅之。雖寇讎化為心膂。有矣。意不親。則懼而阻之。雖骨肉結為仇慝。有矣。臣故曰。茲道得失。所關興亡。伏惟陛下睿哲文思。光被四表。孝友勤儉。行高百王。然猶化未大同。俗未至理者。良以智出庶物。有輕待人臣之心。思周萬機。有獨馭區寓之意。謀吞衆略。有過慎之防。明照羣情。有先事之察。嚴束百辟。有任刑致理之規。威制四方。有以力勝殘之志。由是才能者怨於不任。忠藎者憂於見疑。著勳業者懼於不容。懷反側者迫於攻討。馴致離叛。構成禍災。兵連于外。變起于內。歲律未半。乘輿再遷。國家艱屯。古未嘗有。以陛下至聖之德。而遘茲殷憂之期。夫其或者。欲大啓寤心。儆小失而崇丕業耳。臣謂陛下當奉若天意。追咎已然。凡所致寇之由。悉已詳知其故。將華前弊。以消羣疑。今承德音。尚襲流誤。若未悔禍。何由弭災。臣獲蒙過知。又辱下問。若務順旨。是為欺天。

膺敢指陳。靡裨闕漏。往歲初奮師旅。四征不庭。義烈之徒。人思自効。
捨逆歸欵者繼獻于闕下。陳諆諫失者爭詣于禁門。陛下能於此時。
乘軍氣之方雄。因人心之願盡。輟沐吐哺。虛襟延懷。海納風行。不疑
不滯。功者報之。義者旌之。直者獎之。才者任之。其或有志而無補於
時。敢言而不當其理。亦必恕其妄作。録其善心。幷皆優容。以禮進退。
如此。則海內風靡。翕然歸心。賢愚咸懷。小大畢力。羣醜曾何足
平。臣固知必已理安。必無奉天之難矣。其所以孕禍胎。而索義氣者
在乎獨斷宸慮。專任睿明。降附者意其窺覦。輸誠者謂其遊說。論官
軍撓敗者猜其挾姦。毀泚陳兇黨强狡者疑其為賊張皇。獻計者防
其漏言。進諫者憚其宣謗。凡此之類。悉貽聖憂。咸使拘留。謂之安置。
或詰責而寘於客省。或勞慰而延於紫庭。雖呵獎頗異。其辭縶然於圍
閉一也。既杜出入。勢同狴牢。解釋無期。死生莫測。守護且峻。家私不
通。一遭縶維。動歷年歲。想其痛憤。何可勝言。由是歸化漸稀。而上封
殆絕矣。徇義之心既阻。脅從之黨彌堅。而貴近之臣。往來之使。希望
風旨。詭辭取容。唯揣樂聞。不憂失實。咸言聖謀深遠。策略如神。小寇
孤危。滅亡無日。陛下急於誅惡。皆謂其事信然。窮兵竭財。坐待平一。
人心轉潰。寇亂愈滋。遂至轂下生戎。宮闈不守。儻陛下能於此際遽
敷大號。謝過萬方。叙忠良見忌之冤。而舉其尤鯁亮者加之厚秩。糾
阿諛不實之罪。而數其極姦妄者處之大刑。賞罰既明。忠邪畢辯。以
此臨下。誰敢不誠。以此懷人。人何有不服。過而能改。亂亦遄安。臣固知
尋復京師。必無梁岷之遊矣。陛下既闕慎于始。又失圖于中。收之西
陽。唯在茲日。豈可復使一事紕繆。一言過差哉。今賊泚未平。懷光繼
叛。都邑城闕。燓燹猶逃居闉輔郊畿。豺狼雜處。朝廷僻介於遠郡。道路
緣歷於連山。杖策從君。其能有幾。推心降接。猶恐未多。稍不禮焉。固

不來矣。若又就加猜劾。且復囚拘。使反者得辭。來者懷懼。則天下有
心之士。安敢復言忠義哉。卵胎不傷。麟鳳方來。魚鼈咸若。龜龍乃遊。
益悅近者。來遠之資。懷小者致大之術也。竊料邢建等輩。必非助逆
之徒。假如過有張皇。跡涉疑似。亦望矜愚惜休。屈法裕人。並量器能
隨事甄貸。武者措之於戎伍。文者付之於宰司。大則授以職員。次但
優其選序。必有須離行在。難處親軍。則或除諸道一官。或委諸使録
用。就其常分。各稍加恩。古人有言。撫我則后。虐我則讎。惠澤所及。謳
歌乃歸。流聞四方。孰不欣戴。昔趙殺鳴犢。聖人輟行。燕尊郭隗。賢士
繼往。況乎天子所作。天下式瞻。一言阻物。則天下莫不自疑。一事恤
人。則天下莫不同悅。固不可以小失為無損而不悔。亦不可以小善
為無益而不行。小猶慎之。矧又非小。願陛下惟事無大小。皆以覆車
之轍為戒。實宗社無疆之休。
贄又論叙遷幸之由狀曰。臣前日蒙恩召見。陛下敘說涇原叛卒驚
犯宮闕。及初行幸之事。因自剋責。辭旨過深。臣奏云。陛下引咎在躬。
誠堯舜至德之意。臣竊有所見。以為致今日之患者。羣臣之罪也。陛
下又曰。卿以君臣之禮。不忍歸過於朕。故有此言。然自古國家興衰
皆有天命。今遇此厄運。雖則是朕失德。亦應事不由人。未及對詔之
間。陛下遂言及宗祧涕泗交集。主憂臣憤。人理之常。情激於衷。不覺
嗚咽。旋屬游環請對。臣言未獲畢辭。今輒上煩。以盡愚懇。臣所謂致
今日之患是羣臣之罪者。非敢徒飾浮說。苟寬聖懷。事皆有由。言庶
可復。自胡羯稱亂。遺患未除。朝廷因循。久務容養。事多僭越。禮闕會
朝。陛下神武統天。將一區宇。乃命將帥。四征不庭。兇渠稽誅。逆將繼
亂。兵連禍結。行及三年。徵師四方。無遠不暨。父子訣別。夫妻分離。一
人征行。十室資奉。居者有饋送之勞。行者有鋒刃之憂。去留騷然。而

閭里不寧矣。聚兵日衆。供費日多。常賦不充。乃令促限。促限纔畢。復命加徵。加徵既殫。又使別配。別配不足。於是榷算之科設。率貸之法興。禁防滋章。條目纖碎。吏不堪命。人無聊生。農桑廢於徵呼。膏血竭於箠捶。市井愁苦。室家怨咨。兆庶嗷然。而郡邑不寧矣。邊陲之戍。用保封疆。禁衛之師。以備巡警。二者或闕。則生戎心。國之大防。莫重於此。陛下急於靖難。累遣東征。邊備空虛。親軍寡弱。尋又搜閱私牧以取馬。遵責將家以出兵。凡有私牧者。例元勳貴戚之門。所謂將家者。皆統帥岳牧之後。是乃嘗蒙親褒。或著忠勞。復除征徭。固有常典。今忽奪其畜牧。事其子孫。有乞假以給資裝。有破產以營卒乘。道路悽惻。部曲感傷。貴位崇勳。孰不解體。加以聚歛之法。轂下尤嚴。邸第侯王。咸輸屋稅。裨販夫婦。畢算緡錢。貴而不見優。近而不見異。其為懊惋。又甚諸方。誅求轉繁。庶類恐懼。興發無已。羣情動搖。朝野囂然。而

京邑闐讙不寧矣。陛下又以百度弛廢。志期肅清。持義以掩恩。任法以成理。神斷失於太速。睿察傷於太精。斷速則寡恕於人。而疑似之間不容辯也。察精則多猜於物。而臆度之際未必然也。寡恕則重臣懼禍。反側之釁易生。多猜則羣下防嫌。苟且之風漸扇。是以叛亂繼起。怨讟並興。非常之虞。億兆同慮。惟陛下穆然凝邃。獨不得聞。至使兇卒鼓行。白晝犯闕。重門無結草之禦。環衛無誰何之人。自古禍變之興。未有若斯之易。豈不以乘我間隙。因人攜離哉。陛下有股肱之臣。有耳目之任。有諫諍之列。有備衛之司。見危不能竭其誠。臨難不能効其死。所謂致今日之患。是群臣之罪者。豈徒言歟。聖旨又以家國興衰。皆有天命。今遇此厄運。應不由人者。臣志性介劣。學識庸淺。凡是占算祕術。都不涉其源流。至於興衰大端。則嘗聞諸典籍。書曰。天視自我人視。天聽自我人聽。又曰。德惟一。動罔不吉。德二三。動罔不凶。惟吉凶不僭在人。惟天降災祥在德。又曰。天難忱。命靡常。常厥德。保厥位。厥德靡常。九有以亡。此則天所視聽。皆因於人。天降災祥。皆考其德。非於人事之外。別有天命也。故祖伊責紂之辭曰。我生不有命在天。武王數紂之罪曰。吾有民有命。罔懲其侮。此又舍人事而推天命。必不可之理也。易曰。自天祐之。吉無不利。仲尼以為祐者助也。天之所助者順也。人之所助者信也。履信思乎順。又以尚賢。是以自天祐之。吉無不利。又曰。危者安其位者也。亡者保其存者也。亂者有其理者也。故君子安而不忘危。存而不忘亡。理而不忘亂。是以身安而國家可保。又曰。視履考祥。又曰。吉凶者。得失之象也。夫易之為書。窮變知化。其於性命可謂研精。及乎論天人祐助之由。辯安危理亂之故。必本於履行得失。而吉凶之報象焉。此乃天命由人。其義明矣。春秋傳曰。禍福無門。唯人所召。又曰。人受天地之中以生。所謂命

也。是以有動作威儀禮義之則。以定命也。能者養之以福。不能者敗以取禍。禮記引詩而釋之曰。大雅云。殷之未喪師。克配上帝。宜監于殷。駿命不易。言得衆則得國。失衆則失國也。又引書而釋之曰。康誥云。惟命不于常。言善則得之。不善則失之。此則聖哲之意。六經會通。皆為禍福由人。不言盛衰有命。蓋人事著於下。而天命降於上。是以事有得失。而命有吉凶。天人之間。影響相准。詩書已後。史傳相承。理亂廢興。大略可記。人事理而天命降亂者。未之有也。人事亂而天命降康者。亦未之有也。六經之教既如彼。歷代明驗又如此。尚恐其中有可疑者。臣請復以近事證之。自頃征討頗頻。刑網稍密。物力竭耗。人心驚疑。如居風濤。洶洶靡定。上自朝列。下達烝黎。日夕族黨聚謀。咸憂必有變故。旋屬涇原叛卒。果如衆庶所虞。京師之人。動逾億計。固非悉知算術。皆曉占書。則明致寇之由。未必盡關天命。伏惟陛下

鑒既往之深失建將來之令圖拯宗社阽危刷億兆憤耻在於審察
時變博詢人謀王化聿脩天祐自至恐不冝推引厄運謂為當然撓
追咎之誠沮惟新之望臣聞理或生亂亂或資理有以無難而失守
有因多難而興邦理或生亂者恃理而不脩也亂或資理者遭亂而
能懼也無難失守者忽萬機之重而忘憂畏也多難興邦者涉庶事
之艱而知敕慎也今生亂失守之事則既往不可復追矣其資理興
邦之業在陛下剋勵而謹脩之當至危至難之機得其道則興失其
道則廢其間不容復有所悔也惟陛下勤思焉熟計焉捨己以從衆
焉違欲以遵道焉遠憸佞而親忠直焉推至誠而去逆詐焉杜讒沮
之路廣諫諍之門焉掃求利之法務息人之術焉錄片善片能以盡
羣材焉忘小瑕小怨俾無棄物焉斯道甚易知甚易行不勞神不苦
力但在約之於心耳又陛下天資睿哲有必致之具安得捨而不為

哉斯道夕誓之於心則可以感神明動天地朝施之於事則可以服
庶類懷萬方何憂乎亂人何畏乎厄運何患乎天下不寧昔太公以
避狄而興周文王以百里而王是乃因危難而恢盛業由僻小而闢
丕圖況陛下稟英姿承寶曆四海之利權由己列聖之德澤在人苟
能增脩蔑有不濟至如東北羣孽萑蒲逋誅涇原亂兵倉卒犯禁蓋
上玄保祐陛下恐陛下神武果斷有輕天下之心使知艱難將永福
祚耳伏願悔前禍以荅天戒新聖化以承天休勿謂時鍾厄運而自
疑勿謂事不由人而自解勤勵不息足致昇平豈止蕩滌祆氛旋復
宮闕而已愚臣不勝區區憂國奉君之至誠有所切辭不覺煩伏惟
陛下不以人廢言不以言廢直千慮一得或有取焉
贄又論收河中後請罷兵狀曰昨日欽溆奉宣聖旨示臣馬燧渾瑊
等奏平懷光收河中狀兼令臣商量須作何處置令欽溆奏來者兇

梗殲盪關畿廓清實聖謀廣運之功亦宗社無疆之祚應須處置大
略已附欽溆口陳展轉傳言恐未盡意謹復薦其固陋願陛下少留
察焉臣聞禍或生福福亦生禍畏者得之理得者喪之端故晉勝鄢
陵范燮祈死吳克勁越夫差啟殃是知福不可以屢徼幸得不可以
常覬覦居福而慮禍則其福可保見得而忘喪則其喪必臻臣竊懼
諂諛希旨之徒險躁生事之輩幸兇醜覆亡之會揣英主削平之心
必將競効甘言誘開利欲謂王師所向莫敵謂餘孽指顧可平請迴
蒲坂之戈復起淮沂之役斯議一啓必有亂階故徵臣姑以生禍為
憂而未敢以獲福為賀也何則建中之難其事可徵始以蓄憾而隘
於含容或以亟勝而輕於戰伐故文喜之討涇上之瘡痛未平崇義
之征漢南之芟夷繼甚阻命之帥非不誅也伐叛之師非不克也介
焉之斷非不堅也赫斯之怒非不逞也然以人不見恤惟戮是懼

辜無辜不敢自保是以抱釁反側者懼鈇鉞之次加畏禍危疑者慮
猜譖之災及遂乃盤結以拒討狼顧以背恩弥兩河而亘淮壽盪三
輔而盜京邑鑾輅為之再駕行宮至於合圍于時海內大搖物情幾
去天命莫保於寸晷王威不出於一城邦國之杌隉艱屯綿綿聯聯
若包桑綴旒幸而不殊者屢矣勢之危窘實是寒心非有曩時熊羆
翕習之師雷霆奮發之勢武庫匈戟之利帑藏財賦之殷其所以施
令率人取威定亂比於建中之始豈不至微至殺哉然而陛下懷悔
過之深誠降非常之大號知黷武窮兵之長亂知急征重歛之斁則
知殘人肆欲之取危知違衆率心之稔慝知烝庶困極之興怨知上
下鬱堙之失情德音渙然以之更始所在宣敭之際聞者莫不涕流
雖或兇獷匪人亦必為之歔欷誠之動物乃至于斯懷梟鴟以好音
消祲沴以和氣由茲迴易慮黎獻歸心假王叛渙之夫削偽號以

請罪。觀釁窺首鼠之將，壹純誠以効勤。流亡凍餒者，希保於室家；屯戍戰爭者，冀全其性命。德澤將竭而更濡，君臣已絕而更交，天下之情翕然一變。曩討之而愈叛，今釋之而畢來。曩以百萬之師而力殫，今以咫尺之詔而化洽。是則聖王之敷理道，服暴人，任德而不任兵，明矣。羣帥之悖臣禮，拒天誅，圖活而不圖亡，又明矣。尚恐陛下以臣言之略而未喻也，請復循其本而申備之。往以河朔青齊同惡相扇，擁戎據土，殆代不庭。陛下耻王化之未同，忿姦慝之靡格，於是發六軍神策之師，河陽、河東、澤潞、朔方之驕士，以徂征于北；命永平、汴宋、幽隴、江淮、嶺之將卒，以奮伐于南。罄國家府帑以贍軍，悉公私廄牧以張武筭。斂周於萬類，徵徭被於八荒。勞已甚矣，威亦盛矣。既而曠日綿歲，老師費財，兩河之寇患有加無瘳，而邦本已始覆矣。涇卒唱亂，泚戎搆災，犲狼慠居於禁闥，猰㺄擇肉於馳道。河朔問罪之衆，希路而

歸；栄郊伏順之師，守壘不暇。于斯之亂，海內沸騰，儻有問鼎之雄圖，滔天之巨猾，幸災乘間，何所不為？既而悅納之儔，咸自歛縮，內無非望之議，外無軼境之侵。及聞天澤滌瑕，制書復爵，曾不崇朝，奔望風款降，爭馳表章，唯恐居後。跡其素志，於此可知。是皆假兵救死之流，戀土偷安之輩。懷生畏死，蠢動之大情；慮危求安，品物之常性。有天下而子百姓者，以天下之欲為欲，以百姓之心為心，固當遂其所懷，去其所畏，給其所求，使家家自寧，人人自遂。家苟寧矣，國亦同焉；人苟遂矣，君亦泰焉。是則好生以及物者，乃自生之方；施安以及物者，乃自安之術。濟彼於死地，而求此之久生也，從古及今，未之有焉；措彼於危地，而求此之久安也，從古及今，亦未之有焉。是以昔之聖王，知生者人之所樂，而已亦樂之，故與人同其生，則上下之樂兼得矣；聖王知安者人之所利，而已亦利之，故與人共其安，則公私之利兩全

矣。其有反易常理，昏迷不恭，則當外察其倔強之由，內省於撫馭之失，脩近以來遠，檢身而率人。故書曰：惟干戈省厥躬。又曰：舞干羽于兩階，七旬有苗格。孔子曰：遠人不服，則脩文德以來之；既來之，則安之。此其證也。如或昧於懷柔，務在攻取，不徵教化之未孚，不疵誠感之未至，惟峻威是臨，惟忿心是肆，視人如禽獸，而縣之原野；輕人如草芥，而勦之銛鋒。叛者不賓，則命致討；討者不克，則將議刑。是使負釁者懼必死之誅，奉辭者慮無功之責，編甿以困於杼軸而思變，士卒以憚於死喪而念歸，萬情相攻，亂豈有定？一夫不率，闔境罹殃；一境不寧，普天致擾。兵挐搆結，變起百端。故孔子曰：遠人不服而不能來也，邦分崩離析而不能守也，而謀動干戈於邦內，吾恐季孫之憂不在顓臾，而在蕭墻之內矣。此蓋必然之常理，至當之格言，是以為明鑑元龜，貫百王而不易者也。事乃反覆，得無懼乎？夫理有必然，則

殊途歸於同轍；言有至當，則異代應如合符。頃以東北孽侍職貢廢闕，陛下忿其違命，大舉甲兵，至令逆泚誘姦，乘釁而動。所備之寇猶遠介於河山，不虞之戎已竊發於都輦，蕭墻之戒，不其信歟？前典垂訓既如彼，近事明驗又如此。所以德音叙哀痛之情，悔征伐之事，引衆慝以咎己，布明信以示人，既往之失畢懲，莫大之辜咸宥，約之以省賦，誓之以息兵。由是億兆汙人，四三叛帥，感陛下自新之旨，悅陛下盛德之言，革面易辭，具備臣禮。其於深言密議，固亦未盡坦然，必當聚黨而謀，傾耳而聽，觀陛下所行之事，考陛下所誓之言。若言與事符，則遷善之心漸固；儻事與言背，則慮禍之態復興。自京邑底寧以來，乘輿旋返，屬懷光繼亂，天討又行，息兵之言，我則未復。山東羣帥所以未敢生辭者，蓋為河中之地，密近王城，迫於朝夕之虞，不得不翦除之爾。今若改轅移斾，復指淮西，則淮西元惡必將誑脅其同惡之

徒間說於新附之師謂之曰奉天息兵之旨乃因窘急而言朝廷稍安必復誅伐是以朱泚滅而懷光戮懷光戮而希烈征希烈儻平禍將次及則彼之蓄素疑而懷窮負者能不爲之動心哉心既動則盈其疑身覆族之憂憂既盈則慮以脣亡齒寒之病矣病同者雖胡越而相憫憂同者不邀結而自親河朔青齊固當響應運中之禍勢必重興以國家再造之初當羣孽息肩之後迭來鳴吠或肆奔衝討之則我力未遑縱之乃寇患斯甚臣愚竊以爲禍非細未審陛下何方以待之若有其方悔之可也如其未有願陛下勿輕易焉凡將圖終必在慎始禍機一發難可復追臣請粗陳當今維馭之所宜唯聖主省擇焉夫君之大柄在惠與威二者兼行廢一不可惠而罔威則不畏威而罔惠則不懷苟知夫惠之可懷而廢其取威之具則所數之惠適足以示弱也其何懷之有焉苟知夫威之可畏而遺其施惠之德則所作之威適足以召亂也其何畏之有焉故善爲國者宣惠以養威蓄威以尊惠威而能養則不挫惠而見尊則有恩是以惠與威交相畜也威與惠互相行也人主之欲柔遠人而服強暴不明斯術之要莫之得焉今皇運中興天禍將悔以逆泚之偷居上國以懷光之竊保中畿歲未再周相次梟殄實衆慝驚心之日羣生改觀之時威則已行惠猶未洽誠宜上副天眷下收物情布恤人之惠以濟威乘滅賊之威以行惠宥河中滌污之黨悉無所問赦淮右僭逆之罪咸與惟新蠲貸疲甿休罷戰士符往歲息兵之令以彰信丕大君含垢之德以布仁俾萬姓皆曰大哉王言又曰一哉王心如是則威不用而畏如神明惠不費而懷如父母凡在危疑懼討者必將曰淮右僭逆之罪且赦矣吾屬何患焉凡在脅從同惡者必將曰河中滌污之黨且宥矣吾屬何疚焉凡在倦苦思安者必將曰吾君有戰勝之

師抑而不肆信乎其罷征矣凡在凋殘望理者必將曰吾君有拯亂之憤忍而不攄信乎其恤隱矣天下之心若此而禍亂不息理道不行者無之臣所未敢保其必從唯希烈一人而已揆其私心非不願從也想其潛慮非不追悔也但以猖狂失計已竊大名雖荷陛下全宥之恩然不能不自醜於天地之間耳縱未順命斯爲獨夫內則無辭以起兵外則無類以求助其計不過厚撫部曲偷容歲時心雖陸梁勢必不敢陛下但敕諸鎮各守封疆彼既氣奪算窮是乃狴犴之囚不有人禍則當鬼誅朝廷務崇德以待之臣固知其必不逃於所攜矣古所謂不戰而屈人之兵者斯之謂歟今若不顧幾宜復興戎役瀆威而淺惠捨易而即難是棄明信而務忿心假敵辭而資寇援窮者不服恤勞者不得居國之安危或未可保此乃成敗理亂之所係願陛下難之慎之區區上千憂惜在此儻蒙過納狂瞽不疑所行謹當草具招諭之辭詳陳備禦之畫伏候宣許方敢以聞

淄青李正己畏帝威斷表獻錢三十萬緡以覦朝廷帝意其詐未能答中書侍郎同中書門下平章事崔祐甫曰正己誠詐陛下不如因遣使勞其軍以所獻就賜將士若正己奉承詔書是陛下恩洽士心若不用彼自歛怨軍且亂又使諸藩不以朝廷爲重賄帝曰善正已慚服

憲宗元和七年秋魏博節度使田季安卒其子懷諫年十二軍中扶豎擅其位李吉甫上言須事討伐以懲宿弊李絳上言罪誠可誅翦時既不可勢亦不同臣愚度之不必動衆吉甫遽進用兵之策具圖畫入兵道路攻討利病并載河北土田平易沃壤桑柘物產繁富之狀若不討伐必無變動後延英日上又問魏博之事如何御兩人所見各異何者爲長吉甫言須興師攻取以示國威上曰此勢恐須如

此不討伐無復有得理絳奏曰以臣愚慮酌量事勢必不勞興師動
衆魏博當須歸國上曰何以明之絳曰凡河南河北叛渙之地事體
大同懼部下諸將有權恐得便圖己各令均笵兵馬不令偏在一人
使力敵權均爲變不得若廣與諸將計會則必謀洩不同若一將爲
變自然兵少不濟以此相制先動不得此是賊中之制置於事爲便
加以酷誅重購故無敢發意者今懷諫乳臭童子領事不得事須假
人權柄託人性命即所託者其權必重所任者其言必行如此厚薄
不同怨怒必起向者權均力敵適足生患搆其柄也何者以兵力齊
等不相伏從自然之勢也若軍中不相伏從主帥不能制斷即必歸
一寬厚簡易軍中素所愛者兵權既有所歸懷諫自須受禍若不被
處置即須送入朝廷部將忽領一方之權即與兩河事勢大異賊中
所惡唯此是已懼其部下傚之以受國家之利魏博將若有此變既

懼諸鄰攻伐必須懇歸朝廷若不倚朝廷即存立不得此必然之理
也伏望陛下按甲蓄威以俟其變不兩三月必有上聞所要在應接
速疾赴其機會而今但要且嚴勑諸將簡練排兵蓋爲此也上曰卿
所陳賊中事宜深盡機要詳此事勢亦不用兵他日延英吉甫又盛
陳用兵之計言粮草匹帛皆有次第上又顧李絳何如絳所奏如前
曰此事理分明不合疑惑且兵不可輕易而動者且討伐鎮州之時
四面興師近二十萬衆并發兩神策遠赴河北道路騷擾糜費七百
餘萬貫訖無成功取笑天下失策之恥傳之至今瘡痍未平休息未
寧立功者未錄戰死者未收傷殘之人懼於戰鬬若勑命徵發驅之
使戰臣恐不樂之患不止無功散亂之兵別有所慮況魏博事勢不
要用兵伏惟陛下斷於聖心不惑浮論上奮身按手曰朕不用兵定
矣絳因激上意曰雖聖斷不用兵臣恐退朝後更有人上惑聖聽者

上色莊厲聲曰朕言不用兵定何人惑得卿不用慮李絳遂起拜賀
曰聖恩爲萬姓屈己抑威誠社稷之大計也後十餘日果魏博使奏
軍中已歸部將田興奏取朝廷處分使奏非時召宰相對上曰卿所
揣魏博事勢若合符契吉甫請且使宣慰以觀其事絳言不可勑使
到彼萬一妄邀朝廷事有一蹉跌即難處置疑悮之間機宜已失即
追不及矣今田興爲衆所歸坐俟朝命不於此際便有寵授他日勑
使把三軍表來請與田興節制在彼在此既不得已須與恩澤不出聖
心是依軍中所請威倚與將拜豈曰且示推誠不疑足以應機合變
撫納其勢總攬其心平蕩兩河在此一舉不可失也吉甫素與知樞
密梁守謙交結潛爲援助亦舊例令中使宣勞不可此鎮獨無上遂
命中使張忠順往宣慰待迴處置絳又奏今因田興投誠歸國三軍
顒俟聖旨不當時處置赴其機宜待勑使將三軍表來請授田興則

威柄不由於朝廷恩澤不出於聖意此機可惜今復失之後雖追悔
亦何及也今計張忠順行程纔迴過陝州伏望明日便降白麻授田
興節度使即恩澤出於君上而威柄歸於朝廷利害得喪明若日月
伏乞聖慈不疑勑使獲宣日且與留後何如待其別成効即與正授
絳曰若與留後亦恐不得且處朝廷氣力坐制魏博得否因機會獎
其誠節恩出不次感亦殊常若與留後忽不受命即却成兇悖又須
姑息與舊日何殊也伏望決於聖斷特賜處分明日遂出白麻除田
興爲檢校工部尚書魏博節度使張忠順制已到田興感涕三軍受
宣鼓舞李絳又奏魏博自十餘年不知朝化賞罰法令都不及之一
朝以六州之地歸於朝廷剖河朔之腹心傾悖亂之巢穴不大賞賜
出其所望軍心不感事勢難知請特賜一百五十萬錢帛制書上以
內庫爲名充三軍賞給中人有沮其所請者上言曰所賜太多那得

及此。後君更有。即又如何。絳奏曰。昔竇融當光武削平天下。河西是未討之間。懷後代之誅。爲避禍之計。尚此崇獎。福留子孫。田興習舊燕即日之憂。不順。得鄰道之助。而天生忠義。志懷霜雪。舉六州之地兩河之瞻惜一百五十萬貫錢物。不收此一道人心。錢帛用了更來。機會一失。難復。假如舉十五萬衆。攻取六州。一年而尅。豈不稱賀。而計費三百萬貫。事平當賞賚。又在此外。今度所賜未及一半。而顧茲小費。失於大計。深可惜也。上覽事情。欣然曰。朕所以身服澣濯之衣。每事節約不用者。秖爲大段要切時用。不然。爲藏收貯何爲。遂允所奏。及詔書到魏博。錢帛隨路而至。軍中踴躍。同闕拜泣。時田興初受節旄。諸道專使數十人在魏州。成德兗鄆使各十餘輩。見制書錢帛到。皆垂手失色。驚歎曰。自艱難已來。未曾聞此處置。恩澤如此之厚。是叛有何益。河朔人心大變。至今稱之

僖宗乾符六年。鄭畋遷門下侍郎。時黃巢勢寖盛。據安南。騰書求天平節度使。帝令羣臣議。咸請假節以紓難。畋欲因授嶺南節度使。而盧攜方倚高駢使立功。乃曰。駢才略無雙。淮南天下勁兵。又諸道之師方至。蕞爾賊奈何捨之。令四方解體邪。畋曰。不然。巢之亂本於饑。其衆以利合。故能興江淮根蔓天下。國家久平。士忘戰。所在閉壘不敢出。如以恩釋罪。使及歲豐。其下思歸。衆一離。巢即机上肉耳。所謂不戰而屈人兵也。今不伐以謀。而恃以兵。恐天下憂未艾也。

昭宗時。張濬拜同中書門下平章事。時朱全忠威振關東。而安居受殺李克恭。以潞州歸全忠。全忠乃與幽州李匡威。雲州赫連鐸上言。先帝幸梁。繇李克用與朱玫連和。請舉兵誅之。願帥兵爲犄角。帝詔文武四品以上議。皆言王室未寧。雖得太原。猶非所有。濬固爭先帝時身播也。亂蓋克用全忠不相下也。請因其弱討之。斷兩雄勢。帝曰。平巢克用功第一。今乘危伐之。天下其謂我何。久不決。孔緯曰。濬言萬世之利。陛下所顧一時事爾。臣見師度河賊必破。今軍中費尚足支數年。幸聽勿疑。

歷代名臣奏議卷之八十

經國

宋太宗太平興國八年左拾遺田錫論軍國要機朝廷大體疏曰臣伏念自忝諫垣今已周歲無一言可裨時政無一善上荅君恩蓋以陛下文明無事可諫朝廷公共無事可言然尸禄曠官憂慙益切盡忠補過夙夜寧忘今輙以軍國要機朝廷大體布在一疏上達四聰伏乞陛下察而恕之容而用之臣所言軍國要機者一朝廷大體者四今為陛下引諭而言之臣聞古先聖人牢籠天下弛張睿略舒卷人心使萬人之心如一心四海之意如一意有若馭馬又如鑄金善馭者使之馳則馳使之止則止善鑄者使之圓則圓使之方則方苟失其機又失其時則萬人不一心四海不一意亦猶不善馭馬不善鑄金使之馳而不馳使之止而不止使之圓而不圓使之方而不方若是則危與亂雖未萌而不得不憂機與時雖未失而不得不懼故古人云居安思危又曰理不忘亂臣每念有唐之末天下分離中原土疆不過千里自先帝恢張皇業開闢天下平吳取蜀易如破竹唯河東遺孽終不能平洎陛下一舉取之功名光大世宗先帝所不及也然自河東破後聖駕回旋諸軍之心皆望賞賜四海之內亦俟霈恩豈謂陛下未覃賞捷之恩未行策勳之禮經今二載所謂踰時今北方之戎不來朝貢幽州孤壘未復封疆臣以國家兵甲之強朝廷物力之盛滅戎人甚易取幽州不難然自古制御番戎恒在示之以威德示之以威者不窮兵黷武不勞人費財示之以德者比之如犬羊容之若天地或來朝貢亦不阻其歸懷或背驩盟亦不怒其侵叛臣伏慮陛下以幽州未取戎賊未平一旦又來擾邊萬乘復思再駕欲快聖意欲展睿謀雖舉必成功動無遺筭然臣請陛下或展郊禋

之禮或行封禪之儀因此賞河東之功因此示策勳之信人心懈怠者復悅軍功勞苦者終酬帝澤滂沱物情通泰所謂陛下駕馭其意鎔鑄其心使之馳則馳使之止則止使之圓則圓使之方則方苟不以威信鑄其心恩惠馭其意臣恐使之馳則止使之圓則方當是時陛下必念臣今日之言陛下必思臣今日之諫也此謂軍國之要機一也又念交州未下戰士無功春秋謂師老費財兵書曰頓兵挫銳臣聞聖人不務廣於邊鄙唯務廣於德業武有七德陛下何不廣之天生四夷陛下何須牧之必若聖德日新皇風日遠遠夷自然入貢外域自然來降苟不來降又不入貢彼國自有災癘彼人自罹凶荒尚書曰惟德動天又曰四夷來王周易曰聖人先天而天弗違天且弗違況四夷乎臣嘗讀韓詩外傳言成王之時越裳來貢九譯而至周公問其所以來其人曰天無迅風疾雨海不揚波三年矣意者中國殆有聖人盍往朝之昔太宗征遼魏徵諫及貞觀太平之後天下州郡三百有六十羈縻之州有八百屯田置戍悉在外荒豈是一一加兵然後方來內附今陛下取交州何速況大國取交州謂之瘴海去者不習風土兵在彼中留滯頗久願陛下且罷斯役暫息南征交州未平不足損陛下功業交州既得不足光陛下威聲臣但以師老費財為可慮頓兵挫銳為可惜蓋征討之役費用非輕皆生民膏力之財悉諸國所供之賦乞陛下惜輕費之用望陛下念征戍之勞此謂朝廷之大體一也臣嘗讀六典左右拾遺補闕掌供奉諷諫凡發令舉事有不便於時不合於道者小則上封大則廷諫臣又讀唐書見給事中得以封駁詔書封謂封還詔書而不行駁謂駁正詔書之所失又起居郎起居舍人得在天階之下備書王者之言今來諫官寂無聲影設使詔書有所失審制敕有不可行給事中不敢封還

而不行。不敢駁正其所失。給諫既不敢違上旨遺補。又不敢貢直言。其次起居郎起居舍人。人得立軒陛之間。不得紀言動之事。使聖朝好事或有所遺而不聞。致陛下德音或有不知而不錄。加之御史不敢彈奏。左右丞今尚闕員。又中書舍人是陛下近臣。司陛下誥命。臣每於起居日。但見其隨班而進。拜舞而回。未嘗見陛下召之與言。未嘗聞陛下訪之以事。臣慮其各有所見。欲待問而方言。各有所陳。欲因便而方奏。伏乞陛下或詢訪以事。或宣召與言。冀各盡其誠心。求得觀其器業。又今三館之中。雖有集賢院書籍。而無集賢院職官。雖有祕書省職官。而無祕書省圖籍。臣伏讀去年九月十一日。所降制敕條貫百官。仍於朝堂習儀。又委憲司中舉。此則陛下思復古道。大振朝綱。臣唯見所習者儀。未見所舉者職。如職業各舉。則威儀自嚴。君有君之威儀。臣有臣之禮法。何患百官不整肅。何患庶政不允釐。臣乞今後給事中得以封駁詔書。起居郎起居舍人得以紀錄言動。御史得以彈奏。諫官得以抗言。左右丞得以糾轄臺司。中書舍人得以祗膺顧問。中書舍人得備問。則皇猷日新。左右丞得轄臺司。則風憲益整。諫官抗言。則陛下聞所未聞。知所未知。御史彈奏。則百僚震悚。一人尊嚴。起居郎起居舍人得在左右。則盛事無遺。國史大備。給事中得以封駁。則詔敕無誤出。政事無錯行。此朝廷之大體二也。今天下一家。海內萬里。四方所湊。輦下駢闐。萬貨所歸。京師富盛。軍營馬監。無不高嚴。佛寺道宮。悉皆壯麗。陛下又新西苑。復廣御池。池若漢之昆明。園若周之靈囿。是以為陛下宴遊之所。是以為聖朝宏大之規。唯尚書省是前代所營。公宇低隘。南宮二十四司不在其間。六尚書無本廳。諸郎官無廨宇。至於九寺三監。寄在內前廊下。加以禮部無貢院。試處非省垣。每年試舉人。權就武成王廟。非太平職司之制度。非清朝文物之規儀。乞陛下俟西苑畢功。御池罷役。重新省寺。用列職官。此則朝廷之大體三也。臣又每於行路之次。見有鏁錮之囚。將以鐵枷。不覺自駭。不知其人所犯何罪。又不知其囚復是何人。臣謹按刑統。唯獄官令枷杻各有短長。鉗鏁各有輕重。制度尺寸並有刑書。未見以鐵為枷者也。凡今州縣欲留一小罪繫一輕囚。必詳格文。盡依典法。奉國家所頒之律。遵法寺所定之科。以鐵為枷。事出法外。伏乞陛下廢革此法。免傷皇風。昔唐太宗因看明堂圖。見人五臟皆系於背。聖慈惻隱。免人徒刑。況太平之時。特刑措而不用。矜仁之主。宜欽恤以居先。此則朝廷之大體四也。臣所言者要機。乞陛下審而察之。所舉者大體。乞陛下採而用之。

真宗至道三年。知揚州王禹偁論軍國小政疏曰。臣伏覩陛下即位赦書云。所宜開諫諍之路。搜茂異之材。又奉御史臺告報。准詔命內外文武臣寮並許直言極諫。此實陛下誕彰聖德。廣達民情。速致時雍。追用古道之深旨。抑亦宗社無疆之休。華民莫大之幸也。臣雖無關諫則有素。先皇帝特於初拜右正言直史館。即日進端拱箴一篇。又上禦戎十事。蒙先朝採納擢陛綸閣。判大理寺時。抗疏論道安之罪。執法雪徐鉉之冤。貶官商山。答賓因此尋復召用。叨塵諫垣。又上李繼遷便宜。寢而不報。俄忝內庭無駁正。亦嘗改更宣命。封還敕書。雖無裨於朝廷。蓋粗申於職業。伏遇陛下欽奉顧命。惟懷永圖。嗣位之初。赦書既如彼。聽政之後。詔命又如此。臣苟有所見。隱而不言。上負先帝用人之心。下孤明主求諫之意也。伏以聖朝享國四十餘年矣。邊鄙未甚寧。人心未甚泰。求利不已。設官太多。今陛下始之惟新。救之在速。臣伏慮書生執言有奏於陛下。以為三年無改於父之道。可謂孝矣。此不知古今異制。家國殊途者也。假如帝堯既殂。帝舜在位。

堯時有八元未進四凶未除舜乃流放舉用善惡兩分未聞後之人
曰堯不及于舜也舜不孝于堯也伏惟陛下過老生之常談奮英主
之獨斷則天下幸甚謹錄軍國大政奏事五條儻稍動於聖心庶大
開於言路其一曰謹邊防通盟好使輦運之民有所休息方今北有
胡虜西有繼遷胡虜雖不犯邊戍兵豈能減削繼遷既未歸命餽餉
固難寢停關輔之民倒垂尤甚臣愚以為陛下即位之初當順人心
宜赦疆吏致書虜臣使達犬戎請尋舊好下詔赦繼遷之罪復與夏
臺臣頃在翰林見繼遷上表云乞取殘破夏州以奉拓拔氏祭祀先
帝雖有批荅其與鄜州節度緣繼遷本是反側之人豈肯束身歸國
所以詔令不行今陛下嗣統大振皇威亦恐繼遷令人進奉因舉前
事彼必感恩此亦不戰而屈人之師也如其不從則備禦誅擒皆有
方略且使天下百姓知陛下屈己而為人也或曰富國強兵不可示

人以弱此乃誇虛名而忽大計者也其二曰減冗兵併冗吏使山澤
之饒稍流於下伏以乾德開寶以來國家之事臣所目覩當時東未
得浙江漳泉南未得荊湖交廣朝廷財賦可謂未豐然而擊江東備
北虜國用亦足兵威亦彊其義安在所蓄之兵銳而不衆所用之將
專而不疑故也自後盡取東南數國又平河東土地財賦可謂廣矣
而兵威不振國用轉急其義安在所蓄之兵冗而不盡銳所用之將
衆而不自專故也今誠能簡銳卒去冗兵而委之以將帥用恩威法
令以駕馭之資以天下財賦而曰兵不振用不豐未之有也臣愚以
為陛下宜經制兵賦如開寶中則可以高枕而治矣至于引唐虞比
三代者皆為空言臣所不敢臣又見開寶中設官至少何以驗之臣
本魯人占籍濟上未及第時常記只有刺史一人李謙溥是也司戶
一員今司門員外郎孫貴是也近及一年朝廷別不除吏當時未嘗

闕事自後始有團練推官一員今樞密直學士畢士安是也太平興
國中臣及第歸鄉有刺史陳延山通判闆暐副使闞彥遠判官李廷
推官柳宣兵馬監押沈繼明監酒稅等又增四員曹官之外更益司
理問其租稅減于曩日也問其人民逃于昔時也一州既爾天下可
知冗吏耗於上冗兵耗於下此所以盡取山澤之利而不能足也夫
山澤之利與民共之自漢以來取為國用不可棄也然亦不可盡也
今可謂盡矣何以知之只如茶法從古無稅唐元和中以用兵齊蔡
宰相王涯始建稅茶之法唐史稱是歲得錢四十萬緡東師以濟今
則錢數百萬矣民何以堪臣故曰減冗兵併冗吏使山澤之饒稍流
於下者也其三曰艱難選舉使入官不濫古者鄉舉里選為擇人士
君子行脩于家學推于衆然後薦用登之于朝故從政而政和臨民
而民泰自三代涉兩漢雖有沿革未嘗有遠去此道者也隋唐以來

始有科試得人之盛與古為侔然自唐初終太祖之世科舉未嘗不
難矣每歲進士不過三十人經學不過五十人重以周高祖之後外
諸侯不得奏辟士大夫罕有資蔭故有終身不獲一第沒齒不獲一
官者先皇帝毓德王藩覩其如此臨御之後不求備以取人捨短從
長拔十得五在位將逾二紀登第亦近萬人不無俊秀之才亦有容
易而得如臣者容易中一人爾臣愚以為數百年之艱難故先帝濟
之以泛取二十載之霈澤陛下宜糾之以舊章伏望以舉場還有司
如故事至于吏部銓擇官材亦非帝王躬親之事比來五品已下謂
之旨授官今則幕職州縣而已京官雖有選限多不施行太祖已來
便殿引見用為常例以至先朝調選之徒多求僥倖或以哀鳴泣瀝
便獲超資或以捷給山呼便陞京秩吏部官只若備員既無恥格之
風漸多闒茸之吏臣愚以為宜以吏部還有司依格注擬其四曰沙

汰僧尼。使疲民無耗。夫古者唯有四民。治民者士也。故受養於農工以造器用。商以通貨財。皆不可闕也。而兵不在其數。蓋周井田之法。農即兵也。有事則戰。無事則耕。自秦以來。以强兵定天下。故戰士不復農業矣。是四民之外。又生一民而為五也。所以農益困。然而執干戈衛社稷。理不可去也。但使帝王之道不得與三代同風。漢明之後。佛法流入中國。度人脩寺。歷代增加。不蠶而衣。不耕而食。是五民之外。又益一民而為六也。故魏晉而下。治道不及于兩漢。有唐大儒韓愈諫憲宗迎佛骨表云。昔黃帝在位百年。年一百十歲。少昊在位八十年。年二百歲。顓帝在位七十九年。年九十八歲。帝嚳在位七十年。年百五十歲。堯在位九十八年。年百一十歲。舜禹皆壽百餘歲。當時未有佛也。是知古聖人不事佛以求福。古聖人必排佛以教民。假使天下有僧萬人。每日食米一升。歲用絹一疋。是至儉也。而月有三千

斛之費。歲有一萬縑之耗。何況五七萬輩哉。而又富僧鉅髡窮極口腹。一齋之食。一襲之衣。貧民百家。未能供給。此輩既不能治民。又不能力戰。不造器用。不通貨財。而高堂邃宇。豐衣飽食而已。不曰民蠹而可得乎。臣愚以為國家度人衆矣。造寺多矣。計其費耗。何啻億萬。先朝不豫。捨施又多。佛若有靈。豈不蒙福。事佛無効。斷可知矣。陛下深鑒前事。精求理本。盍宜沙汰以厚生民。若以嗣位之初。未欲驚駭。此輩豈可一二十載未令度人。不許脩寺。使自銷鑠。漸而去之。亦救弊之一端也。其五曰。親大臣遠小人。使忠良謇諤之士知進而不疑。姦憸傾巧之徒知退而有懼。夫君為元首。臣為股肱。言同躰也。得其人則勿疑。非其人則不用。凡今天下言帝王之盛者。豈不曰堯舜之道。具在方冊。堯之時。百姓不親。五品不遜。舜作司徒。敷五教。蠻夷猾夏。寇賊姦宄。咎繇作士。明五刑。伯夷典禮。后夔典樂。禹平水土。益作虞。

官。大哉堯之為君。可謂委任責成而無疑矣。或曰。誠如是。堯有何功德耶。臣曰。有知人任賢之德爾。雖然。堯之道去世遼遠。恐不可復。臣以近事言之。唯有唐之政。可以損益而行焉。臣讀元和賢相裴垍傳。憲宗嘗命垍銓品庶官。垍奏曰。天子擇宰相。宰相擇諸司長官。諸司長官自擇僚屬。則上下不疑而政成矣。以陛下之明。擇宰相數人。猶時有非其人者。况臣之不佞。擇數十人。諸司長官常恐不逮。若更令臣擇庶官。恐非致治之要。當時識者以垍為知言。伏望陛下遠取帝堯。近鑑唐室。既得宰相用而不疑。使宰相擇諸司長官。自取寮屬。則垂衣而治矣。所謂忠良謇諤之士知進者也。臣又聞古者刑人不在君側。語曰。放鄭聲遠佞人。又曰。浸潤之譖。膚受之愬。不行焉。可謂明也已矣。是以周文王左右無可結機者。言皆賢也。夫小人之徒。巧言令色。先意承旨。事必審正。忠惟忌賢。非聖帝明王不能深察。臣又按

舊制。南班三品尚書方得登殿。三班奉職卑賤可知。或因遣使。亦得陛殿。惑亂天聽。褻瀆至尊。無甚于此。伏望陛下振舉紀綱。尊嚴視聽。在此時矣。不可不思。所謂姦憸傾巧之徒知退者也。臣愚以為今日之所急。在先議兵。使衆寡得其宜。措置得其道。然後議吏。使清濁殊塗。品流不雜。然後難選舉以塞其原。禁僧尼以去其耗。自然國用足而王道行矣。今若不去冗兵。併冗吏。不難選舉。不禁僧尼。縱欲減人民之賦。寬山澤之利。其可得乎。伏惟陛下承二聖之貽謀。鑑千古之治道。明比日月。機先鬼神。聖智所周。不遺一物。英斷所及。出于百王。而又三事大臣受遺輔政。豈容郎吏輙議國經。蓋以臣素被寵光。常思報効。有所貯蓄。未敢緘藏。臣又念詔書云。言之而不用。罪在朕躬。求之而不言。咎將誰執。不勝大願。所以輙進狂瞽。上干

下踐詔書之言。則天下幸甚。

仁宗時歐陽脩上奏曰臣近準詔書許臣上書言事臣學識愚淺不能廣引深遠以明治亂之原謹採當今急務條為三弊五事以應詔書所求伏惟陛下裁擇臣聞自古王者之治天下雖有憂勤之心而不知致治之要則心愈勞而事愈乖雖有納諫之明而無力行之果斷則言愈多而聽愈惑故為人君者以細務而責人專大事而獨斷此致治之要術也納一言而可用雖衆說不得以沮之此力行之果斷也知此二者則天下無難治矣伏見國家自大兵一動中外騷然陛下思社稷之安危念兵民之疲弊四五年來聖心憂勞可謂至矣然而兵日益老賊日益強并九州之力討一西戎小者尚無一人敢前今又北戎大者違盟而動其將何以禦之從來所患者夷狄今夷狄叛矣所恐者盜賊今盜賊起矣所憂者水旱今水旱作矣所賴者民力今民力困矣所須者財用今財用乏矣陛下之心日憂於一日

天下之勢歲危於一歲此臣所謂用心雖勞不知求致治之要者也近年朝廷開發言路獻計之士不下數千然而事緒轉多枝梧不暇從前所採衆議紛紜至於臨事誰策可用此臣所謂聽言雖多不如力行之果斷者也伏思聖心所甚憂而當今所甚闕者不過曰無兵也無將也無財用也無禦戎之策也無可任之臣也此五者陛下憂其未有而臣謂今皆有之然陛下未得而用者未思其術也國家創業之初四方割據中國地狹兵民不多然尚能南取荊楚收偽唐定閩嶺西平兩蜀東下并潞北窺幽燕當時所用兵財將吏其數幾何惟善用之故不覺其少何況今日承百年祖宗之業盡有天下之富強人衆物盛十倍國初故臣敢言有兵有將有財用有禦戎之策有可任之臣然陛下皆不得而用者其故何哉由朝廷有三大弊故也何謂三弊一曰不慎號令二曰不明賞罰三曰不責功實此三弊因循

於上則萬事弛慢廢壞於下臣聞號令者天子之威也賞罰者天子之權也若號令不信賞罰不當則天下不服故又須責臣下以功實然後號令不虛出賞罰不濫行是以慎號令明賞罰責功實此三者帝王之奇術也自古人君英雄如漢武帝聰明如唐太宗皆知用此三術而自執威權之柄故所求無不得所欲皆如意漢武好用兵則誅滅四夷立功萬里以快其心欲求將則有衞霍之材以供其指使欲得賢士則有公孫董汲之徒以稱其意唐太宗好用兵則誅突厥服遼東威振夷狄以逞其志欲求將則有李靖李勣之徒入其駕馭欲得賢士則有房杜之徒在其左右此二帝者可謂所求無不得所欲皆如意無他術也惟能自執威權之柄耳伏惟陛下以聖明之姿超越二帝又盡有漢唐之天下然而欲禦邊則常患無兵欲破賊則常患無將欲贍軍則常患無財用欲威服四夷則常患無策欲任賢

使材則常患無人是所求皆不得所欲皆不如意其故無他由不用威權之術也自古帝王或為強臣所制或為小人所惑則威權不得出於己今朝無強臣之患旁無小人偏任之溺內外臣庶尊陛下如天愛陛下如父傾耳延首願陛下之所為然何所憚而不為乎若一日赫然執威權以臨之則萬事皆辦何患五者之無奈何為三弊之因循一事之不集臣請言三弊夫言多變則不信令頻改則難從今出令之初不加詳審行之未久尋又更張以不信之言行難從之令故每有處置之事州縣知朝廷未是一定之命則官吏或相謂曰且未要行不久必須更改或曰備禮行下略與應破指揮旦夕之間果然又變至於將吏更易道路疲於送迎符牒縱橫上下莫能遵守中外臣庶或聞而歎息或聞而竊笑歎息者有憂天下之心竊笑者有輕朝廷之意號令如此欲威天下其可得乎此不慎號令之弊也用

人之術。不過賞罰。能賞及無功。則恩不足勸。罰失有罪。則威無所懼。雖有人不可用矣。太祖時。王全斌破蜀而歸。功不細矣。犯法一貶。十年不問。是時方討江南。故黜全斌。與諸將立法。太祖神武英斷。所以能平定天下者。其賞罰之法皆如此也。昨關西用兵四五年矣。大將以無功罷者。依舊居官。軍中見無功者。不妨得好官。則諸將誰肯立功矣。裨將畏懦逗留者皆當斬。罪或暫貶。而尋遷。或不貶而依舊軍中。見有罪者不誅。則諸將誰肯用命矣。所謂賞不足勸。威無所懼。賞罰如此。而欲用人。其可得乎。此不明賞罰之弊也。自兵動以來。處置之事不少。然多有名而無實。臣請略言其一二。則其他可知。數年以來。點兵不絕。諸路之民。半為兵矣。其間老弱病患。短小怯懦者。不可勝數也。新集之兵。所在教習。追呼上下。民不安居。主教者。非將領之材。所教者。無旗鼓之節。往來州縣。愁嘆嗷嗷。既多是老病小怯之人。

又無訓齊精練之法。此有教兵之虛名。而無訓兵之實藝也。諸路州軍。分造器械。工作之際。已勞民力。輦運般送。又苦道塗。然而鐵刃不剛。筋膠不固。長短大小。多不中度。造作之所。但務充數而速了。不計所用之不堪。經歷官司。又無檢責。此有器械之虛名。而無器械之實用也。以草草之法。教老怯之兵。執鈍折不堪之器械。百戰百敗。理在不疑。臨事而悔。何可及乎。故事無大小。悉皆鹵莽。則不責功實之弊也。臣故曰。三弊因循於上。則萬事弛慢廢壞於下。萬事不可盡言。臣請言大者五事。其一曰兵。臣聞攻人以謀不以力。用兵鬬智不鬬多。前代用兵之人。多者常敗。少者常勝。漢王尋等以百萬之兵。遇光武九千人而敗。是多者敗。而少者勝也。苻堅以百萬之兵。遇東晉二三萬人而敗。是多者敗。而少者勝也。曹操以三十萬青州兵。大敗於呂布。退而歸許。復以二萬人破袁紹十四五萬。是用兵多則敗。少則勝

之明驗也。況於夷狄。尤難以力爭。只可以計取。李靖破突厥於定襄。只用三千人。其後破頡利於陰山。亦不過一萬。蓋兵不在多。能以計取爾。故善用兵者。以少為多。不善用者。雖多而愈少也。為今計者。添兵則耗國。減兵則破賊。今沿邊之兵。不下七八十萬。可謂多矣。然訓練不精。又有老弱虛數。則十人不當一人。是七八十萬之兵。不當七八萬人之用。加又軍無統制。分散支離。分多為寡。兵法所忌。此所謂不善用兵者。雖多而愈少。故常戰而常敗也。臣願陛下赫然奮威。勅勵諸將。精加訓練。去其老弱。七八十萬中。可得五十萬數。古人用兵以一當百。今既未能。但得以一當十。則五十萬精兵。可當五百萬兵之用。此所謂善用兵者。以少而為多。古人所以少而常勝者以此也。今不思實效。但務添多。耗國耗民。積以年歲。賊雖不至。天下已困矣。此一事也。其二曰將。臣又聞古語曰。將相無種。故或出於奴僕。或出

於軍卒。或出於盜賊。惟能不次而用之。乃為名將耳。國家求將之意雖勞。選將之路太狹。今詔近臣舉將。而限以資品。則英豪之士。在下位者不可得矣。試將材者。限以弓馬一夫之勇。則智略萬人之敵。皆遺之矣。山林奇傑之士。召而至者。以其貧賤而薄之。不過與一主簿借職。使其怏怏而去。則古之屠釣飯牛之傑。皆激怒而失之矣。至於無人可用。則寧用龍鍾跛躄庸懦暗劣之徒。皆授之兵柄。天下三尺童子。皆為朝廷危之。前日澶淵之卒。幾為國家生事。此可見也。議者不知取將之無術。但云當今之無將。臣願陛下革去舊弊。奮然精求。有賢豪之士。不須限以下位。有智略之人。不必試以弓馬。有山林之傑。不可薄其貧賤。惟陛下能以非常之禮待人。人臣亦將以非常之效報國。此二事也。其三曰財用。臣又聞善治病者。必醫其受病之處。善救弊者。必尋其起弊之源。今天下財用困乏。其弊安在。起於用兵

而費大故也。漢武好窮兵。用盡累世之財。當時勒兵單于臺不過十八萬。尚能困其國力。況未若今日七八十萬。連四五年而不罷。所以罄天地之所生。竭萬民之膏血。而用不足也。今雖有智者。物不能增而計無所出矣。惟有減冗卒之虛費。練精兵而速戰。功成兵罷。自然足矣。今兵有可減之理。無人敢當其事。賊有速擊之便。無將敢奮其勇。後時敗事。徒耗國而耗民。此三事也。其四曰禦戎之策。臣又聞兵法曰。上兵伐謀。其次伐交。北虜與朝廷通好僅四十年。不敢妄動。今一旦發其狂謀者。其意何在。蓋見中國頻為元昊所敗。故敢啓其貪心。伺隙而動爾。今若勅勵諸將。選兵秣馬。疾入西界。但能痛敗昊賊一陣。則吾軍大振。而虜計沮矣。此所謂上兵伐謀者也。今詞事者皆知北虜與西賊通謀。欲併二國之力窺我河北陝西。今若我能先擊敗其一國。則虜勢減半。不能獨舉。此兵法所謂伐交者也。元昊地狹

賊兵不多。尚來攻我。傳聞北虜常有助兵。今若虜中自有點集之謀而元昊驟然被擊。必來助於北虜。北虜分兵助昊。則可牽其南寇之力。若不助昊。則二國有隙。自相疑貳。此亦伐交之策也。假令二國剋期分路來寇。我能先期大舉。則元昊蒼皇自救不暇。豈能與北虜相為表裏。是破其素定之約。乖其剋日之期。此兵法所謂親而離之者亦伐交之策也。元昊叛逆以來。幸而屢勝。常有輕視諸將之心。今又見朝廷北憂戎虜。方經營於河朔。必謂我師不能西出。今乘其驕怠正是疾驅急擊之時。此兵法所謂出其不意者。此取勝之上策也。前年西將有請出攻者。當時賊氣力方盛。我兵未練。朝廷尚許其出師。況今元昊有可攻之勢。此不可失之時。彼方幸吾憂河北。而不虞我能西征。出其不意。此可攻之勢也。自四路分帥。今已半年。訓練恩信茲已可用。訪近日屢奏小捷。是我師漸振。賊氣漸衂。此可攻之勢也。

苟失其時。而使二虜先來。則吾無策矣。臣願陛下詔執事之臣。熟議而行之。此四事也。其五曰可任之臣。臣又聞仲尼曰。十室之邑。必有忠信。況今文武列職。徧於天下。其間豈無材智之臣。而陛下總治萬機之大。既不暇盡識其人。故不能躬自進賢而退不肖。審官吏部三班之職。但掌文簿差除而已。又不敢越次進賢而退不肖。是上自天子。下至有司。無一人得進賢而退不肖者。所以賢愚混雜。僥倖相容三載一遷。更無旌別。平居無事。惟患太多。而差遣不行。一旦臨事要人。常患乏人使用。自古任官之法。無如今日之繆也。今議者或謂舉主轉官為進賢。犯罪黜責為退不肖。此不知其弊之深也。大凡善惡之人。各以類聚。故守廉慎者各舉清幹之人。有贓汙者各舉貪濁之人。好狥私者各舉請求之人。性庸暗者各舉不才之人。朝廷不問是非。但見舉主數足。便與改官。則清幹者進矣。貪濁者亦進矣。請求者

亦進矣。不才者亦進矣。混淆如此。便可為進賢之法乎。方今黜責官吏。豈有澄清糾舉之術哉。惟犯贓之人。因民論訴者。乃能黜之耳。夫能舞弄文法而求財賄者。亦强黠之吏。政事必由已出。故雖誅剝豪民。尚或不及貧弱。至於不材之人。不能主事。衆胥羣吏。共為姦欺。則民無貧富。一時受弊。以此而言。則贓吏與不材之人。為害等耳。今贓吏因自敗者。乃加黜責。十不去其一二。至於不材之人。上下共知而不問。寬緩容姦。其弊如此。便可為退不肖之法乎。賢不肖既無別。則宜乎設官雖多。而無人可用也。臣願陛下明賞罰。責功實。則材皆列於陛下之前矣。臣故曰。五者皆有。然陛下不得而用者。為有弊也。三弊五事。臣既已詳言之矣。惟陛下擇之。天下之務不過此也。方今天文變於上。地理逆於下。人心怨於內。四夷攻於外。事勢如此矣。非是陛下遲疑寬緩之時。惟願為社稷生民留意。

寶元元年。天章閣待制龐籍論先正內而後正外跡曰。臣伏自元昊
背恩僭竊。兇謀已露。陛下憂恤邊事。博採羣議。選將遣師。動桂宸慮
復聞減息宴樂。專精思慮。此乃宗廟之福。天下之幸也。陛下憂勞不
已。則羌戎小醜不足平也。誠不可輕之易之耳。當平靜無事之時。言
事之臣。尚賴陛下戒謹備禦。况逆虜已畔。兵戎方興。此臣下尤當竭
謀慮忘忌諱之秋也。况臣孤蹇之跡。上賴陛下明照奬擢。獲升近侍。
恨無才略。仰報大恩。苟有管穴之見。敢不陳露。夫欲建事功者在先
正其內。而後制其外也。先正其內者在陛下專意而力行之。臣願陛
下執恭儉嚴紀綱也。荀子曰。恭儉者備五兵。又曰彊本而節用則天
下不能貧。故當今之急。無先於恭儉也。陛下試命有司計財賦之入。
必見耗於先朝之時也。計費用之數。必見廣於先朝之時也。財賦日
耗。而費用日廣。則安能使府庫豐積。兵備是用也。故願陛下節之。又

節。以備用兵之乏。應不急之務。一皆止息。專以備邊為念。則功可立
矣。至於綱紀者其要在賞罰。恩賞貴乎審當。法令貴乎齊一。伏見近
年恩及僥倖。而典憲稍縱。夫賞所以勸功也。僥倖無功之人。坐獲殊
寵。後有臨敵効命。立勳行陣者。將何賞以旌其望乎。願陛下愛惜爵
祿。無及僥倖。以待立功之臣。申嚴憲法。無使縱弛。以威不恪之臣。此
又最切務也。苟國富兵强。綱紀嚴肅。則四夷畏服之不暇。又何僭亂
之敢為。實在陛下正之於上。大臣持之於下。則誰敢不從矣。所謂後
制其外者。方今邊要與元昊接境者廣矣。昨遣二帥臣以分制之。固
當以防備為急。若不得其要。則費廣而功未可期。自元昊僭逆以來
調發兵馬已衆多矣。輦運器物。紛紜道路。諸所營繕。率及民力。兵戍
既集。芻粮所費。不知幾倍於常時矣。兵久不散。支用無極。臣恐羌戎
未至。而公私先困矣。安知非黠羌狡謀。而困我哉。前代時及平定。則

休兵罷戍。養民審備。以防不虞。故事至而其用有餘。國家自和戎之
後。邊戍未甞休息。支用未甞減節。一旦兵興。則其力易困。夫兵冗而
不精。雖衆不可用也。竊聞所發之兵。皆不選練而遣之。疲弱預行者
亦多。此徒有其數。而可用者殊少。臣謂兵卒壯勇者一。可勝疲弱者
五。况餽運邊儲。常為艱苦。此尤宜重惜也。欲望令漕運之臣。與邊將
選擇壯勇可用者。留之於邊。疲弱者或令還本營。或置於近內多粮
之地。則邊郡兵精而費少矣。鼂錯有言曰。器械不利。以其卒予敵也。
卒不可用。以其將予敵也。是知兵戰者。利器械。訓士卒。最先急也。臣
聞在京造兵甲之所。近年以來。多不擇監掌之官。率皆勢要之人為
之。以自便其私也。亦聞向來所造器甲。多不精堅。欲望朝廷擇勤幹
之官。諳知製作兵甲利鈍巧拙者。今監轄工匠。精心製造。必命精堅
可用。仍加覆驗。明示賞罰。則兵甲堅利矣。其外方造作兵甲。亦乞嚴

戒。國家休兵久。士卒灡惰。加之都將威輕。軍衆難制。若一旦臨敵。殊
可豫憂。望審詔二帥臣。令經畫訓練之法。統馭之術。使將校知威
愛之道。士卒有稟畏之意。然後時加訓告。各使知上恩而勵臣節。則
臨事可用。而功可期也
右正言直集賢院吳育論建立基本以銷未萌之患疏曰。臣竊謂朝
廷總制天下。必建立基本以銷患於未萌。若政令脩。綱紀肅。財用富。
恩信洽。賞罰明。士卒精。將帥練。則四夷望風。自無異志。一有未備。則
黠虜乘間。而生心。方今天下少安。人情玩習。而多務因循。居常有議
及政令綱紀邊防機要。則謂之生事。或有警急。則必至忽遽。而莫知
所為。若稍且安靜。又無人敢輒言。且夏州又有人往來中國。親見朝
廷因循之勢。遂敢內蓄姦謀。若以一時之事。苟且支持。至爛額救
焚。揚湯止沸。覆視前古。厥鑑甚明。伏望陛下從容延對左右大臣。詳

論闕政博訪羣議脩節用愛民之經求訓兵練將之策則一方小警不足慮也

慶曆三年尚書禮部郎中知制誥宋祁上疏曰臣聞病者療之於未危火者防之於未燃若已危已燃雖有嘉醫力士猶不能振殂爛之害是以思患豫防所趣一焉臣伏見河北河東陝西比年騷困契丹怙恃犬羊規掠塞下求索賂遺辭悖意驕陛下以天下為心屈己忍忿與之通好以紓倉卒之急是以河朔生靈晏然暫寧此陛下權時之宜也夏賊逆命驅率雜種襲金明殘麟府破任福敗壞多殺吏卒數十萬轉食屯兵于今五年士氣喪沮每聞金鼓之音皆股戰膽銷有百走退生之心無一前鬬死之志部署鈐轄位均勢侔不相統一賞濫而不實罰弛而不行上下相蒙徼一切之幸臣計二陲之憂比病與火可謂將危而且燃也中外有識無不寒心臣愚以謂不速興而救之事一差跌悔無及已伏見中書門下樞密院日入奏事遵示常體但以官吏差遣使臣遷轉比例爲下計較錙銖下至百司冗屑申請無不關白聖聰及宣勅行下一署曰聖旨至於邊境措置安危大計反不暇及之臣愚無知竊以為過矣不當行而行是為徒行當憂而不憂是為必憂今耶律君臣包禍就毒放馬陰山之下待隙而動彼其旋玩河朔如股掌之上責貨不已又將責地禍根釁萌章章如此朝廷忽而不防未知何謂邪方今河北河東不澄濫官不閱冗兵帥之才不卞未嘗擇械之可用不可用未嘗選自戎使紲至便為信誓可憑謀臣高枕了不為備可謂蔑箠啓筍以待寇攘今陛下盛德清明大臣方正叶力猷可獨違朝無間言不於此時側席嘗膽思所以禦之之術急除弊政圖刷大恥乃欲優游自暇日安一日待病之危待火之燃救不晚乎夫碎目雜務非宰司職事假令此等一皆

不問委之有司尚無繫於治亂若二虜挺變更相影嚮一出於北一擾於西國疲于轉輸一夫餓堅興為盜賊憑高呼吁環數百里則天下安危決於一日之間推是而言臣所謂不當行而行當憂而不憂果何信也劉平石元孫輕脫寡謀徑與賊鬬師敗身死損辱國威今之為帥不鑒前失尚守舊体終無改更其出師也無鼓旗無鼓旗則號令不行矣其戰也無行陣無行陣則敗走不救矣其止無營壍自守其行無輜重自隨烽候不明間諜不設不量人事不察地形將不撫士士不識將遷代紛紛未始暫寧而有司據例換移習不為怪是以賊小入則小勝大入則大勝亦未嘗聞朝廷求所以敗所以勝之由彼所長我所短之要何者有勇何者有謀而可以相輔若何則守若何則戰而援之成筭兵若久而不解何策以支食若有時而乏何術以濟今陛下未以為念大臣未以為言天下安危誰任其責臣聞見隘陋不足與權大事竊謂當今之急者有七一曰講軍陣二曰廣牧馬三曰精器械四曰力耕桑五曰擇官人六曰重賊法七曰籍游冗臣既愚昧知其大而不得其詳又不敢掩衆謀申獨見伏願陛下試以閒日詔一二近臣出此七事令共力探討使引古驗今執處其要陛下與大臣擇而行之既行又執而不遷浮議搖撼皆且勿聽然須近者三年有成遠者五七年十數年而成功陛下安心緩慮惣其術勤夫治國若種樹非謂朝種而暮可庇也假以日月則根柢深固坐獲其陰昔孟明再敗秦師歸脩國政晉避其德遂霸西戎今若力農繕兵日夜申儆張吾百度振吾六師其居有備其行有法彼二虜聞之必且狡謀潰於狄胷陰計爛於羌腸矣臣又願陛下詔中書樞密院自今以往取百司申請不干大事者許依唐時堂帖之比直令堂判院付之有司雜務已有定例使行不奏其可以蠲除歸有司者

定為永制俾之奉行若其大事非臣下可得專者然後奏請自然綱提領攝事亦希簡使大臣得專邊境盡屬金華矣諸路部署以下出兵之日臣願依軍法以一階一級交相統制令一則易行官專則有威無令貴臣監軍牽制其內將之與士既相習熟則不可數為替改使得恩結其心威統其遠緩急與之生死乃可為用此其略也昔楚莊王區區之諸侯據卑濕之地無日不討軍實而數之其戒於國中曰人生之不易禍至之無日用能服鄭宋抗強晉威震中原況陛下擁四海之富攬天下俊人與之圖事耶然時哉時哉不可緩已臣愚戇不識禁忌惟陛下哀憐省納

四年知諫院余靖上奏曰臣竊聞大臣建議內有脩京城置府兵二事者伏以廟堂謀議天下具瞻帝王言動萬世為法安危所繫舉措非輕事之幾微不可不謹難與慮始人之常情臣願陛下深思遠圖以安民為本臣請縷陳二事望陛下擇其可否臣聞西賊僭號之初宋庠請脩函谷此時關中動搖謂朝廷棄關西而自守今無故而脩京城乃是捨天下之大而為嬰城自守之計四方聞之豈不動搖強弱之勢正在此矣無戎而城春秋所譏守在四夷義不如此又前歲以邊鄙之警而河北諸路揀點鄉兵之利未集而先致其害也況今北胡之賂既厚西戎之好既講雖知信誓不可卒保嗷嗷蒼生歲望帖泰而都畿之下先自擾之根本不寧西方何望哉昔魏侯恃險吳起以為失詞宣王料民山甫譚其害政惟是二者皆古今之所重而安危之所起也陛下捨此二策別議遠圖之術

嘉祐間蘇洵上審勢策曰治天下者定所尚所尚一定至於千萬年而不變使民之耳目純於一而子孫有所守易以為治故三代聖人其後世遠者至七八百年夫豈惟其民之不忘其功以至於是蓋其

子子孫孫得其祖宗之法而為據依可以永久夏之尚忠商之尚質周之尚文視天下之所宜尚而固執之以此而始以此而終不朝文而暮質以自潰亂故聖人者出必先定一代之所尚周之世蓋有周公為之制禮而天下遂尚文後世有賈誼者說漢文帝亦欲先定制度而其說不果用今者天下幸方治安子孫萬世帝王之計不可不預定於此時然萬世帝王之家常先定所尚使其子孫可以安坐而守舊至於政弊然後變其小節而其大體卒不可革易故享世長遠而民不苟簡今也考之於朝野之間以觀國家之所尚者而愚猶有惑也何則天下之勢有強弱聖人審其勢而應之以權勢強矣強甚而不已則折勢弱矣弱甚而不已則屈聖人權之而使其甚不至於折與屈者威與惠也夫強甚者威竭而不振弱甚者惠褻而下不以為德故處弱者利用威而處強者利用惠乘強之威以行惠則惠尊乘弱之惠以養威則威發而天下震慄故威與惠者所以裁節天下強弱之勢也然而不知強弱之勢者有殺人之威而下不懼有生人之惠而下不喜何者威竭而惠褻故也故有天下者必先審知天下之勢而後可與言用威惠不先審知其勢而徒曰我能用威我能用惠者未也故有強而益之以威弱而益之以惠以至於折與屈者是可悼也譬之人身將欲飲藥餌石以養其生必先審觀其性之為陰其性之為陽而投之以藥石藥石之陽而投之陰藥石之陰而投之陽故陰不至於涸而陽不至於亢苟不能先審觀己之為陰與己之為陽而以陰攻陰以陽攻陽則陰者固死於陰而陽者固死於陽不可救也是以善養身者先審其陰陽而善制天下者先審其強弱以為之謀昔者周有天下諸侯太盛當其盛時大者已有地五百里而畿內反不過千里其勢為弱秦有天下散為郡縣聚為京師守令無

大權柄伸縮進退無不在我其勢為强然方其成康在上諸侯無小
大莫不臣服勢之弱未見於外及其後世失德而諸侯禽奔獸遁各
固其國以相侵攘而其上之人卒不悟區區守姑息之道而望其能
以制服强國是謂以弱政濟弱勢故周之天下卒斃於弱秦自孝公
其勢固已駸駸焉日趨於强大及其子孫已并天下而亦不悟專任
法制以斬撻平民是謂以强政濟强勢故秦之天下卒斃於强周拘
於惠而不知權秦勇於威而不知本二者皆不審天下之勢也吾宋
制治有縣令有郡守有轉運使以大系小絲牽繩聯總合于上雖其
地在萬里外方數千里擁兵百萬而天子一呼於殿陛間三尺竪子
馳傳捧詔召而歸之京師則解印趨走唯恐不及如此之勢秦之所
恃以强之勢也勢强矣然天下之病常病於弱噫有可强之勢如秦
而反陷於弱者何也習於惠而怯於威也惠太甚而威不勝也夫其
所以習於惠而惠太甚者賞數而加於無功也怯於威而威不勝者
刑弛而兵不振也由賞與刑與兵之不得其道是以有弱之實著於
外焉何謂弱之實曰官吏曠惰職廢不舉而敗官之罰不加嚴也多
贖數赦不問有罪而典刑之禁不能行也冗兵驕狂負力幸賞而維
持姑息之恩不敢節也將帥覆軍匹馬不返而敗軍之責不加重也
羌胡强盛陵壓中國而邀金繒增幣帛之恥不為怒也若此類者大
弱之實也久而不治又將有大於此而遂浸微浸消釋然而潰以至
於不可救止者乘之矣然愚以弱在於政不在於勢是謂以弱政敗
强勢今一輿薪之火衆人之所憚而不敢犯也舉而投之河則何熱
之能為是以負强秦之勢而溺於弱周之弊而天下不知其强焉者
以此也雖然政之弱非若勢弱之難治也借如弱周之勢必變易其
諸侯而後强可能也天下之諸侯固未易變易此又非一日之故也

若夫弱政則用威而已矣可以朝改而夕定也夫齊古之强國也而
威王又齊之賢王也當其即位委政不治諸侯並侵而人不知其國
之為强國也一旦發怒裂萬家封即墨大夫召烹阿大夫與常譽阿
大夫者而發兵擊趙魏趙魏盡走請和而齊國人人震懼不敢飾非
者彼誠知其政之弱而能用其威以濟其弱也况今以天子之尊藉
郡縣之勢言脫於口而響應其所以用威之資固已完具且有天下
者惠不為焉有欲為焉無不可者今誠能一留意於用威一賞罰
一號令一舉動無不一切出於威嚴用刑法而不赦有罪力行果斷
而不牽衆人之是非用不測之刑用不測之賞而使天下之人視之
如風雨雷電遽然而至截然而下不知其所從發而不可逃遁朝廷
如此然後平民益務檢慎而姦民猾吏亦常恐恐然懼刑法之及其
身而斂其手足不敢輒犯法此之謂强政政强矣為之數年而天下
之勢可以復强臣故曰乘弱之惠以養威則威發而天下震慄然則
以當今之勢求所以萬世為帝王而其大体卒不可革易者其尚威
而已矣或曰當今之勢事誠無便於尚威者然孰知夫萬世之間其
政之不變而必曰威耶愚應之曰威者君之所恃以為君也一日而
無威是無君也久而政弊變其小節而參之以惠使不至若秦之甚
可也舉而棄之過矣或者又曰王者任德不任刑任刑則霸者之事
非所宜言此又非所謂知理者也夫湯武皆王也桓文皆霸也武王
乘紂之暴出民於炮烙斬刖之地苟又遂多殺人多刑人以為治則
民之心去矣故其治一出於禮義彼湯則不然桀之德固無以異紂
然其刑不若紂暴之甚也而天下之民化其風淫惰不事法度書曰
有衆率怠弗協而又諸侯昆吾氏首為亂於是誅鋤其强梗怠惰不
法之人以定紛亂故記曰商人先罰而後賞至於桓文之事則又非

皆任刑也桓公用管仲管仲之書好言刑故桓公之治常任刑文公長
者其佐狐趙先魏皆不說以刑法其治亦未嘗以刑為本而號亦為
霸而謂湯非王而文非霸也得乎故用刑不必霸而用德不必王各
觀其勢之何所宜用而已然則今之勢何為不可用刑用刑何為不
曰王道彼不先審天下之勢而欲應天下之務難矣

參知政事范仲淹等荅手詔五事疏曰臣等各蒙獎用待罪二府未
能變理彌縫致化天下過煩聖慮特降德音上以宗廟為憂下以生
靈為念臣等不任慙恐戰汗死罪詔旨謂今用何人鎮彼西方臣等
思之今元昊遣人到闕名體稍順其如戎人難信止可權宜如翻覆
未寧則當擇節制之帥若和好且合亦須藉鎮撫之才經度邊陲以
防未患見選人具名聞奏次詔旨謂民之困弊財賦未強臣等議之
國家革五代諸侯之暴奪其威權以度支財用自贍天下之兵歲月

既深賦斂日重邊事一舉調率百端民力愈窮農功愈削水旱無備
稅賦不登減放之數動踰百萬今方選舉良吏務本安民備水旱之
防收天地之利而更嚴著勉農之令使天下官吏專於勸課百姓勤
於稼穡數年之間大利可見又山海之貨本無窮竭但國家輕變其
法深取於人商賈不通財用自困今須朝廷集議從長改革使天下
之財通濟無滯又減省冗兵量入以出則富強之期庶有望矣詔旨
謂軍馬尚多何得精當近韓琦范仲淹所上備邊文字內有河北五
六事陝西七事精擇兵馬及攻守之策已在其中臣等見商量施行
次詔旨謂將臣不和如何處制樞密院先因許懷德張亢不協曾指
揮戒勵然將佐之中性情不類愛惡相攻全在　帥別白撫過隨才
任用使各得其所則怨惡不生故長帥之才不敢輕易選用詔旨謂
躁進之徒宜塞奔競臣等謂躁進懷貪之人何代無之由朝廷辨明

而進退之如責人實效旌人靜節貪冒者癈之趨附者抑之如此則
多士知勸各生廉讓之心矣

張方平論藩鎮疏曰臣聞議者曰唐失御於藩帥至于一道百城跨
制千里列郡長吏出其所署戮二千石而不請專地繼世僅如戰國
自安史起釁河北非王土德順姑息河南皆冠壞章武勤勞夙夜拔
材練謀極力十年粗夷險阻懿僖之後寖微益削朱氏兼領十鎮遂
行窺逼而受終矣五代圮壞顛危相逐皆由强諸侯擁重兵而奪取
焉及我太祖之受命也天謀神機風雷變動創更前弊講見長策於
是不愛乎節鉞多命乎帥臣權分而勢自輕外輿而內實取于後諸
侯入覲漸留不遣方面都府牧伯之位更除士大夫而僚吏掾佐悉
天官選補塞覬望之蹊隧覆姦亂之巢穴故四聖累盛六紀于茲寰
海乂寧不震不擾門無關鍵豈煩擊柝之虞蕃無扃鐍安容胠篋之

變可謂藏身之固置器於安規摹之深遠也乎臣聞而論之曰唐自
天寶之亂天下割裂至我朝太平興國擒劉繼元靜并汾而天下始
大一統生民離鋒鏑之禍伏惟祖宗之大功盛德無與較焉然三王
之善制不能無獘百世之長執難以退御故自古無亂國而有亂君
有治人而無治法利害倚伏勢數之常幽厲享文武之國桓靈繼高
光之法桀紂敗典昵邪遠正周漢宮廟鞠成蓁蕪夫應世始王創基
垂裕莫不鑒前之敗深思經久其為秦謀者蓋見三代之亡皆由諸
侯於是有廢五等之畫為漢計者蓋見秦無盤維之固孤而易危於
是有郡國雜建之策魏晉之議者蓋見陳項之事黃巾之擾棄州邑
之無備遂潰漫而不制於是有都督持節之命皆所以誡覆轍過亂
略堅鑿契以抵歎壞平衡石而均重輕然其負舟而趨遯鼎奄有者
則又不常在承藉世家撫宅疆守者矣故閭左戍卒攘臂以亡秦族

泗水亭長提劒而啓漢祚光武以書生起宛曹公以孝廉去譙司馬氏無淩僉之衆宋高祖乏敦温之勢歡泰出偏裨之微隋文因戚里之重及其乘隙定業勢歸事濟備物九錫建國立臺比夫西伯以二分而事紂小白奉四履以勤王體迹殊矣是故歎斯羅侯置守之筭徒見其輻轂運動之勢諠錯强幹弱枝之論蓋昧於皮毛附麗之本至于天乙之後王室數衰毋及賢王九環復會周厲之削宣王中興秦天下一家二世遽滅惡在乎郡縣而安也且唐之授曆幾三百年內難四興外寇三作大帝孝和禍稔帷薄憲宗昭愍毒由宮臣其范陽之亂奉天之逼雖安泚為之戎首而甫杞實其禍胎恭惠不君紀律蕩替私昵執鈞衡之柄閹寺專帷幄之謀於是患結安南兵連徐土發卭蜀之役搆雲代之釁恭定繼立王綱已觧半天之下巢讓之所塗炭自陜以東權儒之所踐食禁旅為蒲人所殲邠帥以襄王僭

命原其禍孽都由令孜是故唐之傾危不自藩鎮皆自蕭墻之內也向使明皇勤恤無怠開元之初神武勵精常若建中之始懿皇紹構克守大中之政則范陽涇師秉何釁而犯順嶺表彭門因何隙而牖聚蠻之瘣木蠹由中生孽之累基勢從上墜故知治亂本乎法度興亡繫乎時君御得諸道迹可以賓絕俗撫乖乎方近不能保宮室彼方州者關柅動靜臂指伸縮制不在外而在中矣且夫我太祖之以睿武拯天下則有經綸恢定之略駕馭威懷之術我太宗之以英文繼大業則有緝熙撫寧之道義節畫一之制我真宗之以至仁纘丕圖則有寬沖恭睦之德持盈保成之方維其撥亂守文理政小異然皆主威獨運國命自制政不容於姑息息不假於近習此所以高拱南面子孫無疆之法也主上爍震耀之精體乾剛之德攬威福二柄以照臨四表專制無牽忍之愛采拔罔卑遠之隔廣謀以明聽受獨斷而絕浸潤此其上所以建皇極下所以綏天下者彼郡縣之制昔曰不廣豈朝廷之所恃者乎謹論

歷代名臣奏議卷之八十一

歷代名臣奏議卷之八十二

經國

宋徽宗宣和七年。太常少卿李綱上言曰。臣伏覩陛下以金國敗盟。陷沒燕山。重兵壓境。邀求必不可從之事。欲窺中原而取河北。淵衷震悼。深悔前非。下哀痛之詔。罷不急之務。蠲繁苛之令。除掊克之法。招徠忠讜之言。詢論捍禦之策。命皇太子作牧開封。以係天下之望。誠意惻怛。感動天地。慰安人心。雖堯舜修己以安百姓。禹湯罪己以撫萬方。無以過也。然臣以謂事勢迫矣。結釁已深。遣使講和。必無可和之理。長蛇封豕。蓄銳深謀。待時而發。其意不淺。而自河以北。守禦蕭然。無藩籬之固。不知何以禦之。今日之策。所謀得則宗社安。所謀失則宗社危。安危之機。間不容髮。臣願陛下審料事勢。以聖心之所能行者。深計利害。而明白行之。無為苟且僥倖。覆藏隱諱。以趣禍

亂。庶幾可以轉危而為安。則天下蒼生。無肝腦塗地之患。宗廟社稷。無淪陷夷狄之虞。皆在決於陛下方寸間耳。臣愚以謂今日之策有三。上策莫如親征。講求真廟幸澶淵故事。選將勵兵。躬臨訓練。降詔問罪。涓日啓行。以慴戎心。以鼓士氣。驅逐醜虜。保完舊疆。此上策也。中策莫如堅守。夫京師天下之根本也。宗廟社稷朝廷宮室之所在。百官之所聚。密邇陵寢。中四海而臨萬邦。高城深池。有金湯之險。聯營環衛。有虎貔之師。運漕東南以足財用。控制西北以威夷狄。天下無二。舍此安歸。定堅守之計。勵士民之心。效死為期。無毫髮欲去之意。既務鎮靜。又施權謀。遣帥出師。分屯旁近要害之地。翼衛帝室。設使犬羊之衆。敢肆憑陵。當如周亞夫禦七國之策。堅壁勿戰。以挫其鋒。待其糧竭氣衰。邀其歸路。多設方略。一鼓破之。此中策也。下策為避狄之計。如太王去邠而居岐。臣有所不忍言。然道塗閭巷之人。戶知之。臣亦疑聖意或出於此。何哉。比者不議河北守臣。而先議東南守臣。一也。遣使分起諸路兵。而不起淮浙兵。二也。撥欄沿汴舟船。三也。建牧四也。為此策者。雖足以紓一時之急。然知其利。而不知其害也。臣竊痛曾不深計而熟念之也。委陵寢宗廟社稷朝廷宮室百官萬民而去之。遠適。必潰。是以中原畀之豺狼也。事勢一去。不可復振。臣恐京師朝行而夕亂。其禍故可勝言哉。陛下雖命皇太子建牧以監之。何補於事。是不若偕行之愈也。必不得已。臣有愚計。顧恐陛下不能行之。臣今日言之。儻不契聖意。必死於斧鉞。不言之。異日禍敗。必死於亂兵。與其死於亂。不若死於國。臣敢冒萬死為陛下試陳其說。陛下欲行避狄之計。而命皇太子留守以係人心。以捍大敵。以保陵寢宗廟社稷是也。而建以為牧非也。本朝及唐故事。皇帝行幸。郡國則皇太子監國。此特國家閒暇之時。典禮如此。今大敵入寇。天下

震動。安危存亡。在呼吸間。而用平時典禮可乎。名分不正。而當大權。稟命則不威。專命則不孝。何以號召天下。率勵豪傑。與之以死抗敵。期成功於萬分之一哉。唐明皇避安祿山之難而入蜀。父老擁馬乞留太子以討賊。而肅宗有靈武之立。勢不得不然。當時之議。曾不早定。後世惜之。陛下度今日人心已搖。可以與之共患難而堅守。則守而勿去可也。度不能守。則胡不假皇太子以位號。使為陛下保守宗社。收將士心。以死捍賊。臣竊觀皇太子仁孝夙成。恭儉好學。四海屬心。如臣之計。天下可保。在此一舉。夫父子之間。人所難言。況今日之事。寧復有大於此者乎。臣素愚直。感戴大恩。所以不避重誅。為陛下言此者。欲陛下深思而定之於早也。交遜之際。燦然明白。而使宗廟社稷有所依歸。四海蒼生有所係屬。陛下如釋重負。享安逸於無窮。而以死宗廟社稷之事責皇太子。與天下之士大夫。豈不美哉。敵情

難測。卒然有急。然後議之。則無及矣。易曰。知進退存亡而不失其正者。其惟聖人乎。伏惟陛下聖德高妙。臣固知黃屋不足以纓絏帝堯之心。而以敢言者。正恃陛下體道而輕外物也。昔田千秋以一言而悟武帝。而巫蠱之禍息。臣頃以論水去國七年。今日之事。適在朝列。以上封事。朝奏暮召。以螻蟻之微。敢言大計。豈非祖宗神靈啓悟臣心。使之如此。其敢愛死。不自比於田千秋哉。謹刺血親書。干冒天威。無任戰越俟死之至。

徽宗東幸。宰執議請上暫避敵鋒。兵部侍郎李綱曰。道君皇帝挈宗社以授陛下。陛下委而去之可乎。上默然。太宰白時中謂都城不可守。綱曰。天下城池。豈有如都城者。且宗廟社稷百官萬民所在。捨此欲何之。上顧宰執曰。策將安出。綱進曰。今日之計。當整飭軍馬。固結民心。相與堅守。以待勤王之師。上問誰可將者。綱曰。朝廷以高爵厚祿崇養大臣。蓋將用之於有事之日。白時中李邦彥等。雖未必知兵。然藉其位號。撫將士以抗敵鋒。乃其職也。時中忿曰。李綱莫能將兵出戰否。綱曰。陛下不以臣庸懦。儻使治兵。願以死報。乃以綱為尚書右丞。宰執猶守避敵之議。有旨以綱為東京留守。綱為上力陳所以不可去之意。且言明皇聞潼關失守。即時幸蜀。宗廟朝廷毀于賊手。范祖禹以為其失在於不能堅守以待援。今四方之兵。不日雲集。陛下奈何輕舉。以蹈明皇之覆轍乎。上意頗悟。會內侍奏中宮已行。上色變。倉卒降御榻曰。朕不能留矣。綱泣拜以死邀之。上顧綱曰。朕今為卿留。治兵禦敵之事。專責之卿。勿令有疎虞。綱皇恐受命。未幾復決意南狩。

欽宗時。既與金和。金人需求不已。尚書右丞李綱奏言。金人貪婪無厭。兇悖已甚。其勢非用師不可。且敵兵號六萬。而吾勤王之師集城

下者已二十餘萬。彼以孤軍入重地。猶虎豹自投檻穽中。當以計取之。不必與角一旦之力。若扼河津。絕饟道。分兵復畿北諸邑。而以重兵臨敵。營堅壁勿戰。如周亞夫所以困七國者。俟其食盡力疲。然後以一檄取誓書。復三鎮。縱其北歸。半渡而擊之。此必勝之計也。

時晁說之上書陳論重地曰。春秋重地何也。曰。王者得民而安。斯民得地而安。有人焉雖微矣。以地而重也。邾庶其莒牟夷邾黑肱皆賤不當書者。邾庶其以漆閭丘之地而重也。莒牟夷以防茲之地而重也。邾黑肱以濫之地而重也。下國小邑之微人以地叛。而何能為重。所以重其誅也。茍不以地叛。則一身之罪。一時之禍也。其以地叛則不特一身之罪。貽百世之禍也。春秋之重地者。所以愛民也。正天下國家之本也。邾莒之君。孰與天下之君大。漆閭丘之地。孰與中國形勢之地重。屬者黃頭女真猖狂京師城下。執政大臣。遽以高陽中山太原三鎮賜之。竊恐非春秋之旨也。兩國構兵。如火不戢者焚。而其戢者亦焚。火不焚則不已也。兵之為禍甚大如此。而不得不用者。豈不為疆埸之野。尺寸之地哉。疆埸之野。尺寸之地。殺人流血。非王者之本心。干天地之和氣而必爭之。乃以中國數千里形勢之重鎮。未嘗接戰而棄之乎。言之及此。孰不寒心。論失中國之形勝。則禍福之幾有不可勝言者。中國以此控制夷狄者也。乃委此地於夷狄。使以控制中國乎。契丹因石晉而盜據一飛狐嶺之險。議者無不勝其憤。為之切齒扼腕。今乃以十百飛狐嶺使彼據之乎。其禍不特有吐蕃回紇之侵唐。將有劉聰石勒之繼晉乎。請以三國之事。著明者借論之。漢室不綱。有曹操孫權劉備。雖皆天生之英雄也。使其終無分地。而浪戰於中原。則必有吞併滅亡不支者。若前日劉項是也。曹公身與袁紹之興亡是也。而以一天下分裂而三者。實自乎荊州之所隸也。

嗚呼。荊州實能分裂天下而三者也。曹公不急於得關中。而急於得
荊州。蓋以韓遂馬超必不能保關中。而關中非我有而誰有哉。荊州
雖暫為劉琮之物。而亦未必不為我物也。陸攻則遠。水攻則險。彼孫權
劉備其遂得之乎。無幾何。孫權雖可以得荊州。自以居京口而遠有
所不給。則以資劉備。備得荊州。則得巴蜀。孫權以劉備禦曹操於荊
州。而併江東。三分之勢。定於此一州矣。曹操於宇宙間。有鞭撻之威。
尚何所懼者。及聞劉備得荊州則大懼矣。方作書不覺墜筆於地也。
唯曹操能懼其可懼者也。昔之一荊州。今之瀛定并門。三荊州也。又
可不大懼乎。曹操其後四軍濡須。恐江濱郡縣為權所掠。乃詔其民
內徙。彼久業南方而不安一旦。北土之民。相與驚惶。渡江而遊廬江
九江蘄春廣陵諸郡皆無民矣。北人乃得居其室廬。耕其田野。江濱
之郡。於是乎有民為魏死守矣。如曹公之志。則未易以吾三鎮之重

地齊民悉棄之也。古今識者皆恨唐不能有河北。而委之於三叛。不
知唐失河北於叛臣之後。繼失秦隴河湟於吐蕃。自鳳翔西門之外。
即為吐蕃之境。顧無自而遠制大河之北也。今京師視瀛定并門。猶
唐長安之視秦隴河湟。其利害不亦逼乎。嗟夫。唐失隴右而不能制
河北。今失河北而寧無西師之憂乎。又將何以制之乎。言及此則三
鎮之利害。又急於漢之荊州也。且唐之失河北為害也緩。唐之長安
視河北而遠也。今之失河北為害也急。今之京師視河北而近也。近
遠之間。緩急之勢。不得而同也。亦以明矣。今之京師。是謂大梁。與古
昔帝王之都自亦不同。何則。西漢之都雍。因秦之舊。保河山而制諸
侯。婁敬建言於前。賈誼重陳於後。實因一國而為都也。東漢之都洛。
謂先朝之未盡善。乃遠奉周公之志。以洛陽者天下之湊也。因天下
而為都也。隋則初盛而都雍。其後衰而都洛。唐則以雍為京都。以洛

為別都。皆未有及今都大梁。因天下而為都。又平坦顯著於洛陽之
都也。其諸帝王之舊。則夏都陽翟。商都景亳。我介於二者之間也。其
引湖海舳艫於枕席之上。而走山岳騷駃於俎豆之際。役夷狄萬國
琛幣於郊坻之近者。實以冀趙魏晉之重為天下四方之捷也。今冀
趙分而魏晉毀。則其憂不在河北而在京師。顧執事可不念之乎。中
山之地則保深祁廣信安肅順安永寧八州軍。兵則五十八指揮。三
萬八千三百四十八人。高陽則莫雄霸恩冀滄永靜保寧乾寧信安
十一州軍。兵則七十七指揮。四萬二千五百八十人。太原則忻代二
寧化岢嵐二軍控契丹之朔雲麟府二州守河外嵐石隰三州。火山
保德一軍阻河扞夏國之綏州。凡十有二州軍。兵則一百六十六指
揮。七萬二千九百人。嗚呼可謂重矣。故曰瀛州者有瀛海之富。富於
天下也。定州者。可以大定天下也。并州者。可以并兼天下也。名不虛

得。亦未可忽也。若不得保此之重鎮而棄之。竊恐江介之民。魚蝦之
俗。先叛而後服者。足搖而心生矣。且曰。非我敢棄朝廷而必行。恐朝
廷之我棄也。故曰所憂不在河北而在京師也。今日陛下赫然下明
詔。俾三鎮無棄其守如故。且命四擊狂虜。實天下幸甚。古兵法有之。
示弱者剛勝。示怯者勇勝。示緩者速勝。彼深入者我以主勝。彼兵老
者我以壯勝。甘言厚幣以餌之者我以逸勝。縱敵於歸路者。我可以
大得志而無不勝。今黃頭女真皆干此七者之誅也。顧詔急擊之無
怠。且今日狂虜之適逃。與契丹澶淵之逝事體不同。章聖皇帝不以
殺為武者也。今皇帝陛下必行天誅則武矣。
歐陽徹上書曰。臣聞履大寶之尊位。而能從諫如流。樂取於人以為
善者。人君之德也。當國家危急之際。而能奮不顧身。敢為人所難為
人臣之義也。忘布衣之賤。而盡忠竭節。以干斧鉞之誅者。知死有輕

於鴻毛也臣伏覩太上皇禪位之初金賊渝盟犯我京城太學諸生忠義奮發伏闕上書首建誅六賊之議姦臣怙勢妬賢嫉能欲寘言路以寘之死諸生惶惶股慄性命垂於虎口賴陛下剛明果斷速降詔旨嚴行止絕遣中使宣諭脫諸生於死地尋後諸生數奏朝廷得失然上用賢之請伏闕上書于再于三陛下俯加容察斷知外侮怨陵元元被害王師敗績國勢不振者皆緣六賊姦謀誤我上皇於是悉正典刑以謝天下黜白時中等而不用復李綱而相之臣以是知陛下非特能聽又能行正所謂從諫如流樂取於人以為善而備人君之德者也臣伏讀正月一日聖詔許士庶實封直言得失臣又知陛下卓然能以堯舜為己任欲開言者之路以来天下之策欲却夷狄之侮以安中國之勢正忠臣義士赤心事上之秋凡紀綱法度有不利於時不便於民者恨不知耳知而不言豈不負明天子勤求之

意哉臣比者恭讀聖詔曰敵勢未已動起兵端必欲割我土地殘我人民覆我宗社忠臣孝子自當體國念家人自為戰臣讀至此不覺涕泗交頤重念我宋隆興四方無虞人物滋富自古未有倫擬一旦為金賊侵侮攻陷井邑蠹害良民凡厥士庶豈不寒心臣恨無傑出之勇鼓行而前唱天下慕義之徒使或願持一戟或願操一戈覆其巢穴復其河北措京城於奠枕之安也臣曉夜以思蒙被國家教育為日滋久雖不能奮股肱之力而從事於鋒鏑之下然謀猷籌畫或有可採未必不能立尺寸功以報國家平昔之恩於是博採于古參酌方今利害之大者條陳十策以獻朝廷皆保邦御俗之方安邊禦戎之術愚者千慮必有一得狂夫之言聖人擇焉臣雖狂斐然上以應天子求言之詔下以攄寒士報國之誠非敢自謂其策之可用亦庶幾所謂當國家危急之際能奮不顧身敢為人所難者也臣生三

十年矣劬失所怙猥紹其裘之業願以忠孝自奮而臣有子可繼先人嗣故臣每覽前史見忠臣義士奮身報國者未嘗不掩卷浩歎恨不能躡其蹤臣今日適丁國家多難敢以草茅書生妄議朝廷得失臣故知干犯天威罪必無赦然臣所以甘心於此者實願以一身而安天下也臣故曰知死有輕於鴻毛者此也臣以芻蕘之言上瀆冕旒之聽伏願陛下留神省察無以萬乘之尊而驕之無以一介之微而忽之則天下幸甚臣聞三代而下帝祚綿遠莫如漢唐然當其內外之患未嘗蜂屯蟻聚攻城破邑兵端四起師出無功則為之君者曷嘗坐視其困哉蓋亦躬行之矣天錫勇智絕類離倫神戈一揮無不從順蠻夷猾夏寇賊姦宄固將褫魄破膽望風懾服若漢高祖伐陳豨于邯鄲唐太宗敗建德于虎牢以至高麗賊亂親駕六師一舉而遼東平凡此之類皆欲出於塗炭故決策親征奮張天威遐耀神

武遣將出師仗義問罪所至克捷而後戎心沮喪恐懼遠遁也契丹自晉天福以来蹂踐幽薊北鄙之境殆無寧歲至景德元年舉國来寇遂陷德清以犯天雄當是時京師之地危於累卵真宗皇帝憂勤日加夜分不寐畫計無所從判朝廷大臣持祿保位動為身謀居于江南者勸上幸金陵居于西蜀者勸上幸成都曾無為社稷計者惟宰相寇準鯁峭不回奮忠義心以破群議獨以親征為獻天子可其奏於是銳然親征既次澶淵諸道兵大會虜既震動殺其驍將順國王撻覽虜懼遂請和于時萬一非天子乾剛決斷用寇準計必不能成其功古語有之曰狐疑猶豫後必有悔斷而敢行鬼神懼之正此之謂也臣為陛下今日計莫若以虎符起天下之兵而決策親征殲夷醜虜絕其根本使無遺類則國威復振而後患不作矣臣竊覩陛下即位之初金賊犯順侮慢中國其勢可謂迫矣當時大臣亦有勸

上他幸者然賴陛下聰明不惑羣議斷自聖志下詔親征醜虜聞風
而心破兵戈未接敵已退師深自悔過此雖宗廟之靈社稷之福然
親征之詔不下未必爾也澶淵之役既驗之於前而此尤可以為近
證臣區區所以不避罪責敢以親征為獻伏願陛下奮獨見之明援
決勝之略命將帥遣戍役而必行之天下幸甚然慮善以動動惟厥
時審而後發發必中矣萬一陛下聽臣之計則親征未可輕動必也
以富國為先而選將練兵次之蓋兵家之策當先為不可勝以俟其
必勝要之得人為用則何施不可借使富國强兵內無動搖民安如
故有如大夫種之能轉輸供餽外無勞民擾攘之役有如范蠡之知
臨機果斷折衝千里有如周瑜之勇慮長慮遠收功於必成有如趙
充國之守嚴細柳之軍有如周亞夫者奔項羽之營有如樊噲者致
孜泰國知無不為有如房玄齡者兼資文武出將入相有如李靖者
則雖愚夫愚婦亦知其可以必勝矣方今朝廷之上士庶之間不無其
人在陛下擢而用之夫以中國全盛之富甲兵之衆加之得人以任
將帥之職親征以挫蠻夷之威則掃蕩絕滅可指日而待也此臣願
獻陛下一策也臣又聞禦戎之術以戰勝為上割地講和皆其下策
臣聞朝廷為金賊所迫有議割地講和者臣深為陛下不取也以臣
管見為今日計莫若遣詞命之使陽與之講和盡為之割地俟其有
急心乃掩其不備會諸道精兵以殲滅之此萬全之策昔田横據千
里之齊田間將二十萬之衆軍於歷城若非酈生先說齊王使為漢
而稱藩乃罷歷下兵守戰備自與之縱酒則韓信雖有百萬之師未
能以歲月破也頡利走保鐵山遣使者謝罪請舉國內附太宗遣唐
儉慰撫之李靖謂副將張公謹曰詔使到虜必自安若以萬騎齎糧
而襲之必得所欲公謹謂上已約降行人在彼奈何靖曰機不可失

韓信所以破齊也唐儉輩何足惜我督兵疾進於是擒之當時使韓
信李靖惜酈生之烹憐唐儉之死亦有所不忍則必不能成大功也
臣今日之計正合於此伏願陛下無為猶豫而不決也臣復為陳祖
宗守土之艱難使陛下讀之寒心則尺寸之地不可與人羣臣以割
地為請陛下必不輕死也臣聞昔者趙元昊叛西方轉戰連年兵久
不決契丹之臣貪而喜功者以我為怯且厭兵遂教其主設詞以動
我欲得晉高祖所與關南十縣慶曆中聚重兵壓境遣其臣蕭英等
來聘仁宗皇帝命宰相擇報聘者時虜情不可測羣臣莫敢行宰相
舉右正言富弼弼即入對便殿叩頭曰主憂臣辱臣不敢愛其死上為
動色乃以弼為接伴英等入境弼開懷與語不以夷狄待之英等亦
不復隱情遂去左右密以其主所欲得者告弼且曰可從從之不可
從便以一事塞之弼具以聞上命御史中丞賈昌朝館伴不許割地
而許歲增幣且命弼報聘往反十數皆論割地必不可狀及見虜主
抗辭不屈既陳利害而說之復宣皇帝之命以感之虜人感悟遂欲
求婚然亦終為弼善詞以卻之不過增幣二十萬而契丹平復其後
累年契丹君臣守其約而不敢敗者雖本於祖宗德化之所感然亦
富弼之功也嗚呼使地而可割則祖宗之朝已割之矣如其不可割
而羣臣勸陛下為此計者得無愧於富弼歟又況朝廷之根本正在
於河北河北之要害又在於三關四鎮割三關四鎮而與之則自河
以北皆非我有河北之地陛下既不得而有之其能久都大梁乎本
朝懲五季之弊舉天下之兵宿於京師名掛於籍者號八百萬而衣
食之給一毫皆取足於官又非若府兵之制一寓於農非都四通五
達之郊則不足以養天下之兵此其所以都大梁以據天下之衝要
歲漕東南六百萬斛以給軍食猶且不贍今若割河北之地則陛下

不免還都長安之地左殽函右隴蜀襟憑終南太華之山縈帶涇渭洪河之水其地利守而不利於運漕將何以給天下之兵哉夫太原一郡控扼二虜之嚥喉今棄太原則下瞰長安纔數百里陛下其能久都長安乎大梁長安既不可都又將還之金陵則自北而南非帝者所居而又邊患未寧國本動搖安知無姦雄窺伺金陵者哉臣以是知割地之請特可紓目前之患非萬世長久之策陛下當介如石之不變也臣又聞昔之所是今或為非前之所用後或棄之乃所以趨時而應變故孟子亦曰執中無權猶執一也在漢文帝之時固嘗與單于結兄弟之義以全天下之民而議和親矣至我國家澶淵之戰醜虜請和諸將皆欲以精兵會界河上而殲之虜懼求哀既切真宗皇帝詔諸將按兵勿伐縱契丹歸虜自是通好守約不復盜邊者累年則講和之術非不善臣輒敢以為不可者時不同故也何則

戎狄服叛無常乍臣乍驕徒視中國之勢強弱如何而已在祖宗之朝國威素震醜虜慴服而不敢猖獗故與之講和則守約而不違前日國勢委靡邊隙創開武久不講士氣墮怯醜虜所以深入既而與之講和徒費金帛億萬適以資寇師退未踰數月兵端又復蜂起臣以是知講和反墮虜計中也且如前日金賊敗北种師道請以精兵臨河滅其餘黨儒臣介僻堅執祖宗故事而不許殲戮故有今日之禍宜乎种師道飲恨而死也國家若實與之講和則外示怯弱內賚金貲盟血未乾臣必知醜虜又乘勢而攻矣孰若用臣之策使虜反墮我計中也伏願陛下採孟子用權之深旨破金人反間之機謀下令召四方之兵使奉詞伐罪揚威絕漠盡殺而後已傳曰為國家者見惡如農夫之務去草焉芟夷蘊崇之絕其本根勿使能殖者此也若謂用臣之計則失大國之信者又未足以語權變也昔者孔子許陽貨仕而終不仕與蒲人盟不適衛而終適衛則大人者言不必信行不必果惟變所適彼既渝盟而犯我京闕邊屯吏士扼袂切齒皆欲犂其庭而掃其閭我以機而滅之固其宜也況以小事大畏天者也以大事小樂天者也彼不能畏天而事我反貪暴殘滅而自干誅夷則天亦討其有罪矣夫復何疑此臣願獻陛下二策也臣又聞西戎之患大於金賊祖宗之朝羌人入寇固嘗彌年而不能解方今金賊入寇殘害滋甚西戎雖安堵未動然夷狄犬羊之性敢肆淩侮苟有以挫其威則垂頭掉尾去不復顧徒有譊譊之聲終無啞人之舌倘無以挫之則羣起而為人害矣臣以是知西戎雖未動亦當預為之防無使二虜合併為患則難於支梧也且如今年春賴天之靈俾敵悔過而效順朔方無虞天下同慶其後朝廷若能會兵要地控扼邊陲奮張國威以震醜虜則禍不萌於今日矣楊雄曰大寒而後索

衣裘不亦晚乎此言雖小可以喻大今夫宅於山者必設窖穽以防猛獸之為害宅於都者必峻墻仞以防穿窬之為盜此鄙夫野人之所共知也況西戎自熙寧犯境以來雖絕夏人賜予熙河蘭會轉輸飛輓之費一歲至四百餘萬則其費可謂厚矣帶甲荷戈者不可以數計朝夕引頸舉踵伺中國之便以逞其殘暴肆其姦雄者殆有甚於猛獸穿窬也太平之時尚當為之備況金人已為患於中國安可不早為之計無使滋蔓蔓難圖也蔓草猶不可圖況於戎狄乎賁育之不戒童子之不抗晉雞之不期蜀雞之不支彼怯勇小大之勢不同非蚤正以待之猶且不能勝況二虜動欲與中國抗衡耶為今之計者莫若明詔守土之臣使嚴為之備而又專委兵馬司使脩車馬備器械以圖患於未然則西戎不能入寇矣此臣願獻陛下三策也臣又聞天下之大猶人身夷狄者股肱也中國者腹心也股肱之疾

既作於外腹心之疾復攻於內則不間人之肥瘠其亡也可跬步而待昔秦始皇奮六世之餘烈振長策而御宇內吞二周而亡諸侯卻匈奴七百餘里胡人不敢南下於是遣將軍蒙恬築萬里長城以防胡自謂關中之固子孫帝王萬世之業而不知禍起於蕭墻之內一旦陳涉以甕牖繩樞之子無萬乘之尊無疆土之大身非王公大臣名族之後才能不及中人非有仲尼墨翟之智陶朱猗頓之富躡足行伍之間振起阡陌之內奮臂一呼天下響應山東豪傑於是並起而亡秦矣臣以是知腹心之疾尤甚於夷狄也國家治平日久冗食游手之民飄處有之敗軍亡卒流離散徙者紛如也日則博奕飲酒于市夜則結而為盜賊椎牛發塚於虛落之間非禮非義無不為也萬一有豪傑者為之唱嘯聚山林劫掠閭里驅虜良民以至擅名號攻城邑取庫兵釋死罪縱橫自肆而不可制則為腹心之患亦不淺

矣頃者方寇竊發血流通衢江浙井邑多為煨燼兵拏不解所費巨萬始能致其頭於闕下誠可為後來鑑也況今兵戈四起安知無方寇之流欲乘隙而作亂者耶以臣觀之守令得人此無足慮蓋州得一賢刺史則千里蒙其庇縣得一賢令尹則百里受其賜德化足以格人心威風足以挫強寇鉏姦鏟猾號霹靂手則頑民悍俗亦且惶懼恐伏逡巡銷縮而莫敢動矣臣聞王嘉曰國家有急取辦於二千石二千石尊重難危乃能使下今縣令既眾不能皆賢但州得二千石能自重其威權以使下則雖有黃巾赤眉無足畏也故尹賞之治長安使吏民雜舉輕薄少年惡子鮮衣凶服持兵刃者悉籍記之一旦收捕納之虎穴中由是盜賊頓止張敞之治膠東明設購賞開羣盜令相斬捕除罪吏追捕有功而上名尚書調補縣令者數十人由是盜賊解散趙廣漢之治京兆精於吏職尤善為鉤鉅以得事情郡中盜賊閭里輕俠其根株窟穴所在銖兩之姦皆不能逃朱博之治琅琊督令屬縣各用豪傑為大吏一旦竊發縣則移書詭責取辦其人盡力有效必加厚賞以是豪強慹服韓延壽之治潁川置正五長相率以孝悌閭里阡陌有非常吏輒聞姦人莫敢入界而吏無追捕之苦龔遂之治渤海移書勅屬縣罷捕逐之吏單車獨行務以德化於是盜賊悉平此數子者可謂善治羣盜者矣然方今之時其術亦有可用亦有可去者蓋彼時此時故也臣為陛下今日計莫若明詔督責監司郡守使勤於王事常行舉察無以酒色昏其精神無以賄賂易其心志夙興夜寐當斬伏節死義盡忠犯難以報國恩仍乞明詔郡縣有驕兵墮卒窮困亡命者有累負重罪常赦不原者有閭巷惡少不齒於人者有困迫飢寒剽奪衣食者並許自陳革過鼎新不念舊惡仍仰州縣給賞召募有願奮力勤王捍寇立功者集官詣射

圃試閱擇有股肱勇力之人收錄麾下常行禁約應副軍期差使夫如是則舊染汙俗咸與維新人人自奮願以身報國況以此籠絡天下之豪傑皆為我用則嘯聚為盜者無有也臣竊見聖詔盡起天下之兵臣知州縣之兵本不足以禦寇今又起而之他則其勢愈殺矣若不早用臣計一旦有豪傑奮發而起為之應者贏糧影從鱗集危合攻城犯邑則守令不過提攜妻孥遁跡草莽為自全計而已誰肯為陛下守土者不若用臣之計則盜賊不作而國兵不乏守土者又得以安其身而盡忠竭節矣此臣願獻陛下四策也臣又聞當一方之重寄百里之命所以保守土地全活生靈邦之治亂民之存亡實有賴焉當其平居無事無枹鼓之虞無征伐之役享高爵厚祿處則華廈衣則錦繡躍駿馬而羅紅顏坐重茵而食列鼎高談闊視手揮指顧號令吏民則庸人懦夫亦可勝其任洎其邊有變故回惶失措

不過嬰城拱手坐待其斃甚者望風而竄伏矣曾不聞有高城深池
堅甲利兵與之効死而不去者矣如是則生民何賴焉然則忠
義之士卓然名節與秋霜烈日爭嚴使之當公家之任而能提孤軍
守偏城臨大難而不奪其守者信難其人臣觀唐明皇勵精政事開
元之際幾致太平得人不為不盛一旦祿山叛逆噫嘻燕薊河北二
十四州之吏為賊誘引委靡從順者幾半逆為之計不陷於賊者獨
顏真卿一人而已故玄宗喜謂左右曰朕不識真卿何如人所為乃
若此使王師有進征之援者平原之守也繼而張巡許遠與城父令
姚闓以數千疲苶之兵而抗百萬難制之虜孤守一隅日戰數十挫
賊之鋒鯁其喉牙使不得進而搏食江淮之地轉輸不絕其民不為
塗炭者良以睢陽未下也此在當時亦未至於拔芳飛英角立傑出
然一旦遇變乃能忠義奮發激昂天下之吏雖赴湯火冒矢石而有

不可屈之大節載在方冊章章不可掩使後世姦臣賊子尸祿素飧
者聞其風莫不慙汗脫或太守縣令人人皆顏真卿張巡許遠姚闓
輩則國勢何患乎不振也夫以方今人材之盛而臣乃敢昌言謂難
其人者臣竊見曩者清溪寇起郡縣之吏懷印綬挈妻子而先去者
比比皆是當時士庶咸謂不能守土之臣必遭誅戮以激貪懦既而
交結權貴第相汲引巧為詞說文過飾非非特不正典刑又且悉與
敘復故忠義之風不震而臣子無所矜式遂使夷狄交侵幾危社稷
而河北守令罕與為敵者循前弊而已假使當時方寇既擒不能守
上者悉與誅戮則頑夫廉懦夫有立志醜虜未必能深入若蹈無人
之境也臣為今日討莫若明詔丁寧誥戒天下郡縣宜思患而預防
之過此以往或有內陵外侮攻犯城邑而能捍寇自全者許擢用於
朝而推恩於子孫如或不能保守復循舊風即與斬首以戒後來仍

流竄其子孫於遠惡之地縱累經赦不許原罷則人人思効死而莫
肯為逃遁自安之計矣此臣願獻陛下五策也臣又聞有常產者有
常心無常產者無常心無常產而有常心者惟士為能若民則無常
產因無常心苟無常心放僻邪侈無不為矣臣伏覩聖詔許餘路忠
義之士率衆勤王甚盛舉也然天下之民不能保其常心以臣觀之
河北河東京畿不幸為夷狄侵陵自當体國念家人自為戰聖詔許
其聚徒結衆捍寇立功可也若施之於餘路則不可也何則民無常
情約之以法劫之以威則規規然不敢自肆無以制之則若置猿於
木投魚於淵安能保其不恣哉臣觀今日應募而起者多豪橫之民
浮家泛宅而無所歸一旦雲集則號令貴乎有威統御貴乎有法左
右前後不紊其常旌旗行伍不汩其序然後擊之無敵撒之不亂而
可以立武功也如使擒縱不得其人則變心生而禍患作本以治亂

反以致亂本以禦寇反以助寇安知無姦雄投隙假勤王之名為叛
逆之賊哉此無他餘路安堵如故人物繁富倉廩實而府庫充豪橫
之人制之不得其術則見所可欲而爭端起矣臣近觀福建路發募
兵經由臨川統御無術遂爾作亂強劫婦女虜奪衣物破人家產而
人莫敢誰何不過吞聲飲恨無所控訴臣始聞之不勝太息竊慮炎
炎不已則遂為大患也幸而州府訪聞即嚴行禁約使後來者少挫
其氣而不復肆侮臣為陛下今日計莫若速降詔止絕餘路不許聚
徒結衆所有已應募者仰同心協力共立邊功當有厚賞如復欲召
募勇敢之人即仰州縣給賞自募閱試擇其堪用者錄之仍即繩之
以軍法無使復襲前弊臣觀孫武一斬隊長之首而左右前後跪起
皆中規矩繩墨無患約束之不明申令之不熟也若以為天子已下
之令而不可中輟則又非所以安邦也臣觀兩漢英斷之主無出高

祖酈生謀撓楚權欲復立六國高祖曰善趣刻印及聞留侯之言吐哺而罵曰趣銷印夫稱善未幾繼之以罵刻印銷印有同兒戲然其計足以安社稷無傷乎高祖知人之明也此臣願獻陛下六策也臣又聞天下安注意相天下危注意將然以臣觀之則天下安危將相皆在所注意況將相和則士豫附士豫附則天下雖有變而權不分權不分乃所以為社稷計也是以宣王承周衰之後四夷交侵中國微矣當時北有玁狁之難伐之不可後時必有嚴翼之人以供武服然後能勝雖有嚴翼之人無將以率之則勝亦未可必也故必有文武吉甫以為之將然後勝可必也詩曰文武吉甫萬邦為憲是也吉甫為將於外而內無忠順之臣與之同志者輔王耳目而迪其心志則妨功害能之人至矣妨功害能之人至則若吉甫者其身之不保何暇議勝敵哉故必有張仲孝友者在內然後吉甫得以致力於外以有功然則宣王所恃以收功者張仲孝友而已詩曰侯誰在矣張仲孝友是也萬一今日金賊之患殆有過於宣王之時陛下欲成中興之大業則伐之尤不可後時朝廷大臣如張仲孝友者想不乏人然未識宣威沙漠以統王師者有文武之吉甫耶借使有之則為宰相不識同心同德以輔王耳目而迪其心志有如宣王之時耶臣觀呂太后時諸呂擅權欲劫少主危劉氏丞相陳平患之陸賈為平畫計曰社稷安危在兩君掌握之間爾君何不交驩大尉陳平於是與絳侯深相交結卒誅諸呂而漢祚不絕者陳平能用陸賈之計故也臣為陛下今日計尤在於選將擇相無輕付此柄而使之內外相和以濟國難則醜虜無足慮以臣觀之如李綱者初無大過惡不宜置之閑散之地況綱之功業卓偉忠義奮發真社稷之臣天下之所樂從海內之所推稱者也聞其譴謫雖閭里庸夫野老莫不咨嗟感憤

以謂國家不能用人也夫處之以將相之任則當取其大功而略其小過臣聞綱在上皇朝京師暴水泛漲文武百寮皆備船筏為避水計獨綱奮然為上皇數陳災異忠言苦鯁雖旋被譴責而甘心無悔既而後患果符其語陛下明斷擢綱於卿監之中而處之以樞要之職天下知朝廷得人矣既而金賊勢迫羣臣有他幸之請獨綱毅然斷其不可于時朝廷大臣姻屬皆散而之四方甚者蔡京父子蒙被渥恩莫與比隆一旦變起舉族逃遁無毫髮為社稷計者惟綱全室不動仍肯以身當戰之先故天下皆知此時微綱為之宰制則京師已為丘墟生民皆為魚肉矣其功豈小補哉今日豈可以用軍之小過而黜之於外是失天下之望也臣聞漢高祖奮布衣提三尺劒起於豐沛六年而成帝業者蓋以其能知人而善用爾故嘗告于羣臣曰吾所以有天下者以其能用三傑運籌帷幄決勝千里吾不如子房鎮國家撫百姓吾不如蕭何戰必勝攻必取吾不如韓信項羽有一范增而不能用此其所以為我擒也臣以是知人各有所長用人者當量能授職使蕭何而為戰勝攻取之事必不能矣昔房琯自負天下為己任然一舉喪師遂不復振原琯以忠義自奮片言悟主以取宰相必有大過人者用違所長卒無成功後世所以惜之臣謂若綱者可鎮國家撫百姓安四夷者也至於用兵恐非所長然則今日之失非綱之罪也用綱者之罪也陛下謫之於散籍是棄蕭何房琯也是有一范增而不能用也得無為金賊快其私忿耶臣又慮朝廷之上六賊死黨尚有存者不然則白時中李邦彥之姻屬尚有大用者故陰為之陷穽吹毛求疵洗垢索瘢中含沙之射影而陛下未之察也使無是輩則幸甚脫或有之尤今日之所急去也臣聞王珪進見唐太宗有美人在側本廬江王姬帝指之曰廬江不道賊其夫而

納其室。倘有不亡者乎。珪因以郭公善善惡惡之事而諷之。曰知廬江之亡而姬尚在。正所謂知惡而不能去也。臣即此以見陛下知綱而不能用。是亦郭公之善善也。知六賊之朋黨而不能去。是亦太宗納廬江王姬也。朝廷進見之臣。不識有能如王珪之諷諫者耶。臣為今日計。莫若速降詔音。復綱舊職。則朝野同歡矣。此臣願陛下七策也。臣又聞安邊禦戎之術。在於擇良將選精兵。求辯士尊謀主。四者並用而不偏廢。然後可以興大事也。穰苴斬莊賈。而晉師罷。燕師渡水而解。韓信背水一戰。而擒趙王歇。斬成安君泜水上者。得良將也。孫臏伏萬弩於馬陵之下。魏軍至而伏發。龐涓死焉。李靖將輕兵至丹陽。而輔公祏擒者。得精兵也。陸賈使南越。尉它箕踞。能使之去黃屋而稱臣。韓愈入鎮州。而牛元翼潰圍而去。王廷湊不追者。得辯士也。釋李左車之縛而師之。遂收燕齊。用侯君集之策而攻之。遂

降。智盛者。得謀主也。臣常患世之論兵者。徒知重將帥之選。急士卒之練。修器械。觀形勢。推風角鳥占雲祲孤虛之法而已。至於辯士謀主。則略而不論。正所謂知用兵。而未知所以用之之術也。臣伏覩臣寮上言。謂今日邊患方滋。殊乏虎臣。天下之大。未必無其人。欲乞明詔州縣有拳勇股肱之力。傑出於衆者。及有兵謀武藝。才堪為將者。俾以名聞。擢而用之。甚盛舉也。然以臣觀之。未甚盡善。何則。自將而言之。固不以一槩論。有一軍之將。有一國之將。有天下之將。又豈特有拳勇股肱之力。兵謀之人。然後可以為將哉。斬蛟長橋。刺虎南山。走有追風之逸。射有貫虱之妙。被堅執銳。所向無前。攻城破陣。所至先服者。特可以將一軍而已。千變萬化。神出鬼沒。或縱之而後擒。或以負而為勝。測之而益深。運之而無旁。若金在鎔。惟冶者之所鑄。若泥處埏。惟陶者之所埴。所攻輒破。所擊輒取。無往而不利者。一國之

將也。以仁伐不仁。以義伐不義。拯民於水火之中。躋民於仁壽之域。致壺漿以迎王師。而人惟恐居後者。天下之將也。又豈特恃其股肱之力。武藝之精而然哉。古人固有不持尺刃。不操寸戈。而能卻百萬之師。以至談笑而折衝。偃息而銷虜者。在於臨機策。料敵明。達以籌策而已。又況用人以安天下。不專以文辭取。不可以家世論。當考其行實。究其才能如何耳。故李布遭髡鉗而有名將之稱。婁敬脫輓輅而建金城之固。蕭曹起於刀筆之吏。英衛起於罪亡之餘。酈食其乃監門狂生。樊噲特鼓刀僕御。班超一腐儒耳。薛仁貴特田家子耳。一旦依日月之末光。皆能勳功帝籍。振名後世。借使漢唐之君不能用之。則數子者亦湮沒於無聞矣。軍法曰。使智使勇。使貪使愚。智者樂立其功。勇者好行其志。貪者要趣其利。愚者不計其死。使人能收其長。而棄其短。則將帥何患乎之人也。以臣觀今日募兵之衆。則精兵

不患乏人。然臣竊疑良將辯士謀主未必多多益辦也。且如仁宗皇帝時。富弼卻契丹割地之請。是亦辯士之功也。臣竊意金賊雖暴悍如此。然為之主者。又豈木偶人哉。亦必知世道之安危。識人理之盛衰。萬一得一辯士。如儀秦之流。圓機不礙。能掉寸舌。縱橫議論。俾獨馳一介之使。喻之以禍福之機。陳之以利害之大。講隣國之好而啓之。援信史之證而誘之。使之動心駭聽。彼未必不一言悔悟。復守舊約。而不敢侵我疆土也。臣為陛下計。莫若廣詔京畿諸路。士庶有學足以該古今。識足以達天人。才足以供倚馬之求。辯足以破傾河之論。壓之以威而益振。恐之以死而愈新。一人而兼得斯數者。仰州縣審實保明。解發赴闕。又乞詔天下有雄材大略。能畫安邊之策。能知用兵之權。守邊可以賢於長城。戰勝可謂國士無雙者。並仰州縣審實解發。陛下親策於庭。量才授職。試其所長。則良將辯士謀主。一舉

而兼得之。何憂乎虎臣之乏也。方今邊患日滋。正廣收人物。以備驅
策之時。無以臣言為狂妄也。此臣願獻陛下八策也。臣又聞孟子曰。
桀紂之失天下也。失其民也。失其民者。失其心也。得天下有道。得其
民斯得天下矣。得其民有道。得其心斯得民矣。得其心有道。所欲與
之聚之。所惡勿施爾矣。臣以是知民惟邦本。本固邦寧。國之所以廢
興存亡。特在於得民與不得民之間耳。傳所以言桀紂以不仁失天
下。湯武以積德有天下者是也。臣竊觀天下之民。似有離心。蓋自太
上皇臨御之日。姦臣擅權。蠹賊滋甚。假奉上之名。而剝民之脂膏。託
崇道之勢。而奪民之產業。因花石之微。而驅民於困厄之地。緣名字
之歸。而擒民於罪亡之餘。天下士庶。陰懷怨恨之氣。抑鬱而不敢吐。
上違天心。下乖民和。故頃者方寇竊發。民樂其禍。而有何獨後我之
嘆。則民心之離也久矣。非一朝一夕之故。其所由來者漸矣。幸賴祖
宗遺德餘烈。尚有存者。故紀綱未至於大壞。去年春金賊入寇。國勢
幾危。若非上皇明斷。禪位陛下。使人心懷。則天下已非國家有矣。何
則。黎元赤子皆知陛下在儲宮時。恭儉仁孝之名。聞于遠迩。故即位
之初。閭里相賀。知天下可指日安也。既而悉誅六賊。天下又復相慶。
謂陛下能除民之害。真安邦定國之主。是知民心固樂從也。比者聖
詔起兵。國家太平日久。須白之老。未聞金鼓之聲。一旦干戈擾攘。黎
元固已動心而駭目。加之無識兇徒。簧鼓不根之語。謂國家敗兵既
數。將下詔民間三丁選一以為用。智者知其流言。陛下必不為此。奈
流俗易於搖惑。雖家置長喙。人為說鈴。亦未能決其疑。臣恐此語一
煽。民心又復搖動。甚者預為生離之憂。則求其安堵不動不可得矣。
此蓋流言者之罪。然亦國家募兵有以致其疑也。臣愚欲乞陛下速
降詔旨。安撫天下。明斷此意。使解其惑。以結民心。廣施德化。使恩有

餘地。為子孫萬世無疆之休。仍乞天下所發遣募民。見在京畿諸路
屯聚捍寇者。俟金賊掃蕩之日。命將帥出厚賞以募。有願住者乞留
守京畿。以防後患。仍約以歸期。其不願留者悉遣之。若抑而留之。又
致變矣。陛下如其吝賞給。惜供餽。不招軍以控扼邊陲。則臣心知邊
境擾擾無時而已。異時復下詔募兵。則東南之民其力疲矣。其財耗
矣。豈能保其必勝哉。仍天下所發至募兵。所以忘身而犯難者。不過
希賞賜而已。借使金戎已寧而遣之歸。有功者固當厚賞。無功者亦
乞給賞以勞其來。一則懷之使無異心。二則誘之可以再用。實良策
也。茲數者皆欲陛下結民心以長有天下而已。此臣願獻陛下九策
也。臣又聞先王之理財也。若持衡然。不使之偏歸於公家。亦不使之
偏入於私室。惟其適平而已。省賦斂。輕徭役者。雖先王之善政。然國
家有夷狄之難。將欲養兵而禦戎。則其實不過以安百姓而已。雖斂
財於民。為募兵之費。下亦無怨言也。第不可以取傷廉而已。臣近覩
詔下募兵諸路多科兵於民。使百姓所費不貲。而烏合之衆。又不足
以立事。至於忠義之士。能率強勇之人。以徇國家之急。則官府無錢
以給餽餉。衆而復散者有之。以臣愚計。竊謂萬一邊患未寧。欲募兵
則不若以稅額量情均科錢以助國用。應有官之家。並不蠲免。則所
斂薄而均。百姓皆樂而從之。取之雖微。而聚之即多。州縣預貸官錢
募勇敢之人以勤王事。則武足以禦寇矣。所斂之錢。存其三之一。以
募兵而守城。餘者悉為起兵之費。甚盡善也。臣嘗以是徧詢於鄉老。
皆善其計。以是知民情之樂從也。臣又慮兵餽不給。則臣有策於此
可使不損於民。不害於公。令下之日。諸路軍儲霈然有餘矣。所謂策
者何也。臣謂天下所納米以造酒者。不過欲市利而已。為今日計者
莫若速降詔旨。罷賣官酒。許州縣之民投狀名保。均分酒課。任自造

責仍委局務者日計其利無使辭捬應諸路所入求悉以充兵餽則
摧酤不勞而軍儲可給矣其策豈不良哉此臣願獻陛下十策也臣
於十策之外又有三事亦今日之不可緩者試昧死為陛下陳之臣
聞之曰左不攻於左汝不共命右不攻於右汝不共命御非其馬之
正汝不共命用命賞于祖不用命戮于社予則孥戮汝臣以是知古
者王師之出有不用命而勝敵必戮而不赦况望風降伏者其罪宜
如何哉臣竊聞比者三軍臨陣將士或不用命遂爾降敵臣愚欲乞
陛下明詔撫懷軍情使各奮其勇仍有降敵者悉戮之則軍勢振矣
此其一說也臣又聞明君賢相所以動而勝人成功於衆者多用間
術故兵家之策用間有五有因間有內間有反間有死間有生間五
間俱起莫知其道是謂神紀人君之寶也故三軍之事情莫親於間
賞莫厚於間事莫密於間非聖智不能用間非仁義不能使間非微

妙不能得間之實微哉微哉無所不用間也臣竊意金賊強悍儻或
未可以力勝則不若用死間之術而滅之臣身雖不長六尺而智雄
萬夫辯雖未足以方儀秦亦不可謂圓機而不礙者也臣以忠義自
奮何惜一死為陛下用此術以掃蕩醜虜而安我社稷耶方其將帥
如其巳有良策滅之則生民之幸也萬一未有討則伏願朝廷借臣
一介之使遣臣見虜主而說之臣自有策能使醜虜倒戈卷甲不復
侵傲陛下如欲絕其種類則臣亦願以死間伏望朝廷俟其有弛心
而無備則遣良將領精兵而殲之臣雖遭鼎鑊能以一身破強悍之
虜而安我宋二百年之社稷使萬世之下姦臣賊子誦臣之名莫不
掩卷而懸嘆則臣雖死猶生也伏願陛下明斷而必行之無謂臣布
衣之賤不能立此功也古語有之曰猛虎之猶豫不如蠭蠆之致螫
孟賁之狐疑不如童子之必至取其能必行之臣前所謂使韓信李

靖惜酈生之烹憐唐儉之死小有所不忍則不能成大功者正謂此
也此臣所欲言者二也臣又聞陰陽家流有三奇八門之術天子庶
人之式是以自利是以厭人揚兵九天之上尸敵千里之遠天神地
示皆為我用則取勝之大要也今何苦而不用哉精此術者毋有其
人陛下求之未切尔臣願下明詔如求賢之急必得此輩以濟大事
天下幸甚此臣所欲言者三也臣聞馬周以草茅一介之士為唐條
陳二十餘事皆當世所切太宗愛而擢用以明佐聖不膠漆而固恨
相得之晚王佐材疇能及此蕭銑據江陵屢戰不克李靖遂陳圖銑
十策有詔拜靖行軍總管軍政委焉師叩夷陵蕭銑遂降臣以鯫生
恭誦聖詔曰每聞邊報痛切朕心臣於是感激自奮願以身報國故
昧死獻十策臣無王佐之材非敢望若馬周之擢用特願用臣狂計
以擒金賊之渠魁掃蕩邊塵復祖宗之境土庶幾不愧李靖獻策以

圖蕭銑則臣雖以直言犯逆鱗自取誅戮亦沒齒無怨言臣所陳特
今日之急務至於朝廷之闕失政令之僻遺甚有可言者臣以陛下
方今有北顧之憂故且置而勿論臣又竊聞學古入官挾策登第者
平居貪位慕祿惟恐居後切切然常有不滿意一旦國家有變雖捐
軀以報尙何所惜奈何風俗衰薄忠義陵遲故有官君子方且酣暢
自適恬不以社稷為念甚至赴闕注調者纔聞變起不參部而歸者
有之及京畿而反者有之其間有能奮身為國者幾何人哉間或有
之則羣聚而笑指以為狂生臣聞其語忿氣拂膺恨無上方斬馬劍
以斷其腰領臣恐此風一扇天下靡靡入於衰敗故願以死間之術
為陛下安天下之民庶幾少立忠讜以振頹風仍不避斧鉞之誅敢
獻此書于朝廷也伏願陛下函容之德天高地厚憐臣愚忠恕臣狂
斐以來忠直之言以激衰敗之俗則萬世之幸也儻或以臣言為無

足掾而又以草茅之賤上玷聖聰下觸權臣必欲置之死則臣亦甘心焉

歷代名臣奏議卷之八十二

歷代名臣奏議卷之八十三

經國

宋欽宗靖康初歐陽澈上書曰臣聞唐太宗時中書舍人高季輔上封事言得失辭旨切至上善之賜鍾乳一劑曰卿進藥石之言故以藥石相報臣以是知太宗除隋之亂致治之美貞觀之風高邁唐室者以其能聽藥石之言故也臣伏讀聖詔曰惟藥石是求竊知陛下盛德函容廣求諫諍直欲明四目達四聰與虞舜異世而同軌天下忠臣義士能以骨鯁之言上干天聽必蒙其藥石之報矣臣以是狂妄昧死忘其微賤於聖詔起兵之日條陳安邊禦戎十策撰成萬言書一封陳乞所部為奏朝廷臣之本意非有它望覬欲奮身報國願效馬革裹尸以立忠誼之名於天下庶使保位持祿輩聞風而慙汗適丁遞角不通州府未許發奏臣於是退處逆旅棲遲無憀自恨脅中雖有忠誼之氣抑鬱而不達一旦餓死溝壑而名不聞則與草木俱腐與其飲恨而死於蓬蒿之間孰若抗直節而死於斧鉞之下臣於是復採朝廷之闕失政令之乖違可以為保邦御俗之方可以去蠹國殘民之賊者共十事再撰一書乞併為奏達臣言狂身賤皆當世切要仍得於輿議非恃一己之私見伏願陛下明斷而必行則天下風俗尚可追復祖宗之時儻或以臣為無補於世則臣甘心就誅戮第恐天下衰敗而不復振矣惟陛下留神省察則生民之幸也臣聞為天子者貴乎聰明神武決於聽斷見善明用心剛不牽制於權臣則天下雖大四海雖遠可運用於股掌之上矣臣伏覩陛下不崇飾恩倖不聽任姦臣不輕爵祿不濫賜予不奪民居以營燕遊之地不竭民力以廣無用之費罷不急之務擢忠義之臣杜悅耳之邪說聽苦口之忠言去易進之人賤難得之貨則聖德高妙自有生民以

來未有倫擬。觀其初即位。慨然睿斷。選用忠良。志平僭叛。悉誅六賊
以謝天下。則太平之治。似可指日而待。豈意金賊復爾猖獗。使黎元
被害。國本動搖。厚莫甚於今日。臣竊知其所自矣。臣聞陛下自誅六
賊之後。英斷不及前日。既而朝臣擅權。言路復塞。忠言嘉謨。不聞于
上。故朔方初寧。恬不為備。既失信於夷虜。知其必為患於中國。而不
能為防禦之術。冝乎兵端四起。泄然失措。始募天下之兵以禦之。則
後時矣。陛下若欲大有為於天下。以成中興之業。則當效漢武帝以
雄才大略自任。疇咨海内。舉其俊茂。共圖治功。又當效漢宣帝信賞
必罰。綜核名實。使吏稱其職。民安其生。則功業顯著。帝祚無窮矣。今
也徒能為文景之恭儉。雖可以為天下先。然服三浣之衣。不能卻百
萬之虜。可為持盈守成之君。非興衰撥亂之主。臣願陛下以古為鑒。
乾剛果斷。興天下之大利。除天下之大害。庶使祖宗社稷不危於夷
虜之手。則萬世之幸也。此臣所欲言者一也。臣又聞王者用人非難。
盡其材之為難。觀唐太宗責任大臣。謀斯從。言斯聽。才斯奮。洞然不
疑。故人未始遺力。夫子高拱操成。功致太平矣。下逮開元之間。明皇
勵精求治。元老魁舊。動所尊憚。故姚崇宋璟亦言聽計行。力不難而
功已成。則將大有為之君。必委任股肱之臣。然後能圖回天下之治。
臣竊見陛下擢用大臣。任之雖重。而委之不專。故腹心之寄。耳目之
託。易於動搖。難以成功。讒言一投其隙。雖社稷之臣。亦忘大功而摘
小過。則天下失望。而國威不立矣。臣愚欲乞陛下選用近侍。必精鑑
而博採之。知其可大用。則任之勿貳。若成湯之於伊尹。委之阿衡而
無疑。若高宗之於傅說。擢之版築而無間。言必從。諫必聽。都俞賡歌
於一堂之上。使風化行乎萬里之遠。則臣將見帝堯在上。夔龍為相。
炳然與三代同風矣。此臣所欲言者二也。臣又聞諸葛亮之為相也。

開誠心。布公道。盡忠益時者。雖讎必賞。犯法怠慢者。雖親必罰。善無
微而不取。惡無纖而不貶。則天下平矣。臣竊見朝廷大臣薦黜人材。
皆不取天下之公議。用之不過酬私恩。謫之不過快私忿。非所謂爵
人於朝。與士共之。刑人於市。與衆棄之也。如是則賞不以德。罰不以
罪。殆有甚於上皇之時。將何以厭民望哉。臣愚欲乞陛下嚴降詔旨。
革絕此弊。凡大臣有所升黜。必詢于臺諫之臣。俟其可否。宰相曰可。
臺諫曰不可。宰相曰是。臺諫曰非。則召館閣之臣而問之。僉曰可。然
後用。僉曰否。然後去。庶幾用舍合天下之公議。則忠言日聞于朝。民情
不屈於下矣。昔天寶之季。嬖倖傾國。爵以情受。賞以寵加。綱紀於是
大壞。可不戒哉。此臣所欲言者三也。臣又聞黄霸之材。長於治郡。及
其為丞相。則總綱紀。號令風采不及丙魏于定國。功名損於治郡。裴
頠拙於用長。荀勗工於用短。則人之才能各有所冝。古之用人者。論
德而定位。量能而授職。甚若蘧篨蒙璆。戚施直鎛。聾者司視。瞽者司
聽。雖小有所用。尚且不違其所長。矧夫欲任之以經營天下者耶。臣
竊聞耿南仲特能作章句儒。貫綜墳典。為書癡。經醉而已。至於臨機
應變。則智不足與有明。識不足與有斷。其道德雖可尊。而謀猷不足
採。必不能度長慮遠。以立大功。其於謀王體。斷國論。决非所長。臣聞
其妬賢嫉能。懼人之軋已。則已非社稷之臣者也。陛下不忘其師傅
之恩。則富貴之可也。養予之可也。使之擅天下之權。而興國家之大
計。則不可也。臣愚欲乞陛下處之以講讀之職。使論道經邦。逼王耳
目而已。無以儲宮之私恩。而壞祖宗之社稷。臣嘗觀蕭望之堂堂折
而不撓。身為儒宗。真社稷臣也。藉師傅之恩。而歷位將相。親昵無間。
及其謀泄隙開。讒邪遇之。尚為石顯所譖。竟飲鴆自殺。况南仲智謀
不及望之遠甚。徒以文墨而位羣臣之上。臣恐陛下本以報之。反所

以害之也。此臣所欲言者四也。臣又聞忠者社稷之衛，故魯以季友治亂，楚以子玉輕重，魏以無忌折衝，項以范增存亡。汲黯在朝，而淮南寢謀；干木處魏，而諸侯息兵。則一士而止百萬之師，一賢而制千里之難，在古固有之。方今朝廷之上，亦不乏其人。陛下尤不可輕用，慮失生民之望也。觀夫秦行千金以間廉頗，漢散萬金以疏亞父，則輕用大臣，是中其反間也，是速我後患也。臣竊聞李綱首建征伐之議，聶昌多秉帷幄之權，則二人者，元勳碩德，文武兼備，使當參廟堂之機，必能使醜虜畏威而銷伏。然則社稷安危，實在二人之掌握。虜人視之，不啻讎敵，觀其用心，亦不過欲與民共休戚，與國同榮辱而已。其去就豈不係天下之輕重哉。今也綱以小過而謫之，散籍昌以奉使而寘之虜庭，是快金賊私忿也，是墮金賊計中也。臣恐鄰國得以此窺陛下矣。臣聞之，偏聽生姦，獨任成亂，昔魯聽季孫之說而逐孔子，宋任冉子之計而囚墨翟。夫以孔墨之辯，不能自免於讒諛，而二國以危。則眾口爍金，積毀銷骨，信有是理。臣以是知李綱之黜，朝廷大臣必有陰為之譖者。不然，何遽至於是耶。陛下宜熟察之。臣前書固嘗縷陳其詳於此，又申言之，誠為國家惜此人故也。臣願陛下過此以往，無輕用大臣。方今濟濟多士，百僚師師，豈無一人德望之重，智謀之多，堪任遣使者。何昔以聶昌為此行哉。尤為陛下惜也。昔裴度逢時艱危，而能奮命決策，橫身討賊，為中興宗臣，當元和長慶間，亂臣賊子，蓄縮喪氣，憚度之威稜。時有使絕域者，四夷君長必問度之年齒幾何，狀貌孰似，天子用否，其威名播於遠俗，為華夷畏服也。如是出入中外，以身繫國之安危，為國之輕重者二十年。凡將相與賢不肖，皆推度為首。臣謂若昌者，正今日之裴度也。其出處繫國之安危，則醜虜聞風而懾服。陛下當引置帷幄，使諷議左右，震威華夷，以

定中國可也，豈宜遣之於外哉。此臣所欲言者五也。臣又聞昔蕭銑據江陵，李靖為行軍總管，軍政委焉。武德四年八月，大閱兵夔州。時秋潦濤漲，惡銑以靖未能下，不設備。諸將亦請江平乃進。靖曰：兵機事以速為神，今士始集，銑不及知，若乘水傳壘，是震霆不及掩耳，豈能倉卒召兵無以禦我，此必擒也。臣以是三軍之出，能掩其不備，則萬全之策。臣聞金賊懼暖，必退師而請和。臣願於此時乘其有怠心，借朝廷一介之使，遣臣奉咫尺之書，往見虜主而議和親。臣必能口伐醜虜，使之弛廢而不為備，伏願朝廷簡卒練兵，遣良將統制，乘其隙而復滅之，必得所欲。無謂肅王為質，張邦昌未還，遂猶豫而不行。小不忍則必致大亂。無謂臣布韋之賤，不能立此功。昔毛遂以三寸之舌，強於百萬之師，定從於楚，而使趙重於九鼎。當其未用，亦若囊中之錐，及其既用，則穎脫而出矣。萬一用臣狂計，必能却夷狄而安中國，則臣與邦昌固不惜一死以報國恩。雖肅王亦何足惜哉。大義滅親，其是之謂歟。此臣所欲言者六也。臣又聞古語有之曰：嚍嚍者易慮，默默者可防。故涓涓不塞，將成江河；一葉不伐，將尋斧柯；千丈之堤，以螻蟻之穴潰；百尺之室，以突隙之煙焚。白圭之行堤也，塞其穴，則無水難；丈人之謹火也，塗其隙，則無火患。皆貴其防之微，而杜之漸也。古語又曰：欲斷不斷，反受其亂。蓋功者難成而易敗，時者難值而易失。隨廝養之役者，失萬乘之權；守儋石之儲者，無卿相之位。則計誠知之，而弗敢決行者，百事之禍也。臣竊觀六賊既誅，其子孫雖以罪謫，而羈留四方，然實為大患也。臣聞比者金賊入寇，童貫麾下當時勝捷兵反乘勢作亂者數矣。此亦將帥非人，不能撫御，使之懷畏，故至此禍。然亦貫之黨類尚未衰滅，而為亂之招也。蓋六賊門人，碁布星列於天下者，皆強藩悍將，懷私恩而視國為仇敵者有之。幸

災樂禍而欲快私忿者有之。反為內應而與賊同謀者有之。甚者險懷叛逆欲與子孫連衡而起以剛乃祖乃父之恥者有之。嗚呼當時六賊黨與之爵祿者皆國家之賜乎。今日反歸恩於私室而忘君父之大義。臣子之心果安在哉。未有仁而遺其親者也。未有義而後其君者也。不仁不智無禮無義則殺之猶雀鼠可也。尚何所惜。若不正典刑以行誅戮。則國勢存亡未可保也。臣愚欲乞陛下睿斷應六賊子孫悉與殲滅。仍乞籍記其當時死黨。如鄧珣范致虛薛昂之流。不許典名藩掌兵權。庶幾變不生也。其暴惡已章。如前日蔡州之倅帶番人入城者。即與斬首以謝天下。仍乞滅族以絕後患。臣觀頃者張懷素與吳儲等謀反。為范寥所告。開封府制勘懷素等供言蔡京亦嘗與謀。是時開封府尹林攄并御史中丞余深寔主其事。二人乃京死黨。力為掩覆。凡文款及京者。必盡焚毀。京遂幸免。其後京擢攄深

於宰執者皆報其恩也。臣謂若攄深之流。亦國之賊。懷私恩而背君父。其罪莫大焉。況不發京之惡。則是與之同謀也。今日亦當明告其惡梟首于市。庶使姦臣賊子。望風畏懼。潛銷於冥冥之中也。臣又聞崇寧間蔡京專權跋扈壞亂綱紀。而人莫敢誰何。于時臺諫之官。如陳瓘任伯雨何昌言江公望等。乃能抗章數十。論列其罪惡。瓘等即被罪謫。飲恨而死者多矣。所存者惟何昌言一人也。今日陛下雖能用之。不過處之工部而已。非所以旌忠直之言而為臺諫之表也。臣愚欲乞陛下擢之近侍以賞其直。庶使朝廷忠讜之臣。肯抗章鯁切指摘權臣之失也。今夫聖人有先見之明。故見幾而作。不俟終日。皆能圖患於未然。臺諫之章有議權臣之失者。彼必熟思審察。然後敢聞天聽。其言必有益於國家。非為身謀也。臣願陛下每覽奏章。曲加省察。無以臺諫之言為輕也。臣竊聞聶昌頃時亦嘗疏蔡京之失。知

其必致大亂。上皇不加睿斷。便行竄謫。及御制鳴鑾堂記。反指昌為小人。意其離間君臣之義。既而京罪惡暴露。窺伺神器。動搖國本。上皇悔寤。擢昌於謫籍者。豈非思其言之當耶。借使上皇英斷。早從昌言。竄謫京於散地。委昌以樞要之職。使振領綱紀。勵精威訓。嚴敕邊備。廣募熊羆之士。以振虎賁之旅。則國必不辱於醜虜矣。臣言輕不足以取信於陛下。然臣所乞殲夷六賊之後。及乞誅蔡氏死黨林攄余深輩者。蓋臣竊意梁師成王黼李彥蔡京童貫朱勔當時勢傾天下。陰結黨與。誓生死不相背負。不滅其子孫。則死黨尚有異謀。死黨既有異謀。則朝廷不能無患。陛下為社稷計。為生民憂。則螻蟻輩何足惜。若不速於誅戮。則朝臣萬一掣肘。誰肯為陛下奮身者耶。誰肯赤心以圖國家之大事耶。臣所謂默默者可防。正指此也。又所謂欲斷不斷。反受其亂。亦指此也。臣願陛下大明誅賞以示天下。無猶豫

而不決。無懦端而不行。禍如已迫。悔之何及。然臣書既達天聽。必有大臣為六賊子孫鑽皮出羽而為之掩覆者。并短取長而為之引援者。陛下亦必狐疑猶豫。以臣之言為狂妄。以大臣之計為可信。臣知此而必欲獻其說者。忠讜之氣不可遏也。陛下能用臣計。悉與殲滅。則祖宗有靈而社稷有福。為大臣誤不用臣言。則臣恐他日禍起。陛下思臣之言。又復若思种師道勸滅金賊餘黨而不從其計矣。機不可失。願陛下裁之。觀夫蝮之螫人也。螫指則斷指。螫臂則斷臂。所以去小而全大也。陛下若欲長有天下。宜取法於此。此臣所欲言者七也。臣又聞諸路監司本以澄清天下之吏。而為天子耳目之官。其實欲革貪暴而進明良。去姦雄而取忠義。奈何擢用非人。比年以來。姦贓狼籍。自不廉潔者每每有之。凡所按臨。因緣為姦。賄賂公行。以曲為直。徒有舉察之名。適滋擾攘之患。甚至其所舉京削關陛之職。朝

廷法意本欲選用賢能分職率屬聯事合治良法美意非不善也奈
何積弊既久習以成風或以賂進或以勢取挾親姻者有之沿恩倖
者有之故其所舉多不稱職真賢實能反沉役下僚不與收錄臣愚
欲乞應選諸路監司宰相不得自專臺諫之臣許辯論其當否必得
剛明果斷之士以膺此職則天下無患乎不平也應監司受職之日
願陛下召而面遣丁寧告戒使無曠爾官則人人思效死以報國矣
仍乞立法禁絕其出按州縣無以頃時受官吏裒聚金銀出界迎接
先次交與謂之常例所有歲舉之官亦乞嚴行賞罰令審實其才能
因其所長而舉之一不稱職則貶其繆舉之罪而不赦如是則內舉
不避親外舉不避讎以公議取人而濫舉狀者無有也臣聞之書曰
三載考績三考黜陟幽明詩曰念茲皇祖陟降庭止古之賢君其用
人也升降有法功罪各得其真故為人所保為人所保故帝祚綿遠

也今陛下選舉之法非不善臣輒以為不公奉行者非其人也陛下
若能大明賞罰以懲斯弊則天下幸甚今監司徒知舉官而已未聞
某人因其罪而黜之縱有因而發擿者不過交結權貴致一言之助
則又復還緩而不行故使州縣之官不遵儆誡肆意貪暴恬不知耻
者為其無黜責之罪故也臣愚欲乞陛下嚴勑諸路監司歲限發擿
部下姦贓者幾員仍要事跡暴白僉議允當然後許奏若因讎隙而
擠陷者反坐其罪仍乞遴選臺諫公直之官埋輪如張綱者每路以
一人為觀察使歲令兩行巡察監司守令有受賄挾私而舉官者有
姦贓罔民而枉法者有濫濁而不修身檢者有怠墮而不勤王事者
悉令密奏朝廷嚴行竄謫應民有大屈抑許實封投狀於觀察使附
遞以聞仍禁約使臣所歷州縣除飲食之外不許受饋不許買物不
許私謁如違禁令反挾勢而殘民若頃時廉訪之出非徒無益而又

害之則許監司糾察申奏亦當黜謫仍乞諸路歲換一人慮其久則
姦生詐起有功而無過者別與旌賞如是則有官君子莫不砥節礪
行斷自標榜以扶流俗矣此臣所欲言者八也臣竊觀守令非人民
受荼苦比年以來此風尤甚孱懦少斷無幹局之譽貪饕不廉賊民
之脂膏者易地皆然甚者注調京闕即尋部下富商巨賈預貸金以
為費俟到任而償者有之養俠客於門以訓義方為名陰令搜求賄
賂於外者有之故或下車未逾數月收拾金帛製造器皿已擬豪右
酣酒嗜音夜以繼日惟恨腹隘而不能恣口於飲力憊而不能肆情
於色至於聽訟理民則偃蹇而不暇故民有屈抑無所從訴或本欲
訴冤反受罪責者多矣良民士子周身術淺不幸罹於憲網仇敵者
又從而賄賂有司下石傾擠或陰殺于獄或以枉為直者比比皆是
東南之民痛入骨髓造怨無窮者良由守令不得其人也嗚呼聲和

則氣和氣和則形和形和則天地之和應矣今日金賊之禍未必不
原於此以臣觀之守令雖多求其能盡忠竭節宣布詔令求民之瘼
以聞于上推君之澤以被于下者千百無一焉如是而欲郡縣之治
不亦難乎陛下久處東宮知民事之艱難守令之弊必稔聞而熟講
之自即位之日天下欣戴自謂前弊可以頓革夫何日甚一日守令
姦贓殆有過於頃時此亦陛下不能明於聽斷以發擿伏姦故也臣
愚欲乞陛下勵精為治躬覽萬幾專委監司發擿諸路州縣之官有
姦贓污辱之甚者考覈其實誅戮數人以激貪懦所謂懲一以戒百
者此也又乞戒勑吏部注差縣令不以資格必審實其才能長於作
邑者然後授之痛懲銓選受賂之弊蓋比年吏部注差無非賄賂其
原既不清則其流必濁矣仍許臺閣之臣歲舉堪試縣令者幾人則
令尹無患乎乏人矣應拜刺史則許臺閣連章薦擢亦不論資格第

欲得廉潔明斷公直無私者以表率一州而已仍乞陛下每授千里之寄必召見試問觀其所由退而考察所行以質其言有名實不相副者罷之則太守可以得人矣昔漢宣帝嘗稱曰庶民所以安其田里而無歎息愁恨之聲者政平訟理也與我共此者其惟良二千石乎則太守之職尤不可輕臣愚又欲乞陛下審察應太守功勤既著治聲卓偉者宜加旌賞或以璽書勉勵增秩賜金或爵以封侯公卿有闕則擢而用之古者刺史入為三公郎官出宰百里則行之固有素矣觀夫第五倫擢自蜀郡而為司空虞廷自南陽太守入而為太尉劉寵自會稽太守罷歸八居九列四登三事則郡守入而為三公者有之朱邑守北海以治行第一入而為大司農召信臣守河南數增秩賜金召為少府列於九卿韓稜守南陽政號嚴平入而為太僕則郡守入而為九卿者有之陛下舉而用之其策豈不良哉縣既得

人則貳邑之佐無患乎不公也太守既得人則貳郡之倅無患乎不明也郡縣之治可跬而待矣此臣所欲言者九也臣竊觀入仕之源太濁故天下冗官散朘紛紛籍籍蠹國賊民莫此為甚陛下若欲立太平之基以復祖宗之治則當惜名器而清品流如任子則世祿以賞有功鬻爵則輸財以濟國用二者皆欲罷而不能至於流外奏名權局三者皆非國家長久之策何甞而不罷耶今夫姦胥猾吏舞文玩法竊弄威權欺逼良民當其平居運謀籌筭不過欲枉尋直尺以窺財利而已及其晚節反授之以職使涖官臨民則貪暴殘賊有過於平時矣豈能為民之利哉流外胡為而不罷也布常之士當妙年取高第則欲致君澤民立功名於當世故能自重其威權然一有所溺尚且不惜名節而肆為不檢矧夫桑榆晚景得薄祿小官其志豈有遠大之望哉不過問舍求田規規為子孫計而已志不出乎此則

苟可以趣利者無不為也故凡奏名之官歷任未久遽能致富者不可勝數臣愚欲乞應奏名者例與文學之職以報稽古之勤不許涖官以失其蠹民之害見在任者並放罷及諸路官司有闕監司得授權局此尤不利於國家蓋一官纔闕紛然交爭或鬻爵而未補官者或授差而未交代者或世祿而閑居者延頸舉踵窺伺有闕則掃門求見望塵雅拜而乞憐者有之持金以賂監司而求者有之市書於權門而來者有之如是則所責已不貲矣設心措意宜如何哉非有志於為國而理民其實欲借勢而殘賊耳臣愚欲乞陛下嚴行止絕諸路權局應有官闕即急申部注差以補之如補官未到則許同僚兼管應見權局者並放罷則冗官可去仕路可清姦贓之風亦於焉熄矣此臣所欲言者十也臣又覩比者屢須詔音俾羅諸般科需此足見陛下矜憫編氓曰渝凋瘵息至渥也然近自軍興而安撫經制

司每責辦於州縣勢亦不得不然故或以金銀或紬絹或錢米或夫馬或起發應副或存留準備不一端而足竊見諸州縣多以五等簿籍按之又類責辦於上三等人戶胥吏追呼動以軍期急速為言甚者半夜打門左手示引右手索物曾不肯旋踵也借使上三等中皆富足溫裕之家則猶云可也其間困於供輸昔富而今貧系不得脫去等第者無慮三之一故方是時雖欲賣妻鬻子以應之而迫於晷限不遑也況科目既繁且源源而不絕計無所出遂至棄去屋廬逃亡離散可為流涕如東南土薄視他路為多貧去金戎為甚遠賊兵初不能撓而民已不克安堵古語有云天下本無事庸人擾之耳此類是也臣深究其弊皆緣產去而稅存者多故也或居城邑則有產業售盡戶括稅錢隨以除矣其所以不得脫去於等第者三歲推排營運錢之法行之者非其人故也且推排本法每三歲會人戶于州俾

共掊斂之曰。今某家富某家貧。計其升降而增損之。各不許過分焉。柰何比年奉行之官。徒懼減失和買課額。於是欲增可也。欲損不可也。觀夫甲實貧而無所營運矣。猶未從銷退。必待乙之富者。樂與之承替而後可。然法意初不爾。今一州萬一可增者百人。而可損者或倍之。則半是虛存之人矣。其或寠乏之輩。直指一豪民而訟之。則彼恃賄賂公行。請託勢要。未可與為敵。過此以往。又遲三歲矣。三歲之間。其科需不知其幾端。而三歲之後。又安保其不復如是耶。以是雖均謂之上三等。而無其實者多矣。至於四等五等。有蓄財隱實。素無差役科細者。乃恬不知憂。使覩見者不平之氣為之拂膺。臣伏願陛下速降詔旨。俾見今凡差役科需。不得拘守舊籍。可先勾集逐鄉坊五等人戶于縣。使衆議供析本界。有實富實貧者。而籍之以備差科。不限見存等次。庶幾得其當。而屈抑流遁之民。將鳩類集族還土著

矣。待其推排之年。有果可銷退者。即與降等。不必須有承替之人。雖減少舊額過分。官吏無罪。夫惟銷退無難。則承受者亦不憚矣。臣伏聞天下之事。利害常相半。竊見曩者議臣言事。多以利國為主。而有害民者則畧而不恤。臣獨以為非是。大抵無利於國。亦必未有害。至於有害於民。則非徒無利焉。書曰。民惟邦本。本固邦寧。又曰。衆非元后何戴。后非衆罔與守邦。今橫目黔首。乃膏流節離。號呼騰蹈矣。為邦國何。臣謂與其失人心。孰若失和買之為少也。此臣所欲言者十一也。臣聞之孔子曰。法語之言。能無從乎。改之為貴。臣今日所論之事。其言雖荒唐繆悠。未足以取重於世。然搜羅天下利病。幾過半矣。可以箴朝廷之膏肓。去國家之殘蠹。以全活生靈也。陛下若不從而不改。則臣徒勞辭說耳。徒費紙札耳。孰若鉗口結舌。以全身遠害哉。臣非不知忠言旹鯁。必犯天威。罪不容誅。然臣所以甘心而為此者。誠

恐朝廷之官。持祿保位。畏憚權臣。而不敢言耳。陛下若能用臣狂計以安天下。則臣雖蒙市朝誅戮。亦所願也。干瀆宸聰。惶恐無地。伏惟陛下矜憐之。

徹又上書曰。臣聞事君之義。有言責者當盡其忠。有官守者當修其職。臣布韋之賤。身在畎畝。無言責之寄。無官守之責。然惓惓不忘君父之義。願盡忠竭節以報國恩者。臣竊見猾虜肆毒。害及天下。陛下北顧垂涕。頒詔起兵。詞旨懇切。讀之者莫不寒心。正宜忠臣義士感激自奮。捐軀報國之時。而州縣之官。尚且酣暢自適。殊不以國家為念。臣以是知有言責者。未必肯輸忠而陳謀。有官守者。未必能修職而效事。布衣者若復緘默。則民之困苦無由聞於天聽矣。臣於是忘其上干鈇鉞之誅。摘當世之利害。撰成萬言書兩封。條陳二十餘事。實可以保邦御俗。晏邊禦戎。一以投州府。而適丁道塗之艱。一欲投

經制。而慮有浮沉之失。臣思陛下深居九重之中。而臣身寄萬里之外。雖有忠義之氣。鯁諤之節。可以扶翼委靡之國勢。可以撫綏愁歎之黎元。然讒諛者忌其進。權貴者嫉其直。則臣言何由聞於上哉。孰若拂衣而別故鄉。擔簦而干帝里。併携二書。投于闕下。則朝進而莫達矣。何若規規求人之保奏哉。臣於是贏糧重趼而來。願以所陳干瀆天聽。臣思其間皆國家急務。不可後時。遂先投于安撫司。乞為速達朝廷。伏願陛下俯加容察。則天下幸甚。然臣聞之。昔者齊萬年反朝。臣畏恐周處強直。乃使西征。孫秀知其將死。謂之曰。卿有老母可以此辭。處曰。忠孝之道。安得兩立。臣以是知王陽欲為孝子。則不能全於忠。王尊欲為忠臣。則必不終於孝。臣幼失所怙。老母垂白。今既割慈忍愛。裂臂而與母永訣。則孝道毋復全矣。臣若復忌憚權臣。而不敢言人之所難。則是釣虛名耳。是猶畏死耳。非惟赤心以報國也。

不若披肝瀝膽患盡底蘊敷奏利害而無隱情使陛下讀之感動則生民受賜不淺臣所以妄冒自薦復敢以十事撰成此書上瀆宸聰臣前後所進三書言雖訐直似失臣子之理然法度可行而未行紀綱可羅而未羅者臣悉陳之矣陛下若恕其狂直而少加睿斷則社稷可以復存生民可以全活古語有之曰忠言逆耳而利於行良藥苦口而利於病者其斯之謂歟臣聞之書曰終始惟一時乃日新詩曰靡不有初鮮克有終故唐有天下傳世二十所可稱者三君玄宗憲宗皆不克其終惟太宗以文武之才高出前古驅策英雄網羅俊彥故能除隋之亂比迹湯武致治之美庶幾成康由漢以來未之有也玄宗以功成治定無有後艱侈心一動窮天下之欲不足為其樂溺所愛而忘可戒至於竄身失國而不悔憲宗晚節信用非人怠於防微不終其身而變生肘腋悲夫臣嘗即是而知人君之憂勤恭儉

未足以為難惟終始不變所守至於持盈守成乃兢兢業業日慎一日者為尤難臣竊聞陛下即位之初減乘輿服御放宮女罷苑囿焚玩好務以恭儉為天下先以至減冗官澄濫賞汰貪吏除民害脩舉法度蠲剔衆弊雖古先哲王未易過此臣固知去年春金賊悔過而效順者實以天人之心歸于陛下故感格如此既而金賊復尔深入踐蹂侵侮無所不至於是天下惶恐莫知所自無乃積弊既久邊隙創開而難於支持歟抑亦將帥非人不能預為之防歟不然則天意以此警陛下使不變其初心歟三者必居一於此矣臣覩陛下流涕而祈于皇天哀詔而告于衆庶夜分不寐日惟疏食則非不憂勤也非不恭儉也非不以生靈為念也金賊尚尔者何耶臣遠方賤士妄意國家法度紀綱必有未當天意者政事號令必有未厭民望者百姓困苦必有未聞于上者官吏貪暴必有愈甚於前者故皇天以此

警陛下使明鑑而熟察之不然何遽至於是耶臣願陛下奮乾剛果睿斷欽脩明聖之德曲盡憂勤之心飲食起居顛沛造次悉以天下為念法度廢而未脩者舉之使宜於民政事久而已弊者革之使便於俗搜百姓之困苦而速降之鑑官吏之貪暴而亟誅之如天之運無所牽制庶使上當天意下合民情則胡賊無足慮而天下可從安矣臣覩陛下即位以來立法須詔非不善也奈何州縣之吏尚襲前弊不克奉行者多矣可不哀哉且古之為臣者視儀而動聽唱而應文王勤勞則在位相率而為勤勞文王節儉則在位相率而為節儉是則是傚皆得於觀感之間而已況其詔令頒告安得而不奉行耶且如陛下節儉之至誠可為天下先矣宜乎百官士庶莫不仰法於此今乃上自朝臣下及衆庶侈靡之風過於前日故州縣之官有請三月之俸不足以償一會之費者庶人之家有鬻二頃之田不足以

充一女之聘者胥吏之衣僭於公卿倡優之飾擬於妃后騶從與士子無間伶人與良民混殽夫百人作之不能衣一人一人耕之衆而食者不啻十人如是而欲天下不飢不寒可得乎飢寒既切於肌膚欲其不為姦邪可得乎亡等僭上之風淩弱暴寡之孽莫不基於此賈誼所謂帝之身自衣皁綈而富民墻屋被文繡天子之后以緣其領而庶人孽妾以緣其履者復見於今日亦為陛下長太息者屢矣昔楊綰素性儉約未嘗問生事祿廩分姻族遺之者清譚終日而略不及名利欲干以私者必內媿止其始輔政御史中丞崔寬城南別墅襯堂第一即遣人毀之京兆尹黎幹出入騶馭百數省損留十餘騎中書令郭子儀在邠州行營方大會除書至音樂散五之四也聞靡然自化者不可勝紀嗚呼綰特為唐名臣躬行儉約一旦輔政尚能風化於當時而使之畏憚莫敢僭侈矧夫植一人之本形於天下

之風者實在於陛下今也恭儉如此天下臣子反僭侈而不從其化則是欲使我宋天子不及唐一名臣耳臣以是知為君者能盡君道如堯之所以治民為臣者反不能盡臣道若舜之所以事堯矣陛下萬一不能臣言試察在朝之臣有儉約守節如楊綰者耶朝廷既難其人則州縣之官不足道矣臣愚願陛下憂勤日加而無已恭儉有隆而無替庶使四方萬里日以變化而不見其迹則風俗無患乎不革也臣又乞金賊掃蕩之後明詔頒告天下宜以儉約為尚應有官之家及士庶胥吏倡優服飾費用之類委所司立為定制各有差等不容僭侈有不遵令者並依違制論無似上皇時徒為虛文而不能必行則貴賤有別而混殽僭上者無有也蓋今日風俗奢靡之甚若非繩之以法則不能丕變天下之奢侈此臣所願陳者一也臣又聞唐有天下絶而復續者屢矣德宗憤積世之弊憫王室之卑南面之初

赫然有撥亂之志而識度闇淺資性猜忌親信多非其人舉措不由其道故關外之寇未平而京城之盜先起於是幽辱於奉天播遷於山南公卿拜于賊廷鋒鏑集于黃屋尚賴陸贄盡心於內李晟渾瑊輸力於外故能誅夷元兇還奉宗社不失舊物至於昭宗為人明雋初亦有志於興復而外患已成內無賢佐嘗亦慨然思得非常之材而用匪其人徒以益亂故唐之宗社遂不復振臣以是知國家頗危之際若得將相以為內外之助則社稷尚可復保若將相之人則雖有欲治之君而無輔翼之臣寖成其亂遂至於不可支持矣方念邊寇遽起欲危社稷殆有過於奉天之難乘輿雖未播遷然生民塗地禍患並作幾不可救陛下憂勤軫念元元可謂至矣然臣竊意朝廷大臣未必人人文足以附衆武足以勝敵而可使之出將入相也臣何以知其然耶臣竊聞金賊退師之時朝廷大臣有許其割三關祖

稅之約以秋半為期當時可徒從之不可則知其至期無報必為我患盡預起天下精兵以機而覆滅之不尒亦盡預為之防也反怡怡自如恬不為慮朝夕數奏講論不過互相詆毀爭權怙勢辨詩賦經義之得失較王氏元祐之學術設春秋之科榮講讀之職此皆太平之事非國家之急務當時孰若思患預防運籌決策殲滅醜虜以振國威則無今日之禍矣逮其秋高馬肥金賊復入乃始為備則不若用智於未奔況之先臣即此知朝廷將相智不足以決疑明不足以燭理徒能脂韋滑稽旅進旅退以保爵位可以為太平之臣不知當務之為急也洎其變起不識所謂絺章繪句者可施於此耶高談虛無者能盡安邊之策耶學春秋侍讀者肯奮身而死國家之難耶臣知其必無有也臣願陛下以德宗得人為戒以昭宗失人為鑑知其所以亂則我斯治矣知其所以危則我斯安矣知其所以亡則我斯

存矣陛下過此以往若能常以勵兵討賊為念無忘今日之恥無蹈覆車之轍搜羅俊彥納虎臣兢兢業業無敢荒寧則天下豪傑皆為我用將相豈難其人哉十步之內必有茂草十室之邑必有忠信舉之不以次將相之才出矣故伊尹耕于有莘而湯聘之以為友太公釣於渭水文王立之以為師漢用韓信而舉軍驚笑蜀用魏延而羣臣觖望陛下特求之未切尒禮之未厚耳無謂天下無其人也脫或今日朝廷之上有曹參蕭何陳平周勃王陵等圖治於內有韓信張良周亞夫樊噲陸賈輩振威於外則醜虜聞風而遠遁朝廷安枕而無虞陛下可無北顧之憂矣雖然萬一得人如漢之盛臣又恐陛下未能若高祖之用三傑也臣觀擢李綱於散籍遣召於虜庭則知陛下知求將相而不知所以用之之術矣此臣願陳者二也臣又聞得道者多助失道者寡助寡助之至親戚畔之多助之至天下順

之以天下之所順攻親戚之所畔故君子有不戰戰必勝矣所謂道者何孫武謂人和謂道是也孟子亦曰天時不如地利地利不如人和黃石公亦曰得道者昌失道者亡臣觀湯以毫武王以鄗皆百里為一諸侯為臣通達之屬莫不服從者得道故也況方今天下之大四海之遠生齒之衆反為醜虜蹂踐侵侮不能頓劫者臣原其所自來矣蓋失夫人和之道無多助之至故也何以驗之臣觀王師之出三軍多不同心而醜虜反能死敵先鋒一挫則後殿解散而不前故所戰多不克所攻多不破使其同心協力犯難忘身悉効虜人之死敵則彼未必敢深入也雖然三軍之不同心者失人和也人和所以失者不能明賞罰也臣願陛下王師凱旋之日有功當封者亟封之有勞當賞者厚賞之仍於將帥之中摘其尤接其顯者倣唐之制為凌煙閣命畫史圖形於其上第其功之高下而次之又命詞臣贊美之仍乞陛下親灑宸翰重加褒美恩澤其子弟旌表其門閭使光耀於世以為榮觀如是則羣臣皆知陛下明斷有功者見知而訛而又不吝爵賞以酬勳績異時或有驅策則人人思竭節以報矣臣愚又欲乞陛下專委監司郡守多方計會金穀於所部州縣出厚賞廣募強勇果敢之人以足軍數預備不虞緝脩屯營以安其居處出給衣糧以禦其飢寒修車馬備器械訓練於無事之時以防倉卒之變蓋諸路屯軍名存實亡較之祖宗之朝十無四五今又起而禦戎州縣為之一空俟金賊誅夷遺歸所屬則死亡散徙又不知數矣臣故願陛下以招軍為先務況所有禁軍元係保護王室為虜所敗其數亦差減若不速募精兵以補所闕則臣恐鄰國得以窺其隙矣臣愚又欲乞陛下滅賊之後遣良將於西北之鄙控扼虜人喉衿倣唐舊制開軍府以捍衝要因隙地而置營田或易民田而為之復募其土著

之民強勇有力者使之屯聚携子孫而家焉析其田而耕之每屯募兵百人與田五十頃又給粟食以為耕種之資所收之粟悉令與之仍不輟其每月處支錢每屯以一右職掌之因農隙而使之講武則人無不奮力矣與其蹈踐於虜人之足孰若與吾民為耕食之地虜人知其為農而不知其為兵知其能耕而不知其能戰則苟有變起屯田之兵必能家自為戰人自為敵以護其營田而力加強悍矣又乞依法屯兵以為邊備則醜虜必不能入寇也此臣所願陳者三也臣又聞馬者兵之強而國之富監牧所以蕃馬也唐之初起得突厥馬二千匹又得隋馬三千於赤岸澤徙之隴右初用太僕少卿張萬歲領羣牧自貞觀至麟德四十年間馬七十萬六千置八坊八坊之田千二百三十頃募民耕之以給芻秣時天下以一縑易一馬議者謂漢唐以來唐馬最盛天子又銳志武事遂弱北蕃臣聞祖宗之朝亦於秦鳳諸處置坊以市馬其蓄養之法撫御之方亦盡善矣其後蔡京柄政玩弄綱紀徒崇尚安濟居養之虛名而罷廢招軍買馬之急務蠹耗國用慮不能給反以市馬之貨而易珍寶玩好之物故承平既久士不知戰馬不堪用一旦邊隙創開無以支梧中國素號甲兵之盛反不能劫夷虜鐵騎之勇其禍實原於蔡京三尺孺子知京之名者亦切齒怨之雖梟首暴骨以謝天下滅族削跡以快人意猶恐其不足也臣愚欲乞殲夷金賊安撫黎元即下詔委河北河東監司選擇近西北鄙田野平曠可以興作牧養之地遵唐舊制創為八坊每坊以右職兩員為監牧於鄰近運漕茶貨收斂鹽酒課利以充市馬之資仰監牧官多方搜買西北良馬以多為貴蓋馬生其地則習山川之險阻而可用仍乞重立賞罰不許受人私託買馬應馬纔入境即委守邊吏具數申樞密院又令諸坊季終申奏所買到馬數

復以邊吏所申之數驗之則知其馬不耗散於人間矣或監牧受權貴之私以駑駘之馬而易之則許人陳首又於其坊左右前後以官田易民田二百頃爲芻秣之地又依府兵之制寓兵於農而募民耕之如是則馬盛而兵不乏矣或民皆官田遠而不願售者給時價償之無奪民田也仍乞以此意諭於民曰國家以所廢田而養馬非奪民食也特欲捍侵侮之虞安社稷之計使汝等全生樂業無擾攘之患耳則民心忻然而從無復嗟怨矣監牧官歲令一換使無怠心當入遇之禮優於他職功勤既著蕃畜有加則別議旌酬如是則臣持見馬盛於唐西北之勢無患乎不弱也此臣所願陳者四也臣又聞唐太宗斬張蘊古既而大悔曰詔死刑雖令即決皆三覆奏久之謂羣臣曰死者不可復生決囚雖三覆奏而頃刻之間何暇思慮自今宜二日五覆奏決日尚食勿進酒肉教坊太常輟教習諸州死罪三覆奏其日亦蔬食務合禮徹樂減膳之意臣以是知司獄者生民性命之所係常刑雖不可廢恐弛民之禁而致亂然刑期于無刑則用刑者亦宜以寬平爲尚涖獄者亦當以鑑察爲先雖罪至於死尚當重審覆奏而慮其有失矧夫搆陷非辜而必寘之死則天氣不和地氣鬱結明爲人非幽致神怒毒流天下貽禍邦家矣臣竊見比年涖獄之官贓污不廉受人之私而誣殺良民者不可勝數姦胥猾吏從而挾勢肆爲蠹毒者又紛如也或受賂而欲脫死囚則嚴拷連累之人而承之洎其奏成飲以毒藥者有之或犯强盜偽印之類獄吏即觧衣衣之推食食之教其牽執富民固有訟一事而羅織數百人入獄者有之或挾仇讎而遭鞭笞者有之或恃酒肆狠而暴虐者有之或爲人陷棄吏復賂而擿之者有之故一富人入獄則獄吏所得多者數百千少者亦不下四五十千富者重囚反輕貧者輕囚反重其或詞人才士身在貧羸不幸罹於憲網藉手無金難以求活則雖挾伊管之術懷儀秦之辯亦無以伸其喙不過坐待其斃而已嗚呼天下司獄易地皆然聽訟者本以理民之冤爲人搆禍反受困辱抽腸擺舌於呻吟之間不至於死者幸免而已昔漢文帝專務以德化民海內豐富興於禮義斷獄數百幾致刑措史稱其仁唐太宗以寬仁治天下而於刑法尤慎四年天下斷死罪二十九人六年親錄囚徒閔死罪三百九十人縱之還家期以明年秋即刑及期囚皆詣朝堂無後者太宗嘉其誠信悉原之臣以是知王政本於仁恩所以愛民厚俗而使德澤流於無窮也今之獄吏暴虐太甚一月之間死者十數而未止比年以來東南獄死者不知其幾千人也父子兄弟生致離散悉歸怨於國家以謂不能選賢涖官故罹此禍夫天視自我民視天聽自我民聽今日之難豈不原於怨氣所致歟臣愚欲乞陛下嚴降詔旨革絕此弊專委憲使痛懲獄吏應州縣涖獄之官有受贓枉法而陷數良民者並乞處斬應獄吏挾私而陰殺人或受贓一錢以上者亦乞處斬民受其屈而憲使不爲按察者許實封投狀于觀察使仰附遞以聞蓋自古致治之君以德化而誘民以刑法而繩吏然後能收威柄而立治功況今衰亂之後姦生詐起其風滋甚若非嚴刑峻法以懲獄吏則其弊未易頓革臣觀陛下詔旨則視民如傷惟恐其失所獄吏之弊想未知耳伏願陛下俯察臣言惻然矜憫大加惠愛速與革絕庶使無辜之民不死於獄卒之手則天下幸甚臣觀唐玄宗即位勵精政事常自選太守縣令告戒以言而良吏布州縣民獲安樂二十年間號稱治平衣食富足人罕犯法是歲刑部所斷天下死罪五十八人臣以此知獄吏所以誣殺良民者守令姦贓不能奉行君上之詔令也守令所以然者吏部受賂多以庸猥之人而

為之故也然則欲革其害實在陛下若能效玄宗親選守令以布州
縣則民不罹此苦矣故曰百姓有過在予一人一人有慶兆民賴之
此臣所願陳者五也臣又嘗唐太宗覽明堂針灸圖見人之五臟近
背針灸失所則其害致死歎曰夫箠者五刑之輕死者人之所重安
得犯至輕之刑而或致死遂詔罪人無得鞭背臣以是知明君賢主
以仁化天下作為刑書者俾民知所避而已不幸而犯於此則無可
奈何又豈切切然擠民於死地哉今天下有犯至輕之刑而不免於
死者多矣試舉其一二陛下當以生靈為念因類而推則天下之幸
也臣竊見天下租稅不均富者以兼并而致豪橫貧者以逼之而受
困苦皆緣蔡京在朝科率無度而州縣之官又復因此而斂財於己
故庶民傾囊倒廩未足以充官府之斂又復賤價而鬻產甚至斂樸
繞畢執契行貸富者擗胸而不顧遂其為人增債又復減租稅而求

售固有買一頃之田不能承二十畝之稅者以是富者愈富貧者愈
貧故產去稅存者官租無由而贍有訴于官乞為退割則吏復受賂
不為施行縱或退割未幾又為富民計議暗退還之洎其二稅不輸
官吏催捕私為囚獄刼其衣食尚不如欲則羈係縲紲艱苦萬狀或
時丁溽暑因被腥穢浸以成疾於是死者相枕不可以縷計皆臣目
擊之也有司雖知而恬不憫察憲曹雖或行空文覺察而終不能去
其害嗚呼此乃產去稅存而致然也初未嘗有犯於國憲也臣愚欲
乞陛下選差臺諫之臣每路遣一人巡歷州縣暫借僧寺為均稅司
許百姓陳訴產去稅存者悉為均攤得產戶或有薄產而稅多者亦
有量坐外餘者均之及天下富民多寄稅於有官之家以免差役亦
乞立限許自陳歸限外不自陳而為人告首者除充賞外並沒入
官應有官之家以品數量坐外餘者並同編戶法又臣前書所論營

運錢亦乞委均稅司召集人戶依實指證重為推排如後有科需仰
自推排籍曰為始庶幾民無愁苦之聲或吏受賂而均稅不當者亦
許人陳訴仍均稅之後有過割稅租者要到官親入認狀庶免暗坐
之弊如是則租稅均而輸納易無辜而被囚者無有矣臣又嘗念天
下之民為螻蟻之寇鼠竊狗盜即妄訴于官以為強刼或失火而病
其廬舍則挾仇敵而訟人以為放火有司不復体察即行根捉巡捕
官希覬爵賞不究虛實擒捕無辜囚于狴犴又委獄吏痛加鞭箠勒
其必承沿是而死于獄者多矣或以案成讞有後言貪其賞而飲毒
以殺者有之或不與之食而餓死者有之故州縣巡捕之官教良民
而取爵祿者恬不知恥至有監司郡守因民陳訴而發摘者又受巡
捕官賄賂而離議此亦臣親覩之也臣愚欲乞陛下督責憲使常切
覺察巡捕官復循前執教良民妄冒功賞者即與先斬後奏蓋今日

之弊當以嚴致平而不可以寬守之也臣所論二事皆民間屈抑之
大者雖斬妄冒之人首領未足以償天下之憤安有仁君在上而肯
教無辜之民耶堯舜禹湯忍為此耶羣臣知此而不告則不識待陛
下作何主耶此臣所願陳者六也臣又聞漢高祖初定天下躬神武
之材行寬仁之政總覽英雄以誅秦項任蕭曹之文用良平之謀聘
陸酈之辯明叔孫通之儀文武相配兼收並蓄所以長有社稷也臣
竊聞比者朝廷得爪牙之將領熊羆之士掃蕩邊塵捷音屢報于天
闕臣於是喜而不寐然臣伏願陛下明鑒高祖之用人使文武相配
共圖治功則萬世永賴臣愚欲乞國家優於武學廣收虎臣其法與
太學等無似上皇時徒為文備不求實效伏乞陛下明詔諸路有知
兵書習武藝善謀斷籌畫通達古今縱橫辯論者並許自陳所屬發
遣詣武學補試仍乞立法各因其長而收之無拘一律也又乞依三

舍之法而作黜之。月書季考權其才能者而官之。臣將見號飛將軍而稱智囊者多多益辦矣。臣又聞以蝸蚓之餌而垂海者不足以得吞舟之魚。則道足以擬儒林德足以拔流俗廣聞強記而恥為章句儒雄材大略而不就科目選者有之。臣愚又欲乞國家設德望科仰諸路有鄉閭孝友信義廉恥通經史有智謀者許縣薦之州。州試其所通之學而薦于省每三年令一州舉一人。仍乞重立法禁絕權貴交結私舉之弊與以須時舉入行之人。有廬墓而生子者亦有不從父母之命者如是則徒以德望之科為仕路捷徑而人材無益於國家其有州縣所薦至之人。伏乞陛下親策于庭問以古今考以時務試以才斷有卓然不羣者拔而用之。則有德有行多聞廣見者藹然出矣。臣又竊觀豪傑之士。亦多結髮憎俗忍飢讀書若九經庫著五總龜十吏洮華而待千言占口而成者有之然不羈之才高世之傪

非必大科不足以搜羅天下英賢臣又欲乞依祖宗舊法設賢良方正科許有官君子及布衣之士同試其黜陟自有成法。陛下但舉而行之。臣將見豪傑之士。于于然而來矣。臣又嘗議詩賦經義二者皆有弊。彫篆相夸組繪相侈。苟以誇世而取寵不適於實用者詩賦之弊也。幼童而守一經白首而後能言說堯典二字而有十餘萬言。荒唐虛無不務根本者經義之弊也。以臣觀今日文章之弊而不足以得人。則孰若去經義而取詩賦蓋自舍法之行學者專守一經而不談古今。務為黃老之虛詞不究經史之實錄至於歷世興亡治亂例以為祭終之芻狗。甫後之士龍而略不經意其所以釣爵位而取榮耀者不過盜竊古人緒餘置齒牙間操數寸之管書盈尺之紙較一日之長必歆豔有司耳目而已。故平昔無經笥之譽一日有毛注之巧者紛如也。問之以前世興亡則瞢然失措而面頸發赤甚至身處

班列。而朝廷舊章不能知者蓋彼其所蘊既不厚則發為文章必不汪博所識既不廣則處之事變必無持操。故自革科以來朝廷大臣抗節不回。忠言謇謇赫然與秋霜烈日爭嚴者幾希。詞學典茂使後進仰之猶泰山北斗者幾希。奮不顧身肯死國難者幾希。沾沾小合奴顏婢膝多手權門以求速達者滿眼皆是。自去年春金賊入寇朝廷之上。肯奮身而與國同難者惟李綱聶昌兩人而已。其次范訥輩而已。至於耿南仲吳敏李邦彥之流連飭敗我國事智謀何足取哉。比者金賊再犯聖詔懇切搜求忠義臣以布帝之賤不食國家寸祿尚能懷忠感憤欲效柏耆乞天子一節持入虜庭摔舌下之頗敘身以安社稷惜我州府未能發奏故使臣忠義之氣無由一吐。至於以經義取高第而享爵祿者反視國家之難如越人視秦人肥瘠而不加喜戚於其中。甚者羞以運漕尚且畏憚而不前規規為全身計。況

肯當鋒鏑以立忠誼耶。臣以是知醜虜為難。而未能風驅電掃者難本於腤帑輩不足以立大事。抑亦經義科非所以得豪傑之才故也。臣觀祖宗朝以詩賦而取士。則士無一經之專。貫綜墳典諸子百家之言靡不周覽。從古之存亡用兵之得失。行事之成敗。雖夢寐亦能記錄。況其醞藉瑰偉則英風銳氣無施不可。故鎮撫國家。則有司馬光寇準丁謂韓琦輩。肅清邊境則有王韶种傳舒亶种諤輩。決策運謀則范仲淹章惇富弼呂惠卿之流是也。抗章直諫則唐介包拯董敦逸鄒浩之流是也。歐陽脩及宋郊兄弟。則功業之外職於脩史者也。楊億王安石父子。則政事之餘長於經術者也。石曼卿梅堯臣之徒。則詩高于天下。黃庭堅蘇軾則文冠于古。余得人之盛。未易縷數。然其間文足以拔英躍而鶩翰苑。武足以奉王命而挫虜威。持鯁諤之節而敢言奮忠直之志而犯難。章章不可掩者。亦不下數百輩。求

其所以致之者特詩賦之科而已蓋學詩賦者可以無經義而得之至其專於經義則其所學亦不廣矣今之學者必曰我能窮理盡性觀祖宗時文章理何嘗而不窮性何嘗而不盡况此特可為畫餅之虛名而不可以為經邦之實用則二者優劣較然明矣臣竊聞朝臣有好為虛無之言者曰唐以詩賦取士而明皇幸蜀者何也臣以是知其特欲明一己之私見而外天下之公議不過爭權怙勢互相詆毀不為社稷計也殊不知明皇再清內難開元之初幾致太平海內富庶四夷咸賓浸淫貞觀之風者蓋以詩賦而得人耳迨其志欲既滿侈心乃生忠臣浸疎讒諛並進溺於遊燕耽於酒色以李林甫楊國忠為輔佐以安祿山哥舒翰為爪牙病生於心腹而不知禍起於蕭牆而閭閻一旦豺狼為患尚且必醉宜乎有播遷之難然則明皇幸蜀者乃以其不能用剛正之人而近讒諛之賊故罹此禍豈詩賦之罪哉臣知為此語者特腐儒不通變耳特背公而營私耳臣愚欲乞陛下速降詔旨革經義科許天下之士習詩賦以應選仍所問之策禁絕虛無惟求古今成敗可以為後世鑑者及通於時務而有謀斷者則臣將見得人之盛又復如祖宗之朝而致治之美高邁於熙寧之初矣陛下若能奮發睿斷用臣之策則武學足以得虎臣德望足以搜遺逸制科設而不世之才出矣經義革而博學之士至矣朝廷之人臣未之信也陛下今日縱為權臣詆毀而不用其策然他時經義不足以得偉才亦未免用臣計也與其追用於已事孰若決行於未然幸願陛下裁之然科舉之法又有大不公者臣亦為陛下縷陳之蓋比年科舉多為富兒貴族於詔旨未下之日預以金帛交結出身之官又復賂監司必差此官以赴本州考試間有得問目宗旨以嘱募文士而預為之者有得成篇以歸俟入場而寫之者有得一

古字三場通用為點記者有與主文故舊以平昔所講之題而問之者有主文受其賂自斷決得復賂才能之人而成其文庶使不辱於選者甚至考官之來有求見於道周旅邸者有受燕于舉子之家者有携俠客而來陰求賄賂者其所差封彌謄錄之人又多受豪強之賂預錄才能之士姓名與之憑其軋己於封彌處陰為之記或復尋而焫者有之或投於井者有之或節其文詞使讀之無叙者有之封彌謄錄官又徒備員而不覺察故空號禮闈之嚴有司以歌酒自適殊不以考較為意洎其及期則除私取之外不過枚拾文理合己意者足其額而已故前期十日而其名已達於外者有之臣嘗求中程試之文而讀之其間未必皆無病也或昧於古今而以漢為唐者或不通經旨而誤引證者或全錄前輩時文者或使故事而誤其姓名者或以神祖而為祖考者綴緝不根之語而不荅所問者色色有之致有士人指考官受賂之污摘舉子謬中之失而訟于有司則上下互相掩覆不為体究故與其選者人不以為榮或素不知經而識字有數者有之或能誦時文而不知經史者有之或塵垢齷齪而言語無味者有之或屠沽博奕輩而誤墨成蠅者有之此皆緣賄賂不公考較無術故也嗚呼祖宗科舉之法本欲網羅俊彥其弊至此不識得若輩可與圖治耶至於孤寒之士棲遲乎道藝之域休息乎編籍之囿博覽強記好古有素講經可以垂簾下筆幾於有神者反以空囊敗橐無為先容遂尔擯斥者紛紛籍籍甚至有知其必不與選不能與羣輩較短量長於是遁職高卧而不就試者有之此非科舉之法不公也有司受賂之弊也亦以經義多荒唐之語而能為空文者一人而兼數人故也故凡士人狎就試則預採時文膾炙人口者以經意分排門類每一門撰義數道俟其入場即以所問之題而參合辭意相類者依本

謄録。謂之迎題。或預料有司所問之題。而撰成全篇。至有五篇皆偺略不措意者。況此輩科以來。每一義題。爲學前後傳寫。不啻數十篇者有之。其辭意不出乎此。有識之士。不欲雷同蹈其迹。或穿鑿而爲曲說。後進無識者。或全録而不更一字。有司亦不能悉究。至於糊名一判。則濫進者。悉皆與榜。信乎經義不足以得人也。若選以詩賦。則前弊皆可革。蓋詩賦不可預成。縱可料題而爲之。亦不過得其事實而已。其聲律逆順。非敢苟也。如是。則彼方爲己猶且不贍。何暇及他人哉。臣愚欲乞陛下察臣所陳。垂憫孤寒之士。無負其稽古之勤。嚴降詔旨。痛懲此弊。應今後科舉有考試官受賂挾勢而私取人者。許士人陳訴。監司考覈得實者。悉同受枉法贓坐罪。仍榜闕取士一切法度。乞行嚴察。無襲前弊。如是。則孤寒者得以進身矣。此臣所願陳者七也。臣竊觀天下所以入於衰亂者。皆緣冗食之民衆。而無補之費

多。故國用乏而軍儲不給也。臣愚欲乞陛下明斷。一切冗食而無補者。悉行罷廢。以充軍餉。則養兵有糧。而無餽餉之患矣。臣竊見上皇爲姦臣誤國。壞亂綱紀。漸次陵遲。欲去前非。尚賴陛下振而起之。革而新之。則功業昭著。而規模宏遠矣。若規規於仍舊貫。而不能因革損益。則天下何望於陛下。上皇何急於禪位也。蓋上皇所以下罪己之詔。而禪大寶於陛下者。亦知其爲姦臣誤謀。法度隳[illegible]支持。誠欲陛下爲振其頹綱而已。或謂三年無改於父之道。然後爲孝者。此乃儒臣不知權變之言也。臣謂方今法度有不便於民。不利於國者。當一切更張之。正孟子所謂如知其非義斯速已矣。何待來年。是也。臣所謂冗食而無補者何也。臣觀天下神霄宮。實國之大蠹。此亦蔡京王黼誘致姦黨。共以妖術欺君罔上。故創此宮。備飾華麗。所費不貲。四時祭醮。又蠹國用。謂之知宮者。不過挾勢欺民。規財養婦飲

酒。茹葷不修身。於侍崇道之勢。而動與士大夫爲等伍。肆爲姦贓。陷於憲綱者有之。求其精處祝壽者。蔑如也。謂之冗食而無補。信其然乎。況天無二日。民無二王。天下之歸者本一也。今立兩君於宮中者。其意安在哉。此蔡京欲爲王莽之纂。故陰令林靈素以妖言化上皇而爲之。其意欲爲分天下之識也。又況天子所都者大梁。四海九州莫不賓貢于此。今遍滿中外州縣。皆立王宮。是亦蔡京欲兆各據有一方之識也。祖宗之朝。肯爲此乎。祖宗之臣。肯勸勉君父而爲此乎。然則今日所以亂者。未必不兆於此也。臣願陛下速降詔旨。悉與罷去。所有知宮道衆。各令還原觀。仍給還其宮與原住僧。改正寺額。所有儀像。乞移於玉皇殿配享。此亦臣慮陛下不欲毀去。恐傷父子之仁故也。然上皇英斷。能以理推。今日之難如此。欲安我二百年之社稷。則豈肯以一己而妨天下之大計哉。此特土偶人耳。毀之無傷乎

上皇之盛德。而足以成陛下之大功。則毀之亦無害也。所有神霄宮田多者五十頃。少者不下十頃。所養之衆。不過十數人而已。況不能興國家之緩急。徒使之斂財於己。以爲私計。臣愚欲乞陛下悉委守令拘收其田。立課召民承佃。所納稅租及宮中見存養之糧。悉充兵儲。又籍沒天下宮中供器。亦可以爲養軍之用。實良策也。臣又觀天下應僧寺多田者。或至百頃。而養僧不逾百員者有之。故凡諸路大禪刹多者。爲姦猾之僧賄賂監司郡守。而求住持。酣酒嗜肉。而不爲焚脩者有之。營私剋財。而不養僧衆者有之。狂狷憸倡而不脩戒行者有之。故每住一刹。則斂國家之常住。以爲親戚之私藏者。比比皆是。臣愚欲乞陛下詔諸路專委守令。應律寺則契勘見存僧行數目。禪刹則契勘逐年所養僧行數目。並與量數支給口食。田外餘者並沒入官。所有稅租。即量坐之。其田亦募民耕。以所納租爲軍儲。與其

為猾僧計會之餘則孰若為養兵供餽之費所有道觀亦乞依此法仍天下諸州國忌齋䞋欲乞罷之國忌日令禪剎自備齋食則計天下一歲之所省亦不輕矣願陛下無猶豫也臣又聞祿者所以代其耕也方今有官君子養之既有常祿其所任之處又或有職田之俸君人者一視而同仁則均有之可也今又或有或無而不均或多或寡而不一臣為陛下今日計莫若下詔應有職田處悉皆罷支所納租米乞充軍儲陛下能用臣三計則倉廩實府庫充招軍雖衆無患乎乏糧矣此臣所願陳者八也臣又聞君以兼聽博照為德臣以獻可替否為忠專己者孤拒諫者塞孤塞之政亡國之[illegible]故立敢諫之鼓置誹謗之木開言者之路來天下之策此堯舜禹湯所以昌也比干剖心箕子為奴折直士之節結諫臣之舌此桀紂幽厲所以亡也臺諫雖卑實可與宰相等伺則風霜之任彈糾不法繩愆有過百僚震恐莫敢為非義者實有賴於此蓋御史臺為朝廷之紀綱臺綱正則朝廷理朝廷理則天下理矣臣聞頃者蔡京專權懼人議己之失欲掩上皇之聰於是所舉擢而進者多其死黨阿諛順旨共成姦惡以苟容曲從為賢以拱默尸祿為智諫官久虛而不除臺官取庸以充位故苛吏緣役民失農桑之時獄官深刻民受誣敎之辜守令奸贓殘民害民滋甚而朝廷大臣方且愚弄綱紀有同兒戲陰懷叛逆欲分天下而有之無肯為上皇言者浸淫日久遂致大亂幸賴祖宗之靈六賊奸計屢敗未至覆國而已嗚呼臣輩去年春金賊初起邊臣告急奏章累至蔡京父子匿而不達乃收拾金寶器自為備在朝大臣亦皆作去計略無一分捍禦之意直至虜寇漸逼乃始奏聞此臣得之於陳東書也臣始讀之不覺掩卷浩歎國家何負於大臣乃亦耶疾風知勁草版蕩識誠臣豈虛言哉既而忿氣拂膺恨不能仗劍悉剖諸大臣肝膽而食之未足以快臣心也臣亦知其所自來矣蓋本於不能擇臺諫之臣使常言天下之得失故至此耳尋復竊聞陛下優選忠讜之士以任臺諫之職臣知黎民赤子之幸也於是洗心傾耳以俟其言天下之大利害試以觀國家之得人想望風采為日久矣今得其言不過紛紜細碎未有大過人者又豈太平而全無可言耶抑亦持祿保位而不肯言耶畏罪譴而不敢言為權臣抑塞而不得言耶以謂太平而無可言則干戈正此紛擾蠻夷尚未賓從政事風俗浸已不振祖宗法度廢而未舉四海俱無歡聲萬民悉有變色天子未必皆善大臣豈能無過非可謂之太平也若欲保位持祿而不肯言則未得位者當修其辭既居其位者當死其官如其為身謀蓋亦辭尊而居卑辭富而居貧者豈可為一己之私而廢天下之大計耶若謂畏罪譴而不敢言則明主不惡切直以博觀忠臣不避重誅以直諫折檻而呼願得從龍逄比干於地下遊者果何人哉身在諫職則白刃交於前視死若生矣豈宜畏罪譴而緘口耶若謂權臣抑塞而不得言則有官守者不得其職則去有言責者不得其言則去豈芻于地而求退者能使上歛容而謝者其誰歟言路既塞則高飛遠舉為赤松遊可也不然則嬰逆鱗而干斧鉞之誅可也何苦畏權臣不敢直諫哉臺諫之臣知此而不言則是負陛下也不識今日之所謂諫臣者果有面折廷諍如王陵者乎有守節死義如汲黯者乎有刎血汙車輪者歟有出行避驄馬者歟臣知其必無有也蓋天下之士多能載於空言不能見於行事往往在布衣時則能忠言直陳雖犯主之顏色而不辭及其處之以諫諍之職則保位持祿殆有過於阿諛者矣嗚呼此輩何足算哉使臣見之當唾其面而大辱之臣願陛下優選直臣以任此職今朝廷之上議論之中布衣

之列。豈無其人耶。陛下第明鑑而博採之。又乞立法應擢臺諫官雖宰相遴選。陛下必親策于庭試以十事。五事評往古之成敗。于以觀其所學。五事商權臣之得失。于以審其敢言。如是則可以得人矣。若復以柔顏軟語妾婦相者為比。則臣待見大臣擅權綱紀大壞。又甚於前日矣。臣聞呂元膺出為同州刺史。及中謝。德宗問其得失。元膺論奏詞氣激切。上嘉之。謂宰相曰。元膺有讜言直氣。當留在左右。使言得失。卿等以謂如何。李藩裴垍賀曰。陛下納諫。超越百王。乃宗社無疆之休。請留元膺給事左右。臣以是知德宗所以能纘艾奉天之難而復治者。蓋能廣求諫諍之臣而已。雖一人之直。尚不遺棄。必置之左右。而不使外任。臣愚欲乞陛下毋用諫臣。悉以古為法。大臣朝見議政事。臺諫官得隨進與聞。仍許臺官退而辯論可否以陳之。或三月而不進諫者罷之。又乞陛下親灑宸翰。榜于朝堂。昭告臺諫各罔以忠讜自立。應天下之利害。朝臣之善惡。政令之僻違。紀綱之當否。敷陳殫奏。不罔隱情。庶使巖藪遺逸之士。知朝廷有從諫如流之美。於是戚戚然動其心。峩峩然纓其冠。而來游于闕下。願進其謀讜。以致君於堯舜。納俗於成康矣。此臣所願陳者九也。臣又聞上言之以為命。下稟之以為令。故君命召不俟駕而行者。皆欲其盡臣子之禮。而無敢怠慢也。嗚呼。古之委身而為臣者。雖遭之赴湯火。冒矢石。亦犯難而竭節。況夫宣布詔令。以告于民。用心不勞。而用力不多者。其忍違上之命耶。臣竊見比年以來。州縣之官。撓為不法。以受賂營私。為良圖。以奉詔卹民為餘事。朝夕所以念念。不過燕遊而已。酒色而已。財帛而已。為子孫計而已。曷嘗以理民為務哉。至於國家頒詔本欲使天下士庶悉体聖意。以布德化。柰何守令非人。略不奉行者有之。甚至其言徵有被及於州縣之官。則匿而不示。遂使天子德意

無由下達。故人心携貳。事羅艱苦。又歸怨於上。蓋頑民悍俗。不知天子本有恤民之深意。而守令不能奉行。徒為殘賊耳。欺君罔上。莫此為甚。臣觀陛下即位以來。寬大之詔屢下。然州縣官吏。循弊未革。亦不過掛之屋壁。徒為文具而已。初未嘗見其遵行也。今夫周官正歲帥治官之屬。而觀治象之法。徇于木鐸。蓋將以禁人。則宜使之皆知。不使之皆知。及犯令而刑之。則是罔民矣。然則先王號令。必使家至而戶曉之。故曰鼓舞萬物者雷風乎。鼓舞萬民者號令乎。臣竊觀方今詔旨之下。則所知者惟官吏而已。或詔下逾年。而民未及見者。何其風俗衰薄。不是以望古耶。此非國家之罪。郡縣無良吏致然也。臣又觀之。抗勅命者多矣。特上下相蔽。而無肯發擿耳。臣愚欲乞陛下痛責守令。應詔書到日。即須于庭以示百姓。仍存問緩急。悉令於要鬧之地。書壁曉諭。庶使村閭有趾者皆得以仰觀聖詔之懇切。而知天子有軫念之勤。則人人思奮忠誼矣。仍乞督責守令。應朝廷有改常憲。禁絕民害。即令施行。無致稽緩。或尚循襲舊風。有違御筆者。即與除名勒停。如是。則詔旨無患乎不宣布。民情無由而不說服矣。此臣所願陳者十也。臣所進三書。條陳當世利害三十餘事。實為切要。然其間觸權臣者有之。忤天聽者有之。或結怨於富貴之門。或貽怒于臺諫之官。臣非不知李雲以草茅之士。露布上書。遂以誅死。臣區區不避於此。而敢抗直言者。實願以身而安天下也。臣初則欲乞朝廷以一介之使。遣臣奉咫尺之書。說虜主而使之內附。臣當時若有此行亦必烹於鼎鑊。既而此志不遂。而猶敢以三書干瀆宸聰者。臣知天下大利害。皆備載于此。而無少遺。使其言得達于陛下。而萬民受賜。則臣雖死于朝不辭也。臣願陛下明斷。必用臣計。則非徒朝廷安。天下之民舉安。萬一權臣嫉怨。指臣為狂生。則乞陛下集朝臣而問之。或

臨御樓呼行道之人問之。召京城耆老而問之。必謂臣之計為可行而大臣之言為忌進也。昔蘇世長進諫至切。唐高祖色變。既而笑曰。狂態發耶。世長曰。為臣私計則狂。為國計則忠。臣今日亦請以此語為陛下獻。陛下用臣之計。而賜臣以死。則臣死有光輝。含笑入地無恨也。若不用臣之計而免其罪。則臣非所願。蓋臣以寡援之身。必死於他人之手矣。史有之曰。千人之諾諾。不如一士之諤諤。臣雖微賤觸鯁峭而敢言。朝廷有直臣。則天下太平矣。某願陛下恕其狂妄。則臣尚有骨鯁之言。當進天聰。豈不能裨補國家萬一。惟陛下裁之。

歷代名臣奏議卷之八十三

歷代名臣奏議卷之八十四

經國

宋欽宗時許翰上言曰。臣愚伏被詔旨。除已具劄子陳衰疾不勝事任外。方此國步艱難。臣竊懷欲有陳而事有理須朝夕上達。少緩則已後時不暇為者。臣輒先具畫一以聞。

一自崇寧以來。天下之士。以謂非姦佞貪瀆不進。非軟熟趨和不容。故凡為時所崇獎至大吏者。鮮有可用之才。今不得已。則當擢小吏而用之。唯使勇法。借以官資。使攝郡府。竢有功効而正除之。則人人磨厲思自奮起。此賢於前日全軀保妻子之臣。寵祿已過。如飽肉之鷹。不復鷙擊者。不翅百倍矣。

一今軍政久壞。士卒難恃。宜使郡縣什伍其民而教之戰。使自保疆埸。急亦可調發以赴難。河東河北與瀕大河帥臣皆使得擅一方之賦。便宜從事。以足兵食。昔唐李抱真節制澤潞。以賞罰激勵其民。得卒二萬。遂雄山東。是時稱昭義兵為諸道冠。今使諸帥各放其法。則天下皆昭義兵矣。然昭義法計丁擇人。蠲其徭租。農隙習射。歲終大校。此可持久而難以應卒。今寇難乃在數月之內。必欲令下而衆集事濟者。則諸縣皆有一鄉之豪傑。使守令躬親訪問召見。喻以忠義寵錫之榮。示以寇攘屠戮之害。借一進武義副尉等官。使各募少壯樂為用者。得分總之。縣得三四豪傑。則封內勁果忠固有用之人。可盡出矣。此其取効易且速。蓋一時之利也。如昭義之政。備則効亦不過二三歲間。可以兼行而持久者。雖至平世不可易也。臣頃亟為淵聖言禦寇之務。要在邊境。使邊境不傑而寇入腹心。則人情震擾。士氣沮壞。驅而與戰。百不當一。故祖宗以來。恃邊備不恃都城。又聞

祖宗之時。邊臣如郭進李漢超等。皆數十年不易委任而責成
功。而去年諸州至有三易守者。邊帥無不紛紛變更。臣數爭之
而不能得。今守帥凡宜於民兵者。頗著憲令。勿復動移增秩賜
金。以厲勳績。而後民兵可用。疆域可保。邊境可強也。
一臣去歲道過泗上。見歸朝官張企甫言頗得燕人三百。質其家
屬。給馬貲金。由登萊海道潛入燕境。號召鄉黨與叛女真。必有
大功。亦聞已嘗有人以其策告宰相唐恪。恪大笑之。比有族人
自拱陷賊脫歸者。陰得契丹燕人之情。見其怨憤金賊。欲食其
肉。臣以是知虜之可離也。契丹燕雲之地。本非國家所有。若使
燕人遂徒得地。因以封其人。遇財回以賞其士。則金賊支解。疾
入腹心。必不能久為中國患矣。
一臣考秦漢以來用兵之變。能覆堅敵者。皆合衆弱以為強。如燕
昭之破齊。漢高之取楚是也。今金賊既取契丹。遂亂中國。其勢
必將加兵隣壤。如西夏高麗大小胡虜等。皆有凜凜狼顧之意。
臣嘗建欲弃陝西進築無用之地。以與西夏。增其歲賜與之解
怨。申結舊恩。使一辯士說之。可使出兵以攻雲中。又使人結高
麗大小胡虜諸小夷等與之。立契丹後。則金賊坐見分裂。中國
將得休息矣。按唐遭祿山之變。肅宗起靈武。引回紇之兵以復
兩京。今但使之擾賊巢穴。其利百倍於唐也。
一河朔山東近甸郡縣。皆易野用車之地。可以教民車戰。昔者元
魏謂劉裕兵畏其鐵騎衝突。以鐵鎖連車為函陣。又趙元昊反
時。國家亦嘗用車有功。今金賊無他長技。所恃惟鐵騎耳。禦騎
用車。古今所同。而我師每憚其重遲。勞費迄莫肯用。宜詔有司
講明其法而督教之。

一遷都有經久之制。行幸有促辦之功。二者異宜。今若近青歲月
之利。宜令金陵帥臣集海船。教水戰。儲積糜庾。備或行幸而已。
其它一切營繕力役。皆宜且止。存撫休息。以固民心。以建國本。
此大務也。今雖已有詔旨戒告。勿使勞民。然若非一切罷去。亦
則恐勞民之戒。殆為虛文。昔唐太宗脩洛陽乾陽殿。以待巡幸。
張元素諫之。以為勞民不可。即罷其役。曰。使後必往。雖露坐庸
何傷。況如今之艱虞。正宜貶損過中。乃能下感人心。上格天意。
凡是府廷官寺。粗飭圮壞。則皆可以息鑾駕而張黼扆。使遠人
皆知陛下盛德。所以師象陶唐茅茨土階之意。天下幸甚。右臣
度金賊擾邊之期。不過旬月。若使小失支吾。必至又復深入。伏
望聖慈下臣之言於大臣。或有可採擇。則頻詔速施行。庶幾及
事。謹錄奏聞。伏候勅旨。
高宗即位。唐重應詔上疏曰。臣於今月十七日恭奉初一日皇帝登
寶位赦書。望闕宣讀。人人感慨流涕。當國步多艱之際。忽聞詔書以
定神器。宗廟社稷。不失祭祀。四海生靈。不忘舊戴。誠千萬世之幸。衆
目祇誦紬繹詞旨。其中有云。紹祖宗垂創之基。懷父兄播遷之難。卒
章云。伺候兩宮之復。終圖萬世之安。其言哀痛深切。臣泣血銘心。推
原德意而施行之。惟恐奉詔不勤不敏。以華新政。若廢神霄朝拜。罷
常平給散。限外印契。額外攤放。道傳遠俗者給據。商賈般販者免稅。
如此等事。於朝政非大安危也。於國体非大利害也。於人情非大休
戚也。陛下制詔之意。欲紹祖宗垂創之基。以京師為根本。以兩河為
股肱。金人再犯京闕。則根本搖矣。長驅兩河。則股肱病矣。所以為興
復之策者何如也。陛下以太上皇為父。以嗣君皇帝為兄。金人一舉
而遷兩宮。當被髮纓冠而往救之矣。所為患難之方者何如也。自古

夷狄之侵中國未有如此之酷然其吞噬之欲尚未厭足其馮陵之勢尚未已也前日致寇之因陛下嘗通知之乎今日禦寇之術陛下亦熟計之乎既不知己而又不知彼者必殆既不能强而又不能弱者必危陛下度彼己之術則知所以自治矣察强弱之理則知所以常勝矣此天下之大計也陛下所以與大計天下皆固以素定非臣所得而擬議也然以今日之急務有四而其利甚博大患有五而其禍不可勝言臣為陛下槩其略而試陳之定都關中據山河百二之勢以植根本之地所以杜瓜分之漸也建牧大藩重宗子維城之討以固磐石之基所以救瓦解之失也通夏國之好而守吾舊疆所以繼好息民也立青唐之後而封以故地所以興滅繼絕也此四者千萬世之大利也雖千萬言而莫究豈非今日之急務乎若夫大患有五而救患者亦不可緩法令滋彰而吏緣為姦欲救此者莫先於守

祖宗成憲朝綱委靡而不振故士大夫相習而誕謾欲救此者莫先於登用忠直軍政敗壞而不舉故將兵相扇而奔潰欲救此者莫先於大正賞刑國用竭矣而利原又失欲救此者莫先於選將漕之臣民心離矣而調發方興欲救此者莫先於擇循良之吏此五者非天下之通患乎今日之急務有四而其利甚博大患有五而其禍不可勝言皆詔旨之所未及臣愚不忍緘默以苟容敢竭誠而妄有陳焉天下之大計議不旋踵而投機之會間不容髮唯陛下獨斷而早圖之以起中興之運而成再造之功則祖宗垂創之基於此可紹而兩宮播遷之難於此可復矣此誠天下之大計也臣忝叨諫官屢陳致寇之因坐是斥逐承乏守土累上禦戎之略言皆有證頃者聞陛下以大元帥之節戡定國難臣嘗具劄子陳述三策乞移鎮關中以符衆望臣區區之愚已陳其梗槩矣茲者恭承詔旨許[illegible]庶詳具利害陳述雖語言詆訐亦不加罪以此見陛下誠有聽言之意首開求言之路有君如此其忍負之臣愚戇徇國不識忌諱敢肆危言以塞明詔進退存亡之幾臣於此卜焉陛下不以臣愚不肖許赴行在得方寸地以披露肝膽庶或補於經綸之萬一臣之願也臣非為身謀也實為天下國家計也惟陛下裁幸

建炎元年尚書右僕射李綱議國是曰臣竊以和戰守三者一理也雖有高城深池弗能守也則何以戰雖有堅甲利兵弗能戰也則何以和以守則固以戰則勝然後其和可保不務戰守之計惟信講和之說則國勢益卑制命於敵無以自立矣景德中契丹入寇罷巡幸之謀決親征之策捐金幣三十萬而和約成百有餘年兩國生靈皆賴其利則和戰守三者皆得也靖康之春粗得守策而割三鎮之地許不可勝計之金幣以議和懲刼寨之衂而不戰於和與戰兩失之

其冬金人再寇畿甸廷臣以春初固守為然而不知時事之異膠柱鼓瑟初無變通之謀內之不能撫循士卒以死捍賊外之不能通達號令以督援師金人既登城矣猶降和議已定之詔以欵四方勤王之師使虜得逞其欲凡都城玉帛子女重寶圖籍儀衛輦輅百工伎藝悉索取之次第遣行及其終也刼質二聖巡幸沙漠東宮親王六宮戚屬宗室之家盡驅以行因逼臣僚易姓建號自古夷狄之禍中國未有若此之甚者是靖康之冬并守策失之而卒為和議之所誤也天祐有宋必將有主故使陛下脫身危城之中總師大河之外入繼大統以有神器然以今日國勢揆之靖康之初其不相若遠甚則朝廷所以捍患禦侮救寧萬邦者於和戰守當何所從而可也臣愚雖不足以知朝廷國論大體然竊恐猶以和議為不然也何哉二聖播遷陛下父兄沈于虜廷議者必以謂非和則將速二聖之患而鬻

陛下孝友之德故不得不和臣竊以謂不然夫爲天下者不顧其親顧其親而忘天下之大計者此匹夫之孝友也昔漢高祖與項羽戰于榮陽成皐間太公爲羽軍所得其危屢矣高祖不顧其戰彌厲羽不敢害而卒歸太公然則不顧而戰者乃所以歸太公之術也晉惠公爲秦所執呂郤謀子圉以靖國人其言曰失君有君羣臣輯睦甲兵益多好我者勸惡我者懼庶有益乎秦不敢害而卒歸惠公然則不恤敵國而自治者乃所以歸惠公之術也今有賊盜於此刼質主人以兵威臨之則必不敢加害以卑辭求之則所索彌多往往有不可測之理何則彼爲利謀陵懦畏彊而初無惻隱之心故也今二聖之在虜廷莫知安否之審固臣子之所不忍言然吾不能逆折其意又將墮其計中以和議爲信然彼必曰割其地以遺我得金幣若干則可不然二聖之禍且將不測予之是陛下之忘父兄也予之則

所求無厭雖日割天下之山河竭取天下之財用山河財用有盡而金人之欲無窮少有釁端前所予者其功盡廢遂當拱手以聽其命而已昔金人與契丹二十餘戰戰必割地厚賂以講和既和則又求釁以戰卒滅契丹今又以和議惑中國至於破都城滅宗社易姓建號其不道如此而朝廷猶以和議爲然是將以天下畀之敵國而後已臣愚竊以爲過矣爲今之計莫若一切罷和議專務自守之策而戰議姑俟於可爲之時何哉彼既背盟而刼質地不可復予惟以二聖在其國中不忍加兵俟其入寇則多方以禦之所破城邑徐議收復建藩鎮於河北河東之地置帥府要郡於沿河江淮之南治城壁修器械教水軍習車戰凡捍禦之術種種具備使進無抄掠之得退有邀擊之患則雖時有出沒必不敢深入而憑陵三數年間生養休息軍政益脩士氣漸振將帥得人車甲備具然後可議大舉振天聲

以討之以報不共戴天之讎以雪振古所無之恥彼知中國能自強如此豈徒不敢肆兇而二聖保萬壽之休亦將悔禍率從而鑾輿有可還之理倘捨此策益割要害之地奉金幣以予之是倒持太阿以其柄授人藉寇兵而資盜糧也前日既信其詐謀以破國矣今又欲蹈覆車之轍以破天下豈不重可痛哉或謂強弱有常勢弱者不可不服於強昔越王勾踐卑身重賂以事吳而後卒報其恥今中國事勢弱矣盍以句踐爲法卑身重賂以事之庶幾可以免一時之禍而成將來之志乎臣以謂不然夫吳伐越句踐以甲楯三百棲於會稽遣使以行成而吳許之當是時吳無滅越之志故句踐得以卑身厚賂以成其謀枕戈嘗膽以勵其志而卒報吳今金人之於國家如何哉上自二聖東宮下逮宗室之係於屬籍者悉驅之以行而陛下之在河北遣使降僞詔以宣召求之如是其急也豈復有恩於趙氏哉

雖卑身至於奉藩稱臣厚賂至於竭天下之財以予之彼亦未足爲德也必至於混一區宇而後已然則今日之事法句踐嘗膽枕戈之志則可法句踐卑身厚賂之謀則不可事固有似之而非者正謂此也然則今日爲朝廷計正當歲時遣使以問二聖之起居極所以崇奉之者至於金國我不加兵而待其來寇則嚴守禦以備之練兵選將一新軍律俟吾國勢既強然後可以興師邀請有此武以以俟將來此最今日之上策也古語有之曰願與諸君共定國是夫國是定然後設施注措以次推行上有素定之謀下無趨向之惑天下之事不難舉也靖康之間惟其國是不定而且和且戰議論紛然致有今日之禍則今日之所當監者不在靖康乎臣故敢陳和守戰三說以獻伏願陛下斷自淵衷以天下爲度而定國是則中興之功可期矣取進止

綱復上言曰。臣竊以河北河東兩路國家之翰蔽也。唐杜牧謂河北視天下猶珠璣也。天下視河北猶四支也。珠璣苟無豈不活身。四支既去。吾不知其為人。故王者不得不王。霸者不得不霸。猾賊得之足以致天下不安。其地勢風俗使然也。而河東實為天下之脊。介於河北陝西之間。其地險固。其民堅忍。其俗節儉。其兵勁悍。祖宗得天下削平僭亂。閏不臣服。惟河東最後。再駕而後得之。其難如此。而靖康之初。金人犯闕。以孤軍入重地。我之守禦固而援師集。其勢不難於和。宰相失策。欲脫一時之禍。而不為久長之計。凡所邀求。一切許之。遂割三鎮。而河北河東之地幾去其半。及賊兵退。三鎮兵民為朝廷固守。中山真定及沿邊諸郡既已保全。而賊盡力以圍太原。不肯捨去。朝廷遣使以兵民之意。及保塞陵寢之故。願輸租稅以易疆土。金人且許且攻。幾年而太原陷。猶信譎詐以講和。不為備禦之策。至其

渡河。再薄都城。遂盡割兩路以與之。畫河以為界。遣執政侍從郎官數十輩分詣交割。皆為兩路之人所殺。夫朝廷割地。不足以塞金人貪婪之欲。而適足以失兩路士民之心。使地割而和可成。宗社遂安。猶之可也。今乃假和議以欵我。既破京師。挾二聖以北狩。脅逼臣寮僭竊神器矣。而議者猶以割地為然。此何理哉。河北西路三帥府。二十餘郡。靖康末。所失者真定懷衛濬一帥府三郡而已。其餘至今皆堅守。一路兵民。有城郭者依城郭。無城郭者依大河。山西自相結集。多者數萬。少者不下萬人。各立首領以相統率。知名號者已數十處。日以蠟書號籲朝廷。乞師請援。願為前驅。因而循撫為吾之用。數十萬衆。不日可致。而金人留兵懷衛濬三郡。以扼吾要津。每郡不過三千人。其餘皆脅制吾民。剪髮易衣。以疑我耳。大兵臨之。遣間要約。必有應者。則三郡不旬月間可復也。三郡既復。則真定可圖。而中山之

圍可解。河北復為我有矣。然後第功行封。以河外郡縣悉議封建。使自為守。朝廷量力以助之。則藩籬固而中原寧。此今日之要策也。河東之勢亦然。但所失州郡視河北為多。然所以處之之策。亦無以過於此者。臣愚欲乞於河北西路置招撫司。河東路置經制司。擇文武臣寮中有材略名望素為兩路兵民信服者為之使副。布宣朝廷德意以結其心。信賞必罰以作其氣。訓練習服以教之戰。量補名目以旌勸其首領。寬給錢穀以賑貸其乏絕。辟置寮屬將佐。乘機應變。一切許以便宜從事。則兩路可以復全。中興之功指日可成。必自此始。猶捍水患於決溢之口。則下流無泛濫之虞。禦盜賊於門墻之外。則堂奧有安靖之勢。理之必至也。倘捨此而不為。則兩路之人且歸怨於朝廷。強壯狡獪者反為賊用。將何以待之。故臣以謂今日之所當先務者。無急於此。惟睿斷不疑。特從所乞。天下不勝幸甚。

綱又上言曰。臣竊以國家都汴。處中以臨四方。垂二百年。靡有變故。豈特仁德足以結萬邦之心。亦由以中制外。據天下之利。勢使之然也。方今多難之際。未可定都。以權時宜。固有所不得已者。然宗社朝廷一遷。天下之勢必有偏而不起之處。中原搖動。卒難復安。此臣所以夙夜思慮。欲為陛下權天下之勢。以濟長久之策也。古者帝王有巡幸之禮。故虞舜五載一巡狩。羣后四朝。而成王撫萬邦。巡侯甸。見於周官之書。今四方多故。宜講巡幸之禮。以鎮撫之。除四京外。以長安為西都。襄陽為南都。建康為東都。各命守臣營葺城池宮室官府。使之具儲峙糗糧。積金帛。以備巡幸。陛下時乘六龍。鑾輿順動。以天臨之。覽觀山河之形勝。省察牧守之治。恩撫士民。問風俗。收豪俊之用。以攘戎狄。復境土。然後復據河洛而都之。此今日權宜之上策也。用臣此策。其利有三。藉巡幸之名。國勢不失於太弱。一也。不置定都。

使夷狄無所窺伺，二也。四方望幸，使奸雄無所覬覦，三也。至於費用
則長安當委之四川，襄陽當委之荊湖，建康當委之江淮閩浙，深戒
守臣，因陋就簡，勿事壯麗，具圖來上。惟取便安，因緣擾擾者，重寘于
法，則三都成而天下之勢安矣。議者謂車駕當且駐蹕應天，以繫中
原之心，或謂當遂幸建康，以紓一時之患。臣皆以為不然。夫汴京宗
廟社稷之所在，天下之根本也。陛下嗣登寶位之初，豈可不一幸舊
都，以見宗廟社稷，慰安都人之心，下哀痛之詔，擇重臣以鎮撫之，使
四郊畿邑之民，又安益治守禦之具，為根本不拔之計哉。天下形勢，
關中為上，襄陽次之，建康又次之。今捨上中而取其下，非得計也。宜
先期降勑榜，曉諭軍民，及以備謁陵寢為名，擇日巡幸，據要會之地，
以駐六師。既有以繫中原之心，又有以紓一時之患，策無出於此者。
臣愚伏望聖慈斷自淵衷，詳酌而推行之，天下不勝幸甚。

綱又上言曰：臣以愚陋，誤蒙聖恩，擢任宰相。初對之日，嘗以巡幸之
議，冒瀆天聰。其意以謂京師初經殘破之後，理難固守，然車駕不可
不一到，以慰天下之心，然後鑾輿順動，法古巡狩之禮，以行四方。西
則關中，南則襄陽，東則建康。以天下形勝之勢觀之，關中為上，襄陽
次之，建康為下。伏蒙睿慈特採其議，已降指揮京師，催促修城，祗俻
謁欵宗廟，而永興、襄陽、建康皆令葺治宮室，以俟翠華之幸。臣累留
身奏事，論及天下利害安危所繫之大者，未嘗不以此為言，嘗蒙宣
諭：但欲先迎奉元祐太后及還六宮如建康，并禁衛家屬頗遷徙者，
亦津遣南去，而車駕獨留中原，選將屯兵，以衛行在，雖關中可往，雖
金人可戰。臣竊仰陛下英睿果斷如此，雖古創業中興之主，如漢之
高祖、光武，唐之太宗，未是過也。昨日忽被手詔，宣諭京師未可往，而
欲為大王避狄之計，巡幸東南，擇形勝之便利，遠水火之焚溺，來春

還闕，聚糧屯兵，為守禦攻討之計。令臣條具合措置事務以聞。臣伏
讀愕然，未喻聖意，不知天慮與前不同，果以為當如此耶，將左右大
臣密獻此說，姑從其策耶。如天慮果以為當如此，臣竊以為未然。若
左右大臣密獻此說，則臣竊歎其未嘗深思遠慮，姑欲脫一時之患，
而不知禍難之在後也。夫京師宗廟所在，陛下即位之初，禮當一到，
徒以城池之備未脩，而防秋之期已迫，勢有未可往者，臣固不敢力
爭。至於巡幸東南以避狄，則臣不知車駕果將安之耶。若欲出於下
策，遂往建康，則臣恐天下之勢傾，而中原不復為我有矣。請為陛下
試詳言之。夫陝西者，中國勁兵健馬之區也；河北河東者，中國之屏
蔽也；京畿及京東西者，中國之腹心也；江淮荊湖閩浙川廣者，中國
之支派也。今與鄰國爭屏蔽之地，不能保腹心，以號召勁兵健馬，與
之馳逐，而欲自竄於支派之鄉，臣恐天下之勢偏而不舉，胡騎深入，

號令不行，州郡莫相救援，皆將碎於賊手。虜以精兵騺擾京東，控制
淮楚，陛下雖欲還闕，不可得矣。況欲屯兵聚糧，議攻守計，以迎二聖
哉。王命不通，盜賊蠭起，殺害官吏，屠陷城邑，如今之河北，兵民不待
金人然後為害。自江以南，皆當搖動，不知獻策之臣，果能保其必安
乎。夫江之廣不如河，江之險不如河，江之湍激不如河，金人渡河，猶
不能禦，江豈可恃。而南人之輕脆，非北人之比，賊至則潰，南方之城
壁非北方比，賊攻則破。陛下必以幸建康為安，臣愚竊以為過矣。夫
利在耳目之前，患在一世之後，中智以上乃能知之。今欲乘舟順流
而東，其安便比於鞍馬之間，何啻相百，遠幸江湖之濱，其閑適比於
兵革之際，何啻相萬。然偷取一時安適，而忘禍患之在後，獻說者如
此，臣愚竊以為不思之甚矣。為今之計，縱未能行上策以趨關中，莫
若取其次策以適襄鄧。襄陽近為李孝忠所擾，雖已潰散，恐或殘毀，

惟鄧為可以備車駕之時巡。夫鄧者古之南陽。光武之所興也。西鄰關陝。可以召兵。北近京畿。可以遣援。南通巴蜀。可取貨財。東達江淮。可運穀粟。有高山峻嶺可以控扼。有廣土寬城可屯重兵。民風號為淳固。盜賊未嘗侵犯。此誠天設以待陛下之臨幸。事之機會不可失也。願詔守臣增修城池。漕臣儲峙糧草。朝廷給降錢帛。廣行應副。專遣使者以督其事。將來秋高。六飛啓行。由陳蔡唐以趨南陽。不過半月可達。天下之士知陛下之不忍棄中原也。河北河東之民知陛下之不遠徙也。天下郡縣知陛下之處中以臨四方也。皆當心服而無解體之患。是一幸南陽則三者皆得。一幸建康則三者皆失。利害安危之幾在此一舉。陛下何憚而不行也。臣愚伏望聖慈斷自淵衷。從臣之言。勿是先入之說。天下不勝幸甚。

綱又上言曰。臣前已具劄子。論車駕巡幸京師。城壁未可保守。修葺

未備。當權時之宜。駐蹕南陽。據天下之中。以號令四方。不宜東幸建康。棄置中原。以失天下之心。伏蒙聖慈令與執政同議。然前疏未盡區區之意。敢昧死再陳之。臣聞自昔人主當草昧艱難之時。或與英雄角逐。或為夷狄所侵。皆據地利而莫肯先退。盡人力而莫肯先屈。夫勝天下者必以勢。而據地利莫肯先退者勢也。蓋天下者必以氣。而盡人事莫肯先屈者氣也。漢高祖與項羽戰於滎陽成皋間。相持累年。高祖雖屢敗。不肯退尺寸之地。既割鴻溝。羽引而東。遂有垓下之亡。曹操與袁紹戰於官渡。操雖兵弱糧乏。不肯解去。既焚紹輜重。紹引而歸。遂喪河北。由此觀之。與勍敵爭勝負。豈可不據天下之勢而先自退哉。唐之初。突厥頡利以數萬騎飲馬渭水。去長安纔數十里。太宗以七騎臨渭上與語。以大義折之。既而王師大集。旌旗戈甲光彩精明。頡利震怖。遂以請和。本朝景德中。契丹以數十萬寇澶淵。

真宗渡河親征。射殺所謂統軍撻攬者。虜主惶懼。遂亦請和而去。兩朝盟好。凡百餘年。由此觀之。為夷狄所侵。豈可不作天下之氣而先自屈哉。今金人雖號為勍敵。其實皆中國失策養之使然。考其兵之強盛。豈能過項籍袁紹。其敢深入。豈能過頡利契丹。而吾方其未至之時。已相與震怖。委棄中原。而自竄於江湖之間。既失天下之勢。又索天下之氣。不知虜騎果復渡河。攻圍我城邑。屠戮我人民。以精兵控扼淮泗。而王命為之不通。盜賊蠭起。所在竊發。跨州連邑。自相建置。將何以待之。且今之所恃者兵也。陛下每欲聚西北之兵十餘萬。日加訓練以待親征。睿謀壯矣。既適建康。未知此兵將何所用。夫建康水鄉。其土卑濕。其食魚稻。非西北之兵所利。未產粟麥稈草。土氣多熱。非西北之馬所便。往年方臘起於江浙。朝廷遣西兵討之。疾病物故者三之二。而馬之存者無幾。由此觀之。欲聚西北之兵而適建

康。猶資章甫而適越也。惟南陽可為今冬駐蹕之計。賴天之休。陛下聖德所感。河北河東兩路兵民戴宋之心。借使賊敢深入。邀截掩擊。中國得一勝。則天下之勢壯而氣振矣。然後降親征之詔。率天下之師問罪以迎二聖之鑾輿。決有轉危為安撥亂反正之理。在陛下自強不息力行之而已。臣備位宰相。不惟仰荷特達之知。思自竭盡以報萬一。天下之責交歸。謀慮一有不當。何以塞之。伏望聖慈斷自淵衷。察臣孤忠。勿為羣議所惑。天下不勝幸甚。

時上議遣使于金。綱奏曰。堯舜之道孝悌而已。孝悌之至可以通神明。陛下以二聖遠狩沙漠。食不甘味。寢不安席。思迎還兩宮。致天下養。此孝悌之至。而堯舜之用心也。今日之事。正當枕戈嘗膽。脩內外攘。使刑政脩而中國強。則二帝不俟迎請而自歸。不然。雖冠蓋相望。卑辭厚禮。恐亦無益。今所遣使。但當奉表通問兩宮。致思慕之意可

也。

紹興五年。綱提舉西京崇福宮。上言曰。右臣伏奉詔書。以偽齊金人賊馬退遁。令臣深思熟講。凡今攻戰之利。守備之宜。措置之方。綏懷之略。條具來上。臣仰荷聖恩。憐臣孤跡。嘗備位於近司。察臣迂愚。有千慮之一得。雖以罪戾屏伏海濱。曾不遐遺。以國家邊防恢復大計特降清問。顧臣學術闊疎。智識淺短。何足以稱詔旨。而裨廟略之萬一。敢竭狂瞽。以塞明命。伏惟陛下留神採擇。臣不勝幸甚。臣竊以僭逆之臣。挾強悍之虜。提兵南嚮。假擾淮壖。其意蓋料朝廷蹈前日退避之轍。得以乘間渡江。憑陵東南。不虞六飛親臨江上。號令既行。賞罰既明。將士摧鋒。俘馘係路。虜氣挫屈。潛師遁逃。此蓋陛下睿謨宏遠。天威英斷之所致。宗社無疆之休。中外臣子之共慶也。然臣區區之愚。竊願陛下勿以賊馬退遁為可喜。而以僭逆未誅。仇敵未報為可憤。勿以保全東南為可安。而以中原未復。赤縣神州猶汙於腥羶為可恥。勿以諸將屢捷為可賀。而以軍政未修。士氣未振。尚使狂寇得以潛逃為可虞。則中興之期可指日而俟。臣謹考往古之跡。揆方今之宜。條具攻戰守備措置綏懷之策。以獻。議者或謂賊馬既退。當遂用兵為大舉之計。臣竊以為不然。譬如弈棊。先當自生。乃可殺敵。生理未固。而欲浪戰以僥倖。此非制勝之術也。高祖先保關中。故能東嚮與項籍爭。光武先保河內。故能出征以降赤眉銅馬之屬。肅宗先保靈武。故能破安史而復兩京。今朝廷以東南為根本。儻不先為自固之計。將何以能萬全勝敵。又況將士暴露之久。財用調度之煩。民力科取之困。謂宜大為守備。痛自料理。使之蘇息。乃為得計。議者又謂賊馬既退。當且保據一隅。以為目前之安。臣又以為不然。譬如弈棊。捨局心而就邊角。道處褊小。浸以衰微。何以取勝。秦師伐晉。以

報殽之師。諸葛亮佐蜀。連年出師。以圖中原。不如是不足以立國。高祖在漢中。謂蕭何曰。吾亦欲東耳。安能鬱鬱久居此乎。光武破隗囂。詔岑彭曰。人苦不知足。既平隴。復望蜀。此皆帝王以天下為度者也。不如是不足以混一區宇。戡定禍亂。又況祖宗之境土。豈可坐視淪陷。不務恢復。今歲不征。明年不戰。使賊勢益張。而吾之所糾合精銳士馬。日以損耗。何以圖敵。謂宜於防守既固。軍政既修之後。即議攻討。乃為得計。此二者守備攻戰之序也。至於守備之宜。則當料理淮南荊襄。以為藩籬。夫淮南荊襄者。東南之屏蔽也。六朝之所以能保有江左者。以強兵巨鎮盡在淮南荊襄間。故以魏武之雄。苻堅石勒之衆。宇文拓拔之盛。卒不能窺江表。後唐李氏有淮南。則可以都金陵。其後淮南為周世宗所取。遂以削弱。今朝廷欲為守備。則當於淮南東西及荊襄置三大帥。屯重兵以臨之。東路以揚州。西路以廬州。荊襄以襄陽為帥府。分遣偏師。進守支郡。小築城壘。如開新邊。其初朝廷應副錢糧。謂如淮東則以江東路財用給之。淮西則以江西路財用給之。荊襄則以湖南北路財用給之。徐議營田。使自贍養。遇有賊馬。則大帥遣兵應援。稍能自守。商旅必通。乃可召人歸業。漸次葺理。假以歲月。則藩籬成矣。前有藩籬之固。後有長江之險。加以戰艦水軍。使沿江一帶帥府郡縣上連下接。自為防守。則賊馬雖多。豈敢輕犯。近年以來。大將握重兵於江南。官吏守空城於江北。雖有天險初無戰艦水軍之制。故敵人得以侵擾窺伺。欲為守備無他。反此而已。或謂三大帥率重兵以屯江北。則供億之費不貲。臣應之曰。使三大帥屯兵於江南。亦仰給於朝廷。其費等耳。曷若使之渡江。葺理淮南。以為家計。則朝廷異時可省經費。而藩籬之勢成。為無窮之利。守備之宜。莫大於是。有守備矣。然後可以議攻戰之利。亦當分責於諸

路大帥謂如淮東之帥則當責以收復京東東路淮西之帥則當責以收復京東西路荊襄之帥則當責以收復京西南北路川陝之帥則當責以收復陝西五路諸路犄角因利乘便收京畿復故都以戡大憝此雖落落難合然在陛下志先定於中而斷以至誠必爲之意蓋無不可成之理至於擇將之術治兵之政車馬器械之制號令賞罰之權兵家皆有常法無待臣言而戰陳之間因敵決勝臨事制變者兵無常形又不可以預圖也臣願竊以爲獻者在勿失機會而已夫機會之來間不容髮以戰則勝以守則固一失其機悔不可追昔劉表悔不用蜀先主之言蜀先主曰天下日尋干戈事會之來豈有終極若能應之於後則此未足爲恨也臣竊觀朝廷近年以來失機會者多矣自今以往如能保淮南荊襄以爲固選將練卒厲兵秣馬聚財積穀應機而作則以弱爲強取威定亂於一勝之間僭逆之臣

可正藁街之誅強悍之虜豈無殄滅之日攻戰之利莫大於是此二者守備攻戰之策也若夫措置之方則臣願先定駐蹕之所蓋萬乘所居必擇形勝然後能制服中外以圖事業臨安平江皆澤國褊迫偏霸所據非用武之地惟建康自昔號爲帝王天子之宅以其江山雄壯地勢寬博可容萬乘故六朝以來更都之今鑾輿未復舊都莫若權宜且於建康駐蹕控引二浙襟帶江湖運漕財穀無不便利臣昨於建炎初建議巡幸關以爲上襄陽次之建康爲下者以天下形勢言之也今以建康爲便者以東南形勢言之也然淮南有藩籬之固然後建康可都願陛下與二三大臣熟計之既料理淮南仍詔建康守臣治城壁脩宮闕立官府創營房使粗成規摹以待翠華之幸近年以來車駕所寓因陋就簡諸事草創雖陛下以時方艱難用過儉然宮室制度亦有不可已者有城壁然後人心不恐有官府然

後政事可脩有營房然後士卒可用惟自朝廷應副詔有司以漸脩建庶幾不擾此措置之方所當先者也綏懷之略則臣願先爲自強之計夫西北之民皆陛下之赤子荷祖宗涵養之德其意曷嘗一日忘宋哉特制於黠虜之勢爲所驅迫陷於塗炭故捨二百年之本朝而事大不道之僭逆豈其本心惟朝廷之力未能保覆之故數路之民雖困於重歛傷於峻刑而不能以自歸儻淮南荊襄藩籬既成壤地相接甲兵既備天威震驚必有結約來歸如宿遷之民者必有願爲內應如京東郡縣者宜命諸帥優加拊循來歸者給田土內應者予爵賞官吏將士祿秩由舊許之自新孰不感悅朝廷近者得諸路簽軍皆不殺而優䘏之自賊中來歸者皆優與官秩可謂得策更願力爲自治自彊之計使陷溺之民知所依怙益堅戴宋之心此綏懷之略所當先者也攻戰守備措置綏懷皆中興之至計今日之急務

聖問所及臣已粗陳其梗槩矣臣伏讀詔書有曰朕將虛已以聽擇善而從君臣之間期於無隱利害之決斷以必行臣三復聖訓不知涕泗之交頤也何則君臣之遇號爲千載聽言用謀尤其所難未信而言則有謗己之嫌交疏言深則有失身之戒蓋雖朋友尚不易言而況於君臣之間乎今陛下求治之切詔音如此而臣以憂患之餘孤危特甚欲言之則何以副陛下期於無隱之訓欲深言之則慮有犯顏逆鱗之愆感懼交中進退維穀雖然陛下當艱危多故之秋詔臣以丁寧惻怛之意緘默不言臣則有罪有君如此其忍負之敢冒鼎鑊刀鋸之誅以布心腹腎腸之實惟陛下幸察臣竊觀陛下有聰明睿智之資有英武敢爲之志然自臨御迨今九年國不闢而日蹙事不立而日壞將驕而難御卒惰而未練國用匱而無羸餘之蓄民力困而無休息之期陛下憂勤雖至而未足以成中興之業者則

羣臣誤陛下之故也。陛下自近年以來。所用之臣。凡幾人。慨然敢任天下之重。建事立功。與夫充位備員者。皆不逃於聖鑒。夫用人如用醫。必先知其術業可以已病。然後使之進藥。而責成功。今於醫者之術業。初不詳究而姑試之。則雖日易一醫。何補病者。殆將飲藥以加病而已。平居無事。小廉曲謹。初似無過。而乏濟時之大略。忽有擾攘之故。則錯愕無所措手足。不過奉身以退。天下憂危之重。委之陛下而已。不知何補於國家。陛下亦安取此。大槩近年所操之說有二。閒暇則以和議為得計。而以治兵為失策。倉卒則以退避為愛君。而以進禦為誤國。衆口和之。牢不可破。然累年之間。寇盖相望。而初不得其要約。翠華蒙塵。而尚未有所定。居上下苟且偷安。而不為長久之計。天步艱難。國勢益弱。職此之由。大運有開。天啓宸衷。超然遠覽。悟前日和議之失。而親總六師。懲前日退避之非。而親臨大敵。逆臣悍

虜數十萬衆。飲馬江干。雖未能掃蕩邀擊。盡殲醜類。而天威所臨。已足以使之震怖。不敢南渡。潛師宵奔。則和議之與治兵。退避之與進禦。其效槩可覩矣。今賊馬雖退。而虜情狡獪。變詐百出。未大懲創。疆埸相望。道里不遠。安知其秋高馬肥。不再來擾我。使疲於奔命哉。是宜明詔於卻敵之初。求善後之策也。臣夙夜為陛下深思所以為善後之策者無他。在盡反前日之所為。解琴瑟而更張之。先定其論。如弈棊之立意。後圖其功。如弈棊之置子。必可得志。臣請陳其說。竊觀自古創業中興之主。必以兵勝而為親征之計者。其意豈謂必冒矢石。履行陣而後可哉。黃屋所臨。人心自固。賞罰既當。士氣奮張。用能成功。故高祖既得天下。擊韓王信陳豨黥布。未嘗不親行。光武自即位至平公孫述。十三年間。無一歲不親征。本朝藝祖太宗。定維揚。平澤潞。下河東。皆躬御戎輅。真廟亦有澶淵之行。措天下於大安。此所謂始於

勤勞。終於逸樂者也。退避之策。可暫而不可久。可一而不可再。退一步則失一步。退一尺則失一尺。往時自南都退而至於維揚。則關陝河北河東失矣。自維揚退而至於江浙。則京東西失矣。萬有一虜騎南牧。復將退避。不知何所適而可。航海之策。萬乘冒風濤不測之險。此尤不可者。惟當於國家閒暇之時。明政刑。治軍旅。選將帥。備車馬。備器械。峙糗糧。積金帛。賊來則禦。俟時而奮。以光復祖宗之大業。此最上策。杜牧所謂上策莫如自治也。臣願陛下自今以往。勿復為退避之計可乎。臣又觀古者敵國善鄰。則有和親。仇讎之邦。鮮復遣使。豈不以舋隙既深。終無講好脩睦之理故耶。東晉渡江。石勒遣使于晉。元帝命焚其幣而却其使。彼遣使來。且猶却之。此何可往。假道於僭偽之國。而自取辱。無補於事。祇傷國體。金人自知罪惡之重。懼我必報。其措意為如何。而我方且卑辭重幣。屈體以求之。其不推誠以

見信决矣。器幣禮物。所費不貲。使軺往來。坐索士氣。而又邀我以必不可從之事。制我以必不敢為之謀。是和卒不成。而徒為此擾擾也。非特如此。於吾自治自彊之計。動輒相妨。實有所害。金人二十餘年。以此策破契丹困中國。而終莫之悟。夫辨是非利害者。人心所同。豈真不悟哉。聊復用此以僥倖萬一。曾不知為吾害者甚大。此古人所謂幾何僥倖而不喪人之國也。臣願陛下自今以往。勿復遣和議之使可乎。此二說者既定。然後擇所當為者。一切以至誠之意為之。先後本末。各有次第。俟吾之政事脩。倉廩實。府庫充。器用備。士氣振。力可有為。乃議大舉。則兵雖未交。而勝負之勢已决矣。抑臣聞朝廷者根本也。藩方者枝葉也。根本固。則枝葉蕃。朝廷者腹心也。將士者爪牙也。腹心壯。則爪牙奮。今國家遠有盛彊之敵。虜近有僭偽之逆。邊所仰以為捍蔽者在藩方。所資以致攻討者在將士。然根本腹心則

在朝廷。惟陛下正心以正朝廷。正朝廷以正百官。使君子小人各得其分。則是非既明。賞罰必當。自然藩方協力。將士用命。雖强虜不足畏。雖逆臣不足憂。此特在陛下方寸之間耳。臣昧死條上六事。一曰信任輔弼。二曰公選人材。三曰變革士風。四曰愛惜日力。五曰務盡人事。六曰寅畏天戒。何謂信任輔弼。夫撥亂之主。履時艱難。資輔弼之臣。同心同德。相與有爲。豈易致哉。必如元首股肱之於一身。父子兄弟之於一家。乃能協濟。故高祖視蕭何如左右手。太宗遇房杜如子弟。蜀先主得諸葛孔明如魚之有水。不如是。不能感會風雲。以成王霸之業。今陛下選於衆以圖任。遂能捍禦大敵。可謂得人矣。然臣願陛下待以至誠。無事形跡。久任以責成功。勿使小人得以間之。則君臣之美。垂裕無窮。昔高祖終始用蕭何。太宗終始用房杜。故能戡亂定功。卒致太平。管仲有言曰。知人而不能用。害霸也。用而不能信任之。害霸也。信任而使小人參之。害霸也。霸者猶如此。而況於欲恢復天下者乎。魏鄭公有言曰。君臣同心。是謂一體。豈有置至公。事形跡。若上下共由茲路。邦之興喪未可知也。夫事形跡者未必有過舉。而魏公以爲興喪未可知者。凡以無至誠相與之意。而惟嫌疑之爲避。不足建興邦之大績故也。陛下誠能推信任之誠。臣將見輔弼任責。而中興之業不難致矣。何謂公選人材。夫治天下者未嘗不資於人材。而創業中興之主。所資爲尤多。何則。繼體守文。率由舊章。得中庸之材。亦足共治。至於艱難有爲。興衰撥亂。則非得卓犖瓌偉之材。未易有濟。故武王之有十亂。宣王之有吉甫方叔召虎。高祖之有三傑。光武之有鄧禹耿弇。吳漢之屬。太宗之有房杜英衛之流。憲宗有裴度。武宗有李德裕。皆以不世出之材。佐大有爲之主。繄翊佐佑。以成大業。古今通道。其可忽諸。然自昔抱不羣之材者。多爲小人之所

忌嫉。或中之以黷闇。或指之爲黨與。或誣之以大惡。或擿之以細故。而以道事君者。不可則止。難於自進。耻於自明。雖負重謗。遭深讒。安於義命。不復自辨。惟至明之主爲能察小人之情僞。而辨其臣之非辜。此霍光所以見察於昭帝。房喬所以見信於太宗也。陛下臨御以來。用人材多矣。世之所許以爲正人端士者。往往閑廢於無用之地。豈非羅此謗耶。遂使陛下寤寐側席而有乏材之歎。懷材抱義願爲國家宣力者。無因而進。前陛下盍亦少留聖意。致察於此。洪範皇極之疇曰。無有作好。遵王之道。無有作惡。遵王之路。無偏無黨。王道蕩蕩。無黨無偏。王道平平。好惡偏黨。皆足以爲至公之累。惟以道爲公而無好惡偏黨之私。則王道明矣。魏鄭公亡。太宗遣人至其家得書半藁。其可識者曰。天下之事有善有惡。任善人則國安。用惡人則國弊。公卿之內。情有愛憎。憎者惟見其惡。愛者止見其善。愛憎之間。所宜詳慎。若愛而知其惡。憎而知其善。去邪勿疑。任賢勿猜。則可以興矣。太宗感悟。夫人主豈能無愛憎。然必去愛憎而後得人以興者。愛憎出於私情。用人以興邦。必由於公道故也。管仲雖仇。齊公必用。雍齒雖怨。漢祖必賞。而況其餘乎。陛下誠能推至公之道。臣將見人材輩出。中興之業不難致矣。何謂變革士風。夫用兵之際。似與士風初不相及。然其實相爲表裏者也。士風淳厚。則議論正而是非明。朝廷賞罰。功罪當而人心服。此措置所以得宜。而寖明寖昌也。士風澆薄。則議論不正而是非不明。朝廷賞罰功罪不當而人心不服。此措置所以失宜。而寖微寖弱也。晉之士風尚虛浮而不事事。故當時措置乖謬。盜賊並起。而有五戎亂華之禍。本朝嘉祐治平以前。士風何其淳厚也。自數十年來。非特不事事而已。奔競爭進。議論徇私。邪說私口。是以惑人主之聽。元祐大臣如司馬光之流。皆持正論爲朝廷長

慮卻顧圖久遠之計社稷之臣也而羣枉嫉之指為奸黨聽其言則大者可族小者可誅賴國家寬仁祇從竄逐其士風遞相倣傚顛倒是非變亂白黑政事大壞以馴致靖康之變非偶然也殆今四十餘年世變風移愛憎之情銷盡然後朝廷始知元祐羣臣之忠襃贈官秩錄用子孫然已何補於事矣若早變此風則忠臣無誅謫之冤國家有治安之實兩受其利豈不美哉臣觀近年士風尤薄隨時好惡以取世資不顧國體惟欲進身不覈事實惟欲傷人大畧則大進小詆則小遷濟詆成風此非朝廷之福也陛下得一張浚付以重權使禦強敵於關陝浚雖以忠許國而事失機會不為無過言者痛繩醜詆誣以大惡豈不太甚歟浚有浴日之功是以結陛下之知有大臣之辨是以回陛下之聽故得自洗濯復侍清光於帷幄之中然其所傷已多矣藉使遭謗困讒之臣無浚之功又無大臣為之辨白而有

下石以擠之者則何以自雪於君父冀察其不然哉夫朝廷設耳目及獻納論思之官以廣視聽固許之以風聞至於大故亦須覈實使果如其言則誅責所加豈宜止從輕典使言而無實則誣人之罪伏讒蒐慝得以中害善良皆非所以修政也臣願陛下降明詔以戒諭士大夫使躰德意從忠厚變近年澆薄之風昔賈誼勸文帝養人臣以禮義廉恥陸贄勸德宗聽言必考其實而察其情以正典刑不宜兩置而不問皆治道之要陛下誠能行責實之政臣將見士風淳厚而中興之業不難致矣何謂愛惜日力臣聞之周書曰功崇惟志業廣惟勤蓋功以志崇所以為之規摹也業以勤廣所以為之積累也猶建大廈堂室奥序其規摹可一日而成至於鳩工聚材則積累非一日所致創業中興何以異此高祖得韓信與之論亡楚之策光武得鄧禹與之論興漢之謀蜀先主得諸葛亮與之論鼎立之計皆定

於談笑之間而高祖以五年成帝業光武以十三年混區宇先主得蜀亦在數年之後蓋積累而致者如此今陛下臨御九年于茲境土未復僭逆未誅仇敵未報尚稽中興之業則其始不為之規摹其後不為之積累故也邊事粗定之時朝廷所推行者皆簿書期會不急之細務至於攻討防守之策國之大計皆未嘗留意安得不為備逆之臣強悍之虜之所窺伺然則自今以往其可不惜日力哉昔禹不貴尺璧而惜寸陰今日朝廷艱難乃惜分陰之時臣願陛下詔二三大臣孰議所以規摹者凡所施為畫一條具如立課程以次施行又詔州縣使躰陛下德意而奉承之所立期限勿太遽以致搔擾勿太緩以失機會使事得其序不擾而辦乃為得策夫天下無不可為之事亦無不可為之時惟失其時則患之小者日益大事之易者日益難正如醫者之治病其在皮膚針焫及之其在五臟湯劑及之至於

骨髓則雖有扁鵲俞跗莫以為矣此時之所以不可失也詩曰迨天之未陰雨徹彼桑土綢繆牖戶今此下民或敢侮予孟子曰國家閒暇及是時明其政刑雖大國必畏之矣夫用智者當於未奔沈之前千日聚之以待一日之用渴而穿井鬭而鑄錐其能及乎陛下誠能存愛日之心將見為無不成中興之業不難致矣何謂務盡人事臣竊觀天人之道其實一致人之所為即天之所為也國之將興首度皆舉天實佑之猶之農夫盡其穮蔉之力乃亦有秋使未嘗致耕耨之勤而欲望稼穡之利其可得耶天不人不因人不天不成人事盡於前則天理應於後自然之符也光武以兵三千攻尋邑百萬者人也適雷電風雨遂有昆陽之勝而中興之運啓者天也孫權以兵三萬拒曹操數十萬者人也適風順可以縱火遂有赤壁之捷而鼎足之勢成者天也謝安以兵八千擊苻堅百萬者人也適秦師小卻遂

有淝水之功而東晉之祚延者天也創業中興之主莫不皆然盡其在我者而以其成功歸之於天孟子曰君子創業垂統為可繼也若夫成功則天也今未嘗盡人事敵至則先自退屈而欲責功於天其可乎臣願陛下詔二三大臣恊心同力務盡人事以聽天命則恢復土宇翦屠鯨鯢迎還兩宮必有日矣夫人心即天心也下得人心上合天心則無不成之功陛下誠能和同天人之際臣將見中興之業不難致矣何謂寅畏天戒夫天之於王者如父母之於子愛之至則所以為之戒者亦至是以孔子作春秋於災異必書以謹天戒臣觀商之盛如武丁周之盛如成王漢唐之盛如文景太宗之時未嘗無天變而不為災者以能寅畏其戒而仰合其心也是知人主之於天戒必恐懼脩省以致其寅畏之誠則能變災以為祥天人之際何其昭昭然也比年以來熒惑失次太白晝見地震水溢或久陰不雨或

久雨不霽或當暑而反寒乃正月之朔日又食之此皆天意眷佑陛下丁寧反覆以致告戒陛下雖嘗降詔俾士大夫各脩厥職以荅天譴然臣竊謂應天以實不以文政在陛下以至誠之意正厥事以應之昔宋公一言而妖星退舍大戊桑穀共生於朝而反以為祥陛下誠能行應天之實臣將見百祥來止中興之業不難致矣此六者皆陛下所當先務正心以正朝廷者故糞土愚臣忘生觸死為陛下詳言之抑臣又聞聖人不畏多難而畏無難或多難以固其國啓其疆土或無難以喪其國失其土宇昔少康以一旅之衆而祀夏配天不失舊物光武太宗皆躬擐甲冑履危險而身致太平享國長久今朝廷人材不乏將士足用江淮荊浙閩廣川陝財用可理是以為中興之資陛下勇智天錫春秋鼎盛欲大有為何施不可要在改前日之轍斷而行之耳昔仲虺之稱湯不稱其無過而稱其改過不吝蓋帝

王之度如天地之無心是則行非則改何憚之有酈食其勸高祖鑄印以封六國之後子房一言則趣銷之封德彝勸太宗用刑法以威天下魏鄭公一言則行仁義遂致貞觀之治無損盛德而大功可成豈竊竊然畏人之譏已哉陛下視建炎以來其所措置是耶非耶以為是則何以不見其效以為非則安可復蹈其轍臣前所陳皆改轍之道非循舊跡所能為也擇善而從斟酌而行則在陛下矣以祖宗二百年之基四海億兆之生靈皆繫於陛下清燕之間聖慮及此得不慄慄危懼勉勉自強上以慰祖宗在天之靈下以副四海生靈之望哉昔周宣中興南征北伐之威復古接下之美詠於小雅蓋有文武之吉甫顯允之方叔以為之將帥有孝友張仲以在其左右故能內脩政事外攘夷狄復文武之境土然則陛下所當法者深考周宣之詩則得之矣所謂善後之策何以

加此臣以至愚極陋之質荷陛下非常特達之知龍飛之初虛席以待眷遇之禮邁於等倫特以志廣材疎自度不足以任天下之責力丐罷政無補國事每自愧惕違去闕庭允更寒暑犬馬之心何嘗不在赤墀之下自以罪戾遠併不敢復與世故芻蕘之言久不上達近者邊報警急戎輅親臨臣子之情不勝憤懣故敢冒昧以三策為獻伏蒙聖慈特降詔書獎諭今者又奉詔旨咨以當世之務而臣不量荒淺冒進狂瞽之說以瀆天聰昔太宗謂魏鄭公為敢言謝曰陛下導臣使言不然其敢數批逆鱗哉今陛下盛德過於太宗臣雖無魏公之敢言然展盡底蘊亦思慮之極也良藥苦口而利於病忠言逆耳而利於行在陛下察之而已況臣自經憂患衰病交攻氣息奄奄日與死迫常懼先犬馬塡溝壑無以報盛德之萬一今得奉明問攄至情臣願足矣雖死之日猶生之年

也伏望陛下哀憐赦其愚直而取其拳拳之忠實天下之幸

歷代名臣奏議卷之八十四

歷代名臣奏議卷之八十五

經國

宋高宗紹興五年李綱上疏曰臣竊觀自古中興之主未有不由祖宗積功累德結于民心者故周宣本於文武漢光武本於高祖文景唐肅憲武本於神堯太宗其植根固其流波遠雖或中微一旦憤起則天戈所揮靡不如志興衰撥亂光復舊物非偶然也恭惟國家膺受天命祖功宗德聖聖相承重熙累洽幾二百載深仁厚澤淪浹萬物民之戴宋於億萬年何有窮已運遭陽九金寇作慝宗社顛危不絕如綫陛下應天順人纘承大統十年于今勵精圖治枕戈嘗膽欲戡大憝迎還兩宮綏安區宇則未克致中興如周漢唐有不難也臣聞勢有強弱事有成敗雖弱而有可成之幾雖強而有必敗之兆顧其理之如何耳譬猶醫者之療病不問形之壯羸惟察脈之治否興亡之理何以異此昔高祖與項籍相持當是時項籍強高祖弱然天下知高祖之必興者以其所施為當於人心也是以隨何援此以說諸侯多仗劍以歸高祖遂成帝業光武起兵以攻王莽當時王莽強光武弱然天下知光武之必興者亦以其所施為當於人心者也是以王常具漢取弃之疏一時英俊皆合謀以歸光武遂致中興然則強弱成敗之理槩可覩矣金寇不道為封豕長蛇以荐食中國可謂強也然恃其詐力慘毒無恩神怒人憤其亡必暴此雖強而必有敗之兆者也陛下時乘六龍保據江左遵養時晦可謂弱矣孝悌通於神明仁心結於海寓應機而發蓄鋭而奮其勢必有起而應之者此雖弱而有可成之幾者也夫普天之下皆吾土也食土之毛皆吾民也被堅執鋭為敵人之所驅役者皆吾將士也垂紳搢笏為敵人之所官使者皆吾士大夫也彼其心曷甞一日忘宋哉顧國家之力未能

覆護之偷生於僭偽之邦苟免於虎狼之口而已陛下誠能以天下為度拯之於塗炭之中則一人之心千萬人之心是也豈無感動傾復見漢官威儀為中國禮義之人者哉臣願陛下與二三大臣熟討凡所施設務推至誠以當人情親信仁賢以為腹心駕御英傑以為爪牙謹號令使毋數改明賞刑使當功罪訓練士卒脩除戎器理財以義使歛不及民而用度足積穀以時使雖遇凶歲而饋餉豐知彼知己因利乘便大振天聲以臨之臣將見四方響應飈舉雲集沛然有不可禦者中興之期已在指掌之中矣伏惟陛下留神幸察

綱復論車駕不宜輕動疏曰臣近因上疏論淮西事冒瀆狂瞽竊謂車駕不宜輕動正當靜以鎮之諸將重兵不宜抽回正當分屯要害益為自固之計妄意及此其說略而未詳今聞朝廷以梁汝嘉知平江刱蓋營屋萬餘間及呂張俊楊沂中全軍還駐建康如此則是

移蹕之謀抽回軍馬之計皆審如所聞宗社安危生靈休戚繫此一舉敢冒萬死為陛下詳陳之臣聞自昔用兵以成大業者必先固人心作士氣據地利而不肯先退盡人事而不肯先屈是以楚漢相距於滎陽成皐間高祖雖屢敗不退尺寸之地既割鴻溝羽引而東遂有垓下之亡曹操袁紹戰於官渡操雖兵弱糧乏荀彧止其退師既焚紹輜重紹引而歸遂喪河北由是觀之今日之事豈可因一叛將之故望風怯敵遽自退屈果出此謀六飛回馭之後人情動搖莫有固志士氣銷縮莫有鬬心虜偽乘之誰為陛下堅守苦戰以禦大敵者且建康去平江無數百里之遠非有高山大川以為限隔健馬疾馳數日可至徒有怯敵之名無益退避之實建康有長江天塹之險不能固守何有於吳會哉聲勢所遏退而之臨安又退而之閩粵極矣我退彼進使賊馬南渡得一邑則守一邑得一州則守一州得一路則守一路亂臣賊子黠吏姦氓從而附之虎踞鴟張雖欲如前日返駕還轅復立朝廷於荊棘瓦礫之中不可得也偷取目前之安不顧異時噬臍之悔非策之得者借使虜騎衝突不得已而權宜避之猶為有說今幸疆埸未有警急之報兵將初無不利之失朝廷正可懲往事脩軍政審號令明賞罰益務固守而遽為此擾擾棄前功蹈後害以自趨於禍敗豈不重可惜哉臣故曰車駕不宜輕動正當靜以鎮之者此也臣又聞自昔有江表者必以淮南為藩籬屯重兵於江北然後江南可安吳朝相繼數百年雖苻堅石勒宇文拓跋之盛不能陵踐凡以強藩巨鎮盡列淮上之故後唐李氏有淮南則足以保國既失江北國勢遂卑由是觀之今日之事豈可因一叛將之故悉罷屯戍遂欲棄置於度外張俊既去盱眙楊沂中又去廬壽李宏獨以千兵守之使賊挾叛將以來則廬壽必不能守前日酈瓊之叛

屋宇倉廩置而不焚豈無深慮使賊得據合淝則舒蘄光黃一帶無兵可禦決須退保是賊無亡矢遺鏃之費以談笑而下淮西也一失淮西與之共長江之利江南可得無患乎州縣無備人情震駭一患也鹽貨不通糧餉皆阻二患也濟渡多端難於控扼三患也時出兵以擾我疲於奔命四患也得吾州縣蝟結蟻聚水草有依遂為吾之痼疾五患也昔人有言長江千里當備者不過數處如人一身腠理為急淮西者今之腠理也賊馬入寇必趨廬壽前日以劉光世全軍數萬人守之猶懼不濟今乃無兵是委重地與敵以為背膂疽根豈不重可惜哉臣故曰諸將重兵不宜抽回正當分屯要害益務自固者此也前日劉光世一軍以措置失當之故將士攜離捨我歸敵非細故矣萬一因此翠華移蹕將士召還以致不可勝言之患是措置之失又非前日之比也昔人有言動不詳思喜言誤誤不可數也

臣觀朝廷自建炎以來每失機會其誤多矣譬猶奕者前著雖差後着猶可救也若着着皆誤何以取勝傍觀者得不為之寒心臣愚竊思所以為今日計願陛下深体漢祖之用心堅忍而勿輕變非有大警急姑少安之丁寧訓戒三四大臣益圖所以自固之策遣張俊全軍進屯廬壽而存其家屬於建康以便粮餉命韓世忠兼保盱眙而留楊沂中以衛行在詔岳飛分兵江池以保上流沿江有備則國勢亦粗定矣前日搠造車船戰艦所費不貲初不聞置軍教閱將安用之謂宜收拾於建康上流州縣如太平江池等州蕪湖繁昌湖口等縣擺泊仍於江湖間募習水善游者萬餘人刺手背為水軍差官統領分隸教習使金鼓旌旗上連下接以備緩急之用則賊騎雖盛亦豈敢遽窺江右哉使今冬防守無虞則人心自安國勢益固可以徐圖善後之策捨此不為而但務退保臣未見其可也抑臣聞之書曰民

非后罔戴后非衆罔與守邦又聞之孟子曰保民而王莫之能禦夫子作民父母必有保民之心然後衆心欣戴如子之保父母而上下之所以能相固也蜀先主去荊州從之者數萬人曹操逐之或勸捨衆而速行先主曰衆人從我豈忍棄之說者謂其有帝王之度區區偏霸之主猶如此而況於天下之君乎臣願陛下以保民之憂為先則雖弱必強中興之業不難致矣臣以愚拙每進狂直之言必蒙襃納有君如此其忍負之故敢於艱虞之時復進苦口逆耳之說言或可採願陛下與三四大臣熟議利害斷而行之庶幾有補萬一徒能容納而不用無益也昔漢高祖開濟大業非無張良陳平之臣出奇畫策動必有功然勸為義帝伐項羽者三老董公也勸出武關置軍宛葉者轅生也勸都關中者婁敬也勸以親子弟王齊者田肯也必有采謀乃能有濟今臣以孤陋遠在千里之外每有所聞輙獻臆說仰裨廟謀尚庶幾於數子伏望聖慈赦其罪而取其忠天下不勝幸甚

綱又論和戰劄子曰臣聞戰國之際合從連橫皆其國安危存亡之所係而當時六國之君不能深計利害以聽其說從人憑軾結駟說以合從之謀則曰謹奉社稷以從橫人憑軾結駟說以連橫之謀則又曰謹奉社稷以從是其胷次初無一定之計而為羣言之所眩惑宜其無成功而卒至於敗亡也夫合燕趙韓魏齊楚之師協謀併力以拒秦此六國之利故從約既成投書函谷關而秦師不敢出關者十有餘年豈非計之得耶其後秦遣橫人游說以散六國之君於是從散約解爭割地以賂秦秦有餘力以蠶食天下而六國遂以不振由是言之為六國計從說是也橫說非也今之所謂和戰者何以異此古者鄰國交好則有和親聘問往來休息兵革災患相卹慶賛相從夫是謂和今金人則不然假和議以行其詐謀割地取賂既已約和

則又求釁以戰以此亡契丹而困中國中國為和所誤者多矣十餘年來持和議之說一切苟且希冀萬一者何其紛紛也夫靖康之間彼以敵國待我尚可言和至建炎以來見於文檄彼其待我者為如何乃欲恃和議以為自安之計其可乎況仇讎之邦不共戴天卑辭重幣秖自取辱何益於事惟當脩政刑明賞罰選將帥治軍旅備器械利甲兵峙糗粮積財用壯氣既振乘機大舉以恢復中原是戰之可成中興之業猶合從以拒秦不可易之理也然兵凶器戰危事雖孔子未嘗不致其慎故曰臨事而懼好謀而成其可易言哉知彼知己乃可以戰我實而彼虛我堅而彼危我治而彼亂在我者有一定之規舉有應變之方略有輯睦之將帥有精練之士馬有蓄積之財用穀粟而又敵人有間隙可乘之機會然後可以決勝於千里之外宗社安危所繫不可忽也今日為吾患者不在劉豫而在金人軍政

既脩欲議恢復正當慮始慮卒預圖善後之策得其地當屯其兵用其人可守其地新附之衆如何撫綏將來之事如何措畫使金人来援劉豫當如何以待之此數事者皆有定議則中興之功已在吾掌握中矣夫勝負兵家常勢大計已定顧無以細故動搖益務自治自强如漢高祖之堅忍乃可得志儻或且戰且和如六國之朝從而暮橫臣愚未見其可也伏望聖慈留神幸察

八年綱為江西安撫制置大使論中興之功奏曰臣伏覩車駕以仲春令辰發軔吳門巡幸建康斷自宸衷不貳不疑慨然有恢復土宇掃清中原拯濟烝黎戡定禍亂克讎大憝刷耻復仇之志天下臣子莫不望風跂竦抃蹈踴躍願少須臾無死以觀中興之功誠甚盛之舉也臣竊觀自古建功立事扶持社稷之臣未嘗不以立志為先申包胥聞伍員有覆楚之言則曰我必存之其後哭秦庭以乞師卒如

其志張東之語武氏於荆南江中其後卒復唐祚垂祀三百一夫發念其烈如此而況以聖明之資為萬乘之主乎高祖之志見於不肯鬱鬱久居漢中而與韓信論定三秦之策光武之志見於披輿地圖於信都城樓上與鄧禹論天下大計此皆志定於前功成於後初似落落難合而卒能建大功立大名定大業功施於當年名垂於後世載在典冊不可誣也恭惟皇帝陛下天錫勇智運屬艱難遵養時晦之久應機立斷幡然改圖思欲撥亂興衰光復祖宗之大業故親總六師以臨江表捨去吳越而幸建康漸為北伐之計志慮規模可謂宏遠矣臣願陛下益廣聖志擴而充之與神為謀日新其德毋以去冬驟勝而自怠毋以目前粗定而自安凡可以致中興之治者無不為凡可以害中興之功者無不去有所規畫措置必以天下為度必以施於長久可傳於後世為法則中興不難致矣夫中興之於用兵

止是一事要以脩政事信賞刑明是非别邪正招徠人材鼓作士氣愛惜民力順導衆心為先數者既脩則士奮於朝農安於野穀粟充盈財用不匱擇帥輯睦士卒樂戰用兵其有不勝者哉方今黠虜雖强不仁不義專務變詐暴虐以脅制天下神怒人憤莫之與親自古豈有如此而能久立國者正如隆冬固陰冱寒層冰千里陽和既回應時消釋此理之必至無足怪也昔者范蠡說越王勾踐以持盈者與天定傾者與人節事者與地勾踐用之國以富强然又必以人事與天時相參然後乃能成功遂以報吳臣竊觀國家去歲諸路豐穰今春雨暘調適又將豐歲是在我者得天時矣正當脩人事以應之以我之無釁待彼之有釁則戡亂定功役不再籍夫何遠之有臣以固陋自靖康以來與聞國論獨持戰守之策未敢以和議為然今十有二年矣孤危寡與屢遭謗誣仰賴聖明曲加照察脱身九死之濱

今得承之待罪方面恭聞戎輅臨駐江干將大有為以成戡定之烈欣幸之情倍萬常品顧雖衰病尚庶幾未塡溝壑間獲覲陛下恢復中原攄憤千古志願畢矣輒罄狂瞽干冒天威

綱又論使事奏曰臣竊見朝廷遣王倫使金國奉迎梓宮往返屢矣今者倫之歸與虜使偕乃以江南詔諭為使名四方傳聞無不駭愕何者兩國通使講好息兵以禮為先自敵以上無所不用其至禮之經也今乃不著國號而曰江南不云通問而曰詔諭此何禮也宋有天下幾二百年祖功宗德以聖繼聖聲教溢于四表炎運中微夷狄亂常馴致靖康之變國祚幾絶賴陛下總師大河之北入繼大統羣臣推戴克受天命履大寶臨萬邦為神民萬物之主一紀于茲矣敵人遣使乃敢命名如此自古夷狄陵侮中國未有若斯之甚者原其所自皆吾謀慮弗臧不能自治自强偷安朝夕無久遠之計羣臣誤

陛下之所致也。臣請試為陛下詳言之。方靖康末。金人破都城。毀宗社。逼二聖鑾輿以北遷。易姓建號。而陛下應天順人。光復舊業。自我視彼。則仇讎也。自彼視我。則腹心之疾也。豈復有可和之理。然而朝廷遣使通問。冠蓋相望於道。卑詞厚幣無所愛惜者。正以二聖在其域中。為親屈已。不得已而然。猶有說也。至去年春兩宮凶問既至。陛下抱哀銜恤。創鉅痛深。雖未能躬率六師以報不共戴天之讎。猶當寢罷使者。絕不與通。以正仇讎之名。慎固封守。選練將帥。以為自保之計。觀釁待時。動必有功。傳曰。名其為賊。敵乃可服。欲正仇讎之名以張恢復之本。正在此時。而朝廷失策。復遣使以迎梓宮。亟往遽返。帑藏為虛。初不得其要約。今者虜使薦至。廼建詔諭之號。公肆陵侮。不知朝廷將何以應之。夫奉迎梓宮。乃陛下孝思罔極。在人情不得不如此者。然金人狡獪。動出計謀。我以誠求。彼以詐應。借此為重。成

其姦心。不知朝廷何所憑信。臣恐墮其計中。禍難之未艾。臣聞忠信為周。古者遣使。以忠信為主。故小雅於皇皇者華。君遣使臣之詩。諷謀度詢。必以周爰為言。使不忠信。為國之患非淺淺也。彼王倫何為者。市井駔儈之才。左右賣國之伍。三尺之童。皆知其不足信。而朝廷信之。此必有甘言以中朝廷之欲。臣恐聽虛詞而受實患。如楚之信張儀。以求商於之地也。且倫使事。初以奉迎梓宮為指。而虜使之來。乃以江南詔諭為名。循名責實。已自乖戾。則其所以罔朝廷而生後患者。未待詰而可知。臣在遠方。雖不足以知其曲折。然以愚意料之。虜為此名以遣使。其邀求大略有五。必降詔書。欲陛下屈體降禮以聽受。一也。必有赦文。欲朝廷宣布頒示郡縣。二也。必立約束。欲陛下奉藩稱臣。稟其號令。三也。必求歲賂。廣其數目。使我坐困。四也。必求割地。以江為界。淮南荊襄四川盡欲得之。五也。此五者朝廷從其一

則大事去矣。天子之令曰詔。臣下則以稟令受詔為事。儻屈躰降禮權時之宜。以聽其詔令。則君臣之分定矣。君臣尊卑如天地相遠。降尊就卑。以天為地可乎。其不可者一也。天子之恩曰赦。臣民則以遇赦誠恩為幸。倘朝廷宣布頒示郡縣。則天下知朝廷之勢去。士民之心離矣。其不可者二也。履至尊以御六合曰天子。謹御度以為諸侯曰藩臣。天子出命者也。藩臣稟令者也。倘奉藩稱臣。稟其號令。則事不在我。國家之勢傾矣。其不可者三也。朝廷全盛之時。歲賂金人百五十萬。猶不能給。遂至敗盟。今日保據東南。財用鮮少。又有養兵之費。自益窘迫。而欲增賂以求余。蓋亦難矣。其不可者四也。淮南荊襄江浙之屏蔽也。四川。天下之上流也。不能措畫屏蔽。保有上流。資天險。結人心。以為固。而欲割要害之地。棄民以求安。必無之理。其不可者五也。金人變詐不測。貪婪無厭。縱使聽其詔令。奉藩稱臣。其志猶

未已也。必継有歸召。或使親迎梓宮。或使單車入覲。或使移易將相。或使改革政事。或竭取賦稅。或朘削土宇。從之。則無有藝極。一不從則前功盡廢。反為兵端。以謂權時之宜。聽其邀求。可以無後悔者。非愚則誣也。使國家之勢單弱。果不足以自振。不得已而為此。固亦無可奈何。今土宇之廣猶半天下。臣民之心。戴宋不忘。與有識者謀之。高足以有為。豈可忘祖宗之大業。生靈之屬望。弗慮弗圖。遽自屈服。祈哀乞憐。冀延旦暮之命哉。昔少康以一旅之衆。祀夏配天。不失舊物。光武騎牛從軍。殺新野尉。然後得馬。率烏合三千。破尋邑百萬。遂定中興之業。晉保江左。財用匱乏。王導至身衣練布。誘善賈以濟國用。卒延國祚百有餘年。今朝廷事力雖不足以望全盛之時。然將士如雲。帶甲之卒數十萬。士馬之盛。豈不過於少康□武。穀粟金帛。運漕不絕。舳艫相銜。財用之多。豈不過於東晉。有可為之資。而陛下又

有過人之聰明何憚不為而欲北面以事仇讎甘受此屈辱也夫自古創業中興之主多由布衣奮空拳以取天下非吾之兵民財用而吾能因而用之積累以成帝王之業詒謀子孫垂裕無窮今兵民財用皆祖宗之所以遺我者而陛下不思所以用之遽欲委身束手受制於仇讎之手此臣之所不曉也陛下紹自藝祖宗社何忝天下臣民何忝後世史冊何耳立大事建大功者必以作士氣得人心為先而號令賞罰者其具也人心士氣在今日雖已不及建炎之初然審號令明賞罰以振起之尚為我用陛下一受制於強敵號令賞罰皆不由於己出士氣日索人心日離將士益桀驁而不可馭民庶益泮渙而不可蓄威令一去如神龍之失水為螻蟻所困後雖悔之噬臍何及此臣所以夙夜痛憤而寒心也議者必謂勢有強弱弱者必服於強故大王事狄句踐事吳孫權事魏皆行權以濟大業藉此以惑

動聖意臣皆以為不然昔者大王居邠狄人侵之事之以珠玉犬馬皆不得免徙居岐山之下從之者如歸市狄人乃已今陛下能以此已金人之侵乎句踐身入吳以為臣僕僅得歸國枕戈嘗膽卒以報吳今陛下能以此報金人之仇乎孫氏起於江東未能自立故臣魏以俟時今陛下藉祖宗二百年之基業縱使未能恢復土宇豈可不自愛重而怖懼屈服以貽天下後世之譏議哉為此說者但欲求合於朝廷之意而不顧患禍之在後臣愚竊以為過矣昔趙欲帝秦魯仲連辭而折之以謂秦帝則諸侯皆為所制不聽命則誅戮隨之欲帝秦者知其利而不知其害秦非禮義之國仲連有蹈東海而死耳不忍為之民也新垣衍詘不果帝秦而秦師為之退舍曹操以十萬衆臨荊州勢搖東南雖張昭亦欲迎之周瑜為孫權畫策以謂如臣者何往不可將軍安所容乎權拊案大悟遂有赤壁之戰而鼎足之

勢成此二人者其所陳說深切著明二君聽之遂能反禍以為福轉敗而成功胸中照了明白洞達果斷而不疑也今虜使之來其用事者未必不以兵隨之以為脅制之術顧朝廷所以措置者如何耳措置有備雖苻堅百萬之師不足畏措置無術雖數千百騎便足以為吾擾方危迫之秋無排難解紛之略則無貴於智者矣朝廷自十數年來議論不一執守不堅無規模素定之計玩歲愒日苟且過時無積累就緒之功唱為和議者紛紛趣度目前而不以後艱為念以致今日之陵侮非偶然也忠義之士懷才抱智不能自達者顧豈乏人臣願陛下特留聖意且勿輕許深詔羣臣講明利害可以長久之策悉以上聞陛下擇其善者而從之廣謀兼慮而不偏聽於今日事必有所補臣昨於建炎元年嘗獻國是之說以謂朝廷不能自強自治但欲卑屈以從之雖至於奉藩稱臣虜人之謀勢猶未已又於紹興

五年蒙降詔訪問嘗獻乞罷議和之說以謂遣使議和虜人必制我以必不敢為之謀邀我以必不可從之事非徒無益而有害於吾自治自強之計為患甚深區區之忠幸蒙睿察今日之事無他遣使議和不已使敵人得窺伺謀畫皆引惹之所致也臣願陛下為宗社大計萬機之餘長慮卻顧覽前古之興亡究今日之利害儻或權時之宜稟其號令之後別有須索如前所陳復稟正朔易服色趣朝會擅誅賞盡取鞍馬器甲之類當如何處之而吾之士氣既索如何可以復振人心既離如何可以復收國勢既傾如何可以復定今日執和議主事者果能任其責而保其必不然乎遠察大王句踐之事與今日不同深味仲連周瑜之言與今日相若則利害昭然矣臣世受國恩奉事三朝蒙陛下知遇尤厚常願奮不顧身以徇國家之急今事勢危迫所以應之一失機會則禍難相尋為害有不可勝言者又非

前日之比區區孤忠願效愚計第恐朝廷不能用之夫用不用在朝
廷而臣激於義有不得不言者惟陛下留神幸察臣竊觀國家之與
金人勢不兩立而今日之事止在於絕之與通之亦不難決也與之通
則聽其號令而臣屬之動為所制身危國蹙必至於亡而後已與之
絕則圖所以自治自強者選將勵兵待其來則禦之勝負之勢猶未
定也與其事不共戴天之讎仰愧宗廟俯失士民之心而終歸於亡
貽羞無窮曷若幡然改圖正仇讎之名辭順理直以作士民之氣猶
可以履危而求安轉亡而為存未為失策也二者利害相去遠矣臣
願陛下出自睿斷正王倫誤國之罪而肆諸市朝虜使未入境則卻
而弗納已入境則拘留而弗遣降哀痛罪已之詔深欲前日和議之
失丁寧反覆其言切至以激勵天下臣民將士之心盡取賂遺敵人
金帛以募敢死之士訓練習服以守邊疆以備不虞以制虜人衝突

此計既定詔音既頒臣將見人情翕然回心易慮天地神明亦當助
順強虜之師不戰而自屈矣然後據江淮以為固進賢俊退佞諛備
政事明賞刑治軍旅積金穀待時而奮以圖恢復此豈可與受制於
人甘心屈辱同日而語哉且劉豫者金人之所立八九年間豫之所
以奉金人者可謂至矣一旦廢棄如弁髦土梗何則彼為利謀而初
不以恩信為事也陛下視金人之於我孰與於豫豫猶如此於我可
知彼雖以江南數千里地王我為言猶不足信而況於復故境歸侵
地乎惟智者可與料敵惟明者可與照姦陛下或以臣言為未然願
降臣章與羣臣之有智略者慮而圖之勿為單見之所惑勿為黠虜
之所欺勿至將來追悔不及而後悔則宗社生靈之福也傳曰日中
必蔥操刀必割時乎時乎不再來臣言可採陛下斷而行之勿疑以
為議論乖謬而害於今日之至計願先斧鉞之戮以懲妄發夫主憂

臣辱主辱臣死國家事勢至此死何足惜惟陛下裁幸臣昨任江西
安撫制置大使日因淮西酈瓊之變以己見利害具奏以聞誤蒙聖
恩降詔獎諭以跡中論及侍從臺諫以謂侍從者論思獻納之官臺
諫者耳目腹心之寄以言為職類皆毛舉細故以塞責所論不過簿
書資格守倅令丞除授之失當至於國家大計係宗社之安危生靈
之休戚初未聞有一言及之遂犯臺諫之怒厚誣醜詆以無為有羣
起而攻之伏蒙聖慈洞照非辜力賜保全使得歸休山林養痾藏拙
臣之為幸大矣蒙垢忍恥不敢自明緘口結舌不敢復與世事故芻
蕘之言久不上達然惓惓之心未嘗一日不在赤墀之下也今聞使
事方亟所係國體非輕存亡之端非獨安危而已臣不勝憤懣敢以
狂瞽干冒天聽罪當萬死俯伏俟命

綱論襄陽形勝劄子曰臣竊以當今天下形勝在襄陽何以言之四

方地勢正猶棊局今車駕駐蹕於吳越是置子於東南隅也宣撫處
置司聚兵於川陝是置子於西北隅也湖湘屯重兵以控制是置子
於西南隅也吳越由湖湘以趨川陝如行曲尺之上相去萬有餘里
號令未易達首尾不相應一有緩急何以為援惟襄陽地接中原西
通川陝東引吳越如行於弓弦之上地里省半而又前臨京畿密邇
故都後負歸峽蔽障上流遣大帥率師以鎮之如置子於局心真所
謂欲近四旁莫如中央者也既逼僭偽巢穴賊有忌憚必不敢窺伺
東南將來王師大舉收京東西及陝西五路又不敢出兵應援則是
以一路之兵禁其四出因利乘便進取京師乃扼其喉拊其背制其
死命之策也朝廷近拜岳飛為荊襄招討使其計得矣然駐軍岳鄂
未聞前進豈不以自兵火以來襄陽焚毀尤甚野無耕農市無販商
城郭隳廢邑屋蕩盡而糧餉難於運漕故耶臣觀自古有意於為國

家立功名之人如劉琨祖逖之徒未嘗不擄形勝廣招納披荊榛立
官府履艱險攻苦淡積日累月葺理家計然後能成功者若欲坐待
其事成必無此理願詔岳飛先遣將佐軍馬及幕府官徑趨襄陽隨
宜料理脩城壁建邑[illegible]納西北之民措置營田勸誘商賈之伍懋
通貨賄稍稍就緒然後徙大兵以居之旁近諸郡如金房隨郢見屬
我者可以撫綏如陳蔡許潁見從賊者可以攻取不過年歲間必有
顯效如謂屯兵聚糧運漕為難則漢江出襄陽城下通於沔鄂漕運
之利未有如此之便者當以兵護糧船使賊不得抄掠則吾事濟矣
今日天下形勝臣愚以謂無出襄陽之右者伏望聖慈特加睿察早
降指揮無使緩不及事天下幸甚
建炎元年開封尹宗澤上奏曰臣伏見我國家承平幾二百年數世
戴白之老不識兵革上下恬嬉猶夷度日不復以權謀戰爭為念乃

以賊虜誕謾為可憑信朝廷恬視不少置疑不惟不曾教人坐作進
退擊刺挽射之伎俾嚴攻討其間有實欲賈勇思敵所愾之人士大
夫不以為狂則以為妄因循苟且以致賊虜顛越不恭遂有前日之
禍臣不勝憤恨然茲非賊虜之能也皆由亡誠實之士鼓唱驕逸率
以斂跡逃避曲辱不恥為智為勇爾萬一有慷慨論列則掩耳不聽
別造佞說以相浮動茲無他大抵只欲助賊張皇聲勢直為我祖宗
一統基業更不當顧藉豈兩手分付與賊虜耳嗟乎何不忠不義之
甚也臣每思念涕泗交下繼之以血此天地神明之所昭監臣恭惟
淵聖皇帝靖康之初信此和議俾賊大獲而歸去冬與今春夏賊虜
猖獗大臣柔邪諛佞畜縮畏避者不敢略有拒抗語但以詭譎為誠
實包藏為智謀緘默為沈鷙遂致二聖蒙塵后妃親王與無辜之人
流離北去想陛下龍潛濟鄆嘗親聞見張邦昌耿南仲輩所為也陛

下入繼大統即將前主和議者竄之嶺外使天下寃抑之氣一旦舒
快自後臣竊聞陛下日與二三大臣論思講畫必欲大雪我廟朝之
恥激勵卒伍勸率義士俾思勤絕以正夷夏不意陛下復聽姦邪之
語又浸漸望和迂回曲折為退走計臣願陛下試一思之陛下初陟
位何故以講和為非遂逐當時議臣陛下近日又何故只信憑姦邪
與賊虜為地者之畫營繕金陵迎奉元祐太后仍遣省官迎奉太廟
木主棄河東河西河北京東京西淮南陝右七路千百萬生靈如糞
壤草芥略不顧恤比賊虜遣姦狡小醜假作使偽楚為名來覘我大
宋虛實臣見如是因納諫狀與留守范訥乞收賊虜奉使之人置之
牢獄奏取朝廷指揮庶激軍民士庶懷寃之心俾肯力戰仰賛陛下
再造王室中興大宋基業之意今却令還置別館優加待遇臣奉此
詔命憂思涕泣心欲折死不知二三大臣何為於賊虜情款如是之

厚而於我國家訏謨如是之薄臣每思京師人情物價漸如我祖宗
時若鑾駕一歸則再造之功與中興之烈必赫奕宏大跨商周而越
漢唐矣何姦邪之臣尚狃和議皇惑聖聽伏望陛下察之臣之樸愚
不敢奉詔以彰國弱此我大宋興衰治亂之機也臣願陛下思之陛
下果以臣言為狂願盡賜褫削投之瘴烟遠惡之地以快姦邪賊臣
之心不勝痛憤激切之至臣籍藁闕下以俟誅戮
澤乞回鑾疏曰臣聞三代之得天下也得其民也得其民有道得其
心也得其心有道所欲與之聚之所惡勿施爾也是則得民之道在
察其心之所欲與其心之所惡而已此古所以有天時不如地利地
利不如人和之語求民之和豈必家至戶到一一而求之哉應順天
人承天下之大順則民不期和而自和矣臣蒙恩差知開封府臣雖
衰老無能然久知開封染習諸統制下皆是招集惡少亡命無賴者

臣既領府事。更不敢徇身自顧。但以王道德誠感之。不旬浹間。彼惡少輩咸知格心。爍謀斂迹遁去。其閭巷間。亦自然悛改。上下帖然。無復肆横。以是人人鼓舞。仰陛下之威。懷陛下之惠。拳拳慕戀。不啻嬰孺之愛父母。咸思發憤。敵其所愾。臣每聞王畿內外。自父嘉靖熙熙皡皡。時如我祖宗慶祐熙豐時。臣觀人心念念徯望者。惟願陛下六龍之御。警蹕之聲。千乘萬騎。來歸九重。以副萬邦切切系戀之誠。

澤又上疏曰。臣聞禹之行水。行其所無事。所謂無事者。非泊然無所為於事也。事無事而已矣。禹蒙天錫洪範九疇。知水有潤下之性。且親見堯有洪水滔天績用弗成之患。遂因水之性而順道之。故天下免乎昏墊而奠厥攸居。茲無他。皆堯用禹之力也。臣竊聞將士籍籍皆願陛下歸京師。云京師是衆兵駐劄之本根也。商旅籍籍皆願陛下歸京師。云京師是天下貿販之要區也。農民籍籍皆願陛下歸京師。云京師是天下首善之地也。士大夫懷忠義者籍籍皆願陛下歸京師。云京師是陛下朝宗之域也。臣前在臨濮兵寨中。實憂群臣無遠識見。恐贊陛下去維揚金陵。又見京城有賊臣張邦昌僭竊與范瓊輩擅行威福。無所忌憚。所以曾暫乞駐蹕南都。以觀天意。以察人心。仰蒙聽從臣誤被宸恩。差知開封府事。今到五十餘日。物價市肆漸同平時。每觀天意。眷顧清明。每察人心。和平逸樂。且商賈農民士大夫之懷忠義者咸曰。若陛下歸正九重。是王室再造。大宋中興也。臣竊料百僚中唱為異議。不欲陛下歸京師者。不過如張邦昌等姦邪輩。陰與賊虜為地耳。臣願陛下體堯禹順水之性。順將士。順商旅農民。順士大夫之懷忠義者。早降勅命。整頓六師。及詔百執事。亟謁欵宗廟。垂拱九重之日。毋一向聽張邦昌姦邪輩。陰與賊虜為地者之語。不勝幸甚。臣之少也。猶不如人。今年六十九矣。眷眷血誠。恨其

學問荒鄙。不能以激忠義之辭。仰動天聽。臣不勝涕泣痛怛之至。

澤又上疏曰。臣聞聖人中天下而立。定四海之民。夫中原。天下之中也。京師。又中原之中也。我太祖太宗受天景命。始基于汴。肇造無疆大歷服。固欲傳之億萬世。偶去冬今春。信憑賊虜姦詐。遂致二聖蒙塵。陛下不得已。應天順人。纂承寶緒。四海生靈。謳歌抃舞。自西自東。自南自北。罔不率俾。以侯庶績咸熙。萬邦嘉靖。陛下既即位。乃寓安南京。四方聞之。懷疑胥動。遞相鼓扇。閭諸州縣間。有驚劫傷殘之患。蓋是小民無知。因疑致憂。因憂致變。旋相蹂踐。弗冀攸居。茲無他。由陛下寅畏過當。駐蹕別都。俯徇姦謀。預圖遷幸。使狡獪皇惑。敢爾横肆盜據竊發。罔循蹈蹐。原有闕以歸畎畝。以操耒耜。鑄劍戟為農器。息不犯於有司爾。若陛下勑翠華之御。俾千乘萬騎。由復輦轂。奠枕九重。臣竊謂可以垂衣裳而天下治。可以坐視天民之阜。王室自然再造。大宋可以中興。尚何夷狄之足憂。盜賊之足慮乎。古先哲王凡有大疑。必詢之左右。又詢之卿士。又詢之國人。又詢之卜筮。臣蒙陛下矜憐。頗遇待罪開封。臣夙夜思念。竊恐陛下所親信左右輔弼之臣。於對揚獻納之際。不思祖宗創業之艱難。與致一統之匪易。輕徇臆說。有誤國家大計。所以狂妄冒死觸犯天威。臣不勝憂憤戰慄激切之至。

澤又上疏曰。臣恭惟我大宋。深仁厚德。浹洽方夏。幾二百年。一旦金賊邀迎二聖。京師士民。皇皇無依。嗷嗷無告。若窮民無所歸者。若嬰兒而失其慈母者。忽聞陛下龍潛在濟。於是謳歌竭蹶。交走道路。茲乃祖宗湛德浹洽。得其心故也。陛下紹登寶祚。尚留南都。臣自到京師。聞道路籍籍。咸曰。陛下何不認我宗廟乎。何不眷顧我朝廷乎。何故使我社稷無所依乎。何輕捨我生靈。使我未有所仰乎。是都人之

望陛下也切切如此臣願早回六龍俾人感翠華之至深慰其心臣前劄具奏以謂得其民當得其心其所欲與之聚之所惡弗施爾也若陛下回鑾汴邑是人心所欲也願陛下與之聚之陛下聽姦邪畏避賊虜之言妄議遷幸是所惡也願陛下勿施爾也老臣血誠言不盡意

澤又上疏曰臣學問膚淺不能式是古訓對揚天休今再瀝悃誠干冒睿聽以臣耳目所親聞見事之一二疏進伏望陛下哀憐特賜俞允伏覩國家嘗變更三舍之法以取士意謂鼎變纓緌皆自此塗出卒之迨於月試劉竊時文罔有稽古者是三舍果不足以取士也又嘗尊崇道教以奉真亦謂神仙詭老皆自此塗出卒之誕謾譎怪汙染成風罔有成就者是道術果不足以奉真也又嘗進貢花石以昭享上卒之驕溢矜誇蠹耗財計無有紀極是貢花石果不足以享上也

又嘗結好虜人欲以息民卒之邀迎二聖劫掠侵欺靡所不至是守和議果不足以息民也當時行之固有阿意順旨作為歌頌以叨富貴者其間亦有毅然獨立不相詭隨以純亮獲罪者陛下觀之昔富貴者為是乎被罪者為非乎臣每思之宗廟社稷炭棄如是者盡由姦邪憸人鼓唱四事俾民病弊幾不聊生所以致有今日之患詩曰商鑒不遠在夏后之世茲覆轍正陛下蕭墻之鑒今之言遷幸者猶前日之言四事為可行阿諛諂佞動為身謀翕翕訿訿更相助成今之言不可遷幸者猶前日之言四事不可行而罹其罪者也且我京師是祖宗二百年積累之基業是天下大一統之本根陛下奈何聽先入之言輕棄之欲以遺海隅一狂虜乎臣觀河東河西河北京東京西之民咸懷冤負痛感慨激切想其懷慨之氣直欲吞此賊虜陛下何忍怙聽諛順而不令剛正之士率勵同心勦絕兇殘乎今東京市井如舊上下安帖但嗷嗷之人思望翠華之歸謁款宗廟垂衣九重不啻飢渴之望飲食大旱之望雲霓也臣竊謂陛下一歸則王室再造矣中興之業復成矣陛下如以臣為狂率誕妄願延左右之將士試一詢之昔周勃入北軍使左袒右袒以卜劉呂蓋非獲已也臣區區誠意願陛下以還幸大計不獨謀之一二大臣當與億萬之衆同之臣忠憤不勝涕淚交下激切屏營之至

澤又上疏曰伏覩朝廷前遣翁彥國營繕金陵比有詔復欲遣官奉迎太后六宮以往冉謂朕當獨留中原臣伏讀詔書私竊疑之此必有進言者勸陛下過江避寇而不思天下大計託為愛君之迹以濟其不忠臣願陛下察其利害之實斷自淵衷早賜定論重念本朝提封萬里京師號為腹心以祖宗都此垂二百年宗廟社稷所在而民人依之以居者無慮萬萬計今兩河雖未救寧猶一手臂之不伸也

而乃遽欲去而之他非惟不能療一手臂之不伸并與腹心而棄之豈祖宗所以付託之意與天下睽睽萬目所以仰望之心哉彼進言之臣謀何容易且利害之端曉然可見臣乞陛下且駐蹕南都未可輕議舉動臣雖老矣尚當躍鑾鼓勇立辦禦敵之具以圖萬全之舉然後掃除宮禁嚴備扈從奉迎鑾輿謁見九廟非特使神祇祖考安樂之庶幾中原增重不失天下之大勢也不然則是徒為走計爾示虜以弱非唯不恤兩河抑又不恤中原且去宗廟社稷而不顧陛下豈忍乎臣重為陛下惜者此爾故敢直輸血誠幸陛下留意無忽昔景德間契丹冦澶淵警報一聞中外震恐是時王欽若江南人即勸章聖幸金陵陳堯佐蜀人即勸幸成都惟寇準毅然關之請帝親征卒用成功顧臣庸謬何敢望準然事適相類不敢不以章聖望陛下也臣又自期既已奉迎鑾輿還都即當身率諸道之兵直趨兩河之

外蹀血虜庭非特生縛賊帥直迎二聖以歸庶雪靖康一再之恥然後舉觴玉殿以為聖天子億萬斯年之賀臣之志願始畢矣竊自謂愛陛下者無如老臣然不知臣者必指臣以為狂妄臣亦非所恤也

伏望陛下覩事之宜察臣之心則知臣之忠於為國

澤又上疏曰臣契勘京城四壁濠河樓櫓與守禦器具其當職官吏協心併力夙夜自公率厲不懈增築開濬起造輯理浸皆就緒臣又製造決勝戰車一千二百兩每兩用五十有五人一卒使車八人推車二人扶輪六人執牌輔車二十人執長槍隨牌輔車十有八人執神臂弓弩隨槍射遠小使臣兩員專幹辦閱習車事每十車差大使臣一員總領為一隊見令四壁統制官日逐教閱坐作進退左右回旋曲折之陣委可以應用又沿河十六縣與上下州軍相接作聯珠寨以嚴備禦臣見使王彥曹中正在河西攻擊收復州縣西京河陽

鄭滑等州同為一體把截探伺次第賊虜畏讋已不敢輕動冒犯自速殄滅臣自到京奉揚陛下仁風布宣陛下德意令街巷市井人情物態皆已忻悅敉寧嘉靖同祖宗太平時顧臣犬馬之齒六十有九比緣陛下委付之重常患才力不任惕惕憂懼近日頓覺衰瘁萬一溘先朝露辜負陛下眷恤憐憫之意臣死目不瞑儻使臣與官吏士民望翠華回輦之塵瞻仰天顏俯伏百拜然後臣退填溝壑如生之年死骨不朽論語曰為政以德譬如北辰居其所而衆星拱之京師乃我祖宗基命肇造二百年大一統基業本根之地陛下奈何偏聽如張邦昌輩邪佞之語以巡幸為名輕去其所使四海來享來王之人尚徘徊道路於偏僻州軍為朝宗之地乎臣果得以此老身俯伏道左迎陛下千乘萬騎垂拱九重奉陛下指揮號令賊虜可以消殄寇盜自然平蕩王室於焉再造大宋中興可必若謏妄之人言臣欲以

海賊餘孽貽君父憂即臣自頂至踵甘俟斧鉞臣已修整御街御廊護道杈子平整南薰門一帶御路開萬邦百姓寓于京師者日夜顒望陛下迎奉祖宗之主與隆祐太后皇后妃嬪皇子天眷歸安大內以福天下臣夙夜憂思眷眷念念繼之以泣願陛下憐臣孤忠矜臣衰暮惟恐心力不逮或有誤陛下國家大計今年河流不冰惟陛下斷自淵衷毋惑群邪之議書曰惟克果斷乃罔後艱臣下情不勝激切之至

澤又上疏曰臣聞易於渙之卦曰渙汗其大號此言人君發號施令如汗焉一出而不可反也臣竊觀陛下踐阼大寶權時之宜駐蹕近甸天下之民延頸企踵日望鑾輿之歸經理中原以建中興之業故廼者親降詔書即將還闕恭謁宗廟延見父老中外聞之莫不鼓舞相慶以謂陛下英斷如此何事不立何功不就何浮言之可惑何哉

狄之是憂太平基業正在此舉下詔之後曾復一月尚未聞千乘萬騎涓日啓行民心不能無疑焉臣愚竊意陛下乾綱不撓離明並照洞見安危之機必不肯失信於天下是必有姦臣誤陛下負失信之謗也伏見邇者河陽水漲斷絕河梁有姓馬人妻王氏者率衆討賊賊勢窮蹙不知所為此天亡虜寇之時也夫天與不取反受其咎臣欲因此時遣閭勍王彥各統大兵乘其危弱大振軍聲盡平賊壘伏願陛下亟還京闕以繫天下之心則孰不用命且投機之會間不容穗願陛下毋惑於姦臣之言斷自淵衷臣自謂茲舉可保萬全無可疑者也或姦謀蔽欺天聽未即還闕伏願陛下從臣措畫勿使姦臣沮抑以誤社稷大計陳師鞠旅與之決戰掃盡胡塵擴清海宇然後奉迎鑾輿歸還京闕以快天下之心以塞姦臣之口臣蒙陛下知遇誓效死節區區愚忠不能自已伏望聖慈特賜睿斷天下幸甚

二年澤又上疏曰臣聞易曰天下之動正夫一孟子曰天下烏乎定曰定于一恭惟京師是我太祖皇帝肇造大一統之本根也奕世聖人継継承承於此坐視天民之阜所以自西自東自南自北莫敢不來享莫敢不來王薄海內外罔不率俾陛下天錫勇智紹寶緒天下之人竭蹷稽首咸曰一我王心今既奄有九有實萬世無疆之休陛下奈何不念四海生靈切切徯后之意乃偏聽姦邪之言託為時巡駐蹕淮甸不思我宗廟朝廷祠享報上垂拱視下又不思我二聖后妃親王天屬蒙塵朝夕懷想迎取之志又不思我諸帝諸后陵園廟貌以時祀祭所以貽厥子孫之情臣竊謂陛下若於二月間詔勅回鑾登樓肆赦則天下皆知一人來歸九重強者當革心遠罪弱者當屏迹復業必無憂疑聚為盜賊諸軍將士震奮感激願敵所憾四夷凶殘必滅心爍謀以就殄滅尚何惡之能為乎書曰時哉弗可失

臣若有毫髮誤國大計臣有一子三孫甘被誅戮以謝天下臣竊恐州縣狃於擾擾百姓扇搖不能耕桑果耕桑失時則衣食之源盡廢衣食不給使諸大臣中雖有皋夔稷契伊尹周公亦不能善其後矣願陛下以祖宗二百年大一統基業為意不可憂思過計而信憑邪佞自為身謀者之語早勅回鑾則天下幸甚臣犬馬之齒已七十於禮與法皆合致其事以歸南畝臣漏盡鐘鳴猶僕僕不敢乞身以退者非貪冒也實為二聖蒙塵北狩陛下駐蹕在外夙夜泣血惟恐因循後時使天下自此失我祖宗大一統之緒所以狂妄屢有數奏非臣好為此激訐恭望睿慈委曲詳察

澤又上疏曰臣聞人主中天下而立定四海之民恭惟太祖皇帝肇造區夏以今京師為天下中故創業垂統欲傳之億萬世太宗真宗仁宗英宗神宗哲廟奕世聖人傳以相授皆以京師為本根之地所以高拱穆清坐視天民之阜必於天下之中也惟冀杭于京則自西自東自南自北莫敢不來享莫敢不來王矣偶緣玩習太平之久文武恬嬉狃於驕淫矜誇忘戰守之備遂致賊虜橫肆殘破州縣圍閉京城刼迎二聖后妃親王與諸天眷蒙塵北去僑寓沙漠此忠臣義士所以夙夜涕泣繼之以血自陛下即位應天四海萬方歡忻鼓舞垂髫鮐背山農野叟咸以手加額仰面謝天曰天下有真主矣萬世永賴寔天祚明德為無疆之休矣四方帖然若遠若近並無盜賊暨陛下偏聽姦邪與賊虜為地者之語移蹕淮甸諸處凶惡強盜如蝟毛起如蜂關聚縱火殺掠所在猖獗罔有悛懼以謂朝廷在遠無所依歸遂至是爾臣於二月十八日祗授降到黃榜詔勅云遂假勤王之名公為聚寇之患如是則勤王之人皆解體矣臣竊謂自虜人圍閉京城天下忠義之士憤懣痛切感厲爭奮故自廣之東西湖之南

北福建江淮梯山航海越數千里爭先勤王但當時大臣無遠識見無大謀略低回曲折憑信誕妄不能撫而用之遂致二聖北狩諸親骨肉皆為刼持牽聯道路當時大臣不出一語使勤王大兵前往救援凡勤王人例遭斥逐未嘗有所犒賞未嘗有所幫勘飢餓流離困厄道路弱者填溝壑強者盡為盜賊此非勤王人之罪皆一時措置乖謬耳比來姦邪之臣方爾橫肆賊虜自然得勢強梁惡少無緣殄滅竊念國家聖子神孫繼繼相承湛恩盛德滲漉人心淪浹骨髓今河東河西不隨順番賊雖為剃頭辮髮而自保山寨者不知其幾千萬人諸處節義丈夫不顧其身而自黥其面為爭先救駕者又不知幾萬數也今陛下以勤王者為盜賊則保山寨與自黥面者豈不失其心耶此語一出自今而後恐不復肯為勤王者矣噫得天下有道在得其民得其民有道在得其心陛下若駐蹕淮甸俾人顒顒之

望皇皇之情。未有所慰安此人之心也。願陛下勿阻遏之。以失人心。臣仰詳詔語。豈陛下之意。皆詞臣失職。不能敷繹之過。臣願陛下黜代言之臣。別降罪己之詔。許還闕之期。以大慰元元激切之意。陛下還京。登樓肆赦。則天下之人。盡皆遷善遠罪。不犯于有司。豈復更有為盜者。王室再造。大宋中興。在此一舉。願陛下睿斷而力行之。若以臣言上咈陛下之意。誅之赦之。惟陛下命。

澤又上疏曰。臣聞范仲淹云。天下之事。有二黨焉。一黨曰。發必危言。立必危行。王道正直。何用曲為。一黨曰。遜言易入。遜行易合。人生安樂。何用憂為。天下之治亂。在二者勝負耳。大抵危言危行。是欲致君於無過。置民於無怨而已。天下豈有不治者乎。若夫遜言遜行之徒。阿諛曲折。隨意所嚮。迎逢為合。君施恩於上而下弗被。民懷怨於下而上弗知。如是天下豈有不亂者乎。今之士大夫志氣

每下。議論卑陋。上者不過持祿保寵。下者不過便文自營。曾不能留心惻怛。為陛下思承祖宗二百年大一統之基業為可惜。又不為陛下思父母兄弟與至親天眷蒙塵沙漠。翹翹徯望大兵救援之意。又不曾為陛下思祖宗西京園陵寢廟為賊虜所占。今年寒食節。未有祭享之地。又不曾為陛下思京師是天下之本根。宗廟朝廷百司倉廩儼然如舊。又不曾為陛下思河北河東京之東西陝右淮甸百億萬生靈之衆。罹塗炭切膚殘破之苦。但朝進一言。暮入一說。討較泛舟冒大風險。欲南幸湖外。此姦邪之謀耳。臣嘗思之。是一欲為賊虜方便之計。二為姦邪親屬皆先已津置在南。嗟乎。為臣不忠不義。乃至於此。孔子所謂苟患失之。無所不至。正謂是也。臣夙夜痛心泣血。瀝竭愚忠。為陛下保護京城。自去年秋冬。今春又三月。參農務。是時陛下不早回九重。則天下靡有定止。臣不勝憤懣激切。再瀆天聽。狂妄干冒。甘俟鼎鑊。

歷代名臣奏議卷之八十五

經國

宋高宗建炎二年。開封尹宗澤上疏曰。易曰。幾者動之微。吉之先見者也。君子見幾而作。不俟終日。孟子曰。雖有鎡基。不如待時。蓋天下之事。見幾而為之。待時而措之。則事無不成。苟或失焉。必至汙漫委靡而不振矣。方今輦轂之下。民俗安靖。宗廟社稷。儼然如故。以致收復伊洛。而虜酋過河。捍禦潰臺。而胡騎屢敗。河東河北。山寨義民。數遣人至臣處。乞出給榜旗。引領舉踵。日望官兵之至。皆欲戮力協心。掃蕩番寇。以幾言之。則大宋中興之盛。於是乎先見矣。以時言之。則金賊滅亡之期。於是乎可必矣。惟在陛下見幾乘時。早還華闕。與忠臣義士究圖事功。則謀舉萬全。可以滅金賊。而成中興也。或者以謂自揚至汴。時有小寇。[illegible]屬車之來。道中不能無虞。臣謂造此言者。乃姦憸小人。自為身謀。爾殊不知盜賊所以作者。誠緣法駕久寓外郡。國勢未強。天下不能定于一。故時有竊發之事。乃若六龍來復。宅中圖久。則比屋歡呼。人各歸業。強不凌弱。衆不暴寡。豈復有盜賊耶。此事甚易明。此理甚易知。然而姦邪之蔽於營私。往往不肯開陳而力為陛下詳說者。惟老臣而已。臣所以再三言之者。豈好辯哉。恭念祖宗二百年舊都。不忍為姦臣委去也。恭念陛下聰明齊聖之資。不忍為姦臣蔽蒙也。念赤子之嗷嗷。不忍為姦臣坐視而不救也。念金賊猖獗。不忍為姦臣縱敵而不殺也。伏願陛下念茲在茲。斷自淵衷。速回鑾輿。上以對祖宗之神靈。下以慰黎元之懷想。外以平醜類之侮怫。則天下大定。指日可期。書曰。勅天之命。惟時惟幾。望陛下留神而三復之。臣今遣倚吏呼延次升。及臣之子穎。詣行闕以聞。

澤又上疏曰。臣得范瓊書。敘說所統軍兵。有海內招安使臣水軍奉聖旨令於儀真駐劄。教習水戰。扺扼上流。於三月八日已到真州。臣讀此語。而不知扈蹕之臣。誰為陛下建此議也。且王者無外。其規模約束。當使守在四夷。昔楚人城郢。史猶鄙之。況陛下奄有九有之時。可規規孑孑為偏霸之事乎。茲豈愉人之欲。虛張賊勢。以為可防其意望遷延六龍進發之期爾。殊不知此聲一傳。則四方驚愕。必以謂中原不守。遂為江寧抗扼之計。如是。則何以綏安四海之聽乎。蓋天子為君萬邦。而元后作民父母。陛下回鑾登樓肆赦。則普率之人。欣欣悅而相告曰。天子宅中圖久。則萬邦罔不率俾矣。元后正位丕承。則兆民浸浸於變時雍矣。夫如是。臣將見金賊不足滅。而中興之功與天比崇。若使范瓊教習水戰。是聖心猶豫。尚緩還期。則中外播聞。愈自憪憪。則萬國何自而咸寧乎。此臣所以拭目注望屬車之塵。不忘夙夜。伏願陛下明詔范瓊。趣促人馬。不須更習水戰。祗備扈駕歸御京闕。毋使羣黎百姓。齎咨涕泣。則豈惟老臣之幸。實天下萬世之幸。

澤又上疏曰。臣竊見漢光武用寇恂為潁川太守。因從車駕擊隗囂。潁川盜賊羣起。帝顧謂恂曰。潁川迫近京師。當以時定。獨卿能平之。恂對曰。潁川悉少輕剽。奚能為我。但聞陛下有事隴蜀。故乘間竊發耳。若乘輿南向。賊必惶怖歸死。臣願執銳前驅。帝即日命駕南征。盜賊悉降。遂建東漢中興之業。臣竊見近日有招安到丁進者數十萬衆。願為陛下守護京城。又李成願扈從還闕。即度河勦絕虜寇。又沒角牛楊進等領衆百萬。亦願率衆渡河。迎取二聖。茲三頭項人馬。非潁川比也。今皆披瀝肝膽。同寅協恭。共濟國事。臣聞得道者多助。多助之至。天下順之。果陛下千乘萬騎。來歸九重。遄追我太祖太宗奕世聖人二百年大一統基業。則天下必心悅而誠服。庶續其凝。萬國咸寧矣。尚何盜賊戎虜之乏慮乎。臣敢瀝悃誠冒天聽。伏望裁赦。

澤又䟽曰。臣聞孟子曰。雖有鎡基不如待時。故君子不先時而起。不後時而縮。當其可而已。易曰。幾者動之微。吉之先見者也。故君子見幾而作不俟終日。不曰如之何而已。恭惟我國家曩緣虜人侵犯郊畿殘破州縣悠為誕妄肯端邀求。今天意悔禍。人心助順考時與幾。實陛下中興之會也。古聖人勑天之命惟時惟幾者蓋以時幾不可失。而知幾若神故也。臣觀京師城壁已增固矣。樓櫓已脩飾矣。龍濠已開濬矣。器械已乏備矣。寨柵已羅列矣。戰陳已閑習矣。人氣已勇銳矣。汴河蔡河五丈河皆已通流泛應綱運。陝西京東滑臺京洛番賊。皆已掩殺潰遁矣。天下萬邦。與幾甸生靈夙夕祈天而請者鄉南懇禱而顒者但望陛下千乘萬騎號令風伯雨師清塵灑道翠華回輦。歸御九重為四海九州作主耳。且一人有慶兆民賴之。茲其時也。

茲其幾也。臣願陛下毋聽姦邪之言。而忽其時。忘其幾。天下幸甚。果急兩河山寨之心。與沮萬民敵愾之氣。則天下危矣。願陛下毋循東晉既覆之轍。臣老矣。不勝至誠惻怛懇切之至。願陛下哀憐之。

澤又上䟽曰。臣聞孟子言術不可不慎也。矢人惟恐不傷人。函人惟恐傷人。巫匠亦然。臣因斯語。始知人心所存之邪正。與所作之是非。若以迹槩之。了然區分。如辨黑白。夫忠義之人。動容周旋。無非忠義。而不忠不義之事。無自入焉。故其於上下愛戴保護。不啻如函人惟恐其傷之也。彼不忠不義之人。動容周旋。亦無非不忠不義。而忠義之道。無自入焉。故其於上下毀裂擯棄。不啻如矢人惟恐其不傷之也。恭惟我國家曩緣戎虜肆横殘破州縣。圍閉京城。刼掠邀求。靡有紀極。以至强迎二聖后妃親王與諸天眷蒙塵北去。凡忠義之士莫不痛心疾首泣血奮厲。佐佑陛下。張皇六師震耀神武總領貔貅之士。掃蕩沙漠迎奉二聖來歸京師。俾中原生靈還定安集。罔或流散。愛戴其上。保護其下。夙夜念念。想如函人焉。惟恐其或傷之也。其不忠不義者。但知持祿保寵。動為身謀。謂我祖宗二百年大一統基業不足惜。謂我京城宗廟朝廷府藏不足戀。謂二聖后妃親王天眷不足救。謂諸帝諸后山陵園寢不足護。謂周室中興不足紹。謂晉室覆轍不足羞。謂巡狩之名為可效。謂偏地之伯為可述。儲金幣以為賊資。椿器械以為賊用。禁守禦之招募。慮勇敢之敵賊也。棓保甲以助軍。慮流離之安業也。欺罔天聽。淩蔑下民。凡誤國之事。無不為之。猶矢人焉。惟恐其或不傷之也。臣願陛下驗已試之迹。以道槩之。則人心所存之邪正。與所作之是非。自然區分。無足疑矣。臣衰老孱懦。誤蒙陛下識擢。俾留守京城兼開封尹事。臣砥礪遽竭。知無不為。惟恐失措有誤國家大計。然臣每所申奏。若非陛下察臣斷斷孤忠。憐臣

悄悄見溫體天地之大德覆護。擴日月之大明照臨。臣與血屬當膏砧斧虀粉萬狀矣。尚安能為陛下保釐尹正。使京城市井里巷安居樂業。熙熙皡皡。如我祖宗太平之時乎。臣之至此。豈止謗書盈篋而已耶。臣願陛下六龍萬乘早歸大內。下慰四海生靈瀝血懇切之望。臣之言此。實出悃誠。痛切憤悶。所以不避姦邪詆誣。不避冒犯誅戮。臣願陛下降臣此言。榜之朝堂。俾應在朝臣僚。實封章䟽。指摘臣言。如臣言稍涉狂妄。乞正典刑。明臣罪惡。如臣言果符忠義。乞降詔勑明告回鑾之期。庶安天下之聽。此事甚大。恭俟睿慈洞察。勿貳勿疑。

澤又上䟽曰。臣犬馬之年已七十矣。陛下不以臣衰老無用。付之東京留鑰。臣自去年七月到任。夙夜究心。營繕樓櫓城壁。掃除宮禁闕廷。分布柵寨。訓練士卒。教習車陣。比及終冬。諸事稍稍就緒。都城財粢盛物如舊。人人延頸跂踵。日夜傒望聖駕還闕。臣以故自今年正

月三日兩次遣屬吏及臣之子捧表遠詣行在投進祈請車駕西上
歸肆大赦於宣德門使天下曉然皆知陛下言旋舊都再造王室命
令用是通達盜賊用是消弭無復有方命阻兵之患然後容臣為陛
下條畫措置遣朕陳請遣一使泛海道入高麗諭以元豐惇好之舊
令出兵攻金賊之西又復遣官從間道趨河東諭析氏脩其舊職以
固吾圉使三陲交攻金賊令彼應敵不暇吾方大舉六月之師一道
由滑濬一道出懷衛涉河並進北首燕路訪大遼子孫興滅繼絕約
為與國則燕冀之感恩荷德不患不為吾用如此則金賊勢必孤弱
自可縛而臣之二聖天眷自此決有歸期兩河故地自此決可收復
而況兩河之人感祖宗二百年涵養之澤雖陷賊踰年而戴宋之心
初無攜貳使吾大兵渡河而戰則東北人民必有背賊歸我前徒倒
戈攻于後以北誰不願為吾死孟子曰雖有智慧不如乘勢雖有鎡

基不如待時今時則易然也臣嘗以今日時勢觀之天意悔禍人心
固結雖三尺童子爭欲奮臂鼓勇恨不碎金賊之首食金賊之肉又
況當六月宣王北伐之時機會間不容髮陛下何憚而不亟還京師
使臣獲奉咫尺之威請借筯以籌黃帝書曰日中必熭操刀必割此
言時不可失也諺曰當斷不斷反受其亂此言斷不可誣也今日之
事臣願陛下以時果斷而行之毋惑讒邪之言毋沮忠鯁之論儻陛
下以臣言為是願大駕即日還都使臣為陛下得盡愚計若陛下以
臣言為非願陛下即日放罷老臣或重寘責臣所不辭惟明主可與
忠臣言臣故昧死以聞

澤又上疏曰臣聞詩於小雅載六月宣王北伐之事蓋夷狄以弓矢
馬騎為先而當六月歊蒸之時皆難於致用故宣王乘時行師終於
薄伐玁狁以建中興之功臣自留守京師夙夜匪懈經畫軍旅近據
諸路探報賊勢窮促可以進兵臣欲乘此暑月遣王彥等自滑州渡
河取懷衛濬相等處遣王再興等自鄭州直護西京陵寢遣馬橫等
自大名取洺趙真定楊進王善丁進李貴等諸頭項各以所領兵分
路並進既過河則山寨忠義之民相應者不啻百萬契丹漢兒亦必
同心殲殄金人事纔有緒臣乞朝廷遣使聲言立契丹天祚之後講
尋舊好且興滅繼絕是王政所先以歸天下心也況使虜人駭聞自
相攜貳耶仍乞遣知幾辯博之士西使夏東使高麗喻以禍福兩國
素蒙我宋厚恩必出助兵同加掃蕩若然則二聖有回鑾之期兩河
可以安貼陛下中興之功遠過周宣之世矣臣犬馬之齒今年七十
矣勉竭疲駑區區愚忠所見如此臣願陛下早降回鑾之詔以繫天
下之心臣當躬冒矢石為諸將先若陛下聽從臣言容臣措畫則臣
謂我宋中興之業必可立致若陛下不以臣言為可用則願賜骸骨

放歸田里謳歌擊壤以盡殘年頻煩上瀆天聽悚恐待罪

三年司諫趙元鎮上奏曰臣恭惟陛下歷茲艱運屢更變故雖否泰
循環理之必至矣其或者眷佑我宋激勵陛下益堅憂勤之念以就
中興之業乎昔趙簡子以襄子為後謂其臣董安于曰是其人能為
社稷忍辱後襄子蒙受灌飲之恥而卒滅智伯越王句踐敗困會稽
既以反國置膽於坐飲食必嘗曰汝忘會稽之恥耶後亦以滅吳區
區小國之君苟用心如此卒能有成今陛下承隆平久逸之後躬履
艱棘淮甸之擾倉卒播遷三兇姦謀乘間竊發陛下不深以罪人而
責躬克己唯以天下為念是能為社稷忍辱矣其亦飲食嘗膽如負
會稽之恥仰承天之所以責成之意則興衰撥亂此其始歟唯夫食
不加肉衣不重綵折節下賢與百姓同勞苦是乃句踐之所以滅吳
也

元鎮又奏曰臣嘗謂方今之事所以易敗而難成者其害有二臺諫不盡言朝廷不任責不盡言則昧於利害之實不任責則忽於成敗之幾其欲保邦致治未亦難哉臺諫之不盡言也以朝廷惡聞其事拒之而不得言言之而不得行則與不言何異畏棄地之譏中變連和之策懼避戎之論力沮渡江之謀遂使遺患都城流毒淮甸生民淪陷社稷阽危是皆不任責以致之禍可既哉今陛下深鑒其失矣然今日之事與前不侔議和之使係踵於道而兵禍不解初幸浙西再臨江左而防托未備則朝廷之責益重矣惟陛下與大臣圖之毋蹈前車之失至於祖宗基業付託之重孰為之子孫四海生靈歸附之心孰為之父母此則陛下之責也當斯時負此責顧不艱哉唯自任不疑力行不屈赫然丕變庶幾有濟其或畏避苟且幸其無事則淪胥以敗未見有振起之漸昔劉備起漢踈屬志在靖難雖困敗沮辱

之中而剛果之氣略不少衰一時豪傑皆為其用卒能以區區疲蜀屢困中原之師後世稱之號為英主今陛下兩經大變艱難顛沛亦已極矣而天下之責猶不得辭之臣願陛下持志宜益堅臨機宜益壯奮發天威之斷激昂神武之姿至大至剛終始如一凡今日未獲之事躬自任之以風勵天下使公卿任公卿之責將士任將士之責則內脩政事外攘夷狄舉在是矣實宗社之幸斯民之幸也

元鎮又上奏曰臣於今月初一日嘗具愚懇仰瀆聖聰乞俟浙西平安及建康已有渡江的耗乃議進發竊聞昨日已降旨揮初十日巡幸平江外議紛然頗謂未便臣不知朝廷有無探報所報如何浙西之寇即今何之平江境內嘗無侵犯建康之衆嘗未渡江若平江之吉凶未知建康之去留未審則今來車駕將安往耶聞欲暫駐越州徐圖所向因為就食之謀然越州百里之內悉遭虜掠未過取之衢發諸州而陸路阻脩艱於運漕儻未接濟何以支吾倉皇之中益難措手兼敵人未遠狡詐難防萬一分兵出奇姑為回戈之勢則行在咫尺寧無震驚人心一搖變故莫測臣雖淺陋慮猶及此也或謂車儲害迫不能安居彼此不殊何由是備臣愚欲乞先遣王瓌等軍分屯嚴整不惟減省行在用度亦是張大聲勢應援浙西以俟建康寧息及平江保守無虞然後移蹕北還似未晚也恭惟陛下以萬乘之尊負宗廟社稷之託茲舉動要當萬全前日須降德音固已失之太遽如今日回蹕之事尚賴少留聖慮豈可堅執前議不慮後患臣採之衆論如此非臣管見敢此異同伏望留神省察

元鎮又上奏曰臣嘗謂天下有公論不可以力制不可以智勝由堯舜周孔以迄於今如權衡之設黑白之辨自一人之善惡至朝廷之賞罰一付於此則天下治矣國家陵遲衰弱之漸人皆謂夷狄之為

患其亦知有以致之乎以善惡是非之倒置公論久鬱而不明也其來遠矣禍胎至深固宜痛心疾首亟變而力新之如救焚溺唯恐不及如去惡草絕其本根使風教純一物情和會則人之所欲天必從之悔禍於我其或在是搢紳者間猶昧此或狃於術業之異或牽於恩舊之私陰有所懷巧為沮遏忘夫大公至正之道而甘心於亡國喪家之術亦其人之不幸歟非特其人之不幸也宗廟社稷天下生民之不幸也靖康之初發蔡京之罪錄黨籍之家而議者則曰今邊事未息軍政未脩忽而不省乃復為此不急之務建炎之初辨宣仁之謗復詞賦之科而議者又曰今二聖未還為[illegible][illegible]復置而不問乃復舉此迂闊之議其言一行姦計潛發遂使上皇引咎哀痛之詔半為空文淵聖紹復祖宗之言訖無成効噫太平之諺須太平而為之抑亦為之而後至耶苟惑於其說如前所云則天下之事無時而可

為雖善惡是非足以辯於公論者亦不得而措詞矣必欲賊服人望得其歡心不亦難哉唐憲宗用皇甫鎛程异為相裴度論之曰可惜者淮西盪定河朔底寧承宗斂手削地韓弘輿疾討賊豈朝廷之力能制其命哉但以處置得宜能服其心耳德宗當奉天之難詔問陸贄一時急務何者切直贄對以理亂之本繫於人心況當變故搖動之時在危疑向背之際人之所歸則植人之所去則傾安可不審察羣情同其欲惡使億兆歸趣以靖邦家此誠當今之急務也以裴度陸贄之才非不知高城深池堅甲利兵與夫折衝制勝為禦侮防患之策而納忠於君者其言如此誠知弭亂之本歟陛下紹膺大統適茲多艱欲大有為必知其要今念憲宗中興之業在處置之得宜參陸贄理亂之言繫人心之向背凡祖宗之法復而未盡崇觀之患深而未除以至進退賞罰為當於人心而合乎公論雖流離顛沛而因革可否不可一日而廢唯公論著善惡明輿議攸歸王風不變則慕德向化心悅而誠服之矣寧謂已往之事無益於今耶若夫積粟練兵之計攻守奇正之謀當責之有司而朝廷之上朝夕之所講明者正宜在此唯陛下不以跡闊而忽之

起居郎胡寅進萬言書劄子曰臣竊考古者人君巡守本以省方觀民黜陟諸侯而考制度故舜以五載為節周以十二歲為節蓋有常制不然則詰戒戎兵征討不庭如高宗伐鬼方成王伐淮夷宣王伐玁狁無非事者先王之舉動惟此二端固不為為也秦漢以來如始皇孝武乃好用兵外夷間以豫遊馳騁八荒國家病矣亦未有為狄人迫逐避奔潰而無所定止者也至唐明皇為安祿山所叛首以萬乘之君弃宗廟社稷而出奔如古失國諸侯寓公為笑萬世至其後嗣習為故常代宗德宗皆一再出狩不以為恥然猶所據得形勢

之利又有謀臣猛將為之宣力扞患難雖能克復不至滅亡而其挫志忍辱亦不少矣豈古所謂巡守之意哉本朝受命太祖太宗躬擐甲冑以定大業無有寧歲卒平四方奠宅中土則與古戒兵式討不庭伐鬼方淮夷玁狁之事可無愧矣至真宗親駕澶州戡定北狄功尤俊偉自是以後坐致太平思欲告功神明昭示得意遂祠汾陰封太山則與古者方觀民黜陟諸侯而考制度之意雖未盡善亦庶幾焉夫此二端豈不費國勞民而國以益富民無怨咨者以其所舉凡欲為民非害之也聖聖相繼至上皇九五朝非以郊祀籍田未嘗警蹕城外軍民之情四方觀聽皆以為固當如此歷百餘年生長老死惟京師為安爾靖康之失既往難悔陛下嗣位則正商高宗周宣王所遇之時而遽循唐明皇代德奔走之跡遂不力圖興復抗志有為公卿大臣反以省方巡幸之美名而文飾之自南都至維揚自維揚至錢塘自錢塘至建康自建康至平江三年之間國益危勢益蹙狄益橫人益恐回視過日但有不如況平江素無江山險固之彊惟以陂澤沮洳數百里自保譬猶蹄涔坎井豈足以盤礴神龍一失波濤雖螻蟻猶能困之君又遠駕縱能緩於追侵而衆怨必生定有肘腋之變不待蓍龜所告理之必然者也故播越隱遁天下之人皆可惟陛下則不可臣自扈從以來日夜憂懼欲奮然陳論慕斷歎之所為竊恐衷心積久多畏在朝議論決不愈諧虛澆聽聞無補於事欲泯默度日又念備數近侍存亡休戚分義所同反覆思之不能自已輒以愚鄙之見條成一書綱舉七策別為二十事論巡幸之失畫撥亂之計冑昧塵黷其間切要輒用黃紙貼出以備省覽至於因議大體而泛及他事者難以縣樂則亦用紙表見之非敢自謂無不中者然今日大謀悉須如此乃能振起伏望陛下懇惻憂思特賜詳閱如可

施行即乞降付三省密院參酌去取斷為國論即日攺圖如或不然則臣所見亡奇止於如是雖備任用何能有補願從廢黜實所甘心至於狂戇之言觸犯顏色私向揣摩理難寬貸陛下寶慈天覆必能恕之震慄雖深恃以無恐所有臣書謹具進呈其書曰臣伏覩詔書以敵人侵陵備禦不給遂有移蹕之意若顧岳鄂左趨吳越安危利害下詢羣臣臣時駭然不意清問之及此何者陛下自錢塘來幸江寧也有詔曰以援中原矣及至江寧以舊邸之名符啓建之義改為建康府以昭受命之祥也有詔曰興邦正議於宏規矣繼而深懲維揚之禍遣奉隆祐太后以六宮及百司不與軍旅者之南昌也有詔曰朕與二三大臣帷幄宿將堅守不動誓有一死以荅羣生矣前後三詔近在半年之中而今來詔音不同如此退伏思念至于旬時陛下以安危利害訪於在廷萬或慮之不精計之不審以害為利以危

為安偷顧目前妄有建白則其負誣聖明迷誤社稷罪在不赦輒陳愚見不避斧鉞泛論建炎謀國之失而陳撥亂反正之計念時事之迫切仰德意之寬大冀功効之可立忘觸冒之難恕惟陛下留神省察臣聞孔子曰成事不說遂事不諫既往不咎今臣所陳不免追咎既往者蓋謂建炎已來有舉措大失人心之事今欲復收人心而圖存則既往之失不可不追不可不改故也一昨陛下以親王介弟受淵聖皇帝之命出師河北二帝既遷則當糾合義師北向迎請而遽膺翊戴亟居尊位遙上徽號建立太子不復歸覲宮闕展省陵寢斬戮直臣以杜言路南巡淮海偷安歲月虜兵深入陝右遠破京西而漫不治軍略無扞禦盜賊横潰莫之誰何無辜元元百萬塗地怨氣上格日昏無光飛蝗蔽天動以旬月方且製造文物縻費不貲猥於城中講行郊報朝廷動色相謂中興虜騎乘虛直擣行在匹馬南渡

狼狽不堪淮甸之間又復流血遠及反正寶位移蹕建康不為久圖百度頹弛淮南宣撫卒不遣行自畫大江輕失形勢一向畏縮惟務遠巡軍民怨咨如出一口存亡之決近在目前凡此節次十餘條皆所謂舉措失人心之大者也自古衰亡固不足道請以中興者言之夏少康周宣王燕昭王越勾踐漢光武莫不任賢使能脩政事治軍旅而其奮發刻厲期於必成者則又本於憤恥恨怒之意不能報然終不苟已所以光復舊物各稱賢君未有乘衰微缺絶之後竊竊焉因陋以為榮施施焉苟且以為安而能久長無禍者也為陛下計當如何而黄潛善汪伯彦頗以乳嫗護赤子之術待陛下曰上皇之子殆將三十人今所存惟聖體不可不自重愛也曾不知太祖勤勞取天下列聖兢業嗣守不敢墜失今也宗廟為草莽堙之陵闕為畚鍤驚之堂堂中華戎馬生之赫赫帝圖盜賊嘗之然則潛善伯彦

所以誤陛下陷陵廟蹙土宇喪生靈者又豈燕昭越踐漢光武之比乎本初嗣服既不為迎二帝之策因循遠狩又不為守中國之謀以至于今德義不孚而號令不行刑罰不威而爵賞不勸巡幸所至民以淮甸為戒駐蹕所在人以虜至為憂東南之州郡幾何畢華之省方無已若不更轍以救垂亡則陛下永負孝弟之愆常有父兄之責人心已去天命難恃雖欲覊棲山海跋履崎嶇臣恐非所以為自全之計也為今之策願陛下一切反前失而已則必下詔曰繼紹大統出於臣庶之謟而不悟其非巡守東南出於僥倖之心而不虞其禍經涉變故僅免危亡蓋上天警戒於眇躬俾大宋不失於舊物金賊以小狄猖獗薰汙中華逆天亂倫扶立僭偽用夷變夏俾臣作君朕義不戴天志思雪恥父兄旅泊陵廟荒殘罪乃在予無所逃責以此號召四海聳動人心不敢愛身決意講武然後選將訓兵戎衣臨陣按

行淮甸上及荆襄收其豪英誓以戰伐天下忠義之士必雲合而景從天下武勇之夫必響應而飈起國用不足於此不患無財甲馬不强於此不患無備有道多助孰不順之秦隴雖遠驍騎壯士即可坐致齊魯雖失饒財厚貨必自竭輸陛下凡所欲為孰不如志其為利害豈與退保吳越自就滅亡同年而語哉臣不自量每切憤歎既未能被堅執銳先啓戎行而服業簡編討論古昔固當忘其昧陋少贊經綸輒為陛下畫中興之策莫大於罷和議蓋和之所以可講者兩地用兵勢力相敵利害相當故也非强弱盛衰不相侔所能成也而其議則出於耿南仲何也淵聖皇帝在東宮當宣和季年王黼欲摇動者屢矣南仲為東宮官計無所出則歸依右丞李邦彥邦彥其時方被寵眷又陰為他日之計每因王黼譏讒彌縫解紛亦緣上皇仁慈本無移易太子之意也既而淵聖嗣極遴選前朝大臣而邦彥為次相金賊逐至城下邦彥諂諛小人烏知遠慮遂獻和議而南仲以宮傅之重男奉樞房出奔聞六飛堅守全陳留而返自愧其失因附邦彥而沮种師道擊賊之謀於是覆邦之患滋蔓而起分朋植黨必欲自勝主戰伐者李綱种師道兩人而已幾會一去國論紛然中制河東之師必使陷沒以伸和議之必信二帝遠去宗族盡徙中原塗炭至今益甚者本緣南仲主持邦彥以報私恩不為國慮之所致其朋徒附合狼忮膠結寧誤趙氏不負耿門之所為也使其可和則淵聖執德不堅馴致禍敗而陛下卑辭厚禮避地稱臣無所不用其極乞和之使接武於道宜其少緩師矣何乃累年而尚無効耶自古中國盛强如漢武帝唐太宗其得志四夷必并吞掃滅以示廣大傾亡取亂極其兵力而後已中國禮義所自出也恃强陵弱猶且如此今乃以廉退慈仁君子長者之事望於反常悖道腥臊禽獸之粘罕豈

有是理哉若以為强弱之勢絕不相侔縱使向前萬不能抗則自古徒步奮臂無尺寸之地而爭帝王之圖者彼何人哉伏望陛下明照利害之原罷絕和議刻意講武以使命之幣為養兵之費此乃晉惠公征繕立國之策漢高迎太公呂后之謀斷而行之堅確不變庶幾貪狄知我有含怒必鬬之志沙漠之駕或有還期不然則今僻處東南萬事不競納賂則孰富於京室納貢則孰重於二帝歸子女則孰多於中原之佳麗遣大臣則孰加於異意之宰輔深思遠慮反復計之所謂乞和必無可成之理昔北狄至澶州王欽若陳堯佐請幸吳蜀惟寇準勸親征及成功之後欽若等蓄恨無以藉口則擿真宗曰當是時寇準亦豈有好計但是熱血相沃譬如博錢以陛下為孤注耳使人君不明則欽若之言為愛君而寇準之功為幸勝今之議和者其情狀一一出於此苟能息絕其議陛下不藉之以塞民望大臣不藉之以寬己責則必為善後之圖矣夫事有緩急治有先後既定議講武則其餘庶常有日力不暇給者當置行臺以區處之今典章文物一切掃地百司庶府殆為虛設其必不可闕者惟吏部戶部為急誠使江淮兩浙湖北並依八路法慎擇監司而付之則吏部銓事亦復減省不過置侍郎一員郎官兩員胥吏三十人則所謂磨勘封敘奏薦常程之事可按而舉矣戶部所以治天下財賦也今四方供貢久不入于王府往往為州郡以軍興便宜裁用經常一壞未易復理竊觀行在支費每月無慮八十萬惟以榷貨鹽利為無窮之源耳故臣謂宜置行臺或建康或南昌或江陵審擇一處以安太后六宮百司以考掊諳練大臣總臺謹守成法從事郎吏而下不輕移易量留兵將為營衛命戶部計費調度以給之其虛名無實徒費國用之所一切省罷陛下奉廟社之主提兵按行廣治軍旅周旋彼此不為

定居惟是侍從臣寮師臣監司要害守牧則當加意以時進退其賢
不肖功罪之著明者而餽餉之權自宜專責宰相而選委發運以佐
行於下如漢委蕭何以關中唐委劉晏以東南經制得人加以歲月
量入為出何患無財所謂宰相之任代天理物扶顛持危其責甚重
非特早朝晚見坐政事堂弊弊然於文具無益之末移那闕次以應
親舊濟其私欲而已也古之人君臨政願治必要任宰相豈徒體貌
崇重一聽其所為亦必深相提策務為明白計日累月以考功緒陛
下視今日國勢孰愈於前日乎此在宸心所自鑒照臣未敢深論也
夫大亂之後風俗靡然躬率而丕變之者則在陛下務實效去虛文
夫治兵必精命將必賢政事必脩誓戒大懸不為退計者乃孝弟之
實也遣使乞和廣捐金幣不恥卑辱冀幸萬一者為孝弟之虛文也屈
己致誠以來天下之士博訪策略信而用之以期成功者乃求賢之

實也未見賢若不克見既見則不能由之或因苟賤求進之人遂乃
例輕天下之士姑為禮貌外示美名者為求賢之虛文也聽受忠鯁
不憚拂逆非止面從必將心改苟利於國即日行之者乃納諫之實
也和顏稱善泛受其說合意則喜之不合則置之官爵所加人不以
勸或內遷其切直而用他事遷徙其人者為納諫之虛文也將帥之
材智必能謀勇必能戰仁必能守忠必不欺得是人而任之然後待
以恩御以威結以誠信有功必賞有罪必刑者乃任將之實也庸奴
下材本無智勇見敵輒潰無異於賊與之親厚等威不立賜予過度
官職逾涯將以收其心適足致其慢聽其安誕張大之語望其朴實
閫命之功者為任將之虛文也簡汰其疲老病弱弁擇其壯健驍勇
分屯在所置營房以安其家室聚粟帛以足其衣食選衆所畏信者
以董其部伍申明階級之制以變其驕恣悍悖之習大抵如周顯德

年中世宗命我太祖之意然後被之以精甲付之以利器進戰獲首
虜則厚賞死則恤其妻孥退潰則誅其身降敵則戮其族令在必行
分毫不貸者乃治軍之實也無所別擇一切安養姑息之惟恐一夫
變色不悅幸無事則已大幸矣教習擊刺有如聚戲金鼓之節旗幟
隊伍皆習虜人之所為紀律蕩然雖其將帥不敢自保者為治軍之
虛文也慎選部刺史二千石必求明惠忠智之人使久於其官懲革
弊政痛刈姦贓以除民害雖軍旅騷動盜賊未平必使寬卹之政實
被於民固結百姓將離之心勿致潰叛乃愛民之實也詔音出於上
虐吏沮於下誑以出力自保則調發其丁夫誘以犒設贍軍則厚衰
其錢穀弓材弩料竹箭皮革凡干涉軍須之具日日征求物物取辦
因緣姦弊民已不堪乃復蠲其稅租載之赦令實不能免苟以欺之
者為愛民之虛文也若夫保宗廟保陵寢保土地保人民以此六實

者行乎其間則為天子之實也陵廟荒圮土宇日蹙衣冠黔首為肉
為血以此六虛者行乎其間陛下戴黃屋建幄殿質明輦出房雉尾
金爐夾侍兩陛伏馬衛兵儀分儀式贊者引百官以次入奉起居既
退宰相大臣卑卑而前搢笏出奏司辰唱辰正則駕入而仗出矣以
此度日而國勢益卑彼粘罕者晝夜厲兵踔河越岱電掃中土遂有
吞吸江湖蹂躪衡霍之意吾方挾持虛器詑詑然未知所之此則為
天子之虛文也伏望陛下留意實効勿受虛文於此七者奮發慷慨
而力圖之今宿衛單弱國威銷挫臣嘗言乞早勾發京師衛士赴行
在又降箚杖於兩浙福建江東西湖南北四川二廣揣揀禁軍貢發
充御營正兵增厚其月廩精加訓閱陛下自將之天子之軍既強則
中國之變自弭昔漢高祖嘗大敗於成皐矣與數騎渡河入張耳韓
信軍奪其印易置諸將軍遂復振以得御將之大權雖知如韓信且

莫能測宜其取秦滅項甚易陛下今欲於劉韓張岳四人之兵有所
移易廢置臣知其不能矣權既偏重柄既倒持彼必謂陛下不能一
日而舍之萬代踞桀驁自以滋起陛下以孤立之身寄於其上安能使
此四人者常無怨怒相激而不為變乎苗劉之亂率爾而作者坐此
故也漢獻帝時主柄下移不能自立李傕郭汜以偏裨小將互劫乘
輿至以臭牛之骨與帝進饌萬乘人主為叛臣所質此既往之鑑也
臣謂今日見在兵必不可用既未有以大更易之莫若先集天下勁
兵以強御營之勢然後可以彈壓悍將驕兵悍將驕兵既不敢妄動
就紀律則四方橫潰之寇及羣起不逞之盜必自帖息猶有披猖不
軌者遣偏師以銳卒往禽滅之遂罷招安策況陛下以雪恥復讎為
己任仗大義而行天下頑兇不義之徒固將斂衽倒戈而聽驅使之
命矣漢光武為銅馬帝者用此道也東南之禁卒既起則又命福建

團結槍仗手建汀南劍邵武四郡精選萬人各擇其土豪使部督之
各屯本處以俟興發命兩浙募水手并選發諸州撩湖捍海等兵盡
付水軍教習戰艦命江東西湖南北募弓手以在官閑田給養之人
得一頃已稅之外其餘科須一切與免命廣西及辰沅鼎靖於見數
峒丁中實科有技能壯勇者不取蘆數分番踐更屯戍襄漢為山林
谿谷之援以京西淮南荒廢無主之地為屯田招集兩河山東及本
路流徙之人略依古法均節之擇強武者訓習使且耕且戰文武臣
中有明習營屯之事肯承任者因以任之凡此六條雖非講武必為
之急亦不可不為之助陛下試使執政大臣委弃簿書細故勿設他
說以相論疑日夜圖回擇人而為之必見績狀於是時而兵不強敵
不畏盜不息然後可以歸之天命無所復為矣不然是自弃也陛下
內有自弃之心而欲於目前三四庸將數萬潰卒中求為久安三尺

童子亦知其不能矣或者必曰軍旅之興民最受弊今若如前所陳
恐未能有損於強虜而先已自殘其民矣則臣應之曰自虜入寇已
來國家歲歲以和好自處未嘗敢以兵刃北向凡以愛民恐勞之也
然大河以南違亘數十州之地城覆民屠不可勝計豈用兵之罪耶
設有一城一邑能率勵兵民誓以死戰一郡不克一郡繼之不猶愈
於束手屈膝斃於白挺之下哉惟在任將相使處置合宜則雖使民
以死尚且不怨況欲用兵以保衛赤子乎漢光武既滅新莽之後東
征西戰尚十餘年而後天下大定當時豈無勞民費財之事所計者
大則有所不暇恤顧能於軍旅擾攘之中常有愛惜生靈之意故天
助而人歸之苟坐視四海流血而避用兵之勞費則是舜不當征苗
啓不當討扈高宗不當伐鬼方宣王不當伐玁狁以噎廢食非通時
務經國之遠猷也自古圖王霸之業者必定根本之地而固守之而

非建都之謂也陛下家世都汴舍汴都焉今欲用關中而制山東則
力未能至按南渡六朝之遺迹則舍建康不可雖然欲謀進取則非
堅坐不動之所能必觀進取形勢之便用之而圖成臣竊謂惟荊襄
為勝春秋之世楚嘗以是抗衡上國窺周問鼎三國割據曹操聞孫
權以荊州假劉備則失箸而駭六朝建立雖南北之形已判亦必增
重上流庾亮欲經略中原則先分戍漢沔宋太祖欲伐魏則先廣襄
陽資力故晉何充謂荊楚國之西門地帶趙蜀得人則中原可定失
人則社稷可憂今湖北接京西雖無大險然方城為城漢水為池管
仲之所不敢輕蓋地近中州上下不過千里其要害易守非如淮泗
汗漫平原按衍四通五達易入而難備也曹操用兵彷彿孫吳而赤
壁敗亡幾於不救則難易之勢可見矣誠能屯唐鄧襄漢之田以養
新兵出廣西武陵峒丁并施黔獠軍築堅壘列守漢上阻以水軍經

以正軍紀以弓手民軍牽制江黃呼吸廬壽則進取之基立然後陝西膂氣血脈通達而騎卒可至川廣之富皆猶外府易以拱挹其比於漂泊大江之南棲伏東海之濱險易利害相去遠矣建康固是六朝舊都甘守偏隅遷延國祚亦何不可臣獨以為不可焉蓋為陛下之責與晉元帝不同故也西晉為劉聰吞併無復能立懷愍兩君皆以弑殞故元帝自琅邪王又憑王敦專制淮南十年之威起而續祚然傳世十帝享國百年強臣內叛胡虜外迫其得僅存猶綴旒耳當時非無謀臣猛將提重兵出入終不能復取中原者非獨天運亦勢使然也今陛下之父兄在虜中固無恙穹廬羶幄臭惡雜聚其衣服飲食居處動靜豈得比中國民庶中人之奉哉其聞陛下嗣登寶位也必日夕南望曰吾有子弟為中國帝王吾之歸庶有日乎痛惟愁荒屈辱之中發此念為此言乎今三年日迫日切而獻謀者方欲導

陛下南狩日遠日忘遂無復國之心別求建都之所此臣所深不喻也今河北河東之民知朝廷不復顧思已甘心左衽山東京西淮甸之民猶冀陛下未忍遽棄者更遲延歲月無以及之則怨恨陛下而為敵國者所至皆然亦何必粘罕邪於此而欲建都非特不可亦必不能矣故臣願陛下先命呂頤浩杜充分部諸將過江廣斥候治盜賊自以精兵二三萬為輿衛於穩密州郡選置營屋以安存其所謂老小者陛下提此兵渡江而北變鑾而上遣使巡問父老撫綏挺刃之餘民至于荊襄規模措置為根本之地猶漢高之於關中光武之於河內雖巡歷往來征伐四出而所固守必爭而勿失者以荊襄為重陛下方富於春秋非如昔人白首舉事覬萬一之成者誠能堅忍奮厲坐薪嘗膽悠久為之而不能濟則書傳所載周宣王漢光武之事皆為妄言以欺後世無足信矣陛下聰明洞照必不謂然也上世

帝王為治之道惇睦宗族強本弱枝所以鞏固基局紹延佑命故三代有天下皆傳數十世而周又特為長久蓋以大建宗室以自藩屏故也原其用心蓋以天下為公而不以為私初非如後世以智力把持之褊心多忌雖有骨肉懿親眄眄然不借以尺寸之權而恐其伺便亂已亡秦是已漢以為鑒遂大封同姓非劉氏不王及其久也光武劉備皆以宗室唱義而起於殘絕之後夫漢高固欲為久遠無窮之慮非為其一身也以謂不如是不足以大庇子孫萬世血食然則封建宗室者乃固守天下之要術也今陛下之族北去者衆矣所幸免亦幾何而黃潛善鄭穀小人之見本無遠識謂陛下以支子入繼又不緣傳付之命國步未夷恐肺腑之間不無非望之冀考其行事必嘗進言恫疑虛喝以恐動宸心故自南都以至維揚誅竄之刑疑忌之意相尋繼見雖其罪戾或自貽戚然亦恐未必盡出於治親齊

家之義意審如是欲以保國而延歷難矣今宜同姓中不附親疏選擇賢材布之內外廣加任使其望實傑然出衆者陛下宜留之宿衛夾輔王室其有克敵戡難之功者宜漸為茅土之制星羅而棊列以慰祖宗在天之靈以續國家如綫之緒使雖虜知趙氏之居中國者尚如此其衆既失而得復者非獨陛下一人而已則其撲炎火之横心立異姓之逆謀庶其少息乎夫創業垂統之君必立綱紀以遺子孫繼世承序之君必守綱紀以法祖宗綱紀存則存綱紀亡則亡所繫如此夫一君子進衆小人未必退一小人進則衆君子必退矣勢不兩立而於君子為難蓋其道固如此仁宗皇帝在位最久得君子最多小人亦時見用然罪著則斥之君子亦或見厭然忠顯則收之故其成當世之功貽後人之輔者皆君子也至王安石則不然斥絕君子一去而不還崇信小人一任而不改故其敗當時之政為後世

之害者皆小人也。仁宗皇帝所養之君子既久且遠。日以消亡矣。安石所教之小人。方新而近其蕃息未艾也。所以誤國破家至毒至烈不知已時。然則陛下欲求君子而用之。而不愛爵祿以待其人。豈非甚不易得者乎。君子未得。而已試無堪敗事顯著之小人。稍稍類聚其未至則召之惟恐其不來其既至則用之惟恐其不速。混然雜進其黨必集所謂悔過用賢之意與陛下反正之初絕不侔矣。陛下土地金帛。能有幾何。豈堪此輩大言輕擒盡輸之夷狄耶。將以致引豪傑。延致英雄而標的如此是猶却行而求前。北轅而適越爾。夫以賢治不肖。此治平以前陛下之家法。以不肖治賢。乃熙寧已後陛下之家戒。矧當今日否塞之氣。充牣於中原。陰長之滋勃興於夷虜。非得希世異材。上下內外選任交用。泰何由復。而否何由傾乎。此綱紀國家之一事也。右文左武者。有國不易之道。漢高祖用韓信彭越不以

加於蕭曹。光武用賈復耿弇。不以加於鄧禹。唐太宗用李靖李勣不以加於房杜。蜀先主用關羽張飛。不以加於諸葛孔明。非獨其禮文等降不同。其誠心所以待遇之亦異。今儒學衰息。未有巨賢碩德屹乎朝廷。以收運籌指蹤之功。陛下所深恃以為心膂爪牙者。惟三四庸將耳。夫此數人者以近時論之。曾不足以當种師道之廝役。況望古昔名將乎。而偃蹇罷然。當負重寄使平寇盜。尚致未能。豈敢冀其向虜賊發一矢也。自愧無以塞責。則大言詭論。以上欺睿聽。慢辭倨禮。以下視朝士。謂今日禍亂皆文臣所致耳。敵人方強。不可與爭鋒必以退避自保。乘時而動。又不鈐勒其衆。動則潰。潰則盜。盜則招。招則官。反復循環。無有窮已。其為國家之害。豈文臣所敢望哉。竊聞陛下推心撫之矣。於太學出入內禁。不以時節。小人不知義理。習於所熟。以謂君臣上下猶朋輩然。恃憑威靈無有紀極。寵而不驕。驕而能

降。降而不懨。懨而能聆者。鮮矣。臣願陛下委大臣以腹心。待近臣以禮貌。常使南衙朝士氣勢重於此徒。天下抱才自愛之人。必願立於左右。緩急之際。必有能為陛下竭忠盡節。不愧古人者矣。與樊噲為伍。韓信猶羞之。況儒士乎。臣恭奉內朝班綴之後。欲求近臣如汲黯之流。氣折淮南。尚未多得。羸軀弊輿惴惴然於長戟大馬之中。卒伍賤人。皆得以惡聲詬何之。不敢正色忤視。少拂其勢。從臣如此。況其下者乎。唐制監察御史秩七品。衣綠至卑也。然銜命出使。則節度使具櫜鞬郊迎。本朝沿此意。郎官出使。則序位在轉運使之上。凡此蓋欲尊重天朝習民於上下之分也。故事。宰相坐待漏院。三衙管軍於簾外倒杖聲喏而過。呂夷簡為相日。有管軍忽遇於殿廊。年老皇遽不及降階而揖。非有悖戾之罪也。夷簡上表求去。以為輕及朝廷。其人以此廢斥。蓋分守之嚴如此。今見其分庭抗禮矣。推此類非一。日

長不已。陛下不為之別異表著。是自削堂陛。無復等威。亦將何所不至哉。此綱紀國家之二事也。治天下者。必取篤實躬行之士。而舍浮華輕薄之人。所以美教化善風俗。本朝自熙寧以前。皆守此道。至王安石以佛老之似。亂周孔之實。絕滅史學。倡說虛無。以同天下之習。其習既同。于今五十年。士以空言相高。而不適於實用。以行事為粗迹。曰不足道也。其或蹈規矩。守廉隅。稍異於衆。則羣嘲而族笑之。以為異類。紛紛肆行。以至敗國。二帝屈辱。羿莽擅朝。以謂是適然耳。伏節死難者。不過一二人。此浮華輕薄之為害也。夫欲變風移俗。惟係上所好惡。韓琦富弼在朝。文武兩班升朝官以上。即不許自陳磨勘。皆聽檢舉。所以養勸廉恥。恢張四維。故當時人知自重。風俗忠厚。至今乃有身為從臣。而自陳磨勘。乞覃恩轉官。不以為恥者矣。推而上之。見利必忘義。貪得必患失。遺其親。後其君。背叛篡奪。便可馴致。此

明君之所甚畏而深戒者也今萬化之原本於陛下苟力行孝弟則
天下忠順者来矣好賢遠佞則天下名節者出矣賞清白則貪汙者
屏矣崇行義則奔兢者息矣旌能實則謬誕者懲矣貴忠厚則殘刻
者遠矣苟反此道則頹波日漫必至於糜爛而後已至於文辭之麗
言語之工倒置是非移易黑白誠不宜任用以爲浮薄之勸也靖康
二年著作郎顏博文佞諛張邦昌則曰非湯武之干戈同堯舜之禪
讓及爲邦昌作請罪表則曰仲尼從佛肸之召本爲興周紀信乘漢
王之車固將誑楚博文近世所謂能文之士也其操術反覆如此故
廉恥道消四維大壞則社稷隨之陛下何利焉此綱紀國家之三事
也法度者所以治天下之具號令者所以行法度之幾而信義者所
以出號令之實也孔子曰自古皆有死民無信不立聖人重信至於
易死疑若太過鄙夫陋儒以智詐譎詭爲術者必忽此言然真宗澶

州與契丹結盟契丹守之百有二十年不敢先動宣和宰相王黼一
旦敗盟舉兵結遠夷伐與國取景德誓書還之天章閣天地鬼神所
臨重誓自我背之遂使虜人得以藉口夫金賊何憾於我哉皆契丹
基之假乎借兵報滅國之怨耳失信之禍乃至於此孔子之言良不
爲過而近日以來朝廷失信於民尤甚臣不能徧舉其目但如所謂
前降指揮更不施行如所謂已差下人別與差遣此等奏語必曰聞
於冕旒之列陛下何惜不勅大臣俾審熟思慮而直爲此反汗之
失以欺疑之聽乎今外州郡專制不稟朝命者漸多有之所恃
以指麾役使惟在號令出之不審則輕守之不固則疑輕而且疑則
制命之權不在陛下矣承受既數奉行實難不曰略與應破指麾則
謂不晚必又更改近在朝廷尚有此風遠而四方從可知矣陛下縱
有真賢實能付之民社仁政惠澤播之黔黎以是之故何繇責其功

效百姓雖愚然習於知見必謂朝廷之令率皆誑我是心一萌姦雄
得以誘之矣此綱紀國家之四事也郡守縣令者親民之官監司者
統臨州縣之長天下之治起於一縣縣治則州治州無不治則天下
治矣明主必慎擇居此之人既得其人必久任之以考功罪之實而
施賞罰焉近日以來朝廷移易郡守監司無月無之殆不可勝紀東
南路分不過十數何爲紛紛如此陛下宜察其故矣謂其不才而罷
之耶則曷若考慎於未命之前也又恐未必然特出於用事者之私
意耳民力已困財用已竭潰兵劇賊方洋乎其間戎務軍須交制乎
其上朝廷憂勞嘆息而未能救尚忍不爲擇忠信之長慈惠之師以
撫綏之乎臣願深詔大臣自今以往於郡守監司縣令斷以三年爲
任非有大過勿輕移改縣令不許輒從奏辟去官其有貪汙爲民害
者舉祖宗法痛懲治之仍許內外侍從官舉所知堪爲令者歲一人

後不如舉賍秩示誡留意此事庶幾斯民於鼎沸之中有蘇息之望
又今吏部無闕以待入官之人士無所得祿一切苟且求權攝以度
日見居官者不能勝任逃避患害則求差檄幹辦之名苟營俸粟無
復宿業之志欲事治而民安難矣今欲乞專委諸路帥臣轉運提刑
不以遠近共限一季申發部內見任及闕官已授未到職位姓名恭
三司之實付吏部爲案抵以行差注諸有以便宜從事辟置官屬者
必用曾任令錄以上無過犯人其奏補出官及曾以不職無治狀罷
者不聽奏舉奏補人必依舊法試銓無銓則於逐路運司歲一試之
仍增時議策問各一首精其選少其數中格則出官以絕請求賄賂
冗食之弊肅清仕路政在得人此綱紀國家之五事也臣稟賦凡下
無大過人然夙夜思之又考之往古揆之公論所得如此於當世之
務雖未能盡亦可見其大槩矣惟陛下動心加慮反覆而求之隆寬

降意開納而聽之。萬一可行則至誠惻怛奮乾之健而速圖之。日月逝矣。歲不我與。以為今日難於前日。安知後日不又難於今日乎。往者雖不可復追。未嘗謂無可為者而遂已也。天定勝人。大福不再。深可憂懼。今年之春震雷大雪。白虹貫日。中有黑子。錢塘之變寶先出象。恭以上天之仁。眷顧陛下。懇懇至厚。所以申命用休者不啻再矣。陛下出於屯難。側身怨艾。親近書史。引對多士。減徹玩好。躬親庶政。亦非復維揚之比。臣民共知。不可誣也。然任至重者力必強。責至大者憂必深。天下萬姓。以二帝之故。所望於陛下者非止如是而已。迺閏月金犯大火芒怒赫然。九月朔旦。日有食之。車駕復有思患預防之行。明堂遂廬陽德大弱。錢塘受辱之地。豈可再枉六飛。縣名柏人。漢相不宿。若趨會稽章三衢。則地形窮僻。扈衛益勞。貢賦不通。財用益窘。道路艱阻。朝覲益稀。鄙置迂深。命令益隔。人知陛下無興復之

志。威權日削。無可瞻望。投戈四逸。孰能止之。惟有臣區區之言理明事順。思迎父兄。誓報讎虜。奮志強厲。有進無退。庶足以感發軍情。率先將佐。於危絕之中求生存之道。此非怯懦畏避之所能濟也。不然而姑恃天命之不庸釋。是猶不耕于田。枵腹以待嘉穀之旅生。不績于麻。露肌以待野蠶之成繭。事理之必無者矣。又惟斯民戴宋無二者。徒以祖宗德澤深厚。人未忍忘。雖甚塗炭。猶未充鮮。雖甚愁怨。猶未反叛。然以比來巡行所過觀之。傍道里縣之民。一切空盡以避兵卒。其甚者田疇荒蕪。室廬破毀。生聚不保。滿目蕭條。殊非來蘇望幸之義。傳示四方。何以彰德。頃在建康。已獲虜賊之覘者。以此知虜人雖負十全之勢。而限以長江。未敢輕渡。然屯駐山東。聞有數路並入之謀。陛下不深委將相。早為防遏。但欲深尋幽遠。則回顧州郡。復為虜邑。必曰君王尚且畏避。何以責我守城。民心觀此。安能久忍而無

變亂。若不望風胡跪以事夷狄。必將推賢擇能以自保治。陳勝吳廣因民不忍而劉項乘之。秦遂滅亡者。蓋本於此。古人稱中興之治者曰撥亂世反之正。秦不正而甚亂。漢高祖反之正而興焉。王莽不正而甚亂。光武反之正而興焉。隋不正而甚亂。唐太宗反之正而興焉。唐末五代不正而甚亂。我太祖皇帝反之正而興焉。反之正者。反易其道。究其敗亡之由。盡更而去之。猶反覆手之易也。今之亂亦云甚矣。其反正而興之在陛下。其遂淩遲不振。亦在陛下。虜賊雖暴強。其亡可待。特恐中國豪傑因之而起。反吾之亂。興彼之治。則陛下之大事去矣。天下記之。野史書之。善惡榮辱。垂之方來。後人觀之。亦猶今之視昔。武湯以七十里而有天下。楚以七千里而為讎人役。今粘罕之強。未如秦。其得罪於中國無人。不然則有甚於始皇之於六國也。東南形勢。控帶江山。兼有吳楚之地。坤維嶺海。提封自如。非如湯以

七十里而起也。而乞憐偷生之勢。乃甚於楚之為秦役。此臣所以日夜憤懣。為陛下痛惜。而傷大臣之過計也。昔宗澤留守京師。一老從官耳。猶能致誠鼓動群賊。北連懷衛之民。誓與同迎二帝。皆稍聽許尅期密應者無慮數十萬人。不幸為黃潛善所惡。百方沮抑。憤悒而死。其志不就。群臣亦無敢以澤所謀達于宸聽者。以此知人心未厭二帝之德。何況陛下身為子弟。責孰加焉。誠欲北向而有為。臣將見鋤耰慘於長鎩。奮臂威於甲兵。舉四海惟陛下之用。決不為失策。惟在陛下斷與不斷。為與不為耳。五路事宜張浚已行措置。今能使淮南荊襄肘臂相應。山東合從。則虜人所守者數千里之地。兵分勢離。批亢搗虛。攻其不備。多方以誤之。不厭不退。以十年為期。陛下必能掃除妖氛。一清天步。備上京之廟貌。拜鞏雒之神皋。遠迓父兄。歸安鳳闕。再新儀物。永固皇圖。陛下於時憂責方已。巍然南面。稱宋中興。

永永萬年。欣懷無斁。其與惕息遁藏。蹈尾負恥。有如今日。豈不天地相絕哉。臣本踈外之蹤。無所知名。誤蒙眷求。擢侍左右。頋睞之渥。寵遇之榮。多士流傳。以為口實。重惟職司記注。掌書言動。喪亂已來。典籍廢缺。官業不舉。素餐是愧。況覩寇讎未殄。盜賊憑陵。鑾輅傍徨。式無死所。臣於此日得近清光。有知不言。有言不盡。苟非畏禍。即是欺君。震懼于衷。不能自已。戇愚抵冒。理合誅夷。寬仁如天。恃以無恐。儻或其言可采。有補大猷。尺寸之功。每名竹帛。是亦人之所榮。儌臣之至願也。干瀆威嚴。臣無任隕越俟罪之至。

時議遣使入雲中。寅為中書舍人。上疏曰。臣竊聞遣使臣入雲中。已有定議。臣愚陋蒙陛下擢寘從班。職在獻納。雖小事失當。猶合上聞。況遣使體大。縱使初不預議。苟心有所未安。豈敢緘默。輒形論奏。伏望陛下留神省察。昔孔子作春秋。以示萬世人君南面之術。無不備載。而其大要。則在父子君臣之義而已。魯桓公為齊所殺。魯之臣子於齊有不共戴天之讎。而莊公者乃桓公之子也。非特不能為父雪恥。又與齊通好。元年為齊主王姬。四年及齊狩于禚。五年會齊同伐衛。八年及齊同圍成。九年及齊盟于蔇。是年為齊納子糾。仲尼惡之。備書于策。以著其釋怨通和之罪。魯莊惟忘父子君臣之義也。魯之臣子則而象之。故公子牙弒械成於前。慶父無君動於後。卜齮國人犖之刃交發於黨氏武闈之間。魯之宗祀不絕如綫。此釋怨通和之効也。豈非為後世之永鑒乎。女真者驚動陵寢。戕毀宗廟。劫質二帝。塗炭祖宗之民。乃陛下之讎也。頃者誤國之臣。自知其才術不足以戡定禍亂。而又貪慕富貴。是故譸張為幻。遣使求和。以苟歲月。九年于此。其効如何。彼之一身。叨竊爵位而去。曾何足道。而於陛下聖德國家大計。則虧喪多矣。所幸陛下勇智日躋。灼然獨見。於邪言久惑之後。奉將天討。罪狀豫賊。再安國步。漸圖恢復。天下忠臣義士。聞風興起。各思自効。以佐丕烈。譬如人行萬里。登車出門。又如支吾夏屋。初正基桂。存亡治亂。實係此時。今乃無故蹈庸臣之轍。踐阽國之址。犯孔子之戒。循魯莊之事。忘復讎之義。陳自辱之亂。臣竊為陛下不取也。或謂不若是少有貶屈。其如二帝何。臣應之曰。自建炎丁未以至甲寅。所為卑辭厚禮。以問安迎請為名。而遣使者不知幾人矣。知二帝所在者誰歟。見二帝之面者誰歟。聞二帝之言者誰歟。得女真之要領者誰歟。因講和而能息虜兵者誰歟。臣但見丙午而後。通和之使歸未息肩。而黃河長淮大江相次失險矣。臣但聞去年冬使者還言。酋豪帖服。國勢奠安。形于奏章。傳播遠近。曾未數月。而劉豫挾虜稱兵。犯順矣。女真者知中國所重在二帝。知中國所恨在劫質。知中國所畏在用兵。則常示欲和之端。增吾所重。平吾所恨。匿吾所畏。而中國坐受此餌。既久而後悟也。天下其謂自是改圖必矣。何為後出此謬計耶。苟曰姑為是爾。則豈有偷書稱臣。厚費金幣。而成就一姑為之事也。苟曰以二帝之故。不得不然。則前効可考矣。況歲月益久。虜情益闊。必無可通之理也。臣嘗思之。陛下與女真絕。則臣下無所得。而人主為義舉。若通和。則利歸臣下。而人主受其惡。故九顛奉使通和者。皆身謀。非國計也。陛下何不據孔子之論。而決此策乎。自王安石廢黜春秋。天下學士。不知尊尚。一旦亂臣賊子。接迹乎四海。幸遇陛下篤信此書。孔子之志。將伸於今日。使當考筆削之意。斷當今之事。只行一二大者。陛下義名輝映千古矣。當今之事。莫大於夷狄之怨也。欲紓此怨。必殄此讎。則用此之人。而不用講和之臣。行此之政。而不備講和之事。使士大夫三軍百姓。皆知女真為不共戴天之讎。人人有致死於女真之志。苟無一還之心。然後二聖之怨有可平之日陛下為人子之職舉臣等駑下伸眉吐氣食息世間亦預榮陪矣苟為不然以中國萬乘之君而稱臣於讎虜則宰相而下皆其陪臣也借使女真欣然講解以一將軍將數萬衆駐兵泗水之上顧與陛下面相結約歃盟而退未知陛下何以待之則又欲變置吾之大臣分部吾之兵將割我之地土而取其租稅有一于此其能從之乎從之則無以立國不從則隳敗和好將何據而可臣實竊昧思之不通是以略具古義浼瀆聰聽惟陛下誠加采擇或合聖意即以世讎無可通之義明降指揮寢罷奉使之命刻印銷印俄頃之間初無害日月之明適足以彰陛下好謀能聽之美免累聖德誤國大計臣不勝區區納忠之至

寅又奏曰臣竊聞宰相張浚有論使事為兵家機權與臣所論事理不同今何蘚遂行不可救止臣待罪侍從初有所陳已荷聖知今浚

以輔國謀臣陛下之所倚賴而禮貌之者也勢難以臣故以沮其議臣不當力論取勝徒成紛紛然臣再三思慮終未曉浚之說須至剖析聞於聰聽望陛下留神省覽姑且志之聖懷俟他日驗臣所計與浚孰中孰否則使事之利害決矣今則未敢求直也粘罕總師二十餘年破大遼弱我宋雖無遠略亦精於用兵其所行事盡詭詐也今我之虛實彼豈不知尚須卑辭執謙然後足以驕其心示弱屈服然後足以平其怒乎此遣使之無益一也庚戌後不遣使虜兵亦不來及癸丑遣使則鈞引虜使入國熟視而去曾不旋踵而淮南之警奏至矣此遣使之無益二也前我所遣四輩皆朝廷之選侍從之臣聞其入虜境晝夜驅遞略無禮節及見粘罕坐受欺紿怱怱而歸未嘗得其要領也而況何蘚一使臣其何能任覘國之事乎此遣使之無益三也昔富弼之使也以一言息南北百萬之兵可謂偉矣使歸行

賞遷進官職弼方以中國未能用兵徒賴使人口舌下虜為莫大之恥終不肯受其識度如此乃可辦國今奉使者首先論其私事祈求恩澤一一足意而後行所慮卑近與市井之人無異尚能明目張膽不辱君命乎此遣使之無益四也萬一虜賊臨以兵威肆其恐脅使人必不能就死則反以我之情告之是自敗也死生之際唯烈士不懼曾謂何蘚而能之乎此遣使之無益五也虜賊之所大欲者誰不知之既有滅宋之心正使劉豫明日就亡今日亦必赴救而況豫賊祈哀乞援秋高草熟來寇何疑此不待窺覘自可坐照於一堂之上也此遣使之無益六也今淮以北劉豫自以為其封疆矣河之北粘罕自以為其土宇矣使者之行豈能乘雲馭風徑至虜庭哉必渡清河之阻經濁河之限然後能至也去冬下詔罪狀劉豫明其為賊今豫肯賓吾使人達之於虜哉臣恐戎伐凡伯則有之矣此遣使之無

益七也今我與虜之勢如兩家有沒世之怨一弱一強強者侵陵不休弱者必固其門牆嚴其戒備待時而動庶能有濟乃欲命一僕夫啗以酒肉悅以金帛適足以重吾之弱增彼之強而已此遣使之無益八也自古兵強馬衆玩武不戢而無自焚之變者此五胡英傑勒曜垂珪之所難也粘罕好財貪色兇殘不義特盜賊之雄耳非有保國永世兼并天下之術也度其勁兵壯者老老者死其犬馬之齒日已長矣其謀臣志滿意得況酣乎子女玉帛之間不越數年必有禍敗此易見也萬一今冬黨助豫賊昧於一來陛下申嚴將士據大江之險以禦之彼再而衰三而竭必矣小小勝負兵家之常今未有兵交之形而遽自納侮以示畏恐情見力屈當反為所乘非兵家形格勢禁之法此遣使之無益九也夫和人一心迎合粘罕之意為身謀而已陛下寤寐賢才日昃不倦菲衣節食卑宮室陋器用以養戰士

固將爲父兄擴覆載不同之憤。雪滄溟不滌之恥也。君堅用和策。則謀臣解體。義士喪氣。將帥偷安而卒伍泮散。以爲無復有輸忠効智建立功名之日。使和人自謂其說可用。如此必有進爲之漸。以國與人。取說粘罕。夫事去矣。此遣使之無益十也。獨有一說。使陛下難處者。以二帝爲言耳。然自建炎改元以來。使命屢遣。無一人能知兩宮起居之狀。謦欬之音者。況今歲月益久。虜必重閉。惟懼我知之。今以虜爲父兄之讎。絕不復通。則名正而事順。他日或有異聞。在我理直易爲處置。若通而不絕。則虜握重柄。歸曲於我。名實俱喪。非陛下之利也。使或有知二帝所在。一見慈顏。宣達陛下孝思之念。雖歲一遣使。竭天下之力以將之。亦何不可之有。其如艱梗悠邈。必無可達之理乎。以此揆之。則以二帝爲言者。理不難處也。臣聞善爲國者。必有一定不可易之計。正其大義。不僥倖以爲之。漢高祖出關。得董公之

謀。以弑君討項羽。後雖屢敗。然項羽負不義之罪。雖強必弱。漢守其策不變。終有天下。然張良嶢關之舉。養虎之喻。君子猶羞道之。及劉先主諸葛武侯志在復漢。目操爲賊。亦能三分鼎立。魏延出奇欲速。孔明不求近功。君子以爲真以天下自任者。古之英雄規模注措。大抵如此。三國崛起。曹氏先據利勢。蜀最後立。豈以微弱之故。卑下於操以苟存耶。孟子曰。君如彼何哉。強爲善而已。今日大計。只合明復讎之義。用賢才。脩政事。息民訓兵。以俟北向。更無他策。儻或未可。惟是堅守。若夫二三其德。無一定之論。必恐不能有爲。至於何辭之行。非特無効。決須取辱。臣所見如此。豈得以張浚有言而自抑也。又況蒙被詔書。曲加奬諭。凡以爲榮。今焉內愧。所以致詳盡義。忘其喋喋。心在報君。非好辯也。若夫軍旅之事。則未之學。張浚以遣使爲機權者。臣所未諭。不敢強爲之說。伏乞陛下寬赦之。取進止。

歷代名臣奏議卷之八十六

經國

宋高宗建炎間編脩官胡銓論符離之敗疏曰臣聞古者或多難以固其國啓其疆宇或無難以喪其國失其守宇齊有仲孫之難而小白以興晉有里丕之難而重耳以起漢高有平城之難而成帝業光武有王郎之難而興漢統唐太宗有渭水之難而大業以昌德宗有奉天之難而唐祚益固何則以其畏多難而思所以保其國其操心危而慮患深也城濮之役晉無楚備以敗於邲邲之役楚無晉備以敗於鄢衛邢無難敗亦喪之晉武既平吳何曾知其將亂隋文既平陳房喬知其必亡何則以其恃無難而不思所以固其國其操心不危而慮患不深也故曰或多難以固其國啓其疆宇或無難以喪其國失其守宇豈不然哉陛下思復不戴天之大讎痛心積慮誓與醜虜不俱生雖古人枕戈嘗膽未能遠過近者淮上之衂蓋天以是厲陛下之志使陛下動心忍性增益其所不能臣有以見天心之愛陛下也篤矣臣願陛下益强其志毋以小衂以自沮蒐乘補卒休兵息民期於身濟大業實宗廟社稷之福

紹興元年戶部尚書葉夢得上奏曰臣准吏部牒備坐都省劄子臣僚上言邊事未寧乞大詢衆庶備禦之策聖旨令行在職事官以上具所見實封聞奏仍限五日者臣以疎拙不才罪戾廢棄之餘仰蒙陛下過聽收召今者備列六官之長恩厚德大雖在承平無事之時猶當感激奮勵圖報萬一況此中外艱虞陛下焦勞旰食日不暇給之際且復屈己下逮思盡羣策主憂臣辱義當即死雖其愚陋敢不竭盡犬馬之誠或冀千慮一得竊惟逆虜不道憑陵中國四年于茲矣所嚮無不摧所爲無不成卒莫能少挫其鋒者豈以荒㓕暴起之餘越數千里之地盡用其民二十餘年叛天逆理流毒于我而我合天下之智勇不能與之抗爭其患在於始謀不臧動失機會因循擯潰養成其勢是以在彼者日益肆在我者日益困于今救之於未爲愈難也夫兵機事也不度時不料敵則不可爲故機會一失則爲之每難於靖康之初矣若以今春視去冬蓋又有難者焉去冬所聞出沒於陜西河北之間者或曰游騎或曰簽軍未知主謀總衆者何人今聞粘罕嘗親至相州又至濮州又至開德府是主兵者在粘罕此難者一也去冬以開德府守河我尚恃河以保南境故虜屢擊橋我輒爭得之今開德既陷河已非我有則河南之地惟虜所欲往此難者二也去冬河北京東諸郡存者尚衆南倚開德北倚大名東倚東平此三大鎭者鼎足相峙而滄州又在其北德博與濮更爲脣齒其力猶足以相抗今惟東平歸然獨當宋魏之衝滄州孤絕在後此難者三也南京自古最爲南北咽喉關鍵唐安史之亂張巡許遠以死守之卒全江淮今又京師糧道所寄泝汴而下距維揚無十日之程視唐利害尤重澶魏既破道途之言皆謂虜騎嘗已至楚丘萬一遂薄南京則上可絕京師下可迫楚泗此難者四也京東河北諸郡初固皆欲死守故我力雖不能經紀而一方自爲嬰城之計民社各欲保其鄉里者猶有可恃自開德等陷人情震駭皆無固志聞德州乃望風迎降而巡社之民亦或反爲之用則見存諸郡豈復可保此難者五也只此三兩月之間難易不同又復如此不早爲計虜既多得吾地遂擇膏腴利便之所以爲巢穴重誘吾民脅之以威驅驅四出今日復振則三兩月復陷一州以漸及於東南取者不復可得陷者不復可振則三兩月之後其救之豈不更難於今日乎又況猖獗之志有不止於此者臣竊觀虜前年冬去年春先破西京長安而去冬

抽還陝西京西軍馬。未幾河北京東諸郡相繼淪陷。蓋其為謀。自有次第。是必欲潛窺淮甸。而濯京西陝西與河北之民踵躡其後。故先去其援。今既得志矣。則乘間而南。不在今春。必在今秋。若先自單州趨南京。次又趨宿州。次又自淮陽軍趨楚州。則泗汴一帶皆不可支吾。然是特為淮甸慮而已。何者。我猶可恃江以為之限也。若更分兵一自陳頴出和州。渡宣化采石以趨金陵。一自唐汝出襄陽抵鄂州荆南以覷上流。則長江之險我亦不得專。吾復何以為計哉。此臣所以私憂也。為今之計。必先深戒靖康機會之失。然後論起備禦之策。所為靖康之失者。何也。固守京師而不知避是也。古之帝王。一歲而四巡狩。初不以為難。後世巡狩之禮雖廢。然事有急緩。必不得已而從權者。未嘗有人主跬步不去王室之義。臣在經筵。嘗因魏惠王遷都於梁之事論之矣。以謂王者無故而還都則不可。因事而巡狩則

無不可。自昔變難擾攘之際。未有不因遷避而存。遲疑固守而亡。故唐明皇以安祿山幸蜀。代宗以吐蕃幸陝。德宗以朱泚幸梁。僖宗以黃巢再幸蜀。此五君者。雖一時不免奔趨遠適之勞。而後日皆保安全無事之福。惟晉成帝當蘇峻之變而不避故危。梁武帝當侯景之亂而不避故亡。此已事之明驗。不待深考而知者。靖康主謀之臣。不知論此。乃合遷都巡狩為一事。不料敵之弱彊。不度我之勝負。徒襲宣和末議。以固守京師為得計。已大誤矣。又復決意謂虜必不再至。遠則邊境未嘗為防托力拒之謀。近則大河未嘗為經畫必守之計。終歲分爭於口舌之間者。僅在戰和二說。以逞其私。緩其所可急。急其所可緩。遠期至事迫。始命李回復蹈何㮚之覆轍。以數萬衆守河。而旋設四輔。四至則盡潰。四輔兵未集。虜已過河。訖束手不能效一戰。禍遂至於不可言。此天下所以痛心疾首不能釋也。今揚州則京師也。東京京西見存諸郡則邊境也。長淮則大河也。陛下視靖康之失如彼。則今日之圖其緩急先後宜何如哉。且天子居而在京師。則以京師為家。而外以經營四方。出而在外。則擇外之安存深固之地為家。而外以經營四境。為家者一定。應事之機。往來進退。而以馬上治之。固不以所一定者自為域也。漢高帝起於漢中。東向而當項羽。故以咸陽為家。而蕭何守之。咸陽有定。而高帝往來進退。必至於擒羽者。未嘗有定也。光武起於南陽。而向而當羣賊。故以河內為家。而以寇恂守之。河內有定。而光武之往來進退。必至於誅賊者。未嘗有定也。使高帝不離咸陽。光武不離河內。不唯天下得失未可必。安知無坐困於敵人者哉。臣愚以謂今隆祐太后六宮既在錢塘者。陛下之咸陽河內。所宜為家者也。陛下若定家錢塘。鑾輿進則負江而北。退則阻江而南。惟便利之所在。不必固守維揚。以順動為重。陛下與

大臣講此宜詳矣。今虜猖獗。夫約已可見。臣所不知者。朝暮緩急之勢也。慎重國體。固欲舉措得宜。精審敵情。亦必機會中節。伏望陛下博通下情。廣遠斥候。如勢必至於過江。則預以進退順動之意預定其期。亟下詔書。明諭中外。無幸其不來。而使得倉猝乘吾不意所覷。既定扈從臣子之心安矣。四方形勢之望彊矣。則備禦之策。惟吾力行而已。臣謂今日之務。有當為而未可為者。有不可不為者。有不得已而預為者。臣聞虜雖得吾兩河諸郡。然事勢猶未成。人心猶未一。吾能乘其未成未一之際。併兵力戰。復過大河。以與河北見在諸郡山寨水寨之衆相為表裏。因以待釁驅逐。使不得安吾境。此當為者也。然勢未可為。先且厚慰撫兩河。然後專事京東京西淮南控扼之地。謀其藩籬。內拒淮為險。以塞南牧之路。使不得覬覦。此不可不為者也。則當速為淮狹而難守。江闊而易守。萬一三路藩籬不能捍。而

淮不可保必退而守江則鎮江金陵與上游荊南襄鄂之地擇其要害抗以舟師此不得已而為之者也然不可不預為請試一二陳之今夫虜之驟強誠天假之連年戰勝之威百倍於我兩至京城如蹈無人之境殘破州郡唯其[illegible]欲我之不敵亦已審矣而臣方以可復過河驅逐出境者夫較強弱雖在力而論強弱所由致則在理天下無常弱唯理之所在而已我得其理則其氣伸其氣伸則其勢不激而自強不在力之衆也我失其理則其氣屈其氣屈則其勢不挫而自弱不在力之寡也昔後唐莊宗父事契丹阿保機及莊宗之難阿保機謂其使者姚坤曰吾聞此兒有宮婢二千人樂官千人放鷹走狗嗜酒好色任用不肖不惜人民此其所以敗也我自聞其禍則舉家斷酒解放鷹犬罷散樂官我亦有諸部樂官千人非公宴不用由此言之虜雖非人類未可謂寘然全無知識者也及德光援石敬瑭破

張達敬瑭問所以速戰而勝者曰吾謂唐兵能守鴈門而扼諸險則事未可知今兵長驅深入而無阻吾知大事必濟且吾兵多難久宜以神速破之此所以勝也然則德光雖彊亦必視形勢地利度其所可濟而後決勝宣和之末邊臣失計既與虜通又與之來我中國政事之過覘之多矣深謀狡智乘我而重輕之者既已窺於前逮其兩入我所以待之者未嘗有一事一為當其節彼復謂我無能為而可侮者又有以察於後則飽其吞噬之氣以馴致其強者豈無自而然哉今陛下若能監宣和致寇之失而一切盡反之屏聲色遠讒佞抑僥倖戒奢靡簡誅求撫彫瘵凡可以興衰扶危者無不為左右大臣能承陛下之意深求靖康誤國之弊而一切盡矯之收人心作士氣擇將帥練軍伍較地利料敵情凡可以救災捍患者無不舉夫彼既以是覘而乘我亦必以是覘我而知其不可乘既以是察而侮我亦必以是察我而知其不可侮我亦持此以感人而人服率此以用衆而衆從其理一易而氣隨之彼豈終怙其彊我豈終屈其弱乎且周世宗之興中國契丹之勢未有以異也奮然一起以唐晉之兵治唐晉之敵不血刃而復三關虜遁逃折北之不暇彊弱之易變於此可見矣竊聞兩河山寨水寨之民動以萬計其怨虜深入骨髓仰懷祖宗二百年德澤蟠結之久南向號呼以待中國之救者未嘗一日而忘我誠能力行前之所陳於內而使人重撫此遺民以收其用於外數月之後徐為大舉臣知大勢一返當如轉圜石於千仞之上王尋之師非不衆而光武破之於昆陽曹操之師非不彊周瑜敗之於赤壁苻堅之師非不銳而謝玄潰之於淝水事不至此未可以定中興之期所謂當為而未可為者此也天下之勢在州郡州郡能立形勢者在將與兵祖宗以來處河北河東陝西三邊之術略可見矣總之

有帥命之有將屬之有兵以其郡為帥府則與之將者若干人與之兵者若干人險要之地如何為堡寨捍禦之卒如何為屯戍如是而守如是而戰如是而分如是而合有定法也其自中出者唯選帥命將出師之節而已臣獨怪兵興之後我之境土日蹙則前日號為邊面者皆迤邐次邊於腹裏而朝廷未嘗以三邊之法處之除一二大帥之外其餘州郡雖與敵境相接猶一用承平故事吏按籍以書生文吏計資考而為之守朝夕所從事猶在簿書獄訟期會往來之間將之有無未嘗問也兵之多寡未嘗知也忽遇卒變於內盜賊聚於外則特出行在之兵為之誅討事已復歸泰然相忘守一定之法而治不急之務與從容無事之時無以異主兵者不過兵官巡尉為兵者不過弓手疲卒幸而隨其守之才武粗能招集軍民或其僚屬間有可用皆各出於私意自保朝暮帥臣有名無實旦有事戰守無

所取謀合散無所稟命勝不相聞敗不相救。如向者潁昌蔡州等諸
郡棄城逃遁守臣。例不過以力不足藉口。朝廷亦莫能詰。而日近濮
州冀州等處雖能固守外無一兵一騎以為之援。亦卒至於陷沒而
後已。以此治邊面虜何懼而不吾侵也。臣願亟取淮南京東京西三
路要害之郡與虜相近者。一以前日三路極邊之法治之。東則鄆州
徐州南京。西則潁州壽州和州。南則唐州襄州荊南。各隨其遠近立
為軍數或使之召募。或為之分隸。而命以大將與其帥參治。中擇近
臣明敏宏毅忠信沉遠者一人。為之總帥以節制之。小郡與偏裨聯
於大郡。大郡與將聯於總帥。應州郡常事一皆命之。餘官守將專領
軍事。各條其所為者上之朝廷。為擇其可者頒於總帥。而授於所部。
虜未至。則如何守。既至則如何戰。攻某州則某州應援。入某地則某
州牽制。預定成筭。日夕按習。緩急有事。舉而盡行。必使腹心可以相

倚臂指可以相及。守者如檀道濟之在壽陽。援者如曹景宗之在鍾
離。擊者如韋叡之在合肥。拒者如臧質之在盱眙。縱令人才寡少。未
必皆得如數人。然不可不以是求而用之。雖未能克敵。豈遽以單弱
奔潰孤絕陷沒乎。所謂不可不為而速為者此也。保江下策也。虜勢
既未可測。則我亦當為不可測之備。去年秋始獲進對。即嘗論虜或
師河洛。分兵鼓行直趨襄沔。橫據荊渚。因我舟楫人卒。順流進逼江
左。即王濬等入吳之路。以為彼之上策。自許蔡而南。一出歷陽。徑斷
采石以趨金陵。即蘇峻所從亂晉。本朝曹彬所從下江南。以為彼之
中策。是時河南與京東諸郡尚存。虜之去就猶遠。姑自河洛言之而
已。今既不止於此。則尤當過為之防。敢終言其詳。自古有事於東南。
未嘗不先以舟師出上流。蓋所以奪我者以勢不以力也。王濬自益
州至荊南。作大船連舫百二十步。受二千餘人。以木為城。馳馬其上。

及既進自巴丘十四日至牛渚。蘇峻在歷陽。即今和州。其襲姑孰。進
憩湖蓋今太平州之間。由采石而渡。我曹彬下李氏。亦循用其迹。虜
騎去春嘗已至汝州蔡州矣。自汝州入襄州至荊渚。自蔡州入光州
至歷陽固不難。則江之可防非一道也。然是猶有可言者。濬與彬皆
中國人也。濬在益州作船七年而後成。虜雖得荊南。其勢未必遽
能至是。然虜多燕人。粗能知書。或竊取濬之餘意而倣之。與襲蘇峻
之故道。則亦未易可當。但其驅我人而用之。吾固亦可以我人而拒
之。無足憚者。若欲自為之謀。則棄鞍馬而事舟楫。捨所長而用所短
我視平原易地得筭為終多也。唯控扼者如何耳。臣嘗建議欲以鄂
州與荊南別為一路。置帥府。此實上流控扼之要。而襄漢之所從出
吳孫氏嘗都以拒魏。唐始以岳鄂為觀察使。後陞為節度。其意可見
若鎮江金陵。韓滉在唐最為近事。築石頭五城。備塢壁。起建業抵京

峴樓雉相望建業即金陵。京峴即鎮江之境也。造樓船三千柁。以舟
師由海門大閱至申浦。復與揚州陳少游以甲士三千。臨江會于金
山。當朱泚之亂。東南賴以安靜。今車駕或駐兩浙。則鎮江金陵尤所
當先。治舟師不講已久。去冬雖嘗募海船四百餘艘於鎮江。然而戰
陣之習未聞其嚴也。鎮江之師。止可為鎮江之用。未見金陵所以待
上流者。江東之備。當以江東之舟與人用之。又鎮江有子城而無外
城。未有無城而能守險者。今若速以鄂州與荊南各分一路。以抗於
上。而命鎮江金陵揚州三帥。力舉韓滉故事備之以至于下。則彼度
地之利害。較枝之短長。必有覘而知畏者。所謂不得已而預為者此
也。恭惟陛下以聖神文武之資。誕受中興之業。躬履艱勤克己願治。
其長慮卻顧耳無不至。今日復以虜勢之迫。下詢於衆。易曰天地設
位。聖人成能。人謀鬼謀。百姓與能。夫聖人成天地之能。而並立於其

間者不過明則謀之人幽則謀之鬼而百姓之安危天下之安危也
既盡人謀而同其安危則內可以保一己外有以保天下百姓其誰
捨之乎洪範九疇其次七稽疑曰汝有大疑謀及乃心謀及卿士謀
及庶人謀及卜筮汝則從龜從筮從卿士從庶民從是之謂大同身
其康彊子孫其逢吉謀衆稽疑之道其効蓋如此陛下既用是道則
不可不求是効若臣所見常智皆所共察利害得失顯然易明竊料
陛下亦嘗熟計於胷中矣今卿士之言亦或宜有與臣同者陛下果
嘗計於胷中而臣又言之卿士又同之則願陛下斷而必行耳雖然
陛下無乃以方祈請二聖宇文虛中奉使未廻意和議可恃不欲重
見兵端乎臣以為不然夫靖康所以曠日持久不力為備者正以耿
南仲持和議墮虜計中而不悟今虛中之請成否未可知安可捨目
前之急而待萬里之報盍姑存其說而不廢舉而有成不過虛為之

備如其不成固無後悔必欲還二聖非我形勢先彊彼肯遽有順從
今但自為備非彼見迫我不交鋒不可謂之兵端臣智識凡陋思慮
短狹不足以仰塞明詔不勝拳拳憂國愛君之誠惟陛下垂恵采擇
八年憂得提舉臨安府洞霄宮上奏曰右臣今月十八日戌時准尚
書省遞伏蒙聖上恩賜臣詔書一道以虜人初退陛下深懷善後之
計俯以攻戰之利守備之宜措置之方綏懷之略特加訪逮臣材質
朽鈍識慮褊淺不足上裨大議然念頃歲權自閑廢驟承聖知度越
稠人濫關政事雖奇窮闇拙奉事清光之日無幾而眷遇識拔天地
生成之賜實與衆異銘鏤肺腑久未知報日夕愧負若無所容比者
逆臣劉豫敢挾黠虜稱兵內侮犬馬之誠雖不勝忠憤而職在散地
朝廷成算非所預知是以不敢犯分妄言姑因職守所當行竊獻其
末議今賊衆敗亡王威始震陛下天縱神武坐制彊敵之餘尚懷謙

慎博詢羣議不遺疎遠曲記孤愚此見陛下戰勝而不矜功成而不
有舍己從人至誠樂與之意必將上追堯舜文武之用心以還祖宗
之盛於此不言臣罪大矣敢殫竭底蘊試效萬一惟陛下垂恵採擇
臣聞洪範言人君三德曰正直曰剛曰柔夫天下之變無窮古之帝王
御之不過有三苟非平康之世彊弗友則克之以剛燮友則克之以
柔而已自陛下即位及今虜九三入寇其始衝突至於維揚臨江而
不敢渡明年渡江至於錢塘四明歸而立劉豫今遂與豫合謀併兵
長驅並至方其臨江不敢渡蓋不能無畏於我棄而不守故明年復
為南渡之計然猶未敢有意中原賊歸之後我不即撫定置而不問
者累月故始萌其姦計取而與豫我復委而不與之爭遂別為此疆
爾界視豫真若吾鄰遷延顧避入寇者不得擊歸順者不敢納豫驕
於上民絕於下所以偃然自謂得志無復忌憚陰導犬羊以圖僥倖

我愈退賊愈進我愈怯賊愈彊此其故何哉殆吾謀臣失計而一於
用柔者勝也向使維揚之後有以御之固無錢塘四明之役錢塘四
明之後有以御之固無今日之役今幸賴陛下睿明英武赫然獨斷
出賊不意決策親征是以兇焰首摧狼狽失措曠日持久卒至於遁
曆歲之失一朝正之天下孰不鼓舞感悅豫計已窮虜氣已懾此乃
陛下宏濟艱難反於用剛之時不可不乘此遂定興王之業臣前嘗
妄謂克復大統平定中原當自此始者誠有待於是然為之當有其
序蓋有進討之策有招納之策數路並進一舉而蕩平之此進討之
策也廣敷德意以次而懷徠之此招納之策也進討而不及招納招
納而不及進討皆未免有偏勝何者進討之策非兵強將選財豐食
足未可遽動招納之策苟因人心無不可為數年之間欲以郡歸有
如海州者欲以縣歸有如宿遷者舉衆而附少者數百人多者數千

人心亦無時而無陛下察此人心豈嘗一日忘本朝乎果吾進討之具無不兼備舉而用之固不為難若猶未也則先招納後進討自不失其序臣請言之臣往年待罪江東得豫情實最詳豫闒冗凡材年踰七十其子璘狂悖慘刻尤不為其下所伏自行什一法重斂於民外以奉虜歲幾三百餘萬又遠事關中疲竭內地民困貪暴痛入骨髓日夜引領以望王師之至其告於吾人者或曰天兵速來過今年則人心慢或曰我非順番但能以大兵主張得我我無不歸此言人所共聞也今虜復以十餘萬衆屯聚幾百日數路騷然彊者簽為簽軍弱者聚而轉餉調度百色必非豫能素辦皆當盡出誅求荷戈帶甲三冬暴露非特民怨兵且怨矣非特豫困虜且困矣若陛下以天地大德涵覆無外盡洗從偽之民而一新之許其來歸孰敢不從待其昏迷不恭尚懷顧望則臨之以兵孰敢不服臣願陛下與大臣熟議

定此二者先下哀痛之詔開諭偽境歷叙日者不即撫定之意深自引咎若曰非民忘我我自失之原其淪陷出不得已使廓然皆知陛下待之與豫父子者異則立為賞格以募之以州降者授以州以縣降者授以縣挺身或舉衆來歸者處之皆勿失其所命邊吏多募信實之人深入傳告或說客辯士因其人而動之必有相繼送款如海州宿遷者此吾不血刃而坐復境土之道也益戒有司訓練將士儲積糧餉若秋冬之間虜與豫復至不過進則攻戰退則守備而已前日已事之驗固自可見若虜與豫不至而吾民猶有畏虜不即聽者則待吾進討之具備申飭諸路約日齊舉而深入之彼孰肯終陷順從逆捨寬從虐哉豫孤身獨立衆散親離少假歲月非我擒豫則豫必棄而奔虜或吾民有圖豫而獻者此必至之勢也二議既行陛下詔臣四事皆存乎其間所謂攻戰之利者見可攻而攻見可戰而戰

不可預言但紀律備明士氣奮張將帥樂於為用不懷小伐卻勝而不驕不用而不憤則在我有常勝之道今之兵勇銳視前不侔矣尚恐罷冗者未盡汰驕墮者未甚戢將帥之材猶未甚廣蓋自軍興號為兵者皆大將自募與招安之盜賊貴多而不貴精偏裨亦出其選朝廷藉之為用未嘗別自簡擢臣願稍備軍律以前後號令約束損益立為法制以整齊之徐令自汰其不足用而誅其不律者統制統領官各使上其材能勳閥朝廷更加審覈時拔其能者付之以事或使自當一面兵將無濫法令明肅開闔在上權不偏重則何往而不勝也所謂守備之宜者防秋防冬之事前此戒嚴則舉解嚴則廢未嘗修之於無事之日是以事至旋謀亦多苟簡文具今要害之地莫大於擇人近歲或專委武夫或取之負犯之吏或姑錄其人不問所長幸而得人或遷徙無常或不與之兵或有兵無食至於鄰比策應牽

制相為犄角皆未嘗預講其尤為大害者斥堠不明往歲維揚師在泗州猶疑其非虜今者承州入境而後知之夫以大軍會集數月而後興越數千里而後至尚不及知況其他乎臣願應守禦之地亟擇人分任量其守之大小而與之兵與之兵必足其食使各條上方略可自守則如何守自守不足則如何援凡山川險易道里遠近鎮戍疎密控扼急緩詳考利害一一規畫朝廷與大將擇其便利必可行者授之以為成法無事則習之有警則行之少假其權以盡其能久其任以責其效別立探報之法廣行敎募不必拘以一色使敵情虛實進退皆前期而知無出所不及則何守而不固也所謂措置之方平之所有而糧餉調度猶以有司之常法責之轉運使否則出內帑之積以濟之設有非常之用則旋為經畫或不免取於民未有一定

之制此豈可久哉天下之財非不足但歲久法弊廢而不舉及當国時而為之者未講也唐制諸道貢賦別而為三有上供有留州有送使本朝大略因之上供之外留州者遂州之所用也送使者轉運使之所領也唐制財用通而為一本朝轉運使所領非兩税常入其他皆別為諸司自軍興職守不嚴事多權宜監司一於侵奪州縣一於隱蔽為濟目前憂生欺弊盖上供猶有關者其餘遺漏失陷雖朝廷不盡察也臣竊以為宜盡取天下諸司所掌會其實數稍分別之嚴其上供留州送使之辨應行在支費有定式者以上供責之戶部諸鎮大將逐月供億以送使責之轉運使別為一司盡總其餘財賦一金以上皆使通領周知其數而斡旋之應戶部轉運使所不足取以均濟他皆籍之以待非常之用參較虛實鉤稽出入凡法令所當變通職守所當分合利害所當興變有無所當乘除存而封椿轉而支

移非常法所得拘者一以付之朝廷但制其可否之節取與之度事有專責而權不分則緩急可以取辦也所謂綏懷之略者招納之策既行矣者固已舉矣更令邊吏未投復者勿輒侵擾以待其至已投復者數下詔令蠲其疾苦以慰其心時遣使命導之溫言以通其意阜通商賈濟其乏絕察吏人害民者去之轉徙復業者量借之種糧豫猶敢來爭則為出師以捍禦其領衆來歸者隨其多寡授之鄰近逃絕戶之田舊有官者復其官有才能者時擢而用之則居者不失其所安來者不失其所歸也論豫之事所以處中國者不過於是若虜之變詐則不可盡測議者或謂虜黷於用武二十餘年吳乞買與粘罕分國並處自不相制契丹亦有興者其國已衰弱乃天亡之日必不能再舉以仇我或曰彼欲搏噬於我久矣方藉累勝之資躪有燕晉困獸猶鬭豈以一敗遂不復較豫本懸功於虜非有腹心締固

之交導之使來無成而歸或懲其輕妄吏有廢罷或懼而敗圖別出奇詭此皆不可知然臣嘗論自古中國與夷狄本不相為盛衰匈奴雄於北方至冒頓而愈熾漢高帝以三十萬衆圍於平城僅以身免然不害其降子嬰誅項籍以有天下至於元成之際五單于爭立呼韓邪單于來朝為之改元不復更能窺邊而漢亦自是不振奪於權臣矣突厥當隋末控弦百萬羣盜悉臣尊之唐高祖藉始畢可汗兵以定亂亦為之屈然不害其父子並興創建數世之業至宣懿之後素所患者吐蕃破散離析以數十州來降者相繼而唐亦迫於藩鎮而亡矣華戎異域天固限之兩盛不能相傾兩衰不能相救誠有漢高帝唐高祖父子雖冒頓始畢何害即紛亂如五單于殘滅如吐蕃何補元成宣懿之治自靖康以來常患以虜之盛衰為我之彊弱故事每拘制不得盡為今虜在萬里之外既不可必得其實則亦不必

觀彼而後為之所陛下以至誠不息之心日新盛德作興於上小大之臣咸懷忠良國爾忘家公爾忘私奔走於下脩明庶政共成內治則虜雖彊尚不足畏况於豫乎二聖未還陛下聖孝純至必有拳拳於虜者然連年遣使初不得其要領今兵端自彼我固有辭非使有所覺動安能懼而悔禍臣久伏田野不知時事管穴所窺實為迂陋干冒天威無任惶懼激切屏營之至

二年布衣吳伸上書曰臣嘗讀太史公叙布衣王蠋狀於田單贊曰昔燕之初入齊聞王蠋賢令軍中環畫邑三十里無入已而使人謂蠋曰齊人多高子之義吾欲以子為將封子萬家蠋固謝燕人曰子不聽吾引三軍而屠畫邑王蠋聞之曰忠臣不事二君正女不更二夫余豈助桀為暴哉遂自經其頸於木枝自奮絕脰而死臣讀至此未嘗不廢卷涕泣扼腕而太息也何哉齊一小國也且有慷慨忠義

之吉今天下之大四海之廣得無其人乎況天下之士自崇觀以來蒙被國家教養雖山林皐壤巖谷海隅靡不承長育而受恩德者矣可以大國之人不如小國之布衣乎臣固有意於是今臣至貧且賤初非以富貴為心爵祿為念又非欲以片言幸陛下之用從而求賞揣臣之心實無纖毫覬覦況臣嘗立功於近世者屢矣亦未嘗論功而求仕進則今日之言無意於爵賞也明矣無意於爵賞而有言者非它臣恐萬世之下罪我聖宋無忠臣義士故以臣所聞所見盡臣之忠竭臣之愚為陛下陳之伏望天慈畢賜睿覽不惟臣一身之幸特為社廟之福天下生靈之幸也臣竊觀陛下有孝悌之大德而二帝之問不通陛下有湯武之聖明而敵國之陵不已陛下有太王之至仁而土地之封日削陛下躬堯舜之節儉而國用之富不饒陛下震雷霆之天威而盜賊之鋒未戢凡此五者非特臣得以疑之使三

尺之童有知有識亦將有所惑焉何哉二帝之問不通者臣竊謂非陛下忘父兄之還也非大臣忘君父之恩也蓋亦人力有所不及思慮有所未至焉臣竊觀趙王之入燕也使者十輩既不能達國之音又不能全身於外當時在朝若張耳陳餘之徒非不賢也非不謀也獨不如一廝養能以片言說燕卒與其君俱載而歸今兩國之難未解而鼎峙之形已分使者雖數十輩金帛雖數十萬能免偽齊之盜竊邀遣使不如用廝養明矣敵國之陵不已者臣竊謂陛下忍小恥之太過也示小敵之太怯也蓋戎敵之性譬之獰犬若或避之從而吠嚙臣竊觀苻堅之陵晉也興師百萬力足以移山岳鞭足以塡江河謝玄以計沮之敗衂淝水設使當時忍恥示怯奔而避之由江迤南當為秦之屬郡矣故古人有言曰可以計勝難以力屈即此觀之雖得鬬將十萬不如一謀士明矣土地之封日削者臣竊謂陛下規疆場之太輕任藩屏之太易也臣竊觀越王勾踐之脫於吳也嘗膽以苦其心任賢以廣其謀雖一飲一食未嘗不以滅吳為念故當時其恥雖大其國雖削數年之間復其疆而雪其恥當今陛下國政之屬如大夫種者誰歟軍旅之託如范蠡者誰歟然陛下移蹕而去之者屢矣百姓從之者如歸市雖太王之仁不過此也昔太王之去邠而之岐山今陛下去汴而之吳越跡實似之謀則異也臣未見陛下有滅夷狄之心復父兄之讎此臣所以曉夜太息為之不平國用之富不饒者臣竊謂陛下千里寄託之非人四方土地之多曠也臣竊觀司馬宣王之輔魏也先廣田蓄然後為滅賊之計當時鄧艾著濟河之論又陳屯田之利其言以二萬人屯淮北以二萬人屯淮南合四萬之衆且田且守歲入米五百萬斛十萬之衆可給一年之食臣竊見今日自常潤抵界至于大江極目百里盡成荒墟所謂良田不知

其幾千頃自淮迤南荒蕪之田又不知其幾千頃疲卒既多冗官不減若於此時且耕且戰則軍食何患不足矣盜賊之鋒不息者臣竊謂陛下姑息之德太厚而殺戮之威不張也臣竊觀宓子賤之治單父齊寇至魯人不敢自刈父老請民出刈宓子不許且曰今年之麥明年可種若使不耕者得麥則其民樂有寇也其言雖小可以喻大今之盜賊未戢亦有樂寇之類臣竊謂盜賊不可不滅昔 武中興未嘗不以討賊為先故敎之則彼畏而自息招之則彼安而復叛臣以謂用盜賊攻盜賊則草寇無患乎不平矣此五者雖治國之急務然猶未足為陛下輕重臣復見國勢如累卵之危生靈付塗炭之厄臣曉夕為之寒心臣竊聞太祖皇帝之有天下也奄有九州席卷八荒東漸于海西被流沙北極單于南底交趾四方四隅罔不臣服當其四夷未賓之初止有中原錢俶望風納土西是置五王宅以待其

自至。其後李昪欲以臣屬之為藩屏。遣使請命。太祖皇帝曰。天無二
日。殿庭之上。豈可容鼾睡者。是欲天下一家。中國一人也。明矣。創此
基業。垂之十帝。可謂盛矣。太平日久。偶因邊臣失守。致使虜人長驅
而入。賴祖宗之靈。社稷之福。使兆民有託于陛下。當時龍興南都。天
下之人。皆知陛下孝悌。不忍父兄之遠播。而居其已破之城。今此駐
蹕久在東南之一隅。臣竊為陛下疑之。不識陛下欲復祖宗之故業
乎。止欲為東晉之南據乎。臣竊謂復祖宗之故業。則陛下有萬世垂
統之基。若止如東晉之南據。則不過有百年之世。然百年之計。尚
恐土地日削。社稷日危。亦未必安於百年也。臣聞自淮迤北。見屬偽
齊。自古夷狄不能有中原。此金人以中原攻中原者也。近世說者必
曰。朝廷賴偽齊以為藩籬。以捍金賊。臣竊謂不然。夷狄之患。患在手
足。中國之患。患在心腹。不識說者將謂偽齊今不為盜。能保其子不

為盜乎。復能保其孫不為盜乎。不識偽齊俟虜人既定之後。去僭偽
之大號。還土地之故疆乎。為復割據中原。久假而不歸乎。若曰臣無
伐君。則武王何為而并天下。若曰國可並立。則隋高何為而擒叔寶。
良由勢不兩立。尊無二上者也。昔秦齊之強。猶不敢久僭帝號。今因
胡人竊我名器。不歸他人。獨授劉豫。則知豫必以姦計為金人謀也。
既為謀主。則無臣子之心明矣。況人臣之位。與人君之尊。不可同年
而語。彼肯捨尊而就卑乎。則知劉豫無復納款又明矣。臣嘗譬之巨
室之家。假人以堂室之奧。而自處門廊之隅。則居堂室者。豈無吞門
廊之心乎。今劉豫所以卑辭自遜者。良由人心未歸。而羽毛未成爾。
縱使劉豫止欲割據一方。豈不為姦雄附其。又況自古南北雌雄之
勢。但見以北并南。未聞以南并北者也。臣竊觀國朝所重者三。昔我
神祖留意太學。蓋欲籠絡天下之英賢。而網羅天下之姦雄也。陛下

駐蹕維揚之時。猶有隨駕學生。今悉罷去。而劉豫乃為學校以延多
士。是誘陛下之英賢可知矣。今諸軍士卒。皆河北山東之人。其初止
因虜人所逼。故偷生南方。望陛下升斗之養也。前此兩年。兵食皆足。
通來竊見如劉光世軍中士卒。一月之糧。截闕其半。里巷私語皆曰。
健兒不如乞兒。各懷去心。悉有窺志。而劉豫大彰聲勢。廣示富饒。省
刑薄斂。卹衆安民。彼思鄉之人。一有所聞。豈不動心。是誘陛下之士
卒可知矣。南北往來。商賈如織。厚增其利。售我物貨。關市無征。阜通
無禁。既闢商賈之路。遂雜五閒之徒。古人夷關折符。使命猶且不通。
況於往來弗禁者乎。臣竊見朝廷內外事無巨細。往往皆前期而知。
此無他。從商賈之便者然也。從商賈之便。則是誘陛下之行旅可知
矣。誘陛下之英賢。則謀謨可得而策矣。誘陛下之士卒。則戰鬭可得
而用矣。誘陛下之行旅。則國之虛實可得而知矣。臣竊見中國之士

子。不由科舉進者。往往多不得盡於仕版。至如貧賤之士。雖有嘉謀
嘉猷。非有左右先為之容。無因至陛下之前。則好名貪祿之士。豈不
有如齊之心乎。臣竊見中國之士卒。飽則稍安。飢則心離。懷鄉戀土。
人情所同。又況丘隴之所繫。嗜慾之所趨。今移北就南。歲久無歸。彼
懷土之人。豈不有如齊之心乎。臣竊見中國之商賈。近緣軍興。征求
百倍。為監官者。以奉上為心。以刻剝為志。行旅怨恨。痛入骨髓。由是
百物不通。征商又倍。至如偽齊取民有制。彼貪利亡恥之徒。豈不有
如齊之心乎。凡此三者。悉有離心。則陛下國勢日以孤危。臣又見劉
麟猖狂尤甚。狼戾居多。父子異同。悖逆若一。僭偽三年。鼎勢已高。今
劉豫不自量力。往往自比文王。而以其禍付之於麟。陛下若稍緩其
歲月。彼將先收民心。足食足兵。形勢漸固。則中原無復為陛下有矣。
中原既喪。則偽齊反得太祖皇帝奄有中原坐收四方之策矣。臣又

聞金人皇恐遁陝西志在吞蜀萬一不幸蜀有變動彼將順流而下水陸並進則陛下豈可復有奔移之行臣聞兵法有曰我不欲戰雖畫地而守之彼不得與我戰者乖其所之也臣竊謂先乎偽齊則是乖其所之也又況偽齊有背恩負君即伐之如摧枯拉朽爾古人有言曰今不取後世必為子孫憂今之偽齊若不亟平之不特為子孫患臣以為陛下憂也臣伏覩九月有星彗于東南陛下肆赦其文自責可謂上畏天戒之深也臣雖不曉天文推其非災何以明之昔楚將公子心欲與齊戰時有彗星出柄在齊占者曰柄所在者勝齊恃得柄而不為備所以敗績今柄在東南所謂得勝之道也若不因天時而制勝臣恐復如昔之齊也故曰天與不取反受其咎臣觀東南之地本非帝王之都歷考古今未有卜世之久者何哉西北之地土厚而水深東南之地山秀而水清故土厚者其山高水深者其

流長由古至今上都於西北者或過乎十世而僭號於東南者未踰於百年是亦土地之厚薄流水之淺深者然也又況吳越之地形勢尤薄實非帝王駐蹕之地萬一未復神京而建康古都亦可以暫駐鑾輿臣願陛下整我六師用張天威特回聖駕臨幸秣陵庶漸向於中原燕犬居於海隅也昔孟子曰王者中天下而立定四海之民故漢高祖用劉敬之策而唐神堯從太宗之謀所以享國日久也臣竊觀自古帝王之興兵權未嘗重假於人如高帝光武皆親御六師獨有唐末藩鎮之權太重致有朱全忠之禍今陛下親御之衆不如藩鎮之多也臣竊憂之臣願陛下簡練卒伍繕治器甲親征不庭恭行天罰則擒縱在我而權勢不奪臣竊觀陛下之兵尚有百萬而精銳之士又有數萬若傾國出師又不知其幾萬設或併力北伐則父兄之仇可復中興之業可圖臣復願陛下天誅早決如晉之平吳唐之

伐蔡斷自宸衷不容衆議又況利於人君者必不利於人臣利於人臣者必不利於人君且人臣趨戰於敵與坐享於家安危不同是豈棄安而就危乎今適逃不從避留歲月皆人臣自便為安逸之謀然而臣則安矣君將危焉此正所謂利於人臣必不利於人君之謂也古人有言曰兵聞拙速未覩巧之久也今伐齊之策萬一少遲年歲事必不濟何以言之金人之所利者玉帛子女且如蜀中富庶遐邇共知狄人留意必悉衆共攻東北之地已兵必少加之既立偽齊必以為恃況彼素欺吾怯斷不為備此天以中原畀于陛下灼然明矣兵法有曰攻其無備出其不意此全勝之道也國之安危在此一舉陛下若猶豫不斷金人得蜀必復立僭劉據成國陛下土地止有東南雖有智臣知不能善其後也臣聞之為王者可陛而為帝為帝者不可復降而為王萬一止有東南不過為小國之君其去帝業遠矣

臣願陛下勿謂力有所未及時有所未至因循苟安以東南自滿恐成大禍當以歸命侯長城公自安之言為戒也臣竊觀周衰之末戰國縱橫無敢僭帝位者今此劉豫首為亂階自古首亂者雖不能成事臣恐如湯武驅民者桀與紂也觀其姓名復符南宋此亦可慮陛下雖欲忍而容之獨如宗廟社稷何獨如天下蒼生何況劉光世韓世忠皆擁重兵久在江左坐食糜費於國有損若即北伐正所謂因糧於敵者也伏望陛下痛察臣言上以祖宗創業艱難為念下以生靈塗炭為憂焚舟決戰如勾踐欲殺妻子焚寶器之時誓與三軍將戰共存共亡則危國可以復安亡地可以復得臣聞之一人有慶兆民咸賴國既傾危百姓雖有穀粟安得而食諸萬一出師糧食稍闕亦可權借於民斷在一舉明喻利害設使盡百姓之儲以贍軍獨不優金人殺而奪之乎臣聞之古人有言曰有叛卒無叛民義民有業

而卒無生故也況卒之所仰者官給錢糧今既財賦不足則兵食不繼兵食不繼則叛心日生叛心日生正如吳起所謂舟中之人盡為敵國矣今臣伏願陛下重以軍糧為念昔張邦昌僭號之時所幸士卒之心未離而去太平之日未遠人懷祖宗之德故未為國患今此離亂積歲士卒暴露日久咸欲息肩已猶水性趨西隨所决而流也今若乏食其心必離臣恐大事去矣臣又見近日沿邊州軍多用武人為守或不識字或不曉法州郡被害莫此為甚而又或起於卒伍或招於賊徒毒心不改逆謀猶存或以州叛而順番或恃守勢而虐民重念祖宗廣土四百餘郡比為虜人割據將去太半今自淮迤南若守臣不得其人則州郡逐時陷沒不知陛下沿邊州郡復有幾矣臣以謂武人深不可用為郡守至如統兵亦須擇其吾者若賀若弼有謀將鬬將之辨正此之謂也臣嘗觀柳宗元有言曰削尾大之勢者莫如置郡守救土崩之難者莫如建諸侯今之江北可謂土崩矣臣竊見近置安撫大使正如唐之節鎮各有屬郡亦置部曲有分權之勢無補國之威文臣為之則不知兵者有焉武臣為之則貪污寡謀者有焉設有寇至皆是提重兵以自衛統部伍以奔逃或坐視而不救或伺隙以自便昔唐之割據皆此兆也又況自古以來國破者必易其君國亡者未必易其臣在亡國之為將相者未必不為興國之將相於人君則有利害在人臣初無損益正如馮道歷事四姓是也去此就彼鑒之前代則有馮道驗之今世則有杜充陛下於此不可不自為之計也臣竊觀周以同姓之親而昌唐任異姓之權而亡不可不戒臣為陛下計之當今之難莫若以沿邊之郡十州之地建一諸侯以宗室之親者主之彼有人民復有社稷且耕且戰足為屏翰上合天數下安邊庭金枝玉葉布在四方可以伐敵國之謀可以

絕亂臣之望臣前言願陛下伐齊者策之上也不得已而建諸侯者策之次也捨此二者復有秘策當俟對天顏而後面陳非紙筆得以盡也臣竊見近日遣使未出我疆已為賊劫此乃以武臣守邊之禍然所喪雖多似乎天以其策付之陛下矣臣昔見酈食其與唐儉為死間事與今日頗相契合古人用間為上萬一陛下以臣前言可采臣願為食其唐儉出使偽齊說諜將定陛下興師從而伐之臣雖遭偽齊鼎鑊之烹而忠誼可以激礪亂臣賊子臣死之日如生之年也臣竊自料臣死有三陛下怒臣狂愚之言而殺之通衢臣亦死也陛下用臣狂愚之言而遣之死間臣亦死也陛下不聽臣言他日或如王蠋自經於木枝臣亦死也有此三者必死之道臣豈好死而惡生臣實為忠義所激不顧微軀此心願為聖宋之鬼不忍為夷狄竊國之民也臣又聞主憂則臣辱主辱則臣死竊見大宋未有肯辱肯死者臣復恐為萬世笑故以狂愚一得之慮為陛下陳其梗槩昔比干剖心子胥鴟夷二子皆獲美名而以惡聲歸於其主此又非臣之所欲也今臣不貪爵祿不釣名譽不畏誅戮其所欲者欲陛下靜而思之欲陛下聽而行之庶幾上可以回天意下可以收人心況太平之數在年歲間陛下不脩太平之業將以太平之業屬於誰乎臣之愚忠已貫日月臣自謂無求於陛下而陛下必有求言於臣矣臣竊觀世俗之所好者莫好於富貴今臣視之如浮雲故終始以不貪為言況趙孟之貴趙孟能賤之臣萬一得為太平之民豈不優亂世之將相乎臣又見魯仲連談笑而却秦軍平原君欲封之魯仲連笑而謝曰所謂貴於天下之士者為人排患釋難解分亂而無取也即有取者是商賈之士也臣雖不材持此心久矣臣曩於鄉曲里巷猶且患難相救危厄相助況於君父艱難之時乎臣竊見近為陛下陳其利害者其志將以求

爵祿也其大將以沽名譽也書或再三至于數十往往陛下見之既
繁猥以為常雖間有奇謀異策想見待遇一槩今臣之書已盡愚衷
歷陳於前無復再上孔子曰用之則行捨之則藏正愚臣之謂也言
甚拙直不事雕琢止取其利害之大意或可或否願陛下詳加擇焉
三年冀伸新授監廣州賓口場鹽稅上書曰臣聞天無二日民無二
王日並出則爭光王並立則爭強勢不兩立尊無二上者也昔劉項
共興爭奪相殺卒分雌雄之勢陳隋兩立強弱相陵遂興吞幷之師
故忠人之國者願殺身以成仁未易朝而事主若商之夷齊齊之王
蠋是也今南北有真偽之君淮汴如鴻溝之界忠臣誼士一念及此
涕淚交頤臣雖不才而慕夷齊之高風懷前人之卓行昨居畎畝猶
存憂國之心今荷寵恩豈忘報稱之効臣頃自布衣陳郡莞之言者
良由忠誠貫日義在捐軀而陛下不以臣愚不肖聽其狂瞽采其愚
慮臣自顧無左右先為之容獨以片言上達宸聽蒙陛下知臣於草
茅之賤命臣以初品之官臣之遭遇又非特賈生馬周之比也臣上
有垂白之母自受命之後豈不能歸拜慈親誇耀鄉曲仰念有君如
此之聖如此之賢聽諫納言雖唐虞之主不過如是矣臣當誓報聖
恩國爾忘家臣生則願捐軀如王蠋以激勵臣子臣死則願為厲祟
如張巡以殃禍敵人臣之忠義上徹白昂自謂移孝為忠正在此時
故雖過門而不入也其勤勤念念唯興利除害是圖慮危求安是務
於是遊江浙之塗采往來之議視敵人之虛實觀國勢之安危講將
帥之賢愚論財賦之得失究士卒之能否瞻天時之變動察人事之
從違訂禦侮之後先臣既有所知聞未敢嘿嘿復以管見上干天聽
伏望聖慈察臣無覬覦之心憐臣有忠義之節特賜睿覽使臣區區
留聽得以陳前臣雖受僭越之誅赴之鼎鑊亦為快幸臣聞之順天

者存逆天者亡適者金人逞其狼心肆其蠆毒驅脅我宋賊殺無辜
屠戮生靈發掘墳隴奪其子女擄取金帛雖浮圖佛宇名山神像靡
不受害觀夫彼之暴惡豈不暴亡又況冤殺之氣上聞于天毒害之
暴幽及鬼神天將悔禍殄滅有期圖讖所載死亡無日觀其謀議止
於金帛子女而已今天下殘破兵火幾遍獨我西蜀富庶有年賊人
窺伺蓋亦有日適因險阻未及即下故悉驅犬羊以為蟻附彼既傾
衆以西則劉豫孤然而東豫之孤危得不設詭即此觀之敵人虛實
不卜而可知也臣聞之中原者天下之根本也四方者中原之枝葉
也秦漢之君莫不得中原而後成帝業唐室之亂至于二三如明皇
德宗之時是也其亂之甚不過數月或年歲間而皇綱復振者無他
良由即復中原則四方易定今陛下以聰明睿智之資應命世千載
之運承大統於已危之時振中興於顛覆之末義夏知圖讖之有歸
符瑞表天人之有證是宜中天下而立定四海之民今乃屈翠華之
尊而幸蠻海之隅臣未之曉也昔太王居邠以避狄人今陛下居吳
以避金賊太王之所避者特一狄人耳正如兵法所謂不敵則能逃
之陛下之所避者復生劉豫獨不念國削則身危之謂乎況金人得
吾土地不能守得吾人民不可用正為貽患害於劉豫昔元帝渡江
終晉之世不能有中原當時僭竊皆胡虜醜類猶且不能制矧今劉
豫以中原之人而據中原之位乎臣一思及之略無生意萬一劉豫
未滅則國之安危不卜而可知也臣聞之將者國之輔也輔周則國
必強輔隙則國必弱苟以世胄擇人則趙括為名將之後必能全勝
苟以勇銳擇人則武信君有戰勝之功必能自保今陛下付兵權之
重寵爵位之尊不過二三人耳其有道家所忌則趙括之徒可憂也
其有戰勝而驕則武信君之禍可戒也又況國恃之為安危民恃之

為司命。豈可不擇。嘗聞古之命將也。以謀將為先。鬭將為次。智將為
先。猛將為次。至於大將則兼智謀而有之。蓋欲其通古今。知成敗。如
孫權之命呂蒙就學是矣。又觀古之為將者。進不求名。退不避罪。唯
民是保。唯國是憂。故戰則必勝。攻則必取。後世有異此謀。靡不覆敗。
昔唐之衰也。首因黃巢之亂。當時諸道節鎮。擒一黃巢。如摧枯拉朽
爾。人各坐視。留賊邀功。卒使唐祚不能支持。今劉豫無黃巢之衆。而
陛下富唐室之兵。其如諸將自為之計。坐視安危。何況夫庸將之見。
但求利己。豈復憂君。蓋賊滅則將帥無邀君之權。士卒無頻濫之賞。
其有包藏禍心者。則坐觀成敗。恃其主兵。漸成跋扈。古人師克在和。
今陛下將士雖衆。孰講廉藺之歡。由此觀之。將帥賢愚。不卜而可知也。
臣聞之。上下征利。其國必危。今之主將無非營私背公。蠹國害民之徒。
何以明之。居於市。則有回易之庫。居於水。則有回易之舟。所至擅摧酤
之利。則官課為之不登。州郡恣無厭之欲。則民為之減耗。坐糜廩祿。無補
事功。加之主將利其家。則士卒利其身。使民無措手足之地。孔子曰。百
姓不足。君孰與足。古人居則隱兵於農。出則因糧於敵。且如羊祜之鎮
南夏也。初無百日之糧。及至季年。有十歲之積。曷嘗須求國家月費
億計。止自營田之利。以勸羸弱之兵。臣觀今之將帥。征求市利。無所
不為。止遠私家之富。靡衈國用之殫。況國家所入。止有東南數郡。其
得既少於昔時。而其用復倍於曩日。良由諸軍唯慕虛聲。不求實効。
廣收羸弱之兵。以益請糧之數。覈其一軍之內。堪出戰者。復有幾希。
備虛名者。又復有幾矣。以有限之物。贍無用老弱之卒。則財賦之得
失。不卜而可知也。臣聞之。人無勇怯。唯其所用。世之說者必曰。吳人
怯而淛隴之人勇。昔吳王夫差敗齊於艾陵。辱晉於黃池。兵無敵於
天下。則吳人安得謂之怯。符堅擁百萬之衆。當淮淝之敗。畢行露宿

聞風聲鶴唳而恐。則淛隴之人。安得謂之勇。今國家所賴者。止知有
西北之兵。未知有東南之士。古人有言曰。勇怯在乎法。成敗在乎智。
怯人使以刑則勇。勇人使以賞則死。臣觀西北之兵。刑不可以威。賞
不可以勸。何哉。良由雜烏合之徒。混招安之衆。刑之太重則去此而
就彼。賞之太輕則志惰而心離。又況諸軍無非潰亡之黨。子女既亡。
金帛亦豐。常人之情。無子女則以子女為好。無金帛則以金帛為貴。
今二者將既自富。士亦不乏。彼不待賞而足。亦將何以勸。觀今之士
卒。當其敵人稍息。邊境暫寧。則偷生戎旅。以干廩食。若或暫當移屯。
驟爾行役。且興怨謗之辭。欲生奔北之志。況於臨敵用命。豈不潰亡。
由此觀之。士卒之能否。不卜而可知也。臣聞之。蛇虹彌天。東晉所以
止於吳。而不能有中原。故曰天垂象見吉凶。聖人則之。自艱難已來。
金人猖獗。一陷維揚。長驅京邑。縱肆犬羊。陵虐行在。社稷之危。甚於
綴旒。賴曆數之有歸。致舊物之不替。虜人一占四年。不敢加兵。蓋亦
知我宋方興而未艾也。奈何犬羊無知。悖逆天道。假神器于劉豫。分
神州為僞齊。雖欲使中原自相攻取。而天祚我宋。億兆攸歸。曾無有
二。故日月齊明。星辰順紀。上則懸象無差。次則雨暘協序。古人有言
曰。天視自我民視。天聽自我民聽。今謳歌者無不吟諷。徽猷獄訟者
無不思于聖德。由是天意漸回。而中興有兆。臣謂天時之得。不卜而
可知也。臣聞之。天時不如地利。地利不如人和。故百姓歸往之謂王。
百姓去之則為匹夫。臣竊觀京畿隕喪。九服崩離。天下囂然。將帥士
卒。鮮不背叛。忘君親之厚。偷一時之安。大臣或降於虜。將士或散為
盜。辜負國家。蔑存忠誼。往往十有八九。獨我宋民懷祖宗之德。樂陛
下之仁。從駕者。正猶邠人之歸市。太王安業者。亦猶百姓之謳歌大
舜。衣帛首飾。悉圖二聖之像。凋弊瘡痍。欲復戴天之報。邇無異言。遂

無異望咸有一節初無二心今天下但聞卒叛未聞民叛何以驗之
臣聞京東之民見屬偽齊劉豫行十一之征可謂取民有制民以為
虐痛思宋真南望王師如旱望雲簞食壺漿家家為備積穀助糧人
人有心巷閭徯后之嗟里有來蘇之望民心如此宋復何憂臣以謂
人事之和不卜而可知也臣聞之先發制人後發制於人故事有緩
急勢有先後昔東晉之有全吳者以其得淮南故也當符堅興傾國
之衆取孤旅之晉設若恃長江之險退保江左縱使堅衆未即南渡
而對壘淮上相持歲月則晉豈復有百年之永乎賴謝安之謀謝玄
之銳迎敵于壽春敗賊于淝水所謂得先發之道也今淮南虛有屯
駐之名而無必戰之實重兵皆在江南而輕兵獨當淮右萬一賊人
得計奪我上流奄我淮甸掠我州郡對壘江旁勝負雖若未分而雌
雄豈逃一決若坐以相持久於歲月使舟車不能通糧食不相及備
前而後寡備左而右寡豈國之利乎今淮南非特唇齒之地實腹心
之圖臣聞賊人窺我襄漢則陵侮之萌不卜而可知也今夫知敵人
之虛實則制人不可不先也知國勢之安危則圖難不可不豫也知
將帥之賢愚則委任不可不擇也知財賦之得失則國用不可不圖
也知天時之變動則天與不可不取也知人事之從違則民利不可
不興也知陵侮之有萌則敵謀不可不伐也臣觀天下之情當其事
緩之時則可因循及其急迫之際則宜力斷今天下可謂急迫矣臣
聞之中原者譬如國朝之心西蜀者譬如國朝之腹中原既割據於
偽齊西蜀復幾陷於胡虜如人之身心腹割裂其能活乎向也國家
之難止於安危今也國家之難繫之存亡何哉東南之地不過百郡
土地日削形勢日卑於天下無三分之二其地狹一也地傾而人衆
山多而物稀居中原之一偏其人貧二也其土地薄而不厚其水清

而不深無興王之氣非帝王之州三也有此三者雖陛下謙德自保
於全吳柔仁不爭於天下而百萬之師坐縻廩祿一歲之間國用不
貲設有旱乾水溢之年將如之何又況土地日削則財賦日少財賦
日少則何以給士卒之費乎臣竊謂中原不取則帝業不恢中興無
期危亡有兆何則金人雖強實不足慮劉豫雖微其禍可憂且如金
人其來有時其居不久來則避之去則復業此不之慮也明矣且如
劉豫以臣竊國因虜僭君素無人望唯多詐謀彼以一旅之衆當孤
危之時不一平之設有大於劉豫復據一方將何以處之嗚呼晉室
之亂起於元海繼踵僭竊終不能平沒晉之世不復故疆今劉豫恃
金人之勢露不臣之心自揣悖逆與我聖宋必不兩立勢無俱存彼
若以利害痛誘金人進屯淮右雖不交兵繼未南渡無所不備無所
不寡兩軍相持積之歲月必有存亡將何所逃臣以謂先擒劉豫則
金人自定昔羊祜有言曰期運雖天所授而功業必由人而成不一
大舉掃滅則衆役無時得安今陛下國勢如彼之危不毅然舉兵以
決勝負臣恐因循歲月夭椓將至臣嘗譬之病者況病積月而藥石
自疑服之溫則疑其實服之涼則疑其虛雖有醫工議論不同處之
無斷既惑藥石遷延歲月殊不知日月既深病亦彌篤達至膏肓豎
所不及臣以謂今之時勢存亡顯著事理灼然若曰今日未可舉兵
不知何時而可也兵法有曰不戰而屈人之兵善之善也今天下之
人皆知以不戰為善殊不知力能勝人謀能制人則不戰為善臣竊
評天下之議者不過曰金人之強昔符堅非不強也不過曰金人之
衆昔王莽非不衆也以符堅之強王莽之衆光武東晉避之可也不
戰可也唯其勢不可避亦不可不戰因其必危必亡之勢而為死戰
卻敵之計是以成功臣竊觀自喪亂之後未嘗接戰設或遇敵非因

戰敗。多由潰亡。今無戰勝之功。而責人自服。不亦難乎。又況皮幣不足以塞其貪。事之以皮幣則不得免焉。犬馬不足以充其欲。事之以犬馬則不得免焉。金玉不足以厭其求。事之以金玉則不得免焉。和議不足以必其信。求之以和議則不得免焉。金人反覆。陛下知之詳矣。今又割中原以假劉豫。其志不特以中原攻中原也。特以并吾土地也。非特欲吾土地也。將以危其社稷也。臣竊謂祖宗創業之艱難。累聖繼承之不易。天下一統垂二百年。今鼎足分列於賊臣。國勢受制於胡虜。雖有大江之南。已失祖宗之業。回首中原。神人共怒。尚宜力謀克復。以雪大恥。況彼吞并之萌已兆。而危亡之禍將及。豈可不為之計也。臣聞金人以劉豫為所愛。以中原為所謀。臣願先奪其所愛。伐其所謀。彼必氣懾膽喪。萬一舊惡不悛。長驅復來。俟其深入。誓師亟戰。痛掃醜類。彼必蹈苻堅之覆車。而陛下享光武之中興矣。昔晉室之強。取吳之弱。易於反掌。議論異同。至于數載。設非羊祜謀之於前。而張華杜預贊之於後。豈復成功。臣以此知能斷大謀者少而樂因循者多也。臣嘗聞否終則傾。物極必反。昔光武以數千之眾。當王莽百萬之師。謝玄以七萬之卒。逆苻堅九十七萬之眾。強弱固不等矣。眾寡固不敵矣。卒能敗王尋之眾。衂苻堅之師者。無他。正如兵法所謂投之亡地而後存。陷之死地然後生者也。今敵人無王莽苻堅之衆。而陛下數倍光武東晉之師。加之否終喪亂。危於光武東晉之時不一。大舉其將焉恃。又況金人不能自卻劉豫。不能自滅國論未能僉同。將帥未盡樂戰。惟陛下有宗廟社稷之重。繼統承休之託。上則有君父戴天之讎。下則有黔首塗炭之厄。利害繫乎陛下一人。臣前皆論馮道杜充詳矣。伏望應天順時。恭行天罰。願宸衷之獨斷。無築室于道謀。嗚呼。二聖蒙塵於沙漠。豈不朝思暮想。望陛下復中

原而為歸期。宗廟遷移於亂臣。豈不幽愁冥念。望陛下復中原以歸祭祀。陛下幽明有此責望。豈可安於東南而不為克復計也。臣固知陛下天姿純孝。懷思二聖。屢軫聖憂。朔望遙瞻。愁慘天地。蓋亦忍恥含羞。以圖後効。雖天聰之屢決。奈眾議之不回。致使稽遲歲月。坐待危亡。臣竊觀陛下下求言之詔。開忠讜之路。可謂有意於中興矣。言之悖謬者無罪。言之切當者有賞。可謂有意於聽納矣。今雖賞可采之言。未見行可采之事。豈左右之臣以謂計不出已。功不在身。執一偏之見。而惑陛下之英斷歟。不然。何其能善善而不能用也。今臣所陳。痛切可見。萬一復有議者。以臣狂妄沮惑聖斷。伏願瞻臣之心。以謝不忠之臣。臣竊觀回祿之禍。歲歲為災。雖生靈之可傷。亦天意之有自然。天道幽遠。人所難測。而臣以臆說敢試明之。夫火生於寅。其旺於午。宋火德也。駐蹕南方。正當旺地。故其患不在於朝廷。而其災常及於百姓。今上象無變。而大災屢焚。豈天亦欲陛下歸中原以正其位乎。不然。何其屢禍百姓。以為警戒。陛下誠能垂日月之明。奮乾剛之斷。念生民之無辜。知火德之獨旺。愍我六師。克復神京。上則順於天道。下則安於百姓。則今日之災。安知不為成王之雷風。宣王之旱魃。反為生民之福也。臣又聞國使之來。問好雖通。以臣料之。情亦可慮。何則。金人反覆。譎詐萬端。可以力勝。難以義服。今此之來。非國有變故。則重有須求。臣聞道路之言。金國近年自相吞噬。夫戎狄之性。譬猶犬也。居則搖尾相憐。食則怒牙相視。欲其必爭。可試以肉。今也子女玉帛。富充其國。因此爭鬭。亂復何疑。萬一果如道路之言。則劉豫孤立。無所救援。必藉來使安此人情。緩我歲月。胡不聞唐儉為使。而李靖因之。食其為使。而韓信襲之。已驗之禍。不可不戒。設或無此數謀。必將重求割土。厚責歲幣。強我所難。奪我必爭。從之則國削

身危違之則起瑕生釁苟其從與違將何以處臣以此思之晝則忘食夜則忌寢痛為陛下惜也今使命將至不可中輟萬一虜有須求臣願陛下陽諾陰違俟其還報乘其不疑亟親征劉豫可擒臣竊觀天無變象於上人無離心於下時哉時哉機不可失陛下不於此時親御六師躬行天討則必有後時之悔也臣竊見陛下設高爵以寵將而將不加奮竭廩祿以贍軍而軍不加銳彼敢戰之士一歲驕惰於一歲而懷鄉之卒一年離心於一年若曰繕甲治兵養銳待時臣未之聞也臣觀今之兵權委寄太重且如衆軍相呼必曰某姓某家之兵觀其稱呼自相爾汝慶其權勢必不統一嗚呼食土之毛莫非王民今不知有陛下但知有將帥者無他良由下權太重而上威不張也平居無事既相爾汝互相招誘總為己軍萬一當敵誰肯相救臣以謂陛下若不收回兵權親御兆衆方且姑息將帥之不暇豈能

卻強敵而取中原乎臣觀今之士卒已無鬬心其論敢戰必不若淮南之民而淮南又不若京東之民臣聞京東之民昔於劉豫思我聖澤猶子懷父夫兵臨境彼必倒戈自為攻取有征無戰但當明其政刑戒其士卒弔民伐罪慎無驚擾若使京東之民自戰而勝則吾之士卒豈不懷慚自相激勵軍威既張士氣復振然後薄伐醜虜克復故疆夫何難哉臣聞智者千慮必有一失愚者千慮必有一得臣雖至愚豈無一得古人有負日之暄欲獻於其君者其謀雖拙其忠可嘉今臣以至愚之言而類負暄之獻區區之誠蓋亦可見臣非得已而不已者況臣已蒙陛下命之以官夫復何求良由忠唯許國義在救危止知愛君不知斧鉞之可畏也止知憂國不顧微軀之存亡也於是譊譊不已復有所言蓋臣之忠義雖為人之所不能也今臣所陳或有可采願陛下試臣以難萬一忠義之跡言與行違臣甘膏其

斧鉞以戒天下狂生況臣初非自衒亦非躁進蓋以國家存亡為憂中原變亂為念偽齊未滅臣無生理臣恐如虎齊死於國亡之後無補敗滅故始以天無二日為諭而終以必擒劉豫為請言雖率爾其理甚明伏望陛下聽而納焉天下幸甚

五年仲授虔州信豐縣主簿上書曰臣聞人君之御天下有帝者之德必為帝者之業有霸者之略必為霸者之事是故霸者之事不可以為帝者之業帝者之業不可以行霸者之事此上天之所以眷顧下民之所以瞻視亘古及今千萬世不能易也恭惟皇帝陛下以天縱上聖之資當艱難顛覆之運國祚中廢於金人繼体幾絕於大寶天未厭宋挺生聖人胡虜雖形吞滅之心而上帝復昭繼絕之命維揚追騎會楫來舟去大駕之匪遙何醜虜之自遁灼見天意遺我神宗無疆之休也上考諸天下視諸民非有帝者之德未易當此今陛

下有帝王之德而行霸者之事臣有所不取焉何謂帝者之德天下者太祖太宗之天下也社稷者太祖太宗之社稷也以父傳子則上皇多男而天下社稷必不及於陛下以兄傳弟則淵聖多弟而天下社稷亦不及於陛下不因胡虜之亂則陛下無必傳之位不有陛下之聖則我宋無再造之功今陛下以上皇之子而傳上皇之位則異乎光武之繼漢也以淵聖之弟而傳淵聖之位則異乎元帝之繼晉也仰觀諸天而天無變象是天與之也俯察諸民而民無離心是人與之也以太祖上皇之孫子而當天民之向徯不謂有帝者之德可乎何謂霸者之業太伯建國上及七王錢氏據吳不能四世為地則卑去海不遠自古非興王之地於今豈壯帝之居新建太廟營備內庭此未有去吳之心也車駕親征由蘇返杭此未有歸國之心也居吳則左右之臣皆便去吳則左右之臣不樂但知重遷不為國計殊

不知居異之久便於苟安不思進取土地從而國削百姓貧而財竭稅賦則預借一年度牒則數及萬戶始也剝百姓之膏終爲撻百姓之髓遂無用之戰舟耗國家之財賦虛役工匠殃及良民徒官則人人無侍講侍讀之稱在位則祿祿無備政攘敵之慮隋煬帝之博學李後主之能文不謂霸者之業可乎今大敵在前賊臣僭君以言其數則我宋今歲得其數以言乎時則我宋今歲得其時陛下不於今歲以帝王之德而建帝王之業將以帝王之業屬於誰乎臣聞兵法有言曰無恃其不來恃吾有以待之也無恃其不攻恃吾有不可攻也去歲賊臣犯我邊境忽然而來倏然而去初非大戰亦非小衂將非驍易彼非畏吾之將帥也士非他求彼非怯吾之士卒也何未交鋒一夕而遁以臣料之賊人之謀必欲困我師旅耗我糧食示我以怯誘我以利俟我弛備必爲衝突觀其風謀初嘗小攻終或大舉京城之圍會稽之襲皆用此計度彼今歲必有異圖聞彼簽軍將爲鑿戰萬一來寇何以爲備臣聞之將天下之兵者莫如將御天下之將者莫如相今之廟堂但聞取吏部之闕應知識之求起奔競之風使相府如市往往士大夫相遇則曰今日見丞相干某差遣得之者則曰某有夤緣之舊或瓜葛之親不得者則曰某無一日之雅無根柢之容間有獻一二言者不過目前小利爲藉手贄見之禮求其良應卻顧爲陛下憂今歲之事則無有也縱使宰執良朋而日應干求之不暇亦何暇爲陛下思父兄之仇爲久遠之謀也臣嘗聞蕭何爲高帝進韓信房玄齡爲太宗進杜如晦皆以將相之材識之必以將相之材用之今當顛危之時尤宜以此薦人尤宜如此擢用若曰取與未公用舍涉私汩汩於州縣拘拘於格法亦何補今日之顛危也昔李吉甫拜平章事謂裴垍曰流落遠地十有餘年後進人物罕所

知識卿多精鑒今之才傑爲我言之垍陳三十餘人數月之間選用略盡當時翕然稱吉甫得人崔祐甫代常袞爲相除吏多是親故而當時亦稱允當二子者知識不同而任用合公自心無疑故天下是之嗟乎不知其人則當問之既知其人則當任之豈備位之久不聞薦一賢士如韓信如晦以驚世俗之耳目乎臣竊見近日雖有擇人之名而無得人之實今日除某監司倅守明日除某臺諫侍從未聞拔一賢士拜之大將如謝安之舉姪呂蒙之薦友爲卻敵之計今以無益之除擢爲急務而忽敵人入寇之大患臣竊爲陛下危之兵法有曰先發制人後發制於人此今日之急計也何謂先發制人臣聞古人之言我利春夏彼利秋冬以我利之時出不意之師分遣將士以寡擊衆倍道兼程直趨河朔無擾良民止擒劉豫伐彼陰謀成此大計爲萬世之良圖作今日之上策詳觀此時伐齊之謀其利有六一曰震陛下雷霆之威二曰成陛下孝悌之心三曰慨陛下帝王之德四曰蘇陛下凋瘵之民五曰復陛下祖宗之業六曰省陛下財賦之用萬一猶豫不斷少緩天誅赦而未伐其害有六一曰損陛下雷霆之威二曰失陛下孝悌之心三曰玷陛下帝王之德四曰困陛下凋瘵之民五曰棄陛下祖宗之業六曰耗陛下財賦之用何謂震陛下雷霆之威自金人猖獗國步艱難興兵十年車駕屢徙未見賊兵望風逃遁匪由戰敗多以潰亡致彼賊臣因而僭君使萬乘之尊屈臨海甸去滄溟之地遠無百里其國可謂削也爲上皇之後唯陛下一人其身可謂危也今以國削身危之時爲焚舟卻敵之計勝則擒之否則撓之茲不曰震雷霆之威乎何謂成陛下孝悌之心二帝北遷九年不返歲月易度愁戚難堪不有陛下彼將灰心既立陛下寧不動心念又況久遷遐方混彼異類中原隔闊頻絕音塵陛下雖追

思於深宮而天下有所未知陛下雖感泣於九重而夷狄有所未聞
孰若以復父兄之仇為辭迎兩宮之還為念使天下曉然臣子感慨
知陛下為父兄而取中原知陛下念父兄而為死戰茲不曰成孝悌
之心乎何謂恢陛下帝王之德孝經曰必有尊也言有父也必有先
也言有兄也孝悌之至通于神明聖人之德無以加於孝乎今安於
東南雖朝勤夕念思及二聖天下必曰安而忘危存而忘亡將有漢
高分羹之譏今趨兵中原雖未滅虜以向二帝天下必曰聖君思父
聖君念兄將有四國順之之義陛下誠能斷然大舉以復仇懷思
二聖誓迎兩宮身以孝悌率天下而天下必以孝悌為移忠茲不曰
恢帝王之德乎何謂蘇陛下凋瘵之民東南生靈實吾邦本西北赤
子亦吾舊氓東南既困於須求西北亦重於力役干戈未息禍患式
同西北赤子雖陷僞齊各思舊君東南生靈雖厭科須亦思一戰若

或師舉萬全衆役獲安陛下歸中原而統一師徒渡河朔以因糧救
西北於水火拯東南於溝中瘡痍少息賦歛稍寬茲不曰蘇凋瘵之
民乎何謂復陛下祖宗之業中民十金猶世相承祖宗天下豈容自
棄又況祖宗得之為至艱累聖守之為不易嗟乎宋祚中微皇天不
絕獨留陛下以承天休今天下非金人之天下也中原非劉豫之中
原也實我太祖皇帝受天明命億萬斯年天意中缺以警子孫劉豫
不量擅為己有今以陛下之睿烈憑祖宗之英靈親御六師恭行天
討擒叛臣如驅羊取故疆若拾芥克復神京中天下而立茲不曰復
祖宗之業乎何謂省陛下財賦之用祖宗建國奄有四方陛下還都
僻在一隅以四方之官吏糜一隅之俸以四方之軍師蠹一隅之食
國用日費於一年財賦日少於一歲今帑藏已空民力已竭取之於
國而國已乏取之於民而民已窮金帛不能天降穀粟不能地湧若

遲歲月坐食而亡況當財少食乏之時必危必亡之勢患其坐盡與
之戰敗等濟危亡孰若誓師血戰併力首圖掃清中原分食天下茲
不曰省財賦之用乎臣竊料世之議者必曰取中原非難守中原為
難此膠柱調瑟不為國家久遠之謀也若或得之臣固有守之之術
但恐陛下憚於舉兵惑於衆議遷其歲月不能善後爾臣聞去冬車
駕親征巡幸平江及其寇退人望移蹕不趨秣陵復還臨安天下失
望有識共駭人人皆曰趙鼎能勸陛下親征而不能回蹕臣之謀進
大駕於建康天下往往以此罪之何哉進幸建康其得有五稽留錢
塘其失亦五何謂五得一曰順陰陽而得時制二曰迎水陸而便舟
車三曰因險阻而固其國四曰向中原而絕窺伺五曰近重地而激
諸將何謂五失一曰縱賊臣之擅廢立二曰曠古今而非帝都三曰
遠諸將而防衝突四曰便安逸而忘父兄五曰偏一隅而費挽漕有

彼五得有此五失陛下何憚而不為還都計也臣聞左右之臣居吳
日久室廬之盛臺榭之樂飲食之便居處之安陳其異論力留聖駕
殊不知為臣則安為君則危陛下豈可不自為之謀也臣嘗觀農夫
之茅廬也擇其地得其時面層巒之秀背長岡之雄然後耕則遂其
求食亦卒其歲既優游於田桑將永保其康止甚或處山之巔臨水
之滸前無所迎後無所據則亦穀不足於晝絲不足於夜農夫之居
猶且相其陰陽況夫萬乘之尊富有天下宜如何哉今錢塘言陰陽
則不順言風水則卑薄不須遠舉夫差錢鏐之國秪以苗傅逆亂言
之亦足為陛下忌豈可恬然自安以從左右之便也矧建康古都昔
有王氣埋金所鎮方冊具載臣以謂居秣陵則速興居錢塘則速禍
地勢使然亦不可不軫聖慮也臣向論劉豫必叛今果叛矣嘗論親
征必勝今果勝矣唯還都一事陛下未如臣請若從臣言中原克復

亦已久矣臣又見近日諸路打造戰船勞民動衆耗國損財往往取笑賊臣見嗤胡虜臣來自豫章道路聞愁歎之聲居民有逃移之患

臣請爲陛下略陳其要臣聞造舟之害其說有四一曰不合度而費其工二曰不適用而損其財三曰不可戰而費其人四曰致播擾而妨民時何以言之今之造舟豫章之工已取法於楊么諸郡之工復取式於豫章豫章之工猶未洞曉他郡之匠豈能巧述況夫輪軸之轉移高下之增減若使一舟先成衆所共睹隨宜增損棄短取長尚恐臨當機要不中繩墨今十舟並作衆役同興所見不同互有巧拙往往施之江湖必不合度此費工之一也其長則二十餘丈其闊則二百餘尺高及五尋方十寸遇風則不可戰欲速則不得前火攻則易焚砲攻則易破將欲捍江所用不少將欲破賊已出賊計今一舟之費動以數萬若十舟之費不知幾萬設使可用雖勞民役衆與

一時之利了害何嫌若曰長則去遲高則降風臨戰之日或不可用此損財之二也輪軸之運用卒數旅戰鬬之士不容一師今十舟之行須二萬人粗能移動二萬之卒用之老弱則力不及用之強壯則妨戰士古人造樓船作戰艦止以聲爲實今以實爲聲況夫出戰之士猶慮不足豈宜減戰士以操無用之舟此費人之三也材植不能天降必取之於州縣州縣不能自備必取之於百姓加之督責之官不問有無唯求事集未察可否止欲塞責至如板之大小枋之長短堪而相接者竭家貲以買求貸者攜妻孥而逃竄臣聞江西之民因戰舟致逋者十有二三今農民在田布種當務若造舟既急督責不已豈不播動此妨民之四也以一路言之其害如此其他諸路往往皆然所造之舟不下百隻所費之直不啻萬餘緡今國用不足民力困竭諸軍日費動以千金正宜惜財賦薄邮民力豈可使民因此

逃移書曰民爲邦本本固邦寧孔子亦曰百姓不足君孰與足願陛下圖之臣又聞近日正字已上各舉守令此又見用事之臣謬用其心胡不聞孟子曰諸大夫皆曰賢未可也國人皆曰賢然後察之國人之言猶且致察況於諸大夫乎朋黨之風其來久矣諸大夫所知不過識其外貌至於心腹不可得而知也不過聞其所言至於所行不可得而知也其或涉於私恩溺於親舊未無偏見不無妄聽知識有所不及薦舉由是不公又况賢否淆殽真僞紊雜薦引既多銓擇不暇彼既薦舉未可不用此既量才不能不然然後廟堂之事愈多而任用之弊愈甚以臣計之莫若許千里之民舉其守百里之民舉其令苟便於民民願舉之苟有不便民自受害是豈肯以千百里之害而爲私舉乎守令既得之至公廟堂亦從而事簡遂使宰臣可以留意破敵專爲克復之計今若以事之細者小者盡費經綸雖使周

公復生聰明有限亦必敗事況於中下之才乎臣之愚見竊爲執政惜其繁夥之事枉使疲精耗神若提其綱紀總其凡要分任百辟何事不成臣又見近年宰執之權太重遂使人主之威不震何以驗之臣聞天下里巷之談皆曰結知於人主者不若結知於宰相何哉今之宰執其所引援皆是故舊大則致身侍從次則薦對改官不問人之賢否不究才之短長平日交結者雖貪婪巧佞之徒闒茸鄙薄之輩或居外補或致要途而素昧平生者雖抱伊周之才挾管晏之術功德加乎百姓聞望振於朝廷或棄遐方或沉下僚皆不得而進用矣陛下胡不試回聖慮深思其因自建炎已來身居畎畝憂及國家自進讜言上結主知命之以官其人有幾如韋千秋之驟進者有幾矣如馬周之任用者又有幾矣若曰言無所補何用命之以官若曰言有可用何爲置而不問爲復來天下之言爲文具賞直言之人爲

虛聲乎。抑亦主知雖深而掣肘有人乎。抑亦宰臣除吏如田蚡。而陛下不得自任乎。况一言之合于上心。一言之寤于聖意。必有大過人者矣。使之盡其所長。施於有為。略試其難。有功則進之。無功則黜之。亦足以見賞罰明而取與當矣。今也擯忠讜之論。而命之以官。自官之外不復任用。苟無達官為之薦引。必沉百僚之底。是使孤寒無容之人。特立獨行之士。雖有忠義之心。何緣自効。雖有將相之才。何由自試。嗚呼。隗始之事。不可復見。今以下僚竊言者之身。正猶以爵祿鉗天下之口。臣恐為夷狄所笑。昔晉文公遊獵逐禽而遇農夫老古諫之。以獵為過。文公受諫而歸。告武子曰。寡人遊獵失禽而得善言。武子曰。其人安在。文公曰。猶在澤。武子曰。取其言而棄其人者盜也。文公使人迎而禮之。古人之於聽言任用。尤不忽忽。君既知之。臣亦助之。今君既知之而助之。如武子者誰歟。況當天下離亂。夷狄侵陵不有君子。其能國乎。今憂國之勤者莫如臣。而知臣之忠者莫如陛下。竊意左右往往以直言而忌臣。而臣往往自負忠誼而疾惡。臣若不以夷狄未平。劉豫未滅為心。則將退處林泉。老死丘壑。陛下雖有安車蒲輪。不可得而召矣。重惟報國之志大。平亂之慮深。故譊譊不已。今之所陳。非敢自薦深以執政之權大重。人主之柄不張。致天下有結主知。未若結知於宰相之說。竊為陛下惜也。臣前後三書。力圖劉豫。誓不與之俱生。將與我國家共安共危。共存共亡。正猶同舟之子。涉于大川。風濤沉濟。患難共之。若陛下毅然舉兵親征不庭。臣願為前驅。雖使之赴水蹈火。皆所樂從。若曰饑死首陽。縊死木枝。則將悔其死之晚也。今臣不知忌諱。不顧死亡。獻忠陛下。人臣之節亦已立矣。激切之辭亦已至矣。陛下如或不聽。恐致危亡。不可救藥。臣願陛下追臣之官。殺臣之身。無使偽齊得臣微軀。或被拘執。未得即死。

豈不玷臣平生忠誼之行。負臣平生忠誼之心。興言及此。貫日以老。席藁待罪。唯陛下少加察焉。

六年。伸再上書曰。五月二十日。右文林郎監潭州南嶽廟臣吳伸謹齋沐昧死百拜。獻書于皇帝陛下。臣嘗讀五代史至王朴傳。觀其為周世宗畫平邊之策。其言且曰。攻取之道。從易者始。當時未以為然。及我太祖皇帝受天明命。削平僭偽。一如朴策。臣是以知攻取之道。貴夫知難知易。知堅知脆。未特可用於當時。固亦可用於今日。何以驗之。臣請借王朴之言為喻。朴嘗以吳為大而脆。以并為小而堅。蓋李氏割據江南。其北帶江。其東距海。其地則廣而可撓。其人則輕而易搖。雖號大國。實脆敵也。劉氏割據河東。左有常山之險。右有大河之固。北有契丹之援。其人則悍而輕死。雖號小國。實堅敵也。故朴以大而脆者為易攻。小而堅者為難取。易者宜先。難者宜後。國初所以先吳而後并。迄用有成也。難易堅脆之策。曉然如是。用兵之道不能知此。雖使曠日持久。必不成功。往往敗績。若王邑不聽嚴尤之謀。至於自斃昆陽是矣。臣雖疏逖不才。非敢自比王朴。然當國步艱難之時。正宜輸忠効芹。願裨一二。況臣昨在畎畝之中。已蒙陛下知遇之深。臣曉夕思慮。補報之心。唯有一死。臣軀甚微。若捐軀有益國家。雖赴湯蹈火。亦願自誠。奈何無左右之容。致使臣犬馬之力無所施棲。而臣傾心勞思。未嘗不為國家慮也。今日攻取之術。豈有難易。臣輒以管見上干天聰。伏望聖慈垂賜睿覽。縱使一得之慮。未足裨補廟算。亦可以見臣憂國之勤也。臣竊見劉豫悖逆天道。僭據中原。神怒于幽。人怨于明。天下之人。欲將共起而誅之。借手取之。後時滅之太晚。臣以謂在紹興之初。擒之極易。在今日擒之稍難。臣於紹興之初力乞親征。誅鋤僭逆。蓋恐其滋蔓難圖。已而果然。何以言之。在紹興之初劉豫初僭羽毛未成兵猶未足食亦不繼加之金人方有事於蜀中彼且盡銳以攻四川其實無備於東北當是之時若親御六師攻其無備出其不意正如迅雷不及掩耳此萬全之計擒之所以必易在今之日僭僞既久形勢已成又況王師盡屯淮右彼知其力屈勢弱必當死請于金人金人以日得萬縷之利必應力援於劉豫借使金人不渡大河按兵視兩家之斃正用刺虎之術益墮其計擒之所以必難以難擒之時而為必擒之謀臣恐非先後之術也臣竊覩關中之地劉豫認為已有從方待敵於我西北之備想見弛慢臣欲乞擇一偏師用二萬人擣其虛以吳玠應之五路之地可傳檄而定既得五路蜀中民力亦可少蘇此所謂從易者始也又況吳玠坐守四川民力困弊昔諸葛亮且田且守尚不能取中原若田守皆不及亮又如之何萬一不為此謀臣恐年歲之間蜀中亦非陛下有也今

分遣二萬之衆與吳玠會於關中是斷劉豫之臂既得關中劉豫自危歲月之間可不戰而擒矣若棄易從難臣謂相持師老勝敗之機皆未可必臣竊料劉豫之謀秋高馬肥彼強亦來彼弱亦來蓋強則以勢恐之弱則以計撓之皆不過為自固之術爾臣以謂不若號令諸將休兵秣馬以佚待勞此又萬全之計也臣竊觀今之士卒亦漸精銳其為主將間有勇敢諸軍內外謀智之士未聞其人臣聞之易曰天地設位聖人成能人謀鬼謀百姓與能聖人且有謀焉司命所繫豈可無也用兵之在謀主有則勝無則負蓋亦可驗昔漢得三傑而興楚失范增而亡曹公跣足迎許攸而破冀州陳餘棄左車而死泜水用與不用灼然甚明何今日而忽諸臣在紹興甲寅固嘗論列張浚可用陛下察其非辜未幾名還果能平湖外之寇然而張浚自秉鈞軸出總帥權下士之譽日減一日與古之名將用心大相遼邈

臣竊意其無他欲懲前此信任小人之弊而畏慎之殊不知進見一人閱見果寡機會果暗物理果乖人情果昧則斥之可也謝絕可也其有通當世之務明道德之歸謀畫如良平議論如許李若一縣遏之得非懲於羹者吹虀之謂歟昔周亞夫得劇孟喜曰吳楚舉大事不求劇孟吾知其無能為也本朝縱張元而元昊叛留姚嗣宗而邊患息故吳楚成敗繫之劇孟邊陲安危見於張姚之夫去就所繫不輕則豪傑之士豈可忽哉臣審訂此理不特為張浚惜亦將為陛下惜也何則今天下分裂於賊臣劉豫僭號於中原雖非正君亦似兩國豪傑之士可南可北非猶昔日天下一家之時也將多方以羅之重法以禁之尚恐不能盡為我用況於置而不問縱而弗禁者乎臣昨見杜充為宰相順番遂帥大郡龔若虛以校尉投虜立作郎曹自可誅夷其族朝廷復下所屬撫存其家臣每念之未曉其義況夫捨

此就彼必不我利今反撫存其家是縱天下之人為杜充龔若虛之徒也既有其人而不能用既去其人而不能禁可痛惜哉臣聞之劉豫聲言曰南朝每有一官未闕必三五人共之今我州郡皆以見闕任人不年歲間南方士大夫當盡歸我審如此言豈可不察古人有言曰已棄之而資敵者敗敵取之而助己者勝在今日不可不慮也臣又見今之都督如張浚者不可多得臣但惜其自任太專待人太薄猜忌太過所謂幕府從事者非親則舊皆闒茸倫負衆之目不過敘寒溫問安否而已其有條陳利害論列可否面折庭諍咸無其人若然則張浚幕客皆是不如己者又安能策得失之計而協濟於料敵哉昔韓信非無智謀也見李生則再拜師事之曹公非無智謀也見許子則跣足而迎之今張浚自視與韓曹孰賢果自以為不及則下士之禮豈可忽也臣固欲面見其人識規其失重以前年春閒

衆謗並起獨臣雪其非辜有此小嫌不無疑忌今若緘默尚恐張浚幕客無一賢士復蹈富平之轍有悞國事臣又安得不為陛下詳言之況臣紹興甲寅曾論張浚忠有餘而智不足言猶在耳今若自恃其賢不任謀士復恐敗績欲望聖慈檢會前書及以臣今日所陳明示張浚庶使知其小疵若或改之則韓曹之功不難到也臣聞春秋責備於賢者今日扶持正有望於張浚臣固責之深矣臣憂國之心不能自已或有難臣之謀以謂臣初所上書乞誅劉豫其言則曰萬一少遲事必不濟今此果然朝廷不用臣言一至於此尚何譊譊未已臣則應之曰臣之存亡與國同其休戚又非其他臣庶之比奮忠竭節尤當先於衆人何以言之臣前後數書皆是乞誅劉豫誓不與之俱生往往劉豫視臣亦為死讎萬一國家安則臣亦安國家危則臣亦危臣非畏死臣恐死於劉豫之手無益國事今臣非貪祿躁進沽名釣譽良為天下之大獨臣一人與國同其安危至如其他臣下事偽事真略無甚大利害況前有馮道歷四姓而不替之鑒伏望陛下痛加察焉不惟臣一身之幸亦將為廟社久長之計也干冒冕旒臣無任俯伏待罪之至臣仰昧死百拜

歷代名臣奏議卷之八十七

歷代名臣奏議卷之八十八

經國

宋高宗時張浚上言曰臣受陛下聖知最厚自謂遭逢幸會蓋非偶然凡有所見盡言無隱又況社稷至計所繫臣安敢曲為身謀默不上達仰惟俯賜矜察不勝大幸臣契勘金虜侵犯以來強暴為甚鋒不可當公卿大夫上負國家甘為叛逆其大惡不道固不待言矣次則不過畏避怯縮隨時俯仰虜之未至幸且偷安虜之憑陵委身而去陛下念其勢力不逮旋復器使此二事之明驗也其間蓋有恨虜之不道憫國之無辜誓死捐身力圖破賊而事機之來有成有敗好事觀望之人又復以輕狂而媒蘖之然則為陛下社稷至計果如之何而可乎臣嘗折中而論之大凡持盈守成遵重是貴謀功立事勇決為先今國勢衰弱寇難日至使人人懷因循苟且之心不敢任成敗安危之責臣恐日復一日坐致大壞矣臣竊謂當今喪亂之後謀身者易任事者難謀身則毀譽不至任事則怨謗並隨仰惟陛下念社稷之重思中興之難反復熟計以觀得失至於臣之起自孤遠驟膺委寄不自量力妄意事功則又甚難矣今臣欲決意以圖賊則恐負敗事之憂欲專斷以立功則恐貽擅權之議至於因循玩日始為朝夕之計事極勢危終歸於無可柰何則又臣之所深疾痛恨不肯為此以負陛下知遇也伏惟萬機之暇特賜省覽庶使臣之孤忠得被聖知趨事赴功雖死無悔臣無任激切之至

浚論當時事勢曰臣聞受非常之恩者圖非常之報極焚溺之急者乏徐緩之音臣竊惟當今事勢譬若養成大疽於頭目心腹之間不決不止決遲則禍大而難測決速則禍輕而易治惟陛下謀之於心斷之以獨謹察情偽預備倉卒猶之奕棊分據要害審思詳慮使在

我有不可輒犯之勢。庶幾社稷有安全之理。不然。日復一日。且將噬臍。異時以國與敵者。反歸罪於正議。此臣所以食不下咽。不能一夕安也。倘非陛下聖德在人。獲天地之祐。承祖宗之慶。有以照察其心。臣亦何所逃罪。

浚論車駕進止利害曰。臣昨日幸侍天光。獲聞聖訓。退而思之。惟是車駕進止一事。利害至大。區區中懷。所見未知當否。敢以剖露。惟陛下深思而詳擇焉。臣竊惟天下之事。不唱則不起。不為則不成。自古賢聖之君。平定禍亂。未有謙退遠屢。而能躋天下於太平之域者。惟太公避狄。句踐報吳二事。士大夫多以為口實。不知與今事勢萬萬不同。夫祖宗二百年積累之基。付在陛下。不幸而虜人陵之。叛臣據之。陛下不得已而養銳待時。以俟天定。猶之可也。至於事有可為之理。時有可興之勢。思前慮後。猶豫不決。豈不重失人心乎。臣請以

碁論。善弈者先固基本。次定算數。臨以大勢。使之左右枝梧之不暇。然後我勝可必。彼敗可分。今四海生民之心。孰不思戀王室者。虜叛相結。脅之以威。雖有智勇。無由展竭。三歲之間。賴陛下一再進撫。士氣從之而稍振。民心因之而稍回。正當示之形勢。庶幾爭激忠起懦而三四大帥者。亦不敢懷偷安苟且之心。夫天下者。陛下之天下也。陛下不自致力。孰肯履危險忘寢食孜孜焉惟恢復是望。而愚忠不移者乎。臣意謂今日之事。存亡安危。所自以分。陛下六師倘還。則有識解體。內外離心。日復一日。終以削弱。異時復欲下巡幸詔書。誰為深信而不疑者。何則。彼知朝廷姑以此為避地之計。實無意於圖天下故也。陛下若斷自宸衷。有進無退。車塵一動。上可以格天心。下可以順民望。虜叛之勢。寢以蹙縮。大功自是而立。大業自是而成。論者不過曰。萬一秋冬有警。車駕難於遠避。夫軍旅同心。將士用命。扼淮

而戰。破敵有餘。況陛下身臨大江。氣當百倍。苟士不效力。人有離心。陛下雖過自為計。將容足於何地乎。又不過曰當秋而進。士有戰心。及春而還。絕彼窺伺。此特可舒一時之急。應倉卒之警。年年為之。人皆習熟。謂我不競。當有怨望。難乎其立國矣。又不過曰賊占上流。順舟而下。變故立生。所不可測。夫襄漢我有也。賊舟何自而來乎。虜叛事力有餘。果能陵犯。水陸偕行。自上而濟。陛下身處臨安。去建康無數舍之遠也。處之其安否乎。三者利害。有同白黑。矧惟陛下遭兩宮之大恥。負四海之重責。天意人心。兩皆屬望。有為而無成。天下猶矜憐而歸心陛下也。不為而坐待其盡。為禍可勝言耶。夫為將帥之策者。恐臣導陛下而前。督其進取。曾不知事有機會。時有利鈍。士馬不能遽益也。賊勢不能立破也。要宜剛大其志氣。恢洪其度量。以拯救天下百姓為心。仰無愧於天。俯無怍於人。度事而為。審時而動。先謀

自治。利而誘之。致而破之。何難而不可濟哉。惟陛下斷以恢復為事。則任恢復之人。以退守為事。則任退守之人。使各引其類。求其黨。一意施為。為陛下畢盡死力。庶乎不至於操持兩端。擇利自謀也。臣又竊譬之父有痼病。其子欲以瞑眩之藥治之。而或者爭止焉。為或人之謀。疑其愛己。為子之謀。似乎不審。然而人各有心。姑取諛悅。捨此適彼。所不憖焉。謂子為不盡忠乎。其父豈不過謬哉。今日侍陛下。以還為臣之謀。無所任責。誠亦得計矣。為陛下國家之計。恐有所未至。是以披心腹。露肝膽。反復一二言之。而不知其當否也。伏惟陛下裁赦。

浚論脩德以圖恢復疏曰。臣聞明主能受盡言。暗主以言為諱。臣幸遭遇陛下。不以臣為至愚不肖。數亦采聽其說。臣倘不以死力陳。而猶回顧後患。是臣負陛下矣。故願盡區區之忠。烏乎尚忍言之哉。今

吾之二帝宗族遠處沙漠之地。憂憤無聊。可想而知。輕侮肆辱。可思而見。臣嘗屈指而計之。如此者蓋三千晝夜矣。雖云歲奉之牛種時遺之粟帛。數既不多。安能充養。彼其狼虎用意。實欲摧折而消磨之也。雖然此尚以陛下總師于南。不敢遽加無禮耳。嗚呼。陛下異時之事一或差跌。禍有可勝言者乎。臣自富平既敗。宜膏斧鉞。陛下矜憐其心。不以釁鼓。臣幸復見天日。陛下之恵也。今事雖有可為之機。理未有先勝之道。含糊畏默。終不以言。而僥倖於一勝。富平之事。將復見於今日矣。豈惟上辱陛下。抑亦辱臣之身。臣願披肝膽露心腹為陛下言之。夫兵家之事。不在交鋒接戰。然後勝負可分。要在夫得天下之心。則士氣百倍。虜叛歸服。不旋踵而四海定矣。故人君之道。莫先乎正心脩身。以感格天下之心。然而是豈可以偽為哉。一毫有善四海共知。今使天下之人皆曰。吾君孝弟之心須臾不忘。寢食之間。

父兄在念。則忠義之士當思有以共憤雪恥矣。吾君言動舉措皆合禮法。至誠不倦。上格於天。則教化必行於異日矣。吾君之朝。君子在位。小人屏去。侍御僕從。罔匪正人。讒言不行。邪言不入。市井之談不聞。道義之說日至。則內外安心。各服其職矣。吾君棄珠玉。絕弄好。輕犬馬。賤刀劍。金帛之賞。不以爭幸。惟以爭功。則上下知勸矣。夫如是則將帥之心日益以壯。士卒之心日益以奮。天下四海之心日益以歸。彼將曰。吾君之所為如此。所行如此。醜虜不道。高肆吞噬。曷不共力而同濟事功哉。夷狄之人。雖號荒服。蓋亦心知善惡。非若禽獸全無知識也。聞陛下之威德。知中國之理直。則氣讋志喪。小大離異。戰未必力。衆未必同。如此。陛下何為而不可。何事而不成乎。嗚呼。事或有一不然。疑惑之議。毫髮著見於外。天下之人。口不敢言。心則敢怨。異時事乖勢去。禍亂並作。如覆水之不可救矣。蓋隙一見於此。心已

生於彼。不易之道。為人上者。其可不畏而戒之耶。且自古為君之難。非獨今日也。或一言之失。或一行之非。或失色於人。或失禮於人。或一小人在側。便足以致禍致難。起戎起兵。前日明受之變。大逆之孽。陳兵闕下。旁引他詞。其鑑不遠也。今祖宗傳陛下以二百年之基業。而陛下聖德日躋。學問日廣。斷然脩其在己者。遂可以致帝王之治。何憚而不勉之耶。如臣備位宰輔。受美祿。享重名。豈不欲懷姦觀望。因循度日。以全其身哉。顧以異時身無死所。且蒙誤國惡聲。則為臣莫大之醜。故寧盡言而得罪於今日也。不識陛下能恕而容之於後日乎。陛下果能容之。而欲以至誠行其事。臣將繼此而一二以獻焉。

浚又奏曰。臣伏見近報罷諸路撿察財用官。并福建江西路收買翎毛。亦皆住罷。臣仰惟陛下仁民愛物。事每謹微。雖帝王之用心。不過是也。然臣區區之意。竊以為天下之勢有緩急。天下之事有輕重。急

其所緩。重其所輕。則顛沛於末流。而害之加於百姓。有不可勝言矣。臣嘗謂天下大計。譬如人之一身。方安平無事之時。恬淡虛靜。調養元真。是以保天和。享壽考。不幸而養治失素。痼疾已成。邪氣侵凌。日甚一日。苟非瞑眩之藥。毒而治之。臣恐元氣既失。必無遽生之理。今天下之勢。衆所共知。倘不思拯溺救焚之策。以保吾民。豈不終至危殆耶。臣非不知夫捐器甲而不脩。捨弓矢而不造。翎毛不傷。舟車不葺。漕運不督。激賞不施。可以裕民力。足財用。崇虛聲。靖國人。然而叛虜之禍。近在腹心。一旦緩急。誰任其責。將棄吾赤子而避之乎。亦將驅士卒而與之爭乎。若欲驅士卒而與之爭。即如前所陳。闕一不可。此數者。固非天降地出。出於民力而已。安有事借民力。而無毫髮之擾者哉。夫合天下百姓之力。除天下百姓之害。而措之安平之域。雖湯武復生。無以易此也。顧取之均平。無或苛虐。使錙銖寸粒。還以為

民斯善矣。且商周之君。當桀紂之時。退而脩德。以待天定。方是時桀
紂未嘗憑陵天下也。故能脩德以懷徠天下。歷時之久。得行其志。陛
下上有父兄之讎。下有生民之責。虜之謀我。歲必一至。四海嗷嗷。未
見休息。以事揆之。如黃帝之有蚩尤。漢高之有項籍。光武之於赤眉
王莽。爭雄角力。曾不少暇。轉盻之間。存亡所係。皆非一大痛治掃除
其惡。推行仁德。與民更始。四海內外。何以獲安。且撿察之官。謹擇其
人可也。以財用為不當撿察非也。羽毛之實。謂甲請措置之不善可
也。併兩路而卷罷之非也。不然。即天下之事無一可為。始束手端拱
聽之而已。彼操仁義繩墨之說者。正如人之有疾。勢在膏肓。庸醫畏
縮。方且誠以勿吐勿下。姑進參苓。而安養之。終至於必死。主人猶以
為愛己也。乃若良醫進剖腹洗腸之術。傍觀駭愕。指以為狂。迨疾良
已。尚不免夫輕試之謗。自古捄弊附衆者。得譽常多。而骨鯁當權者
負謗常重。天下之事難。如人意。大率如此。往者澶淵之役。寇準決策
親征。功存社稷。事平之後。姦臣謂其輕棄萬衆。假此擠陷。近事之警
使人傷憤。臣起廢放之中。蒙陛下一心委用。願竭死力。以報恩德。雖
此兩事。臣不預行。然傳聞紛紛。忠之誠為可畏。萬一異時事有大於
此者。出衆人之不意。始徐起而議之。則敗事多矣。伏望陛下申明內
外。更賜詳議。國是既定。事乃可為。孟子曰。人之易其言也。無責耳矣。
無責之人。言每輕發。況乎懷私意。務搖動者乎。且靖康以來。借仁義
愛民之言以進說者。不知其幾人矣。其後都城之禍。渡江之後。生民
塗炭。莫之紀極。官私事力。十去八九。愛民之意。其實安在。當時大臣
流離竄棄。雖死無益。而獻言陳說者。今尚保其妻孥。以安於田里也。
臣之區區。不自量度。輒任國事。早夜以憂。必欲盡力而為之。然而事
之成敗。猶恐未保。倘於此含糊首鼠。誤陛下決矣。伏望聖慈察臣之

心。苟所見邪僻。未可信用。臣自此入覲天光。即乞骸骨歸養其親矣。
冒犯天威。無任震恐。
浚論和戰利害疏曰。臣夙負大罪。自謂必死瘴癘之地。仰惟陛下優
容之。矜憐之。保全之。死骨復生。盡出聖神之造。自今已往。皆已死之
日。而陛下實生之。臣今雖居苫塊中。安敢愬然遂忘陛下恩德。且顧
惜一己。而默不出一言。庶幾有補萬一哉。惟陛下察其用心。恕之而
已。臣聞自昔忠臣事君。莫不欲其主之明。莫不欲其主之聖。莫不欲
其主之名。顯日月。功蓋宇宙。彼知夫國家安榮。則其身亦與有安榮。
故犯顏逆耳而不敢辭也。姦臣不然。惟利之圖。不復他恤。導君於非。
使重失天下之心。而陰肆其邪志。始則曲意媚順。而蔽欺人主之聰
明。終則專事擅權。而潛移生殺之大柄。跡其包藏。有不可勝言者矣。
然而身滅家亡。族覆世絕。見於史冊。歷歷可攷。天下後世視之。曷大
豕之不如。彼果何所利耶。惜乎至愚而莫之思也。日者陛下法乾之
剛。而用以沉潛。施設中幾。天下四夷。孰不畏服。是臣可言之秋也。臣
竦遠。不復預聞朝廷機事。而伏思念今日事勢極矣。陛下將拱手而
聽其自然乎。抑將外存其名。而博謀密計。求所以為長久歟。臣誠過
慮。以為自此數年之後。民力益竭。財用益乏。士卒益老。人心益離。忠
臣烈將。淪亡殆盡。內憂外患。相仍而起。陛下將何以為策。祖宗盛時。
嘗與虜通好矣。惟力敵勢均。而國家取兵於西北。取財於天下。文武
之才。世不乏人。是故其事得以持久。而百四十年之後。靖康大變。事
出不意。禍亂之酷。亘古所無。論者猶恨夫恃和為可安。而不知自治
之失也。今天下幾何。譬之中人之家。盜據其堂室。安居飽食其間。而
朝夕陰伺吾隙。一日有間。其捨我乎。然則陛下不可不深思力圖於
此時也。且虜嘗有弒立之舉。夫弒逆之人。天地所不容。人情所甚惡

誠能任賢選能修德立政斷然為吾之所當為口不絕和而實以勢臨之彼必有瓦解之憂借使虜不量度輕為舉動第堅壁清野以逸之明示逆順其衆自離虜之危亡可立而待何則人心不肯趨逆而忘順也假之五七年而虜君臣之分定彼國有人得柄用事雖有賢智莫知為陛下計矣願陛下精思審謀無忘朝夕無使異日有噬臍之嘆夫約和衰弱之時謂不能久而強虜之變萃生於內則是天贊陛下違天不祥陛下其承之臣聞人之俯仰天地間所以自立其身者不過忠孝二字此天下之大義不可斯須少忽也而臣行負神明孤若餘生親養已無所施矣事有大義所當為者不過盡忠於陛下顧雖頭目手足有可捐棄而為陛下用者所不當顧惜而況親逢聖明極力保全恩德至大使臣有懷私顧已匿情畏罪慮禍之心則是陛下不負臣臣實負陛下天地鬼神其肯容之哉是以不顧嫌疑不

避鼎鑊不恤讒毀為陛下陳之陛下勿謂軍民之心為可忽忠良之言為可棄夫治天下譬持盤水一決而潰有不可收拾者矣陛下其念之哉臣行年六十死亡無日非若紛紛者互持和戰之說惟恐其說之不勝而身之不獲用貪目前之得忽久遠之圖臣知為陛下國家計耳陛下安榮臣亦與有安榮臣之自謀亦豈為不審耶幸未死得終禮制陛下不以臣為愚而卒棄之願陛下許臣居巖麓間賜之屋三十楹田三十頃俾得優游養痾田野間為陛下謀盡心腹之忠以畢盡愚忠庶幾有補萬一臣之志願足矣惟陛下廣乾坤之度以精求天下之賢無忘祖宗國家之恥父兄宗族之讐盛德大業昭著後世臣猶幸及見之臣不勝大願

浚又上言曰臣受陛下更生大恩今至憂迫身涉險萬里常恐一旦死填溝壑終無以仰報萬一思得以展盡所懷瞑目無憾臣嘗病夫世儒爭於和戰異同之說而不知實為一事或者竊儒為姦不知經史之心切切焉利祿是圖而有以欺惑陛下之聽又其甚則大姦大惡挾虜懷貳以自封殖其家簧鼓曲說愚弄天下敢畢陳之臣聞天地之大德曰生而天地生物之功本於秋冬蓋非嚴凝之于秋冬則無以敷榮之于春夏然則秋冬之嚴凝乃生物之基也在萃之象曰除戎器戒不虞而泰之九二爻辭曰包荒用馮河泰萃之世聖人謹於武備如此謂不如是不足以生物而行其心也況時丁艱難而可忽略不省啓大禍于後反謂是為得哉若夫一時之和則亦聖賢生利天下之權也商湯事葛矣而終滅葛書曰湯一征自葛始周文王避狄矣築室于岐未幾謀以却敵詩曰乃立冢土戎醜攸行文王事昆夷矣而卒伐之詩曰昆夷駾矣維其喙矣越句踐事吳臥坐薪嘗膽竟以破吳越語曰越十年生聚十年教訓彼皆偷之乎始而張之

乎終汲汲乎德政脩立而以坐利天下為心未嘗恃和為安自樂其身而已也漢高祖嘗與項羽和歸太公呂后割鴻溝以西為漢東為楚良平進言今楚兵罷食盡此天亡之時不因其機而取之是養虎自遺患也漢王從之卒成大業漢文帝與匈奴和親無間歲之寧漢文全有天下謂可和以息民方是時百姓猶不免侵陵之苦至武帝始一大征伐之其後單于來朝漢三百年間用以無事唐太宗天下初定有渭上之盟未幾李靖之徒深入沙漠之地犂其庭係其酋海內始安焉茲豈非以和為權而得之哉若夫石晉之有天下則不然取之非其道謀之非其人桑維翰始終於和其言曰願訓農習戰養兵息民俟國無內憂民有餘力觀釁而動動無不成初若有深謀者然考其君臣所為名實不孚于上下朝廷之上專務姑息賞罰失章施設謬戾權移於下政亂於上無名之獻莫知紀極一時用事方鎮

之臣。往往昏于酒色。厚于賦斂。果于誅戮。以害于百姓。朝廷莫知所以御之。所謂訓農習戰。養兵息民。略無實事。維翰所陳。殆為空言。姑欲信其當時必和之說。以偷安竊位而已。契丹窺見其心。謂晉無人。須求陵侮。日甚一　後嗣不勝其忿。始用景延廣之議。僥倖以戰。而不知其荒淫怠傲。失德非一日。天下之心已離。天下之勢已去。天下之財已匱。延廣不學。不知行聖賢之權。亟思所以復其心。立其勢。強其國。急急兵戰之爭。事窮勢極。數萬之師。無一夫為之發矢北向者。至今為天下後世嗤笑。凡言君臣委靡不振。服役夷狄者。必曰石晉云。臣仰惟陛下聰明聖知。孝心純一。即位以來。簡用賢材。虜人聞風而畏之。於是有議和之事。陛下以太安為重。且幸徽宗皇帝梓宮之亟還。和之權也。不幸用事之臣。貪天之功。肆意圖利。乃欲翦除忠良以聽命於虜。而陰蓄其邪心。方國家閒暇之時。怠傲是務。德政俱廢。

而專於異己之去。志果安在哉。夫虜日夕所顧望者。欲我之忠良淪役耳。欲我之盡失天下之心耳。欲我之將士解體。其氣不復振作耳。欲我之懷於宴安。以甘于酖毒耳。前日用事者。一切徇其所甚欲而畢為之。不幾乎與虜為地歟。身死之日。天下酌酒相慶。不約而同。下至田夫野老。莫不以手加額。其背天逆人。不忠于君。而天人之心重惡之如此。且彼曾不思夫虜之於我。其變之而和乎。其有餘力而肯和乎。其國中亦有掣肘之虞而和乎。其欲圖之於後而和乎。臣謂虜有大讎大怨。不可復合。譬夫一葉之分。今日之和。必其酋帥攜離。人心睽異。姑為此舉以息目前。而圖回江淮。以去除後患之心。其中未嘗一日忘也。惜夫昏庸姦賊之人。忝於富貴。闇於政事。曾無尺寸之效。以上報於國家。毫髮之患以下及於百姓。分列黨與。布在要郡。聚斂珍貨。以獨厚於私室。為身謀。為子孫謀。而不知為陛下謀。不知為

國家天下謀。坐失事機者二十餘年。以誤陛下社稷大事。有識之士誰不痛心。且夫賢才不用。政事不脩。國勢不立。而專欲責成受命於虜。遂足以啓輕侮之心。而正墮其計中。魯仲連所謂彼將有所與奪。梁王安得晏然而已乎。此甚可痛恨者也。敵國之人何自而畏。敵國之難何自而成。遲以歲月。百姓離心。將士喪氣。國亦危亡而已矣。臣願陛下鑒石晉之敗。而法商湯周太王文王之心。用越勾踐之謀。考漢唐四君之事。以保固社稷。天下幸甚。臣竊料前日用事者獻議於陛下。不過曰以我之和。而虜之變難荐生。是欺天之說也。虜相殘之釁。其來有素。初不在夫和與不和之間。向使國家德政脩乎上。威令加乎下。虜之變難。豈不有大於此。而我不世之功。庶幾其可雪乎。又不過曰。姑少遲之。更俟其亂。此蓋度其身之必不可辦任大事。相與為叨竊苟且計而已。非國家計也。萬一虜有人焉。定其亂而強其國。

臣恐當是時陛下不得一夕安枕矣。古語曰。當斷不斷。反受其亂。又曰。天與不取。反受其咎。又曰。畏首畏尾。身其餘幾。又曰。機事之來。間不容髮。此四者今日之謂也。願陛下體道之權。外示順聽。一一從之。於今及春陽用事。與廊廟大臣圖回大計。復人心。張國勢。立政事。不絕其和。而遣一介之使。與之分別曲直逆順之理。事必有成。臣不孝之身。親養已絕。含毒忍死。其亡無日。徒能為陛下言之而已。臣又伏思祖宗之德在天下。至大至厚。太平之治。多歷年所。三代盛時有不能及。恭惟皇帝陛下。稟乾剛之資。而輔以緝熙之學。何為而不成。何治而不至。願陛下充其志氣。擴其聰明。必使清明在躬。如太虛然。惟是之從。以選賢才。以脩德政。以大基業。天下幸甚。

浚奏恢復事宜曰。臣伏覩聖旨指揮。令沿江諸大帥監司帥守各條陳日今進討恢復事宜。合如何施行。具已見利害。疾速聞奏。此陛下

兼覽衆智明目達聰之義也天下幸甚臣不自量嘗以河東陝西之
葉上塊天聽伏想已達聰覽竊惟今日之事當自陝西河東山東始
以觀其變以度其勢然後因時而應似為得宜臣仰惟陛下好生之
德格于天地賊虜不道自取殄滅此天心也誠可為天下大慶然臣
嘗觀唐安祿山之亂慶緒史思明繼之稱兵為虐亦既數年緣九節
度之師節度不一心腹不相得一敗不振使之及此誠可為龜鑑也
臣自入本路界早夜詢問江淮日今民力軍勢之實百姓困於征役
科斂頻繁頗不聊生軍馬疲於道路飢疾相仍殘死者衆民多流離
軍有嗟歎將或驕而不武兵或分而不協臣願陛下厚撫軍民亟施
恩惠固結其心振作其氣謹簡將帥大脩軍政乘此機會掃除大難
陛下略細務嚴常程去冗食專意馬上之治除天下之大害興天下
之大利如祖宗創業之初則中興之業盛大無窮功績之隆震耀前

古固陛下之所優為臣愚無識嘗誤國事毎自震懼顧何足以補萬
一區區愚忠不忍少隱當否未暇惟陛下寬赦采擇不勝幸甚
浚論歸正人利害疏曰臣竊惟自昔創業中興之君圖回天下初非
有夙仕之將素養之兵舊撫之民為之用也致其施設事非一端或
取之羣盜或得之降虜或以夷狄攻夷狄莫不虛懷大度仰憑天道
俯順人心以成大功後世仁德之不孚措置之失宜馴致降人多有
背叛此非徒人事之繆蓋亦天命之所不歸也今陛下紹隆祖宗方
務恢復乃於降者而首疑之則左右前後與夫今日軍旅之衆孰不
可疑而況他日進撫中原必先招徠事乃可濟若處之失當反激其
怒他日人自為敵未易可圖計之出此豈不誤哉雖然臣知此非陛
下意也蓋陛下將有經營四海之心推誠待人如天如日豈比固陋
之士姑為保身全家之謀唯恐大江以南萬一小事耳至於刺客間

起固容有之不可不防然亦安可以此因噎廢食也死生有命富貴
在天聖賢豈虛語乎臣之幕屬固有力持此議者臣蓋嘗深闢之伏
乞睿照
浚又論招納歸正人利害疏曰今月初二日司農寺丞史正志到建
康伏領御筆處分臣不勝感懼惟歸正一事臣日夜思念至熟不敢
少忽也竊惟國家自南渡以來兵勢單弱賴陝西及東北之人不忘
本朝舉衆歸附以數萬計臣自為御營參贊軍事目所親見後之良
將精兵往往當時歸正人也三十餘年捍禦力戰國勢以安今一旦
遽絕之事有大不可者臣不避誅責敢條列于後此令一下中原之
人以吾有棄絕之意必盡失其心一也人心既變為寇為讎內則為
虜用外則為我寇二也今日處分既出聖意將見淮北之人無復渡
淮歸我者人迹既絕彼之動息無自而知間探之類孰為而遣三也

中原之人本吾赤子今陷於虜三十餘年日夜望歸如子之仰父母
今有脫身而來者父母拒而棄絕之不得衣食夫理人情皆所未順
四也自往歲用兵大軍奔馳疾疫死亡十之四五陛下慨念及此既
望諸將各使招募若淮北之人不復再渡所募之卒何自而來五也
尋常諸軍招江浙一卒之費不下百緡而其人柔弱多不堪用若非
取兵淮北則軍旅之勢日以削弱六也臣自叨任使事即為二說以
盡其情其一山寨之首領來歸厚加撫勞使持帛書復往撫諭本處
山寨令各安居耕種毋輒生事以待王師其二許令充應萬弩之選
若有官借補之人不肯與效用為列即以忠義從軍之名處之各令
準備差出間探及學習弓弩以就行列今近二百餘人其携家而來
者老弱不任軍用則分撥荒田借貸錢粮俾為屯守之計區區不敢
少容私意於其間惟此一事所係甚重若果絕之人心一失大事去

矣。仰惟陛下聖明。仁孝英武。有太祖太宗之遺風。思欲拯生民之厄。雪廟社之恥。國家所係。人心為本。陛下恢洪聖度。同符天地。信順獲祐。其理必然。天下幸甚。

浚又論泗州事宜䟽曰。臣竊聞虜人有燕山自立者。偽赦傳聞。大略可見。此天付陛下以恢復之日也。目今事宜。臣愚以為直名暴有智辯使臣數輩。持主事牢執書。反覆詳列。俾切中其穿。無毀祖宗故地。不待血刃可復得之。仰惟陛下早夜整兵訓戎。命帥擇將。聚糧儲財。以待機會。中興之業。其必有成。臣又伏見淮東泗州。在今日最為要害之地。若得一智勇為長之將。以步騎五千近日未經戰戍者使守其中。北可以通京師。東可以通山東。西可以通陳蔡。英雄豪傑。其必有環應而起者。第與之深結。勿用輕復城邑。它日大兵一出。鄉導既得。人心既歸。孰不響合。惟是擇任不可不謹。臣智識淺短。特以荷陛

下恩遇。夙夜殫竭。未敢不盡其誠。陛下不以為罪。自茲機事之來。臣當次第具所見以進。用備采擇之末。伏惟聖慈貸其狂愚。不勝幸甚。

浚又論撫恤淮漢兵民及經理陝西河東事宜䟽曰。臣竊見淮西虜人以聖駕俯臨。大兵四出。引衆遁去。其勢必為北歸計。臣竊伏思之。虜人悖逆天道。率脅醜類。來涉吾境。衆叛親離。旋被殺戮。天之相佑國家。天啓昌期。可謂甚矣。茲蓋皇帝陛下執柔剛之權。惟其時中。蓋仁孝之誠。有以上格。自信此心。終獲其應。顧茲機會。誠大有為之秋也。天下幸甚。臣待罪藩方。望屬車之塵。不遠數舍。歡抃之餘。反復深念。其敢不盡。竊以天意人事推之。今日為恢復之時。蓋無疑矣。雖然。恢復所宜詳講周慮。使出萬全。臣愚以為來遠之道。先自近始。為今之計。恐宜以撫養根本為急務也。惟自夏及冬。江漢兩淮之間。災疫往來。民困饋運。若復大舉深入。誠恐所得未幾。而我之事力益覺其弊。借使河南之地即盡得之。秋風既高。鐵騎萬一復來。不得不慮。恐或一城差跌。百姓必重被其毒。孤中原歸戴之心。違海內平寧之望。臣故願陛下孜孜於撫兵恤民之事。俾江漢兩淮得少休息。於三兩月間。圖回經略之心。則默運而亟行之。頻遣間使。求歸故地。以察其情。以觀其勢。以急其志。以回其心。廣陛下好生至德。使諸國之人皆知愛慕。而坐銷其精兵勇夫怨我復戰之意。時發檄文。責任將帥。招撫中原。其間豪傑。自樂輸情。獨陝西河東形勢所在。厥今可以進為。伏乞更勤神筭。以時授之。俾先駐險地。常為大敵覆臨之計。山東海道。亦宜一大措置。付以成謀。據天下之要。阨海道之衝。左挈右引。使支梧之不暇。而後使人之辭得伸。其說縱其未從。吾之勢力亦足以平定中原矣。伏惟睿算固已洞燭。區區愚見。何補萬分。仰乞特賜采擇。不勝幸甚。

浚又上經理淮甸䟽曰。臣竊惟虜人退兵之後。士馬物故幾半。飲馬長江之志。固未敢萌也。而用事群酋。人各有心。日夜備具。似有欲窺淮甸之謀。先事預圖。理不可緩。我之甲兵。方之昔日西北之士。所存無幾。而又去歲捍禦大敵。傷折逃亡。繼以病死。十亦四五。馬固同之。以今歲事力。比量酌度。夫人知其為弱也。識者或欲弭兵息民。以治在我。此說近是也。誠恐虜之圖事。未肯但已。一旦倉卒。何以待之。又況補集將士。必資西北之人。能戰忍苦。方為可仗。然則乘機及時。內堅守備。外疑敵心。左挈右制。使之首尾奔趨。人情搖動。斯為成筭。不可忽也。淮甸要處。我不先圖。異日強虜起侮渡淮。先據形勢。則事有難處者矣。惟陛下其念之。臣愚不勝惓惓。

浚又論蕭宇等約降及恢復事宜䟽曰。臣今月初七日。得翰林學士史浩書。恭領御筆處分。臣愚荷陛下示以腹心。與謀至計。其敢不盡

誠臣契勘宿州總管蕭字及蕭千戶皆契丹之族屬今其聞契丹之盛欲歸之心想見甚切其言誠實誠如聖諭臣見已選募得力心腹人前去外臣伏讀聖訓將來秋深以大兵繼之來降則重賞叛則破之陛下聖慮盡得之矣今當以兵臨境約之使降俟其從我俾居先鋒尙共破賊若付之以兵責成於宇等恐它日有難制者聖意素定臣謹當遵守惟是定中原圖恢復非徒係之天時亦須人事先盡有以副之仰惟陛下兢兢脩德誠意格天必欲拯斯民之窮復祖宗之業規模甚盛然而朝廷承前日多事之後綱紀未立賞罰未明人才未集法令未行風俗未變甲兵未備財用未足自治上策猶不能盡厭人心臣愚以為今日之幾既不可失所以圖之當務酌中庶幾萬全臣前日之奏欲令吳璘固守德順時爲聲勢牽制其西復欲令淮東之兵循海而出水陸漸進搖動其東彼之事勢大緊可見然後復以重兵進襄漢只當以一二萬人雜兵許順以示出奇蓋彼處糧道難繼不當更用重兵恐乏食退師更沮軍勢異時善後之策莫若屯駐大軍於順昌非惟糧道便利屏蔽江淮而與山東陝西聲勢相通若河南之地盡歸於我臨河郡邑秖先選募令自為守我之大兵雲屯順昌招來英豪益壯軍勢常爲備具以待其來縱竭國遠至亦必有以破之矣況其大勢既去不能復來耶臣所陳今日經常之規理當如是若夫東北之人雲合響應與夫夷狄相攻其勢携貳此又一時機會雖事有決然者而不敢預必但當先為在我不可勝之計耳臣衰遲淺學尙足以補聖聰萬一伏惟聖慈更賜睿斷特降處分

淩奏恢復事宜曰臣老無能為自蒙太上皇帝委用既而陛下紹統信任彌深審計密圖朝夕不替臣於五月間必欲廣運錢糧冒險泝淮置之于西正以事機之來理不可失今日誠有可為之時獨師旅

單寡費乎闕乏將帥難得不可冒昧一戰以幸其成所宜圖為萬全左掣右制徐為之應若異時形勢自見果有必取中原之圖願陛下假臣以權使得少効尺寸然後歸老山林臣之願也至於見可則知難則退惟社稷之計是謀惟生民之命是卹此又臣區區素心初不敢僥倖一時之動貽悔後日也伏乞聖慈更賜睿照

時詔問宰執方略資政殿學士李邴條上戰陣守備措畫綏懷各五事戰陣之利有五曰出輕兵務遠略儲將帥責成功重賞格大略謂關陝為進取之地淮南為保固之地關陝雖利於進取然不用師於京東以掣制其勢則彼得一力以拒我今大將統兵者數人皆所恃以為根本萬一失利將不可復用偏裨中如牛皐王進楊琪史康明皆京東土人知地險易可各配以部曲三五千人或出淮陽或出徐泗彼將奔命之不暇此不動而分陝西重兵之一端也關陝今雖有二宣撫其體尙輕非遣大臣不可呂頤浩氣節高亮李綱識量宏遠威名素著願擇其一而用之必有以報陛下又言陛下即位之初韓世忠劉光世張俊威名隱然為大將今又有吳玠岳飛者出矣願詔大將於所部舉智謀忠勇可以馭衆統師各兩三人朝廷籍記遇有事宜使當一隊毋隸大將則諸人競奮才智皆飛玠之儔矣大將爵位已崇難相統一自今用兵第可授以成算使自為戰而已慎勿遣重臣臨之以輕其權而分其功今却敵退師之後必論功行賞願因此詔有司預定賞格謂如得城邑及近上首領之類自一命至節度使皆差次使足相當所謂守備之宜有五曰固根本習舟師防地道講遺策列長戍大略謂江浙為今日根本欲保守則失進取之利欲進取則慮根本之傷若之名將內必屯田以自足外必因糧於敵誠能得以功名自任如祖逖者舉淮南而付之使自為進取而不至盡內以

事外。臣聞朝廷下福建造海船七百隻。必如期而辦。乞倣古制。建伏
波下瀨樓船之官。以教習水戰。俾近上將佐領之。自成一軍。而專隸
於朝廷。無事則散之緣江州郡。緩急則聚而用之。臣慶敵人他年入
寇。儻創今日之敗。必先以一軍來自淮甸。為築室反耕之計。以綴我
師。然後由登萊泛海窺吳越。以出吾左。由武昌渡江窺江池。以出吾
右。一處不支。則大事去矣。願預講左支右吾之策。夫兵之形無窮。願
詔臨江守臣。凡可設奇以誤敵者。如吳人疑城之類。皆預為措畫。今
長江之險綿數千里。守備非一。苟制得其要。則用力少而見功多。願
差次其最緊處屯軍若干人。一將領之。聽其郡守節制。次緊稍緩處
差降為有事則以大將兼統之。既久則諳熟風土。緩急可用與旋發
之師不侔矣。所謂措畫之方有五。曰。親大閱。補禁衛。講軍制。討使事。
降赦令。大畧謂因秋冬之交。闢廣場會諸將。取士卒才藝絕特者而

爵賞之。建炎以來禁衛單寡。乃籍五軍以為重。臣常寒心。願擇忠實
嚴重之將。以為殿帥。稍補禁衛之闕。使隱然自成一軍。則其馭將也。
若臂之使指矣。今諸郡廂禁兇占私役者大郡二三千人。小郡亦數
百人。臣願講求。除郡守兵將官自禁軍給使外。餘僕從衣糧。使自僦
人以役。大抵綴廂軍三分之二。而以其衣糧之數盡募禁軍。金人自
用兵以來。未嘗不以和好為言。此決不可恃。然二聖在彼。不可遂已。
姑以餘力行之耳。臣謂宜專命一官。如古所謂行人者。或止左右司
領之。當遣使令舉成法而授之。無免臨時斟酌之勞。而朝廷得以專
意治兵矣。劉豫僭叛。理必滅之。謂宜降赦榜。明著豫僭逆之罪。曉諭
江北士民。此亦兵家所謂伐謀伐交者。所謂綏懷之畧有五。曰。宣撫
慰。先振恤。通關津。遺材能。務寬貸。大畧謂山東大姓結為山砦以自
保。今雖累年。勢必有未下者。願募有心力之人。密往詔諭。應淮北遺

民來歸者。令淮南州縣給以行由。差船津濟。量差地分人護送。毋得
邀阻。有官人先次注授差遣。無官而貧乏者。令沿江州郡以官舍居
之。仍量給錢米三兩月。俟其能自營為生乃止。內有才智可用之人。隨
宜任使。勿但縻以爵秩而已。凡諸將行師入境。敢抗拒者固在勦戮。
其有善良老弱之人。皆從寬貸。使之有更生之望。

歷代名臣奏議卷之八十八

經國

宋高宗紹興間虞允文上言曰臣聞國勢有強弱人心有向背而天下之理有順逆理之順人心之所嚮也勢雖弱而可以強故有以百里之地而興王一旅之衆撥亂世而反之正者能用吾之順以應彼之逆而已彼以其虐吾則應之以寬彼以其奢吾則應之以儉彼黷於貨利吾則應之以無欲彼窮其力役吾則應之以不擾一順一逆之間而向背自分四海之大可使一心也世之人以斧析薪以錐鑿石可以必克矣然不得其理則斧可缺薪不可破錐可折石不可鑿而謂虜挾強勢用逆理可得志於天下振古未有也臣觀今日之勢天所以相陛下者甚厚而陛下所以荅天之休者無不用其至臣敢以今歲所親見者粗言之罷騎坊之冗費減甲庫之雜務禁諸軍之

重役細至於美瓜之獻卻而不納道路驛傳以至感泣臣愚猶欲望陛下廣運淼德緣其類而推之凡冗費如騎坊者雜務如甲庫者諸軍之弊有大於重役者外廷之獻又有甚於美瓜者願陛下必罷必禁以次而施行之蠹國害治之事已盡矣尚憂其未盡宅中圖大之慮可休矣尚勤而勿休一號令之行煥然有以起天下之心而作其氣臣將見四方萬里之外莫不丕應傒志而勢有所激則弱者忘其所以為弱而強者失其所以為強恢復之功日月可冀尚何逆虜窺伺之憂哉里語曰盜欲入人之室主人覺之則盜無自而入矣此言雖小可以喻大芻蕘孤忠惟陛下幸擇

胡宏上書曰治天下有本仁也何謂仁心也心官茫茫莫知其鄉若為知其體乎有所不察則不知矣有所顧慮有所畏懼則雖有能知能察之良心亦浸消亡而不自知此臣之大憂也夫敵國據形勝之地逆臣僭位於中原牧馬騷騷欲爭天下臣不是懼而以良心為大憂者蓋良心充于一身通于天地宰制萬事統攝億兆之本也察天理莫如屏欲存良心莫如立志陛下亦有朝廷政事不干於慮便嬖智巧不陳於前妃嬪佳麗不幸於左右時矣陛下試於此時沉思靜慮方今之世當陛下之身事孰為大乎孰為急乎必有歉然而餒惻然而痛坐起彷徨不能自安者則良心可察而言可信矣昔舜以匹夫為天子瞽叟以匹夫為天子父受天下之養豈不足於窮約哉而瞽叟猶不悅自常情觀之舜可以免矣而舜蹙然有憂之舉天下之大無足以解憂者徽宗皇帝身享天下之奉幾三十年欽宗皇帝生於深宮享乘輿之次以至為帝一旦劫於讎敵遠適窮荒衣裘失司服之制飲食失膳夫之味居處失宮殿之安妃嬪之好動無威嚴辛苦墊隘其願陛下加兵敵國心目睽睽猶飢渴之於飲食庶幾一得

生還父子兄弟相持而泣歡若平生引領東望九年于此矣夫以臣之疎賤念此痛心當食則噎未嘗不投箸而起思欲有為況陛下當其任乎而在廷之臣不能對揚天心充陛下仁孝之志反以天子之尊北面讎敵陛下自念以此事親於舜何如也且群臣智謀淺短自度不足以任大事故欲偷安江左貪圖寵榮皆為身謀爾陛下乃信之以為必持是可以進撫中原展省陵廟來歸兩宮亦何誤耶萬世不磨之辱臣子必報之讎子孫之所以寢苦枕戈弗與共天下者也而陛下顧慮畏懼忘之不敢以為讎臣下僭逆有明目張膽顯為負販者有協贊亂賊為之羽翰者有依隨兩端欲以中立自免者而陛下顧慮畏懼寬之不敢以為討守此不改是祖宗之靈終天暴露無與復存也父兄之身終天困辱而求歸之望絕也中原士民沒身塗炭無所赴愬也陛下念亦及此乎王安石輕用己私紛更法令棄誠

而懷詐興利而忘義尚功而悖道人皆知安石廢祖宗法令不知其并與祖宗之道廢之也邪說既行正論屏棄故姦諛敢挾紹述之義以逞其私下誣君父上欺祖宗誣謗宣仁廢還隆祐使我國家君臣夫婦之間頓生疵癘三綱廢壞神化之道泯然將滅遂使敵國外橫盜賊內訌王師傷敗中原陷沒二聖遠栖於沙漠皇輿僻寄於東吳囂囂萬姓未知攸底禍至酷也若猶習於因循憚於更變亡三綱之本性昧神化之良能上以利勢誘下下以智術干上是非由此不公名實由此不核賞罰由此失當亂臣賊子由此得志人紀由此不修天下萬事倒行逆施人欲肆而天理滅矣將何以異於先朝求救禍亂而致升平乎未言陛下即位以來中正邪佞更進更退無堅定不易之誠然陳東以直諫死于前馬伸以正論死于後而未聞誅一姦邪黜一諛佞何摧中正之力而去姦邪之難也此雖當時輔相之罪

然中正之士乃陛下腹心耳目柰何以天子之盛握億兆之命乃不能保全二三腹心耳目之臣以自輔助而令姦邪得而殺之於誰責而可乎臣竊痛心傷陛下威權之不在己也

知饒州李彌遜上奏曰臣聞光武起南陽二年而破新室肅宗起靈武二年而復兩京元帝起建康數月而君臣之禮定遂成東晉之基事雖不同皆謀深志定力行而不疑故功效之成如此其速也竊惟國家之患振古未聞天祐宋德陛下興起於艱難之中以陛下英睿神武何啻並駕漢唐之君而祖宗流澤入人之深比方數代何啻相什百也然閱時滋久大勳未集者良由聖志未定廟謨未決上下無所遵承小大之臣無路以自效也爰自多事以來朝廷雖未嘗不以攘夷狄為急而前後議者各私其說以相矛盾主和者以征討為敗謀好攻者以守備為失計彼是而此非朝令而夕改紛紜殽亂上熒宸聽猶豫不決日復一日而已迫防秋之期矣故八九年間排難解紛之不暇其於恢復之圖初未有定計也求治效之成難矣哉夫千金之家為巨室者必先度方隅正基阯然後鳩工庀材藩垣而棟宇之則室成矣不然雖有良工無所施其巧也況天下之大不正其基址定其規模而可為乎書曰事不師古以克永世匪說攸聞伏望陛下奮剛健勇智之德考前古已行之事酌今日當務之宜斷自宸衷定其規模而力圖之姦言浮議排斥不用上志既定然後詢謀一二同心之臣任之勿疑責以成效恢復境土歲月可待也天下之事未有不為而成亦未有為而不成者也古人有言患莫大於以為不足為而不為願陛下早圖之

彌遜又上奏曰臣聞易曰介如石不終日吉孔子曰苟有用我者期月而已可也三年有成天下之事方其臨機應變間不容髮朝聞而

夕行猶恐失之至於恢遠圖振長策貽謀百世之後非先其根芽封植而長養之不能成功故不俟終日不以為速期月三年之間不以為久為國者不可偏廢也國家靖康之末法度大壞陛下繼紹丕圖日新庶政當如創業之初條舉而敘行之然夷狄盜賊無有寧歲盡心力而為之僅救目前之急其遠者大者有所未暇此亦臨機應變隨時之義不得已爾而上下習熟便謂當然禦敵之外一切不議間有陳一說論一事利在歲月之後者眾皆指為迂闊非笑而詆訿之朝廷因以為不急之務置而不知妨功害治莫此為甚也孟子曰猶七年之病求三年之艾苟為不蓄終身不得傳曰無三年之蓄曰國非其國也豈有為國之慮不及三年之近乎伏望陛下詔左右輔弼之臣禦敵之暇取社稷經遠之計治安亂危之所係者條具以進陛下少加宸慮審其先後緩急而推行之日滋月益必有成效上裨中

興之治，庶幾國有定安之期，民有休息之望。

彌遜又上奏曰：臣聞圖治安者忘艱難險阻之為勞，故終於逸樂而克成永世之基。溺宴安者忽因循苟且之可慮，故怠於閒暇而馴致一朝之患。在昔多事之時，人君未嘗不欲求安，而每至於顛隮離析者，樂於苟且而倦於艱難故也。仰惟陛下聰明睿智，負興衰撥亂之才，踐祚以來，焦心勞思，圖回治功，是宜措天下於泰山之安矣。然而國步未寧，民居未奠，一有小警，上下騷動，陛下不得高枕於九重之中，臣所未喻也。豈尚武急於閒暇，而救焚援溺之策不汲汲於朝夕耶。何以言之。臣竊觀累年寇退之後，中外熙然，便謂無事。朝廷有偃武之象，將帥思歸馬之期，一日無事，幸一日之安，一月無事，幸一月之安，欲求終歲之安，已不可得，而求天下之安可乎。賈誼居文帝時，謂猶抱火厝之積薪之下而寢其上，火未及燃，因謂之安，今日方之，

豈不為寒心哉。易於萃除戎器，戒不虞，於既濟思患而預防之。居安慮危，猶不可緩，而況欲轉危為安乎。臣願陛下不以艱難險阻為甚勞，而以因循苟且為甚可慮，忘目前朝夕之娛，為社稷萬世長久之計，天下幸甚。

彌遜又上奏曰：臣近准大臣宣諭聖旨，令臣條具今日當行事件。臣惶恐震懼，罔知所措。自惟空疎，不識治體，何以仰副聖訓，輒罄愚衷少布犬馬之誠。臣痛念國家多事，十有餘年，前後失圖，屢有改作，致誤陛下焦勞如此，未見成效。臣謹稽合公論，參酌事宜，今日規模當急為自治之計，先令國勢日安日強，以圖恢復，方為萬全之策。安強之術，其目有六：一曰固藩維以禦外侮，二曰嚴禁衛以尊朝廷，三曰練四方之兵以壯國勢，四曰富國用以備軍須，五曰收民心以固根本，六曰擇守帥以責實效。信能行此六者，則一年而安，三年而強。然

後資閩廣之利，以守淮南；積四川之財，以窺關陜。政事既修，舉刺必勝。不然，按兵固守，傳檄遣間，遠者自至。惟陛下用之爾。然臣之所陳拯危救亂之策，難以循守故常，當如創業之初為之。先須陛下聖慮深思熟計，灼見利害，確然不疑，必欲力行，未為浮議所搖，方可擇人以任之。數年之間，可見成效。良以國勢空虛危弱至此已甚，不以持久，不能有成。若但應目前以為迂闊而不為，孟子論三年之艾，政可為比。陛下既欲力行，而又委任得人，則於聽言之際，尤不可不審也。蓋興大利必有小害，圖遠業必無近功，類非衆人所能窺測。兼立言者甚易，立事者至難。若事有小害輒罷，人有小失輒廢，一守前日之轍，臣恐徒養小患，有害陛下安危大計。日復一日，事無立期，加以數年，天下有不可勝慮者矣。臣冒瀆聖聰，罪不容誅。伏望聖慈察臣區區之忠，不敢愛身，上酬天地生成之賜，貸臣萬死，使得少圖報效。臣

不勝惶恐激切屏營之至。

兵部侍郎王庶入對。上曰：召卿之日，張浚已去，趙鼎未來。此朕親擢，非有左右之助。庶頓首謝，因奏曰：恢復之功，十年未立，其失在偏聽，在欲速，在輕爵賞，是非邪正混淆，誠能賞功罰罪，其誰不服。昔漢光武以兵取天下，不以不急奪其費，不知兵者不可使言兵。又口陳手畫秦蜀利害，上大喜，即日遷本部尚書。

岳飛為太尉，從幸建康，以王德、酈瓊兵隸飛，詔諭德等曰：聽飛號令，如朕親行。飛數見帝，論恢復之畧，又手疏言：金人所以立劉豫於河南，蓋欲荼毒中原，以中國攻中國，粘罕因得休兵觀釁。臣欲陛下假臣月日，便則提兵趨京洛，據河陽、陜府、潼關，以號召五路叛將。叛將既還，遣王師前進，彼必棄汴而走，河北、京畿、陜右可以盡復。然後分兵濬滑，經畧兩河，如此則劉豫成擒，金人可滅，社稷長久之計，實在

此舉帝荅曰有臣如此頋復何憂進止之機朕不中制嘗與張浚不協乞終母喪詔强起慰遣之飛因奏比者寢閣之命咸謂聖斷已堅何至今尚未决臣願提兵進討順天道因人心以曲直爲老壯以逆順爲强弱萬全之效可必又奏錢塘僻在海隅非用武地願陛下建都上游用漢光武故事親率六軍往來督戰庶將士知聖意所向人人用命未報而酈瓊叛浚始悔飛復奏願進屯淮甸伺便擊瓊期於破滅不許詔駐師江州爲淮浙援

監察御史鄭剛中上奏曰臣聞執一隅之見偏信自守者謂之衆人見善則改惟義之適者謂之智人通流變化不可測知者謂之聖人惟聖人之見高出一世之上故能牢制籠絡御天下而爲之主臣謂和議高世之見陛下得之矣何則虜人虐虓中國禍毒流布則號呼怨恨思欲犂庭而報耻者衆人之所同也而有智者不以爲然頋我

之勢既未可與爲敵料彼之情猶不敢以爲信則早辭遜意姑曰從之者智士之所同也而陛下不以爲然陛下之意决謂虜人之心在於休兵河南之地必以歸我故於衆論猶豫之時守以剛明不回之斷所以得陝得洛得汴又得禁軍弓箭手以備西入之夏得數渠布梟以寛出蜀之兵可謂盛舉矣然而今也迎請之使半留半返凡我所以懇祈于彼者皆靳且遲陛下於此雖已有高世之見然通流變化區區臣子之心尚有望於陛下焉蓋虜今日之勢非前日之勢也我之勢非前日之勢也何以言之昔爲虜謀者主爲和好者也而今爲虜謀者其和好非自己出也然虜捨河南之地斂跡而北非其國中內有牽制之患外無及人之力當未至此則通和之議彼豈遽變第其謀國之隘必不肯一遵前議勢須少示齟齬艱難之狀然則我所以懇祈于彼者徙一請而遂索臣故曰虜今日之勢非前日之勢也河南之民方其陷溺

日有懷朝廷之心今其歸矣日有失朝廷之憂臣比見陝西兵民具言虜無技能用一人可當其四五臣卜之曰如是則關陝當永無亡失之患對曰不然朝廷主之則虜爲可敵朝廷棄而不顧則又復解散而已嗚呼殆眞情也使果有解散之患其何以爲國哉臣故曰我之勢非前日之勢也夫彼已之勢皆有不同則所以通虜人所以保新疆者必有道焉靜而勿躁緩而弗迫堅忍以濟其誠慮遠以防其變如有須於我者於其所可酌中道以從之於所不可遜辭意以違之此通虜人之道也定帥臣以專其試通兵勢以示其形料理三京使其血脉相連分委大將使其號令相及此保新疆之道也

剛中又上奏曰臣聞人君之有天下猶人之有四體也人之四體惟血氣浹洽脉絡流通然後疾病不生一者有痞塞則膚理爲之不禁人君之天下惟德意交孚政事偏舉然後危亂不作一者廢隔則綱

紀爲之不貫國家多故以來江淮之北陰邪之氣結爲癰疽聚爲痛癖者不可勝數頼陛下感動天地强敵革心和氣一通而大河以南妖沴平息甚盛德也臣今年四月被旨爲樞密院行府參謀官渡江踰淮道京洛抵關陝嘗爲陛下詳觀今日天下之勢關陝新復而且遠然其就緒也必易三京去東南爲近然其就緒也尚難關陝就緒矣三京之力又從而相接則關陝之安久而可保苟三京之力衰敝不振於中則關陝孤絕後當有可慮者臣請備言之陝西諸路雖號新復然得禁軍可四萬皆壯勇善戰之人是官不至於無兵也弓箭手舊額一十四萬今猶得六萬是民尚可以爲兵也年穀既稔後官中見管之粟與和糴相當共可以足一歲之食是土地不全曠也今又益之以秦鳳熙河出蜀之兵宣撫使節制其間有一旦之警利兵據險六經略趨走而聞瑕今未易窺也臣故曰就緒必易惟洛陽百

戰之餘凋殘尤甚其西則陜府為鄰陜自李彥僊死守虜悉力取之民無噍類其東則汴京應天府一帶父為劉豫兒焰所焚焦痛未蘇三京戶口今計雖僅四十萬比平時不能十分之三近又緣屯田司收其已租之田追其元買農具公私相礙宿麥不入土民力殊困論其地勢則平川通道不見藩籬無一兵可以受甲無一家可以輸上孤城作聚之衆不相統屬釁隙之所易生臣故曰就緒為難夫關陜先就緒而三京不能振起則朝廷之德意政事痛塞于數千里之間有如盜賊蒙死徼幸乘埶事之不脩則潼關以西不過自能保守當無氣力相援紀綱廢隳豈不再貽關陜之憂哉臣願陛下與二三大臣講究所以保養三京之道選任名德重望之吉置之要郡審擇材獻敏博之吏使為監司增廣戍兵而謹備不虞精究屯田而俾民安業使朝廷和氣自東南達乎西北中間血氣浹洽脉絡流通安居食

息日就安疆則事功之興起未易量也苟惟不然膚理不榮復有受病之處不治將深矣

剛中又論東南根本疏曰臣聞第五琦謁見肅宗於彭戍原奏言今之急在兵兵強弱在賦財賦所出江淮為淵臣請悉東南寶貨飛餉函谷肅宗悅之臣不識陛下以肅宗之悅琦為是耶非耶陛下見肅宗之非則臣不復論若以為是則臣欲有言夫西北有亂藉東南為根本柰何欲先搖其本以徇西北乎國家兩宮遠狩中原未復生靈日望陛下出之於塗炭謂可棄西北而不顧者非也而又人心久而不收則離德澤久而不繼則蝎僭竊之勢豈可容其蟠結漸牢謂可棄西北而不顧者非也知以西北為念方守其就而不忘經營則濟矣謂可困東南以徇西北者亦非也書曰民罔常懷懷于有仁西北之民以東南為裕則如水就下雖萬折而必至若東南自有愁嘆之

苦彼何所慕而歸乎大抵事不可今再失策今陛下親撫六師大臣統護將展力共洗前日退避失策之悔則天下幸甚不然藥水一跌恐無有再能收拾者

剛中又上奏曰臣竊見朝廷自去冬建議移蹕論者是非相半或謂建康阻江為固有如胡馬徼幸萬一則受敵在先非百司安枕之地故以幸浙西為是或謂士卒之氣恃朝廷進退為強弱進尺則有賈勇之望退寸則有解體之憂故以幸浙西為非臣皆以為不然也古人之言曰人君門庭遠於千里堂下遠於萬里必待近而後理則其遠已如此身臨戎馬者便足以為治乎又曰不出戶而知天下坐於室而見四海必謂遠者難治則易亦如此決勝千里者亦豈不然哉鄰有堅敵士未解鞍或進或退觀時應變此未足以定是非而恐是非在其後也使朝廷謀慮足以料敵賞罰足以使人雖走一函之書

可以驅三軍於水火孰謂捨建康而不可以制勝人亦不得而非之矣使防閑失計外侮可入則一馬朝濟暮即東南何臨安之可保吾亦安能獨是哉為今之討要當保其所謂是無使為人所非也乘輿還臨安矣侍衛亦臨安矣百司庶府皆臨安矣朝廷以為安且治邪其以為未然邪陛下與二三大臣密勿之意以為未治未安夙夜圖書如是守淮如是守江何地置兵何人應敵上下同心不置中原於度外如是則豈害中興之功陛下與二三大臣以為已治已安兵自此可以漸息民自此可以少休虜人不復來東南不復擾我在堂奧藩籬已自可託如是則臣恐不能無後日之悔二者朝廷當自知所擇矣陛下豈不見鑾輅所臨州里老人攜子抱孫駢肩跰足如見父母其鞠育保全之道陛下宜有以勉之董仲舒曰高明光大不在於他在乎加之意而已臣不勝區區之心

剛中又上奏曰。臣竊見比者虜使遣朝。人情疑慮。咸謂國家數年蟠屈待時之氣。一旦又鉥甘言而自解。於是感激不平者。咸以所見抗論于上。夫論事者。言不切至。則事不可回。論事而欲其必回。則其言常多偏。偏勝之論。聽者難之。而人主或至於厭聞矣。然可否相濟。社稷之福。雷同之論。古今之患。故聖人之建功立事。寧使衆智畢陳。可否相反。而不欲上下諛悅雷同而相比。寧使發揚宣布。戇愚而面折。不敢使其緘默隱避。傾望而腹非。惟吾守中平至當之道。裁應事機故雖衆多之論。時有偏勝過直者。亦一切虛心容納之。所以下有盡言之忠。上有兼收之美。而事亦無適而不得其當也。虜人之恨。臣子緘於骨髓。然國家士馬之氣力。財用之源流。智者當自默識而心計之。機雖不可不投。患亦不得不慮。虜乃肯開我以好言。示我以善意。我亦何辭而峻絕之乎。絕之誠易也。後日之策。計將安出。謂有揚旌

電掃問罪破竹之勢。則平時自可用之。何待絕使者而後可以有為乎。故專意不與虜和者。臣知其言必偏勝而難聽。雖然。犬方醜人。豈有無因而自已。虎方得肉。必不無故而捨之。驕虜狃怵。種種如意。今一旦欲還我已捐之地。歸我已棄之民。是未可信也。而又妖祥變怪詭詐反覆之士。無世無之。亦不可不察。故專意不與虜和者。其言雖偏勝過直。臣謂陛下正當虛心容納。而守以中平至當之道也。中平之道。法當何如。亦曰應之而已。好言善意。我姑順之。秣馬按兵。靜觀其變。所以守江。所以守淮者。論之宜加詳。所以取中原。所以圖恢復者。念之宜益深。使天意悔禍。吾則與億萬生靈同享其福。虜情叵測。吾則與三軍將士常自有備。矧又時移事異。勢已不同。當不至如前日斂手入其計中也。道理明甚。而人情不免於疑者。正以未知朝廷信與未信為如何爾。朝廷以虜為必信。而善鄰之望在於朝夕。則論

者之言。恐或可采。不以為信。而姑曰從之。則以弱應強。在理為順。以誠待詐。於我無損。論者雖過。陛下自可優容之。古人有言。聽者事之侯也。計者存亡之機也。陛下跨馬橫槊以有天下。虜人情偽。何待馬援言之。然後在於目中。聽言定計。當亦審矣。疏遠之臣。懷區區不自已之意。上瀆天威。惟陛下幸赦其愚。

剛中又上奏曰。臣今月十九日准樞密院劄子。備奉聖旨節文。以梓宮未還。母后在遠。陵寢宮闕兄弟宗族之故。欲屈己就和。令在廷侍從臺諫之臣。詳思所宜條奏來上。臣伏讀流涕。仰見陛下孝友格天。我虜改意。事雖可喜可疑。至於屈己之言。則臣子所不忍聞也。且國家南渡以來。間關險阻。寒心銷志。僅能自立。謂今日可與虜爭者。非癡則愚。又況虜遣使曰休兵。我何辭曰用兵。虜曰通和。我何辭曰立敵。虜曰奉梓宮母后還。我何辭曰不欲。聽其甘言。領其善意。少降辭

氣以就和議。勢有不可已者。然陛下詔群臣以屈己。則臣所未詳。夫屈己之事。非一端也。前世固有奉子女者。有供金繒者。有割土地者。有北面而臣稱者。皆上為宗社。下為生靈。不得已而為之。今國家之於金虜。土地為其所據。金繒子女為其所取。崇高之號。亦嘗自貶。而臣稱之屈已至矣。不知此外。又將何如其屈也。父子之間。所本者孝。君臣之間。所本者忠。陛下欲為親屈。此孝也。安能使天下皆忘陛下而廢忠乎。上而士大夫。下而國人。衆而三軍士卒。方同心而上戴。有如虜使狂悖。過一縣則欲使縣令拜。過一郡則欲使郡守拜。至中都又妄有所欲。則是傳一函紙。自北撫定而南。非通和也。人皆肯從乎。國人之情。士大夫之情也。陛下詢士大夫。則見國人之情矣。至於三軍士卒之情。亦即此而可卜。陛下儻未以為信。試呼一二大將問之。彼不至為屬踐。必不率三軍而屈膝也。士大夫之情不得順。小則去。

大則其身死而巳矣三軍之情不得順則事有不待臣言者矣强敵之奉命至境而吾軍民順從者半不從者半使者眙愕相顧觸藩而返則結讎造怨益不淺淺旨若卑辭報使者曰江南雖小要自各有君臨以小事大稱臣可也獨難行之禮無以塞大國之責弗辱願憐則是吾之誠意不足以感動大國而上天終未至於悔禍未如之何也已然後督勵將士謹脩不虞江外壁起則上下協心再修甲寅之後臣恐虜人便未能越長江如坦途也雖然臣有一焉陛下欲謝使者必先呼集大將更命各與近上統制官數人同定此議陛下仍開心諭之曰强虜邀我以難行之禮汝輩其許之乎謂可許則後日虜再封一函紙又甚於此計將安出謂不可即有邊陲之警孰為吾當之彼如慷慨垂涕各願效死則長江之氣巳增十倍謝使者何憚臣不敢遠引前代鋪叙為可觀之文直以存亡禍福之幾係於今日者

為陛下言其梗槩愚陋不足以奉承明詔臣罪當萬死惟陛下幸赦之

剛中又上奏曰臣竊聞虜使就館朝廷差官同王倫等計議衆論皆謂朝廷審處適中必無過舉和議之事次第可成此至幸也然衆皆知和議之可成而不知垂成之事亦復可敗要須有道以濟之何則虜所求出於平易其事必成虜所求出於甚難其事必敗事之成也謀畫可以繼進事之敗也智者無以善其後此幾微禍福之原不可差以毫釐者陛下應之可不審乎有如虜求我以甚難則和議之敗蓋有兩端其一激怒於虜人也二則激怒於國中也有一于此非但和議之不成蓋亦產禍之甚速臣請試言其略朝廷若曰虜不可從必峻辭而拒之虜必曰稱臣者汝也請和者汝也致我使往來者汝也今遽云爾是我不紿汝而汝復無信也其激怒將如何和議當自是敗矣朝廷若曰虜不可違惡僥首聽之國中必曰是無中夏也是棄君父也是忘宗廟也雖有防川之力恐不能防人之口其激怒又如何和議亦敗矣為今日計者必當以適中之論調護其間其從之也不使激怒於國中其有可辭也不使激怒於虜人周旋曲折以就其事如是則和議可成矣雖然適中之要在勿速有如來就益擇善議論之士熟為使者開陳道理使其心解意悅共擇兩平之道守而行之仍曉然令內外通知勿使下有憂疑之意如是則事無不濟漢韓安國有言謀事必就祖發政占古語側聞咸平二年章聖皇帝謂曹彬曰北鄙終成和好此事須朕屈御為天下蒼生然又須執綱紀存大體即為久遠之利陛下欲謀事就祖其法章聖之意而巳矣郅支求侍子漢議遣谷吉送至庭貢禹持不可曰春秋之義許夷狄者不一而足先儒謂節制之不求稱其欲也陛下欲占古語其合春

秋之義而巳矣陛下孝友之心感天地而動金石微臣區區之意惟恐朝廷行之失當有害成議其數以和議為言者乃所以欲和議之成也陛下恕其愚否

剛中又上奏曰臣竊見講和之事初則士大夫以為憂中則民庶以為憂今則將帥以為憂士大夫見朝廷審處適中未有失策方朝夕為陛下同心謀慮共圖善後之計初以為憂而今少定民庶則視士大夫為舒卷者也見士大夫之情稍安於前故其憂亦緩而未迫聞之道路獨將帥之憂洶洶如風濤爾朝廷但知今日某人入館議事明日某人入內奏稟而不知士卒竊竊之言日益憤激此其為患不可不慮也蓋陛下開關之初收拾西北流離之士拔為將帥分置軍旅相倚為安危者踰十年矣曰虜騎入邊詔使守禦者諸將也曰盜賊據險詔使招捕者諸將也諸將頗雖未能以大功名自見然其所

以事陛下者甚久且勤。今陛下一旦欲成和議。虜使在館。曾未與諸將道其曲折。寧不使其疑且憂歟。安知其不深思自念曰。我輩平時不能相與展力。今乃使君父至於屈己降氣。則懷孚恩而感激者必至於自勉。又安知其不相與語曰。和議既成。我輩自是當漸無用。而朝廷自是漸至於相忘。則防後患而危疑者必至於自恐。使諸將勉且恐。其終不為朝廷憂者無是理也。臣愚謂此後勢當選擇大臣。別作措畫。以繫諸將之心。目今且當分遣官吏。密宣詔旨。以慰諸將之意。繫諸將之心。則和議成與不成。皆不相妨。但少俟虜使北去之後議之未晚。臣未敢進其說也。至於慰諸將之意。則亦有不可緩者。陛下誠即日遣人分詣諸屯。喻以至意。使知朝廷施設。皆無過當。事成則與汝等彊兵積粟。漸為進守之計。不成。則與汝等鞠旅陳師。圖為後日之舉。雖成否未知。真偽相半。然皆不捨汝以圖功也。如是。則將

帥安而群論息。人情通而和議固矣。傳曰。高鳥盡。良弓藏。今日豈陛下藏弓時乎。愚瞽之計。願陛下即施行之。勿以為疑也。

剛中又上奏曰。臣累具奏稟講和事。惟在審處中道。務令可行。陛下亦頗采納其說。謂北使今已在館。足可商議。臣不勝幸甚。今者如聞虜書緘藏。未肯分付。意欲陛下實行臣事之禮。拜而奉之。臣實駭懼。且今日之事。或從或違。各有大害。惟於從違之間。求得中道。乃可施行。然而不可急也。臣冒死畢其說。惟陛下留神省察。臣聞齊楚交善之國也。秦欲伐楚。先使張儀紿楚。約獻商於之地六百里。使之絕齊。楚王大說。群臣畢賀。獨陳軫不賀。楚王曰。不煩一兵。不傷一人。而得地六百里。子獨不賀何也。軫對曰。臣見商於之地不可得。而患必至也。且先出地。後絕齊。秦計必弗為也。先絕齊。後責地。必受欺於張儀矣。楚王不聽。使勇士詈齊王絕之。使將軍受地於秦。張儀指謂楚使

曰。從某至某。可六里。楚之君臣始大悔。今日講和之事。臣竊謂類此。而又有甚焉者。夫不因謀慮。不勞師旅。而虜欲復故地。還梓宮。歸母兄。反宗族。是其所以許我者。何止商於六百里耶。秦欲使楚絕齊。虜欲使我受詔。使楚絕齊。不過孤其旁援而已。使我受詔。是欲伐吾之本根也。墮其計而孤旁援。為禍猶淺。墮其計而伐本根。禍無乃深乎。此不可不察也。雖然。用陳軫之計。則必使秦先出地。後絕齊。然而秦不肯也。今使虜先復故地。還梓宮。歸母兄。反宗族。而後奉詔。則虜亦不肯矣。軫恐後責地受張儀之欺。則我豈不憂後求五事為虜所紿乎。道理分明如此。則講和之事。自當絕之。然而上之百執下之國人。皆紆回曲折。共為陛下圖善後之策。而不欲絕之者。古語有云。利則行之。害則舍之。疑則少嘗之。今日之事。正可以為疑也。陛下孝友之性。動天地而感金石。釃酒奉觴。日欲上長樂之壽。故臣子亦不敢專

言其害。止欲陛下以為疑而少嘗之爾。何則。虜見吾今日朝廷氣力稍強。號令漸一。以地勢言之。則又據長江而擁襄漢。彼與其涉遠勞師。而容有後害。曷若設謀用計。而制其十全。此其智慮不淺。然萬有一焉者。彼或夷狄相攻。族類內潰。欲有中原而患力之不足。欲平故怨而念恩之無從。則革意回心。事有不可知者。此正疑則少嘗之之時也。少嘗之之道當如何。亦曰。推我誠心。領其善意。汝封一函紙來。吾謹待爾使。欽聽爾言。可從。則致禮以答之。不則修辭以謝之。執紀綱。存大體。如是乃可。今虜使就館踰數日。必欲屈陛下為自古帝王所不行之禮。此豈謂之講和哉。是其心非但欲使楚罵齊而自絕也。然亦猶癡賈操奇貨於市。知人欲之。則予價愈多。而愈不肯售。願陛下少回天意。更賜從容。命大臣於從違兩者之間。求一可行之道。與北使再三商量。庶幾協濟講和之議。陛下不可專見可從之利。而忘

其害事苟失策非但楚受六百里之欺為天下後世笑而已幾微之禍有不可測者仰惟哀憐臣子之心而俯聽之臣不勝懇祈之切

剛中又上奏曰臣昨日與臺諫連書入奏乞令王倫等盡力取虜書納入方為今日兩全之策如聞聖意允許不勝幸甚然臣有一言更須控陳惟陛下哀憐聽之所謂取虜書者但欲為虜使作道地爾恐書至而我不屈則虜或以為未滿故欲取而納入今日納入明日見使者或書與使偕入置使者幕中犬臣授書入之陛下徐出見使者如是則不屈非彼所知也是謂兩全之策至於陛下聖躬則雖書入而不可屈也聖人有言莫見乎隱莫顯乎微隱微之中天下所同見陛下勿謂禁密之中可以潛行天日之表可以暗屈一人知之什百人言之四方萬里皆傳矣或謂臣曰陛下為親屈傳之天下何害臣應之曰親歸地得播告中外布禮以謝大國之恵天下不敢議正恐

親未必歸地未必得徒取天下後世笑爾又或謂臣曰彼諾而我信之若如負約則曲為在彼於我無愧是又不然墮其計則解體喪氣精鋭銷懊何所不有又或謂臣曰虜非前日比謀亦何用蒼蒼悔禍事寧可知臣又應之曰用謀者戎虜之常情革意者古今之萬一立國之道以守常為正而不可以僥倖為心大抵破人之國奪人土地者未嘗不慮其再興也若曰今不滅越後必悔之則吳君臣所以慮越者如何曰汝忘會稽之恥耶則越君臣所以念吳者如何非特是也秦嘗破荊矣後與荊人和荊乃起為秦敵又破魏矣後與魏人和魏乃起為秦敵故秦之謀臣痛誚其主謂其不早成王業者良由不絕滅荊魏而使其得以收亡國聚散民而再立宗社也然則堅敵之待殘國其心忍矣故傳載其語曰削株掘根無與禍鄰禍乃不存由是觀之戎虜之情真可畏哉若乃陛下孝友格天祖宗德澤在人強敵改心事隨世變於理不謂之無獨不可全信之爾一書遠來未見端的天子屈帝尊而受之無乃信之全乎陛下為親而意切天下念而心危矣臣又得之王倫謂虜後日有南北羈縻之請此尤不可之大者一言許之後不可爽今日奉詔之事乃是議和之初未嘗遠慮但作悠悠之語不思事至之時遂至無盡今若又以此事許其後日則今雖平和後復難處惟陛下稍回聖心思慮後日祖宗基業不全矣民力窮矣人心危矣更令失計悔將如何伏望憫臣戇愚察臣踈淺但見人情物論有不允當故盡取以告陛下使陛下初不遺聽置臣言責之地則臣豈敢越職犯分累冒天威哉臣不勝懇祈之切

剛中又上奏曰臣聞自下覩上非全身之謀再三而瀆非得已之計竭陳愚悃仰冒帝尊臣比緣使事條陳利害數千百言大要欲得和議不貶天子不屈而已昨與臺諫乞令專委王倫取虜書納入陛下

念祖宗存大體之訓畏古人犯衆怒之言俯從其計事已獲濟不勝幸甚然臣尚有私憂者敢因事濟之初妄獻預謀之策南北羈縻之請臣所憂也果有是耶其不然耶今復不正其始則他時從違無策利害益深矣臣料陛下旦夕必再見使者與之計議大抵虜有所欲寧難之於初不可悔之於後難於初彼自見理而止悔於後彼固得以歸曲也如聞朝廷亦嘗扣問驛客所有羈縻之人欲於何時交付臣謂審之是也問其時則非矣要當為虜言如某等人可還如某等人不可得聞言創意豈懷遠圖勿謂事未至而譏云也且如今來許我若事事皆得籍兵之虜而可遣乎臣請備論之通和之後其割以還我者必止是空地無府庫也無桑棗也無蓄聚也無大姓豪民也梗莽丘壠之間所留者老病孤弱豈復有強壯可戰鬪之人郡縣既闕東南虛匱籍兵之虜平時倚以為用者又一旦舉而還之則衆心

解散。不待立六國後。而人各指其故鄉矣。可不念哉。和議既成。萬端偕起。凡有措畫。便當為經久之計。不可僥倖而苟就也。議者謂數年卑屈祈哀自請。追敵國專使來臨。許以通好。豈容輕失。其意。他時虜遣萬騎臨江。人情駭懼。吾內顧財用。自知不足。外督將士。或恐難用。則事亦可虞。此陛下之所慮也。紀綱散矣。士馬空矣。衣食竭矣。得宗族而復不能保。得土地而復不能定。大河之南。藩籬蕩然。如失元氣之人。忽忽待盡。此臣子之慮也。陛下之所慮。能作而起之。豈不在我。臣子之所慮。苟至其時。則無策矣。審量輕重。顧久圖遠。惟聖心加察焉。臣聞爵祿者。厲世之具也。陛下操爵祿而欲有為。何所不可。然群言交入。衆智紛然。好謀能聽。此前史所以獨稱於漢祖。蓋事方危疑。國論未定。必有揣摩傅會之士。投隙而進。其心雖上欲獵取陛下之爵祿。而不知禍毒可流於天下。惟陛下禁其萌焉。臺諫天子以為耳

目。臣雖愚陋。不足以當陛下視聽之責。斷不敢導君父以姦聲惡色也。感激言狂。至於流涕。冒瀆天威。罪在不赦。

剛中又上奏曰。臣伏見虜人敗約。中外不以為憂而為喜。虜逆天太甚。養禍彌深。變巳和之議而神必誅。驅久戰之兵而人極怨。措身危絕之地。行師盛夏之中。茲故可以無憂。陛下以孝悌之至。雖從其請。初未嘗為屈已太過之事也。根本不移。藩籬如故。比前日實無所損。而敵人受其罔。茲故可以為喜。夫舉大事者在酌民情。中外之情如是。勝負之形形矣。然區區之愚。憂喜猶交戰也。陛下精兵勁甲。雲險有年。今欲震發沉潛。布昭聖武。則檄書一行。萬物吐氣。其誰敢敵。臣固安得不為喜。然用兵者如樂水在槃。臨敵者如養虎遺患。惟持重可以鎮物。惟果斷可以成功。旋踵之間。禍福相倚。臣亦安得不為憂又念黠虜多計。善為妖祥。稍覺失利。便能以甘言相紿。正恐他時將帥鼓行。士卒用命。究孽遊魂之日。或我師頗行不偹。小有萬一之虞。彼未必不再遣一介持消釋釁憾之語。復相紿弄。于斯時也。陛下持以斷然之志不乎。臣又安得不以為憂。持之不堅。行之不果。既已為强。又欲為弱。遲疑兩端之間。吾進無所鼓。退失所據。皆志士寒心之日也。臣又安得不以為憂。臣嘗精思深念。以為今日之事。雖感動士心。同力赴敵。猶是中策。而陛下持以斷然之志。終始不變者。上策之上也。苟士氣不衰。國論堅決。鼓而進之。敵人震壞。則破竹之勢。次第可圖。知難而退。以戰為守。則長江之險。方可為固。不然。則後日持之不堅。與今日畏縮退避。其患一也。新疆之民。方如赤子之得父母。父母今又棄而遠之。計其宛轉塗炭。延頸極救者。日夜號呼以幾。願陛下以臣堅果不變之誘詔之大臣。天下幸甚。

剛中又上奏曰。臣聞中國之治有盛衰。夷狄之勢有彊弱。執權應變

因時制宜。此聖人撫中國御夷狄之道也。伏自夏五月。封疆之臣以敗盟之警聞。陛下惻然慨傷。知曲直之有在。爰戒師律。奉揚天威。克獲之書。以日來上。制宜應變之道。誠得之矣。夫以虜人輕視中國。無謀妄動。宜其一跌塗地。盡殲犬羊而不返。然猶能收拾餘衆。歟有大河之民者無他。蓋去年修還地之好。今年報敗盟之警。長驅之馬羈盛夏而甘暍死。頓吾猝遽之間。謀既不得素定。諸將之戰力亦未能齊一。此宜渠酋之誅。尚以頃刻淹也。雖然。今茲中冬。歲之杪日無幾。朝廷所以為來年計者。盍亦發正而先定乎。中國之盛衰。比前日自可見。夷狄之彊弱。比前日自可料。願陛下乘萬寶育昌之始。即乾剛運動之初。開廓規模。沉潛機筭。與二三大臣預為來歲待敵之畫。動靜戰守。皆使謀素定。而力齊一。則中興之功成於此矣。謀之素定在朝廷。力之齊一在將帥。但朝廷之謀素定。則將帥之力自然齊一。側

關太祖皇帝兵不過十萬而平定四海指麾如意者用素定齊一之道也臣不勝區區顒望之切

歷代名臣奏議卷之八十九

歷代名臣奏議卷之九十

經國

宋高宗時知揚州呂頤浩上奏曰臣竊以金人衰百戰之兵一年之內兩犯京師天祐陛下不墮賊中躬有神器臣竊觀天下之勢以撥亂為務成敗安危繫於施設臣不敢遠引堯舜三代之事昔周世宗當中國殘弊之後王朴獻策曰唐失道而失吳蜀晉失道而失幽并觀所以失之由知所以平之術在乎反唐晉之失而已必先進賢退不肖以清其時用能去不能以審其材恩信號令以結其心賞功罰罪以盡其力恭儉節用以豐其財徭役以時以阜其民俟其倉廩實財用足人安將和則有必取之勢無不成之功陛下睿筭遠圖布昭聖武伏願任賢使能信賞必罰理財節用積粟訓兵裁抑恩倖無令撓朝廷之權援選人材使之任將帥之責大開諫路而擇其善總覽群策而從所長則何為不成何戰不勝哉

頤浩特進觀文殿學士上奏曰准尚書吏部牒備坐尚書省劄子臣僚上言邊事至大詢衆庶奉聖旨行在職事官以上各具所聞實封聞奏仍限五日者伏惟陛下即位以來仁民愛物之心孚于四海憂勤恭儉之德格于上天是宜邊境安寧萬邦蒙福然而乘兵政敗壞之後敵人以百戰之師投隙而南所向無前適丁斯時實勞措畫傳曰天下多事聖哲馳騖而不足茲誠多事之際而聖哲馳騖不足之時仰蒙大詢備禦之策臣本以儒學進身然嘗任西北沿邊差遣夷狄情偽與夫戰陣之略粗聞一二犬馬之齒今已六十筋力不能勝甲冑衰邁不能從軍旅顧有愚見不敢緘嘿輒陳今日備禦十策條具如後

一曰收民心臣聞治天下之道莫先於得民心昔漢高祖入關中

約法三章除去秦之暴政民大悅服雖有項氏之彊而終為所
擒唐德宗被圍奉天內嬰孤城外迫彊寇所恃者人心未去故
卒能誅彊暴而復社稷陛下清心省事約已便民慨然願治可
謂勤矣然金人因破滅契丹之勢乘中原弛備之時北破河朔
河東諸郡西陷京西陝右諸州近復引兵渡河駐兵于開德大
名府濮州境內環地數千里被其荼毒可勝嘆哉今虜騎漸迫
京東州郡若民心畏禍一有動搖竊恐京東州縣及淮南宿亳
等州縣望風而下則不可支吾矣伏望陛下發至誠之心下哀
痛之詔遠法商周之罪已近考奉天之詔書曲赦河北京東兩
路蠲免夏秋二稅除放積年欠負凡破陷州軍及鄉村人戶避
虜寇而南來者令州縣優加存恤及防護家小勿令賊盜殺害
凡此號令斷在必行播告遠近使之周知所有逐州軍軍糧却

令轉運司條具措置以聞況京東州縣累經大寇殘破之後民
失耕業不曾種植雖不放免無可輸納矣嘗考自古夷狄不善
攻城惟金人慓勇堅悍輕生不畏死長於攻城諸路州郡緣大
寇縱橫之後鄉村有力人戶盡挈其家屬牛畜資產入州城居
止金人既破一城緣此所得倍廣伏望聖慈詔三省密院詳議
利害如京東淮南諸路城壁堅壯守禦足備粮儲不乏去處責
令死守如或不然緩急之際縱官吏與民避賊或入山林或入
陂澤庶免全郡生靈皆為魚肉為此一路之民開此生路昔李
光弼與史思明相拒知洛陽不可守沮常陟之虛誕縱民避賊
退保河陽卒獲大捷臣所願收民心者此也

二曰定廟算臣契勘金人駐兵於澶魏之郊祈請之使屢行而彼未
有講和之報范瓊韓世忠統兵北去而未有決戰之期致聖慮
焦勞大詢群策延主憂臣辱之時而大將主兵官多言彊弱不
敵不敢交戰百官之心皆願鑾輿渡江夫渡江一事不得已必
為之但迎敵拒戰之計豈可少緩哉昔魏武帝以中原之盛引
兵南征周瑜決策以舟師挫之符堅舉百萬之衆欲投馬箠渡
江伐晉謝安遣兵以敗之況主上躬有天命祖宗德澤在人而
金人殘忍貪暴逆天殄物安知我之弱不為彊彼之彊不遂弱
耶昔韓信論項氏以謂其彊易弱與此相類伏望聖慈明詔大
臣議定廟算陰為過江之備而大為拒戰之資申敕主將修武
備講陣法訓彊弩料彼已明斥堠以蹙夾淮一戰此不易之策
也昔范曄論高祖光武之畧以謂淮陰論項王審料成敗則知高祖
之廟勝耿弇決策河北定計南陽則知光武之業成夫廷論決
策不可二三蹉跌臣願定廟算者此也

三曰料彼已臣聞用兵之道在知彼已知彼而不知已必敗知已
而不知彼亦敗自金人犯邊以來百戰百敗非止百戰百敗往
往望風奔潰不暇交鋒者以將帥不知彼已亦未嘗講究彼已
之長短也臣頃在鄜延環慶路見我師與夏人接戰每迭勝迭
負未有敗衂如今日之甚者蓋鄜延環慶皆山險之地騎兵非
所利故也金人起燕薊歷趙魏絕大河至汴宋皆平原廣野騎
兵馳突四通八達步人不能抗此所以多敗也夫彼之所長在
騎兵我之所恃惟步人以步人抗騎兵則平原廣野決不能立
惟阻險用奇可以掩擊為將不可不知也胡人用兵在秋冬之
後每年四月放馬入泊逐水草號曰入澱注山西州軍及燕薊諸處契丹有國時擇
美水草之地數千頃禁人耕鑿留以養馬虜人謂之馬入澱入澱之後馬不餵料止食青草
七八月間馬乃出澱之際虜人畏大暑之時出其不意而攻之

庶可勝也翰林學士孫洙制策論契丹其略曰以一月之粮與六月之師破之必矣豈虛言哉臣宣和四年任河北轉運使五月下旬隨种師道與契丹相持於白溝是年大暑虜人以酷熱不可忍不顧性命躍入白溝河以水浸其軀其畏熱可知矣自用兵以來每於春冬交戰正彼之所利我所不利此又所以多敗也臣嘗觀晁錯議兵事曰匈奴之長技三中國之長技五山林積石涇川丘阜草木所在步兵之地也車騎二不當一土山丘陵平原廣野車騎之地也步兵十不當一有深意存焉歷考自古論兵能知彼知己未有出晁錯之右者願詔諸將用我所長擊彼所短講求其說以保萬全臣所貴知彼知己者此也

四曰選將材臣聞之孫武曰兵者國之大事將者材之至難傳曰有必勝之將無必勝之兵又曰將者人之司命審如是將師之材要當遴選委任若非其人則禍敗不可勝計然人材難知功業寓於智識就其智識觀之則人材或可得矣蘇轍有言曰道藝文章勉強積習而可至惟有知人之明不可勉強譬如蕭何之知韓信此豈有法可以授人者轍之言雖可信然孔子所謂視其所以觀其所由察其所安莊周之論九徵豈虛語哉今彊敵在境天下多事將材為急臣願陛下詔行在從官及統制官三衙臣僚各舉材堪將佐之人各二人監察御史以上職事官各舉一人委官問其謀慮試其材武如或可用從而擢試庶幾將材自此塗出昔范曄有言曰事苦則矜全之情薄生厚故安存之慮深夫以中人易流之性享厚祿膏粱之奉安存之慮既深則臨敵用命者鮮矣嘗觀太祖太宗皇帝駕馭將帥嘗令有歉然不滿之意如曹彬下江南王全斌下蜀未嘗過與官爵郭

進守山西李漢超守關南亦未嘗妄進官資以其飢則着人飽則颺去故也以近事驗之臣師古未知名之人能佐趙哲平建寇此類既衆將材出矣臣願陛下選將材者此也

五曰明斥堠臣契勘虜人用兵無斥堠軍無行伍止是選擇彊壯有物力之人乘上等壯馬四五人為一隊齎弓箭及手刀不帶衣甲前去探事號曰硬探其探事精審日馳二百餘里而中國諸軍自來斥堠不明萬一胡馬南牧須揀選有材武心力使臣將校百人分為十二隊給弓箭手刀及選擇壯馬乘騎前去分頭探報遇有警急令奔馳前來逐人給金字牌與之所至村民官私驗認牌子給與飲食草料蓋胡馬之行若飄風驟雨郵傳步人探報不及近年之弊往往緣此臣宣和七年陷于金人次年正月在金人寨中親見金人引兵到上德橋而京師猶不知是年十一月金人已渡河破鄭州執知州宋伯友縱之使歸京師伯友詣都堂陳述而大臣以謂破鄭州者河北彊寇非金人夫斥堠乖謬如此之甚誠可怪駭又如累年以來胡馬渡河緣北岸無探報不知戎馬所聚令治舟楫絞簰筏致南岸無由掩擊臣願陛下明斥堠者此也

六曰飆彊弩臣嘗考近年以來胡人入寇我師遇之不暇成列輒奔潰敗走者以平原廣野我之步人不能抗彼之騎兵故也又虜人遇中國之兵往往以鐵騎張兩翼前來圍掩為將者全不預謀分兩翼而射之所以不能立臣嘗觀史冊所載及以近事驗之夷人之長實在騎兵我之所長莫若彊弩今欲禦騎兵捨彊弩將安用哉晁錯曰上下山坂出入谿澗且馳且射匈奴之長技也材官騶發矢道同的匈奴之革笥木薦弗能支也此中

國之長技也。其理亦明矣。蘇秦合從。說韓曰。少府時力距來皆射六百步之外。韓卒超足而射。百發不暇止。遠者括臂洞胸。近者鏑弇心。又曰。以韓之卒。被堅甲。蹠勁弩。帶利劍。一人當百不足道也。夫史冊所載。茲可驗矣。以近事言之。崇寧三年。環慶路築大砦泉。种師中將前軍。羌酋比精者。領鐵騎萬餘人前來奔衝。師中下馬號令以彊弩射之。乃退。雖相持數日不敗。五軍中必有老將見此事者。宣和四年冬。契丹大酋四軍太師引精銳來寇霸州。大戰於永清縣北。郭藥師用河北第六第八第十五將馬黃弩神臂弓。藥師本將人馬分隊相間擺布對列。以馬黃弩神臂弓射之。胡騎少卻。我師乘之。遂大敗。今淮東提刑薛彥國時為第十五將。可召而問也。日近用兵多係孤軍獨進。為將者不知彊弩之利。遂致中原之長技無由施設。且如萬人為軍。

千人操弩。敵人騎兵驟至奔突。使三百步內彊弩並發。人人只能發兩箭。則敵人必卻。敵人既卻。我師乃可立。我師立定。然後可以語戰。近時之敗。以我師每為騎兵衝突。措足不定。所以敗也。神臂弓箭在軍器中。雖最能及遠。然其藝難精。自來逐將下能射神臂弓者。率不過三四百人。兼臨陣對敵緩急之際。施放不快。不若彊弩之輕捷。臣願訓彊弩者此也。

七曰。分器甲。臣嘗觀虜人之軍。兵器便利。衣甲堅密。所以多勝。中國之軍。兵器不便利。衣甲不堅密。所以多敗。何以言之。虜人之軍。皆是民兵。平時賦歛至薄。而緩急以丁點軍器甲鞍馬。無非自辦。平時家居。日逐擐甲冑而習弓矢。所以器甲各適用。中國之軍。莫非黥卒。器甲從官給。身軀短小者或得長甲。脩長者或得短甲。力能挽七斗弓者或授以一石弓。力能勝兩石弩者付之以三石弩。致弓弩不適用。反與短兵同。空餓之卒。無力自辦器甲。可勝歎哉。昔馬燧製衣甲。必分三等。盖有深意。兆錯曰。甲不堅密。與袒裼同。射不能及遠。與短兵同。夫驅人於行陣之間。以肌肉冒鋒刃。而甲不堅密。器不適用。良可哀也。又蓄兵遇敵。步人騎兵皆全裝。所以心固而敢戰。漢兵遇敵。馬軍全裝。步人則衣甲不具。所以心怯而畏戰。〔步人藏宜手不能彎前有弁心則無技將之類是也〕非特此也。虜人軍行。有車乘牛畜般載器甲。所以步人可以全裝。我師之行。無般載器甲之具。步人全裝。則困於負擔矣。此又為將者當講議措畫也。臣願詔五軍統制官。使之講論其事。令日合如何措置。條具以聞。庶使士卒之心堅固敢戰。臣所謂分器甲者此也。

八曰。備水戰。臣契勘金人既殘破京東州郡。而京西路州軍去年

殘破外。止存金州與順昌府。虜人志在刼掠。向北州軍既無所有。則秋冬之交。睥睨淮南必矣。江淮水戰之具。在今日豈可不講。然防淮難。防江易。是防淮不若防江也。臣已條具夾淮一戰之計矣。防江之事。莫若備水戰。今朝廷雖於鎮江府擺泊海船。以備禦寇。而上流州軍自荊南府抵真州。凡可以濟渡處。並未聞措置。豈可不預為之計哉。昔魏武帝既得荊州。引兵窺吳。周瑜策曰。曹操捨鞍馬。仗舟楫。與吳越爭衡。本非中國所長。觀曹操軍方連船艦。首尾相接。可燒而走。乃取蒙衝鬬艦數十艘。實以薪草膏油灌其中。裹以帷幕。上建牙旗。又預備走舸。大破曹公於赤壁。所謂蒙衝鬬艦。當講求其法。製造於長江。所謂走舸者。亦不可忽也。又觀王濬伐吳。造大船連舫。方百二十步。受二千餘人。以木為城。起樓櫓。開四出門。其上皆得馳馬。所謂大船

連舫。今亦可作也。又造大筏數十。方百餘步。今若可用。亦不可廢也。又古之戰艦。或曰樓船。或曰海鶻。或曰游艇。臣又嘗於雄覇州見備戰輕舟。或曰刀魚。或曰雲梢。皆不可闕也。伏望聖慈。專置使二員。一員自荊南府至池州。一員自池州至鎮江府。專切提舉製造戰船。教習水軍。及詢訪古今備戰舟船。設施利害。申明措置。不可少緩。臣所謂備水戰者此也。

九曰控浮橋。臣契勘泗州壽春府各有浮橋。除壽春府浮橋因大水漂壞未曾修治外。朝廷已差兵防守泗州浮橋矣。竊恐斥堠不明。探報不的。萬一賊兵或馳至。緩急無以措手。不可不防也。靖康元年正月間。金人到磁州邯鄲縣。先遣郭樂師提騎兵三千夜馳三百里。比明至濬州。奪浮橋。是時內侍梁方平雖領精銳人兵在黃河北岸。以失於探報。不意賊騎遽至。人兵倉卒奔

潰。幸南岸守橋人望見虜中旗幟。急以猛火焚斷纜索。遂不得濟。虜人既不得濟。乃沿河上下尋覓舟船。綿排巨筏。又四五日乃得濟。欲望聖慈詳酌。委官密竊前去措置。若可解拆。即權暫解拆。其浮橋腳船。并大纜物料。並攏泊於南岸。却以舟船濟渡過往之人。如未可解拆。即南岸措置猛火油。准備緩急焚爇纜索。比之倉卒荒擾事不侔矣。臣所謂控浮橋者此也。

十曰審形勢。臣仰惟陛下聖德龍飛。前年五月即位於睢陽。聖心慮遠。究觀損益。謂汴都之境距大河止百里。過大河乃金人界也。誠未可以還闕。乃時巡淮甸。駐蹕維揚。逮今踰歲矣。玆者金人攻破河北。京東州郡。尚未退師。若駸駸南來。則大駕必須渡江。此勢之必然。人情之所共知也。夫虜人過大河。已不能控扼。我乃渡淮。既渡淮矣。又不能控扼。則我必渡江。若渡江之後。又

不能控扼。則虜騎亦須過江。此實忠臣義士殺身徇國決死一戰之秋。臣已於前篇條具夾淮一戰之計矣。又請大習水戰為備江之計矣。臣願陛下明詔大臣及統制大將講論一戰之計。可以圖萬全之策。夫以金人善用兵。善料敵。彼知聖駕駐蹕維揚楚泗之間。必有衛備。則必遣重兵由壽春府或光濠州境內渡淮南來。及以輕兵由宿泗前來牽制我師。蘄光濠州界淮河淺狹。幾可徒涉。此尤不可不防者。要當分擘兩軍。以一軍屯泗州盱眙縣。以一軍屯壽春府花靨鎮。以備衝突。臣契勘自金人犯邊以來。我師遇之。望風奔潰。不暇接戰。是以胡塵所向。大將膽落。士卒心驚。亦未嘗布為一陣。使人自為戰。若非據淮阻險以決一戰。必至於糜爛不振。又至於不可支持也。金人用兵雖號驍勇。然而無紀律。無陣法。若遇節制之兵。一敗之後。必至於

頹沛。但令我師倣古陣法。遵用節制。人人不退走。迎敵角勝負。則可以語一戰矣。常山蛇勢。雖芒昧不傳。而兵法具存。別有陣圖可考。昔漢高祖望黥布置陣如項羽。其心惡之。且黥布一卒能置陣如此。今之大將豈不厚顏耶。臣前所論金人所向盡用騎兵。平原曠野。我之步兵決不能抗。若非阻險用奇。決不能勝。則夾淮一戰。伏願疾速參畫。揀閱人兵。布列行陣。如何據險。如何進止。以俟一舉。臣又聞有必勝之將。無必勝之兵。今大將人人畏怯。各陳引避之說。可謂無必勝之將矣。又安得必勝之兵哉。加以近年以來。朝廷駕馭將帥。賞罰未明。人不孚信。敗軍失律之將。未嘗明正典刑。數令統兵者畏死不畏法。何以示天下耶。昔孟氏之敗。責其將士曰。吾父子以溫衣美食養士四十年。一旦臨敵。不能為吾東向放一隻箭。今日大將誰肯率眾北向

放一箭哉昔唐太宗征王世充陣於洛陽之西竇建德舉山東之衆號三十萬以助世充諸將怯懼太宗奮獨見之明引兵過洛陽陣於兩賊間不憂世充龍其後一戰而擒建德夫唐太宗敢陣於兩賊間而決淮之戰在吾境內有糧草有地利我為主彼為客諸將尚躊躇而不敢進國之爪牙將安用哉昔周世宗征河東劉旻率衆犯陣兵始交大將樊微何愛能退走其騎軍亂世宗躬督戰將士皆奮遂敗旻軍世宗休軍潞州斬樊微何愛能以徇軍威大振近時周兵未嘗行此誅責然則孰肯用命哉臣究觀金人之勢若二三月間不寇淮甸則秋冬之間南牧必矣備禦之策不過如此臣所願畧形勢者此也

順浩又奏曰臣今月十七日准入內內侍省遞到金字牌降付臣詔書一道臣已望闕祗受外臣仰惟陛下聖德日躋睿謨天縱方逆臣

作亂唱導狄人侵犯淮甸之初奮發獨斷親御六飛巡幸近邊號令諸將上下用命屢奏奇功遂使黠虜退兵生靈按堵凡所謂善後之策固不能逃於聖算矣尚且發德音下明詔俯詢舊弼問以方略仰見陛下盛德謙冲將屈群策以圖中興之大業也臣雖老且病然荷陛下非常之眷懷天地莫報之恩輙以所見析為十事凡今攻戰之利守備之宜措置之方綏懷之略具在十事內雖智識褰淺無所取材然臣生長西北兩邊出入行陣踰二紀耳聞目見粗為習熟謹繕寫進呈所冀螢燭末光增輝日月冒瀆天聰臣無任兢皇戰懼激切之至

一論用兵之策臣契勘臣在河北塞上守官歲久目覩金人與契丹相持二十年今歲戰次年和次年復戰而戎主天祚不悟其詐卒致顛覆仰惟陛下天性聖孝痛北狩之未還悼生靈之荼毒屢遣信使卑辭屈己祈請講和以紓父兄之阨以救生民之命而虜性貪婪吞噬不已自王倫之回踰四年矣歲歲舉兵侵犯川口去年雖不曾出兵而移師南來大入淮甸又與劉豫同惡相濟其志豈小哉今幸狄人已退若不用兵則五月間必傳箭於虜中秋冬間復舉兵至淮甸在我支梧賦斂終至財力困竭此不可不用兵也況不用兵則二聖必不得還中原之地必不可復偽齊資糧必不可焚或曰如此遂廢講和一事耶臣對曰不然古者兵交使在其間既不可因戰而廢和又不可因和而忘戰間遣使命再貽書以驕之復示弱以紿之而我急為備出其不意乘時北伐此用兵之利也

二論彼此形勢臣契勘金人本契丹奴婢之國戎主天祚侵陵其民誅求無厭以致憤怨舉兵交戰遂滅耶律氏政和年間內侍

童貫奉使大遼得趙良嗣於盧溝河聽其狂計遣使由海道至女眞國通好女眞既滅耶律氏兵益衆勢益張知中國太平日久都無戰備必可圖也遂陷中原勢愈猖獗二十年間主張國事者國相粘罕也為之謀臣者劉彥宗允室孛堇蕭三太師高慶裔王芮張愿恭之徒是也為之將帥者斡离不蟒目國王余覩婁宿孛堇三太子四太子撻辣郎君之徒是也謀無不成戰無不克橫行天下又近十年彼之勢可謂彊矣然粘罕之性好殺而喜戰用兵不已眛於不戢自焚之禍部曲離心已久將士厭苦從軍皆謳吟思其鄉土勢必潰散有將亡之兆又虜性嗜殺將兵所至挨其彊壯老弱掠其婦女財寶悖天道結民怨窮極已甚此亦將亡之兆劉彥宗斡离不余覩蟾目國王婁宿孛堇皆已死所存者才氣皆在數人下其將士所有子女玉帛充

牣于室志驕意滿此亦將亡之兆凡此皆彼之形勢也我之形勢比
之數年前則不同何以言之數年以前金人所向我之戰兵未及交
鋒悉已遁走近年以來陛下留神軍政揀擇精銳汰去孱弱今二三
大將下兵已精矣陛下聖性精於器械製作工巧數年以來卑宮室
菲飲食而輟那財用修造器甲今器械略備矣兵既精器械又備將
士之心曾經戰陣膽氣不怯勇於赴敵故頃者韓世忠拒虜於鎮江
張俊獲捷於明州陳思恭邀擊於長橋去年虜人初到淮南世忠首
挫賊鋒諸將屢得勝捷至于吳玠累次大捷于川口此我之形勢也
夫太祖太宗皇帝有兵十四萬而平定諸國遂取天下況今有兵十
五萬察賊之勢如彼度我之勢如此若不用兵恢復中原則必有後
時之悔豈可少緩哉

二論舉兵之時臣在河北陝西緣邊備見虜人風俗每遂年四月初盡

括官私戰馬逐水草牧放號曰入瀫入瀫之後禁人乘騎八月末各
令取馬出瀫飼以麥豆準備戰鬬又虜人所長者在弧矢之利而暑
月弓力怯弱射不能及遠故自古至今凡夷虜犯邊未嘗出於盛暑
之時歷代將帥儒臣皆不知此惟唐杜牧嘗獻言于宰相李德裕曰
漢伐匈奴率以秋冬當虜人勁弓折膠重馬免乳之際與之較勝負
故敗多勝少今若以仲夏月發兵出其意外一舉無遺類矣嗚呼世
稱杜牧知兵善論事豈虛言哉臣於紹興二年十一月初八日嘗鋪引
杜牧之論具劄子奏陳次日進呈之際蒙聖諭以為夏月舉兵乃周
宣王六月北伐之意也然時方議和未暇及此去歲秋末朝廷再遣
使人北去請和而豫賊之子已與虜酋引兵過淮信義俱棄可知矣
然則和議豈可憑信在我之計豈可但已縱令今年秋末復為邊患
臣願陛下奮發睿斷乘此機會有不可失之時密與大臣決策

定議陰敕大將速為之備於今年四月初舉兵北伐若乃進兵
之路趨汴之計供餉之方招懷之略臣一一條陳於後伏望睿
明深思熟計廣詢博訪施行乞賜睿察

四論分道進兵之策臣本東北人自中原陷賊以來傳聞京西路
殘破為甚京畿次之惟京東路河北東路不曾經兵火百姓按
堵如舊然苦於劉豫苛虐思望本朝之心至今未泯茲蓋祖宗德
澤感民之所致若乘斯民徯望之深出敵人不意之際舉兵北
伐必有大功縱未能盡有其地亦可收人心慰民望也臣已條
具今年四月舉兵之策矣臣欲乞於即今所有戰兵數內差撥
五萬人選大將一員統之由泗州擣南京至汴京仍差大將一
員統兵二萬人駐泗州為應援又別選大將一員統舟師二萬
人由明州趁今年四月內便風泛海前去攻沂密至青濰州京

東之民企望王師日久所至必望風而下又遣大將一員提兵
二萬駐濠州以張聲勢此兵不可深入以糧運艱阻但時遣奇
兵渡淮擣順昌府陳州則京西北路諸郡傳檄亦可下惟是申
敕大將所至不得殺人不得劫掠務要宣諭朝廷德意蠲除劉
豫什一之政明出黃榜除二稅之外更不行青苗預買之法所
下州縣選差逐處豪傑為衆推伏者主管事務八月間且班
師過淮次年復出臣已於去年十二月二十八日具奏兵法所
謂彼入我出彼出我入不二三年間中原之地黃河以南必先
為我有者蓋謂是也乞賜睿察

五論運糧供軍事臣已條具分三路進兵以窺中原事其糧食亦
合分項應副一項自明州由海道趨沂密州兵二萬人每人日
支米二升二萬人每日合支米四百石一月合支米一萬二千

碩臣乞於明州支上件米充一月之粮令海船附帶前去到盛
州板橋鎮左右住岸則有粮可因矣一項駐軍濠州策應入界
大兵所有軍粮由淮河水運可到濠州岸下則此項人馬不患
乏粮也惟是自泗州趍汴京之兵五萬人緣泗州以北汴水不
通諸軍合齎十日之粮至有粮地分乞委江浙漕臣揀選淨米
五萬碩前期運至泗州准備諸軍附帶入界南京以北鄉民稍
有耕種則可以因粮矣仍乞申敕大將軍兵所至曉諭鄉村使
民通知王師吊伐除粮食必藉鄉村百姓供應外一行軍士如
敢攘奪財物劫掠婦女並行軍法及豫分大將凡王師所至搜
索劉豫父子所聚粮料准備資給金人者並行焚毁紹興二年
臣在政府日已定計北伐嘗請韓世忠到都堂諭以焚毁劉豫
粮料事世忠曰此乃清野之法不可不行合具奏知

六論大兵進發日乞聖駕駐蹕鎮江府事臣於建炎四年春末車
駕在紹興府日嘗具奏韓世忠已於鎮江府江心艤舟邀截住
虜酋四太子人馬未得濟渡乞車駕進幸浙西號令諸將前去
江上夾擊虜酋及具奏聞以萬乘之尊仗雷霆之勢車駕所至
自可以聳動人心銷弭群慝此議未決而臣罷政其事不行去
歲秋末虜騎初到淮甸陛下奮然決策下親征之詔大駕進幸
平江諸將罔敢退縮斬獲既衆虜遂退師此乃皇天悔禍開悟
聖衷宗社有靈遂將恢復之兆也臣嘗考五代時耶律氏方彊
德光舉兵破汴京之際大遼彊盛自古亦罕聞也不數年周世
宗即位慨然有攘狄之心親統諸軍巡行塞上其出師也自乾
寧軍御樓船入黄河順流而下故北取三關兵不血刃歐陽脩
撰五代史云世宗英武之材可謂雄傑其料彊弱較彼我非明

於決勝者孰能至哉伏望睿明深思熟慮若夏初進兵北伐乞
時暫移蹕權駐鎮江府訓飭大將撫循戰士許遣之此帝王之
盛舉也嘗觀漢高祖唐太宗取天下櫛風沐雨躬臨行陣況陛
下天資聖武精於馳射何憚而不行哉乞賜睿察

七論經理淮甸臣契勘淮南東西路平原廣野皆天下之沃壤自
建炎三年金人殘破之後居民稀少曠土彌望數百里今又重
困金人蹂踐焚蕩一空正當選擇守臣經理之際不可緩也夫
總兵統衆破敵決戰當責武臣撫存凋瘵招集流移當用文臣
欲望聖慈更命輔臣詳議可否應淮南州郡除濠泗州壽春府
差武臣外其餘並差文臣使之大講經理之政仍勸率鄉村於
三月間多種早禾六七月間成熟可濟艱食比至防秋場圃畢
矣其東西二帥可委者因任之不可委者別差官仍訓敕令講
求羊祜治襄陽之故事運行之其通泰州產鹽地分尤宜選任
能吏收鹽息以助軍興臣於宣和元年任太府少卿嘗考椿貨
務入納大率淮南路入納歲得一千四五百萬貫浙東西歲收
七八百萬貫下戶部勘當便見昔年所收實數蓋通泰楚州產
鹽浩瀚倍如浙東西有此數事豈可不遴選守臣乎或曰虜酋
若犯邊文臣豈可委臣對曰不然去年宣撫司嘗奏武臣楚序
等守承楚泗州矣金人相近望風遁去大率東南州郡無城壁
守禦之備若小小寇盜有兵者猶可禦捍若大敵至不問文武
官皆不能保守也但當較其利害大小事体輕重而圖之緩急
之略自此者始此其要也乞賜睿察

八論機會不可失事臣在陝西緣邊見中國與夏人相持前後五
十年每出兵接戰勝負各相半惟自金人猖獗以來中國之兵

未嘗交鋒望塵奔潰者是豈金人真不可敵哉我之兵不精耳故自宣和七年以來金人一舉而圍汴京再舉而破京城又再舉而犯揚州又再舉而渡大江并陝西亦失之數年以來朝廷深究其弊修軍政備器械又虜人過江之時戰士屢經得捷膽氣不怯人人皆敢迎敵則金人豈復能彊梁橫行如往年哉以近事言之兵亦初擊退於和尚原再禦退於饒風嶺又大捷於仙人關去歲九月賊犯淮甸我師累捷虜寇頓兵百餘日遂老糧匱無所得而遁則情見勢屈可知矣夫侵陵中國如此之各侮嫚如此之甚今王師已振虜衆向衰若不發兵攻擊則終無討伐之期矣或曰得汴京而未能守何益於事臣對曰不然昔漢高祖入關約法三章除秦煩苛之令民心歸之項羽雖以其地析為三秦從高祖於漢中然關中之地終為漢有因之以取天下況此舉必可以擒劉麟平僭偽使中原之民知神器不可以非望得又可以示我宋不忘中國土地人民之意無彼入我出彼出我入無大悔吝乎臣嘗考宣和年間國家以富有四海之事力而戶部支費每月不過九十五萬貫紹興三年臣在政府日會計戶部經費每月一百一十萬貫臣聞退以來切料戶部經費必有增添之數夫養兵二十萬不能北向爭天下則東南民力何可支梧豈不寒心哉況中原之人強悍壯實東南之人柔脆怯弱數年之後見管戰兵漸次衰老消磨既盡雖欲北向爭天下亦難矣臣冒死為陛下喋喋言之乞賜睿察

九論舟楫之利臣嘗觀晁錯論兵以謂中國之長技五夷狄之長技三未嘗不歎服錯之知兵也以今日論之虜人便鞍馬每以騎兵取勝國家駐蹕東南當以舟楫取勝蓋舟楫者非虜人之長技乃今日我之長技棄而不用可勝惜哉臣已乞舟師一萬照應北伐之兵矣臣嘗廣行詢問海上北來之人皆云南方木性與水相宜故海舟以福建船為上廣東西船次之溫明州船又次之北方之木與水不相宜海水鹹苦能害木性故舟船入海不能耐久又不能禦風濤往往有覆溺之患今者國家與虜人相持之際天以舟楫之利賜我助中興之大業朝廷其捨諸臣自少壯時遍走兩浙京東河北及虜中沿海地分通知海道可往去處是宜大講海船之利以擾偽齊京東諸郡河北諸郡及虜中諸郡今當聚集福建等路海船於明州岸下先補船主梢工一官依臣所論齎一月之糧前去沂密州仍選差曾在京東界與人接戰將兵授以全裝鐵甲使之北去范溫昔本京東界不肯臣劉豫之人在海山聚衆屢與豫賊相抗可遣也崔邦弼在青州為將官數年間與金人於青濰州界交兵一方之人極喜之可遣也王進本係登州界巡鋪兵士後來為兵官嘗屠戮虜人留在青州者人亦喜之可遣也臣自離朝廷不知諸將下見管人兵之數遂計崔邦弼下有兵約三千人王進下約二千人范溫初到時有兵六千人後來併入中軍或汰往諸州軍充廂軍若盡行刻剔歸范溫處約得五千人已一萬人矣又於諸軍中補足二萬人之數遣行所至去處遇偽齊海船可用者即留之其不可用者即焚之趁南風而去得北風乃歸虜人雖有鐵騎百萬必不能禦夫此行在我無浩瀚之費到彼資東北之糧萬全之計豈可緩哉乞賜睿察

十論并謀獨斷事臣嘗考古之帝王舉大事決大議謀不可不廣而斷不可不獨晉武帝欲伐吳群臣以謂未可惟張華贊成其

計。故一舉而平江表。唐憲宗欲伐蔡。衆議排沮。惟裴度與帝意合。一舉而擒吳元濟。韓愈頌其功曰。凡此蔡功。惟斷乃成。不赦不疑。由天子明。是也。今陛下以聖明英武之資。方虜人退兵之際。首以善後之計。下詢前宰相臣料六人者。或以謂當用兵。或以謂不當用兵。或欲且保江南。或欲經理淮甸。或欲堅守和議。或以謂上策莫如自治。或以謂來則拒之。去則勿追。乃禦戎之道。人人所見既不同。則議論必不一。若夫稽考已然之事。斟酌今日之勢。孰利孰害。孰緩孰急。是非可否。在聖主獨斷而已。臣事陛下之久。出入將相踰五年。平日嘗以謂若不舉兵。則必不能還二聖。復中原。牽制川陝賊兵。紹興三年春。臣已定計北伐。樞密院機速房具有案底。偶潘致堯高公繪自粘罕處奉使回。忽容和議。其事中輟。今又二年矣。夫虜性反覆。金賊尤狡譎。

其操心堅忍。必欲吞噬我國家。陛下屈已極矣。去秋忽然兵至。其意不淺。今其去也。必大為之備。秋冬間若本國別無牽制。必舉兵南來。或併兵以窺四川。在我之計。決不可苟時暫安而忘北向爭天下事。萬一欲舉兵。更乞質諸大臣。參訂禁從。博訪卿士。謀及庶人。謀及卜筮。所貴慮無遺策。動有成功。臣年已衰老。待盡於畎畝間。妄陳所見。不中事機。惟陛下赦其萬死。乞賜睿察。

貼黃。臣契勘自金人跳梁以來。天下之論。或以謂必講和議。或以謂必須用兵。二說膠擾。曾無一定之論。伏覩自建炎元年至今前後所遣使命差宇文虛中王倫朱弁郭元邁魏行可崔縱洪皓龔璹張邵輩。前後祈請。非不切至。近又遣潘致堯高公繪隨肖胄胡松年章誼孫近魏良臣相繼入國。竊料虜人國書必無果決之言。亦有難從之請。姑欲欵我爾。伏望聖明。深賜洞察。祈請十年。略無顯効。斟量和議可成或不可成。如和議可成。則臣乞舉兵之策。置而不用可也。如和議決不可成。則臣衰愚之言。或可備收採。謹具奏知。

頤浩又上奏曰。臣昨日留身奏事。仰蒙聖諭朕欲親幸軍營按視諸將教習陣隊。而前此宰執力陳不可。近日自杭州舟行到常州。緣諸軍陸路不易。遂登岸乘馬。欲與衆人同艱辛。而范淙又以為不可。緣此鬱鬱。臣仰聞聖言。不覺感歎。竊以方今天下多難。乃用武戡定之時。馬上治之之日。按行營陣出入。御馬乃其宜也。而儒士書生。尚欲依太平之際。必欲備法駕。具儀仗。非此不行。是猶欲以干戚之舞解平城之圍也。昔周武王師踰孟津。左仗黃鉞。右秉白旄。載於經籍。未聞有非之者。漢文帝親屈帝尊。往來於棘門霸上細柳營勞軍。以今

觀之。自咸陽東南西漢故都至灞上。道路約五六十里。計其往還。必須三兩日。是時臣僚亦不以為非。唐太宗躬擐甲冑。平定禍亂。如榆窠園之役。與單雄信親角勝負。虎牢之戰。帝麾軍先登。率史大奈秦叔寶經麾幟馳出賊陣後。遂擒竇建德。此皆聖人英武之畧。但陛下今日不當親臨戰陣。不當履危冒險。不當馳騁遊獵。不當身屬櫜鞬。若按視軍營出郊跨馬。何損於治哉。臣願陛下以剛斷為心。以神武為事。勿拘俗儒之論。自為鬱鬱以圖中興之業。臣不勝幸甚。

頤浩又奏曰。臣契勘金人自建炎二年引兵扣淮。三年正月。遂直犯揚州。去年十月。以大兵分路渡江。皆有深意。近者蕭慁中引兵扣江。今復稍退。此皆天佑本朝聖德昭格之所致也。夫虜人今年既不渡江。則諸事可以措手矣。將以圖中興之業。伏願陛下發中興之誠心。行中興之實事。今當先定駐蹕之地。據都會之要。使號令易通於川

陜將兵順流而可下漕運不至於艱阻然後速發大兵一頭項往江西湖南以平群寇一頭項往池州至建康府處置已就招安尚懷反側之人於明年二三月間使民得務耕桑則大江以南在我之根本立矣然後乘大暑之際遣精銳之兵與劉光世渡淮犄角而北去由淮陽軍沂州入密州以搖青鄆命張俊躬親統兵由河中府入絳州以撼河東乘兩路餘民心懷我宋未泯之時知王師有收復中原之意則中興之業可覬也若不速為之逡巡過春夏則金人他日再來不惟大江以南我之根本不可立而日後之患不可勝言矣臣嘗觀自古有為之君將以取天下者弗躬弗親則不能戡禍亂定海內伏望聖慈考漢高祖馬上治之之迹法唐太宗櫛風沐雨之事速圖之不可緩也臣在西北二邊出入行陣二十餘年今者年踰六十近在軍中頓覺筋力衰憊非復昔時之彊壯也日望陛下賜骸骨而歸所

辛未塡溝壑之前一見中興之業爾乞賜睿察

知福州張守應詔論事劄子曰臣今月二日伏奉詔書以卻敵之初圖善後之計凡今攻戰之利守備之宜措置之方綏懷之略可悉條具來上者仰惟陛下躰虞舜之達聰邁成湯之好問不間遐邇務聞至言窺德意之所存則中興之功指日可俟臣雖固陋不肖疾病久衰受恩至深論報無所敢不竭所聞以對然言方盈廷不當枝詞蔓說廣援古今以煩乙夜之觀姑論利害之實顚留神財擇議者必謂虜人既遁當追奔逐北恢復中原以快宿憤臣謂中原固可唾手而取也儻一戰收復而能保固其土地阜安其民人則善矣得土地而未能保固得民人而未能阜安是自困之道也明詔四事臣以謂莫急於措置措置苟當則餘不足為陛下道也蓋措置失宜則不能守備守備不固則不能攻戰攻戰不勝則不能綏懷去冬虜人長驅以

抵淮甸蓋以措置未能無失故也夫防江不若防淮防淮然後可以駐蹕建康駐蹕建康然後可以經營中原此緩急之序也臣請言措置之大畧其一措置軍旅其二措置軍食何謂措置軍旅神武中軍當專衛行在而以餘軍分戍三路一軍駐于淮東一軍駐于淮西一軍駐于鄂岳或荊南擇要害之地以處之使北至關陜西抵川峽血脉相通號令相聞有脣齒輔車之勢則自江之南可以奠枕而臥也然今之大將皆擁重兵貴極富溢前無利祿之望退無誅罰之憂故朝廷之勢日削兵將之權日重而又為大將者萬一有稱病而賜罷或卒然不諱則所統之衆將安屬耶臣謂宜拔擢麾下之將使為統制每將不過五千碁布三路朝廷號令徑達其軍分合使令悉由於朝廷優假朝廷之權以用之然後可以有為也何謂措置軍食諸軍既已分屯諸路則所患者錢穀也然所費多寡在彼猶在此爾則所患

者轉輸也然祖宗以來每歲上供六百餘萬斛悉出於東南而轉輸未嘗以為病也今宜以兩浙之粟專供行在而江東之粟以餉淮東江西之粟以餉淮西荊湖之粟以餉鄂岳荊南量所用之數責漕臣輸將而歸其餘於行在錢帛亦然恐未至於不足也然自艱難以來漕運之船悉歸漕司仍委諸路各造一二百隻專充轉餉如有官司或諸軍拘留則令漕臣州縣聞諸朝而痛懲之諸軍錢粮既無乏絕之患然後特降詔書戒飭諸將申嚴紀律不得秋毫侵擾州縣以復業之民戶口多寡為諸將殿最歲終遣官覆實而升黜之則民得以還其鄉里而田野日闢生齒日滋江北州縣有興復之期矣如是措置既定俟至防秋復遣大臣為之都督使諸路之兵進相援退相保如常山之蛇首尾相應居則可以守備而進則可以攻戰可以傳檄而定偽齊可以折箠而笞強敵可以保固其土地而阜安其民人綏

懷之略亦在是矣然臣復有區區之愚誠敢因清問之及而冒貢一二敵人之輕中國尚矣去秋之來妄意車駕遠避則大入江浙如曩歲之易也今既挫衄悵然而歸後必不敢輕入使其復來其計須悉兵舉國以取必勝是宜陛下留神於善後之策也如前所陳措置大畧臣熟計之猶為未也究其本原則在陛下內修德而外脩政耳召公之告武王曰明王慎德四夷咸賓惟修德可以服四夷也周詩之頌宣王曰內修政事外攘夷狄惟修政可以攘夷狄此皆書生常談初無驚人可喜之論然簡約易行悠久見效則未有此二端之為要也蓋所謂慎德不過正心誠意畏天愛民儉于家勤于邦遠聲色屏貨利兢兢業業凡可以累德者無不戒也持久不勸盛德日新四海愛戴而不忍去何患四夷之不服乎所謂修政不過任賢使能信賞必罰任賢者非止崇以爵位苟知其賢則一切信任而不復致疑使能者不必信任苟有一能則隨其才分俾盡其力信賞以勸功不以所喜而與之必罰以治罪不以所惡而奪之以至抑權倖裁冗濫謹法度興廉恥凡可以害治者無不去也正朝廷以正四方何患夷狄之不治乎伏願陛下果斷而力行之臣言狂瞽不足以稱塞明詔俯伏以俟誅殛

守為殿中侍御史乞詔大臣講求政事劄子曰臣聞天下之勢曆數脩短存乎天強弱治亂本乎政事在天者不可為而政事之在人者不可不勉也竊惟國家承平之久振古未有而夷狄之亂亦振古之所無然而祖宗德澤之深基本之固曆數延鴻與天無極陛下以神武纂承四方延頸拭目以覩中興則內修政事外攘夷狄在於因時設施以隆不拔之勢仰惟陛下憂勤仄席日再御朝而公卿群臣上體焦勞廢休澣窮日力孜孜奉國不為不至矣然未見赫然有所設

施以慰天下之望也夫扶顛必期於正持危必期於安援天下之溺必期於拯濟固宜賢者盡其慮智者竭其策勇士奮其節怯夫勉其死若乃遵常守故躋躋相遜不勞形怵心於簿書米鹽之間臣恐未足以致太平也恭聞太宗皇帝嘗謂大臣曰卿等所奏簿書乃是常事惟時務不便者須極言其失又以在位諸臣自負才術既用之後罕有悉心當事者以責任大臣今茲艱虞聖哲馳騖不足之時尤當愛惜寸陰以急先務又況今春金寇蹂踐京西殘及陝右意其秋冬之間必大舉深入汲汲為備猶恐不及也臣願陛下詔執政大臣惟以治軍旅選將帥嚴守禦廣儲積搜求人材慰安人心係政事之大者專意講求凡細微不急之務付都司六曹長貳檢詳祖宗法令處決行下庶幾精神心術不至煩勞日力不至虛費有以上助陛下大有為之意仰荅太宗所以為子孫無疆之圖也漢王吉有云欲治之主不世出公卿大臣幸得遭遇其時言聽計從而未有建萬世之長策舉明主於三代之隆務在簿書期會聽斷獄訟此非太平之基也宣帝用是總覈庶政以致中興臣之區區誠有望於今日臣言狂瞽惟陛下裁擇

守知洪州論遣使劄子曰臣叨膺閫寄職事之外不當冒言天下之事伏念受陛下大恩目覩利害不敢嘿嘿但已惟陛下留神財擇臣竊觀陛下屈己與金人講和誠以梓宮未即山陵兩宮久闕大養孝思之切委曲聽從至於復河南故地雖官吏軍民復見太平官府為幸而凋瘵之餘與虜接境猶未得奠枕而臥也故復河南之地利害未為甚重向者金使之來王倫之還具言金國無所須索梓宮兩宮所許甚確前日渡河朝廷乃遣王倫藍公佐奉迎比聞金人輒留倫而反公佐臣在遠外固不能知曲折而道路之言以謂金人之留王

倫。欲盡變前日之議。且以還河南之地為大恩。而責歲幣之數。梓宮兩宮。則未有還期。道路之言。雖未之信。然臣以理揆之。惟一倫則可以盡反前日之議矣。又聞金國前主和議之人。皆因事就誅。則前議之變。理之必然也。夫金人之用事者。今既非主和議之人。則和議之成與否不可知。特以嘗遣使發詔。故未能盡變初議。他日必以中國所不可行之事而為釁端矣。其始不須歲幣。今乃首以為言。其始許還梓宮。今乃置而不論。止以區區河南之地為大恩而責報焉。他日之事固可見矣。是宜長慮却顧。以為善後之圖。若執一變。因就彌縫僥倖萬一之成。非計之善也。為今之計。非可以其變詐而遽廢前議亦當遣使遜辭。且議要約。且議歲幣。徐為之謀。不憚使命之煩擾也。其議要約也。若曰陛下卑辭厚禮。致恭於大國。大國遣使下詔。而還後其侵疆。講信修睦之初。國人延頸以俟梓宮兩宮之還。今既愆期

上下觖望。何以展四體盡事大之禮乎。向日賜許借使行人失辭。國人無由戶曉也。儻或未從。緩而圖之。蓋金人之意。候我迎請之堅且急也。必厚有邀求以敝中國。臣恐中國之力。無以滿丘壑之欲也。以至疆場之事。必不得已。亦當遵用前日契丹故事。必使中國可行。然後為善。其議歲幣也。若曰國家全盛之時。盡有河北山東膏腴之地。故或可辦。今山東河北。盡屬金國。河南新疆。瘡痍未瘳。而東南數十州歲幣安從出哉。反覆議論。必不得已而與之。則契丹之數。亦不可過也。然臣之欲使人往反議論者。欲陛下戒以審覘虜人盛衰虛實徐察天意。而為後圖。惟是明詔大臣。激厲諸將。拔擢偏裨。簡閱士馬積財聚備器械。以為意外之備。而和議之成與否。且當置之度外可也。夫以陛下聖明天縱。必洞照此理。而臣愚過計。猶懼陛下孝悌之至。亟欲梓宮兩宮之還。或墮虜計中。而有噬臍之悔耳。冒貢狂瞽。出於愛君憂國之誠。不自知其進越。惟陛下裁赦。

時秦檜為相。和議成。然猶以梓宮未還。母后欽宗未復。詔侍從臺諫集議以聞。禮部侍郎曾開上疏略曰。但當修德立政。嚴於為備。以我之仁。敵彼之不仁。以我之義。敵彼之不義。以我之戒懼。敵彼之驕泰真積力久。如元氣固。而病自消。太陽升而陰自散。不待屈己。陛下之志成矣。不然。恐非在天之靈與太后淵聖所望於陛下者也。檜曰。此事大係安危。開曰。今日不當說安危。只當論存亡。檜矍然。

歷代名臣奏議卷之九十

經國

宋高宗時秦檜力主和議刑部侍郎陳橐上疏曰金人多詐和不可信且二聖遠狩沙漠百姓肝腦塗地天下痛心疾首今天意既回兵勢漸集宜乘時掃清以雪國恥否亦當按兵嚴備審勢而動捨此不爲乃遽講和何以繫中原之望既而金人果有所邀議久不决將再遣使橐復言金每挾講和以售其姦謀論者因其廢劉豫還河南地遂謂其有意於和臣以爲不然且金之立豫蓋欲自爲捍蔽使之南窺豫每犯順率皆敗北金知不足恃從而廢之豈爲我哉河南之地欲付之他人則必以豫爲戒故指以歸我往歲金書嘗謂歲幣多寡聽我所裁曾未淹歲反覆如此且割地通和則彼此各守封疆可也而同州之橋至今存焉蓋金非可以義交而信結恐其假和好之說

騁謬悠之辭也包藏禍心變出不測願深鑒前轍益嚴戰守之備使人人激厲常若寇至苟彼遵和則吾之振飭武備不害爲立國之常如其不然决意恢復之圖勿徇私曲之說天意允協人心響應一舉以成大勳則梓宮太后可還祖宗疆土可復矣

兵部侍郎張燾上言曰自昔有爲之君未有不先定規模而能收效者臣紹興初首以是爲言今七年矣往者進臨大江退守吳會未朞月而或進或却豈不爲敵所窺乎今陛下相與辦國論者二三大臣而已一紀之間十四命相執政遞還無慮二十餘日月逝矣大計不容復誤願以先定規模爲急

燾爲吏部尚書上言曰陛下信王倫之虛詐發自聖斷不復謀議便欲行禮群臣震懼罔措必已得梓宮已得母后已得宗族始可議通好經久之禮今彼特以通好爲說意謂割地講和而已陛下之所願

欲而切於聖心者無一言及之其情可見奈何遽欲屈而聽之一屈之後不可復伸廷臣莫能正救曾魯仲連之不如豈不獲罪於天下萬世

端明殿學士權邦彥獻十議以圖中興大略謂宜以天下爲度進圖洪業恢復土宇勿苟安於東南駕御諸將當威之以法而限之以爵命講讀之臣取累朝訓典及三代漢唐中興故事日陳于前以裨聖學又監觀傷善妨賢之讒偷安苟容之佞市恩立威之姦懷讒罔上之欺聽其言察其事則忠邪判愛民先愛其力寬民先節其用版已奉以佐國當自執政始分閫而屬大事類非偏裨之所能爲必得賢臣大將然後可制置一官可省宜令沿江州縣各備境內總以漕帥上自荊鄂江池下至采石京口委任得人乃防秋上策宗室中豈無傑然有人望可以濟艱難贊密勿留宿衛者願求其人置諸左右人

事盡則天悔禍不可獨歸之數

吏部員外郎廖剛奏曰臣伏見廟堂近因江南探報事宜頗懷疑慮謀畫方深臣輒有愚見仰瀆聖聰伏候採擇臣嘗考唐德宗之在奉天徒以飢羸之卒守一縣之地當朱泚十萬之師危殆極矣惟人心未去出死者衆卒能戡定暴亂恢復大業今吾甲兵猶可以决戰取勝非若彼之寡弱也北有重江之限重兵又當其前非若彼之窮蹙也聖德日躋人心愛戴天之眷佑斷可識矣顧豈不足恃邪群臣往往以維揚之事爲戒無敢任其責者故未見端倪而遽爲遷徙之謀臣竊謂動靜之間亦在審其緩急而已何謂所當急周防要害之津申嚴斥候之法重賞必罰使之疾於飛鳥此爲事機最要者顧可緩邪鑾輿或須順動則所幸之地預當經理使如天之不可升萬萬無窺伺之理然後可此爲事體最重者顧可緩邪而自得報以來未聞

朝廷有急切措畫指揮此臣所未諭也建康鄱陽勢未暇議自會稽而南惟永嘉與福唐所當留意永嘉之險奇恃與否臣所不知如閩之四境三面皆重山峻嶺稍加人力不復可犯東南則大海形勢之勝殆是天設永嘉固順便若論遠險恐多不如也臣願速降指揮下本路增修寨柵以備不時之虞所有盜賊未息臣願出賜赦宥因遣一重臣往宣德音使潢池赤子得以自新彼且感恩激義悉為我用大抵閩之風俗重義尚氣君臣父子之心雖為盜而不變此臣所知也何謂所當緩易曰吉凶悔吝生乎動故古人有言利不百不變法功不十不易器又況動而有安危之機乎今所在民物凋弊不堪重擾盜賊竊發多是乘時若非事勢有大急迫誰可輕動臣願陛下熟計而審處之期於不失機會而已有如不得已而至於幸閩則凡供億之事必責他路致於海上而出戰之兵亦環駐於鄰境閩人無所

困苦則宗社所寄安於泰山矣然後恢復之計徐可圖也將臣相臣經畧四國少須有成進撫中原正位布命如日麗天亦何傷於往者之虞淵乎雖然臣愚竊料今歲虜騎勢分必無南渡之事伏望聖慈姑寬憂念以慰天下臣前所陳固慙下策猶如孝子操瞑眩之藥厥疾已瘳無所用之則志願得矣惟聖慈察其區區幸甚

周林上奏曰孟子曰君子創業垂統為可繼也若夫成功則天也聖人之順乎天常以時觀之聖人之因乎時常以事觀之時者天之所為也事者人之所為也事之未至先時而起其失也過事之已至後時而縮其失也不及視其事之所在則知時之所可而天之所與也上穹悔禍神贊令圖虜偽之衆侵者既遁盜賊之竊發者既除士氣振躍而不驕兵食給足而不乏事之如是時可占矣傳曰時哉不可失伏願陛下奮乾之剛發離之明乘時競辰應機而作中興之功指日可待以副上天平治天下之意不勝幸甚

右正言陳淵奏曰天命雖周公不敢知然今日之事以理觀之天之眷宋未有艾也何則祖宗之德澤在人未竭而民之戴宋無有窮已故也臣請試言之昔我太祖皇帝市不易肆而得天下太宗繼之四方僭偽不勞而服真宗仁宗視民如傷屈意和戎以安赤子不殺之德入人心髓後更五世以至今日中間姦臣繼執國命百姓征徭無所措其手足故夷狄得以侵侮中國自古王室遽爾敗壞遂至於不可支持者未有酷於此時然民心猶未離也豈非祖宗德澤在人未竭而民之戴宋無窮乎觀民之從違則天意可得而知矣方淵聖入繼大統雖兄弟之間不能無疑而獨於陛下親厚此有以見天意也當是時大臣如耿南仲之徒苟可以獻疑於淵聖者無所不至及其奉陛下為大元帥莫有阻遏之者陛下雖欲不去京城不可得也此

又有以見天意也使北之行未果虜已入寇方圖引還而二聖遠狩皇族內外莫不扈駕以往而陛下適遠父兄之側故王室陵夷而宗廟社稷賴陛下復存此又有以見天意也天留陛下以興我宋其意之篤蓋如此當此之時但當欽承之意以追復祖宗之舊而已蓋天之所以付陛下甚重而其責亦不輕若二聖未歸宗社未復天下未一金人之仇未報則祖宗之業因循而不復振而陛下之責亦不能塞矣此宜朝夕黽勉坐薪嘗膽而以為憂然以今日之勢觀之蓋有未能遽如陛下所欲者蓋大江之南荊湖之間與夫閩廣之寇尚為內患故也夫歸二聖復宗社一天下以報金人之仇而內患不除若出師北向以窮遠畧則鼠竊狗偷近生肘腋亦足以牽制我矣故當先靜其內然後外亂可弭也諸葛亮必擒孟獲然後出師蓋為是爾往者朝廷嘗命宰執副以大將先由福建以次及江東西湖南北之

盜。蓋有意先平內患也。臣以謂既有以平之。必圖所以守之。慎擇守
令。毋拘以常制。而使之以愛民為本。豈獨施於內而已哉。雖削平僭
亂。鞭撻夷狄。而臣之亦可也。

章誼上奏曰。臣聞近日諸軍有招安到諸處頭項人馬。頗不寧帖。雖
重兵彈壓。將臣措置。固已別無他虞。然事欲經久。理須可行。臣詢之
衆論。謂其說有三。蓋自來招安之人。必須裂其隊伍。易其將佐。異其
居處。今新招之人關防有所未至者一也。又行在諸軍月糧口食料
錢。食錢並從一多。今新招之人日支食錢百錢。省口食二勝半。別無
衣食自營之資。迫於老幼餬口之計。其撫養存恤有所未盡者二也。
朝廷旁近郡。如錢塘溫明等處。物價高下。比之越上。大段不同。並無
戍卒。若分就錢塘近便去處。時暫駐劄。則士卒薪芻日資之物。決無高
價倍用之費。即有警急。朝召而夕至。必無闕事。今新招之人。散縱既

久。乍從儉約。已自不堪。加之百物踴貴。日用益廣。是以不能安處。其
屯泊暫戍之地有可議者三也。臣伏望聖慈速與大臣商量經畫此
三事者。以安反側。不勝大幸。若使之迫於飢窮。令其愁苦。雖法制日
嚴。刀鋸積下。終不能禁其潰亂之心。何敢望其征役之用哉。

誼又上奏曰。臣竊觀陛下繼承大統。號稱中興。而險阻艱難。實同創
業。中外臣子。豈無英才肯為陛下圖事揆策。闢國彊兵。出死力抗驕
虜者乎。雖有此人。陛下深居九重。誰聽誰受。陛下何不定都東南。深
固根本。擇一二大臣俾之居守。然後親御六飛。練兵選將。巡荊楚之
郊。用關陝之衆。結羌夷之歡。引蜀漢之利。攘却撫綏。以見武節。則深
謀至計。奇材猛士。將雲集而景附矣。方陛下春秋鼎盛之時。鬱鬱於
此。而不蕉收群策。成馬上之功。蓋執事者未之思也。臣不勝區區之
願。

誼又上奏曰。臣竊見國家軍兵之散在州郡者。不可勝數。平時虛費
錢糧。復邀犒設。將來明堂大禮。決須迫州郡。希望給賜。朝廷若不
預行措置。必生變亂。以臣耳目之所覿聞者。可舉而言也。自來大禮
未有藩鎮。今藩帥之安於本鎮者。與州郡一等。其軍兵之數。給予之
物。朝廷不必措置也。若夫藩帥之被兵而素仰給於縣官者。將來軍
兵賜予之物。取辦於本鎮乎。仰給於朝廷乎。此其可慮者一也。張用
已降指揮鎮撫舒蘄。而未能就職。孔彥舟雖罷鎮撫。而所領部曲。實
在湖南。兵飛留老幼於徽州。劉綱寓次舍於溧水。四人者將來軍兵
賜予之物。其誰辦之。此其可慮者二也。自餘統兵之官。謂之盜賊。則
有恭順之名。謂之將帥。則無攻守之效。或屯方州。或據縣鎮。尺籍伍
符。不登於樞府。列營移戍。不由於信宣。如韓世清之在宣城。邵青之
在太平。楊勍之在臨江。吳全之在洪府。張忠彥之在吉州。韓京之在

茶陵。劉紹先之在江西。大者有衆數萬。小者不下數千。將來軍兵賜
予之物。其誰辦之。此其可慮者三也。朝廷大帥如呂頤浩劉光世張
俊辛企宗所統之衆。見今有司經營應副。已自費力。將來軍兵賜予
之物。其誰辦之。此其可慮者四也。四者之外。州郡各有隸將不隸將。
禁軍與夫土軍廂軍。又復不住招刺。以填闕額。自來大禮運司州郡
各有措辦。僅能免責。今者在處官司。往往空匱。將來本路本州軍兵
賜予之物。縱能辦集。而前項軍兵之寓其境上者。何以給之。與之則
虛張軍數而難周。不與則侵陵官吏而為變。若非朝廷預有措置。深
恐臨時別有喧競。伏望睿明深詔執政大臣。早賜經畫。

誼又奏曰。臣竊惟朝廷暫駐江左。以避金冦。蓋非得已。當為攘却恢
復之圖。以振大業。然金人累歲南侵。朝廷亦累歲奔走。此豈金人計
數之得哉。蓋謀國之臣誤陛下也。頃歲駐蹕揚州。是時陛下有兵數

十萬可以一戰而斥堠不明金人奄至卒以奔走踰江而東此宰相之過也前歲移蹕建康是時兵練將勇食足財豐據長江不測之險當敵人疑懼之秋可以守矣而舟師不設二相異意金人未死先已奔走遵海而南此宰相之過也往者不可諫來者猶可追不知陛下今年守戰之策安所從出執政大臣誰為陛下任此事者陛下幸守東南以固根本瞰臨江海憑據險阻兵將不乏粮賦未匱不乘此時講明守戰之策外過戎虜之侵而僥倖無警萬一事起倉猝大臣復欲弃陛下之土疆遺陛下之人民委陛下之府庫脫身奔走此豈安國家定社稷之謀乎臣愚以謂有江海則必資舟檝戰守之具有險阻則必資郡縣防守之力有兵將則必駕馭馴擾不可為將帥自衛之資有粮賦則必漕運轉輸不可為盜賊侵擾之用四者各付能臣分路自辦然後陛下親帥勁兵徙將宅中指授分遣信使往來督察

重賞以勸功嚴罰以懲罪其誰敢不用命哉若以江左地狹不足有為則金人之師必不盛於符秦粘罕之謀亦不踰於曹操符秦敗於東晉曹操剉於全吳當是之時江東之勢何如哉伏望聖主考古驗今委任大臣早賜措畫不勝大幸

誼又奏曰臣竊觀自古創業之君與夫中興之主必能屈群策以為智合衆力以為彊因山川之險阻以為固然後守位以仁故無敵於天下今智能籌略之士或上章公車或侍從交薦陛下固嘗官使之矣未聞試用其言此制敵所以無策也今中原雖失而淮甸江東户口百萬多力敢死之士不可勝數陛下不合而用之此國勢所以不彊也水有江海之險而樓船戰士檝師沒人有所不具陸有山林之阻而民兵土豪地形阨塞無人統理此山川之險阻所以不足恃也陛下承累聖付託之重號稱中興實同創業專用太王去邠之仁以當金人內侵之勢日朘月削何時已乎陛下誠能奮乾剛屈群策合衆力因山川之險阻且戰且守北向而牧天下則金人不足滅也惟陛下財幸

誼又奏曰臣聞唐德宗幸奉天兩稅度支使包吉寓揚州儲財賦八百萬緡將輸京師而淮南節度使陳少游悉脅取之度支使蠟表以聞時禍難煽結帝未能制乃曰少游國守臣取度支財防他盜耳庸何傷遠近咸稱帝得其機少游聞之果不自安即羞悔上表請償由是觀之多難之世事有守正而危從權而安者矣臣竊見宣撫處置使司屬官李允文挾降將張用之兵擾江湖兩路之境輙用便宜擅更守宰虛張戰功覬冒官賞罪狀明白朝廷既得其情俾之歸司息貸厚矣允文徘徊鄂渚尚以張用不肯放行為解近者張用勝表有願聽節制之言滕膺奏陳有耆老借留之請高衛懼其豪暴難制至

令不敢之官如此則鄂州但留偏守未有帥臣又復馬進之兵相望咫尺蘄黃之盜止隔一水若朝廷堅執前降指揮深恐人情別生向背設使別授守臣又須遷延日月內不足以安張用反側之心外無以杜盜賊闚伺之意此正安危之幾所宜審訂之日也昔漢祖悟淮陰假王之請躡足行封卒定帝業臣觀今日禍難煽結不減於有唐而陛下恢宏大度同符於漢祖投機之會豈不以少游淮陰為念哉伏望少留聖慮更與宰執商度容此小醜俯徇鄂州士庶所請徐為後圖不勝大幸

武義大夫曹勛論和戰劄子曰臣竊惟天下大器宗廟社稷大計四海生齒大本皆繫於國之安危在今日利害不出於和戰之間議國事者當先審所尚而定國是國是者天之所與時也時之所行事也當戰則戰當和則和先後緩急不容無一定之論必措國於至安然

後天下大器定於不傾宗廟社稷隆於鞏固四海生齒保於輯寧雖必世百年守之不易可也不審所尚而逐紛紜之論僥倖於萬一名曰嘗試之說天下之禍莫大於以國徇嘗試之說可為寒心者也且國之安危與己之進退得失孰輕孰重己之進退得失與人之毀譽好惡何損何益人臣而能辨此然後可以議國事苟惟以己之進退得失為心則必以人之毀譽好惡為重彼以謂人之毀譽好惡與其己之進退得失實相妨也故言戰則人朋而隨之者多譽之者亦多其心非一一明乎戰有必勝之道也特以謂主戰者不失為尊主强國之說今日言之譽之者必多固無害於己之進他日雖和亦無害於己之進蓋和亦不可忘戰是今日之言與他日之言皆無害於己之進而當戰與不當戰於國之安危不問也言和則皆睥睨而不敢隨者以和難保也今日言和固不妨己之進一旦有異焉則必大得罪而去不若言戰之兩無害於己之進也而當和與不當和於國之安危亦不問也况言和則主戰者惡之惡之則毀至矣於己之進豈不大為害乎二者皆不以國之安危為心而惟以己之進退為心以人之毀譽好惡為心此今日之風俗紛紜之論所自起也陛下所與圖回天下不過宰執數人而紛紜之論亦是以眩數人之聽是以廟堂之上主戰者陽為尊主强國之言以收小人之虛譽其中未必真有善善之策也陛下不用其言則以拒諫竊議於陛下以弱國騰謗於同列浩然引去亦不失高爵厚祿而小人之虛譽愈歸之主和者亦不知固執其所見往往惑於尊主强國之言而求免乎卑主弱國之謗進則迎合主意退則雷同衆人所謂國是果安在哉臣所謂以國徇嘗試之說可為寒心者也上天崇正統於中國保固祖宗積累之基純佑陛下之聖德眷命纘承將以光大久長於其後故周旋調護

成此安定之期君曰人謀恐未易致是臣不得不辨者惜天意與陛下聖德混於紛紜之論而不知所分也臣聞强弱異勢不可期也人身不能無病能不諱病則可以全身國不能無弱能不諱弱則可以圖强弱而為强自欺可也欺人可乎欺人可也欺天可乎春秋時呂甥為王城之盟謂秦伯曰晉國之小人不憚征繕以立圉君子則不然曰必報德有死無貳納而不定廢而不立以德為怨秦必不然秦伯曰是吾心也歸晉侯而成盟國復强晉君子可謂能審所尚也方其弱則言弱能不諱弱則足以養强也能養强則足以成强也使人臣之謀皆如晉之君子國何患哉陛下察今日紛紜之論如晉君子之言乎抑皆晉小人之言乎君子小人不能逃陛下聖鑒則陛下刑賞行矣單于嫚侮議兵樊噲請以十萬橫行匈奴季布曰噲可斬晁錯發七國之難吳楚兵起錯乃居守而勸景帝親征又方與調兵食身斬東市非衷益私意也人臣自為紛紜進說而不可用不加罪焉且誤國矣亦不加罪焉孰不以嘗試之說售其身乎其言不行又無所加罪是以肆為紛紜而無所憚也臣觀今日之事非前日之比者以天定故也申包胥曰人衆者勝天天定亦能勝人臣解之曰禍福無不自己求之人衆者衆之所為凶德已極自求禍者也天豈樂禍乎人之所為凶德已極禍必自至天不能庇故曰人衆者勝天前日之事也天之於人禍終不悔乎其報已極復圖安寧是謂天定人何以勝之故曰天定亦能勝人今日之事也臣請以東晉宋武帝驗之東晉之渡江也謀復中原之臣如劉琨祖逖庾翼桓溫之徒皆可以有立而卒不能成功者天定也苻堅為江左之舉以百萬之師一敗於謝玄劉牢之身死國亡計不旋踵豈謝玄劉牢之勇過於苻堅乎天定而堅欲以人勝自取禍也宋武帝得關中棄而不守知赫連之必來也宋武棄關中赫

連即取之。由是南北舉安。知天定而不敢為不定矣。祐之也。故天定則人主之意不可不定。主意定則人臣之意不可不定。君臣之意定則天下自定。定不定。禍福如彼之明。可不畏哉。今陛下與腹心大臣酌天意之大定以斷國是。以今日已有成策。已見定效。尚可復容紛紜之論。崇虛名而令國受實禍乎。虜欲求安。易於保安者。守邊不動為長久之計。則虜保安之策也。我欲求安。難於保安者。恃虜不動則我保安之策也。彼既不動。我非特保安而已。因得自治焉。則千百之安在我也。臣之所望於陛下者此也。萬一為紛紜之論所惑。以蹈至危。則臣所望於陛下者未易就也。此臣之所甚憂也。願陛下毋忽臣言。奉二儀之無私。揭日月之大明。偕山嶽之不動。行四時之信令。則陛下之所欲為者自是無不可為者矣。臣不勝至願。

中書舍人周麟之論守應之策曰。臣聞為國者必有一定之計。大計已

定。斷然無疑。非徇一己之見也。而千萬人之說莫能搖。非苟一時之利也。而數百世之議莫能易。此其為利害亦豈必天知神略而後知之。惟所見者審而通乎事機。所持者要而當乎人情。所言者順而合乎天道。所操執者彌固。則所成就者愈大。古所謂聰明賢聖大有為之君。建功立事類如此。仰惟皇帝陛下察問如虞舜。憂勤如文王。總攬權綱。綜核名實。則又與漢之宣光比。立國於此。固自有一定之計。而近之言時事者。乃紛紛而不一。軍旅之言屬。閭巷之言戚。士大夫之言惑。屬有所憤。戚有所憂。此其常態耳。未至於大害治也。惟惑之為害。蓋有不可勝言者。此無它。銳與怠之謂也。銳者言兵而欲用。怠者諱兵而不言。言兵而欲用。是喜功也。諱兵而不言。是偷安也。自講和以來。九廟寧矣。東朝安矣。赤子休息矣。成功著見。昭昭可知。陛下方且慎遣重臣。厚將信幣。以堅永好。以釋群疑。而汨之以喜功之說。其可乎。渝盟弃好。陛下之所不為也。當朝廷閒暇。脩明政刑。振舉綱紀。簡練將士。此不可一日忘者。陛下方且頒明詔。飭庶工。懲緘默之風。革驕怠之弊。欲人人相與協濟國事。而委之於偷安之說又可乎。視漏忽傾。陛下之所不取也。如臣所見。粗有確論。曰守曰應。兩言而盡之耳。當無事則思所以守。有不虞則思所以應。思所以守。自治之謂也。思所以應。不得已之謂也。守之者在我。應之者在彼。在我者有常者也。惟其有常。則雖信睦交通。不能廢吾之所以守。在彼者不測者也。惟其不測。則雖事變猝至。不能逃吾之所以應。今夫千金之家。固其垣墉。常人之所及也。若曰。吾與親黨為鄰。不吾害也。至慢易其固守之具而弗之理。豈不備它盜哉。所謂自治者如此。詩曰。迨天之未陰雨。徹彼桑土。綢繆牖戶。今此下民。或敢侮予。孔子曰。為此詩者其知道乎。能治其國家。誰敢侮之。此言自治之為可畏也。獸蹂于田。

荷戈而逐。孺子之所知也。君曰。吾將委肉而飼之。不汝驅也。而獸且噬人矣。雖欲不逐。其能安乎。所謂不得已者如此。漢元康中。乘匈奴之衰。議欲擊之。魏相不可。曰。救亂誅暴。謂之義兵。兵義者王。敵加於已。不得已而起。謂之應兵。兵應者勝。爭恨小故。不忍憤怒。謂之忿兵。兵忿者敗。非但人事。乃天道也。亦言應敵之不得已也。蓋能守者能應之道也。守之無不固。則應之無不勝矣。守之既固。則銷萌折衝。人莫予侮。且將無敵之可應焉。昔人所謂善之善者。理固如此。臣願陛下增修德政。厚施於民。蓄材俊。廣儲峙。敦本而抑末。去華而務實。明賞罰而一於信。振威令以致其嚴。考將帥之能否。而為摩厲之方。察士卒之勤惰。而求養用之實。凡可以為守國之具者。靡不恢張而徧舉。如此。守無不固矣。度山川之遠近。視道途之險易。孰當其阻。孰當其衝。孰為之聲援。孰為之犄角。孰為之統一。凡可以為應敵之機者。靡

不素定而默諭。如此應無不勝矣。守國之具皆可以熟議。而應敵之機不可以豫言。惟在陛下力行之。心識之。執中自信而已矣。書曰。人心惟危。道心惟微。惟精惟一。允執厥中。夫人心危而易動。易動者浮言之所以興。道心微而難知。難知者至理之所以隱。君人者不過屏衆多之慮。致精一之思。執中自信。則聖人之能事畢矣。堯舜禹之治天下。相傳以一道。不外乎此數語者。伏望陛下睿斷不移。操一定之計。圖守應之策。以為執中自信之道。而毋惑於喜功偷安之說。則千萬人之衆莫能搖。數百世之遠莫能易。儆諸人事。質諸神明。臣之斯言。庶或無愧。惟陛下留神省察。天下幸甚。

提點成都路刑獄公事馮當可上書曰。臣竊以陛下臨御以來。遭時多艱。再造宗社。不憚屈己。修好息民。然謙損過中。寖成卑弱。弱形著見。然後強敵生心。夫濟寬以猛。濟弱以強。猶救火必以水。救寒必以

溫。不得不然。善為強者。先強其志意。志意強。然後舉事以著其強形。強形見。則弱形銷矣。陛下審知釁盟之必敗也。兵必不可弭也。當赫然慨憤。移蹕建康。示天下有為。下罪己之詔。感動中外。顯與社稷俱為存亡。天下聞之。孰不投袂而起。此舉事以著其強形之一端也。且君為元首。所以率先天下。鼓動萬化。自古未有人主退而能使天下進。人主怯而能使天下勇。惟陛下勵其強志。著其強形。赫然有一怒安天下之心。忠臣義士。無不感應。人心一奮。士氣百倍。何所往而不可。昔眞皇澶淵之役。陳堯咨勸幸蜀。王欽若勸幸江南。惟寇準決策親征。國家太平之基。一戰再定。當時果幸蜀果幸江南。則靖康建炎之事。已在此時矣。今之形勝。又不比全盛之時。車駕已在江南。無復可往之地。福建二廣。陛下可到。彼亦可到。蜀雖險阻。形勢迫促。如鼠入牛角。必不能久。今匹夫舉措。猶知吉凶悔吝由動而生。何況萬乘

而不深思。一動之間。變故莫測。將士觀望。忠義之氣沮喪散而為盜賊。大事去矣。其與移蹕建康。使天下增氣。皆憤然北向為陛下爭先死敵。萬萬相遠。又沿江備禦。朝廷雖已措置。然尚多闊疎。臣自蜀出峽。凡有兵將所在。必親見其人。問其策略。審其虛實。以備陛下詢棟。大江數千里。諸軍屯營不一。不能盡言。姑以湖北言之。荊南鄂渚上流要衝。荊南兵力甚弱。雖添淯灝萬卒。不帶家口。日夜思歸。統制官不伏李宏節制。無事之時。猶慮變出不測。緩急豈能為用。問其戰守之方。惟恃壅水護城。水口在城外。與敵共之。敵得水口塞之。可以灌城。決之可以攻城。李宏本田師中部曲。今自為一軍。田師中疾之。恐緩急必不相為援。田師中又老且病。借有忠義之心。已不能躬擐甲冑出入戎行矣。然則上流要地。已不可保。彼田師中者二十年講和。靜無所事。高堂大廈。玉帛子女。富貴安佚至矣。及今有事。豈不自知。

度其心亦頗退避。終保富貴。然難於自言。惟陛下急擇忠勇壯健如李宏李顯中之徒。易之。上流之地可恃以保。而田師中亦必銜荷聖恩矣。又沿流諸軍無所總統。譬如有指無臂。筋骨脫落。安能擊搏攫拏屈伸如意。今虜使既還。恐兵端便開。望陛下急擇文武大臣有威望衆所畏信者。屬一人於荊襄。屬一人於江淮。有威望衆所畏服。莫如張浚劉錡。則陛下既用之矣。然猶有議借其聲望不當便置之前行。勝負兵家之常。萬一小跌。搖動諸軍。今使之總統諸將。諸將自當前列。錡獨任指蹤。利害差遠。亦致重之道也。張浚嘗誤陛下事。陛下不以為賢。然方今天下皆以為當用。日夜跂踵。顒陛下用之。孟子曰。國人皆曰賢。然後察之。願陛下捨一己之好惡。以天下為心。勉用張浚。以副人望。一日之間。况能使軍民回心。踴躍鼓舞。其効亦非小補。張浚憂患頓挫[illegible]歷者老。已無少年輕銳之氣。惟陛下深察之。兵不

徒用必資財賦財賦匪自天降出於民力軍興已來三十餘年賦斂煩重民之津脉竭矣蜀民冠婚喪祭之禮盡廢風俗急迫愁嘆無聊荊湖盜賊正晝攻刼田野蕭條州縣亡供月樁無所從出往往多作征稅所在稅務持弓挾矢要遮船舫名曰征商其實刼奪貧商小賈至有弃舟逃遁者長江上下人不敢行臣不知福建二廣然以此較必不能獨豐裕也平居無事諸軍之費月給一月常懼不繼一旦用兵費必十倍國無所藏民不可取惟陛下痛自撙節惡衣菲食輟內庭之費以佐軍用自古克濟艱難未嘗不由恭儉勤勞陛下誠能至誠克己躬損切身之奉以養戰士自被堅執銳之夫豈不知感激奮勵捐其軀以報陛下者內而公卿大臣外而監司郡守下而富商鉅賈州縣兼并之家雖使分其家財之半以佐軍用亦將甘心誠以陛下率之以身也兵有衆寡擇將統臨整齊訓練朞月可振惟財用在

今日最為難事版曹司會計之臣當日夜精思省官吏減州郡冗卒精核當否無一毫妄費者庶或可以應辦州郡冗卒充守倅白直之外一無所用一路監司凡三四員間有闕官止一員而兼數職者略不聞有廢事然則官亦可省矣必官闕而事廢乃可差置然則雖從省併自不廢事大抵精微會計委曲周旋必不取於百姓然後根本不搖此今日之大務也又人主當艱難之際圖四事功聽言用謀當聽而不聽當用而不用當有為而不為當速而緩與當緩而速如發機栝差之毫釐利害立見惟人主清心靜慮公聽遠覽然後能隨宜應變願陛下踈遠閹寺絕去便佞使私意無所干擾取捨無所熒惑專一誠意與賢士大夫謀議之臣同心戮力共濟大事臣前所言望陛下移蹕建康選將練卒用張浚劉錡總統諸軍節用撙已以充軍費餘皆末事也非事之本也惟陛下遠便佞踈近習清心寡欲以臨事變此興事造業之根本洪範所謂皇建其有極者也今日之所當為者必能以次而舉無不切當然後命大臣留守宮闕陛下如建炎之初馬上從事以數千騎往來循撫諸軍江淮荊襄無有定處使虜莫能知測臣知雖未及戰虜已知畏矣夫虜人雖強其強易弱非誠得天下之心其實強驅而南陛下與之抗衡不必大勝粗足支敵一二年間彼釁隙自開幽燕兩河當有起而斃之者陛下有半天下帶甲三十萬非奮空拳者又長江巨澤地利在我何所畏哉然今日之事誠急迫矣如救焚拯溺須臾不及便繫存亡臣料虜使既還朝廷必有大措置一新天下耳目旬日之間寂然無聞臣恐廟堂之議猶欲遣使祈請冀和議可以遷延以臣計之萬無此理三年前虜焚權揚南牧之計已定矣雖云遷都其實意欲自臨行陣雖千百祈請徒自貽羞決不能回今年未動不過明年幸其早動陛下恐懼修

省整頓條綱猶能及事其動愈遲則禍愈大不可及也臣於紹興八年嘗蒙陛下召對是時適虜使請和臣以為疑陛下不以臣為踈遠微賤與之反復數四至煩聖喻以為親屈已之意其後太上梓宮歸葬中華太母還就東朝之養天下幾年不見兵革不可謂無得於講和然無以善其後臣之愚言猶有驗於今日臣今又被召旨虜人適欲敗盟臣又以其狂愚冒瀆聖聰望陛下特垂聖覽採而用之無使狂瞽之言又驗於異日也臣被病昏塞語言無次干冒宸嚴罪當萬死惟陛下裁赦

祕書省正字汪應辰上疏曰和議不諧非所患和議諧矣而因循無備之可畏異議不息非所患異議息矣而上下相蒙之可畏金雖通和疆埸之上宜各戒嚴以備他盜今方且肆赦中外褒寵將帥以為休兵息民自此而始縱忘積年之恥獨不思異時意外之患乎此因循

無備之所以可畏也方朝廷力排群議之初大則竄逐小則罷黜至
有一言迎合則不次擢用是以小人窺見間隙輕躁者阿諛以希寵
畏懦者循默以備位而忠臣正士乃無以自立於群小之間此上下
相蒙之所以可畏也臣願勿以和好之可無虞而思患預防常若敵
人之至疏奏秦檜大不悅
應辰為戶部侍郎應詔言事曰臣準尚書省劄子三省樞密院同奉
聖旨以防秋不遠事貴預備足食足兵宜有長策可令臺諫侍從各
以所見條具聞奏者臣伏見上天助順元惡殄滅虜酋新立畏天之
威遣使通和辭意勤篤陛下方且不自暇逸而預為防秋之備不自
賢聖而博盡群臣之謀天下幸甚蓋自近日以來傳報不一或以為
虜酋寬厚能得衆者或以為懦弱不立者或以為急於和親欲復還
河南地者或以為彼方厚立賞格以勸戰士如唐鄧陳蔡之類矣而

復取其志蓋未已者或以為河朔群盜擾其南而契丹之遺種攻其
北者昔漢光武初定天下臧宮馬武皆以匈奴衰亂時不可失光武
答以北敵尚彊而屯田儆備傳聞之事常多失實古今通患實在於
此要之為國計者不當問夷狄之盛衰顧吾自治如何爾東晉之季
符堅以百萬之師戰勝之威長驅入寇自謂投鞭於江足斷其流晉
人懍懍有吾其左衽之歎至於淝水之戰虜衆奔潰首尾不支卒以
亡國然則夷狄雖盛未足為中國患也晉之謀臣皆欲乘符氏敗亡
開拓中原王師一出盡得兗青徐豫之地然而君臣宴安無復顧慮
以謝安之勳勞猶不見容而道子元顯之流出而用事晉之不振實
自此始然則夷狄雖衰未必為中國福也臣故曰不當問夷狄之盛衰
顧吾自治如何爾今詔旨以足食足兵為慮此二者皆自治之要也
臣請先言足食之說昔人以為縣官當食租衣稅然漢文景之盛或

賜民田租之半或盡除之或三十稅一武帝征伐四夷窮極奢侈於
是有鹽鐵酒酤之禁昭帝即位一切罷之至于後世或用或否唐至
德宗用楊炎之說盡取軍興以來暴斂橫賦合而為兩稅又用張滂
之說始有茶禁凡漢唐之所征取榷禁者今皆不能易矣然劉晏號
為善榷鹽其始至也鹽利歲纔四十萬緡至大曆末乃六百餘萬天
下之賦鹽利居半宮闈服御軍餉百官祿俸皆仰給焉今止以淮浙
計之歲收一千三百四十萬貞元八年榷茶歲得四十餘萬緡今則
歲收二百四十萬矣世固未有善理財之人也獨不知劉晏復生其
於今日財利尚能有所增加否乎至於其他所取名色猥衆曰經制
曰總制曰無額上供曰折帛曰州郡寬剩曰僧道免丁曰寺觀寬剩
曰大軍月椿曰贍軍酒息曰糴本總其所得又十倍於兩稅而不翅
也然則今日利入之厚漢唐之時與吾祖宗之盛皆所不及也宜其

財聚於上不可勝用矣而大司農無經旬之儲至於仰貽宵旰之慮
此其故何也臣嘗以謂取之多則宜有餘而或以不足取之寡則宜
不足而或以有餘以文景輕徭薄賦而貫朽粟陳以武帝籠天下之
財而用度常不繼唐王仲舒觀察江西奏罷榷酤錢九十萬既三年
錢餘於庫粟餘於廩孔戣節度嶺南盡除它名之稅免屬州負逋之
緡錢二百萬而公藏私蓄上下與足由此觀之不在乎取之多而在
乎用之有節也今日財賦自其外而言之左藏一歲所出比於紹興
之初其多已增倍矣臣不敢遠引前古姑以陛下之初政為率則其
間所當裁節者固不少矣仁宗至和中諫官范鎮乞明詔中書樞密
大臣考求祖宗朝及天聖中官吏兵數與天下賦入之數斟酌損益
立為條章上下遵守則國用有常而民力有餘矣此亦微臣所望於
陛下也凡百官有司浮冗之費可以參酌舊制一切減省惟是軍旅

之用。日以增廣因循浸久遂為成例。一旦更革固亦未易。然而賞典之冗濫。獨不可以甄別乎。尺籍之偽冒。獨不可以考覈乎。此特在陛下指麾之間爾。又自用兵以來。中外爭言便宜。往往多出於希功徼幸之意。如措置營田。如結集民兵。如招納歸附之類。錢糧器械。一皆取足於朝廷。曾無毫髮之效。亦莫知其何用也。熙寧間。韓絳以大臣宣撫陝西。所費十八萬緡。終無成功。衆議沸騰以為大咎。今所謂十八萬緡者不知其幾矣。況其事行之初。議者固疑其有不可。故臣願朝廷之上。有所興為與衆共之。使可否之論畢陳於前。然後擇而從之。如漢宣帝使公卿議屯田利害反復詳盡。庶幾無輕舉妄費之失矣。雖然此特言其外者而已。至於內府之財。則有非外廷所知者。周官太宰以九式均節財用有匪頒之式好用之式。然則王之用度。雖曰不會。要不出乎式也。太府掌九賦九功之貳。受其貨賄之入。其頒財則以式法授之。而式貢之餘財則以共玩好之用。元豐更定官制。以金部左藏案主行內藏之出納。而奉宸庫則隸于太府。所以示天子至公無內外之異也。自紹興十三年。始詔內庫不隸戶部太府有司輒敢會問與供報者皆坐之。中外之人。不知所以然者何也。疑詞異說。無所不有。臣竊觀陛下清心省事。仁民愛物。一皆出於天性。宮掖使令。既已不備。又從而出之。教坊音樂。既已不聽。又從而罷之。此豈以外物為樂哉。比以戎士暴露備邊。犒師招軍市馬率從中出。此豈以多藏為利哉。而臣猶有不能已者。竊恐賜予之間。或過為豐厚而失於撙節。出納之際。或習為寬縱而失於考察。雜色供奉冗食無用之人。或雖澄汰而未盡也。今陛下恭儉於上。而左右近習與夫貴戚之家。第宅池館窮極華美。田園邸舍連亘阡陌。此固不能使人之無疑也。夫有不忍人之心。必有不忍人之政。有仁心仁聞而民不被其

澤者。蓋有之矣。願陛下推其所為。損之又損。始自宮掖。次及外廷。如此。則聖德日新。人心誠服。而實惠及乎天下矣。先王所不可儉者。祭祀也。至於當損之時。則二簋可用享。況於匪頒好用之類乎。且臣聞之。有國家者。未嘗不以民心為安危。惟我祖宗覆育天下。斯民愛戴。有隕無二。尤見於艱難之時。陛下試以東晉觀之。方晉之國於江左。中原分裂。羌狄自相攻擊。故邊境僅得以少寬。而變故內起。岌岌乎無終日之安。所患者王敦也。敦既死。而蘇峻祖約連衡犯順。所患者桓溫也。溫既死。而王恭商仲堪稱兵內向。所患者孫恩也。恩既死。而盧循徐道覆相繼擾亂。蓋其基本尚淺。人心易搖。故姦邪得以肆行而無所畏也。自建炎以來。羌虜之禍甚於東晉。然而戶口雖或流離而無背畔之志。盜賊雖或竊發。而無響應之助。彊悍之將不能以使其下之為非。暴虐之虜不能以禁其民之向化。此皆祖宗德澤之所固結。陛下仁心之所感動。相與扶持扞蔽。以至今日。豈曰小補之哉。趙簡子使尹鐸為晉陽。請曰。以為繭絲乎。以為保障乎。簡子曰。保鄣哉。尹鐸損其戶數。既而智伯攻晉陽。決水灌之。沈竈產鼃。民無叛志。凡今日之所以取諸民者。臣已具陳於前矣。願陛下思民心所係之甚重。閔方今民力之已竭。而求所以振救之。惟有節省無益之費。使財用充足。然後賦斂之不得已者。可以次第蠲除。庶幾疲瘵之民。得以蘇息。則其為國家之保鄣者。豈有已哉。臣請言足兵之說。昔陸贄有言。克敵之要在乎將得其人。馭將之方。在乎操得其柄。將非其人者。兵雖衆不足恃。操失其柄者。將雖材不為用。兵不足恃。與無兵同。將不為用。與無將同。固不在益兵以生事。加賦以殄人也。至和中。朝廷札募新兵。諫官范鎮以為財用不足。民力凋敝。而又欲募兵。是何異欲救火而益以薪。流之濁而後撓其源也。兵不在衆。在練之與將

何如耳方儂智高冦嶺南之後遣將不知幾輩遣兵不知幾萬死亡
奔北不可勝紀然狄青所以取勝者番落數百騎爾此兵不在衆近
事之效也臣以爲陸贄范鎮之說切中今日之病自講和以來諸將
坐擁重兵初無尺寸之功而高爵厚祿極其富貴安享優佚養成驕
惰無復激昂奮厲之志兵籍雖多初不閱習或拘之以爲工匠或敺
之以爲商賈或抑之以爲僕厮之役既虐使之以不當爲之事又侵
奪其所當得之食行路之人皆知其不可用也已而虜騎奄至曾不
一戰望風遁逃浹辰之間而兩淮之地蹂踐幾遍方且恬不忌憚恣
爲誕謾列上戰功誑惑群聽危急之際被旨應援乃或游辭說計顧
望不進陛下雖嘗取其不用命者治之終未足以震服中外且鈞是
罪也而罰有輕重人猶不能無詞況於或罰之或賞之乎故其免於
罪而蒙賞者不知愧怍而反謂朝廷之可欺偃蹇傲睨日以滋甚陛

下捐金帛以賜士卒適以資其刻剝之計至於怨讟並興無以自解
乃復奏功第賞超越資級動以數萬唐李愬平淮西奏請將佐以下
官凡百五十員憲宗謂裴度曰愬誠有奇功然奏請過多使如李晟
渾瑊又何如哉遂留中不下以此校之今日之事無乃太甚乎方無
事時朝廷有所使令率以詔旨行下或陰爲遷延或公肆欺玩或直
抗執而不行不知一旦有急能惟命是聽以徇國家之難乎四方之
人何所觀望三軍之士何所勸沮雖有貔虎百萬將誰用之故臣之
所憂不在乎兵之不足而在乎軍政之不脩也且今中外之兵其老
弱強壯不可得而分也其逃匿死亡不可得而見也然則雖欲益兵
亦不知其所以益矣諸葛亮出師無功或勸以益兵者亮曰大軍在
祁山箕谷皆多於賊而反爲賊所破者則此病不在兵少也在一人
耳今欲減兵省將明罰思過校變通之道於將來若不能然者雖兵

多何益自今以後有忠慮於國者但勤攻吾之闕則事可定賊可死
功可蹻足而待矣由此觀之亮非徒不肯益兵也又欲減省之蓋勝
敗在將不在兵兵多而冗不若少而精也臣願陛下內自省察以前
日之失爲在己奮發英斷力行大公至正之道而不牽於異說之私
賞善罰惡無偏無黨示天下以好惡所在使人皆洗心易慮以聽陛
下所爲然後兵籍之多寡人材之高下皆可以按見其實謹其訓練
之法號令必行等級必嚴技藝必精心志必一周旋進退將無所不
可者矣昔人論兵蓋有一可以當十者亦有十不當一者此顧用之
何如耳竊聞朝廷方簡閱州縣之兵取其半以待不虞之備此誠有
不得已者去冬固嘗發諸郡弓弩手什之七矣彊之使行驚擾狼顧
州郡有調發之費室家有離散之怨既至軍中大率奴虜使之初不
籍以爲戰鬬之用也大敵在前何嘗得一夫之力臣所謂正兵者枝

止於此況其下者乎而又有甚不便者夫盜賊之作常生於細微州
縣之兵雖不可施之於大軍而追胥討捕防護鄉井蓋所以銷患於
未萌也晉武帝罷州縣兵山濤陶璜皆以爲不可及永寧以後盜賊
群起州郡不能制此往事之鑒也去冬既取所謂弓弩手者州郡無
備則或發諸縣尉司弓手以守衛城郭縣又無備則或抑差編戶以
代弓手之乏貪猾之實緣爲姦無所不至或差或否均被其擾夫天
下之事順人情而行之則如水之就下咈人情而行之則有挾山超
海之難故聖王之政山者不使居川渚者不使居中原此非有神
奇巧妙也亦曰順之而已今民之在田里者則拘之於縣縣之巡捕
者則執役於州州之守衛者則分隸於諸軍豈所以爲順哉議者患
州縣之空虛也則請各置四隅之官而以其土人爲之強宗富室平
日挾其財力以武斷於鄉曲今又假以尺寸之柄必行賄賂明報仇

慾有甚於盜賊者。朝廷知其不便。尋即寢罷。蓋凡所以鬨鬭動搖至于數四。公私煩費。騷然不寧。而訖不得其道理者。皆起於州郡之無兵也。今者詔旨止令選其強壯。就各州教閱。則固未必調發也。惟陛下精思熟慮。於不得已之中。有所裁酌。使州縣不至於無備。田里不至於重擾。則州縣安寧。而朝廷安矣。臣仰惟陛下臨政。願治。于茲有年。國宜益富。兵宜益強。而顧以不足為憂。凡在臣子。孰不皇恐。臣竊以為自古人君當艱難之際。其能積微而致著。革弊而為治者。要必以至誠為本。以力行為要。不尚虛文。專取實效。用其人必責以功。聽其言必驗以事。使欺偽者有所不敢為。而忠臣義士皆得自盡以奉其上。則天下無不可為之事矣。詩曰。秉心塞淵。騋牝三千。又曰。思無邪。思馬斯徂。夫馬之蕃息。何預於人君之心思。蓋物無小大。苟非以誠心持之。則所行之事。其施於外也必苟簡。所用之人。其應於上也

必滅裂。又安能還至而有效乎。今日之事。特在陛下加之意而已。臣竊觀今之風俗。大率以欺罔為尚。變路帥臣自謂訓練精兵二萬。及監司核實。初無一卒。東南鑄錢。祖宗時。歲不下百萬緡。比來止以四十萬為額。又盡收天下之銅。有司以為可鑄三十萬。則是七十萬也。去年所納僅及五萬。而乃以六萬為羨餘而獻。夫以欺罔如此。既不以為罪。又或從而賞之。人亦何憚而不為欺罔乎。此風不革。則天下之事所以仰勞聖慮者。何時而已耶。臣不勝惓惓。獻其愚忠。惟陛下裁赦幸甚。

直秘閣喻汝礪上裕蜀策曰。論天下形勢。必資之秦。論秦雖軍須必資之蜀。秦與蜀壤界之國也。擁四川之饒。據五路之強。而中興之大勢定矣。仰惟陛下至明旁燭。而用之以晦。大德丕冒。而用之以恭。於是結二國之信。致諸侯宗祧。徼上帝之福。錫之天下。綏靖河洛。澄一崤澠。天下胷腹也。今已據其胷腹。則號令之施。是以掩天下矣。光復大業。紹開中興。千載一時也。臣竊謂蜀宿重兵。歲月淹久。一歲供億無慮千萬緡。玉壘豐腴。爍於轉輸。西海羽毛。燼於器甲。而蜀人之力。日以殫矣。仰賴陛下惻怛晨興。念慮遠方。慨蜀漢宿兵之久。憐岷峨飛餉之勞。乃詔樞臣。徙兵關右。全蜀父兄。亟蒙福祉。自謂可以少蘇一日之間矣。然臣竊念之。其弊猶在者。官冗是也。水濁則魚困。官冗則民亂。事要則易從。法簡則易行。且蜀之力何以困。兵蠹之也。非特兵蠹之。冗官病之也。蓋自軍興以來。於是有制置司之官。於是有都漕司之官。於是有州縣酒官。及催撥運米官之流。煩擾乎供須。崇侈乎饋問。公私焦然。物力耗竭。困罷空寡。老弱羸病。而蜀之人益以瘠矣。伏願陛下伸之以訓辭。裁之以紀極。省官併局。則益利罕不急之負。薄賦緩征。則瘡痍有息肩之日。如是則蜀日以肥。可以餉秦。秦日

以勁。可以遮蜀。中興之業。永為萬世無疆之休。

汝礪又上恢復策曰。嘗考荊楚之區。北臨漢沔。南薄夏廣。東界吳會。西瀕巴蜀。諸葛孔明以為用武之國者是也。外帶江漢。內據嚴阻。魯肅以為金城之固者是也。孫權都武昌。黃龍之元。徙都建業。以陸遜輔其子鎮焉。豈非以其地形得上流之勢。依荊州之險。足以為國之隱蔽故耶。又使步隲守西陵。程普守江夏。呂蒙守陸口。朱然守南郡。而魯肅甘寧之徒。亦復經營於資水益陽之間。是數公者。皆天下魁桀奇偉豪爽萬人之英。而權悉付之以上流之任。其意蓋以為先據夏口。則上流之形勢可全。又據楚關。則南夏之勢彌廣。夫孫權雖威行江東。據有八州。騁技賈力。不足以駕二方之雄。而劉備曹公天下強對也。陸遜非劉備對。周瑜非曹公對。卒能窘劉備於西陵。蹙曹公於赤壁。破壞摧辱。退步千里。夫豈有異故哉。誠以楚關為城。長江為

池而得上流之便故也。仰惟陛下受命中興。恢復疆宇。大縣數百。名都十二。自河而南悉王悉臣。光復舊業。系隆我宋世之議者。躰欲躡孔明跨有荊益之言。誦杜甫江陵望幸之句。以謂中原父老。虛心注目。顒望陛下朝服濟江。駐蹕諸宮。臣愚則謂其說是矣。而時則未可也。臣自岷江等小舟。溯夔峽泛荊渚。浮夏口。倚泊九原。盧阜。郊草郡守。例無田官。已而徜徉四顧。迤邐千里。獸蹄鳥迹。無人聲。正念戈兵斬刈。歲月汚久。耰人彫傷。牛畜肆玩。則地何由闢。粮何由積。將何以奉萬乘供百官哉。取諸岷益。則岷益鮮耗而無窮竭。諸鄂郢。則鄂郢養求之未給。伏願陛下少俟之。加以數年。地益增治。粮益得蔵。然後振旆以臨三楚。清蹕而朝諸侯可也。更俟之歷歲滋久。河潼覺無。許洛晶大。然後復皇輿於舊京。旋古鼎於大邑可也。臣書生。蔫弱。儕論國事。輕觸宸嚴。惟陛下赦其愚。悉熟一計之。

監察御史劉行簡論人主不憚改為疏曰。臣竊觀自古人主處非常之時。建非常之業。謀無遺策。事靡不濟者。無他焉。機變敏速。不憚改為而已。臣請以漢高帝之事言之。始高帝聽酈生撓楚之計。封六國後。且將刻印付之。聞張良之說。旋悟其非。亟命銷印。群臣勸都雒陽。議既定矣。聞婁敬之說。即日徙都。何其易改耶。處非常之時。建非常之業。不得不如此也。方今盜據中原。四郊多壘。軍旅荐興。國用耗竭。可謂處非常之時矣。陛下所與群臣早夜圖回者。無非安朝廷。定社稷。弭難銷兵。足國裕民之事。可謂建非常之業矣。然而機事之來。間不容髮。謀不能皆容也。知其疎則改之。舉不能皆當也。知其非則改之。機變敏速。正在此耳。臣伏覩陛下近降詔旨。以謂承中否之運。不啻創業之難。自非陛下既知其難。聰明宏達。思慮至到。惡能知其難若此哉。臣謂陛下既知其難。則當以前古創業之君如漢高帝者為法。凡群臣論議於前。陛下固當審思。然知其可用。則敏而行之。無憚改作。如是。乃可以濟功。如其循習拘攣。若可若否。則雖平居閒暇。且猶不可。况今日之事哉。伏惟留神財幸。

歷代名臣奏議卷之九十一

經國

宋孝宗時著作郎王十朋上疏曰臣聞國猶身也強國與身皆氣也醫者觀身之氣而知其人之壽夭識者觀國之氣而知其世之興衰自古帝王圖回天下雖謀之以智辦之以才必以氣為之主然後大業以濟劉項之爭雄也項自謂力拔山氣蓋世非也要之項之失天下也蓋以力而劉之得天下也蓋以氣夫百戰百勝一不勝而自謂天亡者氣何在哉婁戰婁敗而不為之屈卒之易敗為勝轉弱為強者氣也蜀先主英姿大度有高帝風兵雖屢挫而終不為曹操屈吳孫權聞周瑜之言拔刀斫案遂成赤壁之雋功吳蜀之勢非魏敵也然而能霸有一方鼎足而立者氣使之然也臣來自草茅得之道路謂廟堂之上謀議之臣和戰守之議鬨然未決茲理固洞然易曉議者何不思之耶臣謂養今日之氣莫如守伸今日之氣莫如戰挫今日之氣莫如和今我兵寡力弱國威未振固未能與之決雌雄於一戰以伸天下之氣也正須養之使壯俟時而動宜於荊襄江淮要害之地如人身之可以禦風寒者數處命大將屯重兵以固守之縱未能得志於中原亦足以據長江之險都帝王之宅保吳蜀萬里之故疆何故屈己買和蹈前日之覆轍耶大抵天下之勢強弱均而和則彼此受其利晉與諸戎和我與契丹和是也強弱不均而和則強者得其利弱者被其害六國與秦和契丹與女真和是也虜以和議譎契丹而滅契丹矣又以和議譎中國而困中國矣耿南仲主和議而致靖康之禍秦檜主和議而弱國家之勢太上皇知虜之無厭而和之不可保也去歲下親征之詔而天下二十年湮欝之氣亦少舒矣雖淮上之師不利而虜之被毒亦甚矣陛下應天受禪天下罔不歡欣鼓舞咸謂真主既出恢復指日可期也陛下宜親御鞍馬如漢文帝慨然發憤如唐憲宗撫延六師以作將士之氣以圖進取之計況陛下之聖德可以動天陛下之節儉可以豐財陛下之英武可以定亂江淮有重臣以為長城川陝有良將以為爪牙亦何患事之不濟耶不然宜曰天設之險以為城池與民守之可也苟或復用和議則軍民解體雖苟一時之安而氣已為之索矣百萬之歲幣固有所不惜也至尊之名分其可自貶損於嗣登大寶之初乎諸將用命血戰新復數路其可復捐而與之乎西北之民襁負來歸者不知其幾又何復委之虎狼而使之甘心乎況講和之後舉天下唯虜之命是聽無厭之求難塞之請當不止此陛下將何以應之乎臣謂今日之計戰固未可輕和決不可議守以養氣俟時而伸乘機而投而已

十朋為侍御史上疏曰臣聞聖人之德無以加孝天子之孝莫大乎光祖宗而安社稷曰前王盈成之業而守之者孝也周之成康漢之文景是也承前世衰微之緒而興之者孝也商之高宗周之宣王是也國有恥而雪之者孝也漢宣帝臣單于以雪高帝平城之恥唐太宗俘頡利以雪高祖稱臣之恥是也先君有讐而復之孝也夏少康滅澆以復后相之讐漢光武誅王莽以復劉氏中絕之讐是也歷代帝王雖守成中興雪恥復讐之迹不同其功光祖宗孝安社稷則一而已我藝祖皇帝應天受命肇造大業親平僭偽一統萬方聖子神孫繼繼承承可謂盛矣不幸運厄陽九醜虜亂華靖康之禍有不忍言者國讐世恥自古無之記曰君父之讐不共戴天春秋譏不討賊以謂國無臣子齊襄復九世之讐仲尼賢之楚以六千里之國事讐荀卿罪之聖賢立言垂訓責後世之為君臣為子孫者可謂至矣恭惟太上皇帝躬堯舜至聖之德有禹文知子之明斷自宸衷以社稷

付之陛下聖意端有在焉陛下天資英武慨然以興復為念竊聞每
對群臣論天下事則曰當如創業時又曰當以馬上治之又曰某事
當俟恢復後為之臣比因宣名語及祖宗陵寢聖容惻然曰四十年
矣臣仰知陛下之心真夏少康商高宗周宣王漢光武之心也柰何
在位之臣不知忠孝大節不能仰副聖心之萬一復欲蹈昔日姦臣
之覆轍屈己以和仇讎之犬羊指祖宗中原之境土為虜人之土謂
不當取指祖宗中原之人民為虜之人民謂不當納又取秦隴已復
之故地無故而棄之以資寇讎以絕生靈歸附之望聞有說進取者
則羣嘲而衆咲之大臣唱之於上小臣和之於下并為一談牢不可
破自非陛下剛明果斷不惑群議則社稷大計其誰與謀有君無臣
真可以長太息也臣願陛下推誠盡孝終始如一言動之間不忘社
稷食息之頃必念祖宗側身脩行上以承天意興衰撥亂下以慰民

心任賢勿貳去邪勿疑以革前日圖任之失有善必賞有惡必罰以
振今日紀綱之弊乃下詔音戒飭有位無小無大咸懷忠良去私和附
之私心贊國家之大計陛下既率之以孝群臣咸應之以忠如是則
可以動天地通神明慰祖宗在天之靈無負太上皇付託之意矣中
原何患乎不復中興何待乎以日月冀耶
十朋又上疏曰臣恭惟陛下以英武之姿奮剛明之斷不惑群議任
用忠謀遣二將臣出征淮甸首平靈壁敗虜將蕭琦而降之又平虹
縣降蒲察徒穆大周仁歸附者以萬計又敗虜人于宿而得其州可
謂日百里以闢國月三捷以奏功矣授機而進勢如破竹恢復有期
神人交慶正勇者效力智者獻謀時也況臣誤蒙親擢為耳目之官
可無愚者一得之慮以裨廟謨雄斷之萬一乎臣竊謂王者仁義之
兵為弔伐而舉況中原本吾土地人民本吾赤子正宜諭之以恩信

先之以招納不得已而戰伐隨之臣慮諸將或不知此臨陣之際未
必無過有殺傷捷獲之後又未必無秋毫之犯恐傷陛下好生之德
失中原來蘇之望欲乞陛下密詔張浚深戒敕之昔李晟平長安李
愬入蔡國朝曹彬平金陵皆得王師弔伐之意宜諭諸將以此為法
庶幾富貴可以及子孫功名可以垂竹帛也又三虜將既降宜速加
封爵以勸來者昔沛公入關畱圍宛城陳恢說以莫若約降封其守
因使止守諸城未下者必聞聲爭開門而待之沛公從其言南陽守
齮降封為商侯封陳恢千戶引兵西無不下者今中原列城為虜守
者聞皆有離心非不欲降但未知吾所以待之者如何耳彼聞蕭琦
蒲察之徒降而受賞亦何憚而不來不然則其心愈疑而其守愈堅
矣今日之事正宜若沛公用陳恢策則可以不戰而屈人兵也臣又
聞汪澈被召已至中途未知誰攝其任臣謂宜令張浚并節制荊襄

庶得令出于一輕重不偏將士協心遠近同體緩急可以相聞勝負
可以相援况荊襄將士素懷浚恩德皇甫倜之徒尤服浚威名若使
浚兼制之則人必樂於用命矣又吴璘退師保蜀陛下亦宜以進取
事詔之且明諭以前日退保由建議者之失不惜為悔過語以慰將
士及三路人心令璘觀時度勢以圖進取如秦隴可復得宜即進兵
以相掎角以牽制虜人南牧之患如是則虜數處受敵救覆亡之不
暇縱未得其頭顱必將遠竄沙漠矣此數者皆今日之所甚急臣願
陛下與一二大臣速議如臣言可採乞賜施行今正是天以機會受
陛下時不可失也
十朋論用兵事宜劄子曰臣竊以今日之事有不可輕改者曰用人
有不可不決策者曰進蹕有不可不深慮者曰荊襄有不可不急治
者曰兵賦自古人君相與圖進取之討必有一定不易之規模知一

勝一負爲兵家常勢。故少勝不爲之喜。小敗不爲之沮。秦穆用孟明。三敗而後覇西戎。漢高爭天下。屢敗而後擒項羽。諸葛亮才兼文武而有馬謖街亭之敗。至於上表自劾。蜀主不廢之。卒能與吳魏抗衡。而功蓋三分之國。國朝范仲淹韓琦皆一代名臣。俱有材畧。其經略西夏也。而亦有任福三川之敗。仁祖不癈之。卒能臣元昊而安中國。此皆規模素定於胸次。故能收異日之大功。臣聞前日淮甸之師。一月三捷。宿州不利。蓋亦兵家勝負常勢也。異議者遂從而搖撼將帥之臣。且謂大將不還。以貽聖慮。今李顯忠邵宏淵及諸統制軍馬已回濠泗矣。亦足見小人幸災樂禍。扇爲浮言。務在中傷。不可不察也。恭聞陛下遣中使給御札慰安張浚。撫勞將士。仍放顯忠等罪。憫其血戰之勞。而赦其一眚之愆。真得前古帝王御將之道矣。然外議洶洶謂陛下宣召楊存中。欲用爲主帥。臣竊料聖意必不然。然當人情

紛擾之際。不能無市虎之惑。既而聞之。初欲除荊襄宣撫。又改御營使。及聞邊鄙稍寧。其議遂寢。疑者雖稍息。而不能無慮焉。存中爲將罔功。天下皆知之。黷貨無厭。交結中外。爵位已極。而求進不已。彼其心但幸國家之有禍。遂欲投隙而進。亦何求而不得耶。御營使不已。必將有大於此者。命令一出。必失軍民之心。使江淮荊襄隴蜀將士聞之。必致解體。且謂朝廷曰王師小衄而遽欲變易大帥。非所以安人情威戎虜也。臣所謂不能無患者在此。建炎紹興間。太上皇巡幸。止用宰相樞密爲御營使。李綱朱勝非等嘗爲之。陛下將爲視師之舉。宜遵用故事。以兩府大臣兼之足矣。朝廷雖乏才。其可以此輕屢存中華耶。此事尤在聖心素定。不可變易於倉卒之間。此臣所謂不可輕改者。曰用人也。臣聞天下之勢。不在國之強弱。而在氣之如何。氣振則轉弱而爲強。氣喪則變強而爲弱。服至強。而懼則慄。氣餒之

也。雖至弱。而怒則衝。氣激之也。景德間。契丹舉國南寇。王欽若請幸金陵。陳堯叟請幸蜀以避其鋭。真宗以問寇準。準曰。誰爲陛下畫此策者。罪可斬也。今胡虜近迫。四方危心。當勵衆禦敵。以衛社稷。惟當進尺。不可退寸。柰何欲委棄宗廟。遠之楚蜀。鑾輿回轉一步。則萬衆雲散。四方瓦解。楚蜀尚可至耶。真宗善其計。乃幸澶淵。將士鼓勇。射殺撻覽。虜衆遂退。此作氣以破敵。轉弱而爲強之尤大者也。前年太上皇下親征之詔。爲建康之幸。作士氣以走胡騎。蓋得策矣。惜乎議者不建遠大之計。而遽回臨安也。陛下前日下詔視師。中外鼓舞。秋涼進發。或者猶以爲遲。今王師退保濠泗。督府遠在盱眙。陛下宜速進蹕。以幸建康。居六朝帝王之宅。據東南形勢之勝。可以援吳蜀。可以控四方。可以遠海道之虞。可以壯淮甸之勢。四方聞之。孰不增氣。至若百司之衆。在今宜省。犒勞之費。比舊宜節。庶幾萬騎易動。如聖

訓。所謂當如創業時。此臣所謂不可不決策者。曰進蹕也。臣聞荊襄居天下形勢之中。乃古今必爭之地。萬一虜人乘虛而入。使川陝隔絕。則東南之勢孤矣。近聞朝廷既罷汪澈。命張浚兼都督之。使令出於一。固已得策。又用王彥知襄陽。議者以爲得人。又聞以彥節制趙撙。則或以爲不可。撙久在荊襄。得士卒心。彥自外來。遽令受其節制。恐武臣氣不相下。或生釁端。兼張浚在淮。去荊襄遠甚。或有機會。恐闕報失期。臣謂宜於前兩府侍從中擇一重臣威名稍著者。以爲宣撫。既以浚督之。又以重臣制之。使彥與撙輩各當一面。則荊襄可以無虞矣。今朝廷知備淮甸而遠荊襄。此臣所謂不可不深慮者此也。今國家大則爲進取之圖。次則爲守禦之計。然議論及兵。則其言必怯者。以其所乏者兵與財也。則兵不可以不招。財不可以不理。竊聞西北歸附之民。其有可以爲兵者衆。督府及諸將不敢多募之者。懼

國家有養之之費也。然今日之勢有不得不招軍。命張浚諭江淮荆襄諸將招其可用者而籍之。犬其無用者而民之。縱未至多。亦可補塡折傷之額。又東南之民。亦有可用者。如江西福建及台之仙居婺之東陽諸處。其人皆健而善鬬。往往曹聚於茶商塩賈間。可令守帥之臣。重其直以招之。必有應募者。廣海諸寇有就招安者。可從而籍之。州縣有犯茶塩禁者。貸其罪而兵之。亦可以少補軍籍也。至如財者。臣以為生之。亦如節之。今國家比天下全盛太平無事時非不節約。比祖宗創業艱難時。則可省非一也。乾德開寶間宮人不滿二百。猶以為多。左右內臣止有五十餘員。止令掌宮掖。未嘗干預政事。宮殿內帷。掛青布緣簾緋絹帳紫紬褥。今宮人之數內臣之員。豈能盡如藝祖時乎。臣前日嘗奏欲聖躬親率之者。蓋欲以藝祖為法也。近日臺諫所議裁減。雖日計不足。而歲計有餘。亦不為無補。然奏已上

而未行者。豈以衆怨所在。而朝廷不敢當耶。今疆埸未靜。上下同憂。權宜裁減。以紓國用。臺諫既以身任怨。大臣何避之有。至如理財之術。莫如遴選板曹。臣前日與諫臣共留趙子潚者。誠以今日理財之臣。未必賢於子潚也。似聞海寇稍息。才若別擇代者。而還子潚。不唯可以理財。如旦夕車駕進發。輦轂之下。謀議之寄。議者謂非子潚不可也。此臣所謂不可不急治者此也。臣所陳四事。願陛下付大臣議之。如有可採。乞賜施行。

陳亮上五論曰。臣聞治國有大體。謀敵有大略。立大體而後紀綱正。定大略而後機變行。此不易之道也。仰惟陛下以睿聖神武之資。充碩大光明之學。留神政事。屬志恢復。罔敢自暇自逸。而大欲未遂。大業未濟。意者大體之未正。而大略之未定歟。臣嘗為陛下有憂於此矣。常欲輸肝膽。効情素。上書於北闕之下。又念世俗道薄。獻言之人。

動必有覬。心雖不然。跡或近似。相師成風。誰能不疑。既已疑矣。安能察其言而明其心。此臣之所大懼而卒以自沮也。今年春隨試禮部。僥倖一中。庶幾俯伏殿陛。畢寫區區之忠。以徹天聽。有司以為不肖。竟從黜落。不得進望清光。以遂昔願。壹手東歸杜門求志。曰以為功名之在人。猶在己也。懷愚負計。而不以裨上之萬一。是忘世也。有君如此。而忠言之不進。是匿情也已。無他心而防人之疑。是自信不篤也。故書其中興論一十八百餘言。大體大略。於斯見矣。并論開誠執要勵臣正體之道合五篇。上干天聽。惟陛下寬其萬死。不以為草茅之言。而留神財幸。是天下社稷之福也。於臣何有。

其一論中興曰。臣竊惟海內塗炭。四十餘載矣。赤子嗸嗸無告。不可以不拯。國家憑陵之恥。不可以不雪。陵寢不可以不還。輿地不可以不復。此三尺童子之所共知。曩獨畏其強耳。韓信有言。能反

其道其強易弱。況今虜酋庸懦。政令日弛。捨戎狄鞍馬之長。而從事中州浮靡之習。君臣之間日趨怠惰。自古夷狄之強。未有四五十年而無變者。稽之天時。揆之人事。當不遠矣。不於此時早為之圖。縱有他變。何以乘之。萬一虜人懲創。更立令主。不然。豪傑並起。業歸他姓。則南北之患方始。又況南渡已久。中原父老日以殂謝。生長於戎。豈知有我。昔宋文帝欲取河南故地。魏大武以為我自生髮未燥。即知河南是我境土。安得為南朝故地。故文帝既得而復失之。河北諸鎮。終唐之世。以奉賊為忠義。狃於其習。而時被其恩。力與上國為敵。而不自知其為逆。過此以往而不能恢復。則中原之民。烏知我之為誰。縱有倍力。功未必半。以俚俗諭之。父祖質產於人。子孫不能繼贖。更數十年。時事一變。皆自陳於官。認為故產。吾安得言質而復取之。則今日之事可得而更緩乎。陛下以神

武之資憂勤側席慨然有平一天下之志固已不惑於羣議矣然
猶患人心之不同天時之未順賢者私憂而姦者竊笑是何也不
思所以反其道故也誠反其道則政化行政化行則人心同人心
同則天時順天不遠人人不自反耳今宜清中書之務以立大計
重六卿之權以總大綱任賢使能以清官曹尊老慈幼以厚風俗
減進士以列選能之科革任子以崇薦舉之實多置臺諫以肅朝
綱精擇監司以清郡邑簡法重令以澄其源崇禮立制以齊其習
立綱目以節浮費示先務以斥虛文嚴政條以核名實懲吏姦以
明賞罰時簡外郡之卒以充禁旅之數調度總司之贏以佐軍旅
之儲擇守令以滋戶口戶口繁而財自阜乘將佐以立軍政軍政
明而兵自強置大帥以總邊陲委之專而邊陲之利自興任文武
以分邊郡付之久而邊郡之守自固右武事以振國家之勢來敵

言以作天下之氣措間諜以得虜人之情據形勢以動中原之心
不出數月紀綱自定以及兩稔內外自實人心自同天時自順有
所不往一往而民自歸何者耳同聽而心同服有所不動一動而
敵自鬭何者形同趨而勢同利中興之功可蹻足而須也夫攻守
之道必有奇變形之而敵必從衡之而敵莫救禁之而敵不敢動
乘之而敵不知所往故我常專而敵常分敵有窮而我常無窮也
夫奇變之道雖本乎人謀而常因乎地形一縱一橫或長或短緩
急之相形盈虛之相傾此人謀之所措而奇變之所寓也今東西
彌亘綿數千里如長蛇之橫道地形適等無所參錯攻守之道無
他奇變今朝廷鑒守江之弊大城兩淮慮非不深也能保吾城之
卒守乎故不若為術以乘其所之至論進取之道必先東舉齊西
舉秦則大河之南長淮以北固吾腹中物齊秦誠天下之兩臂也

奈虜人以為天設之險而固守之乎故必有批亢擣虛形格勢禁
之道竊嘗觀天下之大勢矣襄漢者敵人之所緩今日之所當有
事也控引京洛側睨淮蔡包括荊楚襟帶吳蜀沃野千里可耕可
守地形四通可左可右今誠命一重臣德望素著謀謨明審者鎮
撫荊襄輯和軍民開布大信不爭小利謹擇守宰省刑薄斂進城
要險大建屯田荊楚奇才劍客自昔称雄徐行召募以實軍籍民
俗剽悍聽於農隙時講武藝襄陽既為重鎮而均隨信陽及光一
切用藝祖委任邊將之法給以州兵而更使自募與以州賦而縱
其自用使之養士足以得死力用間足以得敵情兵雖少而衆建
其助官雖輕而重假其權列城相援比鄰相和養銳以伺觸機而
發一旦狂虜玩故習常來犯江淮則荊襄之師率諸軍進討襲有
唐鄧諸州見兵於潁蔡之閒示必截其後因命諸州轉城進築如

三受降城法依吳軍故城為蔡州使唐鄧相距各二百里並桐柏
山以為固揚兵擣壘增陂深塹括集土豪千家一堡興雜耕之利
為久駐之基敵來則嬰城固守出奇制變敵去則列城相應首尾
如一精間探明斥堠諸軍進屯光黃安隨襄郢之間前為諸州之
援後依屯田之利朝廷徙都建業築行宮於武昌大駕時一巡幸
虜知吾意在京洛則京洛陳許汝鄭之備當日增而東西之勢分
矣東西之勢分則齊秦之閒可乘矣四川之帥親率大軍以持鳳
翔之虜別命驍將出祁山以截隴右偏將由子午以窺長安金房
開達之師入武關以鎮三輔則秦地可謀矣命山東之歸正者往
說豪傑陰為內應舟師由海道以擣其脊彼方支吾奔走而大軍
兩道並進以戡其胸則齊地可謀矣吾雖示形於唐鄧上蔡而不
再謀進坐為東西形援勢如猿臂彼將愈疑吾之有意京洛特持

重以示不進則京洛之備愈專而吾必得志於齊蔡矣撫定齊蔡則京洛將安往哉此所謂批亢擣虛形格勢禁之道也就使吾未為東西之舉彼必不敢離京洛而輕犯江淮亦可謂乘其所之也又使其合力以壓唐蔡則淮西之師起而禁其東金房開達之師起而禁其西變化形敵多方牽制而權始在我矣然荊襄之師必得純意於國家而無貪功生事之心者而後付之平居無事則欲開布誠信以攻敵心一旦進取則欲見便擇利而止以禁敵勢東西之師有功則欲制馭諸將持重不進以分敵形此非陸抗羊祜之徒孰能為之夫伐國大事也昔人以為譬拔小兒之齒必以漸搖撼之一拔得齒必且損兒今欲竭東南之力成大舉之勢臣恐進取未必得志得地未必能守邂逅不如意則吾之根本撼矣此豈謀國萬全之道臣故曰攻守之間必有奇變臣謏人也何足

以明天下之大計姑疏愚慮之崖略曰中興論惟陛下裁幸

其二論開誠曰臣嘗觀自古大有為之君慷慨果敢而示之以必為之意明白洞達而開之以無隱之誠故天下雄偉英豪之士聲從響應雲蒸霧集爭以其所長自効而不敢萌欺罔之心截然各職其職而不敢生不滿之念故所欲而獲所為而成而卓乎其不可及也仰惟陛下英睿神武出於天縱嗣承大統于今八年天下咸知其為真英主矣而所欲未獲所為未成雖臣亦為陛下疑之也夫慷慨果敢陛下固示之以必為之意矣而天下之氣索然而不吾應或者明白洞達開之以無隱之誠者容有未至乎夫任人之道非必每事疑之而後非無隱之誠也心知其不足任而姑使之以充吾位使之既久而姑遷之以慰其心身尊位大而大責或不必任職親地密而密議或不得聞聽其言與之以位而不責其實責其實迫之以目前而不待其成陛下自度任人之際頗亦有近於此者乎如或近之則非所謂明白洞達開之以無隱之誠也故天下懦庸委瑣之人得以自容而無嫌而狂斐妄誕之流得以肆言而無忌中實無能而外為欺罔位實非稱而意輒不滿平居則何官不可為緩急則何人不退縮是宜陛下當宁而嘆天下人才無一之可用而謂書生誠不足以有為則非陛下之過也天下之士有以致之耳雖然何世不生才何才不資世天下雄偉英豪之士未嘗不延頸待用而每視人主之心為如何使人主虛心以待之推誠以用之雖不必高爵重祿而可使之死況於其中之計謀乎人主而有矜天下之心則雖高爵重祿日陳于前而雄偉英豪之士有窮餓而死爾義有所不屑於此也夫天下之可以爵位誘者皆非所謂雄偉英豪之士也陛下勿以其可以爵位誘奴使

而婢呼之天下固有雄偉英豪之士懼陛下誠心之不至而未來也臣願陛下虛懷易慮開心見誠疑則勿用用則勿疑與其位勿奪其職任以事勿間以言大臣必使之當大責近臣必使之與密議才不堪此不以其易制而姑留才止於此不以其久次而姑遷言必責其實實必要其成君臣之間相與如一體明白洞達豁然無隱而猶不得雄偉英豪之士以共濟大業則陛下可以斥天下之士而不與之共斯世矣不然臣恐孤陛下必為之心沮天下願為之志兩相求而不相值也以陛下英睿神武之資視古之賢者無所不及而有過之者而其效乃爾此臣所以區區愛君之心不能自已而輒獻其愚忠惟陛下裁幸

其三論執要曰臣竊惟陛下自踐阼以來親事法宮之中明見萬里之外發一政用一人無非出於獨斷下至朝廷之小臣郡縣之

瑣政。一切上勞聖慮。雖陛下聰明天縱。不憚勞苦。而臣竊以為人主之職。本在於辨邪正。專委任。明政之大體。總權之大綱。而屑屑焉一事之必親。臣恐天下有以妄議陛下之好詳也。自祖宗以來。軍國大事。三省議定。面奏獲旨。差除。即以熟狀進入。獲可。始下中書造命。門下審讀。有未當者。在中書則舍人封繳之。在門下則給事封駁之。始過尚書奉行。有未當者。侍從論思之。臺諫劾舉之。此所以立政之大體。總權之大綱。端拱於上。而天下自治。用此道也。今朝廷有一政事。而多出於御批。有一委任。而多出於特旨。使政事而皆善。委任而皆當。固足以彰陛下之聖德。而猶不免好詳之名。萬一不然。而徒使宰輔之避事者。得用以藉口。此臣愛君之心所不能以自已也。臣願陛下操其要於上。而分其詳於下。凡一政事。一委任。必使三省審議。取旨不降御批。不出特旨。一切用祖宗

上下相維之法。使權固在我。不蹈曩日專權之患。而怨有所歸。無代大臣受怨之失。此臣所以為陛下願之也。臣聞之故老言。仁宗朝有勸仁宗以收攬權柄。凡事皆從中出。勿令人臣弄威福。仁宗曰。卿言固善。然措置天下事。正不欲專從朕出。若自朕出。皆是。則可。有一不然。難以遽改。不若付之公議。令宰相行之。行之而天下不以為便。則臺諫公言其失。改之為易。大哉王言。此百世人主之所當法。而況於聖子神孫乎。史之稱光武曰。明謹政體。總攬權綱。政體者。政之大體也。權綱者。權之大綱也。臣願陛下立政之大體。總權之大綱。辨邪正。專委任。以宰天下。得操要之實。而鑒好詳之弊。則天下雄偉英豪之士。必有能奮然出力以辨今日之事者矣。臣不勝大願。

其四論勵臣曰。臣聞上下同心。君臣戮力。事無不濟。上下相蒙。君臣異志者。功無不隳。春秋之時。晉伐楚。三合不止。大夫請擊之。莊王曰。先君之時。晉不伐楚。及孤之身。而晉伐楚。是寡人之過也。如何其辱諸大夫也。大夫曰。先君之時。晉不伐楚。及臣之身。而晉伐楚。是臣之罪也。請擊之。莊王俛泣而起拜。晉師聞而夜還。越王求成於吳而歸。抱柱而哭。承之以淚。群臣聞之曰。君王何愁心之甚也。夫復讎謀敵。非君王之獨憂。乃臣下之急務也。其後越父兄請報恥。越王曰。昔者我辱也。非二三子之罪也。寡人何敢勞國人以塞吾讎。父兄曰。四封之內。盡吾君子。子報父仇。誰敢不力。越王卒用以滅吳。區區楚越。有臣如此。而謂堂堂大國。反無君憂臣辱臣死之義乎。今陛下慨念國家之恥。勵復讎之志。夙夜為謀。捐時伺隙。而群臣邈焉不知所急。毛舉細事。以亂大謀。甚者偷惰苟且。習以成風。陛下數降詔以切責之。厲天威以臨之。而養安如故。無復

趨事赴功。念讎報恥之心。豈群臣樂於負陛下哉。亦玩故習常。勢流於此而不自知也。臣願陛下慨然興懷。不御正殿。減膳徹樂。夕惕若厲。立群臣而語之曰。朕承太上皇帝付託之重。念國家之深恥。志在復讎。八年于茲。若涉淵冰。未知攸濟。而群臣玩故養安。無肯戮力。是朕不明不德。不足以承大寶。圖大業。其何顏以臨於王公民士之上。況敢即安以自取辱。群臣震懼。頓首請罪。然後徐諭之曰。朕固未敢即安。群臣猶以朕可與有為。其各共厥職。勉趨厥事。上率其下。下勉其上。自度其力之不逮者。無尸厥官。朕將明賞罰以厲其後。自今以往。群臣咸為朕思。所以畏天愛民。求賢發政。富國強兵。復讎謀敵之道。無以小事塞責。無以小謀亂大。相與熟講。惟新之政。使內外有序。則朕即安之日。陛下惕然側席。圖濟大業。而群臣不能惕然承意竭力。以報其上。是人而禽獸者也。誅之

殺之。何所不可。誠使上下同心。君臣戮力。則何事之不濟哉。

其五論正體曰。臣聞君以仁為體。臣以忠為體。徧覆包含。如天地之大仁也。公家之事。知無不為。忠也。故君行恩。而臣行令。慶曆間杜衍輔政。遇有內降。輙封還之。仁宗以杜衍不可告之而止者。又多於所封還。治平初。任守忠離間兩宮。韓琦乘間開悟上心。斥之遠方。仍放謝辭。即日押出國門。君當其善。臣當其怨。君臣之體也。澶淵之役。自寇準而下。均欲追戰。章聖皇帝獨惻然許和。及其議歲幣也。章聖不欲深較。而準戒曹利用以不得過三十萬。天聖初。契丹借兵伐高麗。明肅太后徼許其使。呂夷簡堅以為不可而塞之。其後劉六符來求割地。夷簡召至殿廬。以言折之。君任其美。臣任其責。君臣之體也。今則不然。陛下銳意於有為。不顧浮議。而群臣持祿固位。多務收恩。陛下慨然立計。不屈醜虜。而群臣動欲隨順。圖塞谿壑。使陛下孤立以主大計。群臣安坐而竊美名。是尚為得君臣之體乎。臣願陛下攬大柄。端已責成。畏天愛民。以德自護。明詔大臣。使當大任。不憚小怨。不辭大艱。使天下戴陛下之恩。而嚴大臣之執守。敵人服陛下之德。而憚大臣之忠果。則何事之不濟。何功之不成。此祖宗養人心以行德義。正君臣之體。而為百世不易之家法也。故願陛下仰法祖宗。而大臣以寇準呂夷簡杜衍韓琦為法。天下有不足為者矣。

亮又上書曰。臣竊惟中國。天地之正氣也。天命之所鍾也。人心之所會也。衣冠禮樂之所萃也。百代帝王之所以相承也。豈天地之外夷狄邪氣之所可奸哉。不幸而能奸之。至於挈中國衣冠禮樂而寓之偏方。雖天命人心猶有所繫。然豈以是為可久安而無事也。使其君臣上下苟一朝之安。而息心於一隅。凡其志慮之所經營。一切置中國於度外。如元氣偏注一肢。其他肢體往往萎枯而不自覺矣。則其所謂一肢者。又何恃而能久存哉。天地之正氣。鬱遏於腥羶而久不得騁。必將有所發泄。而天命人心。固非偏方之所可久繫也。東晉自元帝息心於一隅。而胡羯鮮卑氐羌迭起中國。中國無歲不尋干戈。而江左卒亦不得一日寧。然淵勒遂無遺種。而愍懷之痛。猶有所諉以自安也。晉之植根本無可言者。而江左諸臣若祖逖周訪陶侃庾翼之徒。皆有虎視河洛之意。而桓溫之師。西至灞上。東至枋頭。又於其間脩陵寢於洛陽。蓋猶未盡置中國於度外也。故劉裕竟能一平河洛。而後晉亡。百年之間。其事既已如此。而天地之正氣。固將有所發泄矣。元魏起而承之。孝文遂定都洛陽。以修中國之衣冠禮樂。而江左衣冠禮樂之舊。非復天命人心之所繫矣。是以一天下者。卒在西北。而不在東南。天人之際。豈不甚可畏哉。一日之苟安。數百年之大禍也。恭惟我國家二百年太平之基。三代之所無也。二聖北狩之痛。漢唐之所未有也。

堂堂中國。而蠢爾醜虜。安坐而據之。以二帝三王之所都。而為五十年犬羊之淵藪。國家之恥不得雪。臣子之憤不得伸。天地之正氣不得而發泄也。方南渡之初。君臣上下。痛心疾首。誓不與虜俱生。卒能以奔敗之餘。而勝百戰之虜。及秦檜倡邪議以沮之。忠臣義士斥死南方。而天下之氣惰矣。三十年之餘。雖西北流寓。皆抱孫長息於東南。而君父之大讎。一切不復關念。自非逆亮送死淮南。亦不知兵戈之為何事也。況望其憤中國之腥羶。而相率北向以發一矢哉。丙午丁未之變。距今尚以為遠。而靖康皇帝之禍。蓋陛下即位之前一年也。獨陛下奮不自顧。志在殲虜。而天下之人。安然如無事。時方口議腹非。以陛下為喜功名而不恤後患。雖陛下亦不能以崇高之勢。而獨勝之。隱忍以至于今。又十有七年矣。昔者春秋之時。君臣父子相戕殺之禍。舉一世皆安之。而孔子獨以為三綱既絕。則人道遂為禽獸夷狄皇皇奔走義不能以一朝安然卒於無所寓而發其志於春秋之書猶能以懼亂臣賊子今者舉一世而忘君父之大讎此豈人道之所可安乎使學者知學孔子當迫陛下以有為決不沮陛下以苟安也南師之不出於今幾年矣河洛腥羶而天地之正氣抑欝而不得泄豈以堂堂中國而五十年之間無一豪傑之能自奮哉其勢必有時而發泄矣苟國家不能起而承之必將有承之者矣不可恃衣冠禮樂之舊祖宗積累之深以為天命人心可以安坐而久繫也皇天無親惟德是輔民心無常惟惠之懷自三代聖人皆知其為甚可畏也春秋之末齊晉秦楚皆衰諸侯往往困於陪臣而不自振當此之時雖如魯衛之邦苟能舉大義以正諸侯則天下可以一指麾而定也孔子惓惓斯世而卒莫能用吳越起於蠻夷之小邦而舉兵以臨齊晉如履無人之地遂伯諸侯黃池之會孔子之所甚痛也天地

之氣發泄於蠻夷之小邦可以明中國之無人矣王通有言夷狄之德黎民懷之三才其捨諸此今世儒者之所未講也今醜虜之植根既久不可以一舉而遂滅國家之大勢未張不可以一朝而大舉而人情皆便於通和者勸陛下積財養兵以待時也臣以為通和者所以成上下之苟安而為妄庸兩售之地宜其為人情之所甚便也自和好之成十有餘年凡今日之指畫方略者他日將用之以坐籌也今日之擊毬射鵰者他日將用之以決勝也府庫充滿無非財也介冑鮮明無非兵也使兵端一開則其跡敗矣何者人才以用而見其能否安坐而能者不足恃也兵食以用而見其盈虛安坐而盈者不足恃也而朝廷方幸一旦之無事庸愚齷齪之人皆得以守格令行文書以奉陛下之使令而陛下亦幸其易制而無他也徒使度外之士擯棄而不得騁日月蹉跎而老將至矣臣故曰通和者所以成上

下之苟安而為妄庸兩售之地也東晉百年之間未嘗與虜通和也故其臣東西馳騁而多可用之才今和好一不通而朝野之論常如虜兵之在境惟恐其不得和也雖陛下亦不得不和矣昔者虜人草居野處往來無常能使人不知所備而兵無日不可出也今也城郭宮室政教號令一切不異於中國點兵聚糧文移往返動涉歲月一方有警三邊搔動此豈能歲出師以擾我乎是固不知勢者之論也然使朝野常如虜兵之在境乃國家之福而英雄所用以爭天下之機也執事者胡為速和以惰其心乎晉楚之戰於邲也欒書以為楚自克庸以來其君無日不討國人而訓之于民生之不易禍至之無日戒懼之不可以怠在軍無日不討軍實而申儆之于勝之不可保紂之百克而卒無後晉楚之弭兵於宋也子罕以為兵所以威不軌而昭文德也聖人以興亂人以廢廢興存亡昏明之術皆兵之由也

而求去之是以誣道蔽諸侯也夫人心之不可惰兵之不可廢故雖成康之太平猶有所謂四征不庭張皇六師者此李沆之所以深不願真宗皇帝之與虜和親也況南北角立之時而廢兵以惰人心使之安於忘君父之大讎而置中國於度外徒以便妄庸之人則執事者之失策亦甚矣陛下何不明大義而慨然與虜絕也貶損乘輿却御正殿痛自克責誓必復讎以勵群臣以振天下之氣以動中原之心雖未出兵而人心不敢惰矣東西馳騁而人才出矣盈虛相補而兵食見矣狂妄之辭不攻而自息懦庸之夫不却而自退縮矣當有度外之士起而惟陛下之所欲用矣是雲合響應之勢而非可安坐而致也臣請為陛下陳國家立國之本末而開今日大有為之略論天下形勢之消長而決今日大有為之機伏惟陛下試垂聽之唐自肅代以後上失其柄而藩鎮自相雄長擅其土地人民用其甲兵財

賦官爵惟其所命而人才亦各盡心於其所事卒以成君弱臣強正統數易之禍藝祖皇帝一興而四方次第而平藩鎮拱手以趨約束使列郡各得自達於京師以京官權知三年一易財歸於漕司而兵各歸於郡朝廷以一紙下郡國如臂之使指無有留難自管庫微職必命於朝廷而天下之勢一矣故京師常宿重兵以為固而郡國亦各有禁軍無非天子所以自守其地也兵皆天子之兵財皆天子之財官皆天子之官民皆天子之民綱紀總攝法令明備郡縣不得以一事自專也士以尺度而取官以資格而進不求度外之奇才不慕絕世之偉功天子蚤夜憂勤於其上以禮義廉恥嬰士大夫之心以仁義公恕厚斯民之生舉天下皆由於規矩準繩之中而二百年太平之基從此而立然夷狄遂得以猖狂恣睢與中國抗衡儼然為南北兩朝而頭目手足混然無別微澶淵一戰則中國之勢浸微根本

雖厚而不可立矣故慶曆增幣之事富弼以為朝廷之大恥而終身不敢自論其勞蓋夷狄征令是主上之操也天子供貢是臣下之禮也夷狄之所以卒勝中國者其積有漸也立國之初其勢固必至此故我祖宗常嚴廟堂而尊大臣寬郡縣而重守令於文法之內未嘗折困天下之富商巨室於格律之外有以容獎天下之英偉奇傑皆所以助立國之勢而為不虞之備也慶曆諸臣亦嘗憤中國之勢不振矣而其大要則使群臣爭進其說更法易令而廟堂輕矣嚴按察之權邀功生事而郡縣又輕矣豈惟於立國之勢無所助又從而朘削之雖微章得象陳執中以排沮其事亦安得而不自沮哉獨其破去舊例以不次用人而勸農桑務寬大為有合於因革之宜而其大要已非矣此所以不能洗夷狄平視中國之恥而卒發神宗皇帝之大憤也王安石以正法度之說首合聖意而其實則欲籍天下之兵

盡歸於朝廷別行教閱以為強也括郡縣之利盡入於朝廷別行封椿以為富也青苗之政惟恐富民之不困也均輸之法惟恐商賈之不折也罪無大小動輒興獄而士大夫緘口畏事矣西北兩邊至使內臣經畫而豪傑恥於為役矣徒使神宗皇帝見兵財之數既多銳然南征北伐卒乖聖意而天下之勢實未嘗振也彼蓋不知朝廷立國之勢正患文為之太密事權之太分郡縣太輕而委瑣不足恃兵財太關於上而重遲不易舉祖宗惟用前四者以助其勢而安石竭之不遺餘力不知立國之本末者真不足以謀國也元祐紹聖一反一覆而卒為夷狄侵侮之資尚何望其振中國以威夷狄哉南渡以來大抵遵祖宗之舊雖微有因革增損不足為輕重有無如趙鼎諸臣固已不究變通之理而況秦檜盡取而沮毀之忍恥事讎飾太平於一隅以為欺其罪可勝誅哉陛下憤王業之屈於一隅勵志復讎

而不免籍天下之兵以為強括郡縣之利以為富加惠百姓而富人無五年之積不重征稅而大商無巨萬之藏國勢日以困竭臣恐尺籍之兵府庫之財不足以支一旦之用也陛下早朝晏罷以冀中興日月之功而以繩墨取人以文法莅事聖斷裁制中外而大臣充位胥吏坐行條令而百司逃責人才日以闒茸臣恐程文之士資格之官不足以當度外之用也藝祖皇帝經畫天下之大略太宗皇帝已不能盡用臣不敢盡具之紙墨今其遺意豈無望於陛下也陛下苟推原其意而行之可以開社稷數百年之基而況於復故物乎不然維持之具既窮臣恐祖宗之積累亦不足恃也陛下試令臣畢陳於前則今日大有為之略必知所處矣夫吳蜀天地之偏氣也錢塘又吳之一隅也當唐之衰而錢鏐以閭巷之雄起王其地自以不能獨立常朝事中國以為重及我宋受命俶以其家入京師而自獻其

土故錢塘終始五代被兵最少而二百年之間人物日以繁盛遂甲於東南及建炎紹興之間為六飛所駐之地當時論者固已疑其不足以張形勢而事恢復矣秦檜又從而備百司庶府以講禮樂於其中其風俗固已華靡士大夫又從而治園囿臺榭以樂其生於干戈之餘上下晏安而錢塘為樂國矣一隙之地本不足以容萬乘而鎮壓且五十年山川之氣蓋亦發泄而無餘矣故穀粟桑麻絲枲之利歲耗於一歲禽獸魚鱉草木之生日微於一日而上下不以為異也公卿將相大抵多江浙閩蜀之人而人才亦日以凡下場屋之士以十萬數而文墨小異已足以稱雄於其間矣陛下據錢塘已耗之氣用閩浙日衰之士而欲鼓東南習安脆弱之衆北向以爭中原臣是以知其難也荊襄之地在春秋時楚用以虎視齊晉而齊晉不能屈也及戰國之際獨能與秦爭帝其後三百餘年而光武起於南陽同

時共事往往多南陽故人又二百餘年遂為三國交據之地諸葛亮由此起輔先主荊楚之士從之如雲而漢氏賴以復存於蜀周瑜魯肅呂蒙陸遜陸抗鄧艾羊祜皆以其地顯名又百餘年而晉氏南渡荊雍常雄於東南而東南往往倚以為強梁竟以此代齊及其氣發泄無餘而隋唐以來遂為偏方下州五代之際高氏獨常臣事諸國本朝二百年之間降為荒落之邦北連許汝民居稀少土產庳薄人才之能通姓名於上國者如辰星之相望況至於建炎紹興之際群盜出沒於其間而被禍尤極以迄于今雖南北分畫交據往往又置於不足用民食無所從出而兵不可由此而進議者或以為憂而不知其勢之足用也其地雖要為偏方然未有偏方之氣五六百年而不發泄者況其東通吳會西連巴蜀南極湖湘北控關洛左右伸縮皆足為進取之機今誠能開墾其地洗濯其人以發泄其氣而用之

使足以接關洛之氣則可以爭衡於中國矣是亦形勢消長之常數也陛下慨然移都建業百司庶府皆從草創軍國之儀皆從簡略又作行宮於武昌以示不敢寧居之意常以江淮之師為虜人侵軼之備而精擇一人之沈鷙有謀開豁無他者委以荊襄之任寬其文法聽其廢置撫摩振厲於三數年之間則國家之勢成矣至於相時弛張以就形勢者又非書之所能盡載也石晉失盧龍一道以成開運之禍蓋丙午丁未歲也明年藝祖皇帝始從郭太祖征伐卒以平定天下其後契丹以甲辰敗於澶淵而丁未戊申之間真宗皇帝東封西祀以告太平蓋本朝極盛之時也又六十年而神宗皇帝實以丁未歲即位國家之事於是一變矣又六十年而丙午丁未遂為靖康之禍天獨啓陛下於是年而又啓陛下以北向復讎之志今者去丙午丁未近在十年間爾天道六十年一變陛下可不有以應其變乎

此誠今日大有為之機不可苟安以玩歲月也臣不佞自少有驅馳四方之志常欲求天下豪傑之士而與之論今日之大計蓋嘗數至行都而人物如林其論皆不足以起人意臣是以知陛下大有為之志孤矣辛卯壬辰之間始退而窮天地造化之初攷古今沿革之變以推極皇帝王伯之道而得漢魏晉唐長短之由天人之際昭昭然可察而知也始悟今世之儒士自以為得正心誠意之學者皆風痺不知痛癢之人也舉一世安於君父之讎而方低頭拱手以談性命不知何者謂之性命乎陛下接之而不任以事臣於是服陛下之仁又悟今世之才臣自以為得富國強兵之術者皆狂惑以肆叫呼之人也不以暇時講究立國之本末而方揚眉伸氣以論富強不知何者謂之富強乎陛下察之而不敢盡用臣於是服陛下之明陛下厲志復讎足以對天命篤於仁愛足以結民心而又仁明足以臨照群

臣一偏之論此百代之英主也今乃驅委庸人籠絡小儒以遷延大有為之歲月臣不勝憤悱是以忘其賤而獻其愚陛下誠令臣畢陳於前豈惟臣區區之願將天地之神祖宗之靈實與聞之干冒天威罪當萬死

亮又上書曰臣嘗嘆西周之末犬戎之禍蓋天地之大變國家之深恥臣子之至痛也平王東遷以來使其痛内切於心必將曰臣子之憤藉晉鄭之勢以告哀於天下之諸侯以大義責其興師以獎王室其不至者天下共誅之則可以掃蕩犬戎洗國家之恥而舒臣子之憤矣然後正紀綱備法度覲魯衛以和柔中國命齊晉為方伯以糾合天下之諸侯文武之迹可尋東周之業可興也今乃即安於洛邑雖周民賴以粗安宗祀賴以不絕然使其臣子忘君父之大讎而置天下之諸侯於度外周之名號雖存而其實則眇然一列國耳當平

王在位之時世之君子尚意其猶有待也及待之四十九年而士君子之望亦衰矣天子之命令不足以御諸侯則其互相吞滅蓋其勢之所必至也天下不明於復讎之義則其君臣父子相賊殺習以為常而不之怪也孔子傷宗周之無主痛人道之將絕而作春秋其書天王之義嚴矣書其出入之地者示天王不可置中國於度外也書其有所求者明天王之不可失其柄也其書討賊之義嚴矣賊不討不書葬者明一國之無臣子也一人討賊而以衆書者示夫人之皆可得而討也天子既不能以保天下之民而一國各自有其民其君之有志於民而閔兩者必書無志於民而不閔兩者必書土功必書飢饉必書孔子之心未嘗不庶幾天下之民一日之獲瘳也是君道之大端而聖人望天下與來世者可謂深切著明矣臣恭惟皇帝陛下屬志復讎不肯即安於一隅是有大功於社稷也而天下之經生學士講先王之道者反不足以明陛下之心陛下篤意恤民每遇水旱憂見顏色是有大德於天下也而天下之才臣智士趨當世之務者又不足以明陛下之義論恢復則曰脩德待時論富強則曰節用愛人論治則曰正心論事則曰守法君以從諫務學為美臣以識心見性為賢論安言計動引聖人舉一世謂之正論而經生學士合為一辭以摩切陛下者也夫豈知安一隅之地則不足以承天命忘君父之讎則不足以立人道民窮兵疲而事不可已者不可以常理論消息盈虛而與時偕行者不可以常法拘為天下之正論而不足以明天下之大義宜其取輕於陛下也論恢復則曰精閒諜結豪望論富強則曰廣召募括隱漏論治則曰立志論事則曰從權君以駕馭籠絡為明臣以奮勵驅馳為寂察事見情自許豪傑舉一世謂之奇論而才臣智士合為一辭以撼動陛下者也夫豈知坐錢塘浮侈之

隅以圖中原則非其地用東南習安之衆以行進取則非其人財止於府庫則不足以通天下之有無兵止於尺籍則不足以兼天下之勇怯為天下之奇論而無取於辦天下之大計此所以取疑於陛下者也三光五嶽之氣分而人才之高者止於如此經生學士既揆之以大義而取輕才臣智士又權之以大計而取疑陛下始不知所伏而有獨運四海之意矣故左右親信之臣又得以窺意嚮而效忠款陛下喜其順指如意而士大夫亦喜其有言之易達也是以附會之風浸長而陛下之大權移矣尋常無過之人安然坐廟堂而奉使令陛下幸其苟安而無事也是以遷延之計遂行而陛下大有為之志乖矣陛下勵志復讎有大功於社稷篤意恤民有大德於天下而卒不免籠絡小儒驅委庸人以遷延大有為之歲月此臣之所以不勝忠憤而齋沐裁書擇今者丁巳而獻

之闕下。獲得望見顏色。陳國家立國之本末。而開大有為之略。論天下形勢之消長。而決大有為之機。務合於藝祖皇帝。經畫天下之本意。然八日待命。而未有聞焉。夫匹夫匹婦未獲自盡。民主罔與成厥功。使天下之言者越月踰時而後得報。在安平無事之時。猶且不可。今者當陛下大有為之際。陳天下之大義。獻天下之大計。而八日不得命焉。臣恐天下之豪傑得以測陛下之意向。而雲合響應之勢。不得而成矣。陛下積財養兵。志在滅虜。而不免與之通和以俟時。固已不足以動天下之心矣。故既和而聚財。人反以為厲民。既和而練兵。人反以為動眾。舉足造事。皆足以致人之疑。議者惟其不明大義以示之。而後大計不可得而立也。苟又無意於臣之言。則天下愈不知所向矣。張浚始終任事。竟無一功可論。而天下之童兒婦女不謀同辭。皆以為社稷之臣。彼其誓不與虜俱生。者敗而不折者。誠有以合於

天人之心也。秦檜專權二十餘年。東南賴以無事。而天下之童兒婦女不謀同辭。皆以為國之賊。彼其忘君父之讎。而置中國於度外者。其違天人之心亦甚矣。陛下將以辦天下之大計。而大義未足以震動天下。亦執事者之所當發正而預計也。臣區區之心。皆已具之前書。惟陛下財幸。

亮又上書曰。臣竊惟藝祖皇帝經畫天下之大略。蓋將上承周漢之治。太宗皇帝一切律之於規矩準繩之內。以立百五六十年太平之基。至於今日而不思所以變而通之。則維持之具窮矣。舉江浙閩廣之士。亡慮十四五萬數。蜀不與焉。而齷齪拘攣日甚於一日。選人之在銓者。殆以萬計。而僥倖之源未有窮已。財用之入。倍於承平之時。而費於養兵者十之九。兵不足用。而民日以困。非必道微俗薄而至此也。蓋本朝維持之具。二百年之餘。其勢固必至此。藝祖皇帝固已逆知之矣。使天下安平無事。猶將望陛下變而通之。而況版輿之地。半入於夷狄。國家之恥未雪。臣子之痛未伸。天錫陛下以非常之智勇。而又啓陛下以北向復讎之志。乃欲因今之勢而有為焉。此所以十又七年之間。聖慮愈勞。而取效愈遠也。群臣既不足以望清光。而草茅賤士。不勝憂國之心。私以為陛下春秋五十有二。經天下之事變為已多。闡天下之義理為已熟。舉足造事。必不傷國家之大體。和囊瓜之智。猶足以辦此醜虜。六十以往。願將望一日之安。而亦何忍遺患於後人乎。臣以為拘攣齷齪之中。其勢當有卓然自奮於草茅。而開悟聖聰者。臣不自量其力之不足。而竊有志焉。是以具國家社稷之大計。質之天地鬼神而獻之闕下。陛下亦卓然拔之群言之中。特命大臣。察其所欲言之意。臣妄意國家維持之具。至今日而窮。而藝祖皇帝經畫天下之大指。猶可恃以長久。苟推原其意而變通之。

則恢復不足為矣。然而變通之道有三。有可以還延數十年之策。有可以為百五六十年之計。有可以復開數百年之基。事勢昭然。而效見殊絕。非陛下聰明度越百代。決不能一二以聽之。臣不敢泄之大臣之前。而大臣拱手稱旨以問臣。亦姑取其大體之可言者三事以吞之。而草茅亦不自知其開口觸諱也。其一曰。三聖北狩之痛。蓋國家之大恥。而天下之公憤也。五十年之餘。雖天下之氣銷鑠頹惰。不復知讎恥之當念。正在主上與二三大臣振作其義。以泄其憤。使人人如報私讎。此春秋書衛人殺州吁之意也。若秪與一二臣為密。是以天下之公憤而私自為計。恐不足以感動天人之心。恢復之事。亦恐茫然未知收濟耳。其二曰。國家之規模。使天下奉規矩準繩以從事。群臣救過之不給。而何暇展布四體以求濟度外之功哉。故其勢必至於委靡而不振。五代之際。兵財之柄倒持於下。藝祖皇帝束之

於上以定禍亂後世不原其意束之不已故郡縣空虛而本末俱弱
今不變其勢而求恢復雖一旦得精兵數十萬得財數萬萬計而恢
復之期愈遠就使虜人盡舉河南之地以還我亦恐不能守耳其三
曰藝祖皇帝用天下之士人以易武臣之任事者而五代之亂不崇
朝而定故本朝以儒立國而儒道之振獨優於前代今天下之士爛
熟委靡誠可厭惡正在主上與二三大臣反其道以教之作其氣以
養之使臨事不至乏才隨才皆足有用則立國之規模不至戾藝祖
皇帝之本旨而東西馳騁以定禍亂不必專在武臣也前漢以軍吏
立國而用儒輒敗人事要之人各有家法未易輕動惟在變而通之
耳天下大勢之所趨非人力之所能移也臣之所以為大臣論者其
大略如此而所謂數十年之策百五六十年之計數百年之基與夫
恢復之形勢事大體重苟未決之聖心則不可泄之大臣之前也故

止陳其大略之可言者三事以答之二三大臣已相顧駭然而臣亦
皇恐而退跡遠草茅寧復有路以望清光乎馬周一時瓌瑣之才也
太宗喜其為常何陳事召使面對未至之間使者連數輩趣之使有
能為太宗開禮樂法度者其召之當不容喘矣陛下聰明邁越太宗
而拔臣於群言混殽之中孤立以行一意卒不免泯默而止其罪在
臣之蹤跡不明有以誤陛下也臣本太學諸生自憂制以來退而讀
書者六七年矣雖早夜以窮皇帝王伯之略而科舉之文不合於程
度不止也去年一發其狂論於小試之間滿學之士口語紛然至騰
謗以動朝路數月而未已而為之學官者迄今進退未有據也臣自
是始棄學校而決歸耕之計矣旋復自念數年之間所學云何而陛
下之心臣獨又知之苟徒恤一世之謗而不為陛下一陳國家社稷
之大計將得罪於天地之神與藝祖皇帝在天之靈而不可解是故

昧於一來舊名已在學校之籍於法不得以上書言事使臣有一毫
攫取爵祿之心以臣所習科舉之文更一二試而考官又平心以攷
之則亦隨例得之矣何忍假數百年社稷之大計以為一日之僥倖
而徒以累陛下哉世固有卻萬鍾之祿而不受者亦有爭一錢以至
於相殺者人情相去之遠何啻於十百千萬也而臣欲持空言以自
明亦淺矣審察十日而不得自便之命臣將無以自見於山林之士
徒以傷陛下招致天下豪傑之道臣今更待罪三日而後渡江誓將
終老田畝以弭群論以報陛下拔臣言於衆中之恩故昧死拜書以
辭於闕下臣闔門數十口去行都無四百里當席藁私室以聽雷霆
之誅干冒天威罪當萬死

亮又上書曰臣聞有非常之人然後可以建非常之功求非常之功
而用常才出常計舉常事以應之者不待智者而後知其不濟也前

史有言非常之元黎民懼焉古之英豪豈樂於驚世駭俗哉蓋不有
以新天下之耳目易斯民之志慮則吾之所求亦泛泛焉而已耳皇
天全付予有家而半沒於夷狄此君天下者之所當恥也春秋許九
世復讎而再世則不問此為人後嗣者之所當憤也中國聖賢之所
建置而悉淪於左衽此英雄豪傑之所當同以為病也秦檜以和誤
國二十餘年而天下之氣索然而無餘矣陛下慨然有削平宇內之
志又二十餘年而天下之士始知所向其有功德於宗廟社稷者非
臣區區之所能誦說其萬一也高宗皇帝春秋既高陛下不欲大舉
以驚動慈顏抑心俯首以致色養聖孝之盛書冊之所未有也今者
高宗皇帝既已祔廟天下之英雄豪傑皆仰首以觀陛下之舉動陛
下其忍使二十年間所以作天下之氣者一旦而復索然乎天下不
可以坐取也兵不可以常勝也驅馳運動又非年高德尊者之所宜

也東宮居曰監國行曰撫軍陛下近者以宅憂之故特命東宮以監國天下之論皆以為事有是非可否而父子之際至難言也東宮聰明睿智而四十之年不必試以事也故東宮不敢安而陛下亦知其難矣陛下何不於此時命東宮為撫軍大將軍歲巡建鄴使之兼統諸司畫護諸將置長史司馬以專其勞而陛下於宅憂之餘運用人才均調天下以應無窮之變此肅宗所以命廣平王之故事也兵雖未出而聖意振動天下之英雄豪傑靡然知所向矣天下知所向則吾之馳驅運動亦有所憑藉矣臣請為陛下論天下之形勢而後知江南之不必憂和議之不必守虜人之不足畏而書生之論不足憑也臣聞吳會者晉人以為不可都而錢鏐據之以抗四鄰蓋自毗陵而外不能有也其地南有浙江西有崇山峻嶺東北則有重湖沮洳而松江震澤橫亘其前雖有戎馬百萬何所用之此錢鏐所恃以為

安而國家六十年都之而無外憂者也獨海道可以徑達吳會而海道之險吳兒習舟楫者之所畏虜人能以輕師而徑至乎破人家國而止可用其輕師乎書生以為江南不易保者是真兒女子之論也臣嘗疑書冊不足憑故嘗一到京口建鄴登高四望深識天地設險之意而古今之論為未盡也京口連岡三面而大江橫陳江傍極目千里其勢大略如虎之出穴而非若穴之藏虎也昔人以為京口酒可飲兵可用而北府之兵為天下雄蓋其地勢當然而人善用之耳臣雖不到采石其地與京口股肱建鄴必有據險臨前之勢而非止於靳靳自守者也天豈使南方自限於一江之表而不使與中國通而為一哉江傍極目千里固將使謀夫勇士得以展布四體以與中國爭衡者也韓世忠頓兵八萬於山陽如老羆之當道而淮東賴以安寢此守淮東之要法也天下有變則長驅而用之耳若一一欲塹

而守之分兵而據之出奇設險如兔之護窟勢分力弱反以成戎馬長驅之勢耳是以二十年間紛紛獻策以勞聖慮而卒無一成雖成亦不足恃者不知所以用淮東之勢者也而書生便以為長淮不易守者是亦問道於盲之類耳自晉之永嘉以迄于隋之開皇其在南則定建鄴為都更六姓而天下分裂者三百餘年南師之謀北者不知其幾北師之謀南者蓋亦甚有數而南北通和之時則絕無而僅有未聞有如今日之岌岌然以北方為可畏以南方為可憂一日不和則君臣上下朝不能以謀夕也罪在於書生之不識形勢併與夫逆順曲直而忘之耳高宗皇帝於虜有父兄之仇生不能以報之則死必有望於子孫何忍以升遐之哀告諸仇哉遺留報謝三使繼遣金帛寶貨千兩連發而虜人僅以一使如臨小邦閣諸道路哀祭之辭寂寥簡慢義士仁人痛切心骨豈以陛下之聖明智勇而能忍之

乎意者執事之臣憂畏萬端有以誤陛下也南方之紅女積尺寸之功於機杼歲以輸虜人固已不勝其痛矣金寶之出於山澤者有限而輸諸虜人者無窮十數年後豈不遂就盡哉陛下何不翻然思首足之倒置尋即位之初心大泄而一用之以與天下更始乎未聞以數千里之地而畏人者也劉淵石勒石虎苻堅皆夷虜之雄曾不能以終其世而阿骨打之興於金近八十年中原塗炭又六十年矣父子相夷之禍具在眼中而方畏其為南方之患豈不誤哉陛下儻以大義為當正撫軍之言為可行則當先經理建鄴而後使臨之今之建鄴非昔之建鄴也臣嘗登石頭鍾阜而望今城直在沙嘴之傍耳鍾阜之支隴隱隱而下今行宮據其平處以臨城市城之前則逼山而斗絕焉此必後世之讀山經而相宅者之所定江南李氏之所為非有據高臨下以乘王氣而用之之意也本朝以至仁平天下不恃險

以為固而與天下共守之故曰而不廢耳臣嘗問之鍾阜之僧亦能言臺城在鍾阜之側大司馬門適當在今馬軍新營之傍耳其地據高臨下東環平岡以為固西城石頭以為重帶玄武湖以為險擁秦淮清溪以為阻是以王氣可乘而運動如意若如今城則費侯景數日之力耳曹彬之登長干元朮之上雨花臺皆俯瞰城市雖一飛鳥不能逃也臣又嘗問之守臣以為今城不必改作若上有北方之志則此直寄路焉耳臣疑其言雖大而實未切也據其地而命將出師以謀中國不使之乘王氣而有為雖省目前經營之勞烏知其異日不乘得而復失哉縱今歲未為北舉之謀而為經理建康之計以震動天下而與虜絕陛下即位之初志亦庶幾於少伸矣第非常之事非可與常人謀也陛下即位之初喜怒哀樂是非好惡皦然如日月之在天雷動風行天下方如草之偃惟其或失之太快故書生得拘

文執法以議其後而其真有志者私自奮勵以求稱聖意之所在則陛下或未之知也陛下見天下之士皆不足以望清光而書生拘文執法之說往往有驗而聖意亦少衰矣故大事必集議除授必資格才者以跅弛而棄不才以平穩而用正言以迂闊而廢巽言以軟美而入奇論指為橫議庸論謂有典則陛下以雄心英略委曲上下於其間機會在前而不敢為翻然之喜隱忍事讎而不敢奮赫斯之怒朝得一才士而暮以當路不便而逐心知為庸人而外以人言不至而留泯其喜怒哀樂雜其是非好惡而用依違以為仁戒諭以為義牢籠以為禮關防以為智陛下聰明自天英武蓋世而何事出此哉天下非有豪猾不可制之姦虜人非有方興未艾之勢而何必用此哉夫喜怒哀樂愛惡人主之所以鼓動天下而用之之具也而皇極之所謂無作者不使加私意於其間耳豈欲如老莊所謂槁木死灰

與天下為嬰兒而後為至治之極哉陛下二十七年之間遵養時晦示天下以樂其有親而天下歸其孝行三年之喪一成不變示天下以哀而從禮而天下服其義陛下以一身之哀樂而鼓天下以從之其驗如影響矣乙巳丙午之間虜人非無變故而陛下不獨不形諸喜而亦不泄諸機密之臣近者非常之變虜人略於奉慰而陛下不獨不形諸怒而亦不密其簡慢之文陛下不以喜示天下而天下惡知機會之可乘陛下不以怒示天下而天下惡知讎敵之不可安棄其喜怒以動天下之機而欲事功之自成是閉目而欲行也小臣之得對陛下有卓然知其才者外臣之奉公陛下有隱然念其忠者而已用者旋去既去者無路以自進是陛下不得而示天下以愛也大臣之弄權陛下既知其有塞路者議臣之多私陛下既知其有罔我者而去之惟恐傷其意發之惟恐其悵恨而不滿是陛下不得而示

天下以惡也陛下翻然思即位之初心豈知其今日至此乎臣猶為陛下悵念於既往而天生英雄豈使其終老於不濟乎長江大河一瀉千里苟得非常之人以共之則電掃六合非難致之事也本朝以儒道治天下以格律守天下而天下之人知經義之為常程科舉之為正路法不得自議其私人不得自用其智而二百年之太平由此其出也至於艱難變故之際書生之智知議論之當正而不知事功之為何物知節義之當守而不知形勢之為何用宛轉於文法之中而無一人能自拔者陛下雖欲得非常之人以共斯世而天下其誰肯信乎臣於戊戌之春正月丁巳嘗極論宗廟社稷大計陛下亦慨然有感於其言而卒不得一望清光以布露其區區之誠非廷臣之盡皆見惡亦其勢然耳臣今者非以其言之小驗而再冒萬死以自陳實以宗廟社稷之大計不得不決於斯時也陛下用其喜怒哀樂

愛惡之權以鼓動天下使如臣者得借方寸之地以終前書之所言而附寸名於竹帛之間不使鄒焉笑人竊竊而陛下得以發其雄心英略以與四海才臣智士共之天生英雄殆不偶然而帝王自有眞非區區小智所可附會也干冒天威罪當萬死

歷代名臣奏議卷之九十二

經國

宋孝宗時張浚論和戰利害疏曰臣今月二十五日恭被御筆處分臣已即日具奏去訖臣雖愚陋中有所懷敢不盡言伏惟聖慈俯賜矜察今之議者孰不以戰守爲說其次則就遵舊轍重講前好以臣觀之戰守之說是也然而爭城爭地罪不容誅城高池深兵甲堅利委而棄之地利不如人和則是戰守之中尚有可得而論者焉臣竊以爲戰守之道本以廟勝君天下者誠能正身以正朝廷正朝廷以正百官正百官以正萬民用之戰則克守則固理有決然者矣如是而後可以言戰守仰惟陛下以神聖恭儉之資受太上委任之重即位以來孜孜治道然而德政未洽于人心宿弊未革於天下揆以廟勝猶有可疑臣愚願陛下發乾剛奮獨斷於旬月之間大布詔旨一新內治盡循太祖太宗之治使南北之人知有大治於後人心既孚兵氣必振臣衰暮之景精力有限理當退閒以全晚節豈肯分毫更有覬念獨以事機迫切治亂安危斷在今歲臣若尚懷顧畏他日身名具喪辱國辱家悔之無及伏願陛下深軫宸慮早定至計事或二三終恐無成臣愚干冒聖聰俯伏俟罪

起居郎胡銓上疏曰右臣准樞密院劄子十一月十四日三省樞密院同奉聖旨令於後省限一日集議當與不當議和合與不合遣使禮數之後先土疆之取與條具聞奏仍令各舉所知以備小使者臣竊惟國家自紹興初與金虜講和竭民膏血而不卹忘國大讎而不報上下偷生苟安歲月以爲盟好可恃蕩然決去藩維之守一旦完顏亮變生肘腋宗廟社稷幾不血食天下寒心陛下即位以來乾剛獨斷奮然圖任張浚及二三大臣力謀恢復符離之師兵不血刃而

故疆復得使李顯忠盡忠於國不貪小利以成大舉之功則中原響
應勢若破竹灭復之期可指以俟矣雖然功雖不成事雖不立自京
都播遷之後垂四十年未有如符離之舉也虜人緣此震慴知陛下
有大有為之志知廟謨有出不意之奇知邊鄙有折衝敵愾之人知
臺諫有明目張膽之臣知朝廷有面折廷諍之士以為中國有人遂
有乞和之意兵法曰無故而求和者謀也虜人詭計端在於此昨來
京都失守本於大臣耿南仲主和二聖刼還本於宰相何㮚主和維
揚失守本於宰相汪黃主和完顏亮之變本於權臣主和自汴京板
蕩以來四十年間醜虜為封豕長蛇荐食上國何嘗不以和哉暴蔑
我二聖汙蔑我兩宮殘毀我宗廟陵夷我社稷發掘我陵寢皇天后
土實聞此言今欲與不戴天之讎講信脩睦三綱五常掃地盡矣就
令和好可成犬羊可信決不叛盟孝子順孫寧忍為之况萬萬無可

信之理虖前車覆後車戒陛下若不深思遠慮力脩政事力脩守備
力任將相力圖恢復而苟目前之安臣恐後車又將覆也議者乃曰
姑與之和而陰為之備外雖和而內不忘戰此向來權臣誤國之言
陛下聞之熟矣嗚呼燕安酖毒不可懷也一溺於和則上下偷安將
士解體終身不能自振尚又安能戰乎其為醜毒多矣可勝寒心冒
犯天威臣無任戰懼之至
銓又進故事曰冒頓既立時東胡強使使謂冒頓曰欲得頭曼時號
千里馬冒頓問群臣皆曰此匈奴寶馬也勿予冒頓曰奈何與人鄰
國愛一馬乎遂與之頃之東胡以為冒頓畏之使使謂冒頓曰欲得
單于一閼氏冒頓復問左右左右皆怒曰東胡無道廼求閼氏請擊
之冒頓曰奈何與人鄰國愛一女子乎遂取所愛閼氏與東胡東胡
王愈驕西侵與匈奴中間棄地莫居千餘里各居其邊為甌脫 甌脫
境上候望之處 東胡使使謂冒頓曰匈奴所與我界甌脫外棄地匈
奴不能至也吾欲有之冒頓問群臣或曰此棄地予之於是冒頓大
怒曰地者國之本也奈何予人諸言與者皆斬之
臣謹案春秋以地為重凡書取地皆惡之也成二年取汶陽田則
齊以戰敗而賂我宣元年齊人取濟西田則我以不義而賂齊夫
齊以戰敗而賂我非我取之也而必書取專惡我也我以不義而
賂齊非齊取之也而必書取專惡齊也取汶陽田雖專惡我然齊
亦與有罪焉何者為人子孫不能守先祖之土地而輕以與人得
無罪乎取濟西田雖專惡齊然我亦與有罪焉何者為人子孫不
能守先祖之土地而輕以與人得無罪乎夫春秋書法重地如此
以為萬世守國者之戒也嗚呼冒頓夷狄也且能知地者國之本
而不以與人可謂深得春秋重地之旨矣可不鑑哉

銓為敷文閣直學士乞規恢遠圖疏曰臣頃坐異議竄斥嶺海者垂
三十年自謂老於窮荒絕域不復齒搢紳之列豈意天假之年陛下
登大位首賜收召臣獲保首領盡室生還復見天日之清明平昔區
區之私鬱結而不得伸者願畢之於旒扆之前指天誓心有死無貳
故兩忝華禁首尾九年每一賜對臣未嘗不洗髓滌慮極其精誠期
有以感動天聽誠以今日國讎未報陵寢未歸故疆未復臣所以夙
夜痛心誓不與醜虜共天者也伏惟皇帝陛下天錫勇智退託以不能
惟無聽是務每聞臣言曲賜優容稱其直諒臣摩厲此心日復一日
不知老之將至迫於七十致仕之禮懇祈再三陛下委曲保全又復
寵以延閣之美臣雖碎身粉骨不足以報天地父母之恩輙敢極竭
愚衷少裨國論之萬一伏望陛下體堯蹈舜轔禹轢湯規恢遠圖委
任賢哲植正黜邪理財訓兵濟師練將逮鰥卹孤然後布告中外大

明君臣父子之義必報國讎必歸陵寢必復故疆混一區夏以副太上付託之重臣雖在畎畝死無所憾臣既陛辭即出脩門無復再瞻日表臣不勝惓惓愛君憂國之誠

揚萬里上疏曰臣聞有天下之憂有君子之憂天下之憂憂其君之不為也君有為矣天下之喜而君子之憂也蓋不為之君其心遲天下之所不快有為之君其志銳天下之所甚喜雖然喜者憂之所由寓也銳者遲之所由伏也夫何故銳則速不以速而成則以速而折天下之事有百全之成而無一折者乎求其成則必有以忍其折不忍其折則無務於速也速而折折而不忍則銳安得不變而為遲哉一朝之有為必至於終身而不為是故君子見其初而憂其終古之君子得有為之君而輔之以求立天下之大功則必有以養其君之志而古之君子亦必有以自養其志詳其發而重其舉非詳其發也恐發之踈則一發足以廢百發非重其舉也恐舉之輕則一舉足以廢萬舉君臣之間其立也堅而其謀也老夫是以有成老則不欲速堅則雖可折而不可沮勝而不勇敗而不怯得而不喜失而不挫優游容與以待天下之隙而徐制其要領蓋昔者晉文之圖霸也二年而欲用其民子犯曰民未知義民知義矣又欲用之子犯曰民未知信民知信矣又欲用之子犯曰民未知禮蓋文公之志踊躍奮迅而欲有為者三也而子犯三遏之越王之報吳也四年而召范蠡問曰伐吳可乎曰未可也又一年又問曰伐吳可乎又曰未可也又一年又問焉又一年又問焉則皆曰未可也蓋越王之志踊躍奮迅而欲有為者四也而范蠡四拒之夫二臣者舉其君踊躍奮迅之氣而納之於抑鬱憤悶之地使朝夕咨嗟求逞而不得逞則無乃過乎蓋二臣者深所以養其君之志懼其速而折折而沮也及其國力已強兵氣

已振事機之來而不可失勝形之見而不可禦則破楚滅吳了此事不終朝爾唐之德宗其志有一日不在於平藩鎮者乎然不勝其憤銳於遣三將而一伐一伐而生朱泚之變也則不敢言及於藩鎮者終其身求節度則與節度求宰相則與宰相故藩鎮之禍始於肅宗而成於德宗至於亡唐藩鎮亡之也德宗豈真成藩鎮之禍者哉速而折也折而沮也使德宗而不速則不折折而不沮則豈不猶可為也何遽至於晚年之姑息哉文宗之志有一日不在於誅宦官者乎然不勝其憤銳於任訓注而一決一決而生甘露之禍也則不敢言及於宦官者終其身專制則聽其專制詆辱則甘其詆辱故宦官之禍始於明皇而成於文宗至於亡唐宦官亡之也文宗豈真成宦官之禍者哉速而折也折而沮也使文宗而不速則不折折而不沮則豈不猶可為也何遽至於飲恨而沒哉二君之志本以求天下之大功而反以得天下之大禍則不養其志之患也頃者新天子即位之初春秋鼎盛聖武天挺超然有必報不共戴天之心克復神州之志天下抑目而望庶乎中興之有日也然親征之詔朝下而和議之詔夕出元戎之幕方開而信使之軺已駕紛紛擾擾以至於今而國論卒歸於和此其病安在哉蓋兆今日之和者符離之役也事不極則反不生勢不激則變不形暄甚則雨冬窮則春理固然也戰豈與和期哉和者戰之變也非求變也激而不得不變也且是役也天子之志固在於取中原也抑嘗熟策之詳議之耶議之不詳也策之不熟也得城而不能有也成功而不能善後也是故前日之勇一變而為怯前日之銳一變而為鈍安得而不歸於和哉當其師之出也臣固知有今日之和也何則天子即位之初雖以堯舜為之亦不能以一日而洽威德於天下也威德未有以洽乎天下而欲一舉以求非常之

功。是非有成心也。有偉心爾。成乎心。猶未必成乎外也。心則偉矣。獨能成乎外耶。今日之事。臣所大懼者。懼天子之志沮於一折。而虜人有以窺吾之沮。而天下之禍所從生也。唐之二君。蓋可鑒矣。人有未富而先急於作大屋者。屋未成而家已貧。則他日一墻之頹。一籬之缺。而不敢議於補葺矣。一墻易補也。一籬易葺也。其費與屋同不同也。勇於屋之大。而怯於藩墻之細。則其志之沮也。臣嘗讀蜀志至於劉昭烈三見諸葛亮之事。則為之太息。蓋昭烈以漢之裔。欲誅曹操以復漢室。此昭烈之雅志也。然得徐州。則失徐州。得豫州。則失豫州。敗於呂布。又敗於曹操。奔走狼狽於荊楚之間。而無所於歸。宜其憊而不復自振也。而其見亮曰。孤不度德。欲信大義於天下。而智術淺短。遂用猖獗至于今日。然志猶未已。嗟乎。昭烈者是時已老矣。衰敗屢折而志猶未已。此亮之所以樂於委身而願効其謀者也。彼其徒手而成鼎峙之業。其以此哉。今天子以天下之半。帶甲百萬。表裏江淮。安坐而指揮天下之豪傑。以圖恢復祖宗之業。而湔靖康之恥。進則成混一之功。守則成南北之勢。何至於以一小折自沮而汲汲以議和哉。臣願天子堅昭烈之志。而毋以唐之二君自處。則中興之功。天下未絕望也。

萬里又論國勢曰。臣聞善立國者。以人成天。而不以天敗人。蓋國之所以廢興短長者。天也。而所以使其廢興短長者。非天也。人也。惟人為能成天。惟天亦能敗人。非天之敗人也。人實恃天以自敗。而天亦不能如之何也。且夫國於天地。有與立焉。古之國蓋有至弱而存。有至強而亡者。蓋有一再傳十餘年而遂滅。有三四十世七八百年而不絕者。夫強者宜其不可亡。一再傳者。皆艱難創業之君。宜其不可滅而乃至於滅亡。何也。弱者宜其朝不及夕。傳世至於二三十君之後。大抵不驕則怠。宜其無以自立。而乃至於長存。又何也。求之而無其形。究之而無其端。故曰天也。國一國也。有昨廢而今興。有既亡而復存。君一君也。有朝弱而暮強。有前衰而後盛。夫豈不以人乎哉。故夫善養身者。能延既絕之年。善謀國者。能延既衰之祚。人之所至。天亦至焉。故曰人也。自堯舜禹湯文武之為國。訖與孔子孟子之徒為世主言者。大抵言人多於天。而言天寡於人。則憂夫有國者之以天敗人也。臣竊觀天眷我國家。已往之驗。以卜方來之祚。則知商周歷年之數。未足為國家喻也。臣蓋喜而憂之。喜者天也。而所憂者人也。方逆虜為靖康之役。彼謂天下無復國家有也。而民心依依戴其舊君。我是以有南京之立。方逆虜為維揚之役。彼謂深入窮侵之計不淺也。而風潮効靈。一隔千里。我是以有海道之安。方逆亮為江上之役。彼謂投鞭於江。可以利涉也。而千艘一炬。虜酋授首。我是以有江

海之捷。則天之維持全安我國家者。屢危而屢不危。愈搖而愈不拔。其眷何如也。則國家子孫萬世帝王之業。了了在人目中矣。雖然。天之所以天者盡矣。而人之所以人者果盡也耶。臣不得而知也。果不盡耶。臣不得而知也。臣獨怪夫赤白囊一至。則廟堂騷然而失措。某所未有備。某所未有兵。募市人。招武勇。以為臨時應卒之計。講解之議一許。則君臣欣然而相慶。罷戎幕。散舟師。徹邊防。息憂顧。以享安逸無為之樂。既君臣欣然矣。而邊塵又動也。則騷然之色復見。既廟堂騷然矣。而和議又集也。則欣然之心復生。此何為者耶。千金之家。不幸而大盜為之鄰。前有父兄不戴天之讎。而後有盡盜吾千金之產之意。彼大盜者日夕聚惡少。治兵刃。伺間隙以圖我。而未有以乘也。則陽謂我曰。吾與若為好也。所謂千金之主人者。將遂毀藩墻。投挺刃。晏然盤樂飲酒而不為之慮乎。抑將外姑與之好而陰益為之

備也嗟乎千金之子能不忘於盜而為天下國家者不能不忘於敵
天下之憂後有大於此者乎則所謂以人成天而不以天敗人者臣
所不敢知也蓋臣聞之古之敵國對壘而未有息肩之期者其憂之
大略有四一曰謀二曰備三曰應四曰墮何謂謀晝不甘食夜不安
寢君臣日夜蹙頞相顧以敵讎未滅為大憂以天下未一為大恥以
宗廟社稷未有萬世不可亡之實為大懼收召豪傑選馬勵兵深謀
密計期於必報所謂臥榻之側豈容有鼾息雷鳴者太祖皇帝所以
建一統之大業也何謂備謀人而羽翼未成也機會未至也釁隙未
生也則遜不謀人也耶我不彼謀彼必我謀是故防之也豫而備之
也周脩政刑求人才深溝高壘積粟治兵恐懼儆戒常若一日而敵
三至也夫是以屹然有不可犯之堅動則可以制人靜則可以不制
於人為客則可以百全為主則可以萬全矣孫仲謀之所以走曹操

也何謂應欲為謀人而不能舉欲為備人而不能勞政事紀綱守其常
兵甲士馬因其舊其國不至於大治而亦不至於大亂敵不至則不應
其至敵至則徐應其至夫不應其至而徐應其至者非有萬全之素也
蓋於一決以幸一勝爾故其勝也幸也非計也宋文帝之所以支佛狸
也何謂墮既不能謀又不能一既不能備又不能應苟於安而不知危
伏於其中媮於樂而不知憂寓於其間狎於敵人之詐而不悟墮於敵
人之計而不疑至於覆亡其國則曰天也吳之所以誤於越也謀人者
其國興備人者其國安應人者其國僅存而墮於人者其國必亡有國
者可不深懼而謹擇於此四者乎臣竊觀朝廷今日之大計而深所
未諭也謀耶備耶應耶墮耶蓋亦不出於應而已矣敵至而能應愈
於不能應非不可也而未善也何則饑而始學稼渴而始浚井得為
善理家者乎且平居不為萬全之策而緩急乃幸於一勝之功可以

勝也而不可以必勝也可以幸也而不可以數幸也臣懼朝廷今與
虜人講解之後輕信其情而不防其詐也歷下之兵一解而淮陰之
師至濠溝之境一分而拔下之禍作此往事明也臣願朝廷深為之
備以待不測之警而後立國之大計臣得次第而歷陳之其二曰臣
聞聖人不幸而當天下分裂之際者有所謂萬世之業有所謂數百
年之業國無兩存無兩亡非有北無南則有南無北爾有能舉天下
之二而一之此萬世之業也畫地以相侯據險以相拒攻則不足守
則有餘此數百年之業也今聖天子既懲於一舉而折則萬世之業
其成未有形而其發未有候也而數百年之業亦獨擾擾而未求所
定岌岌而未見所立則亦可謂不能也已非不能也能而不為也非
不為也為而不果也果則為為則能矣昔司馬晉內有王敦蘇峻之
亂外有劉石之敵晉室不能平晉也而無病乎江左十葉之基劉宋

之初燕魏梗蜀盧循逼都下而姚氏慕容氏拓跋氏沸中原宋宜不
能平宋也而無害乎南朝數百年之祚齊宋之君何人哉使朝廷當
此時特不為國乎雖然此猶有天下之半也至於七十里而興商百
里而造周湯文何人哉朝廷當此時特不為國乎雖然此猶有土也
至於漢高帝一劍之外無餘物光武一牛之外無餘資而以創業以
中興二君何人哉朝廷當此時又特不為國乎嗟乎以高光為之能
以無國為有國也以湯文為之能以一國為天下也以晉宋為之能
以危國為安國也然則天下豈有不可為之國哉亦存乎其人如何
爾今也內無敦峻譙盧之猖獗外無劉石之英雄而獨當一未亡之
金虜而又以全楚為家吳越為宮此楚莊吳闔閭子胥種蠡之所以
強霸用武之國也西控全蜀南擁荊襄北據長淮此高帝先主孫仲
謀揭行盜之所以興起之根本也距海限其東而三江五湖繞其南

北此古之六朝所恃以爲不拔而不可兼得者也引巴蜀之饒漕江淮之粟市西戎之馬而號召荆楚奇材劍客之精銳此漢唐之所仰以爲資者也奄是數者而有之而日夕惴焉不能以自存常若敵人之制其命是挾千金而憂貧有孟賁之力而憂弱者也故曰非不能也能而不爲也非不爲也爲而不果也使聖天子一日斷自一心不惑群議卓然挈吾國而大有所建立則萬世之業爲之有餘也而況數百年之業哉獨患乎因循頹墮忘其我之所可惜而徹其敵之所可忌者而已矣蓋吾之所可惜而吾不惜則凡所可惜者無所往而惜無所往而惜者亡之所從開也彼之有所忌而吾不示之以其所忌則凡所可忌者無所往而忌無所往而忌者寇之所從召也昔者秦之滅六國非秦能滅六國也六國實自滅也不思久長之計而苟一日之安爭先割地以求和於秦地朝割而兵夕至蓋六國之君臣

其初以爲尺寸之地不足惜也不知夫國之亡乃自不惜尺寸始非尺寸之地能亡國也尺寸之不惜則不至於亡國則不止頃者虜人求唐鄧則與唐鄧求海泗則與海泗此何爲者耶人有禦寇而不禦之垣之外乃毀垣以納之曰吾將拒之戶是得爲善禦寇者乎夫室以戶存戶以垣存也垣毀是無戶也室其得存乎蜀失漢中而劉禪降唐獻淮南而李景蹙朝廷獨不見之耶此臣所謂患乎忘其我之所可惜者也漢高帝之西入關也兵之所至迎刃而解如此其銳也以仁義之師乘暴秦之亡如此其易也以高帝自將而子房爲之謀如此其全也而不敢越宛擊秦非宛之能重秦也能病漢也蓋宛者漢之後顧之病也宛一下則漢何病焉使秦人先得漢之所忌遺一將固守而不下則秦未易以歲月入也異時朝廷舉長淮數千里而視之如隙地不葺一壘不置一卒使寇之去來如入無人之境此何

爲者耶議者猶曰是時虜之創痍未盡瘳而勢力未全盛也而今者狼然有窺吾淮甸南下牧馬之意朝廷儻復如前日置淮於度外則天下之大禍至矣虎之所以不可捕者穹崖深林入者凜然而又羆游乎其前豹伏乎其左此人之所以甚忌也使羆與豹皆去而虎立於途人孰不操戈以制之哉臧質壁盱眙而佛狸亟還劉仁贍堅守壽春而周師未得志朝廷獨不見之耶此臣所謂患乎徹其敵之所可忌也大抵敵人之求可以與可以無與天下之地可以無守可以守可以與者貨也可以無與者地也可以無守者已失之地也可以守者未失之地也可以無與而與焉可以守而不守焉今之大患不在此耶蓋逆亮嘗求漢淮之地矣而先堯不與之地而與之戰臣願朝廷以先堯之塞逆亮而塞虜之貪如蜀如荆襄如武昌如沿江朝廷固嘗嚴守備矣臣願今日以待沿江之工而待淮凡淮之要害之

地虜之所必攻者巨鎮如廬壽廣陵者則各擇一大將委以一面而付之重兵至於其它州郡則多其壁壘而葺其城池城池堅則可攻而不可下壁壘多則寇有牽而不敢越有大將重兵以居要則沿淮之州有所恃而無所懼兵法所謂常山之蛇者此也蓋固國者以江而不以淮固江者以淮而不以江而今之說者或曰淮不可守而江可恃嗟乎不恃江者江可恃也恃江則江不可恃矣昔者陳後主盡召江北之諸將以朝正而韓擒虎賀若弼掩其虛以至江上陳之君臣猶曰天塹必無可濟之理且引周齊之兵五來皆敗以待隋言未既隋師濟矣甚矣夫江之誤南國也非江誤人之國也恃之者誤之也宮之奇曰虢虞之表也唇亡則齒寒江者淮之虢也淮者江之虞也朝廷其勿恃江而恃淮勿恃淮而備淮則數百年之業可得而議矣不然臣恐未可以一朝居也或者又曰守淮善矣其如淮地之空

曠何若夫江者紀涉所謂備之不過數處直差易爾是不然有淮而後江者吾之江也無淮則江者非獨吾之江也亦敵之江也全而有之猶恐失之而況分之哉且吾之有淮以為空曠也使吾不有而虜有之彼以為空曠耶彼將居而耕耕而守守而伺則吾之一喘而彼聞一動而彼見人惟有所不可測而後不可圖引寇以自逼而日夕與之相目於一水之間則國尚何可為而敵尚何可備哉故夫江者誤人之國而紀涉之論又誤人之江者也且吳人者欲淮而不得也非得淮而不欲也吾則有吳人之所無而又可棄吾之所有耶臣是以流涕而極言至此其三曰臣聞有為者必為其全何謂全不福其福不利其利是謂全夫為國者何嚮非福何擇非利而曰不福其福不利其利何也非不福其福也不福其禍中之福也非不利其利也不利其害中之利也夫何故貴乎福者貴其福而無禍貴乎利者貴

其利而無害曰福焉而禍之所寄曰利焉而害之所藏是無福賢於福而不利賢於利也故曰有為者必為其全不福其福不利其利是謂全今夫徑寸之珠潛於驪龍之頷而襲於萬仞之淵人將語我曰珠可得也其信者智乎其不信者智乎宜若信之者之智也殊不知身與珠孰重陸與淵孰安捐吾身而珠可得猶不為也況身可捐而珠不可得耶今士大夫孰不曰中原吾之舊物可取而不可棄雖然意則忠矣言則快矣而為國計則未也策今者未以今而以古料後者不以後而以今古者今之鏡也今者後之柢也盍觀之東晉乎蓋嘗有幽并矣至王浚劉琨亡而幽并亦亡又嘗有河南矣至祖逖亡而河南亦亡非數子之死而始亡幽并河南也數子之未死而幽并河南已亡矣蓋其存者名也其亡者實也盍觀之劉宋乎蓋嘗得關中矣至高祖還而失關中又嘗得淮北矣至明帝北討之敗而失淮北非高祖之還明帝之敗而始失關中淮北也高祖之未還明帝之未敗而關中淮北已失矣蓋其得者名也其失者實也聞之曰雖鞭之長不及馬腹何則功視時為成毀時視天為盈虛天之所至時亦至焉時之所至功亦至焉未聞時先天而得功先時而就者也是故天與時相遭則以百敗之漢高帝取百勝之項羽天與時相違則以劉葛之雄傑熟視孱弱之曹丕靖康之初金虜之北歸也河北嘗為吾有矣紹興之間金虜嘗地見還也河南長安嘗為吾有矣逆亮之寇也海泗唐鄧又嘗為吾有矣隆興之舉也符離又嘗為吾有矣有則有矣而卒不有焉何也時也非時也天也然則古之舉亦是以為今之懲今之事亦是以為後之規矣是故為今之計和不如戰戰不如守和則懈戰則力故曰和不如戰戰則殆守則全故曰戰不如守昔吳大帝時諸將各欲立功多陳便宜帝以問顧雍雍曰兵法戒於

小利此等欲邀功名非為國也苟不足以損敵所不宜聽蜀將姜維每欲大舉伐魏費禕曰吾等不如諸葛丞相丞相猶不能定中原不如保國治民無決成敗於一舉嗟乎吳其以雍為懦而蜀其以維為壯矣雖然未見其害雍信懦而維信壯也及諸葛恪以輕動無功而民怨姜維屢出黷武而國亡則顧雍費禕之言猶信嚮宋德當天下世萬億虜罪稽天亡不及夕不待智者而後諭也然日有中昃月有盈缺天之道也而況國乎天之於我國家蓋必有時矣可以俟不可以躁蓋聖人之於時所不能者二曰去曰來所能者二曰待曰乘臣願朝廷盡人事以周其待待其來而決其乘不以小利而輕試吾之大技不以小鈍而中怠吾之大計則中興之全功不在今日在何日耶燕嘗欲圖苻堅慕容農曰取果於未熟與自落不過旬日然其難易美惡相去遠矣金虜之強不過苻堅其君臣萬萬不及堅朝廷盍少待哉

參知政事史浩奏曰臣聞古之得天下者皆由小以致大若湯以七十里文王以百里是也湯之一征天下始信故東征西怨南征北怨怨者徯其來而不至也是故師至其國若時雨降非謂使四方之民先歸湯之國也文王三分天下有其二者有其心也是故至武王時始曰商之旅其會如林非謂使天下之民先歸文王之國也若使民先歸其國則七十里之亳百里之豐何以容東西南北之人而所謂亳與豐之地方且疲於贍養日益窮蹙又何暇脩文德以格遠人之心耶今陛下北有勁虜日為姦謀以撓我日縱流民以困我沿邊守臣由之不知方且日以招徠為事自去冬用兵以來歸正之官已滿五百皆高官大爵動欲添差見闕歸正之民不知其數皆竭民膏血唯恐廩之不至數年之後國家之蓄積竭於此役東南之士夫久不得調東南之農民身口之奉不得自用安保其不起為盜賊而求衣

食之資乎不於此時有以救之駸駸不已布滿東南蠶食既多國用益乏已來者不獲優恤必有悔心方來者待之愈薄必有怨心夫剝膚椎髓以奉之意者望其知恩而欲其為我用也若使怨悔之心生終亦何所濟此為國遠慮者莫不寒心也今說者必曰不如是不足以繫中原人心夫內脩政事教化既明風俗既厚百姓家給而人足使彼之士民願立於朝願為之氓而不可得然後一旦興師恢復土宇皆為王臣則其心乃大悅如湯之后來其蘇武王之一怒而安也若吾之政化未施財力先屈國尚未可保安能繫中原之心乎凡為此論者皆慕古人之虛名失當今之實利者也臣願陛下密敕沿邊守臣其有襁負而至者諭之以久遠之計曰國家議戰與和皆為汝輩久此陷沒欲圖拯濟若為戰計則他日得我故地汝皆吾民又何必捨墳墓棄親戚而來若為和計朝廷亦豈遂忘汝等宜各安本土

以俟議定則彼必感我恤之之意深念之之心切將無所歸怨而虜聞之亦必知我國有人矣於是葺藩籬保形勢寬民力以固邦本募勇士以益軍籍政脩而教興國富而兵強機會之來豈有窮已一舉而得中原大開明堂受朝賀此成湯文王已試之明效也夫未至此時而先為計以自蹙此虜之願後雖噬臍其無及矣利害得失之機較然可見陛下不可不深察也儻未以臣言為然欲望聖慈斷自宸衷上取太上之訓下盡近臣之議以歸至當然後定其規撫使沿邊守臣有所遵守

浩又上奏曰臣聞棄實而務名捨近而謀遠見利而忘害此三者天下之大弊古今之至戒也臣比者極論招納歸正人之非雖荷聖慈已賜開納尚慮議者或有異同臣請得申言其詳夫自淮泗之北燕趙以南幅員萬里皆我故疆若使朝廷根本已立人材已衆功無僭

賞罪無佚罰兵強國富事力有餘以陛下英武之資乘中原愛戴之心一舉而取之宅中圖大以復舊物則天下之議孰敢以為非今既未能乃區區然招集逋逃之人以為繫中原之心此臣所謂棄實而務名一弊也自去歲賊亮入寇之後兩淮蕩然驅虜殺戮不可勝計井湮木刊積骸如山慟哭之聲至今未已調度日繁江左重困屯戍雖遣藩籬未固此皆當如飢渴如焚溺日夜圖之者今未見大有措畫而廟堂之上率常以太半日力整會歸正人其人乞官某人援例以廟堂猶如此則宣撫司沿邊諸軍帥司州郡又可知矣此臣所謂捨近而謀遠二弊也北人初來扶老攜幼莫不皆言去虎狼歸父母嗚噎流涕以手加額不知者觀之真若可喜然此輩小人何常之有廩給祿賞少不厭其無涯之心則怨詈並作未必不刺取國事歸報敵境況又其間往往有本心為間探而來者此臣所謂見利而忘害

二弊也。以此三說及覆究繆招納利害。可以立決。加之虜情難測。譎詐萬端。今北人將片紙來者。即與官。僧道雖無度牒。但持戒牒來者。即與度牒。若黠虜設計。多作偽告偽牒。源源而來。上則竭國力以祿養歸正官。下則險壞度牒之法。我尚為有謀也哉。且中國士大夫雖身登科第。家世公侯。一有去失。坐廢終身。而歸正官則一切不問。是仕於虜廷者何其幸。而仕於天朝者何其不幸耶。中國士民欲為僧道者。由買度牒以至書填受戒。非四五百千不可。而歸正僧道。則一切不問。是生於虜界者何其幸。而生於王土者何其不幸耶。臣惓惓之實。欲望陛下棄名取實。以集大勳。先近後遠。以安邊鄙。見利思害。以杜亂萌。異同之論。一以理決之。昔吐蕃欲取唐維州。陰遣婦人嫁守閽者。生子長大守閽。而吐蕃入寇。遂開關納之。宣和中。郭藥師入朝。請擊鞠牟陀岡。乃默視可作營壘之地。其後虜騎大入。果築于此。則招納之事。豈可忽哉。豈可忽哉。伏惟留神采擇。

川陜宣諭使虞允文上言曰。臣以孤遠之蹤。曲蒙陛下親擢。聖恩不一。實為非常之遇。但以才力凡微。未有豪髮報効。愧懼并心。敢因使命。輒以今日不可失之機。仰干四聰之聽。伏惟陛下聖智默運。成筭不遺規模之遠。固已素定。用敢冒昧裨萬分一。臣既聞虜中之亂。虜兵在中原者不多。實天相陛下恢復之時。而形勢便利。莫如陝西。蓋得兵得馬得糧。可以壯國威。可以足軍餉。欲守則有險可恃。欲戰則有資可憑。自古進取天下。固有次序。而莫先於此。臣嘗所憂者大將相與因循。無一肯出力為國家任責。兩日來吳拱出示吳璘三書。謹錄進呈。臣觀其書意。知虜為甚怯。知其兵為可用。知民心為已歸。知糧道可以取足於西人。又知其疾之已去。老之可憂。而自勉於一舉。而臣所不知者朝廷怯於立事。和戰未決。尚以為疑也。自虜使及境而去。或以為虜中方亂。有所未暇。或以為虜延未肯歸疆。將有所要

致於我。以臣愚慮。二說皆可置不問。所當急者。今日之機。如因璘之意而用其機。此在陛下與二三大臣斷以一言而已。臣博采輿論。謂中原之虜不多。必無深入之憂。若且命董庠以本管兵守淮東。郭振以四統制兵守淮西。趙撙駐信陽。李道追新野。唐鄧之間各自其險而固守。勿與虜戰。自得息兵以待用。先令吳拱選精兵二萬人。從鄧州路與王彥會於商州。以萬人守潼關。使河南之虜不能進兵以援長安。又以萬人與彥合力進討。而吳璘姚仲擁大兵而出。西人知朝廷大舉。唱義而應者必甚於今日。官軍聲震關輔。則寶雞之虜知其無援。又為西人之所共棄。若不請降。亦必引兵度河而去。國家得於此時收兵籍馬。因長安之糧而取河南。因河南之糧而會諸軍以取汴。則兵力全而可以省諸道之運。至如兩河之地。因民之心。可傳檄而定矣。臣聞兵好合而惡分。時難得而易失。欲望陛下與二三大臣察納其說而熟計之。湝以一定之謀。分命諸將使戮力以收不世之功。天下幸甚。臣迫於愚忠。抵冒天威。伏深震懼。

允文又上言曰。臣竊惟藝祖皇帝創業之初。削平諸國。首會襄陽之兵以取荊南。蓋天下勝勢所在。先得之。則雄視吳蜀。一統之祚。實始於此。今陛下留神於襄漢之上游。控吳蜀之全壤。規摹弘遠。得藝祖之遺意。我開聖哲。先後同符。而議者謂自古以來蜀以重山為險。吳以長江為險。而荊襄之地平原廣袤。無一山一水之限隔。故三國之後。以至南北之分。凡皆以兵為險。良將勁卒。聚為重鎮。方冊可考也。道路錯出。不可以數計。而其大者有六。自陝虢出盧氏。可以直抵歸州。自光化出茨湖。可以直抵夷陵。自汝州出新野。可以直抵襄陽。自唐州出棗陽。可以直抵郢州。自蔡州出信陽之三關。可以直抵德安府。自陳州出宛丘新息。可以直抵光黃弥亘數千里。實為坦途。皆當

地也。兵厚則險固。理之自然。而今之備兵。反薄於守吳
守蜀之數。一失支梧。虜勢橫潰。吳蜀之形。釐而為二。屯兵雖多。首尾
莫應。甚可慮也。伏願陛下。曲軫淵衷。下臣之章於腹心大臣。議所以
益兵之策。庶幾不失藝祖所以先重荊襄之意。為陛下恢復之基。天
下幸甚。

歷代名臣奏議卷之九十三

經國

宋孝宗時。建康府通判辛棄疾進美芹十論曰。臣聞事未至而預圖。
則處之常有餘。事既至而討。則應之常不足。虜人憑陵中夏。臣子思
酬國恥。普天率土。此心未嘗一日忘。臣之家世受廛濟南。代膺閫寄。
荷國厚恩。大父臣贊以族衆拙於脫身。被汙虜官。留京師。歷宿亳。涉
沂海。非其志也。每退食。輒引臣輩登高望遠。指畫山河。思投釁而起。
以紓君父所不共戴天之憤。嘗令臣兩隨計吏。抵燕山。諦觀形勢。謀
未及遂。大父臣贊下世。粵辛巳歲。逆亮南寇。中原之民。屯聚蜂起。臣
嘗鳩衆二千。隸耿京。為掌書記。與圖恢復。共籍兵二十五萬。納款于
朝。不幸變生肘腋。事乃大謬。負抱愚忠。填鬱腸肺。官閑心定。竊伏思
念。今日之勢。朝廷一於持重。以為成謀。虜人利於嘗試。以為得計。故
和戰之權。常出於敵。而我特從而應之。是以燕山之和未幾。而京城
之圍急。城下之盟方成。而兩宮之狩遠。秦檜之和。反以滋逆亮之狂。
彼利則戰。倦則和。詭譎狙詐。我實何有。惟是張浚符離之師。猶有生
氣。雖勝不慮敗。事非十全。然計其所喪。方諸既和之後。投閒蹂躪。猶
未若是之酷。而不識兵者。徒見勝不可保之為害。而不悟夫和而不可
恃為膏肓之大病。亟遂齰舌以為深戒。臣竊謂恢復自有定謀。非符
離小勝負之可懲。而朝廷公卿過慮。不言兵之可惜也。古人言不以
小挫而沮吾大計。正以此耳。恭惟皇帝陛下。聰明神武。灼見事幾。雖
光武明謨。憲宗果斷。所難比擬。一介醜虜。尚勞宵旰。此正天下之士
獻謀效命之秋。臣雖至愚且陋。何能有知。徒以忠憤所激。不能自已。
以為今日虜人實有弊之可乘。而朝廷上策。惟預備乃無患。故罄竭
精懇。不自忖量。撰成禦戎十論。名曰美芹。其三言虜人之弊。其七言

朝廷之所當行先審其勢次察其情後觀其釁則敵之虛實吾既詳之矣然後以其七說次第而用之虜固在吾目中惟陛下留乙夜之神況先物之幾志在必行無惑群議庶乎雪恥酬百王除兇報千古之烈無遜于唐太宗典冠擧衣以復韓侯雖越職之罪難逃野人美芹而獻于君亦愛主之誠可取惟陛下赦其狂僭而憐其愚忠斧鑕餘生實不勝幸萬幸萬之至其審勢曰用兵之道形與勢二不知而一之則沮於形眩於勢而勝不可圖且坐受其斃矣何謂形小大是也何謂勢虛實是也土地之廣財賦之多士馬之衆此形也非勢也形可擧以示威不可用以必勝譬如轉嵌巖于千仞之山轟然其聲嵬然其形非不大可畏也然而塹留木拒未容於直遂有能迂回而避禦之至力殺形禁則人得跨而踰之矣若夫勢則不然有器必可用有用必可濟譬注矢石于高墉之上操縱自我不係于人有軼而

過者抨擊中射惟意所向此實之可慮也自今論之虜人雖有嵌巖可畏之形而無矢石必可用之勢其擧以示吾者特以威而疑我也謂欲用以求勝者固知其未必能也彼欲致疑吾且信之以爲可疑彼未必能吾且意其或能是亦未詳夫形勢之辨耳臣請得而條陳之虜人之地東薄于海西控于夏南抵于淮北極于蒙地非不廣也虜人之財簽兵于民而無養兵之費靳恩於郊而無泛恩之賞又輔之以歲幣之相仍橫斂之不卹則財非不多也沙漠之地馬所生焉射御長技人皆習焉則其兵又可謂之衆矣以此之形時出而震我亦在所可慮而臣獨以爲不足卹者蓋虜人之地雖名爲廣其實易分惟其無事兵劫形制若可糾合一有驚擾則忿怒紛爭割據蜂起辛巳之變蕭鷓巴反于遼開趙反于密魏勝反于海王友直反于魏耿京反于齊魯親而葛王又反於燕其餘紛紛所在而是此則已然

之明驗是一不足慮也虜人之財雖名爲多其實難恃得吾歲幣惟金與帛可以備賞而不可以養士中原廩窖可以養士而不能保其無失蓋虜政庬而官吏橫常賦供億民粗可支意外而有需公實取一而吏七八之民不堪而叛叛則財不可得而反喪其資是二不足慮也若其爲兵名之曰多又實難調而易潰且如中原所簽謂之大漢軍者皆其父祖殘于蹂踐之餘田宅罄於掊剝之酷怨憤所積其心不一而沙漠所簽者越在萬里之外雖其數可以百萬計而道里遼絶資糧器甲一切取辦於民賦輸調發非一歲而不可至始逆亮南寇之時皆是誅脅酋長破滅資產人乃肯從未幾中道竄歸者已不容制則又三不足慮也又況虜廷今用事之人雜以契丹中原江南之士上下猜防議論齟齬非如前日粘罕兀朮輩之叶且骨肉間僭弒成風如聞偽許王以庶長出守於汴私收民心而嫡少寄暴之於

父此豈能終以無事者哉我有二不足慮彼有三無能爲而重之以有腹心之疾是殆自保之不暇何以謀人臣抑聞古之善覘人國者如良醫之切脈知其受病之處而逆其必殞之期初不爲肥瘠而易其智官渡之師袁紹未遽弱也曹操見之以爲終且自斃者以嫡庶不定而知之咸陽之都會稽之游秦尚自強也高祖見之以爲當如是矣項籍見之以爲可取而代之者以民怨已深而知之蓋國之亡未有如民怨嫡庶不定之爲酷虜今並有之欲不亡何待臣故曰形與勢異惟陛下實深察之其察情曰兩敵相持無以得其情則疑疑故易駭駭而應之必不能詳有以得其情則定定故不可惑不可惑而聽彼之自擾則權常在我而敵實受其弊矣古之善用兵者非能務爲必勝而能謀爲不可勝蓋不可勝者乃所以徐圖必勝之功也我欲勝彼亦志於勝誰肯處其敗勝敗之情戰於中而勝敗之機未

有所決彼或以兵來吾敢謂其張虛聲以耀我乎彼或以兵遁吾敢謂其非匿形以誘我乎是皆未敢也然則如之何曰權然後知輕重度然後知長短定故也它人有心予忖度之審故也能定而審敵情雖萬里之遠可坐察矣今吾藏戰于守未戰而常為必戰之待寓勝于敵未勝而常有必勝之理彼誠虛聲以耀我我以靜應而不輕動彼誠匿形以誘我我有素備而不可以乘勝敗既不能為吾亂則固神閑而氣定矣然後徐以吾之心度彼之情吾猶是彼亦猶是南北雖有異慮休戚豈有異趣哉虜人情僞臣嘗熟論之矣辟如獰狗焉心不肯自開擊之則吠吠而後却呼之則馴馴必致齧盖吠我者忌我也馴我者狎我也彼何嘗不欲戰又何嘗不言和惟其實欲戰而乃以和狎我惟其實欲和而乃以戰要我此所以和無定論而戰無常勢也尤不可以不察曩者兀朮之死固嘗囑其徒使與我和曰韓

張劉岳近皆習兵恐非若輩所敵則是其情真欲和矣然而未嘗不進而求戰者計出於忌我而要我也劉豫之廢亶嘗慮無以守中原則請割三京亶之弑亮常懼吾有問罪之師則又謀割三京而還梓宮亮之殞裒又嘗緩我追北之師則復謀割白溝河以犬人行事我是其情亦真欲和矣非詐也未幾亶之所割視吾所守之人非其敵則不旋踵而復取之亮之所謀窺吾遣賀之使知其無能為則中輟而萌辛巳之逆裒之所謀悟有班師之失無意於襲則又反覆而有意外之請夫既云和矣而復中輟者盖用其狎而謀勝于我也今日之事揆諸虜情是有三不敢必戰二必欲嘗試何以言之空國之師商監不遠彼必不肯再用危道萬一猖獗特不過擱沿邊戍卒而已戍卒豈有能必其勝此一不敢必戰也海泗唐鄧等州吾既得之彼用師三年而無成則我有攻守之士而虜人已非前日之比此二不

敢必戰也契丹諸胡側目于其後中原之士扼腕于其前令之以得不從從之未必不反此三不敢必戰也有三不敢必戰之形懼之窺其弱而絕歲幣則其勢不得不張大以要我此一欲嘗試也貪而志欲得求不能充其所欲心惟務于僥倖謀不暇于萬全此二欲嘗試也且彼誠欲戰耶則必不肯張皇以速我之備且如逆亮始謀南寇之時劉麟蔡松年一探其意而導之則麟逐而松年鴆惡其露機也今誠必戰豈欲人逐知之乎彼誠不敢必戰邪貪殘無義忿不顧敗彼何所卹以母之親兄之長一忤其意一利其位亮猶弑之何有於我况今淞海造艦淞淮治具包藏禍心有隙皆可投敢謂之終遂不戰乎大抵今彼雖無必敢戰之心而吾亦不可不防其欲嘗試之擧彼於高麗西夏氣足以吞之故於其使之至也坦然待之而無他惟吾使命之去則多方脥歸曲意防備如人見牛羊未嘗作色而

遇虎豹則厲聲奮臂以加之此又足以見其深有忌于我也彼知有忌我獨無忌哉我之所忌不在于虜欲必戰而在于虜幸勝以踰淮而遂守淮以困我則吾受其病矣禦之之術臣具于守淮篇昔者黥布之心為身而不顧後必出下策薛公知之以告高祖而布遂成擒先零之心怒漢而疑罕开解仇結約充國知之以告宣帝而先零自速敗薛公充國非有風角鳥占之勝枯莖朽骨之技亦惟心定而慮審耳朝廷心定而慮審何情不可得何功不可成不求敵情之知而觀彼虛聲詭勢以為進退者非特重困吾力且失夫制勝之機為可惜臣故曰知敵之情而為之處者綽綽乎其有餘矣其觀釁曰自古天下離合之勢常係乎民心民心叛服之由實基于喜怒喜怒之方形視之若未有休戚喜怒之既積離合始決而不可制矣何則喜怒之情有血氣者皆有之飽而愉煖而適遂使之飢寒則怨仰而視俯

而育。遽使之捐棄則痛。究而求伸。憤而求泄。至於無所控告則怨。怨深痛鉅而怒盈。服則合。叛則離。秦漢之際離合之變。於此可以觀矣。秦人之法慘刻疑察。而漢則破觚為圜。與民休戚。天下不得不喜漢而怒秦。秦人則役繁賦重不卹。而漢則寬仁大度。務從簡約。天下不得不喜漢而怒秦。怒之方形。秦自若也。怒之既積。則喜而有所屬。秦始不得自保。遂離而合于漢矣。方今中原之民。其心果何如哉。二百年為朝廷赤子。耕而食。蠶而衣。富者安。貧者濟。賦輕役寡。求得而欲遂。一淪腥羶。彼視吾民如晚妻之御嫡子。愛憎自殊。不復顧惜。方僭竊之時。彼守未固。呲訕未定。猶勉強姑息以示恩。時肆誅戮以賈威。既久稍玩。真情遂出。分布州縣。半是胡奴。分朋植黨。仇㓕中華。民有不平。訟之於官。則胡人勝。而華民則飲氣以茹屈。田疇相鄰。胡人則強而奪之。孳畜相雜。胡人則盜而有之。民之至愛者子孫。簽軍之令下。則貧富不問。而丁壯必行。民之所惜者財力。營築饋餉之役興。則空室以往。而休息無期。有常產者困窶。無置錐者凍餒。民初未敢遽叛者。猶徇于苟且之安。而誅求於積威之末。辛巳之歲。相挻以興。矯首南望。思戀舊主者。怨已深。痛已鉅。而怒已盈也。逆亮自知形禁勢格。巢穴迥遠。恐狂謀無成。而竄身無所。故疾趨淮上。僥倖一勝。以謀潰中原之心而求歸也。此機不一再。而朝廷應不及此。中原義兵。尋亦潰散。吁。甚可追惜也。今而觀之。中原之民。素嘗叛虜。虜人必不能釋然於其心。而吾民亦豈能自安而無疑乎。疑則慮患深。操心危。是以易動而輕叛。朝廷未有意乎恢復則已。誠有意焉。莫若於其無事之時張大聲勢以聳之。使知朝廷偃然有可恃之資。存撫新附以誘之。使知朝廷有不忘中原之心。如是則一旦緩急。彼將轉相告諭。翕然而起。爭為吾之應矣。又況今日中原之民。非昔日中原之民。曩者民

習於治而不知兵。不意之禍。如蜂蠆作于懷袖。知者不暇謀。勇者不及怒。自亂離以來。心安于斬伐。而力鬬於攻守。虜人雖暴。有王師為之援。民心堅矣。馮婦雖攘臂。其為士笑之。孟子曰。為湯武驅民者桀與紂也。臣亦謂今之中原離合之釁已開。虜人不動則已。誠動焉。是特為陛下驅民而已。惟靜以待之。彼不亡何待。其自治曰。臣聞今之論天下者皆曰。南北有定勢。吳楚之脆弱。不足以爭衡于中原。臣之說曰。古今有常理。夷狄之腥穢。不可以久安于華夏。夫所謂南北定勢者。粵自漢鼎之亡。天下離而為南北。吳不能以取魏。而晉卒以併吳。晉不能以取中原。而陳亦終斃於隋。與夫藝祖皇帝之取南唐。取吳越。天下之士遂以為東南地薄兵脆。將非命世之雄。其勢固至於此。而蔡謨亦謂度今諸人必不能辦此。吾見韓盧東郭𡗝俱斃而已。臣以謂吳不能以取魏者。蓋孫氏之割據。曹氏之猜雄。其德本無以相過。而西蜀之地。又分於劉備。雖頻以兵窺魏。勢不可得也。晉之不能取中原者。一時諸戎皆有豪傑之風。晉之強臣方內自專制。擁兵上流。動輒問鼎。自治如此。何暇謀人。宋齊梁陳之間。其君臣又皆以一戰之勝。蔑其君而奪之位。其心蓋僥倖于人之不我攻。而所以攻人者皆其自固也。至于南唐吳越之時。適當聖人之興。理固應爾。無足怪者。由此觀之。所遭者然。非定勢也。且方今南北之勢。較之彼時亦大異矣。地方萬里。而劫於夷狄之一姓。彼其國大而上下交征。政厖而華夷相怨。平居無事。亦規規然模倣古聖賢太平之事以誑亂其耳目。是以其國可以言靜而不可以言動。其民可與共安而不可與共危。非如晉末諸戎四分五裂。若周秦之戰國。唐季之藩鎮。皆家自為國。國自為敵。而貪殘吞噬。剽悍勁勇之習。純用而不雜也。且六朝之君。其祖宗德澤涵養浸漬之難忘。而中原民心眷戀依依而不

去者又非得為今日比臣故曰較之彼時南北之勢大異矣當秦之時關東強國莫楚若也而秦楚相遇動以數十萬之衆見屠于秦君為秦虜而地為秦墟自當時言之是南北勇怯不敵之明驗而項梁乃能以吳楚子弟驅而之趙救鉅鹿破章邯諸侯之軍十餘壁皆莫敢動觀楚之戰士無不一當十諸侯之兵皆人人惴恐卒以阬秦軍入函谷焚咸陽殺子嬰是又可以南北勇怯論哉方懷王入秦時楚人言之曰楚雖三戶亡秦必楚夫豈彼能逆知其事之必至於此耶蓋天道好還亦以其理而推之耳故臣直取古今常理而論之夫所謂古今常理者逆順之相形盛衰之相尋如符契之必同寒暑之必至今夷狄所以取之者至逆也然其所居者亦盛矣以順居盛猶有衰焉以逆居盛固無衰乎臣之所謂理者此也不然裔夷之長而據有中夏子孫又有泰山萬世之安古今豈有是事哉今之議者皆痛

懲往者之事而刼於積威之後不推項籍之亡秦而猥以蔡謨之論晉者以藉口是猶懷千金之璧不能斡營低昂而掉尾于敗夫懲蝮蛇之毒不能詳覈真偽而褫魄于雕弓亦已過矣故臣願陛下姑以光復舊物而自期不以六朝之勢而自卑精心強力日與二三大臣講求古今南北之勢知其不侔而不為之惑則臣固當為陛下言自治之策今之所以自治者不勝其多也官吏之盛否民力之優困財用之豐耗士卒之強弱器械之良苦邊備之廢置此數者皆有司之事陛下亦次第而行之臣不能悉舉也顧今有甚者二陛下知之而未果行大臣難之而不敢發者一曰絕歲幣二曰都金陵臣聞今之所以待虜以緡計者二百餘萬以天下之大而為生靈社稷計曾何二百餘萬之足云臣不為二百餘萬緡惜也錢塘金陵俱在大江之南而其形勢相去亦無幾矣豈以為是數百里之遠而遽有強弱之

辨哉臣不為數百里計也然而絕歲幣則財用未可以遽富都金陵則中原未可以遽復是三尺童子之所知臣之區區以是為言者蓋古之英雄撥亂之君必先內有以作三軍之氣外有以破敵人之心故曰未戰養其氣又曰先人有奪人之心今則不然待敵則恃驩好於金帛之間立國則借形勢於湖山之險望實俱喪莫此為甚使吾內之三軍習知其上之人畏怯退避之如此以為夷狄必不可敵戰守必不可恃雖有剛心勇氣亦銷鑠委靡而不振臣不知緩急將誰使之戰哉借使戰其能必勝乎外之中原民心以為朝廷置我於度外謂吾無事則知自備而已有事則將自救之不暇向之袒臂疾呼而促逆亮之斃為吾響應者亡日必無若是之捷也如是則敵人將安意肆志而為吾患今絕歲幣都金陵其形必至於戰天下有戰形矣然後三軍有所怒而思奮中原有所恃而思亂陛下間取其二百餘

萬緡者以資吾養兵賞勞之費豈不為朝廷之利乎然此二者在今日未可遽行臣觀虜人之情玩吾之重戰而所求未能充其欲不過一二年必以戰而要我苟曰其要我而遂絕之則彼亦將自沮而權固在我矣議者必曰朝廷全盛時西北二虜亦不免于賂今我有天下之半而虜倍西北之勢雖欲不賂得乎臣應之曰是趙之所以待秦也昔者秦攻邯鄲而去趙將割六縣而與之和虞卿曰秦之攻趙也倦而歸乎抑其力尚能進且愛我而不攻乎王曰秦之攻我也不遺餘力矣必以倦而歸矣虞卿曰秦以其力攻其力所不能取倦而歸王又以其力之不能攻以資之是助秦自攻也臣以為虞卿之所以謀趙者是今日之勢也且今日之勢議者固以東晉自卑矣求之於晉彼亦何嘗退金陵輸歲幣乎臣竊觀陛下聖文神武同符祖宗必將陵跨漢唐鞭笞異類然後為稱豈能鬱鬱久居此者乎臣願陛

下酌古以御今。毋惑紛紜之論。則恢復之功可必其有成。古人云。謀及卿士謀及庶人。又曰。作屋道邊。三年不成。蓋謀貴衆。斷貴獨。惟陛下深察之。其守淮曰。臣聞用兵之道。無所不備。則有所必分。知所必守。則不必皆備。何則。精兵驍騎。十萬之屯。山峙雷動。其勢自雄。以此為備。則其誰敢乘。離屯為十。屯不過萬。力寡氣沮。以此為備。則備不足恃。此聚屯分屯之利害也。臣嘗觀兩淮之戰。皆以備多而力寡。兵懾而氣沮。奔走于不必守之地。而嬰虜人遠鬬之鋒。故十戰而九敗。其所以得畫江而守者幸也。且今虜人之情。臣固已論之矣。要不過以成兵而入寇。幸成功而無內禍。使之踰淮。將有民而撫之。有城而守之。則始是以為吾患。夫守江而棄淮。吳陳南唐之事可見也。且我入彼出。我出彼入。曠日持久。何事不生。曩者兀朮之將曰韓常劉豫之相曰馮長寧者。皆嘗以是導之。詎知其他日之計。終不出于此乎。

故臣以謂守淮之道。無懼其必來。當使之兵交而亟去。無幸其必去。當使之他日必不敢犯也。為是策者在於彼能入吾之地。而不能得吾之戰。彼能攻吾之城。吾能出彼之地。然而非備寡力專則不能也。且環淮為郡凡幾。為郡之屯又幾。退淮而江為重鎮曰鄂渚。曰金陵。曰京口。以至于行都扈蹕之兵。其將皆有定營。其營皆有定數。此不可省也。環淮必欲皆備。則是以有限之兵。而用無所不備之策。兵分勢弱。必不可以折其衝。以臣策之。不若聚兵為屯。以守為戰。庶乎虜來不足以為吾憂。而我進乃可以為彼患也。聚兵之說如何。虜人之來自淮而東。必道楚以趣揚。自淮而西。必道濠以趣眞。與道壽以趣和。自荊襄而來。必道襄陽以趣荊。今吾擇精騎十萬。分屯于山陽濠梁襄陽三處。而於揚或和置一大府以督之。虜攻山陽。則堅壁勿戰。而虛盱眙高郵以餌之。使濠梁分其半。與督府之兵橫擊之。或絕餉

道。或邀歸途。虜併力于山陽。則襄陽之師出唐鄧以擾之。虜攻濠梁。則堅壁勿戰。而虛廬壽以餌之。使山陽分其半。與督府之兵亦橫擊之。虜併力于濠梁。而襄陽之師亦然。虜攻襄陽。則堅壁勿戰。而虛郢復以餌之。虜無所獲。亦將聚淮北之兵以併力于此。我則以濠梁之兵制其歸。而山陽之兵自沭陽以擾沂海。此正所謂不恃敵之不敢攻。而恃吾能攻彼之所必救也。臣竊謂解雜亂紛糾者不控拳。救鬬者不搏撠。批亢擣虛。形格勢禁。則自為解矣。昔人用兵多出于此。故魏趙相攻。齊師救趙。田忌引兵疾走大梁。則魏兵釋趙而自救。齊師因大破之於桂陵。後唐莊宗與梁相持於揚劉德勝之間。蓋嘗屢而不勝。其後用郭崇韜之策。七日入汴而梁亡。兵家形勢。從古以然。議者必曰。我知擣虛以進。彼亦將調兵以拒進。遇其實未見其虛。是大不然。彼沿邊為守。其兵不過數萬。既已屯于三城之衝。其餘不

容復多。兵少而力不足。謂能當我全師者。又非其所慮也。又況彼縱得淮而民不服。且有江以為之阻。則猶未足以為利。我得中原而簞壺迎降。民心自固。且將不為吾守乎。如此。則在我者甚堅。而在彼者甚瑕。全吾所甚堅。攻彼所甚瑕。此臣所謂兵交而必亟去。兵去而不敢復犯者此也。嗚呼。安得斯人而與之論天下也哉。其屯田曰。趙充國論備邊之計曰。湟中積穀三百萬斛。則羌人不敢動。李廣武為成安君謀曰。要其輜重。十日不至。則二將之頭可致者。此言用兵制勝以糧為先。轉餉給軍。以通為利也。必欲使粮足而餉無間絕之憂。惟屯田為善。而屯田蓋亦難行。國家經畫于今幾年。而曾未覩夫實効者。所以驅而使之耕者非其人。所以為之任其責者非其吏。故利未十百而害已千萬矣。名曰屯田。其實重費以歛怨也。何以言之。市井無賴小人。惟其懶而不事事。而迫於飢寒。故甘捐軀于軍伍以就衣

食而苟閑縱一旦警急擐甲操戈以當矢石其心固偃然自分曰向者吾無事而幸飽煖于官今爲官有事而責死力于我且戰勝猶有累資補秩之望故安之而不辭今遽而使之屯田則是無事而不免耕耘之苦有事而又履夫攻守之危彼必曰吾能耕以食豈不能從富民租佃以爲生而輕失身于黥戮上能驅我于萬死豈不能捐穀帛以養我而重役我以辛勤不平之氣無所發洩在畎畝則邀奪民田脅掠酒爲以肆無稽踐行陣則呼憤扼腕疾視長上而不爲用且曰吾自耕自食官何用我焉是誠未覩夫事成之利也鹵莽滅裂徒費糧種抵見有害未聞獲利此未爲策之善如臣之說則曰向者之兵怠惰而不盡力向者之吏苟且而應故事不如籍歸正軍民釐爲保伍擇歸正不釐務官擇爲長貳使之專董其事且彼自屬中被簽而來耒耨之事蓋所素習且其生同鄉井其情相得上令下從不至

生事惟官之計其間田頃畝之數與夫歸正軍民之目土人已占之田不更動搖以重驚擾歸正之人今家給百畝而分爲二等爲之兵者田之所收則盡以予之謂之民者十分稅一則以爲凶荒賑濟之儲室廬器具粮種之法一切遵備使得植桑麻畜雞豚以爲歲時伏臘婚嫁之資彼必忘其流徙使於生養無事則長貳爲勸農之官有事則長貳爲主兵之將許其理爲資考久於其任使得悉心於教勸而委守臣監司覈其勞績奏與遷秩而不限舉主人孰不更相勸勉以赴功名之會哉且今歸正軍民散在江淮而此方之人例以異壤視之不幸而主將亦以其歸正則求自釋於廟堂又痛事形迹愈不加卹間有挾不平出怨語重典已繫其足矣所謂小名目者仰俸給爲活胥吏沮抑何嘗以時得嗚呼此誠可憫也誠非朝廷所以懷誘中原忠義之術也聞之曰因其不足而亦之利未四五而恩踰九十此

正也屯田非特爲國家便而且亦爲歸正軍民之福議者必曰歸正之人常懷異心群而聚之慮復生變是大不然也且和親之後沿江歸正軍民官吏失所以撫摩之惠相扳北歸者莫計當時邊吏亦皆聽之而莫爲制此豈獨歸正人之罪今之留者既少安矣更爲屯田以處之則人有常產而上無重斂彼何苦叛去以甘虜人橫暴之誅求哉若又曰恐其竊發且人惟不自聊賴乃攘奪以苟生誠豐飫矣何苦如是飢者易爲食必不然也誠使果爾棘而遠之於江外不猶愈于聚乎內而重驚擾乎且天下之事逆慮其害而不敢求其利亦不可言智矣蓋今所謂御前諸軍者待之素厚而養之素優故驕驕則不可復使此甚易曉也若夫州郡之卒異于是彼非天子爪牙之故可以勞之而不怨而其大半出于農桑失業之徒故狎于野而不怨往年嘗獵其丁壯勁勇者爲一軍矣臣以謂可華從此軍視歸正軍

民之數倍而發之使阡陌相連廬舍相望並耕乎兩淮之間彼其名素賤必不敢倨視歸正軍民而媒怨而歸正軍民視之猶江南之兵也亦必有所忌而不敢逞勢足以禁歸正軍民之變力足以盡屯田之利計有出于此者乎昔商之頑民相率爲亂周公不誅而遷之洛邑曰商之工臣乃湎于酒勿庸殺之姑惟教之其後康王命畢公又曰不臧厥臧民罔攸勸始則遷其頑而教之終則擇其善而用之聖人治天下未嘗絕物固如此今歸正人聚于兩淮而屯田以居之藪其勞績而祿秩以誘之內以節冗食之費外以省轉餉之勞以銷桀驁之變此正周人待商民之法秦人使人自爲戰之術而井田兵農之遺制也況皆吾舊赤子非如商民在周之有異念術而使之天下豈有不濟之事哉其致勇曰臣聞待陣無死命之士則將雖勇而戰不能必勝邊陲無死事之將則相雖賢而功不能必成將驕卒惰無

事則已有事則其弊猶爾則望敵先遁臨敵遂奔幾何而不敗國家事人君責成于宰相宰相身任乎天下可不有以深探其情而逆為之處乎蓋人莫不重死惟有以致其勇則惰者奮驕者聳而死有所不敢避嗚呼此正鼓舞天下之至術也致之如何曰將帥之情與士卒之情異而所以致之之術亦不可得而同何則致將帥之勇在于均任而投其所忌貴爵而激其所慕致士卒之勇在于寡使而紓其不平速賞而卹其已亡臣請得而備陳之今之天下其弊在于儒臣不知兵而武臣有以要其上故閫外之事朝廷所知者勝與負而已所謂當進而退可攻而守者則朝廷有不及知也彼其意蓋曰平時清要儒臣任之一旦擾攘而使我履矢石吾且幸富貴矣豈不能逡巡自愛而留賊以固位乎向者淮上之師有逗延而避虜者是其事也臣今欲乞朝廷於文臣中擇其廉重通敏者每軍置參謀一員使之得以陪計議觀形勢而不相統攝非如唐所謂監軍之比彼為將者心有所忌而文臣亦因之識行陣諳戰守緩急均可以備邊城之寄將帥有可進而攻之便彼知搢紳之士亦識兵家利害必不敢依違養賊以自封而遺國家之患此之謂均任而投其所忌凡人之情未得志則冒死亡以求富貴已得志則保富貴而重其生古人論御將者以才之大小為難謂御大才者如養騏驥御小才者如養鷹犬然今之將帥豈皆其才大者要之飽則飛去亦有如鷹者焉向者虹縣海道之師有得一邑破數艦而遷以節鉞使相與之者是其事也臣欲乞朝廷靳重爵命齊量其功等第而與之非謂無予之謂徐以予之且欲使之常亹亹然有歆慕未足之意以要其後効而戒諭文吏非有節制相臨者必以資級爲礙與左遷人均毋使如正使遙郡者間有趨伏堂下之辱如唐以金紫而執役之類彼被介冑者知一

爵一命之可重而朝廷無左右選貴賤之別則亦矜持奮勵盡心于朝廷而希尊榮之寵此之謂貴爵而激其所慕營幕之間飽煖有不充而主將歌舞無休時鋒鏑之下肝腦不敢保而主將雍容于帳中此亦危且勤矣而平時又不與之休息以養其力至使之舁土運甓以營私室而肆鞭撻彼之心懷憤挾怨惟恐天下之無事以求所謂快意肆志者而逞其上誰肯挺身効命以求勝敵哉兵法曰視卒如愛子故古之賢將有與士卒寢下者同衣食而分勞苦臣今欲乞朝廷明勑將帥自教閱外非備營治柵名公家事者不得私有役使以收士卒之心此之謂寡使而紓其不平人莫不惡死亦莫不有父母妻拏之愛冒萬死幸一生所謂奇功折獲者有一資半級之望朝廷較其毫釐而裁抑之賞定而付之於軍則胥吏軋之主將邀之不得利不與敵去師捷主將享大富貴而士卒有一命又復沮格如此不幸而死妻離子散香火蕭然萬事瓦解未死者見之誰不生心兵法曰軍賞不踰時而古之賢將蓋有為士卒裹瘡卹孤者臣今欲乞朝廷過有賞命特與差官攜至軍中呼名給付而死事之家申勑主將曲加撫勞以結士卒之驩此之謂速賞而卹其已亡如此則驕者化而為銳惰者化而為力有不守矣守之而無不固有不攻矣攻之而無不克凡茲數事非有難行重費朝廷何惜而不舉以收將卒它日之用哉臣竊觀陛下向嘗詔百官以寵武臣隆恩數以優戰伐是誠有意于激勵將卒矣然其間尚有行之而未及詳已行而旋復弛之事欲望陛下察臣所以得於行伍之說如此而明付之宰相使之審處而力行之庶幾有以得上下之驩心而急難不至于誤國此實天下之至計也其防微曰古之為國者其應敵淺其防患密故常不吝爵賞以籠絡天下智勇辯力之士不欲一夫有憂愁怨懟亡聊不平

之心以敗吾事盡人之有智勇辯力者是皆天民之秀傑者類不肯自已藺大而不得見用於世小而又飢寒于其身則其求逞之志果於毀名敗節凡可以紓忿充欲者無所不至矣是以敵國相持勝負未決一夫不平輸情于敵則吾之所忌彼知而投之吾之所長彼習而用之投吾所忌用吾所長是殆益敵資而遺敵勝耳不可以不察傳曰謹備于其外患生于其內此正聖人所以深致意而庸人以為不足慮也昔者楚公子巫臣嘗教吳乘車射御而吳得以逞漢中行說嘗教單于毋愛漢物而漢有匈奴之憂史傳所載此類甚多臣之為今日慮者非以匹夫去就可以為朝廷重輕蓋以為泄吾之機足以增虜人之頡頏耳何則科舉不足以盡籠天下之士而爵賞亦不足以盡縻歸附之人與夫逋寇窮民之無所歸茹冤報恨之無所泄者天下亦不能盡無竊計其中亦有傑然自異而不徇小節者矣彼

將甘心俛首守死于吾土地乎抑亦壞垣越柵而求釋于他域乎是未可知也臣之為是說者非欲以聳陛下之聽而行己之言蓋亦有見焉耳請試言其大者逆亮之南寇也海道舟楫則平江之匠實為之淮南惟秋之防而盛夏入寇則無錫之士實甚之剋敵弓弩虜兵所不支今已為之殿司之兵比他卒為驕今已知之此數者豈小事哉如聞皆其北歸之人叛軍之長教之使然且歸正軍民或激于忠義或迫于虐政故相扳來歸其心誠有所慕也前此陛下嘗許以不遣矣自去年以來虜人間以文牒請索朝廷亦時有曲從其間有知詩書識義分者如辭元振輩上章請留陛下既已旌賞之矣若俗所謂四州王等輩既行之後得之道路皆言陰通偽地教其親戚訴諸虜庭移牒來請此必其心有所不樂於朝廷者若此曹雖闒懦無能累千百數舉發以歸之固不足卹然人之度量相越智愚不同或其

中亦有所謂傑然自異者患生所忽漸不可長臣願陛下廣含弘之量開言事之路許之陳說利害皆其可採以收拾江南之士明詔有司時散俸廩以優卹歸明歸正之人外而刺州縣吏使之蠲除苛歛平亭獄訟以紓其逃死蓄憤無所伸愬之心其歸正軍民或有爭索而猶言願行者此必陰通偽地情不可測朝廷既無負于此輩而猶反覆若是陛下赫然誅其一二亦可以絕其姦望不然則縱之而不加制玩之而不加卹恐他日萬一有如先朝張源吳昊之西奔近日施宜生之北走或能馴致邊陲意外之擾不可不加意焉臣聞之魯公父文伯死有婦人自殺于房者二人其母聞之不哭曰孔子賢人也逐于魯而是人不隨今死而婦人為自殺是必于其長者薄於其婦人厚議者曰從母之言則是為賢母從妻之言則不免為妬妻今臣之論歸正歸明軍民誠恐不悅臣之說者以臣為妬妻也惟陛下

深察之其久任曰臣聞天下無難能不可為之事而有能為必可成之人人誠能也任之不專則不可以有成故孟子曰五穀種之美者也苟為不熟不如稊稗何則事有操縱自我而謀之已審則一舉而可以遂成事有服叛在人而謀之雖審亦必持久而後可就蓋自古夷狄為中國患彼皆有爭勝之心聖人方調兵以正天誅任宰相以責成功非如政刑禮樂發之自己收之亦自己之易也朝而用兵夕而遂勝公卿大夫交口歸之曰此宰相之賢也明日而臨敵後日而聞不利則群起而媒孽之曰宰相不足與折衝也乍賢乍佞其說不一於是人君亦不能自信欲求之立事難矣哉臣讀史嘗竊深嘉越勾踐漢高祖之能任人而種蠡良平之能辦事驟而勝遽而敗皆不足以動其心而信之專期之成皆如其所料也觀夫會稽之棲五年而吳伐齊虛可乘也種蠡如不聞又四年吳伐齊虛可乘也種蠡又

發兵助之又二年吳伐齊不勝而種蠡始襲破之可以取之種蠡不取又九年而始一舉滅之蓋歷二十又三年而勾踐未嘗以為遲而奪其權豐沛之興秦二年漢敗于薛漢元年高帝厄于鴻門又二年衄于彭城又三年困于滎陽又五年不利于夏南良平何嘗一日不從之計議然未免于齟齬者蓋歷五年而始蹶項立劉高帝亦未嘗以為疎而奪其權誠以一勝一敗兵家常勢懲敗狃勝非策之上故古之人君其信任大臣也不間于讒說其圖回大功也不卹于小節所以能責難能不可為之事於能為必可成之人而收其効也虜人為朝廷患如病疽焉病根不去終不可以為身安然其決之也必加炷刃則痛亟而無後悔而其銷之也止於傅餌則痛遲而終為大患病而用醫不一其言至炷刃方施而傅餌移之傅餌未幾而炷刃奪之病不已而乃咎醫吁亦自惑也且禦戎有二道惟和與戰和固非

長策然太上皇帝用秦檜一十九年而無異論者太上皇帝信之之篤而秦檜守之之堅也今日之事以和為可以安而臣不敢必其盟之可保以戰為不可講而臣亦不敢必其兵之可休惟陛下推至誠疎讒慝以天下之事盡付之宰相使得優游無疑以悉力于圖回則可和與戰之機宰相其任之矣唐人視相府如傳舍其所成者果何事淮蔡之功裴度用而李師道遣刺客以緩師高霞寓敗而錢徽蕭俛以為言憲宗信之深任之篤令狐楚之罷為中舍李逢吉之出為節度皆以沮謀而見疎故君以斷臣以忠而能成中興之功而頃者張浚雖未有大捷亦未至大敗符離一衄召還揆路遂以罪去恐非越勾踐漢高帝唐憲宗所以任宰相之道非特此也内而戶部出納之源外而泉漕總司之計與夫邊郡守臣屯戍守將皆非朝夕可以責其成功者臣願陛下要成功于宰相而使宰相責成功于討臣守

將俾其各得專於職治而以祿秩旌其勞績不必輕移遽遷則人無苟且之心樂于奮激以自見其才一網既舉眾目自張天下之事猶有不難者臣不敢信其然也其詳戰曰臣聞鴟梟不鳴要非祥禽豺狼不噬要非仁獸此虜人雖未動而臣固將以論戰何則我無爾詐爾無我虞然後兩國可恃以定盟而生靈可恃以弭兵今彼嘗有詐我之情而我亦有虞彼之備一詐一虞謂天下不至於戰者惑也明知天下之必戰則出兵以攻人與坐而待人之攻也孰為利戰人之地與退而自戰其地者孰為得均之不免於戰莫若先出兵以戰人之地此固天下之至權兵家之上策而微臣之所以敢妄論也詳戰之說奈何詳其所戰之地也兵法有九地皆因地而為之勢不詳其地不知其勢者謂之浪戰故地有險易有重輕先其易者險有所不攻破其重者輕有所不取今日中原之地其形易其勢重者果安在哉

曰山東是也不得山東則河北不可取不得河北則中原不可復此定勢非臆說也古人謂用兵如常山之蛇擊其首則尾應擊其尾則首應擊其身則首尾俱應臣竊笑之夫擊其尾則首應擊其身則首尾俱應固也若夫擊其首則死矣尾雖應其庸有濟乎方今山東者虜人之首而京洛關陝則其身其尾也由泰山而北不千二百里而至燕燕者虜人之巢穴也自河失故道河朔無濁流之阻所謂千二百里者從枕席上過師也山東之民勁勇而喜亂虜人有事常先窮山東之民天下有變而山東亦常首天下之禍至其所謂備邊之兵較之他處山東號為簡略且其地於燕為近而其民素喜亂彼方窮其民簡其備豈真識天下之勢也哉今夫二人相搏痛其心則手足無強力兩陣相持躁其營則士卒無鬬心故臣以謂兵出沭陽則山東可指日而下山東已下則河朔必望風而震河朔已震則燕山者

臣將使之塞南門而守請試言其說虜人列屯置戍自淮陽以西至於汧隴雜女真渤海契丹之兵不滿十萬關中洛陽京師三處彼以為形勢最重之地防之為甚深備之為甚密可因其為重大為之名以信之揚兵於川蜀則曰關隴秦漢故都百二之險吾不可以不爭揚兵於襄陽則曰洛陽吾祖宗陵寢之舊廢祀久矣吾不可以不取揚兵於淮西則曰京師吾宗廟社稷基本於此吾不可以不復多為旌旗金鼓之形陽為志在必取之勢已震關中又駭洛陽已駭洛陽又聲京師彼見吾形忌吾勢必以十萬之兵而聚三地且沿邊郡縣亦必皆守而後可是謂無所不備則無所不寡如此則燕山之衛兵山東之戶民中原之簽軍精甲銳兵必悉舉以至吾乃以形綴之使不得遽去以勢留之使不得遂休則山東之地固虛邑也山東雖虛籍計青密沂海之兵猶有數千我以沿海戰艦馳突於登萊沂密淄濰之境彼

數千兵者盡分於屯守矣山東誠虛盜賊必起吾誘群盜之兵使之潰裂四出而陛下徐擇一驍將以兵五萬步騎相半鼓行而前不三日而至兗鄆之郊臣不知山東諸郡將誰為王師敵哉山東已定則休士秣馬號召忠義教以戰守然後傳檄河朔諸郡徐以兵躡其後此乃韓信所以破趙而舉燕也天下之人知王師恢復之意堅虜人破滅之形著則契丹諸國如窩斡鶻巴之事必有相軋而起者此臣所以使燕山塞南門而守也彼虜人三路備邊之兵將北歸以自衛耶吾已制其歸路彼又虞淮西襄陽川蜀之兵未可釋而去也抑為戰與守耶腹心已潰人自解體吾又將突出其背而夾擊之當此之時陛下築城而降其兵亦可驅而之北反用其鋒亦可縱之使歸不虞而後擊之亦可臣知天下不足定也然海道與三路之兵將不必皆勇士不必皆銳蓋臣將以海道三路之兵為正而以山東為奇奇者

以強正者以弱弱者常制之師而強者必取之兵也古之用兵者唐太宗其知此矣嘗曰吾觀行陣形勢每戰必使弱常遇強強常遇弱敵遇吾弱追奔不過數十百步吾擊敵弱常突出自背反攻之以是必勝然此特太宗用之於一陣間耳臣以為天下之勢避實擊虛不過如是昔曰不然必將驅堅悉銳由三路以進寸攘尺取為恢復之謀則吾兵為虜弱久矣驟而用之未嘗不敗近日符離之戰是也假設陛下一舉而取京洛再舉而復關陝彼將南絕大河下燕薊之甲東逾泗水潰山東之衆陛下之將帥誰與守此曩者三京之役是也借能守之則河北猶未病河北未病則雌雄猶未決也以是策之陛下其知之矣昔韓信請於高祖願以三萬人北舉燕趙東擊齊南絕楚之糧道而西會於滎陽耿弇言於光武欲先定漁陽取涿郡還收富平而東下齊皆越人之都而謀人之國二子不以為難能而高祖

光武不以為可疑卒籍之以取天下者見之明而策之熟也由今觀之使高祖光武不信其言則二子未免為狂何者其言落落而難合也如臣之論焉知不有謂臣為狂者乎雖然臣又有一說焉為陛下終言之臣前所謂兵出山東則山東之民必叛虜以為我應是不戰而可定也議者必曰辛巳之歲山東之變亦大矣然終無一人為朝廷守尺寸土以基中興者何也臣之說曰北方郡縣可使為兵者皆鋤犂之民可使以用此兵而成事者非軍府之黥卒則縣邑之弓兵也何則鋤犂之民寡謀而易聚懼敗而輕敵使之堅戰而持久則敗矣若夫黥卒之與弓兵彼皆居行伍走官府皆知其指呼號令之不可犯而為之長者更戰守其部曲亦稔熟其賞罰進退之權建炎之初如孔彥舟李成輩殺長吏驅良民膠固而不散者皆此輩也然辛巳之歲何以不變曰東北之俗尚氣而恥下人當是時耿京王友直輩

奮臂隴畝已先之而起彼不肯俛首聽命以為農夫下故寧嬰城而守以須王師而自為功也臣嘗揣量此曹間有豪傑可與立事者然虜人薄之而不以戰自非土木之興築官吏之呵衛皆不復用彼其思一旦之變以逞夫平昔悒怏勇悍之氣抑甚於鋤犁之民然而計深慮遠非見王師則未肯輕發陛下誠以兵入其境彼將開門迎降惟恐後耳得民而可以使之將得城而可以使之守非於此焉擇之未見其可也故臣於詳戰之末而備論之

左宣義郎秘書省校書郎兼國史院編修官員興宗上書曰臣聞聖人感人心而天下和平蓋人心不感則離離則天下之不和不平者將應之矣人心之感不感聖人初不間乎內外也以信示人無人不信以惠懷人無人不懷使天下畢信畢懷是之謂德感也恭惟祖宗建置社稷餘二百年永永傳不替之象獨非有以德感人者乎此不

可不稽也臣愚不佞待罪三館嚮者丙戌之秋嘗入建請北方歸正之士捨氈裘襲冠帶本非前日一都督府力能誘而來之者誠以吾宋有大義中國有至仁北方將士樂歸陛下之德只也陛下感之亦極矣頃章加意以禮始終之是時國家未萌還俘虜之議而臣之預言如此陛下過聽未以下臣迂愚其後繼用王友直於江上將王宏於步軍其餘才武以次錄用此聖主至斷至明者也中外率以為是今者虜因盜賊之萌乃起俘虜之請茲事體大應酬若失便關安危臣日夜念此至熟也陛下若曲徇外庭之言不計利鈍不愛歸附姑曰還其十百以緩目前之患臣恐患自此滋矣且王言如日外庭乃欲蝕之使朝廷前日為義今日為不義前日示信今日為不仁虧敗德意莫甚於此又況俘虜一搖懼者必衆千可以聚百百可以合千風塵飛揚肘腋為變甚可畏也其性純良者自此生心其慕教化者

自此絕望懷反側者自此有詞心剽賊者自此鄉導陛下異時有事北方沿淮以北陛下縱欲募用其人不識誰肯為陛下用乎此臣所以痛心疾首也今欲外圖帖息之計內寬流附之心陛下曷不試臣今盡三策於前顧臣之策必不為此虜餌為中國蓋也用其一則可以破不直之請用其二則可以塞無已之求用其三則可以成久禦之利唯上所命也謂宜今日因往來之使或對境之使遺之以書曰近聞侍旺懷異而楚州不知州之罪也本朝居數千里外其及知之乎比因大國有言然後覺之其楚州官吏並已竄謫沿邊軍民並已戒約則本朝凡嚴大國之意可謂曲折矣且侍旺自分必死故支離其詞奈何大國聽之萬一本朝獲一姦盜妄分析黨與入北界者本朝亦聽之乎如是則不直之請可破矣此臣策之一也又遺之言曰甲申之歲大國議和唐鄧海泗荆淮重地也輒舉以遺大國口血未

乾繼有兩淮之役俘取吾民凡數十萬本朝無愛南北之赤子惠顧前盟不敢求也今俘虜百千奔迸四出死生莫知大國累歲求之獨何意歟觀此似欲搖動和議曲不在本朝天地鬼神實臨之如是則無已之求可漸塞矣此臣策之二也傳曰善用兵者無赫赫之功豈獨用兵處事亦然也臣竊笑前者王琪等經理淮上引見而對朝辭而出道路莫不指目布置張皇竟以泄露諸將所以備虜者近乎虛聲而虜所以疑我者積乎實禍臣未聞事機不密而可用鷙鳥不伏而能擊者也是乃虜所以數啓紛紜之端歟今皆見之矣臣謂今日之事當卑其禮而長其息賒其日以寬其詞悠悠以靜處之縱不見信必無大侵然後潛正師律默課農桑陰蓄器械使事興而衆不知虜如我何則久禦之利漸成矣此臣策之三也彼虜自辛巳及今迭戰迭敗豈真健者哉謂秦無人故直欲以威劫之耳如不出臣三策

則正墮虜計悔無及也或謂臣之三策當矣陛下必審處之矣陛下
智勇能遠圖天威能亟決然尚有可慮者太上之意主於和柔故陛
下一切委順今者欲出詞拒虜恐不遑也萬一生事如太上何如大
孝何臣愚以此正陛下所以事太上而稱大孝者也大孝以安社稷
為悅使一旦歸附動搖流人怨憤憂獨不在社稷之間乎昔唐肅宗
起師靈武猶不欲以賊遺君父當時以孝與之況陛下至孝萬萬肅
宗者乎雖然虜勢實不可保陛下柰何不早為之策哉漢七國削亦
反不削亦反晉蘇峻召亦反不召亦反今臣度虜之勢和亦變不和
亦變特其變有早晚爾而說者謂徑與俘虜則繼今可以免禍是猶
抱虎而寢指虎之終不噬己也烏乎亦愚矣曷若整械飾穽求所以
禦虎者今廼欲專用抱虎之術哉內外歸附亦必用此游窺陛下以
為榮辱死生之決也措置一失禍猶發機從此殆矣而可無恩乎陛

下若賜清閒之燕得熟數于玉陛頓首試臣三策以次畢用之若衆
不附敵不懼榮名不成則是臣飾說欺君者也臣請死
祕書省正字趙汝愚論恢復奏曰臣竊惟陛下仰承太上付託之重
于此九年矣凡祖宗之疆土未復兩世之讎耻未報實惟陛下之責
未已是宜陛下朝不遑食夜不遑寢日積月累勤求所以為天下之
道如拯溺救焚而不敢緩也雖然急遽無善迹徒技無和聲又烏可
不量事勢苟為一切之計惟速之是務哉臣嘗竊聞或者之言謂陛
下銳於圖事惟患兵籍之不多養兵既多始憂財用之不給內外靡
耗軍士怨嗟於是苟有道可以豐財則利害未暇究也苟得入出以
任事則能否未暇擇也兩淮城壘土脉膏潤而不暇待也沿江保甲
徒擾無用而不暇恤也凡此數者亦由陛下不忘祖宗創業之勤而
求之太速耳行之未已臣恐陛下求之愈速而其效愈遲也經曰必

有忍其乃有濟又曰小不忍則亂大謀今夫陛下之所為謀者豈細
事哉臣愚伏望陛下廣恢廓之度建宏遠之規不以小利動其心不
以速成敗厥事求賢為上立政次之事之可為者屢省而後為弊之
可去者以漸而後去人事備而天時至區區戎虜有不足殄滅者矣
汝愚乞撫安歸正人疏曰臣伏思天下之弊多矣然其大且逼者莫
若歸正人彼皆祖宗涵養之餘不勝胡虜之暴一旦來歸如脫寇盜
而得慈母其所望者深矣朝廷既不能盡滿其意而民間時時訛言
咸謂虜人來有所索轉相驚動懷不自安夫以羈旅不自存之人而
懷反側不自安之意豈得不深為之慮也為今日計要先求術以安
之人情既安雖有姦宄不能動搖矣臣請試言所以安之之術其一
換授官資之人並注添差差遣至易得也書鋪以其不知吏部格法
百計邀阻所須貨賂數倍常人至有數月不得調者欲望聖慈令吏

部措置明立牓約諸歸正人並以到鋪之日為始後兩月不授差遣
許至吏部陳訴犯者重置典憲仍詔州縣其合得俸給並須按月支
破有積壓不支至一季以上者令監司劾奏其二北方豪傑之士捐
親戚墳墓間關而來有闔門受戮而不顧者其志豈存升斗之利
哉而所在例以傖荒待之無以自達鬱鬱叛去者亦多矣欲望明詔
諸軍管軍統制及緣邊監司守臣依隆興元年薦舉武臣格式有謀
略沉雄可任大計寬猛適宜可使御衆臨陣驍勇可鼓士氣威信有
聞可守邊郡者不以有無文武官資各薦一二人人以半歲為限陛
下親賜試問擇可用者隨才用之雖拔十得五未足以盡其人而羅
齒自倖其黨亦粗慰矣其三散在諸軍為兵者人給錢絹不多飢寒
切體進退無路情實可矜或者將校非人一切指為北虜勞逸異佳
種種不同遂令忠義之心積成愁怨之氣國家財賦少積絹未能均

有所濟猶宜遴選將帥能與士卒同甘苦者俾勤而撫之尚庶幾其可也凡此三者臣日夜念之方時無虞隱伏未見小有風飈之警懼非法令之所能制也惟陛下留神幸甚

汝愚又上自治之策曰臣踈賤無取誤蒙陛下恩私選自諸生擢登禁路非惟身荷寵禄且將澤及子孫致命捐軀誓難圖報又念國家靖康之難同姓一時俱北行者蓋數千人然則家國之事臣實義同休戚今身雖在遠苟可以效涓塵之益者誠不當畏避蓄縮以跡遠自疑也惟陛下留神幸甚臣伏自去歲夏中傳聞北虜還歸本土緣臣僻居海角無從詢問虜中事體臣仰惟陛下英明獨運威略如神多士盈庭筭無遺策使臣空竭肺腑何補亮芒但以世受國恩不無私憂過計竊謂虜情難測未可輕言迹其盜據幽燕比年似亦安靜今乃無故妄動其間必有深謀或者謂其嫡庶不分兄弟爭立虜酋

牽制不斷將分國而王之昔趙武靈王既立少子而復愛長子欲兩王之猶豫未決而身及於難漢五單于爭立而其國遂衰設如或者之言在彼誠為失策然臣竊聞虜酋既老而常有欲慕太上皇帝之心故築宮以仁壽為名久欲為傳授之事使其復愛長子欲裂土而封之亦惟下一紙之令則其事即日可定矣何至捨其已成之業而犯衆情之所難棄中原之奧區而退伏於絶漠苦寒之地彼又豈不知陛下卧薪甞膽志在規恢胡為遠自遁藏深形退屈兵法有進無退義豈其然臣謂朝廷正當深察其情而思所以待之之策未可直謂其施為悖謬而遂有輕視強敵之心也臣輙不量淺陋伏而思之而得三說其一臣昨在吏部時聞虜人之長子號許王者強暴不仁專好武事志在傾奪將為亂階臣始聞之常竊私喜其間亦有謂不然者今臣之所治雖在南方而官吏之中多北來人士其間亦有久在淮南而熟知淮北事體者皆言其人強忍堅志素蓄姦謀桀紂雄豪狡採時舉常至泗淮措置邊事皆乘驛騎奔馳飈去倏來人不知其為虜酋之子也且謂其人不死必能大為邊患使虜人善自為討委之南據汴都授以偏師用為藩屏則國家將倍勞戍守邊境未易得安而虜酋在燕以重勢臨之彼亦安能簒奪今若陰使其父歸伏舊巢察其姦心用志非小其人蓋將挾君父之勢間兄弟之情乘北方士馬之強為併吞其國之舉發邊禍大可為深憂其二虜人自得國以來蓋常以北方為根本如漢高祖與項籍轉戰滎陽京索間而以關中為根本安禄山雖盜據洛陽而以范陽為根本之類是也竊料虜人三世簒奪不能不過為隄備今將立其少子而恐或者議其後也故以其身退居根本之地而壓之以重勢俟其少定徐議後圖然則一時之計雖若煩勞恐其因事制宜亦未為深失也臣又聞方

逆亮時剪滅宗室完顏氏多死者獨今虜酋佯為有疾退居遠郡若無能為一旦乘逆亮之動取其國如探囊逮其僭據許時亦絶不生邊事臣觀其人似亦非輕舉妄動者蓋恐其間必自有說也其三或者疑其曩時簒弒皆在巳年今欲北還將為厭勝然自虜酋得國今已二十餘年蓋甞歷癸巳之歲矣未聞有厭勝之事何也大抵人之常情安土重遷吉凶悔吝皆生乎動誠使虜人無故妄動別無他謀而違逆衆情勞役百姓中原父老固已不堪其擾矣又聞其隨行奴婢甚有逋逃去歲苦寒人畜多死如是不已孰不怨嗟竊恐其間將有豪傑之士如晉石勒劉聰之徒乘間俟隙崛起自奮弱則請服強則自固亦將重煩朝廷經理也臣竊料虜情為是三說詳觀事勢朕兆已萌遠不踰三年近或止朞歲事機一發利害萬端不審陛下萬機之餘亦甞深念及此否孟子曰國家閒暇及是時明其政刑雖大

國必畏之矣臣觀自古敵國相對常苦難得閒暇之時惟其預備於
無事之先故能患至而無恐臣謂朝廷及今閒暇當亟圖所以自治
之策不宜視同常務使有後時之悔也臣觀自古國之治亂兵之強
弱全在得人然則搜選人材最為當今急務練兵理財蓋又次之陛
下聖意憂勤盡思一旦用兵之際自東徂西凡備敵者幾處為總帥
者當用幾人將佐中素有威望可以獨當一面者幾人幕府賓贊能
知兵家事體緩急可以濟務者幾人兵法曰興師十萬出征千里百
姓之費公家之奉日費千金陛下恭儉焦勞內帑所儲有可支幾歲
自古兵連禍結亦豈可以歲月計哉惟昔辛巳之役上天垂祐逆亮
伏誅甲申之役虜人實有厭兵之意故兵纔及境不數月而邊解要
不可以是為準也臣觀自古用兵不計勝負惟能持久者終成帝業
陛下復料今日之兵將財力事勢能以持久而不困乎若曰祖宗德

澤感人甚深中原故老常有謳吟思漢之意一旦北方有變必有簞
食壺漿以迎王師者朝廷乘破竹之勢中原遂可傳檄而定矣初不
待歲月持久也臣仰惟陛下自即尊位于今二十餘年盛德美意日
新一日是宜上符天道下順人情克復之期不俟再舉然臣猶謂取
諸己者可信而責於人者難期正須朝廷國勢安彊然後豪傑可收
為用若昔晉宋之際蓋無日不望中原豪傑之助也然計其功效終
成畫餅故臣惟願陛下勤於自治而已兵法又曰知己知彼百戰百
勝又曰三軍之事莫親於間賞莫厚於間事莫密於間又曰愛爵祿
百金不知敵之情者不仁之至也非人之將也今虜酋北徙國人既
知之矣然其所以北徙之意朝廷猶未能深得其情是則諸將用間
不密之過臣聞昔揚存中在紹興諸將中最為不及然其設心措意
猶是向公如李顯忠華方得罪秦檜棄置閑廢之中存中為之傾貲

結納故能卒收其用臣聞存中每遣間諜輒委之數萬緡恣其所往
皆數年而後歸故能深得虜人之情狀今之諸將孰可任此臣愚伏
望陛下內則親詔大臣選群材以脩政事外則密諭將帥厚遣間以
覘敵情至於近邊移戍修城凡動人耳目之事皆可少緩而弗為虜
人所欲歲幣亦宜如數遣發不必與之深較嚴戒邊吏毋得輕輒生
事俾其安意肆志不復以我為疑然後養威蓄銳而徐觀其變則庶
幾其可圖矣臣僭越狂妄冒瀆天威不任皇懼待罪之至
戶部侍郎汪應辰論國用士風軍政疏曰臣仰惟陛下初即大位群
臣百姓拭目傾耳以觀化聽令其精微遠大雖非見聞可及而動容
周旋一以禮法仁孝之行恭儉之德惻怛愛民之心謙虛盡下之誠
類皆出於聖性之自然者以至收召名士博求直言追錄忠烈莫不
犂然當於人心中外稱誦以為此聖主也一見決矣孔子曰三代之

王也必先其令聞詩曰明明天子令聞不已夫豈有意於求名哉蓋
昔之有事于四方若卜筮罔不是孚者以其民悅服之有素也誠因
始初清明之政中外悅服之心推其所已為求其所未至凡人心之
所欲而今日之所當行者舉而措之以幸天下蓋沛然若決江河莫
之能禦事半古人而功倍之矣臣請言人心之所欲而今日之所當
行者惟陛下財擇自用兵以來有司於常賦之外所以搜求征取者
名色不一蓋十倍於漢唐與祖宗之時而不翅也州郡為之匱乏百
姓為之凋敝宜其財聚於上不可勝用矣而大農常有不足之憂則
夫今日之國用不可以不理也平居無事將帥之臣坐享貴富一旦
警急聞命則遷延而不前望敵則皇遽而自卻事平之後益自夸詡
論功第賞動以數萬若其名籍之虛實技勇之高下皆不可得而考
核則夫今日之軍政不可以不脩也以便文自營為得計以因循苟

且為練事。希功者肆意於誕謾而不疑。逐利者甘心於欺斆而不耻。朝廷所託材器職業者萃於群下也。而積習如此。將何望焉。則夫今日之士風不可以不變也。以陛下之仁聖。而因始初清明之政。中外悅服之心。慨然欲大有為於天下。以此三者為當務之急。酌之衆論。參以時變。先甲三日而究其所以然。後甲三日而慮其將然。是非之理。本末之序。既已參於前矣。言之則必可行。行之則必可久。任使賢能必盡其人之材。賞罰功罪必當其事之實。騁浮辭者不得以亂真。挾私意者不得以害正。斷之以不惑。持之以不倦。未有不還至而有效者也。國用理。則民可裕矣。軍政脩。則兵可強矣。士風變。則政事可舉矣。內以治吾之國家。外以制敵。豈不綽綽然有餘裕哉。昔漢之文景躬行節儉。則有家給人足之效。宣帝總覈名實。則有吏稱職民安業之效。夫以居得致之位。操可致之勢。而又有能致之資。其於天下之事。特患有所不為爾。竊惟太上皇帝以天下之大。付之陛下。夫豈苟然而已哉。蓋以天下與人易。為天下得人難。太上皇帝既得其所難矣。陛下當思所以任其難者。詩曰我日斯邁而月斯征。夙興夜寐毋忝所生。時之不可失也。微臣不勝拳拳之至。

直煥章閣王師愈上奏曰。臣聞天位於上。雷動於下。其卦曰無妄。以四時言之。春夏之發生。雷雖震驚人不以為妄。所當然也。故能成育物之功。秋冬之歛藏。雷雖隱然而有聲。人莫不惕然而駭聽。蓋其動也妄。必有札瘥癘疫之患。聖人體天以立極。法天而圖治。安平之時出入起居。罔有不欽。發號施令。罔有不臧。非以其材略智術是以高天下。亦以其動靜本於天理之自然。不挾乎人為之私也。是以濟大業者當艱難之時。或速而有成。或緩而有成。究其所以然。皆無妄也。漢高之王漢中未幾而長驅於滎陽京索閒。不五載而成帝業。蓋因其東歸之士。其動不可以緩也。諸葛亮之相蜀。國事未定。則閉關息民以固之。其動不可以速也。臣又聞善圖治者。如良醫之療疾。固有指日而致效者。亦有累月而後效者。氣血未衰。偶為外邪所乘。或汗或下。其効立見。此豈待累月之久哉。若夫沉痾之餘。羸然荼然。必在乎固其本元。養其精神。強其筋力。反欲投瞑眩之劑。求指日之効。又欲娛之以華靡宴樂之奉。其可哉。方今天下之患。胎於熙豐。結於崇觀。潰裂於靖康。自紹興之初。上下相維持。將復振矣。秦檜用事之臣。又從而弱之。幸賴天啓聖明。陛下嗣膺大統。規恢十年。始有蘇息安強之兆。實社稷生民之福也。伏願陛下遠稽羲經之無妄。俯察良醫之治病。脩我之備。待彼之釁。毋欲速而輕動。其不能成萬全之勳者。臣未之信也。

師愈為長沙守。上奏曰。臣聞濟大業者。不可畏敵人之盛強。亦不可喜敵人之失德。畏其盛強。則心必怠。喜其失德。則心必驕。驕與怠一萌於胷中。而能圖回者鮮矣。三代而下。遇強敵者莫如漢高祖。方項羽席戰勝之威。以入關。分王諸侯。可謂強矣。高祖則未嘗畏焉。羽之慓悍猾賊。所過殘滅。可謂失德矣。高祖則未嘗喜焉。竟趣漢中。務寬仁以收民心。廓大度以用人傑。終能遂其欲東之志。五載而成帝業。其規模為何如。靖康之變。亘古所無之恥。不共戴天之讎。將五十年矣。在當時見聞其事者。壯者已老。老者已死。今之年三四十者。雖語以當時之事。已茫然矣。此讎此恥。殆將忘之。祖宗在天之靈。四海忠義之心。所望雪此恥。復此讎。有待於陛下。陛下亦以雪恥復讎為己任。即位以來。宵旰焦勞。未嘗不在是也。然以強弱之勢論之。虜人土地之衆。金穀之富。車馬之壯。雖元魏所不逮。自古夷狄之盛。未之有也。世之畏縮守和議者。必持是說焉。曾不知強弱盛衰。相為消長。未有強而不弱。盛而不衰者。厥今虜勢。安知天意不欲稔其惡而殲焉。所謂其強易弱。其盛易衰。況加之以滛雹。中原之民。怨入骨髓。以是觀之。其可畏乎。世之輕狂妄議進取者。往往又善是說。謂可以指日恢復。曾不思國家素備果何如哉。己巳之歲。逆亮篡奪。辛巳之歲。逆亮自斃。天授機會如此。國家不能進跬步取尺寸者。良由無素備也。何謂素備。一曰脩己任德。以承天意。二曰寬惠及民。以固邦本。三曰廣收英傑。以為股肱。四曰據要害之地。以壯形勢。五曰練兵足用。以待進取。此五者。人皆能言之。陛下亦飽聞而厭聽。人多以為腐儒常談。殊不知五穀無異味。而能療飢。布帛無異采。而能禦寒。五者雖若常談。實圖回之先務。要在深思而力行。既有素備。機會之來。斯能乘之。何謂機會。或骨肉爭國。或種落離叛。或姦雄割據。或大盜蜂起。或輕動深入。皆機會也。魏相曰。兵應者勝。素備已脩。或逢機會。以治乘乖之。而不能成商宗周宣漢光武之業者。未之聞也。苟惟不此之務。徒能張虛氣出大言。忘遠慮爭小利。而曰能圖恢復者。非臣所知也。

歷代名臣奏議卷之九十四

歷代名臣奏議卷之九十五

經國

宋孝宗時。朱熹上奏曰。臣竊觀今日之論國計者大槩有三。曰戰曰守曰和而已。然天下之事。利必有害。得必有失。是以三者之中。又各有兩端焉。蓋戰誠進取之勢。而亦有輕舉之失。守固自治之術。而亦有持久之難。至於和之策則下矣。而主其計者亦以為屈己愛民。蓄力觀釁。疑敵緩師。未為失計。多事以來。此三說六端者。是非相攻。可否相奪於冥冥之中。談者各飾其私。而聽者不勝其眩。雖以陛下之明。蓋未能斷然無惑志於其間也。臣竊以為此其所以然者。由不折衷於義理之根本。而馳騖於利害之末流故也。故臣嘗竊妄謂人主之學。當以明理為先。是理既明。則凡所當為而必為。所不當為而必止者。莫非循天之理。而非有意必固我之私也。臣請復指其實而明之。蓋臣聞之。天高地下。人位乎中。天之道不出乎陰陽。地之道不出乎柔剛。是則舍仁與義。亦無以立人之道矣。然而仁莫大於父子。義莫大於君臣。是謂三綱之要。五常之本。人倫天理之至。無所逃於天地之間。其曰君父之讐不與共戴天者。乃天之所覆。地之所載。凡有君臣父子之性者。發於至痛不能自已之同情。而非專出於一己之私也。恭惟國家之與北虜。乃陵廟之深讐。言之痛切。有非臣子所忍聞者。其不可與共戴天明矣。太上皇帝念此讐之未報。雖享天下不以為樂。一旦舉而付之陛下者。以陛下聰明智勇為必能成此志也。然則今日所當為者。非戰無以復讐。非守無以制勝。是皆天理之自然。非人欲之私忿也。陛下亦既有意於必為矣。聞者不知何人。輒倡為邪議。以熒惑聖聽。至遣朝臣持書以復虜帥而為講和之計。臣竊恨陛下於所不當為者不能必止。而重失此舉也。且不知陛下不得已於議者之言而始為此耶。抑真欲和議之成而為此耶。以為姑為此也。則既為其始。必慮其終。我既請之。彼必報之。不可以苟為也。且苟而為此。欲以何求也哉。無補於事。徒害於理。臣有以知陛下之不為也。以為真欲和議之成也。則議者所謂屈己愛民。蓄力觀釁。疑敵緩師。未為失計者。臣請有以議之。夫人以藐然之身。位乎天地之間。至微也。而能與天地並立而為三者。以其有仁義之性。而與夫陰陽之氣。剛柔之體。同出乎萬物之一原而無間也。古之聖人所以參天地而贊化育者。豈有他哉。亦順此理而無所逆焉耳。今釋怨而講和。非屈己也。乃逆理也。己可屈也。理可逆乎。逆理之禍。將使三綱淪九法斁。子焉而不知有父。臣焉而不知有君。人心僻違。而天地閉塞。夷狄愈盛。而禽獸愈繁。是乃舉南北之民而棄之。豈愛之之謂哉。且不曰愛其君父。而曰兼愛南北之民。其於輕重之倫。緩急之序。亦可謂

舛矣。夫子為政。以正名為先。蓋名不正。則言不順。事不成。而民無所措其手足。今乃欲舍復讎之名。而以講好為觀釁緩師之計。蓋不惟使上下離心。中外解體。緩急之間。無以應敵。而吾之君臣上下所為夙興夜寐以脩自治之政者。亦將因循隳弛而不復振矣。正使虜人異日果有可乘而不可失之釁。竊恐吾之可憂。乃甚於所可喜。而信誓之重。名分之素。彼皆得以歸曲于我。蓋不待兩兵相加。而吾氣已索然矣。且自宣和靖康以來。講和之效。亦可槩見。虜之情偽。吾之得失。蓋不待明者而後知。而小人所以好為是說者。蓋惟君子然後知義理之所必當為。與義理之必可恃。利害得失。既無所入於其心。而其學又足以應事物之變。是以氣勇謀明。無所懾懼。不幸蹉跌。死生以之。小人之心。一切反是。其所以專為講和之說者。特以便其私耳。而謀國者過而聽焉。豈不誤哉。今使者將還。大議將決。此亦救過補敗之時也。臣願陛下姑置利害交至之說。而以窮理為先。於仁義之道。三綱之本。少加意焉。體驗擴充。以建人極。深詔任事之臣。亟罷講和之議。大明黜陟。以示天下。使知復讎雪耻之本意。未嘗少衰。雖使虜意效順。無所邀索。乃是深有包藏。尤足疑畏。正宜引義拒絕。以伐其謀。然後表裏江淮。合戰守之計以為一。使守固而有以戰。戰勝而有以守。奇正相生。如環之無端。持以歲月。以必復中原。必滅胡虜為期而後已。雖其成敗利鈍不可逆睹。而吾於君臣父子之間。既已無憾。則其賢於屈辱而苟存。固已遠矣。臣願陛下以此處心。以此立志。則仁義之道明於上。而忠孝之俗成於下。人道既得。天地之和氣自當忻合無間。而夷狄禽獸亦將不得久肆其毒。則何事之不可成。何功之不可立哉。臣草茅微賤。不識事宜。獨以所學妄論大功。惟陛下擇焉。

熹又奏曰。臣聞益之戒舜曰。儆戒無虞。罔失法度。罔遊于逸。罔淫于樂。任賢勿貳。去邪勿疑。而終之曰。無怠無荒。四夷來王。周之文武亦以天保以上治內。采薇以下治外。始於憂勤。終於逸樂。其後中微。小雅盡廢。四夷交侵。中國衰削。宣王承之。側身脩行。任賢使能。內脩政事。外攘夷狄。而周道粲然復興。臣嘗以是觀之。然後知古先聖王所以制御夷狄之道。其本不在乎威彊。而在乎德業。其任不在乎邊境。而在乎朝廷。其具不在乎兵食。而在乎紀綱。蓋決然矣。恭惟陛下躬履艱難之運。而思所以成中興之功者。既知當為與所當止之大端矣。然而戎虜憑陵。包藏不測。中外之議。咸謂國威未振。邊備未飭。帑廩未充。士卒未練。一旦緩急。何以為計。臣獨以為今日之憂。非此之謂。所可憂者。乃大於此。而恨議者未及之也。臣竊觀今日諫諍之塗尚壅。佞幸之勢方張。爵賞易致。而威罰不行。民力已殫。而國用未節。

以是四者觀之則德業未可謂修朝廷未可謂正紀綱未可謂立凡古
先聖王所以彊本折衝威制夷狄之道皆未可謂備是則臣之所深憂
也不識議者亦嘗以是聞於陛下之聽否乎臣願陛下三復詩書之言
以監所行之得失而求所以修德業正朝廷立紀綱者必以開納諫諍
黜遠邪佞杜塞倖門安固邦本四者為急先之務治其本而毋治其末
治其實而勿治其名庶幾人心厭服夷狄知畏則形勢自彊而恢復可
冀矣臣踈遠賤愚震慴之餘未敢罄竭所聞以久稽聖聽而粗舉其端
如此伏惟陛下留神財幸
王質上言曰臣觀今日事勢訓兵理財先為富強以待天下有變敵國
有釁則乘機從事於中原此今日恢復之定規也天下未有變吾能激
之使變生敵國未有釁吾能撓之使釁作使就吾之機以行吾之志此
今日規恢之奇謀也弋者取禽獵者取獸方其栖深林伏豐草待其偶

然自墮於網羅而後取之非弋獵之妙也動之使飛而觸吾之羅擾之
使逸而觸吾之網網羅在此若有所不可已而必陷其中此弋獵之
妙也自岐亮殞亡葛褒篡立為葛褒者其守國蓋亦得策然豈可以
其得策而遂絕念忘懷以為終不可圖也要當使其不得已而必捨
得策就失策彼雖明知而無可柰何必當出此臣所謂使彼就吾之
機者英雄圖天下之妙訣也與陛下言恢復者衆矣亦有及此者乎
正隆之末中原本不欲南向岐亮以勢劫之未至汴而軍已離未渡
淮而盜已作未抵江而葛褒已叛中原大亂數年而後定此葛褒覆
車之鑒也葛褒鑒岐亮之敗其勢不得不歸於和方陛下堅持不和
之論為葛褒者亦固知攸濟其初欲弃河南啗我以為和其臣力言
岐亮之死軍勢甚危我不能襲而止陳蔡之陷汴洛大震我不能進
而退隴右之失關中欲傾我不能取而歸以此三者卜天意之不與

我苦勸葛褒勿弃河南已而削臣禮損歲幣欲就我以為和而陛下
難於弃要害之地固執如初已而大臣異議並邊撤兵則乘間進師
遂脅我以為和而陛下權宜從之葛褒謀和之序有三勢未安則欲
啖我以為和勢稍立則就我以為和勢既振則脅我以為和於是僅
乃得成自辛巳至甲申何其欲和之堅謀和之艱也葛褒之被衮服
冕其初未敢僥倖久長也至是東南既和中原漸定而其國始可保
矣葛褒初年金人已有亡證其能存立漸至康強者和之效也故葛
褒欲保今日之和猶秦檜欲保前日之和也成之既艱保之必力苟
失和則必用兵用兵則中原之人又復如前而岐亮之患亦將襲後
此葛褒之所甚懼也夫中原之與金人其不相安久矣靖康建炎之
際宇宙橫潰生靈駭散莫知性命之所寄金人得以卷蕩而平吞之
然而立偽齊而復廢還河南而復取徘徊展轉欲奄中原而未決欲

弃中原而又惜之既見東南之僅欲自全而不能為害也中原之人
又久困蹂踐無所歸依其勢已折而不支於是決混一之計犬從五
國之衆雜居中原曠然以夷變夏不從令者蕩盡城邑誅及種族中
原既不能以抗金人而又無所望於東南力盡勢窮而始定此粘罕
兀朮之徒善觀天下之勢而疾徐操縱不失其節以是能成其強然
驕為相厲而實未嘗相安粘罕兀朮之徒能變其外而不能變其中
天意留此與我若將以待恢復者也岐亮好勝自任以為中原之人
食我水土為我臣僕者數十年無有不從而不知中原之人非相服
之真心特以風恬浪靜難以施其鼉作鮫吞也風濤忽起是以鼓躍
而鱍撣則平時蓄憾之心至此得以逞矣岐亮之還師未嘗為我所
得而多為中原百姓所殲關中雕者山東河南州縣之稍復未嘗為
我所下而皆為中原百姓所獻岐亮一動而中原之釁作為吾之利

也如此。為彼之害者。如彼葛䕫困岐亮之變。覺中原之心。故其謀欲靜以安之。中原安則其國安。其國安則其身安。臣知葛䕫永不敢離燕地。永不敢與南師。何者。其身所以得此位。因前人之舉此事也。我又為之。則我身烏知其不為亮。他人烏知其不效我也。葛䕫明見此理。堅守此說。故十年而中原無變。葛䕫之說終不移。則中原之變終不作。中原之變終不作。則金人之勢終不傾。不知我將坐待以至何時也。近者誰為葛䕫之謀。覺誘中原之衆。吾淮南還徙之民稍復還歸。或者以是為憂。而臣益以窺見葛䕫之心。可以行吾之謀也。蓋彼務為銷變。而吾當激之使變生。彼務為省事。而吾當撓之使事作。如人經病後務為調適安和。惟慮病之復至。則當勞動其精神。耗散其氣血。不當養之使其安坐而少病。陛下既了然見天下之勢。則當斷然隨勢而施謀。倘移乘輿進幸建康。則中原必讙傳親征。彼不得不發刷調發以為之

備。則木末之風漸起。汪心之浪隨生。中原之情固已汹汹而不靖。岌岌而不寧。將漸還前日正隆之態。岐亮以斷然不移之決。持熾然不可向之威。方其發發固已不肯盡從。觀葛䕫之庸。豈可以比岐亮之果銳。尚不肯盡從亮。則不肯盡從䕫也必矣。不肯盡從。則其間必有強黠好爭踴躍思動者出而為抗。此天下有變之端也。間遣一使者復謀園陵。其勢決不肯從。不從則備我益急。備我益急則中原益騷。又間遣一使者求減歲幣。其勢亦決不肯從。不從則備我愈盛。備我愈盛則中原愈擾。或者以為鷙鳥將擊而匿形。苟欲圖人。不當警使為備。此未可與權也。吾之警使為備者。乃欲激之使變生。而撓之使事作。彼不如此。則無以動中原。中原動則彼覆亡之萌。而吾恢復之資。如此一兩年之間。可以漸致中原之關坐成敵國之亂。而吾厲兵秣馬。揚欲進之聲而未動。飛符走檄。作欲往之勢而未行。中原一擾

則不能遽止。變久則變多。變廣則變熾。彼方分力以支中原。未暇全力以及東南也。中原室內之患。東南門外之憂。彼將孰先。則吾雖產其禍而未即受其敵。其初陰攬之而未明於之。及其成敗之未決。去住之未定。分道整軍而前。收中原之豪族以為吾介牙。據中原之沃壤以為吾囊橐。立契丹之主。使率契丹之衆歸其故部。還為渤海諸戎之在中原者。各隨其主而返其故。則女真亦不能獨立於中原。今人徒見其外龐然以大。而不知其中枵然以空。女真之衆曾不當奚契丹渤海靺鞨等諸國十之一。五國之衆。又不當河南山東河朔關隴等諸道百之一。措女真於五國之間。固已甚微。措五國於中原之內。蓋益甚耶。今吾與中原相合而為一。則五國不得不散而去。女真不得不遜而歸。苟惟不然。則亦自相魚肉。決不能相守不貳以與我並爭於中原也。諸戎與中原相錯。世俗所謂貓鼠之相乳。蜈蚣蛙蛇之

同穴者也。烏能久而相安。五胡之亂。劉氏為匈奴。而胡滅之。石氏為胡。而冉閔滅之。鮮卑又滅之。慕容氏為鮮卑。而氐滅之。復興。而晉又滅之。苻氏為氐。而羌滅之。復興。而羌又滅之。姚氏為羌。而晉滅之。金人殘滅諸戎。陵蹂中原。假合而為一家。凡今相處者。非其不戴天之讎。則其不反兵之讐也。故不獨中原與金人不相安。而諸戎亦與金人不相安也。金人常蓄土崩瓦解之勢於其腹心。而吾不思所以謀之。亦可謂偷安苟活之計矣。使偷而可安。苟而可活。如是而能久。猶云可也。太祖太宗相與議汴洛之都。太宗以遷為難。則決策居汴。太祖歎曰。不及百年。東南之力竭矣。未五六十年。而東南已以病告。蓋重兵宿於京師。而供給仰於東南。京師之備愈滋。則東南之力愈負重。今以東南為國。西自興梁。東至吳越。羅兵為守。已過承平之太半。而未止也。不獨養兵。而所以為國之具。其取諸東南者。又倍重於承平

之時。今將五十年矣。其力日削一日。歲朘一歲。蘇綽之在魏也。以國用不足。重為征稅之法。既而嘆曰。今所為正如張弓。非平世法也。後之君子誰能弛之。東南立國之初。一時張弓之法。至今不弛而更急者多矣。近世趙開為鹽酒之法以贍蜀師。將死言曰。若因循不恢復蜀將大困。而我為禍首也。此與蘇綽之意無異。今張弓之法不弛。而更加急。恐非可以持久也。大抵東南本非久立國之地。民力盡。則國從之。漢自靈帝以後而南北分。吞南為孫氏。晉自愍帝以後而南北分。在南猶為司馬氏。已而為劉氏。為兩蕭氏。為陳氏。唐自昭宗以後而南北分。在南為楊氏。已而為李氏。惟司馬氏有南最久。名為百有二年。而其間擁歷器徒有名號者歲月居多。亦可謂國非其國也。故在今日不得不注意中原。以紓東南迫切之勢。以圖宗社堅長之策。西晉凡五十二年。武帝粗安者二十餘年。而惠帝懷愍極亂者三十餘年。至元帝中興。而中原已無情於司馬氏矣。何者。相息之日少。相毒之日多也。故晉人恢復為難。然桓溫至灞上。劉裕入長安。中原猶有戀戀之情。所謂長安十陵。是公家墳墓。咸陽宮殿。是公家室宅。舍此何之。是時關中相繼為符姚劉據。將八十年。與劉裕初漢然也。而若邀其留。痛恨其返。蓋應北有拓跋。西有赫連。此華人真情終不安於夷虜也。我自太祖造邦。德澤洽於中原者二百年。今相離雖漸久。而其情未泯也。為我殲族。為我殲身。不可勝數。而終不悔。豈可使之帖然受制於人而無所泄其憤。闔然相踵於我而無所効其情。紹興隆興屢欲恢復而不就。蓋謀國大臣擁兵諸將之過。而非中原之難下也。中原難下。當在它時。日愈久。則情愈衰。情衰則相視如路人。甚則相疾如仇讎。此則中原難下之時也。宣和取燕山。契丹謂吾師曰。南人只道燕雲是我故地。不道屬我已二百餘年。能無許久君臣之情。今

日但當死鬭。故淥易二州之外。其餘皆恝然也。它時中原故應有此氣象。有此氣象。則難圖矣。政使不與夷虜相安。則恐當有草萊豪傑起而收之。今日雖有豪傑。亦未能收。何者。人情未忘我也。人情未忘我。則知有我。不知有它。從我則能行。捨我則不能立。故豪傑睥睨而不敢輕發。必待我而後可動。雖使有赤眉王郎。亦必託漢為名。託漢為名。則借漢為重。是其權已在漢也。權在漢。則終當歸漢。何者。偽不敵真也。今陛下擅夷虜興亡之權。制豪傑從違之命。而或者以謂恢復為難。陛下過聽而未決。則是未嘗有以的然可指之形。判然不可易之理。而告陛下者也。臣謂今日有事於中原。以十分為率而計之。六分用中原攻金人。一分用諸戎攻金人。三分用東南攻金人。若十分盡仰東南。此晉宋所以多無成也。宋文帝謂佛貍曰。河南舊是我地。今當修復。不干河北。不知中原已無情於司馬氏。而安得有情於劉氏也。故檀道濟王玄謨之力易窮。佛貍之勢難遏。蓋專取力於東南而無所借助於中原。此元嘉所以再舉而再屈。非今日事勢之比也。今日事勢大畧與東漢相同。西漢自高祖以至平帝二百年而奪於王氏。十五年光陰未遠。風聲相聞。故人情思漢為深。光武起於中原。其勢為便。陛下興於東南。其勢為不甚便。然光武極其力。堅其志。而期於必成。陛下容有所疑。容有所憚者。必有一擲之語。孤注之言。以動搖陛下之心。而不知天下有全策。如臣之謀也。光武至不樂兵。嘗言每一發兵。頭須為白。關東初平。不堪兵間之積苦。且欲置隗囂公孫述二子於度外。然終不能自已者。慮後患之難圖也。況陛下守東南難久立之地。對女真不並存之敵。未易可以安枕高臥。置此賊於度外。以隗季孟公孫子陽待之也。夫天下之勢至此。不變則不解。氣候煩蒸。非疾雷迅雨。則鬱滯之氣不散。清明之氣不回。當是之時。惟

英主能與世為雷雨。陛下真英主也。可惜蹉跎。玩時將老。陛下盍疑逡巡遺患將殃陛下之子孫。凡今所患兵之未精財之未裕。陛下試令臣熟數於前然後知兵非難精財非難裕臣雖無似自度與陛下辦此而不難。陛下誠能變風俗銷朋黨使浮辭詖行者舉不得作則出與陛下同心圖事。協力濟功者。將患其多。不患其少。臣雖不才。誠自信與陛下辦此而不難。臣非敢自謂能也。陛下有英主之高資。一借筯可以轉移天下之安危。一蹴足可以鈐制英豪之死生。故臣敢謂與陛下畫策。與陛下任事。足以取効而無難。恃陛下之為英主也。如臣區區可惜為斤斧之所傷殘。風波之所覆溺。生無所成。死有遺恨。實惟陛下圖之。

孝宗屢易相。國論未定。質為太學正。上疏曰。陛下即位以來。慨然起乘時有為之志。而陳康伯葉義問汪澈在廷。陛下皆不以為才。於是先逐義問。次逐澈。獨徘徊康伯。難於進退。陛下意終鄙之。遂決意用史浩。而浩亦不稱陛下意。於是決用張浚。而浚又無成。於是決用湯思退。今思退專任國政。又且數月。臣度其終無益於陛下。夫宰相之任。一不稱則陛下之志一沮。前日康伯持陛下以和。和不成。浚持陛下以戰。戰不驗。浚又持陛下以守。守既困。思退又持陛下以和。陛下亦嘗深察和戰守之事乎。李牧在鴈門。法主於守。守乃有戰。祖逖在河南。法主於戰。戰乃有和。羊祜在襄陽。法主於和。和乃有守。何至分而不使相合。今陛下之心志未定。規模未立。或告陛下金弱且亡。而吾兵甚振。陛下即勃然有勤燕然之志。或告陛下吾力不足恃。而金人且來。陛下即委然有盟平涼之心。或告陛下吾不可進。金不可入。陛下又蹇然有指鴻溝之意。使臣為陛下謀。會三者為一。天下烏有不治哉。

質又奏曰。臣嘗論之。夫人之為國。利至不能不喜。害至不能不懼。惟其當利害之際。喜而不示其喜之之形。懼而不露其懼之之迹。故其虛實不可得而窺。而淺深不可得而測。何者。慮之素定故不搖。養之素厚故不驚。彼其輕喜而驟懼者。皆慮之不定。養之不厚。故倉卒迫懼之中。利得以怵而動。害得以脅而遷。嗟夫。天下之變生於有間而可入。善為國者。深藏其喜懼之端。補綻縫隙。以自祕其肺腑。使人操之而莫能抵其淵。叩之而莫能揣其淪。窮搜曲覽而莫能得其要領。當是之時。雖有強鄰悍敵。亦且逡巡退縮而不敢措意於我。臣觀自古謀人之國。既先誘之以利。又唱之以害。夫誘之以利而唱之以害。所以尋其間也。或者不能開其尋之之路。而開其入之之門。喜懼之情洋溢於內。而表襮於外。故墮其計而不知。此何異搏人而授之以手足。盜在門而自啓其鍵也。其亦可謂大惑矣。蓋昔者秦人欲以十五城而易趙璧。趙人雖吝於予璧。而喜於得城。璧既入而城不割。則倉皇攜璧以歸。夫秦人以虎狼之心。欲盡吞諸侯而宰天下。其志豈在璧也。而藉以試趙。趙人信之。則秦人固已得其肺腑矣。是以暴驁陵劫。至於加兵而不忌。蓋知其無能為也。楚子伐宋而宋不服。令其師曰。入築室反耕。楚烏能築室反耕也哉。何者。越千里以伐人。而強晉蠢蠢然又有欲動之勢。形孤而心搖。必不能久矣。而華元不得其情。褰惟惴慄。奔走求盟。若不可以終日。此其勢不得不折而歸楚。是二國者。其初未嘗有致弱之形。而不能自窒其間。以至於顛沛而不可自立。故臣嘗以為善謀國者尋其間。而善為國者窒其間。近者傳北朝欲歸河南之地。臣聞之士大夫。以為朝廷至於動色相慶。已而聞北朝欲還汴京之都。臣聞之士大夫。以為朝廷錯愕而莫知所為。夫河南之歸汴京之還。此非待智者而得其是非矣。何者。古之棄地有三。

或不能有而弃或無所得而弃或交相易而弃此三者今北朝皆無焉臣固知河南之不歸也然而此言之所以出者臣恐北朝之謀以利誘我而試其喜不喜也古之遷都有三或以兵火殘弊而遷或以隣敵窺伺而遷或以形勢迫隘而遷此三者今北朝皆無焉臣固知汴京之不遷也然而此言之所以出者臣恐北朝之謀以害喝我而試其懼不懼也此正當今宜問之時而喜懼之形焉可輕出哉臣讀東晉謝安傳而詳觀其處利害之際至於符堅之寇而不為懼謝玄之勝而不為喜未嘗不咨嗟嘆息以為後世君子之莫及而推原其故則蓋本於處之素定而養之素厚是以利不能誘害不能喝夫天下之事緣飾之則以文雅而鎮壓之則以器局就二者而輕重之寧不足於文雅而器局之君子天下國家不可一日無也

貿又奏曰臣嘗論之曰靜而觀利害之變揣其輕重量其多寡而擇

其害輕利重害寡利多者為之雖間有所拂於世俗則固當有所勿恤何者天下之利害紛紜反覆於冥漠之中搏之而不可執其形尋之而不可究其端然輕重有定勢而多寡自有定量甚不難知也今夫以銖兩鈞石而視衡則銖不若兩兩不若鈞鈞不若石以龠合升斗斛而觀其量則龠不若合合不若升升不若斗斗不若斛善處利害者如衡之於銖兩鈞石量之於龠合升斗斛深明於毫忽之間曲辨於勺撮之際惟夫世之君子心不平而氣不定高則為名所眩下則為利所怵是以輕重之定勢多寡之定量舉皇惑顛倒而莫知晁錯之削七國王深謀之挑李霈朱异之納侯景楊國忠之脈安南昔以為利一而害百者利一而害百雖童子亦有所避而不為孰天下之柄而不若童子之識亦可謂大拙矣臣嘗歎伏會昌宰相李德裕之善處事以為非庸材常智所可及烏介可汗飢不能振退渾党項請以部落擊之因天德軍使田牟以為言德裕曰不可沙陀退渾不可恃也見利則進遇敵則走誰肯為用耶天德兵素弱以一城與勁虜角必敗黠戛斯攻安西北庭武宗欲求其地德裕曰不可安西距京師七千里北庭五千里異時河隴爲我郡縣故能緩急調運河隴既入吐蕃則何所興發何道餽輓縱得無用嗟夫有誅虜之便而不進有得地之勢而不取此庸材常智之所謂失機者也而德裕所以揣輕重者甚明而量多寡者甚精以為誅虜而生釁則不如勿誅得地而耗財則不如勿得故它人以為可德裕以為不可而今之謀利害者不然近者括沙田籍銅器此其為利亦末矣臣聞之士大夫沙田之數粗以石計錢以緡計殆不過十數萬而江淮浙西之民咨嗟憤恨有甚不堪者舉天下之銅器而付之爐冶或者以為風餐土食之餘薪烹火化之後頗不利於鑄錢而生民器用一歸而空之此二者

皆以毫髮之利而召天下之怨豈非謀利害者不揣輕重不量多寡之過歟臣聞天下之人誰能皆有以順適其意苟使吾事舉而有功功成而有利則雖朝謗夕詆固有不必問者今之所圖者百分之勞曾未有一分之獲而天下已紛紜議論而不可禁臣以為善計利害者不為也

貿又上固本論其一曰夫所謂重淮者何臣嘗論之曰有三鎮然後能守河有兩淮然後能守江江之恃兩淮如河之恃三鎮皆所以藩籬其外而扃鐍於內自渡江以來強鄰悍敵相與隔樊墻而分爾汝蓋無歲而不有疆場之警然建康未嘗聆西北金革之聲而長江未嘗染羌虜戎馬之氣雖符堅傾天下之鋒而盡銳於一擲卒阻於淝水而止宋文帝與佛狸相抗彼佛狸之師非脆敵矣衝蕩飄忽一旦而臨瓜步遂與建康相望然逡巡退避若不可以終日故臣以為晉

之所以能保江左者以兩淮有以當其前佛狸之所以不能越瓜步
者以兩淮有以遏其後國家渡江之初跡未著而心未安是故有兩
淮而不能守和親之後誓已定而約已明是故有兩淮而不敢守然
不能蔽淮終不可以蔽江今沿江之屯有四一軍駐鄂州一軍駐池
州一軍駐建寧一軍駐鎮江平居無事形聯氣接可以當衝要而塞
孔道一旦有急上下數千里聚之則不徧散之則不多故臣以為蔽
江先於蔽淮非以為淮之果可以蔽江也縱之於前而待之於後則
守之也固而應之也闊蓋軍旅之中一夫被重鎧一夫被單鎧被重
鎧者一鎧洞則一鎧存而被單鎧者一鎧洞則肌膚切矣然而今日
之計有蔽江之實而無蔽江之名有蔽江之實則我得利無蔽江之
名則彼不驚此不可以不熟講也今兩浙九州郡之卒亡者不補而
在者無幾是故有其籍而無其名所以供官吏衛府庫遞郵傳者舉

不能備數如是則莫若舉給役之名而增州郡之卒小州五百人大
州倍之今之兩淮地曠人稀而郡縣孤弱是以有冒禁通茶之商出
沒乎其間發源於江西而波流於江北蓋嘗震動郡縣力不能制如
是則莫如以禦盜之名而增巡檢之土兵尉司之弓手小寨土兵二
百人大寨倍之小縣之弓手百人大縣倍之一路有幾州一州有幾
縣一縣有幾寨誠能皆勇銳悍敏之夫屬之以戈矛弓矢之法而示
之以坐作進退之節誘之以賞懲之以罰不出五年則精兵可以所在
而有此可謂我得其利而彼不驚者也陛下若以臣之言為然則密
諭兩淮之計臣可以損其餽軍之數而留之以為養土兵之資則兩
淮不為無用而緩急可以綴敵長江不為無助而倉卒得以為備蓋
天下之事不可使庸夫處之庸夫處之則安坐而待弊不可使褊夫
處之褊夫處之則張皇而生變惟夫緩不為庸急不為褊然後能收

實實之功是臣之策也其二曰夫所謂重蜀者何臣嘗論之蜀之常
勢非盜賊竊發蠻夷侵擾之為可憂而將帥專制之為可畏自古蜀
之盜賊惟公孫述李雄倔起於閭閻草野之中猖狂僭竊以自正朔
蓋其適大亂之世自李寶張忠之敗羅尚之死而朝廷不復有一戈
一戟入劍閣縱橫飄忽聽其所往而莫之限故此二人者前無所忌
後無所顧得以坐成割據之勢其餘如漢之馬相趙祗晉之譙縱本
朝之王均李順皆不旋踵而撲滅唐自天寶以後蜀歲被南詔之擾
蓋嘗一至成都而不長居又嘗再犯而不能入然卒以奔敗而遠遁故
臣以為盜賊竊發蠻夷侵擾皆不為蜀憂何者主客之勢然也今夫
蜀地險阻而離隔其人柔忍而朴厚惟其地險阻而離隔故盜賊卒
然起於其間而首尾肘腋不能以相應故其心搖蠻夷無故而深入
則斷續先後不能以相入故其勢孤心搖者易散勢孤者難立可以

為一時之擾而不可為久遠之患至於柔忍朴厚之人呼之則來招
之則應有姦雄桀勇之夫而專制乎其上浸淫漸漬久而必至於為
害故唐之崔寧韋皋皆積累歲之久遂擁兵擅利以抗朝廷梁之王
建後唐之孟知祥亦皆先恢拓其腹心而後養其羽翼一旦反目而
從容談笑坐得數千里之地小而為崔韋大而為王孟凡久而制蜀
未有不然者此臣之所以為今日之慮也今之制蜀者其初始有一
時之功載培滋養而遂有不可拔之勢兄弟之相承支黨之相聯吏
之奉承其風旨民之習熟其名字也蓋已久矣夫平居無事彼猶肯
以虛名奉我我得以虛名役彼彼不幸有搖足之變則虛名有不可
恃而實禍將生蓋臣以為杜[illegible]漸擇其所畏假之以兵而布之列郡
以扼其勢而制其姦重擁納涼師之兵於蜀之腹心以牽其有所憚
而不敢動而不知夫困虎豹於一閑跳踉奮嚙乃所以趣其鬬擾之刃

於人胥手足不疾應者未之有矣鴻漸之策是圉虎豹於一閑而重誨之策則擬刃於其胥也故二策之在今日皆有所不可行何者將以銷變而反以生變非朝廷之利也臣愚以謂鎮靜而不驚寬縱而不迫久遠而有利者莫若厚恤二川之民於常賦之外時有所蠲除其征需於常傭之外時有所寬簡其力役間遣使者發德音下明詔丁寧委曲為之訓辭而深恤其疾苦蓋朝廷之待巴蜀必有以大過於江淮閩浙湖廣之民而後有以大慰巴蜀之心使其常有不能忘朝廷之心則緩急之際斯有不忍負朝廷之意夫如是則將帥能有兵而不能有民有兵而不能有民則可以為患而不可為大患今兩川之民外資邊屯內供朝廷以臣度之蓋必有重困者縱而不恤恐為專制者資耳

袁說友上規恢三事奏曰臣仰惟陛下神功聖武超冠古昔深念列聖二百年之貽謨中原千萬人之思漢粤自踐阼力圖大勳臨朝慨嗟日軫宸慮將帥之能否上廑於主擇士卒之貧富曲意以加惠繕治器甲修築城堡選練將士儲偫金穀雲屯之分布馬政之蕃息凡是數者陛下已經理而整齊之然臣猶有愚慮以獻陛下其說有三一曰毋露機二曰毋較禮三曰毋輕敵夫帝主之兵貴謀而賤戰智者之謀計定而機不發史臣論光武之復漢而歸之沉幾先物蓋幾之不沉則事未及舉而迹已布見將物先於我而我烏能先物哉臣願陛下以貴謀為先以沉機為智舉事貴乎漸使彼漫闊而不疑決策貴乎神使出其意而叵測戒飭邊吏防姦人之探刺申諭統帥毋生事以張皇凡吾求以勝敵者橫斜曲直而彼莫知所終焉此臣所謂毋露機也自古復人之讐必以吾所不足愛而易其所可愛小利不較小屈不卹此其志未可量也越王報吳卑辭厚禮惟吳是徇

蓋辭之卑禮之屈於吾固無損也而適足以滋其驕玩之習稔其怙惡之心而重吾國人憤懣不平之氣用是以報烏有弗濟者臣願陛下毋憚言辭毋惜苛禮酬應之儀毋薄於疇昔使命之遣毋專於小臣將取故予而養其貪侈之姦屈己下人而激吾國人之憤謀之如此而待之又如此豈不足以舉事哉此臣所謂毋較禮也夫以有餘者待人而以不敢自足者處己則無玩敵無輕舉將見可而進如破竹矣東漢之初匈奴飢役自相紛爭臧宮馬武願得五千騎以立功光武謂傳聞之事常多失實帝非其請果無是事特欲益稔其惡靜觀其釁而徐起以取之耳故其後有空朔庭之舉天下之事亦豈在驟忽而亟圖哉臣願陛下幸醜種年來衰亡已兆而愈先自治嘉中原年來思漢正切而益務綏懷常若彼有難圖之形而我未有必取之勢蓄銳養晦堅慮篤志待時而動奮然必為將何往而弗克者此臣所謂毋輕敵也夫是三者固豈區區然求目睫之勝哉養吾之力以深藏其機安吾之民以姑盡其禮全吾之策以熟料其敵皆所以為不可測之計期必發而必中爾惟陛下鑒臣之說以觀今日之勢而不以為迂將不歲月而復古興周明謨隆漢匹休周宣漢光於千載之上如臣等輩期與中原赤子共覩漢官威儀之盛豈不壯哉

說友又上言曰臣嘗觀漢高祖最善處事方天下未定自關以西每先固守然後東征西伐得以取勝其自將擊陳豨也非蕭何守關中則韓信之叛實累其後明年又自將擊布亦因視鄧處常使問蕭相國何為帝之意謂寧使吾之伐人者未克毋寧使吾之境有變焉蓋跋前疐後以掣吾肘用兵之大忌也臣仰惟陛下神功聖武超冠古昔深念列聖二百年之貽謨中原千萬人之思漢粤自踐阼力圖大勳求舉則上廑於主擇卒伍則捐金以加惠器甲城堡士馬金穀凡古

戰勝攻取之具。陛下已經理而整齊之矣。以天道好還之理。祖宗在天之靈。而鑒觀陛下復古之念。始此固已啓佑大業。而犁庭蹀血之盛。復見於今日矣。然臣猶有愚慮。不識忌諱。以獻陛下。伏見年來江湖之盜。時敢竊發。比者廣西李接小寇。亦敢為妖。此固自投死地。何足誅鋤。而臣私憂過計。以為當清明偃戈之朝。區區疥癬。隨自殄滅。固何足道。然陛下方篤意復古。勲在朝夕。它日復會東都。舉國大進。于時江湖閩廣數路。萬一有警。必有変後掣肘之患。此豈可以不預為之防也哉。江西湖南盜賊。固當深慮。若閩廣三路。尤不可忽。蓋地土牽聯。團簇丈諸郡相望。別無險隘。譬之崗阜。自成一區。或有寇盜。苟不即滅。非若江西湖南路。地形斷續。隔蔽散落。時有高下險限之比。若不先為之策。異日必為後累。臣輒以管見五說。仰溷天聽。其一曰。乞行下閩廣三路提刑司。專一措置諸州禁軍。令守臣同本州兵官日務訓閱。立為賞罰。激厲能否。並不得占用一名。提刑每歲循行點按。不得因而搔擾。月具見管禁兵姓名人數申奏。其二曰。閩廣諸郡。城壁頹圮。兵器胶削。二廣尤甚。乞行下三路運司借撥錢本同各州守臣措置。日下修築城壁。務令堅固。打造器甲。務為可用。具已修打過城壁器甲數目申奏。其三曰。二廣郡守。多係部闕。凡以資序而得者。率是癃老罷軟之人。何以應猝。乞命大臣更擇緊要州取旨升作堂闕。選材差援。辟除第二任知縣人內係極邊瘴去處。厚立賞格。三路守臣陛辭之日。戒以訓兵愛民之事。庶使材力有餘。可以責任。其四曰。每過三路諸帥擇憲。必先威望智略足以彈壓鎮服者。仍乞同各州守臣皆一一久任。毋遽遷易。如任滿日。部內無切發事。並與遷秩名擢。否則取旨議罰。以為懲勸。其五曰。竊惟聖化旁洽遠民興行。年來二廣之士。浸多秀穎。宜命大臣搜揚薦名。擇其一二以漸擢用。誠足以收遠郡之心。銷姦慝之習。亦漢高慰趙子弟之遺意也。臣愚欲望睿斷。首以閩廣為重。頻鑒臣說。以次施行。庶幾陛下養晦蓄銳奮然必為之日。可以專意北向。無復顧後之憂。蓋天下之事。惟周防豫慮者。為不可敵也。惟陛下謹之重之。以全大計。寔宗社幸甚。

歷代名臣奏議卷之九十五

經國

宋孝宗時太學博士葉適上奏曰臣竊以今日人臣之義所當為陛下建明者一大事而已二陵之讎未報故疆之半未復此一大事者天下之公憤臣子之深責也或不知所言或言而不盡皆非人臣之義也虜幷兼強大而難攻故言者皆曰當乘其機積久堅固而不可動故言者又曰當待其時夫究極本末審定計慮而識所施為之後先然後知機自我發非彼之乘時自我為何彼之待今之率易苟且習聞卑論而無復振起之實意則固以為必當乘機必當待時以緩歲月而誤大事是必然矣且虜知其不可以覊制中原久矣黏罕之立偽楚偽齊撻懶之還五路河南今酋之初又議割白溝以南而定盟好蓋其本謀未嘗欲於河東河北之外越而有之也顏亮雖威脅

天下而北方起事以歸命者固已係踵我之偏師雖浪戰無律亦能擣陝鄜搖關輔得其要郡而守矣然則虜之所謂難攻者豈真難而不可動者豈真不可動哉此姑未論可也方今之虜正以我自有所謂難我自有所謂不可耳夫我自有所謂難而不知變其難以從其易我自有所謂不可而不知變其不可以從其可於是力屈氣索甘為退伏常顛和好抽兵反戍拱手奉虜而暫安於東南臣以為此今日之大患所當先論者也陛下感念家禍始初嗣位葺兩淮理荊襄慰綏蜀道安集歸正人立忠毅忠銳等軍教民兵弩手新城壁造器械講馬政糴米儲貨屢屢椿積臣誠愚陋竊計陛下志望廣遠中夜太息何止一事哉然而二十六年於此終未能奮發明詔有所舉動者積今之所謂難者陰沮之積今之所謂不可者默制之而然也蓋其難有四其不可有五臣請得為陛下條陳之夫重誓約畏先事以金

幣啗虜本景德以來立國之素規耳既瀆於契丹復成於女真以至於浮海再三而謀夾攻費數百萬以買空燕則又宣和之所畫也故斡离不之始至也不過責納張覺紛亂元約而已黏罕復至又不過責悔割三鎮及間結余覩而已青城之辱忽復陳之則又不過以為當如誓書而已是三役者可謂覆滅天常神理不容之巨罪也然虜自以彼直我曲用兵有名而國家遂為之包容垢恥恬受奇禍竄逐議臣降詔謝過逮夫未和則祈請不絕紹興既和則紬損不較冊命行於至尊陪隸施於宰輔賴陛下威靈遠暢始得以匹敵往來耳置不戴之讎而廣兼愛之義自為虜弱既已久矣陛下欲尚加回護陰俟他隙則憤怒未昭固不足以激使受命之士若流涕行誅顯示決絕而國信所藏典故具在亦恐天下之大義未足以易有司之常守此則國是之難一也國之所是既然矣而士大夫之論何獨不然故

不以賊虜為可怨而反欲平北之不當不責主和之致寇而反罪守京之非策棄三鎮則同議者皆是割大河則發書者不疑至於秦檜遂行其南自南北自北之論湯思退從而效之撤守棄地開門納敵幾危於隆興之初王之望尹穡翕然附和更為務實黜虛破壞朋黨趨赴事功之說相承至今況守已撤矣地已棄矣和親成矣尚何實之可務何事功之可赴哉雖然此猶小人之論耳至若為奇謀祕畫者則止於乘機待時忠義決策者則止於親征遷都沉深慮遠者則止於固本自治高談者遠述性命而以功業為可略精論者妄推天意而以夷夏為無辨小人之論如彼君子之論如此陛下欲詢眾謀則流言成市互為廢興若斷以獨志則慮之不盡事難輕發此則議論之難二也女真方之前世非勁虜也然而童貫逃師於始至种師道玩寇於被圍李綱失守於太原李回掃迹於河上黃潛善不知南渡

杜充未戰迎降趙鼎持重迄無定筭張浚經略屢致奔潰此皆國家付託委心腹之大臣也賢佞雖異敗事豈殊陛下遍覽往策當艱難鼎峙之時豈無傑材異稟克就勳績者乎今環視諸臣前者後者迭進迭退其知此事本而可以反覆論議者誰乎其抱此志意而可以策厲期望者誰乎以奔趨官簿為閥閱以句校朱墨為詳練能縛一姦民遂自許為有智能斬一縣卒遽自負為有勇其懷利尚同毀傷善類陰塞正路謀以力據要津者充滿內外陛下欲倚賴此徒責驥足於蹇步固無可言若出意收拾拔於度外則又孟浪欺謾無足憑仗此則人材之難三也國家規模特異前代本緣唐季陵夷藩方擅命其極為五代廢立士卒斷制之禍是以收攬天下之權銖分以上悉總於朝上獨專操制之勞而下獲享其富貴之逸故內治柔和無狡悍思亂之民不煩寸兵尺鐵可以安枕無事此其得也然外網踈

漏有驕橫不臣之虜雖聚重兵勇將而無一捷之用卒不免屈意損威以就和好此其失也論者方偏樂安靖以為寧有外虞而無使內變課其功效固已過於漢唐遠矣且靖康之事未聞我有一城一邑敢為叛命而坐視胡虜長驅深入惕息待死屠戮之慘與五代何異則得失之筭豈不明哉夫徒鑒五代之致亂而不思靖康之得禍故李綱請裂河南為藩鎮范宗尹嘗劃邊面為鎮撫皆隨以廢格陛下循守舊模而欲驅一世之人以報君仇則形勢乖阻誠無展力之地若傾時增損則其所更張其所動搖關係至重豈得易言此則法度之難四也雖然是四難者特其精華景象而已計其事實又有甚不可者焉古者以民為兵不以兵為民因事以養兵不養兵以待事兵聚則求戰不聚而不敢戰今食錢自日一百以上家小口累仰給於官國力不供而常有饑寒之色是以兵為民也北方無事二十餘年

終不解甲是養兵以待事也養兵如故和親亦如故是聚兵而不敢戰也合營屯廂禁見卒至六十萬群校貴將廩祿無筭外盡州縣內困朝廷蓋兵以多而遂至於弱矣此舉天下以為不可動者也昔固有以乏財為患矣未有皇皇汲汲取之無度如今日之甚者也自漕司造船營府犒軍而酒價十倍和買折帛行而民有二賦免役錢起供而役法弊鹽袋錢增添而鹽筴盡頭子勘合免丁牙契無不增錢而州縣之間益以苛碎大抵經總制錢為州之害月樁板帳為縣之害而四蜀折估青草水腳對減激賞隔槽名色其患苦又為特甚天下之錢歲入於官者八千萬緡而支費常不足蓋財以多而遂至於乏矣此舉天下以為不可動者也夫誅討仇賊修立大事使不愆素是人主宰相之任也整挈綱目振舉小治使不失時是百官群有司之任也未有以百官群有司之任付之吏胥而能治者今自檢正都

司六部列屬以及寺監皆綱目之所在也受成吏手能否莫辨賄賂公行關節交市民冤不直事滯不決小治若此況大事乎蓋不信官而信吏使之然耳此舉天下以為不可動者三也夫以官聽吏疲癃之名人情之所避也然而不免焉何也國家以法為本以例為要其官雖貴也其人雖賢也然而非法無決也非例無行也驟而問之不若吏之素也蹔而居之不若吏之久也知其一不知其二不若吏之悉也故不得不舉而歸之吏官舉而歸之吏則朝廷之綱目其在吏也何疑夫先人而後法則人用先法而後人則人廢不任人而任法則官失職而吏得志矣此舉天下以為不可動者四也法雖用矣人雖廢矣然人材之定品孰堪為其官孰不堪為其官孰宜為小孰宜為大其可用之實猶在也今也任職則以人為可廢擇官則為人之餌學科舉掛名蔭計級而取循塗而進無不可為者何賢何不肖何君子何小人

之有哉廉耻曰缺名實曰喪風俗大壞而不可救蓋不任人而任法之弊遂至於不用賢能而用資格耳此舉天下以為不可動者五也是之謂不特四者精華景象之難變而五者事實之尤不可動者也夫國是難變議論難變人材難變法度難變加以兵多而弱不可動財多而乏不可動不信官而信吏不可動不任人而任法不可動不用賢能而用資格不可動故期之以功名而志愈惰激之以氣節而俗愈媮右列未能登進勇爵而儒生或以見薄為愧信臣未足承接咨旨而外庭或以見疏為疑公卿大夫私竊告語咸以今之事勢舉無可為者姑以美衣甘食老身長子自足而已豈非今之實患深害一大事之殘賊者歟公習牽制非一時矣其利害當講其虛實當明其是非當斷其廢置當決不講不明不斷不決陛下之志雖欲有為將何恃而獨行哉一世之人維縶手足塗塞耳目失正性矣豈知君

仇之當報而為陛下盡死力哉臣故曰二十六年於此終未能奮發明詔有所舉動者積今之所謂難者陰沮之積今之所謂不可者默制之而然也然則其難者豈真難乎其不可者豈真不可乎蓋自古人君有雖居天下之尊位而不得制天下之利勢以卒於無成者矣陛下則不然矣陛下之聖之武之勤之明博學遠覽絕識獨睿漢之宣帝光武唐之太宗皆不及也講利害明虛實斷是非決廢置在陛下所為耳大義誠立則國是之難者先變矣陛下之國是變則士大夫議論之難亦變矣群臣之在內者進而問之在外者舉而問之其任是事者親用之其不任是事者斥遠之則人材之難亦變矣變國是變議論變人材所以舉大事也其所當順時而增損者某事耳非輕動而妄更易也則法度之難亦變矣四難既變則兵以多而弱者可使少之而後強也財以多而乏者可使少之而後裕也然後使官

與吏相制而不制於吏使人與法相參而不役於法使賢能與資格並行而不屈於資格皆無不可動之患矣期年必變三年必立五年必成二陵之讐必報故疆之半必復不越此矣臣故以為機自我發而非彼之乘時自我為而何彼之待者也若置而不論因而不改則我之所謂難者真難矣虜豈復有易攻之機我之所謂不可者真不可矣虜豈復有可動之時亶之廢亮之殞幹魯之叛皆彼之機也我何乘焉彼之時也我何待焉臣故以為率易苟且習聞卑論緩歲月而誤大事者也臣晝誦夜思審觀天意稽考人事十五年矣今日始得對清光發緒論陛下加聽之顛反覆詰難以究其始末非獨臣之幸天地祖宗之靈所以望於陛下也

適又上始論其一曰有天下之大必盡天下之慮不盡天下之慮鮮無患矣太祖太宗受天命身自剪平者七國盡有漢唐之天下惟燕薊

前入契丹力未能復而趙保吉兄弟亂西方靈夏繼陷其後耶律浸驕繼遷始自立遂益警備矣當國事者不復深究始末直以中國既大也道德既富也患不能保境土息人民而已豈不足於二陲之區區哉排惟不務討伐二虜以定西北之疆域而乃反行聘使封冊以申百年之誓信屈意而奉幣帛專力而守和好同此者為正論異此者為浮薄方其盛時南北相為兄弟而天下無兵安寧久於前世自以為天下之慮盡於此矣然而憑侮不除芽蘗終在小人因其間隙倡復北之謀前釁始動後患隨出民心未變而國家之守離矣始也誤委三鎮而兩河諸城猶以死而固拒太原之帥猶力竭而就擒建炎嗣統獨已失者河東耳其他固在也大臣怯懦不能當日夜以謀退卻於是二年始盡失河北紹興元年又失京東西三年又失五路此非有叛將亂臣擾而與我爭衡者也劉豫乃自女真援立之耳及

罕死偽齊廢虜用事厭兵舉數千里之地以還我夫不戰而得數千里地天誘之也然一旦兀朮背盟苦戰則所為分畫者幾江以北淮以南而我亦莫敢較焉至顏亮屠殞北方潰亂歸義之民處處屯聚京東西秦鳳熙河州縣相次而復中國之威燕幾振矣然宰輔無狀踵失策繼舊盟卒亦屈俛割四要郡畀之徒使中原遺黎飲泣内恨絕望於我夫我不能守則民雖不為變而終以分裂我不能守則地雖嘗已得而終以失之其故豈有他哉始慮事之不盡而其患至此也慮事不盡使百七十載之天下不因民之怨叛而直失其太半隘處江浙以為南北之成形六十年矣嗟夫是已往之事不可追而悔者也方來之慮不盡則天下之患又將有甚於此豈可坐而講堯舜三代之舊洋洋焉熙熙焉而不思夷夏之分不辨逆順之理不立讐耻之義一切聽其為南北之成形以與宋齊梁陳並稱而已者乎

成敗睥息也得失反覆也何常之有慮不盡則昔之天下雖大而不能守慮之盡則今之天下豈惟能守之而反可以取之矣故以一取百帝王之慮也以一取十霸強之慮也以一取一必至之慮也加以思夷夏之分辨逆順之理立讐耻之義又取吾之所失而非冒彼之所得也愈於必至之慮也夫以一取百以一取十其難明矣然取之者慮之盡也以一取一其易明矣然不取之者慮之不盡也今將盡天下而慮之而後以一取一者可得而見故不可以泛辭舉不可以偏說定不可以遠事言也其二曰不盡天下之慮而終失天下之大計此最大事不可不極論也古之所謂忠臣賢士者竭力以行其所知言欲少行欲多言之若粗行之必酬故人莫敢多言而精於力行今世議論勝而用力寡大則制策小則科舉高出唐虞下陋秦漢傅合牽連皆取則於華辭耳非當世之要言也雖有精微深博之論務

使天下之義理不可踰越然亦空言也蓋一代之好尚既如此矣豈能盡天下之慮乎有大利必有大害為國者未敢專大利而分受其大害以人恭之使其害消昔之帝王莫不然國家因唐五代之極弊收斂藩鎮權歸於上一兵之籍一財之源一地之守皆人主自為之也欲專大利而無受其大害遂廢人而用法廢官而用吏禁防纖悉特與古異而威柄最為不分雖然豈有是哉故人才衰乏外削中弱以天下之大而畏人是一代之法度又有以使之矣宜其不能盡天下之慮也自趙元昊反重之遣人求關南地天下之士始稍憤發深思遠慮以為之說然而內嗜好尚之多言外狃法度之自利未能得其中也不幸熙寧改法之事起自是以迄於宣和之末靖康之初士大夫爭法之新舊辨黨之邪正鼓為烈焰漲為洪流而已過此何暇言之是又熙豐以來困於世故之紛更而不能盡天下之慮也靖康之

難至痛極憤此上下深謀不知寒暑寢食之時也而苟目前忘大辱者為南自南北自北之論視宗廟君父之讐如疥癬之在身忍而不搔無害也明示禍福以劫脅衣冠舉俛首而奉虜故二十餘年來有出思慮於飲食刀筆之外者況其遠者乎是又紹興以來為小人之所挾制而不能盡天下之慮也陛下總攬綱執樞要責功能課勤怠崇實用退虛名審於攷察謹於遷叙破流品以求人才右武官以率勇敢天下靡然知上意而承之矣然而懷欲為之心者以無所施而消縮負安作之累者以有所托而回容利惟謀新害不改舊取民者已困矣猶以為仁政趨事者已弊矣猶以為良法國無駿功常道先畏士無奇節常心先壞俗衰時迫誰與謀長是又隆興以來不能盡天下之慮也自非深觀遠覽遍知前失而不諱堅志強力獨行所難而不惑當為則為毋以為昔未嘗有當改則改毋以為今方循用余

百年之宿蠹開興王之大道計歲月之舉措求日新之功效明發懔慨同於飢渴焉能盡天下而慮盡乎故臣顓條列前後之源流疏陳當今之本務成敗得失皎然而不亂所以佐聰明之一二者也

適又上親征論曰將求今世之實謀必先息今世之虛論虛論有二曰親征二曰待時何謂親征天下方有事君臣不得安寧以身蹈於兵革矢傷危苦而後定蓋常事耳太祖太宗未嘗不自總戎眞宗之初固已幸大名矣澶淵之役於時頗有異論傳者以為王欽若請之江南陳堯叟請之蜀寇準決策邑從渡河六師驩動用命王捷覽斃於游矢而契丹請和自此而上下始以親征為祕策矣且契丹自岐溝以來無歲不得志大名澶淵之役大將擁兵閉城而不敢出契丹鼓兵行入無人之境撻覽偶死耳其約和金幣之力耳豈可謂將士俱不用命必待人主親履行陣然後可以為功哉使寇準以此自衒

可謂無識之甚者而虛論既成當靖康中亦有謂當如眞宗故事親征者亦有謂今日強弱異勢不可復用親征者建炎間深入兩浙紹興初趙鼎回建康而劉豫遁去於是論者眞以為前日之所以屢敗者為不親征耳一親征而虜退舍故秦檜二十年之和而或之罪秦檜者非能知其所以不和之說也意在親征而已亮氏之來而光堯又嘗一出建康雖名為勞師其實亦用親征也故陛下初即位亦嘗下勞師親征之詔其後以約和而止夫今日之為謬論者曰久和好也以苟安而已其不以苟安為正論者問其說則曰親征而已矣嗚呼讎國如是殆矣兵強可也財富可也將能而禽敵可也若此者分皆明紀綱正法度修君臣上下一心同力以致之者也豈親征可以致之哉百不一講而委人主以臨危事曰天子所在兵無不勝書生之虛論未見危於此矣而不能變則利害之定形未可決也

適又上息虛論曰何謂待時此今論者所常以為言也夫時有未可而待其至昔之謀國固皆如此而今之所言特似之而非也越之報吳也范蠡文種以必在二十年之外而二十年之內勾踐欲不忍其憤而一決則二人者出死力以止之至其成功也果在於二十年之外此豈非所謂待時者耶然二十年之內越人日夜之所為皆報吳之具也故時未至則不動時至則動而滅吳若二十年之內無所為而欲待時於二十年之外可乎自古兩敵之爭高者脩德行政下者蓄力運謀皆有素治之術先定之形然必順其時而因勢之可為則勝逆時而求以自為則敗若此者曰待時可也陛下二十餘年之間接乎光堯二十餘年之事聞待時之論而行待時之說熟矣待時之說轉而為乘機此群臣之欺大事而誤陛下以自寬也亮氏斃殞北方請命女眞亂離其時豈不至耶及陛下按甲兵而休之玉帛交使

由乾道元年以迄今日不知何時可待而何機可乘乎時若是之久而當待機若是之遠而未可乘則昔之所謂楚漢隋唐多事之時所以奮起而立功名者豈必若是之泯泯默默使少壯至於耆老而終不見耶蓋待時之虛論其誤天下國家審矣臣請決今日之論時自我為之則不可以有所待也機自我發之則不可以有所乘也不為則無時矣何待不發則無機矣何乘陛下姑自為其時而後自待之毋使群臣相倚相背徒玩歲月前者既去後者復來不過如此而已也昔之為國者兩敵相形而時出焉極遠者數年而近者不終日其君臣起而從時每患其迫促而不及待不患其悠遠而不可待也悠遠而不可待未有甚於今日也若此者非眞有可待之時也乃姑為待時之說而已

適又上實謀論曰何謂求今世之實謀今壤地半天下兼三國之吳

蜀比南北之宋齊梁又財利之淵也。北方地雖敵半，計其賦入十分之二三耳。地大財富，是以自為也。然而五六十年不足以自為，而聽所為於虜者，則有故焉。蓋自昔之所患者財不多也，而今以多為累；自昔之所患者兵不多也，而今以多為累；自昔之所患者法度疏闊也，而今以密為累；自昔之所患者紀綱分離也，而今以專為累。姑請言四事之最急者。今天下之財，其為緡錢者，茶鹽榷貨以二千四百萬矣，經總制以千五百萬矣，上供和買折帛以千餘萬矣，又別計四川之錢引以三千三百餘萬矣。古無有也，不特古無有也，宣和以前無有也。是財多也，而用之亦如是其多。今略計戶部之經費為千五百餘萬，此祖宗盛時一倍之用也。至於以六千餘萬供四屯駐之兵，此開闢以來所未有也。故財以多為累而至於竭。今天下之兵，惟其在內之三衛，名曰宿衛京師，是其雖可議而猶不可廢也。四屯駐之

大軍何其多也。諸州之廂兵、禁兵、土兵，又有小小控扼所屯之兵，併兵之數亦且百萬，亦古所無有也。雖然，大則歷數十歲與虜人和親而不敢闢一日之兵也，小則草竊窮寇數百人忽而不能制，又古所未見也。故兵以多為累而至於弱。今內外上下一事之小，一罪之微，皆先有法以待之。極一世之人志慮之所周浹，忽得一智，自以為甚奇，而法固已備之矣，是法之密也。雖然，人之才不獲盡，人之志不獲伸，昏然俛首，一聽於法度，而事功日隳，風俗日壞，貧民愈無告，姦人愈得志，此上下之所同患，而臣不敢誣也。故法度以密為累而治道不舉。自今邊徼犬牙萬里之遠，皆上所自制命。一郡之內，兵一官也，財一官也，彼監此臨，互有統屬，各有司存，推之一路猶是也。故萬里之遠，嚬伸動息，上皆知之，是紀綱之專也。雖然，無所分畫則無所寄任，天下泛泛焉而已。百年之憂，一朝之患，皆上所獨當，而群臣不與

也。夫萬里之遠皆上所制命，則上誠利矣；百年之憂，一朝之患皆上所獨當，而其害如之何？此夷狄所以憑陵而莫禦，讎恥所以最甚而莫報也。故紀綱以專為患而至於國威不立。陛下雖朝思夕慮，薄滋味，遠聲色，執權明道，欲有所為而終不可為者，四事之累也。然則柰何？財以多為累，則莫若少之，故四總領為戶部之害，經總制折帛錢為諸州之害，板帳月椿為諸縣之害，則不可以不更也。兵以多為累，則莫若少之，故四屯駐大軍耗總領之財，討廂禁土兵耗諸州縣之財計，則不可以不更也。法度以密為累，則莫若疏之，故兵財民政分任而不一者，不可以不更也。紀綱以專為累，則莫若分之，故四邊無所付，外無郛郭則內無堂室，故處不可以守，出不可以取者，不可以不更也。更之則慰民心，蘇民力，解纏起痼，興滯補弊，則一二年之間可以抗首出北，而取北之慮在掌握矣。然非先盡其害則不能得其利。害

盡去則利見矣。故四者之害，又當條列而言之於後，使知害者盡，則去害者果；去害誠果，則有可言之利矣。故言其所以為利者，又在於條列四害之後也。

適又論紀綱，其一曰：紀綱、法度一事也。法度其細也，紀綱其大也。古人之為國，豈能盡正？蓋或得其大，或得其細，有失其一，必得其一。若細大俱失，而欲煩文細故以維持其國家，可靜而不可動，易屈辱而難尊崇，則本朝之事是已。雖然，法度之失未至如紀綱之失，此古人之所甚諱也。自堯舜以來，外有岳牧，內有九官，一以制度，頒以文告，覲以巡狩。諸侯雖國異家殊，莫有敢不相率而朝者。治兵如治刑，治夷狄如治中國，此唐虞夏商之紀綱也。至周參以宗室，維以功臣，其制加密矣。秦則破壞封建而為郡縣，削弱黔首，禁制將相，自天子以無尺寸之權，一尊京師，而威服天下。是時北胡亦始合為一國，則

築長城以限隔之。重緣邊之兵。攘郤其要地。而匈奴遯迹。自是不敢爭衡。然人主恣睢太甚。而下不堪命。不旋踵而敗亡。後世皆以秦之紀綱為失。雖然。秦之紀綱。則誠失也。然而以強為失。而不以弱為失。以大為失。而不以小為失。夫強大之勢。易為也。秦特不知為而已。亦未可以深罪秦也。漢因秦制。三邊各自備。內郡專刑賞。丞相御史雖統攝天下。刺史司隸雖督察郡國。而守相皆得自為兵。其兵也。民其民也。財其財也。極其所治。無不可者。有進而授首。無退而掣肘。兩漢之治。所以獨過於後世者。豈非其操之簡而制之要哉。當其盛時。攘夷闢地。至數千里。至其衰也。尚能係服單于而臣妾之。豈夫蹙縮九儒之論所可疵病其失哉。此漢之紀綱也。三國分裂。雖科禁嚴密。民無所措手足。本不足以言治。然邊方鼎立。彼此窺伺。一有蹉跌。而禍敗隨之。其所以皆自立於窘蹙喪亂之餘。不可動搖者。豈非其分久以地。任人以兵。功有所望。罪有所歸。截然自用而不相拘制哉。西晉使外制內。以成諸胡之亂。及其征鎮固守。以忠義相獎激。虛聲遺號猶為一統海內之具。至王導爲東晉重上流之柄。壯揚州之勢。石勒符堅皆竭天下之力。無歲不戰。而晉卒賴以立。其後北則魏晉周隋南則宋齊梁陳皆循用之。是則紀綱之所在。患乎授任之非人。而不以人為不當授任。患乎分畫之無地。而不以地為不當分畫。患乎外敵。而不患乎內侮。其事蓋昭然矣。唐用周隋府兵之法。揀擇天下之民。聚為強兵。內則諸衛將軍。外則節度總管。四夷臣屬。萬里請命。雖常困於征伐。而唐之威令又過於漢矣。州郡削小。分置益多。而辟置生殺之權。視前世皆已稍損。至於中年。邊將權重。遂成末大之患。無以抗之。而內地亦皆裂為藩鎮。殽雜混并。不分緩急。不辨內外。百世相承之紀綱。由此墜失。卒至五代。以成本朝懲創之說。而紀綱不可

復振矣。其二曰。唐之中世。既失其紀綱。而藩鎮橫。及其後也。藩鎮復不能自有其威令。而士卒驕。五代之亂。帝王屢易者。非藩鎮也。士卒也。雖然。藩鎮尸士卒之上。而士卒依藩鎮以為名。見者不察。而以為其患專在於藩鎮。藝祖思靖天一。以為不削節度。則其禍不息。於是始置通判以監統刺史。而分其柄。命文臣權知州事。使名若不正。任若不久者。以輕其權。監當治榷稅。都監總兵戍。而太守者塊然徒管空城。受詞訴而已。諸鎮皆束手請命。歸老宿衛。昔日節度之害盡去。而四方萬里之遠。奉尊京師。文符朝下。期會夕報。伸縮緩急。皆在朝廷矣。其時契丹強盛。太原未服。西有諸戎之遺種。所以備守之者。猶倚邊將。至太宗則又漸收之。雖邊庭亦如內地矣。蓋民困於唐末五代之久亂。一日能使強藩悍將退聽。而天下安息。安得不自以為制馭宇宙之善謀。遵用而不易哉。雖然。為天下之紀綱。則固有常道。譬如一家。藩籬垣墉。所以為固也。堂奧寢處。所以為安也。固外者宜堅。安內者宜柔。使外亦如內之柔。不可為也。唐失其道。化內地為藩鎮。內外皆堅。而人主不能自安。本朝反其弊。使內外皆柔。雖欲自安。而有大不可安者焉。故自端拱雍熙以後。契丹日擾。河北山東無復寧居。李繼遷叛命。四方不解甲。諸將不能自奮於一戰者。權任重而法制密。從中制外。而有所不行也。咸平之末。真宗幸大名。傳潛王超以畏懦敗北。王繼忠以輕進被擒。景德初。僅幸澶淵。幸而迄成和議。不然。用當日之規畫。而欲久與虜校。犯闕之危。未俟靖康而後見矣。夫恃虜之已和。而苟天下之無事。割西方以封殖趙德明。至其治具則日密。法令則日煩。禁防束縛。日不可動。爵祿恩意。豢養群臣。狃於區區文墨之中。於僥倖之習勝。而志氣日銷削。節義日隳敗矣。論者或非之。其追言太祖之事。如姚內斌董遵誨郭進馮繼業之流。皆守一

郡官畢兵少然而豐財厚祿久任責成邊警無虞而太祖能以其力
內平僭偽蓋雄畧如此而竊歎後之不能不知此固昔者為國之本
然槩以懲創五季大甚之政削損已多隄防已嚴此特其未能去者
而至其後則盡去之耳自景德以後王旦王欽若以歌誦功德撰次
符瑞為上下之意以為守邦之大猷當百世而不變蓋古人之未至
而今世之獨得也奚暇他議哉紀綱之失猶其粗者耳併與人材皆
壞人之智慮不能自出於繩約之內歷考載籍非不燦然明備而皆
未有能援昔以證今者但於煩文細故加增之使不可復脫而已此
豈不為大可歎哉其三曰天下之弱勢歷數古人之為國無甚於本
朝者真宗之末仁宗之初契丹守和約者三十八年趙德明亦三十
年文恬武嬉舞蹈太平不見其為弱也及元昊始叛章得象之徒毅
憤其小醜欲剪滅之立論必於不赦既而屢出屢敗潼關以西人無

固志而契丹遂擁兵境上以邀索周世宗故地使富弼重為解之然
後乃已於是形勢大屈而天下皆悟其為弱證矣仁宗亦慨然思欲
整治用弼與范仲淹韓琦為兩府論議前卻施行舛謬小人交關其
間三人遂去而前規故習遂不可破當時議者以為三人不能循致
治功而欲歲月成天下之事其意太銳故至於此嗟乎此三人者正
坐不能以歲月成天下耳弼與琦相繼當國其懲前之禍愈深而循
致之說愈用矣雖然循致者卒不能有所致也弼相四年琦相七年
所循致者何事哉於是財用耗乏人才頹弛天下翫弊愈甚而士以
虛名相高故王安石佐神宗欲一反之而安石不知其為患在於紀
綱內外之間分畫委任之異而以為在於兵之不強財之不多也使
安石知之正其紀綱明其內外分畫委任而責成功然後取賦歛之
煩者削之本學校隆經術以新美天下豈復有洶洶之論不惟無成

而反有所喪乎以神宗之厲志有為終於舉措衡決變法則為傷民
開邊則為生事力圖靈武連以失利亦悔用兵之無益者不知改弱
勢而為強勢而欲因弱勢以為強勢也夫改之與因由始論之一言
之殊耳及其力行堅執乃成黨錮更紹聖崇寧而天下大病凡青苗
凡保甲凡兵財之政所謂欲因弱勢以為強勢者至宣和末年掃地
無有昔日弱勢之可守者又皆廢壞而其弱勢之不可反者遂為膏
肓不可療之危疾雖分四總管以固捍衛委長安建康之守以募勤
王天下氷解雲散一城一池劫制於虜而號令不能及矣當是之時
割地以與人使自為守猶且不可況能自守而禁人也哉然則本朝
之規畫其始終本末之際蓋可覩矣自周德威失榆關之險繼以雲
中燕山兩道歸於契丹虜在長城之內而大河以北已有不可守之
勢為天下者不按九州之圖籍略其四旁規其中央左顧右望以盡

天下之大形堅外柔內分畫委任群臣合力功罪有歸以正天下之
常勢第因其所有掩絕前後而欲以人主之一力守之豈可得乎此
天下之患所以二百年而常在論今天下之事所以窮數十百萬言
而不能決也其四曰建炎初載李綱用事議分京東河北用唐藩鎮
之法使自守其地諸道各置要郡次要郡以一兵馬之權綱所措畫
則已陋矣括馬歛財騷動天下議者蠭起不得旋踵卒以逐去於是
汪伯彥黃潛善無所施為以為稍徙近南安常守舊命使祈請自足
以苟延歲月既而有維揚之禍牽連奔走東極海嶠始委張浚以川
陝而宣撫處置之名立焉使宜行事之命出焉范宗尹相繼建請而
江淮亦各分裂為鎮撫使于時盗賊充斥偽齊擁挾虜人連兵內向
上流又置鎮撫大使文武參用犬牙相維復遣執政督視以一威望
浚雖狂疎竟失關陝然節制諸將保有全蜀張俊韓世忠岳飛亦次

第平殄群寇。江左所以粗定。而虜肯和者。亦任人之效也。雖然。分畫無法。寄任不專。張浚趙鼎。況然於事機之會。言戰不敢。請和不欲。費日累月。師老糧匱。上下厭倦。而秦檜以為權不可外假。兵柄不可與人。故屈意俯首。唯虜所命。以就和約。廢誅諸將。竄逐名士。使兵一歸於御前督府。結局收還便宜。使州郡復承平之常制。檜方矜其功伐。自比趙普。以為經國之長算。莫能及也。且祖宗之天下。無故而失其太半。遭劫之讐。百世不可忘矣。乃以撫定江左為大功。何哉。戊申至辛巳二十年矣。女眞一旦出不遜語。聞於殿陛。朝野喧然。捽手無措。相對駭愕。無可為者。而葉義問汪澈出矣。及陛下嗣服以來。張浚總統於江淮。虞允文王炎之屬。相繼宣撫於漢中。蓋四五十年。時用分畫之法。稍以事權付託臣下。為國之紀綱。終不可廢者。亦已粗見於此。然而不明其地。則不可以任其人。不任其人。則不可以要其功。內治不定。則夫仇讐者誰與謀之。今百計裒取。竭東南之力以供餽四駐劄者。而兵不知用。因任舊將之子弟部曲以决得為統帥。而將不知兵。除授更易。一出內庭。報發承受。名為機密。而大臣不聞。諸州禁兵。零細纖弱。專使路鈐教閱訓練。而守臣不預。防遏內江。虛徼沿淮。紀綱所立。錯繆無序。然則有民誰治。有兵誰用。有地誰守。歲遷月易。孰為可見之效。而陛下規恢之圖。終將邑邑不試而已乎。天下非可以私智為也。方略非可以私術驗也。勝敗興廢。古今一塗轍而已。唯本朝之論則欲私為而私驗之。是以頹弊委靡。至於今日而莫曉其故。此臣之所謂必盡知天下之害。而後能盡天下之利也。

適又上終論其一曰。今天下之大害。其膠固而不能解。攣縮而不能伸。宿患積蠹。臣已盡言之矣。解之伸之。豈無其道乎。陛下始初出令。必有以大慰天下之心。必先罷去經總制錢之半。今州縣睒睒。不能

安息。人之精力。消耗疲竭。不可復有所為者。盡坐此錢而已。罷去其半。稍稍蘇息天下。然後州縣之月樁板帳罷矣。然後民之頭子盛零勘合牙契之額皆寬減矣。然後罷和買罷折帛。和買折帛罷。則民所謂不正之歛皆無矣。三者罷而天下之心慰喜滿足。然則國用所取給。臣以為二年之後。分畫既足。則朝廷之經費比今日必十去其五六。所罷者足以當之有餘。而二年之前則未也。陛下會計二年所罷之費為六千萬緡。盡斥內帑封樁以補助之。夫此內帑封樁者。以之罷減三者之苛歛。而以代戶部四總領之用度。其明德光耀。新美觀聽。自兩漢以來。未有此舉動也。然則乘此以革去朝廷百年之宿弊。無不可者。以之減進士入官可也。以之減任子入官可也。以之破資格可也。以之重銓選可也。以之廢吏胥可也。百年以來。世論所謂動衆而召亂。惴惴然不敢舉。如臣所言之害者。今皆並舉而為之無難也。如此則朝廷清矣。然後分兩淮江南荊湖四川為四鎮。以今駐劄之兵各以委之。所謂四鎮者。非盡舉此百餘郡地以植立之也。於中各割屬數州。使兵民財賦皆得自用。而朝廷不加問焉。餘則各屬之而已。而又專擇其人以各自治其一州。所謂兵民財賦皆得自用。則朝廷平日所置四總領餽其軍輸者。二年之後皆可無復與彼。以數州之財足以養之矣。如此則彼之任專。吾之費輕矣。雖然。以兵與人。以地與人。此今日異常之大事。然其為之不驚世。不動衆。陛下一日命之則成矣。成則久。久則安之以為常。然若此者。內以朞月之內盡去民之所患苦。外以二年之外兵屬士奮可用之於死。而大功可舉矣。陛下不惜財。不吝權。念吾之所大欲者解膠固伸攣縮。易於舉動果於責成。以立大功而已。則減輕總制和買折帛。以先慰天下之心。而後朝廷所謂煩密不可變之法度者盡變之。以共由於疏通明達

之塗矣分江淮川蜀之地與之兵民財賦以重人臣之任而後朝廷所謂專閫不可分之紀綱者盡分之以各合於外堅中柔之術矣若此者兼兩漢之長而不襲兩漢之失待之以成功而終之以禮樂則三王之治不難進也雖然為此者官非難也而士為難士非難也而民為難民非難也而兵之為難誠今世之大事也圖兵之難者定則天下之利盡矣其二曰致今日之治無他道上寬朝廷下寬州縣而已竭朝廷之力使不得寬者四駐劄之兵也竭州縣之力使不得寬者廂禁軍弓手土兵也然則何以治四駐劄之兵而寬朝廷今既減經總制罷和買折帛蜀之折估青草而內出二年之費以供餽四總領矣宜任四人者由郡守攝統制召舊帥歸宿衛鉤考其隱冒乾沒請給不盡及軍人之賍聲而治之然後俾四人者一聽其所為而吾無問焉所問者欲精其軍使各不過三四萬吾欲用士之銳而不併

富其家小夫厲士而養之將用之於死地以求勝也乃為之立家是兵為民也古者民為兵今者兵為民宜其消惰孱弱而不可制也昔者之論曰欲一當百又曰欲一當十夫百十何可當也姑得以一當一則精兵也夫一人得一人之用則固已十四五萬人矣用之必死誰敢敵者女眞之來南也雜以奚契丹渤海漢兒前纔五六萬後亦不滿十萬而已夫用兵者用其氣也多兵以自困氣先索耳吾之所問者如此又有所問更其激政行其新令吾欲其無譁無動以疑於亂若此者在用人而已各與之數州地使自食而餘州得寬焉此二年之內所得為而二年之外收其効者也若是則朝廷寬矣然則何以治廂禁軍弓手土兵而寬州縣宜先擇一二十州界之使散雜役之廂軍令之廂軍盡隸官下無在營者併與之以一二年之衣糧使各自為其子本以權給之而州無復給又散禁軍夫廂軍可散也禁

軍散且為亂柰何曰禁軍之可畏者為有以禁切州郡使不得私役且上教故也令不上教散而雜役如廂軍焉彼欣然自幸耳然則散禁軍如散廂軍弓手之費稍輕土軍差少不急散也久將稍盡要以必散而止夫廂禁土兵弓手皆散何以守其地自三等以上籍其家一人以為兵蠲其稅役大州二千人而止下州八百人而止州縣各為之所將校率用其人秋冬而教春夏則否有警呼召不用常法然其為兵也必在州縣四方三十里之近家者此三四年之內所得為而三四年之外收其效者也若是則州縣寬矣朝廷寬則九所以取州縣者皆不用而食租稅之正矣州縣寬則九所以取民者皆不用而斂租稅之正矣且又非特此也朝廷寬則群臣有暇而人材多矣不若今之乏也州縣寬則民有暇而善良多矣不若今之薄也上多人材下多良民兵省而精費省而富五年之內二年之外合其氣勢

用其鋒銳義聲昭布奇策並出不用以滅虜而何所用哉雖然為此者無他也力行而已按其歲月在乎二年之外五年之內今日行此事去此敝其日此弊去此效見效不見則易其人加之意而必行之以日月計而實效致矣其三曰臣前所論者皆國門內事也夫門外事難論也自陛下嗣位以來士大夫莫敢有言及門之外者陛下嗣位以後始爭以門外事為言幾成俗矣言門外事既孟浪茫廣多虛寡要而門內事皆不及知故臣欲先盡門之內而及門之外今其將帥不知主名控禦不知地利則指事而言者妄矣臣請先論女眞之始所以得者蓋每惟士大夫過於譽虜而甘為伏弱者何也其譽之也謂阿骨打粘罕兀朮三人者夷狄之雄傑皆古所無有故本朝之被禍最深此大妄也阿骨打豪其部中延禧煩擾既過不堪困執起而自叛此亦常理也不幸延禧政亂未嘗交鋒輒以敗亡女眞者用

其兵食其糧取其遺戈委甲而因收其土地披靡逃遁而坐獲其國都而謂阿骨打之雄傑如石勒慕容雋之流以智力百戰屢債屢起卒以得之可乎阿骨打死吳乞買立不能主令而斡离不粘罕分之其後兀朮來江南三酋者之畜而我之所以布陣立敵而復不勝者何故也自其始入而吾國已空千里無當之者矣彼蕩然而來也夫未嘗與之戰而敗則粘罕兀朮何以能獨過於古之諸胡而遂取吾之中原如是其酷哉蓋吾上下之人莫有用命拱手讐虜甘為伏弱而至此耳且彼之所欲必得者河北河東耳山東河南之地先以與張邦昌後以與劉豫又後以歸我張邦昌不敢抗而吾不能守也退而還維揚耳劉豫見廢以歸我而吾不能守也退而割江北淮南耳彼眞見吾之不能守也然後取而據之然至今日猶有不自安之心焉夫過於讐虜而不能自守當其始也乍見駭聞倉皇擾攘容有此論

矣今安定久矣然而讐之不已何也故讐彼之兵則精銳而吾則疲弱然則何不易吾之疲弱而讐彼之精銳何也讐彼之威令則明信而吾則玩侮然則何不易吾之玩侮而讐彼之威信何也讐彼之規畫則審當而吾則苟簡然則何不易吾之苟簡而讐彼之審當何也讐虜以脅國人而因為偷安竊祿之計此風俗不忠之大而無有知者方靖康艱難時唯宗澤不平此論如澤者未足以論古之立功立事者然使澤得用二聖不終北狩矣固可一戰而敗也蓋天下之禍有大可痛者不戰而敗不守而亡此則自古以來未見有如靖康者矣不追議此而為可以戰可以守之事反謂自古未有如三酋之雄豪者臣謂此論亦自古所未有天地之理久鬱不伸必有待於陛下也夫粘罕與斡离不同出而獨圍太原者一年既破都城盡取中國之輜重徐行而去兀朮生長極北蒙寐不知江湖舟楫為何物也空

行閩津至於四明而後返使古之兵法皆盡廢而不可用則彼之雄傑誠若可信矣使兵猶有法則彼之所為乃喪心失靈狂惑而求死者也何乃讐喪心失靈狂惑求死之人以為古之雄傑皆莫過也哉

其四曰請言女眞所以守之者夫阿骨打粘罕者生於東北窮小之遠夷非素有兼天下之志也契丹久安而政悖一朝起於不顧死命之中屢敗遼人楊朴者因敎以稱帝改元至盡併契丹而燕人為之用及郭藥師導以犯闕其後遂破都城而據中原蓋昔之所謂劉石鮮卑氐羌皆嘗生長中國奮其雄心公起窺伺而粘罕兀朮本無其志也特以敢於決鬪而二國皆自莫敢較其故臣亡虜相與為之立其國家文法制度悉以本朝及遼之大略繁劇牽制若乃聚重兵憑堅城衣食嗜好極於精善非復戎虜之本質矣始者我以二聖顧仁之故使命百請以講和好驕不見從酈瓊之叛擁全衆以歸劉豫虜

疑有間且合從困彼也遂急廢之以河南關陝來而罷兵兀朮再出大敗於順昌柘皐始稍懼我而盟約遂定且以女眞種落而兼中原契丹為之主其勢不順其心不服而保守至今六十餘年者以中原積怯懦不自振之氣且無有為天下倡者雖或倡之而居文法牽制之地亦決不能堅壁而窮鬪故也自紹興十一年以後不惟我之所欲者專在和好而女眞之族類亦皆以和為利亮氏弒君殺母志平區夏移都舊汴南臨江淮鼓聲所震水波騰湧然發是求戮而今酋自立於後矣方變昔日之君臣而為敵國又嘗聲以還故疆為言范成大之使湯邦彥之使中間屢較禮文矣自其向者平視我師投袂賈勇及此閑隙是以取怒而虜卒不動今歲退入其穴傳聞多端難可信據然而上京蕭條從行死喪思燕之樂既而復返此不可誣也然則女眞失其故部與契丹之地而以燕為家其君臣上下文法制

度。所以守其國者皆以中國為法。而又顧和而不顧戰。喜靜而惡動。是雖六十年積累之久。而與此二國之人終非有手足肺腑之託也。其與劉石鮮卑氐羌之勍對不侔也明矣。然則其事在一大戰而勝之耳。夫一大戰而勝虜之心攝。下後留中原。當以燕為固耳。吾之始一大戰而勝其求中原也固易。及其終於勝而不可禦使併燕得之。此則難矣。雖然事豈有不難而後成也哉。今姑未言其終於勝而不可禦者。姑求其一大戰而勝之之道焉。勝之之道盡去吾之弊政。用必死之師。必死之將。必死之士。決壞二百年糜爛不可通之說。眞以必死敵之則勝矣。若今世之言兵。出其策張其陣用其人以奇立功者豈可賴哉。在以實勝虛。以志勝氣。以力勝口而已矣。其五曰。請言前日之所以謀為恢復者趙鼎書生。自附於問學收拾文義之遺說與其一時士大夫共為貴中國賤夷狄之論。此說春秋者所嘗講也。不

可以為不美。雖然中國之不可以徒貴夷狄之不可以徒賤也。所謂女真者豈口舌講論析理精微之所能致耶。張浚之始用也。少年狂躁。恩信未足以感士。智勇未足以服人。遽迫強項抗命之將。一舉而失關陝。蜀之全者幸耳。鼎既泛然於事機之間。不戰不守。虜來則進而拒名曰親征。虜去則退而安名曰駐蹕。而浚尤為無統。光堯四顧。無所倚仗。以言孝思之迫切。則佑陵之梓宮未歸。顯仁之鑾輅未返。以言圖功之敉寧。則治兵講武不休。而漢虜之分決迄無期度。於是秦檜南自南北自北之論衡入其中。堅不可破。而鼎與　均逐矣。及乎紹興之末。檜死虜動。而隆興之初。浚專以恢復之說自任。號召天下。名為忠義。自喜者和而從之。其實無措手足之地。聚兵淮上。則祖述范仲淹之舊說。欲與虜帥往返以定和議。為兩國生靈請命。一則欲結合北方大姓故家契丹遺種相率響應。以謀大功。至其一取符

離。師徒潰散。人情摧沮。異論交興。而湯思退王之望尹穡力主割地以盟。而中原再失望矣。浚不成而敗事。及其招徠歸正歸明之人散滿內地。窮困州縣。冗雜銓部。至今無根柢者。上書論事自謂能知虜情畫策出奇以干差遣而度歲月者。大抵皆浚所為也。蓋浚與鼎乃前日言恢復者之首。而其方略可考矣。昔者南北兩立。南欲反城而歸北。北欲奪地而來南。無義之人。志念不靖。未始不如此。為將帥者蹈致之而不敢絕。豈眞以此為立功之驗哉。今南北雖復為兩立之勢。而北本吾故都。故南之思北也少。而北之望南也多。大姓舊家常思歸順。其理必然。無足准者。特患吾威不立。而戰不勝耳。威立而戰勝。可使中原之士奮挺逐虜而迎我。然吾之眞能恢復者不專在此。況於契丹遺種。豈可誘致此與童貫用郭藥師伐燕拒女真何異耶。浚少年為將相。困躓白首。忠義不衰。而其所經畫者止於如此。光堯

聖訓謂浚終不可用。豈非知人之明哉。今鄉曲之揚士。志在邀利取寵。僥取浚門下已陳之說。更互藻飾以為北方之事可棄。而國信小吏。以土物相饋遺。竊問廝養。而謂得虜密事。以相衒耀。沿淮守臣。思為進用計。布心腹於跳河之曹。越淮未幾撰造虛事。以為閒探之明。若此者紛然繼踵。而恢復之說遂與舉子習程文以媒舉試者無異。而國事眞無所考據矣。願陛下一掃盡去。勿留聖思。力行今日之實事。以實勝虛。以志勝氣。以力勝口。用必死之師。必死之將。必死之士。以二年之外五年之內。責其成功可也。其六曰。請論今之所當分畫者虜以得中原為守。而不以備我為守。其戰妄進而已。其守嚴兵而已。昔人南北對壘之形。彼不及也。彼無對壘之勢故也。然而吾以其無對壘之形而戰則欲效彼之妄進。守亦欲效彼之嚴兵。是所謂無對壘之勢者也。符離之戰是妄進也。雖使得宿得亳得徐。遂至汴鄭。將

何為乎彼之所以由淮而妄進者明我之不敵耳而我亦效之何哉駐劄之軍是嚴兵也不度其必守而宿兵馬宿兵於無用之地將何為乎故我之當進而置兵者四興元一也襄陽一也合淝一也沿海制置司一也我之當守而置兵者二建康一也鄂州一也當進而置兵其必進者二興元也襄陽也其不必進者則合淝也沿海制置司也何謂必進襄陽之出宛洛興元之出秦鳳二者我之所必當有事擾中州按關隴形勢之家先古今之同論决不可易者也何謂不必進從淮以出亳宋大梁地散而難一且虜之所必爭也虜所必爭吾能拒之使不可進而安江南之心其功多而大矣海奇事也危道也其進所以取齊也使關洛事濟四方響合朐山復來則可用矣不然則練而待之耳何謂當守夫建康鄂州當守也然為國必分內外其四外也其二內也內之不可不置兵皆所以安江南也雖然置兵無

多必一人得一人之用則合淝最多也興元襄陽其次也建康鄂州又其次也制置司又其次也不盡二十萬兵是以潰之矣夫謀天下之大事成天下之大功非可以攻人之無備出人之不意也必有堂堂之陣正正之旗攻堅排深之力而後可我以此進彼亦以此進昔者謂彼能而我不能也今無謂彼能而我不能故我能彼亦能盡我之所能以較彼之所能短長相形而勝負分矣一再勝則霸王之資也夫天下之功難成也天下之事難謀也晉宋之間耀威河南常事耳枋頭灞上滑臺虎牢洛陽皆得至焉獨其不合天下之勢所以南北分裂而南之土地日削既失蜀復失淮復失江北故隋并陳也紹興十一年之前中原之號令猶或可梗後始截然矣末年潰亂而諸將亦或有所至今也獲不能望見襄廬以北論者方囂然以取中原為希世之事不知中原雖可得而北方猶未可圖也況其不能望見

襄廬之北而欲坐策中原者乎陛下宜執分畫之要謹命帥臣立為至難不可動之實以對堂堂之陣正正之旗生其人之氣執而不務出於無備不意以為立說之觀美而實不可用此則今世謀事立功之始也其七曰蓋今之所謂分畫者以一當一而以一取其一適得事焉以蜀當秦亦以取秦以荆襄當韓魏以淮當梁汴而未取梁汴也又以沿海制置司不當齊而志取齊焉如是而長江之內深入吳越旁極閩廣而我之所以為國者又當在分畫之外其自守猶為有餘至於人徒兵械財穀而我之所以為具者不待收聚經營而可以自足則是非必奮於微弱立於艱危以小取大以寡取衆若昔者越之於吳燕之於齊也又非若女真之於遼與我也而又中原者我之地中華者我之名是則我於一當一取一之外又有所謂易焉者雖然我之所有亦非彼之所無也我之所易亦非彼之所難也力均

者必以力勝而我又有所謂難者自宣和以前以弱論行弱勢百二十餘年矣宣和以後又非止弱而已我之人氣奪心懾不能自主其命而今也抗首奮勢夫正其綱紀欲必以二年之外五年之內而有大功天下之人或以竊笑或以驚視或以疑之或以非之或以沮之異論四出解體不前且復人材未嘗素練識不足以信其志意不足以行其力則兵之欲少者未必不激其變財之欲少者未必不困而之此必致之勢而君臣相與之間不能泰然自保以要其成者也雖然事决有不可不然者在陛下深信力行而已蓋昔者其人所行之事與其人所立之論尚為不遠論立於此者射之有的也或百步之外或五十步之外的必先立然後挾弓注矢以從之故弓矢從的而的非從弓矢也今日之論先揣其人之不能行與其勢之不可行而論因以立是引的自近以成射者之無能而已自東晉王述蔡謨始有量

時虔時之論。而高浩諸庾屢謀北方。桓温事力尤盛。謝安時會寂揔然皆勞民動衆。無所成立。而敗喪隨之。故王述蔡謨之論勝。而今世偷惰無能之人。竊取其說以疑亂當世。所以國威久不振。而陛下欲為之志久而無所為也。故臣願陛下究觀古今之變。盡其利害之情而得其難易之實。解膠固。伸攣縮。先有以慰天下之心。天下之人方傾耳張目聳動四顧。而莫知陛下之說安從出也。然後立堅定之論而講分畫之規。警策群臣。坐其志力。以終從陛下之論。如射之立的而不使群臣一前一却。懷詐飾非。以疑沮陛下之所立。譬如引的自近以成射者之無能也。此天下之大决。安危興壞之大端。陛下之所先知者也。知此者定。則臣雖微且陋。得以其說為群臣之倡。承望聖意而敷暢於下。誅賞可用。功罪可分。而人材出矣。

知桂陽軍陳傅良擬奏事劉子曰。自古帝王之興。未嘗不因天下之

變。或草昧之初。或叔季之後。皆可以成大功而賦鳴號於無窮。載籍所稱創業中興之君是也。往者外有方張之虜。內有交叛之將。關河海岱。群盜雲擾。光堯太上皇帝崎嶇為上。撫定東南。以康世屯。以繫國祚。遭變之難。自古所無。而天命復集于宋。蓋時無不可為者矣。恭惟陛下叡知神武之畧。寬仁恭儉之德。憂勤惻怛之意。自纘丕緒。以恢復為己任。可謂對天地而不慚。質鬼神而無憾者。然而遷延稽故。至今二紀。比者賢士大夫類曰時不可為。而以恢復為諱。雖臣至愚。竊所未喻。且隆興用事之臣。雖以朴忠。竟無成功。天下不與其才而與其心。乾道用事之臣。雖以大言。亦無成功。天下不與其心而與其名。孔子曰。必也正名乎。今顧以恢復為諱。果何名歟。論說定。則習俗成。習俗成。則人心不起。人心不起。則賞刑不足以懲勸。是王業往往遂已也。孟子以禹抑洪水。周公兼夷狄。孔子誅亂臣賊子。凡以正人心也。聖賢事業。以人心為本。靖康之禍。諸夏陸沉。而人不恥。君父播遷。而人不怨。天地易位。三光五嶽之氣分裂。而人不懼。是尚為有人心乎。馴至於今。晏如平時。不念國辱。私相恩讎。但為身謀。患在得祿自非陛下有以再造彝倫。一新士氣。臣恐此義寖微寖滅。或有後憂也。方今虜主春秋甚高。志不在動。庶子嫡孫。未知誰立。一傳之後。必非今日所觀矣。以血氣方剛之君。一時新進。大抵生事。儻無遠畧。苴有內爭。兵端其可禁乎。就使虜無動。夫以中原萬古衣冠淪為左衽。五六十載。北不足懷。南不能令。獻亂思治。豈無其人。聞之道路。河決非常。擾及關陝。神怒民怨。其兆見矣。帝有特起。何以待之。就使虜無動。中原無特起。以臣過計。千乘萬騎。介在東南。禮樂庶事。比擬全盛。地氣不能勝。民力不能支。亦豈子孫萬世帝王之業乎。恭惟陛下叡知神武之畧。寬仁恭儉之德。憂勤惻怛之意。宜為中興盛帝顯王。而

以人心不起。至於憂在子孫。臣實未喻。孟子曰。得百里之地而君之。皆能以朝諸侯而有天下。未聞以千里畏人者也。是在陛下而已。臣不勝拳拳。

戶部侍郎王之望奏曰。臣伏聞金人改圖。頗脩舊好。遣使叩關。將至闕下。近陝西偽都統者亦揭牓令其將士毋得交戰。以待講解。察其上下之意。和議甚切。蓋和議不定。則必有內憂。不獨懼我師之致討而已。國家以生靈為念。固應許其自新。其自新有如三事。所宜審處。一正名分。二減幣聘。三畫疆界。竊料金人之議。必出兩端。一則欲仍用舊儀。更增歲賂。而以河南故地盡歸本朝。一則欲復請侵疆。各守舊境。而以契丹故事求為敵國。二者皆未可遽也。女眞本窮荒小夷。貢獻於我。海上之盟。以契丹之故。約為兄弟。契丹既滅。便尋釁端。以宣和為渝盟。靖康為失信。劫遷二帝。淪陷中原。聖主中興。懷柔備至。而狃

於常勝必欲兼弃亡力既窮始通和好天子不較稱謂屈已從權者正以彊弱之勢有未敵耳其後東昏正隆屢盟屢變至敢傾國大舉直窺濟江其渝盟信視我宣和靖康孰輕孰重我可以為辭矣今其立者素非人望以孱庸之故得自全於正隆之朝完顏一宗誅屠略盡見在近屬惟有葛王僭盜之謀起於群下非有受命之符遇亂之畧也威福大柄必在權彊內外乖爭覆亡可待故即位未幾已有兄弟之變觀其累世骨肉自相翦除此豈安固之基靈長之運哉則彊弱之勢與靖康以後事體不侔遠甚若欲通好必尋海上之盟復敵國之禮然後可許名分既正歲幣自輕凡此二事彼必不敢固執惟分畫之議恐費商榷耳大河以南彼知終非所有或當輕以與我而別有所邀然淮漢之北人稀土廣都無險阨汴都殘破徒有虛名雖或得之未易經理發兵戍守少則不足多則不堪措置一乖腹心罹

患此黠虜反復已試之策而我向來受欺覆車之明戒也豈可保哉厥今天下之勢惟陝西為可復其地去虜最遠控帶關河內有四川為之根本我已得其十餘州若摧散關鳳翔之衆則其餘風靡矣今日之議設以大河為界固中國之福猶當深圖利害以極後艱若以此更有邀求豈容墮其姦計彼或降尊損幣自同契丹而靳吝土疆不肯分劃則陝西之地決不可失宜以我所得陳蔡唐許潁嵩洛并他路諸州兩相模易如尚不可則寧稍增幣期於必從獨留南陽以通武關我若并梁雍荊揚之區保江漢秦蜀之險平居無事積粮固圉虜雖猖獗亦無能為若有釁可乘北方不足圖也此事至重非片言所決必一再往復而後可了惟少忍之而已陝西既得則置宣撫使司於階成和鳳之間而分布將帥據和尚方山仙人等原以臨制關中各用土人保其郡邑如熙秦京兆要害之處量出蜀兵戍之使以其力自全而不為蜀累邂逅有警則下甲而出征萬一不虞則回戈而固守進可逐利退無後憂撫綏數年形勢自壯不煩粮饋不耗金錢惟稍出蜀縑增印錢引以募糴于陝西便足以了辦經費天下之利莫大於此百世之業也昔楚靈王窮兵桀虐民不堪命取陳蔡取不羹又將伐吳爲乾谿之役楚人立子干以入郢王師于訾梁縊于申亥之家子干微弱亦不能自立卒為弃疾所圖弃疾既篡求獲所安乃盡反陳蔡不羹之封其國始定五年而後能出師金人今日之勢正類於此仰惟朝廷必有成謨狂瞽之言豈足觀采顧大議未定不厭詢謀用敢竭其區區之愚惟陛下裁擇幸甚

司農卿李椿上奏曰臣竊謂國家祖業以兵為重承平百年之後軍兵習惰一自南渡中原流離之民始為群盜終得其用蓋有劉張韓岳於江淮之上二吳於西蜀之險統馭有方故能立軍制拒彊虜國

家之勢復振者委任得人故也自權臣當路挾虜謀和誅有功逐大將逐端人用佞士崇聚斂獎進獻汰戰士困州縣為固位之術二十年間軍勢銷鑠士風委靡不復有忘身徇國之士為長久之計惟知逢迎以圖富貴者比比皆是天祐宗社權臣殞命賴太上皇帝聖明洞察姦計雪冤抑逐邪佞獎戰士優農民四方萬里懽忻相賀諸軍將士其氣復振未幾虜人叛盟百萬之寇竟無所施者人心不離故也孟子以謂得民心斯得天下者於此可見人心之不可失也仰惟陛下自臨御以來凡下詔令未嘗不以愛民恤軍士為急故軍民感戴聖恩銘肌刻骨莫或忘也凡百政事陛下未嘗不經聖慮一歸於公當盡善而後已天下固已幸矣臣自遠方來目擊之事有可疑且憂者不敢隱默臣請言之軍心未和是也國家所以保疆宇固宗社惟諸大軍是仰今將難其材故馭衆無術士不溫飽故其氣甚衰加

以揀汰去其百戰之士離軍失其父子之彊寄招非類故不入紀律待之不均故舊人失望近者鄂州大軍三千人捕數百之寇半年之間亡失過半內有病患寄留者無可柰何臨陣戰歿者猶爲盡力惟是避征逃竄對敵退怯小寇尚爾遇大敵將如何臣嘗詰問差來兵將官但云絕無舊人新人不經戰陣其馭衆無術不能自知也新招之人所請日不過百金鄂州食用皆貴如遇泥雨日費草履已用其半又況有隨身器甲時須修整伏臘之費一身尚不能給有妻孥者不得溫飽無可疑也臣嘗與老將郭振議論振以謂使舊人但執梃隨軍亦勝新人堅甲利刃以其諳練與否耳況離軍之人又帶去子弟甥姪之屬軍中無相保之情新招游手但可充數在教場閱習固與人等一旦遇敵方知其不堪用蓋徒得其表而不得其心故也今諸處寄招人額既是束以罪賞州郡所費不貲不敢稍辭或勸軍營

招收則軍營陪費或勸保伍招收則保伍陪費就招之人多非情願發遣之際必須關防起發三五十人即別差管押三五十人借請券食之外又多雇舟裝載以虞途中逃逸如防罪隸軍中得之又亦關防目爲殃害昔年岳飛一軍紀律最嚴隱然如長城今乃無異諸路廂禁軍矣解發詳等所將之兵戰歿者不過百十人而竄逸者不下數百臣得江西提刑辛棄疾書云發詳所帶二千人今但有九百餘人臣計其陣歿及疾病寄留之外餘皆竄逸不啻數百此李川所以不得不按其罪也此兵乃王琪選差之人則其它軍兵皆可知矣臣竊訪諸軍亦多類此豈不誤國家緩急之用至如待之不均者臣竊聞軍中舊人有嗟歎之言曰我自靖康建炎間從軍身經百戰豈意至今反不如後來歸正之人我輩揀汰離軍之後一任添差又或不得請給任滿之後便有飢寒之憂在軍之人將來離軍不過如此歸

正人則任任添差三年爲任每蒙優卹歸正從軍之人亦嗟歎曰我輩本是國家赤子偶緣阻隔多年後乃仗義來歸反不如俘虜血讎離任轉官特支路費又給居屋優卹甚厚事屬倒置此舊人失望之因也以是數者觀之軍士之心略可料矣臣恐內外之臣不以實告陛下政府大臣或未之知使大臣知之陛下聞之決不忍坐視必有以收其心矣此臣所以憂也臣愚庸衰老初無可取誤蒙陛下知遇有所憂不可以告陛下則臣之罪負大矣所以不避溷瀆聖聽冒昧奏聞伏望睿慈毋忽臣戇直之言遴選大將久任之以馭其衆講究屯田以富軍士揀汰不離軍以全父子之情多收軍中子弟寄招軍免立額以刺情願之人待軍士以一體以收其心庶幾軍聲振國勢張不誤陛下倚伏臣民無復憂疑矣天下幸甚

吏部尚書陳良祐奏曰陛下恢復之志未嘗忘懷然詞莫貴於僉同

不可不察愽訪歸於獨斷不可不審固有以用衆而興亦有以用衆而亡固有以獨斷而成亦有以獨斷而敗今遣使乃啓釁之端萬一散騎犯邊則民力困於供輸州郡疲於調發兵拏禍結未有息期將帥庸鄙類乏遠謀對君父則言効死臨戰陣則各求生有如符離之後未戰自潰瓜洲之遇望敵驚奔孰可仗者此臣所以未敢保其萬全且今之求地欲得河南曩歲當歸版圖不旋踵而又失如其不許徒費往來若其許我必邀重幣經理未定根本內虛又將隨而取之矣向之四郡得之亦勤尚不能有今又無故而求侵地陛下度可以虛聲下之乎況止求陵寢地在其中曩亦議此觀其答書幾於相戲凡此二端皆是求釁必須遣使則祈請欽宗梓宮猶爲有辭內視不足何暇事外邇者未懷豈能綏遠

中書舍人張孝祥論誅國欲一奏曰臣居鄉時鄰之富者有二子焉

一欲坐而商一欲行而賈而父莫之決也而使之俱為之二子之始
謀非不善也為其徒者以二子之不協則各幸其業之無成相非而
相殘相戾而相傾居無何其家卒以大困又有貧者亦二子焉以貧
故汲汲焉相與營致所以養其親者均衣而節食內閑牆而外禦侮朝於
斯夕於斯期豐其家而已是人者訖致千金之貲夫富之與貧圖功之
難易相去遠矣以其謀或一而或二貧者以富富者以貧甚矣謀不
一之為患也書曰惟精惟一又曰德惟一動罔不吉又曰予有臣三
千惟一心夫惟不一則天下之事雖至小而無成況夫濟艱難之運
起非常之治也臣不勝憂國愛民之誠惟陛下留神財察
孝祥又上奏曰臣竊惟金虜不道繫我行人中外同憤聖意堅決申
飭邊備以全制勝如臣不肖蒙被使令感激隆知誓當效死願受任
之初有當為陛下言者敢布一二伏惟陛下神聖英武得於天縱永
念祖宗創業之難太上皇付託之重兢兢業業不自暇逸將以刷無
窮之恥復不共戴天之讎天地鑒觀神靈孚祐苟充是心何求不獲
然臣區區之愚獨願陛下益務遠略不求近功而已夫所謂務遠略
者願陛下盡舍拘攣掃除積弊去其所以害治者而行其所當為者
起居飲食不忘此志而已夫所謂不求近功者願陛下多擇將臣激
厲士卒審度盈虛躊躇四顧不見小利而動圖功於萬全而已昔我
太祖皇帝既得天下諸藩跋扈初未服從我太祖皇帝規橅以定不
動聲氣磨以歲月皆為我有臣願陛下以太祖皇帝所以平僭亂者
為今日恢復中原之策臣不勝幸願
校書郎熊克奏曰金人雖講和而不能保於他日今宜以和為守以
守為攻當和好之時為備守之計彼不能禁吾不為也邊備既實金
人萬一猖獗必不得志於我退而乘我曲不在我矣且今日之守莫

重淮東金犯淮西負糧自隨其勢必難若犯淮東清河糧船直下易
耳然則守淮之策以墾田修堰教民兵為先援淮東之策莫若即江
陰建水軍緩急可相應然驟立一軍恐敵生疑當託以海道商賈之
衝多欲攘置一巡檢警督之自此歲增兵不出十年隱然一軍矣中
興之際不患兵不可用而患將權難收今日之弊不患將不可馭而
患軍情易動往時諸大將拊士卒如家人自罷諸將兵權御前主帥
更徙不常凡軍中管權之利所以養士卒者今皆轉而為包苴矣又
朘其餘以佐之得無怨乎宜嚴戒將帥毋縱掊削帝嘉其有志
屯田員外郎林栗上封事曰前日之和誠為非計然徽宗梓宮慈寧
行殿在彼為是而屈猶有名焉今日之和臣不知其說也宗廟之讎
而事之以弟姪其忍使祖宗聞之乎無唐鄧則荊襄有齒寒之憂無
泗淮則淮東之備達于真揚海道之防偏于明越矣議者皆言和戎
之幣少養兵之費多不知講和之後朝廷能不養兵乎且非徒無益
而已與之歲幣是畏之矣三軍之情安得不懈弛歸正之心安得不
攜貳為今計宜停使勿遣遷延其期以至來春別無動息徐於境上
移書諭以兩國誓言敗之自彼信不由衷雖盟無益自今宜守分界
休息生靈不煩聘使之往來各保疆場之無事焉用疲弊州縣以奉
犬羊之使乎
知處州范成大上疏曰臣聞自古建功業者必有一定之規摹規摹
既定則以其力之所能及者日夜淬厲以赴之而不可分其力於規
摹之外所謂力者有三一曰日力寸陰是也二曰國力資用是也三
曰人力思慮智術之所及者是也世事無窮而三力有限豈可分之
於不急之地哉臣雖疵賤去國未久固嘗仰窺陛下神謨聖策將大
有為竊計復古之心規摹已定然而風俗宴安期會倥傯稽古禮文

之事太繁。承平疲貴之習未盡。日力窮於不急之務。國力耗於不急之須。人力疲於不急之役。皆非所以副陛下規摹之所欲為者。非曠然大有以損益之。恐不免於志勤道遠之歎。願陛下與共政之臣。自治三力。專用之於所欲為之地。凡規摹之外。一切稍緩。俟大欲既濟。復之未晚。昔越勾踐未得志也。蚤朝晏罷。非謀吳之策則不講。自古能用三力。無出其右者。故功業卓然。此雖陳迹。可以驗今。臣故併以為陛下獻。取進止。

時言事者議欲戍守清河口。左驍衛上將軍陳敏上言曰。金兵數出清河。必遣人馬先自上流潛渡。今欲必守其地。宜先修楚州城池。蓋楚州為南北襟喉。彼此必爭之地。長淮二千餘里。河道通北方者五。清汴渦潁蔡是也。通南方以入江者。惟楚州運河耳。北人舟艫自五河而下。將謀渡江。非得楚州運河無緣自達。昔周世宗自楚州北神堰鑿老鸛河通戰艦以入大江。南唐遂失兩淮之地。由此言之。楚州實為南朝司命。願朝廷留意。

歷代名臣奏議卷之九十六

歷代名臣奏議卷之九十七

經國

宋光宗紹熙四年。司農寺主簿呂祖儉奏曰。臣聞天下之勢。未有久安而不動之理。而治忽安危之幾。每伏於暇豫無事之時。此雖昔及今事理之必然。人主不可不加察者。恭惟藝祖皇帝肇造區夏以來。累聖相承。嚴恭寅畏。不敢自暇自逸。有以極夫祈天永命之功。故天下晏然。百年無事。自王安石用事。變亂祖宗法度。天下幾於動搖。元祐諸臣。戮力扶持。而天命人心。始復安固。章惇蔡京又傳會安石之說。窮極姦慝。蠹國害民。馴成靖康莫大之禍。陽九所遭。至是蓋百有六十年矣。高宗皇帝一馬渡江。中興大業。雖易動難安之勢。於是乎復平。然世有所屈。而大義未伸。舉是憂責以畀付壽皇。聖帝壽皇憤讐恥之未報。宵旰圖治。思欲昭答天人之心。而倦於憂勤。復以是憂責屬之陛下。此正昔人所謂憂責在身。不暇盡樂之時。然臣究觀當今之世。上下耽於逸豫。以宴安江沱為當然。而謂讐虜聘問往來。我得多算。浸忘事理之真實。曾不思夫六飛駐蹕行都。將七十載。我之於虜。終難兩立。而王業恐終難偏安。執政任事之臣。翫歲愒日。習矣不察。浮論日勝。而實理不明。弥文日增。而實事不治。國勢弗壯。人心易搖。近者如瀘南之報。士卒賊殺帥臣。幾成禍變。四方傳聞。殊駭觀聽。陵夷之漸。可為寒心。陛下日視所朝。詳延兼聽。豈不加察乎此。然事理真實。則為久安之勢所推移。虛美熏心。易忘儆懼。至於憂責所在。反以為迂緩不切。而安於不為。臣恐天下之勢。未必能常然。儻或事變稍加於前。則陛下之焦勞。將有不容釋者矣。此臣所以夙夜憂歎。願陛下遠覽獨觀。思有以持其勢。而毋有所易也。夫靖康之事。人神之憤未解。蓋當今憂責之大者也。臣嘗竊因父兄耆舊之所傳說。以推斯時之變故，蓋憯於西晉永嘉之時。二聖北狩之禍，誠臣子所不忍言。乃若宗室貴戚六宮嬪御，死亡係纍，其冤憤之氣，則未易遷殂。中原赤子，肝腦塗地，而存者復汙於腥羶。輿地之圖，未登職方之籍者，又二分而有其二。雖我高宗再造丕基，然航海避狄，于越于明，于台于溫，險阻艱難，莫不備嘗，則蓋曠古之所未有也。陛下聖性高明，靜而思之，是果可以一朝居乎？是果可以遠而忘之乎？苟聖念真及乎此，積其精誠，罔有所間，自強不息，與天同功，則志向定而大義明，所謂憂責在身，若綫而不切者，誠吾家事，豈容安於不為。明詔二三大臣，同其憂責，必灼知屈己交虜之為權計，暫駐東南之非永圖，益求忠實明智之士，列于庶位，以圖內修外攘之實事，共致祈天永命之極功，俾內外上下，革心易慮，皆知不共戴天之義，捨夫頹惰舊習，為所當為，而無暇乎其他，則百志皆熙，事業自著，而更化善治之規，亦惟陛下所以詔之。儻惟不然，歲推月移，大義昏蔽，孫文浮論，流失本真，祇見其可喜而不慮其可憂，廼欲以江左一偏之地，與虜持久，則區區之深憂，蓋未易知其所終矣。臣世受國恩，莫能補報，發言狂瞽，罪當萬死，惟陛下裁赦。

寧宗時，張浚楚州回奏曰：臣伏奉今月十八日午時親筆處分，臣已恭稟聖訓，王之望等言泗州利害，所當講明，令欲且令謹守，俟至秋初專責主事者，俾權歸於一，聖諭切當事機。臣見遵依施行，向北斥堠，緣馬軍極少，差使不敷。泗上地勢平坦，恐步卒當彼馬騎，不能遽還。近陳敏等建議，欲於臨淮縣築堡屯步兵三百人，為斥堠，庶幾緩急可以相應。臣見審度措置。又舟楫尚少，誠如聖慮。臣見委劉寶打造一百隻，委運使黃仁榮應副材料工匠。臣望陛下回宰執奏事宜諭令仁榮一到鎮江，躬親應副。臣見別具奏聞。次他日舟船既辦，分差忠勇軍駕放，自不闕人。每舟以強弓弩手二十人，載廿八上，施放火箭，是可禦敵。伏乞睿照。臣伏蒙聖訓，諸將見和議成，與一成之間，語言反覆，此正中其病。臣即以宣示劉寶、吳超、劉光時、范此等，莫不悚懼知愧，然而以臣觀之，將帥難得英偉之才，況人情之常，不免觀望，以此語言不一，理當戒敕。惟陛下示以好惡，明正表儀，俾各悉心奉公，不求偷合苟容，以報國家。夫死者，人之所難。陛下以天下為念，不肯自求一己之安，表而率之，猶恐習成舊態，各不盡力，矧夫朝廷上下導之以和，孰不捨難就易，以幸一日安全也。此是社稷大計，在陛下為重，在群臣為輕。自非陛下毅然獨斷，與天同心，申之以號令，齊之以賞罰，舉天下之大，制命在我，誰為陛下出力者，至於挺身任事，盡節向前，一有差跌，則衆口交攻，禍患不測，而以貲結託，平生畏避，碌碌度日者，例獲大官，且無後悔。茲望陛下深察，必使賞罰之間，上當天心，下合人情，即後來諸將易於遣使。伏望陛下更致聖思，幸甚。

臣又伏蒙聖諭虜人八九月之間必竭力而來，在陛下以社稷宗廟之重，理宜過為之備。臣聞太公佐周以伐紂，伊尹相湯以伐桀，彼皆深通天人之際，審桀紂之無道，知其民之思治，有所不動，動無不成。又況湯武之君，德修于己，而二臣用心，上達於天，計策圖謀，若有神相，蓋非偶然也。臣學識駑下，揆事度變，安足以望前賢萬一。臣竊觀金虜無道，弒主再世，天怒人怨，破滅無疑，而臣所憂有大焉者，今風俗習成，上下相蒙，惟知富貴，不知有他，上逆天理，下虧臣節，此風不除，借使金賊已亡，內患外變，且將相仍而起矣。而其責實在陛下。臣願陛下正心修己，急收人才，以應天心，以活萬姓，必使事事誠實，感格天人，聖德日新，兵革自息，理之決然，更無可疑。詩曰：鼓鍾于宮，聲聞于外。惟陛下敬之謹之，天下幸甚。

葉適上奏曰。臣聞欲明大義。當求公心。欲圖大事。當立定論。自獻者追忿自安者忘讎。非公心也。勇者惟欲進。怯者惟欲止。非定論也。善為國者務實而不務虛。擇福而不擇禍。條目先定而始末不差。斯所謂公心矣。措己於安而制敵之危。斯所謂定論矣。臣恭惟陛下將明大義。以報國仇。此其所圖。豈不為小。臣實至愚。不敢自謂有公心定論者。然受恩深厚。中夕數起。故欲輒陳前語。庶幾仰贊聖志之萬一。言跡計拙。無所取材。臣罪大矣。雖然。條目先定。非空談也。措己於安。非姑息也。今或謂業既已爾。儻試一決。或謂且可收拾。但循舊貫。二論相持。臣恐坐縻歲月。古人愛日。豈應如此。臣願陛下先定條目之所當出者而高拱於至安之地。然後責任群力。課功計效。一事一物。皆歸大原。藩墻固。疆圉實。我既興奮。彼將倒戈。戰勝而無後憂。地得而可長守。此天地之心。祖宗之靈。所以望陛下也。

適又上奏曰。臣聞。甘弱而幸安者衰。改弱以就強者興。陛下申命大臣。先慮預算。思報積恥。規恢祖業。蓋欲改弱以就強。臣宿有志。願中夜感發。竊謂必先審知今日強弱之勢。而定其論。論定而後脩實政。行實德。如此則弱果可變而為強。非有難也。臣將悖陳極論。而事濶語長。誠恐久留天聽。臣每念契丹累世大國也。女真乃以數千人挺鬬。而天祚兼戰不北。遂至於亡。以勢而言。當是時。我疑若可以分功者。然終不得一逞。而盧溝之役。累世軍實皆殲焉。何至此哉。又況西兵忿叛之勁卒也。方臘猝叛聲摧汴都。諸將提偏師俘臘無遺種矣。渡江以後。邑衛艱難。誅剪盜賊。大抵西兵西將之餘也。夫契丹以燕遼全盛之力。而滅於女真崛起之兵。我以關陝驍悍之師。而敗於契丹垂盡之將。然則宣和強弱之勢。斯可識矣。自是以來。京城則陷。中原則失。維揚則渡江。會稽則航海。十年之間。未有能與女直抗者也。其後虜與逆臣劉豫迫我不已。激而思應。於是我始能勝於大儀。又勝於李家灣。又勝於順昌柘皋。而虜始與我定和矣。顏亮兇狂自殞。而我始能以敵國自立矣。夫虜以敗殞而後和。雖和而猶不失為雄。我以應久而後勝。雖勝而猶不敢盡用。然則紹興隆興強弱之勢。又可驗矣。今欲改弱以就強。務迫動應久之兵。而為問罪罷興之舉。作東南卑安之氣。而催女真素欽之鋒。此至大至重事也。誠宜深謀。誠宜熟慮。宜百前而不慴。不宜一卻而不收。故必備成而後動。守定而後戰。今或謂虜已衰弱。虜有天變。虜有外患。怵輕勇試進之計。用龘武直上之策。姑開先釁。不懼後艱。求宣和之所不能。為紹興隆興之所不敢。此至險至危事也。臣願陛下先定其論。論定而後脩實政。行實德。變弱為強。誠無難者。在所施設如何爾。

適又上奏曰。臣所謂備成而後動。守定而後戰者。臣伏觀建炎紹興

渡江之後。非不欲固守兩淮襄漢。而虜人衝突無常。勢不暇及。既議和好。則收兵撤戍。已有定約。又不敢謀。故淮漢千餘里常蕩然不自保也。今雖分兵就邊。稍圖外向。然我既能往。彼必能來。是時淮漢守備不全。倉猝不過移治。而專倚大軍迎敵。勝負不可知。要必扼江而後止。如此則往者未足以係西北之望。而來者已足以搖東南之心矣。本期外攘。豈顧內擾。萬一搖動。將何賴焉。故臣欲經營瀕海沿漢諸郡。各做家計。牢實自守。虜雖擁眾而至。阻於堅城。彼此策應。首尾相接。藩墻禦扞。堂奧不動。然後進取之計可言矣。此臣所謂改弱就強實政之一也。四處御前大兵。國家倚以為命。歲費緡錢數千萬。米斛數百萬。東南事力盡矣。譬如亭子所賴四楹。一楹有闕。累及三隅。無獨全者。臣慮其間統副將校。人馬器甲。營伍隊陣。進戰退守。必然未能一一皆是。若今所委付果已得人。尤宜曉夕用心。事事警策。

件件理會若其未當則利害甚多伏乞陛下審之重之此兵幾三十
萬未可便望一可當十十可當百但一人真有一人之用淮漢能守
此兵能戰數年之內制虜有餘此臣所謂改弱就強實政之二也圖
此大事莫先人材陛下比年首以大義倡率而在廷之臣和者極寡
此未必皆怯懦首鼠不肯任責也亦由積安之久素所不習耳聞目
見茫然生疎昔宇文粹中論京城守具白時中自謂事非經歷則不
知而況兩陣決機有大於此乎今天下亦非無智意材力願得自效
若淮漢千里果當固守四處大軍果當精練四方之才隨才大小宜
付一職使之觀事揆策以身嘗試習熟漸久方能捨燕安而樂艱險
易脆腐而為堅強勁虜在前行者思奮此臣所謂改弱就強實政之
三也至於朝廷之上封域之內綱紀法度號令賞罰黜陟從實條目
至煩然苟先是三者則其餘可次第舉矣

適又上奏曰臣所謂行實德者臣竊觀仁宗英宗號極盛之世而不
能得志於西北二虜蓋以增兵既多經費困乏寧自屈已不敢病民
也王安石大挈利柄封樁之錢所在充滿紹聖元符間拓地進築而
歛不及民熙豐舊人矜伐其羨然陳瓘譏切曾布以為轉天下之積
耗之西邊邦本自此搖矣於是蔡京變茶鹽法括地寶走商賈所得
五千萬內窮奢侈外熾兵革宣和之後方臘甫平理傷殘之地則七
色始立燕雲乍復急新邊之用而免夫又興自是以來羽檄交警增
取之目大者十數而東南之賦遂以八千萬緡為額焉多財本以富
國財既多而國愈貧加賦本以就事賦既加而事愈散然則英主身
濟非常之業豈以貨財多少為拘近者國用置司偶當警飭武備之
際外人但見立式太細鉤校甚詳不能無疑謂將復取臣獨以為不
然何者名實不欺用度有紀式寬民力永底阜康此詔書也兩浙鹽

丁既盡免矣方以寬民而何至於復取乎參考內外財賦所入經費
所出一切會計而總覈之其理固當然臣謂國家之體當先論其所
入所入或悖是以殃民則所出非經其為蠹國審矣今經總制月樁青草
折估等錢雖稍已減損猶患太重趣辦甚難而和買折帛之類民間
至有用田租一半以上輸納者貪官暴吏展轉科折民既窮極而州
縣亦不可為矣以此自保懼無善後之計況欲規恢宜有大賚之澤
伏乞陛下特詔大臣使國用司詳議審度何名之賦害民最甚何等
橫費裁節宜先減所入之額定所出之費不須對補便可蠲除小民
求自活之利疲俗有寬息之實陛下修實政於上而又行實德於下
和氣[illegible]浹善頌流聞此其所以能屢戰而不屈必勝而無敗者也改
弱以就強[illegible]大於此凡此皆其大要而已陛下不以臣為愚且迂敢
不自竭而詳陳焉

起居舍人真德秀奏曰臣不佞蒙陛下擢司記注日侍天光在庶僚
中最為親近每惟報國之誼無若效忠而緘默不言臣實有辠今將
以便親求郡行去闕庭敢不亟陳其愚冀補萬一臣竊聞女真以達
靼侵陵徙巢於汴此吾國之至憂也蓋達靼之圖滅女真猶獵師之
志在得鹿鹿之所走獵必從之既能越三關之阻以攻燕豈不能絕
黃河一帶之水以趨汴臣恐秋風一生梁宋之郊已為戰場矣使達
靼遂能如劉聰石勒之盜有中原則疆場相望便為鄰國固非我之
利也或如耶律德光之不能即安中土則姦雄必將投隙而取之尤
非我之福也今當乘虜之將亡而亟圖自立之策乎抑幸虜之未亡
而姑為自安之計乎夫用忠賢脩政事屈群策收衆心者自立之本
也訓兵戎擇將帥繕城池飭戍守者自立之具也以忍恥和戎為福
以息兵忘戰為常積安邊之金繒飾行人之玉帛女真尚存則用之

於女真強敵更生則施之於強敵此苟安之計也陛下以自立為規模則國勢日張人心日奮雖強敵驟興不能為我患陛下以苟安為志則國勢日削人心日媮雖弱虜僅存不能無外憂昔者孔子誦鴟鴞之詩以為知道聞滄浪之歌則使小子聽之蓋安危存亡皆所自取若夫當事變方興之日而示人以可侮之形是堂上召兵而戶內延敵也微臣區區竊所深慮敢僭為陛下陳之古者一士止百萬之師一賢制千里之難季梁在而隨不可伐宮奇存而虞不可欺今濟濟周行號為多士然漢儒所謂骨鯁耆艾論議動衆心憂國如飢渴者既難其人間有意見小異則已成枘鑿論議小激則目以譸張豈以朝廷之上所少者非此耶夫平居工文墨便刀筆名儒宿望或所不能至於正色而沮姦萌立談而斷大事不以利害為遷就不以格麾為去來則又非小有才者所能辦惟陛下以尊君重朝為心合

天下正人以自助毋間同異毋徇愛憎則鼎足之勢成金城之守固折衝厭難孰大於斯臣故曰用忠賢為自立之本也昔勾踐之棲于會稽也飲食不致味聽樂不盡聲內則脩令寬刑振貧弔死折節下士而厚禮賓客外則具車馬兵甲而與三軍共饑勞之殃凡可以報吳者無不為而非可以報吳者不暇為也國家南渡駐蹕海隅何異越棲會稽之日宗廟宮室本不應過飾禮樂文物本不應告備惟當養民撫士一意復讎而秦檜乃以議和移奪上心粉飾太平沮鑠士氣令日行其典禮明日賀其祥瑞士馬銷亡而不問干戈頓弊而不修士大夫豢於錢唐湖山歌舞之娛無復故都黍離麥秀之歎此檜之罪所為上通於天而不可贖也今豺虎鬬於中原狐狸嘷於境上危機交急不同常時臣願削去虛文顓行實政百司庶府輪奐一新矣繼自今繕營不急之役姑輟焉可也簿書期會之事整整有緒矣

繼自今常程瑣細之務付之有司可也陛下日旰暇朝惟大政是議輔臣夙宵盡瘁惟大計是圖則勾踐之功可尋而中興之烈可冀矣臣故曰修政事為自立之本也昔漢有邊鄙大疑必使群臣雜議季布得以中郎將而折列侯噲狄山得以博士而詰御史大夫湯北匈奴來求和親光武既從皇太子言卻其使者而班彪乃以不宜絕北為言是一司徒掾而敢與太子異議也豈非國家大事臣子皆當盡言故耶我朝熙寧中契丹來議地界時王安石當國神宗乃以問韓琦富弼元祐初夏人遣使納款時司馬光為相哲宗乃以問大防純仁高宗中興內外尤為倥傯然無一事不采人言建炎四年嘗議防秋矣紹興初元嘗議使民弭盜矣五年則命前宰執各陳禦寇之策矣八年則命侍從臺諫各上講和利害矣夫祖宗之明非不知獨運專斷為神顧以廣謀從衆為得者凡以盡天下之心而建久長之策

也今事會之來日新未已臣願誕頒明詔以虜徙而南變迫吾圉凡厥有位其各盡言然後博采衆長接為定論書曰好問則裕自用則小命諸大夫各以情告無阿私者勾踐之所以霸諸有忠慮於國但勤攻己之闕者諸葛亮之所以賢惟陛下以勾踐為心大臣以武侯為法則事無不集矣臣故曰函群策為自立之本也國之元氣在於人心元氣充則外邪郤人心固則外患銷天地常經斷斷不易陛下亦嘗察近日人心之舒戚乎向者獎法新政令出加嚴雖大為防禁以示民非欲峻刑名而繩下而刺舉之官承迎過當奏劾來上類多中以深文使追檄者未聞牽復之期貶竄者尚隅惟新之望薦紳之論嘖不齎咨臣願明敕有司原情差次稍稍釋免以收士大夫之心厥今州郡監司莫非材選然平易中和之政少而操切擊斷之意多以理財自詭則征利密於秋毫以行令自媒則用刑深於刺骨夫我

朝立國本尚寬仁以此毒民懼者衆矣臣願選用循良退斥貪暴布宣德意洗滌瘡痍以牧百姓之心君人之柄惟器與名當靳而予則僥倖者生心宜予而靳則勞能者觖望頃緣軍賞多濫一切難以微文雖懲偽所以別真而矯枉亦虞過直今邊候孔棘正宜寵武勇之秋臣謂荆襄兩淮之人嘗以功績著見為衆所推者宜命帥守監司搜揚來上擇其尤異者數人不次擢用自餘悉下銓曹審其來歷苟非妄冒者悉與隨資注擬以收豪傑之心往者兩淮募兵雖數萬計有如諸軍闕額自可撥隸分填而議者以廩給為憂急於汰遣方其例與緡錢資之使去小人寡慮媮快一時資用既空搏手去業強者逋竄山澤伺時而為姦懦者丐乞道塗偷生而就盡夫急則望其效死緩則委棄弗圖後復使令疇肯用命今宜擇其伉健收寘戎行非惟增壯軍容潛弭姦慝亦以收忠義之心自丙寅之役淮民流離有

司振卹失時死亡畧盡蝗嚴上供貸常賦而凋殘未復生聚絶稀比閒州縣科役煩繁田賦雖蠲撮課仍重民兵團結衣裝弓弩責其自備教閱資糧令其自齎呻吟之餘何以堪此臣願朝廷深念保鄣之重多方優卹俾獲蘇醒以收邊甿之心比境遺黎本吾赤子日夕南望如慕慈親彼既襁負而來焉有可拒之理竊聞疆吏便文審責至以鋒鏑驅之既絶其向生之塗是激其等死之怨又聞秦隴之閒有相率內附者自湼其面示無還心視昔八字之軍何異而入南不受歸北不可獸窮則搏勢有必然臣恐欲以靖邊秖以擾邊將以無事適為多事也臣聞古之有國者患民之不附而不患民之加多孟子曰為湯武敺民者桀與紂也今天下之君有好仁者諸侯皆為之敺矣今中華之民窮而歸我是女真為吾之鸇獺也其忍不為茂林深淵以受之耶羊枯祖逖之事淺矣然能務脩德信撫納新附故吳人

悅服晉土復歸况堂堂鉅宋豈無能任二子之事者誠能謹擇其人分鎮三邊務以恩信懷柔而使遠人忻慕民既我附土將焉歸恢拓之基實在於此臣願朝廷亟加之意以收中原赤子之心夫得天下有道得其民斯得天下矣得其民有道得其心斯得民矣陛下誠能內有以保吾國之民則外有以懷鄰國之民以守則固以戰則克矣臣故曰收衆心為自立之本也抑臣又聞有自立之本有自立之具今連營列戍虛籍不填老弱溷殽教閱弛廢衣糧朘削憔悴無聊荆淮所恃者義勇民丁而團結什伍反成繹騷無以作其超距翹關之勇東南所長者舟師戰櫂而繪畫圖冊徒事美觀而未嘗習以凌波破浪之技倘非痛掃弊端一新戎政則緩急將無可用之兵掊斂成風而士卒之怨弗卹忌克成習而偏裨之長莫伸或拔於奔北而威望不足服人或相為水火而用心莫能協一公朝苞苴之路絶而別通

交結之塗田宅子女之欲盈而外竊廉潔之譽倘非博采衆言精加甄擇則緩急必無可用之將昔李綱建議以為欲保江南當葺理淮襄以為家計夫荆襄形勝臣固習聞而兩淮利病則尤所深悉蓋軍國所資莫如鹽茶而淮有鬻海之饒兵食所仰莫如屯田而淮有沃壤之利其齊民則天性健鬬每易視虜兵其豪民則氣驁相先能鳩集壯勇使范蠡諸葛亮輩得而用之大本以務農教民以習戰雖方行天下可也其肯委之為不足守之地哉中興之初志在進取故不暇脩營講和之後束於要盟又不克經理然孝宗皇帝所以設扞防闢空曠者未嘗不留聖心竊惟今日實南渡以來所未有之時政當乘機自奮繼孝宗所欲為之志夫高城深池勁兵重戍邊之大命也今淮東要害在淸河之口敵之糧道實出于茲而淮陰無尋丈之城無尺寸之兵徒以山陽可恃而已然山陽雖大而無淮陰之蔽後無

實應之援。若敵以重兵遮前，而奇兵斷後，則高郵維揚之路絕，而山陽之形孤。山陽不守，則通泰危，而江淛震矣。淮西要害在濡須之口。敵之糧道亦自此出，而濠梁安豐城則庳薄，池則堙狹，兵則單虛，徒以廬和可恃而已。然有安豐之屏扞，則敵始不得以犯合肥，有濠梁之遮蔽，則敵始不得以走歷陽，藉有它徑可由，而吾之廬和當前，而濠壽斷後，則彼有腹背之虞，我有掎角之助，其能長驅深入蕩無所畏乎。故欲固兩淮，先防三口。此非臣之臆說也。昔孫氏之保江，存邾城雖小，猶屯三萬人。今維揚合肥兩淮之根本，而兵數單弱，不及孫氏一邾城。故李綱嘗謂大將擁重兵於江南，官吏守空城於江北。以為非策。臣謂今日當議從江上之屯，以壯淮甸之勢。或謂果爾，如江面何。夫兩淮藩籬也，大江門户也。藩籬壯則盜賊無闚門之虞，兩淮固則戎馬無飲江之憂。第當精閱舟師，布列津要，則表裏相應，屹如

金湯。其與區區坐守江壖，而使賀若弼之徒得以經營飛渡者，利害何翅什伯哉。雖然，此不足煩聖慮也。古之為國者，必有重臣以當閫外之寄。故蜀以孔明駐漢中，吳以陸遜守荊渚，皆付以事權，不從中御。故二人者得以乘機制變而收成功。今江陵建業雖有制閫之名，而實處內地。邊陲機事，多不即知。至於小有措置，必皆聽命于朝，有請輒從，尚云可也。請而弗獲，抑又多焉。藉有異材，何由展布。因循誤事，可為深憂。臣願於近臣中擇其更事任熟軍情威望素孚，文武兼備者二人，一於襄漢，一於兩淮之中，建立幙府，財許移用，官許辟置，其他悉如吳蜀任二臣故事，則荊淮之家計可成，而朝廷之憂顧可釋。此陛下所當亟圖而不可忽也。或曰彼方紛挐，我幸無事，但求鎮靜焉用張皇。臣竊以為不然。夫自古未嘗無夷狄，惟有以待之，則不敢窺。未嘗無姦雄，惟有以折之，則不敢肆。今不於斯時大有所振立，

萬一更生虎狼之敵，知吾易與，滔啓綦心，當是時也，不知安邊金繒行人玉帛可以窒其無厭之欲乎。夫古今之患非一，而蔽蒙為甚。昔范仲淹嘗謂時方用兵，不當諱言邊事。今朝廷若以張皇為戒，臣下希指，雖有警急，不敢上聞。本恐張皇，遂成蒙蔽。昔雲南喪師，反以捷告。原其積漸，不過如斯。盛明之朝，可不鑑此。臣本迂疏，豈應妄論大事。然惟臣子之誼，有懷弗盡，不足為忠。是以冒昧決於一言。區區愛君之心，惟聖明財察。

貼黃。臣竊惟汴都者，我祖宗開基建國，立郊社宗廟，正南面，朝群臣，而八蠻六狄奉琛臣妾之地也。今垂七腥臊之虜，延得竊而居之。伏惟陛下赫然發憤，思列聖所以得之之艱，考宣和靖康所以失之之故。臣竊謂其得之守之也，莫不由於用君子。其失之也，莫不由於用小人。臣願深惟否泰之象，致察於君子

小人消長之間，則王業之隆有日矣。臣竊惟虜既以移巢來告，索幣之報，必將踵來。其在朝廷，尤宜審處。以臣愚慮，苟能顯行止絕，以其貨幣頒犒諸軍，繕脩戎備，于以激士心而褫敵氣，此上策也。命疆吏移文與議，削比年增添之數，還隆興裁減之舊，此中策也。彼求我與，一切如初，非特下策，幾無策矣。蓋今遠夷群盜交馳中土，安知無善謀者覘吾舉措，必將曰女真彼之深仇，亡在旦暮，且奉之唯謹，它日乘戰勝之威，為虛辭以恐動，將何求而弗獲耶。此召侮之端，致寇之本也。惟陛下超然遠覽，而銷患於未形，宗社幸甚。

德秀為江東轉運副使，上奏曰：臣愚不肖，蒙恩備使一路，遂將遠穆穆之光。竊伏惟念，人臣之義，雖在窮約，猶不忘君，況嘗以載筆之史，久直禁廬。今雖將指有行，而憂國念君之忠，其敢以既去遂已。謹復

深惟當世之故而願獻其區區惟陛下幸察
其一曰宗社之耻不可忘臣嘗觀古之人主於仇讎怨敵之國有勢未能報而姑事之者有勢雖不敵而不事之者有勢可以勝而遂報之者有勢可以報而反助之者昔太王之於狄也事之以皮幣事之以犬馬事之以珠玉凡其所欲悉以畀之蓋是時狄強而周弱畏天保國其道當然故孟子曰唯智者為能以小事大然狄之於周特一時之怨非百世之讎含垢包荒義未為失此所謂勢未能報而姑事之者也西晉懷愍二帝俱沒於劉聰元帝間關南渡立國日淺外寇方熾內難復興故終其身未皇北討然一介行李未嘗聘虜廷成帝時石勒來脩好詔焚其幣此所謂勢雖不敵而不事之者也勾踐會稽之辱舉國以臣妾於吳而能苦身焦思折節下士與百姓共其勞人事既修天應

亦至吳之稻蟹不遺種矣而夫差方觀兵中土與晉會于黃池勾踐得以乘間舉兵遂墟其國此所謂勢可以勝而遂報之者也晉孝武時苻堅聚百萬之師志吞吳會賴謝玄等大破之淮淝堅既狼狽西歸其子丕復與慕容垂相持于鄴使晉之君臣有志經略乘機席卷殆不甚難而謝玄方且從丕之請遣兵以救其窮餽米以濟其饑舍苻氏之深讎與慕容而為敵未幾劉牢之等為垂所敗秦既不祀晉亦以衰此所謂勢可以報而反助之者也臣竊惟國家之於金虜蓋萬世必報之讎高宗孝宗值其方彊未得已以太王自處而以勾踐之事望後人今天亡此胡近在朝夕旱蝗頻年赤地千里甚於夫差之時韃靼群盜四面交攻無異苻秦之季天其或者付陛下以有為之會乎臣嘗熟思待敵之策其別有三練兵選將直擣虜巢若勾踐襲吳之師此上策也按兵堅壘內固吾圉止使留幣外絕虜交若晉氏之不與敵和而鑒其宴安江沱之失此中策也以救災卹鄰之常禮施之於茹肝涉血之深仇若謝玄之助符丕此下策也用上策則大義明混一之機也用中策則大計立安強之兆也用下策則大勢去阽危之漸也臣不知今日之廟謨其將安出乎顧更化以來生聚教訓未有勾踐十年之功固未可遽圖一戰之勝於傳有之攻不足者守有餘夫以堂堂大邦方地萬里誠能以待敵之禮而遇天下之豪傑以遺虜之費而厲天下之甲兵人心奮張士氣自倍何憚於此虜而猶事之哉若乃輕信邊臣迎合之言援醜孽於將亡置世讎而不念非惟忠臣義士沮氣解體而夷狄盜賊亦將有輕中國心萬一貽書請侮我將何詞以應之夫重於絕虜者畏召怨而啓釁也然能不召怨於

亡虜而不能不啓釁於新敵權其利害孰重孰輕故臣願陛下勉勾踐之良圖懲謝玄之失策則王業興隆可冀矣
其二曰北鄰之盜不可輕今之論韃靼者類曰猖獗小夷非有囊括并吞之志其論山東之盜者亦曰蕞爾姦孽不過鼠竊狗偷之謀抑不思劉石符姚之興大抵皆出荒裔全齊十二之險昔人用之嘗以霸強況今中原士民倀倀無主使盜亦有道則衆將從之苟得志而鄰於吾莫大之憂也迺者僞使之來輕舟浮海不十日而抵邊城舍舟登岸人無知者安知不以是覘吾之虛實乎臣願朝廷毋輕二賊日夜講求攻守之策以逆杜窺覦之心自治之方無急於此
其三曰幸安之謀不可恃今之議者大抵以虜存亡為我欣戚聞危變之報則冀其非實得安靜之耗則幸其必然重以邊臣喜

為迎合或曰羈縻許和矣或曰群盜聽命矣或曰穹廬還北有日矣誠使虜命少延吾得以因時修備豈非至願政恐奔竄敗亡之餘勢必不久皇皇鉅宋初非小弱顧乃藉彼以為安是猶以朽壞為垣而望其能御盜賊也臣願陛下勵自強之志恢立武之經毋以虜存為喜毋以虜亡為畏則大勢舉矣

其四曰導諛之言不可聽臣聞天難諶命靡常者伊尹所以訓太甲惟不敬厥德乃早墜厥命者召公所以戒成王聖賢言天不過如此未聞曰某星躔某舍則其業昌某神居某地則其福應也自嘉定更化以來兵偃歲豐民稍蘇息此誠聖德格天之效而溺於數術者猥曰五福太一實臨吳分審如其言則治亂興衰皆有天數無關君德豈不悖哉今邊事方殷正君臣戒懼之日而薦紳大夫工為諛悅或以五福足恃為言夫漢之肇造以

寬仁得民而不在五星之聚井晉之御敵以將相有人而不在歲星之臨吳矧乾象告變適日尤甚其可恃讖緯不經之說而忽昭昭之儆戒乎惟陛下鑒天人之相因察諛佞之有害益修其本以格天休宗社之慶也

其五曰至公之論不可忽臣聞公論國之元氣也元氣痞鬲不可以為人公論堙鬱不可以為國祖宗盛時用人立政一揆之衆論而行之以至公故人心說服天下順治熙寧之世以新法為不可行者公論也王安石遂而怫之終以誤國紹興之際以和議為不可恃者公論也秦檜排而嫉之遺患至今夫朝廷之舉措是而衆亦是之者治世也朝廷之舉措非而衆亦非之者亦治世也朝廷舉措自以為是而衆莫敢議其非此子思所以憂衛之君臣也往者侂胄弄權以威罰箝天下之口浸淫既久附

和成風北伐一事中外共知其非而莫敢言其效蓋可睹矣使侂胄能虛心平聽不以先入為主而惟公論是從則國無加兵之禍已無僇辱之殃豈不美哉間者加命之出外議譁然從臣爭之館學爭之庠序之士又爭之或者未必不以為紛紛多事臣獨曰此十數年來所無之氣象聖君賢相優容涵養致此盛事豈易得哉夫天下之大本同一家人主者父也大臣者宗子也大夫士者家之衆子弟也至於庶人之賤亦家之陪隸也父兄有過子弟爭之子弟有過陪隸言之蓋一家之事休戚實同凡其第第相規政欲共成門戶之美耳君臣之義何以異此而自昔惡聞正論者往往加以歸過賣直之名夫欲使士大夫畏避此名務為緘默直易易耳不知臣子至情本為國計何負於君父而顧嫉之耶深惟今日實公論伸屈之機朝廷之上若以

言者為愛君為報國無猜忌之意而有聽用之誠則公論自今而愈伸若以言者為沮事為徼名無聽用之誠而有猜忌之意則公論自今而復屈夫公論伸屈乃治亂存亡之所繇分故臣於奏篇之終反復極言忘其重煩天聽之辠詩曰心乎愛矣遐不謂矣惟陛下亮臣愚忠

德秀知隆興府上便民奏曰臣檢准慶元令諸監司守臣到任半年以上各具便民五事聞奏臣猥以駑劣蒙恩擢守豫章實兼江右帥事竊嘗伏念朝廷列置帥臣於諸道以總統兵戎為職時平無事則欲其建威銷萌震聾姦宄使盜賊不敢竊發儻有警急則整齊一道之衆惟上所使若臂指然非如列郡守臣獨以蔽獄訟治財賦為稱職也臣觀大江之西綿地數千里其北則江州興國控扼江面實當光黃之衝其南則贛吉南安林峒邃密跨越三路姦人亡命之所出

没自餘郡邑小民亦皆輕悍好鬬殺人于貨之盜在在有之臣嘗妄論凡任帥職者皆當以治兵為先而帥江右者尤當以治兵為急故自到任以來凡事關軍政率不敢後然人情蹈常襲故往往視為內地語及武備則哂其不切應及江西則指為過憂繕治城堞則曰不必徒費督責將佐則曰毋庸多事獨不思朝廷建牧之意將假以爵秩姑崇帥臣之虛名耶抑將整軍修戎俾翰王室責以帥臣之實職也昔唐曹王臯觀察江西裒兵大選群能著職遂能挫李希烈之銳使不敢南窺江淮紹興初李綱為本道安撫制置大使整治城郭團結軍伍威聲隱然群盜相繼敗降如臯如綱始可謂無負朝廷之委寄矣臣雖不材無能為役顧區區平時願忠朝廷盡瘁職業則於二臣之事竊有志焉故今所陳一以治兵選將繕城弭盜為請其間有因本道利害而因及他道者事勢相關不容不爾伏惟聖朝采擇而

施行之

一臣聞自昔外有敵國之虞則內必有盜賊之警故諸葛亮與魏相持而孟獲畔瀘南劉裕舉兵北伐而盧循犯建業二者之患常相因而起一於禦外則盜賊得以乘吾之虛而為根本之害一於備內則敵國得以伺吾之隙而為疆場之憂其為患均也然敵國在外所攻者吾之頭目其來也可知盜賊在內所攻者吾之腹脅其發也不可測故亮必先平南方然後經營北討裕能滅燕入秦而終無以制徐道覆之謀然則盜賊其可忽哉國家南渡以來州郡之兵日以削弱一方有警必移大軍然後剋之往者李金之亂與近歲賴古南安之擾皆取辦於此然使疆埸無虞則舉備外之兵以平內寇其誰曰不可今邊事方興撤備無日沿江諸軍列戍淮漢以之禦敵猶懼弗給設不幸妄一男子竊弄耰耡於田畝間沿邊之戍既未可抽回州郡之兵又不足深恃此臣所為朝夕凜凜者也竊嘗思之與其養兵而待以無用孰若教之而責其可用臣所領十一郡有所謂團結禁軍者蓋諸道所不及其法選諸指揮禁軍之彊壯者（年若干以下試弓若干斗力弩若干斗力）聚為一營命曰團結月增料錢一千合諸郡祖額凡若千人（隆興府一千人諸州軍各具實數）臣欲稍增其額合一路為一萬二千人（隆興府增五百人通為一千五百人諸州軍均添足數）日教旬閱責之兵官月按季拍責之守貳春秋二校則於團結中擇其年貌浸衰（年四十五以上）事藝減退者仍還元來軍分而於諸指揮中選少壯人等事藝精熟者補其額及委帥臣不時點摘按試以攷兵將官之勤惰其揀選不精教練不熟者案劾以聞守貳不覺察併行責罰如此則一二年間州郡之兵漸趨精勇此弭姦銷萌之要術也然臣愚

慮不獨江西一道為然凡在內地皆當思所以為不虞之備如臣言可采乞下諸路一體施行

一臣竊考建炎三年金虜自黃州渡江由武昌趨興國取間道以犯洪州守臣王子獻遁去遂屠州城尋破撫袁諸郡遍蹂湖之南北然後北歸所至殘暴幾無噍類言之可為痛心今之議者大抵以江西為內地殊不思九州興國二郡前臨大江北望淮堧纔一水爾中興初江西安撫大使實兼節制蘄黃蓋以是也去歲之春虜犯黃州諸關江右震動本司承制檄調兵守江倉卒間僅能發諸州禁卒千人以往夫以步卒守江猶策馬使耕驅羊使載其不勝任也必矣臣謂與其緩急調無用之兵以誤事孰若平時養有用之兵以待事江鄂二司各有水軍竊聞邊事數興多作步人起發今江州在寨僅有見管若干（具實數）而戰

艦可用者尤為亡幾鄂司所管計亦類此借曰殘虜游魂事非昔比然困獸猶鬪其可忽諸况於外夷方興群雄交騖先事之防尤當加意臣願明詔江州都統司及本州守臣同任江面之責其人船闕少之數日下招塡打造以什之三分屯興國管下富池等處庶幾風寒之備不至空闕江右一道恃以無虞所有鄂司水軍併乞一體行下措置亦以什之三分戍武昌縣並興國江面元隸江司武昌江面元隸鄂司分兵防守正其宜也如臣言可采乞賜詳酌施行

一臣竊見江西統郡十一而隆興實為帥府諸郡所倚以為重城郭甲兵之備皆當整飭如法然後足以壯觀瞻而弭窺伺而臣到任之初按視城堞則其緜亘甚濶而傾圮最多尋加訪問有寓居士大語臣謂五代以前郡城廣狹中度南唐李氏謀遷豫章乃始大其郭堞郡之東湖本在郭外至是遂包入焉紹興初故相李綱為帥蓋嘗縮其北面然其廣袤猶若干里若干步更考勘見今實若干里步按守城法當用兵若干人茲豈易為力者今誠能按唐之舊規瞰湖為城則城之四面西北有江其東有湖天設之險殆無以過此豫章百世利也臣竊詳其說可謂至當然縮城重事未敢輕言而圮壞已極則有不容坐視者方李綱繕城之時其工費仰於公朝其役兵調於屬郡時異事殊不敢扳援有請而本府年來調度百出帑庾枵然儻必俟有餘然後興役則夏潦秋霖之餘頹圮益甚沿江一帶居民岌岌常有淪浸之憂而城脚被齧去處多已摧陷更遭一水其損愈多近委江州鈐轄楊熹相視條具頗為詳悉如砌城而以防滲漏作荷葉溝以通水道而夜叉木以壯城骨皆舊所未有臣今一用其說第工費

浩汗未知所出稽諸舊牘前帥臣沈作賓在任日從本府撥到銀若干萬兩付安撫司措管充犒賞費今不獲已欲於上項銀內權允借若干千兩收買磚石竹木等物及雇募夫工日下修築卻從本府於收到諸色窠名錢內痛加撙節旋次撥還庶幾城堞得以一新以重帥府之體伏乞劄下遵守施行

一臣竊惟聖朝計安元元思慮深遠其在諸道既有兵以備戰守又有將以主其兵復置帥以護諸將號令素孚紀律素定一旦有警將惟帥之所令兵惟將之所使以之戰禦無不可者自視事以來講求軍政本末乃知州郡禁卒多以供工匠備厮役事藝未嘗練習教閱秪為具文則兵不足以為兵矣有副總管有路鈐有路分又有州鈐有將副下至都監監押皆以主兵為職而未嘗知兵問其得官之由或宗戚或閤門或國信所或堂部吏其間豈無可用之材要於將畧鮮曾閑習或飾文墨以自喜或矜富貴以自娛甚者闒茸廢放無所不有則將不足以為將矣兵不足以為兵將不足以為將則帥之為帥是以具員而已矣望其藩維王室如古之牧伯頗不難哉然兵猶可以閱習而精將不可以強勉而學竊見近歲指揮總管路鈐例赴臺參將副以下亦必從帥司鈐量乃許之任臣謂此僅可以察其年齒之壯老與精力之強否而已必欲得知兵之人則臣願朝廷嚴其選擇總管號為副帥間嘗以節度使為之其次路鈐路分亦武臣高選今之環衛蓋將帥之儲及諸軍統制統領等官亦多習熟軍務者臣謂總管路鈐宜於環衛及統制中選其嘗歷戰陣者為之州鈐將副則取諸統領將副之諳知兵事者都監監押員多不可悉擇姑從舊制差注年未六十之人而責帥臣以從

實銓量。毋使疾病眊昏者尸其任。庶幾州郡主兵之官。漸得其人。平居精於教閱。緩急有所倚仗。非小補也。或謂審爾。則閭門國信之屬。何以處之。臣曰。為官擇人則治。為人擇官則亂。朝廷儻憂此屬之失職。固當置諸寬閒無事之地。至於軍政安危所係。則不可以不擇。如臣言非繆。乞賜詳酌施行。

一。欲乞通廣鹽於贛州南安軍。以弭汀贛鹽之害。

袁燮論蜀奏曰。臣不佞。去歲六月八日。獲對清光。極陳蜀中利害。親聆玉音。有忠直可見之褒。是以仰窺聖心。垂意於坤維者如此。蓋此一方。去天萬里。安危休戚。艱於上達。形勢何以聯屬。警急何以赴援。非其他諸路比也。故聖心深慮之。殘虜稔惡。時有侵犯。今春大入歷興元。破金洋。遂至大安。我師勦之。殆無遺類。威聲既震疊矣。然犬羊之性。巧於窺伺。苟一乘我少懈。奪我江源。順流而下。聲搖東南。將若

之何。不可不慮也。夫藩籬嚴密。彼安得以窺我。根本堅壯。彼安得以搖我。昔孝宗皇帝光臨萬寓。中外敉寧矣。而猶切切焉惟蜀是憂。輟執政大臣。繼踵宣威者至于三四。又詔制置司同諸帥臣銓擇兵將庸懦不堪倚仗者。而易置之。夫宣威之設。不於他路。而獨於蜀。兵將之易置。不施之他路。而獨施之蜀。聖哲之心。深知天下安危實繫乎此。重此一方。所以重國勢也。陛下可不繩其祖武而加重於此哉。蓋今日蜀之急務有六。臣請為陛下略陳之。夫階成和鳳。蜀之垣墉也。其地險絕。為吾障蔽。則關內諸郡。雖不立城壁。自然安固。焚蕩以來。外無垣墉之可恃。內無城壁之可依。表裏俱虛。虜寧不肆其毒乎。人情岌岌。避難而逃者。無復歸志。非小故也。毋憚大費。亟為之圖。度僧鬻爵資度不靳。而責成於郡邑。視其多寡以為殿最。歷以歲月。庶可漸復。此其急務一也。自古巴蜀號稱多士。諸葛亮奮於隆中。豪傑歸之。如水赴壑。勳名燁然。先後相望。可以今日而無其人乎。屬者沔帥察見姦欺。立談之間。斷此大事。此固蜀中之儒英也。如此人物。搜揚簡拔。推誠而任用之。何向不濟。此其急務二也。自古立國。賞必以信。況捐軀犯難。尤為可念者乎。故曰。軍賞不踰時。欲民速得為善之利也。而議者或曰。是不宜厚。厚則貪功而生事。以宋璟不賞邊功為說。而不知其時之不同。多難之秋。正藉其力。庸可抑乎。大安之戰。其功甚偉。醲賞以厲其餘。誠不為過。此其急務三也。巴蜀天險。民生其間。類多勁武。勇於戰鬭。其天性也。然聚而不教。與無兵同。教而無別。與不教同。擇其傑異者。豐其犒賜。養其力。精其藝。而厲以忠義之節。則有勇而知方矣。推之田野之間。因農隙以習戰。若雄邊子弟。所以著稱於唐者。則民兵亦精矣。此其急務四也。蜀之境土。與群蠻鄰。非我族類。未易調伏。今殘虜敢爾憑陵。安知蠻之不吾窺乎。昔李德裕之節

度劍南也。建籌邊樓而圖其形勢。復邛峽關以奪其險阻。威望隱然。數年之內。犬吠不驚。其所施設。必有深服其心者矣。已然之效。是以為法。此其急務五也。蜀本富饒之地。自折估之法嚴。財益匱。民益貧。重以殘虜之擾。窮悴無聊。何所赴愬。所宜選擇良吏。撫摩愛養。如保赤子。如烹小鮮。仁民之政。務在必行。逋負之物。蠲以惠下。以紓民力。以結人心。以為手足扞衛頭目之備。不亦善乎。此其急務六也。兼此六者推而廣之。則今日之蜀。猶往時之蜀也。如其不然。潰裂四出。不可復救矣。昔我藝祖肇造區夏。先取荊南以通入蜀之路。繼取全蜀。以圖混一之功。宵衣旰食。勤苦至矣。陛下嗣守丕基。可不念當時取蜀之難。而思今日保蜀之策哉。是故國事之可憂者。莫如蜀。外障之難防者。亦莫如蜀。何者。其地至遠也。有才而無識者。不足以為蜀帥。有勇而無謀者。亦不足以為蜀帥。何者。其任至重也。先朝遴選於衆。

必以張詠之徒為之中興以後吳玠吳璘兄弟實任其責其才氣之雄智略之偉立乎千萬人之上折衝禦侮談笑閒爾然則今日之典方面鎮全蜀者其可不以前修自勵哉付之以衆人所不敢當之事期之以衆人所不能成之功兼總四路專其委寄則威望日益隆優選察佐為之強助則謀慮日益廣此方之疾庶其有瘳乎西陲既安則東南恃以無恐臣所以披肝瀝膽控告君父者非獨為蜀計為天下計為宗社計也嫠不恤緯憂在宗周惓惓之忠惟陛下察之

經國

宋寧宗時知潼川府魏了翁上疏曰臣聞三代而下經制不立故天下之變常伏於救弊之初漢自吳楚之變分封以弱侯國而末年之弊乃起於同姓弱而外戚彊唐自安史之亂裂地以授諸將而末年之弊乃起於藩鎮強而王室弱故善治者能先時而制其弊其次則因時而救弊其下則弊已著而後徐為之救如此則亦何及矣臣恭惟藝祖皇帝自大難未平首創唐末五季之弊外召藩鎮以還京師臨遣廷紳以為牧守天下莫不仰伏威斷之明然而守邊之臣則久其考任假以事權固不與內郡同也未幾而初意漸失并汾閩越之僅平江淮諸郡已令毀城隍銷兵甲矣淳化咸平距建隆不過四十年耳盜發兩川惟陵梓眉遂有城可守濮盜作於近輔如入無人之境王禹偁自黃岡上疏極陳江淮空虛之害至謂名曰長吏實同旅人名為郡城蕩若平地富弼論江浙荊淮湖廣諸道亦謂處處無兵城壘不脩或數十夫持鉏櫌白梃便可盡殺守令開府庫誰復禦者至寶元康定以後空內以事西邊則武備之削滋甚五年間盜殺巡尉至六十員入城剽劫者四十州王倫起沂密淮浙渡江歷數千里無一人禦之張海等輩剽吏禦人於京淮湖陝間州郡莫敢孰何金州盜作速召州兵僅有二十四人以承平之久郡國猶有不貲之財猶有留州之緡可以為招兵繕城之費可以為一方緩急之備然猶廩廩若此矧熙寧而降急財利以弱州郡則益不暇為國遠慮籍禁軍罷招塡併軍額椿窠籍分係將不係將則尺籍雖闕亦不敢補矣方時晏安猶未見其為大害也崇寧以後賦斂日增軍政日壞郡益以削一旦盜起東南連跨州郡震搖汴都久而後殄況蕃新

造之金非拱手死難則望風棄城蓋自建炎四年以前惟知斂兵避狄未嘗敢與之抗者速渡江航海迫我不已然後兵刃稍接不數年而議和之使遣矣紹興之末虜闖淮薄江既迫而後應之士氣稍伸然猶不敢盡用其勝極於比歲承平日久吴曦盈尺之紙足以驚奔列雄李元勵烏合之衆足以震擾三道張福千人之衆足以披靡群辟虜闖梁洋三泉如履平地虜闖斷黄五關如升虚邑嗟夫強幹弱枝之弊乃至此極是焉得無以變通之乎臣嘗歷觀中興諸臣如李綱嘗欲分長安襄陽建康為三都胡舜陟嘗欲析三京關陝為四巨鎮張守嘗欲以大河州郡倣唐藩鎮付之帥守范宗尹嘗欲分畫諸鎮更不除代李彌遜嘗欲假帥守事權以銷姦宄雖多事之時與今日平世事體稍異然郡國削弱之弊則百年間如一日也況今所恃以為捍蔽者莫重於四鎮曰江南曰兩淮曰荆襄曰四川使三邊不警則尚可以紓歲月之安而金夏蒙韃局勢浸異殘寇未殄又生他寇四鎮之寄益非昔比自比年來朝廷垂意乎此責之專而任之久若知所以重其事矣然而其要又在於擇人苟匪其人則責之專适以益其過任之久适以厚其毒既得人矣則當假以遂事之權聽其所為勿從中制本道官吏惟其所辟置要害之地守令可以委任責成則久其考任而就加爵秩焉省部皆毋拘以文法也財賦得以專其出入他司不得尚循舊比以掣其肘也軍籍得以覈其虚實戎司不得掩虚額以自豐也屯田當復民兵當核忠義當招皆可以隨宜經理也規摹既立則如國初守邊之臣或十七八年或十四五年或八九年無所改易可也稽其勞效而即鎮遷拜自從臣以上雖貴極公師可也其旁近諸鎮又當豫蓄資望之人以擬其乏如是則受任之臣事權專一得以展布四體責其成功而人亦改視易聽不為朝

不謀夕之計可以慮終而知敝三邊隱然為國長城緩急有恃矣此
藝祖皇帝久任邊臣之成規而中興諸臣因時損益之遺意儻蒙陛下不以臣言為非即乞與大臣審議而速圖之臣冒黷聖聰俟蕭斧之誅

了翁為起居舍人上奏曰臣蜀之鄙人也陛下過聽擢司注記每朝侍前殿即東廂徑退侍後殿則俟宰執臣寮奏事畢乃得造前凡所奏陳陛下罕所可否也退而問所謂起居注則歲月淹久事情寖寒問所謂直前故事則賓贊之臣疑為久曠臣以記言司過為職而每有含毫閣筆之羞竊有感焉帝舜之盛中外無虞而臣儆其君曰兢兢業業一日二日萬幾君戒其臣曰勑天之命惟時惟幾蓋未有一日不兢業一時不整勑誠以起居動作之頃莫非天命之流行斯須之不存而吉凶判焉悔吝生焉可不甚懼矣乎而況今日之事幾微既著兢勑未加則臣所未諭今請試陳其畧士風媮薄世道頹靡面譽背毀心私迹公此事變倚伏之幾也師老財殫幣輕物貴常產既竭本根既搖此人心向背之幾也民夷雜居客主不敵齊淮兩大帥乘間異情此疆場安危之幾也金酋初立委政舊臣歛戍息民招攜棄怨此其志不在小重遲不發則情態叵測脫請繼好則從違亦難此鄰寇動靜之幾也韃使既至行人亦還情偽未明邀求難塞土疆歲略禮際盟約既廢講畫而越國以名戎交遠以疑近示弱以誨盜此遠夷利害之幾也然則即是數端豈誠無一事者縱有識時務通國體之臣乃不得措一詞于下風使潜運密移百廢具舉則有司因人成事已不無曠官之愧脫有不虞之事電發猝至則淪胥之悔將不及追是可寘之悠悠而不速圖之乎臣今姑以事之關於節目者言之沿邊屯田或請分授歸附或請雜募民兵或請專招土豪開墾而

徐責其輸租豈無一可行而累歲未能決楮幣日輕或請增鑄鐵錢以平銅會或請改給新會以解折半抽兌之疑豈無一可采而累歲未之行沿邊忠義人或請分處授田以渙其群或請增招正兵以權其勢或請以補正兵之闕而自為一軍沿邊功賞或謂荊鄂總軍西垂忠義皆嘗立功而未蒙賞或謂三邊將士有喝四五官資累至數十而無一真命者或請帥守監司具其著者而枝用之將帥之選或謂沿邊長官各舉所知或謂以此攝長待其有功而後真授或謂將非真授則無以令其下疆場之備或請增淮戍兵之生券以厚其廩或謂給沿邊之閑田以資其生粮運一事也或謂從平江百萬倉於京口以省費或謂增鎮江高郵諸郡賞格以勸功大抵若此類者甚衆不容徧以疏舉然檃諸事體則節目可舉者耳或延訪有識之士精辨而衆決或分界授任之臣審度力行皆非有所甚難也今曠

日持久且無成說況有如臣之所謂事變倚伏人心向背疆場安危鄰寇動靜遠夷利害此皆目前必至之患及今汲汲圖之已不可謂之知幾矣而不思所以應之乎人之精力終為有限縱能兼覽徧察亦恐詳小遺大竊見先朝舊制或有弊事當革則令侍從言語之臣條具聞奏凡以察時幾而共天命尊道揆而盡法守集衆思而廣忠益兼於當否之間是驗人才之實此在故府可舉而行臣愚欲望陛下速諭大臣思天命之難諶察時幾之易失稟取弊事久而未革者具以來上斷自聖意命侍從臺諫給授筆札使退而即其聽治之所各盡所見以聞陛下與大臣詳擇其中而力行之則一事有一事之益一日有一日之功幾至能乘事來能應不猶愈於坐觀事會而聽其勢之所趨乎拳拳之忠惟陛下速圖之

秘書省正字袁甫上疏曰臣竊惟事君之義知無不言臣效官金陵兩淮之事接於見聞者敢為陛下略言之國家平日以禮義待士大夫固望其有伏節死義之風以恩意撫將帥固望其有捐軀報國之忠以民之膏血豢養官兵固望其為一旦緩急之用而以臣愚見乃無一足仗者此甚可痛心也近年以來兩淮城壁大略具矣而守邊之臣務以其說相勝前者以版築策勳自支郡而易鎮大邦矣後者欲新其說則必言浚濠之利前者以山城不可移治還之他郡而且罷黜矣後者欲變其說則必言移治之便方虜未犯淮知朝廷意在安靜則爭進安靜之說及虜既入寇知朝廷意在振作則競以振作為言此其意但知迎合取寵而曷嘗以宗社生靈為念一朝有變其能盡忠竭節為國死守哉是士大夫不足仗也將帥之臣稍知徇國而能與士卒同甘苦者亦豈無人然大率得軍士之心者少而斂軍士之怨者多債帥之風蓋有年矣託營運之名行朘削之實軍伍之

中怨氣滿腹威足以鉗其口而實不足以服其心至於偏裨猶有寸長專務抑遏不使自伸疾之甚於仇讎防之過於寇敵非但御下為然而諸帥之自相與者亦然以勢相軋以計相傾有請于朝則迭為矛盾脫遇緩急則不復救援師克在和有明訓令乃不相輯睦一至於此何以辦大事立大功哉是將帥不足仗也國家財力盡耗於餉軍而官軍之不可用無愚智皆知之開禧丙寅之事棄甲曳兵而走者皆平日厚廩於縣官者也其間稍以立功自見及控扼關隘之人大抵皆義勇民兵萬弩手雄淮敢死諸軍耳近者調兵分屯遣將四出而卻虜師於中渡者乃強勇軍之桀黠者也戎帥恥已不如力加沮毀且有節制民兵之請幸賴朝廷堅執弗從又欲自招土豪助己聲勢不知素養官軍將以何為是軍士不足仗也此三者皆國家腹心爪牙之用而無一足倚仗者方且上下相蒙以言為諱國將柰

何哉夫欲救三弊必有三策一曰嚴帥守之選二曰併大軍之權三曰興屯田之利所謂嚴帥守之選者牧養之責乃其職分而今日事宜軍旅為急宜擇智略過人曉暢軍事赤心體國不敢為欺者假以事權寬其財賦委以軍政責其訓練仍俾久任毋復數易其有職事修明者增秩賜金以激厲其志而不然者責罰隨之能否甄別則士大夫爭於効忠矣所謂併大軍之權者沿江軍帥其習於行陣忠勇可用者宜使守極邊以展盡所長其雖有小材不足倚信者宜以漸汰去毋徒為姑息統兵之政攝官掌之殺其權而損其威行之漸久舉官軍而併隸於帥守無掊克之害無忌嫉之私士氣頓蘇軍心悅服而將帥之弊不復為國家之蠹矣所謂興屯田之利者官軍既不足用則當以民守淮欲民自食其力則當以田給民論者皆謂兩淮在官之田少豪戶之田多不知田雖在民力不足耕黃茅白葦極目無際官司若議田租之入彼憚於輸租而輕於棄田則皆官田也然後隨其多寡量以給民而助其耕種之資將見屯田之利興塞下之粟多民兵之食足而轉餉之費省矣此皆今日至急至切之務而三策之中其處戎帥行屯田二事節目甚多宜從朝廷行下制置司詳加條陳亟以上聞勿事虛名務求實用誠理內禦外之良圖也臣書生妄論當世利病發於忠誠不能自已惟陛下財擇

駕部員外郎李鳴復奏曰臣竊惟今日事勢有可憂者三金虜雖衰猶積歲好不通之憾韃寇驟起每懷無厭及我之心此憂之隱於外者也湖湘之擾數年而後息江閩之寇群起而未定此憂之著於內者也山東歸附之志日久而日乖國家豢養之費日增而日廣此其為憂又介乎內外之間者也在外者隄防之嚴吾藩籬謹吾斥堠來則御去則守期於寧謐而已無他議也在內者經理之示之以必討

之威開之以自新之路叛則誅服則舍期於平定而已無他疑也惟介乎內外之間者謂之順而狼子野心未易測也謂之逆而驚鳥戢翼未遽彰也蠹耗我財力而繆曰吾其助國也竊據我城邑而詭曰吾其扞邊也又有可慮者假韃以為己援于以要我也道韃以迫吾境于以恐我也將絕之歟是漢之削七國祇以激其變也將置之歟是唐之待藩鎮終於稔其禍也高爵厚祿有所弗惜日給月廩有所弗吝重之以天子之臣將命而出竊計陛下與二三大臣圖之熟矣雖然此特一時權宜之策非萬世長久之策也臣識見淺陋嘗早夜以思竊伏妄謂與其徇人而有自弱之勢不若立我而為自強之道自古天下之勢無常弱亦無常強顧所以用之者何如耳周宣王任賢使能內修政事外攘夷狄而周以強漢宣帝信賞必罰吏稱其職民安其業而漢以強唐憲宗剛明果斷能用忠謀不惑群議而唐以強陛下不以臣言為愚臣請陳今日之急務以畢其說蓋臣之所謂自強者非有甚高難行之事也不過欲陛下勤於求賢切於愛民嚴於治軍旅而已夫賢者國之精神也精神足則有餘用漢得一汲黯而淮南之謀寢唐得一李勉而朝廷之勢尊端人正士其有益於人之國如此今峩冠布武莫非委質之臣而臨事應變每有乏才之歎陛下亦嘗思之乎既思之當知所以求之自昔有為之主未嘗借才於異代也激之則雲合響應沮之則岩隱穴藏陛下儻能明示意向朝拔一人必採之於公論之所共予暮去一人必稽之於公論之所共棄將見真賢碩能之士濟濟在列而人才出矣民者國之元氣也元氣充則有餘力三代得其民而享國以久秦虐用其民而二世以亡民心之向背其關於國家之理亂如此今郡縣肆誅求之慘田里多愁恨之聲陛下亦嘗聞之乎既聞之當知所以恤之苟欲恤民莫

先擇吏郡得一賢刺史則千里受其福縣得一賢令君則百里蒙其利陛下儻能大明黜陟取其贓污殘暴者竄之殛之斷在必行求其勤勞撫字者旌之擢之務在必舉將見政平訟理之風布滿郡國而民心安矣兵者國之爪牙也爪牙利則有餘勇壯士夜半登城是以誅淮蔡之叛宿衛不能受甲無以禦范陽之寇兵氣之勇怯其係於國家之安危如此今紀律不修於平居無事之日然沓常動於倉卒有警之時陛下亦嘗知之乎既知之當思所以治之苟欲治軍莫先擇將主將不惜財則士卒不惜死主將能同甘苦則士卒肯共患難陛下儻能嚴行刑賞取貪虐無厭者黜之雖大將有所不恤擇公忠有勇者陞之雖小校有所不吝將見風采號令之嚴散在行伍而軍威振矣自強之道不一端而足而自強之實惟三者爲先賢才聚則精神可以折遐衝民心固則元氣可以壽國脈軍威振則爪牙可以

禦外侮彼冦賊姦宄知吾朝廷規畫得宜措置有序將歛衽退聽之不暇尚何敢爲難塞之請以濟其無厭之欲哉昔唐杜牧憤劉從諫何進滔驕蹇不法乃作罪言歷陳三策其要曰上策莫如自治牧之所謂自治即臣所謂自強之說也陛下聖學高明洞貫今古簡冊所載龜鑑具存故臣願陛下勿徒求之於人當求之於己勿徒汲汲於外當先汲汲於內上自人主下至百執事專意講究上自朝廷下至郡國邊鄙併力施行行之一日則課其一日之效施之一事則責其一事之成在我者既立在內者既治雖以之肅清海內鞭笞四夷可也而何一方之足慮乎臣一介疎微不識朝廷大體繆當轉對輒貢愚忠惟陛下恕而察焉天下幸甚

太府寺丞陳仲微輪對曰祿餌可以釣天下之中才而不可啖嘗天下之豪傑名航可以載天下之猥士而不可以陸沉天下之英雄買似道怒諷言者罷奪其官久之叙復時國勢危甚仲微上封事其略曰誤襄者老將也失襄之罪不專在於庸閫疲將孩兵也君相當分受其責以謝先皇帝在天之靈天子若曰罪在朕躬大臣宜言咎在臣等亶布十年養安之往繆深懲六年玩寇之昨非救過未形固已無極追悔既往尚愈於迷或謂覆護之意多覺責之辭少或謂陛下乏哭師之誓歸相飾分過之言甚非所以慰恤死義祈天悔過之道也往往代言乏知體之士翹館鮮有識之人吮甘茹柔積習成痼君道相業兩有所虧方今何時而在廷無謀國之臣在邊無折衝之帥監之先朝宣和未亂之前靖康既敗之後凡前日之日近冕旒朱輪華轂俛首吐心奴顏婢膝而今奉賊稱臣之人也殭力敏事捷疾快意卽今日畔君賣國之人也爲國者亦何便於若人哉迷國者進惛憂之歎以逢其君誑國者護恥敗之局而莫敢議當國者昧安危之

機而莫之悔臣嘗思之今之所少不止於兵閫外之事將軍制之而一級半階率從中出斗粟尺布退有後憂平素無權緩急有責或請建督或請行邊或請京城創閫駭聽因諸閫有辭於緩急之時故廟堂不得不掩惡於敗闕之後有謀莫展有敗無誅上下包羞噤無敢議是以下至器仗甲馬衰颯庬涼不足以肅軍容壁壘堡柵折樊駕漏不足以當衝突之騎號爲帥閫名存實亡也城而無兵以城與敵兵不知戰以將與敵閫不知兵以國與敵光景蹙近日睫矣惟君相幡然改悟天下事尚可爲也轉敗爲成在君相一念間耳乃出仲微

衛涇奏曰臣自去冬以來數因奏對冒進瞽言仰惟聖慈察其受恩之深無隱君父特賜寬假固已不勝幸甚然臣之愚猶有未盡今茲輪對用敢索陳伏祈財幸臣竊惟復讎之說在今日誠所謂正論也蓋君臣父子之義不可以跬步忘則復讎之說其可一日廢然爲是

說者常有兩端所謂兩端者名與實也名實之分真偽存焉真偽之別禍福形焉誠不可不察也故務其實則可以格天可以感人積之之久可以雪大耻可以還版圖可以成大業假其名則天人之際終不可欺而徒以耗國徒以蠹民姦詐得以肆誕謾虛聲是以來實禍非惟不足以成事而反以貽患是烏可不察也臣請歷言之何謂務其實力贊其君父脩德立政登用賢才愛惜民力收拾人心厲坐薪嘗膽之思循内修外攘之序謀慮周密圖回久大若是者一日有一日之為一歲有一歲之效邦本浸強國力浸裕而吾之所志自可馴致此所謂務實也何謂假其名或欲圖富貴則借是說以竊據而其存心初無惻怛忠愛之誠其圖事亦無本末先後之序名為富國國未嘗富而先失民心名為強兵兵未嘗強而先竭民力欲定大計而不卹百姓於目前欲圖大事而不慮危亡於異日為茫不可詰之言指邈不可成之事坐使邦國内空盜賊並作其所圖迄無尺寸而國勢日以衰兀卒將召釁以遺人主前史所載班班可考此所謂假名者也臣請舉其尤者證之如蜀之諸葛亮所謂務實者也其為相也雖名魏為賊而先務閉境勸農育養民物闢田疇實倉廩修法度理軍旅庶事精練蓋八年之久國事悉治而後北駐漢中聲罪以討焉使亮而無死中原不患難復矣如晉之景延廣所謂假名者也雖知臣事契丹為恥而不知當以恤民固本為先徒為大言以激強虜謂吾有橫磨大劍十萬大戰則來而事力實無以禦之終致禍難為後世笑此其相去何翅霄壤之異豈非方來之明鑒哉恭惟陛下誠心懇切無一日忘宗社之耻固天下之幸而臣之愚深恐小人投隙伺間以售其姦更願陛下以是二端察臣下之所安則真偽將無所逃庶幾圖事揆策不至差誤上有以成陛下之志下有以慰斯民之望臣不勝區區憂國愛君之誠不復自計以竭其愚

淮東轉運副使虞儔上殿劄子曰臣一介疎遠蒙陛下誤恩前年秋繇淛西憲司分閫合肥又移漕東路往來兩淮有得於利害之實者請為陛下陳之臣伏見本朝與北虜講和之後以淮為界蓋國家之門戶江淛之藩籬也經理之策前後失於講究者蓋非一也夫有國斯有土有土斯有人有人斯有財此理之必然者也今兩淮耕種鹵莽地力不盡謂之有土可乎生聚苟且民志不固謂之有人可乎田賦止收課子上供姑且樁管謂之有財可乎不特此也山水寨僅有虛名萬弩手徒為文具禁軍闕額補而未足土兵巡警少而不招凡此皆利害之實不可不講究者紹興之初和議新集區處規模容有未盡迨今六七十年之久而猶地有遺利民無固志儲積守禦若不足恃豈不甚可惜哉欲望陛下明詔兩淮守令詳議殿最之格計田萊之多荒者勸之耕植使地力以盡計室廬之未葺者誘之營繕使民志以固歲入課租必以裕民而助國上供樁積必以糴米而實邊山水寨莫不增修萬弩手不廢教閱禁軍無令闕額土兵不致乏人講究利害之詳隨宜申請期有歲月之效永遠遵行當無事之時則可以嚴守備遇投機之會則可以贊規恢此微臣區區謀國之忠也惟陛下裁幸

理宗時知瀘州魏了翁上疏曰臣愚戇少通先員柱下迺者誤叨詔墨令得與講讀諸臣悉心啓迪無有所隱臣既陪入侍復許直前敢無一言以塞大問臣聞人性無有不善而後世有性惡之說人情莫不欲安而後世有喜亂一說非後之人不古若也孔子曰斯民也三代之所以直道而行也言今此之民即三代之時所以是是非非公平正直而無所回遹之民也然古而好善今疑其惡古而欲安今懼

其亂何也古之人垂憲象魏屬民讀法其明白洞達日星垂而河漢
流也登進而顯之敘情以閔之其真實惻隱示其下而下不以情事
其上則非人類也自後世而猜防日甚塗其耳目也而曰以神道設
教惡其議政也而曰不可使知之夫民至愚而神決無可罔之理今
罔之秘所以擾之迫其譁然而不寧也則疑其性惡咎其喜亂嗚呼
此民也獨非三代直道之民乎而所習廼爾則亦未有以通其志耳
臣嘗以是求之而有未喻於今日者凡六事敢爲陛下歷陳其目陛
下自即大位中外翹首跂足以望治於朞月間而天心難諶事變狎
至民不見德惟戮是聞向也寢火於未然今然矣向也桃蛟於未噬
今噬矣倀倀行邁胥靡所臻有識之士往往相謂累朝初政降詔求
言刻茲旰食之時必首出此而久未有聞爲惑滋甚嘗詔侍從兩省
臺諫卿監郎官日輪一員面對意雖甚美然踐祚累月方聞詔旨詔

旨至今又數月矣而對者僅及十餘蓋由一旬之間雙日不坐御殿
之日止引一班故對群臣之時稀踈寡闊若謂恭默不言則便朝講
殿固如平日奚獨於求言聽言而用其簡也祖宗盛時受朝決事或
至日中不遑暇食退食之後再坐引對或當假寧猶御便殿或引至
四五班不以爲憚臣侍先帝殿坳幾一年是時將倦于勤猶日御前
後殿班引至再和顏屈己靡有厭斁此陛下之所親見也今始初清
明顧在廷百執事且不得數望下風則凡見辭奏事封章如㮣更無
由至前夫生於深宮之中不知稼穡艱難者固有之矣陛下習知民
間疾苦今遽爾隔絕臣竊惑之半年以來都城之內但見屢捐賞金
以捕妄言之人夫以妄言獲罪雖其自取然而未睹求言之詔但聞
戢謗之令此非初政所宜有也昔人謂防民之口甚於防川蓋言以
宣意使壅塞不通則一旦潰裂將不可復收故周以監謗之令削秦

以誹謗妖言之法亡漢晉隋唐之季夫抵皆以災異見於上而不悟
百姓怨於下而不知變起蕭墻還就衰替陛下所宜明白洞達以是
爲鑒而忽不加省此臣之所未喻者一也陛下自即大位宮壼行三
年之喪所以教民知孝簾帷侍五日之聽所以示民有尊矧又定省
溫凊秉禮不違飲食起居稟命惟恪厥惟子職若既無毫髮之憾者
而臣猶有疑焉天子之孝以安國家定社稷爲先故德爲聖人尊爲
天子富有四海之內宗廟享之子孫保之此大舜之孝也今內患外
禍稠見疊作而陛下未躬聽斷以彌豪萌中外皇皇未知陛下所以
爲宗廟子孫之計而顧以承顏養體爲足乎且姑舉一事以明之陛
下之於濟王錫之珪符爵之茅土居之輔郡贊書孚午恩意優渥非
特以全兄弟之倫孔子所謂父母其順矣乎陛下蓋深體此意也然
而爲之師傅既無賈誼始終梁勝之忠謹視盜賊又無張敞保全昌

邑之智不幸而見汙匪人以殞厥命而陛下未聞有愧謝袁盎輟食
哭甚哀之意自三日罷朝之後其餘恤典雖畧講行而人不盡知使
陛下所以致孜愛兄之初心亦未能盡白於天下遂使訛言胥動併
爲一談且濟王之卒凡有耳目誰不睹聞而小民無知妄相騰播莫
有奠居近在畿甸間猶不能家至戶曉遠而荆襄川廣襲訛承舛抑
又可知萬一有盜小人乘間伺隙假託名字以爲亂階雖亦終於自
斃而目前塗炭無及於救臣恐古人所謂安國家定社稷之孝不若
是也夫子曰斷一木殺一獸不以其時非孝也自春以來其爲一木
一獸不已多乎臣謂今日之所當明白洞達者蓋不止此而此亦動
搖人心之大者今若內出手書深惟既往之悔明諭聖志而圖所以
厚其終者使天下曉然無惑於浮言則日月之明其食其更莫不咸
仰此所以通天下之志而銷禍亂之本何疑何憚而久不爲此此又

臣之所未喻者二也山東歸疆河北清晏此百年所未有之機也然
而不并牧其田野不城池其郡縣而移其民人使之烏合蟻聚於淮
向間抗民之精銳士之藉猶以未足也聽其剽掠境外以自衣食此
前代之所不為李全分閫授鉞受任山東而倏往忽來靡有定鎮亦
前此之所罕見然而尚有可諉者曰事無大小稟命朝廷至於辯誘
請祠以明君臣之義執杖庭拜以伸制閫之威而二月丙辰之變人
情憤懣不平全於斯時復能引咎自劾追徐晞稷赴鎮全又屬櫜迎
拜涕泣自陳此豈惟逆順之理曉然於全之心有不可泯亦以堂堂
中國德澤在人小有陸梁則自貽翦滅此全之所必不為而況天下
之惡一也惡於朝廷而保於我則出乎爾者寧保其不反乎爾且主
帥被害而全無以活之則全為主帥亦將無以令其下此亦非全之
利也全以忠赤來歸名聞夷夏雖其部曲亦皆能以勳業自奮第功

行賞當貴方將是豈肯託一首惡以自隳前功若假以旬月全必有
以自見臣謂若更自朝廷明白洞達推赤心以喻之使其速殄凶渠
以伸國憲則名譽垂諸簡冊祿澤及其子孫全非木石寧不樂為君
其姑託空言而終無以自見則神人共憤曲直有歸如漢侯王如唐
藩鎮縱能以阻兵怙惡假息於一時終亦以違理亂常覆宗於異日
此在朝廷可以明諭此指而久不為此臣之所未喻者三也古今惟
不次用人如傅說呂望之儔最非易事其次則莫若資望兼衆董仲
舒曰小材雖累日不離於小官賢才雖未久不害為輔佐蓋言不次
用人必賢者而後可若以其小有才也而遽當賢者不次之任則不
特已試而人固已逆知其必不勝任矣國家盛時儲蓄將帥先自遂
路監司漸擢京東西淮南俟其績用既章則擢任陝西河東北三路
及成都路自三路成都具有成績然後名為三司副使或未可擬則

就理資序遂升都漕以備帥臣之闕夫其資歷若此則民情吏狀士
風物宜道路山川甲兵財穀皆已周知而熟察之其歷官既久積伐
已多則中外知名華夷信服如是舉而付之方面授以鈇鉞則未用
而人期之既用而人信之有所不為為之可使事半而功倍今也不
然顧旨如意耳不必資歷僥倖嘗試耳不必譽望嗚呼人之易其言
也無責耳矣人至於忠悃體國真實任事則圖惟國事之濟言慮所
終事惟其是而豈肯隨聲附和以僥倖萬一乎臣姑以淮東近事明
之臣以嘉定壬午造朝其於事始不及盡知但見應純之之後為賈涉
涉之後為許國國之後為徐晞稷蓋涉見疑於純之而代純之國見
惡於涉而代涉晞稷見忌於國而代國皆以前者為不善也而後取
其所不合者驟遷以救之然則寧保後之不非今乎美錦微物也猶
不使人學製豈百萬生靈之命嘗試於數人之手而恝然不以動其

心乎竊窺廟算本欲彌縫補隙鎮安人情而乘間伺隙者遂得以竊
售其說前帥未敗則陰為傾擠之計不幸而言中則顯任彌縫之責
故朝廷但謂別用一人則不諳本末未識意嚮如臣所數以冀暫安
豈謂此輩徒務營私寧暇體國況其涉歷尚淺智識有限以亂救亂
安有窮已此當及今明白洞達盡懲曩誤更用老成老成之人惟欲
行道救時豈是好高立異姑未問其才畧但資威望亦足鎮安今金
陵未謀帥亦宜以是選擇諸鎮近輔未得人亦宜以是更張此可以
三隅反矣而悠悠未決臣之所未喻者四也古者國有大疑則謀及
庶人謀及工商漢議已狹於前李唐以降又不如古然而尚於相維
之間默寓交徼之意中書進擬門下審覆尚書奉行而兩省之屬有
給舍諫官尚書省之屬有長貳郎曹一政令之行經涉非一使之得
以迭為正救迨乎樞府雖曰本兵而同班分班厥有深旨又使臺臣

得以糾逖侍從得以獻納百執事得以封章奏對蓋以宇宙大物非一人智力所能獨運也熙豐以後宰掾始繁而三省之屬有不得其職者矣中興以來務為省併而三省體統有不能盡復承平之舊者矣至於近世則愈觀愈失往往事之已行雖侍從兩省臺諫有不及知方其未然常若不知迨其知之則既無及中外之所指目莫不曰食君之祿而轅駒仗馬曾不少伸豈知君臣上下邈不相接者一事焉中外沸騰遠近傳布而有位之士猶問閒知似見府城增備關市戢言始從而訪問焉則知其為有警也然且莫名其為何事問之同列同列不知藉曰知之十不一二是故欲言而不得其要雖言而無救於事易曰尊酒簋貳剛柔濟也此言險難之時君臣上下簡易而相親也今事勢愈迫則上下之情愈疏蓋必曰慱訪則張皇多言則漏泄百司各舉其職則多事於是諮謀之道益狹委任之才日卑是不亦過憂之甚歟范純仁嘗曰今所用之臣多是老於患難獎之使進尚恐心志不銳思慮大周若是戒使遠嫌則顧避全身自防不暇此言最近人情最切今日而況家國之憂人人所同亦欲各盡所懷以圖國事之濟是豈張皇漏泄潔身取名之時若使上之人明白洞達以總大體以開忠益以清中書之務以盡百司之職則合衆智以為智事簡而慮周何為不可而必欲掩匿覆護智慮所不及精神所不逮則當斷不斷常有後時之悔此臣之所未喻者五也夫國之恃以立者人心也人心之所歸則明白洞達至公而無私也今平居無事以官資崇卑軒輊天下士以意嚮異同親疏天下士士而可以軒輊可以親疏則所得者寡廉鮮耻之人耳夫人幼而學之壯而欲行之今顧遏其欲而不得行徒使之浮沉俯仰充數備員夫充數備員而不能以伸其壯行之欲其勢必將以不得其職而去則又積歲累

月牢辭固拒必使之邪正雜糅心迹莫明是壞於天子之庭而後已如此而欲以得賢士大夫其決不然也八九年間邊不撤警財殫力屈十室九空而貪暴之吏以苛征趣辦為能根刷積負重催豫借橫科抑納靡所不有而以此欺朝廷曰吾能不費朝廷一錢一粒而用度無乏世安有是理然有可諉者曰此用之公家也而又以豐谿壑之欲又以供苞苴之饋蓋未償前債已迫後圖得失薰心罔有藝極所謂餙廚傳營土木事遊觀求贏餘又不與焉方幣輕物貴田里蕭條此何等氣象而必使此輩肆於民上人不以貪暴者為怨而歸怨於其上曰世未嘗乏才也胡為選擇至此如此而望民心之不搖又不然也夫士大夫同寅叶恭而後紀綱立百姓尊君親上而後根本固今皆無以得其心矣或者尚曰失士心民心皆無損於事惟不可失諸軍之心嗚呼世安有士心民心胥失之矣而猶可以立國也況又物價翔踊廩稍不給士卒常有飢寒之愁功賞遲緩升黜不明士卒常有疾視之意而又以貪將債帥次第椎剝三衙兩淮近且不察襄漢梁益呼吁莫聞而尚以諸軍之心為皆可恃乎三者之心既無一可恃則陛下孤立於上大臣孤立於下臣不知何所恃以立國竊意所恃者惟數有天幸爾穰侯曰天幸多矣今又以天幸自為常也陸贄曰幸不可以常覬也夫天命不顯其符俾有國者兢兢以自勉令不明白洞達括開規摹兢兢然圖所固結人心之本而恃天幸以為國此臣之所未喻者六也臣既能極竭其罷罷之愚條陳六者之所未喻以冀陛下明白洞達作新庶政以振國勢之久弱以舒人心之積憤尚慮知聞不廣包括靡竟無以仰裨聖斷臣復定為邪正之二端以翼其說而陛下試終聽焉臣聞之朱熹曰天地之間有自然之理凡陽必剛剛必明明必易知凡陰必柔柔則暗暗則難測故光

明正大疏暢通達無纖芥可疑者必君子也回互隱伏閃倏狡獪不可方物者必小人也臣嘗以是為察言觀人之鑑而邪正之辨了不可掩如謂人事有失則天象譴告者正論也謂天命不足畏者邪說也謂憲章法度所當遵守者正論也謂祖宗不足法者邪說也謂丁寧懇惻可以感動人心者正論也謂失在推誠者邪說也謂正人端士可以扶持元氣者正論也謂賈直沽名者邪說也謂政令之行當廣謀博訪者正論也謂徒亂人意者邪說也謂事變之來當防微杜漸者正論也謂亟當禁戢者邪說也謂每[illegible]朝孜孜訪問者正論也謂尊嚴淵嘿使人不可窺測者邪說也謂勤恤民隱哀矜庶獄者正論也謂峻法立威使民莫敢慢易者邪說也謂親師講學以立政本者正論也謂俗儒不達時宜好古是今非者邪說也謂敵國外患宜急於內修者正論也謂虜無能為賊不足憂者邪說也大抵正論為陽邪說為陰陽開則為春夏高明而發達陰闔則為秋冬冥晦而歛藏臣願陛下以臣前所陳未喻六條行之以明白洞達為目前補偏救弊之策以後所陳邪正二端察之於繚繞回互為自今考言觀人之要則取捨之極定於內而安危之萌應於外矣詩曰天難忱斯不易維王惟陛下汲汲圖之

丁翁為禮部尚書上疏曰臣謂昔者周公朝諸侯於明堂凡九夷八蠻六戎五狄之國皆位於東南西北門之外無它內夏外夷之道然也自東漢以後控御失道貪得務廣至引而寘之於堂奧之內蓋自馬援實開其端於建武曹操復蹈其轍於建安遂使昌熾盛大於永熙元康之間而橫潰四出於永嘉建興之際援之初徙降羌於近地而勸以耕牧也其意不過使之不相猜貳而有以得其心也操之分匈奴五部於并州諸郡也其意亦不過使之有所統屬而為吾之用

也彼一時淺功近利之見豈知其後日之禍一至此耶晉太康元年侍御史郭欽上疏於武帝請乘平吳之威徙內郡雜胡於邊地而武帝不能用斯言也距江統之建議已在先二十年矣以武帝平吳之威乃不能洗空五胡於未亂之日而江統願欲以責晉惠帝於二十年之後亦晚且難矣而江統猶曰早絕其原尚得謂之早乎臣側聞日者喪師之後招納北人以補軍額且收召桀黠以備奔走華戎雜居識者寒心又聞光黃之間或以搜求王機為詞或以收買軍需為詞出入無譏甚矣乎國之無人也武夫重閫未必足以杜其隙矧乃聽其自為出入耶藉曰和好已成南北一家無用過疑然自昔未有恃和好而弛邊防也陛下剛明奮發力行江統之言臣已疑緩不及事而又日慆月邁委之悠悠臣知無容足之地矣子曰人無遠慮必有近憂蘇軾曰慮不在千里之外則患在几席之下今患在几席矣惟陛下速留宸慮詔京襄兩淮諸帥諮以區畫之方何所可以處降附何策可以安反側各任其責條上有不如言致生他變則請身任其咎斷在必行臣嘗記先朝范仲淹為陝西河東路宣撫上疏乞顧問大臣如契丹可以保信必不入寇亦不與元昊連衡乞令大臣同書一奏納于御前他日或誤大事責有所歸臣之責諸帥猶仲淹之責大臣也惟陛下斷而行之

洪舜俞進故事曰晉元帝建武元年置史官立太學太興元年帝親雩初置諫鼓謗木新作聽訟觀二年置博士員四年置周易儀禮公羊博士帝親覽庶獄

臣聞物有本末事有終始知所先後則近道矣先者事之所當急後者事之所當緩緩急先後不舛其序治道何患於不舉元帝承皇綱解紐之餘宜思興起國勢如拯溺救焚之急顧乃以安

平之大體治危亡之塚證。以守文之常度制應變之危機故近世論者謂此何等時而舉不急之務訟觀作矣胡不築將壇以拜淮陰太學興矣胡不立武舉以招汾陽觀雩之禮行矣胡不丕帝尊而勞細柳博士之員置矣胡不造樓船而命將軍諫鼓謗木設矣胡不修車馬備器械以圖修攘之治是非數端為可略也典午綴旒胡羯扛鼎中原豪傑競起而逐鹿時之所急不在是也使當時內以經制國用為實政而不以綵末為僅足之規外以嚴飭兵備為實功而不以玉冊為苟安之地晉其興乎厥今金甌雖無玷缺之虞玉關未有閉拒之策戰難於必勝守難於必固和難於必信而民力國計已俱至於窮不汲汲於豐財強兵先其所當急而論義理者多清談言政事者多細務拆棠補帶以為巧折柳樊圃以為固厝火積薪以為安脫有意外之警臣恐非雍容拱揖之所能辦也

歷代名臣奏議卷之九十八

歷代名臣奏議卷之九十九

經國

宋理宗時侍御史李鳴復奏曰臣近覩邸報趙范趙葵全子才並除三京留守中原故都盡歸版籍高宗皇帝三十六年經營而不可得孝宗皇帝二十八年圖回而不能有者陛下總攬權綱不一載而坐復之功光祖宗業垂後嗣此固薄海內外喜聞而樂道也然二使之歸自陵寢也得之身履見之目擊咸謂所過丘墟殊無煙火骨殖橫道蓬蒿蔽空皆緣韃寇經行舉無噍類是以若此其為慘毒蓋亙古所無有也惟韃寇有亙古所無之慘毒故國家有亙古所無之機會以其絕無而僅有也人固喜之臣實憂焉臣前所謂得之易守之難又謂用兵一事不獨係生靈之休戚實有關宗社之安危即臣之所憂大略也夫中原之所至清野邊關皆知之特朝廷未知之耳襄帥之所主在和既不以實告而惟欲以和而策勳淮帥所主在戰亦不以實告而惟欲以戰而奏績和戰之議不同其詭為之辭以牽朝廷之聽從則一而已逮夫和之說不售戰之說得行盡起兩淮之夫悉空兩淮之積移防江之戰艦以漕運撤防江之戍卒以出征驅數萬之師入無人之境捷雖屢至實未嘗戰也兵不接戰非所謂捷也臣恐或遇大敵勝負之勢未可知也此可憂者一也古之取天下者爭其所有餘不爭其所不足諸將皆走金帛財物之府是財即吾財也築甬道以取敖倉粟是粟即吾粟也農願耕於野商旅願出於市是民皆吾民也今咸無焉所獲者空城耳必也散東南之財而後人可聚發東南之粟而後食可飽移東南之民而後田可闢貨可通川竭谷虛丘夷淵實臣恐枝葉未數而本實先撥矣此可憂者二也韃與金交戰幾三十年金未嘗不守河也而其師不由河以濟未嘗不守

關也而其騎不由關以入未嘗不講和也而其禍不以和而解蓋其蛇吞豕毒之暴習性堅忍不滅金不止也今釁隙既開忿心必激迹者偏師相遇小小交戰而我軍已不支矣然其國酋將佐猶深居草地未嘗出也其出愈遲則其禍愈大將恐不擊藩籬而直犯吾之堂奧不爭臂指而直衝吾之腹心先備弗豫後悔無及此可憂者三也迹者朝紳建議謂宜沿江重鎮別除帥閫內以弭蕭墻不測之患外以消尾大不掉之勢不但防韃而已此萬世長慮也而廟堂弗之聽其心蓋曰吾有河可恃有關可守乘破竹之勢振拉朽之威北渡河可舉燕趙西入關可定秦隴車書萬里文軌一家又何必畫江以為限志非不大論非不偉也然進於前豈可不顧其後利於得豈可不虞其失令韃冠南來王師小衄亦可小警矣而斂兵據險之外沿江措置且復悠悠非獨沿江也當風寒之衝者京襄也子才握制閫之

權未嘗至洛楊恢罷制閫之命乃使守襄閫諸道路子才與葵爭欲得開封為之故違命不行僅遣楊義以往義之敗子才之罪也萬一韃人直趨峴首徑擣江陵制帥遠在一隅將誰任其責乎沿江事體最重荊襄事勢最急儻不博採千萬人之公論而惟曲從二三子之私情當重者反輕當急者反緩其不敗乃事者鮮矣此可憂者四也自昔蠹財害民暴征橫斂未有不自用兵始漢武帝有征伐四夷之功其末也至於算舟車榷鹽鐵唐德宗有一平海內之志其甚也至於稅間架除陌錢冒其所不可而為之皆兵食為之累也今天下費用夥矣而猶斂不及民特恃有楮耳蜀楮創於天聖其後行之陝府行之熙河至湟鄯之取多出以助兵費其法大壞遂以新界之一易舊界之四又詔四十一界至四十三界更不收兌此崇觀間姦臣誤國可為萬世鑒也今京楮之出至二十千萬有零矣而印造未已蜀

楮之出至十七千萬有零矣而用度未足萬一楮價益賤艱於支遣又何以為策此可憂者五也臣之為陛下憂者五而未嘗一陳其策非無策也是在將與相而已夷夏有強弱而使其強常在中國者將也內外有重輕而使其重常在朝廷者相也使為將者知所以應敵又能以体國為心知所以是兵又能以愛民為務有持重而無躁急有謹畏而無驕盈則前乎三者之所憂庶乎其可釋矣為相者不以一時之近功為喜必以萬世之遠業為慮察民情之休戚揆國計之盈固其本毋徒逐其末理其內毋騖其外則後乎二者之所憂亦庶乎其可釋矣雖然臣猶有言焉益之告舜也首發其嘆而曰戒哉儆戒無虞所以重其事也而詳其所戒則言罔者凡五罔失法度罔遊于逸罔淫于樂罔違道以干百姓之譽罔咈百姓以從己之欲是也言勿者凡三任賢勿貳去邪勿疑疑謀勿成是也此皆戒詞也而

終之曰無怠無荒四夷來王何也蓋天下歸往之謂王使人君能於是八者戒謹而無怠忽之心儆懼而無荒廢之志則自西自東自南自北雖夷狄異類莫敢不來王矣古聖賢講明治道本末有序內外有別而相與儆戒之際其嚴如此臣之所憂者吾將相事也益之所戒者八人主事也陛下德性高明義理融貫以所當憂者責之將相以所當戒者行之聖躬中興事業不難致矣臣非不知三京既歸四海交慶顧乃不能將順以贊陛下之美猶且憂危以動陛下之聽臣非過慮也自昔圖大功定大業者未有大福將有大禍必上自人主下至百僚曰將曰相若內若外謹之重之使萬舉萬全而後可不當以常事論也惟陛下加察

鳴復又擬輪對劄子其一曰臣聞善用天下者當使有久安之勢而不可徒有幸安之心勢未可以久安汲汲焉求其寄猶之可也上下苟玩

而謂勿藥為有喜中外苟具而以厝火為無虞變幸而息則動色相賀不幸而作則搏手無策為國若此將恐寇疾日盛元氣日衰而天下之勢不可支持矣國家承五季分裂之後合天下之異而使之同平澤潞平維揚西取巴蜀南下湖廣東有吳越北征太原而後天下始定于一其開創如此其難也列聖相承遵守家法以仁厚為立治之本以畏天愛民為保治之道以進賢退不肖為輔治之要其持守如此其謹也自王安石變亂舊章以失天下之心而內勢漸弱王黼童貫妄開邊釁以困天下之力而外患遂生遂致靖康之禍尚忍言哉六飛南渡所以為興復者愈難於前奠於纂承所以為持守者益謹於昔誠以中原板蕩王業偏安祖宗大一統之天下僅存其半其規模措置不容不爾也陛下嗣位今九年矣試觀今日天下之勢為已安乎為未安乎先皇帝更化以來內撫外寧天下有泰和之風陛下踐祚以來內阻外訌天下皆急迫之態峒寇猖獗未足問平日安居省地號為良民乃至攻劫郡邑稱兵為亂此何等祥也逆酋僭叛未足怪平日仰食縣官名隸尺籍乃至殺逐帥守肆無忌憚此何等證也不共戴天之虜竊遁為鄰固不容不慮新寇遠在沙漠距吾國風馬牛之不相及乃至撤我藩籬破我門戶漸入我堂奧此何等氣象也謂宜如太祖雪夜訪趙普問以南征北伐之事宜如仁宗開天章閣召范仲淹富弼給以筆札陳當務之急兢兢業業猶懼弗堪汲汲皇皇猶恐弗逮而陛下端拱無為一聽大臣之籌畫大臣寬緩不迫一聽事勢之自定臣竊為陛下凜凜也今湖寇幸已息閩寇幸已定邊淮之寇幸已屏迹近畿之寇幸已授首然幸何可恃也吾不能使之無變變既作矣幸而勝之赤子相殘不知其幾於鋒鏑者幾千萬也是幸之中固有大不幸者在也乃若外夷肆侮幸而遇金之孫

則侵疆以得邊燧以弭不幸而遇韃之疆則一軍下大安而全蜀擾動一軍過房陵而荆襄震悚幸何可恃也吾素無以禦寇寇既至矣趨而避之狼心無厭不至於蠶食殆盡不止也是不幸之中尤有大可憂者在也今天下大勢岌岌矣問之蜀幾亡而復存問之淮幾失而復得問之襄漢存亡得失未判也果可以為安乎恃民以守而民無常心恃兵以戰而兵無固志恃人以運籌決勝而畏怯者敗事奮發者未保其成事也果可以為安乎及今勇為尚可移轉失此弗慮何以圖全臣願陛下思祖宗創守之難念宗社付託之重日與二三大臣求所以為保全之計屈天下之群策毋謂遜志者為是逆心者為非任天下之賢才毋謂貴要者必可用疎賤者必可棄民如何而使之可以安業兵如何而使之可以禦侮內勢如何其可定以宴安為鴆毒而力用其戒以憂患為藥石而急為之圖陛下勿專以謙虛一德為盡君人之道大臣勿專以鎮靜一說為得宰相之體公卿百執事勿專以緘默一生為了臣子之節上作而下必應君倡而臣必和夫如是斯可以易亂為治轉危為安否則如彼泉流淪胥以敗將莫知所屆矣臣至愚極陋蒙陛下擢置周行歲在庚寅首當登對時以四郊多壘民未安居臣不勝軫憂歷陳時政之三弊秋八月朔復當轉對時以逆全狂悖朝廷未忍加誅臣不勝憤激再進自強之三策日月逾邁今又二年矣天下事變有甚於前而陛下規模無異於昔此臣所以重為陛下凜凜也雖然去幸安之心則斯可成久安之勢此在陛下與二三大臣亟圖之而已臣不識忌諱冒貢愚忠惟陛下裁赦其二曰臣蜀人也三仕劍外十數年安危成敗身履而目擊之今蜀困甚矣用敢以塵聖聽蓋蜀自開禧丁卯以來屢經大變始擾於僭

偽繼擾於殘虜。近又擾於新韃。自新韃入寇。日甚一日。而蜀之為蜀大非昔比矣。丁亥之始至也。重兵扼西和。而西和不動。以大將留屯有以為之備也。游騎寇同慶。而同慶不懾。以郡將堅守。而又有援兵為之助也。麻仲敗嶓程信退走。賊進窺七方。而七方不恐。以蜀帥在石門。距關纔五十里。而人心知所恃也。惟武階失守。賊至文陽境上。賴官軍土豪相與協力。驅之而退。韃雖縱橫數月。其所破者惟一郡耳。四蜀無夫估之擾。諸司無科調之急。列郡輸獻助而弗受。襄漢遣援兵而弗納。路帥欲招忠義而弗許。寇來則禦。寇去則備。蜀雖驚擾其根本猶未撥也。往歲再由大散徑至鳳集。蹂踐我疆土。要求我財貨。驅虜我人民。由遂轉戰。而官軍不知。李寔固守而戎帥不救。未幾而勢窮力屈。鳳集陷矣。潘福以大將守關者也。不施一矢而倉皇以潰。郭正孫以路帥守城者也。不畫一籌而流落以死。潰卒反戈。韃寇

乘間而梁洋又陷矣。鳳集不守。天水必無以自存。漢中既陷。同慶必難以自保。所可重惜者沔陽有棧嶺重關之勝。曩時兀朮以百萬之師扼於分番迭射而不得進。今過之如履平地。西和有因山為城之固。前日韃人以方張之勢困於長槍短箭而不得逞。今拔之如振槁葉。益昌有連雲危棧之險。往日巴棋控以輕騎窺蜀。僅至大安隻輪不返。今自利而閬。自閬而果。長驅深入若踐無人之境。有險不備。而謂險不足守。有兵不戰。而謂兵不足用。四大將先退近郊。而竟不免於潰。諸大司先具舟楫。而卒不免於奔竄。六十郡之地徧科夫估。又督步運於成都。督舟運於沿流。而終不免於乏食。寇賊有吮血剖肌之慘。官吏有剝膚及髓之酷。吁。尚忍言哉。嘗觀祖宗視蜀如在殿角西頭。張詠治行優異。真宗遣使諭曰。得卿治蜀。朕無西顧憂。趙抃自蜀召還。神宗謂曰。聞卿匹馬入蜀。以一琴一龜自隨。為政簡易。亦稱

是耶。二臣事業光明俊偉。如此。不特蜀賴以安。朝廷亦賴以尊。此無他。任得其人故也。邇者丁卯之變。程松實當之。則自米倉遁。己卯之變。董居誼聶子述實當之。則自劍門遁。辛卯之變。桂如淵實當之。賊未過險。則浮家之巨艦先下三峽。賊既過險。則倍道之輕車徑至合陽。泛論其迹。雖五十步百步。不容相笑。專誅其心。則如淵之走計。已定於半載之前矣。於四蜀奚賴。於朝廷奚益。此無他。任非其人故也。今陛下肆頒宸綍。易置帥垣。固公論之所共慶。然受任於敗將之手。人實難之。必申嚴紀律。使四大將守禦之兵畏我而不畏賊。必招集流離。使十數州豪傑之士歸我而不歸賊。此外閫事。今之用蜀者當任其責。必朝奏暮下。而後帥司之賞罰足以使人信。必言聽計從。而後帥司之號令足以使人服。此朝廷事。陛下與大臣當加之意。若夫預儲帥才以備異日之用。則臣願陛下以昔之得抃者為法。以今之

得如淵者為戒。則全蜀幸甚。天下亦幸甚。

鳴復又輪對狀曰。臣洪惟陛下以天縱之資。進日新之德。嗣膺大寶。于今十年。災異荐臻。事變迭作。撫左則右動。鎮前則後起。亦艱乎為力矣。而上賴祖宗二百年之積累。寧皇三十年之憂勤。恭聖仁烈皇太后九年之保佑。克自抑畏。不敢遑寧。用能易危為安。轉禍為福。如鬱攸肆虐。彗星示象。天心若震怒矣。今兩暘時若。則在天已有助順之實。連歲大水。往歲又旱。民生若憔悴矣。今秋稼告成。則在人復有熙然之理。內而寇盜。昔也猖獗。而今也安安。外而戎夷。昔也憑陵。而今也帖息。此正否而泰。剝而復之時也。臣濫當輪對。再獲瞻望清光。顏何以為陛下獻。雖然。竊有言焉。臣嘗讀孟子。見其有曰。國家閒暇。及是時。明其政刑。雖大國必畏之矣。又曰。國家閒暇。及是時。般樂怠傲。是自求禍也。蓋及云者。當其可之謂也。過是則無及矣。同是閒暇也。

及其時而明其政刑則大國有必畏之勢及其時而般樂怠傲則在已有自求之禍舉措一差禍福隨異可不畏哉今邊境暫寧妖氣暫弭而隱然猶為吾國家之大患者韃也遐者廟堂先事而慮介使觸機而應于以息兵端於未動銷事變於方萌由中及外咸謂吾君吾相軫念及此自今可保無虞矣而臣猶以為未也臣嘗精思熟慮察往知來妄謂韃之情有不可測者二有深可慮者一昔契丹自改建國號以來連歲騷動至景德初元舉國來寇直抵澶淵我真宗決策親征射殺撻覽而和議始決是見吾中國之不可犯而後和也金虜自得志中國之後殘靈虐焰勃乎其不可禦我高宗匹馬渡江艱難立國逮分遣諸將屢以捷聞而和議始定是知吾中國之不可輕而後和也曩歲韃擾川蜀突過均襄猶虎兕出柙吾未嘗敢嬰其前也決戰唐鄧圍困汴京猶螳螂捕蟬吾[illegible]嘗敢躡其後也無故遣一介

使掉三寸舌於我曷為來哉其不可測一也景德初和契丹也歲幣約三十萬至慶曆中重兵壓境復遣使求關南地我仁宗命富弼報聘雖以死力爭僅塞其割地求婚之請而歲幣則不容不增也紹興之和金虜也以微廟梓宮未復顯仁皇太后未歸吾中國屈也甚矣河南之地未割兀朮之師已來自是屢戰屢和至逆亮敗盟臨江送死虜氣大沮雖名稱少易而歲幣則不能痛減也今韃使之來其為說甚簡且易未嘗過有邀索也其為詞甚卑且遜未嘗妄自矜大也雖云韃使而實非真韃也雖致韃之書而且謂書不足據也國書如彼而專對如此其然豈其然乎其不可測二也歲在丁亥韃嘗遣兩金牌議和矣一至西和州一至秦家垻制司以狀聞于朝繼承密委欲正其名曰通好夫有爭而後有和吾與韃未嘗爭也不曰講和而曰通好可謂名正言順矣然講和[illegible]通好也皆吾中國撓為之詞而

韃之意則不爾也觀其金牌所載自謂為天所錫狂僭殊甚總其大略蔽以一言蓋欲臣妾我也欲使吾國中盡行投拜也嘗聞韃之併吞諸國也不有其土地不征其稅賦惟許其投拜而已其不投拜者舉無噍類也既投拜矣視之若其家然倏往忽來必聽其驅役不容拒也夫漢以和親結匈奴所屈者和親而已國朝以歲幣啗二虜所費者歲幣而已今韃之情既不可測萬一移其所以用之它國者用於我我其何以待之此深可慮者一也臣之為是說也非謂韃之使不可遣也韃之使當遣而韃之和未可恃也韃之和未可恃則臣前所謂明其政刑者不可緩也且夫惟辟作威惟辟作福政刑當自上出也陛下既終禮制猶服通喪恭詣几筵必有定日固無所謂般樂矣一號令之出國體所關一政教之施風化所係亦嘗少關聖慮審其當否乎陛下日御經筵講論經史退居閒燕游戲翰墨固無所謂

怠傲矣官刑所以儆有位八柄所以馭群臣亦嘗斷自聖意見之施行朝廷之上四方之所視傚也今精忠體國者無幾而託公營私者有相摩也慷慨任事者無幾而蹈常習故者踵相接也節儉正直有愧古詩之稱嬉樂宴遊至形月牘之奏是政刑不明於朝廷也監司郡守郡縣之所恃以為安也今苞苴之貢不絕於中都是媚上之習未除也估籍之令屢聞於田里是剝下之風未革也寡廉鮮恥者不足恠以聲名自居以循良見稱者未能免也遐方偏壘不是問號為通都輔郡者不能盡無也是政刑不明於郡縣也將帥軍旅邊鄙之所恃以為固也今糧孔艱師不宿飽設若寇至何以為守老弱相半藝不素習卒然遇敵何以為戰將帥酣豢富貴多養安於平居無事之時士卒困苦飢窮每疾視於倉卒有警之日是政刑不明於邊鄙也慶曆中仁宗銳意求治任范仲淹富弼每進見責以太平既又開

天章閣召對賜坐凡所條奏悉見施行卒之西北二邊皆弭耳聽命
亦見吾中國有政知吾中國有人故耳陛下欲明政刑於朝廷臣請
以是為法紹興中高宗篤意民事嘗諭宰執曰監司郡守若能奉職
宜加擢用若不恤民奉法郡守令監司按劾監司令御史彈劾如此
則上下有紀綱不至委靡大哉王言真國家之福生靈之幸也陛下
欲明政刑於郡縣臣請以是為法淳熙中孝宗刻意武備講屯田以
周其防托明陣法以一其號令守邊則欲重其選擇將則欲澄其源
持身甚廉如王友直如吳挺必加旌異蠹壞軍政如秦琪必加斥絕
虜不敢南牧實自是基之陛下欲明政刑於邊鄙臣請以是為法上
而朝廷次而郡縣又次而邊鄙乘此閑暇之際亟為經久之謀幸外
患之未萌思內治之當舉有憂勤而無般樂有謹畏而無怠傲有趨
事赴功之實而無玩歲愒日之憂紀綱森嚴法度峻整行之以堅凝

持之以悠久雖以此平定中原混一區宇可也韃之和不和豈足為
吾休戚哉往者庚寅之秋逆全跋扈朝廷畀之以高爵啗之以厚利
又欲遣列銜之臣銜命而往臣於是時適當轉對妄謂徇人而有自
弱之勢不若立我而為自強之道乃陳三策上瀆四聰既而賊計逆
萌王師順動新塘之捷自強之明驗也今韃與全雖有異勢而朝廷
遣使則同此一機臣為陛下謀亦同此一理千慮之愚或有一得惟
陛下察焉臣不勝拳拳

嗚復又論天變可畏人事當脩疏曰臣昨嘗妄謂厥今要務莫急於邊
防相距秋風已無多日今秋風至矣驗之天象太白經天流星晝隕
又流星出牛宿占皆為兵甚至流血千里無非昭示其警戒之意天
變見於上人事可不脩於下乎而求之今日竊有大可憂者淮西所
主在和其和也未足恃京西淮東所謀在戰其戰也未可保淞江正
閫所重在守其守也未必固蔡息之師忽爾歛去徐邳之寇翻然退
休或謂倚蓋實為之此和之小驗也然狼子野心變詐百出先之以
小信安知無大不信者踵乎其後就使邊將委順而虜酋之命掩至
則順必變而為逆介使雖通而乖爭之議或起則同必轉而為異北
向之師此不以鄭伸之未回而止則南牧之事彼豈以王檝既回而
息臣故謂其和未足恃者此也自汴京退走而我師之雄膽已喪徐
邳再陷而我師之畏心愈甚御失其道狙詐作敵勢實使之郭賊以
唐叛出數郡之兵而不能克王賊以宿叛合一路之力而不能討大
敵未動先期已困小寇弗戢後效奚觀范方倚李伯淵為腹心不思
養虎以遺患趙葵亦置夏全於肘腋不虞飽鷹之颺去邊塵未起而
銳氣已餒兵刃未接而敗證已具臣故謂其戰未可保者此也長江
之險固天所以限南北然有其人則因風縱燎足以成赤壁之勝無

其人則舉帆直指得以墟建業之地今淞江之重鎮有二在武昌則
張元簡金陵則陳韡也元簡志大而謀疎談辯風生若可屬大事者
然往歲王檝之來道過其境囊封論奏無一字得實他人不足問也
元簡身為閫帥居料敵制勝之地三軍之勝負兩國之強弱繫焉使
大敵在前而耳目昏塞如此豈不誤事韡任重而力小茅山之捷誠
若有趣人意者然承累政蠹弊之餘司存之積戰守之具蕩然一空
曩者寇賊犯淮方且控告廟堂抽回戍卒抽回戰艦窘狀畢見手足
俱露萬一藩籬或決門戶何恃臣故謂其守未必固者此也外之所
以為和所以為戰所以為守者如此而一二大臣猶襲故蹈常恬然
不以為意譬如駕巨艦於洪濤之中一檝不舉而聽其勢之自如亦
古具甚矣陛下憤四方之多虞思萬幾之當理並建二相凡在政府
者皆以存邊豈徒以示恩寵哉待之也厚則望之也深任之也隆則

責之也重。而曠日不關於實政。連旬徒事於虛文。此何等時。陛下所以擢任者何意。而因循苟且。虛度歲月。視曩昔又甚焉。設若邊庭有警。言甲兵之問。日至廟堂。將見計無所出。案吏奉行文書。不過飛一紙密劄。令用心隄備。不得縱容一人一騎過界耳。臣繫司言責。竊觀當今事勢。外有可憂之形。內無可恃之實。懍弗以告。是之謂欺。伏望陛下念天變之可畏。思人事之當脩。詢問兩府大臣。何道而可以致夷夏之相安。何策而可以底內外之無患。禮文揖遜。有無可以卻胡騎。若猶未也。盍亦速圖其所甚急。安坐拱默。有無可以強國勢。若猶未也。盍亦力行其所不逮。陛下毋謂韃居遠地。距中原凡幾何里。其歸也未必出。其出也未容久。若此虜一動。則人心搖矣。毋謂二相並命。是以股肱帝室。國是必由此而定。治效必由此而著。若此心不協。則萬事隳矣。臣之所言者。社稷之大計也。願陛下留神。

貼黃。臣竊惟陛下往者親攬萬機。選任一相。天下拭目以觀惟新之化。此一機也。然有更化之名。無更化之實。故治日以少。亂日以多。邇者九重深思。二相並建。天下傾耳以聽協成之政。此又一機也。必痛懲既往之失。恪謹方來之圖。而後亂日以消。治日以長。願陛下與二三大臣謹之重之。時哉不可失。此事不容再壞也。伏乞睿照。又臣竊見今日將帥不和。而多有相圖相陷之意。士卒不執。而且有相竊相習之風。內不自靖。何以禦敵。朝廷不明賞罰。何以御下。轉危為安。易亂為治。是在廟堂區處耳。然非同志合謀。未足以集事也。併乞睿照。

嗚復又奏曰。臣竊妄謂敵今天下有可慮者三。有可幸者二。有所當勉者一。金虜垂亡。棄去巢穴。百年不得已之賂。一旦絕之。國論壯矣。然斷虵不殊。困獸猶鬬。邊戍未撤。糧運孔艱。彼之殘喘日蘇。我之事力日困。萬一俯首強韃。求償於我。遂成梁洋之變。蘄黃之擾。餘毒猶在。其可慮一也。韃酋崛起。其類相吞。朝家不共戴天之恨。若將假手焉。國憤伸矣。然兩虎共鬬。卞術莫施。一敵未亡。一敵已熾。淮上借舟有難塞之請。關表突騎有難遏之勢。萬一得志中土。與我為鄰。視景德之契丹。建炎之女真。亦奚以異。其可慮二也。山東歸附。趨順會逆。祖宗版籍之舊。談笑得之。國勢張矣。然狼心難保。鷹飽則颺。御得其道。猶詐作使。御失其道。猶詐作敵。萬一條籠不足以止其奮。銜勒不足以戢其暴。則跳梁之勢。幷弁異之謀。近在肘腋。其可慮三也。夫是三者雖未有顯然目前之變。而實有隱然意外之憂。制治未亂。保邦未危。朝廷其何恃以為重耶。自昔國家理亂。每關乎天意之從違。我藝祖受天明命。奄有寰海。聖聖相繼。簡在帝心。雖厄運中遭。而大業遄復。陛下纂承丕緒。于今五年。洪水橫流。暴風為沴。變若異矣。引咎自

省之實既著。反災為祥之理自彰。南郊肇禋。景星炳煥。以此見天心仁愛陛下。警之戒之。又從而眷顧之。易之大有曰。自天祐之。吉無不利。此一可幸也。自昔國家安危。每係乎人心之向背。本朝以仁立國。以不嗜殺人為一天下之規。德澤旁流。淪肌浹髓。故雖屢經大變。而民心不搖。南渡以來百有餘歲。養兵之費用愈夥。取民之名色愈繁。勢幾極矣。陛下肆赦之旨纔下。蠲逋之令繼頒。傾耳德音。舉手加額。以此見人心愛戴陛下。可生可殺。而不可使為亂。孟子曰。得其民有道。得其心。斯得民矣。此二可幸也。由前三者而觀其可慮如彼。由後二者而觀其可幸如此。進言於陛下而曰如是亦足以已矣。不幾於諛陛下乎。夫天難諶。命靡常。則天心未足恃。民罔常懷。懷于有仁。則人心未可恃。此在陛下盡君道而已。夫所謂君道如之何其盡也。貴為天子。富有天下。一日二日萬幾。固不容以一端計。而天下之本在

國國之本在家。家之本在身。則斷可以一理求心術念慮之微而罔敢不正。則施之於事無不正矣。暗室屋漏之隱而罔或不謹。則見之於外無不謹矣。陛下英姿天縱。盛德日新。其於斯道固講明有素。然聖化之成本乎常久。躬行之實。初無止法。由格物致知充而至於治國平天下。大學之道。君道之本也。陛下固熟知之矣。然必朝思夕惟而後為盡君道。由正心正朝廷。極而至於遠近莫敢不一於正。董仲舒之說。君道之要也。陛下固優為之矣。然必終始如一。而後為盡君道。君道以務學為先。陛下延進儒臣日侍經幄。雖堯舜之稽古。商宗之師古。何以逾過。講說討論之餘。亦嘗體之於身。驗之於心矣乎。若猶未也。是務學之道未盡也。君道以聽言為急。陛下廣開言路。日覽奏篇。雖漢高帝之從諫。唐太宗之導人使諫。未足與比。犯顏逆耳之後。亦嘗痛自檃括。見之施行矣乎。若猶未也。是聽言之道未盡也。業

業致孝。必如舜而後盡事親之道。翼翼小心。必如文王而後盡事天之道。思天下之溺。必如禹。而後盡憂民之道。立賢無方。必如湯。而後盡用賢之道。泛而言之。吏稱職。民安業。而後理內之道盡。車馬修器械備。而後理外之道盡。條章品目。雖紛然不齊。而端本澄源。實自陛下一身始。此所當勉者一也。陛下而能盡是道也。則天心眷於上。人心應於下。道德之威日彊。仁義之效日著。有所弗為。為無不成。而何三事之足憂。陛下而或不能盡是道也。則天心久而釋。人情久而怠。法度漸弛。紀綱漸廢。有所弗動。動輒齟齬。而非特三變之可慮。臣一介踈賤。從下國來。未知朝廷事體。惟以耳目見聞之陋。肝膽披瀝之素。稽諸往古救之方。今僭為陛下陳之。陛下儻加之意焉。持之以有始。有卒。戒之以無怠無荒。日新而至於又新。不息而至於悠久。如是而家不齊。國不治。天下不平。四夷不賓。臣未之聞也。雖然。欲為君盡

君道。欲為臣盡臣道。天下至大也。萬幾至繁也。秉本執要固在人主。輔贊彌縫當在大臣。自古論治未有不以君臣並言者。孔子曰為君難為臣不易。書曰后克艱厥后臣克艱厥臣。蓋天下事每患乎以易心臨之。苟以為易。難將至矣。苟以為難。易斯至矣。知知為君之難也。則無輕民事無安厥位。乾乾終日。盡其所以為君之道。有一弗盡則此心弗遑。而君德修矣。如知為臣之不易也。則乃心王室。任重天下。戰戰臨淵。盡其所以為臣之道。有一弗盡。則此念弗置。而臣職舉矣。虞廷之賡歌有曰。元首明哉。股肱良哉。庶事康哉。此言君明臣良。則舉天下事皆得其安者也。又曰。元首叢脞哉。股肱惰哉。萬事墮哉。此言君失之叢脞。臣失之懈惰。則舉天下事未有不墮廢者也。臣不量愚陋。併誦此以為獻。惟陛下與二三大臣實圖之。天下幸甚。

鳴復又上奏曰。臣竊惟蜀之有關外四州。猶朝廷之有四蜀也。蜀據

上流。有四蜀而後朝廷重。四州介在關表。有四州而後蜀重。臣蜀人也。三仕餉外。伏見四州有合措置者。敢因對揚之頃為陛下陳之。其一曰復家計寨之舊。其二曰增忠勇軍之額。家計寨復。則老幼有保聚之地。而人心安。忠勇軍增。則州郡有守禦之備。而人心固。蜀之形勢以三關為險。隷于梁曰武休。隷于沔曰僊人。曰七方。而所謂階成岷鳳者越乎三關之外。今雖創天水為軍。而實則前日成州之一縣也。四州之有家計寨。曩時吳玠實為之。岷曰仇池。鳳曰秋防原。階曰楊家崖。成曰董家山。是四者皆有險可恃。有泉可飲。又為之糧以食為之屋以居。無事則寓于州。有事則歸于寨。自紹興以來。遵守不易七十餘載矣。曦變之後。此寨因廢。本路帥臣懼其無以守也。力請于朝。而城築之議遂起。故岷有城。鳳有城。河池亦有城。岷鳳之城是也。河池距殺金平三十里。咫尺天險。而亦城之。其城也。又隨築隨毀。則

徒費耳雖然此往事無以議為也臣獨以為州既有城而山遂無寨則城之所容者少民之所聚者衆是一城之外皆無駐足之地耳萬一有警不死於兵戈則斃於道路矣有城以禦一兇又有寨以保民則軍民兩利而人心自安官司顧何惜而不為哉蜀之守禦以四大將為要僊人之外曰成曰天水沔戎司主之七方之外曰階曰岷利副司主之武休之外曰鳳集興元戎司主之其金戎司則又各為一隅容通商虢蔽捍梁洋者也官軍之外而有土兵初以陝西弓箭手法籍民丁為之關外曰忠勇梁洋曰義士金州曰保勝其與京西之保捷大率相類可以攻可以戰以之而守尤效死弗去蓋有屋廬田業以係其志有妻子骨肉以堅其心其勢不盡力不止也臣往歲以犒軍至西和見其人品強勁技藝驍勇問其所管僅一千四百餘人此大郡也而其數止此皆成鳳可知也關外之產賦輕而役重民之願為兵也非以免賦蓋以免役也夫賦輕則官之所蠲者少役重則民之所利者多儻能因其俗而行之為之以漸持之以久則邊戍可減生券可罷古者寓兵於農之意不過如此戎司有官軍以捍敵州郡有兵民以捍城則聲勢益強而人心自固官司亦何憚而不為哉厥今強寇遠去殘虜僅蘇當外患怗息之時正內治修明之日原堡之增築戍卒之還也民生之勞徠安定任蜀之寄者亦次第施行矣如臣所建二議勢若緩而實急雖無一時可見之功而實有異日久安之勢推而廣之沿邊之地荒廢尚多若募民墾耕計口分授蠲其租賦藉以禦邊專意力行厥效自著凡臣所論大率為守蜀計也若夫用蜀以捲三秦用蜀以圖中原則有漢高帝諸葛亮舊規在惟陛下擇而行之

嗚復又上奏曰臣至愚極陋頃叨誤渠濫守金城竊見金之為郡最

係極邊上津一帶緊與商虢為鄰西城漢陰距長安不數百里郡之所仰以為根本者城也而城不足恃又所賴以為藩籬者關隘也而關隘亦不足多恃蓋金嘗有城矣城之外又有隄焉以捍水城方而小隄順而長各不相關涉也適歲帥臣有城築之請朝廷下城築之令一時任事者心乎欲速不暇審思由東而北因隄以增築而隄之上可以階而升由西而南飭舊以為新而新城之創修僅與隄接故城之形如舟焉如帶焉首尾不相應而其中受敵最為要害故曰不足恃金之關隘守以官軍雜以土豪星分棊布非不周密也然戎司所管僅八千餘兵耳在寨者十之六在邊者十之四遞疊更戍而土豪則於近邊之地役之夫以千餘里之邊封七十餘處之關隘而僅守之以數千之兵能保其無虞乎故曰不足多恃然則如之何孟子曰天時不如地利地利不如人和此言地雖有險而所以保其險者人也軍民雜處每有紛爭之患若軍民協一則斯有可用之勢嘉定己卯虜人從間道入寇踰鶻嶺破上津抵蜀口土豪全紹飛戰之於前統制張信擊之於後虜未出境而兩相忌嫉內自交攻紹飛不旋踵死而官軍之歸寨者半況于河遂起大獄此近事也往歲之冬韃兵至長安又至商洛縣殘虜之奔逆於境上者踵相接也臣與權都統吳彥深軫前槊同為榜黑戒諭軍民明夫守禦之方曉以利害之實使之併力防遏互相救援從則有賞違則有罰謀議既定人心頗安使後之主兵者皆如彥也是固可與共國事也萬有一不然平居冰炭之不侔則緩急胡越之相視兵自為兵民自為民其害將有不可勝言者臣嘗精思熟慮竊見沔陽雖為次邊最號衝要守以季總嘗假之以節制軍馬之名繼以田克憲又畀之以制司參議之職朝廷規畫之意蓋有在儻能推其用之於沔者以施之於金將見臂指一

身軍民一體。和協輯睦之實。無乖爭違異之虞。以守則固。以戰則
勝。其於邊防。不害實非小補。
嗚復又論執政無定見侍從多私情奏曰。臣不識忌諱。私竊妄謂今天
下未有久安之勢。而士大夫皆有幸安之心。此風不革。危亡之禍至
矣。韃之侵犯吾中國已幾十年。丁亥之變。至階文而反。三關當無恙
也。蜀以東未有警也。辛卯之變。西下大安。破利閬東趨金房。過襄漢
事勢已不能堪矣。然金猶未亡。韃特假道於我。志在金。不在我也。今
三邊皆與我為鄰。無金以牽制其肘。無黃河潼關以限隔其勢。先之
以和。和未定而挑之以戰。一變也。繼之以戰。戰不利而接之以和。再
變也。臣謂和不足恃。戰未可保。當以守備為急。凡所論奏。必切切然
及之。朝廷但見目前之無虞。而不知意外之可慮。是以虛度歲月。雖
變故遝來。而猶不之悟也。今日事勢。非曩時比矣。四蜀國之喉襟也。

虜若得志。蠶食殆盡。然後順流而東。則建鄴其勢矣。荊襄國之腰腹
也。虜若掩至。以輕兵綴城壘。重兵瞰江面。則常蛇中斷矣。其於兩淮
也亦然。此豈可以丁亥之抄掠。辛卯之經過。謂其倏來無足多慮也
哉。陛下一念通天。露香精禱。每論及邊事。必動容易色。聖心焦勞可
謂至矣。而宰執雖虛懷而無定見。侍從雖建議而多私情。以無定見
之規模。聽多私情之論議。無怪乎外患日滋。內勢日弱。而未有以大
慰天下之望也。且宰執以論道經邦為職者也。謂宜把握天下大勢。
使一令之出。一政之施。人心於焉感動。士氣於焉奮發。今朝以為然
暮忽以為不然。始以為可。俄復以為不可。群然聚議。莫知適從。卒之
賢否混殽。用舍倒置。經國若此。何以排大難。建大業哉。侍從以論思
獻納為事者也。正宜主持天下公論。使一議之建。一策之行。朝廷恃
以尊安。天下聞而悅服。今乘機薦引。率多親戚故舊之私。隨事獻替

每有黨同伐異之意。高談正理。滿腹私情。卒之似是以亂真。邪足以
奪正。謀國若此。何以安國家利社稷哉。不特此也。四郊多壘。甲兵之
閒日至。廟堂此何時也。而盛騶從之集。燕樂於天府者有之。輟湖山
之游。獻酬於公宇者有之。彼賊之狡謀。固已視吾中國衣冠為几上
肉。排牆之禍作矣。而如彼泉流。淪胥以敗。猶恬然不以動其心。曾謂
中國有人乎。天若祚宋。使兀朮褫魄於金平。逆亮游魂於采石。此固
萬世宗社之洪福。四海生靈之公願。然天意莫測。人事當修。非宰執
定其規模。侍從公其論議。舉有司百執事孜孜然以憂國為志。臣未
見其可也。今日之事急矣。臣不敢援引古今。藻繪章句。直書其所欲
言者以進。且不避形迹。不顧利害。蓋欲轉移士大夫苟安之習。相與
扶顛持危。使天下大器泰山其安而已。詞拙而情真。惟陛下省察。
嗚復又奏曰。臣近者獲覩右丞相喬行簡累陳奏劄。殊切事情。備韃

者十有五。目前所見者八。關於紀綱者一。切於近憂者三。譬切實須
當速行。謂兵也。更當增創措置。米禁。于以實邊備。團結保伍。于以捍
外寇。明久任之制。則有言。重考察之法。則有言。以至合江淮為一。或
開宣幕。或命督視。此尤關繫之最大者。使一一見之施行。轉弱為強。
易危為安。特一反掌之易耳。然臣撮其大要。思之復有所當講明者
二焉。蓋舉事而無其人。則事未必濟。辦事而無其財。則事未必成。進
退人才。宰相職也。通制國用。亦宰相事也。為相者能於是焉加意。則
如前所論。皆可次第而舉。不但著之空言矣。不然。臣猶未保其往也
且脩車馬。備器械。邊庭急務也。任非其人。則曰[illegible]雖出征。未嘗失一
人一騎也。曩雖驟退。未嘗亡一矢一鏃也。給言以相欺。而朝廷亦莫
[illegible]詰矣。實關隘。峙糗糧。邊境重事也。任非其人。則曰某處已遣戍矣。
不一。又其難守也。某處已饋運矣。不虞其不足矣。大言以相誑。而朝廷

亦莫可誰何矣。昔之謀帥者。必儲才以為緩急之代。今亡矣。成敗寄之一人耳。昔之禦邊者。必擇才以任牧守之寄。今亡矣。可否決之專閫耳。天下本無事也。自斯人猖狂妄作。經營分表。而國中始不靜矣。天下本無變也。自斯人互相疾視。激起事端。而境內始多故矣。五大在邊。動輒牽制乎。而欲舉行連章累牘之所陳。能使之捷如吾意乎。臣故謂舉事而無其人。則事未必濟。正慮此也。國家財用。養兵之費居多。慮淮交之太賤也。給以京楮。楮印而不已。亦將為淮交矣。慮湖會之太輕也。易以京楮。楮用而無節。亦將為湖會矣。古人制國用。必量入以為出。今生之者寡。食之者衆。未嘗制也。古者無三年之蓄曰國非其國。今倉廩俱竭。府庫悉空。未嘗蓄也。歲歲營繕。有損而無益。如漕司科降數百萬。見之獄案。秪以飽官吏之溪壑。他可知矣。歲歲和糴。多出而少收。如虞一飛關出四百五十萬。身在囹圄。竟不許有司

鞫勘。他可想矣。姦弊日滋。公私赤立。而欲悉行連章累牘之所奏。果能使之百廢具舉乎。臣故謂辦事而無其財。則事未必成。又慮此也。易帥於臨敵之時。兵家所忌。然帥才不可不儲也。是國於多事之日。智者所難。然國用不可不制也。或曰。人才之難。從古所病。試加搜索誰可屬大事者。嗟夫。何代不生才。用之則行。舍之則藏。惟患不求耳。韓信跨下一殍夫耳。因蕭何而奮。諸葛亮隆中一野叟耳。遇先主而起。張韓劉岳曷嘗借之異代。而自是以致中興之業。曾謂舉目無人。而遂聽其自為驕肆乎。或曰。國計之竭。尤今所難。曩嘗集議孰為策之良者。嗟夫。生財有大道。為之者疾。用之者舒。則財常足矣。文帝崇節儉。得絳灌佐之。而海內富。武帝好征伐。有衛霍蠹之。而海內虛矣。紹乾淳豈專仰之楮券。而自是以給一時之用。果謂搏手無策。而遂聽其自為頹壞乎。故必搜羅人才。使之足以供器使。而後臂指運動。無施而不宜。通制國用。使之足以濟事功。而後血氣周流。無往而不遂。奏篇之所議者數十端。而臣獨以二事撮其機要。臣非過為異論也。數十端者有司之職。二事者宰相之當務也。為相而能務其所當務。則執要可以御衆。執簡可以御繁。而天下無不治矣。言之狂愚。惟

陛下加察

歷代名臣奏議卷之九十九

經國

宋理宗時戶部尚書真德秀奏曰臣既以祈天永命之說為陛下獻矣區區愚忠未能自已輒復陳之叱者王師深入或者往往議朝廷之過舉臣獨有以識陛下之本心蠢茲女真殲我河洛逾百年矣厥罪貫盈天命勦之則九廟神靈所當慰安八陵兆域所當省謁揄安不振是以弱示敵撫機不發是以權予敵此陛下之本心也以名則正以義則順議者之言無乃過乎然昔之進取者必先立規二以為一定不移之計故十年生聚十年教訓者越句踐之規模也閉關息民務農講武三年而後出師者諸葛亮之規模也惟其規模既定確守不易凡二十三年之間非圖敵之事則不為故越師一出而吳不能支亮雖扼於強對亦能自保其國自嘉定四年冬始得韃

人圍燕之報有識之士知國家異日必與韃鄰既與之鄰不能無隙既與之隙必至交兵臣雖愚憒亦嘗屢言於朝使當是時便立一定之畫日夜而圖之如農之有畔如工商之有業則其家計之立也久矣何至遺陛下今日之憂耶而權臣苟安不為遠慮邊民凋耗而無以生聚邊兵脆弱而無以教訓農政不脩兵備不講而於其間繕官府以文太平受寶玉以侈符瑞欺愚上下以固已權陛下一朝聽政環顧內外無一可恃者平居支持猶懼未足況以之圖大事乎且用兵莫急於人才武將能否短長臣久在遠方未之詳也姑以文臣知兵威望已著者言之舉世所屬曾不數人以天下之大而其才可以當制閫者寥寥如此豈天不生才於今代耶高才自負者類多擯殘而沮喪中才可勉者未嘗長養以作成是以彫零蕭索若是極也昔仁宗時贒材最盛而歐陽脩猶曰今奔走四方惟一杜杞使脩在今日

又可勝歎乎夫古之用人必有副貳而祖宗故事儲帥材於監司今內而金陵荊鄂外而兩淮襄漢僅求充數已患乏人況於副貳乎以人材之乏臣是以憂進取之難也夫用兵莫急於軍食臣在嘉定中以使事至盱眙歸以告先帝曰間者自揚而之楚自楚而之盱眙經行所及凡數百里平疇沃壤極目亡際畫湖陂澤渺漭相連而田野之民又皆堅悍強忍亡吳兒驕脆之態迨久住邊城訪聞益審凡兩淮形勢之利如在目中然後喟然歎曰此天賜吾國以為大江之屏障使強兵足食為進取之資也今事變一新政吾更張規模之日謂宜及今亟行經理大脩墾田之政顯為一司以領之力本務農如周秦之用西土數年之後積貯充實邊民父子爭欲自保因其什伍勤以軍法不待糧餽皆為精兵金湯之勢成磐石之基立則退足以守進足以攻先帝首肯至于再三使權臣有意為國經營選用得人措

置有方不數年間可以坐收成効而所用守將大抵非材經理之方未嘗介意塞下之備蕩然亡有一旦舉兵方遠漕浙米以入江自江而入淮泝既久漕又須陸運其為勞費甚於登天以軍食之艱臣是以憂進取之難也夫此二難皆權臣玩愒之罪非今日措置之失今日適承其弊爾承三十年之弊欲整治之度非十年不能縱令勤敏兼倍亦非三數年不可以臣觀之此正諸葛亮閉關息民務農講武之時也願陛下亟與大臣籌之考亮行事而參之以時勢之宜立為規模確然不易其間因敵制變固有活法要當以收斂靠實為主外則張皇聲勢不為敵所輕內則嚴護本根不為敵所致臣雖愚憒然向為先帝言莫非恢拓之事今宜自渝素論我時措之宜聖賢所貴惟聖明裁擇

貼黃臣竊惟今日承權臣極弊之餘猶以和扁繼庸醫作壞之後

也。其證危。其力艱。若一藥之誤。至于害事。則人將以責和扁而不責庸醫也。是代為庸醫受責也。兢業戒謹。尤當百倍。惟陛下與大臣垂意。與其用猛狼之藥。不若施平穩之劑。臣所謂毋為敵所致者。蓋兵法有致人不致之說。王師之出。若狡虜有謀。縱令深入。然後據守險要。以扼吾之前。匿兵設伏。以衝吾之中。鈔絶餉道。以斷吾之後。則吾之進退。皆不為難。此其當慮者一。又或陽棄河南。若不甞者。或一年。或二三年。吾必大為經略之謀。移兵屯。運金穀。置官吏。繕城池。竭東南事力以填無窮之壑。俟吾經理之有緒。然後傾國而爭之。當是時。欲守則為力孔艱。欲棄則前功俱廢。此其當慮者二。又王師盡起。分據諸城。而内之守備必虛。萬一虜以輕兵綴吾諸城之戍。而經由他道。窺我三邊。其將還師以自救耶。抑姑堅守而勿顧耶。根本之重。豈容弗思。此其當慮者三。兵革一興。調度繁夥。公私之積。又極殫盡。不取之民。將焉從出。昔宋元嘉之政。寇于江左。而用兵曾未幾時。既令王公以下。至于富民。各致金帛之助。而料借之數。猥及僧尼。書之史冊。後以為笑。本朝宣和間。外内富盛。徒以燕山之役。令民出免夫錢。盜賊緣之而作。比年以來。民貧至骨。望朝更化。方事撫摩。常賦猶或蠲除。豈忍橫有科率。而外間所需。例下州縣。州縣何從取辦。不過責之於民。彫瘵之餘。豈堪朘削。臣昨守溫陵。見沿江制司行下收買藤麻。所至皆以為苦。近至三衢。又聞漕司行下收買楮皮。衢婺之民。不勝愁歎。夫藤麻楮皮細事。少加抑配。人已不堪。設或用兵連年。所須者廣。欲不為科斂。勢不可得。人窮好亂。奸宄乘之。憂在腹心。良非細故。此其當慮者四。劉裕伐燕。孟昶實贊其決。裕既北向。内地空虛。盧循徐道覆之謀。猶豫久之。晉得為備。幸而破賊。豈曰成謀。前事之

師。未容不鑑。此其當慮者五。以前二難。并此五慮。臣是以輒獻收斂龍實之言。惟陛下察臣之忠而非苟異者。明良會聚。早定大計。臣不勝懇懇效忠之至。

參知政事兼知樞密院事喬行簡上疏曰。八陵有可朝之路。中原有可復之機。以大有為之資。當可有為之會。則事之有成。固可坐而策也。臣不憂師出之無功。而憂事力之不可繼。有功而至於不可繼。則其憂深矣。夫自古英君。必先治内而後治外。陛下視今日之内治。其已舉乎。其未舉乎。向未攬權之前。其敝凡幾。今既親政之後。其已更新者凡幾。欲用君子。則其志未盡伸。欲去小人。則其心未盡革。上有勵精更始之意。而士大夫之苟且不務任責者自若。朝廷有禁包苴戒貪墨之令。而州縣之黷貨不知盈厭者自如。欲行楮令。則外郡之新券雖低價而莫售。欲平物價。則京師之百貨視舊直而不殊。紀綱法度。多頹弛而未張。賞刑號令。皆玩視而不肅。此皆陛下國内之臣子。猶令之而未從。作之而不應。乃欲闔闢乾坤。混一區宇。制禦雄而析戎狄。其能盡如吾意乎。此臣之所憂者一也。自古帝王。欲用其民者。必先得其心以為根本。數十年來。上下皆懷利以相接。而不知有所謂義。民方憾於守令。緩急豈有效死勿去之人。卒不愛其將校。臨陳豈有奮勇直前之士。蓄怨含憤。積於平日。見難則避。遇敵則奔。惟利是顧。皇恤其他。人心如此。陛下曾未有以轉移固結之。遽欲驅之北鄉。從事於鋒鏑。忠義之心。何由而發。況乎境内之民。困於州縣之貪刻。阨於勢家之兼并。飢寒之氓。常欲乘時而報怨。茶鹽之寇。常欲伺間而竊發。蕭墻之憂。凜未可保。萬一兵興於外。綴於強敵而不得休。潢池赤子。復有如江閩東浙之事。其將柰何。夫民至愚而不可忽。内郡武備單弱。民之所素易也。往時江閩東浙之寇。皆藉邊兵以制

之今此曹猶多竄伏山谷窺伺田里彼知朝廷方有事於北方其勢不能以相及寧不又動其姦心此臣之所憂者二也自古英君規恢進取必須選將練兵豐財足食然後舉事今邊面遼闊出師非止一塗陛下之將足當一面者幾人勇而能鬬者幾人智而善謀者幾人非屈指得二三十輩恐不足以備驅馳陛下之兵能戰者幾萬分道而趨京洛者幾萬留屯而守淮襄者幾萬非按籍得二三十萬衆不足以事進取借曰帥臣威望素著以意氣招徠以功賞激勸推擇行伍即可為將接納降附即可為兵臣實未知錢糧之所從出也興師十萬日費千金千里餽糧士有飢色今之餽餉累日不已至於累月累月不已至于累歲不知累幾千金而後可以供其費也今百姓多垂罄之室州縣多赤立之帑大軍一動厥費多端其將何以給之今陛下不愛金幣以應邊臣之求可一而不可再可再而不可三再三

奏議卷之一百　五

之後兵事未已欲中輟則廢前功欲勉強則無事力國既不足民亦不堪臣恐北方未可圖而南方已先騷動矣中原蹂踐之餘所在空曠縱使東南有米可運然道里遼遠寧免乏絕由淮而進縱有河渠可通寧無盜賊邀取之患由襄而進必須負載三十鍾而致一石亦恐未必能達若頓師千里之外糧道不繼當此之時孫吳為謀主韓彭為兵帥亦恐無以為策他日糧運不繼進退不能必勞聖慮此臣之所憂者三也願陛下堅持聖意定為國論以絕紛紛之說

監察御史吳昌裔論蜀變四事狀曰臣蜀人也每恨三十年間蜀有危證而遠不得聞聞亦不實今臣冒當言責用敢痛哭流涕為陛下悉言之議者皆曰蜀經三變一敗而失四堡者董居誼之罪也二敗而棄五州者鄭損之罪也三敗而委三關者桂如淵之罪也彼三人者職為厲階固不勝誅矣然前車已覆後車不戒徒知追咎於既往不校變通於將來綢繆之牖不密而田甫田洒掃之戶不除而營分表北納十三州之款西結十八族之謀家計不牢狄難已至於是掠成破鳳殲沔燬梁金洋階文悉為蹂藉緜以外骸骨相枕緜以內室家靡寧居者荷檐而去仕者浮家而下視昔日之變尤極其慘使非青原孤注綴虜之後三泉重屯振虜之前成都援兵應援于中則橫決潰流蜀將莽為墟矣嗚呼力疲者弛擔手亂者更局今虜騎稍退之際正吾國用暇之時所當緊作措置密為隄備其可曰仍舊習虛老歲時而遂使蜀成不可療之疾哉臣采之公言摻之愚見謹條四事以裨一覽其一曰實規模自昔蜀之所恃專在天險昭烈歛衆拒險而老瞞遁王平實圍守險而曹爽還蕭懿立柵據險而元英走中興諸臣率承此制蓋以敵騎我步敵衆我寡平原曠野易於衝突高山峻谷難於仰攻頓兵於萬全之地則勝致敵於坦平之處則敗且

奏議卷之一百　六

以近事言之趙彥吶屯駐青野曹友聞控扼大安是據險而守要者也張慶敗于河池何璘退于北谷是舍險而入平者也今土地日蹙事力日窮秦鞏之交不沮自止莫若經理要害收歛規模分責武臣畫地而守如紹興間吳璘在沔楊政在漢郭浩在金皆以戎司兼安撫使有軍市之租以自饒有坊場之利以自富或立家寨或營屯田或遣正兵以守重關或調義士以防支徑不拘文法而責以事功其大安一屯卻令副戎分守虜擊東則漢軍當之擊西則沔戎當之東西受敵則以大安所屯應之制閫畫護於益昌土豪列置於五郡待其托裹牢密有備無患遲以一二年後而復還承平舊規未為失計也其二曰審功賞兵法曰賞不踰時所以砥礪戰士也然賞不當功則下輕上爵臣每見李綱諸臣論崇觀以來功賞謂隕身鋒鏑之下而不蒙卹贈竄名權要之門而反被優恩朱勔子壻未嘗從軍而受

上賞劉延慶帳丁望風先潰而犒銀絹賞典太濫臣竊嘆之近聞蜀之第功亦有此弊麻仲之歿十年而徼賞方下田遂之殞六載而幽邮未行李冲李寔嬰城死守而恩僅及於兩階楊杞呼延域力戰陷陣而爵不踰於一級甚至何進孤軍之忠義陳寅舉家之功節精爽若存而恩榮未稱往往與棄城僨事者同科人皆以是歸咎朝廷報功之太遲而不知端坐外閫上功之不實也大抵功賞之不實有四以賄賂為重輕則不實以親故為高下則不實以傔屬充將領則不實以廝役廁行伍則不實有此四失而又有徇情媢功之患焉鸛嶺關之捷或謂逐飢虜耳而幕府上功超陞三級花石峽之戰實則三總管耳而帳前喝犒晉轉七官軍紀不章倘以示勸臣恐自茲退虜之賞平賊之功或以強親愛將充之則愈不得平矣臣謂莫若審札副閫詳酌等差有首功顯著者即日保明來上或輕重不同者限半月審

核以聞仍自朝廷之上專置賞功一司以時放行計程遞發使有家者從官給付無後者名親屬繼絕如此而軍心不悅天命不昭未之有也其三曰討軍實蜀之軍籍消耗甚矣在璘玠時元以十萬為額逆曦一變而逃亡僅餘八萬張莫再亂而消折不滿七萬辛卯以後戰潰尤多東軍最弱最先潰摧踏最勁繼亦潰背嵬選鋒最守紀律又創潰豈前日諸軍利禦寇而今乃利為寇耶茅簷葦屋暑蒸寒凍而兵寨窮蛀麥糙米沙雜水拌而兵食窮破縵敗絮襟捉肘見而兵衣窮平時口啖無以為生脫或臨陣而責其效死難矣哉諸葛亮曰臣到漢中朞年矣喪曲長屯將七十餘人散騎武騎一千餘人古人於軍實幾若無日不討其數而申儆之今兵籍之散者亡者傷衰者詭冒者臣不知其幾矣核實料簡莫易此時謂宜勑分閫之臣與總戎之將取見正軍見在之數而以良家忠義足之稍復七萬人之額

撥為三大屯之備仍與時其廩給優其衣賜營其寨柵還其老小無使有飢寒內顧之憂萬一狃舊畏敵先奔則用吳玠青谿之法必誅毋赦彼昕前則知畏傾後則知畏自今蜀軍誰有不用命者哉其四曰儲帥材臣讀國史竊見孝宗皇帝嘗詔蜀去行都萬里人材豫當儲蓄以備緩急令侍從臺諫各舉忠慤明敏之士周知蜀利害者為都轉運使繼又因廷臣之請諭宰執令於從臣中擇一二人可備制置使之用者為安撫使蓋蜀之帥閫實任六十州安危或有疾病危急必自朝廷除授動經年歲始克到官一去一來之間至為利害之決我孝宗所以留意都漕路帥者皆欲以為制使之儲也矧今事會搶攘人情震蕩如去年帥在原上數月信息不通或欲從中臨遣則以為緩不及事或欲就近選差則未能盡厭人言迫不得已至有衆建便宜而漫差撫諭者帥才不儲其弊至此雖幸虜自退會帥已下原

然四年驅馳者常抱玉關人老之嘆十連置副者屢上金城乞骸之章若非宿儲豫蓄參錯布置求所以為翰代者則倉卒臨事何以應手乎天生一世人才自足供一世用老成之凋固多後來之俊亦不弱蓋有班近星纏而風力著聞者牟刺竹泉而志節慷慨者王遂也舊鎮荊州而得江湖心者父帥靜江而有牧禦才者咸謂其人可當方面陛下倘仰法孝廟宣諭大臣遴選詳人分遣使蜀除以三路連帥或為大藩守臣如張浚召而盧法原自夔帥來吳璘卒而汪應辰以成都帥至取之近地用以顯征其視萬里之遙至自一年之後者蓋有間矣凡臣所陳四事雖無驚異可喜之論並皆着實可行之言蜀人未嘗不言而牽於私情言之不盡朝廷未嘗不行而忽於踈遠行之不力臣懇懇款款不厭於言者蓋以民生之不易禍至之無日不敢欺君上而負父母之邦也臣恐一己之智猶有未周欲乞如洪

漑典故令蜀士之在朝者公共聞奏毋以書問蹤密而移其毀譽毋以親讎厚薄而岐其愛憎破拘攣之說撤私吝之見各盡至公血誠以救鄉國仍乞陛下諭二三大臣精擇而力行之則蜀雖剥爛之後尚有復平之期也不然衣袽未戒而虜突再來譬彼捜葚將不知所寄矣臣不勝拳拳

昌裔又論蜀事催王遂入蜀狀曰臣近者輒上奏章言蜀邊事首條四策次論三人並皆罄竭心思參伍聞見蓄之既久而後奏陳不敢傾卹人情欺罔天聽伏蒙陛下特采臣言命王遂以帥成都除楊伯雨以總餉事臣與蜀人聞之感至欲泣何者蜀在萬里之外常有遐遺之憂今乃睠西顧如在畿邑此聖人不泄邇不忘遠之盛心也但臣論事一劄幾千百言對證處方乃救蜀之砭劑而側聽累日未見施行豈陛下留中而未曾付出耶抑既付外而大臣不以衞慮耶遂既委以兩事即合亟令陛辭趣其蹉程前去庶早到一日則有一日之備而巽函屢上內引無期臣恐夏潦一生秋風一起虜騎突至而戎車莫前則是雖臨遣帥臣而無益于事也總計既已改畀伯雨即合下臣前章俾令疾速之任庶可點磨錢物以備急缺支用今伯雨既除而癸仲未聞顯黜臣恐舊者幸脫新者控辭過時失糴軍食之興則其徒黨必將諉責於易總之非計也臣竊詳遂之遲遲其行者必以專閫勞勣或有易置之疑癸仲之悠悠議罰者必以上下交結曲為回護之地所以言者愈急而聽者愈緩蜀民之痛不啻頃刻千古而朝廷所行視為闊慢常程臣竊惑焉臣近聞韃虜破階窺文欲為幹腹深入之計又攻打蕃族徑為間道取蜀之謀姦計日深人危不保得制副丁黼書云蜀人所以助錢助粮者只買一箇不左衽又成都憲張起良書云西州助軍錢百以上萬緡十餘萬且為一路人請命觀此事勢直可寒心若或顧惜顏情互持意見以將危將亡之疾證而作不緊不切之治療將恐貪斷膂絶神離本僵蜀之命脉不至大斃不止也臣憂切家國用敢重瀆聰明欲望聖慈特紓憂顧亟將臣所陳四事宣示二三大臣或行下帥梱令作緊措置早賜遂以內引促其入蜀之期併付伯雨以點磨亟求裕蜀之策所有癸仲乞賜鐫職罷黜以慰蜀人公望臣盡言及此追卹其他謹錄奏聞伏候勅旨

昌裔又論今日病勢六事狀曰臣嘗端居深念細察天下之脉以為方今病勢有積慮之證三瀕危之證二垂亡之證一若其他隨部而換形者難徧以蹤舉今之醫者例曰脉細而氣虛者補脉大而形危者平遂變證以治療而不窮本原以理之至於沉頓促急則諉曰無方藥可為也其不幾於護晉侯之疾而却秦緩之醫哉不信仁賢則國空虛言國以賢者為精神也往者趣召故老旁招時髦雲聚于朝咸謂必成雨矣閱時未久氣數復離有甫參政路而以殄瘁告者有俾班資殿而以鄉郡歸者有不拜從橐而奉祠還里者有不受美官而引疾卧家者甚至海濱忠清之老屢詔而不來臺省挺直之彥捐繼而引去吏化所召其留幾何縱有一二留者又皆愁病沮抑而各有遐心既不能退又不能遂此何等氣象而見於盛時耶無三年之蓄曰國非其國言國以貨實為根本也往者三京之役邊儲一空收拾之令幣金盡耗已事邈往不可復追若能省嗇而用之尚可思補也柰何事變錯出征費無窮督視之行緡以七百萬計襄梱之犒賞以五百萬計沿江命帥以三百萬計諸將招軍以二百萬計蜀中撫諭亦以一百萬計一兵之遣一鏹之支皆仰朝廷不可枚數而況三總經費拜降非時諸路和糴予本不繼行齎居送在在枵然脫有方

千里之旱。又何以供餽乎。兵不精利。與空手同。甲不堅密。與袒裼同。古人無日不討軍實而申儆之也。今士馬物故。符籍單虛。成淮之兵殲於戰。防江之兵死於叛。荆楚壯士。十喪七八。山西勁卒。纔僅三萬。所招新軍。率皆烏合。而倚為捍衛者。一皆狼子野心。加以器甲朽戈矛鈍。蒙衝海鰍。舊制不存。蒺藜拒馬。古法不講。銳首擊刺之不利。克敵年力之不強。凡中國長技。恬不之習。是不幾於以卒予敵乎。此臣所謂積虛之證三也。韃寇深入。譬之外邪。先侵蜀道。九郡丘墟。繼犯京湖。十州疲敝。焚燬我室廬。劉我民野。無炊煙。路有宛骨。心者河南投拜之后。秦鞏羈縻之酋。皆假韃名。交闖吾圍。敵來而不知。備賊去而不知襲。方且泛泛條具。悠悠歲時。議恢拓。則信喜功之人。謀歛戍。則靠求成之士。蹙國者無所承而退。開疆者無所稟而行。持敬漫不決之謀。而欲當飄忽難制之虜。臣恐今年所憂又有重於去年矣。蠢

賊內訌。比之惡疾。蜀口四戎司之兵。遇敵輒潰。京西五州之叛。見聞竊起。摧鋒踏白。向利禦寇。而今乃為寇。克敵忠衛。昔為王民。而今乃殘民。近者浙江盜寇。又見告矣。長蛇封豕。荐食四陲。而飢虎餓狼。乃為蕭墻之禍如此。招撫以柔之。則長亂。剪伐以威之。則蹙本。若夫往來不閔。而縱其橫行。至以國家諸位之官而加叛服不常之將。豈所以慴天下哉。此臣所謂瀕危之證二也。然而外患雖危。內寇雖迫。有民與守。則危可安也。迫可舒也。今內外諸事。一切受病。惟有民氣。纔息尚存。然數年以來。斲而喪之者亦多矣。六月征伐而困兩淮之民。連年科調而困四川之民。兩州歸附而困京西之民。十乘征行而困沿江之民。舟船結籠而困沿海之民。濠梁浚築而困荆湖之民。稅畝折納而困江湖閩浙之民。朝廷政令不詳審以遷行。州縣姦貪又夤緣以為利。故有朘民之膏以進羨。剝下之膚以覬遷。苞苴之禁漸寬

寵賂之風復熾。自是牧養無良吏。而田里皆疲氓矣。嗚呼。國事蠢急。民心愈危。今又以貪吏行暴令而速之。將恐瓦解之禍立至。不特阽危而已。此臣所謂垂亡之證一也。臣嘗讀國史。竊見靖康初李綱以時望居省府。楊時以舊學居諫垣。許翰以耆德為中司。胡安國以經術為右掖。崔鶠李光余應求以直道為臺諫。种師道劉韐宗澤以威重為將帥。一時人才。不可謂之不聚。京師兵十餘萬。諸道兵二十萬。河南北兵二十九萬。河東北保甲三十五萬。延豐倉積粟四十萬碩。天駟監戰馬二萬疋。宣摑造車千餘兩。京師棄砲五百座。衲襖棕衫之屬。一一皆有樁管。則兵儲不可謂之不豐。然常勝義勝舉軍迎降。宗維宗傑。分道入寇。河氷一渡。而中土橫潰。遂不可支。是豈醜虜叛卒果善戰耶。蓋自花石綱之擾。而江淮之民怨。造作局之置。而二浙之民怨。輸燕山米。而兩河之民怨。科免夫錢。而諸路之民怨。本實先撥

人搖不寧。其所由來。非一日之故矣。今陛下更化顛治。將有意乎元祐之盛。而天下事變膠轕。不幸而近類宣靖之時。安危樂亡。直可凜凜。臣謂藥不瞑眩。不足以起沉痾。醫不倉扁。不足以弭外邪。欲望陛下去讒遠色。以扶植人才。克己節用。以變養邪本。罷營繕土木之費。專以修車備器為事。省閑慢文書之務。一以備邊禦寇為急。而又君臣上下。兢兢業業。日以小民祈天永命為心。凡中外蠹國害民之政。一切寢罷。如此。則可以回天怒而銷妖祲矣。謹錄奏聞。伏候勅旨。

貼黃。臣竊見履畝之令。朝廷不得已而行之。使行之而有益於楮猶可為也。今令行已久。而楮價不增。則是敝弊果何益乎。臣訪聞畿輔之間。中戶盡數已納。而大家往往幸免。州縣長吏不惟不能體朝廷之意。而反以旁緣為私。故有促辦催入而久不解者。又有那移他使而規自利者。於不得已之中。為甚無已之政。

此則汙暴之責。民其何以堪乎。臣願陛下明降睿旨。截自住催。使六路之民。戶知德意。其有守令占吝不以實上者。各許本路監司覺察以聞。庶幾吏姦可戢。民氣可伸。實非小補。

昌裔又論朝廷重輕狀曰。臣聞朝廷者天下之榦也。朝廷重則天下治。朝廷輕則天下危。天下之安危治忽。不在乎他。在乎朝廷之輕重而已矣。木之身正。然後枝葉所附以立。人之表端。然後支體所依以行。朝廷之榦強。然後郡縣邊鄙所恃以無恐。表著宗仰之地不先正固立事。而欲以運掉天下。難矣哉。近世以來。則榦弱本顛。而積輕甚矣。盜賊內訌。襄樊失據。封守之臣。何所承王命而遁。偏師出境。當未歸疆。北伐之將。何所稟朝筭而行。自山以南。漢為重。為帥者以何而退也。漢東之國。隨為大。為守者以何而徙治。此帥守之輕朝廷也。鄂州戎司。節制於沿江舊矣。而懷異志者。敢以公檄而數制臣之罪。金陵騎帥共事於齊安久矣。而起攘心者。至以文榜而聲帥閫之非。救襄旐將。留以總戎重事也。乃不俟命而歸淮東。防海舊戎。檄以赴闕厚恩也。乃不受令而趨海道。此邊將之輕朝廷也。以債軍而論衡者。乃造屋於武昌。以殲民而竄永者。乃管軍於荊渚。丹書未雪者。已經營幕府之辟。彈墨未乾者。或僥覬麾節之求。此官吏之輕朝廷也。禁營之卒。屢出詐語以撼都人。江上之軍。時肆讙言以譁府寺。興沔戰散之士。以衣糧而罪狀總所。文龍招收之兵。以調遣而抗拒制司。此士卒之輕朝廷也。甚至窺隙而爭。見間而起。盜賊有輕王官之心。戰者自戰。和者自和。夷狄有輕疆吏之心。積此衆輕。牢為一病。務相遵養。苟度歲時。此豈可不反其本哉。朝有耆艾魁壘之士。則咸望重。有諫諍輔拂之臣。則紀綱重。禮樂政刑自天子出。則國體重。廢置予奪以王柄馭。則主勢重。令者國之重器。審重則君尊國安。兵者國之重

權。居重則本大末小。戰守持重。不以輕試。則天下無殘民。名器謹重。不以輕授。則朝廷無倖位。兩河削地。宜以裴度處置得宜。三鎮革心。專以德裕戒敕有體。是朝政之重在輔相。否則朝廷亡人而為賊亂所輕矣。汲黯面折廷諍。而淮南畏。李勉不避彈劾。而朝廷尊。是國法之重在臺諫。否則國家失士而為天下所輕矣。宿衛倡亂。而朝廷不復窮治。故高歡還而結客。政刑廢弛。安知非所以啓姦萌。藩臣遣朝。而朝廷事柄不一。故從諫歸而益驕。事權錯出。安知非所以滋亂象。朝有變色之言。則下有爭鬭之患。號令數改。則君命輕矣。上有自專之吉。則下有不遜之人。政事獨運。則主威奪矣。上有克勝之佐。則下有傷害之心。佳兵弗已。則國危矣。上有好利之臣。則下有盜竊之民。惟賄是聞。則民散矣。臣竊謂朝廷者先皇帝之朝廷也。若使下之奸上。小之加大。士卒之陵主帥。匹夫之輕量大臣。皆非所以慴天下而尊朝廷也。陛下若能審於立國。而戒臣之所謂六輕。強於為善。而取臣之所謂八重。以此而責廟堂。以此而勵臺諫。又以此而儆內外遠近之臣。有德必進。不任職必退。名器必謹。政刑必清。威權號令必肅。使狙詐有所憚而服。夷狄無所侮而動。則國家尊安。廟社深固。危於綴旒之天下。將復重於九鼎大呂。惟陛下暴臣此章於國中。而與二三大臣亟圖之。

昌裔又論救蜀四事疏曰。臣竊惟蜀寇深矣。蜀禍慘矣。以藝祖蕩平之境土。而今被天下莫強之寇。以高宗涵育之人民。而今遭振古所無之禍。紹定辛卯。虜闖利閬。利閬以外。本實未盡撥也。端平乙未。虜侵漢沔。漢沔以內。生聚未盡空也。迨至去冬。其禍慘甚。蓋自越三關。破三泉。摧利擣閬。窺文撓巴。而利路虛矣。嬾潼遂殘果。合。來道懷安。歸擊廣安。而東州震矣。屠成都。焚眉州。蹂踐邛蜀彭漢簡池永康。而

西州之人十喪七八矣毒重慶下涪陵掃蕩忠萬雲安梁山開達而夔峽之郡縣僅存四五矣又況虜所不到之地悉遭訌潰之擾民假為潰潰假為韃而真韃之兵往往借我軍之衣裝旗號愚民耳目而卒屠之蓋雖荒郊絕島之間無一處而不被燎原沸鼎之毒也今韋虜兵自退境土漸歸將士乘時皆以捷至然昔之通都大邑今為瓦礫之場昔之沃壤奧區今為膏血之野青煙彌路白骨成丘哀恫貫心瘡痛滿目譬如人之一身命脈垂絕形神俱離僅存一縷之氣息而已陛下乃睠西顧不忘遠民首命樞臣肇建宣梱取一國之望而用之可謂得其人矣然竊惟西事壞爛之極賊氣未撲江路未清庚置愆期宣梱悠悠未聞被受但得之親友書問咸謂三邊虔劉遺黎殲盡而幾於無民諸郡殘破公私赤立而幾於無財軍伍逃亡率皆為虜向導而至於無兵農業轉徙不得以時耕耨而至於無糧以蕩然虛空之事力而當倏然飄忽之虜寇雖百亮復生不能為蜀計矣若非朝廷速調援兵多給軍實大明黜陟通暢事情如藝祖取蜀之規模高宗保蜀之調度遴急經理以捄顛危則秋深路熟哨騎再來是亦坐待其斃而已臣猥以書生不識時務誤蒙恩命俾贊軍籌凡軍旅之事不可踰度經理綜察當從其長而行惟事關于朝廷而脉絡相貫者敢代陛望為陛下言謹具條列于後

一蜀兵舊以十萬為額盡皆關陜五路勁軍中興諸將以抗金虜而護蜀門者此也開禧之變招填僅及八萬己卯之潰消折不滿七萬端平以後戰散尤多臣參以前年所閱止有三萬之數迨今去冬虜騎深入則亦籍散亡愈不可考矣或望風退走而奔竄於巴山或遇敵奔潰而衝突於內郡有假韃裝束而摽掠於民財有為虜向導而焚燬於仕族大率軍心盡壞已非一日不潰則叛不叛則降紀律蕩然而幾不能軍也嗚呼國家百年竭蜀膏血以養兵今也不能為國禦寇而反資敵為寇非所謂困民力以養亂耶竊觀昔之帥蜀者當軍政敗壞之後則必取諸道之生兵制一方之死命如李德裕以安定軍來溫造以河中軍來高駢以天平軍來我之中權力渾氣盛所以驕兵悍將莫不膽寒於心腹况今蜀之兵籍寥落無幾而一二存者又皆罷為宂冗則欲制此患其可無本領以勝之乎竊惟高宗之遣張浚宣撫川陝也付以親兵千五百人騎三百及八字一軍以從而諸將如劉錫趙哲王彥皆在浚軍時東南事勢非不孔棘而猶且那摘調遣者蓋以重上流之勢陛下既以命浚之事而命臺矣欲乞參稽典故於江淮荊鄂撥一萬兵往援西蜀以聰宣梱節制則威聲聳動勝氣畢張遺民必曰有天兵來人心可恃以無恐矣諸軍必曰有外兵至吾屬不可以陵梁矣此最捄蜀第一議欲乞睿斷施行

一蜀中財用之困始於炎興在趙開時歲收三千三百四十二萬而所支之數乃多五十二萬有奇在李迨時增收三千六百六十七萬而終歲所出又多一百六十二萬自是而後入少出多調度轉急臣嘗以紹定一歲之數計之所收二千四百九十二萬餘緡已減紹興所入之一所支五千一十六萬三千餘引乃過紹興增支之半前後總餉卒坐之興無以二千五百二十四萬之數仰給朝廷料降不啻如赤子之仰哺此蜀賦本末也今向虜騎深入根本盡竭又非前日比矣制總兩司之積蕩於閬州茗漕帥司之藏截於廣郡而公府之財皆空富家中產之金帛席卷於寇都鄙郊邑之窖藏焚棄於盜而私室之民力空最

可痛者沃野千里蕩然無民離居四方靡有定所耕疇不闢堰務不脩秋不得收春不得種不知兵食將何時辦軍費將於何取給耶有人此有土有土此有財未有無人而有財用者也蜀之所產者茶鹽今道殣相望何有乎食用之家蜀人所仰者酒稅今商旅不行何有乎征榷之利經常調度無一可以指擬而況經理殘破去處費用百出欲以赤手取辦抑亦難矣昔趙鼎之為宣撫也乞錢七百萬緡度牒二萬道師號二千五百道金帶二十條絹三萬疋米二萬石當全蜀富實之時而朝廷撥助宣司猶且優厚如此況今事勢築底措手極難若非朝廷於常年科降之外檢照紹興舊比特捐內帑金帛千萬餘緡以為臣臺建閫之費併撥荊湖米數十萬石以為今年餉師之用將恐財竭兵飢米盡人散而蜀事去矣此又捄蜀急切之務乞陛下

諭二三大臣速賜施行

一賞罰者國之綱紀也蜀遠朝廷人心易墮必資刑賞興起精神張浚之宣撫川陝也應有功績合推恩賞必關宣司審實給告胡世將之盡護蜀帥也如遇黜陟待報不及許以一面便宜施行賞罰信而事權專所以役使群動而說濟艱難者此也近年事體與此相違僨軍棄城者以有貲而罰不加伏節死義者以無力而功不錄猥冗廝役者得以掛名而僥倖親冒矢石者反以覆實而沮格黜陟無紀功過不分所以虜騎一來將士解體少有為國用命者且以近事言之如耄帥之棄師喪地兜童之撓政酷刑狂士之行賕罔上見於臺諫所抨其罪彰彰有不容掩者方且覆護不加顯黜何以慰百萬之生靈正戎之歿於劫寨副戎之隕於守隘制參之死於城郭封疆見於諸處所報其功僥倖有不容民者方且遲疑未行優卹何以勵三軍之死士今蜀大亂之後當以誅賞為先欲乞朝廷大明公道望風退走者雖未盡誅而衆所怨歸者亦合先議謫罰隕身鋒鏑者雖未盡錄而死節之明著者亦合亟用褒嘉命德討罪務合天理以收渙散之心或如李綱所請置賞功一司專令樞屬兼領其事如冒賞不實許告推治遇敵不戰按法必誅別立約束行下則士未有不感奮者此亦轉移蜀事之機括也

一郵傳軍中之耳目也蜀遠萬里叫呼難聞全藉置郵以通氣脈故吳玠之宣撫川陝置軍期遞凡有警報不過十八日可聞於朝廷丘崈之制置成都創擺鋪遞凡有奏請不過三十五日可徹於都下所以軍情達而民隱伸壅蔽通而報應速也近年以來舊規寖廢軍中之遞不以報邊警而但為交賄之驛川中之

遞不以通脈絡而徒為寄書之郵甚至以游士為承受以幹僕為通進事勢稍急則曲為覆護而不使衆聞私書未辦則動多稽留而不以時發不知軍事呼吸之間有凶有危朝廷應報之際宜夙宜急豈可以軍中之耳目而徇人情之私計哉然此特在外之郵傳然也御前金牌向者半月到川今則往往幾月而不至夔門客院雌黃牌向者兩旬至蜀今則往往三月而不達諸郡差除之所以壅滯應報之所以稽遲科降之所以愆期功賞之所以沮難上下痞隔而日月淹延皆氣脈之不通然也臣願陛下留意西事選郵傳於奏邸而勿使私人得以執報發之柄考郵置於客院而勿使諸吏得以愆報發之期又如淳熙間帥臣所請欲以都司官知首尾者專一人報應蜀事凡申請辟差並許畫時擬行此亦通導血脈之樞要也

右件四事並皆至切至急之務故臣晝夜思慮首進此說而又有事之綱領在於德意志慮者敢為陛下終言之自昔多難之後必有詔令以鼓舞人心如張浚之遣行既親書詔揚之便宜黜陟又有詔賜川陜官吏軍民胡世將之建帥既以親筆賜之者四又有詔戒飭將士者二君臣之間叙情閔勞如父詔子恩意無間所以二臣感奮三軍鼓動幷謀合智訖濟中興之功蓋有忱辭實意以感人也況今蜀變之餘痛猶未定授仕之帥擔荷極難所宜仰體紹興德音內出一紙一諭蜀之子弟又宜仰遵高宗手詔親洒宸翰以付宣帥之臣蠲租薄賦以業流徙埋胔掩骼以仁死喪貸牛借種以勸耕農錄善䘏孤以繼絕世生聚教訓還定撫摩少須過冬虜不再至則蜀雖盡壞剝爛之極尚有否傾後存之理也惟陛下與二三大臣亟圖之

貼黃臣竊見仁宗嘗御延英謂講官曰程琳心行不中時王洙侍讀聞之然上性寬厚琳後竟至政府蓋仁宗無宿怒也又見孝宗御朝嘗指周必大曰此人反覆時宰陳應誠進擬聞之然聖度恢廣必大竟蒙柄用蓋孝宗能忘人之過也人臣事君各盡職分一時雖被震怒而終至簡眷不衰者豈有他哉君譬則天也譬則父也為人為子雖有過誤在天與親不無譴責然事定則止理久則回豈終於怒而不解釋哉臣謂朝廷犯顏敢諫之臣即他日伏節死義之臣也更乞以天地父母為心仁祖孝宗為法培養扶持以壽氣脈不勝幸甚

起居舍人兼侍講牟子才上疏曰臣聞蜀猶一大棊枰也論蜀於今日將有垂亡之形則救蜀於今日當有急切之着亡形具而無急着以救之則亦亡而已矣蜀與吳相為存亡者也蜀亡吳亦豈能獨存然蜀亡形已具其可坐視無一着以活之乎且漢中前瞰米倉後蔽石穴左接華陽黑水之壤右通陰平秦隴之墟黃權以為蜀之股肱楊洪以為蜀之咽喉四嶽三塗皆不及也今為敵所據則亡形成而入捋手矣益昌之南陸走劍而外東西川在焉水走閬果而去適夔峽焉西則連文龍二州東則會集壁諸郡而烏龍梧栢又在其前歐陽詹以為九州之險司馬光以為秦蜀之衝四會五達不可失也今為汪雖所城則亡形具而人寒心矣夫有垂亡之形而未至於遽亡有欲絕之勢而未至於遽絕萬一遇急着焉則亡可存絕可續蜀尚可為也安可以為遂亡而委之於不可救藥然當審觀時機斟量局勢而得其說焉一曰補軍籍夫關蜀口右護軍本曲端吳玠關師古之遺關西部曲也舊以十萬人為額休兵後有名籍者猶九萬七千餘人安丙帥蜀以錢糧數狹沙汰為八萬人後來事力不及節節減七萬人通忠義之數猶為十四萬人丙申以來逃亡死損所餘無幾今以所閱參之興戎司見管四千六百餘人沔戎司僅及三千人金戎司不及千人利戎司約七八千人此四戎司見管之數也此外有嘉定安撫司所管寧定精銳兩軍及壇戍之軍共五千餘人利閬劍諸頭目所部或三四百人或五六百人瀘帥司之軍不及千人巴州所管武進軍本止有二千餘人得漢堡所部三百餘人制司帳下安西保定飛捷先鋒等共一萬四千餘人夔帥司不及千人總而計之不滿五萬人之數今四蜀田畝盡入軍屯制總科名悉歸大閫商賈百貨盡籠于官十年之內乃不能增添一兵以補舊額眞可痛恨往事已矣失今不圖闕短呈露徒見衰颯不振非所以壯吾軍也議者以為當招集新兵三萬人朝夕訓練以為進屯之備且剏安田楊二寨歲以北兵來助亦可大張軍聲或可背城借一以却敵騎如此則蜀尚可為若憚勞惜費慮不及此敵必乘虛攻吾之瑕則備多力分吳

能制其死命不出三年蜀之命脉絶矣二曰籍義勇之士四蜀近邊
劍閬巴達次邊惟渠蓬六郡租賦所入無幾議者謂莫若舉此六郡
之民依向來梁洋義士法照逐戶税籍高下或一丁或兩丁以至三
丁料揀為兵却與畫蠲輸或每丁與免家業錢三百緡令其自辦衣
裝自置軍器每十人為一甲五甲為一隊五隊置一副將十隊置一
正將逐縣置一部轄州置一總轄以統之每歲春秋教閱至防秋則
團結于逐郡城中就令守禦不測聽制司調遣其如錢糧遇守戍則
始與支給至放散則仍令耕以自養如此則平時無養兵之費而緩
急有制敵之用如聞米倉之南地名三會去歲敵兵來侵不循常道
惟於此處會合諸兵分入它路一屯向利一屯向巴蓬一屯向渠廣
以為當起六郡已籍之民聚為一大屯堅守此地以扼敵衝使先人
有奪人之心則蜀尚可為若遲疑不發敵復重尋舊路會兵於此不

惟六郡生靈俱屠而為蜀之大計轉見繆誤不出三年蜀之命脉絶
矣三曰壯分屯之勢敵據漢中去歲出兵乃越米倉以南臣以創議
欲調六郡義士分屯三會以却之蓋欲阻其越險之謀也今敵又城
利則劍閬乃其切鄰豈可畧無蔽障哉議者以劍門天險實為戶樞
昔守三關無所事此今既退守險實可因莫若分三戍之兵併三小
屯之卒今及萬人阻關為固而遴選智勇之將申出軍實而訓其不
齊以遏敵騎突入西川之路大獲一堡形勢雖非險然規模窄狹不
當要衝止可以作家計不可以禦敵兵莫若於閬州境內踏逐一險
要去處大為城築約可安萬人與大獲犬牙相制分調諸戍之屯益
以新募之卒今及萬人阻山為固而遴選驍騎之將晝夜閱習以遏
敵騎出葭萌之衝兵法又云兵及萬人之屯而後敵不敢過今若依
數招募創為東西二屯以相掎角如連栖之雞彼觸則此應

之蛇首擊則尾應使敵之後騎進不得抵巇於前退不能躡擊於後
蜀尚可為若以無兵為解使敵用此計城利之外又進此屯不出三
年蜀命脉絶矣四曰奮撓擊之威敵進七百里而城利豈曰無謀
雖上下以運道艱澁為說然敵日課諸軍人打三升糧以備日食而
利以西白水一帶又皆平曠若種麥以待其熟而漕以小舟豈憂乏
糧議者以為當及糧道未通之時與二麥未熟之際常出游兵以擾
擊之困其事力絶其命脉然後徐起而圖之此計之最善者撓擊之
地各有方所守閬中者當於葭萌青山木瓜等處撓之守劍門者當
於白水陰平階文等處撓之伺其怠而為攻劫之圖乘其機而行掩
襲之策使取糧之兵不得越是於吾地而耕耨之夫不得施功於彼
土曠日持久情見勢屈遂可為我鎡基如此蜀尚可為若置之度外
敵反用此計出沒於劍閬之間鈔掠困我不出三年蜀之命脉絶矣

五曰固根本之地敵自丙申以來惟知嗜殺以逞威逃難之民值者
輒死父母妻子駢首就戮膏血原野可謂慘矣幸而竄伏得免深山
窮谷間有存者而孑遺之民生意一㬋況十許年來田畝之利盡歸
軍屯而科糴軍需之苦反甚於有田時也鹽酒之利併歸制司而過
數增權之害反甚於無事時也以至黎雅番貨彰明烏附施黔板木
盡入私橐而商旅失業怨聲載道則又人所不忍聞也既不能芘其
死又以戕其生彼方計出無聊而敵騎突入不殺之令甫下誘餌之
術甫施凡民無知苟逃性命有不獲已相率去之計其數不下二三
百萬人由是南畝空虛種類斷絶雖間有脫身來歸之人又皆室閭
不存人牛俱喪雖欲自活其道無由今制臣初至規橅一新若能精
選縣令專以招集耕農課其殿最戶口增多者爵之數倍及中者賞
之視舊有虧者罰之布宜德意勞來還安分以未墾田疇給以牛犁

種子。且將目前一切無藝之征。諸處科糴之擾。分司妄作之弊。武臣捕官之害。悉皆蠲除。使離散之鴈。復安於中澤。逃潛之魚。復止於深淵。喘息小定。必能為國耕稼。為國輸利。為國貿易。相與效死弗去。則蜀尚可為。若不知愛惜。敵用故智。盡殲遺黎以去。不出三年。蜀之命脉絕矣。六曰。嚴三城之守。重慶為保蜀之根本。嘉定為鎮西之根本。夔門為蔽吳之根本。得人焉而守。則金城湯池。其勢鞏固。萬一有一守關者異志。雖使忠臣義士固守其土。亦不能正其行路買門之奸。此計若遂。守將為其所得。軍民為其所屠。如辛卯之西和。辛丑之成都者有之矣。今三城鼎立。守備固嚴。尤當以腹心之士。分守三城之門。議者謂關表土豪散居四方。若能溫言說諭。厚募招來。官其頭目之人。示以功賞之信。彼必欣然樂為吾用。然相道里之遠近而分撥之。其在西州者。就令居嘉城。其在東城者。就令居渝城。其在峽外者。就令居夔城。假以屋廬。聽其營運。比及秋之際。專令各守城門。彼山西之人。負勢尚義。必能感激思奮。相與固守。彼愛惜人家。自為謀計。必能盡其死力。相與固守。一舉兩利。此為至謀。若棄而不用。敵騎薄城。必行重賂以買門。不待三年。蜀之命脉絕矣。臣區區愚忠。去秋直前。嘗於貼黃。力言韓宣雖守夔。張實雖守渝。俞興雖守漢嘉。而防遏當在上流。又謂利閬之間。當置一大屯。是時敵未有城利之事也。若聽臣言。稍施行其一二。雖不能大有所益。或亦可以伐其城利之謀。今城已就矣。險已盡矣。事已無可言矣。而臣憂國不能自已。猶欲於舉枰未定之時。進此急着。以活最誤。若猶以臣言為迂遠。而欲專倚伏於夔門一城。以為保護吳楚。實在於是。此子囊城郢計也。臣見脣亡齒亦寒矣。況夔之上流。褰裳可涉之處。不一而足。萬有一踏淺渡江。轉戰而南。則由施黔而趨鼎澧。由鼎澧而趨江南。置夔於不顧之地。

則蜀非吾有矣。臣去蜀十又七年。日夜憂憤。雖力弱才腐。不能備戎行致死命。以報國家。猶幸日覲清光。可以吐露胸臆。比因進講從容。伏蒙陛下憂軫蜀邊。賜以清問。至於再三。臣雖隨問隨荅。言其大槩。然積蘊未盡。謹效魯女之悲。徧采蜀人之論。條為六策。以復清問。陛下鑒其愚忠而賜之施行。不特臣之私幸。將西土之實幸。不特西土之幸。將東吳之大幸。若夫輕觸天威。罪當萬生。惟陛下赦之。

試閤門舍人王霆入對曰。恢復之說有二。曰規撫。曰機會。顧今日之規撫安在哉。守令所以牧民。而惠養之未加。將帥所以御軍。而拊循之未至。邦財未裕。而楮券之弊浸深。軍儲未豐。而和糴之害徒慘。官有土地而荒蕪。民困賦役而破蕩。獄訟類成寃抑。銓曹率多淹留。薦舉無反坐。貪徒得以引類而通班。按刺不徇公。儉官易以迂意而連謾。以言郡計。則紛耗於橐橐包苴。以言戰功。則多私於親昵故舊。至如降卒中懷。養虎遺患。輕敵開邊。以肉餧虎。夫以規撫之功要者而不滿人意如此。臣敢輕進恢復之說。以誤上聽哉。凡臣之所陳者。誠播告中外之臣。悉懲其舊。而圖其新。規撫既立。然後義旗一麾。諸道並進。臣力尚壯。願效前驅。惟陛下堅定而勉圖之。帝稱其言可采。

殿中侍御史李宗勉率合臺上奏曰。蜀之四路。已失其二。成都隔絕。莫知存亡。諸司退保夔門。未必能守。襄漢昨失九郡。今郢破。荊門又破。江陵孤城。何以能立。兩淮之地。人民奔迸。井邑丘墟。嗚呼危哉。陛下誠能亟下哀痛之詔。以身率先。深自貶損。服御飲宴。一從簡儉。放後宮淨食之女。罷掖庭不急之費。止錫賚。絕工役。出內帑儲蓄。以風動四方。然後勸諭戚畹世臣。隨力輸財。以佐公家之調度。分上流淮東淮西為三師。而以江淮大帥總之。或因今任。或擇長才。分地而守。聽令而行。以公私之財分給四處。俾之招潰卒。募流民之強壯者。以充遊兵以補軍籍。仍選沿流諸郡將士為捍禦之圖。猶可支吾。不然。將水陸俱下。大合荊楚之衆。擾我上流。江以南震蕩矣。或謂其勢強盛。宜於講和。欲出金繒以奉之。是抱薪救火。空國與敵矣。

歷代名臣奏議卷之一百

歷代名臣奏議卷之一百一

經國

宋理宗時。進士文天祥上書曰。臣一介疏賤。遭逢聖明。猥以庸愚早膺親擢。世道悠悠。風塵流靡。臣於其間。蓋嘗感激奮發。以為由今之道。無變今之俗。一日有關於天下國家之故。懼無以辱使令。杜門四年。讀禮之外。蓋未嘗一日不思以自効也。乃夏五。陛下臨軒策士。偶垂記憶。起臣於家居。進臣於仕籍。臣伏被寵命。感激不自勝。追惟蒙恩之初。阻於朝謝。北望天路。遂奉表以聞。伏蒙聖慈許臣詣拜闕下。德至渥也。臣就道以來。不圖國事浸艱。邊烽煩迫。陛下引咎責躬。改過更始。召還舊德。斥去元姦。凡可以當天意回人心者。無所不用其至。伏惟陛下不自神聖。猶親洒宸翰。誕布詔書。庶幾中外臣庶。危言極論。以有補於今日之政。陛下悔悟之意。上通于天。天下於此咸服陛下之勇。臣甫及趣謝闕庭。兩讀綸音。為之哽咽。下泣。君臣之義。與天地並立。況臣蒙被厚恩。非衆人比。使於此時泯泯默默。上負陛下。內負帝衷。尚何以飲食於戴履間哉。是用不避斧鉞。輒奮愚忠。條其說以獻。惟陛下財幸。一曰。簡文法以立事。夫貴為天子。富有四海。垂衣拱手以雍容於穆清之上。至尊之體也。不幸際時艱難。兵革四起。俯仰成敗。呼吸變故。此非用馬上治不濟。今國勢搶攘。固猶未至如馬上之急。然虜入腹心。事干宗社。陛下為皇皇拯救之謀。不得不略倣馬上治之之意。今陛下焦勞於上。兩府大臣黽勉於下。君臣之間。不可謂非日討軍實而申儆之者。然尊卑闊絕。禮節繁多。陛下平旦視朝。百官以次奉起居。宰相搢笏出奏。從容不踰時。軍國大事。此雖陛下日夜與宰相汲汲而圖之。猶懼不蔇。謀王斷國之設施。尊主芘民之蘊蓄。豈能以頃刻交際而究竟之哉。陛下退朝之暇。雖時出內批以與宰相商論宰相又時有奏劄以出其建明然天下事得於所論者利害常決於一言筆墨所書或反覆數百言而不足事機交校寸陰可惜使宰相常有此等酧酢則一事之末固有費其日力者矣其於幾務豈不有所妨哉古者天子之於大臣或賜坐或賜食或奏事至日昃或論事至夜分凡皆以通上下之情為國家至計也賜茶之典五代時猶有之惟國初范質王溥頗存形迹此事遂廢陛下莫若稍復古初脫去邊幅於禁中擇一去處聚兩府大臣日與議軍國大事陛下賜之款密親是非可否於其間衆議惟允則三省畫時施行上下如一都俞吁咈之間必將有超然度外之舉天下何事不可為何難不可濟至於除授尤有關繫且如近者重臣建閫之事方帥海門隨遷建業甫鎮建業又遷上饒布置變換如奕棊然朝詔辰行奔命不給大者措畫之如此小者遷徙之更多人無定志事無成謀當此艱危豈不誤事繼自今始陛下宜與大臣熟議其人備其職其人任其事人物權衡當而後用朝廷命令審而後發如此則觀聽者不至皇惑驅馳者不至遲回人知其令出惟行則無輕朝廷之心士大夫知其可以展布四體則鞠躬盡瘁而無所覬望其於國事決非小補又如用一人也或出於陛下之拔擢或出於宰相之啓擬中書已費行移後省方及書讀或有不當又至繳駁比其不繳駁也則書黃徑下其人徑受命矣臺諫始從而有所指陳是致國論紛紜而內外職守遷移如傳舍施之平時雖有體統用之今日恐誤事機臣愚以為陛下宜倣唐諫官隨宰相入閣故事令給舍臺諫從兩府大臣日入禁中聚議其有不可應時論難不使退有後言如此則國事無聚訟之譏寢命無反汗之失事會無濡滞蹉跌之悔豈不簡便易行哉若夫中書乃王政之所由出宰相之重又天子所與論道經邦而

不屑其他者也今宰相來於倉卒之中而制千里之難立於敗[illegible]後而責一旦之功此雖敏手未能以大有為須是博采四方之論旁盡天下之慮而後不僨於事側聞軍期文書填委叢積宰相以其開誠布公之歲月弊弊焉於調遣科降之間侍從近臣且日不暇相接矣諸葛亮以區區之蜀抗衡天下十分之九究其經濟大要則曰集衆思廣忠益今衆思不暇集忠益不暇廣宰相不得已竭其一心役其兩耳目日與文書期會相尋於無窮此豈其才之不逮哉我朝三省之法繁密細碎其勢固至此也柳宗元有言失在於制不在於政為今之計惟有重六部之權可以清中書之務今六部所司絕是簡省其間長貳常可缺員莫若移尚書省六房隸之六部如吏部得受丞相除授之旨而行省劄兵部得稟樞密調遣之命而發符移其他事權一倣諸此而又多置兩府屬官如檢正都承之類使知蜀事者置一員知淮事者置一員知諸路事者置若干員兩府日與其屬劘切講畫以治此寇而文書行移不與焉如此則大臣有從容之暇可以日見百官以及四方賢俊酬應簡則聰明全心志一則利害審塞禍亂之路開功名之門當自此始惟陛下思之二曰倣方鎮以建守令天下大患在於無兵而無兵之患以郡縣之制弊也祖宗矯唐末五代方鎮之弊立為郡縣繁密之法使兵財盡關於上而守令不得以自專昔之擅制數州挾其力以爭衡上國者至此各拱手趨約束卷甲而藏之傳世彌久而天下無變然國勢由此浸弱而夷狄遂得恣睢於其間宣靖以來天下非無忠臣義士強兵猛將然各舉一州一縣之力以抗虜鋒是以折北不支而入於虜中興之臣識循環救弊之法蓋有建為方鎮之議者矣然此不圖因循至今日削弱不振受病如前及今而不少變臣不知所以為善後計矣今陛下命重臣

建宣捆節制江東西諸州官民兵財並從調遣廟謨淵深蓋已得方鎮大意矣然既有宣閫又有制司既有制置副使又有安撫副使事權俱重體統未明有如一項兵財宣閫方欲那移諸司又行差撥指揮之初各不相照承受之下將誰適從今日之事惟有略倣方鎮遺規分地立守為可以紓禍且如江西一路九江興國隆興與鄂為鄰朝廷既傾國之力以赴之姑所不論惟虜之至湖南者已宿堂奧此外八州其措置不容茍簡八州之中廬陵宜春最當衝要韃之為兵其法常有所避避八桂則出清湘避長沙則出衡陽今宜春見謂有兵惟廬陵猶此無備舍堅攻瑕棄實擊虛韃既以此為得策則夫避宜春而趨廬陵其計將必出於此州縣之事力有限守令之權勢素微虜至一城則一城創殘至一邑則一邑蕩潰事勢至此非人之愆若不別立規模何由戡定禍亂臣愚以為莫若立一鎮於吉而以建

昌南安贛隸之立一鎮於袁而以臨江撫瑞隸之擇今世知兵而有望者令各以四州從事其四州官吏許以自辟見在任者或留或去惟帥府所為去者令注別路差遣其四州財賦許以自用自交事一日始其上供諸色窠名盡與帥府交事以前見未解數目亦許截留其四州軍兵見屬伍符者必寡弱而不振見行團結者必分散而不齊許於伍符團結之外別出措置收民丁以為兵彼一州之緊急者得三州稍寬緩之力以為之助三州之寬緩者得一州當其緊急而無後憂不出二三月如吉如袁其氣勢當自不同倣此而行之江東廣東無不可者夫郡縣方鎮之法其末皆有弊所貴乎聖人者惟能通變而推移之故郡縣所以矯方鎮之偏重方鎮所以救郡縣之積輕今郡縣之輕甚矣則夫立為方鎮之法以少變其委瑣不足恃之勢真今日之第一義也陛下一日出其度外之見不次拔數人之沈

鷙英果者委以數鎮俾各為國家當一面則郡縣之間文移不至於太密事權不至於太分兵財得以自由而不至於重遲不易舉旬月之間天下雷動雲合響應影從驅出境外雖以得志中原可也尚何惴惴宗社之憂哉三曰就團結以抽兵抽兵之說臣前已開其端而其節目未悉也請再陳之夫取兵於民周井田唐府兵之遺法也今使者四出分行營陣俾各處團結以自為鄉井之衛疾行之中此亦庶幾善步者然而無益也近時朝廷以保伍為意官府下其事里胥為里胥者沿門而行執筆以抄其戶口曰官命而各為保伍也已而上其籍於官又從而塈通塗之壁取其甲分五五而書曰保伍如右所謂保伍者如此而已臣居廬陵往時有寇警則鄉井又起所謂義丁者一日隅總擊柝以告其一方曰寇至毋去諸而等各以某日聚某所習所以守望至其日也椎牛釃酒以待隨其所衣信其所持徒

其類編為之伍一面乎村墟井落之間翕然而聚忽然而散則義丁者又止如此而已今朝廷命使以團結州縣奉旨而行移計其規為布置當有加密於臣所言者然其所若干人其所又若干人屬邑合狀帳申郡府郡府合狀帳申朝廷計其數目當自不少然其分也散而不一其合也多而不精故當其分也則鄉村無以通於鎮市鎮市無以通於城郭虜突如其來彼一方者力不敵勢不支老弱未及揀教閱未及施雖有金鼓旗幟之物而未知坐作進退之節也雖有城池山澤之險而未知備禦攻守之方也且民之聚也使之自峙其糧自備其飲食則有所不能仰於官則無以給也有以給則又不能久也臣故曰無益也夫前所謂或千人或數百人此隅總一日能辦也今建言者不察其聚之易而用之難增兵之有名而拒虜之無實乃欲視其團結之多寡升降其官賞以為勸且意其一日之急或者可驅而

他之賈誼有言皆非事實知治亂之體者也陛下忱能委數州立一方鎮莫若俾為帥者就團結之中凡二十家取其一人以備軍籍一郡得二十萬家則可以得一萬精卒例而行之諸州則一鎮新兵當不下二三萬州郡見存之租賦可以備兵食見存之財可以備軍需古人抽丁之法或取之三家或取之五家今官收其米以就為養收其財以就為用既食其力不當又重役其人惟於二十家取其一則衆輕而易舉州縣號召之無難數月之內其事必集為帥者教習以致其精皷舞以出其銳山川其便習也人情其稔熟也出入死生之相為命也鋒鏑之交貌相識而聲相應也如此兵者一鎮得二三萬人當凜凜然不下一敵國合諸路列鎮則精兵雖十餘萬可有也太祖皇帝南征北伐所至如破竹計其兵曾不滿二十萬使吾於諸閫之外別得十餘萬精兵則何向而不可哉或曰國家經常皆用供億

州縣財賦各有窠名今上流之兵未解江淮之餽如故使移此事力以給方鎮之兵如諸閫何嗚呼擇害莫若輕擇利莫若重臣蓋籌之審矣夫荊湖之路既梗則雖欲漕運而舟楫不能以前江廣之備既虛則雖有財賦而土地不能以自保與其束手無措以委輸於虜孰若變通盡利以庶幾虜之可逐也且夫江廣既全則吾之境內其惟正之供者尚多也陛下撫此厄運不得不勉自節縮曲為通融多方以濟諸閫之急支吾年時虜必就盡然後一正吾之郡縣一復吾之經常未晚也不然殆未知其所終惟陛下深思亟圖之四曰破資格以用人本朝用人專守資格祖宗之深意將以習天下之才世雖有賢明忠智之人英偉奇傑之士亦必踐敭之多涉歷之熟積勞持久而後得至於高位養成遠大之器消弭僥倖之風人才世道胥有利賴然其弊也有才者常以無資格而不得遷不肖者常以不礙格法

而至於大用天下卒有變不肖者當之而有才者拱手熟視夫是以常遺國家之憂臣嘗見數年以來邊陲之間偶缺一帥陛下徬徨四顧弄印莫屬挨排應急不得已常取監司之風力者為之趙魏老不可以為滕薛大夫陛下非不知其然也他人資格或有未及而彼適可得之雖其才具容有不逮然猶意境外無事以幸其不至於敗缺比其敗缺則倉皇變易常至於失聲色而後已嗚呼此平世拘攣之弊也今天下事勢潰決已甚一有蹉跌事關存亡百夫不可輕擇將一壘不可輕畀守況其重者乎今日朝郎以上凡內之卿監侍從外之監司郡守紫朱其綬喝呵車蓋而出者不知幾人使其中果有非常之材堪任將帥則是望實既優資格又稱一日舉而置之萬夫百將之上誰曰不然然臣意陛下之未有其人也則夫宗社安危之機不可輕決於庸人而有資格者之手世之能辦事者固多矣三辰不

軌拔士為相蠻夷猾夏拔卒為將事固各論其時也今何如時尚拘拘孑孑於資格之末臣觀州縣之間凡案底小官馳騁於繁劇之會者蓋甚有之薦引之法浸弊於私而改官之格率為勢要者所據孤寒之中獨無可任大事者乎三歲一貢士碌碌成事者衆而氣槩才識望于鄉里曾不得一名薦書抱膝隆中杖策軍門固皆逢掖章甫之流也夫今日之士他日之官也今日之小官他日之為公卿也天下有事凡能擔當開拓排難解紛惟其才耳固有明知其人之有才而拘於資格之所不可則亦姑委棄之此豪傑之士所以痛心疾首於世變之會也陛下如建立方鎮收拾人才臣願明詔有司俾稍解繩墨以進英豪於資格之外重之以其任而輕授以官俟其有功則漸加其官而無易其位漢唐法度疏闊其一時人才常倜儻不羈本朝以道立國以儒立政則亦無取乎爾然至於今日事變叢生人物

落落荼何不少變之哉。至如諸州之義甲。各有土豪。諸峒之壯丁。各有偶長。彼其人望為一州長雄。其間蓋有豪武特達之才。可以備總統之任。一日舉之以為百校之長。則將帥由是其選也。其穎異通敏者。引之於帷幄樽俎之密。又從而拔其尤者。委之以人民社稷之重。則人才不可勝用也。至如山巖之氓。市井之靡。刑餘之流。盜賊之屬。其膽勇力絕。足以先登。其智辯機警。足以間諜。使貪使愚。使詐使勇。則群策群力皆吾屈也。昔之方鎮。食其土地。用其人民。拊循其士大夫。驅策其跅弛之士。故雖以區區之地。常足以與天下爭雄。今雖未至於此。然陛下髣髴而行之。則吾規模意氣。固已一變前日之弱矣。惟陛下熟計之幸甚。夫古之為天下國家者。常有敵國相持之憂。然而立乎四戰之衝。雖將衄兵潰。屢起屢仆。而其國終不可動。由卓然有所自立故也。今陛下奮發神斷。赫然悔悟。所以洗舊汙更宿弊。如

雷霆風雨。交馳並至。而不可禦。陛下亦求所以為自立矣。而未得其方也。自立之方。臣前所獻之數條是矣。雖然。臣意陛下未之能行。則有說也。何也。悔悟之意未明也。奸人當國。指天下能言之士。謂之好名譁競。使好名譁競者常在朝廷。則清議之福。陛下必及受用。事應不至今日。惟浸潤膚受為毒已深。而後陛下之人才盡逐。陛下今既悔悟矣。然鋒車所召。率未及前日擯棄流落之人。或謂陛下猶有畏其不靖共之意。夫今日之禍亂。靖共之報也。陛下猶有憂於貌為靖共者耶。此悔悟未明之一也。三數年前。縉紳之能出臆論事者。既為奸人所屏。學校之士。猶叩閽亹亹不自已。奸人疾其為害已也。託名學法。重致意於禁上書之一條。而後陛下之言語盡塞。陛下今既悔悟矣。然食肉之徒。未有能出一語以救陵遲之禍。惟學校不憚懇懇以為言。彼其所陳。固有未盡切實者。陛下何不擇其善者而施行歟。

此悔悟未明之一也。今有人焉。陷於酒色。沈溺而不自知。元氣日耗。蝕於內。客邪日衝擊於外。四肢百骸。幾至解體。一日倏大悔悟。自創其酒色之娛。而使為朋友僕御者。各得以勤攻已之短。其為身謀幾晚矣。然知沈溺之為病。而猶諱其所從來。則是病根固在也。人非不知愛身。彼諱病根而不肯決去者。識其小而忘其大也。陛下所以救社稷重於救身。則夫病根所在。何所顧惜而不之去歟。高宗皇帝以麥飯豆粥之苦。植立東南百四十年太平之基。陛下嗣無疆大歷服。所以撫摩愛養培億萬年丕天之休。加用力焉。不幸比者中外怨叛。吾之赤子自延賊入寇。謀危國家。蓋至今日遠近為之荷擔。宗社幾於綴旒。天下之人。追咎其失。以為起於聚斂之過。而聚斂之事。適國憤然怒罵。以為倡於陛下左右之人。夫此一人者。竊弄威權。上累聖德。其凶燄威惡。蠹國害民者。臣不能具數。獨其攘臂聚斂。招集奸凶。

為陛下失民失士。以貽宗社不測之憂者。其罪莫甚焉。趙簡子命尹鐸為晉陽。尹鐸曰。繭絲乎。保障乎。簡子曰。保障哉。古之為天下計者。不屑於其小。而惟遠者是圖。不快於目前之求。而常恐其有一朝之患。故雖簡子區區之大夫。尹鐸區區之小吏。其所規為。猶及於此。國家之大。不可以田舍翁自為也。後之人君思以富雄天下。固有時出其聚斂之術。然猶繭絲自繭絲。保障自保障。何物刑餘。為謀不臧。率天下以共向繭絲之的。而保障之地。亦不得免焉。繭絲之毒不可忍。而後保障之禍不可為。陛下間者屢出內帑金帛。分給諸司。期有救於難。然調度方殷。兵革又不得息。前日聚繭絲之得未十百。今日救保障之費。蓋千萬億秭而未有已也。嗚呼。誰生厲階。至今為梗。向使此人者。不以聚斂斷伐祖宗涵弘寬大之仁。蠹賊陛下神明英武之德。則必不妄籍民財以入脩內司。必不豪奪民產以實御莊。必不詐

價西園以布中外貪酷之種必不交通南牙以開朝廷汚濁之門如此則奸人必不得竊據相倚偏置私人如此則強禦棓克之流必不得齒於縉紳玷於節鉞如此則各郡有賢守各路有賢監司必不侵漁以交結北司剝割以應奉內獻民心必無變宗社必無危今朝廷知江閭居取漁舟故吾人為虜鄉道以至於此曾不知是數年間外之監司郡守求為交結應奉而一切不䘏以失吾民戴宋無二之心者所在有之江閭之事偶著爾今論者追訟江閭之罪死有餘責則夫使士大夫貿貿焉為聚歛重失人心激天下以各懷怨叛如臣所指之人者一死詎足道哉且夫奸人之入相也使非此人者與之相為表裏以揜陛下之聰明密為游揚以開陛下之信用則賢者必不以奸名中傷言者必不以譁競逐去學校之持公論者必不以誼橫得禍士大夫之秉直節者必不以貪贓加罪朝廷清一言路光明邪人

何自而赫張民瘼何自而壅隔人離而陛下何以不覺虜至而陛下何以不知彼其依憑陛下恩寵以為奸人奧主故顛倒宇宙濁亂世累而得以無忌憚使陛下今日謗過於天地負愧於祖宗結怨於人民受侮於羣下則豈獨一奸人為之哉原情定罪莫重於奧主而奸人次之莊周曰兵莫憯於志鏌鋣為下言刺人而殺之不在於手而在於心不在於鋒而在所以用其鋒者奸人則鏌鋣也奧主則志也方今國勢危蹙人心杌隉陛下為中國主則當守中國為百姓父母則當衛百姓且夫三江五湖之險尚無恙也六軍百將之雄非小弱也陛下卧薪以厲其勤斫案以奮其勇天意悔禍人心敵愾黠虜送死且在旦夕或謂其入者鋪張驚憂以沮陛下攘夷之志處分脆弱將誤陛下為去邠之行居前日則曰我能為君充府庫以盗其權居今日則獻其小心出其小有材使陛下意其緩急可恃以固其寵向非

陛下參酌國論堅凝廟謨為效死不去之計則一日嘗試其說六師一動變生無方臣恐京畿為血為肉者今已不可勝計矣小人誤國之心可勝誅哉臣愚以為今日之事急矣不斬董宋臣以謝宗廟神靈以解中外怨怒以明陛下悔悟之實則中書之政必有所撓而不得行賢者之車必有所忌而不敢至都人之異議何從而消敵人之心膽何從而破將士忠義之氣何自激昂軍民感涕之淚何自奮發禍難之來未有卒平之日也千金之家得一僮奴稍足以称其私雖害于而家未忍亟去況其人給事之歲月已深乞憐之懇款已熟陛下性資仁厚亦豈忍遽甘心焉然宗社之事重左右之恩輕盡民誤國之罪深承顏順色之愛淺伏惟陛下以宗廟社稷之故割去私愛勉從公議下臣此章付之有司暴其罪惡明正典刑傳首三軍以狥如此而天下不震動人心不喜悅將士不感泣而思奮夷狄不駭愕

而誅逐是人心天理可磨滅也是天經地義可澌盡也臣所不信臣嘗讀諸葛亮出師表輙掩卷哀憤悲其用心亮之言曰宮中府中俱為一體陟罰臧否不宜異同若有作奸犯科及為忠善者宜付有司論其刑賞以昭平明之治亮將獎率三軍北定中原攘除奸凶興復漢室其宮府之政宜若無與而獨區區以此為先者良以社稷安危之權國家存亡之故不在境外侵迫之寇而內之陰邪常執其機牙此亮所以深權內外本末之理而先窒其禍亂之源也今臣上自朝廷下一州縣所以分畫其規模纖悉其經緯以上助尊夏攘夷之一畫者已略備矣而臣獻其狂愚於末猶有感於亮之所言區區驚考何敢引亮為證顧所以忠君愛國之心則亮之為也臣非不知疎遠之人指陳無狀干犯天誅罪在不赦且使幸赦之不誅則左右之人仇疾臣言亦將不免然臣所以不顧危亡寧以身犯不測之鋒者義

命之際臣固擇之精矣方今社稷震動君父驚虞此所謂危急存亡之秋臣忝貫為臣與國同休戚親見外患如火燎原而內寇又復植根固流波湯則禍難無涯臣死亡正自無日與休迫於權勢之威憂疑於一己之禍禁口結舌以坐待國家之難而後死孰若犯死一言感悟天聽如陛下以為狂妄而誅之臣固已自分一死萬一陛下察臣之忠行臣之言以章宗祐則臣與國家同享其休榮等死之中又有生路此臣所以齎咨涕洟望闕悵悃而不能自已也臣冒瀆天威殞越震懼謹席藁私室以俟威命之下

幼主德祐中天祥知平江府上奏曰臣本起書生天性愚戇遭逢理宗皇帝以直言取人臣區區芹曝小忠誤蒙親擢鬬於憂虞則開慶透渡之禍急矣臣推見當時致禍之本上書關庭乞磔狐鼠以謝天下理祖皇明赫赫自咸淳至于今日無疆惟休自時厥後臣之踪跡

或百日于朝或一月斥去有言不信忠憤徒深則皆元奸專國之歲月也不圖今日臣以憂患之身奉詔入衛太皇太后陛下皇帝陛下以神明御極奕德當天宵旰顧憂不以臣為不肖授之以三路制撫職事兼贊督府就戍吳門臣非不知國家阽危民命如綴朝命夕道為國效死復以私門憂戚展轉陳情乞歸終制章五六上輿兩全之節以不為盛代名教羞天聽高高終不聽許而學士大夫交口責臣謂有國家有朝廷有州縣然後臣得以有其身得盡為人子之職臣所以感泣誓死而不敢復言去也今當陛辭即日就道慟哭流涕何以為陛下告自古立國二是以人心為本齊一日喪七十餘城以人心失也田單一日復七十餘城以人心固也元奸得罪於天下天下怨憤鬱抑十有五年遂使諸將解體強吾民北面而役之彼知歸怨元奸未嘗歸過朝廷也乃今三百餘年祖宗涵育之遺黎無辜荼毒

於夷狄之手謳吟思漢日俟王師所在民義抗敵者大或數萬小亦數千此撥亂反正之大機括也然人心易得其失亦易頃者朝廷弛公田蠲常賦寬商禁起謫籍之淹滯解科舉之靡容天下誦之以為快活條貫人心頓蘇敵勢頓沮我是以有獨松關諸屯之捷通國上下以為元奸失人心之事已盡洗濯今日收人心之具已盡舉行而臣恤緯之忠獨以為未也草間豪傑方且量朝廷之意嚮邊頭諸將方且視廟堂之指授學校之遊談聚議閭閻之道聽塗說方且觀執政之然否追行事之得失於傳有之得國常於斯失國常於斯今上自宮闈與嗣皇起居下自政府與公卿百執事必人人一心以殄此患為主則諸將莫不用命英雄莫不歸心以此衆戰孰能禦之以此攻城何城不克如大臣有辟嫌遠疑之迹而無推車必行之心群公持便安自營之私而無同舟共濟之志宮中與府中不相聞閫內與

閫外不相應賞罰混淆正邪貿亂姑息牽制之意多奮發斷制之義少敵人以此輕中國奸雄以此覘朝廷人心之憤悱者日以怠公論之激昂者日以靡而我之衣冠將有甘心於被髮左衽而不悔者矣其禍可勝言哉裴度有言承宗斂手削地韓弘輿疾討賊豈朝廷之力能制其死命哉由處置得宜能服其心耳國家懲五季之亂削除藩鎮創建郡邑一時雖足以矯尾大之弊國勢浸弱亦坐於此是以敵至一州則陷一州敵至一縣則陷一縣中原陸沉痛不可追今不幸長江失險戎馬馳於近郊救時之危須稍更革詩云淠彼涇舟烝徒楫之又傳云大廈將顛非一繩所維臣嘗妄謂今日大勢宜分天下為四鎮而都督統御于中以廣西益湖南而閫於長沙以廣東益江西而閫於豫章以福建益江東而閫於番易以淮西益淮東而閫於維揚責長沙以取荊鄂責豫章以取蘄黃責番易以取江東六郡責

維揚以取兩淮諸城使各闢地火力衆迚以抗敵分所任事約日齊
奮而都督府指授諸將隨地接應有進無退日夜以圖之敵備多而
力分疲於奔命而吾遺民必有豪傑伺間横擊於其中如是則使彼
隻輪不返進而問罪河南盡爲晉可也而何日蹙國百里之憂臣願
睿慈下臣此章見之施行使内而朝廷舉措有以當天下之心外而
邊閫布置有以合天下之勢則臣得以贊幕分司盡瘁一面布宣威
靈勉效尺寸不惟得以忠先帝報陛下而臣亦有詞以白丘墓雖死
之日猶生之年也

金宣宗貞祐初許古爲監察御史時信任丞相高琪無恢復之謀古
上章曰自中都失守廟社陵寢宮室府庫至于圖籍重器百年積累
一朝棄之惟聖主痛悼之心至爲深切夙夜思懼所以建中興之功
者未嘗少置也爲臣子者食禄受責其能無愧乎且閭閻細民猶顒

望朝廷整訓師徒爲恢復計而今纔闢拒河自保又盡徙諸路軍戶
河南彼既棄其恒產無以自生土居之民復被其擾臣不知誰爲此
謀者然業已如是但當議所以處之使軍無妄費民不至困窮則善
矣臣聞安危所繫在於一相孔子稱危而不持顛而不扶則將焉用
事勢至此不知執政者每對天顏何以仰荅清問也今之所急莫若
得人如前御史大夫裴滿德仁工部尚書孫德淵忠諒明敏可以大
用近皆許告老願復起而任之必能有所建立以利國家太子太師
致仕孫鐸雖頗衰疾如有大議猶可賜召或就問之人材自古所難
凡知治體者皆當重惜況此耆舊豈宜輕棄哉若乃臨事不盡其心
雖盡心而不明於理得無益失無損者縱其尚壯亦安所用方時多
難固不容碌碌之徒備員尸素以塞賢路也惟陛下宸衷剛斷黜陟
一新以幸天下臣前爲拾遺時已嘗備論擇相之道乞取臣前奏并

今所言加審思焉臣又聞將者民之司命國家安危所繫故古之人
君必重其選爲將者亦必以天下爲已任夫將者貴謀而賤戰必也
賞罰使人信之而不疑權謀使人由之而不知三軍奔走聽令以取
勝然後中心誠服而樂爲之用邇來城守不堅臨戰輒北皆以將之
不才故也私於所暱賞罰不公至於衆怨而懼其生變則撫摩慰籍
一切爲姑息之事由是兵輕其將將畏其兵尚能使之出死力以禦
敵乎願令腹心之臣及閑於兵事者各舉所知果得其才優加寵任
則戰功可期矣如河東宣撫使胥鼎山東宣撫使完顏弼涿州刺史
内族從坦昭義節度使必蘭阿魯帶或忠勤勇幹或重厚有謀皆可
任之以扞方面又曰河北諸路以都城既失軍戶盡遷將謂國家舉
而棄之州縣官往往逃奔河南乞命所在根括立期遣還違者勿復
録用未嘗離任者議加恩賚如願自効河北者亦聽陳請仍先賞之

減其日月州縣長貳官並令兼領軍職許擇軍中有才畧膽勇者爲
頭目或加爵命以收其心能取一府者即授以府長官州縣亦如之
使人懷復土之心別遣忠實幹濟者以文檄官賞招諸脅從人彼既
苦於敵後來者必多敵勢當自削有司不知出此而但爲清野計事
無緩急惟期速辦今晚禾十損七八遠近危懼所謀可謂大戾矣又
曰京師諸夏根本況今常宿重兵緩急征討必由于此平時尚宜優
於外路使百姓有所蓄積雖在私室猶公家也今有司搜括餘糧殺
轉販者無復敢入宜即止之臣頃看讀陳言見其盡心竭誠以吐正
論者率皆草澤疎賤之人況在百僚豈無爲國深憂進章疏者乎誠
宜明勑中外使得盡言不諱則太平之長策出矣

張行信爲安武軍節度使兼冀州管内觀察使始至即上書言四事
其一曰楊安兒賊黨旦暮成擒蓋不足慮今日之急惟在收人心而

已。向者官軍討賊。不分善惡。一槩誅夷。刼其資產。掠其婦女。重使居民疑畏。逃聚山林。今宜明勑有司。嚴為約束。毋令刼掠平民。如此。則百姓無不安之心。姦人誑脅之計不行。其勢漸消矣。其二曰。自兵亂之後。郡縣官豪多能糾集義徒。摧擊土寇。朝廷雖授以本處職任。未幾遣人代之。夫舊者人所素服。新者未必皆才。緩急之間。啓釁敗事。自今郡縣闕員。乞令尚書省選人擬注其舊官民便安者。宜就加任。使如資級未及。令攝其職。待有功則正授。庶幾人盡其才。事易以立。其三曰。掌軍官敢進戰者十無一二。其或有之。即當責以立功。不宜更授他職。其四曰。山東軍儲皆鬻爵所獲。及或持勑牒求仕。選曹以等級有不當鬻者。往往駁退。夫鬻有所不當。有司罪也。彼何責焉。況海岱重地。群寇未平。田野無所收。倉廩無所積。一旦軍餉不給。復欲鬻爵。其誰信之。朝廷多用其議。

時朝廷議徙河北軍戶家屬於河南。留其軍守衛郡縣。參知政事高汝礪言此事果行。但便於豪強家耳。貧戶豈能徙。且安土重遷。人之情也。今使盡赴河南。彼一旦去其田園。扶攜老幼。驅馳道路。流離失所。豈不可憐。且所過百姓見軍戶盡遷。必將驚疑。謂國家分別彼此。其心安得不搖。況軍人已去其家。而令護衛他人。以情度之。其不肯盡心必矣。民至愚而神者也。雖告以衛護之意。亦將不信。徒令交亂俱不得安。此其利害所繫至重。乞先令諸道元帥府宣撫司總管府熟論可否。如無可疑。然後施行。及徙河北軍戶家屬於河南。將括地分授之。未有定論。勑尚書省分遣官聚耆老問之。其將益賦或與之田。二者孰便。既而所遣官言農民並稱租賦已重。力不足以佃官田。願以給軍。汝礪奏曰。遷徙軍戶。一時之事也。民佃官田。久遠之計也。河南民地官田。計數相半。又多全佃官田之家。墳塋莊井俱在其中。率皆貧民。一旦奪之。何以自活。夫小民易動難安。一時避賦。遂有此言。及其與人。即前日之主。今還為客。能勿悔乎。悔則忿心生矣。如山東撥地時。腴田沃壤。盡入勢家。瘠惡者乃付貧戶。無益於軍。而民則有損。至於互相憎疾。今猶未已。前事不遠。足為明戒。惟當倍益官租。以給軍糧之半。復以係官荒田。牧馬草地。量數付之。令其自耕。則百姓免失業之艱。而官司不必為厲民之事矣。且河南之田。最宜麥。今雨澤霑足。正播種之時。誠恐民疑。以誤歲計。宜早決之。上從其請。尋遷尚書右丞。

興定間。朝廷以賈全苗道潤等不和。將分畀州縣。別署名號以處之。汝礪為尚書右丞。上書曰。甚非計也。蓋河北諸帥。多本土義軍。一時權為隊長。亦有先嘗叛亡者。非若素官於朝。知禮義識名分之人也。貪暴不法。蓋無足怪。朝廷以時方多故。姑牢籠用之。庶使遺民少得

安息。彼互相攻刼。則勢寖弱。勢力既弱。則朝廷易制。今若分地而與之。州縣官吏。得輒署置。民戶稅賦。得擅徵收。則地廣者日益強。狹者日益弱。久之弱者皆併於強。強者之地。不可復奪。是朝廷愈難制也。昔唐分河朔地授諸叛將。史臣謂其護養孽萌。以成其禍。此可為今日大戒也。不若姑令行省羈縻和輯。多方牽制。使之不得逞。異時邊事稍息。氣力漸完。若輩又何足患哉。議遂寢。

元光中。御史中丞師安石上章言備禦二事。其一曰。自古所以安國家息禍亂。不過戰守避和四者而已。為今之計。守和為上。所謂守者必求智謀之士。使內足以得戍卒之心。外足以挫敵入之銳。不惟彼不能攻。又可以伺其隙而敗之。其所謂和。則漢唐之君固嘗用此策矣。豈獨今日不可用乎。乞令有司詳議而行。其二曰。今敵中來歸者頗多。以豐其粮餉。厚其接遇。庶彼然肯為我用。則擇有心力者數十

人洽往。以誘致其餘。來者既衆。彼必轉相猜貳。然後徐起而圖之。則
中興之功不遠矣。上嘉納之。
元世祖未即位時。郝經上東師議曰。臣經自乙卯十一月。被旨北上。
丙辰正月。見于沙陀。不以鄙末。問以時事。且命便宜條奏。於是奏立
國規模。治安急務。各數十條。佩筆束載從扞牧圉。遂覧軍國機務。同
諸執政奏事。凡出師利害。未嘗不反復備言。及命論定植齋奏議。乃
為七道議七八千言。愚瞽知識。亦已罄竭。近奉命宣撫江淮。以先啓
行。又命有軍旅利害具文字遣使來上。竊惟大軍已出。不能中止。嚮
所論奏皆為無用。從駟騎而逾邈望君門而日切。汲黯不難於淮陽。
而眷眷於李息。蓋激于中而有不能已焉者。彼亦重於此也。故國家
此舉。所繫甚重。存亡安危。於是乎在。既不能善其始。必當為全其終。
故不敢謹默。復為東師議一篇。俾權府官武濟乘駟上進。畀諸執政

審譯聞奏。議曰。經聞圖天下之事於未然則易。救天下之事於已然則
難。於已然之中。復有未然者。使往者不失。而來者得以遂。則尤難也。
國家以一旅之衆。奮起朔漠。斡斗極以圖天下。馬首所向。無不摧破。
滅金源。幷西夏。蹂荆襄。克成都。平大理。躪轢諸夷。奄征西海。有天下
十分之八。蓋元魏金源故地而加多。廓然莫與侔大也。惟宋不下。未
能混一。連兵構禍踰二十年。何曩時掇取之易。而今日圖惟之難也。
夫取天下。有可以力幷。有可以術圖。幷之以力。則不可久。久則頓弊
而不可振。圖之以術。則不可急。急則僥倖而難成。故自漢唐以來。樹
立攻取。或五六年。未有踰十年者。是以其力不弊。而卒能保大定功。
晉之取吳。隋之取陳。宋之取唐。皆經營比佽十有餘年。是以其術得
成而卒能混一。或久或近。要之成功。各當其可。不妄為而已。國家建
極開統垂五十年。而一之以兵。遺黎殘姓。游氣驚魂。虔劉劘盪。殆欲

殲盡。自古用兵。未有如是之久且多也。其力安得不弊乎。且括兵率
賦。朝下令而夕出師。躬擐甲冑。跋履山川。闔國大舉。以之伐宋而圖
混一。以志則銳。以力則強。以土則大。而其術則未盡也。苟於諸國既
平之後。息師撫民。致治成化。創法立制。敷布綱條。上下井井。不撓不
紊。任老成為輔相。起英特為將帥。選賢能為任使。鳩智計為機衡。平
賦以足用。屯農以足食。內治既舉。外禦亦備。如其不服。姑以文誥拒
而不從。而後問罪觀釁。以正天伐。自東海至于襄鄧。重兵數道。聯幟
接武。以為正兵。自漢中至于大理。輕兵捷出。批亢抵脅。以為奇兵。師
臣得人。師出以律。高拱九重之內。而海外有截矣。是而不為。乃於間
歲遽為大舉。上下震動。兵連禍結。底安于危。是已然而莫可止者也。
東師未出。大王仁明。則猶有未然者。可不議乎。國家用兵。一以國俗
為制。而不師古。不討師之衆寡。地之險易。敵之強弱。必合圍把稍獵

取之。若禽獸然。聚如丘山。散如風雨。迅如雷霆。捷如鷹鶻。鞭弭所屬
指期約日。萬里不忒。得兵家之詭道而長於用奇。自會河之戰。乘勝
下燕雲。遂遺兵而去。似無意於取者。既破回鶻。滅西夏。乃下兵關陝
以敗金師。然後知所以深取之。是長於用奇也。既而為斡腹之舉。由
金房繞出潼關之背以攻汴。為擣虛之計。自西和徑入石泉威茂以
取蜀。為示遠之謀。自臨洮吐蕃穿徹西南以平大理。皆用奇也。夫攻
其無備。出其不意。而後可以用奇。豈有連百萬之衆。首尾萬餘里。六
飛雷動。乘輿親出。竭天下。倒四海。騰擲宇宙。軒豁天地。大極於遐徼
之土。細窮於委巷之民。撞其鍾而掩其耳。齧其臍而蔽其目。如是而
用奇乎。是執千金之璧以投瓦石也。可不惜哉。其初以奇勝也。關隴
江淮之北。平原曠野之多。而吾長於騎。故所向不能禦。兵鋒新銳。民
物稠夥。擁而擠之。郡邑自潰。而吾長於攻。故所擊無不破。是以用其

奇而驟勝今限以大山深谷阨以重險薦阻迂以危途繚逕背之谷險以用奇則難彼之因險以制奇則易況於客主勢懸蘊蓄憤悁[illegible]烈寡掠以為資無俘獲以備役以有限之力冒無限之險雖有奇謀秘畧無所用之力無所用與無力同勇無所施與不勇同計不能行與無計同泰山壓卵之勢河海濯熱之舉擁遏頓滯盤桓而不得進所謂強弩之末不能射魯縞者也為今之計則宜救已然之失防未然之變而已兩師既搆猝不能解如兩虎相捽入于巖阻見之者辟易不暇又焉能以理相諭使之逡巡自退彼知其危竭國以并命我必其取無由以自悔兵連禍結何時而已大王殿下宜遣人稟命於行在所大軍壓境遣使諭宋亦以大信令降名進幣割地納質彼必受命姑為之和偃兵息民以全吾力而圖後舉天地人神之福也稟命而不從殿下之義盡而後進吾東師重慎詳審不為躁輕飄忽為前

定之謀而一之以正大假西師以為奇而用吾正北師南轅先示恩信申其文移諭以禍福使知殿下仁而不殺非好攻戰闢土地不得已而用兵之意誠意昭著恩信流行然後閱實精勇別為一軍為帳下之卒舉老成知兵者俾為將帥更直宿衛以備不虞其餘師衆各畀侯伯使吾府大官元臣分師總統為戰攻之卒其新入部曲曹不知兵雖名為兵其實役徒者使沿邊進築與敵郡邑犬牙相制為屯戍之卒椎撲單弱究竟逃匿編葺部伍使聞望重臣為之撫育總押近裏故屯為鎮守之卒使掣肘之計不行妄意之徒屏息內外備禦無有缺綻則制節以進既入其境敦陳固列緩為之行彼善於守而吾不攻彼恃城壁以不戰老吾吾合長圍以不攻困彼吾用吾之所長彼不能用其長選出入便利之地為久駐之基示必取之勢毋焚廬舍毋傷人民開其生路以携其心亟肆以疲多方以誤以弊其力

兵勢既振蘊蓄既見則以輕兵掠兩淮杜其樵採而遏其糧路使血脉斷絕各守孤城示不足取即進大兵直抵于江沿江上下列屯萬竈號令明肅部曲嚴整首尾締搆各具舟楫聲言徑渡彼必震疊自起變故蓋彼之精銳盡在兩淮江面闊越恃其巖阻兵皆柔脆用兵以來未嘗一戰焉能當我百戰之銳一處崩壞則望風皆潰肱髀不續外內限絕勇者不能用而怯者不能敵背者不能返而面者不能禦水陸相擠必為我乘是兵家所謂辟堅攻瑕辟實擊虛者也如欲存養兵力漸次以進以圖萬全則先荊後淮先淮後江彼之素論謂有荊襄則可以保淮甸有淮甸則可以保江南先是我嘗有荊襄有淮甸有上流皆自失之今當從彼所保以為吾攻命一軍出襄鄧直渡漢水造舟為梁水陸濟師以輕兵綴襄陽絕其糧路重兵皆趨漢陽出其不意以伺江隙不然則重兵臨襄陽輕兵捷出穿徹均房遠

叩歸峽以應西師如交廣施黔選鋒透出夔門不守大勢順流則并兵大出摧拉荊郢橫潰潭湘以成犄角一軍出壽春乘其銳氣并取荊山駕淮為梁以通南北輕兵抄壽春而重兵支布於鍾離合肥之間掇拾湖濼奪取關隘據濡須塞皖口南入于舒和西及於蘄黃徜徉恣肆以覘江口烏江采石廣布戍邏偵江渡之險易測備禦之疎密徐為之謀而後進師所以潰兩淮之腹心抉長江之襟要也一軍出維揚連楚蟠亘蹈跨長淮鄰我強對通泰海門揚子江面密彼京畿必皆備禦堅厚若遽攻擊則必老師費財當以重兵臨維揚合為長圍示以必取而以輕兵出通泰直塞海門瓜步金山柴墟河口游騎上下吞江吸海並著威信遲以月時以觀其變是所謂圖緩持久之勢也三道並出東西連衡殿下或處一軍為之節制使我兵力常有餘裕如是則未來之變或可弭已然之失一日或可救也議者必

曰三道並進則兵分勢弱不若併力一向則莫我當也曾不知取國之術與爭地之術異併敵一向爭地之術也諸道並進取國之勢也昔之混一者皆若是矣晉取吳則六道進隋取陳則九道進宋之於南唐則三面皆進未聞以一旅之衆而能克國者或者有之徼倖之舉也豈有堂堂大國師徒百萬而為徼倖之舉乎況彼渡江立國百有餘年紀綱脩明風俗完厚君臣輯睦內無禍釁東西南北輪廣萬里亦未可小自敗盟以來無日不討軍實而申警之彷徨百折當我彊對未嘗大敗不可謂弱豈可蔑視謂秦無人直欲一軍倖而取勝乎昔秦王問王翦以伐荊翦曰非六十萬不可秦王曰將軍老矣命李信將二十萬往不克卒畀翦以六十萬而後舉楚蓋衆有所必用事勢有不可懸料而倖取之者故王者之舉必萬全其倖舉者無賴崛起之人也嗚呼西師之出已及瓜戍而猶未即功國家盛全之力

在於東左若亦宜前振迅銳而圖功一舉而下金陵舉臨安則可也如兵力耗弊役成遷延進退不可反為敵人所乘悔可及乎固宜重慎詳審圖之以術若前所陳以全吾力是所謂坐勝也雖然猶有可憂者國家掇取諸國飄忽淩厲本以力勝今乃無故而為大舉若又措置失宜無以挫英雄之氣服天下之心則萑惡懷姦之流得以窺其隙而投其間國內空虛易為搖蕩臣愚所以諄諄於東師反復致論謂不在於已然而在於未然者此也易曰豐其屋蔀其家闚其戶闃其無人方今之勢也挽回元氣收其放心守約實內以建皇極實惟殿下之事區區瞽言妄為干冒無任戰懼之至謹議

世祖自將攻宋會兵渡江圍鄂州聞憲宗崩召諸將屬議經進議曰易文言傳謂亢之為言也知進而不知退知存而不知亡知得而不知喪知進退存亡而不失其正者其惟聖人乎蓋乾之龍德體天行健六位時成時乘六龍以御天時者何當其可之謂也故可以潛則潛可以見則見可以惕則惕可以躍則躍可以飛則飛五位者皆當其可聖人之德也至于上九則惟知進與存不知退與亡不當其可而違其時是以至此極而有悔弗逮乎五位者而猶謂之亢龍德於是乎衰不足以為聖王矣故古之聖王莫不以時進退握乾知幾舜自耕稼陶漁以至為帝知進也以天下與人不私其子而以與禹知退也文王三分天下有其二以服事殷知退也武王遂伐殷而有天下知進也漢高帝不與項羽校蠖屈漢中知退也還定三秦以討羽知進也光武為更始殺其兄齊武王而不校展轉河朔知退也一旦自立中興漢室知進也故上世稱聖王者以舜為首其次則稱文武後世之稱聖王者以高帝為首其次則稱光武皆知進退存亡之理時乘御天卒以龍德而位天位者也至於魏孝文雖不逮於文武

高光還都洛陽總干問罪辭順而返齊人侵軼報之以兵聞喪而還進退以禮不隕師徒卒全龍德為用夏變夷之賢主亦其次也彼憑威恃力以逞無疆之欲皆亢龍之師也秦苻堅金海陵亢而不悔者也漢武帝唐太宗亢而有悔者也雖皆亢龍悔而知退又其次也夫舜不可及已孝武高光魏孝文漢武帝唐太宗後王進退有餘師矣恭惟大王殿下聰明睿知足以有臨發強剛毅足以有斷進退存亡之正知之久矣嚮在沙陀命經曰時未可也又曰時之一字最當整理又曰可行之時爾自知之大哉王言時乘六龍之道知之久矣自出師以來進而不退經有所未解者故言于真定于曹濮于唐鄧丞言不已未賜開允乃今事急故復進狂言國家自平金以來皆亢龍之師也惟務進取不遵養時晦老師費財卒無成功三十年矣先皇帝立政當安靜以圖寧謐忽無故大舉進而不退畀王以師則不當

亦進也而遷延以為有命不敢自逸至於汝南既聞凶訃[illegible]徧告諸師各以次還脩好于宋歸定大事不當復進也而遷延以有師期會于江濱遣使諭宋息兵安民振旅而歸不當復進也而又進既不宜渡淮又豈宜渡江既不宜妄進又豈宜攻城若以幾不可失敵不可縱亦既渡江不能中止便當乘虛取鄂分兵四出直造臨安疾雷不及掩耳則宋亦可圖如其不可知難而退不失為金兀朮也師不當進而進江不當渡而渡城不當攻而攻當速退而不退當速進而不進役成遷延盤桓江渚情見勢屈舉天下兵力不能取一城則我竭彼盈又何俟乎且諸軍疾發已十四五又延引月日冬春之交疫必大作欲還不能彼既上流無虞呂文德已并兵拒守知我國疵鬬氣自倍兩淮之兵盡集白鷺江西之兵盡集隆興嶺廣之兵盡集長沙閩越沿海巨舶大艦以次而至伺隙而進如遏截於黃津

渡邀遮于大城關口塞漢東之石門限郢復之湖濼則我將安歸無已則突入江浙擣其心腹聞臨安海門已具龍舟則亦徒往還抵金山并命求出豈無韓世忠之儔乎且鄂與漢陽分據大別中挾巨浸號為活城肉薄骨并而拔之則彼委破壁孤城而去泝流而上則入洞庭保荊襄順流而下則精兵健櫓突過滸黃未易遏也則亦徒費人命我安所得哉區區一城勝之不武不勝則大損威望復何俟乎雖然以王本心不欲渡江既渡江不欲攻城既攻城不欲并命不焚廬舍不傷人民不易其衣冠不毀其墳墓三百里外不使侵掠或勸徑趨臨安曰其民人稠夥若往雖不殺戮亦被踐蹂吾所不忍若天與我不必殺人若天弗與殺人何益而竟不往諸將歸罪士人謂不可用以不殺人故不得城曰彼守城者止一士人賈制置汝十萬衆不能勝殺人數月不能拔汝輩之罪也豈士人之罪乎益禁殺人歸

然一仁上通于天久有歸心不能遂行耳然今日事急不可不斷也宋人方懼大敵自救之師雖則畢集未暇謀我第吾國內空虛塔察國王與李行省肱髀相依在於背脅西域諸胡窺覘關隴隔絕旭烈大王病民諸姦各持兩端觀望所立莫不覬覦神器染指垂涎一有狡焉或啓戎心先人舉事腹背受敵大事去矣且阿里不哥已行赦令令脫里赤為斷事官行尚書省據燕都按圖籍號令諸道行皇帝事矣雖大王素有人望且握重兵獨不見金世宗海陵之事乎若彼果決稱受遺詔便正位號下詔中原行赦江上欲歸得乎昨奉命與張仲一觀新月城自西南隅抵東北隅萬人敵上可並行大車排槎串樓締構重複必不可攻秖有許和而歸耳復何俟乎願殿下以祖宗為念以社稷為念以天下生靈為念奮發乾剛不為需下斷然班師亟定大計銷禍於未然先命勁兵把截江面與宋議和許割淮南

漢上梓夔兩路定疆界歲幣置輜重以輕騎歸渡淮乘馹直造燕都則從天而下彼之姦謀僭志冰釋瓦解遣一軍逆大行皇帝靈轝收皇帝璽遣使召旭烈阿里不哥摩哥及諸王駙馬會喪和林差官於汴京京兆成都西涼東平西京北京撫慰安輯召太子鎮燕都示以形勢則大寶有歸而社稷安失之東隅收之桑榆以退為進以亡為存飛龍在天利見大人無亢龍之悔矣

世祖即位經為翰林侍讀學士陳便宜新政曰臣昨承和者思傳聖旨命臣條奏當今急務付執政聞奏者臣謹裁新政便宜十六事上進不勝惶恐戰越之至條列如左一大有為以定基統自古帝王之興莫不以有為而後可以無為故舜去四凶格有苗成王伐三監誅管蔡而後致無為垂衣之治刑措頌聲之美宋太祖初即位未有以亡人心趙普曰陛下新登寶位必先耀神武有以挫英雄之氣服天下

之心於是親平三叛海內以寧今日之勢不可謂無事政大有為之時也當大起師徒以討不庭明其逆順使天下知所向如因仍苟且為人所先則釁亂一生不可猝定矣二嚴備禦以防不虞國家以雄武自勝故歷朝踈于備禦今日之事尤非前日當衆會軍旅嚴為之備以待不虞且即位之初兵衛不徹警也昔周康王即位當無事之時猶俟以虎賁逆子釗于南門之外先皇帝有備昔剌木無備故擒而取之至於他日無虞京師宿衛之兵亦當留數萬況非平日之勢乎三定都邑以示形勢今日於此建都固勝前日猶不若都燕之愈也燕都東控遼碣西連三晉背負關嶺瞰臨河朔南面以蒞天下和林置一司分鎮禦根本北京豐靖各置一司分以為二輔京兆南京各置一司分以為藩屏夫燕雲王者之都一日緩急便可得數萬衆雖有不虞不敢越關嶺踰諸司而出也形勢既定本根既固則太平

可期四置省部以一紀綱今之執政各各奏事莫相統一皆令陛下親決雖聖明有餘亦不能廢置皆當故姦人得以營惑自私若省部既立各分既定大總其綱小持其要天下事雖衆猶無事也五建監司以治諸侯諸鎮諸侯各握兵民不可猝罷當置監司以收其權制其所為則兵民息肩而政可立矣六誅兇渠以示勸懲從來亂政害民之人須誅其尤者不然則懼死逃去必為國生事七親諸王以庇本根諸王既共推戴當加之以恩而勸之以義使尊榮過於前日則可八行寬政以結人心從來宿弊可為蠲滌至於今歲絲線包銀宜分數減免一切逋負皆蠲除之九赦罪戾以去舊汙自來新君即位必赦天下且今西北疑阻人情反側諸路打算重為紛擾宜行大赦並罷打算以慰安元元十罷冗官以寬民力諸州縣管民官員數可為限定小處可合併如樂人打捕鷹房諸科目名色官吏皆合罷歸

分付管民官諸色匠人頭目尤多有管三五戶者亦稱總管帶金牌皆合罷去只一路立一頭目總領造作天下百姓及匠人只養官吏亦不能也此最為急務如罷去此等此等都是好家門戶許補添軍民氣力為益甚大十一總錢穀以濟國用天下差發宣課交鈔諸色糧可置一大司分以總之無入諸路手不令買撲則所得[illegible]可為國家用罷諸路宣課鹽鐵官冗員罷常平倉雖曰常平倉實未嘗有益於民但養無用官吏數千百人十二減吏員以衰良民諸路及州縣吏員不限數目把持官府結為黨與苦剋良民縱橫為害今明降一詔旨大小州縣限員數必令保舉尤汙暴者重罪而黜之十三堅凝果斷以成中興王者初政莫不銳意往往不能自堅鮮克有終必凝天衷奮乾剛群議不能移斷然必行而莫之沮故能保大定功漢元帝以優游不斷卒亡漢祚唐憲宗以果斷破蔡中興此其效也十四

擴充誠明以絕猜阻夫逆詐億不信聖人所譏推誠待物王者之明也一切小數以干聖聽者皆宜罷絕十五明賞罰以定功過有功不賞有罪不誅雖堯舜不能以善治天子無他職事只分別君子小人定其功過而賞罰之此其職也十六定儲貳以塞亂階國家數朝代立之際皆仰推戴故近世以來幾致于亂不早定儲貳之失也若儲貳早定上下無所覬覦則一日莫敢爭者且使朝夕視膳或出而撫軍守而監國練達政事此盛事也

順帝時監察御史脫脫穆而言去歲河南之賊窺伺河北惟河南與山東互相策應為害尤大為今之計中書當遴選能將就太不花吞失八都魯阿魯三處軍馬內擇其精銳以守河北進可以制河南之侵退可以攻山東之寇庶幾無虞從之

歷代名臣奏議卷之一百一

守成

漢惠帝時曹參為相國子窋為中大夫帝怪參不治事以為豈少朕與乃謂窋曰若歸試私從容問而父曰高帝新棄群臣帝富於春秋君為相日飲無所請事何以憂天下乎然無言吾告若也窋既洗沐歸閒侍自從其所諫參參怒笞窋三百曰趣入侍天下事非若所當言也至朝時惠帝讓參曰與窋胡治乎乃者我使諫君也參免冠謝曰陛下自察神武孰與高帝上曰朕乃安敢望先帝乎曰陛下觀臣能孰與蕭何賢上曰君似不及也參曰陛下言之是也且高帝與蕭何定天下法令既明今陛下垂拱參等守職遵而勿失不亦可乎惠帝曰善君休矣

哀帝即位初多改成帝之政更易大臣策免何武歸汎鄉侯國大司空師丹乃上書言古者諒闇不言聽於冢宰三年無改於父之道前大行在堂

而官爵臣等以及親屬赫然貴寵詔書比下變動政事卒暴無漸臣不能明陳大義復不能牢讓爵位相隨空受封侯增益陛下之過間者郡國多地動水出流殺人民日月不明五星失行此皆舉錯失中號令不定法度失理陰陽溷濁之應也人情無子雖六七十猶博取而廣求孝成皇帝獨以壯年克己立陛下為嗣及棄天下陛下繼體四海安寧百姓不懼此先帝聖德當合天人之功也臣聞天威不違顏咫尺願陛下深思先帝所以建立陛下之意且克己躬行以觀群下之從化天下者陛下之家也肺附何患不富貴倉卒若是其不長久矣

東漢光武時馮異自長安入朝帝謂公卿曰是我起兵時主簿也為吾披荊棘定關中乃賜珍寶錢帛詔曰倉卒蕪蔞亭豆粥虖沱河麥飯厚意久不報異稽首謝曰臣聞管仲謂桓公曰願君無忘射鉤臣無忘檻車齊國賴之臣今願國家無忘河北之難小臣不敢忘巾車之恩留十餘日乃還

唐貞觀間太宗謂侍臣曰自古帝王亦不能常化假令內安必有外擾當今遠夷率服百穀豐稔賊盜不作內外寧靜此非朕一人之力實由公等共相匡輔然安不忘危理不忘亂雖知今日無事亦須思其終始常得如此始是可貴魏徵對曰自古已來元首股肱不能備具或時君稱聖臣即不賢或遇賢臣即無聖主今陛下聖明所以致理向若直有賢臣而君不思化亦無所益天下今雖太平臣等猶恐未以為喜惟願陛下居安思危孜孜不怠耳帝又嘗謂侍臣曰自古人君為善者多不能堅守其事漢高祖泗上一亭長耳初能拯危誅暴以成帝業然更延十數年縱逸之敗亦不可保何以知之孝惠為嫡嗣之重溫恭仁孝而高帝惑於愛姬之子欲行廢立蕭何韓信功業甚高蕭既妄繫韓亦濫黜自餘功臣黥布之輩懼而不安以至反逆君臣父子之間悖謬若此豈非難保之明驗也朕所以不敢恃天下之安每思危亡之事以自戒懼用保其終

太宗謂公卿曰朕端拱無為四夷咸服豈朕一人之所致實賴諸公之力耳當思善始令終永固鴻業子子孫孫遞相輔翼使豐功厚利令數百年後讀我國史鴻勳茂業粲然可觀豈唯稱隆周盛漢及建武永平故事而已哉房玄齡進曰陛下撝挹之志推功群下致理昇平本關聖德臣下何力之有唯願陛下有始有卒則天下永賴太宗又曰朕觀古先撥亂之主皆年踰四十唯光武年三十三但朕年十八舉兵年二十四遂平天下年二十九昇為天子此則武勝於古也少從戎旅不暇讀書貞觀以來手不釋卷知風化之本見政理之源行之數年天下大理風移俗變子孝臣忠此又文過於古也昔周秦以降戎狄內侵今戎狄稽顙皆為臣妾此又懷遠勝古也此三者朕何德以堪之既有此功業何得不善始慎終耶

太宗謂侍臣曰帝王之業草創與守成孰難尚書左僕射房玄齡對曰天地草昧群雄競起攻破乃降戰勝乃剋由此言之草創為難魏徵對曰帝

王之起必承衰亂覆彼昏狡百姓樂推四海歸命天授人與乃不為難然既得之後志趣驕逸百姓欲靜而徭役不休百姓凋殘而侈務不息國之衰弊恒由此起以斯而言守成則難太宗曰玄齡昔從我定天下備嘗艱苦出萬死而遇一生所以見草創之難也魏徵與我安天下慮生驕逸之端必踐危亡之地所以見守文之難也今草創之難既已往矣守文之難當思與公等慎之

太宗又謂侍臣曰平定天下朕雖有其事守之失圖功業亦復難保秦始皇初亦平六國據有四海及末年不能善守實可為戒公等宜念公忘私則榮名高位可以克終其美魏徵對曰臣聞之戰勝易守勝難陛下深思遠慮安不忘危功業既彰德教復洽恒以此為政宗社無由傾敗矣

太宗又嘗謂侍臣曰自古草創之主至子孫多亂何也司空房玄齡曰此為幼主生長深宮少居富貴未嘗識人間情偽理國安危所以為政多亂

太宗曰公意推過於主朕則歸咎於臣夫功臣子弟多無才行藉祖父資蔭遂處大官德義不修奢縱是好主既幼弱臣又不才顛而不扶豈能無亂隋煬帝録宇文述在藩之功擢化及於高位不思報效翻行弒逆此非臣下之過歟朕發此言欲公等戒勗子弟使無愆犯即國家之慶也

宋太宗時翰林承旨蘇易簡嘗直禁中以水試欹器上密聞之因晚朝問曰卿所玩得非欹器耶易簡曰然江南徐邈所作也命取試之易簡進曰臣聞日中則昃月滿則虧器盈則覆物盛則衰願陛下持盈守成慎終如始以固丕基則天下幸甚

哲宗元祐六年翰林學士梁燾上奏曰臣過被聖恩驅策得侍清光親聞德音要使靜而不擾安而不危內惠中國外綏四方日隆廣問未嘗不及政事之得失臣同天下慶幸陛下聰明可謂知要矣如君臣同德共行此道數年之間必復見仁宗至治之時比覩朝廷之事似未副聖明之本意者臣甚惑之豈大臣不能將明德善究宣膏澤以廣為宗社長久安寧之計歟或者聖意稍怠奸人伺隙得進邪說以眩亂聰明歟臣早蒙知遇擢在言路納忠補報難同衆人不忍不為陛下一言也願陛下察臣之志少加聽焉臣聞論者曰致天下之治難守天下之治易臣獨曰致之為易而守之為難也蓋自古人主圖治之初莫不急於求賢渴於聞諫得一善惟恐未能行見一不善惟恐不能去潛心於萬事幽微之無形用意於衆人思慮之不到兢兢業業不敢暇豫終至於安樂而無事此天下之治所以致之為易也亦既治矣而放其心氣日益驕志日益怠謂賢者得矣而忽於求謂善言盡矣而厭於聽謂事之微者為不足慮謂患之隱者為不足防姦生而不察禍萌而不悟故終致於敗亂而莫之救此天下之治

所以守之為難也易曰君子安不忘危治不忘亂又既濟卦之象曰君子以思患而豫防之蓋安有危之理治有亂之機既濟而猶思禍患之潛伏此皆聖人戒懼於治安無患之時者也恭惟陛下臨御七年于今進賢去佞協天下之公興利除害同百姓之欲刑罰清平賦歛均節奸究已銷兵革略戢歲物豐穰民力寬暇可謂有治之漸矣守而勿失治道可成正是兩宮持守至難之際也恭惟皇帝陛下進學不倦臨政不怠無宮室之好無聲樂之玩無佛老之惑無用武之蔽所以守之者有道矣恭惟太皇太后陛下仁敬明謹濟以大公判別讒邪裁抑僥倖聽斷之間事理常盡照臨之下物無徇情此堯舜之用心也而臣之區區尚以為憂者竊恐陛下以未成之治為已大治以小康之俗為可久安包桑之慮日懈于心朽索之畏不及於前蓋積累而成者為至難怠忽而敗之者為至易臣區區之忠蓋已面

陳伏望陛下不以臣言為愚審思而力行之臣屢蒙聖恩降旨開納
臣未敢以為喜書曰知之非艱行之惟艱又曰戒哉儆戒無虞願陛
下必行可聽之言儆戒無虞之事延洪無疆之休天下幸甚
紹聖元年門下侍郎蘇轍上奏曰臣伏見御試策題歷詆近歲行事
有欲復熙寧元豐故事之意臣備位執政不敢不言然臣切料陛下
本無此心其必有妄意陛下牽於父子之恩不復深究是非遠慮安
危故勸陛下復行此事此所謂小人之愛君取快於一時非忠臣之
愛君以安社稷為悅者也臣切觀神宗皇帝以天縱之才行大有為
之志其所設施度越前古蓋有百世而不可變者矣臣請為陛下指
陳其略先帝在位近二十年而終身不受尊號裁損宗室恩止袒免
減朝廷無窮之費出賣坊場雇募衙前免民間破家之患黜罷諸
科誦數之學訓練諸將慵惰之兵置寄祿之官復六曹之舊嚴重祿
之法禁交謁之私行淺攻之策以折西戎之狂收六色之錢以寬雜
役之困其微至於設抵當賣熟藥凡如此類皆先帝之聖謨睿筭有
利無害而元祐以來上下奉行未嘗失墜者也至如其他事有失當
何世無之父作之於前而子救之於後前後相濟此則聖人之孝也
昔漢武帝外事四夷內興宮室財賦匱竭於是修鹽鐵榷酤平準均
輸之政民不堪命幾至大亂昭帝委任霍光罷去煩苛漢室乃定光
武顯宗以察為明以讖決事上下恐懼人懷不安章帝即位深鑒其
失代之以寬愷弟之政後世稱焉及我本朝真宗皇帝右文偃革號
稱太平而群臣因其極盛為天書之說及章獻明肅太后臨御攬大
臣之議藏書梓宮以泯其迹及仁宗聽政亦絕口不言至今韙之英
宗皇帝自藩邸入繼大臣過計創起濮廟之議洶洶者數年及先帝
嗣位或請復舉其事寢而不答遂以安靖夫以漢昭章之賢與吾仁

宗神宗之聖豈其薄於孝敬而輕事變易也哉蓋事有不可以廟社
為重故也是以子孫既獲孝敬之實而父祖不失聖明之稱此真明
君之所務不可與流俗議也臣不勝區區願陛下反覆臣言切勿輕
事改易若輕變九年已行之事擢任累歲不用之人懷私忿而以先
帝為詞則大事去矣臣不勝憂國之心冒犯天威甘俟譴責
元符三年陸佃自蔡州召還上奏曰臣伏覩陛下即政之初乾清坤夷
玉燭明潤臣民欣戴無有遠邇惟知鼓舞懽呼恭惟陛下仁孝慈儉
粹然天成聖神之姿人久屬望加以溫恭好問學有光明方將紹承
謨烈以登太平如臣凡陋首與收召臣誠不自揆願效涓塵之微竊
見神宗皇帝聰明文思延登真儒建立法度布在四方以幸天下後
世而元祐之際輒見詆譏紹聖以來又皆稱頌夫事無當否一切紛
更國有常刑固在不赦然理有損益不無廢續惟務稱揚亦已過矣
爾雅曰賡揚續也夫續前人未必因前所為利則賡之善者揚焉是
為善續詩書所稱後世詠嘆不息是也若元祐紛更是知廢之而已
不知揚之之罪也紹聖以來率皆稱美是知揚之而已未知廢之之
過也伏願陛下咨諏仁賢詢考政事有廢有揚以續大前人之光惟
其時物與其當之為貴大中之期實在今日伏惟聖神采擇
徽宗時左正言任伯雨上奏曰臣聞有為則艱難無為則逸樂孔子
曰無為而治者其舜也歟繼堯故也太祖太宗以艱難創業神考以
艱難革弊皆不可以無為故大有為然而神考晚年事功已就漸欲
無為與民休息況繼述裕陵之事而可以有為乎臣謂陛下之繼神考
猶舜之繼堯當無為而已然恐生事之臣或以為非則前代有曹參
之問我家有真祖之言取而用之在陛下耳漢之曹參問惠帝曰陛
下自察聖武孰與高皇帝惠帝曰朕乃安敢望先帝參曰陛下之言

是也。真宗有言曰。二聖功業英睿。朕安敢上擬。蓋以太祖太宗為不可及也。臣謂推遜其先。以謙為孝。可以立本。可以趨時。故曰。取而用之在陛下耳。

欽宗靖康元年。晁說之上奏曰。臣伏覩陛下即位之初。發明詔修祖宗故事。天下幸甚。臣竊以祖宗制度宏遠。未易究觀。必先得其要以盡其微。恭惟太祖皇帝受天丕命。削平僭亂。混一區宇。基業太平。夐出百王之上。宜世世守之。罔或差忒。倘少變易。則禍亂隨之。周人謹文武之緒。漢家必曰。天下者高祖之天下。又曰。此高皇帝之法也。有宋之初。太祖實曰同符。繼而太宗皇帝躬甲冑從太祖。不自以為能。常視若不足。惟太祖之法令是守。恐少失之。設如太宗時。即得好奇務新之士。變更太祖之規模。竊恐五代之變。未必不復出也。重惟太祖太宗一德同功。古未之有。宜乎真宗皇帝肇建南郊並配之儀。國家之盛。曰咸平景德。仁宗恭儉在位四十二年。日昃一日。未嘗一言自大。未嘗一言自矜。惟畏民愛士。今四夷猶聞其風而歎息焉。國家聖聖重熙。率由此道也。臣愚願陛下無忘太祖之創業。太宗之善守。真宗之清淨。仁宗之恭儉。以增七廟之德。天下幸甚。

高宗時。洪邁進故事曰。唐書魏徵謂唐太宗曰。昔齊桓公與管仲鮑叔牙甯戚四人者飲。桓公請叔牙曰。盍起為寡人壽。叔牙奉觴而起曰。願公無忘在莒時。使管仲無忘束縛於魯時。甯戚無忘飯牛時。桓公避席而謝曰。寡人與二大夫能無忘夫子之言。則社稷不危矣。太宗曰。朕不敢忘布衣時。公不得忘叔牙之為人也。

臣聞聖人不畏多難。而畏無難。何哉。方其多難。兢兢業業。朝思夕惟。如朽索之馭六馬。如抱火之厝積薪。慎之重之。安危存亡之念一日不敢忘於心。故雖艱難多事之時。而治功可指日以幾。無難之世。上恬下熙。賢不肖並進。治功日隳。雖以盛大之業。久安之勢。其危且亂。蓋不旋踵致也。唐太宗更百戰以得天下。而持盈守成之念。未嘗少弛。魏徵猶且慮其不終。一話一言。形之諷諫。及其嘆高昌之亡。徵至援鮑叔牙之言以對。太宗為之御顧。有不敢忘布衣之語。明良契合如此。故二十三年間。功業烜赫。外戶不閉。幾致措刑。視貞觀之初。曾不少減。向使太宗功成治定之後。拂亂其所為。臣恐救亡之不暇。安能垂祀三百。後世有以憑藉扶持者哉。彼梁武帝忘襄陽之危。而有臺城之辱。唐莊宗忘河上之戰。而有同光之禍。二君豈不躬冒矢石以取天下哉。而其終如此。嗚呼。何足以語太宗之盛耶。

元順帝至順二年。監察御史陳思謙上言曰。秦漢以來。上下二千餘年。天下一統者六百餘年而已。我朝開國百有餘年。混一六十餘年。

土宇人民。三代漢唐所未有也。民有千金之產。猶謹守之以為先人所營。况君臨天下。承祖宗艱難之業。而傳祚萬世者乎。臣愚以興亡懇懇言者。誠以皇上有元之聖主。今日乃皇上盛時。圖治之機。茲不可失也。

歷代名臣奏議卷之一百二

都邑

晉侯謀去故絳諸大夫皆曰必居郇瑕氏之地沃饒而近盬國利君樂不可失也韓獻子將新中軍公揖而入曰何如對曰不可郇瑕氏土薄水淺其惡易覯易覯則民愁民愁則墊隘於是乎有沈溺重膇之疾不如新田土厚水深居之不疾有汾澮以流其惡且民從教十世之利也夫山澤林盬國之寶也國饒則民驕佚近寶公室乃貧不可謂樂公說從之遷于新田

漢高帝五年劉敬戍隴西過洛陽高帝在焉劉敬脫輓輅衣其羊裘見齊人虞將軍曰臣願見上言便事虞將軍欲與之鮮衣劉敬曰臣衣帛衣帛見衣褐衣褐見終不敢易衣於是虞將軍入言上上召入見賜食已而問劉敬劉敬說曰陛下都洛陽豈欲與周室比隆哉上曰然劉敬曰陛下取天下與周室異周之先自后稷堯封之邰積德累善十有餘世公劉避桀居豳大王以狄伐故去豳杖馬箠居岐國人爭隨之及文王為西伯斷虞芮之訟始受命呂望伯夷自海濱來歸之武王伐紂不期而會孟津之上八百諸侯皆曰紂可伐矣遂滅殷成王即位周公之屬傅相焉迺營成周洛邑以此為天下之中也諸侯四方納貢職道里均矣有德則易以王無德則易以亡凡居此者欲令周務以德致人不欲依阻險令後世驕奢以虐民也及周之盛時天下和洽四夷鄉風慕義懷德附離而並事天子不屯一卒不戰一士八夷大國之民莫不賓服效其貢職及周之衰也分而為兩天下莫朝周不能制也非其德薄也而形勢弱也今陛下起豐擊沛收卒三千人以之徑往而卷蜀漢定三秦與項羽戰滎陽爭成皋之口大戰七十小戰四十使天下之民肝腦塗地父子暴骨中野不可勝數哭泣之聲未絕傷痍者未起而欲比隆於成康之時臣竊以為不侔也且夫秦地被山帶河四塞以為固卒然有急百萬之衆可具也因秦之故資甚美膏腴之地此所謂天府者也陛下入關而都之山東雖亂秦之故地可全而有也夫與人鬬不搤其肮拊其背未能全其勝也今陛下入關而都案秦之故地此亦搤天下之肮而拊其背也高帝問群臣群臣皆山東人爭言周王數百年秦二世即亡不如都周上疑未能決及留侯明言入關便即日車駕西都關中

劉敬說上都關中上疑之左右大臣皆山東人多勸上都雒陽雒陽東有成皋西有殽黽背河向雒其固亦足恃張良曰雒陽雖有此固其中小不過數百里田地薄四面受敵此非用武之國夫關中左殽函右隴蜀沃野千里南有巴蜀之饒北有胡苑之利阻三面而固守獨以一面東制諸侯諸侯安定河渭漕輓天下西給京師諸侯有變順流而下足以委輸此所謂金城千里天府之國劉敬說是也於是上即日駕西都關中

晉簡文帝時桓溫欲經緯中國以河南粗平將移都洛陽朝廷畏溫不敢為異而北土蕭條人情疑懼雖並知不可莫敢先諫著作郎孫綽乃上疏曰伏見征西大將軍臣溫表便當躬率三軍討除二寇蕩滌河渭清灑舊京然後神旂電舒朝服濟江反皇居於中土正玉衡於天極斯超世之宏圖千載之盛事然臣之所懷竊有未安以為帝王之興莫不藉地利人和以建功業貴能以義平暴因而撫之懷愍不建淪胥秦京遂令胡戎交侵神州絕綱土崩之釁誠由道喪然中夏蕩蕩一時橫流百郡千城曾無完郛者何哉亦以地不可守投奔有所故也天祚永革中宗龍飛非惟信順協於天人而已實賴萬里長江畫而守之耳易稱王公設險以守其國險之時義大矣哉斯已然之明效也今作勝談自當任道而遺險校實量分不得不保小以固存自喪亂已來六十餘年蒼生殄滅百不遺一河洛丘墟函夏蕭條井堙木刊阡陌夷滅生理茫茫永無依歸播流江表已經數世存者長子老孫亡者丘隴成行雖北風之思感其素心目前之哀實為

交切若遷都旋軫之日中興五陵即復緬成遐域泰山之安既難以理保烝烝之思豈不纏於聖心哉溫今此舉誠欲大覽始終為國遠圖向無山陵之急亦未首決大謀獨任天下之至難也今發憤忘食忠慨亮到凡在有心孰不致感而百姓震駭同懷危懼者豈不以反舊之樂賒而趣死之憂促哉何者植根於江外數十年矣一朝拔之頓驅踧於空荒之地提挈萬里踰險浮深離墳墓棄生業富者無三年之糧貧者無一飡之飯田宅不可復售舟車無從而得捨安樂之國適習亂之鄉出必安之地就累卵之危將頓仆道塗飄溺江川僅有達者夫國以人為本疾寇所以為人衆喪而寇除亦安所取哉此仁者所宜哀矜國家所宜深慮也自古今帝王之都豈有常所時隆則宅中而圖大勢屈則遵養以待會使德不可勝家有三年之積然後始可謀太平之事耳今天時人事有未至者矣一朝欲一宇宙無乃頓而難舉乎臣之愚計以為且可更遣一將有威名資實者

先鎮洛陽於陵所築二壘以奉衛山陵掃平梁許清一河南運漕之路既通然後盡力於開墾廣田積穀漸為徙者之資如此賊見亡徵勢必遠竄如其迷逆不化復欲送死者南北諸軍風馳電赴若身手之救痛痒率然之應首尾山陵既固中夏小康陛下且端委紫極增脩德政躬行漢文簡樸之至去小惠節游費審官人練甲兵以養士滅寇為先十年行之無使隳廢則貧者殖其財怯者先其勇人知天德赴死如歸以此致政猶運諸掌握何故捨百勝之長理舉天下而一擲哉陛下春秋方富溫克壯其猷君臣相與弘養德業括囊元吉豈不快乎今溫唱高議聖朝互同臣以輕微獨獻管見出言之難實在今日而臣區區必聞天聽者切以無諱之朝狂瞽進說芻蕘之謀聖賢所察所以不勝至憂觸冒干陳若陛下垂神溫少留思豈非屈於一人而允億兆之願哉如以干忤罪大欲加顯戮使丹誠上達退受刑誅雖沒泉壤尸且不朽

宋孝武帝大明二年朝議欲依古制置王畿揚州移治會稽猶以星變故也尚書吏部郎沈懷文曰周制封畿漢置司隸各因時宜非好相反安民寧國其揆一也苟民心所安天亦從之未必改今追古乃致平壹神州舊壤歷代相承異於邊州或罷或置既物情不說容虧化本上不從

梁元帝承聖二年下詔將還建康將軍胡僧祐黄羅漢宗懍劉㲄諫曰建業王氣已盡與虜止隔一江若有不虞悔無及也上令朝臣議之朱買臣上言曰建康舊都山陵所在荊鎮邊疆非王者之宅願陛下勿疑以致後悔臣家在荊州豈不願陛下居此但恐是臣富貴非陛下富貴耳

後魏孝文帝外示南討意在謀遷齋於明堂左个詔太常卿王諶親令龜卜易筮南伐之事其兆遇革帝曰此是湯武革命順天應人之卦也羣臣莫敢言任城王澄進曰易言革者更也將欲應天順人革君臣之命湯武得之為吉陛下帝有天下重光累葉今曰卜征乃可伐叛不得云革命此

非君人之卦未可全為吉也帝厲聲曰象云大人虎變何言不吉也澄曰陛下龍興既久豈可方同虎變帝勃然作色曰社稷我社稷任城而欲沮衆也澄曰社稷誠知陛下之社稷然臣是社稷之臣子豫參顧問敢盡愚衷高祖既銳意必行惡澄此對久之乃解曰各言其志亦復何傷車駕還宮便召澄未及昇階遙謂曰向者之革卦今更欲論之明堂之忿懼衆人競言阻我大計故厲色怖文武耳想解朕意也乃獨謂澄曰今日之行誠知不易但國家興自北土徙居平城雖富有四海文軌未一此間用武之地非可文治移風易俗信為甚難崤函帝宅河洛王里因茲大舉光宅中原任城意以為何如澄曰伊洛中區均天下所據陛下制御華夏輯平九服蒼生聞此應當大慶帝曰北人戀本忽聞將移不能不驚擾也澄曰此既非常之事當非常之人所知唯須決之聖懷此輩亦何能為也高祖曰任城便是我之子房加撫軍大將軍太子少保又兼尚

書左僕射
隋文帝嫌長安城制度狭小將遷都夜與高熲蘇威二人定議散騎常侍庾季才旦而奏曰臣仰觀玄象俯察圖記龜兆允襲必有遷都且堯都平陽舜都冀土是知帝王居止世代不同且漢營此城經今將八百歲水皆鹹鹵不甚宜人願陛下恊天人之心為遷徙之計高祖愕然謂熲等曰是何神也遂發詔創新都于龍首山
唐武后時麟臺正字陳子昂上諫靈駕入京書曰臣聞明主不惡切直之言以納忠烈士不憚死亡之誅以極諫故有非常之策者必待非常之時有非常之時者必待非常之主然後危言正色抗議直辭赴湯鑊而不迴至誅夷而無悔豈徒欲詭世誇俗猒生樂死者哉實以為殺身之害小存國之利大故審計定議而甘心焉况乎得非常之時遇非常之主言必獲用死亦何驚千載之跡將不朽於今日矣伏

惟大行皇帝遺天下棄羣臣萬國震驚百姓屠裂陛下以徇齊之聖承宗廟之重天下之望喁喁如也莫不冀蒙聖化獲保餘年太平之主將復在於今日矣况皇太后又以文母之賢叶軒宮之耀軍國大事遺詔决之唐虞之際於斯盛矣臣伏見詔書梓宮將遷西京鑾輿亦欲陪幸計非上策智者失圖廟堂未聞骨鯁之謀朝廷多有順從之議愚臣竊惑以為過矣伏自思之生聖日沐皇風摩頂至踵莫非亭育不能歷丹鳳抵濯龍北面玉階東望金屋抗音而正諫者聖王之罪人也所以不顧萬死乞見一言願蒙聽覧甘就鼎鑊伏惟陛下察之臣聞秦據咸陽之時漢都長安之日山河為固天下服矣然猶北假胡苑之利南資巴蜀之饒自渭入河轉闗東之粟踰沙絕漠致山西之寳然後能削平天下彈壓諸侯長轡利策横制宇宙今則不然燕代迫匈奴之侵巴隴嬰吐蕃之患西蜀疲老千里贏糧北國丁

男十五乘塞歲月奔命其弊不堪秦之首尾今為闗矣即所餘者獨三輔之間耳頃遭荒饉人被荐飢自河而西無非赤地循隴已北罕逢青草莫不父兄轉死妻子流離委家喪業膏原潤莽此朝廷之所備知也賴以宗廟神靈皇天悔禍去歲薄稔前秋稍登使羸瘵之餘得保性命天下幸甚可謂厚矣然則流人未返田野尚蕪白骨縱横阡陌無主至於蓄積猶可哀傷陛下不料其難貴從先意遂欲長驅大駕按節秦京千乘萬騎何方取給况山陵初制穿復未央土木工匠必資徒役今欲率疲弊之衆興數萬之軍徵發近畿鞭撲羸老鑿山採石驅以就功但恐春作無時秋成絕望凋瘵遺噍一作黎再罹飢苦倘不堪其弊必有逋逃子來之頌其將何詞以述之此亦宗廟之大機不可不深一作審圖也况國無兼歲之儲家鮮匝時之蓄一旬不雨猶可深憂忽加水旱人何以濟陛下不深察始終獨違羣議臣恐

三輔之弊不止如前日矣且天子以四海為家聖人包六合為宇宙歷觀邃古以至于今何嘗不以三王為仁五帝為聖故雖周公制作夫子著明莫不著述堯舜憲章文武為百王之鴻烈作千載之雄圖然而舜死陟方葬蒼梧而不返禹會群后歿稽山而永終豈非愛蠻夷之鄉而鄙中國哉實欲將示聖人之無外也故能使墳籍以為美談帝王以為高範况我巍巍大聖轢帝登皇日月所照莫不率俾何獨秦豐之地可置山陵河洛之都不堪園寢陛下豈不察之愚臣竊為陛下惜也且景山崇麗秀冠羣峯北對嵩邙西望汝海居祝融之故地連太昊之遺墟帝王圖跡縱横左右園陵之美復何加焉陛下曾未察之謂其不可愚臣鄙見良足尚矣况瀍澗之中天地交會北有太行之險南有宛葉之饒東壓江淮食湖海之利西馳崤澠據闗河之寳以聖明之孝養淳粹之人天下和平恭己正南面而已陛下

不思瀍洛之壯觀關隴之荒蕪遂欲棄太山之安履焦原之險忘神器之大寶徇曾閔之小節愚臣暗昧以為甚也陛下何不覽諫臣之策採行路之謠諮謨太后平章宰輔使（一作協）蒼生之望知有所安天下豈不幸甚昔者平王遷周光武都洛山陵寢廟不在東京宗社墳塋並居西土然而春秋美為始王漢書載為代祖豈其不顧孝哉何聖賢褒貶於斯濫矣實以時有不可事有不（一作如）然蓋欲遺小存大去禍歸福聖人所以為貴也夫小不忍而亂大謀仲尼之至誠願陛下察之若以臣愚不用朝議遂行臣恐關隴之憂無時休息臣又聞太原蓄巨萬之倉洛口積天下之粟國家之寶斯為大矣今欲捨而不顧背以長驅有識寒驚天下失望倘鼠竊狗盜萬一不圖西入陝州之郊東犯武穴之鎮盜敖倉一抔之粟陛下何以禦遏之此天下之至機不可不深懼也雖則盜未旋踵誅刑已及滅其九族焚其妻子泣辜雖恨將何及焉故曰先謀後事者逸先事後圖者失國之利器不可以示人斯言不徒設也固願陛下念之臣西蜀野人本在林藪幸屬交泰得遊王國故知不在其位者不謀其政亦欲退身巖谷滅跡朝廷竊感婁敬委輅干非其議圖漢策於萬全取鴻名於千古臣何獨怯而不及之哉所以敢觸龍鱗死而無恨庶萬有一中或乘察焉臣子昂誠惶誠恐死罪死罪

代宗時郭子儀為京城留守自變生倉卒賴子儀復安故天下皆咎程元振羣臣數論奏元振懼乃說帝都洛陽帝可其計子儀奏曰雍州古稱天府右隴蜀左崤函襟馮終南太華之險背負清渭濁河之固地方數千里帶甲十餘萬兵彊士勇真用武之國秦漢所以成帝業也後或處而泰去而亡者不一姓故高祖先入關定天下太宗以來居洛陽者亦鮮先帝興朔方誅慶緒陛下席西土戮朝義雖天

道助順亦地勢則然比吐蕃馮陵而不能抗者臣能言其略夫六軍皆市井人竊虛名逃實賦一日驅以戰有百奔無一前又宦豎掩迷庶政荒奪遂令陛下彷徨暴露越在陝服斯委任失人豈秦地非良哉今道路流言不識信否咸謂且都洛陽洛陽自大盜以來焚埃略盡百曹榛荒寰服不滿千戶井邑如墟豺狼羣嘷東薄鄭汴南界徐北綿懷衛及相千里蕭條亭舍不烟何以奉萬乘牲餼供百官次舍哉且地狹阨裁數百里險不足防適為鬭場陛下意者不以京畿新羅剽蹂國用不足乎昔衛為狄滅文公廬于曹衣大布之衣冠大帛之冠卒復舊邦况赫赫天子躬儉節用寧為一諸侯下哉臣願陛下斥素餐去冗食抑閹寺任直臣薄征弛役卹隱撫鰥委宰相以簡賢任能付將臣以訓兵禦侮則中興之功日月可冀惟時邁亟還見宗廟謁園陵再造王家以幸天下帝得奏泣謂左右曰子儀固社稷臣也朕西決矣乘輿還子儀頓首請罪帝勞曰用卿晚故至此乃賜鐵券圖形凌烟閣

昭宗乾寧初朱朴擢國子毛詩博士上書言當世事議遷都曰古王者不常厥居皆觀天地興衰隨時制事關中隋家所都我實因之凡三百歲文物資貨奢侈僭偽皆極焉廣明巨盜陷覆宮闕局署帑藏里閭井肆所存十二比幸石門華陰十二之中又亡八九高祖太宗之制蕩然矣夫襄鄧之西夷漫數百里其東漢輿鳳林為之關南菊潭環屈而流屬於漢西有上洛重山之險北有白崖聯絡乃形勝之地沃衍之墟若廣浚漕渠運天下之財可使大集自古中興之君去已衰之衰就未王而王今南陽漢光武雖起而未王也臣視山河壯麗處多故都已盛而衰難可興已江南土薄水淺人心囂浮輕巧不可以都河北土厚水深人心彊愎狠戾不可以都惟襄鄧實惟中原

人心質良去秦咫尺而有上洛為之限永無夷狄侵軼之虞此建都之極選也不報

宋仁宗時陝西四路安撫沿邊招討使范仲淹上論修建北京狀曰臣危言孤立久荷聖知當此盱晏之憂豈可循默自守雖以言而取罪亦以盡臣子之心臣先於景祐三年五月初在開封府曾進劄子言西洛帝王之宅絕無儲備乞聖慈以將有朝陵為名使東道有餘則運而西上西道有餘則運而東下數年之間庶幾有備太平則居東京舟車輻輳之地以便天下急難則守西洛山河之宅以保中原當時臣言西洛可營者以備急難也今北事既動營洛已晚臣今別有愚見請一二以陳之臣竊聞修建北京以禦大敵以臣料之可張虛聲未可為倚何哉河朔地平去邊千里胡馬豪健晝夜兼馳不十數日可及澶淵陛下乘輿一動千乘萬騎非數日可辦倉卒之間胡馬已近欲進北

京其可及乎此未可一也又承平已久人不知戰聞寇大至羣情憂恐陛下引憂恐之師進涉危地或有驚潰在爪牙之臣誰能制之此未可二也又北京四面盡平絕無險阨之地儻乘輿安然到彼而胡馬旁過直趨河南於澶淵四面乘凍而渡京師無備將何以支宗廟社稷宮禁府庫皇宗戚里之屬千官百辟之家六軍萬民盂屬盡在無金城湯池可倚無堅甲利兵可禦陛下行在河朔心存京師豈無回顧之大憂乎此未可三也假使大河未凍寇不得渡而直圍守澶淵聲言向闕以割地會盟為請當此之時京師無備胡塵俯逼陛下能堅守不動而拒請乎唐明皇時祿山為亂舊將哥舒翰以四十萬兵屯守潼關請不出戰且以困賊楊國忠促令進討一戰大敗遂陷長安今京師無備寇或南牧朝廷必促河朔諸將出兵截戰萬一不勝則有天寶之患朝廷將安往乎昔煬帝盤遊淮甸遺遠關中唐祖據之隋室遂傾明皇出幸西蜀非肅宗立于朔方天下不復為唐矣德宗欲幸益郡李晟累奏乞且幸山南以繫人心乃知朝廷萬邦之根本今陝西河北聚天下之重兵如京師搖動違遠重兵則奸雄奮飛禍患四起臣聞天有九閽帝居九重是以王公法天設險以安萬國也易曰天險不可升地險山川丘陵王公設險以守其國正在今日矣臣請陛下速修東京高城深池軍民百萬足以為九重之備乘輿不出則聖人坐鎮四海而無煩動之勞鑾輿或出則大臣居守九重而無回顧之憂矣彼或謀曰邊城堅牢不可卒攻京師坦平而可深犯我若修固京師使不可犯則伐彼之謀而沮南牧之志矣寇入之淺則邊壘已堅寇入之深則都城已固彼請割地我可弗許也彼請決戰我可弗出也進不能為患退不能亡歸然後因而撓之逐則退之縱有鈔掠可邀可奪彼衰我振未必不大勝豈非陛下保社稷

安四海之全策哉或曰京師王者之居高城深池恐失其體臣聞後唐末契丹以四十萬衆送石高祖入朝而京城無備閔宗遂亡石晉時叛臣張彥澤引契丹犯闕而京城無備少主乃陷此皆無備而亡何言其失體哉臣但憂國家之患而不暇顧其失體也若以修築城隍為失體不猶愈於播遷之禍哉朝廷百辟必曉此事但懼譏者謂其失體而不敢言臣任在西陲非當請問而言此事誠冒入也然臣子之心豈敢忘君親之憂況臣素來愚拙唯知報國而不知其受謗矣昔奉春君負販之夫勸高祖都關中而張良贊之翌日命駕臣叨預近列而輒建言比之奉春君之僭未甚為過至於西洛帝王之宅太祖營修有意在子孫表裏山河接應東京之事勢連屬關陝之形勝又河陽據大川之險當河東之會要為西洛之北門又長安自古興王之都天下勝地皆願朝廷留意常委才謀重臣天下幸甚

宋庠論封畿上奏曰謹按周制王者都畿千里千里之地謂之寰內井田百萬是之自出兵強地正以制諸侯漢都關中亦分京兆馮翊扶風為三輔又取河南河內河東弘農四郡合三輔之劇遣司隸校尉以督之雖地非幅員侔于周制若其包山河之固冠郡國之首置使持節不與部刺史為等亦王畿之意也魏晉而下始以司隸之治為司州南北分爭名實始替然江左建國常以宰相帶揚州刺史朝廷根本此焉是賴至唐有天下復都長安乃因關河形便分州郡為十道而關內一道全是王畿雖無司隸之名猶以華同岐三州為上輔河南為東都而京畿都畿並置觀察使此皆強幹擾極統御庶邦國家因循五代即都于汴地非京邑之舊州無輔畿之實自祖宗以聖武神略剗平僭偽萬方臣妾會于京師雖城闕雄尊閭里繁衍而諸縣之外便屬他州州雖密迩即為別路畿內十六縣纔置提點官二

員人璅位卑降于漕運之局寧所謂尊甸服重王官者哉臣欲望略依周漢舊章以三京所環之州畫為畿內曹濮單陳蔡鄭滑等八州輔開封為中畿以孟汝二州輔河南為西畿以宿亳二州輔應天為東畿併三畿之州并曰近輔通置畿內觀察使一人以統之取臺省給舍為出入之資凡輔州並乞正除刺史取待制官以下正郎以上為出入之資俸秩班品異於列郡除去今日虛名之弊且示聖朝正官之漸然後舉畿內之籍均其租稅輕其繇役踵漢故事徙天下豪族內實三畿之州四面設關梁譏出入以嚴王制應禁兵營府分據寰內如此則海內震服而王室安矣

高宗時趙元鎮論西幸事宜狀曰臣昨奉聖訓條具目今事宜除已奏聞外臣竊惟東晉渡江全有淮甸羣賢協力僅保一隅亦以其外無陵侮之憂故也今強敵南侵視大江如履平地淮南故非我有而江左郡縣凡都會形勢之地悉經蹂踐其視東晉萬萬不侔矣雖欲立國於此其可得乎況能平定齊魯恢復晉趙定建極宅中之計惟關中與蜀區兵民可恃太祖皇帝時已有遷都之議陛下必欲經營中原當自關中始今關中半失之矣欲經營關中當自蜀中始欲幸蜀中當自荊南始雖然漢中鄰長安而興利隣秦鳳太平之久負販往來山谷險絕皆成蹊徑昨長安潰兵徑趨興元全無阻遏自興元趨劍門更無棧道而劍門兩間亦有捷路可至成都然則蜀中所恃之險尚須措置俟絕不通行然後可保張浚之行專委召集西兵未聞營魔守蜀也今岳鄂路通可擇使臣三兩人齎詔付浚及選除利州夔峽等路監司守臣委之協謀為守蜀之備俟浚回報然後決意西行且駐荊南徐圖所向為今日計無踰於此者謹具條畫下項臣嘗謂天下之事必有一定之論匹夫之謀一身商賈之謀一家亦不可

繆悠然轉徙終無所守況欲立國為久遠之業去歲四月初陛下發臨安幸建康慨然有克復中原之意臣嘗上言欲守江南當以淮為外戶乞早發諸將屯守淮南委杜充節制之兵既不遣充亦不行淮卒不守也後欲守江以民丁為兵以王義朴為使臣嘗上言民不足恃義朴不可用言卒不行而江亦不守也始議延幸不敢為戰守之策艱關水陸棲泊會稽及洪州失守復幸平江為決戰之議[illegible]而興國有警進不能前則移蹕四明自始及終元無定論[illegible]利之乎所遣海船不到則束手端坐更無脫免之計每思及此為之寒心故臣謂巡幸之宜顧以今歲為戒也今秋既不可再登海舶則捨上流荊襄之行無術矣臣區區愚陋不足仰承睿訓惟陛下決擇

元鎮又奏曰臣已具愚見仰瀆聖聰尚慮所言未究所蘊重為陛下陳之且車駕駐蹕所在天下之根本也外設藩籬之固中嚴堂陛之

居然後從中制外。運動得宜。辟之人身。有腹心。有手足。不可易置也。今捨二浙澤國險阻之區。而都建康顯敞衝要四達交爭之地。修飭宮城。移置官府。悉庫藏金帛隨之。不鑒維揚倉卒之禍。而為久遠安居之計。實臣所未諭也。若謂建康古帝王之宅。得形勢之利。然自堯舜三代秦晉而下。建都不一。各便其所宜。而未嘗相因。不聞後王之興。必居前王之地也。若謂址臨淮甸。足以係中原之心。便於進取之勢。然移蹕已復半年矣。進取之計果如何。中原之人歸者幾何。響應而起者又幾何。若謂易於號令。然前此兩經捍敵。車駕進臨。鼓作士氣。諸將奮勵。承命即前。倘朝廷威令不行。駕馭無術。雖在營壘中無益也。不考利害之實。不度時措之宜。採書生之高談。按史冊之故事。而先自致於顛危之地。乃曰欲圖恢復。臣竊以謂不可。雖然。臣知定都建康未為得策。而陛下苟因臣說遽議回鑾。臣亦以謂不可也。自

朝廷南渡。中外臣民莫不以恢復之說獻於陛下。臣自郎官歷臺諫至踐宰輔。前後進計於陛下。亦以此為先。陛下篤於孝悌。固亦未嘗不在是也。然而臣所期於陛下者。不忘恢復之念。常為恢復之謀。仰順天心。俯鑒人事。度德量力。觀釁而動。不敢輕舉而易發也。今恢復之勢已張。恢復之名已正。凡平日獻議之人。以謂恢復之功可跂而待。乃欲旋幸二浙。偷安目前。自為退縮削弱之計。必以陛下為不孝不悌之主。以臣為不忠不義之人。夫不孝不悌之名。固陛下不可受。而不忠不義之罪。臣亦安敢當之。此議論之臣他日必不見貸者。臣所謂欲議回鑾亦不可也。蓋一動移之間。便有強弱之勢。不可遽也。嗚呼。採虛名。忘實利。張虛聲。受實禍。其利害為如何。而浮言易動主聽易揺。使任責者難於致力。而天下之事所以易敗而無功也。今為陛下計。唯是委任羣臣。不責近效。俾畫前日措置之策。必取今日規

模之利。用副陛下孝悌之心。不難也。如臣怯懦愚闇。實不足以及此。人有能不能。前日之規模措置。臣之所能也。今日之規模措置。非臣之所能也。不強其所不能。古人所取也。今以不能之事責人以必能。其人敘身不顧也。赤族不恤也。其如國事何。進讀帷幄。雖不預國論。萬一陛下諮訪見及。臣之所言不過如此。其言非今日之宜。則其人難語以今日之責矣。然則何所用之。臣所以不避雷霆之怒。仰干斧鉞之誅。披寫血誠。控告陛下。誠不敢愉悅取容。以欺聰聽耳。伏幸察臣哀切之懇。曲垂惻隱之仁。恢廓網羅。保全腰領。投之於無用之地。臣雖死之日。猶生之年。

兩浙西路安撫使葉夢得上奏曰。右臣伏聞朝廷已命翁彥國經理建康。以備巡幸。竊惟國家定鼎汴陽。固萬世無窮之計。然而聖慮深遠。以為萬一之備。或有不得已者。則形勢所在不可不考。建康居東

南要津。實恃大江以為險。然自豫章而東。長沙而北。江陵而西。江行數千里。控扼之會。皆以武昌為襟帶。孫權建鼎足三方之勢。抗魏制蜀。倚為用武之地。故周瑜呂蒙因之以破曹操。擒關羽。晉元帝南遷。首命陶侃以龍驤將軍為太守。故蘇峻之亂。卒賴其効。宋齊之後。尊事朧蜀。不以為意。侯景長驅。無所忌憚。遂致梁禍。唐以鄂岳為一道觀察。嘗委以重人。至牛僧孺罷相。文宗復以鄂州為武昌軍。置節度使。特命僧孺守之。則歷代無制江湖之意。形勢大畧可見。唐雖都關中。與吳晉異。亦不敢忽也。至於所以夾輔建康者。又環之有五城。曰石頭城。曰冶城。曰臺城。曰苑城。曰新城。蓋大江之險。特可為之限隔。而所以守江者。必有為之捍禦。今惟新城在揚州之境。利害所繫差輕。其餘四城皆不可廢。韓滉鎮浙西。當朱泚之亂。潛修石頭城。人疑其異志。亦可知石頭城之為利。臣愚竊謂鄂州宜建為帥藩。宿以重

兵以爲建康之西門。石頭城當尋其故址興葺之。分備屯戍以護大江之守。然後建康可恃以固。伏望聖慈特命大臣參議施行。臣職忝論思。雖事非所部。顧在本日。臣夫顯自竭以冀秋豪之補。不敢以犯分爲嫌。輒獻其愚。干冒天威。臣無任惶懼激切屏營之至。

夢得爲江南東路安撫制置大使。又上宮室議曰。臣聞古者帝王宮室之制。不盡載於經。而略見於周官與禮。爲門者五。爲朝者三。爲寢與宮者皆六。所謂五門者。曰臯門。曰庫門。曰雉門。曰應門。曰路門。臯門先儒謂王城之門。庫門次之。宗廟社稷其內。雉門。王宮之門。故旁設兩觀。此五門之別也。所謂三朝者。曰外朝。曰內朝。曰燕朝。周官朝士掌外朝之法。凡公卿大夫公侯伯子男三公皆有定位。是謂外朝。司士掌朝儀之位。三公卿大夫王族故士虎士太僕太右皆有定位。是謂內朝。太僕掌王之服位。王眡治朝。則前王位而退。入亦如之。是謂燕朝。禮玉藻言王朝服以日視朝於內朝。退適內寢聽政。先儒謂外朝在庫門之外。凡國有大事。致萬民而詢焉則御之。內朝在路門之外。凡日視朝見羣臣則御之。燕朝在路門之內。凡日退而聽政則御之。此三朝之別也。所謂六寢六宮者。先儒以周官宮人掌王之六寢之脩爲言。謂路寢一。小寢五。蓋在路門之內。而六宮王后之居又在其後。視王之六寢。此六寢六宮之制也。秦漢而下。沿革不同。即唐之近制考之。唐以宣政爲前殿。謂之正衙。即周之內朝也。以紫宸爲便殿。謂之閤。即周之燕朝也。而無外朝。日御正衙見羣臣謂之常參。朔望薦食諸陵寢。有思慕之心。不能臨前殿。即喚仗入紫宸。謂之入閤。至五代。其禮寖廢。常參不復日見羣臣。惟大臣一朝便殿而已。後唐明宗即位。始詔百官五日一隨宰相入見便殿。謂之起居。本朝因唐之舊。參酌古制。更爲增損。今汴都南薰朱雀門宜爲古之雉門。以大慶

殿爲外朝。故歲旦大朝會則御之。而其門即應門也。以文德殿爲內朝。故月朔合六參官入見則御之。而其門即路門也。謂之過殿。其旁設東西閤門。則倣唐制以紫宸垂拱爲閤也。遇朔不過殿。則喚仗入閤而御紫宸。與望及五日百官一起居皆御之。以垂拱爲燕朝。則日御以聽政。蓋相仍唐室舊內增修。不得不然。今陛下既以建康爲別都。則視周洛邑與汴京。歲大朝會見百官御大慶。月朔過殿御文德。望與六參御紫宸。日御垂拱。此四殿有不可闕。而忌前不坐垂拱。與吏部引見選人軍頭司呈試武藝等。本朝所增。蓋又有崇政後殿講筵有邇英殿。亦不可廢。此典禮所在。將以垂後經遠。固宜參備。端門亦當增爲三門。以正天子之禮。則朝羣臣莅四夷賦政出令。行禮正名。上擬洛邑。決不失祖宗之意。若夫高下之度廣狹之數。則先王初不爲定制。各視時而爲之。商之重屋堂高三尺。周之明堂高九尺。若禹卑宮室。則夏之世室。其高一尺而已。其高下固不等也。周之路門不容乘車之五箇。爲丈有六尺五寸。應門二徹三箇。爲二丈四尺。其廣狹固不同也。恭惟陛下以寬仁信兆民。以惇朴先天下。聖志固自有定。今宮城之內。其地有限。若有司推明德意。但取典禮所不可廢者。而不爲觀美。則與其大而有闕。不若狹而能備。惟六寢六宮在內中。周禮既不詳。祖宗成法見於汴京者。因時便宜。當出聖裁。非臣所敢及。謹昧死上宮室議。伏惟陛下垂意揀擇。

夢得又奏繳行宮圖幷宮室劄子曰。臣近准尚書省劄子備奉聖旨。以本府行宮昨緣臨時修蓋不如法。及百司等屋宇亦因旋行修造。致多苟簡。專委臣相度措置。立定規摹。畫圖繳進。逐旋如法營葺。務要可以經久。臣衰陋不材。誤蒙重寄。實非所能任。承命震恐。不敢輒辭。退考之古。昔周文武既定都於豐。謂之宗周。至成王欲宅洛邑。乃

復營之謂之成周。亦曰東都。以為四方道里遠近之中。使朝覲貢賦取均焉。及宣王遭犬戎之難。會諸侯於東都。選車馬。備器械。因還以居周。遂中興。則有正都有別都。自周而然也。晉重耳敗楚城濮。迨齊小白正天下之義。合諸侯於踐土。周襄王巡守臨之。春秋書天王狩于河陽。魯僖公朝于王所。而左氏記重耳作王宮於衡雍。則天子巡狩亦作宮焉。然洛誥稱用牲于郊。乃社于新邑。有郊有社。庶邦冢君皆在。則別都之禮宜略與正都同。而巡狩之宮。止以朝見方岳。則宜從約也。今陛下巡幸東南。臨安蓋巡狩之宮。而以建康為別都。則車駕未即還汴。建康行宮受朝四方。賦政出令。視臨安宜有當增備者。孔子頌禹之德曰。卑宮室而盡力乎溝洫。然則宮室雖在所備。要以不侈大而卑為美。漢高祖入關。命蕭何治未央宮。見其壯麗而怒曰。天下洶洶勞苦數歲。成敗未可知。是何治宮室過度也。世以高祖為賢。晉孝武時宮室弊壞。謝安備之。皆仰模玄象。合體宸極。後世譏焉。恭惟陛下宏濟艱難。聖猷恢遠。動儉之意。天下聳聞。臣頃者獲侍清光。親所目擊。雖服食器用之間。有臣庶不堪者。陛下皆安之。今中原初定。漸圖經理。始用成周之制。因時便事。營創別都。以興王業。臣愚敢不上體聖志。無費財。無安役。無擾民。參酌古今典禮所必不可闕者。然後為之。惟是今宮室地步。昨來營繕禁中與外庭分擘未處。參差不齊。若止據見在地步相度。即偏曲窄小。其合添殿宇官府等。難以安排。若欲參備以為經遠持久之計。則須有禁中空地那融去處。非臣所敢專決。今先次各草立規模措置。畫到圖二本。各行貼說。并臣參酌古今典禮沿革制度。撰成宮室議一篇。頭連在前。同共繳進。伏望聖慈取自睿斷。行下付臣重具定本進呈。所有圖內增添殿宇官府移改安排事理。乞那融禁中地步丈尺數目。與內外防守利害

合奏禀事。各別具劄子畫一開陳。臣學術淺陋。思慮不遠。聞見不廣。無以仰稱陛下委使之意。塵犯天威。臣無任惶懼激切屏營之至。

夢得又奏營葺行宮制度畫一劄子曰。臣遵奉聖訓。先次草具到營葺行宮圖二本。并宮室議一篇繳進。所有圖內參考古制所當增添殿宇官府事理。并那融禁中地步丈尺數目。及宮城外門制度。合詳具奏禀。今具畫一開陳下項。一周官王國皆旁為三門。此天子之制也。蓋五門皆取正中一門名之。其旁又為兩門。通為三門。至雉門為王宮之門。每正月之吉。以垂治象。則又有象魏設於門之左右。謂之兩觀。亦或謂之闕。諸侯則不得備三門。而無兩觀。故獨魯以周公之賜。得有兩觀。則新作南門。與新作雉門及兩觀。見書於春秋。今行宮但因建康府舊制為兩門。其上增展門屋九間而已。此諸侯之制也。恐非典禮。今打量舊城兩門。各闊一丈七尺。其兩間相去。有地步六丈。若於中間就開一門。即不須改作。可就立三門。門前東西仗舍各有地步。可以增設兩觀。一行宮見今有朝殿一所。并兩廊屋。其朝殿兩柱已損爛中空。見行計置修換。其餘廊屋等並多損漏。逐時八作司不住檢計補葺。未嘗有虛日。今契勘宮城內地步。東西南北相去各一百九十餘丈。東除去年淮西宣撫使張俊展套新城五十餘丈。南北內教場五十餘丈。皆屬禁中。在外東西相去止有九十餘丈。南北自朝殿至宮門。雖有九十餘丈。其西面却有禁中曲尺侵過地步。除外南至宮墻。止有四十餘丈。東面內東門小殿外。即是禁中墻。直至舊几筵殿後。其南自舊几筵殿至宮墻。亦止有二十八丈五尺。今來若以朝殿為正。就移向南為大慶殿。却以其後基地蓋紫宸殿。於紫宸殿西通禁中曲尺侵過地內。蓋垂拱殿。與紫宸殿作一排。其前蓋文德殿。即可略做汴京舊制。其那融禁中舊曲尺侵過空地西五

十餘丈北三十餘丈其垂拱殿西止有十餘丈一內諸司及內藏庫
軍器庫等中書門下兩省樞密學士院職事皆在內庭汴京並於皇城內
建置其往來通行路皆有門為限斷其與禁中相接處非隔殿宇則
為行廊今行宮除內藏庫等散於四旁隙地建造各不相連接外其
御廚御藥院翰林司入內內侍講筵所等並分設於朝殿中門外兩
廊兩省樞密同為一省與學士院並在外皆是一時權宜之制其通
行路處並無別門內東門小殿東及內教場三面幷張俊所展新城
與禁中分隔處止是築墻恐不可以示尊嚴若依前項措置正中蓋
紫宸殿西蓋垂拱殿接連空地創建行廊一條直徹內教場東墻即
其南餘剩地可以依做汴京舊制減損作兩省樞密學士院東面將
小殿東舊墻改造行廊一條直徹南面可以分設御廚等緊要應奉
局次二項不惟可以略備所添屋宇實外護禁中卻將舊几筵殿基
通南面空地直至宮墻可以建置內藏庫等凡經由行路並可處要
會處創立別門其東面改作廊須那融過禁中六七丈一祖宗舊制
崇政殿邇英殿皆在皇城東北內崇政即講武殿蓋試習武事之所
應軍頭引見司呈試武藝及忌前不坐前殿吏部引見選人等皆坐
崇政殿講筵則坐邇英殿今宮城東北別無空閑地步其西北內教
場射殿遂時引見諸軍乃祖宗講武之意若就為崇政殿即其後空
地可以就建邇英殿若其地不可那融垂拱殿西改造行廊內禁中
亦有空閑地步可以修建緣事並屬宮禁非臣所得干預不敢擬定
右具進呈

章誼乞於臨安駐蹕上奏曰臣竊見東南四五月間地氣蒸潤渡淮
而南土多鹹鹵尤更卑濕今來千乘萬騎駐蹕之所宜擇形勢爽塏
之地雖回鑾汴京固已戒期然暑暍方興理宜少緩臣契勘臣所管

杭州東南俯瞰大江西攬湖山之秀北通大路引漕江淮荊湖之物
通徽川廣京東京西諸路比之鎮江常州蘇湖等處特為雄大自頃
錢氏有國寂不被兵近年雖遭方臘殘破陳通擾攘皆藉國威靈旋
即收復撫之州廨官舍稍稍寬宏道路城郭亦易修治水泉甘香民
不病暑咫尺閩越山川鞏固方茲首夏届辰如蒙警蹕南路鑾首神
舟以時順動長河如帶無風濤之恐鞍馬暫休無羈策之勞比之淮
南地勢高爽實可以揮卻炎暑暫駐六師臣與本州官吏不勝拳拳
瞻望之誠伏乞宣示宰執相度施行

孝宗即位欲成高宗之志首詔經理建業以圖進取而大臣幸安計
未決王阮試禮部對策曰臨安蟠幽宅阻面湖背海膏腴沃野足以
休養生聚其地利於休息建康東南重鎮控制長江呼吸之間上下
千里足以虎視吳楚應接梁宋其地利於進取建炎紹興間敵人乘
勝長驅直擣而我師亦甚憊也上皇遵養時晦不得已與乎迺駐臨
安所以為休息計也三十年來闕者全壞者修弊者整廢者浚較以
曩昔倍萬不侔主上獨見遠覽舉而措諸事業非固以臨安為不足
居也戰守之形既分動靜進退之理異也古者立國必有所恃謀國
之要必負其所恃之地秦有函谷蜀有劍閣魏有成臯趙有井陘燕
有飛狐而吳有長江皆其所恃以為國也今東南王氣鍾在建業長
江千里控扼所會輟而弗顧退守幽深之地若將終身焉如是而曰
謀國果得為善謀乎且夫戰者以地為本湖山回環孰與乎龍盤虎
踞之雄胥潮奔猛孰與乎長江之險今議者徒習吳越之僻固而不
知秣陵之通達是猶富人之財不布於通都大邑而匣金以守之愚
恐半夜之或失也倘六飛順動中原在跬步間況一建康耶古人有
言千里之行起於足下人患不為爾知貢舉范成大得而讀之嘆曰

是人傑也。

隆興中起居郎胡銓上建都䟽曰。臣聞與人鬪。不搤其亢拊其背。未能全勝。何則其勢不便也。漢高五年都雒陽。是時方有山東之亂。而秦之故地。又未能全有。危亦甚矣。儻不先都四塞之地。則天下非漢有也。王郎反河北。獨鉅鹿信都為世祖堅守。此天下之根本在焉。苟釋此不守。則天下非漢有也。故臣嘗論之。項羽得關中而不能守。是不搤其亢拊其背也。高帝決都關中。所以搤其亢拊其背也。王郎得鉅鹿信都不能守。是不搤其亢拊其背也。世祖留意河北。所以搤其亢拊其背也。項羽不搤其亢拊其背。所以失天下也。高帝能搤其亢拊其背。所以得天下也。王郎不能搤其亢拊其背。所以失天下也。世祖能搤其亢拊其背。所以得天下也。此兩漢存亡之決。婁敬鄧禹可謂社稷之臣矣。臣竊觀今日天下大勢。自淮以北。則天下亢與背也。建康則搤亢拊背之要地也。錢塘則燕安酖毒之危地也。安知錢塘是與人鬪而不搤其亢拊其背也。此項羽王郎入牛角之計也。若據建康。下臨中原。此高帝世祖興王之計也。況今西北欲歸之人。如漢民之謳吟思漢亦已久矣。苟不決策移蹕定都。何以繫西北延頸思歸之心乎。冒瀆天聽。不勝激切屏營之至。

歷代名臣奏議卷之一百三

歷代名臣奏議卷之一百四

封建

秦始皇初并天下。丞相王綰等言。諸侯初破。燕齊荊地遠。不為置王。毋以填之。請立諸子。唯上幸許。始皇下其議於群臣。群臣皆以為便。廷尉李斯議曰。周文武所封子弟同姓甚衆。然后屬疏遠。相攻擊如仇讎。諸侯更相誅伐。周天子弗能禁止。今海内賴陛下神靈一統。皆為郡縣。諸子功臣以公賦稅重賞賜之。甚足易制。天下無異意。則安寧之術也。置諸侯不便。始皇曰。天下共苦戰鬪不休。以有侯王。賴宗廟天下初定。又復立國。是樹兵也。而求其寧息。豈不難哉。廷尉議是。分天下以為三十六郡。

始皇置酒咸陽宮。僕射周青臣進頌曰。陛下神聖。平定海内。以諸侯為郡縣。無戰爭之患。上古所不及。始皇悅。博士淳于越曰。殷周之王千餘歲。封子弟功臣自為枝輔。今陛下有四海。而子弟為匹夫。卒有田常六卿之臣。何以相救。事不師古而能長久。非所聞也。

漢文帝以代王入即位。後分代為兩國。立皇子武為代王。參為太原王。小子勝則梁王矣。後又徙代王武為淮陽王。而太原王參為代王。盡得故地。居數年。梁王勝死。亡子。時賈誼為梁懷王太傅。上䟽曰。陛下即不定制。如今之勢。不過一傳再傳。諸侯猶且人恣而不制。豪植而大強。植。立也。漢法不得行矣。陛下所以為藩扞及皇太子之所恃者。唯淮陽代二國耳。代北邊匈奴。與強敵為鄰。能自完則足矣。而淮陽之比大諸侯。廑如黑子之著面。適足以餌大國耳。不足以有所禁禦。方今制在陛下。制國而令子適足以為餌。豈可謂工哉。人主之行異布衣。布衣者。飾小行競小廉。以自託於鄉黨。人主唯天下安社稷固不耳。高皇帝瓜分天下以王功臣。反者如蝟毛而起。以為不可。故蘄去不義諸侯而虛其國。擇良日立諸子雒陽上東門之外。（諸侯國皆在關東。故於東門外立之也。）畢以為王而天下安。故大人者下牽小行以成大功。今淮南地遠者或數千里。越兩諸侯（越過也。兩諸侯，梁及淮陽。）而縣屬於漢。其吏民繇役往來長安者。自悉而補中道衣敝。（自悉其家資財。補縫作衣。）錢用諸費稱此。其苦屬漢而欲得王至甚。逋逃而歸諸侯者已不少矣。其勢不可久。臣之愚計。願舉淮南地以益淮陽。而為梁王立後。割淮陽北邊二三列城與東郡以益梁。不可者。可徙代王而都睢陽。梁起於新鄭以北著之河。淮陽包陳以南捷之江。（捷謂立封界。）則大諸侯之有異心者破膽而不敢謀。梁足以扞齊趙。淮陽足以禁吳楚。陛下高枕。終無山東之憂矣。此二世之利也。當今恬然。適遇諸侯之皆少。數歲之後。陛下且見之矣。夫秦日夜苦心勞力以除六國之旤。今陛下力制天下。頤指如意。高拱以成六國之旤。難以言智。苟身無事。畜亂宿旤。孰視而不定。萬年之後。傳之老母弱子。將使不寧。不可謂仁。臣聞聖主言問其臣而不自造事。故使人臣得畢其愚忠。唯陛下財幸。

八年夏。又封淮南厲王四子皆為列侯。誼知上必將復王之也。上疏諫曰。竊恐陛下接王淮南諸子。曾不與如臣者孰計之也。淮南王之悖逆無道。天下孰不知罪。陛下幸而赦遷之。自疾而死。天下孰以王死之不當。今奉尊罪人之子。適足以負謗於天下耳。此人少壯。豈能忘其父哉。白公勝所為父報仇者。大父與伯父叔父也。（師古曰。白公。太子建之子也。大父即祖。謂平王也。伯父叔父。平王諸子也。）白公為亂。非欲取國代主也。發忿快志。剡手以衝仇人之胷。固為俱靡而已。淮南雖小。黥布嘗用之矣。漢存特幸耳。夫擅仇人足以危漢之資。於策不便。雖割而為四。四子一心也。予之眾。積之財。此非有子胥白公報於廣都之中。即疑有剸諸荊軻起於兩柱之間。所謂假賊兵為虎翼者也。願陛下少留計。

武帝時。大司馬霍去病上疏曰。陛下過聽。使臣去病待罪行間。宜專邊塞之思慮。暴骸中野無以報。乃敢惟他議以干用事者。誠見陛下憂勞天下。哀憐百姓以自忘。虧膳貶樂。損郎員。皇子賴天。能勝衣趨拜。至今無位號師傅官。陛下恭讓不卹。群臣私望。不敢越職而言。臣竊不勝犬馬心。昧死願陛下詔有司。因盛夏吉時定皇子位。唯願陛下幸察。制曰。下御史。丞相臣青翟謹與御史大夫臣湯中二千石二千石臣賀等議。古者裂地立國。並建諸侯以承天子。所以尊宗廟重社稷也。今臣去病上疏。不忘其職。因以宣恩。乃道天子卑讓自貶以勞天下。慮皇子未有位號。臣等宜奉義遵職。愚憧而不逮事。方今盛夏吉時。臣等昧死請立皇子臣閎臣旦臣胥為諸侯王。昧死請所立國名。制曰。蓋聞周封八百。姬姓並列。或子男附庸。禮支子不祭。云並建諸侯所以重社稷。朕無聞焉。且天非為君生民也。朕之不德。海內未洽。乃以未教成者強君連城。即股肱何勸。其更議以列侯家之。青翟等議曰。臣伏聞周封八百。姬姓並列。奉承天子。康叔以祖考顯。而伯禽以周公立。成為建國諸侯。以相傳為輔。百官奉憲。各遵其職。而國統備矣。竊以為並建諸侯所以重社稷者。四海諸侯各以其職奉貢祭。支子不得奉祭宗祖。禮也。封建使守藩國。帝王所以扶德施化。陛下奉承大統。明開聖緒。尊賢顯功。興滅繼絕。續蕭文終之後于鄼。褒厲盛臣平津侯等。昭六親之序。明天施之屬。使諸侯王封君得推私恩分子弟戶邑。錫號尊建百有餘國。而家皇子為列侯。則尊卑相踰。列位失序。不可以垂統於萬世。臣請立臣閎臣旦臣胥為諸侯王。制曰。康叔親屬有十而獨尊者。褒有德也。周公祭天命郊。故魯有白牡騂剛之牲。群公不毛。賢不肖差也。高山仰之。景行嚮之。朕甚慕焉。所以抑未成。家以列侯可。青翟等議曰。臣伏聞康叔親屬有十。武王纔體周公輔成王其八人皆以祖考之尊建為大國康叔之年幼周公在三公之位而伯禽據國於魯蓋爵命之時未至成人康叔後扞祿父之難伯禽殄淮夷之亂昔五帝異制周爵五等春秋三等皆因時而序尊卑高皇帝撥亂世反諸正昭至德定海內封建諸侯爵位二等皇子或在襁褓而立為諸侯王奉承天子為萬世法則不可易陛下躬親仁義體行聖德表裏文武顯慈孝之行廣賢能之路內褒有德外討強暴極臨北海西湊月氏匈奴西域舉國奉師輿械之費不賦於民虛御府之藏以賞元戎開禁倉以賑貧窮減戍卒之半百蠻之君靡不鄉風承流稱意遠方殊俗重譯而朝澤及方外故珍禽至嘉穀興天應甚彰今諸侯支子封至諸侯王而家皇子為列侯臣等竊伏熟計之皆以為尊卑失序使天下失望不可臣請立臣閎臣旦臣胥為諸侯王四月癸未奏未央宮留中不下青翟等復言曰臣

等前奏大司馬臣去病上疏言皇子未有號位臣謹與御史大夫臣湯中二千石二千石諫大夫博士臣慶等昧死請立皇子臣閎等為諸侯王陛下讓文武躬自切及皇子未教群臣之議儒者稱其術或誖其心陛下固辭弗許家皇子為列侯臣等竊與列侯臣壽成等二十七人議皆曰以為尊卑失序高皇帝建天下為漢太祖王子孫廣支輔先帝法則弗改所以宣至尊也臣請令史官擇吉日具禮儀上御史奏輿地圖他皆如前故事制曰可

元光中主父偃說上曰古者諸侯不過百里彊弱之形易制今諸侯或連城數十地方千里緩則驕奢易為淫亂急則阻其彊而合從以逆京師今以法割削之則逆節萌起前日晁錯是也今諸侯子弟或十數而適嗣代立餘雖骨肉無尺寸地封則仁孝之道不宣願陛下令諸侯得推恩分子弟以地侯之彼人人喜得所願上以德施實分其國不削而稍弱矣上從其計

東漢光武即位初大司馬吳漢請封皇子不許重奏連歲建武十五年三月乃詔群臣議大司空竇融固始侯李通膠東侯賈復高密侯鄧禹等奏議曰古者封建諸侯以藩屏京師周封八百同姓諸姬並為建國夾輔王室尊事天子享國永長為後世法故詩云大啓爾宇為周室輔高祖聖德光有天下亦務親封立兄弟諸子不違舊章陛下德橫天地興復宗統褒德賞勳親睦九族功臣宗室咸蒙封爵多受廣地或連屬縣今皇子賴天能勝衣趨拜陛下恭謙克遜抑而未議群臣百姓莫大失望宜因盛夏吉時定號位以廣藩輔明親親尊宗廟重社稷應古合舊厭衆心臣請大司空上輿地圖太常擇吉日具禮儀制曰可夏四月戊申以太牢告祠宗廟丁巳使大司空融告廟封皇子輔為右翊公英為楚公陽為東海公康為濟南公蒼為東

平公延為淮陽公荊為山陽公衡為臨淮公焉為左翊公京為琅邪公

光武封功臣皆為列侯大國四縣餘各有差博士丁恭議曰古帝王封諸侯不過百里故利以建侯取法於雷強幹弱枝所以為治也今封諸侯四縣不合法制帝曰古之亡國皆以無道未嘗聞功臣地多而滅亡者乃遣謁者即授印綬

魏齊王時宗室曹冏上書曰臣聞古之王者必建同姓以明親親必樹異姓以明賢賢故傳曰庸勳親親暱近尊賢書曰克明俊德以親九族詩云懷德維寧宗子維城由是觀之非賢無與興功非親無與輔治夫親親之道專用則其漸也微弱賢賢之道偏任則其弊也劫奪先聖知其然也故博求親疏而並用之近則有宗盟藩衛之固遠則有仁賢輔弼之助盛則有與共其治衰則有與守其土安則有與

享其福危則有與同其禍夫然故能有其國家保其社稷歷紀長久本支百世也今魏尊尊之法雖明而親親之道未備詩不云乎鶺鴒在原兄弟急難以斯言之明兄弟相救於喪亂之際同心於憂禍之間雖有鬩墻之忿不忘禦侮之事何則憂禍同也今則不然或任而不重或釋而不任一旦彊埸稱警關門反拒股肱不扶胷心無衛臣竊惟此寢不安席思獻丹誠貢策朱闕謹撰合所聞叙論成敗論曰

昔夏殷周歷世數十而秦二世而亡何則三代之君與天下共其民故天下同其憂秦王獨制其民故傾危而莫救夫與民共其樂者人必憂其憂與民同其安者人必拯其危先王知獨治之不能久也故與人共治之知獨守之不能固也故與人共守之兼親疏而兩用參同異而並建是以輕重足以相鎮親疏足以相衛兼并路塞逆節不生及其衰也桓文帥禮苞茅不貢齊師伐楚宋不城周晉戮其宰王綱弛而復張諸侯傲而復肅二霸之後寖以陵遲吳楚憑江負固方城雖心希九鼎而畏迫宗姬姦情散於胸懷逆謀消於脣吻斯豈非信重親戚任用賢能枝葉碩茂本根賴之歟自此之後轉相攻伐吳并於越晉分為三魯滅於楚鄭兼於韓暨于戰國諸姬微矣惟燕衛獨存然皆弱小西迫強秦南畏齊楚憂懼滅亡匪遑相恤至於王赧降為庶人猶枝幹相持得居虛位海內無主四十餘年秦據勢勝之地騁譎詐之術征伐關東蠶食九國至於始皇乃定天位曠日若彼用力若此豈非深固根蔕不拔之道乎易曰其亡其亡繫于苞桑周德其可謂當之矣秦觀周之弊以為小弱見奪於是廢三等之爵立郡縣之官棄禮樂之教任苛刻之政子弟無尺寸之封功臣無立錐之地內無宗子以自毗輔外無諸侯以為藩衛仁心不加於親戚惠澤不流於枝葉譬猶芟刈股肱獨任胷腹浮舟江海捐棄楫櫂觀者

為之寒心而始皇晏然自以為關中之固金城千里子孫帝王萬世之業也豈不悖哉是時淳于越諫曰臣聞殷周之王封子弟功臣千有餘城今陛下君有海內而子弟為匹夫卒有田常六卿之臣而無輔弼何以相救事不師古而能長久者非所聞也始皇聽李斯偏說而絀其議至於身死之日無所寄付委天下之重於凡夫之手託廢立之命於奸臣之口至令趙高之徒誅鉏宗室胡亥少習刻薄之教長遵凶父之業不能改制易法寵任兄弟而乃師譚申商咨謀趙高自幽深宮委政讒賊身殘望夷求為黔首豈可得哉遂乃郡國離心衆庶潰叛勝廣倡之於前劉項斃之於後向使始皇納淳于之策抑李斯之論割裂州國分王子弟封三代之後報功臣之勞士有常君民有定主枝葉相扶首尾為用雖使子孫有失道之行時人無湯武之賢奸謀未發而身已屠戮何區區之陳項而復得措其手足哉故漢祖奮三尺之劍驅烏集之衆五年之中遂成帝業自開闢以來其興立功勳未有若漢祖之易也夫伐深根者難為功摧枯朽者易為力理勢然也漢監秦之失封殖子弟及諸呂擅權圖危劉氏而天下所以不傾動百姓所以不易心者徒以諸侯強大盤石膠固東牟朱虛受命於內齊代吳楚作衛於外故也向使高祖踵亡秦之法忽先王之制則天下已傳非劉氏有也然高祖封建地過古制大者跨州兼郡小者連城數十上下無別權侔京室故有吳楚七國之患賈誼曰諸侯強盛長亂起奸夫欲天下之治安莫若衆建諸侯而少其力令海內之勢若身之使臂臂之使指則下無背叛之心上無誅伐之事文帝不從至於孝景猥用鼂錯之計削黜諸侯親者怨恨疏者震恐吳楚倡謀五國從風兆發高帝釁鍾文景由寬之過制急之不漸也所謂末大必折尾大難掉尾同於體猶或不從況乎非體之尾其

可捽扎武帝從主父之策下推恩之令自是之後齊分為七趙分為六淮南三割梁代五分遂以陵遲子孫微弱衣食租稅不預政事或以酎金免削或以無後國除至於成帝王氏擅朝劉向諫曰臣聞公族者國之枝葉枝葉落則本根無所庇蔭方今同姓疏遠母黨專政排擯宗室孤弱公族非所以保守社稷安固國嗣也其言深切多所稱引成帝雖悲傷嘆息而不能用至於哀平異姓秉權假周公之事而為田常之亂高拱而竊天位一朝而臣四海漢之宗室王侯解印釋紱貢奉社稷猶懼不得為臣妾或乃為之符命頌莽恩德豈不哀哉由斯言之非宗子獨忠孝於惠文之間而叛逆於哀平之際也徒權輕勢弱不能有定耳賴光武皇帝挺不世之資禽王莽於已成紹漢嗣於既絕斯豈非宗子之力也而曾不監秦之失策襲周之舊制踵亡國之法而僥倖無疆之期至於桓靈閹豎執衡朝無死難之臣外無同憂之國君孤立於上臣弄權於下本末不能相御身首不能相使由是天下鼎沸姦凶並爭宮廟焚為灰燼宮室變為榛藪居九州之地而身無所安處悲夫魏太祖武皇帝躬聖明之資兼神武之略恥王綱之廢絕愍漢室之傾覆龍飛譙沛鳳翔兗豫掃除凶逆翦滅鯨鯢還帝西京定都潁沛德動天地義感人神漢氏奉天禪位大魏大魏之興于今二十有四年矣觀五代之存亡而不用其長策覩前車之傾覆而不改於轍迹子弟王空虛之地君有不使之民宗室竄於閭閻不聞邦國之政權均匹夫勢齊凡庶內無深根不拔之固外無磐石宗盟之助非所以安社稷為萬世之業也且今之州牧郡守古之方伯諸侯皆跨有千里之土兼軍民之任或比國數人或兄弟並據而宗室子弟曾無一人間廁其間與相維持非所以強幹弱枝備萬一之虞也今之用賢或超為名都之主或為偏師之帥而宗

室有文者必限小縣之宰有武者必置百人之上使夫廉高之士畢志於衡軛之內才能之人恥與非類為伍非所以勸進賢能褒異宗室之禮也夫泉竭則流涸根朽則葉枯枝繁者蔭根條落者本孤故語曰百足之蟲至死不僵以扶之者衆也此言雖小可以譬大且墉基不可倉卒而成威名不可一朝而立皆為之有漸建之有素譬之種樹久則深固其本根茂盛其枝葉若造次徙於山林之中植於宮闕之下雖壅之以黑墳煖之以春日猶不救於枯槁而何暇繁育哉夫樹猶親戚土猶士民建置不久則輕下慢上平居猶懼其離叛危急將若之何是以聖王安而不逸以慮危也存而設備以懼亡也故疾風卒至而無摧拔之憂天下有變而無傾危之患矣

吳大帝黃武七年孫慮封建昌侯後二年丞相顧雍等奏慮性聰體達所尚日新比方近漢宜進爵稱王帝未許久之尚書僕射存上疏曰帝王之興莫不褒崇至親以光羣后故魯衛於周寵冠諸侯高帝五王封列于漢所以藩屏本朝為國鎮衛建昌侯慮稟性聰敏才兼文武於古典制宜正名號陛下謙光未肯如舊羣寮大小咸用於邑方今姦寇恣睢金鼓未弭腹心爪牙惟親與賢輒與丞相雍等議咸以慮宜為鎮軍大將軍授任偏方以光大業

黃武中南魯二宮初立尚書僕射是儀以本職領魯王傅儀嫌二宮相近切乃上疏曰臣竊以魯王天挺懿德兼資文武當今之宜宜鎮四方為國藩輔宣揚德美廣耀威靈乃國家之良規海內所瞻望但臣言辭鄙野不能究盡其意愚以二宮宜有降殺正上下之序明教化之本

晉武帝時議郎段灼陳時宜曰臣聞天時不如地利地利不如人和三里之城五里之郭園圍而攻之有不尅者此天時不如地利城非

不高池非不深。穀非不多。兵非不利。委而去之。此地利不如人和。然古之王者非不先推恩德結固人心。人心苟和。雖三里之城。五里之郭。不可攻也。人心不和。雖金城湯池。不能守也。臣推此以廣其義。舜彈五弦之琴。詠南風之詩。而天下自理。由堯人可比屋而封也。曩者多難。姦雄屢起。攪亂衆心。刀鋸相乘。流死之孤。哀聲未絕。故臣以為陛下當深思遠念。杜漸防萌。彈琴詠詩。垂拱而已。其要莫若推恩以協和黎庶。故推恩足以保四海。不推恩不足以保妻子。是故唐堯以親睦九族為先。周文以刑于寡妻為急。明王聖主。莫不先親後疎。自近及遠。臣以為太宰司徒衛將軍三王宜留洛中鎮守。其餘諸王。自州征足任者。年十五以上。悉遣之國。為選中郎傅相才兼文武。以輔佐之。聽於其國繕脩兵馬。廣布恩信。必撫下猶子。愛國如家。君臣分定。百世不遷。連城開地。為晉魯衛。所謂磐石之宗。天下服其彊矣。雖

云割地。譬猶囊漏貯中。亦一家之有耳。若慮後世強大。自可豫為制度。使得推恩以分子弟。如此。則枝分葉布。稍自削小。漸使轉至萬國。亦後世之利。非所患也。昔在漢世。諸呂自疑。內有朱虛東牟之親。外有諸侯九國之彊。故不敢動搖。於今之宜。諸侯彊大。是為太山之固。非我族類。其心必異。而魏法禁錮諸王。親戚隔絕。不祥莫大焉。間者無故又瓜分天下。立五等諸侯。上不象賢。下不議功。而是非雜揉。例受茅土。似權時之宜。非經久之制。將遂不改。此亦煩擾之人。漸亂之階也。夫國之興也。由於九族親睦。黎庶協和。其衰在於骨肉疏絕。百姓離心。故夏邦不安。伊尹歸殷。殷邦不和。呂氏入周。殷監在於夏后。去事之誡。誡來事之鑒也。

咸寧三年。衛將軍楊珧等建議。以為古者封建諸侯。所以藩衛王室。今諸王公皆在京師。非扞城之義。又異姓諸將居邊。宜參以親戚。帝乃詔諸王各以戶邑多少為三等。大國置三軍五千人。次國置二軍三千人。小國一軍一千一百人。諸王為都督者。各徙其國使相近。

東晉元帝時。後軍將軍應詹上疏陳便宜曰。先王設官。使君有常尊。臣有定卑。上無苟且之志。下無覬覦之心。下至亡秦。罷侯置守。本替末陵。綱紀廢絕。漢興。雖未能興復舊典。猶雜建侯守。故能享年享世。殆忝古迹。今大荒之後。制度改創。宜因斯會。釐正憲則。先舉威德元功以為封首。則聖世之化比隆唐虞矣。

後魏大武帝時。方士祁纖奏立四王。以日東西南北為名。欲以致禎吉。除災異。詔司徒崔浩與學士議之。浩對曰。先王建國。以作藩屏。不應假名以為其福。夫日月運轉。周歷四方。京都所居。在於其內。四王之居實奄邦畿。名之則逆。不可承用。

孝明帝時。詔訪冤屈。光祿大夫右丞張普惠上疏曰。詩稱文王孫子。

本支百世。易曰。太君有命。開國承家。皆所以明德睦親。維城作翰。漢祖封爵之誓曰。使黃河如帶。太山如礪。國以永存。爰及苗裔。又申之以丹書之信。重之以白馬之盟。其以彊大分王。罪犯墜邑者。蓋有之矣。未聞父基子構。世載忠賢。一死一削。用為恒典者也。故尚書令臣肇未能遠稽古義。近究成旨。以初封之詔。有親王二千戶。始蕃一千戶。二蕃五百戶。三蕃三百戶。謂是親疎世減之法。又以開國五等有所減之言。以為世減之趣。遂立格奏奪。稱是高祖本意。仍被旨可。差謬之來。亦已甚矣。遂使勳親懷屈。幽顯同冤。紛訟彌年。莫之能息。臣輒遠研旨格。深窮其事。世襲減奪。今古無據。又尋詔書稱昔未可采。今始列璧。豈得混一內分天地也。故樂良樂安同蕃異封。廣陽安豐屬別戶等。安定之嫡。邑齊親王。河間戚近。更從蕃食。是乃太和降旨初封之倫級。無親無樹。非世減之大驗者也。傅陵襲爵。亦在泰和

之年時不世減以父嘗全食足戶充本同之始封減從令式如此則減者減其所足之外足者足其所減之內減足之旨乃為所貢所食耳欲使諸王開國弗專其民賦役之差貴賤有等蓋準擬周禮公侯伯子男貢稅之法王食其半公食三分之一侯伯四分之一子男五分之一是以新興得足充本清淵吏多減戶故始封承襲俱稱所減減謂減之以貢食謂食之於國斯實高祖霈然之詔減實之理聖明自釋求之史帛猶有未盡時尚書臣琇疑減足之參差旨又判之以開訓所減之旨可以不疑於世減矣而臣肇弗稽往事曰五等有所減之格用為世減之法以王封有親疏之等謂是代削之條妄解成旨雷同世叅以此毒天下民其從乎故太傅任城文宣王臣澄樞弼累朝識洞今古為尚書之日殷勤執請孜孜於重議被旨不許於山遂停又律罪例減及先帝之緦麻令給親恤止當世之有服律令相違減澤異品使七廟曾玄不治未恤嫡封則爵祿無窮支庶則屬內貶絕儀刑作孚德彰何觀夫一人吁嗟尚曰虧治今諸王五等各稱其冤七廟之孫並訟其切陳訴之按盈於省曹朝言巷議咸云其苦恐非先王所以建萬國親諸侯睦九族之義也臣猥忝今任於茲五年推尋旨格謂無世減之理請近遵高祖減食之謨遠循百代象賢之誥退由九伐進從九儀則刑罰有倫封不虛黜斯乃文王所以克慎不敢侮於鰥寡而況於公侯伯子男乎今旨訪究滯愚以此為大者求尋光錫之詔并諸條格所奪所請事事窮審諸王開國非犯罪削奪者並求還復其昔嘗全食足戶充本減從令式者從前則力多於親懿全奪則減足之格不行愚謂祿力並應依所封之食而食之若是則力少藩王粟帛仍本戶邑雖盈之減而秦既有全食足戶之異不得同於新封之力耳親恤所褒請依律斷伏惟覲親尊賢位必

功立尊賢以司民可不慎乎親親以睦族其可棄乎如脫蒙允求以旨判為始其前來史稱悉年久不追

隋高祖踐祚命奉車都尉于宣敏撫慰巴蜀及還上疏曰臣聞開盤石之宗漢室於是惟永建維城之固周祚所以靈長昔秦皇置牧守而罷諸侯魏后暱諂邪而疏骨肉遂使宗社移於他族神器傳於異姓此事之明甚於觀火然山川設險非親勿居且蜀土沃饒人物殷阜西通邛僰南屬荊巫周德之衰茲土遂成戎首炎政失御此物便為禍先是以明者防於無形治者制其未亂方可慶隆萬世年踰七百伏惟陛下日角龍顏膺樂推之運參天貳地居揖讓之期億兆宅心百神受職理須樹建藩屏封植子孫繼周漢之宏圖改秦魏之覆軌抑近習之權勢崇公族之本支但三蜀三齊古稱天險分王戚屬今正其時若使利建合宜封樹得所巨猾息其非望姦臣杜其邪謀盛業鴻基同天地之長久英聲茂實齊日月之照臨臣雖學謝多聞然情深體國輒申管見戰灼惟深帝嘉納之

唐太宗即位初上皇欲彊宗室以鎮天下自三從昆弟以上雖童孺皆為王上問群臣徧封宗子於天下利乎封德彝以為今封爵太廣恐非所以示天下至公上曰然朕為天子所以養百姓也豈有勞百姓以養己之宗族乎降封宗室郡王皆為縣公

貞觀十一年太宗以周封子弟八百餘年秦罷諸侯二世而滅呂后欲危劉氏終賴宗室獲安封建親賢當是子孫長久之道乃定制以子弟荊州都督荊王元景安州都督吳王恪等二十一人又以功臣司空趙州刺史長孫無忌尚書左僕射宋州刺史房玄齡等一十四人並為世襲刺史禮部侍郎李百藥奏論以駮世封事曰臣聞經國庇民王者之常制尊主安上人情之大方思闡理定之規以弘長世

之業。萬古不易。百慮同歸。然命曆有賒促之殊。邦家有理亂之異。遐觀載籍。論之詳矣。咸云周過其數。秦不及期。存亡之理。在於郡國。周氏以鑒夏殷之長久。遵皇王之並建。維城盤石。深根固本。雖王綱弛廢。而枝榦相持。故使逆節不生。宗祀不絕。秦氏背師古之訓。棄先王之道。踐華恃險。罷侯置守。子弟無尺土之邑。兆庶罕共理之憂。故一夫號呼。而七廟隳圮。臣以為自古皇王君臨宇內。莫不受命上玄。冊名帝籙。締搆遇興王之運。殷憂屬啓聖之期。雖魏武攜養之資。漢高徒役之賤。非止意有覬覦。推之亦不能去也。若其獄訟不歸。菁華已竭。雖帝堯之光被四表。大舜之上齊七政。非止情存揖讓。守之亦不可焉。以放勳重華之德。尚不能克昌厥後。是知祚之長短。必在於天時。政或興衰。有關人事。隆周卜世三十。卜年七百。雖淪胥之道斯極。而文武之器尚存。斯龜鼎之祚。已懸定於杳冥也。至使南征不反。東遷避逼。禋祀闕如。郊畿不守。此乃陵夷之漸。有累於封建焉。暴秦運距閏餘。數終百六。受命之主。德異禹湯。繼世之君。才非啓誦。借使李斯王綰之輩。咸開四履。將閭子嬰之徒。俱啓千乘。豈能逆弟子之勃興。抗龍顏之基命者也。然則得失成敗。各有由焉。而著述之家。多守常轍。莫不情忘今古。理蔽澆淳。欲以百王之季。行三代之法。天下五服之內。盡封諸侯。王畿千里之間。俱為采地。是則結繩之化。行虞夏之朝。用象刑之典。治劉曹之末。紀綱弛紊。斷可知焉。鍥船求劍。未見其可。膠柱成文。彌多所惑。徒知問鼎請隧。有懼勤王之師。白馬素車。無復藩維之援。不悟望夷之釁。未堪羿浞之災。高貴之殃。寧異申胥之酷。此乃欽明昏亂。自華安危。固非守宰公侯。以成興廢。且數世之後。王室浸微。始自藩屏。化為仇敵。家殊俗。國異政。強陵弱。衆暴寡。疆場彼此。干戈侵伐。狐駘之役。女子盡髽。郃陵之師。隻輪不反。斯蓋略

舉一隅。其餘不可勝數。陸士衡方規規然云。嗣王委其九鼎。凶族據其天邑。天下晏然。以治待亂。何斯言之謬也。而設官分職。任賢使能。以循良之才。膺共治之寄。刺舉分竹。何世無人。至使地或呈祥。天不愛寶。民稱父母。政比神明。曹元首區區然稱與人共其樂者。必急其憂。與人同其安者。必拯其危。豈容以為侯伯。則同其安危。任之牧宰。則殊其憂樂。何斯言之妄也。封君列國。籍其門資。忘其先業之艱難。輕其自然之崇貴。莫不世增淫虐。代益驕侈。離宮別館。切漢凌雲。或刑人力而將盡。或召諸侯而共斃。陳靈則君臣悖禮。共侮徵舒。衛宣則父子聚麀。終誅壽朔。乃云為己思治。豈若是乎。內外群官。選自朝廷。擢士庶以任之。澄水鏡以鑒之。年勞優其階品。考績明其黜陟。進取事切。砥礪情深。或俸祿不入私門。妻子不之官舍。班條之貴。食不舉火。剖符之重。衣惟補葛。南陽太守。敝布裹身。萊蕪縣長。凝塵生甑。專知為利圖物。何其爽歟。總而言之。爵非世及。用賢之路斯廣。民無定主。附下之情不固。此乃愚智所辨。安可惑哉。至如滅國弑君。亂常干紀。春秋二百年間。略無寧歲。次睢（上音雌下音沮）咸秩。遂用玉帛之君。魯道有蕩。無等衣裳之會。從使西漢哀平之際。東洛桓靈之時。下吏淫暴。必不至此。為政之理。可以一言蔽焉。伏惟陛下握紀御天。膺期啓聖。救億兆之焚溺。掃氛祲於寰區。創業垂統。配二儀以立德。發號施令。妙萬物而為言。獨照宸衷。永懷前古。將復五等而脩舊制。建萬國以親諸侯。竊以漢魏以還。餘風之弊未盡。勳華既往。至公之道斯革。況晉氏失御。宇縣崩離。後魏乘時。華夷雜處。重以關河分阻。吳楚懸隔。習文者學長短縱橫之術。習武者盡干戈戰爭之心。畢為狙詐之階。彌長澆浮之俗。開皇在運。因藉外家。驅御群英。任雄猜之數。坐移明運。非克定之功。年踰二紀。人不見德。及大業嗣立。世道交喪。一人

一物拂地將盡雖天縱神武剗平寇虐兵威不息勞心未康自陛下
頃順聖慈嗣膺寶歷情深致理綜覈前王雖至道無名言象所絕略
陳梗槩實所庶幾憂敬蒸蒸勞而不倦大舜之孝也訪安內豎親嘗
御膳文王之德也每憲司讞罪尚書奏獄大小必察枉直咸舉以斷
趾之法易大辟之刑仁心隱惻貫徹幽顯大禹之泣辜也正色直言
虛心受納不簡鄙訥無棄芻蕘帝堯之求諫也弘獎名教勸勵學徒
既擢明經於青紫將升碩儒於卿相聖人之善誘也群臣以宮中暑
濕寢膳或乖請移御高明營一小閣遂惜家人之產竟抑子來之願
不吝陰陽之感以安卑陋之居頃歲霜儉普天飢饉喪亂甫爾倉廩
空虛聖情矜愍勸加賑恤竟無一人流離道路猶且食惟藜藿樂徹
簨簴言必悽動貌成癯瘦公旦喜於重譯文命矜其即序陛下每見
四夷款附萬里歸仁必退思進省凝神動慮恐妄勞中國以求遠方
不藉萬古之英聲以存一時之茂實心切憂勞跡絕遊幸每旦視朝
聽受無倦智周於萬物道濟於天下罷朝之後引進名臣討論是非
備盡肝膈惟及政事更無異詞纔日昃必命才學之士賜以清閑高
談典籍雜以文詠間以玄言乙夜忘疲中宵不寐此之四道獨邁往
初斯實生民以來一人而已弘茲風化昭示四方信可以期月之間
彌綸天壤而淳粹尚阻浮詭未移此由習之永久難以卒變請待彫
琢成器以質代文刑措之教一行登封之禮云畢然後定疆理之制
議山河之賞未為晚焉易稱天地盈虛與時消息況於人乎美哉斯
言也中書舍人馬周又上疏曰伏見詔書令宗室勳賢作鎮藩部貽
厥子孫嗣守其政非有大故無或黜免臣竊惟陛下封植之者誠愛
之重之欲其胤裔承守為國無疆可使世官也何則以堯舜之父猶有
朱均之子況下此已還而欲以父取子恐失之遠矣儻有孩童嗣職

萬一驕逸則兆庶被其殃而國家受其敗政欲絕之也則子文之理
猶在政欲留之也而欒黶之惡已彰與其毒害於見存之百姓則寧
使割恩於已亡之一臣明矣然則向所謂愛之者乃適所以傷之也
臣謂宜賦以茅土疇其戶邑必有材行隨器方授則翰翮非強亦可
以獲免尤累昔漢光武不任功臣以吏事所以終全其世者良由得
其術也願陛下深思其宜使夫得奉天恩而子孫終福祿也太宗並
嘉納其言於是竟罷子弟及功臣世襲刺史也

太宗問左僕射蕭瑀朕欲長保社稷柰何瑀曰三代有天下所以能
長久者類封建諸侯以為藩屏秦置守令二世而絕漢分王子弟享
國四百年魏晉廢之亡不旋踵此封建之有明效也帝納之始議封
建

太宗令群臣議封建魏徵議曰若封建諸侯則卿大夫咸資俸祿必
致厚斂又京畿賦稅不多所資畿外若盡以封國邑經費頓闕又燕
秦趙代俱帶外夷若有警急追兵內地難以奔赴

宋神宗時蘇頌上論王公封爵故事疏曰唐令王正一品嗣王郡王
國公從一品正元二年五月勑御史中丞竇參等奏文武官辭見宴
集請依天寶三年禮部詳定勑親王嗣王任卑官職事仍依王品郡
王任三品以下職事者在同階品上自外無文武官者嗣王在太子
大保下郡王次之國公在正三品下郡公在從三品下縣公在正四
品下正元四年五月勑御史中丞竇參等奏文武官辭見爵雖高官
或下列於上官之上非制也自今已後宜列於本官班之上正元二
十一年五月勑御史臺奏准公式令諸文武官朝參行立各依本職
事官品為敘緣有檢校官高職事卑及嗣王郡王任職事官高卑不
等今請應檢校僕射及尚書以上及嗣王郡王任職事官者一切在

戚爭本品之上。（已上書見禮閣新儀。）國朝故事惟親王恩禮優異外。餘郡王嗣王國公郡公縣公皆無異禮。惟立班在本官之上。又唐諸侯王薨。子得襲封為嗣王。（永徽元年。濮王泰薨。立其子欣為嗣。濮王垂拱初。章懷太子賢薨。授其子守禮太子洗馬。為嗣雍王。）嗣王薨子皆襲封（嗣韓王訥官至員外祭酒卒。以其子煒為韓王國子員外司業。）有不襲封者。（嗣曹王皐薨。子道古為朝官不襲封。）有降爵為公侯者。（荊王元景坐法賜死。追封沈黎王。以渤海王子長沙嗣。仍降為侯。嗣楚王靈夔薨。子福嗣降爵為公。）有初但為嗣後數年乃封嗣王者。（嗣舒王津天寶二年卒。子藥嗣。至天寶九載封嗣舒王。）有由嗣王而遷郡王者。其帶職事官有為國子員外祭酒司業者。（韓王訥弁子璩之類。）有加銀青階者。（景龍四年。嗣鄭王希言等十四人。並加銀青光祿大夫。）有為諸衛將軍者。（嗣霍王暉開元中。左千牛員外將軍。）有為員外洗馬者。（嗣徐王茂卒。子延年除員外洗馬。為嗣徐王。）有為宗正卿及州郡上佐官者。皆出朝廷一時之命。即無定制。（其恩禮厚薄以封戶多少為限。中葉以後。封戶皆為虛名。今所不用。）本朝未有嗣王之號。若欲封拜。謂宜先委禮官及兩省參詳定制。然後行之。

哲宗時。宣德郎華鎮上言曰。世或有謂周以封建而天下強。其弊也陵奪。秦以郡縣而天下弱。其弊也土崩。漢封同姓。矯枉過正。數十年間。七國內向。孝武分析侯國。削弱已甚。強臣無憚。坐移龜鼎。唐重方鎮。浸以強大。久而不變。至於滅亡。因謂法有必弊。國有定勢。法弊而勢偏。不知矯革。數十年之後。則患不可支矣。是果然乎。抑亦未然乎。夫漢初。列國過制。孝文盛時。賈生已患之矣。厥後諸侯微弱。不與政事。武宣之間。已與哀平時類矣。唐世方鎮強大。天寶末年。范陽干紀不在數世之後。彼制置之失者也。禍亂之幾。其初皆已暴見。第未有強者發之爾。苟有強者。則如范陽之起於天寶。此賈傅所謂火未及燃者也。是豈百年之形勢哉。不足引以為論。至於周室封建。秦人郡邑。亦非所以制國勢之強弱。定脩短之期數者也。試粗言之。周建萬國。親賢並任。列爵惟五。分土惟三。大者無不掉之勢。小者有自全之

力。俾之以法。統之以道。率職有功。則慶賞必至。犯分陵制。則刑誅隨之。方其盛時。如指臂之附支體。莫見陵奪之漸也。後世浸強不可制役者。由天子失道。王法不行。征法自專。并吞無禁。縱之使大也。使穆王無耄荒之政。夷王無下堂之失。厲王無板蕩之風。幽王無淫昏之行。守文武之成法。業所失墜。雖萬世如成康之隆可矣。何陵奪之有哉。若曰。封建之勢。必至於強不可制。厲王之時。諸侯已強大矣。宣王將不能復會於東都。因其力以南征北伐。復文武之業矣。秦置郡邑。守令分治。漢家因之。與侯國並建。文景而上。諸侯強大。僭亂不軌。無屏翰之益。孝武而下。列國微弱。等於郡邑。無磐石之勢。東京郡國。輕重相若。不足以維持。然而兩漢用之。四百餘年。天下安寧。不見土崩之弊。秦人所以二世而亡者。頻征遠戍。厚賦重役。人不見德。而惟繁苛慘切之痛。以失天下之心也。由始皇二世之道而為政。雖建萬國。

親諸侯。殆無救於亂亡。若曰。郡縣之勢。必至於孤弱而土崩。文景武宣世祖明章之時。將不能康民阜物。講道息刑。比隆成周之盛矣。由是言之。天下有道。封建郡邑皆足以底平治而保無患。天下無道。封建則陵奪。郡邑則土崩。制國之勢。果在封建乎。在郡縣乎。人主務隆道而已。主道世隆。則天下世治。脩而師二漢文景明章之主也。仰而遵商周湯武成康之君也。尚何土崩陵奪之有哉。禹之法非不善也。傳之五世至小甲而商道衰。文武之法非不善也。傳之四世至昭王而王室弱。西漢之法。不羨於三代也。傳之七世至宣帝而愈盛。東漢之法。不劣於西京也。傳之四世至和帝而浸微。唐之法亦二漢之比也。傳之四世至中宗而喪其寶。聖賢不世。主道弗隆。則禹湯文武之法不過一再傳而衰微。中智之君。繼世有為。振隆主道。則高祖孝文之法行六七世而愈盛。蓋安其位而忘危者。天下雖甚安而危常及

之。保其存而忘亡者。天下雖甚固而亡常及之。有其治而忘亂者。天下雖甚治而亂常及之。夏商之君。保有成業而不知懼。輕為逸豫而重為興造。輕為逸豫。則多過失。重為興造則鮮功德。功德不見。而過失日加。危亂喪亡之所由至也。西漢之主。不忘危亂而知自勉。輕為興造而重為逸豫。輕為興造。則有功德。重為逸豫則無過失。過失不作而功德日增。治安存固之所由至也。國家藝祖以成湯之勇智。周武之聖德。受天休命。戡定大業。身及太平。紀綱法度經制施設之方。所以垂裕貽謀者。固已跨絕漢唐簡雜之術。兼該四代久大之美矣。太宗平晉征燕。王業大定。敦崇教化。光濟丕烈。真宗總文武之兩端。合威德以並用。震疊殊俗。協和中夏。禮樂既備。然後告成岱宗。祈穀后土。垂拱乎法宮之中。明堂之上。味廣成之訓。師黃帝之治。以清靜無為涵養天下。仁宗檢身以儉。撫民以慈。敬賞慎罰。視之如赤子。生而不傷。孳而不困。扶而不危。節而不盡。舉三王之善政。以寵天下。四十餘年。生靈熙熙。如在春臺之上。英宗挺睿哲之資。知人間之利病。即位之日。振權綱。修法度。慨然有興造之意。雖享國未久。而規模宏遠矣。神宗繼文考之志。述文考之事。宵衣旰食。厲精庶政。發明道術。講修武備。制作日新。典章咸舉。表飾治具。奮揚聲采。炳炳然三代之文物。凜凜然中夏之威稜。帝王事業。益可觀矣。今慈母與陛下。復以仁恕忠厚之德。濟之神聖。相承兢兢業業。視已治如未治。視已安如未安。克艱克勤。世有興作。故百三十餘歲。而主道益隆。天下益治。三代之盛。未之有矣。考之以古。準之以今。國之強弱盛衰。本無形勢之可定。顧人主之德何如爾。人主務明德以隆道。隆道而盛大之業固矣。區區形勢之論。何足道哉。

[illegible]太常禮院劉攽上奏曰。臣等伏見周禮封爵諸侯。皆有命書典策。

又有約劑書於宗彝。及漢封功臣。亦有丹書鐵契藏之宗廟。誠以封爵之事。傳世無窮。不可不慎重其禮。且以防後世之爭辨也。本朝慶曆中。始為諸王置後傳襲。其時上恩雖厚。而有司典策不備。約束不明。昨因邢國公世永亡歿。冀王越王兩宮爭訟。尋求故事。以斷是非。自中書宗正寺禮院史院皆無文書可以討論。然亦非有司有所墜失也。臣等以謂諸宮傳襲封國者甚多。今不為造作約束。恐後日常有紛競不已。宗室爭辨薄義傷化。甚非美事。本朝制度雖不盡用三代。自當因宜立憲。著為律令。使可遵守。藏之大宗。副在中書太史禮官貳之。合於周禮之宗彝約劑。漢氏之丹書鐵契。傳示無窮。於體甚便。欲望朝廷特賜詳酌。下禮官等參議施行。

畢仲游上言曰。聖人治天下。其經制不啻萬事。而萬事之中。其經制有大且重者二焉。曰封建。曰郡縣也。由商周以上。知封建之利而不知郡縣之為利也。由秦漢而下。知郡縣之利而不知封建之為利也。好古者喜封建。而趨時者脩郡縣。是以王通稱郡縣之治。不知其用。子厚謂封建非聖人之意。而湯武不得已。是好古趨時之說不同也。然世更數十。或治或亂。或強或弱。或久或促。未有能出此二者之經制也。故封建則為諸侯。郡縣則為牧守。諸侯則其勢重。牧守則其勢輕。今知勢輕之易御。而不知勢重之易治。此子厚所以惑封建不如郡縣者也。夫三代之上。諸侯之勢非不重也。三代而下。牧守之勢非不輕也。然至於末世晚路。則皆歸於亂亡。是故不繫於勢輕勢重。而繫於為上者善惡得失也。為上者事善而得。則勢雖重。不敢怙重而逆也。為上者事惡而失。則勢雖輕。不肯守輕而順也。二者之路。其弊如一。然其治則郡縣之勢不若封建而久且完也。以久完之勢而終亦有弊者。是皆失封建之本意也。昔唐虞之封建。世傳萬國。不知有封建之弊也商之封建世傳千七百有餘國亦不知有封建之弊也周之封建世傳八百國而後卒有封建之弊非封建之罪也為上者不善而封建之意已失也故其始則國裂八百益衰則併為數十又併而為十二又併而為九又併而為六遂皆併於秦而周始亡矣使周無甚愚之主而不失封建之本意制八百國之衆而不使相侵始有相併則代而更封之國衆而易治力小而易御則封建安有不善哉不然則秦取李斯之議去天下諸侯分為三十六郡置郡守與尉監二世而易姓者郡縣不如封建一也漢以同姓異姓雜建為諸侯郡守因主父之說又以計弱同姓故社稷奪於王氏郡縣不如封建二也自魏而下盡剗封建之迹一以郡縣為治郡縣之力不足計其強弱故未有不奪於強臣者是郡縣不如封建三也豈惟郡縣之勢不如封建哉唐自天寶以後嘗變郡縣為藩鎮而大借其權矣及正

元之間藩鎮節度勢強而力驕故無朝貢之禮無生殺之情天子為賜鐵券尚宗室而無益也以詔削以兵征而無功也無封建之益而有封建之禍是方鎮亦不如封建之効也且外強者封建也外弱者郡縣也外強則患生於外外弱則患生於內患生於外者內可以制而禍遲患生於內者外不可制而禍速然則封建可以制外患而郡縣不可以制內禍也何以知封建之可以制外患也封建者為諸侯諸侯者為國國則有君也有臣也有士民也有鄰國也有上下相維左右相持畏義而不敢易動也易動則臣或不從也士民或不信也鄰國或不聽也不從則深諫不信則上告不聽則力禦如封建不失其本意國衆而勢小有易動者以天子之師因其深諫上告力禦之一端則易制矣是故知封建之可以制外患也何以知郡縣之不可以制內禍也郡縣者為牧守牧守者為外臣外臣則無大勢也無專

兵也無擅制也內有強臣之變變而不知知而不敢擅動強臣以牧守之權不足忌於外於內則日月劘削朝夕用力而已矣是故知郡縣之不可以制內禍也不徒有可制不可制之形且又有可治不可治之實焉故封建則經界易均稅賦易平穀祿易分官吏易擇兵民易立郡縣則經界不能均稅賦不能平穀祿不能分官吏不能擇兵民不能立是又可治不可治之實也足以二者之勢始則同歸於無事而封建歸可治也末則同歸於亂亡而封建歸可久也如上得其本意而善守則可久之患亦無有也故可久之患生於上失其本意而不善守如不善守則雖郡縣亂愈速也是郡縣不如封建之明說也今夫常人之家必鑿其井矣是井者家家不可無而有不可益者也使或有狂子蹈之而死則井非徒無益亦有損矣然不以狂子之蹈而廢井者知非井罪也今以諸侯之不順不責上不能守其本意

而責封建是由井溺狂子不責狂子之蹈而廢井也豈不過哉若夫方鎮則最無說也小其權則與郡縣無異而不足以嚴難大其權則徒有封建之勢而無君臣民庶鄰國之畏此唐亡之計而五代求禍之途也今國家上鑒三代之封國二漢之雜建秦魏晉周隋之郡縣唐五代之方鎮而方鎮患又切而近故痛絕一鎮節度無益之勢而使京官朝吏皆得出長郡縣至於百年無事矣信得其道也然今或意州縣之權輕而東南不可不慮者非徒事未然也前日貝州之役智高之軍是權輕之害東南之禍已効者也今必欲變更則莫若封建必欲因循則莫若郡縣方鎮之患則已去矣然封建之勢非四夷無慮畜積豐富兵力盛強臣有異姓之良同姓之賢則不可暴去郡縣之久制而卒為也若守郡縣之常法則弊不生於今日必成於後世不可不改也為今之策若以貴臣之賢者然後出為守以宗屬之

賢者。然後封爲侯。如皇漢之雜建。而大不使至七國之強。小不使如長沙之弱。京官朝吏更爲令丞而佐治之。是變更而不暴。因循而有改者也。及乎四夷益服。積儲益富。兵力益衆。良臣賢戚益衆。然後大割而衆建。以天下爲千國。上立其法而守其全。恩結兵御。不使有能相并者。是萬世之計而得其本意也。

歷代名臣奏議卷之一百四

歷代名臣奏議卷之一百五

仁民

周文王作靈臺及爲池沼。掘地得死人之骨。吏以聞於文王。文王曰。更葬之。吏曰。此無主矣。文王曰。有天下者天下之主也。有一國者一國之主也。寡人固其主。又安求主。遂令吏以衣冠更葬之。天下聞之。皆曰。文王賢矣。澤及朽骨。又況於人乎。或得寶以危國。文王得朽骨以喻其意。而天下歸心焉。

文王問於呂望曰。爲天下若何。對曰。王國富民。霸國富士。僅存之國富大夫。亡道之國富倉府。是謂上溢而下漏。文王曰善。對曰。宿善不祥。是日也。發其倉府。以振鰥寡孤獨。

武王問於太公曰。治國之道若何。太公對曰。治國之道。愛民而已。曰。愛民若何。曰。利之而勿害。成之勿敗。生之勿殺。與之勿奪。樂之勿苦。喜之勿怒。此治國之道。使民之義也。愛之而已矣。民失其所務。則害之也。農失其時。則敗之也。有罪者重其罰。則殺之也。重賦斂者。則奪之也。多徭役以罷民力。則苦之也。勞而擾之。則怒之也。故善爲國者。遇民如父母之愛子。兄之愛弟。聞其飢寒爲之哀。見其勞苦爲之悲。

武王克殷。召太公而問曰。將奈其士衆何。太公對曰。臣聞愛其人者兼屋上之烏。憎其人者。惡其餘胥。咸劉厥敵。使靡有餘。何如。王曰。不可。太公出。邵公入。王曰。爲之奈何。邵公對曰。有罪者殺之。無罪者活之。何如。王曰。不可。邵公出。周公入。王曰。爲之奈何。周公曰。使各居其宅。田其田。無變舊新。唯仁是親。百姓有過。在予一人。武王曰。廣大乎平天下矣。凡所以貴士君子者。以其仁而有德也。

魯哀公問政於孔子。對曰。政有使民富且壽。哀公曰。何謂也。孔子曰。薄賦斂則民富。無事則遠罪。遠罪則民壽。公曰。若是。則寡人貧矣。孔子曰。詩云。愷悌君子。民之父母。未見其子富而父母貧者也。

齊桓公之平陵。見家人有年老而自養者。公問其故。對曰。吾有子九人。家貧無以妻之。吾使傭而未返也。桓公取外御者五人妻之。管仲入見曰。公之施惠。不亦小矣。公曰。何也。對曰。公待所見而施惠焉。則齊國之有妻者少矣。公曰。若何。管仲曰。令國丈夫二十而室。女子十五而嫁。

公問管仲曰。王者何貴。曰貴天。桓公仰而視天。管仲曰。所謂天者。非謂蒼蒼莽莽之天也。君人者以百姓為天。百姓與之則安。輔之則彊。非之則危。背之則亡。詩云。人而無良。相怨一方。民怨其上。不遂亡者。未之有也。

景公觀嬰兒有乞於途者。公曰。是無歸夫。晏子對曰。君存何為無歸。使養之可立而以聞。

公遊於壽宮。覩長年負薪而有飢色。公悲之。喟然歎曰。令吏養之。晏子曰。臣聞之。樂賢而哀不肖。守國之本也。今君愛老而恩無不逮。治國之本也。公笑有喜色。晏子曰。聖王見賢以樂賢。見不肖以哀不肖。今請求老弱之不養。鰥寡之不室者。論而供秩焉。景公曰。諾。於是老弱有養。鰥寡有室。

公嘗賞賜及後宮。文繡被臺榭。菽粟食鳧鴈。出而見殣。謂晏子曰。此何為死。晏子對曰。此餒而死。公曰。嘻。寡人之無德也何甚矣。晏子對曰。君之德著而彰。何為無德也。景公曰。何謂也。對曰。君之德及後宮與臺榭。君之玩物。衣以文繡。君之鳧鴈。食以菽粟。君之營內自樂。延及後宮之族。何為其無德也。顧臣願有請於君。由君之意。自樂之心。推而與百姓同之。則何殣之有。君不推此。而苟營內好私。使財貨偏有所聚。菽粟布帛腐於囷府。惠不遍加于百姓。公心不周乎國。則桀紂之所亡也。夫士民之所以叛。由偏之也。君如察臣嬰之言。推君之盛德。公布之於天下。則湯武可為也。一殣何足恤哉。

邾文公卜徙於繹。史曰。利於民。不利於君。君曰。苟利於民。寡人之利也。天生烝民。而樹之君。以利之也。民既利矣。孤必與焉。侍者曰。命可長也。君胡不為。君曰。命在牧民。死之短長。時也。民苟利矣。吉孰大焉。遂徙於繹。

楚人有獻魚楚王者曰。今日漁獲。食之不盡。賣之不售。棄之又惜。故來獻也。左右曰。鄙哉辭也。楚王曰。子不知漁者仁人也。蓋聞囷倉粟有餘者。國有餓民。一本作下民多飢。後宮多幽女者。下民多曠夫。餘衍之蓄聚於府庫者。境內多貧困之民。皆失君人之道。故庖廚有肥魚。廄有肥馬。民有飢色。是以亡國之君。藏於府庫。寡人聞之久矣。未能行也。漁者知之。其以此諭寡人也。且今行之。於是乃遣使恤鰥寡而存孤獨。

出倉粟。發幣帛而振之。

漢高祖十二年。相國蕭何為民請曰。長安地狹。上林中多空地棄。願令民得入田。毋收稾為禽獸食。上大怒曰。相國多受賈人財物。乃為請吾苑。乃下相國廷尉械繫之。數日。王衛尉侍前。問曰。相國何大罪。陛下繫之暴也。上曰。吾聞李斯相秦皇帝。有善歸主。有惡自與。今相國多受賈豎金。而為民請吾苑以自媚於民。故繫治之。王衛尉曰。夫職事苟有便於民而請之。真宰相事。陛下奈何乃疑相國受賈人錢乎。且陛下距楚數歲。陳豨黥布反。陛下自將而往。當是時。相國守關中。搖足則關以西非陛下有也。相國不以此時為利。今乃利賈人之金乎。且秦以不聞其過亡天下。李斯之分過。又何足法哉。陛下何疑宰相之淺也。高帝不懌。是日使使持節赦出相國。

武帝拜卜式為中郎。式初不願為郎。上曰。吾有羊在上林中。欲令子

牧之式既為郎布衣草蹻而牧羊歲餘羊肥息上過其羊所善之式
曰非獨羊也治民亦猶是矣以時起居惡者輒去毋令敗羣上奇其
言欲試使治民拜緱氏令緱氏便之

魏文帝時御史大夫王朗上疏曰兵起以來三十餘年四海盪覆萬
國殄瘁賴先王芟除寇賊扶育孤弱遂令華夏復有綱紀鳩集兆民
於茲魏土使封鄙之內鷄鳴狗吠達於四境蒸庶欣欣喜遇昇平今
遠方之寇未賓兵戎之役未息誠令復除足以懷遠人良宰足以宣
德澤阡陌咸脩四民殷熾必復過於曩時而富於平日矣易稱勑法
書著祥刑一人有慶兆民賴之慎法獄之謂也昔曹相國以獄市為
寄路溫舒疾治獄之吏夫治獄者得其情則無寃死之囚丁壯者得
盡地力則無饑饉之民窮老者得仰食倉廩則無餧餓之殍嫁娶以
時則男女無怨曠之恨胎養必全則孕者無自傷之哀新生必復則
孩者無不育之累壯而後役則幼者無離家之思二毛不戎則老者
無頓伏之患醫藥以療其疾寬繇以樂其業威罰以抑其強恩仁以
濟其弱振貸以贍其乏十年之後既笄者必盈巷二十年之後勝兵
者必滿野矣

明帝時殺禁地鹿者身死財產沒官有能覺告者厚加賞賜廷尉高
柔上疏曰聖王之御世莫不以廣農為務儉用為資夫農廣則穀積
用儉則財畜畜財積穀而有憂患之虞者未之有也古者一夫不耕
或為之飢一婦不織或為之寒中間已來百姓供給衆役親田者既
減加頃復有獵禁羣鹿犯暴殘食生苗處處為害所傷不貲民雖障
防力不能禦至如滎陽左右周數百里歲略不收元元之命實可矜
傷方今天下生財者甚少而麋鹿之損者甚多卒有兵戎之役凶年
之災將無以待之惟陛下覽先聖之所念愍稼穡之艱難寬放民間

使得捕鹿遂除其禁則衆庶永濟莫不悅豫矣

柔又上疏曰臣深思陛下所以不早取此鹿者誠欲使極蕃息然後
大取以為軍國之用然臣竊以為今鹿但有日耗終無從得也何以
知之今禁地廣輪且千餘里臣下計無慮其中有虎大小六百頭狼
有五百頭狐萬頭使大虎一頭三日食一鹿一虎一歲百二十鹿是
為六百頭虎一歲食七萬二千頭鹿也使十狼日共食一鹿是為五
百頭狼一歲共食萬八千頭鹿鹿子始生未能善走使十狐一日共
食一子比至健走一月之間是為萬狐一月共食鹿子三萬頭也大
凡一歲所食十二萬頭其鵰鶚所害臣置不計以此推之終無從得
多不如早取之為便也

吳大帝時徵役繁數重以疫癘民戶損耗行騎都尉駱統上疏曰臣
聞君國者以據疆土為彊富制威福為尊貴曜德義為榮顯永世胤
為豐祚然財須民生彊賴民力威恃民勢福由民殖德俟民茂義以
民行六者既備然後應天受祚保族宜邦書曰衆非后無能胥以寧
后非衆無以辟四方推是言之則民以君安君以民濟不易之道也
今彊敵未殄海內未乂三軍有無已之役江境有不釋之備徵賦調
數由來積紀加以殃疫死喪之災郡縣荒虛田疇蕪曠聽聞屬城民
戶浸寡又多殘老少有丁夫聞此之日心若焚燎思尋所由小民無
知既有安土重遷之性且又前後出為兵者生則困苦無有溫飽死
則委棄骸骨不反是以尤用戀本畏遠同之於死每有徵發羸謹居
家重累者先見輸送小有財貨傾居行賂不顧窮盡輕剽者則迸入
險阻黨就羣惡百姓虛竭嗷然愁擾愁擾則不營業不營業則致窮
困致窮困則不樂生故口腹急則姦心動而攜叛多也又聞民間非
居處小能自供生產兒子多不起養屯田貧兵亦多棄子天則生之

而父母殺之。既懼干逆和氣。感動陰陽。且惟陛下開基建國。乃無窮之業也。疆鄰大敵。非遣次所滅。彊場常守。非期月之戍。而兵民減耗。後生不育。非所以歷遠年致成功也。夫國之有民。猶水之有舟。停則以安。擾則以危。愚而不可欺。弱而不可勝。是以聖王重焉。禍福由之。故與民消息。觀時制政。方今長吏親民之職。惟以辦具為能。取過目前之急。少復以恩惠為治。副稱陛下天覆之仁。勤恤之德者。官民政俗日以彫弊。漸以陵遲。勢不可久。夫治疾及其未篤。除患貴其未深。願陛下少以萬機餘閑。留神思省。補復荒虛。深圖遠計。育殘餘之民。阜人財之用。參曜三光。等崇天地。臣統之大願。足以死而不朽矣。帝感統言。深加意焉。

嘉禾六年。謝淵謝宏等各陳便宜。欲興利改作。以事下上大將軍右都護陸遜。遜議曰。國以民為本。彊由民力。財由民出。夫民殷國弱。民瘠國彊者。未之有也。故為國者得民則治。失之則亂。若不受利。而令盡用立效。亦為難也。是以詩歎宜民宜人。受祿于天。乞垂聖恩。寧濟百姓。數年之間。國用少豐。然後更圖。

烏程侯皓從武昌。揚土百姓泝流供給。以為患苦。又政事多謬。黎元窮匱。左丞相陸凱上疏曰。臣聞有道之君。以樂樂民。無道之君。以樂樂身。樂民者其樂彌長。樂身者其樂不久而亡。夫民者國之根也。誠宜重其食。愛其民。民安則君安。民樂則君樂。自頃年以來。君威傷於桀紂。君明暗於姦雄。君惠閉於群孽。無災而民命盡。無為而國財空。辜無罪。賞無功。使君有謬誤之愆。天為作妖。而諸公卿媚上以求愛。困民以求饒。導君於不義。敗政於淫俗。臣竊為痛心。今鄰國交好。四邊無事。當務息役養士。實其廩庫。以待天時。而更傾動天心。搔擾萬姓。使民不安。大小呼嗟。此非保國養民之術也。臣聞吉凶在天。猶影之在形。響之在聲也。形動則影動。形止則影止。此分數乃有所繫。非在口之所進退也。昔秦所以亡天下者。但坐賞輕而罰重。政刑錯亂。民力盡於奢侈。目眩於美色。志濁於財寶。邪臣在位。賢哲隱藏。百姓業業。天下苦之。是以遂有覆巢破卵之憂。漢所強者。躬行誠信。聽諫納賢。惠及負薪。躬請巖穴。廣采博察。以成其謀。此往事之明證也。近者漢之衰末。三家鼎立。曹失綱紀。晉有其政。又益州危險。兵多精強。閉門固守。可保萬世。而劉氏與奪乖錯。賞罰失所。君恣意於奢侈。民力竭於不急。是以為晉所伐。君臣見虜。此目前之明驗也。臣闇於大理。文不及義。智慧淺劣。無復冀望。竊為陛下惜天下耳。

東晉孝武帝時。豫章太守范甯上疏曰。臣聞道尚虛簡。政貴平靜。坦公亮於幽顯。流子愛於百姓。然後可以經夷險而不憂。乘休否而常蒐。先王所以致太平如此而已。今四境晏如。烽燧不舉。而倉庾虛耗。帑藏空匱。古者使人。歲不過三日。今之勞擾。殆無三日休停。至有殘刑翦髮。以要復除。生兒不復舉養。鰥寡不敢嫁娶。豈不怨結人鬼。感傷和氣。臣恐社稷之憂。積薪不足以為喻。臣久欲粗啓所懷。日復一日。今當永離左右。不欲令心有餘恨。請出臣所啓。事付外詳擇。

安帝時。劉毅以喪師乞解任。降為後將軍。尋轉衛將軍開府儀同三司江州都督。毅上表曰。臣聞天以盈虛為運。政以損益為道。時否而政不革。人凋而事不損。則無以救急病於已危。拯塗炭於將絕。自頃戎車屢駕。干戈溢境。所統江州。以一隅之地。當逆順之衝。自桓玄以來。驅蹙殘敗。至乃男不被養。女無匹對。逃亡去就。不避幽深。自非財殫力竭。無以至此。若不曲心矜理。有所釐改。則靡遺之歎。奄焉必及。夫設官分職。軍國殊用。牧養以息務為大。武略以濟事為先。兼而領之。蓋出於權。事因藉既久。遂似常體。江州在腹心之內。憑接揚豫。藩卒所倚實爲重複。昔胡寇縱逸。朔馬臨江。抗禦之宜。蓋權爾耳。今江左區區。戶不盈數十萬。地不踰數千里。而統旅鱗次。未獲減息。大而言之。足爲國耻。況乃地在無虞。而猶置軍府。文武將佐。資費非要。豈所謂經國大情。揚湯去火者哉。自州郡邊江。百姓遼落。加鄣亭險闊。畏阻風波。轉輸往復。恒有淹廢。又非所謂因其所利以濟其弊者也。愚謂宜解軍府。移鎮豫章。處十郡之中。厲簡惠之政。比及數年。可有生氣。且屬縣凋散。示有所存。而役調送迎。不得止息。亦謂應隨宜并合。以簡衆費。刺史庾悅自臨荏以來。甚有恤隱之誠。且綱維不革。自非綱目所理。尋陽接蠻。宜示有遏防。可即州府千兵。以助郡戍。

後魏太武帝時。南州大水。百姓阻飢。尚書令鉅鹿公劉潔奏曰。臣聞天地至公。故萬物咸育。帝王無私。而黎民戴賴。伏惟陛下以神武之姿紹重光之緒。恢隆大業。育濟羣生。威之所振。無思不服。澤之所洽。無

遠不懷。太平之治。於是而在。自頃邊寇內侵。戎車屢駕。天資聖明。所在克殄。方難既平。皆蒙酬錫。勲高者受爵。功卑者獲賞。寵賜優崇。有過古義。而郡國之民。雖不征討。服勤農桑。以供軍國。實經世之大本。府庫之所資。自山以東。偏遇水害。頻年不收。就食它所。臣聞率土之濱。莫非王臣。應加哀矜。以鴻覆育。今南摧彊寇。西敗醜虜。四海晏如。人神協暢。若與兆民共享其福。則惠感和氣。蒼生悅樂矣。世祖從之。於是復天下一歲租賦。

宣武帝時。侍中源懷表奏曰。景明以來。北蕃連年災旱。高原陸野。不任營殖。唯有水田。少可菑畝。然主將參僚。專擅腴美。瘠土荒疇。以給百姓。因此困弊。日月滋甚。請鎮水田。請依地令分給細民。先貧後富。若分付不平。令一人怨訟者。鎮將已下連署之官。各奪一時之祿。四人已上。奪祿一周。北鎮邊蕃事異諸夏。往日置官。全不差別。沃野一鎮。自將已下八百餘人。黎庶怨嗟。僉曰煩猥。邊隅事尠。實少畿服。請主帥吏佐五分減二。詔從之。

隋高祖以山東民多流冗。遣使按檢。又欲徙民北實邊塞。皇太子勇上書諫曰。竊以導俗當漸。非可頓革。戀土懷舊。民之本情。波迸流離。蓋不獲已。有齊之末。主闇時昏。周平東夏。繼以威虐。民不堪命。致有逃亡。非厭家鄉。願爲羇旅。加以去年三方逆亂。賴陛下仁聖。區宇肅清。鋒刃雖屏。瘡痍未復。若假以數歲。沐浴皇風。逃竄之徒。自然歸本。雖北夷猖獗。嘗犯邊烽。今城鎮峻峙。所在嚴固。何待遷配。以致勞擾。臣以庸虛。謬當儲貳。寸誠管見。輒以塵聞。上覽而嘉之。

唐太宗即位初。民部尚書裴矩奏民遭突厥暴踐者。戶請給絹一匹。上曰。朕以誠信御下。不欲虛有存恤之名。而無其實。戶有大小。豈得雷同給賜乎。於是計口爲率。

貞觀中。上謂侍臣曰。凡事皆須務本。國以人爲本。人以衣食爲本。凡營衣食。以

不失時爲本。夫不失時者。唯在人君簡靜乃可致耳。若兵戈屢動。土木不息。而欲不奪農時。其可得也。王珪曰。昔秦皇漢武。外則窮極兵戈。內則崇侈宮室。人力既竭。禍難遂興。彼豈不欲安人乎。失所以安人之道也。亡隋之轍。殷鑒不遠。陛下親承其弊。知所以易之。然在初則易。終之實難。伏願慎終如始。方盡其美。太宗曰。公言是也。夫安人寧國。唯在於君。君無爲則人樂。君多欲則人苦。朕所以抑情損欲。尅己自勵耳。帝又嘗謂黃門侍郎王珪曰。隋開皇十四年大旱。人多飢乏。是時倉庫盈溢。竟不許賑給。乃令百姓逐糧。隋文不憐百姓而惜倉庫。比至末年。計天下儲積。得供五六十年。煬帝恃此富饒。所以奢華無道。遂致亡滅。煬帝失國。蓋亦由其父。凡理國者。務積於人。不在盈其倉庫。古人云。百姓不足。君孰與足。但使倉庫可備凶年。何須儲蓄。後嗣若賢。能自保其天下。如其不肖。多積倉庫。徒益其奢侈。危亡之本也。

太宗曰。隋煬帝求覓無已。內則淫蕩於聲色。外則勤人以黷武。遂至滅亡。朕

觀此。但以清靜撫之。令百姓自言安樂。豈知朕之力也。魏徵對曰。堯舜擊壤而歌。亦云帝力何有於我哉。只將此事以爲太平。百姓亦不知由主上安之也。太宗曰。朕今安養百姓。豈求其知。但論理亂在時君耳。徵對曰。此事非知之難。終行之難。

太宗曰。隋時百姓假有財物。豈能自保。自我有天下以來。存心撫養。無所科差。人人皆得營產業。守其資財。即我所賜。向使我徵求無已。雖數賞賜。亦不如不得。魏徵對曰。堯舜在上。百姓亦云耕田而食。鑿井而飲。含哺鼓腹。而云帝有何力於其間哉。今陛下如此含養百姓。可謂日用而不知矣。又奏曰。昔晉文公出畋逐獸。碭入大澤。迷不知所出。其中有漁者。文公謂曰。我若君也。道安從出。我且厚賜汝。漁者曰。臣願有獻。文公曰。出澤而受之。於是送出澤。文公命曰。子之所欲教寡人者何也。願受之。漁者曰。鴻鵠保大海之中。厭而徙之小澤。則必有繒丸之憂。黿鼉保深淵。厭而出之淺渚。則必有網羅釣射之憂。今君逐獸碭入

至此。何行之太遠也。文公曰善。謂從者記漁者名。漁者曰。君何以名爲。君其尊天事地。敬社稷。固四國。慈愛萬人。薄賦歛。輕租稅者。臣亦與焉。君不尊天事地。不敬社稷。不固四國。外失禮於諸侯。內逆人心。一國流亡。漁者雖有厚賜。不得保也。遂辭不受。太宗曰。卿言是也。

太宗曰。今人與古人同邪。魏徵對曰。人多以古人淳朴。今人澆薄。以臣量之。勢亦相似。太宗曰。今之人固不及古。古之君臣爲化。唯以百姓心爲心。近代帝王唯損百姓以適其欲。朕今與公等雖不及古。然須以百姓爲心。不得有損於物而自奉也。

太宗問拓設使人曰。拓設兵馬今有幾許。對曰。見有四千餘兵。舊有四萬餘人。太宗曰。爲君之道。必須先存百姓。若損百姓以奉其身。如割脛以自啖。腹飽而身斃。又曰。身安天下安。必須先正其身。未有表正而影曲。上理而下亂者。朕每思傷其身者不緣外物。皆由嗜欲以成其禍。若耽嗜滋味。玩悅聲色。所欲既多。所損亦大。既妨政事。又擾生人。且復出一非理之言。萬姓爲之解體。怨讟既作。離叛亦興。朕每思此。不敢放逸。魏徵對曰。古者聖哲之王。亦近取諸身。遠體諸物。昔楚聘詹何曰。未聞身理而國亂者。陛下所明。實古之大義。

高宗永徽中。來濟兼太子賓客。進爵爲侯。帝嘗從容問馭下所宜。濟曰。昔齊桓公出遊。見老人。命之食。曰。請遺天下食。遺之衣。曰。請遺天下衣。公曰。吾府庫有限。安得而給。老人曰。春不奪農時。即有食。夏不奪蠶工。即有衣。由是言之。省繇役。馭下之宜也。

高宗時。造蓬萊上陽合璧等宮。復征討四夷。京師養廐馬萬匹。帑藏寖虛。知左史張文瓘諫曰。王者養民。逸則富以康。勞則怨以叛。秦漢廣事四夷。造宮室。至二世土崩。武帝末年。戶口減半。夫制治於未亂。保邦於未危。人罔常懷。懷于有仁。臣願撫之。無使勞而生怨。隋監未遠。不可不察。帝善其言。賜繒錦百段。爲減廐馬數千。

武后時。詔市河南河北牛羊荊益奴婢。置監登萊。以廣軍資。監察御史張廷珪上書曰。今河南牛疫十不一在。詔雖和市。甚於抑奪。并市則價難準。簡擇則吏求賄。是牛再疫。農重傷也。高原耕地奪爲牧所。兩州無復丁田。牛羊踐暴。輿境何賴。荊益奴婢多國家戶口。奸豪掠賣。一入於官。永無免期。南北異宜。至必生疾。此有損無益也。抑聞之。君所恃在民。民所恃在食。食所資在耕。耕所資在牛。牛廢則耕廢。耕廢則食去。食去則民亡。民亡則何恃爲君。羊非軍國切要。假令蕃滋。不可射利。后乃止。

武后將建大像於白司馬坂。成均祭酒平章事李嶠諫。造像雖俾浮屠輸錢。然非州縣承辦不能濟。是名雖不稅而實稅之。臣計天下編戶貧弱者衆。有賣舍帖田供王役者。今造像錢積十七萬緡。若頒之窮人。家給千錢。則紓十七萬戶飢寒之苦。德無窮矣。

中宗景龍二年。中書舍人李乂諫曰。江南鄉人採捕為業。魚鼈之利。
黎元所資。江湖生育無限。府庫供支易殫。與其拯物。豈若憂人。且鬻
生之徒。惟利斯視。錢刀日至。網罟年滋。施之一朝。營之百倍。未若回救
贖之錢物。減貧無之徭賦。活國愛人。其福勝彼。
代宗大曆元年冬十月。上生日。諸道節度使獻金帛器服珍玩駿馬
為壽。共直緡錢二十四萬。常袞上言。節度使非能男耕女織。必取之
於人。斂怨求媚。不可長也。請却之。上不聽。
德宗貞元十二年。京兆尹李實言於上曰。今歲京兆雖旱。而禾苗甚
美。由是租稅皆不免。人窮至壞屋賣瓦木麥苗以輸官。優人成輔端
為謠嘲之。實奏輔端誹謗朝政。杖殺之。監察御史韓愈言京畿百姓
窮困。今年稅物徵未得者。請俟來年。遂坐貶陽山令。
憲宗時。宣徽五坊小使方秋閱鷹狗。所過撓官司。厚得餉謝乃去。下
邽令裴寰才吏也。不為禮。因搆寰出醜言。送詔獄。當大不恭。宰相武
元衡婉辭諍。帝怒未置。裴度見延英。言寰無辜。帝恚曰。寰誠無罪。杖
小使。小使無罪。且杖寰。度曰。責若此固宜。第寰為令。惜陛下百姓。安
可罪。帝色霽。乃釋寰。
時浙西擒李錡伏法。准舊例籍其家財產業送上都。翰林學士裴洎
李絳等上言曰。李錡兇狡叛戾。僭侈誅求。刻剝六州之人。積成不道
之貨。陛下哀閔無告。為之弔伐。變愁怨之氣。為發生之和。歌舞聖時。
含戴聖德。且李錡家所積錢帛皆斂於人。或有酷發冤濫之徒。毆死
其身。取其貨。或有枉法徵剝之吏。加其罪。納其財。前後事狀。布聞遠
邇。竊思本以叛亂誅討。蘇息一方。今輦運錢帛。播聞四海。非所以戒
遏亂略。惠綏困窮也。伏望天慈下痛哀之詔。降雨露之澤。將逆人財
物。並以賜本道。代浙西百姓今年租賦。則萬姓欣戴。四海歌詠。上覽

欣嘉歎久而從之。
時擢李渤為庫部員外郎。會皇甫鎛輔政。務剝下佐用度。而渤奉詔
弔祭士美喪。在道上言。渭南長源鄉戶四百。今纔四十。閿鄉戶三千。
而今千。它州縣大抵類此。推其敝始於攤逃人之賦。假令十室之逃。
則均責未逃者。若抵石于井。非極泉不止。誠由聚斂之臣。割下媚上。
願下詔一切禁止。計不三年。人必歸于農。夫農國之本。本立而太平
可議矣。又言道路茀不治。驛馬多死。憲宗得奏皆駭。即詔出飛龍馬
數百給畿驛。
武宗會昌中。李德裕上奏曰。恤貧寬疾。著於周典。無告常餒。存於王
制。國家立悲田養病。置使專知。開元五年。宰臣宋璟蘇頲奏所稱悲
田。乃關釋教。此是僧尼職掌。不合定使專知。請令京兆按此分付其
家。玄宗不許。至二十二年十月。斷京城乞兒。悉令病坊收管。官以本
錢收利以給之。今緣諸道僧尼盡以還俗。悲田坊無人主領。必恐貧
病無告。轉致困窮。臣等商量。緣悲田出於釋教。並望更為養病坊。其
兩京及諸州各於錄事耆壽中揀一人有名行謹信為鄉閭所稱者。
專令勾當。其兩京望給寺田十頃。大州鎮望給田七頃。其它諸州望
委觀察使量貧病多少給田五頃。三二頃以充粥飯。如州鎮有羨餘
官錢。量與置本收利。最為穩便。若可如此。方圓不在更給田之限。各
委長吏處置。乞聞奏。
後唐明宗嘗問中書侍郎馮道曰。天下雖豐。百姓濟否。道曰。穀貴餓
農。穀賤傷農。因誦文士聶夷中田家詩。其言近而易曉。明宗顧左右
錄其詩。常以自誦。
宋太宗太平興國三年。溫仲舒拜工部郎中樞密直學士知三班院。
秋。彗星見。召對別殿。仲舒以為國家平太原以來。燕代之交。戍守卒

深殺傷剽掠彼此迭見大河以北農桑廢業戶口減耗凋弊之餘極力奉邊丁壯備徭老弱供賦遺廬壞堵不亡即死邪人媚上猶云樂輸加以兵卒踐更行者辛苦居者愁曠願推恩宥以綏民庶太宗嘉納之

太宗嘗燈夕設宴宰相呂蒙正侍上語之曰五代之際生靈凋喪周太祖自鄴南歸士庶皆罹剽掠下則火災上則彗孛觀者恐懼當時謂無復太平之日矣朕躬覽庶政萬事粗理每念上天之貺致此繁盛乃知理亂在人蒙正避席曰乘輿所在士庶走集故繁盛如此臣嘗見都城外不數里饑寒而死者甚衆不必盡然願陛下視近以及遠蒼生之幸也上變色不言蒙正侃然復位同列多其直諒

至道二年太常博士直史館陳靖上言先王之欲厚生民莫先於積穀而務農鹽鐵榷酤斯為末矣按天下土田除江淮湖湘兩浙隴蜀河東諸路地里窵遠雖加勸督未遽獲利今京畿周環二十三州幅員數千里地之墾者十纔二三稅之入者又十無五六復有匿里舍而嬀逃亡棄耕農而事游惰賦額歲減國用不充詔書累下許民復業蠲其租調寬以歲時然鄉縣擾之每一戶歸業則刺報所由朝耕尺寸之田暮入差徭之籍追胥責問繼踵而來雖蒙蠲其常租實無補於捐瘠況民之流徙始由貧困或避私債或逃公稅亦既亡遯則鄉里檢其資財至於室廬什器桑棗材木咸計其直或鄉官用以輸稅或債主取以償逋生計蕩然還無所詣以茲浮蕩絕意歸耕如授以閑曠之田廣募游惰誘之耕墾未計賦租許令別置版圖便宜從事酌民力豐寡農畝肥磽均配督課令其不倦其逃民歸業丁口授田煩碎之事並取大司農裁決耕桑之外令益樹雜木蔬果孳畜羊犬雞豚給授桑土潛擬井田營造室廬使立保伍養生送死之具慶

弔問遺之資並立條制俟至三五年間生計成立即計戶定徵量田輸稅若民力不足官借緡錢或以市餱糧或以營耕具凡此給受委於司農比及秋成乃令償直依時價折納以其成數聞白戶部帝覽之喜令靖條奏以聞

真宗時知處州楊億上奏曰臣獲領郡符合求民瘼苟自圖於緘默是上負於憂勤儻有救於瘡痍亦無辭於鼎鑊臣竊見龍泉縣松瞿小梅松源三處酒坊一年共趁辦額錢壹阡玖貫捌伯壹拾玖文足並是勾當人自備麴米本柄醞造沽賣收趁上件淨利錢數納官自來州司枷項差勒人員軍將須管甘認勾當並皆破貨家業及身命償官并均攤干繫人填納臣自到任所深訪其由蓋是往年王師討伐江南龍泉乃其境上錢俶多飄發卒士防遏邊隙此時榷酤甚獲其利縣民張延熙貪婪無饜遂入狀添起虛額買撲勾當自江南平定錢俶進納土疆書軌既同幅員無外所遣丁卒皆已罷歸遂致酤賣不行課利虧失元買撲戶並盡底破賣家產填納不足只有身命償官州司又不敢陷失舊額須至差勒平民以至籍入家財逋納身命虧傷和氣流患生人百姓亦嘗詣闕披陳蒙降下三司相度雖行刺問尋便供申所司唯聚斂是圖陸沉無郵瘡痍益甚冤痛彌深又況龍泉縣連接七閩彌亘千里山川險絕閭舍稀疎所是三處酒坊並皆越在草莽數間小屋僅庇風霜雖有榷酤之名全無醞釀之具蓋是勾當之人相承敗闕興創不成須至破賣田園遭罹刑辟見今勾當人並係徵欠司枷項徵督每三數日一度就科盡省司之益峻課程官吏之懼於責罰雖加決責何以徵填擠濟難而可期知閭閻而無路臣備見此事深究其由自以受兩朝之聖知忝百城之憂寄有所聞見豈敢緘藏雖獲罪以猶貢庶期死而得請伏望皇帝陛下念

遠民之塗炭。採徹臣之芻蕘、更詢相府之訏謨、勿令計司之閡決、儻謂狂瞽之有實、所侵功利以非多。舊額之中。減其太半。人乃受賜。天實聽卑。苟事下於有司、必謹守於舊制。王澤既壅。民病愈滋。雖龔黃臨之。亦不能為理。臣伏見陛下踐祚之始。盡放天下逋欠、寰海之內。歆舞太平。雖甚盛德無以加此。又自守郡之後。當奉詔書。莫不以優卹為先。未嘗以課利為急。百姓既足。長府自然有餘。一人向隅。滿堂為之不樂。臣忝預諫列。獲佩郡章。早受特達之知。敢辭進越之罪。祈天俟命。伏切愚衷。干犯宸嚴。無任戰汗兢惶激切之至。

仁宗景祐四年。蘇舜欽上疏曰。臣聞矜孤養老。邦家之大政。卹貧寬疾。冊書之格言。竊見前代皆置悲田養病坊。唐至長安中。命使專領。亦選名德僧徒藨掌其事。縣官出錢收利藉而用之。開元中。丞相宋璟上言乞罷。中旨不從。會昌沙汰僧尼。李德裕以悲田出於釋氏。遂易名而增脩。國家富有四海。生齒寔繁。山澤之間舉無遺利。賦稅之外。復有遠倉。或水旱為災。則流亡相屬。遇慈惠之吏。必率斂而飼養。逢苟且之政。必枕藉而死亡。本非憤慵。多值歉之。又京城之內。丐乞者多。飢寒所侵。往往殘廢。或自折支體。困入塗塗。號呼里閭。呻吟道路。聚為祲厲。甚傷化風。陛下仁被草木。惠及昆蟲。惟此天窮未霑王澤。臣欲乞依有唐故事。創置悲田養病坊。州郡並以曹官領之。仍於高年擇信行可稱者三兩人。與僧官同切管句。三京給田十頃。望鎮州七頃。諸州軍等第給田以充粥食。有羨餘官錢。置本收利以備醫藥。十歲已下八十已上。仰州縣察訪無家可歸者。亦令看養。如此。則大毓仁化。無虧國風。頌聲喧傳。上資聖算。和氣浹洽。可召豐年。

參知政事范仲淹上奏曰。臣聞淳化中。太宗皇帝以邊戶飢荒。多賣人口入蕃。頗憫惻之。特遣使以物貨收贖。各還父母。此人君之盛德也。近年緣邊漢戶被西戎虜不少。今既通人使。乞出聖意。以內帑物帛委邊臣漸次收贖陷蕃漢戶人口。各還其家。使父母子孫再得完聚。則不惟邊上生民思淪骨髓。必也至德動天。降祐王室。書之史策。光于後代。乞不降出。

慶曆二年。右正言歐陽脩論乞止絕河北伐民桑柘劄子曰。臣風聞河北京東諸州軍見脩防城器具。民間配率甚多。澶州濮州地少林木。即今澶州之民。為無木植送納。盡伐桑柘納官。臣謂農桑是生民衣食之源。租調繫國家用度之急。不惟絕其根本。使民無以為生。至於供出賦租。將來何以取足。臣伏思兵興以來。天下公私匱乏者。殆非夷狄為患。全由官吏壞之。其誅剝疲民。為國斂怨。蓋由郡縣之吏不得其人。故臣前後累乞澄汰天下官吏者。蓋備見其弊如此也。今澶州之民驟罹此苦。豈非長吏非才。處事乖繆所致。兼聞澶州民桑已伐及三四十萬株。竊慮它郡盡皆効此。伏乞早賜指揮。禁絕其合用材木。仍乞下轉運司。令相度。漸次那容準備。其澶州人戶經伐桑者。乞差官檢覆量多少與權免將來絲綿紬絹之稅。竊以軍國所須。出自民力。必欲外禦契丹之患。常須優養河朔之民。若使道路怨嗟。人心離叛。則內外之患。何以枝梧。伏望聖慈特賜留意。

皇祐二年。知諫院包拯上奏曰。臣伏覩明堂赦書。應今日以前天下欠負官物。并於干繫保人名下催納。元非侵欺盜用。或雖是侵盜。見今本家并干繫保人內委無抵當者。並令屬及轉運司保明聞奏。其累經官吏保明三司未與除放者。限赦到一月內。令本處先具自來保明度數申本路轉運司。疾速保明繳連聞奏。當議並與除放。此誠陛下憂卹元元如是之至也。然臣歷觀前後赦文。凡有恩貸無不周悉而有司往往廢格不即遵行臣切聞真宗咸平年中親御便殿放三司所引諸色違欠凡四千一百六人計物八萬三千數蓋先帝以恩詔每宥逋負有司必究問本末或縲係追逮益為煩擾故命以籍引對而面釋之大哉先帝憂民軫物之心惟恐不及伏望陛下特降旨揮委三司將應係諸色逋欠人各具因依一一類聚備錄申奏並令引見詳酌除放如此則恩出於上弊絕於下矣

拯又上奏曰臣伏覩先帝時冬十二月雷震司天監奏主國家發惠布澤未及黎庶上名輔臣謂之曰此上天所以警朕也且河北關西戍兵未息民人勞止又三司轉運使率擾之事名類實繁大者宜即減省小者悉蠲除之將來改元赦書卿等宜盡采民弊著為條目務澤及黎庶也大哉先帝愛民之心如是之至以陛下求

治之心亦先帝之心也臣切聞見陝西用兵之後朝廷急於饋運多所經畫丁夫征賦有常數矣若踰之則盡為無名之率其它酒稅錢穀之類亦有定額矣而貪於寵利者唯務聚斂掊克於下前後務以相勝前者增幾十萬以圖序賜後者則又增幾十萬以圖優賞日甚一日何窮之有而民力困且竭矣所以瘡痍天下于今未息用是觀之其實豈為國乎若果為國豈不以愛民為念哉禮曰與其有聚斂之臣寧有盜臣則先王顧生民何如哉今雖用度微窘而諸州旱澇相繼亦當寬養黎庶固其大本大本不固則國家從何而安哉況朝廷比下詔令未嘗不以寬民卹物為先而有司往往不即遵行是陛下有憂民之心而民無繇知使王澤壅於上民情鬱於下此皆向者有司之失恐非所以流布愷悌慰安元元之深旨也臣欲乞應自西事以來一切權宜之事因循未釐革

者將來明堂赦書盡采餘弊著之條目悉與改正為定制若民間夏秋二稅除依例輸外不得非橫支移折變茶鹽酒稅課利一切依舊額趁辦勿許增用有增減諸色欠負自來每遇恩貸不以存亡必根究本末但務追攝罕得除放乞令今後於理合該蠲免者更不縲繫逮捕重為煩擾並令疾速檢會除放若有司稽違必嚴行黜責如此則上可以遵先帝之意下可以救當世之患俾四方之人知陛下曠蕩之澤實及於下則海內幸甚

拯又論歷代并本朝戶口疏曰臣近者獲登雲陛親奉德音詢及本朝并唐編戶多少之數臣雖粗陳梗槩不足以上對清問退而編考諸史盡見歷代本末竊以三代雖盛其戶口記籍莫得其詳國史所起惟兩漢最備謹按前漢元始二年人戶千二百二十三萬三千及後漢光武兵革漸息之後戶四百二十七萬六百三十永壽三年增

至一千六十七萬九百六十此兩漢極盛之數也三國鼎峙干戈日尋版籍歲減當時纔百四十餘萬耳晉自武帝平吳之後編戶二百四十五萬九千八百自後南北幅裂戶無常數少者不盈百萬多者不過三倍隋文帝平一天下至大業二年戶八百九十萬七千五百三十六及乎唐之初年人戶不滿三百萬至高宗永徽元年漸增至三百八十萬明皇天寶十三載已前最為全盛只及九百六萬九千一百五十四自安史構亂之後屠戮生靈幾盡乾元已後僅滿一百至二百萬耳至武宗會昌年中其間相距百餘歲纔增至四百九十五萬五千一百五十一降及五代戰伐相躡日益耗散是時四分竊據之地逐處戶口各有數十萬太祖皇帝建隆之初有戶九十六萬七千三百五十三自後取劍南平嶺表下江左闢湖湘所得戶口方逾百萬至開寶九年漸加至三百九萬五百四戶太宗皇帝至道二

年。已增至四百五十一萬四千二百五十七。真宗皇帝天禧五年。又增至八百六十七萬七千六百七十七。陛下御宇已來。與民休息。至天聖七年。凡計編戶一千一十六萬二千六百八十九。至慶曆二年。增至一千三十萬七千六百四十八戶。八年。又增至一千九十六萬四千四百三十四。臣以謂前代戶口之耗。三代已降。跨唐越漢。未有若今之盛者也。臣聞蚩蚩生聚。蕃息衰耗。一出於時政之所陶化。是故明主知其然也。則必薄賦歛。寬力役。救荒饉。三者不失。然後幼有所養。老有所終。無夭閼之傷。無庸調之苦。此乃陛下日慎一日。以致其盛。若遂與之休養。則可封之俗。不異二帝之世矣。

拯權三司使。又請罷天下科率疏曰。臣伏見自西冦已來。急於饋運。常賦之外。調發相繼。天下民力。殆已竭矣。且先朝當契丹未請盟之時。宿兵兩路。干戈日尋。詎聞有今之騷動乎。蓋郡縣長吏鮮得其人。

或過非次配率。競效苛刻。貪官猾吏。緣以為奸。乘釁誅求。不知紀極。轉運提刑。又不能察其臧否。各徇顏情而已。且民者國之本也。財用所出。安危所繫。當務安之為急。安之之在精擇郡守縣令。及漸絕無名之率爾。若乃橫歛不已。人懷危慮。或因歲之飢饉。以吏之殘酷。相應而起。塗炭海內。此乃心腹之患。況已萌之兆。可不深慮乎。臣欲乞今後應係軍須所用之物。並令三司預先計度。於出產州軍置場收買。或非次急切須至配率者。亦乞勘會各於出產路分。專委逐處長吏於形勢物力戶內等第均配。仍委知州通判親自監納。兼令轉運提刑專切提舉體量。稍有違越。並乞重行朝典。所貴重困之民。漸獲蘇息。

仁宗御邇英閣。讀正稅養民篇。覽歷代戶口登耗之數。顧謂侍臣曰。今天下民籍幾何。知審官院梅詢對以先帝所作。蓋述前代帝王恭儉有節。則戶口充羨。賦歛無藝。則版籍衰減。炳然在目。作監後王。自五代之季。生齒凋耗。太祖受命。而太宗真宗休養百姓。天下戶口之數蓋倍於前矣。因詔三司及編脩院檢閱以聞。

歷代名臣奏議卷之一百五

仁民

宋英宗時知諫院傅堯俞論河北差夫狀曰。臣奉勑差送伴北朝人使過北京。竊聞朝旨令恩冀深瀛洺州乾寧永靜軍等處脩河夫役。於寒食後下手。興議紛然。以為非便。臣獨念自古借力於民。必在農隙。河上差夫亦積有年。未嘗不於寒食前放罷者。惟緩急救護堤岸。即不拘時候。豈有每年常事。故害農時。且二三月間。正是農忙之際。若雇人充役。必有數倍之費。況又春晚或多雨水。則人夫費力亦數倍尋常。兼自来民間淂預買紬絹錢以了春夫。今直至寒食後點集。則紬絹錢使費已盡。又須生利取債。數州之民。轉見不易。況元初擘畫別無利病。只以天寒地凍為言。今天幸不寒。地已不凍。伏望朝廷體察寔無事生害。若不以臣為狂妄。乞早賜施行。

神宗熙寧三年御史中丞吕公著上奏曰。臣竊惟祖宗承五季之亂。撫有天下。其間法度草創。固亦未盡及古。至於臨下以簡。御衆以寛。好生之德。洽於民心。則漢唐之盛無以加也。是以有國百年。民心欣戴。雖凶年飢歲流離至死。而無有背叛之心者。良以仁心厚德。深足以固結其心。唯是月日既久。事或有弊。此陛下所以臨朝奮然思欲懲革。然而施設措置。未淂其術。纔及一二末事。頗已咈戾衆心。是以内外乖離。人人危懼。切以祖宗以来所以深淂人心者。艱難積累。固非一日。今豈可以一二末事輕失其人心。人心一摇。未易復收。後雖有善政。亦難行矣。況上下危疑之際。難安易動。此臣所以為寒心也。伏望陛下仰思先烈。俯察物情。凡所施為。務在仁厚。無致近薄。以斂衆怨。則人心悦而天意從矣。

右司諫蘇轍再乞放積欠狀曰。竊見三省同進呈臣前奏乞將民間官本債負出限役錢及酒坊元額罰錢見今資産耗竭實不能出者。令州縣監司保明除放事。奉聖旨節文。令户部勘會應係諸色欠負科名數目。仍契勘欠户見今各有無抵當物力。開具保明聞奏。臣竊謂朝廷將施舍已責。救民於溝壑之中。其施行節次。當如救焚。不可少緩。前件指揮令户部開具欠户見今抵當物力。此事不在户部。惟州縣可見。若令户部取之州縣。文字往来。動經歳月。反覆問難。何時了絶。救民之急。不當如此。此乃有司出納之常度。而非朝廷赦灾之體。如陛下將布德施仁以收民心。答天意。但使恩澤滂流。雖民間小有僥倖。何損於德。況此積欠經涉久遠。凶歳疲民。空煩鞭箠。必無所淂。縱獲毫末。無補國計。乞特降朝旨。直下諸路監司與州縣一面依下項除放結罪保明聞奏。所貴小民

早被聖恩。不致失所。別致生事。

彭汝礪上奏曰。臣聞天下之理。苟惟無心。則雖匹夫之愚。可以與知。苟惟有蔽。則雖聰明之士。不能無惑焉。言民則必欲愛之。不能愛之。則為不仁。言利則必欲遠之。不能遠之。則為非義。此其為説。非有可攻也。而今之言理財。朘削刻剥及民之肌膚。而民至於無以事父母育妻子。然猶曰未也。理固當如此。臣以為陛下動心改為之否也。夫改為之始。事或有過與不及。今真損益以適厭中之時也。惟陛下裁幸之。

韓維乞罷保馬保甲劄子曰。臣比因進對。嘗具奏陳乞陛下深察盜賊所起之原。罷非業之令。寛訓練之程。蓋為保馬保甲發也。何則。農民以稼穡為生。使之出錢市馬。已非其願。又守護灌飼。素昧其方。萬一死損。復更償買。昔時一馬直三二十千者。今至百千矣。

農民如此。未有已時。愁歎之聲。聞於道路。近歲保甲築垣為塲。[illegible]為團教。一丁在官訓習。又須一丁供送飯食。家闕耕作。身受勞苦。不無怨懟。夫使失業怨懟之人。操持兵器。習為擊刺之事。豈不可慮。近者又聞京西保馬。頗為群盜掠取。換易乘騎。如其外厩。河北保甲漸亦作過。侵暴良民。州縣不能禁。此患在耳目之前。則吏易措置。誠不可緩也。且臣非謂國馬遂不可養。但官置監牧可矣。臣非謂民兵遂不可教。但於農隙一時訓練可矣。孟子曰。天時不如地利。地利不如人和。人和可以勝天地。可不務乎。伏望留神聖慮詳酌施行。

維出提舉嵩山崇福宮。帝崩。赴臨闕庭。宣仁后手詔勞問。維對曰。人情貧則思富。苦則思樂。困則思息。鬱則思通。誠能常以利民為本。則民富。常以憂民為心。則民樂。賦役非人力所堪者去之。則勞困息。法禁非人情所便者蠲之。則鬱塞通。推此而廣之。盡誠而行之。則子孫觀陛下之德。不待教而成矣。

石介上言曰。善為天下者。不視其治亂。視民而已矣。民者國之根本也。天下雖亂。民心未離。不足憂也。天下雖治。民心離。可憂也。人皆曰天下國家。孰為天下。孰為國家。民而已。有民則有天下有國家。無民則天下空虛矣。國家名號矣。空虛不可居。名號不之守。然則民其與天下存亡乎。其與國家衰盛乎。自古四夷不能亡國。大臣不能亡國。惟民能亡國。民。國之根本也。未有根本亡而枝葉存者。故桀之亡以民也。紂之亡亦以民也。秦之亡亦以民也。漢有平城之危。諸呂之難。七國之反。王莽之篡。漢終不亡。民心未去也。唐有武氏之變。祿山之禍。思明朱泚宗權希烈諸侯之叛。唐終不亡。民心未去也。夫四夷大臣非不能亡國。民心尚在也。觀漢高祖文景唐太宗其有以結民心之固。王莽奪取漢已亡矣。而民尚思漢恩未已。故光武乘之中興。武氏祿山朱泚思明宗權希烈諸侯之亂。唐已亡矣。而民尚思唐德未已。故終至於三百年。民之未叛也。雖四夷之強。諸侯之位。大臣之勢。足以移國。足傾天下。而終不能亡也。莽等不能亡漢。武氏祿山諸侯不能亡唐是也。民之叛也。雖以百里。雖以匹夫。猶能亡國。湯以七十里亡夏。文王以百里亡商。陳勝以匹夫亡秦是也。噫。民之未叛也。雖四夷諸侯大臣不臣。不能亡國。況匹夫乎。民之叛也。雖匹夫猶能亡國。況四夷乎。矧諸侯乎。矧大臣乎。噫。為天下國家者。可不務民乎。書曰。可畏非民。孟子曰。民為貴。社稷次之。君為輕。故古之天子重民也。不敢侮於鰥寡。民雖匹夫也。有奸雄。有義勇。伊尹呂望義勇也。陳勝豪傑也。黃巢奸雄也。

伊尹呂望不忍桀紂之民塗炭。奮於耕釣。起佐湯武。放桀係紂。義勇矣夫。陳勝不堪秦之民役苦。憤然舉兵以誅秦。豪傑矣夫。黃巢伺唐之隙。因民之飢。聚兵以擾天下。奸雄矣夫。書曰。可畏非民。有奸雄有豪傑有義勇。可不畏乎。是以聖人不敢侮於鰥寡。蓋不可以匹夫待民也。孟子謂民為貴。社稷次。君輕。蓋不敢以萬乘驕民也。吁。昏君庸主不知民為天下國家之根本。以草芥視民。以虛豕視民。故民離叛。天下國家傾喪。嗚呼。民可忽哉。

元豐七年。知滄州趙瞻請自大名府澶恩信安雄霸瀛莫冀等州盡榷賣以增其利。纔半歲。獲息錢十有六萬七千緡。哲宗即位。監察御史王巖叟言。河北二年以來。新行鹽法。所在價增一倍。既奪商賈之利。又增居民之價以為息。聞貧家至以鹽比藥。伏惟河朔天下根本。祖宗推此為惠。願陛下不以損民為利。而以益民為利。復鹽法如故。

以為河北數百萬生靈無窮之賜。會河北轉運使范子奇奏鹽稅欲收以十分。遣范鍔商度。岩叟復言臣在河北。亦知商賈有自請於官。乞罷榷買願輸倍稅。主計者但知於商賈倍得稅緡以為利。不知商賈將為民間復增賣價以為害也。

岩叟任右司諫。又乞安集保甲破產人戶狀曰。臣蒙聖恩。許就寒食假中展墳於河陰道過官城縣之孫張村。有耆老為臣言本村鄉七十餘戶。今所存者二十八家而已。皆自保甲起教後來銷減至此。當時人人急於迯避。其家蕩產或委而不顧。聽任官收。或賤以與人。自甘客作。今雖荷至恩得免冬教。而業已破蕩無田可歸。不知朝廷知百姓此等事否。臣既聞之。不可不以告陛下。且恐府界三路若此類者甚多。伏望詔諭執政大臣。命講畫所以安集之方。使離散之民。早得其所以稱陛下惠養之心。

哲宗元祐初。知戶部三司使張方平見上問曰。河北再榷鹽何也。上曰。始議立法非再榷。方平曰。周世宗榷河北鹽。犯輒處死。世宗北伐。父老遮道泣訴。願以鹽課均之兩稅而弛其禁。許之。今兩稅鹽錢是也。豈非再榷乎。且今未榷而契丹盜販不已。若榷則鹽貴。契丹之鹽益售。是為我斂怨。而使契丹獲福也。契丹鹽入益多。非用兵莫能禁。邊隙一開。所得鹽利能補用兵之費乎。上大悟曰。其語宰相立罷之。方平曰。法雖未下。民已戶知之。當直以手詔罷。不可由下出也。上喜命方平密撰手詔下之。河朔父老相率拜迎。於澶州為佛老會七日以報上恩。且刻詔北京。

時司馬光乞罷散青苗錢白劄子曰。昨於四月二十六日降指揮。令於正月二月支散常平倉錢穀。竊慮州縣多不曉朝廷之意。將謂却欲廣散青苗錢。多收利息。嚴行督責。一如未能提舉官時勸會青苗錢。利民甚少。害民極多。臣民上言。前後非一。今欲遍行指揮下諸路提點刑獄司。自今後其常平倉錢穀。只令州縣依舊法趁時糴糶。其青苗錢更不支俵。所有舊欠二分之息。盡皆除放。只令提點刑獄契勘逐州縣元支本錢。隨見欠多少。分作料次。令隨稅送納。

右司諫蘇轍言近歲京城外創置水磨。因此汴水淺澁。阻隔官私舟船。其東門外水磨下流汗漫無歸。浸損民田一二百里。幾敗漢高祖墳。賴陛下仁聖惻怛。親發德音。令執政共議營救。尋詔畿縣於黃河春夫外更調夫四萬。開自盟河以疏洩水患。計一月畢功。然以水磨供給京城內外食茶等。其水止得五日閉斷。以此功役重大。民間每夫日雇二百錢。一月之費計二百四十萬貫。而汴水渾濁易至填淤。明年又須開淘。民間歲歲不免此費。聞水磨歲不過四十萬貫。前戶部侍郎李定以此課利。惑誤朝聽。依舊存留。且水磨興置未久。自前

未有此錢。國計何闕。而小人淺陋。妄有靳惜。傷民辱國。不以為愧。況今水患近在國門。而恬不為怪。甚非陛下勤恤民物之意。而又減耗汴水。行船不便。乞廢罷官磨。任民磨茶。三月。轍又乞令汴口以東州縣。各具水匱所占頃畝。每歲有無除放二稅。仍具水匱可與不可廢罷。如決不可廢。當如何給還民田。以免怨望。八月辛亥。轍又言昨朝旨令都水監差官具析中牟管城等縣水匱。元浸壓者幾何。見今積水所占幾何。退出頃畝幾何。凡退出之地。皆還本主。水占者。以官地還之。無田可還。即給元直。聖恩深厚。棄利與民。所存甚遠。然臣聞水所占地至今無可對還。而退出之田。亦以迫近水匱。為雨水浸淫。未得耕鑿。知鄭州岑象求近奏稱自宋用臣興置水匱以來。元未曾取以灌注。清汴水流自足。不廢漕運。乞盡廢水匱以便失業之民。十月。遂罷水匱。

三年二月。翰林學士朝奉郎知制誥兼侍讀蘇軾論差役不便劄子曰。臣伏見陛下發德音下明詔。以大雪過常。燠氣不效。農夫失業。商旅不行。引咎在躬。渙汗之澤。覃及方外。而詔下之夕。雪作不已。臣備位近侍。誠懼誠感。憤廢食而歎。退伏思念陛下即位以來。發政施仁。無一不合人心。順天意者。當獲豐年刑措之報。鳳凰景星之瑞。而水旱作沴。常寒為罰。殆無虛日。此豈理之當然者哉。臣誠愚戇。不識忌諱。試論其近似者而陛下擇焉。臣聞差役之法。天下以為未便。獨臺諫官數人者主其議。以為不可改。磨礪四顧。以待言者。故人畏之而不敢發耳。近聞諫遠小臣張行者力言其弊。而諫官韓川深詆之。至欲重行編竄。此等亦無它意。方司馬光在時則欲希合光意。及其既沒。則妄意陛下以為主光之言。殊不知光至誠盡公。本不求人希合。而陛下虛心無我。亦豈有所主哉。使光無恙至今見其法稍弊。則更之久矣。臣每見呂公著安燾呂大防范純仁。皆言差役不便。但為已行之令。未欲輕變。兼恐臺諫紛爭。卒難調和。願陛下問公著等。令指陳差雇二法。各有若干利害。昔日雇役中等人戶。歲出錢幾何。今者差役。歲費錢幾何。及幾年一次差役。皆可以折長補短。約見其數。以此計算利害灼然。而況農民在官。貪吏狡胥。百端蠶食。比之雇人。苦樂十倍。又五路百姓。例皆朴拙。差手分須至轉雇慣習人。尤為患苦。其費不貲。民窮無告。監司守令觀望不言。若非此一事則何以感傷陰陽之和。至於如此。雖責躬肆眚。徹膳禱祠。而此事不變。終恐無益。今侍從之中。受恩至深。無如小臣。臣而不言。誰當言者。然臣前歲因詳定役法。與臺諫異論。遂為其徒所疾。屢遭口語。今來所言。若不合聖意。即乞便行責降。以戒妄言。若萬一少有可采。即乞留中。只作聖意行下。庶幾上答天戒。下全小臣。不勝恐懼待罪之至。

五年二月。軾以龍圖閣學士左朝奉郎知杭州上奏曰。臣近者伏覩邸報。以諸路旱災。內出手詔兩道。其畧曰。豈政治失當。事之害物者尚多。上下否塞。情之不通者非一。刑或不稱其罪。用或不當其人。又曰。意者政令寬弛。吏或為姦而莫知。賦役失當。民病於下而莫察。將言有壅而未達。賢才有抑而未用。臣伏讀至此。感憤涕泣而言曰。嗚呼。陛下即位改元。于今五年。三出此言矣。雖禹湯之聖。不惜罪己。而臣子之心。誠不忍聞。思有以少補聖政。助成應天之實。使堯舜之仁名言皆行。心迹相應。庶幾天人感通。災沴不作。免使君父數出此言。不勝拳拳孤忠。而智慮短淺。又以出守外服。不能盡知朝廷得失。獨以目所親見民之疾苦。州縣官吏日夜奉行。殘傷其肌體。散離其父子。破壞其生業。為國斂怨。而了無絲毫上助國用者四事。昧死獻言。謹具條件如左。

一。伏見元祐四年八月十九日勅節文。應見欠市易人戶籍納拘收產業。自來所收課利。及估賣到諸般物色錢。已及官本者。別無失陷。除已有人承買交業外。並特給還。未足者。許貼納收贖。仍不限年。四方聞之。莫不鼓舞歌詠。以謂聖恩深厚。燭知民隱。誠三王推本人情之政也。尋契勘杭州共有一百一十二戶合該上項敕條。方且次第施行。次忽准尚書戶部符。擬蘇州申明。如何謂之折納。如何謂之籍納。本部已依條估價供認。伏定入官。折還欠錢。謂之折納。已經估價。三估不伏定。即以所估高價籍定者。謂之籍納。惟籍納產業方許給還。用此契勘。遂無一戶可以應得指揮。至有已給再追者。於是百姓讙然出訴于庭。以謂其等自失業已來。父母妻子離散。轉在溝壑。久無所歸。伏蒙仁聖在上。昭恤如此。命下之初。如蒙更生。今者有司巧文生意。又

復癃隔。雖有惠澤。盡與無同。臣即看詳元初立法。本為興置市
易。已來凡與時民間生財自養之道。一切收之公上。小民既無
它業。不免與官中首尾膠固。以至供通物產。召保立限。增價出
息。賒貸轉變。以苟趨目前之急。及至限滿。不能填償。又理一重
息罰。歲月益久。逋欠愈多。科決監錮。以逮妻孥。市易官吏方且
計較功賞。巧為文詞。致許人戶願以屋業及田土折納還官。各
以差官檢估。取伏定文狀了日。理作季限。放免息罰。召人添價
收買。方人戶在係纍之時。州縣督責嚴急。如有產業田宅。豈復
自能為主。檢估伏認。皆須在官。雖名情願。實只空文。唯是頑狡
之人。或能抵拒。以至三估未肯供狀。及其既納。皆是折還欠錢
並籍在官。有何不同。聖恩寬大。特為立法。以救前日之弊。所籍
籍納。只是臨時立文。出於偶爾。而有司執閡。妄意分別。若果如

申明。即是善良畏事之人。不蒙憂恤。元初恃頑狡猾與官為競
之民。卻被惠澤。事理如此。豈不倒置。不惟元條無此明文。實恐
非朝廷綏養窮困之意。及檢會元祐四年三月二十六日赦。人
戶欠市易官錢將樓店屋產折納在官。並將所收房課充折。別
無少欠。亦許給還。亦不曾分別折納籍納。以此相明。顯無可疑。
自是蘇州官吏巧薄。以刻為忠。曲有申明。而戶部吝於出納。以
害仁政。伏乞特加詳察。不以折納籍納。並依元條施行。所貴失
業之人。均被聖恩

一。伏見元祐元年九月八日勑。尚書戶部狀。據提點兩浙刑獄公
事喬執中奏。熙寧四年後來至元豐三年以前新法。積欠鹽錢
及有均攤等人陪填。見今貧乏。無可送納。已累經赦恩。此類市
易等錢。只令送納產鹽場監官本價錢。其餘並乞除放等事。本
部勘當欲並依喬執中所奏前項事理施行。仍連狀奉聖旨依
及准提刑司備坐元奏積欠鹽錢。前後官司催納。僅及六年。催
到貫萬不少。今來所各並是下等貧困之人。無可送納。已累經
赦恩。及逐節事理。遂具狀申奏。今準省符前項指揮。請詳朝旨
施行。本州契勘上件年分計有四百四十五戶。自承朝旨已來。
追今首尾五年。纔放得二十三戶。臣竊惟之。以謂東南鹽法久
為民患。原其造端。蓋自兩浙。流衍散漫。遂及江南福建。流弊之
末。人不堪命。故詔令之下。如救水火。今者五年之久。民之疾苦
依然尚在。朝廷德澤。十不行一。何也。推考其故。蓋提舉鹽事司
執文害意。謂非貧乏。不在此數。而州縣吏人因緣為奸。以市賄
賂。故欠而不決。竊詳元奏之意。本謂積欠歲久。前後官司催納
到貫萬不少。今來所欠並是貧困之人。既以累經赦恩。此類市

易。只乞與納官本價錢。本部勘當以此並乞依奏。仍連狀奉聖
旨施行。即是執中所奏欠戶。自是貧困之人。皆當釋放矣。省部
行下務從文省。止是節略元奏。為其已涉六年。見今貧乏。無可
送納。非為更行勘會。須得委是貧乏。方可施行。至元祐二年。本
州再以元豐四年已後至八年登極大赦以前積欠鹽戶奏
乞除放。省部看詳。方始立文。如委是貧乏。即依元祐元年九月
十八日已降朝旨施行。以顯執中當時所奏並謂見今貧乏。無
可送納。合行一例除放。及節次本州與轉運司各曾申明。省符
與元奏詞語不同。省部亦已開析。緣元係連狀並依前項所奏
施行。事理甚明。而主司堅執。至今疑惑。至使州縣吏人。戶戶行
遣。一一較量。計構官司。買囑鄰里。尚復多方指摘。恣肆規求。待
其充欲。然後保明。遂致其間一百四十九戶已放而復行勘會。

一百五十六戶申省見勘會而未圓。二十五戶已圓而申稟監司。及月一戶二戶。旋申省部。如此反覆。多方留難。即五年之久。未是為佐也。伏惟仁聖在上。憂民疾苦。寤寐不忘。恩澤之下。宜如置郵傳命。今乃中道廢格。以開奸吏乞取之路。反使朝廷之恩。獨與奪於州縣庸人之手。省部既不鈎察。官吏亦恬不為慮。甚非所以仰稱仁聖焦勞愛民之意也。伏乞昭示德音。申飭有司。更不勘會。是與不是貧乏。無俾奸吏執文害意。以壅隔朝廷大惠。不然。或斷以第三等以下並依上件朝旨施行。則法令簡易。一言自足矣。蓋等第素定。貧富較然。朝行夕至。奸吏無措意也。所有元豐四年以後及至八年大赦以前所欠鹽居亦乞依此施行。

一。伏見熙寧中。天下以新法從事。凡利源所在。皆歸之常平使者。

斤轉運司歲入之計。惟田賦與酒稅而已。方是時。民財窘匱。酒稅例皆減耗。諸路既已經費不足。上下督責益急。故酒務官吏至有與庸保雜作。州縣吏官視事去處。亦或為小民諠譁群飲之肆。又不能售。往往肩泄罷戾。巧為文致。誘導無知之民。以陷欠負破蕩之禍。如許人供通自己或借它人產業當酒是也。臣近契勘杭州自承上件指揮以來。以產當酒者計一千四百三十三戶。計錢一十四萬二千九百餘貫。前後官司催督監錮。縲以鞭笞拘當在官。遣之離業。又自收其租利。中間以至係累犴獄。公與私皆擾。人與產俱亡。十餘年間。除已催到一十二萬九千四百餘貫。計千二十九戶外。尚有餘欠一萬三千四百餘貫。計四百四戶。歲月既久。終不能填償。豈非並是困窮無有之人乎。尋撿會元豐四年五月二十一日勅。酒務留當產業。依鹽錢

例拘收。以其鹽與酒事同。一體故也。今者鹽錢欠戶。已准元祐元年九月十六日及二年九月十八日朝旨。許納場監地頭官本價錢。餘並除放。獨酒欠至今未蒙如此施行。豈容事同一體。拘收則同。而除放則異。此無它。蓋有司不能推廣朝廷德意故也。臣愚欲乞將元豐八年登極大赦以前酒欠人戶。並依所欠鹽錢已得朝旨。并令來前項申明。更不勘會貧乏。或斷自第三等以下事理施行。不惟海隅細民。並蒙休澤。寔亦無偏無黨皇極之道也。

一。伏見元豐四年杭州合發和買絹二十三萬一千疋。准朝旨撥轉運司錢於餘杭等縣委官置場一十一處收買。尋以數內揀下不堪上供五萬七千八百九十疋。計錢五萬五千餘貫。卻勒逐場變轉。是時錢重物輕。一日併出。既贊言行濫。不受於官。又

須元價。以與償足。捐之市中。莫有顧者。於是官吏惶駭。莫知所為。不免一切賒貸。及假借官勢抑配在民。往往其間浮浪小人。與無賴子弟。詭冒姓名。朋欺上下。元買官吏苟得虛數還之有司。以緩目前之禍。其後督責嚴急。必於取償。奏差近期。專委強吏。十餘年間。如捕寇盜。除催到四萬六千餘貫外。餘欠八千二百餘貫。共二百八十二戶。並是貧民下戶。無所從出。與詭冒逃移。不知頭主。及干繫均納之人。連延至今。終不能足。惟有簿書以資奸吏追擾。遺害未已。今者伏准元祐五年四月初九日勅。諸處見欠蠶鹽和預買青苗錢物。元是冒名。無可催理。或全家逃移。隣里抱認。或元無頭主。均及干繫人。以此積年未能了絕。雖係元請官本。況內有已放元豐八年登極大赦者。依聖旨並特除放。歡聲播傳。和氣充塞。臣於此時仰知聖德廣大。正使兗

湯水旱。亦不足慮也。然政有體。事有數。體雖備而數不能悉。言雖不及而意在是者。蓋非俗吏所能知也。臣輙不避僭妄竊詳和買之法。以錢與民而收絹。猶是補助耕歛之意。公私兩有之利也。元豐官吏以絹與民而收錢。又皆行鹽弃捐之餘。取價倍稱不實之直。賒貸抑配。以苟免一時失陷之責。即是利專自為害專在民也。事理人情輕重可見。聖恩矜恤。寔在所先。臣愚以謂元豐四年進賣物帛既同近和買之名。又有非法病民之實。自合依今年四月九日朝旨施行外。伏望朝廷深念前項弊害止是出於一時官吏私意。非如蠶鹽和預買青苗天下公共之法。更賜加察。告示矜寬。不以有無頭主。是與不是冒名。及隣里包認。與均及干繫人。並特與除放。是亦稱物平施。天之道也。

右所有四事。伏望聖慈特察臣孤忠。志在愛君。別無情弊。更賜清問。

左右大臣如無異論。便乞出勑施行。若後稍有一事一件不如所言臣甘伏罔上誤朝之罪。若復行下有司反復勘當。必是巧為駮難。無由施行。臣緣此得罪。萬死無悔。但恨仁聖之心本不知此。如天降甘雨。為物所隔。終不到地。可為痛惜。而況前件四事錢物數目雖多。皆是空文。必難催索。徒使姧吏小人。緣而為姧。威福平民。故臣敢謂放之則損虛名而收實惠。不放則存虛數而受實禍。利害較然。伏望聖明。特出宸斷。天下幸甚。臣愚蠢少慮。言語麤疎。干犯天威。伏俟斧鑕。

七年二月。軾為龍圖閣學士知揚州。狀奏曰。臣聞之孔子曰。善人教民七年。亦可以即戎矣。夫民既富而教。然後可以即戎。古之所謂善人者。其不及聖人遠甚。今二聖臨御八年于茲。仁孝慈儉可謂至矣。而帑廩日益困。農民日益貧。商賈不行。水旱相繼。以上聖之資而無善人之効。臣竊痛之。所至訪問耆老有識之士。陰求其所以。皆曰。方今民荷寬政。無它疾苦。但為積欠所壓。如負千鈞而行。免於僵仆則幸矣。何暇舉首奮臂以營求於一飽之外哉。今大姓富家昔日號為無比戶者。皆為市易所破十無一二矣。其餘自小民以上大率皆有積欠。監司督守令。守令督吏卒。文符日至其門。鞭笞日加其身。雖有白圭猗頓亦化為蓽門圭竇矣。自祖宗已來每有赦令。必曰。凡欠官物。無侵欺盜用。雖有侵盜。而本家及五保人無家業者。並與除放。祖宗非不知官物失陷。姧民幸免之弊。特以民既乏竭。無以為生。雖加鞭撻。終無所得。緩之則為姧吏之所蠶食。急之則為盜賊之所憑藉。故舉而放之。則天下悅服。雖有水旱盜賊。民不思亂。此為捐虛名而收實利也。自二聖臨御以來。每以施舍已責為先務。登極赦令。每次郊赦。或隨事指揮。皆從寬厚。凡今所催欠負。十有六七皆聖恩所貸矣。而官吏刻薄。與聖意異。舞文巧詆。使不該放。監司以催欠為職業。

守令上為監司之所迫。下為胥吏之所使。大率縣有監催千百家。則縣中胥徒舉欣欣然日有所得。若一旦除放。則此等皆寂寥無獲矣。自非有力之家納賂請求。誰肯舉行恩貸。而積欠之人。皆隣於寒餓。何賂之有。其間貧困掃地無可蠶食者。則縣胥教令通指平人。或云衷私擅買抵當物業。或雖非衷私而云買不當價。似此之類。蔓延追擾。自甲及乙。自乙及丙。無有窮已。每限皆空身到官。或三五限得一二百錢。謂之破限。官之所得至微。而胥徒所取蓋無虛日。俗謂此等為縣胥食邑戶。嗟乎。聖人在上。使民不得為陛下赤子。而皆為姧吏食邑戶。此何道也。商賈販賣例無見錢。若用見錢。則無利息。須今年索去年所賣。明年索今年所賒。然後計筭得行。彼此通濟。今富戶先已殘破。中民又有積欠。誰敢賒賣物貨。則商賈自然不行。此酒稅課利所以日虧。城市房廊所以日空也。諸路連年水旱。上下共知。而轉運司窘於財用。例不肯放稅。縱放亦不盡實。雖無明文指揮。而以喜怒風曉官吏。孰敢違者。所以逐縣例皆拖欠兩稅。較其所欠。與依實檢放無異。於官了無所益。而民有追擾鞭撻之苦。近者詔旨凡積欠皆分為十料催納。通計五年而足。聖恩隆厚。何以加此。而有司以謂有旨倚閣者。方得依十料指揮。餘皆併催。縱使盡依十料。吏卒乞覓。必不肯分料少取。人戶既未納足。則追擾常在。縱分百料與一料同。臣頃知杭州。又知潁州。今知揚州。親見兩浙京西淮南三路之民。皆為積欠所壓。日就窮蹙。死亡過半。而欠籍不除。以此虧欠兩稅。走陷課利。農末皆病。公私並困。以此推知天下大率皆然矣。臣自潁移揚州。過濠壽楚泗等州。所至麻麥如雲。臣每屏去吏卒。親入村落。訪問父老。皆有憂色。云豐年不如凶年。天災流行。民雖乏食。縮衣節口。猶可以生。若豐年舉催積欠。胥徒在門。枷棒在身。則人戶求死不得。言訖淚下。臣亦不覺流涕。又所至城邑。多有流民。官吏皆云。以夏麥既熟。舉催積欠。故流民不敢歸鄉。臣聞之孔子曰。苛政猛於虎。昔常不信其言。以今觀之。殆有甚者。水旱殺人。百倍於虎。而人畏催欠。乃甚於水旱。臣竊度之。每州催欠吏卒不下五百人。以天下言之。是常有二十餘萬虎狼散在民間。百姓何由安生。朝廷仁政。何由得成乎。臣自到任以來。日以檢察本州積欠為事。內已有條貫除放。而官吏不肯舉行者。臣即指揮本州一面除放去訖。其於理合放。於條未有明文者。即且令本州權住催理。聽候指揮。其於理合放而於條有礙者。臣亦未敢住催。各具利害奏取聖旨。

元祐五年四月。給事中范祖禹乞車駕所過不毀民屋劄子曰。臣伏見祖宗時。執政大臣第宅散居諸處。或遇亡歿。車駕臨奠。儀衛簡省。雖入隘巷。亦不拆毀民屋。自熙寧初。置東西八位大臣。所居近在闕門。雖有臨奠。更不經歷街巷。昨來曹佾之喪。二聖臨幸。有司毀拆屋舍。經過居民。不無失所。雖百姓多侵街蓋屋。毀之不敢有怨。然因車駕經過。比之它處。獨被煩擾。恐非陛下仁聖子育萬民之意也。今孫固亡歿。已在外第。街道甚遠。竊慮車駕臨奠。有司毀拆更多。臣愚欲乞先降指揮。除大段窄隘處量加撤去外。無令過當拆屋。庶使聖駕所過。小民知恩。

哲宗時。右僕射范純仁奏陳青苗等法疏曰。臣今月初五日。上殿奏事。蒙聖慈面賜詢問。臣有奏對未盡事理。今合再具敷陳。蒙聖問先朝青苗等法。臣對以先朝愛民之意。本如父母愛子。而立法付之乳媼。若乳媼苟款應法而無愛心。則赤子必生亡患。更為王安石立法非是。激以賞罰。所以官吏急功。尤為民害。尋聞惠卿謂當時不須立賞。臣以奏陳亡事未暇詳對。今合子細敷陳。大凡朝廷立愛民之法。不若示愛民之意。法行則拘文徇迹。苟且應命。意通則隨事便民。宣布實惠。今陛下愛民。正如父母念遠憂嬰兒。若不教乳媼愛子之心。而特為立乳哺燥濕藥餌之節而使行。則乳媼將不問兒之大小肥瘦。虛實之異。及臨時飢渴疾病好惡之情。一切執用其法。則嬰兒必不自適。徒益生其疾苦。至有不能言而夭橫者多矣。此豈父母之本心哉。不若選擇乳媼而委之。使各盡其愛兒之心。飢渴燥濕。隨事得宜。而字養之。則嬰兒皆自便適而康壯矣。今朝廷愛天下之民。為立徭役補助之法。付之監司守令而行。彼將不問俗之同異。民之好惡利病。及施行先後。一切守法。驅民而行。則民將失耕田鑿井之樂。增加疾苦。無告而流亡者多矣。此豈朝廷之本意哉。蓋拘以文法之害也。況天下親民之官。能知民疾苦利害者。十中無一。復能以朝廷立法之意。推而行之。合於民心者。又加少焉。能合於民而不顧身之得矣上官之喜怒肯盡已心而行者百無一矣如何使朝廷惠澤下究而民不受其弊哉臣願朝廷如臣乳媼之喻而選舉監司守令教之以愛民之意則將有實惠及民不煩朝廷立法而天下安矣其青苗等法若當時雖不立賞不免擾民故元祐初朝廷聞而更之至今人以為便

元祐八年十二月右僕射范純仁丐外上面諭呂大防曰純仁有時望不宜去卿其為朕留之亦遣中使趣純仁歸府又遣中使趣純仁入見純仁既入見上此奏先是大防欲用侍御史楊畏為諫議大夫要純仁同書名奏擬純仁曰上新聽政諫官當求正人畏傾邪不可除因不敢與聞遂故爭避位大防不寤竟超遷畏為禮部侍郎畏尋上疏乞講求神宗法制以成繼述之道上即召畏登對自是悉召用熙豐舊人實畏發之焉

時殿中侍御史呂陶上奏曰聖人以一身之尊而立乎萬民之上能固結其心而使之欣戴悅服傳至數百年而猶不忘者其道果安在哉德澤之流行如天地之無不覆載如日月之無不照臨如雨露之無不潤澤窮幽極遠盡其纖微皆得以綏安煦育而莫之遺被賜懷惠之人淪浹於肌膚而著藏於骨髓故也惠澤者順從所欲而拂去其所不欲焉耳彼迫於貧而吾濟之以富彼畏於死而吾援之以生彼困於勞而吾休之以逸彼苦於虐而吾撫之以寬此其所以結乎民心而使之不忘之具也然而能極盡幽微而莫之遺者是必詳衆人之所略重衆人之所輕而後能焉若曰略其所略而輕其所輕則天下爲有不遺者哉鰥寡孤獨者衆人之所略也而文王發政則必先之豈非天民之窮猶蒙其惠則六州之俗皆歸其仁歟匹夫匹婦者衆人之所輕也而有不被堯舜之澤則伊尹以爲己推而納之溝豈非一夫猶被其澤則比屋之民皆享其利歟詩曰哿矣富人哀此惸獨書曰先王子惠困窮皆所以不遺幽遠而能極盡之也陛下寬惠慈恕愛人恤物無愧堯舜之用心而天下之民或濫於刑或斃於不辜或困於重賦或窮於積逋使憂愁怨嗟之聲未息而和氣無以感召者蓋惠澤有所遺而未能盡故也非國家惠澤之不廣大蓋羣臣失職而不能宣導之也羣臣之不能宣導者詳其顯而畧其隱也重所後而輕所先也上仁之則下賊也上通之則下塞也上厚之則下刻也知斷刑之可以懲奸而不察囹圄之冤也知實廪可以足食而不恤饑夫之殍也知取民之有制而不思凶荒之所宜救也知豐財之爲富而不哀逋負之所當釋也法律明著如權衡之不可欺郡縣之獄使者將命而按覈已論之罪則考正於理官詳覆於刑部而又審於從臣詔書數下申飭留繫罪罰有疑詳從奏讞蓋防民之冤負也

而獄吏不能盡曲直則文致其罪以求合於法法吏不復辨真偽則從而履之罪成於文而刑麗於罪雖按覈詳審之勤亦無及矣此天下之民或死於濫刑也按壽昌之舊謹觀諸歲衆有餘而斂使不足而散以便農民而常持其平民田不幸而歸于公者歲取其租以備水旱而廣朝廷之惠蓋慮民之捐瘠也而有司憚於遠慮者如已積指下熟之年為上歲以過郡之聞白舉昔日之糴計今日之估責以毋損於公利饑殍滿野而倉廩不知發道殣相望而饘粥不講救此天下之民有斃於不辜也天災間作穡事不登凡以告者為除其賦且著之令甲示不可慢蓋憂民之流亡也而郡縣之吏憚於興事惡聞凶年壅下情而不上達租庸之臣以掊刻為勞而務足歲課霜雹大隕旱蝗相仍五穀之收無毫毛矣而輸入之數十猶七八此天下之民有困於重賦也赦令布告凡逋負之不欺者一切蠲去蓋寬民

之貧窶也。而郡縣以聞。則有司緬羅疑似。索求譴欵。幸其少與法戾。而復峻督責之令。及乎妻弃溝壑而勢不可得。乃鞭笞子孫。縲械鄰里。而猶有望焉。此天下之民有窮於積逋也。嗟夫。天子仁聖如此。而生民之受弊乃如此。九重高拱安得而知乎。為人父母固不忍默視其然也。雖然。臣竊謂亦有警勸之術。以坐制萬里之外。而使之皆被其賜焉。時察其端而加之懲責。則警矣。利得以專而事為之倡。則勸矣。祖宗之德。深可憲也。疑龍士元之好而縱辨其罪。則天下之冤獄孰敢不察乎。勑登州吏不以飢饉聞而命發粟以貸。則凶歲之餓夫孰敢不恤乎。臣故曰。時察其端而加之懲責。則警矣。淳化之詔。民田旱甚者。蠲租不俟報。則除賦之令。孰敢不舉乎。咸平之政。閱逋籍。脫繫囚。而以內帑金錢償其家。則釋負之赦。孰敢不行乎。臣故曰。利得以專而事為之倡。則勸矣。用祖宗警勸之術。而施國家之德澤於天

下。則生民無有不懷者。此陛下嗣政之先務而天下未之見也。

陶又奏曰。凡國家之財用。與民之衣食。一出於農。農者天下之大本。王治之所貴。不可使之失職也。古者方天下之田而授之民。一夫一婦。所得百畝。自六鄉六遂以及諸侯之國。人皆有田以耕。故無富貧之異。溝洫以導水泉之利。廬舍以安田野之居。雞豚狗彘。桑茹瓜菓凡可養生之具。莫不備至。故耕者不闕其用。春耕夏耨。不失其時。田畯之官出入畎畝。以勸勉慰勞其勤。故無曠土。宅不毛。田不墾。則又為屋粟里布之罰。以懲其怠惰。故無游民。用之不過三日。故不困於役。取之不過什一。故不傷於財。三年耕有一年之蓄。以備水旱。故無流亡。此先王制土處民之大略。王道之基始也。自阡陌之興。法度大壞。其流散漫於千載之後而不可復收舉。今天下生民之困。而唯農為甚。世之議者深探本原而力欲救之。故其說有二焉。或曰。古之有田者自耕而食。皆為天子之農。今天下之田太半歸於兼并。而貧人不能占以為業。天下之自耕而食為天子之農者十無二三。耕而食於富人而為之農者蓋七八矣。耕富人之田而食之。則歲時勞苦之所得見奪於兼并而無臧。雖自耕其田而為生之具。又多仰給於富人。則亦不免其見奪。是以貧者常罹不足之害。富者常享有餘之利。夫欲人人皆有可耕之地而貧窮得以自養。則莫若限吏民名田。無過若干。要以十年使歸吾法。向之多占者必有少損之漸。今之富彊者無復多占之理。則貧人可取其餘以自耕。不分其利於富人。而遂為已有。庶幾農之可富也。或曰。守宰之職在導民務本而安其生者也。今乃略於農事而以為末。故田疇不闢。而未加勸導之意。水利久廢而未究脩講之術。賦役煩重而不能均一。民人流徙而無以招懷。此農夫之所以重困也。莫若以耕桑為守宰勸課之法。責之以勉勵

田作之功。興廣灌溉之利。平均征役而撫集逋逃。則為稱職。庶幾農之可安也。臣愚以為此二說者。皆利於農。而施設之先後。則必始於限名田。而終於責守宰。何者。今農人之弊。蓋貧者無田以耕。與其有田而寡少者。皆不足以自養。而仰給於人。是以富彊獨專其利。而已受其病。雖得賢守宰以臨郡縣。又安能使利不專於富彊。而不足自養者無患於貧哉。故臣謂必先限田而後責守宰也。然臣又聞立法以救弊。法之不行。則如不立。任官以撫民。官之不擇。則如不任。此二者。朝廷之宜深究也。夫所謂吏民占田者。乾興中。嘗採議臣之言而限之。今復舉而載於法令。示天下不可輒犯也。然以四海之廣。而未聞過制被坐者。豈人皆畏法而不敢過歟。蓋吏不奉法而未之覺。吏不奉法而不懲。民之過制而不坐。則天下之田安得而限哉。其所謂耕桑勸課者。乃前世循吏之能事。國家亦嘗求之羣臣矣。名官以勸農

殿最以戶口，賜之日曆以書其功過，而率多農田之說是也。然而仕路紛濁，郡邑之政，輙輕付授，便安人得容其間，而為民之蠹賊，則勸課之職，何以舉哉。苟非申必行之法，任必擇之官，則天下之農，未見少蒙其利也。

陶又奏曰：甚矣斯民之不聊生也。長治安之時，可以舒遲閒暇樂其生矣，而萬事窘迫，常若逢兵寇之難；荷戴仁惠之主，可以休養生息遂其宜矣，而狼心惶惶，常若罹暴戾之政；無水旱蟲荒之災，衣食可足矣，而不免流亡捐棄於溝壑；無疫癘札瘥之患，和聲可應矣，而愁歎悲嗟不絕於口。此其故非它，取之過制，力竭財匱，而天下多困窮也。耕夫織婦日夜勤勞於農桑之事，田疇加闢，杼軸不停，而粒米未嘗充飢，衣褐無以卒歲者，歸之賦稅也。賦稅之總有四：曰穀，曰帛，曰金鐵，曰物產。而穀之品有七，帛之品有十，金鐵之品有五，物產之品有六。以四總二十八品之別，括四海之地宜，詔邦國之求索，則一毛未有不出其租也，一物之告未有不輸其利也。而况奪其所有，取其所無，變而括之，以就羸餘之功也。按籍命數，輕賤其估，以聚穀帛實，乃攬斂而名曰市之，不可以稽負也。柰何斯民之不窮困，非獨乎此而已也。舉天下之寶貨，發於山澤，皆有禁蔽，民不得而取，盡其銖兩而入于公家；舉天下之鹺，務急於民用，而皆鬻於官，恃之以為大利矣；舉天下之關市商販之所通，百物之所易，皆有征算，爭計毫釐而繩之以刑矣；舉天下之酒榷，科寘峻密，歲課浸長而不知止矣。斂求括聚之術，徧滿四海，不遺巨細，如大網之張，萬目細而過者皆投其中。柰何斯民之不困窮也。國家之及乎此，亦非好利矣，經用太廣而調度常不足也。斂求括聚如此其急，而一歲之入出無餘焉。苟少緩之，則何以濟矣。夫歲非常豐也，邊境非常安也，平居無事，歲入

以為出，惕惕然猶懼其不能濟，萬一不幸有水旱兵戈之虞，則又何以取給哉。明主不過出內帑金幣以助計臣，使之贍足，而不忍重困斯民也。夫內帑之盈虛較於祖宗之時，臣不知其如何矣。然以地產有限，國費無窮，而議之，亦可遠思長慮而少為裁約也。臣愚以為今之急務，莫若節經費，然後可以寬聚斂；能寬聚斂，然後可以寬民力。民力寬，則王治可望其成也。國之經費有不可已者，豈一日而能節之哉。蓋亦節其可已者，以備其不可已者，而徐為之計耳。養兵百萬，戍軍以居，而饋餉不可闕也；萬官之冗，賢愚之並，而祿廩不可省也；郊見上穹，慶賚至廣，而故事不可廢也；河防屢溢，千里爲患，而積備不可闕也；羌狄狂慢，志在好戰，而歲賂不可絕也。此五者，國家之大費，天下皆知其不可已，固未能一日而節之，必循襲含忍而徐為之計也。至于內外不急之費，不貲之用，若掖庭廩賜燕私之盛，若百工技巧冗食之衆，若大臣有進爵之賞，有易地之賜，而又有寵賚，此皆可一日而節，無所憚也。臣願量時制宜，一切損減，以蓄貨財，以備五不可已之事。勿競錐刀，勿竭膏血，以取於民；勿視之如塵滓，而橫賜過予；勿鬻爵度僧以救凶旱，則民力無重困，而國體有常尊矣。臣又聞向者嘉祐之末，癸酉赦令既出，郡縣無以賞兵，皆貸錢於民，至威之以刀鋸，區之以笞箠，為國結怨，而僅有得者。陝洛之郊，皆狼顧而不寧。既而賜與之厚，或及千萬，議者有云：罷賜一大臣，可以不貸於數郡。則用之之易，可不思其取之之難乎。

陶又奏曰：天下方困於力役之煩，而不得息肩。力役之甚困者，莫大於驅工農為郡吏而役之。破產竭財以斃於凍餒，此生民之積憾，治世之深蠹，公卿大夫之共聞，而朝廷之熟聞也。昔者嘗採議臣之言而著之憲令，按郡邑之籍，循環而役之，惟先後之別，而不復計其

盧是溪者或幸而弱者或不幸又從而變之為限年之制使富者大久逸而貧者不勝勞天下郡縣奉以為通法而不敢輒議豈朝廷寬假之恩止於此而撫救之道無以加乎臣愚竊謂其未也今細民之家苟有數十金之產則牛羊耒耜饘糧裘褐皆可籍之於公以備役之之費矣方其役之將至而知其費之必及於凍餒也則其心如避重誅其勢如捍巨寇姦薄巧偽悖義害教以求其不及是故母子之道絕而昆弟之情離者往往而是其甚者乃至服浮圖隸兵籍以一身自陷於非類而覬幸於斯世焉昔秦人之制家有兩男而不分異者倍其賦故其民富而子壯則出分貧而子壯則出贅語今之法有數十金之產而役之至於凍餒則安恬其母子昆弟不相親而身陷於非類哉朝廷方將講太平之策以厚風俗而法有類近於秦明主變民過於赤子欲驅之富壽而反為力役之大困亦足惜也而議者以為寬假之恩撫救之道不過如前之所謂無乃畧乎夫人之疾病而衆皆惜之者為其有所苦也得良醫而治之必能察其為疾之端而務欲去焉且痞則調其腹心癱則強其手足然後可以就痊有衆人恤病之心無良醫去疾之術則何救於所苦哉知役之困民而欲少寬之者其心固能恤病矣而不革其所以困之之具則終不可少寬其力是去疾之術誠有未至也且役之能困於民者其具有三而已一曰饋輓之勞也二曰公帑之盛也三曰計會之煩也是三者為弊雖一而有公私緩急之異安可不察其原而議所以救歟所謂饋輓之勞者蓋有無之相通經費之不可闕傳置所不給羨卒所不勝以義言之則不為私以用推之則不為緩雖欲寬重民力復可得哉至於公帑之盛計會之煩則舉非公家之所宜急而亦不重民力以耗於此尚何憚而不革哉舉天下之郡國官多而兵衆若嘗已厚賜

緡錢以備燕犒而又享貿易之息可取濟矣然安人假之則不知紀極舉回圖之事付諸鄉吏而責其豐贍以媚悅權貴以要掠浮譽以過自奉養是安知力役之重困乎臣願申飭法禁以杜絕不仁之態則其弊之革蓋三四矣舉天下之課入經用盈縮耗登重輕衆寡大有及於萬億小不滿於釐杪貯積蓋藏最為謹密自縣而至郡自郡而至漕計而至三司上下相縻綱目相貫決不可少欺矣然而旬月歲時必上其籍而較於有司役焉而已者至於子孫而較之未已使疲民以不貲之費而供猾吏無厭之求亦何益於事哉臣願簡其條目而罷去數上之籍凡金穀貨幣之局苟不至於趨走役任者可如近歲亭驛之職止以武吏司其出納以代上農之勞使猾吏無所覬望則其弊之革又四五矣夫二弊既革而重困之具止於一端亦庶幾去疾之漸歟

陶又奏曰昔者聖人憂民之深而恤民之至俯而視之如父母之於赤子是故保息休養之道巨細備盡而不闕其一憂之於安而又能防其危驅之於樂又能拯其憂不屋則不足以居故為之棟宇以庇風雨之患不耕則不足以食故作之耒耨以興田疇之利羽皮之不可久衣故教之組織以具裘褐毛血之不可久茹故脩火之利以供烹飪此皆為生之具亘乎萬世而不能輒易者也而立為天下國家之文理法度以嚴君臣以篤父子以正夫婦以隆禮義以申刑法使之循習畏信而底乎大定此為治之道放乎四海而不可少亂也聖人之至於此亦可已矣而又哀其疾苦之無告而死亡之不可以考終也於是辨其金石草木之品性氣味而制其陰陽甘苦之用以治其疾恙而使之不陷於凶短載之以為書習之以為術傳之千萬年而人亦賴之與夫向之不能輒易而少亂者其利均而其功一也降

及三代之盛。而保息休養之道。莫詳於周。周之制分設六卿。各率屬以舉天下之治。禮樂刑政。條目雜然。是以致隆平而遂萬物。則又有醫師之官。掌醫之政令。有疾醫之職。掌萬民之病。分而治之。書其所以而至其祿食。豈非慮民之深。恤民之至。欲躋之壽域而無使一夫不獲哉。深惟洪範九疇。言天人相與之際。為人君治世之大法。而以五福六極列於終者。蓋明政教得失之驗。生民幸不幸之實也。五福之條有壽考康寧。而六極之別有疾病短折者。言格王之治。可納民於福。而不可歸之於極也。然則生民不幸而疾病短折。豈非皇極之累哉。是以古稱堯舜至治者。蓋無愛子哭弟之民也。嗟夫。天下之民不幸而不得其死者非一也。質之洪範之五福。則未能斂錫。驗之堯舜之至治。則猶有少媿。安得不講脩關政而為驅躋之具哉。蓋民之不幸而死者有四。寇盜竊發。疆場未寧。有亡於干戈也。冤枉不伸。深文抵罪。有亡於刑戮也。水旱間作。田疇汙萊。有亡於飢饉也。此三者。國家常察知其端。而遂為之備矣。誅鋤姦宄。固封畧。所以息干戈之役也。精覈真偽。寬貸疑典。所以防刑戮之濫也。富積倉廩。時而散斂。所以禦饑饉之災也。其愛民之命。可謂至矣。若夫協氣未發。雨暘不時。而有亡於疾癘者。則未嘗有以為備。豈不惜哉。今千里之郡。萬室之邑。而醫無良焉。愚夫道聽塗說而為民之司命。以執其存亡之權。民之被病者。或拱手而俟死。誤治而亡之者。比比是也。以一郡言之。日誤一人。為舉天下之大。而計以歲月。不可勝數矣。此聖人之美利。有所不至。而天下之和氣未應也。臣伏思祖宗之時。嘗詔天下置博士。頒方書者。誠愛民之深德矣。今乃略而不以為急。使陛下之元元不能趨於壽考。而未為之備。竊為朝廷惜之也。如臣之策。宜博選良醫以教天下之專其術者。詔天下之民有能習之。則課試藝學。而寬其賦役。使其鄰里鄉閭之人。可以治病而有前古相扶持之俗。則生民陰受朝廷之賜。而免不幸之死。非王道之一端。而太和之本歟。全民之生。莫切於此。臣是以不敢後言而奔說也。

慕容彥逢奏曰。臣伏見陛下若稽古訓。自京師至州縣各置居養所以聚鰥寡孤獨之人。詔旨丁寧。臣下遵奉。道無捐瘠。咸有所歸。發政施仁。孰大於此。臣竊以為鰥寡孤獨。雖曰困窮。而至於被服禮義之化。均太平之民。臣居田野間。江東溧陽縣以居養所見管屋宇隔截為八室。用發政施仁必先四者為號。使男女異處不相雜擾。一方之民。莫不悅服。臣愚欲望聖慈特詔有司。應州縣居養所。並依前項體式。隔截異室。分處男女。不惟子惠之澤。淪浹中外。而禮義之化不廢於困窮之民。以副陛下愛民誠意。

尚書右丞相梁燾上奏曰。陛下必欲百姓無困窮之憂。莫若賦歛寬平。徭役輕簡。豐稔和平。則安養富庶之。使常有餘力。凶荒勞救則救恤休息之。使不至失所。臣下有寬恤百姓之請者。擇而行之。臣下有掊歛百姓之說者。一切罷之。郡縣之吏。別立舉法。以防私恩。如知州通判知縣縣令。皆用公舉。而不得以恩例為請。則多得賢材。可以分憂矣。書曰。德惟善政。政在養民。又曰。知人則哲。能官人。安民則惠。黎民懷之。謂政事必本於愛民。官得人。則善政行。民悅而歸心矣。

歷代名臣奏議卷之一百六

仁民

宋徽宗時。左正言任伯雨上奏曰。臣訪聞永泰陵工役人兵入夏以來。天氣向熱。漸因疾疫多致死亡。竊慮聚衆之所。難得醫藥。臣伏聞仁祖朝。嘗因河北疾疫。遣使須藥。諸郡又嘗以湖南蠻徭未平。而兵久留戍。令醫官院定方和藥。遣使給之。祖宗愛民之意。雖遠不忘。而況近在京洛。事于泰陵。自今以後。數月之間。暑熱有加。工役未已。欲望陛下時遣中使須賜藥餌。邺其勞苦。問其飲食。如此。則人情欣悅。沴氣必消。赴功之人。樂於盡力。亦可以見陛下致厚於泰陵之意。如以臣言為然。只乞作聖意訪聞指揮施行。

陳瓘乞遣使陝西河北河東京西奉行優恤德音奏狀曰。臣伏覩七月初八日德音應河北京西路被水人戶。如可以優恤事件。令安撫轉運提點刑獄提舉司疾速條具奏聞。臣竊謂朝廷恩宥。徧及天下。唯此兩路偏蒙優恤之惠者。以逐路有水災故也。今陝西河東自用兵之後。加以凶歉。公私匱竭。人物凋弊。甚於水災。而德音優恤之文。不及陝西河東。臣竊以為不可。至如條具優恤事件委之安撫監司。此亦文具而已。朝廷實惠未必及民也。蓋安撫監司被受德音。下于諸州。州達于縣。備禮施行。循例報應。文移往復。動涉時月。迨於條具奏聞。而優恤之民已塡溝壑久矣。朝廷優恤之意。非不急也。而州縣行遣之叙。悠悠如此。豈非文具而已乎。夫持文具以為優恤之政。而欲使被災之民得復其所。茲固難矣。又況天下諸道。三路為重。均有耗傷而止恤其一。未可以為平也。臣謂平恤諸路。莫如專遣兩使。一往河北京西。一往陝西河東。如治平熙寧故事。以安撫察訪為名。以陛下初政。作朝廷施惠之意。達于諸道。民之飢饉流亡愁苦疲悴之

狀。皆得以實入告。自帥臣監司而下。慰其勞苦。而劾其欺繆。事有方急而宜緩。法有未便而當改者。皆得專達。至於講究邊防。熟圖利害。事或干於機密而非詔之所能該者。皆令面稟聖訓而奉行之。如此。則根本之地。均被惠澤。人心感悅。可召和氣。以廣陛下前日所以特降德音之意。謹錄奏聞。

貼黃。神考嘗謂近臣曰。昨來西師兵夫死傷者不下二十萬。有司失入死罪。其責不輕。今無罪置數十萬人於死。朝廷不得不任其咎。紹聖邊事。兵夫死傷之數。倍增於昔。今日朝廷安可以不任其咎。雖頻推恩惠。尚未足以慰陝西河東之民。豈可置此兩路而獨恤河北京西乎。

仁宗時。河北路都轉運按察使歐陽脩言。轉運使專掌金穀。而不與兵戎之事。然向被朝廷密旨。令熟圖本路利害。陰為邊備。令沿邊知州武臣。不過使副通判。乃常參初入京官。並得盡聞機事。而臣之本司獨不得與。臣非欲侵邊臣之權。蓋調用軍儲須量邊事之緩急。以至按察將吏。亦當知處事之當否。請自今許本司與聞機事。仁宗從之。臣謂承平已久。北虜可防。熟圖本路利害。陰為邊備。有備無患。正今日所當留意也。若遣使河北。則此事可以委之。

仁宗時。樞密副使吳奎言邊防武備。宜選經畫之士。向雖有言者。而採擇迷惑。朝廷一時處置而未暇講求。今兵事已息。正當審圖所宜以為永久之計。仁宗曰。邊事正當以暇時講究。乃詔凡所當議者。并為條目。面奏而行之。臣謂朝廷幸於無事。因循玩寇數十年矣。今雖閑暇。正是講究邊防之時也。有備無患。所宜留意。若遣使河北。願以此委之也。

貼黃臣所謂事有方急而宜緩者謂解池之役也法有未便而當
改者謂鈔法之類也朝廷屢遣官相度脩復解州鹽池迨今累
年未有成績訪聞孟明橋東張陽灘西興工開河日役夫二萬
餘人又自雲鄉縣界東至沙池三十餘里凡二十料合用三十
四萬餘人約一月畢方陝西用兵之後復於本路興此大役有
思慮者皆知其不可也只此事自合遣使相度蓋聞本路近年
以來鹽鈔之法極弊物價日增財用彌窘邊計所仰唯在解池
勢未可以遽罷此役若先議鈔法今本路諸司分占歲額鹽鈔
各於鈔面元價之外自取贏餘與民爭利積日既久鈔價倍增
商賈難通邊儲匱闕若嚴禁諸司占留鈔依舊只依鈔面召人
入中見錢粮草如此則商賈復行邊計有備而解池之役因可
少緩利害纖悉難以只憑本路諸司之言必須遣使就彼詢究

然後可得利害之實也兼通行河北滄鹽經制鐵錢利害皆所
謂法有未便而當改者安可以不遣使乎

欽宗靖康元年宣教郎臣張九幹上書曰臣聞立政造事而不明乎
治亂之原者未足以定天下書曰天佑下民作之君作之師又曰衆
非元后何戴后非衆罔與守邦民惟邦本本固邦寧惠惟善政政在
養民孔丘曰百姓不足君孰與足孟軻曰無君子莫治野人無野人
莫養君子臣嘗參聖人之言然後知有國家者其安危存亡未始不
繫乎民也迺者陛下即位之初醜虜長驅直抵城闕非常變故起自
倉卒間本其馴致之禍夫豈一朝一夕所致哉向使海內富實邊用
給饒甲兵餉糧種種備設則胡騎何由而南牧也臣請為陛下歷陳
之臣竊考祖宗創業之艱難積累之深厚規摹之宏遠垂二百年其
防患甚深詒謀甚遠實過于三代中間不幸亂天下者始於王安石

成於蔡京頹波末流乃有王黼蠹此萬世不易之論也當安石初變
舊章時呂誨韓琦富弼司馬光之徒力爭新法以謂其患必在五十年
後顧不驗哉且自宣和間論之王黼之用事也方臘作叛於東南腹
心之地福建江淮數路受弊曾不旋踵開拓燕雲調發免夫錢流毒
遍於天下遂使盜起山東河朔而桑麻之沃野黍稷之膏腴先翻為
戰場矣夷狄之窺中原良有以也禍胎釁端誠不在外域今陛下欲
攘夷狄一時之患莫先於征伐而征伐之謀屢奪於割地之議臣以
是知未有為陛下思所以致寇而求自固於本本元無者譬猶常人
失於衛生平日尫弱乃嬰四時不正之氣疾證在陰灸艾關元不足
以起死然則陛下今日烏可不以邦本為急先務亟發善政以涵養
天下哉舉所為善政之能博施濟衆者無出於臣所論積欠推割支
移折變等弊冢至日見之也又況陛下恭儉之德聞於東宮者十年

天下之人所以望於陛下甚厚當布惟新之令與天下更始用休息
于斯民憲章祖宗再造區夏以成中興之業若不力去積欠推割支
移折變等弊雖數赦無補也何則珠玉金貝雖曰可寶適飢寒之用
則不若五穀布帛故稼穡織絍是為農功臣抑嘗見朝廷財賦大計
責之省寺而省寺責之部使者部使者責之州縣而州縣責之里正
始能辦事是一日不可無野人也百姓果可使有不足哉陛下誠能
聽臣下其所奏俾二三大臣參酌利害窮研隱瘼著為成書觀於乙
夜出寬大之詔施尨鴻之澤不與常法同科德意丁寧毋怠毋忽天
下之幸也臣抑又聞帝德廣運乃聖乃神乃武乃文奄有四海為天
下君恭惟陛下躬聖神武文之資君臨天下必也運四海於胷中俾
恢然有餘地無使一夫不被其仁勿以金賊之入方且用兵語及此
則未遑暇是孟軻所謂不揣其本而齊其末者也臣願陛下蚤夜以

思負荷宗廟社稷之重。適丁多事之秋。非綏萬邦屢豐年。恐亦未足以救寧禍亂。保守三鎮。則臣之策初若迂闊而足食足兵。或有取焉。幸陛下留神斷而行之。冒黷冕旒。臣無任昧死拜手稽首謹言。

許翰乞加恩死事者疏曰。臣伏見畿甸戎馬以來。戰士僵仆。居民流亡。今兵既解。所宜矜恤。陛下聖慈哀痛元元。比已詔降度牒。居人掩骼埋胔。然猶道塗暴露。久未盡藏。恐傷士卒之鬪心。亦損天地之和氣。春晴薰蒸。化為癘疫。昔漢高祖下令軍士不幸死者。吏為衣衾棺斂。四方歸心焉。此高祖所以取天下之道也。不可不察。又近累有雍丘尉氏等縣詣臺訴免和糴。方戎馬蹂踐之餘。復軍須饋運之後。十室九空。未有生理。而官司遽復督責。使之頭會箕斂。非所以固邦本也。矧惟畿邑。拱衛都城。祖宗加厚以待緩急。今不鎮撫。使之重困。將散之四方。則都城孤危。臣愚願詔官司。選忠良吏。令分按田野。掩瘗

奏議卷之一百七　五

遺骸。又願陛下齋心盡哀於清穆之中。敕中外寺觀為死事者祈禱。所在厚卹其家。以勸忠義之節於方來。戒漕司非見錢不得和糴於民。勞來安集。使之復業。以昭太平之象。而正再造之基。

左司諫陳公輔論致太平在得民心疏曰。臣比緣奏對。特蒙聖慈諭臣親自擢用之意。命臣協心。助成太平。臣皇恐感激。臣誠何人。獲聞此語。臣固當展盡底蘊。以補報萬分之一。然臣自媿學術智識皆不遠人。但有樸忠而已。惟陛下憐之。臣嘗詢諸朝士大夫。皆謂今日國家夷狄之患未除。太平之治。誠未易致也。然以臣觀之。所以勝夷狄者。必在於治中國。所以治中國者。必在於得民心。陛下無以臣言為迂闊而不切於治也。孟子嘗曰。得天下有道。得其民。斯得天下矣。得其民有道。得其心。斯得民矣。然則民心烏可失哉。臣嘗原先王所以得民心者無它。莫先乎有德而已。蓋易感者羣心。難忘為盛德。唯聖

人躬行於上者。既有感民之盛德。故百姓欣戴於下者。斯有愛上之誠心。非特如此。因所欲而與之。因所惡而去之。皆所以得民之心者也。是故善政者。民之所欲也。虐政者。民之所惡也。君子者。民之所欲也。小人者。民之所惡也。善政行之。虐政除之。君子用焉。小人去焉。此乃因所欲而與之。因所惡而去之。民心其有不得哉。臣不敢遠引前古。請以今日觀之。陛下養德東宮十有餘年。恭儉出於天性。聰明本乎生知。愛民之誠。未占有孚。動民之行。不言而應。盛德之至。固足以感民心矣。及乎一旦即位。遂取其政之善者畧施行之。政之虐者畧除去之。忠良之君子以次召用。奸惡之小人以次竄殛。於是天下翕然。莫不仰戴聖朝。如重陰蔽天。初見赫日。如大暑執熱。初濯清風。豈有不得其心者。故雖金寇之兵圍逼京師幾四十日。而都城百姓咸願固守。無一人有離心。四方提兵。不日皆集。無一士有叛志。以至於州縣

奏議卷之一百七　六

之間。人情帖然。盜賊不敢乘間而起。此何以致其然哉。實有以得民之心而已。陛下誠能效大禹之克勤。體文王之節儉。至誠以行之。不倦以終之。檢身不及。從諫如流。孜孜圖治。日謹一日。則其德愈盛而不替矣。民心焉往而不歸哉。然後與宰執大臣。相與講明。求其善政盡舉行之。凡所謂虐政蠹國害民者。除之唯恐不盡。擇其君子盡召用之。凡所謂小人蠹國害民者。去之唯恐不至。則所以得民心者至矣。夫民心既得。則中國焉有不治。中國既治。則夷狄焉有不服哉。此太平之功所以可圖也。昔齊宣王畏諸侯之侵。孟子曰。臣聞七十里為政於天下者。湯是也。未聞以千里畏人者也。滕文公以小國間於齊楚。孟子獨告之。鑿斯池也。築斯城也。與民守之。效死而民弗去。孰謂陛下以一人之尊。有天下之大。凡地無非王土。一民無非王臣。區區以夷狄為畏哉。臣願陛下勉之。但思所以得民之心。彼誠不足畏

矣。
李光論百姓失業劄子曰。臣聞堯舜在上。天下無窮人。文王之民。無凍餒者。蓋國以民為本。民以食為天。自古賢聖之君。莫不貴農重穀以裕天下。一夫不耕。或受之飢。一女不織。或受之寒。飢寒並至。而能不為奸邪者鮮矣。仰惟陛下臨御海寓。躬脩節儉。以安百姓。涵養生息。如天地之無不覆載。雨露之無不潤澤。每發德音。下明詔。未嘗不以寬恤為先。懷生之屬。罔不欣戴。可謂治極乎堯舜。而恩深於文王。好生之德。浹肌膚而淪骨髓矣。近者朝廷稍務損益時政。以適厥中。而奉承之吏。用意過當。不復推廣陛下仁民愛物之心。貪殘苛暴。公肆掊斂。百姓嗷嗷。失業者衆。監司守宰。坐視流亡。恬不加恤。強者結集為寇盜。弱者轉徙乎溝壑。是致輦轂之下。匃者日滋。號呼呻吟。枕藉道路。此陛下耳目所及。至近而易察者。然且壅隔而不盡聞。況四

方萬里之外乎。深怨愁嗟之聲。干戾陰陽。聚為祲厲。傷害和氣。臣愚伏望陛下流寬大之澤。抑煩苛之吏。申勅諸路提舉常平官。或聞遣信使以巡撫四方。延問民所疾苦。蠲逋負。省徭役。以仰副陛下愛育元元之意。實天下幸甚。

高宗時。尚書右僕射李綱寬民力劄子曰。臣伏以祖宗取於民者有常制。供於國者有常數。州縣寬裕。民力豐饒。而國用足。崇寧大觀以來。興造既多。用度浸廣。於是設法以取之。鹽鈔茶引。類多抑配。和買均糴。無錢可數。至於宣和之間。有應奉須索之煩。有嶽山免夫之役。物力大屈。人心驚疑。如居風濤洶湧靡定。靖康之初。降寬大之詔。將與民休息。而兵革未已。調發方興。州縣官吏。不克奉行。徒有虛文。初無實惠。民之憔悴幾不聊生。今日國勢人心比之靖康之初。又不相侔。自非無名之斂一切罷去。與民更始。則失業不聊生之民。皆將聚而為盜賊。天下之勢離矣。夫自崇觀以來。增上供之數。而一路州縣。又有養兵給官吏祿廩之費。用度百出。何自得之。於是常賦之外。加斂以取於民。如江東西南北有至於納加耗米四石。僅能了常賦米一石者。猾胥贓吏。又因緣為奸。欲民力之不困。何可得也。登寶位赦書已令勘會上供增數蠲減。宜於元額以十分之三留本路為養兵及官吏祿廩之費。受納常賦。依法加耗外。不得輒取。犯者重寘于法。則民被實惠而有更生之望矣。國家前此屯兵于畿甸。故歲漕東南金穀以實中都。今京畿屯兵無往日之數。而帥府要郡養兵之制興。則隨時增減以足國用。以寬民力。不可緩也。自餘不急之貢。及年例拋買無用之物。皆宜蠲減。茶鹽不得抑配。糴買先給價錢。如此。然後可以為政。夫民猶魚也。財猶水也。魚恃水以生。民恃財以養。水日汲而至於涸。則魚亡。財日取而至於匱。則民散。故善養魚者。蓄之於陂

池深渺之間。善養民者。臨之以寬厚簡易之政。審能行此。則是以得民心。斯得天心矣。如合聖意。乞降旨三省措置條具施行。

樞密院編脩胡銓上奏曰。臣聞梁襄王問孟軻天下烏乎定。孟軻對曰。定于一。孰能一之。曰。不嗜殺人者能一之。陛下前日下詔戒諸大帥毋得多殺。聞者流涕。皆曰是宜為君有恤民之心。此誠合孟軻不嗜殺人之意。然而武夫悍卒不能上體至仁。皆務以暴易暴。竊聞向者軍兵有於路中掠人。探取其心以祭鬼者。往往而是。只如太平州火災。居民救死無路。率皆登城以避。而城上軍兵捽而殺之。人至蹈火而死者三千餘人。怨聲徹天。監司郡守畏首畏尾。不敢上言。實孤陛下任使之意。然當塗火厄已不可及。至如掠人以祭。其禍未已。可勝寒心。昔鄭文公用鄫子于次睢之社。春秋悼之。以為襄公之不霸。在此一舉。況今軍兵殺人。其害不止於鄫子乎。臣愚欲望推明孟軻

之説。申戒諸軍。嚴行禁止。以廣陛下不嗜殺之心。庶幾恩澤結人。以定大亂。冒瀆天聰。臣無任戰汗

銓又上奏曰。臣聞近日言事之臣。多以迎二聖復兩宮勸陛下廣孝悌之道。而陛下孝悌之至。通于神明。日夜焦勞。痛憤醜虜。思欲自將待邊。以決一戰而不悔。是以連年大舉。深入敵窟。曰。吾必申吾孝悌之志而後已。然臣竊以謂聖人之孝與匹夫不同。匹夫以區區奉顏色為孝。聖人以安社稷為孝。社稷誠安。則二聖可還。兩宮可復。陛下之孝無加焉。如使社稷未安。陛下未得高枕而臥。尚何為孝乎。臣嘗聞昔有老而患積聚者。醫云。據病當下。一月而愈。若不下。半年而愈。然中年以後。一下一衰。積聚之患。終身之憂也。其人信之。終不以一月之快。而易終身之憂。遂用醫言。以善藥磨治。半年而愈。初不傷氣而體力益全。因悟近日諸軍渡河。是醫者欲下一月而愈者也。其勢

未必不利。然終非萬全之道。以陛下聖明。相賢將勇。往無不克。而臣尚以為非萬全者。竊見一二年來。東南之民。困於軍興。前歲大旱。人至相食。雖親父母。手殺其子食之。去年雖大豐熟。比它歲所入十倍。然官斂其七八。民存二三。生理蕭然。卒有水旱。民無一年之儲。陛下所恃以為本兵之地者東南爾。而民力如此。若興師不已。不惟勞民。必又重賦。兵法曰。興師十萬。則百萬家不得安業。今雖給降官告度牒交子名為糴本。而民間不得一錢。實為白奪。州縣官吏又從而因緣為奸。官取其一。已乾沒十九矣。陛下試詢臺諫。有異臣言。甘伏斧鉞。臣愚欲望申戒天下官吏。務為寬恤。仍詔諸將養銳持勝。少息民力。一二年間。氣力全盛。精神可以折衝。則積聚之患。可不下而愈也。聖人之孝。尚何以加於斯乎。冒犯天聰。臣無任戰汗之至。

銓又上奏曰。臣近自南方來。經歷州縣不少。頗聞民間利害。其甚害者。莫大於脩城。比年以來。所至紛然。調發鄉丁。千百為羣。方春田作。捨耒耜而躬畚鍤。愁聲嗷嗷。而又科買塼木。動至萬計。率以軍興為名。徙居民。壞廬室。人少不從。身死家破。而今之守臣。驟遷數易。或半年即去。或一年即去。既知在任不久。遂務急於徼功。凡所營築。急若星火。但欲速成。不責實効。一經積雨。隨即頹圮。設有盜賊。如何可憑。況自來州軍。自有牢城兵卒。今皆散為奔走之隸。而法外役民。妨耕擾業。陛下前日下詔。遠慕黃帝以車為衛。不狃於九重之安。而冒霜露之苦。務在息民故也。遠方郡守。不能上體陛下德意。乃至勞民費財。繕治亭障。使其堅固可恃。尚曰煩勞。況其文具實無補於備禦。加又因緣驅迫役夫。脩葺廨舍。崇飾觀臺。民窮無訴。遂為盜賊。欲望詔天下州軍。自今毋得大興力役。或有城築。必先計城廣狹。每郡守一任之間。脩毋得過百丈。須務堅固難毀。其任內有或壞者。重寘以法。

雖已去任。必須追坐。仍令逐路監司常切覺察。敢相容隱者。亦與同罪。如此。則不至大段擾民。而每任所脩雖少必固。三兩任內。城遂可全。不惟民力稍蘇。亦庶幾城池或可待暴。非徒為文具而已。臣愚淺識。惟陛下憐其過計。

權吏部侍郎汪應辰轉對劄曰。臣聞漢高祖入關。蠲除苛法。秋毫無犯。秦民無不欲得高祖王秦者。及其失職之蜀。秦民無不恨者。夫以秦民之心如此。故高祖以崎嶇巴蜀之地。還定三秦。易於反掌。既而戰滎陽京索間。曠日持久。至於發老弱以從軍。計戶口以轉漕。民無不從者。卒以取天下。臣以是知民心所歸。其所係大矣。自艱難以來。中原之地。陷於夷狄。而遺黎赤子。懷戀有宋。歸戴陛下。其心未嘗一日而忘。彼雖壓之以戰則必勝之威。劫之以犯則必誅之法。宜其人服從於彼也。而終莫之從。我方保守和好。其歸明者還之。其欲來者

郤之。宜其人之絶望於我也。而其望愈確。嗚呼。此豈可以偽為哉。今者淮北之民更相攜持係踵而至殆無虛日。如大川之水而強以人力障之。一旦隄防潰決。沛然東下。彼固不能遏其去。我亦不能禦其來也。伏願陛下察斯民所以不忘國家如此其至。密詔有司厚加撫䘏。使至者有歸居者有養。以不失其所以來歸之意。則斯民心說誠服。有殞無二。惟陛下之所欲用者矣。陸贄有言。所貴者財用。所收者人心。苟不失人。何憂乏用。惟陛下留意幸甚。

張浚議姑息狀曰。儒者拘於古義。惟知薄賦省用。可以得天下之心。而不知排大難。除大患。權一時之宜。救四海之急。其用心非不本於仁。取之於民有不得已者。且愛民而姑息之。一旦有急。不能保護。使之父子流離。生事委棄。安在其為仁也。況兩宮未歸。中原傒望。天下之心所以責望於我者至重矣。雖然。兵興之久。生民憔悴益甚矣。陸下勉之。寸陰是惜。至誠有為以惠天下。臣請以死効力焉。

直龍圖閣李光乞遣臺諫按察民病以應天灾劄子曰。臣猥蒙陛下召自藩方擢置近列。職清事簡。無以仰裨聖政之萬一。當茲多事實愧素餐。今者雖幸輪當轉對。既非視朝。例當投進。則又無從瞻望清光。臣輒不避僭瀆之罪。敢陳狂瞽之說。臣聞人君繼天而為之子。何所取法哉。取法於天而已。故天以金木水火土運於上。謂之五行。人君以貌言視聽思總於下。謂之五事。堯舜之時。在璿璣玉衡以齊七政。七政者日月五星是也。箕子為武王陳洪範首言庶證者雨暘寒燠風是也。蓋人事失於下。則天變見於上。若影響之隨。猶桴鼓之應。甚哉天心之仁愛人君也。一有不至。則出災異以譴告之。故有道之君。天必降鑒。若政事差繆。則日月有薄蝕之災。星辰有孛彗飛流之變。五事失當。則有常雨常暘常寒常燠常風之變。書曰先王克謹天

戒。臣人克有常憲。蓋人主之畏天。猶人臣之畏法也。恭惟陛下聖學日就。聰明日躋。庶政之間固無大戾。但軍興之際。不免科斂。加以去歲諸路旱傷。江西湖北民不堪命。浙東百姓食犬豕之食。如聞日來州縣促辦鹽課。抵冒者衆。囹圄充斥。傷天地之和。變陰陽之候。自冬及春。雨雪不已。暖氣未效。有傷麥苗。此災異之大者。臣職在論思。不敢緘默。臣聞自古創業中興之君。必有所因而起。故漢祖因關中。光武因河內。安集撫養。使戶口充實。然後轉輸不匱。卒成大業。今六飛駐蹕東南。行已十年。江浙非陛下根本之地乎。亦將因是而起矣。然斯民流亡。失其本業。又天變如此。乃無一人肯為陛下言之者。臣非不知陰拱循默可以竊陛下之寵祿叨陛下之富貴。然區區之心有不忍為者。臣愚欲望聖慈於臺諫中選擇公忠諒直之士可以委心腹者。按察諸路。核實以聞。如臣言不妄。乞詔三省措置施行。庶幾消弭天灾。召來和氣。以仰荅天心所以眷顧陛下之意。實天下幸甚。

光又乞按察諸路財賦劄子曰。臣聞知天之天者王事可成。不知天之天者王事不成。國以民為本。民以食為天。今兵興之際。朝廷方議招納羣寇。江淮湖湘之間以次招安。人心悅附。費用日廣。所患者糧食不足爾。今行在衛兵無慮數萬。而邵清崔增李捧董旼蜂屯蟻聚仰給於縣官。所謂六路發運使者。其抛科糴買不過二浙十五六州。軍民間積藏。雖毫儲蓄。搜刷殆盡。自二浙之外。了不經營。頻年以來。江南諸路上供物斛。委為盜資。贓貪之吏。乘時擾攘。侵欺妄用。恣為不法。無復忌憚。臣愚欲望聖慈速詔大臣更選清强通知財穀之人。按行諸路。見在已支簿曆。拖照具實數上之朝廷。仍乞檢會綱運舊法。除巡州每歲合支用外。其餘盡合發赴行在贍養屯軍。內有沿江去處。亦可那撥分遣就糧。庶幾遠近均平。用度給足。少寬浙部疲

瘵之民。不勝幸甚。

光又乞蠲二浙積欠劄子曰。臣伏見近年以來。虜狄猖獗。中原版蕩。陛下駐蹕東南。乘輿服御。悉務撙省。而百司兵衆。皆仰給於二浙。加以今日營繕。所須一毫以上。皆出民力。師旅饑饉之後。斗米千錢。民雖凋弊。罔有怨詞。深可憐憫。臣愚伏望聖慈。因今移蹕之後。稍流寬大之澤。以慰人心。應二浙積負。一切蠲除。臣契勘臨安府九邑科配比它郡最爲頻併。其折變小麥爲害尤甚。及去年殘零稅賦。見今轉運司責限催納。其數至微。欲望特與釋放。昨緣前知府孫覿將義倉米於正稅外更有折糙米二斗五勝。倉場受納。復增至一石。又有鈔旁公吏乞覓不下一二千。及每歲和買。州縣既不肯支與價錢。今聞本府每匹更令納見錢四百文足。謂之縻費錢。竊慮行之既久。遂爲永例。諸縣因軍馬經由支過係省錢斛多。不肯豁除。坊場虧欠課利。委非侵欺。無緣補發。而官吏欲假此鐙擾時一舉行。追呼捕逮。謂之干照錢。縣官無所從出。止是剝民。如斯苛細。望悉蠲除。庶幾小民蒙被實惠。仰副陛下勤恤民隱之意

左正言鄧肅上奏曰。臣嘗謂巡狩之禮。非偶然者。春則省耕以補不足。秋則省斂以助不給。憂勤之心。亹亹不已。惟恐天下之疾苦不得以上達。而九重仁政不得以下布耳。雖駟南巡之頌。嘗云班雲行之博惠。散雨施於庶黎。正爲此也。陛下即位之初。首巡睢陽。雲行雨施之博。當自此邦始。使天下引領而望之曰。徯我后。后來其蘇。如是則鑾輿所幸。孰非金城乎。儻以軍興之際。一日二日萬幾。若未暇恤焉。則百姓將蹙頞而相告矣。傳之天下。速於置郵。萬一它有巡幸。當有深可慮者。臣切聞夏四月陛下臨幸之初。應天府下諸邑索供奉物。至今有不還其直者。臣實駭之。兵火之後。居民離散。一得真主。如獲再生。州郡不能省此。復取其膏脂而略不加恤。識忍人哉。陛下不及知。民間不得訴。安於殘忍者。又以爲不足言。此宋都之民所以至今未蒙實惠也。且宋都陛下即位之地也。民心憂樂。天下將取則焉。臣愚欲乞陛下峻責當時供奉官吏。不還其直者。且命朝廷償之。大牓諸邑。俾仰躰聖意。庶幾四方相慶曰。天子聖慈如此。其巡幸所至。又恤民如此。民心一定。陛下何往而不可哉。昔者太王避狄事之以皮弊犬馬。以至於棄土地。其若不復振者。卒能肇基王迹。歷年八百。其故何也。蓋當時去於岐山之下。民之從之者如歸市。民所不能捨。則天亦不能遺矣。此邦之所以興也。書曰。天視自我民視。天聽自我民聽。惟陛下察之。

肅又上奏曰。臣竊謂天下之大。取譬一身足矣。邊鄙有寇。若病在四支。民心有失。若病在元氣。凡四支之有疾。未有不自元氣之者。今欵治邊鄙。其可輕失民心乎。又況京畿近地。所賴民力爲切。此尤不可失者也。去年虜寇猖獗。再干我師。京畿近地。悉爲戰場。十口之家九遭屠戮。間有脫者。亦僅留餘息耳。陛下已登九五之位。逃民欣然如獲再生。然後老弱相扶。稍有歸者。然昔日所居。蕩爲煨燼。田野之間。骸骨相枕。豈有餘力復爲耕耨之事乎。今也京畿漕司。尚循舊例。日促秋租。以爲歲計。甚矣謀臣之誤國也。昔者周公之相成王。必陳王業。其詩云。三之日于耜。四之日舉趾。蓋以謂于耜舉趾。儻失其時。則歲無秋矣。且周正建子。于耜舉趾之時。在今爲正二月之間也。今年虜騎四月方遁。不知正二月間。京畿之民何在哉。于耜舉趾既失其時。今取其租。曾不少貸。民將如何。天不能雨。鬼不能輸。臣知百姓將復遁矣。若使京畿之民其心已失。譬之元氣已不復陽。四肢有疾。其能愈乎。此正醫國者所當慮也。惟陛下審處之。

章誼乞寬假力田之家禁止州縣邀索疏曰。臣竊覩比年以來虜騎侵淩盜賊猖熾。編戶逃亡人不粒食。浙西州軍。鎮江為尤甚。近聞鎮江府丹陽縣。久無縣令。又無丞簿。殘民之願歸業者。有田而官不許種。其願種者必先計畝出金。官給田帳列頃畝之數。然後得施墾闢之力。於是貧困之家。熟視已業而無貲自占。田疇荒蕪。坐致殍踣。非所以勸農工而安土著也。朝廷未嘗有此禁令。州縣監司。決不敢出此指揮。此必猾胥貪吏為之也。士民之避地於四方者。迫於兵革盜賊之警而致飢寒流離之苦。彼其懷土之思。豈嘗一日而忘哉。今歸視其常業。郡縣必有所邀索而後就業。則願歸者無幾矣。臣願詔有司嚴行禁止。凡荒殘之處。田耕力役。一切蠲除。聽民自擇膏腴。極力種藝。一二年間。流移漸歸。戶口益衆。然後計其已耕之地。稍定常賦之入。蓋未晚也。近者紹興德音。固有牛租屋稅寬免指揮矣。若蒙聖慈更於力田之家。特有寬假。不勝幸甚。

趙元鎮上奏曰。臣竊見去歲之秋。移蹕浙右。嘗詔郎吏以上。條具巡幸之宜。凡有可以加惠遠方者。莫不舉行之。德至渥也。今自溫台復臨吳會。所至郡邑。憖經寇攘。無聊憔悴之民。欲赴訴於陛下者。不啻赤子之投父母。飢渴之丐飲食。嗷嗷之情。又非前日。陛下懷惻怛之心。視茲困弊。亦將哀其窮而副其所欲乎。願詔有司嚴勑州縣應經殘破之家。特蠲今年賦役差率等事。及竹木甎瓦米麵之類。權與免稅。使之營葺生理。以漸復業。起凋瘵之疾。變愁嘆之聲。因之頒奸究以消無窮之患矣。胡虜長驅肆行殘殺。陛下無力以救之。固非得已。凡茲優卹之事。力所可至者。謂宜無惜。至愚而神。孰不欣戴。是乃固邦本之術。謀恢復之漸也。幸陛下誠心至意。鼻於必行。要命蒙被實惠。不徒為掛墻壁之空文。斯為盡善事。若緩而急者。惟上々加察。

李石上奏曰。天下事有繁有簡。簡則易守。繁則難悉。且九州四海之廣。天子一身。安能民民自治哉。曷亦取其簡而易守者。以為治民之要。則其繁而難悉者。可馴致也。今陛下執其簡且要者以分之於監司守令。而民自治矣。縣以千計。州以百計。一道以數十計。陛下詔旨所以憂此民者。豈但千條萬端。吁亦繁矣。監司守令三人者。誠有一於此。為陛下分其甚繁之憂者誰乎。且付之以憂民之柄。則必擇其人而授之。必欲擇其人。則必親出陛下之權衡題品。庶可無憾。今縣令。苟掛名選部者。皆可得之。郡守則自京朝官以上。苟積歲月者亦得之。如監司。則係之朝廷矣。且以朝廷自選擇者。不過數十。則必自知其人之賢不肖。至於州縣守令。號為千百計。能保其縣得卓魯州得龔黃。人人為賢守令乎。陛下既以民為憂。又憂其所以治之者。其亦勞矣。不若以民寄之於守令。守令寄之於監司。自其簡者視之。而

寄陛下之憂。則所以憂民者可以紓其半矣。近者陛下務於旌別。俾監司舉材可為郡守縣令者。是亦知所以擇守令之一術。至於監司。則在朝廷矣。誠能思其所以為要者執之於上。則堯舜無為之治。豈遠乎哉。

石又上奏曰。天下之利。皆生於無所用。旱之舟。水之車。此無用之利也。夫有用者。人知競而急趨之。而無用者。則不屑而棄之。初不知無用。乃有用之資。沿邊不耕之田。乃無用之利也。今之江漢與巴漢。乃昔之人所嘗屯兵其地。取其不耕者耕之以為食。為息兵靜重之計。寬取民餽餉之勞。國家知之。置營田之官於其地。蓋得之矣。恐言之未盡行。行之而未盡至。願陛下詔有司悉意出力而為之。今有司所患者。不過曰耒耜錢鏄之費。耕耘芟築之人耳。誠使有司稍借其費。又蒐汰兵之老弱不任穿帶者。募游手之閑民者。雜耕於其地。寬以

歲月之力。視其歲入之厚薄。而為田官之殿最。此誠裕民之一術也。且治人之疾。則必為之藥而冀其愈也。陛下既知民之疾。取有司寬剩之財以裕之。是知其疾而為之也。疾未愈而藥不繼。陛下將何以處之乎。然則營田者。亦裕民之一術也。

兩浙西路安撫使葉夢得奏乞禁罷獻納借貸指揮狀曰。臣竊惟方今國雖未寧。連年用兵。外有方張未滅之虜。內有乘間竊發之盜。然而都城失守。幾月陛下謙遜未即大位。奸偽僭亂之人。竊居大寶。天下內外遠近。卒無一人敢懷向背者。祖宗德澤二百年。蟠結在人至深至固之效也。臣始聞二聖北狩。首移檄部內士庶兵民。諭以逆順。推本國家根本靈長不拔之意。使各堅守一心。以待陛下之命。是時上下方洶洶。臣言一出。雖武夫悍卒婦人小兒。無不感泣憤勵。所在聚觀數百人。更相傳告。以死自誓。臣以是占之。知吾宋之有天下。非

特天命方永。在人心者固不可得而易也。陛下既嗣有大統。赦令繼下。其憂恤元元。涵養撫存者無不備。差可謂知所本矣。應上供之數。非祖宗舊制而過取於民者。一切盡罷。凡欠負之所當輸者。不以貫伯名色。皆使蠲除。民知散利薄征。陛下之誠意。弛負已責。陛下之仁心。其歡呼歸戴。豈有已哉。然臣竊觀自昔良法。行之無不在人。使其人守之。必先有以戒其漸。古之言曰。作法於涼。其弊猶貪。作法於貪。弊將若之何。去歲淵聖皇帝繼承之初。深監前日政事科擾之弊。而力去之。其見於詔令者。亦無所不盡。然在位之臣。不明大體。未幾以國用窘匱。乃開獻納金帛之令。其後金賊既迫城下。倉猝召勤王兵。慮調發不足。又使得以借貸於民。天下固知二令非出於淵聖皇帝之本意。然郡縣被受。能推廣上德者無幾。往往皆挾中旨。肆為誅求。愚民懼斬。安知公上之急。謂之獻納。初未有不科數而得也。此例一啓。凡急

而取於民者。無不以獻納為名。於是去冬及春。有或課以等第。或率以貫頭。有一邑而出三五萬緡者。有一郡而出二十萬緡者。至於再。至於三不已。問之則曰法固有之。此出於軍須權宜。而民所樂輸也。豈其實哉。借貸之令。初慮官錢不足。而勤王之兵不可緩。故不得已命之。以備萬一。然且使償其歲租之半。亦固未有遽取之也。而所在不問府藏之有無。不論調度之多寡。畏監司者恐其劾。問為己謀者慮其後。之迫期會而取辦。廢經畫而仰成。則惟民之求而已。入有常數。用無常限。人得為市。高下在手。有上戶釋而下戶及者。有此色薄而彼色厚者。簿籍不足考。券契不足憑。所蠲之租。所償之期。尚安得而計哉。臣耳聞目覩。未嘗不為朝廷惜之。以謂科率之禁雖嚴。而掊刻者猶未戢。擾攘之戒雖數。而困苦者猶未蘇。此雖有司之過。然不幾作法於貪者歟。昔漢武帝事匈奴。卜式願輸家財半佐邊。公孫弘以

為非人情不軌之民。請勿許。式後復以錢二十萬給河南太守徙民。武帝召以為中郎。布告天下。尊顯以風百姓。然卒不聞復有獻者。古今人情。大抵不相遠。唐德宗討朱滔王武俊。用韋都賓陳京請借商錢。期得五百萬。可以支半歲。乃使趙贊行之。約罷兵而償。搜督既峻。民有自經而死。遮宰相訴哭者。長安為之罷市。然纔得八十萬。其後涇原兵亂。大呼於市。果假此以藉口。既不足濟所乏。徒以失民。得不償失。今陛下以聖慮啓中興。武帝德宗之事。固萬無有。然二令未除。慢吏庸人。終得以並緣為奸。以濟其私。百姓何知。但見前日之習尚在。必將疑陛下之詔以為虛文。而奸猾亂民之徒。或得因以扇惑其黨。則所害為不細。伏望聖慈。特命有司。明示詔旨。以前二令出於有司一時之請。自今無得復用。凡州縣斂於民而稱情願託軍期而輒借貸者。皆重坐之。使遠近之民。感恩懷德。皆能深信而不疑。則捍患

扶傾。必有見危而思奮。孟子謂三代之得天下也。得其心。斯得民矣。
此正今日之先務。狂愚冒犯。臣不勝皇懼激切屏營之至。謹錄奏聞。
夢得又奏乞放免嚴衢州諸縣夏稅等狀曰。勘會近爲嚴州遂安縣
兇賊倪從慶作過。本州淳安壽昌兩縣及衢州常山等縣。皆相連接
境。自去冬至今。諸縣保甲把隘防守暴露。實爲勞苦。方春農蠶是時
不無廢其作業。嘗具奏請欲作事平。特與蠲免夏秋二稅。及和買未
奉指揮。今來倪從慶等已出就降。據統領官朝奉郎詹大和條具到
應燒劫被害之家。與把隘地分人戶量地里遠近緊慢。隨鄉村優重
勞佚。分爲等第參酌。合行蠲免分數。下項須至奏聞者。一應係燒劫
被害之家。逐戶下更不分等第。一等戶與免一年夏秋二稅和買一
半。第二第三第四第五等戶。並與免一年夏秋二稅。及全免和買身
丁。一應把隘地分。逐戶以緊慢分四等。第一等戶免夏稅三分。第二

等戶免夏稅四分。第三等第四等戶免夏稅六分。第五等戶全免夏
秋二稅。并今年身丁。客戶同。已上各免和買五分。第二等第一等戶
免夏稅二分。第二等戶免夏稅三分。第三等第四等戶免夏稅五分。
第五等戶免夏稅并今年身丁。客戶同。已上各免和買四分。第三等
第一等戶免夏稅一分半。第二等戶免夏稅二分半。第三等第四等
戶免夏稅四分。第五等戶免夏稅并今年身丁。客戶同。已上各免和
買三分。第四等第一等戶免夏稅一分。第二等第三等戶免夏稅一
分半。第四第五等戶各免今年身丁。客戶同。已上各免和買二分。右
臣•契勘浙部自嚴州以東。山洞最爲深險。兇頑之民。恃以竊發。昨方
臘作過。陷沒六州二十七縣。殺戮殘。官吏生靈被害不貲。至煩朝
廷遣發西兵數十萬。方能撲滅。今來倪從慶結謀實欲效方臘。仍
乘州縣起發勤王弓兵之後。所在空虛。其勢猖獗。比方臘尤易。幸緣
把截防托。不敢奔逸出洞。及譏察在外奸細之人。無所附從。因此窮
蹙。請降保全一方。實兩州諸縣保甲之力。若無所優恤。無以激勸後
來。恭惟皇帝陛下。紹休聖緒。恢復大業。方欲盡除天下蠹弊。遂之太
平。使懷生之類無一物不得其所。則於此豪末之微。必預含覆之賜。
欲望聖慈詳酌。許令依所條具等第特賜蠲免施行。干冒天威。臣無
任惶懼激切屏營之至。謹錄奏聞。
武義大夫曹勛上保民書曰。臣拳拳之忠。既願陛下愈勵畏天之實
以副天意。仰惟陛下嚴恭寅畏。昭事惟謹。發自淵衷。光於聖德。躬行
有餘矣。其見於立政立事。與三二大臣同心以明畏天之事者。臣願
以保民爲先。臣聞春秋傳曰。國之將興。視民如傷。是其福也。福者天
之所錫。國之將興。賴天命爾。必視民如傷。然後爲福。是以自昔聖人
所言天也。人君也。民也。未嘗不連屬而爲辭。蓋人君者天之所命而

民者天之所親也。後世爲治者每離而三之。所以下不爲民所懷。下
不爲民所懷。則上不爲天所福。此理豈不昭然哉。子貢曰。如有博施
於民。而能濟衆。何如。可謂仁乎。孔子曰。何事於仁。必也聖乎。堯舜其
猶病諸。保民之事。雖堯舜猶以爲難也。臣伏覩咸平中。澶淵之役可
謂大得志矣。當時若從諸將言。何所不可。真宗皇帝不爲也。遣曹利
用出使。結好交幣。行千萬世息民之策。其形於言曰。我爲憂民切。我
車暫着方。聖意安在哉。慶曆中。北兵壓境。遣蕭英劉六符來聘。必欲
得關南故地乃止。可謂輕侮中國矣。以當時事力。豈不能快意於一
戰。仁宗皇帝不爲也。命富弼報聘。增幣結約。尋前盟而固之。其形於
言曰。朕爲兩朝赤子。故屈己增幣以圖寧息。聖意安在哉。二祖之意
蓋不欲逞一時之忿。而啓後日之禍。保民之大惠也。天佑祖宗保民
之盛惠。所以隆其基業於未艾者。顧不在此乎。宣和海上之約。使謀

出於彼。在我當曰。契丹吾兄弟之國。祖宗慕義南北之民。通好結和。載書具焉。天地鬼神是臨契丹之愚。我當救之而反共圖之。天地鬼神謂何。彼聞此言。臣知其縮頸而走也。儻先自我謀。則又何說歟。天佑祖宗保民之德。所以隆其基業於未艾者。今在陛下。諒陛下必能畏天。必能保民。必能承祖宗積累之基。又能光大久遠於其後也。又畀陛下為先帝雪恥於天也。亦祖宗與先帝在天之靈。所以深望於陛下者也。遺大投艱在陛下。豈不重乎。保民之事。陛下可不勤乎。河南之復。一予一奪。終歲而已。亦天將以觀陛下保民之力也。臣料是時。謀臣必有獻言者。將因河南之復。大舉而取東北。又欲深入以雪大恥。陛下固未入其言。使謀之者不已。一旦聖意從之。則兵端禍本。創立自我。天意若曰。斯民也。針石蝶膊於前日。非得已也。摩拊吹噓。曾未幾時而更創為兵端禍本。生靈餘幾。忍戕之乎。兵連禍結。又當

何時而定乎。天亦駭之也。故復以河南予敵。不予不息也。不息不能保民也。天意豈不明哉。天佑祖宗保民之德如此。所以報宣和之舉如此。既予陛下以河南。復奪之其速如此。皆以保民也。陛下頃者宸心獨斷。屈己通和。以圖休息。得祖宗保民之意也。今又與同心大臣。審定國是。以應天定之心。皆行保民之大德。臣猶以保民為言者。聖人以一夫不獲為辜。君子以匹夫匹婦不被其澤為愧恥。保民之事。不當存其大而略其細。有其心而無其實德。今也。田疇之不墾闢。戶口之不滋益。商人販賈之不通。工人用器之不廣。遷移溝壑之不免。愁嘆嗟怨之不除。以是為保民可乎。陛下寬恤戒告。詔旨屢下。掛墻壁詠無用之空文。銜命令加出使之重擾。譬猶雨露自天而降。中間為物所隔。潤澤不及於地。陛下存其大。而臣下不能行其細。陛下有其心而臣下不能施其實德。臣所以有言也。夫生民之休戚在人材之賢否。政事之得失。紀綱之廢舉。風俗之薄厚。陛下前此東西巡幸。未有定都。和戰攻守。未有定計。應敵不暇。不能以自全。自全不暇。未能以有立之時也。是以人材隨所舉而用。政事循一切之宜。綱紀聽其所為。風俗任其所尚。保民之事。若有所未暇。天之責於人者輕也。今天下已定。自全之時也。有立之時也。天之責於人者必周也。臣仰窺天意。下詳民瘼。恭望陛下一眡同仁。於此時至切也。陛下所當留神。群臣所當竭力。無出於此。愚臣於此所當盡言也。伏惟聖慈加察焉。不勝天下之幸。

王元渤論保民疏曰。臣聞保民之道無它。去其害民者而已矣。方今害民之大者有三。一曰橫賦。二曰力役。三曰貪吏。朝廷固已戒橫賦矣。然而起橫賦之端。皆莫急於軍無定所。朝廷固嘗省力役矣。然而重力役之弊者。莫大於興作不時。朝廷固已懲貪吏矣。然而長貪吏

之屬。莫甚於好惡不明。且以近事言之。劉光世保江州。移之鎮江。韓世忠保鎮江。移之行在。張浚衞行在。遣之浙部。師行所過縣邑為空。官廩不支。自須橫賦。橫賦之弊未去。臣恐保民未有道也。州郡傷殘。人民凋弊。為官吏者或增脩城壘。或繕治甲兵。初無堅守之謀。徒飾貪功之說。強寇一至。委而去之。向者民力又復一空。臣非謂此不當為也。蓋嘗因時之為。寬民之力。若能頻施惠愛。厚結民心。則粗糧可以擊賊。畫地可以固守。如其不然。但求文具。則貪功之人。必興力役。力役之政未節。臣恐保民未有道也。縣邑之所視者。州郡也。州郡之所視者。監司也。監司之害莫大於好貨。監司好貨則迫脅州郡。郡吏好貨則求請縣邑。邑吏好貨。則誅剝鄉村。推原所自。蓋緣好惡未明。朝廷非不好廉吏也。而廉吏或未擢。非不惡貪吏也。而貪吏或器使。如此未至耳。若於臨事之日。常知式此三者。則保民之道。庶幾其可

求馬。

校書郎王十朋輪對劄曰。臣聞民為邦本。本固邦寧。自古人君未嘗不以得民心固邦本為急。而尤欲撫綏固結之於動搖疑貳之時。我國家有天下二百年矣。中遭厄運。而宗社復興者。良繇四海民心戴宋惟舊。陛下即位于今三紀。深仁厚澤。尤著在天下之心。然邇年以來。監司守令多不得人。為國斂怨。民心稍離。一曰不宣詔條。二曰不卹刑獄。三曰不先撫字。何謂不宣詔條。臣伏觀比年寬卹之詔屢下。然而實惠未孚于民。皆繇州縣不能奉行之故。昔人謂徒掛墻壁。今則初未嘗掛。凡遇詔下。事有便於民而不便於吏者。或宣畢而遂匿。或略掛而遽收。故上雖有良法美意。下不得而知者多矣。況欲被其澤耶。何謂不卹刑獄。臣伏觀陛下慎刑卹獄之意。雖堯舜成湯亡以加。然措刑之效未逮於古者。蓋由師帥之任鮮或循良。昧者以胥吏

為耳目。怠者以胥吏為精神。貪者以胥吏為鷹犬。案牘滿前。漫不加省。獄情出入。動由此曹。故富民納賂以買直。貧者不能自伸。強者劫持以求勝。弱者不能自免。所望以直其冤者監司也。今監司按部。動以胥吏數十自隨。所至州縣。唯務誅求。苟滿其欲則獄事一切不問。而望其有所平反可乎。何謂不先撫字。國家張官置吏。本以為民。要當以撫字為先。催科次之。昔之循吏勞心撫字。而民皆樂輸。不待催科。而常賦自登。夫催科自有常法。豈在先期而取辦。官以未及期為辦事。民當未及期而被虐。故常賦未入於官府。而橫費已歸於蠹吏矣。悍吏持尺牒走鄉閭。嗷呼隳突。雞犬不寧。而欲民安其業可乎。臣又聞邇者邊奏稍警。所在以防秋為名。拘集舟船。團結保伍。措置無術。州縣騷然。至有鬻田宅以充糧草之賦。殺耕牛以供筋角之輸。斬山林以為兵器。撤室廬以營寨柵。吏緣為奸。民情大擾。苟不有以安恤

之。切恐民迯其土。散為盜賊矣。況今虜狄外侮。國威不振。人心搖動。正宜撫綏固結時也。臣願陛下推溥博之仁。下惻怛之詔。勤卹民隱。動之以誠。官吏有害民者必罰無赦。仍命宰相慎擇諸道監司以寄休戚。以宣明詔條。慎恤刑獄。撫字黎元為先務。如是則四方萬姓。罔不感泣。人心既悅。寧患天意之不我助耶。臣以謂固本以寧邦者莫大乎此。

時御史中丞許景衡奏乞寬卹東南疏曰。臣竊見三路及京東西州縣。或為盜賊侵擾。或為金人殘破。戶口減耗。賦入無幾。今朝廷經費彌廣。軍須亦復不貲。當悉仰於東南。但東南之民。比緣府庫匱乏。橫斂頻煩。官吏貪殘。誅剝尤甚。今來若非盡革舊弊。復加存卹。則必破產流亡。或盜賊群起。意外驚擾。則無復耕桑之民。以應公上所須矣。豈不誤朝廷之大計哉。前日赦令德音寬大。而斯民未被惠澤。選易

守臣。增置尚未就緒。今來已是秋深。所宜早見辦集。臣愚伏望睿明深念國家計用之根本。加惠東南之元元。應赦書所罷後來上供抛買及違法租賦之類。並仰有司疾速報應結絕。使實惠及民。申戒監司郡守。按劾奸贓。寬其徭役。使得安居盡力耕織。以供常賦。仍乞特降指揮。督責守禦之備。限在日近了當。凡東南諸路監司郡守。尚有闕員去處。並乞精加選擇。限日赴官。其沿江近邊控扼處縣令。巡檢縣尉。見闕未曾注差去處。並乞令監司守臣公共選擇差辟。及見任人內有不可倚仗者。亦乞令選擇逐急對移。務在盡公。不得偏徇。其被移人仍不理為過犯。庶使儲糧練卒。各務防守。如此則東南可以無虞。而朝廷之財用可以無匱乏之憂矣。

知平江府張守上奏曰。臣聞國之有民。猶魚之有水。火之有膏。木之有根。人之有元氣。水深則魚樂。膏沃則火明。根固則木蕃。元氣盛則

民人安。蓋民惟邦本古之誼也。艱難以來歲幸屢豐。賦入有常用度僅給。蓋以陛下愛民如子。別無橫斂。民不至於困乏。今年諸路亢旱。穀貴人饑。惟浙右數州之地爲稔。故糴糴萃於數州。無慮百餘萬斛。而又被旱州郡連艘以取給。公私逋負乘時而責償。雖號豐登民實困乏。逃移猥多。州縣固不易辦矣。然軍食所資不得已也。民知其不得已。其敢有辭。州縣亦思竭力促辦而不敢後也。然此數州之地屏蔽行朝。供應軍須前後不一。臣愚伏望睿慈特降明詔今歲浙西糴買之外。不得更有科敷。庶幾一方少獲休息。使數州之民不以豐年爲不幸。仰副陛下仁民之意。

守知紹興府上奏曰臣伏見陛下憫恤元元至誠惻怛。前日稽違詔書之吏痛加懲創。德音昭示遠近孚信。今蒙聖慈不以臣爲不才使承乏鎮東。必思蠲除民瘼以承休德。臣頃筮仕會稽近又忝躡久居。

亦嘗詢究一方利病所在。其利害之細者皆不足言。而大者惟和買一事民被毒爲甚。然和買之害固已久軫聖懷。亦嘗兩次裁減矣。諸路之所同也。至於本錢猶遺而支散不足。絹直翔貴而輸納亦艱。亦諸路之所同也。惟會稽民貧一歲和買十七萬餘匹。得數太多。至今苦之。以家業錢計之。鄉村人戶率二十千當輸一匹。詢之他州。未有如是之重也。夫以一家之業纔二十千。一絹之直當四之一。輸納費用。又復一兩千。殆及三分家業之一矣。蓋二十千之家必庸販以自資。然後能餬口。而縣官於賦稅之外。歲取其三之一。恐非仁聖之朝所宜有也。欲望睿斷將紹興府和買量賜蠲減。設或不足於用。則臣僚衣賜量行裁損。亦未爲害。庶幾仰稱陛下仁民之意。

歷代名臣奏議卷之一百七

歷代名臣奏議卷之一百八

仁民

宋孝宗乾道元年。施師爲臨安府教授。用陳康伯薦賜對言歷年屢下詔恤民。而惠未加浹。陛下軫念惟恐一夫失所。郡邑搜求惟恐財賦不集。毋惑乎日降絲綸恩不霑被。細民既困於倍輸。又困於非泛重以歲惡。室且垂罄。租不如期。積多逋負。今明堂肆赦。戶自四等以下逋自四年以前蠲悉除免。上曰非卿不聞此言。詔從之。

六年汪應辰論愛民六事劄子曰。臣竊以自昔人君六有爲於天下。雖醻酢事變不一而足。然皆以畏天愛民爲本。蓋天視自我民視。天聽自我民聽。愛民乃所以畏天也。未有不得乎天而可以成天下之務。亦未有不得乎民而能得乎天也。自王者之迹熄。戰國之君務相傾奪。於是孫吳之戰伐。儀秦之縱橫。申韓之刑名法術紛起迭進。天下爲之騷然不寧。孟子於此時。獨力持仁義之說以救民濟世。齊大國也。宣王一時賢君也。宣王欲辟土地朝秦楚。莅中國。撫四夷。其志亦大矣。孟子乃曰。以若所爲。求若所欲。盡心力爲之。後必有災。其所以告宣王者。則在於反其本養其民而已。夫以天下並爭。詐謀奇計之所不能下。長戟勁弩之所不能克。區區養民之說。不幾於拱揖而救焚乎。故當時例以孟子爲迂闊而莫之用。言既不用。則亦莫見其效驗。然而後之能一天下者漢高祖光武也。高祖所任者蕭何。何之言曰。願大王王漢中。養其民以致賢人。還定三秦。天下可圖也。光武所任者鄧禹。禹之言曰。方今人思明君。如赤子之慕慈母。古之興者在德厚薄。不以大小。蕭何鄧禹之言。即孟子之言也。世但見高祖光武征伐四克。而不知其得天人之心。蓋在此而不在彼也。恭惟陛下宏規遠略。將以紹復大業。底綏四方。而於愛養斯民。尤致意焉。發於詞令見於政事。動勤懇懇。無所不用其至。固已合乎天矣。臣輒不自揆。思所以將順聖德之萬一者。其一曰陛下雖有愛民之誠。而良法美意推而行之者。則在監司郡守。今之監司郡守。多不實選。是以民未必皆被其澤。願陛下精擇其人。久任其職。考覈其課而進退之。其二曰。獻言進計之人。類多捨循常而好紛更。蓋循常之功。未必有可見之迹。可喜之事。而紛更之說。聽其言則美。施於事則悖。民受其弊常在於此。故昔人以謂康濟小民。率自中。詳乃視聽。罔以側言改厥度也。其三曰榷貨之利。今皆數倍於前代。州縣或科歛以取辦。雖未能蠲減。不宜有所增加以重困民力。其四曰州縣費用。比承平時不翅十倍。豈復更有羨餘。貪猾之吏。往往刻剝進獻。須雖禁止。未能盡革。自今有犯令者。願陛下必行絀罰。以明示好惡。其五曰收糴糧儲。繕脩器械之類。諸所費用。悉宜計其實直給降本錢。無使州縣於百姓重賦之外。復有此等陪備。或更並緣肆為奸利。其六曰。民竭其財力以養兵矣。而又欲以民為兵。恐其不足以禦盜而適以為盜也。今雖已籍定。若免其教閱。而約束州縣。毋或非時追集。違法率歛。庶幾疲瘵之民得以安業。凡臣所陳。皆係斯民之休戚。為甚切。臣之見聞思慮所不及者。蓋亦不少。惟陛下特留聖念。使士之誠實之言。民之疾苦之狀。皆得畢陳於前。次第而羅行之。以固邦本。以承天意。天人協應。相與為一。則為之而成。動之而功。將無不可者矣。

應辰知平江府。辭朝論養民疏曰。臣聞孟子曰。得天下有道。得其民斯得天下矣。得其民有道。得其心斯得民矣。得其心有道。所欲與之聚之。所惡勿施爾也。三代之得天下也以仁。固已然矣。自三代以後分裂擾亂。無所不有。其能得天下而保守之者。亦未有不先得其民也。可以見孟子之言為萬世不易之理矣。恭惟本朝累聖相承。皆以仁恩義澤涵養天下。治安久長。雖三代有所不及。中更變故。而民心愛戴有隕無二。以能復建中興之業。得民之效有如此者。陛下以聖德撫世。仁民誠意未嘗不以斯民為念。然臣竊謂養民之政。雖在今日為甚切。而在今日亦為甚難。昔周公作無逸。以為文王不敢盤于遊田。以庶邦惟正之供。又曰。繼自今嗣王則其無淫于觀于逸于遊于田。以萬民惟正之供。言上無妄費。則下無橫歛。民之供於上者皆正也。今陛下勤勞恭儉。固未嘗有逸豫之事。惟是艱難以來。事緒百出。費用數倍。是以賦歛煩重。禁榷嚴密。而國用猶且匱乏。雖欲以萬民惟正之供。其勢有未可者。此養民之政在今日所以為甚難也。然而事固有不得已者。亦有可已而不已者。伏見比年以來。進言獻計之人。往往不究事之是非。不卹民之休戚。苟欲以取新立異。矜智飾辯。徒使凋瘵之民。騷動疲敝。而其實於國無毫髮之益。若此類者。蓋

未易以一二數。陛下試取已行之事。參考而審察之。皆無逃於聖鑒矣。昔元祐宰相范純仁以為堯舜之治不過知人安民。知人則不輕信。安民則不妄動。小人之情希功好進。行險生事。妄說利害。覬朝廷舉事以求爵賞。朝廷若輕信其言。則民不安矣。國家之敝。常必由斯。臣竊謂純仁之言。明白簡當。切於治道。伏望陛下於聽言舉事之際。審其是非。計其輕重。而究其本末之叙。成敗之效。庶幾事不至於輕擾。民不至於重困。亦以使天下之人知聖主惻怛之意如此。而其所不得已而取於民者。特勢有所不免爾。以陛下之勤勞恭儉。至誠不息。力行不倦。天意益順。國勢益強。必將併與今日所不得已者次第而蠲減之。以幸天下矣。臣不勝至願。

八年。權禮部侍郎周必大上奏曰。臣竊見陛下以幣務太輕。日夜憂之。一旦內出積鏹以百萬計。為權之之術。旬日來軍民既被實惠。[illegible]

呼之聲。徧于行都。推是心也。豈止以羊易牛而已。臣請因聖德之所及而推廣之。臣聞愛民仁也。理財義也。二者相須初無二說。而中外之臣不能深體上心。用意或有未善。且如中興以來。駐蹕二浙。踰四十年。蓋今日根本之地也。平時當愛養其力。緩急乃深得其心。而賦稅供億。反重於它路。蓋四方州縣近則畏監司之刺舉。遠則懼上臺之詰責。審於舉措。莫敢輕費。惟近甸官吏則不然。或陳其利而掩其害。或徇其名而蔽其實。凡有獻。明稱奉旨行之。吏民以其出於朝廷。莫敢違者。如近日越婺諸郡以隱漏爲名。增無實之稅是也。竊料陛下特未詳知。知則必有以更之矣。臣雖書生。豈不思邦計未裕。而徒爲空談。然而日侍清光。竊歎陛下有養民之德。而有司無體國之風也。敢冒昧言之。願陛下深詔執事。愛惜民力。雖知子弟富實。它日父兄有不時之須。雖竭其囊橐以濟用度。夫復何怨。不必平居無事。驟增科調。使懷戚戚也。詩曰。惠此京師。以綏四國。惟陛下念焉。

孝宗時。朱熹上奏曰。臣竊見諸路提刑司所管拘催州縣經總制錢。蓋前代之所無。而祖宗盛時亦未之有。特起於宣和末年。倉卒用兵。權宜措畫。當時建議之臣。方且自以爲功。而其兄聞之。乃爲哭於先廟。以爲作俑之禍。且及子孫。渡江以後。雖知其弊。然費出愈繁。遂不能罷。頃有增加以至于今。乃爲大農之經賦。有司不復敢有蠲除之議。然其始者。亦但計其出納多寡之實數。而隨以取之。則事雖失體。而未有甚害。及紹興中。推行經界之法。民間違限契約。悉出投印。故一二年間。此錢之額。倍於常歲。逮其畢事。則便復常數而無復前日之羨矣。而一時乃有憸佞掊克之人。輒爲比較之說。以誤朝聽。使凡歲入經總制錢。悉以經界之年爲額。其後雖或知其非義而小變之。然猶必使趁及一年所收最多之數。至其甚無藝者。則雖或灾傷年

分。檢放倚閣苗米稅錢。已無所入。而所謂經總制錢者。版曹總所。猶不肯與之蠲除。上下相臨。轉相逼迫。下吏無所措其手足。則其勢必至於巧爲名色。取之於民。以求幸免。司察之官。雖知其然。然既利其歲額之盈。則亦不容有所何問。額猶不足以及數。則遂不過將新蓋舊。轉後爲前。歲月愈深。逋負日積。大郡所欠十數萬緡。小郡亦不下一二萬數。官吏操切。日益嚴峻。而莫有知其事之本原者。臣恐不知州縣之煎熬局促。何日而少紓。斯民之歎息愁怨。果何時而少息也。陛下厚德深仁。愛民如子。疾痛苛癢。纖細不知。抑搔按摩。無遠不及。顧偶未聞此法之弊而已。故臣輒敢冒昧以聞。伏望聖慈深照本末。特詔有司先將灾傷年分檢放倚閣苗稅數內所收經總制額盡依分數蠲除。然後別詔大臣深圖所以節用裕民之術。討論經總制錢合與不合立額比較之利病而罷行之。以幸天下。臣不勝大願。

禮部員外郎范成大上奏曰。臣伏見比者臣寮有請以福建等路有不舉子之風。乞支錢米以濟貧乏。陛下推天地好生之德。特從其請恩至渥矣。然其間尚有委曲。臣請續終其說。姑以臣前任處州言之。小民以山瘠地貧。生男稍多。便不肯舉。女則不問可知。村落間至無婦可娶。買於它州。計所夭殺。不知其幾。檢准紹興八年指揮。貧乏妊娠。支常平米四斗。十五年指揮改支常平米一石。又着令殺子之家父母鄰保與收生之人。皆徒刑編置。賞罰具着如此。而此風未殄者。蓋州縣以常平積欠。救過不暇。决不敢以此非時發倉。支賜既不復行。罪名亦不復問。臣伏覩去冬聖旨。將諸路常平義倉濫底折欠十七萬八千餘石盡行除放。若以此數救不舉之子。當活十七萬八千餘人。而典吏巨蠹陷失如此。陛下尚且置而不問。臣决知陛下無所惜於貧乏之家也。昔蘇軾知密州。盤量寬剩得數百石。專儲以養棄

果。是時初無常平給賜之令。使軾在今日。則推廣上恩當知何哉。臣愚欲望聖慈申飭諸路提舉司并州縣長吏有似此風俗之處。依累降指揮勸誘貧之如數支賜。又須申嚴法禁與之並行。并窮山僻縣常平義倉所管數少。不了支給。定成空文。乞令運司倣蘇軾遺意措置寬剩。量撥助之。每歲各具支過錢米。活過赤子數目奏聞。乎以滋與朝仁壽之福。將清厲靈長之休。而又得十年生聚之義。惟宸慈軫念。

成大為敷文閣待制四川置制使。又上奏曰。臣聞民惟邦本。本固邦寧。帝與王咸未有不得民而能立邦家之基也。得民有道。仁之而已。矜徭役。薄賦斂。蠲其疾苦而便安之。使民力有餘而其心油然知后德之撫我。則雖天不能使之變。而況蠻夷盜賊水旱之作。安能搖其本而輕動哉。此甚易知易行。而後之論治者往往過計。謂天下之大。

將人人而濟之。安得力而給諸。於是輕言功利。而重言道德。卒之道德不建而功利亦無聞焉。雖然。論治者皆以仁民為難。而臣今敢以為非難者。誠有得於聖主躬行之效。小臣將命實親見之者。請略詳其目。迺者四蜀酒估之患。人不聊生。陛下睿斷歲損錢五十萬以代之償。此令一下。五十餘郡驩呼祝聖者沸天隱地。旬日皆徧。士大夫舞手相慶。以謂吾蜀當有數十百年之安。臣於是知民之易德有如此者。又如關外和糴之困。詔旨下詢。有司未知所出。陛下睿斷先免階成和鳳一年之糴。與時歲雖大熟。不足輸官。淳熙三年。免糴令下。秋旱薄收。而四州粒米狼戾。免籍溢篋。排門求售。較之穰歲物價反平。濟臣行部過之。邊氓遮道踊躍。東向感恩。或至涕下。臣於是知民之易惠有如此者。恭惟聖主端委穆清之上。一動其念。加諸遠民。而萬里之外。歡息丕應。捷如影響。微臣不佞。愚心了然。見王道之易易

焉。孟子謂保民而王。易著折枝。而非挾山超海之難。不為過論。臣拳拳之誠。更願帝恩廣運。益加聖心。深詔內外執事。曉然知陛下仁民固本之指。凡吾民疾苦。悉以上聞。苟有可以惠利便安之者。易拿故常。臨以睿斷。使先天之下。至于海隅蒼生。罔有不被堯舜之澤。如是。則衆心成城。道德有成。推恩以保四海。天下可運諸掌矣。其何大欲之不濟哉。此陛下躬行之效。證於孟軻之言。非臣臆說。惟聖神財幸。

李椿通判廬州。未赴。召上奏曰。臣竊以國家天下譬之一身。朝廷腹心也。州縣四肢也。百姓膏血也。使膏血和暢。四肢康強。腹心寧靜。則身安可保矣。苟傷其膏血。瘁其四肢。而曰吾耳目腹心無恙。臣不信也。孟子有之曰。得天下有道。得其民。斯得天下矣。得其民有道。得其心。斯得民矣。仰惟陛下謹國知護元氣。愛民如愛赤子。今大農不參諸路之虛實。監司不卹州縣之匱乏。州縣不卹百姓之困窮。致百姓

心不服縣。縣心不服州。州心不服監司。實有以使然也。州縣常賦固有定數。非法科數。固有約束。諸州有合起月椿大軍錢。合椿窠名已自不足。又經總制許增不許虧。既曰無額上供。而復立額。州縣官兵諸路上司未嘗計度。此州所以心不服監司者也。州督財賦於縣。或立帳。或掛圖。或揭貼。具縣之合解色目。不復問其所自出。驅督嚴急。縣既被督。則亦巧作名色取之於民。民或有訴州縣。監司不得不公行。此縣所以心不服州者也。縣道唯財賦辦者為能吏。愷悌之政幾希。民之疾苦。誰復過而問焉。此百姓心不服縣者。天下皆是也。臣不敢覼縷以瀆聖聽。且以諸軍揀汰人論之。自累年諸軍揀汰使臣軍員。不知幾何人矣。添差分在諸州。月增費錢米。不審省部監司曾有取會其數奏陳計度者否。建議揀汰疾老者必曰。可以減省總領所支遣諸州不必卹此。誠建議者存心決非念陛下赤子者也。何異殘

其膏血四肢。自謂無恙者。安得卹民心之義哉。然則兵老不揀可乎。
百戰之士不存卹可乎。存卹老疾戰士。顧念無術。今揀汰使臣扶老
携幼。近者數百里。遠者數千里。道路飢困。狼狽之狀。見者憐之。所在
州軍關之。不得請受者十六七。既滿之後。赴部參選。拖以呈試格法
久之。有所授者。闕不下五七年。何以為待闕之資。不得差注者亦又
多矣。其所謂存卹。徒有其名。官司兩受其弊耳。已添差在諸州者。蓋
無如之何矣。臣愚欲望聖斷。令百官集議。自今諸軍揀汰人所以存
卹久遠可行之理。庶幾有功戰士被其實惠。州郡亦可支梧。不為小
補。

王質上奏曰。臣嘗論之。古之為吏者。無所忌於民。而為民者。無所忌
於吏。吏民不相忌。故其情通而氣協。情通則無乖阻。而氣協則無鬭
爭。古者郡邑之間。吏不猜民。民不疾吏。懽忻怡愉。如父子之相信。兄

弟之相愛。平時追呼號召。未嘗及於民之門。而鞭朴笞箠。亦未嘗切
於民之肌膚。間則出之阡陌。勞來相勸。以勉其耘耔蠶織之事。然其
色怡和而不厲。其辭委曲而不徑。若有以傷民之情者。故民之於吏。
依依切切。常有慕戀感悅之意。出力以供其衣食。雖甚勞而不辭。及
其無事之時。則又為補葺其宮室。以庶幾無虞於風雨鳥鼠之害。蓋
嘗讀詩而至七月之篇。則見其吏民之情相親。豈弟慈祥。無纖毫齟
齬扞格之態。故曰。三之日于耜。四之日舉趾。同我婦子。饁彼南畝。田
畯至喜。又曰。春日遲遲。采蘩祁祁。女心傷悲。其情亦可見矣。以為未
也。七月鳴鵙。八月載績。載玄載黃。我朱孔陽。為公子裳。四月秀葽。五
月鳴蜩。八月其穫。十月隕蘀。一之日于貉。取彼狐狸。為公子裘。績以
為已裳。而公子則以玄黃。貉以為已裘。而公子則當以狐狸。蓋其不
敢自愛其身而愛其吏也如此。當是時。為吏者優游泮渙。得以盡其

志。而為民者謹朴勤厚。得以安其生。雖有狼戾無親之人。咸有悅慕
而不肯疾視其上。蓋自秦高君設法以鬭吏民。而其情遂泮渙離散
而不可復合。而平居吏之視民。惴惴然如覩其仇讎。故吏得間。則肆
其怨以毒民。而民得間。則泄其憤以毒吏。蓋嘗思之。至於秦皇二世
之際。郡縣之吏。屠人之父。戕人之子。暴虐慘酷。假天子之法令以濟
其凶。及夫劉項勝廣之變。則紛然剸刃於郡縣之吏者。不可勝數。蓋
其勢之相激。不得不然者。故臣以為吏民不可使相忌。忌則爭。爭則
必至於交讎而不可止。而後之於天下者。不能探其爭之之心。而反
校以爭之之具。以逐其鬭。其初欲制奸吏。而不知其弊。或至於長奸
吏。奸吏未必可制。而良吏先受病矣。今夫民之訟良吏者。使其誠無
辜而濫罪。則不得不自伸其冤。誠過制而橫斂。則不得不自訴其抑。
然其間或啗童僕以伺其陰。或結胥吏以制其失。或陽與之往來而

餽遺。它日則持之以為不法。雖狡猾者。未有不墜其計也。此其端生
於豪强兼并之家。恃勢以暴民。挾私以屈法。多不便於能吏。是故必
欲撼法搜求而使之去。且今之為郡縣之吏者。蓋亦甚難矣。監司不
卹郡縣。故嘗有不時之須。稍緩則紛紜。逼切則責急星火。權要
不卹郡縣。故嘗有難應之求。稍不如所欲。則怒罵陵拂。以至於侵漁搖
撼以快其志。而又加之兼并豪强之民。持其短長。以逞其詐。以肆其
橫。殆非所以保護能吏也。嗟夫。郡縣之間。烏能事事盡善。而人人無
失哉。臣愚以謂非有大奸大惡。一號令之不審。一措置之失當。不甚
害民而蠹國者。則包涵掩覆。有以略其過。責其效。而盡其才。使豪民
不至於縱其奸。而能吏不至於沮其志。如是。則歲月而吏民之爭庶
乎其可息也。

中書舍人崔敦詩論州郡掊克號口。臣仰惟陛下聖謨廣大。膺畀英

明。雖非淺識所可窺測。然有愚誠庶幾裨益。竊惟國家閒暇之日。正
是愛養基本之時。譬之養身。若平居保固氣力。使之渾厚。則臨事可
以支疲羸。辟之植木。若常時培壅本根。使之牢固。則一旦可以待風
雨。此蓋理之自然。事之必至者也。臣竊觀當今州縣之吏。頗成掊克
之風。雖皆以添羨為正。增多為言。乃實以干寵取民聚斂為事。不能
體國。但務取民。徒見强濟之吏。因而得名者固多。不知奸貪之夫。藉
以遂私者不少。不加痛革。浸累至仁。臣今畧具三事下項。
一。籍沒家財。固有成法。近來州縣利其所入。遂有殊異之人。妄亂
指陳。以投其意。或稱為强盜窩藏。或稱非嫡嗣戶絕。或侵折場
務之本。或負大豪强之財。不問何如。便皆拘籍。朝為富室。暮為
窮民。且人之得罪。豈能無冤。資財既為官司之破除。田產亦為
勢力之賤售。後雖辨雪。難復再還。縱使多詞。終成無益。子孫窮

困骨肉散亡。干陰陽之和。害忠厚之政。臣愚欲望睿旨。今後雖
於法令合行籍沒。除已結正罪犯施行外。所有籍沒一節。具申
提刑司看詳施行。仍俟一年外。方許支用。其田產許收利入。亦
俟限滿方許出賣。
一。科罰之禁。前後具明。近來州縣乃出巧謀。其有富室豪家儒子
弱弟。既捃拾以負犯。遂恐嚇以刑名。除令有司開道所欲。或倉
庫城隍之未備。或舍館學校之未全。逼使繕修。悉令出備。類多
竭產。僅得陪償。實出脅持。俾稱情願。破上戶為下戶。壞富民為
貧民。何嘗朝廷一毫擾民。皆是州縣倚法以削。臣愚欲望睿旨。
今後州縣不許因事逼勒出備脩造等事。許被苦人越訴。將違
戾官吏重作施行。
一。受納之弊。今日已極。徒緣費用之廣。須資賦入之贏。縱有寬容

寧無藝極。今乃年年增長。第第加添。不卹過多。悉期取足。所差受
納差官之際。須利害切己之人。或資考已足。許以薦員。或祿廩
素微。啖之厚利。惟知極力。豈復顧民。既是須求。又歡出剩。且州
既明取其贏以供州。縣又明取其贏以供縣。茲猶為可。復有不
然。主乃贓吏作邑。貪夫主藏。同謀一心。作弊百計。裝綱運則可
以多支。而私收於出饒。變圭租則可以多糴。而傾入於私家。是
以公私規圖。上下尅剝。合入米一石。今有至二石而可輸。合用
錢一文。或有至兩文而未已。更遲以谷。將又如何。況今年歲豐
登。穀米狼戾。一畝之入。不給官輸。終歲之勤。尚乖一飽。不加措
置。重困農民。臣愚欲望睿旨。今後州縣受納。並從轉運司將逐
州交互差官。仍命所差官依常加耗受納。如有過數重取。從轉
運司覺察按劾。許人戶越訴。其不覺察官司。一例重作施行。

敦詩又論蠲放丁錢米夏稅疏曰。恭惟陛下勵精政治。仁愛黎元。近
者嘗有指揮。議蠲月樁。或折帛錢。博謀近臣。未有定論。致陛下深仁
厚澤。未即下流。臣嘗究其說。主月樁者則曰月樁出於州縣。寬州縣
則是寬百姓。然月樁名色。實為不一。其間亦多州縣合取以供經常
固非盡是橫斂于民。其有常入不足。始為一切之計。違法經畫。求足
其額。此乃不可盡見。今一舉而蠲之。此利悉歸州縣。使州縣守令一
一得人。固不患不以寬民。然而州縣亦安能一一而君之。其間秉其
寬裕。濟其奸私。貪者卷以自歸。侈者殖以自豐。其黠者則或苞苴飾
廚傳。以作聲譽。何有惠利及於吾民哉。此議者又謂月樁之不可蠲
也。主折帛者則曰和買之不予錢。已非其舊。今復命折帛。夏稅之輸
絹。固其所有。今乃命輸錢。此名不正言不順。民共苦之。其來已久。今
稍蠲年歲。誠足以紓困窮之民。然州縣依法科敷折帛。止及上中等

戶間有追法科至下戶者亦少。雖所在不齊。難以槩論。儻一槩而蠲之。則誠慮上中等戶僥倖寬恩。而下戶未盡蒙利。此議者又謂折帛之不可蠲也。臣嘗謂土地不同。議論隨異。昔熙豐間。議役法者不一。大率吳蜀之民以雇役為便。秦晉之民以差役為宜。是時諸臣不能周知四方風俗。各執所見。迭為勝負。今議月樁折帛。其意亦然。仕江西者親見月樁之害民。故以月樁為可蠲。仕江東兩浙者親見折帛之害民。故以折帛為可罷。然終非齊一之論也。臣竊謂陛下天地父母之心。愛養基本。此心之發。止欲寬民爾。然寬民之道。寬小民為上。壅水以起橫堤之魚。不若輸之涸澤以活無窮之鱗。投食以飼卧道之虎。不若散之窮林以飽無數之羽。是啓寬小民則所捐者少。所利者衆。臣竊見諸路身丁錢米及第四第五等人戶夏稅皆取之小民者也。臣欲望睿慈斷自宸衷。取見諸路身丁錢米及第四等或止第五等人戶合納夏稅酌量蠲放。此不待考核。不須詢訪。詔旨一行。惠利便及。徑截明快。無復可議。難者或曰。如一戶有身丁錢米。又蠲夏稅。却有無身丁錢米處。止蠲夏稅。良為未均。臣謂如一戶有身丁錢米。又有夏稅。許從一多蠲放。有何不可乎。難者又曰。夏稅放至第四等。或止放第五等。以為利及小民。然今有別置戶名。分寄田產。詭為第四等第五等者。未必盡皆小民也。臣謂國家布惠施仁。大為之限。若須一一推究極盡。殆至不行。今就使詭為下戶者。不能無之。要是及於小民者多矣。豈不愈於蠲月樁。則利專於公家。蠲折帛。則幸止於上中戶乎。臣竊以國家久安。邊鄙寧謐。譬如養生。寒暑未侵。正當謹愛於眞元。又如養木。風雨未至。尤宜培固於根本。是以臣每念恩榮之報。多陳惠利之言。雖近常談。實為切務。今識見陛下仁心德意。廣大宏遠。欲卓然施非常之恩。而遲徊既久。未見布宣。是以敢不自

揆。罄竭所聞。伏乞睿慈併下臣章付三省參議施行。

翰林學士承旨洪遵乞放免崑山縣隱戶田賦劄子曰。臣恭仰陛下以文武剛明之姿。中興大業。號令之下。無非以元元為念。四方萬里。涵泳聖德。至深至渥。臣竊見平江府管下崑山縣苗米六千五百石有畸。頃緣經界。逃民隱戶之田。皆籍以為數。自茲迄今。積十九年。監司省部前後差官覈實。舉知其弊。因仍未之革。人以為病。重惟陛下慈仁為治。下之疾苦。唯恐不聞。聞而行之。唯恐不及。況朝廷經費。固不以數千斛為輕重。凡此虛數。歲無斗升之獲。奸吏因緣。又移督促。其害不可勝言。欲乞聖裁特為減免。以惠一方。若或下之中書。中書行之戶部。不過看詳而已。則民瘼未易除去。伏望睿慈亟賜施行。免致重困吾民。而實惠溥博。誠非小補。

楊萬里上民政劄曰。臣聞民者國之命。而吏之仇也。吏者君之喜。而國之憂也。天下之所以存亡。國祚之所以長短。出於此而已矣。且吏何惡於民而仇之也。非仇民也。不仇民。則大者無功。而其次有罪。罪懸之於後。功啗之於前。雖欲不與民為仇。不可得也。是故一政之出。上有意而未決。則吏贊之。上有命而未行。則吏先之。吏所以贊上之決而先上之行者。非贊其便民者也。贊其不便於民者爾。曷為不贊其便民而贊其不便於民者耶。贊其便民者無功。而贊其不便於民者則有功也。是故政之不便於民者。未必皆上之過也。朝廷將額外而取一金。以問於某土之守臣。必曰可也。民曰不可。不以聞矣。不惟不以聞也。從而欺其上曰。民皆樂輸。又從而矜其功曰。不擾而集。上賦其民以一。則吏因以賦其十。上賦其民以十。則吏因以賦其百。朝廷喜甚善。而不知有破家鬻子之民。賞其功。而不知有餧食吏肉之民。吏之肉不足食也。功歸於臣。怨歸於君。利於國者小。害於國者大。

此可悼爾。古之人君所以漸致於民散國亡而不悟者。皆吏誤之。蓋夫賦重而民怨。此奸雄斂國之資也。可不懼哉。唐趙贊為一切聚斂之策。德宗盡用之。及涇卒之變。都民散走。而賊大呼曰。汝曹勿恐。不奪汝商貨僦質矣。不稅汝間架陌錢矣。德宗亦聞此也乎。奉天之圍。危於一髮。而猶庇趙贊若愛子。然夫愛一趙贊而不愛社稷之重。忍於圍逼之辱。而不忍於誅聚斂之臣。其入人之深如此。至於反國。可以戒矣。然趙光奇訴之以和糴害民則不信。蘇弁歎之以官市利民則信焉。且夫朝廷之政。雖聖人豈能盡善。惟其思以出之。詢以審之。見不可而更之。斯聖人而已矣。何德宗之難悟也。國家軍旅再動。蓋有不得已而取之於民者。然譬之張琴。動則急之。靜則緩之。蓋動必有靜。靜之則其動必調。急必有緩。緩之則其急不絕。以動繼動以急增急。則雖以黃帝五十絃之琴。亦無全絃矣。聞之道路。往歲郴寇之

作。亦守臣和糴行之不善之所致也。嘗有以告陛下者乎。天下皆知朝廷有意罷此等之役矣。雖然。臣嘗有聞焉。江西之郡。蓋有甲郡以絹非土產而言於朝。乞市之於乙郡者。此何謂也。民所最病者與官為市也。始乎為市。終乎抑配。是以聖人謹其始也。今乙郡之諸邑已有論稅之高下而科之者矣。無一錢償民也。民之不預者。嘗且治之。名為貸責於正租。實為鄰郡之橫斂。且有所謂和買者。已例為正租矣。又有所謂淮衣者。亦例為正租矣。今又求鄰郡之絹。是三者之絹與正租之絹為四倍而取之矣。民何以堪。而吏不以聞。惟朝廷亟罷之。庶不為斯民不拔之痼根也。且無使民言曰。此絹自陛下始。若曰其如甲郡軍士之寒何。然則前乎此者。士皆冬而不衣耶。且甲郡欲市乙郡之絹。倚不遣吏私市之。何必假朝命而官市之哉。此必有奸焉。甲郡則出大農之錢。且書之曰。某日出某錢以市某郡之絹也。然

某錢不及乙郡之民也。此必有私之者矣。民何從而訴哉。蓋民訴於朝廷。朝廷下之於州縣。州縣執所訴者宮之以誣其服。又呼其民強使之書於紙曰。官有錢償我矣。州縣以訴者之所服與民之所書而復於朝廷。無以詰也。罰一懲百。誰敢復言者。民有飲恨而已矣。晉女叔齊曰。何必瘠魯以肥杞。睢天子在上。而有司不平如此。

萬里又上疏曰。臣聞聖人之於天下。惟其有所甚疑。是故有所不疑。天下幾路。一路幾州。一州幾邑。而聖人以一身臨乎其上。以百吏分乎其下。夫所謂守令者。豈郡龔黃而縣卓魯者耶。聖人者將遂以為吏皆能愛吾赤子。而吾民皆無疾苦愁嗟者耶。欲不疑而不得也。聖人則有所不疑者矣。蓋人不可以盡信。亦不可以盡不信。盡信則天下之奸有所蔽。盡不信則天下之人皆無可寄者。聖人者。擇天下之有可寄。以察天下之有所蔽。是故深居九重。而見民之肥瘠於四海

之外。優游岩廊。而聞民之歎哭於大山長谷之間。唐虞之牧。西京之部刺史。唐之十道使。今之提轉刺舉之監司。皆天子之所寄以不疑者。雖然。今之監司疑則不疑矣。無乃太不疑耶。臣聞之先儒蘇軾曰。養貓以去鼠。不可以無鼠而養不捕之貓。養犬以防奸。不可以無奸而養不吠之犬。夫不捕不吠之貓犬。不過無功而已。未有大害也。然已在所不養。今則不然。貓與鼠同乳。而犬與盜搖尾矣。欲望其止於不捕不吠。而不可得也。朝廷亦嘗留意乎。蓋監司之於州縣有所不敢問。有所不暇問。有所不復問。某郡之守。嘗為侍從也。則監司幸其復為侍從而有所求。某郡之守。嘗為臺諫也。則監司懼其復為臺諫而有所擊。至於縣令之與在朝某官有姻有舊者。皆不敢問。民訴某守。則執其人。封其辭。以送某守。民訴某令。則下其牒。以與某令。是為守令報讎也。守令從而甘心焉。後亦究者矣。誰敢自言。此之謂不敢

問朝廷舊歲免和糴而江西之州有因秋租而每斛敷和糴十之二者朝廷罷兵再歲而旧歲江西之縣有督馬穀如星火者大旱不糴而不末賦飢民流徙而不知恤監司視之亦如秦越也此之謂不暇問郡縣之胥憑守令之寵以暴吾民民訴之者若扳山然蓋監司既庇其守令則併庇其胥此之謂不復問朝廷以監司為可信安知其不可信聖人之為天下未使民有所怨而不洩則其怨有當之者怨而不洩者惟無發也一發則必極於大亂而不可止君相之於監司盡亦如唐開元之精擇採訪使而又專責臺諫以督察之歲取其功罪之尤者明著之以示天下而不次陞黜一二人焉以聳其懦臺諫急則監司警監司警則郡縣肅庶幾民怨之少洩不至於一旦如潰洪河決蟻壞也

蔡戡乞戒諭守令恤民疏曰臣觀周官大司徒之職以保息六養萬民曰恤貧曰安富夫單產貧民固在矜恤富家大室猶欲全安之者蓋君民相通富藏於民故也今州縣之間一歲所入可自供一歲之費苟能吝出納謹閑藏察奸弊何至匱闕庸繆者既失於理財能者又急於生財理財之政不脩則用度乏生財之說一行則民力弊故大則搏噬富家小則漁獵細民以此為能更相傳授恬不為怪富家大室一麗於法喜動顏色如得奇貨詞所連染追逮係累搜摘隱微強伏其罪輕者出金以贖動輒千緡重者詆以深文籍其貲產或幸免於死不復興詞或已破其家無力控訴為守令者方且自謂得計比年以來所在富家大室衰替無幾職此之由縣令又以催科為名侵擾下戶常賦既足猶以為逋一吏持片紙列戶數十皆斗升尺寸之餘比屋誅求殆無遺者蓋一履公門其費數倍罪責且及人以所取微細惟命是承一歲之中或至于再積其所入蓋亦不貲以至受納加耗率二石而可足一石科買物色直千金而僅支百金追倍詔書催理已蠲之租違戾法令預借併求之賦日朘月削富者反貧貧者愈困斯民愁恨歎息有不忍聞夫聚財斂怨以供上之求以給縣官之費猶且不可而況餉尉傳事苞苴興無益之工縱無厭之欲貧者或席卷而歸郡守縣令所望於承流宣化愛養元元乃反為民害如此而謂之能得乎夫所貴於能者以其有非常之用而賦不益也辦難能之事而人不知儻以聚斂為能人孰不能哉今之所謂能吏古之所謂民賊也可不痛戒而深懲之乎欲望聖慈因郡守陛辭丁寧訓諭使之布宣德意以恤民為先仍詔諸路監司常切體察苟有違戾許之越訴重寘典憲如是則陛下赤子得安田里而家給人足之風可以馴致

蔡戡又論擾民四事疏曰臣聞昔者趙簡子使尹鐸為晉陽請曰以為繭絲乎抑為保鄣乎簡子曰保鄣哉尹鐸損其戶數若鐸者可謂知所本矣蓋邦以民為本本固則邦寧善治之君不求所以保邦之術而盡吾所以恤民之道未有民不寧而邦寧者也横賦重斂剝其肌膚殫其膏血民力弊矣其如邦何況陛下欲恢圖中原東南根本之地尤當愛恤民力常賦之外未宜以毫髮擾之比年以來擾民之事蓋非一端夫造甲所以備戎器也要當優給其費少寬其期不唯工役暇裕自然製作堅好今也日課一甲何乃急迫如是況一甲之費大約五十千而縣官所給止十五千則州郡日費三十五千以歲計之為錢一萬二千六百緡大郡事力尚可支持兩淮彫弊之郡川廣淺陋之邦何所從出不過州責之縣縣科之民又況程限督促甚於星火或有愆期追逮繫棰掠繼之民安得不困乎此造甲之擾一也夫和糴所以備先具也要當官自為場視時直之高下而稍增之

痛戢吏胥侵漁之奸。則人將負擔而至矣。今也量立價直。半以楮幣。州郡知其不相若也。於是並緣為奸次第而敷之民。下人之家。輸賦償逋之餘。蓋亦無幾。欲為卒歲之計。乃盡取之貧者。剔屋起債轉糴以輸。不酬其直。不恤其有無。名曰和糴。其實強取。民安得不困乎。此和糴之擾二也。瀕江沙田。所產微細。自來人戶以為己業。輸納稅錢一昨朝廷委官根括盡行起租。比之鄉者之數。不啻數倍。富家破壞尚產不足以償。貧者唯有流徙而已。陛下灼知其弊。嘗因肆赦。俾民自陳。如其已業。即以還之。州縣觀望。違議之詔往往沮格不行。民無所訴。此沙田之擾三也。沿江十郡。拘籍鄉民教閱。遠者來自數百里。近者百里。留滯數月。妨廢農務。而人置軍裝造兵器。房賃屝屨之資。動費百千。類多少年不逞之輩。乘時詐取父兄財物。嬉遊城市。數月而去。一旦緩急。必不為用。無補於事。徒傷民力。此鄉兵之擾四也。以

至州縣不時之須無名之歛不可悉數。水旱流離之餘。何堪以此重擾乎。今堯舜在上。而恩澤不得下浹。民情不得上達。由功利之臣。征求不已。偷惰之吏。奉行不虔故也。欲望陛下愛惜民力以固根本。發德音下明詔。戒飭州縣之吏。使之上體陛下德意。以愛養斯民為先。造甲米辦者。少寬其期。和糴未足者。多與之直。沙田則漸行起租。鄉兵則權罷教閱。凡有擾民之事。曰求而去之。東南之民。得以息肩。根本既固。陛下一意外攘。庶幾無南顧之憂。

集英殿脩撰帥福建趙汝愚論福州便民事疏曰。準淳熙重脩令諸守臣到任及半年以上。具的實民間利病。或邊防事件。須至奏聞者。

一。契勘本州元有西湖在城西三里。逶迤並城。南流接大壕。通南湖。瀦蓄水澤。灌溉民田。事載閩中記甚詳。父老相傳。舊時湖周回十數里。天時旱暵。則發其所聚。高田無乾涸之憂。時雨泛漲。則泄而歸浦。卑田無渰浸之患。民不知旱澇而長享豐年之利。後來人戶資緣請射歲納些小課利。謂之池戶。官中但見其絲毫之入。而不知其民戶永遠之害。歲月浸久。填淤殆盡。各立封畛以為己物。或塞為魚塘。或築成園圃。甚至於違法立券相售如祖業。然西湖南湖不復相通。而古人積水利民之地。盡為豪民猾戶所有。雖有潮水不住往來。而上下阻隔。無由通濟。臣照得本州地狹人貧。全仰歲事豐登。田疇廣殖。小有荒歉。難以支吾。況此並湖彌望盡是負郭良田。自從水源障塞之後。稍遇旱乾。則西北一帶高田凡數萬畝。皆無從得水。至春夏之交。積雨霖淫。則東南一帶低田發泄遲滯。皆成巨浸。致使一方人戶白納稅租。而所謂池戶者。公然坐享重利。第以圭撮償官。其為利害大不相侔矣。今來若不申明朝廷。誠恐向後轉見湮廢。難以興復。

並湖之民。永被其害。欲乞聖慈特降旨揮。行下本州告示有田之家。許於農事之隙。稍循舊跡開浚。今附城為壕。上下流注。雖未能盡復古來丈尺。庶幾西湖與南湖通接。負郭之田。盡沾水利。而長享有年之效。兼照得本州舊無放生池。如蒙朝廷許從今來所請。仍乞將上件西湖至南湖一帶盡充本州放生池。禁止採捕。仰祝兩宮無疆之壽。其每歲不過捐本州公使庫所入池戶花利錢數百緡。而為一方人戶無窮之利。且與戶部諸司錢物全不相妨。無損於公。有濟於私。誠非小補。

一。竊見比年瀕海去處。間多盜賊。臣嘗推究其原。皆緣州縣官吏相承。趣辦財賦。不復究心寬卹細民。致彼衣食不充。冒法輕生。無所不至。臣照得本州管下場務稅額重處。福清縣有海口鎮務。長溪縣有黃崎鎮務。二鎮皆僻在海隅。數十年前。人煙繁盛

舟船湊集。故二鎮稅額不勞而辦。自海口鎮爲海賊劉巨興焚爇之後。居人星散。市井蕭條。而黃崎鎮尤踈迂僻。民物皆非其舊。然而二鎮稅額尚存。無緣登足。臣因考究簿書見二鎮比年收趂本州及諸司錢數類皆不及元額。然其督責追呼無時無之。夫以昔時商賈之盛。則凡所稅者皆當稅之物。民力尚可堪耐。今以蕭條焚爇之餘。而欲辦往時之稅。彼若不肆意一切誅取。何以逭一時之責。臣歷詢海濱之地。皆前臨大壑。背負高崖。土多斥鹵。難於種藝。惟藉魚鹽採捕以爲生業。今二鎮官吏以上司督責之切。故誅取例在此曹。凡日用瑣碎。譏察殆盡。此曹平時寃憤無告。一旦偶有桀黠者出而號召之。則彊力者皆盜賊。其弱而無能者皆耳目也。且如今春海賊吳郎嘯聚成黨。凡沿海捕盜官司。莫或遑處。羸糧費帑。

惟恐之興。令若不窒其源。它時意外生事。課其所費與稅額所得孰多孰寡。臣今欲乞將海口黃崎二鎮稅自淳熙五年至九年凡五年所收到課利。酌中立爲定額。免致過有追呼責辦。然後從本州嚴行約束。開具曉示。不令搔擾。庶幾海濱細民。稍獲安業。儻不爲蠲減舊額。而虛行檢束之令。亦恐徒爲文具。無以取信於民。如蒙聖慈矜允。即乞行下本州與諸司通議。不惟細民仰沾聖惠。而區區徙薪曲突之策。庶有取焉。

汝愚乞告戒監司郡守求裕民之術疏曰。臣仰惟陛下臨御以來甚重刺史縣令之選。凡所以加惠元元爲國家深長之計。非獨使之邀游於一時也。比歲州縣之間。調度滋廣。爲吏者不能仰體陛下選任之意。且汲汲焉惟以巧取橫斂爲事。年增歲益。名數非一。至於民之休戚利病。則一切視爲不急之務。雖一旦之訟有積十數歲而不決者。問其故。則曰。方治財賦。奚暇它事。爲監司郡守者亦曰。彼郡彼邑財賦既辦。尚何求哉。上下相師。恬不爲怪。然則陛下何賴焉。生民何望焉。孟子曰。善政得民財。善教得民心。又曰。無政事則財用不足。信斯言也。其爲本末先後之序。蓋必有道矣。臣愚欲望陛下特降詔書丁寧告戒諸道監司郡守。俾各勤求所以裕民之術。具奏來上。陛下擇其可者次第行之。申飭刺史縣令有不以詔書從事者必罰無赦。庶幾疲俗可甦。和氣可召。天下幸甚。

汝愚又乞免除拆居民屋宇疏曰。臣去歲蒙恩賜對。嘗論君人之道惟務廣恩。人臣之義。以勞任事。是時頗蒙陛下開納。其後都城內外相繼有拆屋事。人情擾擾。然在當時百姓皆知秪是吳淵韓彥質所爲。及韓彥質移知平江。所至人情感悅。意謂朝廷灼知其害。不復更議除拆。今五閱月矣。若因臨安府陳乞展限。朝廷明降指揮更與展兩月限。雖自陛下寬恩。然自此行下本府。便須徧行曉諭。道路相傳。數郡之民。不無搖動。恐非朝廷事體。深爲未便。臣愚伏望聖慈特與收還成命。當此青黃未接之際。惟以慰安人情。此實國家中興之本。若夫除道路。治橋梁。蓋是有司之職。異時因事爲之。固未爲晚。臣一介孤遠。仰蒙陛下深知。惟思補報。苟懷所見。不敢不盡。惟陛下裁察幸甚幸甚。

汝愚又乞置總首統轄金洋州歸正人疏曰。臣近據通判遂寧府張亨劄子。稱金州上津縣管下鄉村有忠義歸正人戶。散漫居止。昨來朝廷以其忠義來歸。給撥官田佃種。各令養贍其家。若夏秋豐稔可以養生。即自安業。稍有飢饉。便致流亡。蓋緣無人爲之總統。或有飢貧失所各去州縣遙遠。何由伸訴。乞從本司行下本縣。敕請內有信義衆所推服之人數名為之總首。當官勸諭。因令來賑濟之際。各將諸村人戶姓名注上去處。以地里遠近。合係某人為總首。如各處人戶遇有荒歉貧乏不給之家。并有合伸訴事件。即仰就本總首陳訴。即自本總首具申州縣。優加存恤。不令失所。候將來取見合充忠義總首人數。乞從本司先次支給犒設一次。併令本州按月量與支破食錢。庶幾人肯盡心統轄。所有洋州真符縣。乞準此勸諭。如或可行。乞行下兩州施行。臣詢訪得金州上津縣洋州真符縣。多有歸正人在兩縣管下近邊去處散漫居止。緣所居處乃古商於之地。其地險遠。其土荒瘠。設遇兩暘時順。所收已自不多。小有水旱之災。其人便覺狼狽。又緣邊頭去州縣絕遠。百姓始與官吏相忘。下情無以上通。上恩不得下逮。或有飢饉。便自流移。去就之間。事關利害。臣今據張亨前項劄子所陳利害頗合事宜。兼臣照得張亨亦是北來歸正

之人。久在金州居住。熟知彼中人情事體。又其人忠信慤實。臨事審詳。臣見委本官前去兩州點檢賑濟事。臣因就委本官同兩州守臣相度措置。候到。別具奏聞外。伏望聖慈特賜處分。如以其言可採。伏乞指揮行下本司以憑施行。

汝愚為江西轉運判官上疏曰。臣昨陛辭日。親奉處分。命臣到江西日。講究裕民事件。候到任半年後奏來。兼看民力比之紹興三十二年以前如何。臣恭聞聖訓。不勝震懼。深惟綿薄。顧無以仰承慮意。夙夜惟念。畢竭愚慮。竊謂自昔堯舜三代。歷秦漢魏晉隋唐以迄于今。其間所遇之主。昏明愚聖雖各不同。要之未有得民心而弗永厥世。不得民心而能享國長久者也。我國家列聖相承。所以固結人心者至深至厚。故上天眷命。篤生聖主。日孳孳然咨訪民瘼。惟恐不至。顧如臣輩一介微陋。猶丁寧訓戒。俾得自竭。況道憲名位踰臣數等者乎。

臣深自慶幸。以為我宋億萬年之基業。實積於陛下宸衷方寸之地。是為宗社之福。天下生靈之幸也。況臣職有守。其或效消塵之助者。臣敢不畢死以聞。臣伏自到任以來。不住詢訪民間利害。及令來巡歷所至有可以寬裕民力者。本司隨事斟酌輕重次第罷行。獨有諸縣措置月樁錢物。其間名色類多違法。最為一方細民之害。臣試舉其大者。則有曰麴引錢。曰納醋錢。賣紙錢。戶長甲帖錢。保正牌限錢。折納牛皮筋角錢。兩訟不勝。則有罰錢。既勝。則令納歡喜錢。殊名異目。在處非一。臣嘗詢究蓋已累經朝廷指揮及前後監司約束住罷矣。大抵類能力制於一時。而不能保無於後日。其弊正如鼠穴。左固則右逸也。至詰其所從出入。則首以月樁無科名循例措置為辭。甚者奸贓之吏。又並緣掊刻以濟其私。預於簿書之間。陰為抵讕之計。有司熟視。不可稽考。其間設有能自植立整齊紀綱者。則往往窘

於調度。拘攣牽制。困不得逞。其豪宗大姓。因得持是數者挾持官吏。以漁獵細民。流弊萬端。不可殫述。其原則始於月樁太重而已。臣不勝憤懣。因盡考諸縣月樁出納之數。及其初科降之目。與夫先後因革之制觀之。其始蓋緣江淮用兵。供億數萬。朝廷深恐一時之事。遽令本路計月樁辦大軍錢物。而月樁之名始立。然其時降到旁通式內。猶許先取無額經制錢。不足。方取上供錢。又不足。則取諸司封樁錢。其後又增置贍軍七分酒息錢。其餘不以有無拘礙錢物。皆許移用。甚至急闕。則朝廷以所支降茶引度牒之類以濟之。是時兵火之初。所在皆有餘積。公私未告病也。今諸司封樁固不得用。而無額經制錢。州縣皆有定額。不盡分隸月樁。此外所存名目。惟上供錢及七分酒息錢二種而已。其餘蓋盡以取足於州縣也。況未比年以來。州縣用度日廣。財賦日蹙。所以予之者歲益加少。謂如諸州科撥二稅與諸縣贍用之類。

而取之者歲益加多。謂如增收頭子錢、籴場合零、閏月坊場錢之類。非作法以取諸民，則何以哉。臣嘗略計本路月樁之數，每歲爲緡錢七十萬，而格外所入者半之。雖其間亦有傳致文法者，大抵法外之斂，什常三四也。今朝廷縱未能大有蠲除，以盡掃宿弊，臣謂宜令有司擇其間最重者稍振恤之。且袁與筠接壤也，其地望同，其賦入同，而月樁輕重不齊，至於五倍。筠一州三縣，歲額之數，曾不及袁之一邑之多也。故袁之麴引錢歲取於民者爲緡三萬，而沿納旁取之數不與焉。今夫天子明聖，憂民如此，而民之困於征斂如彼，故臣以謂陛下不聞則已，誠使陛下聞之，蓋如赤子匍匐將入井之時，其必惻然動於中矣。臣伏觀陛下即位以來，焦勞勤儉，雖乘輿服御，未嘗有毫髮妄費，至於減租蠲賦之令，爲民而下者，蓋前後相望也。即位之六年，減福建鹽課爲緡錢數十萬；七年，減折帛之半爲緡錢三百餘萬；十四年，減四川酒課

重額爲緡錢四十七萬，以至減饒之天申金、徽之上供紬，臣所不知者，又不知其幾千萬也。顧江西十一郡之民，生齒數百萬，獨以月樁大故，重困如此，是豈陛下愛民之本意哉。臣愚伏望聖慈特賜詳酌，行下本路，取見諸州軍縣月樁最重去處，隨其事力輕重量與蠲減，然後重禁官吏之妄取橫斂者，將一二人重置于法，以厲其餘，孰敢不退聽也。是誠拔本塞源之計，惟陛下斷自宸衷，指揮施行，幸甚幸甚。

歷代名臣奏議卷之一百八

歷代名臣奏議卷之一百九

仁民

宋光宗時，吏部員外郎陳傅良初對劄子曰：臣恭惟藝祖受命，平定海內，凡所以創業垂統，莫非可傳之法。而深仁厚澤，垂裕後人，則專以愛惜民力爲本。臣案故牘，自建隆至景德四十五年，南征北伐，未嘗無事，而金銀錢帛粮草雜物七千一百四十八萬計，在州郡不會，古所謂富藏天下，何以尚此。當其時，諸道上供隨所輸送，初無定額，留州錢物，雖盡曰係省，而非取之也。蓋至大中祥符元年，三司始奏立諸道上供歲額，以此承平百年，家給人足，傳序九帝，天下常多故矣，而民心不離，迄用中興，則以祖宗之澤在人深厚故也。臣常惟念藝祖以得民心受天命，比隆三代矣。然而以天下遜，不私諸子，纔一再傳，而萬世不

祧之宗，僅同支庶，則是在天之靈未享其報。高宗遭變，深探其本，由是推正統之心，納至公之說，而大命復集于壽皇聖帝，美壹陛下，豈非天哉。且天之報藝祖者如此，而陛下以睿聖之資，寬仁之德，誕膺天眷，方當繼體之始，伏惟貴念高宗推本之意，欽承壽皇付託之訓，以推行藝祖在人未泯之澤，爲萬世無疆之休。今其時也，臣不勝至願。

蔡戡論州縣科擾之弊疏曰：臣聞民爲邦本，本固邦寧，自古爲國者，欲固邦本，先結人心；欲結人心，先寬民力；欲寬民力，先擇守令。非其人，則主澤不能下流，人情無由上達，民力困，則人心離，人心離，則邦本危矣。臣少歷州縣，濫蒙朝廷任使，六持使節，再總軍儲，足跡所歷幾遍東南，求守令之循良者不可多得。能者以一切之政趣辦目前，賢者不得行其志，救過逃戾而已。推

原厥自。蓋由版曹督責漕司。漕司督責州郡。州郡不恤縣道。縣
道不恤百姓。上下相迫。前後相仍。習以為常。恬不為怪。民力之
困。至此極矣。可不改弦易轍而拯救之耶。臣請詳言其故。且二
稅古也。今二稅之內。有所謂暗耗。有所謂漕計。有所謂州用。有
所謂斛面。二稅之外。有所謂和買。有所謂折帛。有所謂義倉。有
所謂役錢。有所謂身丁布子錢。此上下之通知也。於二者之中。
又有折變。又有水腳。又有糜費。有隔年而預借者。有重價而折
錢者。其賦斂煩重。可謂數倍於古矣。然猶未也。有所謂月椿。有
所謂鹽產。有所謂茶租。有所謂上供銀。有所謂乾酒錢。有所謂
醋息錢。又有所謂科罰錢。其色不一。其名不同。各隨所在有之。
不能盡舉。為保正者。科買土產。科買竹木。巡尉下鄉。則預備酒
食。居民被盜。則先納賞錢。應期限則有繳引錢。違限期則有罰

醋錢。以至脩造公廨巡鋪橋梁驛舍。一切取辦。故中人之家。無
不剔屋破產以充役。為稅長者。逃絕稅則令代納。坍江稅則令
代納。產去稅存無所從出者。又令代納。異縣它鄉不能追逮者
又令代納。已納在官者。不可復得。見欠人戶。則不為理還。故單
產之民。無不典妻賣子以免罪。如此。民力安得不重困乎。又有
催科之擾。州差典級下縣。甚則州差州官。縣差縣官下鄉。甚則知
縣親往。吏卒所至。需索百出。鞭笞縲紲動輒數十人。所欠多係
升合尺寸之餘。未納者不免於倍輸。已納者又從而再納。往往
無有獲免。為守令者。但知以催科為急。無復一分愛民之心。所
以堯舜在上而恩澤不得以下流者。正以此爾。恭惟陛下。嗣守
大寶。遵奉慈訓。凡發政施仁。無非以愛民為先。真堯舜之用心
也。陛下裁損經總制錢。而所損者無額耳。每歲常數。則未嘗虧

少。陛下蠲放身丁錢。而所放者見欠耳。先納在官者。無由理折。
陛下裁減和買。恩至渥也。而鄉胥作弊。減免不均。陛下特閣遣
負。德至普也。而豪戶恃強。催索自若。陛下愛民之心。不能盡布。
陛下卹民之政。不得盡行。此無它。守令非其人耳。縣令既不可
盡擇。當擇郡守。郡守不能盡得人。每路當擇一賢監司而委任
之。陛下臨遣諭以德意。使之徧行郡邑。親見守令。講求民間休
戚。可罷者罷之。可行者行之。計州縣一歲之出入。可蠲者蠲之。
可減者減之。使上下相通。內外相應。無為文具以復命。庶幾實
惠可以及民。民力可以少蘇矣。民力既蘇。邦本自固。天下幸甚。
寧宗時。江西提舉袁燮上便民劄子曰。臣竊惟民力之困至于
今極矣。多方存恤。凡有便於民者。知無不為。庶乎其少蘇也。今
州縣間皆有行戶。官司之所欲買。行戶不敢不供。賤於市價。謂

之宜買。夫張官置吏。本以為民。民不被惠。而強買其物。官則利
矣。民將若何。此不顧廉恥者。所以深為可罪。而遭其漁獵者。所
以深為可憫也。昔公儀休見其家織帛而怒。因茹葵而又怒曰。
吾已食祿。又奪園夫紅女利乎。董仲舒美之曰。古之賢人君子
在列位者皆如是。故下高其行而從其教。民化其廉而不貪鄙。
今士大夫所食之祿。民力為之也。既食其力。無補於民。又賤
價以買其物。習以成風。恬不知愧。是之不戢。吾民愈困矣。臣愚
欲望聖慈軫念民瘼。詔諭四方。應官司買物。並同時價。敢稍減
者並許越訴。計贓定罪。此亦惠民之一端也。
中書舍人陳傅良上奏曰。臣切謂今天下亦多故矣。臣未暇縷
數。獨念民力之困於此為極。而莫與陛下救之者耳。賢士大夫
不為不多。曾莫與陛下救斯民者。何也。勢不行也。何謂勢不行。

欲救民窮。必為帥為漕為總領而後可。而三數官者。雖賢士大夫不樂為之故也。既曰賢士大夫而不樂為帥漕總領何也。外權太輕。雖欲有所設施而不得騁故也。是故。不為法令之所束縛。則為浮言之所動搖。不為時政之所諱惡。則為官游於其處而不得志者之所中傷。有是四患。雖賢者亦忍事苟歲月耳。而況其餘人乎。且夫人情誰不喜遷而惡滯。誰不好伸而恥屈。誰不趨利而避害。今也立朝自郎察不一二年可至卿監。又不一二年。鮮不得為從官。若夫帥漕。則有奔走徧天下而無一日朝蹟者。其間僥倖或得貼職。自直閣積而至脩撰極矣。而所謂脩撰者。又必嘗為卿監而後得之。是終身無復從官之望。臣所謂喜遷而惡滯。人情之不樂一也。今夫立朝苟有親故。欲入辟闕。則可以移書帥漕若總領而坐取之。無不如意者。至為帥漕遠

銜列牘奏辟一屬官。若准備差遣之類。輙不可得。若平平也。則不過送部勘當。訖於陞沉。若稍有過差之請。往往省部詰難回復。甚者至被論列。臣所謂好伸而恥屈。人情之不樂二也。今夫立朝自釐務職事官。皆得以親族子弟牒國子監補解試。及監司帥臣苟非在川廣二千里外。即子弟無收試之所。每遇大比。無所附著。稍知謹畏者。大率無故而廢一舉。不然。則為謬巧遷就。以避貢舉條制斯可矣。臣所謂趨利而避害。人情之不樂三也。如前四患。則是事權太輕。雖賢者猶不樂為之。如後三説。則是恩數太薄。而人人不樂也。夫可與救斯民者。必帥也。漕也。總領也。而人不樂為之至此。柰何憚改乎。臣竊以為今日之勢。莫若稍稍重外。重外之術。必使帥漕總領皆可馴致於從官。可以馴致於從官。而後可久任。可久任。而後可責事功。如此。則帥漕

總領始曉然知朝廷委寄不輕矣。則夫前四患者。次第自去。而有為陛下出力救斯民者矣。

朱熹上奏曰。臣前任備員潭州。兼管荊湖南路安撫司事。竊見本路土瘠民貧。無它生理。而州縣歲計。入少出多。往往例於常賦之外。多收加耗。重折價錢。尚且入不支出。公私俱困。昨來諸司察見其弊。累嘗蠲減。務寬民力。連年所放。蓋已不貲。而州縣起發上供。支遣俸給。諸色費用。尚仍舊額。畧無所損。以此官司已是狼狽。不可支吾。或有非泛賞給。調發支賜。若更差到諸班換授歸正雜流補官之人。復有增加。則愈見逼迫。無以為計。臣近者嘗與漕臣何異。備奏全州守臣韓邈所申乞減添差員數。可見一端。至於其它州縣。大畧往往類此。不唯官吏苟逭目前。多方趣辦。不暇為國家久子計。而按察之官知其甚不得已。以

至於此。亦不忍盡法按治。無由發覺。竊念本路東望朝廷。遠在二千餘里之外。而北接重湖。南撫諸峒。形勢所關。亦非它道之比。萬一民貧未堪誅剝。一旦屯結。自為擾亂。而盜賊蠻傜相挺而起。則不知議者何以處之。臣自到任以至去官。僅及三月。雖未及詳審究其曲折。然其大勢如此。亦不待智者而後知矣。故嘗深以為憂。欲為料理。但以召還之遽。未暇子細詢考。畫一奏聞。今者既蒙賜對。又不敢不為陛下一言。欲望聖慈深察。一視同仁。特詔本路帥臣監司。更以前日全州所申事理。通之諸郡。並行均節。將大段闕之去處。特與痛加裁減。指定奏聞取旨行下。庶幾州得以恤其縣。縣得以寬其民。而其間或有不奉詔者。亦且無詞以逃其罪。則遐遠之民。均被實惠。而寬大之恩。不但為掛墻壁之具而已。臣奉使亡狀。不早上聞。以至今日。死有餘

罪。伏惟矜赦而亟圖之。則一路幸甚。
衛涇論䘏民當恤疏曰。臣仰惟國家中興以來。培植基業以固立
國之計。恃淮民為根本。自高宗皇帝生養休聚幾三十年。戶口豐
衍。中更瘡痍。孝宗皇帝極意拊摩。謹擇邊守。蠲損常賦。察視水旱
惟恐民力之有傷。所以垂念加恵者。甚於中州內甸。蓋自是又三
十餘年。且其土地饒沃。穀粟登成。是以淮民富實。家多蓋藏。閩粵
江浙之民。往往有從而附之者。故邊垂有泰山之安。其為聖慮至
深遠也。比歲間值饑歉。民多困匱。已非昔日寬裕之比。而州縣之
間凡百調度。並緣煩擾。事力寖微。公私煎熬。平居無事。猶或不安
其生。一旦緩急。何所倚以為固。臣不勝惓惓私憂過計。竊謂國之
根本在是。朝廷不可不察也。去歲淮之東西。積潦敗稼。民頗告病。
今春滛雨傷麥。無以續食。飢民流離。有所未免。救荒之政。甚不宜

緩。不知州縣官吏目睹民瘼。倘具蓄積。施行次第。有足以寬陛下
宵旰之憂者乎。日者襄漢阻饑。為擾至勤朝廷區畫。推原所繇。是
亦州縣勞來安集講之不素。鑒彼察此。烏可忽諸。矧長淮為江之
藩籬。藩籬弗葺。則閭閻奚賴。其在今日。關繫尤重。豈得不蚤計而
預圖之。臣愚欲望陛下深念根本之所恃。仰法二祖之遠謀。明詔
兩淮帥臣沿邊郡守。於民情休戚。必加之意。凡日前料擾之害。一
切禁止。仍亟行下本路漕臣及常平司。應有飢荒州縣。疾速措置
賑恤。務要實恵及民。以固安易搖之心。以消弭未然之慮。其於累
朝愛養淮民之計。誠非小補。
涇又論歉歲伏熟及舊逋疏曰。臣聞聖王在上。必汲汲於民瘼之廣
求。民隱之勤卹。蓋以斯民疾苦。無由自達於上。而其隱憂或不能盡
白也。恭惟陛下仁覆天下。視民如傷。踐祚之初。歲適告歉。陛下哀矜

惨怛。形于玉色。為之薄征。為之已責。如古荒政。靡一不舉。德至渥也。
以臣觀之。故歲田疇。損於水旱。不為不廣。民之流移餓莩。亦不為不
衆。然其間固有豐熟去處。州縣例以災傷為之蠲其田租。而一時寬
卹之令。且使主家輕其租入。田賦減矣。租入輕矣。又得賑糶賑濟之
粟。以為左餐右粥之地。則斯民雖在歉歲。而自無歉歲之憂。迺若今
歲雖號豐稔。方秋西成。多稼雲布。田夫野老。喜見顏色。逮至登場。所
收反薄。捐顧歎望。欲赴愬於州縣。則田畝既無遺穗以自表。欲乞憐
於主家。則主家以無官放而不從。此猶可也。積潦之田。民以貧病不
暇播種。今官司或追其伏熟累年之逋。民既窮空。無所從出。今豪強
併至於責償。以人情歎熱。田里愁歎。反有甚於故歲。此正唐趙光
奇所謂時和歲豐。百姓不樂。而本朝蘇軾亦有豐年不如凶年之說
也。豈非聖明之所欲急聞乎。臣以為日者陛下俞諫臣之請。五等丁

錢。悉從蠲免。則是朝廷於經常之賦。曾不靳惜。安有田疇積潦延宕
州縣追其伏熟乎。又嘗徑臣寮之奏。民間所貸糧本。取息無過五分
則是官府於借貸一事。已加裁制。安有逋負累年。迺縱豪民併至責
償乎。臣愚欲望聖慈。明詔州縣。其有積潦之田。曾經檢視。悉與除放
毋令伏熟。如有違戾。許監司按劾聞奏。累年之逋。嚴禁豪民。姑與倚
閣。或尚監理。許州縣即時繩釋。庶幾斯民熙熙乎乎。粗知有豐年之
慶。以仰稱陛下軫念元元求瘼卹隱之意。伏惟陛下財幸。
彭龜年乞權住湖北和糴疏曰。臣輙有愚見。仰干淵聽。臣賜對去年
朝廷以淮浙並饑。江湖小熟。遂下和糴之令。嚴遏糴之禁。恩甚渥也。
然州縣亟欲集事。未免敷糴於民。商賈競起逐利。又復爭糶於下。而
江淮兩浙帥倉以至總司戎帥。皆散遣官吏。多齎錢物。四處收糴。其
所差人爭先趨辦。遂增價直以相傾奪。米價既長。害及細民。細民日

要添錢糴米富家愈見閉糴自豐。遂使江湖小熟之地。反有飢餓不
給之民。臣自江西以入湖南。所到去處皆病於此。及入湖北。愈覺益
甚。去歲江陵雖上蒙朝廷撥降和糴米拾萬石緣湖北地廣人稀耕
種滅裂。種而不蒔俗名漫撒。縱使收成亦甚微薄。每到豐稔之年。僅
足贍其境內。萬一發泄出外。必至價直翔踴。常年米價每石若及兩
貫。已為極貴今來直至斗添數百長猶未已。方此耕布之時。使百姓
困於貴糴無以自給甚可憐也。況本府既有補糴又有和糴。數目既
多。深恐置場不能頓足。不免均之諸邑。諸邑復不免數之百姓。上下
相乘。其勢有甚不得已者。其初定價正當秋成米賤之際。只據一時
市直。每石作一貫五百具申。及到後來諸處官司商販競來爭糴米
直陡貴。官司但以事干朝廷。只執元價。不敢增添。馴至今日。輸猶未
足。乃是百姓受錢於米賤之初。而輸米於增價之後。甚者家無見儲

奏議卷之二百九　八

不免轉糴以償於官。焦勞如此。可不速為之計哉。臣至愚極陋。荷陛
下寄以牧養之責。臣既親見小民無牧養之具。豈可不仰告陛下。臣
照對江陵府已申朝廷乞將和糴米足之數候到秋成糴足求畢行
下。臣契勘本府合糴米十萬。據諸處申到已糴及柒萬。尚有三萬未
糴。而見在之米。已承朝廷指揮未命起發。以此見得淮浙亦不待此
米之來。所有未糴三萬若得少緩收糴。卻得蘇此一方之民。緣今來
已是五月。若候朝廷行下。然後住糴。恐不及事。臣已命本府將見糴
未足米數。且權住糴。以待回降。庶使青黃不接之交。留得此米接濟
百姓。以了農事。不勝幸甚。

貼黃。臣訪聞諸路監司帥臣在湖北糴米甚多。其糴米之價比之
本府和糴每石率多一貫已上。故其交易比和糴尤易。臣計本
府和糴之數。已及十分之七。即外路諸司所糴米數。必是過之。

設使目即住糴。亦不關事。臣已行下本路諸州。命勸諭有米之
家。當此艱食之時。先將米穀糶與百姓。如本州縣食米已足。即
許將所餘之米。糶與外路般販之人。臣為見本路百姓委是闕
食。不得不權宜措置。以救目前之急。若是去年十二月今年正
月之交。臣亦不敢如此施行。但恐自此或有遏糴之謗。尚冀陛
下為此一方之民。曲加睿照。臣罪萬死所不敢逃。

知徽州事袁甫奏便民五事狀曰。臣一介庸陋。寸長蔑有。濫膺臨遣。
承之新安。良由聖朝選拔之公。但愧微臣叨逾之過。欲求報塞。罔憚
勤勞。倏更一朞。合條五事。學不足以窺體統。識不足以達事宜。惟以
便民為心。斯乃守臣之職。臣昨塵班列。獲覲清光。思欲少裨聖聰。嘗
獻仁之一說。即蒙俞允。且賜褒嘉。況今國為保障。深戒繭絲。施行於
本州者。既以仁為先。奏陳於陛下者。宜以仁為急。條目雖異。綱領則

奏議卷之二百九　九

同。惟欲實惠於民而已。伏乞睿慈。特加開納。豈特愚臣之幸。實一州
百姓之幸。

一。臣仰惟陛下軫民疾苦。切於躬膺。拯民塗炭。急於焚溺。所以迓
續民命。護養國脈。為億萬年無窮之基。可謂至深且長矣。臣竊
見近者朝廷行下本州及監司。允申休寧縣體究賦稅事。亟須
俞音。多所蠲減。皇帝休哉。湛恩汪濊。閭閻遐邇。臣濫綰郡符。日
與斯壤之民。歡欣感戴。臣伏覩戶部看詳之辭。洞見州縣情狀。
破其私意。示以大公。其言曰。閱繹所申。則惟恐上案名裁削不
斷。若乃留州送使項目。責辦如初。是特為私己逭責之謀。似非
有躰國恤民之念。今準看詳之旨。盡蹤均一之恩。於是不持將
上供數目量行減放。併將州郡所得自用者。亦行蠲除。臣捧誦
至此。竦然歎服。以為聖朝主張公道。勤恤民隱。如此蕞爾小郡

辟甚追蹙何敢不宣明恩責推廣仁聞已即備坐聖旨張榜通衢今深山窮谷之民皆戶知之者盛舉也抑臣又思之徽有六邑俱號錢纍婺源休寧最當衝要今休寧則被患矣其獨遺婺源者況婺源介乎萬山五嶺之間邑最特民最穫而財計最窘較之休寧殆又甚焉史部出閣淏郤莫前縣佐攝官尚求免過措正稅以解別色那新錢以塡舊逋措置既無它策預借是爲良謀總一二年不知幾萬豪家富室恃氣勢而不輸官租下戶貧民最追呼而重納產稅加以連歲非儉豈登兼又屢遭回祿學舍庫務幾無孑遺井里市廛莽爲瓦礫挈此蕭條之邑畀諸新辟之官補綻支傾忘寢廢食極疲勞而不惮如醉夢之方醒則夫蠲減之恩豈可斯須少緩雖然蠲減誠是也新衰於公上也耆於本州則是猶未能克己私也已私未克自立藩籬是先以婺源休寧爲二也而欲朝廷視爲一體其可得乎臣今所謂一以休寧爲擧於本州雖有據於朝廷則不易從苟可利民臣何愛焉尋常州郡得用之錢往往徒來視爲已物但知厭足其所欲誰肯瘠已以肥人弊俗既成痼疾難療在州之可減者既不忍決舍在上之當除者亦不敢申明由真對闡吝嗇之私執而不通致使周流霑霈之澤隔而不下臣之愚陋毫無寸長竊於公私義利之間粗知從違取舍之決州縣事同一體財賦自合通融今欲稍寬縣道豈可專撓朝廷須先從本州除斷惜之私又乞朝廷減麻名之欽然後凋瘵之邑始獲少蘇臣已將十六年婺源拖下細絹一萬七千餘匹系租折帛錢一萬五千餘貫月樁板式錢六千餘貫應是婺源積逋一切權行住催本州搏節浮費代爲收簇起綱惟是鑿空白撰之賦皆係上供及

然所色目頒錢尤重害細民既非本州所可自辦然朝廷特與減放向使無例可攀尚欲力行陳乞況有休寧近例婺源事體一般倶徒朝廷明降旨揮並係監司差官講究休寧既先減除亦合例及婺源庶幾可以解倒垂之急矣所以係具婺源減放事件臣今已申監司公共保明同衛申取指揮懷不能已預此控陳伏望聖慈采納施行

一臣竊惟本州起發上供紬絹數年以來左帑郏四數多臣到官之始積下前政數目動踰萬計督促諸邑晝夜不停追逮榜笞紛然四出又緣向來官吏巧行改移雖有人戶姓名往往皆非元物今却而歸之縣縣果何策乎惟有重困吾民耳臣每執筆行移甚有愧色上下壅塞無由疏通左帑歲爲限期急如星火本州懼無可解纍着淵米臣區區愚慮深恐今歲爲始來歲倍之不三五年積至數萬百姓受害無有已時於是與民圖新多方曉諭皆令加意織造可保全綱盡收臣粗取信於民民亦遵從其約臣又攷究自來攬戶之弊其受於稅戶也則多其價交實諸機戶也則損其直以紕疎難售之絹棄綱運正急之時官雖明知其奸每每墮其術又專揀等尊相爲表裏幹僻多端民戶不堪誅求幾用何所從出不過減絲纏之費務以寡無厭之需由是真僞混淆糯漆交集名斷稅戶實則斷官無惟手左帑之見郤也臣痛懲此弊而一洗之凡攬戶盡行罷去專揀惡皆改善所收人戶入納之織僅及則例應干市利糜費之用不取分毫常時所以多取者蓋緣無以飽衆人之欲耳臣今既剗其害復澄其源雖役官場之人並支日食之費在官之所耗者少在民之所利者多又人戶歲輸全憑朱鈔即時給付客

無淹留滯。臣不敢憚勞，官吏亦知宣力。稍有欺弊，斷在不容。民皆曰向也官場邀阻乞覓之弊，今皆無此患矣。絹雖有加於前，人自爭先而納。未嘗輕用一箠，亦不妄追一人。諸縣間有過苛，本州力行禁約。備數手榜，具述臣心。萬目觀瞻，豈容欺紿。雖然，竊州民之意亦有隱忍而不敢言者。夫使民至於不敢言，臣獨不愧於心乎。何則。本州素不產絹，大非界宣之比。攷諸新安志，國初歛絹止重數兩。其後不能盡遵此制。然令甲所載江東一路稅絹共重十二兩，獨歙州以咸平二年特旨只以十兩為定。併下庫務，不得退剝。每匹折七百三十一錢。至紹興十八年，戶部符每匹估價二貫足。乾道三年，詔以守臣納絹擾民，鐫秩罷之。誥辭曰不念繭絲之關，靡思杼軸之空。大哉王言，為萬世法。其後議者又奏以為戶部退剝，徽絹屢行禁戢。深惟列聖之至

意，顧豈愚臣之能知。然觀其加意於徽民，乃見夫周道之如砥。且田稅既重，則物帛當輕。立法公平，所宜世守。豈虞倚派之既久，反謂寬大為不然。漸欲求詳，浸非初意。今來所納稅絹精好，委勝常年。雖圖逭責於目前，安知可保於它日。竊慮向後繼之者未必盡革。兩場乞取之弊，亦未必貼陪。專揀日食之費。又未必按時給鈔。無須刻停留之患。而徒使徽民入納精好之物，則作俑乃自臣始。臣之所謂百姓隱忍而不敢言者此也。臣因今歲夏旱，禱祈上天，有曰。咎實在臣，民則何罪。臣對天而發此言，今又對朝廷而啓此奏。則夫軫恤徽民，其忍可緩。伏望朝廷謹咸平紹興乾道節次寬恤指揮，每匹只以十兩為定。仍照舊例行下庫藏，如及上項兩數，特免退剝。退剝既免，則全綱盡納。異時既無卻回之患，徽民遂有蘇醒之期。祖宗舊風，今日復見。顧

不休哉。且臣之所請者，十兩之則，退剝之禁，皆聖旨也。旨由朝廷而頒，顧可由朝廷而廢乎。況臣非為已計，乃為後圖。若今年所起絹綱，多是臣手自揀。委可堪充入納，斷無退剝之虞。萬一有之，皆係佳物。民將變賣，又何患焉。欲望聖慈察臣出於公心，任下所屬檢舉。非但使徽民受無窮之賜，亦見聖朝取法祖宗愛養基本之厚意。若朝廷更欲審訂，即乞行下本路監司，令取索新安志及節次指揮保明申奏施行。

一。臣聞常平義倉之儲，所以備凶荒也。平居為有用之備，則臨事無缺用之憂。今乃不然。有儲蓄之名，無儲蓄之實。臣歲在己卯叨貳雲川。本州常平義倉正錄本廳掌管，閱視簿籍，米纔數百斛，錢纔數百緡而已。臣為之大駭。一州倉儲民命所係，空竭如此，緩急奈何。及叩攷其故，乃知本州秋苗歲入止盈五萬，正苗

既已甚少，義倉自應不多。其常平坊場等錢，率以版闕為說，艱於催促，所入微矣。而支用何其夥也。若胥吏，若軍兵，若撥徙直月廩之數，取諸常平，使其盡出於公帑，固未甚害。其間託名差使，輙敢旁緣冒支。倅廳自開倖門，州郡亦復援例。其餘官屬皆有干求。由是紛然，不勝其衆。蓄積本無幾也，濫費其可堪乎。臣既知其弊，遂絕其根。率之以身，一毫無妄。上而州郡，下而同官，盡裁以公，靡容私請。日積月累，所畜漸豐。始焉僅四百緡，今也乃踰萬緡。幾三十倍於前矣。秩滿之日，上之倉司。故案可覆也。臣因此思之。使天下諸郡遷之一兩歲之久，皆有三十倍之多。何賑貯之足憂，何水旱之足慮。但今之居官者，苟求塞責，不務恤民。常平使者，歲歲差官，州縣察屬，時時覆數。或以虛為實，或指東為西。上下交欺，莫此為甚。安在其為儲蓄之實乎。臣試郡來

此皆以是為先。但本州土瘠民貧。賦煩役重。每遇冬春之際。或逢霖雨之餘。穀價稍增。民食稍缺。則官開倉廩。亟濟貧民。蓋不待凶年饑歲。流離餓莩。然後為濟糶之舉也。故民之所以望於官者甚重。而官之所以塞其望者甚難。嗷口嗷嗷。日冀發廩。猶賴常平之外。又有平糶一倉。主於漕臺。隸於本郡。每歉告急。即行飛申。臣到任以來。請之屢矣。今歲夏無梅潦。民戶多以旱聞。其所望於官司。尤非平日之比也。略計六邑之內。婺源、祈門、黟縣。雨頗霑足。民皆歡呼。若歙、若休寧、若績溪。仲秋以後。始獲甘霖。早禾已不及時。中晚庶幾可望。臣之愚衷。謂除得熟縣分外。其旱歉諸鄉。若不亟拯困窮。將見立填溝壑。為民父母。當若之何。合將常平義倉儲蓄之米。多行賑糶。民方倒垂。庶可寬釋。即淳費。撚促贏餘。選委官寮。置局收掌。於浙間豐稔之

邦。收糴以償元數。官無所耗。而民得所利。直至來春。可以接食。且散且補。循環不窮。信乎兩全之策矣。若目擊民飢。積而不散。豈不大失置倉之本意。若輕於捐廩。知散而不知補。又何以為

國家異時之永圖。臣粗知以體國之心。行愛民之政。既申給散之請。必為可補之圖。非敢徒事空言而已也。若夫輕関市之征。寬租賦之入。權勸分之宜。凡可以救荒者。臣皆勉而為之。惟夫常平一事。非臣之所得專。所乞從朝廷行下轉運常平兩司。勿拘常程。多命濟糶。下可以副一州傒望之意。上可以廣聖朝矜恤之仁。伏惟睿慈果斷而亟行之。不勝大幸。

一。臣謹對本州。僻處萬山之間。最畏水旱。晴稍久。則農田已憂枯槁。雨稍多。則山水便見橫流。里諺云。三日天晴來報旱。一聲雷發便撐船。言其易盈易涸之甚也。故此州農田。多藉水利。因溪堰水者謂之堨。鑿田蓄水者謂之塘。興工雖艱。為利則廣。脩治不輟。灌溉甚多。彌望數百頃之禾。惟資一塘堨之澤。臣嘗詢之長老。一一具能言之。奈何記近而忘久者。乃人之常情。趨省而憚費者。民之通患。本州地少下濕。滿目皆是高田。訪聞舊年。嘗憂夏旱。偶值數載之內。率多霖潦之時。小民狃習目前。以為歲歲如此。不思及時瀦水。專望雨降自天。彼豈不知天時之難必哉。蓋脩築塘堨。為費不貲。徽民素貧。惜錢如命。苟可僥倖得省。遂謂卒歲無憂。其愚亦甚矣。臣因今年季夏。雨澤愆期。日夜禱祠。靡所不至。痛心疾首。無地自容。因思水利有備。何至煎熬若是。雖然。水利之廢。罪不專在民也。向來官司。施行以塘堨為大事。上而常平使者提其要。下而州縣佐令任其詳。每遇農隙之時。舉行檢視之令。縣具圖籍。來上於州。州命官寮。躬走阡陌。

建土埤以為標識。集大小保以定戶名。某堨興脩。某塘湮塞。衆目共見。不可厚誣。然後因其廢興。稍加懲勸。官既以是為急。民亦孰敢弗勤。數年以來。恬不加察。問其主名。則含糊難考。按其故籍。則散漫罕存。苟且如斯。可為太息。然而墜典未久。舊比可尋。欲乞朝廷下之倉司。倉司下之郡佐。時時督促。歲歲舉行。若縣道視為常程。保甲不加檢舉。別委官屬察探以聞。慢令之人。必罰無赦。如此。則水利常足。農田無虞。抑臣又嘗以所聞質之鄉俗。皆言堨不可增。塘尚可益。但開塘費重。難以責民。莫若刷在官之田。或買民家之產。多興陂塘之利。用濟無力之家。官吏為之防閑。歲時加之濬治。或遇旱涸。放令流通。誠大惠也。臣偶閱故牘。見曩年績溪知縣王衲買田一百五十餘畝。開塘六十八所。本縣尚能為。何以州反不能為乎。伏望朝廷采臣所奏。

行下本路常平司盡刷沒官田產以充開塘之用臣亦當節縮浮費以助興脩之工後人繼之有志民事又將陸續必可有成於朝廷無分毫費用之憂於民間有世世無窮之利顧不韙歟惟聖慈開納幸甚

一臣竊證本州從來多有火災雖間出於意慮之所不及然由人事有所未盡臣自到官以來首以是為急務嚴保甲圖籍則擇防虞官正副八人皆鄉之所推重者總之脩四隅火備則官多置器用具令各自為備而日命兵隅官察之置潛火軍卒則籍定姓名每旬首上具給官錢犒之凡此特瑣瑣常行者耳惟是依山為郡號為產木之鄉未聞邃宇高堂盡是竹籬茅舍融風一扇煨燼無餘雖纔挺灾莫知攸徹臣曲加曉譬幸其樂從然慮貧弱之徒不堪營造之費官給錢本鳩集陶工開其措貸之

奏議卷之二百九　十六

門寬其責償之限今則棟甍相接氣象一新似可弭患於未形豈徒救災於已著雖然猶未也有所謂至大至急之務衆人皆以為不可緩者惟魚梁乎此梁面挹紫陽山陰陽家曰山之在前者既有崔嵬崒嵂之勢則水之映山者當有淵渟演迤之形倩輝相含則欝攸退避雖一家之學不足深泥然五行之理亦信有之向來草創之初未遑經久之慮捍以柵木壅以囊沙偶值久晴猶云可也霖雨暴漲聲吼如雷溪流激湍勢疾如箭則蕩然一空矣臣去歲捐金錢因舊址重加脩葺頗勝曩時綠波接天澄然無際使常如此寧非大利但隄防不固水勢易陵終非永永之計臣愚以為若欲久而勿壞莫若以石為之夫石之勝於木也人人共曉特不肯為目前一二年來有官守者率多苟且眷官帑以資私藏累巨萬而未厭為公家而作好事拔一毛

亦不為豈但石梁一事哉臣鄙陋不善生財粗知節用今來痛裁浮費趲到錢一萬五千緡見今計度工役鑿山取石俟冬間水落之後方可漸次舉行難者曰歲非豐稔小民嗸嗸冬春之交正宜賑恤奈何興此役以困民臣應之曰是乃所以救民也獨不觀范仲淹之治杭乎皇祐間吳中大饑殍殣枕路仲淹以為歉歲工價至賤乃令佛廬興土木之役又新倉敖吏舍民之仰食於公私者日數萬人監司劾之仲淹自陳興造之由正欲發有餘之財以惠貧者荒政之施莫此為大是歲兩浙惟杭民無一流徙前輩講之熟矣今及小歉之時興石梁之役既可以濟貧民於目前又可以貽利澤於悠久誠一舉而兩得也又何憚而不為乎伏乞聖慈允臣所奏施行

理宗淳祐八年監察御史兼崇政殿說書陳求魯奏曰本朝仁政有餘而王制未備今之兩稅本大曆之弊法也常賦之入尚為病況預借乎預借一歲

奏議卷之二百九　十七

未已也至于再至于三預借三歲未已也至于四至于五竊聞今之州縣有借淳祐十四年者矣以百畝之家計之罄其永業豈足支數年之借乎操縱出於權宜官吏得以欺弄上下為奸公私俱困臣愚謂今日救弊之策其大端有四焉宜採夏侯泰初併省州郡之議俾縣令得以直達於朝廷用宋元嘉六年為斷之法俾縣得以究心於撫字法藝祖出朝紳為令之典以重其權遵光武擢卓茂為三公之意以激其氣然後為之正其經界明其版籍約其妄費裁其橫歛則預借可革民瘼有瘳矣

洪舜俞進故事曰漢高帝詔曰欲省賦甚今獻未有程吏或多賦以為獻而諸侯王尤多民疾之令諸侯王通侯常以十月朝獻及郡各以其口數率人歲六十三錢以給獻費武帝置初郡十七且以其故俗治毋賦稅南陽漢中以往各以其地比給初郡時時殺吏漢發南方吏卒往誅之費皆仰給大農以均輸調鹽鐵助賦故能贍之然兵所過縣為以訾給毋乏而已不敢言擅賦法矣

臣聞人君有愛民之實意而後有及民之實惠漢世詔書出於人主之誠精神心術之微悉於詔見之觀高帝欲省賦甚之詔簡嚴明白繼之文帝振貸減租之語勤勤懇懇其愛民實意皆可以對越天地安有不被其澤者漢賦有三口賦以食天子算賦以治庫兵車馬更賦以給戍邊此詔所欲省當是之時又有獻賦郡國假獻為名重賦以為民害故亟欲省之方楚漢之爭未寧則初為算賦及天下既定則欲省獻賦以此見傷財害民無如兵費之重兵費百出而欲行愛民之政蓋難然愛民之意不可以兵而間斷也武帝元狩之詔謂君者心也民猶支體支體傷則心憯怛非無愛民之意而好大喜功移之臣嘗考司馬遷平準書其論常取財瞻兵本末九十餘節一節害深於一節曰江淮之間蕭然矣曰廢格沮誹窮治之獄用矣曰三人言利析

秋毫矣曰吏道益雜而多賢人矣曰稍稍置均輸通貨物矣曰無慮皆鑄金錢矣曰公卿大夫多諂諛取容矣曰楊可告緡令縱矣曰縣官有鹽鐵緡錢之故用益饒矣曰株送徒入財得補郎郎選衰矣而終至於曰不敢言擅賦法矣而極高帝欲為民省賦帝乃聽吏擅取非經常之賦矣並不知有民哉置郡方新顒顒待哺恐廢前功惟求趣辦雖欲禁吏之不擅賦不可得也益口賦三十輪量悔之猶幸此意不絕如綫而仁義之澤未至於遽斬此所以壽四百年之脈歟

牟濚上奏曰臣既以正人心之說為陛下告矣螻蟻微悰有不能自已者竊謂今天下根本在東南東南根本在百姓根本所存不可不加之意也臣伏見天禧初王旦為相薛奎為江淮發運旦告之曰東南民力竭矣張士遜為江西轉運旦又告之曰朝廷權利至矣方是時天下全盛斯民日在海涵春育中民力必不至於甚也而旦之言讀之使人凜凜以今視昔為何如時而可不深長思乎蓋自西北有變而事事仰給於東南以江淮之兵移戍天下之半而兵力分以東南之財供給西北調度而民力困往時謂主兵者不卹民今之牧民者亦且不留意於民矣貪暴之臣苛取橫斂以飽其欲而民生無一日蘇聚斂之臣剝膚槌髓以媒其身而利源無一孔遺矣虎豹窟於堯場豺狼乳於舜囿而陛下之赤子始無所告訴矣民根本也民貧矣雖欲藏富於國不可得也故馬周奏疏正觀間謂有天下者不在積蓄之多少惟百姓之苦樂今歲事不至甚歉而田里不免愁歎之聲賦入自有定額而郡縣率多急迫之態聖主以視民如傷為心大臣以恩斯民為念而澤不下流情不上達非有司之責耶民不畏死不可懼以禍民不樂生不可勸以善臣恐數年之間或有水旱凶荒

之變壯者不散而之四方則聚而為盜賊矣雖有田疇無人耕穫國賦安所從出軍糧安所仰給耶天下事未至豫言固嘗為虛及其已至又無所及臣願陛下亟詔二三大臣講求裕民之策務力行於實政不但付之空言官吏之害民者去之政令之不便於民者改之有能為國家牧養小民愛護邦本者則重賞褒嘉之擢用之庶幾寬一分則民受一分之賜平居無事民知有生之樂自有尊君親上之心可殺可辱而不可與為不義則何畏乎夷狄何憂乎盜賊哉書曰民惟邦本本固邦寧惟陛下留神

李鳴復上奏曰臣竊見會稽為郡賦重而民貧以和買一色言之其為額當一路之半雖淳熙特與之蠲減紹熙併與之均科而民之困於供輸仍在也此無它它為額太重故也祖宗時貨輕而錢重錢之在官者先期而給絹之在民者易織而輸市既與民相資民亦樂為

官市是之謂和買時異事變名存實亡價直弗償鑿空科取無復有所謂買矣送輸少緩鞭撻即加無復有所謂和矣重以物價翔踴視昔何啻敎倍官但督迫民惟愁咨嘉定庚辰朝廷將累歲實催之數核為定額一半理估行之十四載民力稍寬端平初元復催正色二年仍行理估三年又催正色令以侍郎趙與懽申請將列郡和買一體施行難乎其為辭矣然尚有可得而言者朝廷之待會稽不當與諸郡等也永安陵寢芍勁歲為歲時之祭饗程度有常使命往來項背相望它郡有之乎其不同一也南陽帝鄉近屬居焉田連阡陌有司不敢問勢傾閭里庶民不敢較它郡有之乎其不同二也會稽有它郡所無之盛義宜得它郡所無之蔭覆今乃有它郡所無之擾擾而又負它郡所無之供輸為民父母獨不當為之動心乎臣自到官以來士夫之論議民庶之陳請莫不皆以和買重困為言臣伏而思

之置而弗問則傷民行而太寬則傷國今不敢乞如淳熙之減額得如嘉定之一半理估足矣或曰放行一郡則援例而起者將何以拒之是不然會稽之特加優邮以其為額太重也以其有陵寢在也以其為啟聖之地也無是三者而輒以例言何例之可援乎淳熙十六年詔於紹興府和買絹內特減四萬四千二百八十四匹不聞它郡援例也鑑湖古未有租今變為湖田歸于大農者六萬此會稽額外之產也朝廷獨知取而不知予乎欲望陛下特出睿斷將紹興府和買絹一項仍照嘉定十三年體例一半理估施行使愁咨之氣消歌頌之聲作如是則祖宗在天之靈亦必歡忻悅懌矣此實祈天永命之一非但為一郡設也

貼黃臣伏見紹興府和買為額既重故人之避重就輕其弊有三稅戶詭名寺觀徼幸請免鹽亭戶廣行包占詭名之弊理當歸併但此名一出則利未見而害先焉為守令者只當於割受之際爭訟之頃隨事討究不為歸併之名而俾有歸併之實此最為得也若寺觀之請免自有正條鹽亭戶之包占各有元額倘蒙朝廷特賜行下使之按條施行依額考覈則此重彼輕之患庶乎其革矣上有一半理估之令下無偏重不均之勢民其少瘳乎伏乞睿照

度宗咸淳八年起居舍人高斯得進故事曰漢文帝十二年詔曰道民之路在於務本今歲一不登民有饑色是從事焉尚寡而吏未加務也吾農民甚苦而吏莫之省何以勸焉其賜農民今年租稅之半

臣聞為國之本在於字民字民之本在於擇吏吏不得人則惟務肥己以瘠民而國之根本蹙矣成周盛時自鄉大夫以至比

閭族黨之長皆良吏也故其民主而不傷事而不困八百年之基業鞏固而長久不亦宜乎三代而下惟漢文帝最為有志於民然無它道惟擇吏焉而已班固傳循吏以文帝時河南守吳公蜀守文翁為稱首謂其廉平而民從化則吏道固以廉為本也蓋廉吏寡欲易足必無苛征暴斂椎膚剝髓之事然以文帝之留意若此吏猶有怠忽而不承命者故十二年之詔責其不加務於民又謂農民甚苦而吏莫之省是必竭民膏血以自豐殖者故賜租稅之半以振贍之其意可見臣觀漢唐而後孳孳民事以擇吏為先者莫如我朝孝宗皇帝無日不申飭大臣使之遴選郡守郡守姓名皆揭之御屏朝夕覽閱其有貪刻害民者徃徃不待內外臺臣劾治徑以御筆罷去而於水旱凶荒之歲尤加意焉其有於災傷之際不恤民瘼賊斂刻暴者率皆不

償。重者至於追償。是以乾淳之際。民物殷阜。田里熙和。而無歎息愁恨之心。可謂盛矣。臣竊見今歲稼穡人成功之時。淫雨彌旬。妨於農收。二浙水潦瀰漫。爲害尤深。陛下哀閔元元。申嚴受納斛面之禁。而於公田民田之租。皆有蠲除。聖恩所被。孰不感戴。然吏多不良。苛取故態。曾不悛改。而浙右輔藩尤甚。平江況普蓋自八九月間。禾方冒沒於水。腐爛於泥。百姓嗷嗷。無所告訴之時。固已下令督趣税租。急於星火。且市斛之大。倍於文思。往往市斛之三。乃可納文思之一。是五倍取於民也。往往以資賂遺。以規進取。如民命何。臣願陛下嚴敕監司使之督察。其有朘民以自肥者。必罰無赦。毋使肆其貪暴賊吾赤子。精選慈惠豈弟之人。以一洗其污。憔悴虐政之民。庶其有瘳乎。

金宣宗貞祐四年。尚書左丞胥鼎上言曰。河東兵革之餘。疲民稍復。然丁壯既少。莫能耕稼。重以亢旱蝗螟。而餽餉所須。橫科頗急。貧無依者。俱已乏食。富戶宿藏。亦爲盜掠。蓋絕無而僅有焉。其憔悴亦已甚矣。有司宜奉朝廷德意以謀安集。而路州帥府。遣官于遼沁諸郡搜括餘粟。懸重賞誘人告訐。州縣憚帥府。鞭箠械繫。所在騷然。甚可憐憫。今大兵既去。惟宜汰冗兵省浮費。招集流亡。勸督農事。彼不是務。而使瘡痍之民重罹茲苦。是兵未來而先自敝也。願朝廷亟止之。如經費果缺。以恩例勸民入粟。不猶愈于強括乎。又言霍州回牛鳳棲嶺諸阨。戍卒幾四千。今兵既去。而農事方興。臣乞量留偵候。餘悉遣歸。有警復徵。既休民力。且省縣官。萬一兵來。亦足禦遏。舉一事而獲二利。臣敢以是爲請。詔趣行之。又言河東兩路農民寖少。而兵戍益多。是以每歲糧儲常苦不繼。臣切見潞州元帥府雖設鬻爵恩例。然條目至少。未盡勸誘之術。故進獻者無幾。宜增益其條。如中都時仍許各路宣撫司俱得鬻賞。庶幾多獲貯儲以濟不給。

貞祐中。朝廷徙河北軍戶河南。宰執議給以田。太常丞石抹世勣上言曰。荒閑之田及牧馬地。其始耕墾。費力當倍。一歲斷不能熟。若奪民素蒔者與之。則民將失所。且啟不和之端。況軍戶率無耕牛。雖或有之。而廩給未敢遽減。彼既南來。所捐田宅。爲人所有。一旦北歸。能無爭奪。切謂宜令軍戶分人歸守本業。收其晚禾。至春復還。爲固守計。會侍御史劉元規亦言給田不便。上大悟。乃罷之。

興定二年二月。資德大夫兼三司使尚書右丞侯摯上言。山東河北。數罹兵亂。遺民嗷嗷。實可哀卹。近朝廷遣官分往撫輯。其惠大矣。然臣忝預執政。敢請繼行。以宣布國家德信。使疲瘵者得以少蘇。是亦圖報之一也。宰臣難之。無何。詔遣摯行省于河北。兼行三司安撫事。既行。又上言曰。臣近歷黄陵崗南岸。多有貧乏老幼自陳本河北農民。因敵驚擾。故南遷以避。今欲復歸本土。及春耕種。而河禁邀阻。臣謂河禁本以防閑自北來者耳。此乃由南而往。安所容姦。乞令有司驗實放渡。

元世祖在潛邸時。召真定府經歷官張德輝問農家作勞。何衣食之不贍。德輝對曰。農桑天下之本。衣食之所從出者也。男耕女織。終歲勤苦。擇其精者輸之官。餘粗惡者將以仰事俯育。而親民之吏。復橫斂以盡之。則民鮮有不凍餒者矣。又問典兵與宰民者爲害孰甚。對曰。軍無紀律。縱使殘暴。害固非輕。若宰民者頭會箕斂以毒天下。使祖宗之民如蹈水火。爲害尤甚。世祖默然。曰。然則奈何。對曰。莫若更遣族人之賢如口溫不花者。使掌兵權。勳舊則如忽都虎者。使主民政。若此。則天下均受賜矣。

世祖時。趙天麟上策曰。臣聞南風之君。揮五弦以宣阜財之意。征伐之志封丞相以爲富民之侯。一則體道而居常。二則知非而悔過。故得黎庶若赴羶之蟻。往往謳歌。子孫如在天之龍。昂昂振擇。此蓋變民之效也。夫常人之類曲盡施仁。況於少而無父之孤老而無子之獨老而無妻之鰥老而無夫之寡。此四者天民之窮而無告者王制垂文。皆有常餼糧也。句踐之給食。小白之遺衣。帝堯之不虐。孝文之收恤。霸王之道何莫由斯。國家甲子年間詔條內一款。節該鰥寡孤獨不自存者。給降贍濟口糧。有疾病。命官醫調治。其藥物惠民局支給。今又詔加米絹。蓋博施之仁。濟衆之聖。其揆一也。臣竊以聖人之心甚重。而在下者不能承宣。故猶或未之盡也。下民之困。情理多端。今略具民之無告者四條。惟陛下察之。乃有無樸戍壘邊塞亡鄉。俯一介之微軀。赴諸軍之大役。雪霧瘴殺氣森森。月冷霜淒。憂心悄悄。或遺疫癘。或值傷亡。感白日以沉光。掩黃沙而抱痛。此其困者一也。又有家寒力弱。徭役煩多。官吏督責於前。債主追徵於後。仰天蹐地。無計安身。愁氣上騰。災異屢降。或自甘於縊刺。或轉死於他方。望桑梓以長嗟。恨終天之不再。此其困者二也。又有瘖聾跛躄斷者侏儒。六親無依倚之人。元后所以矜憐之者。倘遇正官廉吏。尚承優恤之文。如其暴吏濫官。孰啓眼青之顧。已辜丹詔。還謁朱門。或輾轉之弗能。尚溝渠而委命。此其困者三也。又有梟獍其心。怯馬牛而襟裾。或當家窘之時。或值年飢之際。兜鶉衣之歎。蔌蔌藜藿以孜孜。恒產既無。良心盡滅。東西南北。輕遺父母以逍遊。冬夏晨昏。但見老羸之啼泣。霜風易至。日月難延。罔極之思。恍然猶夢。加之以王事靡寧。戶籍常存。將如何哉。維其瘁矣。此其困者四也。其餘冗事。難以具陳。若此之類。皆國家之當憂者也。伏望陛下寬父母之慈心。拯生靈之困苦。凡軍戎之病者。命有司隨處以醫士治之。凡軍役之後亡卒遺骸聚於一所。命大將軍以下具三牲之禮以祭之。庶幾下民知恩意之深。抑亦在上盡當行之理也。凡廢疾而無依倚者。在不得自存之例。所在官司不承化周贍者。以違制論。凡民之父母年及六十以上。及年雖未至六十而有疾者。子孫弟姪不許遠離。離者以不孝弟之罪罪之。如已有人養育。不得已而遠離者聽。然後慎名器以建官。考幽明以核實。均賦役以立法。務農桑以敦本。課義倉以賑災。先文化以易俗。禁奢侈以壯財。薄差稅以優民。若然。則無告者十可絕其九矣。其餘遵前詔而行之。雖欲見困窮之人。亦不可得也。

英宗至治中。章五臺右丞相拜住奏曰。自古帝王得天下以得民心爲本。失其心。則失天下。錢穀民之膏血。多取則民困而國危。薄斂則民足而國安。帝曰。卿言甚善。朕思之。民爲重。君爲輕。國非民將何以爲君。今理民之事。卿等當熟慮而愼行之。

歷代名臣奏議卷之一百九

務農

周宣王即位不藉千畝虢文公諫曰不可夫民之大事在農上帝之粢盛於是乎出民之蕃庶於是乎生事之共給於是乎在和協輯睦於是乎興財用蕃殖於是乎始敦厖純固於是乎成是故稷為大官古者大史順時覛土（覛視也）陽癉憤盈土氣震發（癉厚也憤積也）農祥晨正（農祥房星也晨正謂立春之日晨中於午也農事之候故曰農祥）日月底于天廟（底至也天廟營室也孟春之月日月皆在營室）土乃脈發（脈理也農書曰春土冒橛陳根可拔耕者急發）先時九日大史告稷曰自今至于初吉陽氣俱烝土膏其動弗震弗渝脈其滿眚穀乃不殖（渝變也眚災也言陽氣俱升土膏欲動當即發動變寫其氣不然則脈滿氣結更為災病穀乃不殖）稷以告王曰史帥陽官以命我司事（史大史陽官春官司事主農事之官也）曰距今九日土其俱動王其祗祓監農不易（祓齋戒祓除也）王乃使司徒咸戒公卿百吏庶民司空除壇于藉命農大夫咸戒農用先時五日瞽告有協風至（瞽樂大師知風聲者協和也風氣和時候至也）王即齋宮百官御事各即其齋三日王乃淳濯饗醴（淳沃也濯溉也饗飲也謂王沐浴飲醴酒）及期鬱人薦鬯犧人薦醴（犧人司尊也）王祼鬯饗醴乃行（祼灌也灌鬯飲醴皆所以自香潔）百吏庶民畢從及藉后稷監之膳夫農正陳藉禮大史贊王王敬從之王耕一墢（音鉢一墢一耜之墢也王無偶以一耜耕）班三之（班次也三之下各三其上也王一墢公三卿九大夫二十七）庶人終于千畝其后稷省功大史監之司徒省民大師監之畢宰夫陳饗膳宰監之膳夫贊王王歆大牢（歆饗也）班嘗之庶人終食是日也瞽帥音官以省風土（音官樂官也風土以音律省土風也）廩于藉東南鍾而藏之（廩御廩一名神倉東南生長之處鍾聚也謂為廩以藏王所藉田以奉粢盛）而時布之于農稷則徧戒百姓紀農協功曰陰陽分布震雷出滯土不備墾辟在司寇乃命其旅曰徇農師一之（一之往也）農正再之（農正后稷之佐田畯也故次農師）后稷三之（后稷農官之君故次農正）司空四之（司空主道路溝洫故次后稷）司徒五之（司徒省民故次司空）大保六之大師七之（大保大師天子三公佐王論道以監農官不特掌事故次司徒）大史八之（大史掌逆官府之治故次大師）宗伯九之（宗伯卿官掌相王之大禮若王不與祭則攝位故次大史）王則大徇（大徇帥公卿大夫親行農也）耨穫亦如之民用莫不震動恪恭于農脩其疆畔日服其鎛不解于時財用不乏民用和同是時也王事唯農是務無有求利於其官以干農功（求利謂變易役使干亂農功）三時務農而一時講武故征則有威守則有財若是乃能媚於神而和於民矣則享祀時至而布施優裕也今天子欲修先王之緒而棄其大功匱神之祀而困民之財將何以求福用民王弗聽

漢文帝即位躬修儉節思安百姓時民近戰國皆背本趨末賈誼上奏曰筦子曰倉廩實而知禮節衣食足而知榮辱民不足而可治者自古及今未之嘗聞古之人曰一夫不耕或受之飢一女不織或受之寒生之有時而用之亡度則物力必屈（屈盡也）古之治天下至纖至悉也故其畜積足恃今背本而趨末食者甚衆是天下之大殘也淫侈之俗日日以長是天下之大賊也殘賊公行莫之或止大命將泛（泛覆也）莫之振救生之者甚少而靡之者甚多天下財產何得不蹷（蹷傾竭也）漢之為漢幾四十年矣公私之積猶可哀痛失時不雨民且狼顧（民饑有畏意若狼之顧望也）歲惡不入請賣爵子（賣爵級又賣子也）既聞耳矣（聞於天子之耳）安有為天下阽危者若是而上不驚者（阽音閻阽危欲墜之意也）世之有飢穰天之行也禹湯被之矣即不幸有方二三千里之旱國胡以相恤卒然邊境有急數十百萬之衆國胡以餽之兵旱相乘天下大屈有勇力者聚徒而衡擊罷夫羸老易子而齩其骨（罷疲同齩齧也）政治未畢通也遠方之能疑者並舉而爭起矣（疑讀曰擬僭也謂與天子相比擬）廼駭而圖之豈將有及乎夫積貯者天下之大命也苟粟多而財有餘何為而不成以攻則取以守則固以戰則勝懷敵附遠何招而不至今敺民而歸之農皆著

於本。使天下各食其力。末技游食之民轉而緣南畮。則畜積足而人樂其所矣。可以為富安天下。而直為此廩廩也。（廩廩危也。言務耕農畜積則天下富安。）（何乃不為而常不足。廩廩若此。）竊為陛下惜之。於是上感誼言。始開籍田。躬耕以勸百姓。

晁錯上奏曰。聖王在上而民不凍飢者。非能耕而食之。織而衣之也。為開其資財之道也。故堯禹有九年之水。湯有七年之旱。而國無捐瘠者。（言無相棄捐瘦病者。）以畜積多而備先具也。今海內為一。土地人民之衆不避禹湯。加以亡天災數年之水旱。而畜積未及者何也。地有遺利。民有餘力。生穀之土未盡墾。山澤之利未盡出也。游食之民未盡歸農也。民貧則姦邪生。貧生於不足。不足生於不農。不農則不地著。不地著則離鄉輕家。民如鳥獸。雖高城深池。嚴法重刑。猶不能禁也。夫寒之於衣。不待輕暖。飢之於食。不待甘旨。飢寒至身。不顧廉恥。人情一日不再食則飢。終歲不製衣則寒。夫腹飢不得食。膚寒不得衣。雖慈母不能保其子。君安能以有其民哉。明主知其然也。故務於農桑。薄賦斂。廣畜積。以實倉廩。備水旱。故民可得而有也。民者在上牧之。所以趨利如水走下。四方無擇也。夫珠玉金銀。飢不可食。寒不可衣。然而衆貴之者。以上用之故也。其為物輕微易藏。在於把握。可以周海內而無飢寒之患。此令臣輕背其主。而民易去其鄉。盜賊有所勸。亡逃者得輕資也。粟米布帛生於地。長於時。聚於力。非可一日成也。數石之重。中人弗勝。不為姦邪所利。一日弗得而飢寒至。是故明君貴五穀而賤金玉。今農五口之家。其服役者不下二人。其能耕者不過百畮。百畮之收不過百石。春耕夏耘。秋穫冬藏。伐薪樵。治官府。給繇役。春不得避風塵。夏不得避暑熱。秋不得避陰雨。冬不得避寒凍。四時之間。無日休息。又私自送往迎來。弔死問疾。養孤長幼在其中。勤苦如此。尚復被水旱之災。急政暴虐。賦斂不時。朝令而暮改。當且有者半賈而賣。（本直千錢者止得五百也。）亡者取倍稱之息。（取一償二為倍稱也。）於是有賣田宅鬻子孫以償債者矣。而商賈大者積財倍息。小者坐列販賣。操其奇贏。日游都市。（奇贏謂有餘財而畜聚奇異物也。）乘上之急。所賣必倍。故其男不耕耘。女不蠶織。衣必文采。食必粱肉。亡農夫之苦。有仟伯之得。（仟謂千錢。伯謂百錢也。）因其富厚。交通王侯。力過吏勢。以利相傾。千里游敖。冠蓋相望。乘堅策肥。履絲曳縞。（堅好車也。）此商人所以兼并農人。農人所以流亡者也。今法律賤商人。商人已富貴矣。尊農夫。農夫已貧賤矣。故俗之所貴。主之所賤也。吏之所卑。法之所尊也。上下相反。好惡乖迕。而欲國富法立。不可得也。方今之務。莫若使民務農而已矣。欲民務農。在於貴粟。貴粟之道。在於使民以粟為賞罰。令募天下入粟縣官。得以拜爵。得以除罪。如此富民有爵。農民有錢。粟有所渫。（渫散也。）夫能入粟以受爵。皆有餘者也。取於有餘以供上用。則貧民之賦可損。所謂損有餘。補不足。令出而民利者也。順於民心。所補者三。一曰主用足。二曰民賦少。三曰勸農功。今令民有車騎馬一足者。復卒三人。（復三卒之筭錢也。）車騎者天下武備也。故為復卒。神農之教曰。有石城十仞。湯池百步。帶甲百萬而無粟。弗能守也。以是觀之。粟者王者大用。政之本務。令民入粟受爵至五大夫以上。廼復一人耳。（五大夫第九等爵也。）此其與騎馬之功相去遠矣。爵者上之所擅。出於口而亡窮。粟者民之所種。生於地而不乏。夫得高爵與免罪。人之所甚欲也。使天下入粟於邊。以受爵免罪。不過三歲。塞下之粟必多矣。帝從其言。

東漢順帝即位。不行籍田之禮。尚書僕射黃瓊以為國之大典不宜久廢。乃上奏曰。自古聖帝哲王莫不敬恭明祀。增致福祥。故必躬郊廟之禮。親籍田之勤。以先羣衆。率勸農功。昔周宣王不籍千畝。虢文

公以為大譏卒有姜戎之難終損中興之名竊見陛下遵稽古之鴻
業體乾肅以應天順時奉先懷柔百神今廟祀適闋而祈穀潔齋之
事近在明日臣恐左右之心不欲屢動聖躬以為親耕之禮可得而
廢臣聞先王制典籍田有日司徒咸戒司空除壇先時五日有協風
之應王即齋宮饗醴載耒誠重之也自癸巳以來仍西北風甘澤不
集寒涼尚結近春東郊旣不躬親先農之禮所宜自勉以逆和氣以
致時風易曰君子自強不息斯其道也書奏帝從之

魏明帝即位大司農司馬芝奏曰王者之治崇本抑末務農重穀王
制無三年之儲國非其國也管子區言以積穀為急方今二虜未滅
師旅不息國家之要惟在穀帛武皇帝特開屯田之官專以農桑為
業建安中天下倉廩充實百姓殷足自黃初以來聽諸典農治生各
為部下之計誠非國家大體所宜也夫王者以海內為家故傳曰百

姓不足君誰與足富足之由在於不失天時而盡地力今商旅所求
雖有加倍之顯利然於一統之計已有不貲之損不如墾田益一畝
之收也夫農民之事田自正月耕種耘鋤條桑耕熯種麥穫刈築場
十月乃畢治廩繫橋運輸租賦除道理梁墐塗室屋以是終歲無日
不為農事也今諸典農各言留者為行者守田計課其力勢不得不
爾不有所廢則當素有餘力臣愚以為不宜復以商事雜亂專以農
桑為務於國計為便帝從之

太和中散騎黃門侍郎杜恕以古之刺史奉宣六條以清靜為名威
風著稱今可勿令領兵以專民事俄而鎮北將軍呂昭又領冀州恕
乃上疏曰帝王之道莫尚乎安民安民之術在於豐財豐財者務本
而節用也方今二賊未滅戎車亟駕此自熊虎之士展力之秋也然
搢紳之儒橫加榮慕搤腕抗論以孫吳為首州郡牧守咸共忽恤民
之術脩將率之事農桑之民競干戈之業不可謂務本帑藏歲虛而
制度歲廣民力歲衰而賦役歲興不可謂節用今大魏奄有十州之
地而承喪亂之弊計其戶口不如往昔一州之民然而二方僭逆北
虜未賓三邊遘難繞天畧而所以統一州之民經營九州之地其為
艱難譬策羸馬以取道里豈可不加意愛惜其力哉以武皇帝之節
儉府藏充實猶不能十州擁兵郡僅十二也今荊揚青徐幽并雍涼
緣邊諸州皆有兵也其所恃內充府庫外制四夷者惟兗豫青冀而
已臣前以州郡典兵則專心軍功不勤民事宜別置將守以盡治理
之務而陛下復以冀州寵秩呂昭冀州戶口最多田多墾闢又有桑
棗之饒國家徵求之府誠不當復任以兵事也若以北方當須鎮守
自可專置大將以鎮安之計所置吏士之費與兼官無覺然昭於人
才尚復易中朝苟乏人兼才者勢不獨多以此推之知國家以人擇

官不為官擇人也官得其人則政平訟理政平故民富實訟理則囹
圄虛空陛下踐阼天下斷獄百數十人歲歲增多至五百餘人矣民
不益多法不益峻以此推之非政教陵遲牧守不稱之明效歟往年
牛死通率天下十能損二麥不半收秋種未下若二賊遊魂於疆埸
飛芻輓粟千里不及究此之術豈在彊兵乎武士勁卒愈多愈多愈
病耳夫天下猶人之體腹心充實四支雖病終無大患今兗豫青冀
亦天下之腹心也是以愚臣悽悽實願四州之牧守獨脩務本之業
以堪四支之重然孤論難持犯欲難成衆怨難積疑似難分故累載
不為明主所察凡言此者類皆疏賤之言實未易聽若使善策必出
於親貴固不犯四難以求忠愛此古今之所常患也

吳烏程侯時倉廩無儲世俗滋侈民不務本東觀令領右國史華覈
上疏曰今寇虜充斥征伐未已居無積年之儲出無應敵之畜此乃

有國者所宜深憂也。夫財穀所生。當出於民。趨時務農。國之上急。而郡下諸官所掌別異。各自下調。不計民力。輒與近期。長吏畏罪。晝夜催民。委舍佃事。遑赴會日。定送到都。或蘊積不用。而徙使百姓消力失時。到秋收日。督其限入。奪其播殖之時。而責其今年之稅。如有逋懸。則籍沒財物。故家戶貧困。衣食不足。宜暫息衆役。專心農桑。古人稱一夫不耕。或受其饑。一女不織。或受其寒。是以先王治國。惟農是務。軍興以來。已向百載。農人廢南畝之務。女工停機杼之業。推此揆之。則蔬食而長饑。薄衣而履冰者。固不少矣。臣聞主之所求於民者二。民之所望於主者三。二謂求其為己勞也。求其為己死也。三謂饑者能食之。勞者能息之。有功者能賞之。民以致其二事。而主失其三望者。則怨心生而功不建。今帑藏不實。民勞役猥。主之二求已備。民之三望未報。且饑者不待美饌而後飽。寒者不俟狐貉而後溫。為味者口之奇。文繡者身之飾也。今事多而役繁。民貧而俗奢。百工作無用之器。婦人為綺靡之飾。不勤麻枲。並繡文黼黻。轉相倣效。恥獨無有。兵民之家。猶復逐俗。內無儋石之儲。而出有綾綺之服。至於富賈商販之家。重以金銀。奢恣尤甚。天下未平。百姓不贍。宜一生民之原。豐穀帛之業。而棄功於浮華之巧。妨日於侈靡之事。上無尊卑等級之差。下有耗財費力之損。今吏士之家。少無子女。多者三四。少者一二。通令戶有一女。十萬家則十萬人。人織績一歲一束。則十萬束矣。使四疆之內同心戮力。數年之間。布帛必積。恣民五色。惟所服用。但禁綺繡無益之飾。且美貌者不待華采以崇好。豔姿者不待文綺以致愛。五采之飾。足以麗矣。若極粉黛。窮盛服。未必無醜婦。廢華采。去文繡。未必無美人也。若實如論。有之無益。廢之無損者。何愛而不暫禁以充府藏之急乎。此救乏之上務。富國之本業也。使管晏復生。無

以易此。漢之文景。承平繼統。天下已定。四方無虞。猶以雕文之傷農事。錦繡之害女工。開富國之利。杜饑寒之本。況今六合分乖。豺狼充路。兵不離疆。甲不解帶。而可以不廣生財之原。充府藏之積哉。

西晉武帝咸寧中。詔訪朝臣政之損益。司徒左長史傅咸上言曰。陛下處至尊之位。而修布衣之事。親覽萬機。勞心日昃。在昔帝王。躬自菲薄以利天下。未有踰陛下也。然泰始開元以暨于今十有五年矣。而軍國未豐。百姓不贍。一歲不登。便有菜色者。誠由官衆事殷。復除猥濫。蠶食者多。而親農者少也。臣以頑疎。謬忝近職。每見聖詔以百姓饑饉為慮。無能云補。伏用慙恧。敢不自竭以對天問。舊都督有四。今并監軍乃盈於十。夏禹敷土。分為九州。今之刺史。幾向一倍。戶口比漢十分之一。而置郡縣更多。空校牙門。無益宿衛。而虛立軍府。動有百數。五等諸侯。復坐置官屬。諸所寵給。皆生於百姓。一夫不農。有受其飢。今之不農不可勝計。縱使五稼普收。僅足相接。暫有災患。便不繼贍。以為當今之急。先并官省事。靜事息役。上下用心。惟農是務也。

武帝詔以比年饑饉。議所節省。齊王攸上奏曰。臣聞先王之教。莫不先正其本。務農重本。國之大綱。當今方隅清穆。武夫釋甲。廣分休假。以就農業。然守相不能勤心恤公。以盡地利。昔漢宣嘆曰。與朕理天下者。惟良二千石乎。勤加賞罰。黜陟幽明。于時翕然。用多名守。計今地有餘羨。而不農者衆。加附業之人。復有虛假。通天下之謀。則饑者必不少矣。今宜嚴勑州郡。檢諸虛詐害農之事。督實南畝。上下同奉所務。則天下之穀可復古政。豈患於暫一水旱。便憂飢餒哉。考績黜陟。畢使嚴明。畏威懷惠。莫不自厲。又都邑之內。游食滋多。巧伎末業。服飾奢麗。富人兼美。猶有魏之遺弊。染化日淺。靡財害穀。動復萬計

宜申明舊法。必禁絶之。使去奢即儉。不奪農時。畢力稼穡。以實倉廩。則榮辱禮節由之而生。興化反本。於茲為盛。

武帝使黃門侍郎虞騤揖桑開倉廩振給飢民。并省眾役。百官各上封事。後軍將軍應詹上表曰。夫一人不耕。天下必有受其饑者。而軍興以來。征戰運漕。朝廷宗廟百官用度。既已殷廣。下及工商流寓僮僕。不親農桑而游食者以十萬計。不思開立美利。而望國足人給。豈不難哉。古人言曰。飢寒並至。堯舜不能使野無寇盜。貧富并兼。雖皋陶不能使強不陵弱。故有國有家者。何嘗不務農重穀。近魏武皇帝用棗祗韓浩之議。廣建屯田。又於征伐之中。分帶甲之士。隨宜開墾。故下不甚勞。而大功克舉也。間者流人奔東吳。東吳今儉。皆以還反。江西良田。曠廢來久。火耕水耨。為功差易。宜簡流人。興復農官。功勞報賞。皆如魏氏故事。一年中與百姓。二年分稅。三年計賦稅以使之。公私兼濟。則倉盈庾億。可計日而待也。

武帝欲廣農。束晳上議曰。伏見詔書以倉廩不實。關右饑窮。欲大興田農。以蕃嘉穀。此誠有虞戒大禹盡力之謂。然農穫可致。所由者三。一曰天時不愆。二曰地利無失。三曰人力咸用。若必春無霢霂之潤。秋繁滂沱之患。水旱失中。雩禜有請。雖使羲和平秩。后稷親農。理疆甽於原隰。勤藨蔉於中田。猶不足以致倉庾盈億之積也。然地利可以計生。人力可以課致。詔書之旨。亦將欲盡此理乎。今天下千城。人多游食。廢業占空。無田課之實。較計九州。數過萬計。可申嚴此防。令監司精察。一人失課。負及郡縣。此人力之可致也。又司州十郡。土狹人繁。三魏尤甚。而豬羊馬牧布其境內。宜悉破廢。以供無業。業少之人。雖頗割徙。在者猶多。田諸苑牧。不樂曠野。貪在人間。故謂北土不宜畜牧。此誠不然。案古今之語。以為馬之所生。實在冀北。大賈牂羊取之清渤。放豕之歌。起於鉅鹿。是其效也。可悉徙諸牧。以充其地。使馬牛豬羊齕草於空虛之田。游食之人受業於賦給之賜。此地利之可致者也。昔騅駓在坰。史克所以頌魯僖。卻馬務田。老氏所以稱有道。豈利之所以會哉。又如汲郡之吳澤。良田數千頃。泞水停洿。人不墾植。聞其國人皆謂通泄之功不足為難。舄鹵成原。其利甚重。而豪彊大族。惜其魚捕之饒。構說官長。終於不破。此亦谷口之謠。載在史篇。謂宜復下郡縣。以詳當今之計。荊揚兗豫。汙泥之土。渠塢之宜。必多此類。最是不待天時而豐年可獲者也。以其雲雨生於畚臿。多稌生於決泄。不必望朝隮而黃潦臻。禜山川而霖雨息。是故兩周爭東西之流。史起惜漳渠之浸。明地利之重也。宜詔四州刺史使謹案以聞。又昔魏氏徙三郡人在陽平頓丘界。今者繁盛。合五六千家。二郡田地逼狹。謂可徙還西州。以充邊土。賜其十年之復。以慰重遷之情。

一舉兩得。外實內寬。增廣窮人之業。以闢西郊之田。此又農事之大益者也。

愍帝時。江東草創。農桑弛廢。熊遠上議曰。立春之日。天子祈穀于上帝。乃擇元辰。載耒耜。帥三公九卿諸侯大夫躬耕帝藉。以勸農功。詩云。弗躬弗親。庶人不信。自喪亂以來。農桑不脩。游食者多。皆由去本逐末故也。時議美之。

後魏太武帝時。多禁封良田。又京師游食者眾。侍郎高允因上言曰。臣少也賤。所知惟田。請言農事。古人云。方一里則為田三頃七十畝。百里則田三萬七千頃。若勤之則畝益三升。不勤則畝損三升。方百里損益之率。為粟二百二十二萬斛。況以天下之廣乎。若公私有儲。雖遇飢年。復何憂哉。帝善之。

唐太宗貞觀五年。有司上書言皇太子將行冠禮。宜用二月為吉。請預以脩儀注太宗曰今東作方興恐妨農事命改用十月太子少保蕭瑀奏曰准陰陽家用二月為勝太宗曰陰陽拘忌朕所不行若動靜必依陰陽不顧德義欲求福祐其可得乎若所行皆遵正道自然常與吉會且吉凶在人豈假陰陽拘忌農時甚要不可蹔失

太宗時京師旱蝗蟲大起太宗入苑視禾見蝗蟲掇數枚而祝曰人以穀為命而汝食之是害于百姓百姓有過在予一人爾其有靈但當食我心無害百姓將吞之左右遽諫曰恐成疾不可太宗曰所冀移災朕躬何疾之避遂吞之自是蝗不復為災

太宗謂侍臣曰凡事皆須務本國以人為本人以衣食為本凡營衣食以不失時為本夫不失時者唯在人君簡靜乃可致耳若兵戈屢動土木不息而欲不奪農時其可得也王珪曰昔秦皇漢武外則窮極兵戈內則崇侈宮室人力既竭禍難遂興彼豈不欲安人乎失所

以安人之道也亡隋之轍殷鑒不遠陛下親承其弊知所以易之然在初則易終之實難伏願慎終如始方盡其美太宗曰公言是也夫安人寧國唯在於君君無為則人樂君多欲則人苦朕所以抑情損欲剋己自勵耳

太宗以天下粟價率計斗直五錢其尤賤處計斗直三錢因謂侍臣曰國以民為本人以食為命朕為億兆人父母若禾黍不登則兆庶非國家所有既屬豐稔君斯唯欲躬務儉約必不輒為奢侈朕常欲賜天下之人皆使富貴令省徭薄賦不奪其時使比屋之人恣其耕稼此則富矣敦行禮讓使鄉閭之間少敬長妻敬夫此則貴矣但令天下皆然朕不聽管弦不從畋獵樂在其中矣房玄齡曰陛下務農重穀誠生民之幸也

武后時詔市河南河北牛羊荆益奴婢置監登萊以廣軍資監察御史張廷珪上書曰今河南牛疫十不一在詔雖和市甚於抑奪併市則價難準簡擇則吏求賄是牛再疫農重傷也高原耕地奪為牧所兩州無復丁田牛羊踐暴舉境何賴荆益奴婢多國家戶口奸豪掠買一入於官永無免期南北異宜必至生疾此有損無益也抑聞之君所恃在民民所恃在食食所資在耕耕所資在牛牛廢則耕廢耕廢則食去食去則民亡民亡則何恃為君羊非軍國切要假令蕃滋不可射利后乃止

德宗貞元五年詔以二月一日為中和節所司進農書永以為恒式

柳宗元進農書狀曰臣伏以平秩東作虞書立制俯載南畝周雅垂文是皆奉天時以授人盡地力而豐食自陛下惟新令節益厲農功既立典於可傳每陳書而作則耕鑿之利敷帝力於嘉謨稼穡之難動天心於睿覽勤勞率下逖邁古先凡諸率土不勝幸甚前件農書

謹函封進

後唐明宗天成四年上問宰相馮道曰今歲雖豐百姓贍足否道曰農家歲凶則死於流殍歲豐則傷於穀賤豐凶皆病者惟農家為然臣記進士聶夷中詩云二月賣新絲五月糶新穀醫得眼前瘡剜却心頭肉語雖鄙俚曲盡田家之情狀農於四民之中最為勤苦人主不可不知也上悅命左右錄其詩常諷誦之

宋太宗淳化四年詔有司議均田法太常博士陳靖上議曰法未易遽行也宜先命大臣或三司使為租庸使或兼屯田制置仍擇三司判官選通知民事者二人為之貳兩京東西千里檢責荒地及逃民產籍之募耕作賜耕者室廬牛犁種食不足則給以庫錢別其課為十分責州縣勸課給印紙書之分殿最為三等凡縣管墾田一歲得課三分二歲六分三歲九分為下一歲四分二歲七分三歲至十分

者為中最一歲五分未及三歲盈十分者為上最其最者令位免選或超資殿者即增選降資每州通以諸縣田為十分視殿最行賞罰候數歲盡罷官屯田悉用賦民然後量人授田度地均稅約井田之制為定以法須行四方不過如此矣太宗謂呂端曰朕欲復井田顧未能也靖此策合朕意

至道二年靖任將作監丞又上奏曰臣伏以天生烝民為國之本地生百穀為民之財國非民罔興民非財罔聚故書有本固邦寧之旨易有聚人曰財之文考斯格言誠為要道夫先王之聚民也豈能耕與之食織與之衣蓋開其貨殖之門示以農桑之本俾夫養生送死力役田疇而無輟家離鄉之心是知理國之道聚人為先人聚則野無閑田家無乏用義夫節婦由是而生內則恭睦於親姻外則協和於鄉黨爭訟無所作邪偽無所安欲其教化不行不可得也苟不然

者則官無定籍世有浮民逆黨凶徒由是而起小則干陵於閭里大則侵軼於州縣禮遜無所興仁信無所設欲其刑罰不用不亦難乎是故王者察逆順之端究存亡之理設職官以持國本立井田以節民財貧弱者不使之飢寒富豪者不使之兼并小大畢濟遐迩同歸然後賦調上均而國無苛斂衣食下給而人無他求倉廩充盈時俗康阜既庶且富近悅遠來盡令四海之民咸若一家之子縱有風雨不節螟螣為災但可以小虞未足以大害也而自秦壞周制立阡陌而尚戰功漢因秦規益筭緡而取民利故使國內咸怨天下無聊至有劉項之爭莽卓之亂也逮夫晉魏迄于隋唐其間明主昏君治亂相繼或增之以掊剋或施之以寬平或用於國而資於民或利當時而弊後世損益之理吏籍具存然則地之生財有時人之用力有倦必在人君審時以測地察倦以因人使其力出無窮財生不匱則聚人之要在於茲矣今國家富有萬國治勝三王鑿邪路於漢劉剗訛弊於晉右釐城中之黎庶孰匪王民窮宇內之舟車咸輸貢賦用眾庶則方今特出擬豐盈則邁古難差而且游力尚多曠土不少餒凍之色十五其民得非版籍之所未精勸課之所未備臣愚以謂請版籍莫若遵閭伍之法備勸課莫若申殿最之科如是則游力必除曠土盡闢管子曰欲治其國先知其人欲知其人先明其地蓋黃帝有鄉井之制周人置三遂之官使其什伍相司里鄰相保有無得以相貸巧拙得以相謀生產得以相均死病得以相救危難得以相助婚嫁得以相媒人顧其家家守其口奔亡者無所匿遷移者無所從欲蓋而彰不激而得故民有安土之意官無漏人之虞王政可行於民民心可繫於主眾寡之額老幼具存故周禮每至孟冬司徒獻其人數王拜而受冢宰貳之乃命有司登于天府其重民籍也如是及東

晉以土斷其民北齊之間俗使其制陳亡隋亂紀紊綱頹洎乎李唐大革斯弊乃有村正掌其田野坊正司其邑居大約科條與今相類然以彼時村正坊正皆選强幹廉平州官縣官悉知丁口存歿三年一造戶籍三本一本供省司一本在縣主將一本納州照對隱一戶則罰加守宰漏一丁則罪連鄉鄰故得上盡其心下竭其力互相檢謹無敢罔欺加以糾擿姦訛督課租賦隨其等級並有勸懲今則州額不登天府未聞其必罰縣數有漏州司亦因而無言存亡只任於里胥增減悉由於田畯地有姦惡至彰露以方知戶有死亡遇差傜而始報夫如是得不掩藏其疾而使復本歸農者哉故曰版籍之所未精也又地者穀之所生穀者人之司命地不耕無以取其穀穀不熟無以養其人是以古者宅不毛出不關皆有里布之率屋粟之租蓋勉其勤勞而罰其怠惰也漢詔曰洪範八政以食為先斯誠家給

之源刑措之本是宜厚農薄賦令與孝弟同科者其重農也如是及
孝平元始之初有大農部丞之制分管勸課遂處耕桑未踰二三載
中墾田九百萬頃戶足人給流亡漸還又晉司徒石苞奏郡縣農桑
未有殿最宜增官屬有所巡檢帝俞其言民獲其利泊後或弛不可
備論逮乎李唐開元則立口分永業各定頃畝隨其等級於事雖涉
太煩亦可躰為常式但臣切見先有敕命遍下諸州俾置農師猶謂
勸人復本然雖有其詔誥而且無其主張坊村得以因循郡邑不覈
其殿最遂使耕耘之力尚遺畎畝之間故曰勸課之所未備也臣所
議上件事由兼有前古制度儻若陛下不遺芻蕘特賜施行即乞據
今村坊加之保伍隨其土斷不問僑居應是浮浪之徒悉歸版籍所
管然後按其人數授以土田五家為鄰五鄰為保遞相檢察責以農
桑勿容游食之徒勿縱惰耕之子仍更示其殿最勵彼屬官或土不

曠功則隆之以爵賞人有游力則降之以典刑自然上下相承小大
無隱良疇委而再闢游民蕩而復歸太古之風於今曷遠故曰精版
籍莫若遵閭伍之制備勸課莫若申殿最之科其有子細事宜更在
臨時條貫退循蠹昧無補盛明
靖任太常博士直史館又乞從京東西起首勸課疏曰臣聞國以民
為本民以食為天食足則民天協和民安則國本正固是以國非民
罔立民非食罔生夫先王之欲生其民豐其食者莫大於積穀而勸
農也農田之興教化攸重王制曰三年耕必有一年之食九年耕必
有三年之食以三十年之通制國用雖有凶旱水溢民無菜色然後
天子食日舉以樂抑所謂湯之流金爍石堯之懷山襄陵而國無捐
瘠者率由是道也臣往歲輒進淳化議五卷其一曰聚人乃遠自黃
帝已還歷叙鄉井農田之損益近自聖朝而上備論勸課圖籍之是

非續主判三司開拆及提點百司庫務日前後二拜封章皆議耕桑
利害又前年曲蒙聖造許歸往處寧親亦嘗稟取旨揮尋到古本版
籍去歲伏奉敕命差往荊湖復自許州附奏劄子兼乞容臣迴日別
具條件請行區區之心蠢勤不忘於農事者識以陛下御宇以來二
十餘祀躬臨庶政日總萬機以至宵旰忘疲夙夜不寐陛下之欲萬
邦咸寧而四岳十二牧之任未能遂堯舜之心陛下之欲九功惟叙
而六府三事之官未能致商周之理抑又臣先居省職日嘗奏公事
次伏覩金口宣示曰稼穡農耕政教之大本設有人為官家力行勸
課康濟黎元則鹽鐵搉酤是何末事并前歲中宣令尚方製造農器
散給諸郡使教民耕此又見陛下用意愈於前代哲王遠矣臣由是
晝忖夜度採古諭今或得之於方策之間或取之於衆多之議其可
損而益用於聖世者敢此布露而俟詳擇焉臣謹按方今天下土田

除淮海江浙荊湖隴蜀河東已外郡邑各在遠處或廢或開假使勸
課必行即日未見其利又古者強幹弱枝之法必先富貴於內敢請
指以京畿之地南北東西環遶三二十州連接三數千里其田之耕
稼者十纔二三又其耕稼之田所入租稅者十無五六既有坐家破
逃之戶又有惰農廢業之夫坐家破逃者則姦偽日生賦額歲減賦
額減則國用不豐國用不豐則配率科歛無所不行矣惰農廢業者
則游手日衆地利斯寡地利寡則民食不足民食不足則爭盜殺傷
無所不至矣又安得人康俗阜地平天成使萬乘端拱穆清百官靖恭
厥位凡欲革其弊鼎其利非遇明朝昭代孰敢議於斯乎臣切見漢武
帝之日曾封丞相田千秋為富民侯以趙過為搜粟都尉過執事於外
能為代田勠力教人人獲其利又孝平元始中置大司農部丞十三人
人部一州勸課農桑二年內定墾田八百二十七萬五百三十六頃

家給戶足國用充盈且以孝武孝平漢之中主也尚能選官擇吏蕆
事於當時矧陛下濬哲文明超邁舜禹若當才遴柬責成其功即前
代帝王將何以擬陛下之清光休烈者也臣愚不佞欲乞於大臣中
采其高識遠見誠能為國家立功立事者一人比田千秋只在中書
兼判大司農事又於朝行郎吏中取其才幹精通能撫民役衆者一
人為副司農比之趙過執事於外且從京東京西兩路良田美利之
所起首勸課仍兼轉運之名所貴事歸一家別無矛盾或殿最屬吏
或部領使臣分頭用心教民力穡又臣常由衙命出入所見拋荒田
疇或倚枕溝渠或比鄰城郭可以致國家紅腐之粟可以致民室巨
萬之資而皆卒是汙萊極目無際者臣亦嘗詢問備得緣由皆謂朝
廷累下詔書許民復業雖官中放其賦稅限以歲時然鄉縣之間行
用非細且每一戶歸業即須申報所由朝耕尺寸之田暮入差科之

籍追呼責問繼踵到村其免稅之名已受朝廷之賜而逐時之費踰
於租賦之資況民戶所致逋亡始因貧困或閃私下之債負或避官
中之征徭蓋不獲已而逃固非樂為其事尋為鄉里知覺即便檢責
資財或只元住室廬家事樂之種木計其所直至甚微茫鄉官即承
以了納稅租債家則爭以平折欠負不計遺下之物固是蕩然無餘
及至他日却來乃稱復業居止既失動用亦無雖欲歸耕農具何取
雖欲久住生計莫營以此逃亡不還者遂食於他鄉歸復田里者亦
無門而力穡且夫小人困患必思其姦姦心一萌何事不作若非聖
朝設法良吏盡心遏流蕩於隄防化災殃於福祐者則蚩蚩之類擾
擾何知臣性纇蒙志甚堅確臣子事無巨細動必期成儻陛下果納
愚言庶集其事更或朝行之內采擇未有其人則臣之幽孱得以待
罪頗備趙過之用以贊千秋之謀又若陛下不棄非才果授斯任則

臣願就官中借逐處之閑田曠土招逐處之末作游民誘以開耕未
論租賦官中亦譬如自來荒廢且令不係省司許臣別置版圖便宜
從事酌人戶之等第測田土之磽肥分配必務其得中課督必使其
無倦仍據逐戶歸業逐處授田至於細碎事宜並取大農擬議除卻
耕桑之外復教植木種蔬或養畜牛羊或孳蕃雞彘或給受田土之
際潛擬井田或營造室廬之時便立保伍應是養生送死之物追風
立社之資並令收積經營防備支用至纖至悉必躬必親使其黎庶
樂生官吏勤勸待至三五年後生計已成有室家物產以可懷有桑
土園林而可戀官中即量田收稅計戶定征以農司新附之人田合
計府舊存之戶稅共成圖籍置之司存為萬古之宏規乃一勞而永
逸或慮新歸民戶多是貧困艱窮心雖欲耕力所不及者若官中許
於逐處預借和糴價錢並管在農司斟酌擘劃或以充合造耕稼之

具或以為買糴粮種之資便須逐事計錢明收貫伯於東作之日貸
於逐人於西成之時取其償直據官中合要斛㪷依逐處時估分文
折納入倉分明係帳且在農司收管逐旋牒報三司看三司如要收
支即隨處差人交割仍點勘預借錢數准折勾銷有剩則計數潤官
有欠則農司催促此亦應用之良策有速成之要期臣合貢此言一
繫上旨又慮舊存稅戶見管催科覩新戶蒙優饒棄舊業却來歸附
既失計省之賦額又誤國家之軍須臣固不敢章此非功以為勤績
抑其間有兼并豪富之族自來廣占田土及坐家破逃亡之人承前
得其慣便見官行此勸課輒便用意無端或農司配田之時或人戶
請田之際紛拏競訟煩紊典刑乃須定在爭先塞其姦妄必使舊戶
甘心於條貫新戶得地以安寧正家給刑措之源國富人康之本降
次淮南江北諸道州軍候此地事如有成即彼處亦令勸課且臣又

聞昔者周公之理也。一年而變。三年而成。五年而定。鄭子産爲政。一年而人謗。三年而人頌。易曰吉凶悔吝生乎動者也。今臣以冗賤孤陋之跡。欲爲國家立長久遠大之規。誠恐忿嫉臣者多而成就臣者少。或興沮謗。誑蔘聰明。伏願陛下垂白日而照丹心。保元龜而體前事。容臣辛勤勉勵盡瘁於斯。倘三年無成五年不定。則國家自有典憲。微臣亦厭揣量。或流于幽州。或殛于羽山。皆臣之所甘心。固無恨也。然或五年以來事稍成就。況臣此際必已衰羸。兼慮前程隕躓無日。亦願陛下不加爵賞。只乞賜臣優閑。於百越之間。假二車之職。庶得狐死有期於丘首。鳥巢不遠於南枝。如此。即是陛下之知臣至矣而臣誓報陛下之心極矣。其他給受田疇。殿最官吏。創新戶之屬籍塞舊戶之姦訛。定差徭賦稅之等差。約儲積輦運之利害。有法度可以經久。有行用且合權宜。百事千端。無巨無細。臣悉請預大農之可否。采群議之是非。與衆士竭公共之心。助陛下數神明之教。顯有刑墨。幽有鬼神。苟違斯言。寧逃自孽。

真宗咸平五年。屯田員外郎盛梁乞授陳靖勸農使諭民耕田曠土疏曰。臣昨因行點檢本州戶口。尋究簿書。即今公私荒田已及六千一百七十餘頃。秋夏正稅全虧一十萬四千八百貫石有餘。初謂州縣之官不能綏撫。致鄉村之俗各暫流亡。前後繼降明勅。不住招喚。其如舊降勅書。只許歸業人戶容放一料苗稅。盡緣逃移之日。家資牛畜悉已破除。洎歸復之時。屋木田園例遭毀伐。墾土未觀於稼穡巡門已聽於征催。之牛羊雞犬之可陪。無屋舍園林之可戀。故有春歸夏去。秋復冬逃。以今近年州縣虛降版簿。計都額則空邁千萬。收實利則全無二三。臣伏見江南轉運使陳靖昔在先朝嘗陳農事。就其要指頗識淺深。臣欲望特降勅書委自陳靖先取江南兩浙公私

閑大荒田逐處頃畝數目。并訟征簿籍逃移人戶姓名。且於昇州都置勸農一司。俾於階衙之中。授以勸農使額。仍抽諳會田農人吏。攢成都大簿書。況逐處田土高下不同。內有久來逃移。攏畝全成榛蘙亦有近年流散。界址半已荒涼。復有白地平田。全作林菁之利。亦有被山兼水。頗蓄柴木之資。以此品量須分等級。仍乞逐州縣明掛敕牓。曉示諸色人戶。及更委陳靖揀選三五人循良官吏。散往諸州親諭鄉民。或有大段荒逃軍州。即委陳靖親自往彼。召耆年宿德之輩與親民守土之官。同就鄉園。少陳酒饌。達君父勸課之意。示朝廷寬大之恩。如人戶有元舊荒田久難歸復。或是他人物業素失開耕者除已有人戶占射爲主外。不問有稅無稅人戶。在公在私之家。以至事力僧人。宮觀道侶。並許量其事力請佃。計地耕耘。明與滅絕舊日稅名。剗去當時苗數。變兹曠土。悉作租田。仍許取便耕修。特免三年輸送。貴使修營住舍。蓄養豬牛。待其竹木有成。田疇見利。顧室閭而全備。覩稼穡以豐饒。即自窮苦兩忘。飢寒並去。疇肯更思游惰。再樂逋逃。然後每畝秋夏之中。都收二㪷租利。更免諸般配率。當例差徭臣所陳勸農之課程。益之則內外有成。損之則公私無害。況江浙所穫之財。自與諸路不同。有航舟可以運輸。有物帛可以變易。待其事成之後。有利歸官之時。即令逐處州軍每納租課。悉令別倉收受。遇凶歲則糶充民食。當豐年則貢作軍須。有餘糧足以濟民。有羨財足以助戰。如江浙成其厚利。則淮甸荊渚河北關西亦可依此施行。其有施行節目條貫事宜。約束之重輕。勸誘之法式。候諸處取到田段人戶都大數目齊整。亦乞降敕與陳靖與臣討理商量。別作畫一條奏。

六年。陳靖爲江南轉運使上奏曰。臣竊以民惟邦本。食乃民天。董子

婦人皆知此理今盛梁所陳農事頗合臣之素心實王化之大端聖
朝之急務然臣再三忖度未敢預聞其事者蓋中書劄子所降旨揮
令擴轄下州軍躬親子細相度不得行遣文字意者慮擾民戶耳況
江南農田久失制度公私弊病根柢滋深今朝廷若欲剗除必須明
行檢責若是慮有勞擾無若却且因循事既因循豈須擘劃臣嘗觀
史載粗究興亡見前代之拓人御遠方之妙術不使俗甚富庶亦不
使民至困窮俗富庶則侈僭之心生民困窮則怨亂之心起欲其侈
僭怨亂之不作當庶困窮而得中莫若周知田地之磽肥遍測租賦
之輕重民戶丁稚之多少物產貨殖之豐約紀綱正於手舒慘繫乎
時然後四海一家如指其掌也儻或覩深弊而不除忽後患而不慮
唯務姑息尚或推延臣恐民之蓄姦慣便於此日國家行事沮梲於
他時臣到任已來不敢廢職其諸處逃戶物產及官莊屯田臣先已

取得荒熟頃畝數目見在自去年七月已來後遂旋差人幹當於當
年之內其租課除舊額外頗有出剩以至逃戶物產官莊荒田頃畝
甚多並可勸課候相次或有良便上奏疑旒庶使利害顯然朝廷信
察今所奉指揮據盛梁起請農事令臣相度擘劃聞奏者以臣愚慮
若不先取進止固難容易披陳乞候將來臣或到闕即子細分析以
俟朝廷可否

仁宗皇祐元年右司諫錢彥遠上奏曰臣伏以農桑者生民大事國
家急務所以順天養民禦水旱制蠻夷之原本也本朝自祖宗以來
留意尤切故諸路轉運司提點刑獄臣寮知州通判皆帶勸農職名
授敕結銜政在督課而近歲徒有虛文初無勸導之實汙萊不闢事
出因循今欲乞應天府諸州軍於長吏廳各置勸農司以知州為長
官通判為佐官於部內各舉清強官一員兼充判官量抽吏人先將
部內諸縣今日已前見管墾田畝戶口數目陂塘山澤桑棗溝洫都
大之數著為帳籍仍開析見有若干逃移人戶賦稅荒廢田畝古之
水利後來殘毀者委自勸農官司多方設法勸課招誘安其生業去
其久害興其長利候至年終農隙之際轉運司遍行比較委是增得
墾田戶口數目或流人自占或逃移復業陂塘灌溉有利桑棗廣植
溝洫開闢賦稅增多丁口蕃息明著版籍不至煩擾者保明舉奏朝
廷特與就賜章服增其秩祿如一任終始悉有顯效令轉運司批上
曆子到闕委所司磨勘即乞超擢任使其判官亦特與磨勘引見其
轉運使提點刑獄臣寮每巡歷州軍先須點檢勸農司訖方得點檢
諸事如長吏等因循違慢職業無聞人戶逃移至多墾田之數日削
並乞除授散官監當其判官亦同降黜所貴天下本農生民富給為
萬世之基望詔三司檢舉舊賞罰施行

嘉祐六年起居舍人同知諫院司馬光論勸農劄子曰臣聞食者生
民之大本為政之首務也饑饉之世珠玉金銀等於糞土惟穀之為
寶不可一日無也今國家每下詔書必以勸農為先然而農夫日寡
游手日繁豈非為利害所驅邪今農夫苦身勞力惡衣糲食以殖百
穀賦斂萃焉徭役出焉歲豐則賤糴以應公上之須給債家之求歲
凶則流離異鄉轉死溝壑如是而欲使夫商賈末作之人坐漁厚利
鮮衣美食者轉而緣南畝斯亦難矣然則勸農者言也害農者政也
天下生之者益少食之者益多欲穀之無涸得乎哉為今之術勸農
莫如重穀重穀莫如平糴使諸路轉運使及州軍長吏遇豐歲能廣
謀糴入官滿之日倉廩之實比於始至增羨多者賞之其無水旱之
災益兵之費而蓄積耗減者黜之又令民能力田積穀者不以為家
貲數如是則穀重而農勸雖有饑饉常無流亡盜賊之患矣今歲河

北河東沿邊穀糴至賤此亦國家所宜留意者也
光又上奏曰夫農天下之首務也古人之所重而今人之所輕豈獨輕之又困苦莫先為何以言之彼農者苦身勞力衣麤食糲官之百賦出為百役歸焉歲豐則賤貿其穀以應官司之求歲凶則流離凍餒先衆人塡溝壑如此而望浮食之民轉而緣南畝難矣彼直生而不知市井之樂耳苟或知之則去而不返矣故以今天下之民度之農者不過二三而浮食者常七八矣欲倉廩之實其可得乎臣愚以為凡農民租稅之外宜無有所預衙前當募人為之以優重相補不足則以坊郭之民部送綱運典領倉庫不費二三而農民常費八九何則儇利戇愚之性不同故也其餘輕役則以農民為之歲豐則官為平糴使穀有所歸歲凶則先按籍賙贍農民而後及浮食者民有能自耕種積穀多者不籍以為家貲之數如此則穀重而農勸矣

仁宗時侍讀學士宋祁上奏曰臣伏見邊鄙用兵以來所急者莫急於食食者出於力農而國家未嘗留心於農事天下郡縣雖有陂湖塘堰例不修營轉運使知州通判但帶勸農之名略無其實又知州通判令佐結銜兼堤堰溝洫習以為常亦不復知是何等語是以農困食艱通天下計之常無一年之畜且天下無一年之畜古語以為國非其國況今大兵在外水旱難調脫若災儉相仍臣知國用盡於軍興則力耕之人餓死不救羸老委溝壑少壯為盜賊貽患國家非細事也臣欲望朝旨專下轉運使知州通判令佐等嚴行曉告使於部內各按求陂塘古跡可以利民救患者並令修復量率夫力限日計功如能不擾村鄉久遠利濟並與理為勞績優加酬賞若因此取受搔擾農人所犯一疋以上乞追官勒停十疋以上仍除名終身禁錮又條制舊有五戶各一保申明此條令力農之家五戶相保其中

如有惰丁游手不事桑柘不勤五穀田疇荒閑者並許本保申舉官司明行科罰遷配遠州其勤勸農業者國家每三年略行優卹自然人務農業國計必充

歷代名臣奏議卷之一百一十

務農

宋神宗元豐八年門下侍郎司馬光上奏曰臣切惟四民之中唯農最苦農夫寒耕暑耘霑體塗足戴星而作戴星而息蠶婦治繭績麻紡緯縷縷而積之寸寸而成之其勤極矣而又水旱霜雹蝗蜮間為之災幸而收成則公私之債交爭互奪穀未離場帛未下機已非己有矣農夫蠶婦所食者糠粃而不足所衣者綈褐而不全直以世服田畝不知捨此之外更有可生之路故其子弟游市井者食甘服美日覩盛麗則不復肯歸南畝矣至使世俗俳諧共以農為嗤鄙誠可哀也又況聚歛之臣於稅租之外巧取百端以邀功賞青苗則強散重歛給陳納新免役則刻剝窮民收養浮食保甲則勞於非業之作保馬則困於無益之費可不念哉夫農蠶者天下衣食之原人之所

仰以生也是以聖王重之臣不敢遠引前古切聞太宗皇帝嘗遊金明池召田婦數十人於殿上賜席使坐問以民間疾苦田婦愚戇無所隱避賜帛遣之太宗興於側微民間事固無不知所以然者恐富貴而忘之也故每臨朝無一日不言及稼穡真宗皇帝乳母秦國夫人劉氏本農家也喜言農家之事真宗皇帝自幼聞之故為開封尹以善政著聞及踐大位咸平景德之治有宋隆平之極景德農田勑至今稱為精當昔周公相成王作無逸曰先知稼穡之艱難乃逸則知小人之依蓋以一盂之飯一尺之帛莫不出於艱難人主既知之則不肯用之於無益散之於無功驕侈之心無自而生矣伏惟皇帝陛下富於春秋自非今者濬發德音大開言路使畎畝之民皆得上封事則此曹疾苦何由有萬分之一得達於天聽哉其文辭鄙俚語言叢雜皆身受實患直貢其誠不可忽也伏望皇帝陛下特賜省覽庶以開廣聰明資益聖性於民間情偽靡不周知異日太平之業由此為始矣

哲宗時同知諫院范祖禹論農事䟽曰臣近蒙賜告暫至許昌竊見畿內已苦雨潦詢之村民皆云鄉村安靜公私少事無呼召煩擾唯是年歲未得豐熟不旱則水民常艱食夏麥既薄或全不收秋苗雖茂唯憂潦損臣切惟陛下哀矜百姓賑恤鰥寡德之所及可謂至厚然猶和氣未應陰陽隔并欲修政事以應之願陛下推其心而已矣夫天道不遠在君心所以感之人君愛民則天亦愛之人君愛民者在知其勞苦而恤其困窮天下之人至勞苦而常困窮者農民是也周公作無逸戒成王以先知稼穡之艱難又言商之逸王不知稼穡之艱難不聞小人之勞人君不可以不知天生時而地生財自一粒一縷以上皆出於民力然後人得而用人臣之祿受之於君故不可

不報君人君之奉取之於民故不可不愛民天子者合天下之力而共尊養之凡宮室車馬服食器用無非取於天下皆百姓之膏血也其作之也甚勞其成之也甚難安而享之不可不思其所從來思其所從來則愛之而有不忍費財之心憂之而有不忍勞民之心以此之心行此之政而天下不安者未之有也天下之大生民之衆唯繫於一人之心君心靜則天下靜君心不靜則天下亦不靜朝廷唯恭儉節用無所營為常恐煩百姓則天下安息先王豈能人人而食之人人而衣之哉推其仁心脩其仁政以及天下則所被者廣矣臣願陛下當食則思天下有飢而不得食者當衣則思天下有寒而不得衣者凡於每事莫不皆然唯推至誠以召和氣庶幾皇天報應降豐年之祥使百姓家給人足則太平矣昔漢昭帝耕于鉤盾弄田其事至微史臣書之蓋以昭帝欲知稼穡之艱難與周公戒成王之意同也

周世宗留心農事。常刻木為耕夫蠶婦置之殿庭。欲見之而不忘。國朝祖宗以來。尤重農穡。太宗嘗謂近臣曰。耕耘之夫最可矜憫。春蠶既登。併功紡績。而繒帛不及其身。田禾大稔。充其腹者不過蔬糲。若風雨乖候。稼穡不登。將如之何。真宗於內殿植稻麥。臨觀刈穫。欲知田畝之勞。至今遵之。惟陛下深留意於農政。而常以保惠小民為先。則天下幸甚。

文彥博上奏曰。臣聞化國之日舒以長。蓋不奪農時。不妨民力。故日力有餘。而歲收有望。臣竊以自春以來。時雨愆亢。人情惶惶。謂必艱食。至今月八日大雨霑霈。庶民鼓舞。急於田事。老幼就功。力穡有秋。正在今日。臣慮州縣親民之官。不知農事之急。以小小詞訟勾追證逮。禁繫淹延。至於隨司門留亦皆拘繫。頗妨農作。臣欲乞下諸路久旱郡縣。當此農事急切之時。民間小可詞訟鬬爭。一切且罷追擾。除

事干人命及劫賊急切公事。即依常施行。

徽宗建中靖國元年。左司諫江公望上奏曰。臣聞損上者益下之道。厚下者安上之義。未有不先厚下而上尊居者也。未有下不益而上獨有餘者也。民為邦本。食為民天。洪範八政。以食為先。必曰農用八政者。益下之道也。詩之公劉以疆場為先。必篤公劉者。厚下之義也。召康公獻公劉之詩於成王涖政之初。箕子陳八政於武王勝商之後。以大君初政。貴乎知本。本立則政舉矣。故教定於既富。禮興於足食。操大器者未有不以農為急。今天下四民雜處。侈靡淫巧之智興。轉而為工者。皆是倚市罔利之徒。熾散而為賈者。不可勝數。執公府之役。一邑之中不知其幾家焉。怠惰游手。一家之中又不知其幾人焉。故一夫耕。十夫待哺。千家耕。百家仰食。豈獨如是。軍賦於是乎出。公須於是乎興。賓客冠婚喪葬於是乎在。一有旱乾水溢。雖終歲勤勤。糟糠不厭。流離轉徙於溝壑。朝廷雖遣使發倉廩以振救之。死已十八矣。監司郡守雖有勸農之名。而無勸課之實。設有其實。人必指為迂濶而竊笑。故不能持久也。漢文帝以孝弟力田者同科。詔書勸諭。謁者賜勞。自今海內富足。禮義興而幾致刑措。令郡守縣令以外任之輕。安於苟簡而不究治民。不安業。澤不下流。無足怪也。臣伏覩行勸課力田之詔。發於惻怛。重於丁寧。終以不倦。以田疇墾廢多寡之地為守令進退之法。其有田疇加闢。民安其政。雖長子孫勿易。於是久任之道寓焉。璽書勉諭。加秩賜金。須公卿則簡之郡守。闕郎選則縣令入補。於是外重之勢舉焉。一舉而三得之矣。蓋外重則久任者安於圖治。不為苟簡因循之政。加之惻怛丁寧不倦之詔諭。雖有不欲力田之民蓋寡矣。由是富庶之俗興。禮義之教行。天下之不治者未之有也。伏望陛下少留意焉。天下幸甚。

徽宗時。御史中丞王安中請行籍田禮劄子曰。臣伏覩陛下肇建明堂。既訖嚴配。乃以十月之吉首行授曆頒常之禮。三代墜典。復見今日。可謂甚盛之舉矣。臣幸以言語待罪禁林。於禮文之事。宜因有陳。然臣愚憒淺陋。不足以仰窺聖學。竊嘗攷之月令之文。蓋欽授民時。使時以作事者。於農事為尤謹焉。農。天下之本也。親耕之禮。事之本也。王籍千畝。天子三推。先農之祀。耒耜之載。種稑之獻。見於經者其備甚詳。昔我太宗肇行是禮。有司告畢。猶以不終千畝為恨。迄於仁祖。惟稼穡是好。明道再籍。弁冕舉趾。進至十有二畦。三公而下咸盡壠焉。神考稽古剏法。正茲國南之位。哲廟繼志述事。務以思文之名。恭惟累聖所以敷遺陛下者。抑又大備。時令之頒。此實先務。比者迎真慶成。臣獲扈清蹕。待事郊次。嘗寓耤田。壇壝榛蕪。棟宇摧圮。殆不足稱陛下重本務農之意。恭惟陛下天錫獨智。自初臨御。立經陳紀。

全法三代之盛聖治昭格天人同和風雨順序既屢有年而搢紳之士郊甸之老猶欲拭目朱紘黛耜之觀者蓋上以無忘列聖之德下欲元元之衆躋于富壽振古如茲而已臣愚欲望陛下申命有司參具典故斷自聖意順時幸臨若乃仗衛之設賚予之數赦宥之澤則願陛下約文以就質抑末以隆本必于今無所甚費則久遠可以時行損益之宜惟陛下所詔臣言狂瞽或有可采即乞特降處分討論取旨施行

通判李新乞戒飭郡守勸農不以其實劄子曰臣竊聞陛下孟春之月親屈玉趾行幸南郊躬耕籍田以先天下行一撥三推之禮舉百年之墜典示萬世之禮容穜稑之種出自深宮鸞輅之音乃光原野父老動色中外驩呼夫以一人之尊而俯為大農之事則勸農之官其將何以順承聖意臣又聞昔者郡守春秋行縣觀風俗課農桑而

暴吏乘時風俗未甞觀農桑未甞課千騎五馬重擾屬邑飾廚傳載賓客攜妓效東山之遊遊山寺如潘孟陽之作所以先朝廢罷郡守行縣正為此也今雖帶勸農之名而無勸農之實臣欲乞知州每春行縣勸農量帶人從所至不得再宿及取索供帳令人除道約束戒嚴厲色悚動輒受饋送從人丐乞錢物其贓先坐知州不許以失覺察原免則勸農之官知所畏而農知所勸歲約有年此富庶之本原也

高宗時章誼上奏曰臣聞禁暴不可以無兵而彊兵莫先於足食蓋定亂則倚兵足食則倚農古今一道也然而古者兵農混而為一苟可籍而為兵者衆則農必多農既多則食必足後世兵農分而為二苟可籍而為兵者多則農必少農愈少則食愈乏觀今日連營列戍之兵則皆昔時耕鑿之民今日蓬蒿荊棘之地則皆昔時稼穡之野地既廣而農稀兵不耕而仰食於此不恤而欲曠日持久國家安富未見其可也臣近因奏對嘗乞授閑田以給諸軍以裕兵食矣今伏思之曠土尚多閑民猶衆古之民也四或為士或為工或為商而農居其一焉然士則農之秀出而有德行道藝者也方其未仕也是亦農而已則是古者四民而農居其二也今之民也九蓋從仕者衆執兵者多僧道連墻工商接武徒隸盈於官府游惰塞於道塗舉是八等之人其為農者百不一二焉夫人不為農則家不蠶織矣不蠶則無衣不農則無食加以兵革未息賦斂日至設有水旱饑饉將何善其後哉唯陛下執古御今務農重穀設為法制率是八等之人使無不授田而唯農之為勸則王業可興而國勢鞏固矣如臣言可採乞付外廷措置施行

李石上勸農疏曰竊觀漢文帝勸農之詔二十三年之間至於十數

未甞不惓惓太息且漢興民僅息戰爭之苦以歸安於田畝歲月未幾以謂不如此不足以招徠勸集以作其游手怠惰之氣以趍於富足衣食之源如文帝者可謂知所本矣仰惟陛下親耕天田以風天下勸農之心切切然矣如江湖兵火焚掠之地今皆化為墾闢禾黍之場大抵勸率之效也今蜀以連年水旱農有種而不得其穫耕而不得其食縣官力役迫之於其前兼并督責驅之於其後至於賣牛折屋棄田里以去野無棲粮田有荒萊者十居五六矣州縣以勸農為官獨不一為陛下省念之乎且以名其官者當思履其事令乃指為不急之務每以故事具酒食郊次召耆鄰白髮之老號名曰農以勞之特為宴游虛文其實無補農務農耕之勤惰與田闢之多少彼不知也蒙其名而怠其事可乎且陛下方求所以裕民為無窮之利者使蜀民疾耕力耘自足於飽暖民足則君足矣不必他求也臣願

陛下以農為裕民之本於詔旨丁寧及之如文帝焉則水旱之備可無慮也

蘇籀上務農劄子曰臣聞王政之先務農為本觀周公豳風所陳后稷以來田畯耜饁斧戕蠶桑重穋滌場黄纁績褐想見先王憂利厚生之叙慨然稼穡艱難小人之咨耆思文之粒烝民底于道矣古之治財者非一凡籠貨筭緡運米斂積甚勤且裕而周公所陳淵源深矣珠玉泉貨寒不可衣飢不可食有補飢寒而至重者粟帛也二者不充則他財無益盖禾不天降非民力不生縑不地踊非民工不成今陛下帑藏出于租稅每歲禄廩軍賓以百萬計五年之蓄九年之備殆其可念自昔承平諸路之賦常不能自給素所仰者東南數十郡今淮南往往為斥候之郊罕復種植賦入惟恃二浙而已吳地海陵之倉天下莫及稅稻再熟貢絲八蠶方今縑綺之美不下齊魯又增以鹺鐵籠榷之盛夫復何加白丁工女終身絲縠五符尺籍盡力邊疆行陣者無暇播穡南畝者甘心餉饋二者互相養衛田夫必億兆於甲士犂牛必百倍於戰馬而後濟矣嗚呼孰謂溫飽天下而富強邦國非農也哉四民之最苦辛三務之最勞劇苟寬裕其生生之業則士商工及末務者亦不匱矣臣竊惟先聖有敦本興王之要道田里之安恃賢守令亦不必其躬行阡陌以為勸課惟科斂正辟惻怛務實使民養生送死無憾人心悅則陰陽和陰陽和而天地平於是風雨時若耕織咸遂殆其庶矣太公言寬民之目曰利之而勿害成之而勿敗生之而勿殺與之而勿奪樂之而勿苦喜之而勿怒夫如是地無遺利家有羨餘縣官豈在加賦侵年而後足用閭閻困矣則邦本不固矣姑令有司量入為出出納之間不失欽慎歲計時辦裁抑浮冗累歲均省必致京坻之豐山嶽之儲帶甲百萬陳錫周洽

篚實盈溢民有蓄藏縠縑雖鉅萬不以為家貲數雖公私咸有九年之積可也禮義益敦風化益厚矣陛下待遇守令賞罰以其勤惰於民才否必由民之謗譽誰敢不盡力哉嘗聞漢人推衍鹽鐵條目之說至數十萬言亦是裨益邦家之術臣謂習讀詩書敦本而末茂矣儒家仁富與霸道固異也臣不勝區區越職昧死以聞伏惟聖明裁擇

寧宗嘉泰初起居郎虞儔上力田劄子曰臣待罪柱史遲鈍無取蒙陛下畀節郡謝廣庭所得於詢訪聞見之實者臣以口奏及見於進呈日錄矣臣嘗謂守邊莫若務富其民欲富其民莫若務興力田竊見兩淮多曠土官司往時募人營墾聽其占佃今已殆遍謂如佃田百畝往往廣為四至逾千畝者然其所占雖多力實不給種之鹵莽收亦鹵莽大率淮田百畝所收不如江浙十畝況有不及耕種去處以故淮郡雖號佃田殆遍而民間實無蓄積一遇水旱歲歉人情便覺皇皇況淮上土力壯厚與中原不異特患人力不至耳使如江浙農民耕耨以時灌溉有度務盡地力其為利豈不甚厚臣願朝廷興力田之科詔有司立為條格下兩淮監司守臣勸諭有田之家以來歲為始候布種畢日委字民之官躬履阡陌如有能招徠客戶資給牛種務盡地力可為農民勸率應條格者次第保明申奏特與推恩如占佃數多耕種弗遍撿踏標出只聽給元佃實數籍其餘歸之官別召客戶耕種其字民之官亦以力田為殿最賞罰之庶幾淮民知所激勸而以服田力穡為務不過數年地有羨利官司且與寬其征賦使民戶自臻富實豈特水旱之有先具至若民兵兵甲器械皆可以責其脩備春秋教閱皆可繩以紀律實守邊之要務也如蒙陛下採擇施行之誠非小補臣不勝惓惓

金宣宗貞祐三年濬州防禦使田琢上書曰河北失業之民僑居河南陝州蓋不可以數計百司用度三軍調發一人耕之百人食之其能贍乎春種不廣收成失望軍民俱困實繫安危臣聞古之名將雖在征行必須屯田趙充國諸葛亮是也古之良吏必課農桑以足民黃霸虞詡是也方今曠土多游民衆乞明勑有司無蹈虛文嚴升降之法選能吏勸課公私皆得耕墾富者備牛出種貧者傭力服勤若又不足則教之區種期于盡闢而後已官司園牧勢家兼并亦籍其數而授之農民寬其負算省其徭役使盡力南畝則蓄積歲增家給人足富國强兵之道也宣宗深然之

元世祖時趙天麟上策曰臣聞稻粱黍稷絲枲布帛極今古以咸資貫人神而並用口非匏瓜終日不可不再食身無毛羽卒歲不可不製衣一夫不耕天下有受其飢者一婦不織天下有受其寒者若使男不遺畝以盡地利女不下機以盡人力則豈有飢寒不足之人哉我聖朝若稽古道旣立司農司又令臨民官兼管內勸農事凡以當務之爲急也然天下有無田可耕之家有有田不耕之者所以凍餒之人尚衆乞匄之人尚多臣謂四民之勞苦天下之大本莫過於農家而已夫士人學以居位勤而不勞者也工人作巧成器勞而不苦者也商人通財鬻貨末而不本者也農人之閑暇惟冬而已矣於是晝爾于茅宵爾索綯亟其乘屋以待春陽播厥百穀以趍東作三之日于耜四之日舉趾霑体塗足瘁身龜手面塵不遑洗頭蓬不暇梳丁壯興功老弱饋食披星帶月夜不安眠冒雨衝風晝不啓處耕事未已而蠶事起矣懿筐採桑斧斨伐揚一月之間古人謂如寇盜之至非虛言也至於炎天爍火午日流金耘耨荒蕪用齊嘉種氣如微線汗若翻漿以至秋成而登場築圃尚未知天意之或水或旱或豐

或歉如之何也於是父母之仰事妻子之俯畜租稅之科納軍民之差役胥吏之侵漁縣役之費給鄉里之慶贈婚嫁之聘會宿負之還償田具之補置一年之計但望秋成一產之資破散不一故區區稼穡汲汲蠶桑計其經費選善者而鬻之而納之而折之其餘絲絮荒穢者自衣之穀稻之秕糲者自食之設如年豐則一年辛苦而一時懽樂雞豚社酒擊壤謳謠尚可道也儻遭水旱則雖號泣旻天孰救之哉將并田宅而鬻之矣雖然上至天子下至庶人不可一月無農家故曰四民之勞苦天下之大本莫過於農家而已也又按豳風有饁彼南畝田畯至喜之語蓋皆百姓勸其事而愛其吏自願饋之非督使供食也今之勸農者皆自賫饌饎往說于田恐有汙濫之官因勸農而適野遂恣意以宣驕飫食非膏粱先之以怒詈酒醴非多旨繼之以鞭朴饜其腹於胥吏投其餕於鷹犬名爲勸農適所以擾農也臣竊傷農家之勞苦憤官吏之搔擾顧天下之大本伏望陛下軫於睿慮重此農桑躬耕籍田后親蠶以先之凡農家之孝弟力田者鄉三老具實舉之免其人當年所耕田租稅之半凡民恃富無他故而有田不耕有桑不蠶者鄉三老具實舉之就於當年倍科其閑田之租稅凡民老幼有田不能耕有桑不能蠶者令下之後限一年須要僱傭客戶完置牛具違限者如無故不耕蠶之例凡勸農官嘗內有田桑無故不耕蠶者委廉訪司察勸農官而罰之凡逃戶田桑令下之後限一年官爲召人耕蠶違限則委廉訪司察勸農官而罰之凡勸農官皆可自具飲食若以後復有搔擾農家者委廉訪司察之如受賄之罪罪之可也如是則官皆慎勸民皆力耕男有餘粟女有餘布矣

天麟又策曰臣聞祭祀者人之大端衣食者人之常理上自天子下

至庶人據此之務不可闕也今聖朝天開吉慶人沐鴻庬立太常之正卿設司農之大寺職尸三禮望重三農欽乃攸司可謂備矣但以籍田之禮尚未施行公桑之儀似猶虧闕至如郊天祀祖冀為其豐潔之粢盛有事致齋倚以得鮮明之衣布則將發倉廩而取粟向坊局而取衣是皆農夫之所樹藝紅女之所繅織雖有籍田而寔非陛下之所耕也雖備服物而亦非后宮之所出也以之對越神祇享于祖禰道或未盡禮不徒成陛下之心能無少歉謹按禮經之義遠稽前世之文適三陽交泰之春當是月上辛之日祈穀于太微之帝再擇乎吉亥之辰封人壝宮掌舍設柢太僕秉轡保介從行綴黛耜于紺轅冠朱紘之華冕乎秩東作爰至南郊具庶甸之官偕億萬民之瞻視天顏咫尺際恭就於三推黎庶三百合遂終于千畝公卿以下隨爵秩而亦耕燕飲之宜布龍光于既返內宰獻種于厥後神倉斂

獲于西成一旦用之中心足矣此天子籍田之禮也載按古經之文周達王后之制杈服不備不敢以祭天子有公桑之地地逼于川築蠶室于其旁建后宮于其上宮高一丈棘繞垣墉外戶扇而掩之逢大昕而崇此禁伐桑柘因具植筐后妃齋戒而臨焉戕斧由斯而動矣浴蠶手水戾葉手風蠶卒眠矣歲既單矣吉婦之勤就矣奉繭獻于后矣后於是而言曰此以為君服與遂副褘而受之因少牢以禮之復詮良日后乃親繅手既三盆事終群下染之以玄黃朱綠為之黼黻文章君王致祭從而服之此后妃公桑之制也其文可考厥義甚明舉而行之可謂易矣此禮似輕而實重此制似小而極大蓋所以荅祖宗之功德盡祭祀之至誠知稼穡之艱難先天下以務本也伏望陛下無忽魏公之直諫式同漢帝之親耕于彼天田成茲盛事南瞻北顧三思粟帛之原上化下下一警農民之意於昭文化以迓太

平垂諸典章永示嘉範更望中宮協聖做古親蠶大增助日之月光深盍配乾之坤厚陰功浩浩陽叙明明守恒德以無疆獲泰亨之常定如此則下使田家之赤子做父母以服勤上獲宗廟之靈神喜真誠而垂祐矣

歷代名臣奏議卷之一百十一

田制

後魏文成帝時。民困飢流散。豪右多有占奪。主客給事中李安世上疏曰。臣聞量地畫野。經國大式。邑地相參。致治之本。井稅之興。其來日久。田萊之數。制之以限。蓋欲使土不曠功。民罔游力。雄擅之家不獨膏腴之美。單陋之夫亦有頃畝之分。所以恤彼貧微。抑茲貪欲。同富約之不均。一齊民於編戶。竊見州郡之民。或因年儉流移。棄賣田宅。漂居異鄉。事涉數世。三長既立。始返舊墟。廬井荒毀。桑榆改植。事已歷遠。易生假冒。彊宗豪族。肆其侵淩。遠認魏晉之家。近引親舊之驗。又年載稍久。鄉老所惑。群證雖多。莫可取據。各附親知。互有長短。兩證徒具。聽者猶疑。爭訟遷延。連紀不判。良疇委而不開。柔桑枯而不採。僥倖之徒興。繁多之獄作。欲令家豐歲儲。人給資用。其可得乎。

愚謂今雖桑井難復。宜更均量。審其徑術。令分藝有準。力業相稱。細民獲資生之利。豪右靡餘地之盈。則無私之澤。乃播均於兆庶。如阜如山。可有積於比戶矣。又所爭之田。宜限年斷。事久難明。悉屬今主。然後虛妄之民。絕望於覬覦。守分之士。永免於淩奪矣。帝深納之。

宋太宗時。太常博士直史館陳靖上言曰。逃民復業及浮客請佃者。委農官勘驗。以給受田土。收附版籍。州縣未得議其差役。其田制為三品。以膏沃而無水旱之患者為上品。雖沃壤而有水旱之患。埆瘠而無水旱之慮者為中品。既埆瘠復患於水旱者為下品。上田人授百畝。中田百五十畝。下田二百畝。並五年後收其租。亦只計百畝。十收其三。一家有三丁者。請加受田如丁數。五丁者從三丁之制。七丁者給五丁。十丁給七丁。至二十三十丁者。以十丁為限。若寬鄉田多。即委農官裁度以賦之。其室廬蔬韭及桑棗榆柳種藝之地。每戶十丁者給百五十畝。七丁者百畝。五丁者七十畝。三丁者五十畝。不及三丁者三十畝。除桑功五年後計其租。餘悉蠲其課。太宗從之。

哲宗時。畢仲游上奏曰。有人則有田。有田則有分。田有瘠薄。人有衆寡。以人耕田。相其瘠薄衆寡而分之。謂之分。分定而以名自占之。謂之名田。無甚難行者。而至今不行。則其制未均。而恤之太甚故也。蓋周井田之法。一夫一婦受田百畝。餘夫二十五畝。以至工商士人受田亦各有差。而又分之不易一易再易之差。以一夫一婦而受百畝。無主客之別。比今二百畝矣。以不易一易再易之相掩。而又有餘夫。則比今三百畝矣。什一而征。無他賦斂。而又歲用其力。不過三日。則比今四百畝矣。而何武之

制。自諸侯王及於吏民。皆無過三十頃。以一諸侯王而財七八農夫。此所謂制未均者也。名田之議。起於董仲舒。申於何武師丹。至晉泰始限王公之田以品為差。而均田之制。起於後魏。至唐開元亦嘗立法。而卒皆不行。夫名田之不行。非下之人不行。乃上之人不行也。非賤者而不行。乃貴者而不行也。在上而貴者。載高位。食厚祿。官其子孫。而賞賜狎至。雖田制未均。猶當行也。而何師之議。則專於丁傅董賢。晉魏有存則名存而實去。此則所謂恤之太甚者也。今將議占田之數。酌復除之法。則周官之書。漢魏隋唐之制。有可行者。有不可行者。董仲舒以秦變井田。民得買賣。富者連阡陌。貧者無置錐之地。宜少近古。限民名田。以贍不足。塞兼并之路。其說雖正。而不聞其制度。何武之制大狹。今日之制大無限。宜約周官授田之數。與唐世業口分之法。參其多少而用之。士大夫則因其

品秩之高下與其族類之衆寡無使貴者有餘而貧者不足要之仰足以事父母俯足以畜妻子旁可以及兄弟朋友而不為兼并則善矣昔周官小司徒辨征役之施舍鄉大夫國中貴者賢者能者服公事者老者疾者皆舍征秦民耕織致粟帛多與漢之孝弟力田皆復其身而丞相之子返與戍邊為踐更卒則今日之復除亦可因而為法九品者復其身六品者復其子孫五品以上乃復其家而戍邊之制可易以助今齊民之役雖丞相子必使出泉以助之則下貧之室不困於重煩而在上貴者亦不純於僥倖然田制之未均可以均也非今日之患也迫於富家大室而恤之甚者則自漢已來未有以處之今日之患也夫事稽之於古而不合驗之於今而未見其利害測之於人情未得其中若是者誠難行也今占田之數復除之法稽之於古無不合驗之於今已見其利害測之於人情得其中加之無丁傳董賢之用事而今日之議過於何武師丹則無以富家大室為難而行之矣天下幸甚

徽宗時李復上限田劄子曰臣竊見兼并強侈使小民不得安於
朝廷愛養仁厚之政者無甚於今日蓋小民無知非惟但見目前小利又多不給豪猾高貲多張術以網羅之率餌其毒良田舊業浸併而盡且如一村昔有數十家為其兼并止有三五家又流而旁侵別村若火始炎勢熾未已是平日數十家盡歸一家心猶未滿又有占田已是中人百餘家之產者夫強者鳴鐘於堂列鼎於庭役保常民千百其指州縣之故隨其低昂弱者日浸以削歲有不登則有轉徙流散之憂此不可不慮也著令雖有限田之法未嘗推行其法亦疎而未盡臣願詔有司重為講究使之詳密別為立法官戶百姓各為裁抑不敢侵齧貧弱以廣
聖朝之仁政

高宗時中書舍人洪遵論限田劄子曰臣恭仰
陛下愛民之心至誠惻怛近以臣僚建請行限田之制令臣等看詳行下其法本於抑兼并恤編戶寬力役可謂盡善然州縣猾吏因緣為姦至於墓地蔬圃例皆紐計中下之家惟恐頃畝溢格至有貨鬻墳山以避徭役者甚非立法利民之本意而奉行之官不能体國漫弗加省臣愚欲望
聖慈命戶部行下令品官之家止限見在田產應山林園圃及墳塋地段並行豁除仍乞只以逐縣為率許依新制各計頃畝不通一州之數庶幾田制稍寬不致重擾天下幸甚

光宗時知漳州朱熹條奏經界狀曰臣准尚書省劄子備奉
聖旨指揮令臣相度漳州先行經界事聞奏者臣衰晚迂疎無所能似猥蒙
聖恩畀以郡紱靜惟僥冒常懼無以補報萬分今者乃幸遭逢
聖朝不忘遐遠推行仁政首於二郡以臣適守是邦使得與討論之列其為慶幸何可勝言臣自早年即為縣吏實在泉漳兩郡之間中歲為農又得備諳田畝之事竊見經界一事最為民間莫大之利其紹興年中已推行處至今圖籍有尚存者則其田稅猶可稽考貧富得實訴訟不繁公私之間兩得其利獨此泉漳汀州不曾推行細民業去產存其苦不勝言而州縣坐失常賦日朘月削其勢亦將何所底止然而此法之行其利在於官府細民而豪家大姓猾吏奸民皆所不便故向來議臣屢請施行輒為浮言所沮甚者至以汀州盜賊藉口恐脅
朝廷殊不知往歲汀州累次盜賊正以不曾經界貧民失業更被追擾無所告訴是以輕於從亂其時初未嘗有經界之役也以此相持久無定論不唯汀州之民不能得其所欲而泉漳二州亦復并為所累弊日益深民日益困論者惜之今者議臣之請且欲先行泉漳二州而次及於臨汀既已[illegible]州盜賊過計之憂又有以慰兩郡貧

民延頸之望誠不可易之良策也臣雖多病精力早衰無以仰副使令然不敢先一身之勞佚而後一州之利病竊獨任其必可行也然今已是仲秋向去十月農隙之時只有兩月之久若蒙聖慈特許施行則所有合行事件欲乞便令監司州郡一面施行若俟得旨方行奏請更俟報可竊恐遲緩不及於事須至條畫幷此奏聞令具下項

一推行經界最急之務在於推擇官吏臣昨因本路諸司行下詢究嘗具已見申陳欲乞朝廷先令監司一員專主其事使擇一郡守臣汰其昏繆疲輭力不任事如臣等者而使郡守察其屬縣令或不能則擇於其佐又不能則擇於他官一州不足則取於一路見任不足則取於得替待闕之中皆委守臣踏逐申差或權領縣事或只以措置經界為名使之審思熟慮於其始而委任責成於其終事畢之後量加旌賞果得其人則事克濟而

民無擾矣伏乞聖照許賜施行

一經界之法打量一事最費功力而紐折筭計之法又人所難曉者本州自聞初降指揮即已差人於鄰近州縣已行經界去處取會到紹興年中施行事目及募本州舊來有曾經奉行諳曉筭法之人選擇官吏將來可委者日逐講究聽候指揮但紹興年中戶部行下打量攢筭格式印本多方尋訪未見全文竊恐諸州亦未必有欲乞聖慈特詔戶部根檢謄錄點對行事

一圖帳之法始於一保大則山川道路小則人戶田宅必要東西相連南北相照以至頃畝之闊狹水土之高低亦須當衆共定各得其實其十保合為一都則其圖帳但取山水之連接與逐保之大界總數而已不必更開人戶田宅之闊狹高下也其諸都合為一縣則其圖帳亦如保之於都而已不必更為諸保之別也如此則其圖帳之費亦當少減然猶竊慮今日民力困弊又非紹興年中之比此費雖微亦恐難以陪備若蒙朝廷矜憐三郡之民不忍使之更有煩費則莫若令役戶只作草圖草帳而官為買紙雇工以造正圖正帳專委守倅及所差官會計買紙雇工之費實用若干錢物具申漕憲兩司許就本州所管兩司上供錢內截撥應副如此則大利可成而民亦不至於甚病矣又據龍巖縣尉劉壁申經界之行惟里之正長其役最為煩重彊理畎畝分別土色均攤稅賦其在當時動經歲役出入阡陌妨廢家務固已不勝其勞一有廣狹失度肥磽失宜輕重失當則詞訴並興而督責又隨至矣然有產則有役適當重難使出心力以應役使亦無可奈何然彼皆鄉民安知經界書筭則必召募書人以代此役而書人能書筭必嘗為胥史之桀黠者

莫不乘時要求高價執役之人急於期限不免隨索則酬而又籌書圖帳所用紙札亦復不貲執役之人安能勝此勞費竊謂經界之在今日不可不行行之亦不患無成若里正里長書人紙札之費有以處之則可舉行若坐視其殫力耗財如曩日恐非仁政之意也臣竊詳此意與臣所奏大指畧同而所陳利害更為詳盡伏乞參照特許施行

一紹興經界打量既畢隨畝均產而其產錢不許過鄉此蓋以筭數太廣難以均敷而防其或有走弄失陷之弊也若使諸鄉產錢祖額素來均平則此法善矣若逐鄉產錢祖額本來已有輕重即是使人戶徒然遭此一番打量攢筭之擾而未足以革其本來輕重不均之弊無乃徒為煩擾而不免有害多利少之歎乎今來推行經界乃是非常之舉不可專守常法欲乞特許產

錢過鄉通縣均紐庶幾百里之內輕重齊同實為利便伏乞聖
照特許施行
一本州民間田有產田有官田有職田有學田有常平租課田名
色不一而其所納稅租輕重亦各不同政使坐落分明簿書齊
整尚難稽考何況年來產田之稅既已不均而諸色之田散漫
參錯尤難檢計奸民猾吏並緣為奸實佃者或申逃閣無田者
反遭俵寄至於職田俵寄不足則或撥到諸色官錢以充之如
此之類其弊不可徧舉今來欲行經界若更存留此等名字則
其有無高下仍舊不均而名色猥多不三數年又須生弊為今
之計莫若將見在田土打量步畝一槩均產每田一畝隨九等
高下定計產錢幾文而總合一州諸色租稅錢米之數卻以產
錢為母別定等則一例均敷每產一文納米若干錢若干（去州縣遠處通減令輕）

米只一倉受納錢亦一庫交收卻以到官之數照元分
數分隸若干為省計若干為職田若干為學糧若干為常平逐
旋撥入諸色倉庫除逐年二稅造簿之外每遇辰戌丑未之年
逐縣更令諸鄉各造一簿（今子午卯酉年應辦大禮寅申巳亥年辦發舉人唯此四年州縣無事）
開具本鄉所管田數四至步畝等第各注某人管業有典賣則
云元係某人管業某年典賣某人見今管業卻於後項通結逐
一開具某人田若干畝產錢若干使其首尾互相照應又造合
縣都簿一扇類聚諸簿通結逐戶田若干畝產錢若干文其有
田業散在諸鄉者則併就煙爨地分開排總結並隨秋科稅簿
送州印押下縣知佐通行收掌人戶遇有交易即將契書及兩
家砧基照鄉縣簿對行批鑿則版圖一定而民業有經矣但或
者尚疑如此則本州產田納稅本輕而今當反重官田納租本

重而今當反輕施行之後爭競必多須俟打量了畢灼見多寡
實數方可定議其說似亦有理伏乞聖照并與行下俟一面打
量了畢別具利害申奏聞次
一本州更有荒廢寺院田產頗多自今並無僧行住持田土為人
侵占逐年失陷稅賦不少將來打量之時無人照對亦恐別生
奸弊加以數年將逐不可稽考欲乞特降指揮許令本州出牓
召人實封請買不唯一時田業有歸民益富實亦免向後官司
稅賦因循失陷而又合於韓愈所謂人其人廬其居之遺意誠
厚下足民攘斥異教不可失之機會也伏乞聖照特許施行右
謹錄奏聞伏候勅旨
理宗淳祐六年殿中侍御史兼侍講謝方叔上言曰豪強兼并之患
至今日而極非限民名田有所不可是亦救世道之微權也國朝駐

蹕錢塘百有二十餘年矣外之境土日荒內之生齒日繁權勢之家
日盛兼并之習日滋百姓日貧經制日壞上下煎迫若有不可為之
勢所謂富貴操柄者若非人主之所得專識者懼焉夫百萬生靈資
生養之具皆本於穀粟而穀粟之產皆出於田今百姓膏腴皆歸貴
勢之家租米有及百萬石者小民百畝之田頻年差充保役官吏誅
求百端不得已則獻其產於巨室以規免役小民田日減而保役不
休大官田日增而保役不及以此弱之肉彊之食兼并浸盛民無以
遂其生於斯時也可不嚴立經制以為之防乎去年諫官嘗以限田
為說朝廷付之悠悠不知今日國用邊餉皆仰和糴然權勢多田之
家和糴不容以加之保役不容以及之敵人睥睨於外盜賊窺伺於
內居此之時與其多田厚貲不可長保曷若捐金助國共紓目前在
轉移而開導之耳乞諭二三大臣摭臣條論奏而行之使經制以定

兼并以塞于以尊朝廷于以裕國計陛下勿牽貴近之言以搖初意大臣勿避仇怨之多而廢良策則天下幸甚帝從之

度宗咸淳三年司農卿兼戶部侍郎季鏞上言曰經界嘗議修明矣而修明卒不行嘗令自實矣而自實卒不竟豈非上之任事者每欲避理財之名下之不樂其成者又每倡為擾民之說故寧坐視邑政之壞而不敢詰猾吏姦民之欺寧忍取下戶之苛而不敢受豪家大姓之怨蓋經界之法必多差官吏必悉集都保必徧走阡陌必盡量步畝必審定等色必紐折計等姦弊轉生久不迄事乃若推排之法不過以縣統都以都統保選任才富公平者訂田畝稅色載之圖冊使民有定產產有定稅稅有定籍而已臣守吳門已嘗見之施行今聞紹興亦漸就緒湖南漕臣亦以一路告成竊謂東南諸郡皆奉行惟謹其或田畝未當則令鄉局釐正之圖冊未備則令縣局程督之又必郡守察縣之稽違監司察郡之怠弛嚴其號令信其賞罰期之秋冬以竟其事責之年歲以課其成如周官日成月要歲會以綜核之於是詔諸路漕帥施行焉

元世祖時趙天麟上策曰臣聞天時地利養萬姓於鴻鈞富戶貧家皆一人之赤子理無輕重政貴施行臣謹按井田之法六尺為步步百為畝畝百為夫夫三為屋屋三為井井方一里凡九百畝其中為公田八家皆私百畝同養公田公事辦然後敢治私事百畝之養勿奪其時八口之家可以無飢矣五畝之宅樹墻下以桑五十者可以衣帛矣井百為成成方十里成百為同同方百里同百為畿畿方千里臣嘗計方千里之地提封百萬井山川城市等除百分提封之三十六外定六十四萬井為私田五萬一千二百萬畝其井中區除宅居二十畝之餘為公田五千二十萬畝又乘除粟稻等子粒之多寡每畝歲只率一石五斗而計之則私田子粒可得七萬六千八百萬石公田子粒可得七千六百八十萬石其鰥寡孤獨無告者須先賑恤焉上下相睦貧富相均此隆周所以旁作穆穆迓衡而孟子所以不憚區區告人也自嬴秦變法之後富者田連阡陌而貧者無置錐之地田思古道遐矣哀哉越至於今迨於聖朝東西南北兔境無窮國家用費之資僅足下民愁嘆之聲未絕且古者方千里之地得公田子粒七千六百八十萬石方今能得之乎臣知其斷不能也伏見今王公大人之家或占名田近於千頃不耕不稼謂之草場專用牧放孳畜又江南豪家廣占農地驅役佃戶無爵邑而有封君之貴無印節而有官府之權恣縱妄為靡所不至此而弗治化寔難行又貧家樂歲終身苦凶年不免於死亡荊楚之域至有雇妻鬻子者雖土風之常然亦衣食不足之所致也衣食不足由豪富之兼并故也方今之務莫如興復井田尚恐驟然騷動天下豪富之家宜限田以漸復之伏望陛下一新田制凡宗室王公之家限田幾百頃凡縉族官民之家限田幾十頃凡限外退田者賜其家長以空名告身每田幾頃官階一級不使之居實職也凡限田之外蔽欺田畝者坐以重罪凡限外之田有佃戶者就令佃戶為主凡未嘗墾闢者令無田之民占而闢之且全免第一年租稅次年減半第三年依例科徵凡占田不可過限凡無田之民不欲占田者聽凡以後有賣田者買田亦不可過限也私田既定乃定公田公田之法凡九等一品者二十頃二品者十八頃三品者十五頃四品者十二頃其以下俱以二頃為差至九品但二頃而已庶乎民獲恒產官足養廉易曰君子以裒多益寡稱物平施此之謂也如是而行之五十年之後井田可以興復矣

歷代名臣奏議卷之一百十二

歷代名臣奏議卷之一百十三

學校

漢武帝時公孫弘為學官悼道之鬱滯與太常博士孔臧等上議曰

臣聞三代之道鄉里有教夏曰校殷曰庠周曰序其勸善也顯之朝廷其懲惡也加之刑罰故教化之行也建首善自京師始繇內及外今陛下昭至德開大明配天地本人倫勸學興禮崇化勵賢以風四方太平之原也古者政教未洽不備其禮請因舊官而興焉為博士官置弟子五十人復其身太常擇民年十八以上儀狀端正者補博士弟子郡國縣官有好文學敬長上肅政教順鄉里出入不悖所聞令相長丞上屬所二千石二千石謹察可者常與計偕詣太常得受業如弟子一歲皆輒課能通一藝以上補文學掌故缺其高第可以為郎中太常籍奏即有秀才異等輒以名聞其不事學若下材及不能通一藝輒罷之而請諸能稱者臣謹按詔書律令下者明天人分際通古今之誼文章爾雅訓辭深厚恩施甚美小吏淺聞弗能究宣亡以明布諭下以治禮掌故以文學禮義為官遷留滯請選擇其秩比二百石以上及吏百石通一藝以上補左右內史大行卒史比百石以下補郡太守卒史皆各二人邊郡一人先用誦多者不足擇掌故以補中二千石屬文學掌故補郡屬備員請著功令他如律令制曰可自此以來公卿大夫士吏彬彬多文學之士矣

東漢光武建武七年太僕朱浮以國學既興宜廣博士之選上書曰

夫太學者禮義之宮教化所由興也陛下尊敬先聖垂意古典宮室未飾干戈未休而先建太學造立黌舍比日車駕親臨觀饗將以弘時雍之化顯勉進之功也尋博士之官為天下宗師使孔聖之言傳而不絕舊事策試博士必廣求詳選爰自畿夏延及四方是以博舉

明經唯賢是登學者精勵遠近同慕伏聞詔書更試五人唯取見在洛陽城者臣恐自今以往將有所失求之密邇容或未盡而四方之學無所勸樂凡策試之本貴得其真非有期會不及遠方也又謂所徵試皆私自發遣非有傷費頻擾於事也語曰中國失禮求之於野臣浮幸得與講圖讖故敢越職帝然之

魏齊王正始中廣陸亭侯劉馥上疏陳儒訓之本曰夫學者治亂之軌儀聖人之大教也自黃初以來崇立太學二十餘年而寡有成者蓋由博士選輕諸生避役高門子弟恥非其倫故無學者雖有其名而無其人雖設其教而無其功宜高選博士取行為人表經任人師者掌教國子依遵古法使二千石以上子孫年從十五皆入太學明制黜陟榮辱之路其經明行修者則進之以崇德荒教廢業者則退之以懲惡舉善而教不能則勸浮華交游不禁自息矣闡弘大化以綏未賓六合承風遠人來格此誠聖人之教致治之本也

東晉元帝初即位軍旅不息學校不脩散騎常侍王導上書曰夫風化之本在於正人倫人倫之正存乎設庠序庠序設五教明德禮洽通彝倫攸叙而有恥且格父子兄弟夫婦長幼之序順而君臣之義固矣易所謂正家而天下定者也故聖王蒙以養正少而教之使化霑肌骨習以成性遷善遠罪而不自知行成德立然後裁之以位雖王之世子猶與國子齒使知道而後貴其取才用士咸先本之於學故周禮卿大夫獻賢能之書于王王拜而受之所以尊道而貴士也人知士之貴由道存則退而脩其身以及家正其家以及鄉學於鄉以登朝反本復始各求諸已敦樸之業著浮偽之競息教使然也故以之事君則忠用之莅下則仁孟軻所謂未有仁而遺其親義而後其君者也自頃皇綱失統頌聲不興于今將二紀矣傳曰三年不為禮禮必壞三年不為樂樂必崩而況如此之久乎先進忘揖讓之容後生惟金鼓是聞干戈日尋俎豆不設先王之道彌遠華偽之俗遂滋非所以端本清源之謂也陛下以命世之資屬陽九之運禮樂征伐翼成中興誠宜經綸稽古建明學業以訓後生漸之教義使文武之道墜而復興俎豆之儀幽而更彰方今戎虜扇熾國恥未雪忠臣義夫所以扼腕拊心苟禮儀膠固淳風漸著則化之所感者深而德之所被者大使帝典闕而復補皇綱弛而更張獸心革面饕餮檢情揖讓而服四夷緩帶而天下從得乎其道豈難也哉故有虞舞干戚而化三苗魯僖作泮宮而服淮夷桓文之霸皆先教而後戰今若聿遵前典興復道教擇朝之子弟並入于學選明博習禮之士而為之師化成俗定莫尚於斯帝深納之

建武元年博士太常荀崧上疏曰臣聞孔子有云才難不其然乎自喪亂以來經學尤寡儒有席上之珍然後能弘明道訓今處學則闕朝廷之秀仕朝則廢儒學之美昔咸寧太康元康永嘉之中侍中常侍黃門之深博道奧通洽古今行為世表者領國子博士一則應對殿堂奉酬顧問二則參訓門子以弘儒學三則祠儀二曹及太常之職以得藉用質疑今皇朝中興美隆往初宜憲章令軌祖述前典世祖武皇帝聖德欽明應運登禪受終于魏崇儒興學治致升平經始明堂營建辟雍告朔班政鄉飲大射西閣東序圖書禁籍臺省有宗廟太府金墉故事太學有石經古文先儒典訓賈馬鄭杜服孔王何顏尹之徒章句傳注眾家之學置博士十九人九州之中師徒相傳學士如林猶是選張華劉寔居太常之官以重儒教傳稱孔子沒而微言絕七十子終而大義乖自頃中夏殄瘁講誦遏密斯文之道將墜于地陛下聖哲龍飛闡弘祖烈申命儒術恢崇道教樂正雅頌於

是乎在江揚二州先漸聲教學士遺文於今為盛然方之疇昔猶千之一也臣學不章句才不弘道階緣光寵遂忝非服方之華寔儒風邈遠思竭駑駘庶增萬分頒斯道隆於百代之上搢紳詠於千載之下伏聞節省之制皆三分置二博士舊員十有九人今五經合九人準古計今猶未中半今九以外猶宜增四頒陛下萬機餘暇時垂省覽周易一經有鄭玄注其書根源誠可深惜宜為鄭易博士一人儀禮一經所謂曲禮鄭玄於禮特明皆有證據宜置鄭儀禮博士一人春秋公羊其書精隱明於斷獄宜置博士一人穀梁簡約隱要宜存於世置博士一人昔周之衰下陵上替臣弒其君子弒其父上無天子下無方伯善者誰賞惡者誰罰綱紀亂矣孔子懼而作春秋諸侯諱妬懼犯時禁是以微辭妙旨義不顯明故曰知我者其唯春秋罪我者其唯春秋時左丘明子夏造膝親受無不精究孔子既沒微言

將絕於是丘明退撰所聞而為之傳其書善禮多膏腴美辭張本繼末以發明經意信多奇偉學者好之儒者稱公羊高親受子夏立於漢朝辭義清儁斷決明審多可採用董仲舒之所善也穀梁亦師徒相傳暫立於漢時劉向父子漢之名儒猶執一家莫肯相從其書文清約諸所發明或是左氏公羊所不載亦足有所訂正是以三傳並行於先代通才未能廢今去聖久遠斯文將墜與其過廢寧過而立也臣以為三傳雖同一春秋而發端異趣案如三家異同之說義則戰爭之場辭亦劒戟之鋒於理不可得共博士宜各置一人以傳其學

後軍將軍應詹上疏曰性相近習相遠訓導之風宜慎所好魏正始之間蔚為文林元康以來賤經尚道以玄虛宏放為夷達以儒術清儉為鄙俗永嘉之弊未必不由此也今雖有儒官教養未備非所以長育人材納之軌物也宜脩辟雍崇明教義先令國子受訓然後皇儲親臨釋奠則普天尚德率土知方矣元帝雅重其才深納之

散騎常侍戴邈上疏曰臣聞天道之所運莫大於陰陽帝王之至務莫重於禮學是以古之建國教學為先國有明堂辟雍之制鄉有庠序黌校之儀皆所以抽導幽滯啓廣才思蓋以六四有困蒙之吝君子大養正之功也昔仲尼列國之大夫耳興禮脩學於洙泗之間四方髦俊斐然向風受業身通者七十餘人自茲以來千載寂寞豈天下小於魯國賢哲乏於曩時厲與不厲故也自頃遭無妄之禍社稷有綴旒之危寇羯飲馬於長江凶狡虎步於萬里遂使神州蕭條鞠為茂草四海之內人迹不交霸主有旰食之憂黎民懷荼毒之痛戎首交拜於中原何遽籩豆之事哉然三年不為禮禮必壞三年不為樂樂必崩況曠載累紀如此之久邪今末進後生目不覩揖讓升降之禮耳不聞鐘鼓管絃之音文章散滅胡馬之足圖讖無復子遺於

世此蓋聖達之所深悼有識之所咨嗟也夫治世尚文遭亂尚武文武迭用久長之道譬之天地昏明之術自古以來未有不由之者也今以天下未一非興禮學之時此言似是而非夫儒道深奧不可倉卒而成古之俊乂必三年而通一經比須寇賊清夷天下平泰然後脩之則功成事定誰與制禮作樂者哉又貴遊之子未必有斬將搴旗之才亦未有從軍征戍之役不及盛年講肄道義使明珠加瑩磨之功荊隨發采琢之美不亦良乎愚以世喪道久民情玩於所習純風日去華競日彰猶火之消膏而莫之覺也今天地造始萬物權輿聖朝以神武之德值革命之運蕩近世之流弊繼千載之絕軌篤道崇儒創立大業明主唱之於上宰輔篤之於下夫上之所好下必有過之者焉是故雙劒之御崇而飛白之俗成挾琴之容飾而赴曲之和作君子之德風小人之德草實在所以感之而已臣以闇淺不能

遠識格言謂宜以三時之隙漸就經始

成帝咸康三年國子祭酒袁瓌上疏曰臣聞先王之教也崇典訓明禮學以示後生道萬物之性暢為善之道也宗周既興文史載煥端委治於南蠻頌聲逸於四海故延州入聘聞雅音而咨嗟韓起適魯觀易象而歎息何者立人之道於此為首也孔子恂恂道化洙泗孟軻皇皇誨誘無倦是以仁義之聲于今猶存禮讓之風千載未泯疇昔陵替喪亂屢臻儒林之教暫頹庠序之禮有闕國學索然墳卷莫啓有心之徒抱志無由昔魏武身親介冑務在武功猶尚息鞍披覽投戈吟詠以為世之所須者治之本宜崇況今陛下以聖明臨朝百官以虔恭蒞事朝野無虞江外靜謐如之何泱泱之風漠焉無聞洋洋之美墜於聖世乎古人有言詩書義之府禮樂德之則實宜留心經籍闡明學義使諷頌之音盈於京室味道之賢是則是詠豈不盛哉疏奏帝有感焉

孝武帝太元元年尚書謝石上奏曰立人之道曰仁與義翼善輔性唯禮與學雖理出自然必須誘導故洙泗闡弘道之風詩書垂軌教之典敦詩悅禮王化以斯而隆甄陶九流群生於是乎穆世不常治道亦時亡光武投戈而習誦魏武息馬以脩學懼墜斯文若此之至也大晋受命值世多阻雖聖化日融而王道未備庠序之業或廢或興遂令陶鑄闕日用之功民性靡素絲之益亹亹玄緒翳焉莫抽臣所以遠尋伏念寤寐永歎者也今皇威遐震戎車方靜將灑玄風於四區導斯民於至德豈可不弘敷禮樂使煥乎可觀請興復國學以訓冑子班下州郡普脩鄉校雕琢琳琅和寶必至大啓群蒙茂茲成德匪懈于事必由之以通則人競其業道隆學備矣帝納其言

孝武帝時選公卿二千石子弟為學生增造廟屋一百五十五間而品課無章士君子恥與其列國子祭酒殷茂上言曰臣聞弘化正俗存乎禮教輔性成德必資於學先王所以陶鑄天下津梁萬物閑邪納善潛被於日用者也故能疏通玄理窮綜幽微一貫古今彌綸治化且夫子稱回以好學為本七十希仰以善誘歸宗雅頌之音流詠千載聖賢之淵範哲王所同風自大晋中興肇基江左崇明學校脩建庠序公卿子弟並入國學尋值多故訓業不終陛下以聖德玄一思隆前美順通居方導達物性興復儒肆僉與後生自學建彌年而功無可名憚業避役就存者無幾或假託親疾真偽難知聲實渾亂莫此之甚臣聞舊制國子生皆冠族華冑比列皇儲而中者混雜蘭艾遂令人情恥之子貢去告朔之餼羊仲尼猶愛其禮況名實兼喪面牆一世者乎若以當今急病未皇斯典權宜停廢者別一理也若其不然宜依舊準竊謂羣臣內外清官子姪普應入學制以程課令

者見生或年在扞格方圓殊趣宜聽其去就各從所安所上謬論乞付外參議帝既下詔褒納又不施行朝廷及草萊之人有志於學者莫不發憤歎息

清河人李遼上奏曰臣聞教者治化之本人倫之始所以誘達群方進德興仁譬諸土石陶冶成器雖復百王殊禮質文參差至於斯道其用不爽自中華湮沒闕里荒毀先王之澤寢聖賢之風絕自此迄今將及百年造化有靈否終以泰河濟夷徙海岱清通黎庶蒙蘇鳧藻奮化而典訓弗敷雅頌寂蔑久凋之俗大弊未改非演迪斯文緝熙宏猷將何以光贊時邕克隆盛化哉事有如賒而急實此之謂也亡父先臣回綏集邦邑歸誠本朝以太元十年遣臣奉表路經闕里過覲孔廟庭宇傾頓軌式頹弛萬世宗匠忽焉淪廢仰瞻俯慨不覺涕流既達京輦表求興復聖祀脩建講學至十四年十一月十七日

奉被明詔采臣鄙議敕下兖州魯郡准[illegible]飾故尚書令謝石令臣所須列上又出家布薄助興立故鎮北將軍譙王恬版臣行北魯縣令賜許供遣二臣莬徂成規不遂陛下體唐堯文思之美訪宣尼善誘之勤矜荒餘之凋昧愍聲教之未浹愚謂可重符兖州刺史遂成舊廟蠲復數戶以供掃洒并賜給六經講立庠序延請宿學廣集後進使油然入道敦剖琢之功運仁義以征伐敷道德以服遠何招而不懷何柔而不從所為者微所弘甚大臣自致身輦轂丁今八稔違親轉積夙夜匪寧振武將軍何澹之今震扞三齊臣當隨反裝回天邑感戀罔極乞臣表付外參議

宋武帝受命明年議建國學以范泰領國子祭酒泰上表曰臣聞風化興於哲王教訓表之聖世至說莫先講習甚樂必寄朋來古人成童入學易子而教尋師無遠負糧忘艱安親光國莫不由此若能出

不由戶則斯道莫從是以明詔爰發已成渙汗學制既下遠近遵承臣之愚懷少有未達今惟新告始盛業初基天下改觀有志景慕而置生之制取少停多開不來之端非一塗而已臣以家推國則知所聚不多恐不足以宣大宋之風弘濟濟之美臣謂合選之家雖制所未達父兄欲其入學理合開通雖小違晨昏所以大弘孝道不知春秋則所陷或大故趙盾忠而書弒許止孝而得辜以斯為戒可不懼哉十五志學誠有其文若年降無幾而深有志尚者何必限以一格而不許其進邪楊烏豫玄實在弱齒五十學易乃無大過昔中朝助教亦用二品潁川陳載已辟太保掾而國子取為助教即太尉淮之弟所貴在於得才無繫於定品教學不明獎勵不著今有職閑而學優者可以本官領之門地二品宜以朝請領助教既可以甄其名品斯亦敦學之一隅其二品才堪自依舊從事會今生到有期而學校未立覆簣實望其速回轍已淹其遲事有似賒而宜急者殆此之謂古人重寸陰而賤尺璧其道然也時學竟不立

齊武帝永明三年春詔立學創立堂宇召公卿子弟下及員外郎之胤凡置生二百人其年秋中悉集有司奏宋元嘉舊事學生到先釋奠先聖先師禮又有釋菜未詳今當行何禮用何樂及禮器尚書令王儉上議曰周禮春入學舍菜合舞記云始教皮弁祭菜示敬道也又云始入學必祭先聖先師中朝以來釋菜禮廢今之所行釋奠而已金石俎豆皆無明文方之七廟則輕比之五禮則重陸納車胤謂宣尼廟宜依亭侯之爵范寧欲依周公之廟用王者儀范宣謂當其為師則不臣之釋奠日備帝王禮樂此則車陸失於過輕二范傷於大重喻希云若至王者自設禮樂則肆賞於至敬之所若欲嘉美先師則所況非備尋其此說守附情理皇朝屈尊弘教待以師資引同

上公即事惟允元嘉立學裴松之議應舞六佾以郊樂未具故權奏登歌今金石已備宜設軒縣之樂六佾之舞牲牢器用悉依上公其冬皇太子講孝經親臨釋奠車駕幸聽

明帝建武四年春詔立學永泰元年東昏侯即位時依永明舊事廢學領國子助教曹思文上奏曰古之建國君民者必教學為先將以節其邪情而禁其流欲故能化民裁俗習與性成也是以忠孝篤焉信義成焉禮讓行焉尊教宗學其致一也是以成均煥於古典虎門炳於前經陛下體睿淳神纘承鴻業今制書既下而廢學先聞將恐觀國之光者有以擬議也若以國諱故宜廢昔漢成立學爰洎元始百餘年中未嘗暫廢其間有國諱也且晉武之崩又其學猶存斯皆先代不以國諱而廢學之明文也永明以無太子故廢斯非古典也尋國之有學本以興化致治也天子於以諮謀焉於以行禮焉記云

天子出征受命於祖受成於學執有罪反釋奠於學又云食三老五更於太學天子袒而割牲執爵而酳以教諸侯悌也於斯學是天子有國之基教也或以之所言皆太學事也今引太學不非證也據臣所見今之國學即古之太學晉初太學生二千人既多猥雜惠帝時欲辯其涇渭故元康三年始立國子學官品第五以上得入國學天子去太學入國學以行禮也太子去太學入國學以齒讓也太學之與國學斯是晉世殊其士庶異其貴賤耳然貴賤士庶皆須教成故國學太學兩存之也非有太子故立也然繫廢興於太子者此永明之鉅失也漢崇儒雅幾致刑措而猶道謝三五者以其致教之術未篤也古之教者家有塾黨有庠術有序國有學以諷誦相摩今學非唯不宜廢而已乃宜更崇向其道望古作規使郡縣有學鄉閭立教請付尚書及二學詳議有司奏從之

後魏獻文帝時中書令高允上奏曰臣聞經綸大業必以教養為先咸秩九疇亦由文德成務故辟雍光於周詩泮宮顯於魯頌自永嘉以來舊章殄滅鄉閭蕪沒雅頌之聲京邑杜絕釋奠之禮道業陵夷百五十載仰惟先朝每欲憲章昔典經闡素風方事尚殷弗遑克復陛下欽明文思纂成洪烈萬國咸寧百揆時叙申祖宗之遺志興周禮之絕業爰發德音惟新文教搢紳欣慶莫不幸甚臣承旨勅並集二省披覽史籍備究典紀靡不敦儒以勸其業貴學以篤其道伏思明詔玄同古義宜如聖旨崇建學校以厲風俗使先王之道光演於明時郁郁之音流聞於四海請制大郡立博士二人助教二人學生八十人中郡立博士一人助教二人學生六十人下郡立博士一人助教一人學生四十人其博士取博關經典世履忠清堪為人師者年限四十以上助教亦與博士同年限三十以上若道業夙成才任教

授不拘年齒學生取郡中清望人行修謹堪循名教者先盡高門次及中第帝從之郡國立學自此始也

時相州刺史李訢上疏求立學校曰臣聞至治之隆非文德無以經綸王道太平之美非良才無以光贊皇化是以昔之明主建庠序於京畿立學官於郡邑教國子弟習其道藝然後選其俊異以為造士今聖治欽明道隆三五九服之民咸仰德化而所在州土學校未立臣雖不敏誠願備之使後生聞雅頌之音童幼覩經教之本臣昔蒙恩寵長管中祕時課修學有成立之人髦俊之士已蒙進用臣今重荷榮遇顯任方岳思闡帝猷光宣於外自到以來訪諸文學舊德已老後生未進歲首所貢雖依制遣對問之日懼不克堪臣愚欲仰依先典於州郡治所各立學官使士望之流冠冕之胄就而受業庶必有成其經藝通明者貢之王府則郁郁之文於是不墜書奏帝從之

孝文帝時國子祭酒鄭道昭上奏曰臣竊以為崇治之道必也須才養才之要莫先於學今國子學堂房粗置絃誦闕尓城南大學漢魏石經丘墟殘毀藜藿蕪穢遊兒牧豎為之歎息有情之輩實亦悼心況臣親司而不言露伏願天慈回神紆眄賜垂鑒察若臣微意萬一合允求重勅尚書門下考論營制之模則五雍可翹立而興毀銘可不日而就樹舊經於帝京播茂範於不朽斯有天下者之美業也帝不從

道昭為州都又上奏曰臣聞唐虞啓運以文德為本殷周致治以道藝為先然則禮樂者為國之基不可斯須廢也是故周敦文教四海宅心魯秉周禮彊齊歸義及至戰國紛紜干戈遞用五籍灰焚羣儒坑殄賤仁義之經貴戰爭之術遂使天下分崩黔黎荼炭數十年間民無聊生者斯之由矣爰暨漢祖於行陳之中尚優引叔孫通等光

武中興於撥亂之際乃使鄭衆范升校書東觀降逮魏晉何嘗不殷勤於篇籍篤學於戎伍伏惟大魏之興雖羣凶未殄戎馬在郊然猶招集英儒廣開學校用能闡道義於八荒布盛德於萬國教靡不懷風無不偃今者乘休平之基開無疆之祚定鼎伊瀍惟新寶曆九服感至德之和四垠懷擊壤之慶而蠢尒閩吴阻化江湫先帝爰震武怒戎車不息而停鑾佇蹕留心典墳命御史中尉臣李彪與吏部尚書任城王澄等妙選英儒以崇文教澄等依旨置四門博士四十人其國子博士太學博士及國子助教宿已簡置伏尋先旨意在速就但軍國多事未遑營立自尒迄今垂將一紀學官凋落四術寢廢遂使碩儒耆德卷經而不談俗學後生遺本而逐末進競之風寔由於此矣伏惟陛下欽明文思玄鑒洞遠越會未款務修道以來之遐方後服敦文教而懷之垂心經素優柔墳籍將使化越軒唐德隆虞夏

是故屢發中旨敦營學館房宇既修生徒未立臣學陋全經識蔽篆素然往年刪定律令謬預議筵謹依準前修尋訪舊事參定學令事訖封呈自尒迄今未蒙報判但廢學歷年經術淹滯請學令并制早勑施行使選授有依生徒可準帝詔曰具卿崇儒敦學之意良不可言新令尋班施行無遠可謂職思其憂無曠官矣道昭復奏曰竊惟鼎遷中縣年將一紀縉紳虓業俎豆闕聞遂使濟濟明朝無觀風之美非所以光國宣風納民軌義臣自往年以來頻請學令并置生員前後累上未蒙一報故當以臣識淺涯官無能有所感悟者也館宇既修生房粗構博士見員足可講習雖新令未班請依舊權置國子學生漸開訓業使播教有章儒風不墜後生覩從義之機學徒崇知新之益至若孔廟既成釋奠告始揖讓之容請俟令出不報

宣武帝時侍中祭酒劉芳上奏曰夫為國家者罔不崇儒尊道學斆為先誠復政有質文茲範不易諒由萬端資始衆務稟法故也唐虞已往典籍無據隆周以降任居虎門周禮大司樂云師氏掌以媺詔王居虎門之左司王朝掌國中之事以教國子弟蔡氏勸學篇云周之師氏居虎門左敷陳六藝以教國子今之祭酒即周師氏洛陽記國子學官與天子對太學在開陽門外案學記云古之王者建國親民教學為先鄭氏注云內則設師保以教使國子學焉外則有太學庠序之官由斯而言國學在內太學在外明矣案如洛陽記猶有仿像臣愚謂今既徙縣崧瀍皇居伊洛宮闕府寺僉復故趾至於國學豈可舛替校量舊事應在宮門之左至如太學基所炳在仍舊營構又去太和二十年發敕立四門博士於四門置學臣案自周已上學惟以二或尚西或尚東或貴在國或貴在郊爰暨周室學蓋有六師氏居內太學在國四小在郊禮記云周人養庶老於虞庠虞庠在國

之西郊禮又云天子設學當入學而太子齒注云四學周四郊之虞庠也按大戴保傅篇云帝入東學尚親而貴仁帝入南學尚齒而貴信帝入西學尚賢而貴德帝入北學尚貴而尊爵帝入太學承師而問道周之五學於此彌彰案鄭注學記周則六學所以然者注云內則設師保以教使國子學焉外則有太學庠序之官此其證也漢魏已降無復四郊謹尋先旨宜在四門案王肅注云天子四郊有學去王都五十里考之鄭氏不云遠近今太學故坊基趾寬曠四郊別置相去遼闊檢督難周計太學坊并作四門猶為太廣以臣愚量同處無嫌且今時制置多循中代未審四學應從古不求集名儒禮官議其定所帝從之

常山侯拓跋英奏曰謹按學令諸州郡學生三年一校所通經數因正使列之然後遣使就郡練考臣伏惟聖明崇道顯成均之風蘊義

光膠序之美。是以太學之館。久置於下國。四門之教。方構於京[illegible]
習訓淹年。聽受累紀。然儁造之流。應問於魏闕。不革之輩。宜返於齊
民。使就郡練考。覈其最殿。頃以皇都遷構。江揚未一。故鄉校之訓。弗
遑正試。致使薰蕕之質。均誨學庭。蘭蕭之體。等教文肆。今外宰京官
銓考向訖。求遣四門博士明通五經者。道別校練。依令黜陟。
孝明帝時。明堂辟雍並未建就。起部郎源恭上書曰。臣聞辟臺望氣。
軌物之德既高。方堂布政。範世之道斯遠。是以書契之重。理冠於造
化。推尊之美。事絕於生民。至如郊天饗帝。蓋以對越上靈。宗祀配天。
是用酬膺下土。大孝莫之能加。嚴父以茲為大。乃皇王之休業。有國
之盛典。竊惟皇魏居震統極。總宙馭宇。革制土中。垂式無外。自北徂
南。同卜維於洛食。定鼎遷民。均氣候於寒暑。高祖所以始基。世宗於
是恢構。按功成作樂。治定制禮。乃訪遺文。脩廢典。建明堂。立學校。興

一代之茂矩。標千載之英規。永平之中。始創雉構。基趾草昧。迄無成
功。故尚書令任城王臣澄。按故司空臣沖所造明堂樣。并連表詔荅
兩京模式。奏求營起。緣期發旨。即加葺繕。侍中領軍臣乂。物動作官
宣贊授令。自茲厥後。方配兵人。或給一千。或與數百。進退節縮。曾無
定準。欲望速了。理在難克。若使專役此功。長得營造。委成責辦。容有
就期。但所給之夫。本自寡少。諸處競借。動即千計。雖有繕作之名。終
無就功之實。爽塏荒茫。淹積年載。結架崇構。指就無兆。仍令肄習之
禮。掩抑而不進。養老之儀。寂寥而不返。構厦止於尺土。為山頓於一
簣。良可惜歟。愚謂召民經始。必有子來之歌。興造勿亟。將致不日之
美。況本兵不多。兼之牽役。廢此與彼。循環無極。便是輟創禮之重。資
不急之費。廢經國之功。供寺館之役。求之遠圖。不亦闕矣。今府寺大
作。稍以粗舉。並可徹減。專事經綜。嚴勒工匠。務令克成。使祖宗有薦

配之期。蒼生覩禮樂之富。書奏。帝從之。
冀州刺史李崇上表曰。臣聞世室明堂。顯於周夏。二黌兩學。盛自虞
殷。所以宗配上帝。以著莫大之嚴。宣布下土。以彰則天之軌。養黃髮
以詢格言。育青襟而敷典式。用能享國久長。風徽萬祀者也。故孔子
稱巍巍乎其有成功。郁郁乎其有文章。此其盛矣。爰暨亡秦。政失其
道。坑儒滅學。以蔽黔首。國無黌序之風。野有非時之役。故九服分崩。
祚終二世。炎漢勃興。更修儒術。文景已降。禮樂復彰。化致昇平。治幾
刑措。故西京有六學之美。東都有三本之盛。莫不紛綸掩藹。響流無
已。逮自魏晉。撥亂相因。兵革之中。學校不絕。遺文燦然。方軌前代。仰
惟高祖孝文皇帝稟聖自天。道鏡今古。徙馭嵩河。光宅函洛。模唐虞
以革軌儀。規周漢以新品制。列教序於鄉黨。敦詩書於郡國。使揖讓
之禮。橫被於崎嶇。歌詠之音。聲溢於仄陋。但經始事殷。戎軒屢駕。未

遑多就。弓劍弗追。世宗統曆。聿遵先緒。永平之中。大興板築。續以水
旱。戎馬生郊。雖逮為山。還停一簣。竊惟皇遷中縣。垂二十祀。而明堂
禮樂之本。乃鬱荊棘之林。膠序德義之基。空盈牧豎之跡。城隍嚴固
之重。闕塼石之工。墉堞顯望之要。少樓榭之飾。加以風雨稍侵。漸致
虧墜。又府寺初營。頗亦壯美。然一造至今。更不修繕。廳宇凋朽。牆垣
頹壞。皆非所謂追隆堂構。儀形萬國者也。伏聞朝議以高祖大造區
夏。道侔姬文。擬祀明堂。式配上帝。今若基宇不修。仍同丘畎。即使高
皇神享。闕於國陽。宗事之典。有聲無實。此臣子所以匪寧。億兆所以
失望也。臣又聞官方授能。所以任事。事既任矣。酬之以祿。如此。上無
曠官之譏。下絕尸素之謗。今國子雖有學官之名。而無教授之實。何
異兔絲燕麥。南箕北斗哉。昔劉向有言。王者宜興辟雍。陳禮樂。以風
化天下。夫禮樂所以養人。刑法所以殺人。而有司勤勤請定刑法。至

於禮樂則曰未敢是則敢於殺人不敢於養人也臣以為當今四海
清平九服寧晏經國要重理應先營脫復稽延則劉向之言徵矣但
事不兩興須有進退以臣愚量宜罷尚方雕靡之作頗省永寧土木
之功并減瑤光材瓦之力兼分石窟鐫琢之勞及諸事役非急者三
時農隙修此數條使辟雍之禮蔚爾而復興諷誦之音煥然而更作
美榭高墉嚴壯於外槐宮棘宇顯麗於中道發明令重遵鄉飲敦進
郡學精課經業如此則元凱可得之於上序游夏可致之於下國豈
不休歟誠知佛理淵妙含識所宗然比之治要容可小緩苟使魏道
熙緝元首唯康爾乃經營未為晚也靈太后令曰省表具悉體國之
誠配饗大禮為國之本比以戎馬在郊未遑修繕今四表晏寧年和
歲稔當勑有司別議經始
孝明帝時膠序廢替名教陵遲侍中羊深上疏曰臣聞崇禮建學列代

之所修尊經重道百王所不易是以均塾洞啓昭明之頌載揚膠序
大闢都稱之詠斯顯伏惟大魏乘乾統物欽若奉時模唐軌虞率由
前訓重以高祖繼聖垂衣儒風載蔚得才之盛如彼薪楢固以追隆
周而並驅駕炎漢而獨邁宣皇下武式遵舊章用能揄揚盛烈聿修
厥美自茲已降世極道消風猷稍遠澆薄方競退讓寂寥馳競靡節
進必吏能升非學藝是使刀筆小用計日而期榮專經大才甘心於
陋巷然治之為本所貴得賢苟值其人豈拘常檢三代兩漢異世間
出或釋褐中林鬱登卿尹或投竿釣渚徑升公相事炳丹青義在往
策彼哉遐乎不可勝紀竊以今之所用弗修前矩至如當世通儒冠
時盛德見徵不過四門登庸不越九品以此取士求之濟治譬猶卻
行以及前之燕而向楚積習之不可者其所由來漸矣昔魯興泮宮
頌聲爰發鄭廢學校國風以譏將以納民軌物莫始於經禮菁莪育
才義光於篇什自兵亂以來垂將十載干戈日陳俎豆斯闕四海荒
涼民物凋弊名教頓虧風流殆盡世之陵夷可為歎息陛下中興纂
曆理運惟新方隅稍康實惟文德但禮賢崇讓之科沿世未備還淳
反樸之化起言斯繆夫先黃老而退六經史遷終其成蠹貴玄虛而
賤儒術應氏所以亢言臣雖不敏敢忘前載且魏武在戎尚修學校
宣尼確論造次必儒臣愚以為宜重修國學廣延胄子使函丈之教
日聞釋奠之禮不闕并詔天下郡國興立儒教考課之程咸依舊典
苟經明行修宜擢以不次抑斗筲喋喋之才進大雅汪汪之德博收
鴻生以光顧問繁維奇異共精得失使區寰之內競務仁義之風荒
散之餘漸知禮樂之用豈不美哉臣誠闇短敢慕前訓用稽古義上
塵聽覽伏願陛下垂就日之監齊非煙之化儻以臣言可採乞特施
行帝善之

隋文帝時潞州刺史柳昂見天下無事可以勸學行禮因上疏曰臣
聞帝王受命建學制禮故能移既往之風成惟新之俗自魏道將謝
分割九區關右山東久為戰國各逞權詐俱殉干戈賦役繁重刑政
嚴急蓋救焚拯溺無暇從容非朝野之願以致於此曉世因循遂成
希慕俗化澆漓流宕忘反自非天然上哲挺生於時則儒雅之道經
禮之制衣冠民庶莫肯用心世事所以未清軌物由茲而壞伏惟陛
下稟靈上帝受命昊天合三陽之期膺千祀之運往者周室頹毀區
宇沸騰聖策風行神謀電發端坐廊廟蕩滌萬方俯順幽明君臨四
海擇萬古之典無善不為改百王之弊無惡不盡至若因情緣義為
其節文故以三百三千事高前代然下土黎獻尚未盡行臣謬蒙獎
策從政藩部人庶軌儀實見多闕儒風以墜禮教猶微是知百姓之
心未能頓變仰惟深思遠慮情念下民漸被以儉使至於道臣恐業

遂事緩動延年世若行禮勸學道教相催必當靡然向風不遠而[illegible]家知禮節人識義方比屋可封輒謂非遠上覽而善之因下詔曰建國重道莫先於學尊主庇民莫先於禮自魏氏不競周齊抗衡分四海之民鬬二邦之力遞為強弱多歷年所務權詐而薄儒雅重干戈而輕俎豆民不見德唯爭是聞朝野以機巧為師文吏用深刻為法風澆俗弊化之然也雖復建立庠序無益習業非時貴道亦不行其間服膺儒術蓋有之矣彼衆我寡未能移俗然其維持名教獎飾彝倫微相弘益賴斯而已王者承天休咎隨化有禮則祥瑞必降無禮則妖孽興起人稟五常性靈不一有禮則陰陽合德無禮則禽獸其心治國立身非禮不可朕受命於天財成萬物去華夷之亂求風化之宜戒奢崇儉率先百辟輕徭薄賦以寬弘而積習生常未能懲革閭閻士庶吉凶之禮動悉乖方不依制度就憲之職似塞耳而

無聞蒞民之官猶蔽目而不察宣揚朝化其若是乎古人之學且耕且養今者民丁非役之日農畝時候之餘若敦以學業勸以經禮自可家慕大道人希至德豈止知禮節識廉恥父慈子孝兄恭弟順者乎始自京師爰及州郡宜祗朕意勸學行禮自是天下州縣皆置博士習禮焉

唐武后時麟臺正字陳子昂上言曰陛下方興大化而太學久廢堂皇埃蕪詩書不聞明詔尚未及之愚臣所以私恨也太學者政教之地也君臣上下之取則也俎豆揖讓之所興也天子于此得賢臣焉今委而不論雖欲睦人倫興治綱失之本而求之末不可得也君子三年不為禮禮必壞三年不為樂樂必崩柰何為天下而輕禮樂哉願引胄子使歸太學國家之大務不可廢已

鳳閣舍人韋嗣立上疏曰臣伏聞古先哲王立學[illegible]所以掌教國子以六德六行六藝三教備而人道畢矣禮記曰化民成俗必由學乎學之於人其用蓋博故立大學以教於國設小學以化於邑王之諸子卿大夫士之子及國之俊選皆造焉八歲入小學十五入大學春秋教以禮樂冬夏教以詩書是以教洽而化流行成而不悖故自天子至於庶人未有不因學而成者也國家自永淳以來二十載餘國學廢散胄子衰缺時輕儒學之官莫存章句之選貴門後進競以僥倖昇班寒族常流復因陵替弛業考試之際秀茂罕登驅之臨人何以從政又垂拱之後文明在辰盛典鴻休日書月至因藉際會入仕尤多加以讒邪凶黨來俊臣之屬妄執威權恣行枉酷陷正直之伍死亡為憂道路以目人無固志罕有執不撓之懷徇至公之節偷安苟免聊以卒歲遂使綱領不振請託公行選舉之曹彌長渝濫隨班少經術之士攝職多庸瑣之才徒以猛暴相誇罕能清惠自勗使海

內黔首騷然不安賴陛下憂勞頻有處分然革弊斯近此風尚餘州縣官僚貪鄙未息而望事必循理致俗康寧求之於今不可得也陛下誠能下明制發德音廣開庠序大敦學校三館生徒即令追集王公以下子弟不容別求仕進皆入國學服膺典訓崇飾館廟尊尚師儒盛陳奠菜之儀宏敷講說之會使士庶觀聽有所發揚弘獎道德於是乎在則四海之內靡然向風延頸舉足咸知所向然後審持衡鏡妙擇良能以之臨人寄之調俗則官無侵暴之政人有安樂之心居人則相與樂業百姓則皆戀桑梓豈復憂其逃散而貧窶哉今天下戶口亡逃過半租調減耗國用不足治人之急尤切於茲故知務學之源豈惟潤身進德而已將以安人利國安可不務之哉

玄宗時國子祭酒楊瑒上言曰古者卿大夫子弟[illegible]諸侯歲貢小學之異者入太學漸漬禮樂知朝廷君臣之序班以[illegible]類分以師長三

德四教。學成然後爵之。唐興二監舉者千百數。常選者十之二。考功覆校以第。謂經明行修。故無多少之限。今考功限天下明經進士歲百人。二監之得無幾。然則學徒費官廩爲待士濫天祿者也。且以流外及諸色仕者歲二千。過明經進士十倍。胥吏浮虛之徒。旄先王禮義。非得與服勤道業者挈長短絕輕重也。國家啓庠序。廣化導。將有以用而勸進之。有司為限約。以黜退之。欲望俊乂在朝難矣。帝然其言。

代宗時。皇太子欲臨國學行齒胄禮。國子司業兼集賢殿學士歸崇敬。以學與官名皆不正。乃上議曰。古天子學曰辟雍。以制言之。壅水環繚如璧然。以誼言之。以禮樂明和天下云爾。在禮為澤宮。故前世或曰璧池。或曰璧沼。亦言學省。漢光武立明堂辟雍靈臺。號三雍宮。晉武帝臨辟雍行鄉飲酒禮。別立國子學以殊士庶。永嘉南遷。唯有國子學。隋大業中更名國子監。今聲明之盛。辟雍獨闕。請以國子監為辟雍。省祭酒司業之名。非學官所宜。業者栒虡大版。今學不教樂。於義無當。請以祭酒為太師氏。位三品。司業為左師右師。位四品。近世明經不課其義。先取帖經。顓門廢業。傳受義絕。請以禮記左氏春秋為大經。周官儀禮毛詩為中經。尚書周易為小經。各置博士一員。公羊穀梁春秋共準一中經。通置博士一員。博士兼通孝經論語。依章疏講解。德行純絜。文詞雅正。形容莊重。可為師表者。委四品以上各舉所知。在外給傳。七十者安車蒲輪敦遣。國子太學四門三館各立五經博士。品秩生徒有差。舊博士助教直講經直律館算館助教請皆罷。教授法學生謁師。贄用腶脩一束。酒一壺。衫布一裁。色如師所服。師出中門延入與坐。割脩酌酒。三爵止。乃發篋出經。摳衣前請。師為說經大略。然後就室。朝晡請益。師二時堂上訓授道義。示以文

行忠信孝悌睦友。旬省月試。時考歲貢。眡生徒及第多少為博士考課上下。有不率教者。檟楚之。國子移禮部為太學生。太學又不變。從之四門。四門不變。從本州之學。復不變。繇役如初。終身不齒。雖率教九年。學不成者亦歸之本州。禮部考試法。請罷帖經。於所習經問大義二十而得十八。論語孝經十得八為通。策三道以本經對。通二為及第。其孝行聞鄉里者舉解。具言。試日義闕一二。許兼收焉。天下鄉貢如之。習業考試。並以明經為名。得第授官與進士同。有詔尚書省集百官議。時憚改作。故無施行。

德宗時。太子校書郎李觀。請修太學。疏曰。臣伏思太學之為道也。厥惟大哉。實所以德宇於國家。教源於萬方。辨齊於人倫。覲親而尊尊。誠宜歲勅崇嚴。日致齋肅。祗工虔木。未俟乎榱崩。須朝命官。取稱乎師氏。然後乃可以陳四代之禮。興無窮之風。開素王之堂。削青襟之篇。八懋廉隅。俗捐爭端。天下之人人相則焉。是以德繇此澤。教繇此流。若水之潤下。洊涌植物。利不浩哉。今嘗觀斯壞。甚不然。嗚呼。在昔學有六館。居類其業。生有三千。盛侔於古。中年禍艱。寢用耗息。洎陛下君人。宿弊尚在。執事之臣。顧不為急。升學之徒。罔敢上達。積微成隱。超歲歷紀。賤臣極言。求合要道。且六館之目。其曰國子太學四門。書律算等。今存者三。亡者三。亡者職繇廢。司存者恐不逮修。興人有棄本之議。群生有將壓之虞。至於博士助教。鋤耕犁其中。播五稼於三時。視辟雍如農郊。堂宇頹廢。磊砢屬聯。終朝之雨。流潦下渟。既夕之天。列宿上羅。群生寂寥。攸處貿遷。而陛下不以問。官不以聞。執政之臣不以思。所謂德宇將摧。教源將乾。先聖之道將不堪。猶火之延上。燧燧至焚。其為利也。豈不畏哉。日者聖朝以武肅時也。有風牧建帝庸。今者聖朝以文象天。經有皐衛宣皇猷。實四三六五之君子

無足以間之然事不為加理人不為加安歲貢之夫不能應請問宴羅之產無以悟玄機天下有倒懸之悲諸侯有安忍之懷執事之臣深惟無徒但勞心於無益全身於因循是果不知長國之術在乎養士養士之方在乎隆學夫學廢則士亡士亡則國虛國虛則上下危上下危則禮義銷禮義銷則狂可癈聖賊可陵德聖德逶迤不知其終今觀執事之臣之心必以修學為害時而他害者千之養士為費財而他費者萬之殊不知此費無費而他費為費也此害無害而他害為害也諺所謂溜之細穿石綆之細斷榦斯言損益有漸非聰哲靡察今乃明徵於儒書欽若於攡與繼統於易從恢業於純風而望海內雋慷靡然踵武於雲龍之庭不知其可也禮稱虞夏殷周天下之盛王也蓋以其有庇民之德祚國之仁可仰而巍巍且太學之興本於有虞達於三王踰至漢魏以降特盛於我太宗文皇重璧遵之

無以增荐興於先皇而延於聖朝此乃古帝王慇淳醨亂萌故同教于民百代奉之以弘長國家廣之以存存陛下不宜忽之而已今四君德以相高心聖幽而不炤風聲隨而凋落焉夫四君之民古猶易制陛下之民猶且難矣易制之民猶或遺之難矣之民得不重慎乎魯春秋書太廟屋壞傳曰書不敬也臣今懼聖朝之史書太學廢使萬代之嗣無法今聖朝聚國中之兵守塞下之壘空織婦之機悉農夫之儲豈其愍民而賤物誠為杜稷之計也設一旦農夫死織婦病兵壘在邊粟帛不輸陛下此時其暇勸學乎則禮義之心不素蓄於人亦難以致天下之和矣且四方之學太學之枝葉也天子之教諸侯之本也未有本之顛而枝葉之存天子之廢而諸侯之興夫為國者亦猶治一人之身京師人之心四方心之體諸侯體之四支心平則體患易治體平則四支之患不治而愈今不啬神於心體而竭資

於四支將變於外亂殲於中則為不起之疾矣伏惟陛下察弛張之會觀損益之圖滅無用之府崇有裕之原廢闕修而百度明庠序昌而教化行勞經邦於長久熙帝載於登閎顧夫周營靈臺魯修泮宮於陛下萬之一焉伏惟速令於職司無至於不可持天下幸甚

憲宗時學士李絳上疏曰自三代哲王已降奄有天下未嘗不崇建太學尊重名儒習干戚羽籥之容盛樽俎揖讓之禮以興教化以致太平天子親入視學皇太子行齒胄之禮斯所以用化成天下也故記曰如欲化民成俗必由學乎當征討之急則先武事于理平之運則尚文德二柄相須百王不易故漢光武於兵革之中投戈講藝魏太祖亦於擾攘之際崇立學校歷代之於儒道如此急也後漢儒碩之盛太學至有三萬人諷先聖之言酌當代之務鴻名碩德康國濟時未有不游於太學以躋顯位也國家自高祖初平關中便修太學

并為功臣宗室子弟別立小學建黌舍大引儒訓增置生徒各立博贍鴻儒碩學盛於朝列質疑應問酌古辯今咸徵經據並得傳師法故朝廷無不根之論蕃夷有慕義之名風教大行禮樂咸備正觀之理謂之太平至于開元中亦引國學之制復觀儒道之盛故太學廢於衰亂之代非所以俾風俗趨末而忘實蓋由國學廢講論之禮儒者靡師資之訓自是以降末本經義不識君臣父子之道不知禮樂制度之方和氣不流悖亂遂作其師氏之廢如是之害也今天下遭逢聖明蕩滌瑕穢前代所不能舉而陛下舉之百王所不能行而陛下行之萬方傾耳兆人企踵思陶聖化希承德風而德盛道隆闕弦歌之雅詠政流化洽鮮儒學之高風頃自胡寇亂華乘輿避狄中夏凋耗生人流離儒碩解散國學毀廢生徒無鼓篋之志博士有倚席之譏馬廐園蔬殆恐及此伏惟陛下挺超代之姿敷振俗之令復崇

太學。重延儒碩。精選生徒。獎寵博士。備徵天下名德專門之士。增飾學中屋室。廚餼之制。殿最講習之優劣。彰明義訓之得失。明立科品。使有懲勸。拔萃出群者縻之以祿。廢業怠教者寘之以刑。自然儒雅日興。經典日重。先王之道日盛。太學之訓日崇。陛下垂拱明廷。受釐清禁。使師氏教德。不獨美於周時。橋門觀禮。豈復謝於漢日。伏希天造。特覽愚言。起茲廢墮。引於教化。輿裨聖政。少助皇風。上於是宣付中書門下。令脩起國學。

歷代名臣奏議卷之一百十三